ARCHIV FÜR SOZIALGESCHICHTE

Archiv für Sozialgeschichte

Herausgegeben von der
Friedrich-Ebert-Stiftung

56. Band · 2016

Verlag
J. H. W. Dietz Nachf.

Herausgegeben für die Friedrich-Ebert-Stiftung von:

BEATRIX BOUVIER

ANJA KRUKE

PHILIPP KUFFERATH (Geschäftsführender Herausgeber)

FRIEDRICH LENGER

UTE PLANERT

DIETMAR SÜSS

MEIK WOYKE

BENJAMIN ZIEMANN

Redaktionsanschrift:
Friedrich-Ebert-Stiftung
Godesberger Allee 149, 53175 Bonn
Tel. 02 28 / 8 83 – 80 14, Fax 02 28 / 8 83 – 92 04
E-Mail: afs@fes.de

Herausgeberin und Verlag danken Herrn Martin Brost für die finanzielle Förderung von Bearbeitung und Druck dieses Bandes.

ISSN 0066-6505
ISBN 978-3-8012-4240-4

© 2016 Verlag J. H. W. Dietz Nachf., Dreizehnmorgenweg 24, 53175 Bonn
Umschlag und Einbandgestaltung: Bruno Skibbe, Braunschweig
Satz: PAPYRUS – Lektorat + Textdesign, Buxtehude
Druck: Westermann Druck Zwickau GmbH, Zwickau
Alle Rechte vorbehalten
Printed in Germany 2016

Inhalt

BEITRÄGE ZUM RAHMENTHEMA
»SOZIALGESCHICHTE DES KAPITALISMUS IM 19. UND 20. JAHRHUNDERT«

Friedrich Lenger, Die neue Kapitalismusgeschichte. Ein Forschungsbericht als Einleitung.. 3

Jürgen Kocka, Kapitalismus und Demokratie. Der historische Befund............... 39

Timo Luks, Prekarität. Eine nützliche Kategorie der historischen Kapitalismusanalyse... 51

Jürgen Dinkel, Erben und vererben in der Moderne. Erkundungen eines Forschungsfelds... 81

Alexander Engel/Boris Gehlen, »The Stockbroker's Praises are Never Sung«. Regulation and Social Practices in U.S. and German Stock and Commodity Exchanges, 1870s to 1930s.. 109

Jürgen Finger, Spekulation für Jedermann und Jedefrau. Kleinanleger, Frauen und der graue Kapitalmarkt in Paris in der zweiten Hälfte des 19. Jahrhunderts...... 139

Catherine Davies, Spekulation und Korruption. Zur Sozial- und Diskursgeschichte des Gründerkrachs und der »Panic of 1873«....................................... 169

Michael Buchner, Möglichkeiten und Grenzen staatlicher Finanzmarktregulierung. Die Reaktionen der Berliner Fondsbörse auf die Einschränkung des Terminhandels in Wertpapieren durch das Börsengesetz von 1896........................... 189

Thomas Adam, Der Anteil der Staatsanleihen an der Finanzierung staatlicher Haushalte. Eine vergleichende Studie der staatlichen Defizitfinanzierung in den USA und Deutschland vom ausgehenden 18. bis in das frühe 20. Jahrhundert......... 219

Kieran Heinemann, Investment, Speculation and Popular Stock Market Engagement in 20th-Century Britain.. 249

Sina Fabian, »Popular Capitalism« in Großbritannien in den 1980er-Jahren........ 273

Christian Marx/Morten Reitmayer, Zwangslagen und Handlungsspielräume. Der Wandel von Produktionsmodellen in der westeuropäischen Chemieindustrie im letzten Drittel des 20. Jahrhunderts.. 297

Benjamin Möckel, Gegen die »Plastikwelt der Supermärkte«. Konsum- und Kapitalismuskritik in der Entstehungsgeschichte des »fairen Handels«................. 335

Simone M. Müller, Rettet die Erde vor den Ökonomen? Lawrence Summers' Memo und der Kampf um die Deutungshoheit über den internationalen Giftmüllhandel.. 353

VI

DOKUMENTATION – ANALYSE – KRITIK

Reiner Watermann, Die nationalsozialistische ›Gleichschaltung‹ des Gewerkschaftsbundes der Angestellten (GDA) im Jahr 1933... 375

Kim Christiaens/Idesbald Goddeeris, Solidarność and Latin America in the 1980s. Encounters, Conflicts and Failures 445

Maria Alexopoulou, Vom Nationalen zum Lokalen und zurück? Zur Geschichtsschreibung in der Einwanderungsgesellschaft Deutschland....................... 463

FORSCHUNGSBERICHTE UND SAMMELREZENSIONEN

Sylvia Kesper-Biermann, Aushandlung und Herrschaft, Rechtsräume und Öffentlichkeit. Neue Forschungen zu Kriminalität, Recht und (Straf-)Justiz, 18.–20. Jahrhundert 487

Wulf D. Hund, Rassismusanalyse in der Rassenfalle. Zwischen »raison nègre« und »racialization«.. 511

Johannes Großmann, Die »Grundtorheit unserer Epoche«? Neue Forschungen und Zugänge zur Geschichte des Antikommunismus...................................... 549

Summaries.. 591

Résumés 597

Die Mitarbeiterinnen und Mitarbeiter des Bandes 605

Rahmenthema des nächsten Bandes des »Archivs für Sozialgeschichte«............. 611

Einzelrezensionen des »Archivs für Sozialgeschichte« finden sich unter
<http://www.fes.de/afs>

Rezensierte Bücher in alphabetischer Reihenfolge[1]
(Band LVI und Online-Rezensionen August 2015 – Juli 2016)

Alisch, Steffen, Strafvollzug im SED-Staat	502
Arjana, Sophia Rose, Muslims in the Western Imagination	541
Arndt, Heiko, »Kampfzustände«. Alltag, Streit und Radikalisierung im nationalsozialistischen Bad Münder	81712
AutorInnenkollektiv Loukanikos (Hrsg.), History Is Unwritten. Linke Geschichtspolitik und kritische Wissenschaft. Ein Lesebuch	81693
Barnhisel, Greg, Cold War Modernists. Art, Literature, and American Cultural Diplomacy	563
Barnhisel, Greg/Catherine Turner (Hrsg.), Pressing the Fight. Print, Propaganda, and the Cold War	562
Beck, Rainer, Mäuselmacher oder die Imagination des Bösen. Ein Hexenprozess 1715–1723	490
Becker, Maximilian, Mitstreiter im Volkstumskampf. Deutsche Justiz in den eingegliederten Ostgebieten 1939–1945	502
Beckert, Sven, King Cotton. Eine Geschichte des globalen Kapitalismus	81672
Behmer, Markus/Birgit Bernard/Bettina Hasselbring (Hrsg.), Das Gedächtnis des Rundfunks. Die Archive der öffentlich-rechtlichen Sender und ihre Bedeutung für die Forschung	81694
Benz, Elisabeth, Ein halbes Leben für die Revolution, Fritz Rück (1895–1959). Eine politische Biografie	81702
Berchtold, Johannes, Recht und Gerechtigkeit in der Konsulargerichtsbarkeit. Britische Exterritorialität im Osmanischen Reich 1825–1914	509
Bernhardt, Markus, Was ist des Richters Vaterland? Justizpolitik und politische Justiz in Braunschweig zwischen 1879 und 1919/20	495
Bischof, Anna/Zuzana Jürgens (Hrsg.), Voices of Freedom – Western Interference? 60 Years of Radio Free Europe	575
Bitter, Albrecht von, Das Strafrecht des Preußischen Allgemeinen Landesrechts von 1794 vor dem ideengeschichtlichen Hintergrund seiner Zeit	492
Blazek, Matthias, Scharfrichter in Preußen und im Deutschen Reich 1866–1945	491
Bley, Helmut, Bebel und die Strategie der Kriegsverhütung 1904–1913. Eine Studie über Bebels Geheimkontakte mit der britischen Regierung und Edition der Dokumente	81745
Borggräfe, Henning, Zwangsarbeiterentschädigung. Vom Streit um »vergessene Opfer« zur Selbstaussöhnung der Deutschen	81766
Bornhorst, Sarah, Selbstversorger. Jugendkriminalität während des Ersten Weltkriegs im Landgerichtsbezirk Ulm	490

---

1 Einzelrezensionen im »Archiv für Sozialgeschichte« (Online-Ausgabe) können unter <http://www.fes.de/afs> abgerufen oder auch direkt unter dem Dateinamen angewählt werden. Dazu ist an die Internetadresse <http://www.fes.de/cgi-bin/afs.cgi?id=> die jeweilige hier angegebene Ziffernfolge anzufügen, also beispielsweise für Arndt, Heiko, »Kampfzustände«. Alltag, Streit und Radikalisierung im nationalsozialistischen Bad Münder: <http://www.fes.de/cgi-bin/afs.cgi?id=81712>.

Bozo, Frédéric/Marie-Pierre Rey/N. Piers Ludlow u.a. (Hrsg.), Visions of the End of the Cold War in Europe, 1945–1990   588

Brie, Michael, Polanyi neu entdecken. Das hellblaue Bändchen zu einem möglichen Dialog von Nancy Fraser und Karl Polanyi   81678

Brogi, Alessandro, Confronting America. The Cold War between the United States and the Communists in France and Italy   570

Brunner, José/Doron Avraham/Marianne Zepp (Hrsg.), Politische Gewalt in Deutschland. Ursprünge – Ausprägungen – Konsequenzen   81739

Buschak, Willy, Arbeit im kleinsten Zirkel. Gewerkschaften im Widerstand gegen die nationalsozialistische Diktatur   81685

Caillat, Michel/Mauro Cerutti/Jean-François Fayet u.a. (Hrsg.), Histoire(s) de l'anticommunisme en Suisse – Geschichte(n) des Antikommunismus in der Schweiz   552

Ceplair, Larry, Anti-Communism in Twentieth-Century America. A Critical History   557

Cohen, Laurie R., Smolensk under the Nazis. Everyday Life in Occupied Russia   81750

Cramer, John, Belsen Trial 1945. Der Lüneburger Prozess gegen Wachpersonal der Konzentrationslager Auschwitz und Bergen-Belsen   497

Creuzberger, Stefan, Kampf für die Einheit. Das gesamtdeutsche Ministerium und die politische Kultur des Kalten Krieges 1949–1969   567

Creuzberger, Stefan/Dierk Hoffmann (Hrsg.), »Geistige Gefahr« und »Immunisierung der Gesellschaft«. Antikommunismus und politische Kultur in der frühen Bundesrepublik   552

Cross, Richard/Norry LaPorte/Kevin Morgan u.a. (Hrsg.), A Century of Anti-Communism   552

Delton, Jennifer A., Rethinking the 1950s. How Anticommunism and the Cold War Made America Liberal   566

Demm, Eberhard, Else Jaffé-von Richthofen. Erfülltes Leben zwischen Max und Alfred Weber   81743

Dieckmann, Christoph/Babette Quinkert (Hrsg.), Kriegführung und Hunger 1939–1945. Zum Verhältnis von militärischen, wirtschaftlichen und politischen Interessen   81725

Dongen, Luc van/Stéphanie Roulin/Giles Scott-Smith (Hrsg.), Transnational Anti-Communism and the Cold War. Agents, Activities, and Networks   552

Ducange, Jean-Numa, La Révolution française et la social-démocratie. Transmissions et usages politiques de l'histoire en Allemagne et Autriche 1889–1934   81744

Durham, Martin/Margaret Power (Hrsg.), New Perspectives on the Transnational Right   556

Düwel, Jörn/Niels Gutschow (Hrsg.), A Blessing in Disguise. War and Town Planning in Europe 1940–1945   81762

Elobied, Tarig, Die Entwicklung des Strafbefehlsverfahrens von 1846 bis in die Gegenwart   489

Fawaz, Leila Tarazi, A Land of Aching Hearts. The Middle East in the Great War   81746

Felsch, Philipp, Der lange Sommer der Theorie. Geschichte einer Revolte 1960–1990   81719

Fenske, Michaela, Demokratie erschreiben. Bürgerbriefe und Petitionen als Medien politischer Kultur 1950–1974   81732

Figge, Maja, Deutschsein (wieder-)herstellen. Weißsein und Männlichkeit im bundesdeutschen Kino der fünfziger Jahre   534

Fischer, Martin, Dienst an der Liebe. Die katholische Ehe-, Familien- und Lebensberatung in der DDR   81754

Fitschen, Klaus/Siegfried Hermle/Katharina Kunter u. a. (Hrsg.), Die Politisierung des Protestantismus. Entwicklungen in der Bundesrepublik Deutschland während der 1960er und 70er Jahre   81718

Fleming, John V., The Anti-Communist Manifestos. Four Books that Shaped the Cold War   555

Fooken, Insa/Gereon Heuft (Hrsg.), Das späte Echo von Kriegskindheiten. Die Folgen des Zweiten Weltkriegs in Lebensverläufen und Zeitgeschichte   81752

Föste, Wilga, Das Geld im ökonomischen Denken des Merkantilismus   81756

Freitag, Sabine, Kriminologie in der Zivilgesellschaft. Wissenschaftsdiskurse und die britische Öffentlichkeit 1830–1945   490

Friedman, Walter A., Fortune Tellers. The Story of America's First Economic Forecasters   81747

Fritsche, Christiane, »Du sollst nicht begehren deines Nächsten Haus«. Die »Arisierung« von Grundstücken in Mannheim durch Institutionen der Evangelischen Kirche   81763

Gephart, Werner (Hrsg.), Rechtsanalyse als Kulturforschung   488

Gerhard, Gesine, Nazi Hunger Politics. A History of Food in the Third Reich   81709

Germann, Urs, Kampf dem Verbrechen. Kriminalpolitik und Strafrechtsreform in der Schweiz 1870–1950   508

Gerrits, André, The Myth of Jewish Communism. A Historical Interpretation   560

Gerstenmayer, Christina, Spitzbuben und Erzbösewichter. Räuberbanden in Sachsen zwischen Strafverfolgung und medialer Repräsentation   493

Gifford, Laura Jane/Daniel K. Williams (Hrsg.), The Right Side of the Sixties. Reexamining Conservatism's Decade of Transformation   558

Gilcher-Holtey, Ingrid (Hrsg.), A Revolution of Perception? Consequences and Echoes of 1968   81690

Gladchuk, John J., Hollywood and Anticommunism. HUAC and the Evolution of the Red Menace, 1935–1950   552

Goethem, Geert van/Robert Anthony Waters (Hrsg.), American Labor's Global Ambassadors. The International History of the AFL-CIO during the Cold War   558

Goldstein, Jürgen, Georg Forster. Zwischen Freiheit und Naturgewalt   81757

Goldstein, Robert J. (Hrsg.), Little »Red Scares«. Anti-Communism and Political Repression in the United States, 1921–1946   565

Graf, Marie Sophie, Die Inszenierung der Neuen Armut im sozialpolitischen Repertoire von SPD und Grünen 1983–1987   81691

Grisard, Dominique, Gendering Terror. Eine Geschlechtergeschichte des Linksterrorismus in der Schweiz ... 490

Grothe, Ewald (Hrsg.), Carl Schmitt – Ernst Rudolf Huber. Briefwechsel, 1926–1981. Mit ergänzenden Materialien ... 81689

Guhl, Anton F., Johannes August Lattmann. Sozial und liberal im vordemokratischen Hamburger Senat ... 81741

Habermas, Rebekka/Alexandra Przyrembel (Hrsg.), Von Käfern, Märkten und Menschen. Kolonialismus und Wissen in der Moderne ... 81736

Hachtmann, Rüdiger/Sven Reichardt (Hrsg.), Detlev Peukert und die NS-Forschung ... 81764

Hannover, Heinrich, Reden vor Gericht. Plädoyers in Text und Ton ... 496

Hartmann, Christian/Othmar Plöckinger/Roman Töppel u.a. (Hrsg.), Hitler, Mein Kampf. Eine kritische Edition, 2 Bde. ... 81707

Hein, Bastian, Die SS. Geschichte und Verbrechen ... 81708

Heitzer, Enrico, Die Kampfgruppe gegen Unmenschlichkeit (KgU). Widerstand und Spionage im Kalten Krieg 1948–1959 ... 577

Hentges, Gudrun, Staat und politische Bildung. Von der »Zentrale für Heimatdienst« zur »Bundeszentrale für politische Bildung« ... 568

Herzog, Jonathan P., The Spiritual-Industrial Complex. America's Religious Battle against Communism in the Early Cold War ... 583

Hesse, Wolfgang, Die Eroberung der beobachtenden Maschinen. Zur Arbeiterfotografie der Weimarer Republik ... 81704

Hilgert, Nora, Unterhaltung, aber sicher! Populäre Repräsentationen von Recht und Ordnung in den Fernsehkrimis »Stahlnetz« und »Blaulicht«, 1958/59–1968 ... 500

Holian, Anna, Between National Socialism and Soviet Communism. Displaced Persons in Postwar Germany ... 584

Hwang, Ki-Woo, Die nationalsozialistische Kulturpolitik gegenüber Japan. Antisemitismus und Antikommunismus ... 572

Iber, Patrick, Neither Peace nor Freedom. The Cultural Cold War in Latin America ... 572

Jahns, Sigrid, Das Reichskammergericht und seine Richter. Verfassung und Sozialstruktur eines höchsten Gerichts im Alten Reich, Teil 1: Darstellung ... 495

Jahr, Christoph, Antisemitismus vor Gericht. Debatten über die juristische Ahndung judenfeindlicher Agitation in Deutschland (1879–1960) ... 487

Jaksić, Iván (Hrsg.), Debating Race, Ethnicity, and Latino Identity. Jorge J.E. Gracia and His Critics ... 539

Janzowski, Frank, Die NS-Vergangenheit in der Heil- und Pflegeanstalt Wiesloch. »… so intensiv wenden wir unsere Arbeitskraft der Ausschaltung der Erbkranken zu.« ... 81749

Jarck, Horst-Rüdiger, Otto Bennemann (1903–2003). Von Milieu, Widerstand und politischer Verantwortung ... 81759

Johnson, A. Ross, Radio Free Europe and Radio Liberty. The CIA Years and Beyond ... 575

Junggeburth, Tanja, Stollwerck 1839–1932. Unternehmerfamilie und Familienunternehmen ... 81722

Kailer, Thomas, Vermessung des Verbrechers. Die kriminalbiologische Untersuchung in Bayern, 1923–1945		490
Kataoka, Atsushi/Regine Matthias/Pia Tomoko Meid u. a. (Hrsg.), »Glückauf« auf Japanisch. Bergleute aus Japan im Ruhrgebiet	81730	
Kersten, Eike-Christian, Mainz – Die geteilte Stadt	81729	
Kießling, Friedrich, Die undeutschen Deutschen. Eine ideengeschichtliche Archäologie der alten Bundesrepublik 1945–1972	81688	
Knapp, Natalie, Die Ungehorsamsstrafe in der Strafprozesspraxis des frühen 19. Jahrhunderts. Eine Untersuchung anhand ausgewählter Staaten		504
Kocka, Jürgen, Geschichte des Kapitalismus	81673	
Kollmann, Nancy, Crime and Punishment in Early Modern Russia		504
Kontler, László, Translations, Histories, Enlightenments. William Robertson in Germany, 1760–1795	81675	
Korb, Alexander, Im Schatten des Weltkriegs. Massengewalt der Ustaša gegen Serben, Juden und Roma in Kroatien 1941–1945	81726	
Korte, Jan, Instrument Antikommunismus. Der Sonderfall Bundesrepublik		551
Kotulla, Michael, Deutsches Verfassungsrecht 1806–1918. Eine Dokumentensammlung nebst Einführungen, Bd. 4: Bremen	81758	
Kowalsky, Sharon A., Deviant Women. Female Crime and Criminology in Revolutionary Russia, 1880–1930		494
Kowner, Rotem, From White to Yellow. The Japanese in European Racial Thought, 1300–1735		521
Kraus, Daniela, Kriminalität und Recht in frühneuzeitlichen Nachrichtendrucken. Bayerische Kriminalberichterstattung vom Ende des 15. bis zur Mitte des 19. Jahrhunderts		499
Kraus, Hans-Christof, Das Thema »Preußen« in Wissenschaft und Wissenschaftspolitik vor und nach 1945	81748	
Kroll, Remo, Die Kriminalpolizei im Ostteil Berlins (1945–1990)		496
Kwon, Heonik, The Other Cold War		560
Leemann, Ramon, Entwicklung als Selbstbestimmung. Die menschenrechtliche Formulierung von Selbstbestimmung und Entwicklung in der UNO, 1945–1986	81731	
Lemke-Küch, Harald, Der Laienrichter – überlebtes Symbol oder Garant der Wahrheitsfindung? Eine rechtsgeschichtliche Untersuchung über das »moderne« Volksgericht in Deutschland seit Beginn des 19. Jahrhunderts		489
Leukel, Sandra, Strafanstalt und Geschlecht. Geschichte des Frauenstrafvollzugs im 19. Jahrhundert (Baden und Preußen)		503
Lichtenwagner, Mathias, Leerstellen. Zur Topografie der Wehrmachtsjustiz in Wien vor und nach 1945		500
Liebermann, Robbie, The Strangest Dream. Communism, Anti-Communism, and the U. S. Peace Movement, 1945–1963		560
Liebermann, Robbie/Clarence Lang (Hrsg.), Anticommunism and the African American Freedom Movement. »Another Side of the Story«		560

Linder, Joachim/Claus-Michael Ort (Hrsg.), Wissen über Kriminalität. Zur Medien- und Diskursgeschichte von Verbrechen und Strafjustiz vom 18. bis zum 21. Jahrhundert ... 499

Lindner, Sebastian, Zwischen Öffnung und Abgrenzung. Die Geschichte des innerdeutschen Kulturabkommens 1973–1986 ... 81755

Löffelsender, Michael, Strafjustiz an der Heimatfront. Die strafrechtliche Verfolgung von Frauen und Jugendlichen im Oberlandesgerichtsbezirk Köln 1939–1945 ... 493

Luebke, David M./Mary Lindemann, Mixed Matches. Transgressive Unions in Germany from the Reformation to the Enlightenment ... 81721

Luff, Jennifer, Commonsense Anticommunism. Labor and Civil Liberties between the World Wars ... 558

Lux, Anna, Räume des Möglichen. Germanistik und Politik in Leipzig, Berlin und Jena (1918–1961) ... 81723

Lynn, Katalin Kadar (Hrsg.), The Inauguration of Organized Political Warfare. Cold War Organizations, Sponsored by the National Committee for a Free Europe/Free Europe Committee ... 557

Mahlmann, Matthias (Hrsg.), Gesellschaft und Gerechtigkeit. Festschrift für Hubert Rottleuthner ... 81680

Maier, Joachim, Die Opfer der nationalsozialistischen Gewaltherrschaft aus Freudenberg am Main. Ein Gedenkbuch ... 81713

Mank, Ute, Zwischen Trauma und Rechtfertigung. Wie sich ehemalige Wehrmachtssoldaten an den Krieg erinnern ... 81727

Manthe, Barbara, Richter in der nationalsozialistischen Kriegsgesellschaft. Beruflicher und privater Alltag von Richtern des Oberlandesgerichtsbezirks Köln, 1939–1945 ... 495

März, Michael, Linker Protest nach dem Deutschen Herbst. Eine Geschichte des linken Spektrums im Schatten des ›starken Staates‹, 1977–1979 ... 81735

Maurer, Golo, Preußen am Tarpejischen Felsen. Chronik eines absehbaren Sturzes. Die Geschichte des Deutschen Kapitols in Rom 1817–1918 ... 81740

Mbembe, Achille, Kritik der schwarzen Vernunft ... 519

McDermott, Kevin/Matthew Stibbe (Hrsg.), The 1989 Revolutions in Central and Eastern Europe. From Communism to Pluralism ... 81692

Mehlich, Andreas, Der Verteidiger in den Strafprozessen gegen die Rote Armee Fraktion. Politische Justiz und politische Strafverteidigung im Lichte der Freiheit der Advokatur ... 496

Mergel, Thomas, Propaganda nach Hitler. Eine Kulturgeschichte des Wahlkampfs in der Bundesrepublik 1949–1990 ... 81714

Metger, Julia, Studio Moskau. Westdeutsche Korrespondenten im Kalten Krieg ... 81753

Meyer, Kristina, Die SPD und die NS-Vergangenheit 1945–1990 ... 81716

Mill, Tatjana, Zur Erziehung verurteilt. Die Entwicklung des Jugendstrafrechts im zaristischen Russland 1864–1917 ... 497

Möller, Frank, Das Buch Witsch. Das schwindelerregende Leben des Verlegers Joseph Caspar Witsch ... 564

Mondoué, Roger, Nouveaux philosophes et antimarxisme. Autour de Marx est mort de Jean-Marie Benoist ... 556

Mörchen, Stefan, Schwarzer Markt. Kriminalität, Ordnung und Moral in Bremen 1939–1949 ... 490

Müller, Jörg, Strafvollzugspolitik und Haftregime in der SBZ und in der DDR. Sachsen in der Ära Ulbricht ... 502

Münkel, Daniela, Herbst '89 im Blick der Stasi. Die geheimen Berichte an die SED-Führung. Auswahledition ... 81720

Murji, Karim/John Solomos (Hrsg.), Theories of Race and Ethnicity. Contemporary Debates and Perspectives ... 531

Müting, Christina, Sexuelle Nötigung; Vergewaltigung (§ 177 StGB). Reformdiskussion und Gesetzgebung seit 1870 ... 489

Nagel, Katja, Die Provinz in Bewegung. Studentenunruhen in Heidelberg 1967–1973 ... 81734

Nicolaisen, Peter/Hannah Spahn (Hrsg.), Cosmopolitanism and Nationhood in the Age of Jefferson ... 81674

Niess, Wolfgang, Die Revolution von 1918/19 in der deutschen Geschichtsschreibung. Deutungen von der Weimarer Republik bis ins 21. Jahrhundert ... 81701

Nirenberg, David, Anti-Judaismus. Eine andere Geschichte des westlichen Denkens ... 524

O'Donnell, Edward T., Henry George and the Crisis of Inequality. Progress and Poverty in the Gilded Age ... 81697

Ortmann, Alexandra, Machtvolle Verhandlungen. Zur Kulturgeschichte der deutschen Strafjustiz 1879–1924 ... 491

Passens, Katrin, MfS-Untersuchungshaft. Funktionen und Entwicklung von 1971 bis 1989 ... 502

Patel, Kiran Klaus, The New Deal. A Global History ... 81760

Paulus, Julia/Marion Röwekamp (Hrsg.), Eine Soldatenheimschwester an der Ostfront. Briefwechsel von Anette Schücking mit ihrer Familie (1941–1943) ... 81710

Pekesen, Berna, Zwischen Sympathie und Eigennutz. NS-Propaganda und die türkische Presse im Zweiten Weltkrieg ... 81751

Perucci, Tony, Paul Robeson and the Cold War Performance Complex. Race, Madness, Activism ... 560

Peschke, Franz, Ökonomie, Mord und Planwirtschaft. Die Heil- und Pflegeanstalt Wiesloch im Dritten Reich ... 81749

Peters, Susanne, William S. Schlamm. Ideologischer Grenzgänger im 20. Jahrhundert ... 564

Pierce, Jeremy, A Realist Metaphysics of Race. A Context-Sensitive, Short-Term Retentionist, Long-Term Revisionist Approach ... 516

Pinwinkler, Alexander, Historische Bevölkerungsforschungen. Deutschland und Österreich im 20. Jahrhundert ... 81679

Pitcher, Ben, Consuming Race ... 81737

Pivato, Stefano, I comunisti mangiano i bambini. Storia di una leggenda ... 561

Pleinen, Jenny, Die Migrationsregime Belgiens und der Bundesrepublik seit dem Zweiten Weltkrieg ... 81715

Plumpe, Werner/Joachim Scholtyseck/Florian Burkhardt (Hrsg.), Der Staat und die Ordnung der Wirtschaft. Vom Kaiserreich bis zur Berliner Republik — 81698

Quinkert, Babette/Jörg Morré (Hrsg.), Deutsche Besatzung in der Sowjetunion 1941–1944. Vernichtungskrieg, Reaktionen, Erinnerung — 81687

Raim, Edith, Justiz zwischen Diktatur und Demokratie. Wiederaufbau und Ahndung von NS-Verbrechen in Westdeutschland 1945–1949 — 496

Reuter, Ursula/Thomas Roth, Lebenswege und Jahrhundertgeschichten. Erinnerungen jüdischer Zuwanderer aus der ehemaligen Sowjetunion in Nordrhein-Westfalen — 81765

Rick, Kevin, Zwischen Bierboom und Brauerei-Boykotten. Geschichte der hessischen Brauereien 1871–1914 — 81742

Risso, Linda, Propaganda and Intelligence in the Cold War. The NATO Information Service — 576

Roos, Daniel, Julius Streicher und »Der Stürmer« 1923–1945 — 81684

Roth, Thomas, »Verbrechensbekämpfung« und soziale Ausgrenzung im nationalsozialistischen Köln — 491

Roulin, Stéphanie, Un credo anticommuniste. La commission Pro Deo de l'Entente Internationale Anticommuniste, ou la dimension religieuse d'un combat politique (1924–1945) — 557

Rumpf, Joachim R., Der Fall Wollheim gegen die I.G. Farbenindustrie AG in Liquidation. Die erste Musterklage eines ehemaligen Zwangsarbeiters in der Bundesrepublik Deutschland – Prozess, Politik und Presse — 506

Salm, Jan, Ostpreußische Städte im Ersten Weltkrieg. Wiederaufbau und Neuerfindung — 81681

Saunders, Frances Stonor, The Cultural Cold War. The CIA and the World of Arts and Letters — 574

Schaper, Ulrike, Koloniale Verhandlungen. Gerichtsbarkeit, Verwaltung und Herrschaft in Kamerun 1884–1916 — 492

Schenk, Dietmar, Als Berlin leuchtete. Kunst und Leben in den Zwanziger Jahren — 81703

Schmidt, Karin, Zur Frage der Zwangsarbeit im Strafvollzug der DDR. Die »Pflicht zur Arbeit« im Arbeiter- und Bauernstaat — 492

Schmidt-Eenboom, Erich/Ulrich Stoll, Die Partisanen der NATO. Stay-Behind-Organisationen in Deutschland 1946–1991 — 578

Schönberger, Christoph, Der »German Approach«. Die deutsche Staatsrechtslehre im Wissenschaftsvergleich — 81738

Schulte, Jan Erik/Michael Wala (Hrsg.), Widerstand und Auswärtiges Amt. Diplomaten gegen Hitler — 81711

Schütze, Larissa, William Dieterle und die deutschsprachige Emigration in Hollywood. Antifaschistische Filmarbeit bei Warner Bros. Pictures, 1930–1940 — 81761

Schwartz, Lowell H., Political Warfare against the Kremlin. US and British Propaganda Policy at the Beginning of the Cold War — 571

Scott-Smith, Giles, Western Anti-Communism and the Interdoc Network. Cold War Internationale — 554

Segesser, Daniel Marc, Recht statt Rache oder Rache durch Recht? Die Ahndung von Kriegsverbrechen in der internationalen wissenschaftlichen Debatte 1872–1945		498
Seidel-Höppner, Waltraud, Wilhelm Weitling (1808–1871). Eine politische Biographie, 2 Bde.	81695	
Seidman, Michael, The Victorious Counterrevolution. The Nationalist Effort in the Spanish Civil War	81686	
Smith, Justin E.H., Nature, Human Nature, and Human Difference. Race in Early Modern Philosophy		527
Spoerer, Mark/Jochen Streb, Neue deutsche Wirtschaftsgeschichte des 20. Jahrhunderts	81699	
Storrs, Landon R.Y., The Second Red Scare and the Unmaking of the New Deal Left		566
Talkenberger, Heike, Gauner, Dirnen, Revolutionäre. Kriminalität im 19. Jahrhundert		490
Tate, Shirley Anne/Ian Law (Hrsg.), Caribbean Racisms. Connections and Complexities in the Racialization of the Caribbean Region		511
Teslow, Tracy, Constructing Race. The Science of Bodies and Cultures in American Anthropology		513
Torp, Claudius, Wachstum, Sicherheit, Moral. Politische Legitimationen des Konsums im 20. Jahrhundert	81677	
Troeltsch, Ernst, Spectator-Briefe und Berliner Briefe (1919–1922), hrsg. v. *Gangolf Hübinger*	81701	
Uhl, Karsten, Humane Rationalisierung? Die Raumordnung der Fabrik im fordistischen Jahrhundert	81724	
van Es, Evelien/Gregor Harbusch/Bruno Maurer u.a. (Hrsg.), Atlas of the Functional City. CIAM 4 and Comparative Urban Analysis	81706	
Végső, Roland, The Naked Communist. Cold War Modernism and the Politics of Popular Culture		563
Voigt, Sebastian, Der jüdische Mai '68. Pierre Goldman, Daniel Cohn-Bendit und André Glucksmann im Nachkriegsfrankreich	81733	
Waske, Stefanie, Nach Lektüre vernichten! Der geheime Nachrichtendienst von CDU und CSU im Kalten Krieg		567
Wegner, Jörn, Die Kriegs- und die Kolonialfrage in der britischen und deutschen Arbeiterbewegung im Vergleich 1899–1914	81700	
Weigelt, Andreas/Klaus-Dieter Müller/Thomas Schaarschmidt u.a. (Hrsg.), Todesurteile sowjetischer Militärtribunale gegen Deutsche (1944–1947). Eine historisch-biographische Studie	81728	
Wein, Susanne, Antisemitismus im Reichstag. Judenfeindliche Sprache in Politik und Gesellschaft der Weimarer Republik	81682	
Weisbord, Robert G., Racism and the Olympics		532
Weiß, Volker, Moses Hess. Rheinischer Jude, Revolutionär, früher Zionist	81696	
Weißer, Ansgar, Die »innere« Landesgründung von Nordrhein-Westfalen. Konflikte zwischen Staat und Selbstverwaltung um den Aufbau des Bundeslandes (1945–1953)	81717	

Wieser, Lothar, »Das hiesige Land gleicht einem Paradies«. Die Auswanderung von Baden nach Brasilien im 19. Jahrhundert/A emigração badense ao Brasil no século XIX   81676

Wilhelm, Uwe, Das Deutsche Kaiserreich und seine Justiz. Justizkritik – politische Strafrechtsprechung – Justizpolitik   487

Wippermann, Wolfgang, Heilige Hetzjagd. Eine Ideologiegeschichte des Antikommunismus   556

Wißmann, Hinnerk (Hrsg.), Europäische Verfassungen 1789–1990. Textsammlung   81738

Wong, Edlie L., Racial Reconstruction. Black Inclusion, Chinese Exclusion, and the Fictions of Citizenship   544

Zake, Ieva (Hrsg.), Anti-Communist Minorities in the U.S. Political Activism of Ethnic Refugees   557

Zake, Ieva, American Latvians. Politics of a Refugee Community   584

Zakharov, Nikolay, Race and Racism in Russia   545

Ziemann, Benjamin, Veteranen der Republik. Kriegserinnerung und demokratische Politik 1918–1933   81683

Beiträge zum Rahmenthema
»Sozialgeschichte des Kapitalismus
im 19. und 20. Jahrhundert«

Friedrich Lenger

Die neue Kapitalismusgeschichte
Ein Forschungsbericht als Einleitung[*]

»›That's a great deal to make one word mean,‹ Alice said in a thoughtful tone. ›When I make a word do a lot of work like that,‹ said Humpty Dumpty, ›I always pay it extra.‹ [...] (Alice didn't venture to ask what he paid them with; and so you see I can't tell *you*.)«[1]

»Kapitalismus« gehört sicherlich zu den Worten, die Humpty Dumpty extra bezahlen würde. Und angesichts der kaum abgeklungenen Finanzkrise von 2008 ist es nicht wirklich erstaunlich, dass in den letzten Jahren der Begriff und seine vielen Bedeutungen wieder sehr viel stärker in den Fokus sowohl der Wissenschaft als auch einer breiteren Öffentlichkeit gerückt sind. Und dennoch vermag die jüngste Debatte immer wieder zu überraschen. »Stirbt der Kapitalismus?«, fragt beispielsweise ein zunächst bei Oxford University Press erschienener Band, an dem so bekannte Sozialwissenschaftler wie Craig Calhoun, Randall Collins, Michael Mann oder Immanuel Wallerstein mitgearbeitet haben.[2] Dass letzterer den von ihm seit Jahrzehnten prognostizierten und herbeigesehnten Tod des Kapitalismus nun endlich herannahen sieht, war zu erwarten. Die Selbstverständlichkeit, mit der ein zuvor vor allem als Max-Weber-Interpret und an Gewalt interessierter Mikrosoziologe hervorgetretener Wissenschaftler wie Randall Collins nun vom »Aufgalopp zum letzten Crash des Kapitalismus« spricht, verblüfft dagegen eher.[3] Vielleicht kann man darin auch den Ausdruck von Erleichterung erkennen, dass die vor einem guten Vierteljahrhundert allseits verkündete Alternativlosigkeit des Kapitalismus nicht das letzte Wort gewesen sein muss.

Es fehlt jedenfalls nicht an Indizien, dass wir es mit weit mehr als der »reemergence of a historical concept« zu tun haben, wie Jürgen Kocka und Marcel van der Linden eine aktuelle Bestandsaufnahme zum Thema »capitalism« untertiteln.[4] Vielmehr scheint Nancy Frasers Diagnose zutreffend: »What all the talk about capitalism indicates, symptomatically, is a growing intuition that the heterogeneous ills – financial, economic, ecological, political, social – that surround us can be traced to a common root«.[5] Und wie weit diese Intuition ausstrahlt, sieht man etwa im Feuilleton der Frankfurter Allgemeinen Sonntagszeitung, das unlängst den größten Teil einer Seite der Aufforderung widmete, die geneigten Leser sollten doch das Erscheinen einer deutschen Übersetzung zum Anlass

---

[*] Für die kritische Diskussion eines ersten (Teil-)Entwurfs danke ich den Mitgliedern der Gießener Arbeitsgruppe »Geschichte und Theorie des globalen Kapitalismus«, den übrigen Herausgeberinnen und Herausgebern dieser Zeitschrift sowie Dieter Langewiesche (Tübingen).
[1] *Lewis Caroll*, Alice's Adventures in Wonderland & Through the Looking-Glass, New York 1960, S. 187.
[2] *Immanuel Wallerstein/Randall Collins/Michael Mann* u. a., Stirbt der Kapitalismus? Fünf Szenarien für das 21. Jahrhundert, Frankfurt am Main 2014 (zuerst engl. 2013 unter dem Titel »Does Capitalism Have a Future?«).
[3] *Randall Collins*, Das Ende der Mittelschichtarbeit: Keine weiteren Auswege, in: ebd., S. 49–88, hier: S. 63.
[4] *Jürgen Kocka/Marcel van der Linden* (Hrsg.), Capitalism. The Reemergence of a Historical Concept, London/New York 2016.
[5] *Nancy Fraser*, Behind Marx's Hidden Abode. For an Expanded Conception of Capitalism, in: New Left Review 2014, Nr. 86, S. 55–72, hier: S. 55.

nehmen, endlich das von Louis Althusser und einigen seiner Mitstreiter vor fünfzig Jahren herausgebrachte Buch »Lire le Capital« zu lesen.⁶

Breitenwirkung und Grundsätzlichkeit der wieder eröffneten Kapitalismusdiskussion sind also kaum zu überschätzen. Sie hat nicht nur das Interesse an Karl Marx wiederbelebt, sondern auch sozialistische oder postkapitalistische Utopien erneut salonfähig gemacht.⁷ Die Spannweite der Positionen ist auch hier groß. Sie reicht von dem Versuch Axel Honneths, aus der kritischen Auseinandersetzung mit sozialistischen Denkern des 19. Jahrhunderts eine von den »theoretische[n] Erblasten des Sozialismus« gereinigte Grundlage zu gewinnen, auf der ein neues ›Reich der Freiheit‹ nicht nur für die Sphäre der Ökonomie, sondern auch für den privaten Bereich und die politische Öffentlichkeit entworfen werden kann, bis zu der gemessen an dieser hegelianisch-rawlsianisch geprägten Marx-Lektüre gelegentlich geradezu hemdsärmelig daherkommenden Skizze eines »Postkapitalismus« aus der Feder des britischen Fernsehjournalisten Paul Mason.⁸ Auch Mason setzt sich kritisch mit der sozialistischen Tradition auseinander, wobei er nur selten vor Marx zurückgeht und stattdessen die theoretische Fortentwicklung im 20. Jahrhundert und die sowjetischen Ansätze zu ihrer Umsetzung stärker in den Blick nimmt. Sein Glauben an eine funktionsfähige Alternative zum Kapitalismus gründet sich aber weniger auf die Zuversicht, Fehler der Theoriebildung retrospektiv erkennen und beheben zu können, als vielmehr auf die Verheißungen der Informationsverarbeitung. Da der Informationsgehalt physischer Güter unaufhaltsam steige, die Vervielfältigungskosten einmal existierender Informationen aber gegen null gingen, sei es nur noch deren Monopolisierung durch Unternehmen wie Apple oder Microsoft, die verhinderten, dass gemäß »der Allmendelogik produzierte kostenlose Güter« an die Stelle »kommerziell erzeugte[r] Güter« träten und so die Basis einer neuen, kooperativen Gesellschaftsordnung bildeten.⁹ Nur im Bereich der Energieversorgung seien dann doch Zwangsmaßnahmen nötig, damit das postkapitalistische Paradies nicht noch durch die von Honneth ganz ausgeblendeten ökologischen Belastungen gefährdet werde.

Es sind also weitgespannte Horizonte, in denen dieser Tage wieder über den Kapitalismus diskutiert wird. Und unabhängig davon, ob man wie Paul Mason im kognitiven Kapitalismus die letzte Phase vor seiner Überwindung erkennt oder wie Craig Calhoun aus seiner »extreme[n] Finanzialisierung« der jüngsten Zeit eine bisher so nicht gekannte Krisenanfälligkeit resultieren sieht, drängt sich immer wieder die Frage nach der Tiefe der behaupteten Zäsuren auf, die sich nur auf dem Wege der vergleichenden historischen Einordnung wird beantworten lassen.¹⁰ Dabei ist ein bei Sozialwissenschaftlern gelegentlich anzutreffendes Verständnis von Geschichte aufschlussreich, garantiert doch so unterschiedlichen Autoren wie Elmar Altvater und Wolfgang Streeck die vom Wissen um seine Anfänge bezeugte Geschichtlichkeit des Kapitalismus auch seine Endlichkeit.¹¹ Dieser Logik

---

6 *Cord Riechelmann*, Was ist? Kampf! Louis Althusser lesen – warum es heute hilft, das Werk des Marxisten und Anti-Fundamentalisten wiederzuentdecken, in: Frankfurter Allgemeine Sonntagszeitung, 14.6.2015, S. 52.
7 Von daher geht die Debatte über das Anliegen von Marxens jüngstem Biografen hinweg, ihn gleichsam dem 19. Jahrhundert zurückzugeben. Vgl. *Jonathan Sperber*, Karl Marx. Sein Leben und sein Jahrhundert, München 2013, sowie die gegen eine solche Historisierung die Relevanz der marxschen Problemstellung geltend machende Aufsatzsammlung von *Rahel Jaeggi/Daniel Loick* (Hrsg.), Nach Marx. Philosophie, Kritik, Praxis, Berlin 2013.
8 *Axel Honneth*, Die Idee des Sozialismus. Versuch einer Aktualisierung, Berlin 2015, S. 80.
9 *Paul Mason*, Postkapitalismus. Grundrisse einer kommenden Ökonomie, Berlin 2016, S. 195.
10 *Craig Calhoun*, Was den Kapitalismus heute bedroht, in: *Wallerstein/Collins/Mann* u.a., Stirbt der Kapitalismus?, S. 163–202, hier: S. 169.
11 Vgl. *Elmar Altvater*, Das Ende des Kapitalismus, wie wir ihn kennen. Eine radikale Kapitalismuskritik, Münster 2011, insb. S. 10, sowie *Wolfgang Streeck*, Wie wird der Kapitalismus enden?, in: Blätter für deutsche und internationale Politik, 2015, H. 3, S. 99–111, hier: S. 106.

wird nicht jede Historikerin oder jeder Historiker folgen wollen und stattdessen eher nach dem Formwandel des Kapitalismus und nach Veränderungen im Denken über den Kapitalismus fragen. Mit Blick auf Letzteres sticht ins Auge, wie rasch das um die Jahrtausendwende noch lebhafte Interesse an der »Zukunft des globalen Kapitalismus« von der Frage nach dessen Ende verdrängt worden ist.[12]

In dieser Einleitung soll es indessen um etwas längerfristig verlaufende Wandlungsprozesse gehen. Wenn dabei im Titel von einer »neuen« Kapitalismusgeschichte die Rede ist, soll damit auch angedeutet sein, dass diese Einleitung vor allem einen Strang herausgreift, der allerdings ein dominanter ist.[13] Denn naheliegenderweise tritt in der historischen Beschäftigung mit dem Kapitalismus die allgemein unübersehbare globalgeschichtliche Wende noch deutlicher hervor als in vielen anderen Bereichen der Geschichtswissenschaft ohnehin. Ob damit aber, wie Sven Beckert meint, »the return of a materialist, even structuralist reading of history« ganz umstandslos verbunden ist, sei dahingestellt. Zumindest kann man sich wohl der ja schon von Max Weber stringent hergeleiteten Aufgabe verpflichtet fühlen, zu erklären, »how the world turned out the way it did«, und dabei davon überzeugt sein, »that one of the analytical concepts that can be usefully employed to understand that history is capitalism«, ohne deshalb die Theorie- und Methodendiskussion der letzten vierzig Jahre beiseiteschieben zu müssen.[14] Gleichwohl ist unübersehbar, dass inhaltlich vielerorts an Diskussionen angeknüpft wird, die in den 1970er-Jahren abgebrochen worden sind. Zudem leistet der wirtschaftsgeschichtliche Fokus vieler Arbeiten und der gegenüber den 1970er-Jahren wenig veränderte methodische Zugriff dieser Teildisziplin dem von Beckert suggerierten Eindruck Vorschub.

Diese Einleitung nimmt zunächst die jüngste handbuchartige Gesamtdarstellung zur Kapitalismusgeschichte in den Blick und ordnet sie in die Forschungslandschaft ein. Daran anknüpfend behandelt sie die in den letzten Jahren erneut intensiv diskutierte Bedeutung des Kolonialismus und der Sklaverei im Übergang vom Handels- zum Industriekapitalismus. Das führt zeitlich weit vor das in den Beiträgen zu diesem Band vornehmlich behandelte 19. und 20. Jahrhundert zurück. Eine solche Einbeziehung der Frühen Neuzeit ist aber auch bei der in einem dritten Abschnitt vorgenommenen Auseinandersetzung mit neueren Ansätzen zu globalen Verflechtungen und vornehmlich asiatisch-europäischen Vergleichen wirtschaftlicher Entwicklung unabdingbar. Abschließend wird dann versucht, die Einführung wieder näher an die Gegenwart heranzuführen und die einzelnen, meist europäische Länder während des 19. oder 20. Jahrhunderts behandelnden Beiträge zu diesem Band knapp vorzustellen.

I. (K)EIN NEUER ERZÄHLBOGEN?

Bei der Suche nach historischer Orientierung sollte die 2014 erschienene, zweibändige »Cambridge History of Capitalism« zentrale Hilfestellung leisten, tut dies aber nur sehr

---

12 *Will Hutton/Anthony Giddens* (Hrsg.), Die Zukunft des globalen Kapitalismus, Frankfurt am Main/New York 2001; vgl. *Altvater*, Das Ende des Kapitalismus, wie wir ihn kennen; *Wallerstein/Collins/Mann* u. a., Stirbt der Kapitalismus?, und *Streeck*, Wie wird der Kapitalismus enden?.

13 Daneben nimmt in der Diskussion der Zusammenhang zwischen kapitalistischer Entwicklung und wachsender sozialer Ungleichheit breiten Raum ein; vgl. dazu und insbesondere auch zu dem die jüngere Debatte prägenden Buch von Thomas Piketty: *Friedrich Lenger/Dietmar Süß*, Soziale Ungleichheit in der Geschichte moderner Industriegesellschaften, in: AfS 54, 2014, S. 3–24, sowie die Beiträge zu diesem Band.

14 *Sven Beckert*, The New History of Capitalism, in: *Kocka/van der Linden*, Capitalism, S. 235–250, hier: S. 235f.

bedingt.¹⁵ Zwar tragen die beiden Bände der seit etwa zwei Jahrzehnten stetig stärker werdenden globalgeschichtlichen Wende in der Auseinandersetzung mit der Entstehung des Kapitalismus durchaus Rechnung und bieten mit Roy Bin Wong oder Gareth Austin Autoren auf, die diese Wende selbst maßgeblich mit vorangetrieben haben. Aber letztlich vermag die Grundkonzeption des Werks nicht zu überzeugen. Das liegt zunächst und vor allem an einer unspezifisch bleibenden Gegenstandsbestimmung. Larry Neal nennt in seiner Einleitung vier Elemente, die allen Formen des Kapitalismus gemein seien, nämlich »1 private property rights; 2 contracts enforceable by third parties; 3 markets with responsive prices; and 4 supportive governments«.¹⁶ Dieser der neuen Institutionenökonomie verpflichtete Ansatz, der in seiner ursprünglichen und ungleich begriffsschärferen Fassung von Douglass North ohne den Kapitalismusbegriff auskommt, führt nun aber zu einer weitgehenden Gleichsetzung von Kapitalismus und Wirtschaftswachstum.¹⁷ »Identifying capitalism as an economic system that generates modern economic growth« soll dann auch die Aufteilung der beiden Bände rechtfertigen, von denen der erste den Aufstieg des Kapitalismus bis 1848 behandelt, der zweite dessen seitherige Verbreitung.¹⁸ Was die Zeit seit der Mitte des 19. Jahrhunderts von der Zeit davor trenne, sei die Dauerhaftigkeit des Wachstums, weshalb die Beiträge zum ersten Band zu untersuchen hätten, »why the various precursors of capitalism did not survive setbacks and then subsequently continue the growth of both population and per capita incomes from their earlier levels«.¹⁹ Wenn aber dergestalt die Epochenspezifik wachstums- und nicht kapitalismusgeschichtlich gefasst wird und die Bestimmung des Kapitalismus als »economic system« folgenlos bleibt, dann überrascht es nicht, dass sich in vielen Beiträgen die Frage nach dem Erfolg des Kapitalismus zu der nach den Bedingungen der Industrialisierung verschiebt. Das ist analytisch unbefriedigend, wenngleich enge, im Einzelnen aber eben erst genauer zu bestimmende und begrifflich zu fassende Bezüge zwischen Kapitalismus, industrieller Entwicklung und Wirtschaftswachstum selbstverständlich in Rechnung zu stellen sind.

Konkret beschreiben also viele der Beiträge zum ersten Band – wie etwa die von Michael Jursa zum vorchristlichen Mesopotamien, von Étienne de la Vaissière zur Seidenstraße oder von Şevket Pamuk zum Nahen Osten vor 1800 – weit weniger irgendwelche Ursprünge des Kapitalismus als vielmehr Episoden smithianischen Wirtschaftswachstums, also einer Steigerung der wirtschaftlichen Produktivität, die durch eine Marktausweitung und der dadurch ermöglichten, weiter fortgeschrittenen Arbeitsteilung hervorgetrieben wird. Es ist kein Zufall, dass die gelungeneren Beiträge das Theoriedefizit der Konzeption des Gesamtwerks angehen, indem sie eigenständige Anleihen machen, die über das karge Angebot der Herausgeber hinausgehen. Brillant gelingt dies etwa Alain Bresson in seiner Abhandlung zur antiken griechischen Wirtschaft. Angesichts ihrer Ausstrahlungskraft bis in die Gegenwart ist es naheliegend, dass er mit der Bücher-Meyer-Kontroverse über die »Modernität« der antiken Wirtschaft einsteigt, um sich dann der von Max Weber entwickelten Begrifflichkeit zu bedienen, der angesichts von Seehandel, Bankwesen, Plantagenwirtschaft und Sklaverei durchaus von antikem Kapitalismus sprechen wollte. Und diese Begrifflichkeit bleibt nützlich, auch wenn die jüngere Forschung, die Bresson refe-

---

15 *Larry Neal/Jeffrey G. Williamson* (Hrsg.), The Cambridge History of Capitalism, 2 Bde., Bd.1: The Rise of Capitalism: From Ancient Origins to 1848, Bd. 2: The Spread of Capitalism: From 1848 to the Present, Cambridge 2014.
16 *Larry Neal*, Introduction, in: *ders./Williamson*, The Cambridge History of Capitalism, Bd. 1, S. 1–23, hier: S. 2.
17 Vgl. vor allem die immer wieder nachgedruckte Programmschrift von *Douglass C. North*, Institutions, Institutional Change and Economic Performance, Cambridge/New York etc. 1990.
18 *Neal*, Introduction, S. 1.
19 Ebd., S. 2.

riert, ein weit dynamischeres Bild vom Massenabsatz der von Sklaven produzierten Güter insbesondere in Ägypten und Persien zeichnet als Weber selbst.

Fernhandel finden die Autoren der »Cambridge History« immer und überall – bis hin zu den indianischen Bewohnern Nordamerikas. Konzeptionell bleibt die darin aufscheinende globale Ausweitung der Perspektive aber folgenlos, weil sich dann die Frage nach der Ausbildung kapitalismusaffiner Institutionen doch wieder auf Europa konzentriert. Ganz konventionell wird so etwa der Stellenwert der von Luciano Pezzolo behandelten Instrumente diskutiert, die im Spätmittelalter in den italienischen Handelsrepubliken entwickelt wurden, um die Risiken des Fernhandels abzusichern, Kredite zu ermöglichen und Zahlungen zu garantieren. Selbst »Italy […] as the cradle of commercial and financial capitalism« und das restliche Europa bleiben allerdings unverbunden nebeneinander stehen.[20] Eine vergleichbare Dichotomie prägt den Beitrag zu den Niederlanden, der die Monetarisierung großer Teile der Binnenwirtschaft neben den Aufstieg zur dominanten Handels- und Kolonialmacht stellt. Dagegen besticht der sehr viel argumentativer angelegte Blick auf den großen holländischen Rivalen Großbritannien. Anknüpfend an Joseph Schumpeters Thesen zum Steuerstaat rekonstruiert Patrick O'Brien die Entstehung von »England's fiscal naval state« und fasst deren Bedeutung dahin gehend zusammen, dass

»the broad thrust of British fiscal and financial policies combined with naval mercantilism can be represented as effective support for the endeavors of private capitalist enterprise carrying the economy through a process of Smithian growth into a transition for the technological breakthroughs for a first industrial revolution«.[21]

Auf die industrielle Revolution und ihre Vorbedingungen wird zurückzukommen sein. Festgehalten sei aber zum einen, dass O'Brien den Staat und seine militärische Macht für entscheidend für die kapitalistische Entwicklung Großbritanniens hält und zum anderen die Abgrenzung von einem bloß smithianischen Wachstum betont. O'Brien begnügt sich aber nicht mit der Entwicklung des referierten Grundarguments, sondern versucht, es durch einen doppelten Vergleich zu stützen. So zeigt er zum einen, warum Großbritanniens europäische Konkurrenten keine vergleichbare Steuerbasis zu mobilisieren vermochten, und zum anderen, dass keines der vier asiatischen Großreiche einen ähnlich energisch merkantilistischen Kurs verfolgte.

Zum Abschluss des ersten Bandes der »Cambridge History of Capitalism« werden dann lateinamerikanischen und afrikanischen Beispielen für das weitgehende Fehlen kapitalistischer Entwicklung die britisch-europäische Industrialisierung und – in einer konzisen Skizze aus der Feder von Jeremy Atack – Amerika als das verheißene Land des Kapitalismus gegenübergestellt. Dabei treten die konzeptionellen Mängel in der Anlage des Gesamtwerks noch einmal deutlich zutage. Denn auch und gerade Chris Harley benutzt die Begriffe Kapitalismus, Industrialisierung und Wirtschaftswachstum weitgehend austauschbar. »Modern economic growth«, so lautet gleich sein erster Satz, »has been capitalism's greatest triumph«. Zu Beginn seiner Schlussfolgerungen heißt es dann: »European industrialization was a triumph of capitalism. However, large firms employing masses of proletarian workers – a usual conception of capitalism – played a modest role. Modern economic growth was achieved by societies in which markets became pervasive.«[22] Das passt

---

20 *Luciano Pezzolo*, The Via Italiana to Capitalism, in: *Neal/Williamson*, The Cambridge History of Capitalism, Bd. 1, S. 267–313, hier: S. 267.
21 *Patrick Karl O'Brien*, The Formation of States and Transitions to Modern Economies: England, Europe, and Asia Compared, in: *Neal/Williamson*, The Cambridge History of Capitalism, Bd. 1, S. 357–402, hier: S. 360 und 373.
22 *C. Knick Harley*, British and European Industrialization, in: *Neal/Williamson*, The Cambridge History of Capitalism, Bd. 1, S. 491–532, hier: S. 491 und 526.

zwar gut zu Harleys seit Jahrzehnten verfolgtem Bemühen, die industrielle Revolution durch ihre Einordnung in einen immer früher beginnenden Wachstumsprozess zu einem eher evolutionären Phänomen umzuinterpretieren, lässt aber den an kausalen Zusammenhängen interessierten Leser etwas ratlos zurück, der sich zu erinnern meint, dass es auch eine staatssozialistische Industrialisierung gegeben habe, und der zudem gerne wüsste, warum, wenn die Durchsetzung von Märkten ausschlaggebend war, die englische und die niederländische Entwicklung während der letzten drei Jahrhunderte so unterschiedlich ausfallen sollten.

Man wird also mit guten Gründen bezweifeln können, dass die vorstehend ausführlich gewürdigten Beiträge zusammengenommen ein überzeugendes Bild von den Ursprüngen des Kapitalismus bis zur Mitte des 19. Jahrhunderts bieten. Seine im zweiten Band dargestellte Verbreitung seit 1848 folgt nicht länger einer nach Epochen, Ländern oder Weltregionen vorgenommenen Gliederung, sondern begreift ein globales kapitalistisches System als Zusammenspiel von »*domestic* capitalist institutions and […] *international* interactions.«[23] Erstere werden unter dem Gesichtspunkt ihrer Vertiefung und ihrer Ausbreitung analysiert, das heißt, es interessiert sowohl die Fortentwicklung der Institutionen in kapitalistischen Kernländern als auch ihre Übernahme jenseits dieser Kernzone. Letztere, also die internationalen Interaktionen, sehen die Bandherausgeber vor allem begünstigt durch den trotz gelegentlicher Rückschläge stark expandierenden Welthandel, durch massenhafte Migrationen und durch globale Finanzmärkte. Und wie im ersten Band reichen diese Vorgaben kaum aus, um ein konsistentes Gesamtbild zu gewährleisten.

Dabei ist etwa der Beitrag Robert Allens zur Verbreitung der Fabrikproduktion durchaus interessant. Er skizziert hauptsächlich zwei Entwicklungspfade: Zum einen ein Standardmodell nachholender Industrialisierung, das neben dem Aufbau eines modernen Erziehungs- und eines Bankwesens die Schaffung eines großen Binnenmarkts und Zollschutz für den entstehenden Industriesektor vorausgesetzt habe, das von den Vereinigten Staaten und Deutschland, aber auch vom übrigen Westeuropa erfolgreich umgesetzt worden sei, später und in modifizierter Form in Lateinamerika unter veränderten Rahmenbedingungen aber an seine Grenzen gestoßen sei; zum anderen »big push industrialization« wie in der UdSSR seit den späten 1920er-Jahren und in Japan und China nach dem Zweiten Weltkrieg. Dagegen erscheint der Kolonialismus in Indien oder dem subsaharischen Afrika als ernsthaftes Entwicklungshindernis. Bemerkenswert ist zweierlei: die durchaus positive Bewertung einer auf Importsubstitution abstellenden Industrialisierung durch den Autor, der damit dem freihandelsgläubigen Urteil der Bandherausgeber widerspricht, und die erneute Gegenstandsverschiebung, die es unter dem Rubrum »Entwicklung« scheinbar erlaubt, auch staatssozialistische Industrialisierungspfade als Teil einer Geschichte des Kapitalismus zu behandeln. Thematisch noch weiter von einer solchen entfernt ist der Beitrag zur Landwirtschaft, zumal Giovanni Federico entschieden der Auffassung ist, dass eine kapitalistische Arbeitsorganisation hier der Familienwirtschaft unterlegen sei, da die Kosten der Beaufsichtigung von Lohnarbeitern den Nutzen großbetrieblicher Unternehmensführung übersteigen. Dagegen fassen Kristine Bruland und David Mowery den Zusammenhang zwischen technologischer Entwicklung und Ausbreitung des Kapitalismus seit der Mitte des 19. Jahrhunderts sehr viel stringenter, indem sie zum einen nach den Auswirkungen technologischen Wandels auf die Struktur kapitalistischer Unternehmungen fragen und zum anderen die technologische Dynamik des Kapitalismus aus dem Zusammenspiel von Marktwettbewerb und Regierungspolitik erklären.

Weniger uniform als technische Innovationen war lange Zeit der Bestand an rechtlicher Regulierung, dessen Verbreitung Ron Harris nachzeichnet: »European law spread global-

---

23 *Kevin H. O'Rourke/Jeffrey G. Williamson*, Introduction, in: *Neal/Williamson*, The Cambridge History of Capitalism, Bd. 2, S. 1–21, hier: S. 2.

Die neue Kapitalismusgeschichte 9

ly in several ways: with immigrants; through empire building and colonial administration; through informal imperialism, political pressures, and voluntary importation; and through the development of international organizations and treaties.«[24] Vergleichsweise spät und perspektivisch eng geführt hat dann auch die kapitalistische Unternehmung ihren Auftritt in der »Cambridge History of Capitalism«. Während Geoffrey Jones der Rolle multinationaler Konzerne im Prozess der Globalisierung nachspürt, interessieren sich Randall Morck und Bernard Yeung für die Resilienz unterschiedlicher Unternehmensstrukturen: »Crosscountry studies«, so ihr Hauptergebnis, »correlate a preeminence of large family-controlled business groups with all manner of institutional deficiencies«.[25] Gleichfalls dem institutionellen Bereich im engeren Sinne zuzuordnen sind schließlich ein eher oberflächlicher Überblick über die Entwicklung des Finanzsektors aus der Feder von Ranald Michie und eine überzeugende Analyse globaler Kapitalströme und ihrer Ordnung von Harold James.[26]

Was in der Gesamtkonzeption des zweiten Bandes unzureichend bedacht scheint, ist der Umstand, dass die soeben charakterisierten Beiträge weit mehr den Rahmen behandeln, innerhalb dessen eine Geschichte des Kapitalismus zu verorten ist, als deren Dynamik zu erfassen. Das kann man von Gareth Austins gehaltvoller Abhandlung über »Capitalism and the Colonies« nicht sagen, der etwa die Kompatibilität des Kapitalismus mit verschiedensten Formen der Arbeitsverfassung eingehend diskutiert. Souverän setzt er sich über die fragwürdige Platzierung seines Themas im zweiten Band hinweg und diskutiert auch die Frage nach dem Beitrag des Kolonialismus und der Sklaverei zur britischen Industrialisierung: »Whereas colonial trade helped unleash the process of global industrialization in the late eighteenth century, by the mid 1950s colonies appear to have been redundant for the much more advanced capitalist economies that had now developed in the metropoles.«[27] Eine vergleichbar längerfristige Perspektive fehlt dem Beitrag von Mark Harrison, der O'Briens pointierte Thesen zur Zentralität der britischen Seekriegsführung nicht aufgreift, sondern sich damit begnügt, Theorien zur kriegstreibenden Dynamik des Kapitalismus zurückzuweisen.

Insgesamt enttäuschen also die beiden Bände der »Cambridge History of Capitalism«. Und das hängt unmittelbar mit dem unzureichend spezifizierten Kapitalismusbegriff zusammen, denn ein bloßer Merkmalskatalog erlaubt noch keinen Zugang zu seiner Entwicklungsdynamik. Und für die interessieren sich eben nur einzelne Autoren wie Roy Bin Wong, Patrick O'Brien oder Gareth Austin, während die überwiegende Mehrheit der fast vierzig Autorinnen und Autoren einer konventionellen Wirtschaftsgeschichte verpflichtet ist, die lange ohne den Kapitalismusbegriff ausgekommen ist und auch jetzt nichts mit ihm anzufangen weiß. So wird das Etikett auf eine Geschichte geklebt, die weiterhin vom Wachstum handelt und allzu oft unterstellt, dieses werde sich – das Fehlen von Hemmnissen vorausgesetzt – von ganz allein einstellen. Ein solcher Etikettenschwindel enttäuscht in besonderem Maße, wenn ein so renommierter Verlag ein fast 1.200 Seiten starkes Handbuch herausbringt.

Zudem wird so das Potenzial der globalgeschichtlichen Perspektivenerweiterung verschenkt, wie *ex negativo* ein vergleichender Seitenblick auf ein Buch zeigt, das kurz vor

---

24 *Ron Harris*, Spread of Legal Innovations Defining Private and Public Domains, in: *Neal/Williamson*, The Cambridge History of Capitalism, Bd. 2, S. 127–168, hier: S. 145.
25 *Randall Morck/Bernard Yeung*, Enterprise Models. Freestanding Firms versus Family Pyramids, in: *Neal/Williamson*, The Cambridge History of Capitalism, Bd. 2, S. 201–229, hier: S. 211.
26 Vgl. auch den Beitrag von Harold James zum Finanzkapitalismus: *Harold James*, Finance Capitalism, in: *Kocka/van der Linden*, Capitalism, S. 133–164, der deutlich gehaltvoller als der von Michie ausfällt.
27 *Gareth Austin*, Capitalism and the Colonies, in: *Neal/Williamson*, The Cambridge History of Capitalism, Bd. 2, S. 301–347, hier: S. 314.

dem Höhepunkt der globalgeschichtlichen Konjunktur und der Wiederentdeckung des Kapitalismus erschienen ist. 1998 publizierte David Landes, der schon Mitte der 1960er-Jahre ein umfangreiches Kapitel über die Industrialisierung Westeuropas zum sechsten Band der »Cambridge Economic History« beigesteuert hatte, eine umfangreiche Studie über »The Wealth and Poverty of Nations«.[28] Mit ihr wollte er auf dem Feld seiner jahrzehntelang bewiesenen Expertise noch einmal demonstrieren, dass »for the last thousand years, Europe (the West) has been the prime mover of development and modernity«.[29] Auf einige der mit einem solchen (selbst-)bewussten, aber deshalb nicht unbedingt reflektierten Eurozentrismus verbundenen inhaltlichen Probleme wird später zurückzukommen sein. Hier soll zunächst nur gefragt werden, worin der angesehene Wirtschaftshistoriker, der oft die technologische Entwicklung in den Vordergrund gerückt hatte, nun das Besondere Europas sah: »In the last analysis, however«, so seine Antwort, »I would stress the market. Enterprise was free in Europe. Innovation worked and paid, and rulers and vested interests were limited in their ability to prevent or discourage innovation.« Wie abfällige Kommentare beispielsweise zur spanischen Vorliebe für »status, leisure, and enjoyment« deutlich machen, kann eine solche institutionenökonomische Erklärung eng mit moralischen Bewertungen verbunden sein.[30] Einen ähnlichen impliziten Lobgesang auf die protestantische Arbeitsethik stimmt auch Joyce Appleby an, die anders als Landes nicht das wirtschaftliche Versagen der Kolonialgroßmacht Spanien, sondern das Zurückbleiben der niederländischen Handelsmacht hinter dem britischen Rivalen erklären will: »Many a Dutchman or woman found ways to enjoy the good life as a rentier.«[31] Wirtschaftlicher Erfolg, darin sind sich Landes und Appleby also ganz einig, ist letztlich also eine Frage der Arbeitsmoral. Wichtiger sind die übrigen Parallelen zwischen den beiden Darstellungen. Dass Applebys 2010 erschienenes Buch als Geschichte des Kapitalismus firmiert, bedeutet leider wenig. Fakten, die sich – wie etwa die von Sklaven geleistete Arbeit auf den Zuckerplantagen der ›Neuen Welt‹ – nur schwer in die dramatische Erfolgsgeschichte britischen Erfindungsreichtums integrieren lassen, werden von David Landes wie von Joyce Appleby weder verschwiegen noch verleugnet, aber in ihrer Bedeutung marginalisiert. Und dazu ist es nützlich, »to break the connection in most people's minds between the discovery of the New World and the emergence of capitalism because capitalism was not an extension of trade. It required a different set of attitudes and skills.«[32]

II. HANDELSKAPITALISMUS, KOLONIALISMUS UND SKLAVEREI

Das sehen einflussreiche Autoren ganz anders als die kalifornische Ideenhistorikerin. Die Frage gewinnt überdies an Gewicht, wenn man für unsere Gegenwart davon ausgeht, dass sich der klassische Industriekapitalismus im Niedergang befindet und deshalb einem Verständnis handels- und finanzkapitalistischer Strukturen verstärkte Bedeutung zukommen könnte. Jürgen Kocka hat in seiner vorzüglichen Geschichte des Kapitalismus mit Blick auf den Handelskapitalismus festgehalten:

---

28 Das angesprochene Kapitel wurde (erweitert) auch in Buchform publiziert; vgl. *David S. Landes*, The Unbound Prometheus. Technological Change and Industrial Development in Western Europe from 1750 to the Present, Cambridge/New York etc. 1969, sowie *ders.*, The Wealth and Poverty of Nations. Why Some Are So Rich and Some So Poor, New York/London 1998.
29 Ebd., S. XXI.
30 Ebd., S. 59 und 173.
31 *Joyce Appleby*, The Relentless Revolution. A History of Capitalism, New York/London 2010, S. 53.
32 Ebd., S. 54.

»Der intensive Marktbezug und die starke Gewinnorientierung der Kaufleute, die relative Selbständigkeit der kommerziellen Aktionen und Institutionen, die Bedeutung von Investition und Akkumulation mit Einsatz von Krediten und Orientierung am Profit, die Herausbildung der Unternehmung (jedenfalls in Europa) und schließlich die dynamische Ausstrahlung der kapitalistischen Entwicklung über den Bereich des Fernhandels hinaus, ansatzweise auch in die Produktion (jedenfalls in Europa) – all das rechtfertigt und erzwingt die Kategorisierung der Phänomene im Sinne der anfangs entwickelten Definition«,

wobei die Phänomene eben die des Fernhandels sind und die angesprochene Kapitalismusdefinition drei Bestandteile ausweist: von »individuellen Eigentumsrechten und dezentralen Entscheidungen« über die »Koordinierung der verschiedenen wirtschaftlichen Akteure vor allem über Märkte und Preise« bis hin zu Kapitaleinsatz, Kredit, Profitorientierung und Rentabilitätskontrolle.³³ Sie ist damit ein wenig offener als die in der Sache durchaus verwandte Trennlinie, die Fernand Braudel schon in den späten 1970er-Jahren zwischen den Markt- und Konkurrenzstrukturen des örtlichen Handels und dem zur Monopolbildung und Indienstnahme staatlicher Unterstützung tendierenden Fernhandel einer Elite von Großkaufleuten zog, den allein er als kapitalistisch bezeichnen wollte.³⁴

Handelskapital und Krise des Feudalismus

Braudel bezieht sich mit seinem Porträt der Fernhändler in interessanter Weise auf deren düstere Charakterisierung in Maurice Dobbs bis heute lesenswerten »Studies in the Development of Capitalism«:

»In the first place, so much commerce in those times, especially foreign commerce, consisted either of exploiting some political advantage or of scarcely-veiled plunder. Secondly, the class of merchants, as soon as it assumed any corporate forms, was quick to acquire powers of monopoly, which fenced its ranks from competition and served to turn the terms of exchange to its own advantage in its dealings with producer and consumer.«³⁵

Das ist deshalb bemerkenswert, weil Braudel anders als Kocka zwar Dobbs Beschreibung übernimmt, anders als dieser die Bedeutung der Großkaufleute für die weitere Entwicklung des Kapitalismus aber keinesfalls gering schätzt. Worum es bei dieser Frage geht, hat schon die im Anschluss an Dobbs »Studies« in den 1950er- und frühen 1960er-Jahren geführte Dobb-Sweezy-Debatte deutlich gemacht. In dieser weitgehend innermarxistischen Diskussion stand Dobb aufseiten derer, die dem Handelskapital keine progressive Funktion zusprechen wollten, weil für ihn feststand: »Men of capital, however acquisitive, are not enough: their capital must be used to yoke labour to the creation of surplus-value in production.« Und auch wenn der in Cambridge lehrende Ökonom bestens mit dem später als Protoindustrie beschriebenen und von Kaufleuten organisierten Verlagssystem vertraut war, hielt er es für geboten, »the rise of a class of industrial capitalists from the ranks of the producers themselves« zur Vorbedingung einer revolutionären Umwandlung der Produktion zu erklären.³⁶ Das hielt sein Hauptgegenspieler, Paul Sweezy, weder für empirisch belegt noch für theoretisch überzeugend und fand auch Dobbs Zugeständnis, der Fernhandel sei durchaus bedeutsam gewesen, aber eben nur insofern er die inneren Widersprüche der feudalistischen Produktionsweise verschärft habe, unzureichend.³⁷ Denn

---

33 *Jürgen Kocka*, Geschichte des Kapitalismus, München 2013, S. 45 und 20.
34 Vgl. *Fernand Braudel*, La dynamique du capitalisme, Paris 1985, insb. S. 52–67, sowie *ders.*, Sozialgeschichte des 15.–18. Jahrhunderts, Bd. 2: Der Handel, München 1990 (zuerst frz. 1979).
35 *Maurice Dobb*, Studies in the Development of Capitalism, New York 1963 (zuerst 1946), S. 88.
36 Ebd., S. 8 und 161.
37 Vgl. *Maurice Dobb*, A Reply, in: *Paul Sweezy/ders./Christopher Hill* u.a., The Transition from Feudalism to Capitalism, London 1976, S. 57–67, hier: S. 60.

für Sweezy war der westeuropäische Feudalismus »in spite of chronic instability and insecurity, [...] a system with a very strong bias in favour of maintaining given methods and relations of production«.[38] Angesichts einer solchen Immobilität sei das Gewicht äußerer Anstöße für den Übergang vom Feudalismus zum Kapitalismus hoch zu veranschlagen und von einer Übergangsphase auszugehen, in der die Warenproduktion schon aus ihrem feudalistischen Gehäuse der einfachen Warenproduktion herausgetreten sei.

Etwa eine Generation später wurde diese Übergangsdebatte aus einem leicht veränderten Blickwinkel erneut aufgenommen. Mitte der 1970er-Jahre wandte sich Robert Brenner energisch gegen zwei Interpretationslinien wirtschaftlichen Wandels im Übergang vom Mittelalter zur Frühen Neuzeit, »one of which might be called the ›demographic model‹, the other of which might be called the ›commercialization model‹«.[39] Dem auch als neo-malthusianisch gebrandmarkten demografischen Modell warf er vor, Erklärungen wirtschaftlicher Veränderungen, die bei der Bevölkerungsentwicklung ansetzten, könnten nicht verständlich machen, warum etwa der Bevölkerungsrückgang des späten 14. und des 15. Jahrhunderts in Osteuropa zur Refeudalisierung, in Frankreich zur Dominanz bäuerlichen Kleinbesitzes und nur in England zum Agrarkapitalismus geführt habe, dessen großbetriebliche Ausgestaltung allein die Produktivitätssteigerungen möglich gemacht habe, die Voraussetzung der Industrialisierung gewesen seien. Und schon gar nicht habe eine fortschreitende Kommerzialisierung, zu der maßgeblich die Monetarisierung von Abgaben zu rechnen sei, die feudalen Strukturen ausgehöhlt. Denn: »Serfdom was a relationship of power which could be reversed, as it were, only in its own terms, through a change in the balance of class forces.«[40] – Klassenkampf war also der einzige Erklärungsschlüssel, den Brenner gelten lassen wollte. Und damit stieß er auch bei marxistischen Historikern auf Kritik. So warf ihm Guy Bois vor, dass bei ihm die theoretische Generalisierung stets der Quellenanalyse voranging, und fand überdies die Trennung des Klassenkampfs »from all other objective contingencies and, in the first place, from such laws of development as may be peculiar to a specific mode of production« wenig überzeugend.[41]

The Modern World-System

Insoweit die Auseinandersetzungen zwischen Maurice Dobb und Paul Sweezy oder Robert Brenner und anderen Historikern des Feudalismus solche um die korrekte Auslegung der marxschen Schriften waren – und das waren sie ganz offensichtlich in hohem Maße –, würden sie uns heute vermutlich nicht mehr allzu sehr interessieren; und das unabhängig davon, ob nicht zentrale Argumente, wie Brenners Glaube an eine notwendig großbetriebliche Steigerung agrarischer Produktivität, entweder von vorneherein wenig plausibel waren oder durch die seither stärker in den Blick geratene hohe Produktivität der kleinbäuerlichen chinesischen Landwirtschaft grundsätzlich infrage gestellt worden sind. Der Streit um das relative Gewicht innerer Widersprüche und äußerer Anstöße blieb aber nicht nur, wie noch zu zeigen sein wird, eine innermarxistische Kontroverse, sondern wurde

---

38 *Paul Sweezy*, A Critique, in: *ders./Dobb/Hill* u.a., The Transition from Feudalism to Capitalism, S. 33–56, hier: S. 36; weitere wichtige Diskussionsbeiträge vor allem auch französischer Historiker bringen *Ludolf Kuchenbuch/Bernd Michael* (Hrsg.), Feudalismus – Materialien zur Theorie und Geschichte, Frankfurt am Main/Berlin etc. 1977.
39 *Robert Brenner*, Agrarian Class Structure and Economic Development in Pre-Industrial Europe, in: *Trevor Henry Ashton/C.H.E. Philpin* (Hrsg.), The Brenner Debate. Agrarian Class Structure and Economic Development in Pre-Industrial Europe, Cambridge/New York etc. 1985, S. 10–63, hier: S. 12.
40 Ebd., S. 27.
41 *Guy Bois*, Against the Neo-Malthusian Orthodoxy, in: *Ashton/Philpin*, The Brenner Debate, S. 107–118, hier: S. 115; vgl. ebd., S. 110.

schon während der Brenner-Debatte zur Auseinandersetzung um die Frage, ob diese Debatten mit dem Blick auf Europa allein überhaupt sinnvoll geführt werden können. Denn als Brenner 1982 seinen abschließenden Kommentar veröffentlichte, waren bereits die ersten beiden Bände von Immanuel Wallersteins »The Modern World-System« erschienen, die das entschieden bestritten und deren ersten Band Brenner selbst bereits als Beispiel eines »Neo-Smithian Marxism« attackiert hatte.[42]

Nun kam Wallersteins Weltsystemtheorie, die in hohem Maße Fernand Braudel verpflichtet war, dem der zweite von bislang vier Bänden des Gesamtwerks gewidmet ist, keineswegs aus dem Nichts.[43] Vielmehr knüpfte sie direkt an die in den 1960er- und 1970er-Jahren sehr lebhafte und meist in der Form von Dependenztheorien geführte Debatte um die strukturellen Ursachen von Unterentwicklung an, in der die »Metropolen-Satelliten-Polarisierung« eine zentrale Rolle spielte.[44] Wallerstein postulierte jedenfalls für ein sehr langes 16. Jahrhundert (1450–1650) die Entstehung eines europäischen Weltsystems, das zugleich eine Welt*wirtschaft* gewesen sei, »because the basic linkage between the parts of the system is economic«. Zwar habe es neben der europäischen Weltwirtschaft noch weitere gegeben, aber allein die europäische »embarked on the path of capitalist development which enabled it to outstrip these others«.[45] Die anderen Weltwirtschaften dagegen hätten sich regelmäßig in Reiche umgeformt: »If such thrusts never succeeded in historical capitalism, it was because the structural base of the economic system and the clearly-perceived interests of the major accumulators of capital were fundamentally opposed to a transformation of the world-economy into a world-empire.«[46] Ohne hier der Begründung für diese These nachzuspüren, lässt sich festhalten, dass Wallersteins Ansatz die wirtschaftliche Entwicklung in enger Verbindung mit Prozessen der Staatsbildung und der zwischenstaatlichen Beziehungen zu analysieren beabsichtigt.

Ökonomisch ist für ihn wie für Braudel der Fernhandel wichtig. Das hängt unmittelbar mit seiner Definition des Kapitalismus zusammen, dessen Bewegungsgesetz »the endless accumulation of capital« ist.[47] Ausdrücklich distanziert er sich von Definitionen, die wie die von Dobb die Lohnarbeit ins Zentrum rücken. Das öffnet den Blick nicht nur auf die vielfältigen anderen Formen der Arbeitsorganisation, mit denen der Kapitalismus kompatibel war und ist, sondern auch darauf, dass gerade der Rückgriff auf Einkommen, das Haushaltsmitglieder in (noch) nicht kommodifizierter Form erzielen, Druck auf Löhne ausüben und unternehmerische Profitchancen steigern kann. Die Betonung des Fernhandels allein rechtfertigt aber noch nicht die Datierung einer Entstehung der europäischen Weltwirtschaft auf das lange 16. Jahrhundert und Wallerstein verweist diesbezüglich auf

---

42 Vgl. *Robert Brenner*, The Agrarian Roots of European Capitalism, in: *Ashton/Philpin*, The Brenner Debate, S. 213–327, sowie *Immanuel Wallerstein*, The Modern World-System. Capitalist Agriculture and the Origins of the European World-Economy in the Sixteenth Century, New York 1974, und *ders.*, The Modern World-System II. Mercantilism and the Consolidation of the European World-Economy, 1600–1750, New York 1980.
43 Im Folgenden werden mehr die kapitalismusgeschichtlichen Aspekte dieser Theorie diskutiert; zu den vielfältigen Problemen einer makrorealistischen Theoriebildung vgl. die konzise Kritik von *Wolfgang Knöbl*, Die Kontingenz der Moderne. Wege in Europa, Asien und Amerika, Frankfurt am Main/New York 2007, S. 118–122.
44 *André Gunder Frank*, Kapitalismus und Unterentwicklung in Lateinamerika, Frankfurt am Main 1968, S. 26.
45 *Wallerstein*, The Modern World-System, Bd. 1, S. 15 und 17; die Übersetzung von »world economy« mit »Weltwirtschaft« ist nicht ganz unproblematisch, da Braudel, der explizit auf den deutschen Begriff rekurriert, unter anderem in: *Braudel*, La dynamique du capitalisme, S. 87 (vgl. ebd., S. 84f.), Differenzen zu Wallerstein anspricht.
46 *Immanuel Wallerstein*, Historical Capitalism, London 1983, S. 57.
47 Ebd., S. 18.

die teilweise Verwandlung des Fernhandels »into bulk trade which would, in turn, feed the process of expanded production«. Und diese Produktionsausweitung steht ihrerseits im Zusammenhang mit dem ersten von drei Charakteristika der Etablierung einer kapitalistischen Weltwirtschaft:

»an expansion of the geographical size of the world in question, the development of variegated methods of labor control for different products and different zones of the world-economy, and the creation of relatively strong state machineries in what would become the core-states of this capitalist world-economy«.[48]

So offensichtlich also der Kontext der Kolonialisierung der ›Neuen Welt‹ ist, so problematisch scheint Wallersteins Unterscheidung zwischen »bulk trade« und »luxury trade«.[49] Im Vorwort zur 2011 erschienenen Neuauflage des ersten Bandes seines Gesamtwerks hat er auf diesbezügliche Kritik hingewiesen, ohne argumentativ über die im dritten Band angebotene Reformulierung seiner These hinauszugehen:[50]

»It is difficult to decide that any particular products – spices or tea or furs or indeed slaves – are or are not, in a given context, luxury exports, not to speak of the special case of bullion. I say luxury *export*, because in an economic sense there is little meaning to the idea of a luxury *import*. If an item is bought on a market, it is because someone feels subjectively a ›need‹ for that item […].«[51]

Nun kann man empirische Abgrenzungsprobleme als unvermeidlich eingestehen und dennoch den Gedanken verwegen finden, den Edelmetallexport nach Asien als »outflow of a dispensable surplus (hence a ›luxury‹ export) during the European world-economy's long contraction of the seventeenth century« zu beschreiben. Aber ganz unabhängig davon leuchtet nicht ein, warum ein so begriffener Luxushandel einen gleichen Tausch, der mit vermeintlichen »necessities« aber einen ungleichen Tausch darstellen soll, wie Wallerstein behauptet:

»While parts of the external arena engaged in trade and other forms of interaction with the capitalist world-economy, the trade, we argued, was largely in ›luxury‹ goods and was therefore not essential to the functioning of either party. As a result, the trade was relatively equal in the sense that each side was exchanging items that it considered of low value for items that it considered of high value.«[52]

Für ihn ist diese Differenz gerade deshalb fundamental, weil sie für ihn eben zusammenfällt mit der Unterscheidung zwischen der Peripherie der europäischen Weltwirtschaft, die etwa im langen 16. Jahrhundert vor allem Edelmetalle aus Lateinamerika und Getreide aus Osteuropa geliefert habe, und noch nicht inkorporierten Weltregionen, deren wirtschaftliche Strukturen vom Handel mit der europäischen Kernregion unverändert geblieben seien, wie für diese Zeit für den portugiesischen Gewürzhandel im Indischen Ozean und im Chinesischen Meer angenommen.[53] Es geht also um die Einbeziehung in eine vom europäischen Kern dominierte, um 1900 dann die ganze Welt einbeziehende Arbeitsteilung.

---

48 *Wallerstein*, The Modern World-System, Bd. 1, S. 21 und 38.
49 Zur europäischen Expansion jetzt umfassend *Wolfgang Reinhard*, Die Unterwerfung der Welt. Globalgeschichte der europäischen Expansion 1415–2015, München 2016; sehr viel knapper, aber konzise *Jane Burbank/Frederick Cooper*, Empires in World History. Power and the Politics of Difference, Princeton 2010, Kap. 5 und 6.
50 Vgl. Prologue to the 2011 Edition, in: *Immanuel Wallerstein*, The Modern World-System. Capitalist Agriculture and the Origins of the European World-Economy in the Sixteenth Century, Berkeley 2011.
51 *Immanuel Wallerstein*, The Modern World-System, Bd. 3: The Second Era of Great Expansion of the Capitalist World-Economy, 1730s–1840s, Berkeley 2011 (zuerst 1989), S. 131.
52 Ebd., S. 137 und XVI.
53 Vgl. *Wallerstein*, The Modern World-System, Bd. 1, S. 100 und 328f.

In diesen systemischen Rahmen eingespannt sind die Narrative der ersten drei Bände von Wallersteins »The Modern World-System«; der vierte Band fällt, wie zu zeigen sein wird, ein wenig aus dem Rahmen. Der erste Band erzählt die Entstehung einer europäischen Weltwirtschaft im Kontext der Kolonialisierung Lateinamerikas. Ihre Erklärung ist wie alle Erklärungen Wallersteins eine funktionalistische; mit allen Problemen, die damit verbunden sind. Konkret habe es aus der Krise des Feudalismus nur einen Ausweg gegeben, »that would extract western Europe from decimation and stagnation«, nämlich einen »that would expand the economic pie to be shared, a solution which required, given the technology of the time, an expansion of the land area and population base to exploit«.[54] Der so eingeführten Kolonialisierung großer Teile Lateinamerikas entspricht zunächst eine Schwerpunktsetzung auf Spanien und Portugal sowie ihren vor allem genuesischen Finanziers und dann eine auf der Holländischen Republik. Das ist für Leser Braudels alles andere als überraschend. Systematischer als dieser bezieht Wallerstein indessen Prozesse der inneren Staatsbildung ein, die in den Kernregionen die stärkste Zentralisierung aufgewiesen habe. Die dortige Konkurrenz hat für ihn auch eine geopolitische Dimension:

»The critical difference between France, on the one hand, and England and the United Provinces, on the other, was that in the latter cases, to be sea-oriented and to wish to construct a strong polity and national economy were compatible options, whereas for France, because of its geography, these options were somewhat contradictory.«[55]

Zusammen aber bilden sie zunehmend die Kernregion der europäischen Weltwirtschaft, zu der für das ausgehende 16. Jahrhundert auch Mitteleuropa, der Ostseeraum, das christliche Mittelmeer unter Einschluss der Iberischen Halbinsel, aber auch große Teile Lateinamerikas gezählt werden. Ihrer räumlichen Differenzierung entspricht eine ökonomische sowie eine solche der Arbeitsverfassung:

»The periphery (eastern Europe and Hispanic America) used forced labor (slavery and coerced cash-crop labor). The core [...] increasingly used free labor. The semiperiphery (former core areas turning in the direction of peripheral structures) developed an in-between form, sharecropping, as a widespread alternative.«[56]

Die Denkfigur einer kriseninduzierten Expansion kehrt im dritten Band zurück, doch zuvor beschreibt Wallerstein im zweiten Band seines Hauptwerks das bis in die Mitte des 18. Jahrhunderts gezogene 17. Jahrhundert als Konsolidierungsphase der europäischen Weltwirtschaft. Die viel diskutierte Krise des 17. Jahrhunderts sei nicht mehr als die Kontraktionsphase eines das 16. und das 17. Jahrhundert umfassenden Wirtschaftszyklus, die gleichwohl von interessanten Veränderungen im Verhältnis von Zentrum und Peripherie einerseits sowie unter den Staaten der Kernzone andererseits gekennzeichnet gewesen sei. Einerseits dokumentiere ein weiteres Absinken von Preisdifferenzen ein Fortschreiten der Integration eines europäischen Markts, andererseits habe die im Absinken der Getreidepreise zum Ausdruck kommende wirtschaftliche Stagnation die Staaten der Kernzone weniger stark getroffen als die der Semiperipherie und Peripherie. Und unter den Kernstaaten hätten die Niederlande zunehmend eine hegemoniale Position eingenommen, die Wallerstein als Situation definiert, »wherein the products of a given core state are produced so efficiently that they are by and large competitive even in other core states, and therefore the given core state will be the primary beneficiary of a maximally free world market«.[57] Im Fall der Niederlande sei dieser Effizienzvorteil zunächst und vor allem ein aus der Intensivierung der Landwirtschaft resultierender gewesen, dann aber auch ein solcher

---

54 Ebd., S. 24.
55 Ebd., S. 266.
56 Ebd., S. 103.
57 *Wallerstein*, The Modern World-System, Bd. 2, S. 38.

auf den Gebieten der gewerblichen Produktion und insbesondere des Fernhandels. Aber auch wenn die Holländer gleichsam überall tätig gewesen seien, habe die Bedeutung des Ostseehandels die des zunächst holländisch dominierten atlantischen Dreieckshandels stets übertroffen, während der Beitrag des Ostindienhandels unbedeutend gewesen und Asien auch im 17. Jahrhundert außerhalb der europäischen Weltwirtschaft geblieben sei. Der Export von Salzheringen und Textilprodukten einerseits, der Import von Getreide und Holz andererseits hätten die holländische Handelsflotte optimal ausgelastet und indirekt den Schiffbau beflügelt. Umgekehrt hätten sich die weniger effizienten Agrarproduzenten der osteuropäischen Peripherie zum Teil nur durch den Rückzug aus der Marktproduktion dem Konkurrenzdruck erwehren können.

Die wirtschaftliche Dynamik der damit angedeuteten Prozesse wird in Wallersteins Darstellung nicht immer in dem Maße deutlich wie etwa das Abdrängen Portugals in eine zunehmend periphere Situation, in der selbst der Handel mit der wichtigsten Kolonie Brasilien englischer Kontrolle unterliegt und das Mutterland Portugal selbst vornehmlich zum Weinexporteur wird. Vor allem aber ist das Zusammenspiel wirtschaftlicher und machtpolitischer Interessen selten so transparent wie im Fall des englischen Navigation Act von 1651, der bestimmte, »that goods entering England had to shipped either in English ships or in ships of the country of production (defined as the country of first port)«.[58] Es liegt jedenfalls auf der Hand, dass Wallerstein das berühmte Diktum von Charles Tilly – »War made the state, and the state made war« – dahin gehend zu ergänzen sucht, dass er die Staaten im Interesse von Teilen der Bourgeoisie agieren sieht. Und Tilly hat seinerseits schon ein Jahr nach Erscheinen des ersten Bandes des »Modern World-System« zu Protokoll gegeben, dass er solche Entsprechungen für keinesfalls durchgängig gegeben ansieht.[59] Schaut man beispielsweise auf die Schilderung der sich seit dem späten 17. Jahrhundert zuspitzenden englisch-französischen Rivalität, wird man ihm zustimmen wollen.

Auch wenn Wallerstein zufolge erst mit dem Ende der Napoleonischen Kriege diese Rivalität endgültig zugunsten Großbritanniens entschieden ist, besteht an einer zunehmend hegemonialen Position Englands in der europäischen Weltwirtschaft schon in der zweiten Hälfte des 18. Jahrhunderts kein Zweifel. Dafür spielt ihm zufolge die Industrialisierung Englands kaum eine Rolle. Dass er diese im Vergleich zur Entstehung einer kapitalistischen Weltwirtschaft im 16. Jahrhundert für wenig bedeutsam hält, ist angesichts der Anlage des Gesamtwerks ohnehin klar. Im dritten Band unterstreicht er das, indem er zum einen für die zweite Hälfte des 18. Jahrhunderts die englisch-französischen Unterschiede hinsichtlich des Industrialisierungsgrads ebenso kleinredet, wie er zuvor für die erste Hälfte des 17. Jahrhunderts die niederländische Überlegenheit gegenüber England in Bezug auf die Produktivität der agrarischen und der gewerblichen Wirtschaft betont hatte. Und ohne bedeutende englische Erfindungen zu leugnen, argumentiert er zum anderen doch: »[W]hat is usually called the industrial revolution should in fact be thought of as the reurbanization and reconcentration of the leading industries alongside an effort to increase scale«, eine eher ungewöhnliche Nivellierung der Differenz zwischen Industrialisierung und Protoindustrialisierung und nicht so ohne Weiteres konsistent mit seiner Deutung des Verlagssystems in deutschen Staaten der Semiperipherie des 17. Jahrhunderts, das er im zweiten Band als krisenbedingtes Ausweichen interpretiert hatte.[60]

---

58 Ebd., S. 78.
59 *Charles Tilly*, Reflections on the History of European State-Making, in: *ders.* (Hrsg.), The Formation of National States in Western Europe, Princeton 1975, S. 3–83, hier: S. 42; vgl. ebd., S. 44.
60 *Wallerstein*, The Modern World-System, Bd. 3, S. 78; vgl. zu der hier nicht einbezogenen umfangreichen Literatur zur Protoindustrialisierung nur *Peter Kriedte/Hans Medick/Jürgen Schlumbohm*, Industrialisierung vor der Industrialisierung. Gewerbliche Warenproduktion auf dem Land

Anstelle einer industriellen Revolution, die er nicht von früheren technologischen Entwicklungsschüben absetzen mag, veranschlagt Wallerstein die britische Führungsrolle im rasant wichtiger werdenden Handel mit den Kolonien Nord- und Südamerikas sowie die Bereitschaft des britischen Staats hoch, »to interfere actively in the market«.[61] Und in der Tat ist die Liste der im ausgehenden 18. und frühen 19. Jahrhundert von Großbritannien erworbenen Besitzungen im atlantischen Raum lang. Mittel- und langfristig dürfte die Inkorporierung des indischen Subkontinents noch deutlich wichtiger gewesen sein. Und am Beispiel Indiens lässt sich auch die für die gleichfalls neu inkorporierten Räume des Osmanischen Reichs, Russlands und Westafrikas ebenfalls behauptete ökonomische Ausrichtung auf den Rohstoffexport besonders schlagend belegen:

»In order that the four zones concentrate on raw material exports, there had to be changes in their productive processes in two directions: in the creation or significant expansion of cash-crop agriculture (and analogous forms of primary sector production) destined for sale on the market of the capitalist world-economy; and in the reduction or elimination of local manufacturing activities.«[62]

Die gezielte Zerschlagung der wohl einst größten Baumwollindustrie der Welt in Indien steht für den zweiten Teilprozess einer solchen erzwungenen Neuausrichtung der frisch inkorporierten Peripherien und lässt besonders plastisch zutage treten, dass die globale Arbeitsteilung nicht das Produkt unsichtbarer Marktprozesse, sondern das Resultat politisch-ökonomischer Machtdifferenzen war. Und solche spielen nicht nur an der Peripherie eine entscheidende Rolle, sondern lassen nachvollziehbar werden, warum die politische Unabhängigkeit der Vereinigten Staaten gleichwohl die ökonomische Führungsrolle Großbritanniens im späten 18. und im 19. Jahrhundert festigte.

Das aufgrund des dominanten Funktionalismus immer tendenziell exogen erscheinende Movens der wirtschaftlichen Entwicklung ist für Wallerstein die Konjunktur, also für die ersten beiden Bände vor allem die Bewegung der Agrarpreise. Wenn er später häufiger auf die Kondratjew-Zyklen verweist, dann lehnt er sich gleichwohl nicht allzu eng an den russischstämmigen Ökonomen an. Vielmehr scheint sein Konjunkturverständnis in einem knappen Kommentar durch: »Marx had one major fault. He was a little too Smithian (competition is the norm of capitalism, monopoly a distortion) and a little too Schumpeterian (the entrepreneur is the bearer of progress).«[63] Für ihn selbst ist dagegen Profit immer Monopolprofit. Mit der Aushöhlung der Monopolposition sinkt er und verschwindet schließlich, wodurch die Notwendigkeit der Schaffung oder Durchsetzung neuer Monopolpositionen hervorgerufen wird. Die aber betrachtet er nicht primär als das Produkt unternehmerischer Innovation, sondern vielmehr als Resultat staatlicher Machtpolitik, was mit Blick auf die selten gewaltfreie Inkorporierung neuer Ausbeutungsräume durchaus konsequent erscheint.

Das lange 19. Jahrhundert behandelt Wallerstein im vierten Band. Doch da er sich dort dem liberalen Staat als dem dominanten Ordnungsmodell der Kernstaaten des modernen Weltsystems zuwendet und in diesem Zusammenhang vor allem Politik, Ideologie und soziale Bewegungen behandelt, kann von einer Fortschreibung der Geschichte der global werdenden europäischen Weltwirtschaft nicht die Rede sein. Bemerkenswert scheint neben dieser thematischen Verschiebung die fast ausschließliche Beschränkung auf die Kern-

---

in der Formationsperiode des Kapitalismus, Göttingen 1977, sowie als knappe Zusammenfassung des bei Erscheinen des zweiten Bandes von Wallersteins Hauptwerk erreichten Diskussionsstandes *Peter Kriedte*, Spätfeudalismus und Handelskapital. Grundlinien der europäischen Wirtschaftsgeschichte vom 16. bis zum Ausgang des 18. Jahrhunderts, Göttingen 1980.

61 *Wallerstein*, The Modern World-System, Bd. 3, S. 80.
62 Ebd., S. 138.
63 Ebd., S. 51.

staaten des Westens, welche die These von der Schaffung »of a geoculture for the modern world-system« nicht zu bemänteln vermag.[64] Ob der Autor nach einem solchen Umweg in den angekündigten beiden letzten Bänden seines Hauptwerks zu einer Fortschreibung der Geschichte der europäischen Weltwirtschaft zurückkehren und diese bis ins 21. Jahrhundert ziehen wird, bleibt abzuwarten.

Da der Begründer der Weltsystemtheorie aber keineswegs ihr einziger Verfechter ist, gibt es durchaus bis in die Gegenwart reichende Deutungsangebote, von denen ich hier nur eines aufgreifen möchte. Wie Braudel datiert auch Giovanni Arrighi die Anfänge eines europäischen kapitalistischen Weltsystems ins spätmittelalterliche Italien, wie Wallerstein favorisiert er funktionalistische Erklärungsangebote: »It follows that the expected benefits for Portugal and other European states of discovering and controlling a direct route to the East were incomparably greater than the expected benefits of discovering and controlling a direct route to the West were for the Chinese state.«[65] Interessanter als solche Gemeinsamkeiten sind indessen Differenzen, die zum Teil solche der Schwerpunktsetzung sind. Dass bei ihm Zentrum-Peripherie-Beziehungen und die mit ihnen korrelierenden Arbeitsverfassungen nicht im Mittelpunkt stehen, will Arrighi, dessen Andenken Wallerstein seinen vierten Band gewidmet hat, ausdrücklich nicht als Geringschätzung ihrer Bedeutung verstanden wissen. Ihn interessiert indessen etwas anderes mehr:

»The transformation of the capitalist world-economy, from a system in which networks of accumulation were wholly embedded in and subordinate to networks of power into a system in which networks of power are wholly embedded in and subordinate to networks of accumulation, has proceeded through a series of systemic cycles of accumulation each consisting of an (MC) phase of material expansion followed by a (CM') phase of financial expansion.«[66]

Neben der These, dass die zyklische Entwicklung der europäischen Weltwirtschaft durchaus eine gerichtete ist, unterscheidet ihn also die Behauptung eines finanzkapitalistischen Abschlusses eines jeden Zyklus von Wallerstein. Diese Abschlussphase, in der das akkumulierte Kapital im Handelssektor keine profitable Verwendung mehr finde, erscheine regelmäßig als Blütezeit oder Belle Époque, so die Niederlande im ›Goldenen Zeitalter‹, England unter König Edward oder die USA unter Ronald Reagan, stelle in Wirklichkeit aber eine Krisenphase dar, in der das überschüssige Kapital investiert würde »in the hostile takeover of the markets or of the territories of competitors«.[67] Für die von Wallerstein gleichfalls behandelten Epochen muss das nicht erneut nachvollzogen werden, zumal auch für Arrighi Fernand Braudel die Hauptreferenz darstellt. Aufschlussreich ist aber der Blick auf die von Wallerstein nur in Ansätzen behandelte Phase britischer sowie auf die dort gar nicht analysierte Epoche nordamerikanischer Hegemonie. Arrighi ordnet sie in der ihm eigenen Art abstrakten Typologisierens folgendermaßen ein:

»Just as the Dutch regime had taken world-scale processes of capital accumulation one step further than the Genoese by internalizing protection costs, and the British regime had taken them a step further than the Dutch by internalizing production costs, so the US regime has done the same in relation to the British by internalizing transaction costs.«[68]

---

64 *Immanuel Wallerstein*, The Modern World-System, Bd. 4: Centrist Liberalism Triumphant, 1789–1914, Berkeley 2011, S. XIII.
65 *Giovanni Arrighi*, The Long Twentieth Century. Money, Power, and the Origins of Our Times, London/New York 2010 (zuerst 1994), S. 36.
66 Ebd., S. 87.
67 Ebd., S. 94. *Morten Reitmayer*, Nach dem Boom – eine neue Belle Époque? Versuch einer vorläufigen Synthese, in: *ders./Thomas Schlemmer* (Hrsg.), Die Anfänge der Gegenwart. Umbrüche in Westeuropa nach dem Boom, München 2014, S. 13–22, benutzt den Begriff ohne Bezug auf Arrighi.
68 *Arrighi*, The Long Twentieth-Century, S. 247.

Darin steckt das anderenorts explizierte Eingeständnis, dass der Industrialisierung wohl doch der Charakter einer Zäsur zugesprochen werden müsse: »For historical capitalism as a world system of accumulation became a ›mode of production‹ [...] only in its third (British) stage of development.«[69] Und dieser Industriekapitalismus habe dann nach dem Übergang der hegemonialen Position im System an die USA im Gefolge zweier Weltkriege und ihrer Finanzierung einen entscheidenden Wandel erlebt. Die im späten 19. Jahrhundert entstandenen, vertikal integrierten und bürokratisch verwalteten Großkonzerne der Vereinigten Staaten hätten spätestens nach dem Zweiten Weltkrieg die Schutzzone eines protektionistisch eingehegten Binnenmarkts verlassen und eine Führungsrolle in der Weltwirtschaft übernommen. Im Unterschied zu Großbritannien seien die Vereinigten Staaten aufgrund der Größe ihres Binnenmarkts aber weit weniger auf externe Gebiete und ihre direkte oder indirekte, also rein ökonomische Beherrschung angewiesen gewesen. In der Reagan-Ära sei aber auch dieser die Nachkriegszeit prägende US-Kapitalismus in die Krise geraten, was nicht zuletzt daran abzulesen sei, dass der amerikanischen Regierung die Kontrolle über das Währungssystem entglitten sei. Im Epilog zur ersten Auflage von »The Long Twentieth Century« sah Arrighi in Ostasien und insbesondere in Japan eine neue Hegemonialmacht entstehen, 15 Jahre später setzte er in einem Postskript zur Neuauflage dagegen auf China. Über die erste Prognose ist die Zeit hinweggegangen, auf die zweite wird weiter unten zurückzukommen sein.

Handels- oder Kriegskapitalismus, Sklaverei und industrielle Revolution

Zuvor aber gilt es den in jüngster Zeit wieder viel diskutierten Zusammenhang zwischen Sklaverei und Kapitalismus zu thematisieren, den die Theoretiker eines modernen Weltsystems zwar keineswegs verschweigen, der bei ihnen aber kein großes Gewicht besitzt, weil der Handel Vorrang vor der Produktion hat und der Industrialisierung deshalb keine große Bedeutung zukommt. Diesen Zusammenhang hatte Eric Williams schon 1944 ins Zentrum einer Monografie gerückt, in der er unter anderem argumentierte: »It was only the capital accumulation of Liverpool«, also der für den Sklavenhandel zentralen Hafenstadt, »which called the population of Lancashire into existence and stimulated the manufactures of Manchester«.[70] Das machte es seinen Kritikern leicht, seine These mit dem Argument zurückzuweisen, der Kapitalbedarf der frühen Baumwollindustrie sei gering gewesen, sodass diese eines solchen Kapitaltransfers nicht bedurft hätte. Damit wird man Williams, dem es ohnehin mindestens gleichgewichtig um eine ökonomische Erklärung für den Abolitionismus des 19. Jahrhunderts ging, indessen nicht gerecht. Denn er hatte sehr viel umfassendere Folgewirkungen im Kontext eines atlantischen Dreieckshandels in Anschlag gebracht:

»The triangular trade gave a triple stimulus to British industry. The Negroes were purchased with British manufactures, transported to the plantations, they produced sugar, cotton, indigo, molasses and other tropical products, the processing of which created new industries in England; while the maintenance of the Negroes and their owners on the plantations provided another market for British industry, New England agriculture and the Newfoundland fisheries.«[71]

Allerdings, so wird man eingestehen müssen, konnte Williams die damit doch sehr viel breiter gefassten Effekte nur in Ansätzen quantifizieren und präzisieren.

Mehr als ein halbes Jahrhundert nach Williams hat Joseph Inikori das Thema in einer ungleich umfassenderen Weise erneut aufgegriffen und in den Kontext der entwicklungsökonomischen Diskussion einerseits, der Wirtschaftshistoriografie andererseits gestellt.

---

69 Ebd., S. 226.
70 *Eric Williams*, Capitalism and Slavery, Chapel Hill 1944, S. 63.
71 Ebd., S. 52.

Die sogenannten Internalisten, die Erklärungsfaktoren wie »population growth, agricultural progress, mineral resource endowment, and autonomous technological change« präferieren, erinnert er daran, dass von Adam Smith bis Douglass North eine Mehrheit der Ökonomen die Bedeutung der Marktausweitung hoch veranschlagt habe.[72] Und er konfrontiert sie mit zwei recht grundlegenden Einwänden gegen eine internalistische Deutung, noch bevor er die Belege für die ausschlaggebende Rolle des Überseehandels zusammenträgt. Zum einen weist er darauf hin, dass die von Internalisten wie Robert Brenner gern ins Feld geführte agrarkapitalistische Entwicklung im Süden Englands am stärksten ausgeprägt gewesen sei und deshalb die industrielle Entwicklung traditionell armer Regionen wie Lancashire, West Midlands oder West Riding nicht erklären könne, zumal England vor der Einführung eines Eisenbahnnetzes gar keinen integrierten Markt besessen habe und die Einzelregionen über ihre Wasserwege wirtschaftlich stärker auf die Seehäfen als auf andere englische Regionen ausgerichtet gewesen seien. Zum anderen müsse eine internalistische Erklärung auch nachvollziehbar machen, warum agrarisch so früh und so weit entwickelte Länder wie die Niederlande den Schritt zur industriellen Revolution nicht getan hätten.

Dagegen setzt Inikori eine umfassend angelegte Analyse des atlantischen Dreieckshandels, die Nord- und Südamerika gleichermaßen einbezieht, denn »Brazil and, to a lesser extent, Spanish America were, for purposes of British Atlantic commerce, part of British America«.[73] Sein Versuch, das Ausmaß zu bestimmen, »to which the evolution of the international economy […] rested on the shoulders of Africans«, setzt mit der Rekonstruktion der von Sklaven geleisteten Warenproduktion ein und stellt dementsprechend die Verlagerung der zunächst auf den der westafrikanischen Küste vorgelagerten Inseln angesiedelten Zuckerplantagen in die Karibik und nach Brasilien an den Anfang.[74] Zucker blieb dem Wert nach während des gesamten 18. Jahrhunderts das wichtigste Exportgut, aber auch die anderen Gegenstände des in der zweiten Hälfte des Jahrhunderts explodierenden Exports, also vor allem Tabak, Reis, Baumwolle oder Kaffee, waren fast ausschließlich das Arbeitsprodukt afrikanischer Sklaven. Allein nach Jamaika wurde im 18. Jahrhundert etwa eine halbe Million Menschen verbracht und auch hier stiegen die Zahlen gegen Ende des Jahrhunderts steil an. Da britische Sklavenhändler schon um die Mitte des 17. Jahrhunderts den Export in britische Kolonien kontrollierten, gegen Ende des 18. Jahrhunderts aber auch gut zwei Fünftel des übrigen Exports in der Hand hatten, war der Sklavenhandel selbst ein wichtiger Wirtschaftsfaktor. Eher indirekten, aber gleichwohl wichtigen Auswirkungen des von ihm beschriebenen Dreieckshandels spürt Inikori im Bereich des Schiffbaus und im Finanzsektor nach. So demonstriert er, »that the shipping needs of the Atlantic slave economy were central to the growth and development of British shipping and the shipbuilding industry«, wobei neben der großen Zahl benötigter Schiffe ihre geringe Lebensdauer von durchschnittlich zehn Jahren in Rechnung gestellt werden muss. Anschaulich führt Inikori aber auch vor, welche Mengen an Eisen und Kupfer, Holz und Tauen nachgefragt wurden und so die gewerbliche Produktion stimulierten. Zentral war die atlantische Sklavenwirtschaft gleichfalls für die Entwicklung einer britischen Kredit- und Versicherungswirtschaft. Die Plantagenbesitzer waren regelmäßig bei Sklavenhändlern verschuldet, und angesichts der Risiken der Schiffspassagen der letzteren machten Versicherungsprämien nicht selten 15% vom Gesamtumsatz aus.

Wichtiger noch aber ist der Nachweis, dass schon in der ersten Hälfte des 19. Jahrhunderts der Überseehandel die hauptsächliche Quelle der von der britischen Industrie verar-

---

72 *Joseph E. Inikori*, Africans and the Industrial Revolution in England. A Study in International Trade and Economic Development, Cambridge/New York etc. 2002, S. 91.
73 Ebd., S. 214.
74 Ebd., S. 8.

beiteten Rohstoffe war. Deren sinkende Preise seien entscheidend für die sinkenden Produktionskosten und damit die steigende Konkurrenzfähigkeit der Baumwollindustrie gewesen. Gerade letztere sei aber nicht nur ein Beispiel eines vom britischen Protektionismus profitierenden Gewerbezweigs, sondern auch und zugleich typisch für die vom atlantischen Dreieckshandel stimulierte Importsubstitution. Denn zunächst hätten die britischen Händler vor allem europäisches Leinen und indische Baumwoll- oder Seidenstoffe nach Westafrika und in die ›Neue Welt‹ geliefert. Diese von Afrikanern in Westafrika oder auf den Plantagen der ›Neuen Welt‹ konsumierten Güter seien aber zunehmend in England hergestellt worden – bis zu den dann aus Birmingham stammenden Gewehren. Neben dieser die Massenproduktion erst ermöglichenden Nachfrage seien für die industrielle Revolution in England zwei Aspekte entscheidend gewesen: Zum einen hätten die ursprünglichen Reexporte die Absatzwege für die nach erfolgter Importsubstitution inländische Industrieproduktion gebahnt und zum anderen sei diese Importsubstitution zwar mithilfe massiver staatlicher Unterstützung, aber eben nicht ganz frei von Konkurrenzdruck erfolgt. Daraus sei ein Effizienzzwang erwachsen, der »to the adoption of new technologies and new forms of organization« geführt hätte.[75] Nicht spezifische Agrarstrukturen und marktförmige Institutionen, die es auch in Holland gegeben habe, könnten also die industrielle Revolution in England erklären, sondern der besondere Zugang zu rasch wachsenden Exportmärkten und Möglichkeiten der Rohstoffeinfuhr, die es so etwa in China nicht gegeben habe.[76]

Auf beide Vergleiche wird zurückzukommen sein, doch gilt es zunächst, noch einen Blick auf ein Buch zu werfen, das – sehr viel lesbarer als die gründliche und grundlegende Studie Inikoris – unlängst das öffentliche Interesse sowohl in Deutschland als auch und vor allem in den USA wieder stärker auf den Zusammenhang zwischen Kapitalismus und Sklaverei gelenkt hat. Dabei geht Sven Beckerts »King Cotton« in systematischer Hinsicht kaum über Inikori hinaus. Die von ihm auch nach Ägypten, Anatolien, Indien und Brasilien verfolgte Baumwolle ist ja vielmehr eines der wichtigsten Güter im atlantischen Dreieckshandel. Sie dient Beckert allerdings nicht als Mittel, den afrikanischen Beitrag zur englischen Industrialisierung zu bestimmen, sondern als Sonde für eine »Geschichte des globalen Kapitalismus«. Eine solche scheint ihm keine tiefer gehenden begrifflichen oder gar theoretischen Erörterungen zu erfordern, obwohl er mit dem Begriff des Kriegskapitalismus ja eine griffige Bezeichnung einführt, die er nicht systematisch von alternativen Begriffsbildungen wie Beutekapitalismus absetzt. Die gemeinte Sache ist ohnehin nicht neu, ist der »Einsatz von Gewalt und körperlichem Zwang« in vielen der bereits angesprochenen Darstellungen doch allgegenwärtig. Und Wallersteins Weltsystemtheorie versucht ja gerade begrifflich-theoretisch zu fassen, »wie einige Europäer die Macht von Kapital und Staat vereinten, um gewaltsam einen Produktionskomplex zu schaffen«, eine Verbindung, für die ansonsten immer wieder Unternehmen wie die »Vereinigde Oostindische Compagnie« oder die »East India Company« ins Feld geführt worden sind.[77] Sein Ausblick auf die Gegenwart schließlich, die sich von der Vergangenheit unterscheide, »weniger durch das Ausmaß der globalen Vernetzung, sondern dadurch, dass Kapitalbesitzer erstmals in der Lage sind, sich von genau jenen Nationalstaaten zu emanzipieren, die in der Vergangenheit ihren Aufstieg ermöglicht haben«, entspricht ganz der oben re-

---

75 Ebd., S. 464.
76 Hilfreich als Einführung in die umfangreiche Literatur ist auch *Patrick O'Brien*, A Critical Review of a Tradition of Meta-Narratives from Adam Smith to Karl [sic] Pomeranz, in: *Pieter C. Emmer/Olivier Pétré-Grenouilleau/Jessica V. Rotman* (Hrsg.), A Deus ex Machina Revisited. Atlantic Colonial Trade and European Economic Development, Leiden 2006, S. 5–23.
77 Vgl. zu den Letztgenannten zuletzt *Chris Nierstrasz*, Rivalry for Trade in Tea and Textiles. The English and Dutch East India Companies (1700–1800), Houndmills 2015.

ferierten Einschätzung Arrighis.[78] Was »King Cotton« dagegen bietet, ist eine flott geschriebene Globalgeschichte des Baumwollanbaus und der Baumwollindustrie, die einen Schwerpunkt auf die amerikanischen Südstaaten während der ersten beiden Drittel des 19. Jahrhunderts legt, aber auch die jüngsten Verschiebungen in den globalen Süden instruktiv beschreibt und insgesamt ihre globale Dimension mithilfe zahlreicher Karten anschaulich macht.

III. GLOBALE VERFLECHTUNGEN, GLOBALE VERGLEICHE

Warenketten

Insofern hätte Beckerts Buch auch als Beispiel für die mittlerweile zahlreichen Arbeiten gewürdigt werden können, die anhand eines Produkts die oft weltweiten Handelsverflechtungen analysieren. Und das umso mehr, als eine der frühesten und bis heute überzeugendsten dieser Studien, »Sweetness and Power«, sich ja gleichfalls für den Ort der Plantagensklaverei in der Genese und Frühphase des Industriekapitalismus interessierte.[79] Von ihrem Ursprung her ist die Erforschung von Warenketten in ihrem engeren Sinne ohnehin im Kontext der Weltsystemtheorie zu verorten, deren Begründer gemeinsam mit Terence Hopkins schon 1977 empfahl, von einem Konsumgut ausgehend dessen Entstehungsprozess unter Einschluss aller Rohstoffe, aller Arbeits- und Verwandlungsprozesse sowie der Transportwege zu erforschen.[80] Gleichwohl wird man sagen können, dass dieser Forschungszweig sich weitgehend von diesen Ursprüngen emanzipiert hat und heute recht offen »The World That Trade Created« erforscht.[81] Das heißt, dass einer funktionalistischen Ableitung aus Zentrum-Peripherie-Beziehungen »eine je eigene Logik« gegenübergestellt wird, die zum Beispiel in Rechnung stellt, dass es Produkte wie den Reis gibt, bei denen die Produktion für einen Markt bis tief ins 20. Jahrhundert hinein ein Minderheitenphänomen bleibt, oder solche wie den Kautschuk, dessen Boom an der Wende zum 20. Jahrhundert den Eliten einer peripheren Region wie dem Amazonasbecken ungeheuren Reichtum bescherte.[82]

Auch wenn die Verkehrsinfrastruktur im 19. Jahrhundert grundlegend, wenngleich alles andere als einheitlich verbessert wurde und spektakuläre Einzelprojekte wie der 1869 fertiggestellte Suezkanal die Handelswege verkürzten, blieben großvolumige Güter lange weit hinter wertvollen Nahrungsmitteln zurück. An Wert erreichten einer Statistik der Seehandelswaren zufolge zwischen 1860 und 1887 Kohle und Holz zusammengenommen nicht den schon im 18. Jahrhundert führenden Zucker, hinter dem Getreide und Kaffee weitere Spitzenplätze einnahmen.[83] An die Schlüsselstellung einzelner Genussmittel wie Tee oder Kaffee lässt sich indessen nicht nur auf der Ebene internationaler Handelsbilanzen anknüpfen, für die vielleicht der von britischer Seite zum Ausgleich ihres maßgeblich

---

78 *Sven Beckert*, King Cotton. Eine Globalgeschichte des Kapitalismus, München 2014, S. 13, 12 und 17.
79 *Sidney W. Mintz*, Sweetness and Power. The Place of Sugar in Modern History, New York 1985.
80 Vgl. *Jennifer Bair*, Global Commodity Chains: Genealogy and Review, in: *dies.* (Hrsg.), Frontiers of Commodity Chain Research, Stanford 2009, S. 11–34, hier: S. 7, sowie *Immanuel Wallerstein*, Protection Networks and Commodity Chains in the Capitalist World-Economy, in: ebd., S. 83–89.
81 *Kenneth Pomeranz/Steven Topik*, The World That Trade Created. Society, Culture, and the World Economy, 1400 to the Present, 3. Aufl., Armonk 2013.
82 *Steven C. Topik/Allen Wells*, Warenketten in einer globalen Wirtschaft, in: *Emily S. Rosenberg* (Hrsg.), 1870–1945. Weltmärkte und Weltkriege, München 2012, S. 589–814, hier: S. 684; vgl. ebd., S. 732 und 679.
83 Vgl. ebd., S. 686.

durch Teeimporte verursachten Handelsdefizits erzwungene Import indischen Opiums durch China das bekannteste Beispiel ist.[84] Vielmehr belegen anregende branchen- und unternehmensgeschichtliche Arbeiten wie die Julia Laura Rischbieters zum Handel mit und Konsum von Kaffee im deutschen Kaiserreich oder von Christof Dejung zur auch von Sven Beckert untersuchten Handelsfirma »Gebrüder Volkart«, dass über den Blick auf Warenketten auch »die zentralen Akteure in Globalisierungsprozessen« in den Mittelpunkt der Untersuchung gestellt werden können und unser Verständnis dieser Prozesse so mikrohistorisch fundiert werden kann.[85] Zugleich ermöglicht die Verbindung zur Konsumgeschichte die Integration kulturhistorischer Zugänge, wobei in unserem Zusammenhang allerdings festgehalten werden muss, dass hierbei die in den Blick genommenen Konsumenten in aller Regel Bewohner der westlichen Welt sind.

The Great Divergence

Das lässt sich als Eurozentrismus kritisieren; und ein solcher Vorwurf ist denn auch nachdrücklich erhoben worden – am vehementesten vielleicht von André Gunder Frank, der sich seinerseits allerdings hat vorwerfen lassen müssen, es sei wenig sinnvoll, »unsatisfactory Eurocentric with equally unsatisfying Sinocentric […] explanations« zu ersetzen.[86] Frank beschäftigt sich in seinem letzten Hauptwerk indessen nicht mit Warenketten, sondern zielt aufs »Ganze«. Sein Titel »ReOrient« meint beides, dass die von Grund auf eurozentrische Sozialtheorie dringend einer Reorientierung bedürfe und dass eine solche Reorientierung den Osten, vor allem China in den Mittelpunkt rücken müsse. Dabei reicht die Reihe der wegen ihres Eurozentrismus Verdammten von Marx über Weber bis Wallerstein, wenngleich Frank an der Methodik seines ehemaligen Mitstreiters festhält. Eine Weltwirtschaft und ein Weltwirtschaftssystem habe es indessen schon lange vor 1500 gegeben und es könne überhaupt keine Rede davon sein, dass Europa in seinem Zentrum gestanden und allmählich die übrige Welt inkorporiert habe. »Stattdessen schloss sich Europa verspätet einer bereits bestehenden Weltwirtschaft und einem bestehenden Weltwirtschaftssystem an oder befestigte wenigstens seine lockeren Bindungen damit.«[87] Dabei ist die These einer früheren Existenz eines Weltsystems nicht neu. Braudel hatte dessen – italienische – Anfänge 1979 auf das 13. Jahrhundert datiert und Janet Abu-Lughod zehn Jahre später ganz ähnlich die Existenz eines Weltsystems für die Zeit zwischen 1250 und 1350 postuliert, dessen – städtische – Zentren indessen primär in Ostasien und dem arabischen Raum verortet.[88]

Das setzt Frank mehr oder weniger voraus und argumentiert für die von ihm behauptete asiatische und vor allem chinesische Dominanz mit zwei Befunden. Zum einen trägt er demografische und ökonomische Belege für die These zusammen, »dass nicht nur verschiedene Teile Asiens wirtschaftlich weit bedeutender als ganz Europa in der und für die Weltwirtschaft waren, sondern auch […], dass Asien schneller und stärker wuchs als Euro-

---

84 Vgl. knapp *Pomeranz/Topik*, The World That Trade Created, S. 101 ff.
85 *Julia Laura Rischbieter*, Mikro-Ökonomie der Globalisierung. Kaffee, Kaufleute und Konsumenten im Kaiserreich 1870–1914, Köln/Weimar etc. 2011, S. 9; vgl. *Christof Dejung*, Die Fäden des globalen Marktes. Eine Sozial- und Kulturgeschichte des Welthandels am Beispiel der Handelsfirma Gebrüder Volkart 1851–1999, Köln/Weimar etc. 2013.
86 *Barry Buzan/George Lawson*, The Global Transformation. History, Modernity and the Making of International Relations, Cambridge 2015, S. 7.
87 *André Gunder Frank*, ReOrient. Globalwirtschaft im Asiatischen Zeitalter, Wien 2016, S. 33 f. (zuerst 1998).
88 Vgl. *Braudel*, Sozialgeschichte, Bd. 3: Aufbruch der Weltwirtschaft, S. 57; vgl. *Janet L. Abu-Lughod*, Before European Hegemony. The World System A.D., 1250–1350, Oxford/New York etc. 1989.

pa und seine wirtschaftliche Führung in jeder Hinsicht wenigstens bis 1750 behielt«.[89] Zum anderen tragen Handelsbilanzen und Edelmetallströme die Hauptbeweislast. Das gilt, wenn Frank das relative Gewicht der westasiatischen, der indischen und der chinesischen Wirtschaft zu bestimmen sucht, ebenso wie beim Nachweis der europäischen Rückständigkeit. Letztlich ist es für ihn Chinas Funktion als »das größte Silber›sammelbecken‹«, welche sowohl die innerasiatische Führungsposition als auch den deutlichen Entwicklungsvorsprung gegenüber dem frühneuzeitlichen Europa beweist.[90] Europa hatte den asiatischen Exporteuren außer den Edelmetallen der ›Neuen Welt‹ eben lange nichts zu bieten. Dieser Befund ist nicht neu und gut belegt. Nicht ganz klar wird bei Frank indessen, wie »Europa sein amerikanisches Geld benutzte, um sich rücksichtslos einzumischen und aus der asiatischen Produktion, den asiatischen Märkten und dem asiatischen Handel Nutzen zu ziehen – kurz: von der beherrschenden Stellung Asiens in der Weltwirtschaft zu profitieren. Europa«, so das anstelle einer Erklärung angebotene Bild, »kletterte Asien auf den Rücken und stand dann auf seinen Schultern – zeitweilig«.[91] Das mag den Niedergang Asiens zur Voraussetzung gehabt haben, eine Erklärung des europäischen Aufstiegs ist es jedoch nicht. Für Frank ist aber neben der Hoffnung auf den Wiederaufstieg Ostasiens ohnehin wichtiger, zu zeigen, dass sich ein solcher Aufstieg keinesfalls irgendwelchen europäischen Eigenschaften verdanken kann.

Frank hatte sich bei seinem Plädoyer für eine grundlegende Reorientierung bereits auf ein Manuskript stützen können, das ihm Kenneth Pomeranz zur Verfügung gestellt hatte und das die Grundlage seines seither so einflussreich gewordenen Buches »The Great Divergence« gebildet haben dürfte. Weit weniger missionarisch und holistisch, dafür umso überzeugender und präziser entfaltet der jetzt an der University of Chicago lehrende Historiker einen systematisch angelegten Vergleich der chinesisch-europäischen Wirtschaftsentwicklung im Übergang von der Frühen Neuzeit ins 19. Jahrhundert. Gelegentlich weitet er diesen Vergleich aus, um Indien und Japan mit einzubeziehen, häufiger jedoch knüpft er an seine Eingangsfeststellung an, dass es angesichts der Größe und Heterogenität Chinas wohl sinnvoller sei, einzelne besonders entwickelte Regionen wie das Jangtse-Delta mit ebensolchen Regionen Europas zu vergleichen. Anders als Frank sieht er kein ostasiatisches Weltsystem, sondern geht für die Zeit vor 1800 von einer polyzentrischen Welt ohne ein dominantes Zentrum aus. Europäische Dominanz ist für ihn eindeutig das Resultat der Industrialisierung des 19. Jahrhunderts. Deren Erklärung aber könne kaum auf spätmittelalterliche und frühneuzeitliche Wurzeln zurückgreifen, denn weder habe das frühneuzeitliche Europa im Vergleich zu China einen Vorsprung hinsichtlich Wohlstand und Kapitalbildung besessen noch seien dort Märkte für Land, Arbeit und Kapital klarer ausgeprägt gewesen als in großen Teilen Asiens. Als Vertreter europazentrierter Narrative kritisiert er deshalb so unterschiedliche Autoren wie Fernand Braudel und Immanuel Wallerstein oder Robert Brenner und Douglass North.

Seine bestechend klare und auf eine demo-ökologische Pointe zusteuernde Argumentation entwickelt Pomeranz in drei Schritten: Im ersten Teil seines Buches beschreibt er »a world of surprising resemblances«.[92] Dazu muss er – anders als Frank – Differenzen wie eine in Europa stärker ausgeprägte Wissenschaftskultur nicht einebnen. Sie ändern aber nichts an »Europe's marked technological backwardness in the largest sector of eighteenth-century economies«.[93] Vor allem aber arbeitet er heraus, »that eighteenth-century China

---

89 *Frank*, ReOrient, S. 79.
90 Ebd., S. 458.
91 Ebd., S. 45f.
92 *Kenneth Pomeranz*, The Great Divergence. China, Europe, and the Making of the Modern World Economy, Princeton 2000, S. 29.
93 Ebd., S. 45.

(and perhaps Japan as well) actually came closer to resembling the neoclassical ideal of a market economy than did western Europe«.[94] Das gilt für Boden- und Arbeitsmärkte gleichermaßen, wobei er für beide Vergleichsregionen eine marktgetriebene Ausweitung von Familienarbeit und Konsum konstatiert. Er beschreibt diese in Anlehnung an Jan de Vries als *industrious revolutions*, von denen aber eben kein direkter Weg zu einer industriellen Revolution geführt habe. Skeptisch ist er vor allem gegenüber der These, in Europa sei der Luxuskonsum besonders ausgeprägt gewesen, und auch den Unterschieden in der Ausbildung von Kapitalmärkten will er keine Bedeutung für den Produktionsbereich zusprechen, zumal auch in Europa bis weit ins 19. Jahrhundert hinein Familienunternehmen vorherrschend gewesen seien.

Eine langfristig entscheidende Differenz sieht er stattdessen in den »political-economic institutions of European capitalism and violent interstate competition, combined with some very lucky (for Europe) global conjunctures«, welche »European (especially British) relations with the rest of the Atlantic world unique among core-periphery relationships« gemacht hätten.[95] Zu dieser Einzigartigkeit der Zentrum-Peripherie-Beziehungen zählt auch die Sklavenwirtschaft der ›Neuen Welt‹, zu deren Gewichtung er die von Inikori vorgelegten Forschungen noch nicht heranziehen konnte. Der Fluchtpunkt von Pomeranz' Argumentation ist aber ohnehin ein anderer und wird nur verständlich vor dem Hintergrund seines Befunds, in der Mitte des 18. Jahrhunderts hätten sich die am dichtesten besiedelten und wirtschaftlich am stärksten entwickelten Regionen Chinas wie Europas in einer protoindustriellen Sackgasse befunden, »in which even with steadily increasing labor inputs, the spread of the best known production practices, and a growing commercialization making possible an ever-more efficient division of labor, production was just barely staying ahead of population growth«.[96] Die für China häufig diagnostizierte Involution, also eine sinkende Produktivität bei erhöhtem Arbeitseinsatz, hätte auch Europa treffen können. Der systematische Grund, warum smithianisches Wachstum langfristig keinen Ausweg aus der Malthusianischen Falle geboten hätte, ist für Pomeranz die äußerst begrenzt gegebene Möglichkeit, den Produktionsfaktor Land durch Arbeit oder Kapital zu ersetzen. In dieser Krisensituation, die infolge von Rodungen zudem eine solche des Energiemangels – Werner Sombarts »Holznot« – gewesen sei, hätte der Import von landintensiven Gütern eine Schlüsselstellung eingenommen. Und genau so wie Westeuropa Getreide und Holz aus Osteuropa importiert habe, hätten die Bewohner des dicht besiedelten Jangtse-Deltas Reis und Holz aus flussaufwärts gelegenen Regionen bezogen. Diesem dennoch bedrohlichen ökologischen Flaschenhals sei Europa und insbesondere England zum einen durch den Rückgriff auf die Kohle, zum anderen und vor allem aber durch die landsparenden Einfuhren aus der ›Neuen Welt‹ entkommen, gleich ob es Direktimporte aus den Kolonien oder mit den Edelmetallen der ›Neuen Welt‹ bezahlte Einfuhren aus Asien gewesen seien: »[W]ithout the windfalls discussed here, Europe, too, could have been forced down a much more labor-intensive development path«.[97] Dass es sich bei dieser Aussage um weit mehr als Spekulation handelt, versucht Pomeranz anhand der Berechnung von sogenannten *ghost acres* zu demonstrieren. Um etwa die 1830 importierte Baumwollmenge durch inländische Schafwolle zu ersetzen, hätte es 23 Millionen Morgen Land erfordert, mehr als die gesamte britische Anbau- und Weidefläche dieses Jahres. Analoge und aufzuaddierende Berechnungen für Zucker oder Holz untermauern seine Überzeugung, dass »New World resources seem more crucial than New World profits«.[98]

---

94 Ebd., S. 70.
95 Ebd., S. 185.
96 Ebd., S. 207.
97 Ebd., S. 283.
98 Ebd., S. 279; vgl. ebd., S. 276.

Pomeranz' Thesen, die auch mehr als anderthalb Jahrzehnte nach Erscheinen seines Buches im Zentrum der Diskussion stehen, stellen also nicht nur einen weiteren externalistischen Erklärungsansatz dar, sie rücken auch die industrielle Revolution und ihre Entstehung in den Mittelpunkt. Darin stimmen ihm andere Kenner der chinesischen Wirtschaftsentwicklung wie Roy Bin Wong ausdrücklich zu.[99] Das heißt nun aber nicht, dass seine Lesart chinesisch-europäischer Differenzen unwidersprochen geblieben wäre. Zuletzt hat Peer Vries einige Kritikpunkte zu einer Gegenposition zusammengezogen, deren Quintessenz lautet, »that China, in a way, also had its ›coal‹ and its colonies, but that government was a serious hindrance in making the most of them«.[100] Mit Blick auf chinesische »Kolonien« meint er, dass Teile der Peripherie des riesigen chinesischen Reichs quasi-kolonialen Charakter besessen hätten, und argumentiert, dass von dort große Mengen an landintensiven Produkten ins Landesinnere geströmt seien. Darauf hatte nun Pomeranz selbst durchaus hingewiesen, sodass zur Entkräftung seiner Argumentation der Nachweis nötig gewesen wäre, dass hier von vergleichbaren Größenordnungen, mindestens also einer (virtuellen) Verdopplung der landwirtschaftlichen Nutzfläche des Zentrums, auszugehen ist. Den führt Vries indessen nicht. Und auch der Verweis auf die zweifelsohne existierenden chinesischen Kohlevorkommen wäre überzeugender, wenn konkret vorgeführt würde, wie die enormen Distanzen von dort zum gewerblich entwickelten Jangtse-Delta hätten überwunden werden können. Letztlich ist für Vries aber ohnehin Staatsversagen die Ursache des chinesischen Zurückbleibens und er verwendet viele, viele Seiten auf den Nachweis eines weit höheren Pro-Kopf-Steueraufkommens in Europa und insbesondere in Großbritannien. Einmal mehr vollzieht er nach, dass mit der verlässlichen Bedienung der Staatsschulden in den Niederlanden und Großbritannien diesen Staaten neue Möglichkeiten beim Ausbau des Militärs und vor allem der Kriegsmarine zuwuchsen, die für den bewaffneten Handel dieser Länder entscheidende Bedeutung besaßen. Die damit angesprochene Zentralität des »fiscal-military state« ist aber gar nicht strittig. Pomeranz selbst notiert schon in der Einleitung zu seinem grundlegenden Werk: »Only in overseas colonization and *armed* trading did Europe's financial institutions – nurtured by a system of competing, debt-financed states – give it a crucial edge.«[101] Und zuletzt hat Patrick O'Brien die diesbezügliche Diskussion noch einmal konzise zusammengefasst:

»Nevertheless, in retrospect the broad thrust of British fiscal and financial policies combined with naval mercantilism can be represented as effective support for the endeavors of private capitalist enterprise carrying the economy through a process of Smithian growth into a transition for the technological breakthroughs for a first industrial revolution.«[102]

Dies aber ist letztlich ein Befund historischer Kontingenz, den man nicht wie Vries in einen solchen europäischer Besonderheit oder gar Überlegenheit – nun eben eine solche der Staatsbildung – rückübersetzen sollte.

Wichtiger als ein in der Summe wenig überzeugender Antirevisionismus à la Vries scheinen die vielfältigen Implikationen und Anknüpfungspunkte, welche »The Great Divergence« bietet. Dabei schließen zwei der drei Problemkreise, die hier angesprochen werden sollen, an das Konzept der *industrious revolution* an. Pomeranz hat es mit Bezug auf Jan de Vries aufgegriffen, um zu zeigen, dass eben eine solche *industrious revolution* kein europäisches Spezifikum sei, von ihr, wie das chinesische Beispiel demonstriere, aber

---

99 Vgl. zuletzt *Roy Bin Wong*, China before Capitalism, in: *Neal/Williamson*, The Cambridge History of Capitalism, Bd. 1, S. 125–164, hier insb.: S. 155.
100 *Peer Vries*, State, Economy and the Great Divergence. Great Britain and China, 1680s–1850s, London 2015, S. 405.
101 *Pomeranz*, The Great Divergence, S. 19.
102 *O'Brien*, The Formation of States and Transitions to Modern Economies, S. 373.

auch kein direkter Weg zu einer industriellen Revolution verlaufe, die erst den Beginn der Auseinanderentwicklung Chinas und Europas in wirtschaftlicher Hinsicht markiere. De Vries, der seine diesbezüglichen Forschungen 2008 in Buchform zusammengefasst hat, gibt ihm in beidem recht. Und doch ist seine Perspektive eine andere. »In the ›long eighteenth century‹«, so eine knappe Zusammenfassung seiner Argumentation, »both consumer demand and the supply of market-oriented labor grew by means of reallocations of the productive resources of households«.[103] Durch landwirtschaftliche Spezialisierung, heimgewerbliche Produktion, Lohnarbeit oder Dienste hätten die Mitglieder dieser Haushalte vor allem in den Niederlanden und England Geldeinkommen zu erzielen versucht, um ihre veränderten Konsumbedürfnisse befriedigen zu können. Hier sei nur erwähnt, dass de Vries die in Europa vorherrschende Kernfamilie für diesbezüglich anfälliger hält als die komplexeren Familienstrukturen anderer Kulturen.[104] Und auch auf seinen interessanten Rückgriff auf Konzepte der modernen Haushaltsökonomik sei hier nicht näher eingegangen. Denn im größeren Zusammenhang ist eine andere Pointe – und grundlegende Differenz zu Pomeranz – interessanter: »[T]he accumulating evidence for an earlier increase of per capita income in northwestern Europe paired with a major refinement of material life casts serious doubt on the orthodoxy that the Industrial Revolution was the actual starting point for long-term economic growth«.[105] Und diese etwa von Douglass North geteilte Vordatierung des Beginns nachhaltigen Wirtschaftswachstums hat wichtige Implikationen, die de Vries bereits in einem gemeinsam mit Ad van der Woude verfassten Buch offengelegt hatte, dessen Titel programmatisch die Vereinigten Provinzen als »The First Modern Economy« bezeichnet hatte.[106] Das frühneuzeitliche Amsterdam sei deshalb auch keineswegs Ausdruck der Begrenzungen des Handelskapitalismus gewesen, sondern »the nerve center of *capitalism*, with its primary need for efficient access to information«.[107] Informationen waren schon deshalb zentral, weil das primäre zeitgenössische Problem nicht die Kapitalanhäufung, sondern seine kontinuierliche rentable Anlage gewesen sei. Das Ausbleiben einer industriellen Revolution nach britischem Vorbild ist denn auch für die Autoren kein Mangel, sondern vielmehr Resultat eines weit fortgeschrittenen Entwicklungsstands mit nachhaltigem Wirtschaftswachstum.

Jan de Vries hat stets betont, dass nicht er, sondern Akira Hayami den Begriff der *industrious revolution* geprägt habe. In seiner Lesart habe er mit Blick auf die japanischen, chinesischen und indischen Verhältnisse aber auch einen etwas anderen Inhalt insofern, als die Veränderungen der Konsumgewohnheiten in Europa eine stärkere Rolle gespielt hätten.[108] Dem entspricht, dass mit Blick auf China, Japan oder Indien der Begriff häufig

---

103 *Jan de Vries*, The Industrious Revolution. Consumer Behavior and the Household Economy, 1650 to the Present, Cambridge/New York etc. 2008, S. 71.
104 Er folgt hier *Katherine A. Lynch*, Individuals, Families, and Communities in Europe, 1200–1800. The Urban Foundations of Western Society, Cambridge/New York etc. 2003.
105 Ebd., S. 6f.
106 Vgl. *Douglass C. North*, Understanding the Process of Economic Change, Princeton 2005, S. 134.
107 *Jan de Vries/Ad van der Woude*, The First Modern Economy. Success, Failure, and Perseverance of the Dutch Economy, 1500–1815, Cambridge/New York etc. 1997, S. 692.
108 Zugespitzt in *Jan de Vries*, The Industrious Revolution in East and West, in: *Gareth Austin/Kaoru Sugihara* (Hrsg.), Labour-Intensive Industrialization in Global History, London/New York 2013, S. 65–84, insb. S. 74, wo die unternehmerischen Qualitäten des Haushalts in Begriffen beschrieben werden, die schon fast an das »unternehmerische Selbst« jüngerer Debatten gemahnen. Vgl. dazu zuletzt *Ulrich Bröckling*, Vermarktlichung, Entgrenzung, Subjektivierung. Die Arbeit des unternehmerischen Selbst, in: *Jörn Leonhard/Willibald Steinmetz* (Hrsg.), Semantiken von Arbeit. Diachrone und vergleichende Perspektiven, Köln/Weimar etc. 2016, S. 371–390.

im Kontext der Suche nach einem arbeitsintensiven Weg der Industrialisierung aufgegriffen wird, den insbesondere Kaoru Sugihara als Alternative zum kapitalintensiven Weg der europäisch-nordamerikanischen Industrialisierung in die Diskussion eingeführt hat.[109] Der für die asiatische Entwicklung insgesamt typische Weg ist aber nicht nur ein deutliches Gegenmodell zu den von Alexander Gerschenkron vor allem an deutschen und russischen Beispielen entwickelten Überlegungen zu den Spezifika einer Industrialisierung von Nachzüglern, welche, um erfolgreich zu sein, die Pioniere hinsichtlich Kapitaleinsatz und Staatsintervention übertrumpfen müssten, sondern weist darüber hinaus interessante Charakteristika auf.[110] So begründet für Sugihara der einmal eingeschlagene Weg einer arbeitsintensiven Industrialisierung zwar eine Pfadabhängigkeit insofern, als sich der Export arbeitsintensiver Güter in eine Struktur internationaler Arbeitsteilung einfüge. Aber zum einen führe die arbeitsintensive Route ohnehin nur zu dauerhaftem Erfolg, wenn sie sich mit der Qualifizierung der Arbeitskräfte verbinde, und zum anderen seien die erfolgreichen Länder wie insbesondere Japan dadurch gekennzeichnet, dass sie langfristig Arbeits- und Kapitalintensität kombiniert hätten.

Die Debatte um einen arbeitsintensiven Weg der Industrialisierung gehört also einerseits zu den Ansätzen, welche der unterschiedlichen Ausstattung mit Produktionsfaktoren großes Gewicht zuschreiben. Von daher überrascht es nicht, dass Gareth Austin eine dritte Route identifiziert, die lange für Südamerika und noch länger für das subsaharische Afrika typisch und von Arbeitskräftemangel im Verhältnis zur reichen Ausstattung mit Land geprägt gewesen sei.[111] Andererseits – und nur dieser Strang soll hier weiterverfolgt werden – mündet die Diskussion um den arbeitsintensiven Weg der Industrialisierung recht regelmäßig ein in Erklärungen des gegenwärtigen Erfolgs ostasiatischer Volkswirtschaften. Das hatte Sugiharas Interpretation des japanischen Wegs gezeigt, aber auch Pomeranz weist darauf hin, wie wichtig »booming rural industries« für die jüngste wirtschaftliche Entwicklung Chinas seien, die sich eben bis heute deutlich von westlichen Erfahrungen absetze.[112]

Interessant ist nun, wie unterschiedliche Prognosen sich an diese gegenwartsnahen Analysen knüpfen, wobei wir André Gunder Franks These einer gleichsam naturwüchsigen

---

109 Vgl. *Kaoru Sugihara*, Labour-Intensive Industrialization in Global History: An Interpretation of East Asian Experiences, in: *Austin/Sugihara*, Labour-Intensive Industrialization in Global History, S. 20–64.
110 Vgl. *Alexander Gerschenkron*, Wirtschaftliche Rückständigkeit in historischer Perspektive, in: *Hans-Ulrich Wehler* (Hrsg.), Geschichte und Ökonomie, Königstein im Taunus 1985, S. 121–139; vgl. zur Einordnung *Robert C. Allen*, The Spread of Manufacturing, in: *Neal/Williamson*, The Cambridge History of Capitalism, Bd. 2, S. 22–46.
111 Vgl. *Gareth Austin*, Labour-Intensity and Manufacturing in West Africa, c. 1450–c. 2000, sowie *ders.*, Labour-Intensive Industrialization and Global Economic Development. Reflections, beide in: *Austin/Sugihara*, Labour-Intensive Industrialization in Global History, S. 201–230 und 280–302.
112 Vgl. *Kenneth Pomeranz*, Labour-Intensive Industrialization in the Rural Yangzi Delta. Late Imperial Patterns and Their Modern Fates, in: *Austin/Sugihara*, Labour-Intensive Industrialization in Global History, S. 122–143, hier: S. 133. Da es in dieser Einleitung lediglich um die grundsätzlichen Argumentationsfiguren geht, wird auf den inzwischen gleichfalls gut erforschten und ebenfalls umstrittenen indischen Fall nicht näher eingegangen. Vgl. dazu zuletzt *Tirthankar Roy*, Capitalism in India in the Very Long Run, in: *Neal/Williamson*, The Cambridge History of Capitalism, Bd. 1, S. 165–192, und *ders.*, Labour-Intensity and Industrialization in Colonial India, in: *Austin/Sugihara*, Labour-Intensive Industrialization in Global History, S. 107–121, sowie *Prasannan Parthasarathi*, Why Europe Grew Rich and Asia Did Not: Global Economic Divergence, 1600–1850, Cambridge/New York etc. 2015; eine gegenläufige Position vertritt *Roman Studer*, The Great Divergence Reconsidered. Europe, India, and the Rise to Global Economic Power, Cambridge/New York etc. 2015.

Rückkehr zu ostasiatisch-chinesischer Hegemonie nicht noch einmal aufgreifen müssen. Ihr am nächsten kommt Giovanni Arrighi, der denn auch sein letztes Buch dem Andenken Franks gewidmet hat und gleichfalls Erlösungshoffnungen mit dem Aufstieg Chinas verbindet. Was »Adam Smith in Beijing« gleichwohl über weite Strecken zu einer anregenden Lektüre macht, ist der originelle Rückgriff auf Smith als Wachstumstheoretiker. Ihn nutzt er, um »Smithian growth, Industrious Revolution, and non-capitalist market-based development« als positive Alternative zur gewaltsamen europäischen Entwicklung mit einer den gesellschaftlichen Zusammenhalt zerstörenden kapitalistischen Industrialisierung gegenüberzustellen.[113] Smith wird dabei weniger als der überlegene Theoretiker schlechthin präsentiert als vielmehr der Verfechter des »richtigen« Wegs, während Marx und Schumpeter gleichfalls zentrale Einsichten zu verdanken sind, aber eben solche in die langfristig auch ökologisch verheerende kapitalistische Entwicklung des Westens. Anders als etwa Sugihara betont Arrighi denn auch trotz einer Konvergenz von arbeits- und kapitalintensiven Industrialisierungspfaden den energiesparenden Charakter des asiatischen Entwicklungswegs. Den westlichen Entwicklungspfad aber sieht er im ausgehenden 20. Jahrhundert an sein Ende kommen. Die Reagan-Ära ist für ihn nicht die finanzkapitalistische Phase eines weiteren kapitalistischen Entwicklungszyklus, sondern die des letzten:

»The US-sponsored monetarist counterrevolution of the 1980s [...] did exactly the opposite of what Smith advised governments to do because [...] it promoted the re-establishment of profitability through policies that empowered capitalists to shift the burden of competitive pressures onto labor and subordinate groups world wide.«[114]

Spätestens seit den Anschlägen des 11. September 2001 sei China auch geopolitisch der Hauptnutznießer der Entwicklung, ein Trend, der Arrighi optimistisch stimmt:

»If the reorientation in reviving and consolidating China's tradition of self-centered market-based development, accumulation without dispossession, mobilization of human rather than non-human resources, and government through mass participation in shaping policies, then the chances are that China will be in a position to contribute decisively to the emergence of a commonwealth of civilizations truly respectful of cultural differences.«[115]

Nun wird mancher die Charakterisierung Chinas als einer nichtkapitalistischen Marktwirtschaft für problematisch, das Agieren des Landes gegenüber anderen Anrainern des Südchinesischen Meeres als nicht unbedingt »truly respectful of cultural differences« einschätzen und die Hoffnung auf politische Massenpartizipation für blauäugig halten. Dementsprechend fallen die Prognosen häufig auch ganz anders aus. Douglass North zum Beispiel, der Begründer der neuen Institutionenökonomie, räumt, ohne China explizit zu erwähnen, autoritären Regimen, wie sie lange in einigen der sogenannten Tigerstaaten dominierten, durchaus gute Chancen ein, Wirtschaftswachstum zu befördern, da es ihnen leichter falle, die dafür nötigen institutionellen Rahmenbedingungen zu schaffen.[116] Das sehen Daron Acemoglu und James Robinson ganz anders. Ihre Antwort auf die oft gestellte Frage »Why Nations Fail« ist einfach und hat wohl auch deshalb so große internationale Aufmerksamkeit gefunden: Weil sie über keine inklusiven wirtschaftlichen Institutionen verfügen.

»To be inclusive, economic institutions must feature secure private property, an unbiased system of law, and a provision of public services that provides a level playing field in which people can ex-

---

113 *Giovanni Arrighi*, Adam Smith in Beijing. Lineages of the Twenty-First Century, London 2007, S. 41.
114 Ebd., S. 166.
115 Ebd., S. 389.
116 Vgl. *North*, Understanding the Process of Economic Change, insb. S. 67.

change and contract; it also must permit the entry of new businesses and allow people to choose their careers.«[117]

Das scheint auf den ersten Blick nur eine Variante der klassischen institutionenökonomischen Antwort zu sein. Sie hat indessen eine ganz spezifische Pointe, indem sie politischen Institutionen den Vorrang gibt. Denn – anders als in der sehr viel komplexer angelegten Analyse des Verhältnisses von Kapitalismus und Demokratie von Jürgen Kocka (in diesem Band) – entscheidet für Acemoglu und Robinson letztlich die Politik, welche wirtschaftlichen Institutionen eingeführt werden. Und nur politisch lassen sich auch die Voraussetzungen schaffen für »inclusive markets that create a level playing field and economic opportunities for the majority of the people«.[118] Länder mit »extractive economic and political institutions« dagegen könnten zwar wirtschaftliches Wachstum erleben, dieses sei aber nie nachhaltig, weil die Angst vor der unumgänglichen schöpferischen Zerstörung Innovation verhindere.[119] China werde deshalb schon bald und das heißt konkret, wenn die Chancen eines auf Technologieimporten und Billigexporten basierenden Aufholprozesses ausgeschöpft sind, vor der Alternative wirtschaftlicher Stagnation oder politischer Reform stehen. Umgekehrt wird der Primat der Politik auch am Musterbeispiel gelungener Entwicklung deutlich: »The Glorious Revolution was the foundation for creating a pluralistic society, and it built on and accelerated a process of political centralization. It created the world's first set of inclusive political institutions.«[120] Von dieser dergestalt idealisierten politischen Revolution führt eine gerade Linie zur industriellen Revolution, auch wenn die Autoren sowohl ein gewisses Maß an historischer Kontingenz zugestehen als auch einräumen, dass es für den wirtschaftlichen Erfolg Großbritanniens wichtig war, dass den Bemühungen um Marktkonkurrenz im Innern die politisch-militärische Kontrolle und Beherrschung des internationalen Handels entsprach.[121]

Letztlich endet die sich über viele Jahrhunderte und alle Kontinente erstreckende Suche nach einem Erfolgskonzept von Acemoglu und Robinson also an einem nur zu vertrauten Ort: im Westen. Für den Rest der Welt aber bedeutet das, dass Demokratie und Wohlstand zwar erreichbar sind, wie am Beispiel von Botswana vorgeführt wird, aber eben nur sehr schwer: »As virtuous circles make inclusive institutions persist, vicious circles create powerful forces toward the persistence of extractive institutions. History is not destiny, and vicious circles are not unbreakable […]. But they are resilient.«[122] Äußerst resilient sind also auch eurozentrische Erklärungsansätze. Von daher sollte eine ernsthafte Auseinandersetzung mit Pomeranz dessen methodische Forderung berücksichtigen, die Frage danach, warum China nicht den britischen Weg eingeschlagen habe, stets mit der Frage zu verbinden, warum Großbritannien nicht den chinesischen Weg gegangen sei – eine wirksame pragmatische Annäherung an ein »Provincializing Europe«.[123]

---

117 *Daron Acemoglu/James A. Robinson*, Why Nations Fail. The Origins of Power, Prosperity, and Poverty, New York 2012, S. 74f.
118 Ebd., S. 323.
119 Ebd., S. 81.
120 Ebd., S. 102.
121 Eine knappe Korrektur dieses Bildes der Glorious Revolution findet sich zum Beispiel bei *O'Brien*, The Formation of States and Transitions to Modern Economies, insb. S. 364ff.
122 *Acemoglu/Robinson*, Why Nations Fail, S. 365.
123 Vgl. *Dipesh Chakrabarty*, Provincializing Europe. Postcolonial Thought and Historical Difference, Princeton 2000.

IV. PHASEN UND VARIETÄTEN DES KAPITALISMUS (VORNEHMLICH IM 19. UND 20. JAHRHUNDERT) – DIE BEITRÄGE ZU DIESEM BAND

Anders als vielen Weltsystemtheoretikern wird man den Beiträgern zur Divergenz-Debatte nicht vorwerfen können, den historischen Wandel in funktionalistischen Systemanalysen oft eingefroren und zugunsten der Betrachtung räumlicher Ausdehnungsprozesse weitgehend verabschiedet zu haben, zumal die Divergenz-Debatte selbst längst eine Ausdehnung »Before and beyond Divergence« erfahren hat.[124] Gleichwohl ist auffällig, wie wenig in jüngster Zeit seit einhundert Jahren eingeführte Unterscheidungen zwischen Vor-, Früh-, Hoch- und Spätkapitalismus aufgegriffen werden.[125] Werner Sombart hatte sie der seit 1916 erscheinenden Neuauflage seines explizit auf Europa konzentrierten »Modernen Kapitalismus« zugrunde gelegt.[126] »In den verschiedenen Stadien dieser Entwicklung«, so fasste er 1925 im »Grundriss der Sozialökonomik« einige wesentliche Unterschiede meist zwischen Früh- und Hochkapitalismus zusammen,

»finden wir natürlich eine ganz verschiedene, wenn ich so sagen darf, Qualität der kapitalistischen Organisation: ob Barverkehr, ob Kreditverkehr; ob Eigenhandel, ob Kommissionsgeschäft; ob altes Spezialgeschäft, ob Warenhaus; ob Reklame, ob keine Reklame; ob börsenmäßige Gründung oder Kontrollierung einer Unternehmung, ob nicht: und tausend andere Alternativen, wenn sie in einem bestimmten Sinne entschieden sind, geben der kapitalistischen Organisation in einer bestimmten Zeit ein bestimmtes Gepräge«.[127]

Das heißt nun nicht, dass sie seither allgemein akzeptiert gewesen sei. Der Sombart ansonsten hochschätzende Fernand Braudel etwa nahm gerade an dem darin aufscheinenden entwicklungstheoretischen Rest Anstoß und interessierte sich wie später die ihm nachfolgenden Weltsystemtheoretiker mehr für die räumliche Erstreckung (und die Schichtung) des als im Kern für gleichbleibend gehaltenen Wirtschaftssystems.[128] So lässt sich das in Sombarts Typologie aufscheinende Problem der Identität des Phänomens über viele Jahrhunderte hinweg aber allenfalls umgehen. Es kann deshalb nicht überraschen, dass auch nach Sombart immer wieder Typen- und Phasenmodelle angeboten worden sind, die selbstverständlich jeweils das Kapitalismusverständnis ihrer Autoren erkennen lassen und in der Regel vor allem Europa und Nordamerika im Blick haben. Joseph Schumpeter zum Beispiel unterschied 1946 in einem Lexikonartikel für die »Encyclopaedia Britannica« ganz selbstverständlich zwischen Frühkapitalismus, Merkantilistischem Kapitalismus und einem Intakten Kapitalismus, an den sich eine in den ausgehenden 1890er-Jahren

---

124 *Jean-Laurent Rosenthal/Roy Bin Wong*, Before and beyond Divergence. The Politics of Economic Change in China and Europe, Cambridge/London 2011.
125 Fast schon Ausnahmen sind diesbezüglich die vorzügliche Kurzdarstellung von *Kocka*, Geschichte des Kapitalismus, und jetzt *Roy Bin Wong*, Möglicher Überfluss, beharrliche Armut. Industrialisierung und Welthandel im 19. Jahrhundert, in: *Sebastian Conrad/Jürgen Osterhammel* (Hrsg.), Wege zur modernen Welt, 1750–1870, München 2016, S. 255–409; ein gleichermaßen konziser und instruktiver Überblick bei *Johannes Berger*, Kapitalismusanalyse und Kapitalismuskritik, Wiesbaden 2014, Kap. 3.
126 *Werner Sombart*, Der moderne Kapitalismus. Historisch-systematische Darstellung des gesamteuropäischen Wirtschaftslebens von seinen Anfängen bis zur Gegenwart, 3 Bde., München 1987 (zuerst 1916–1927).
127 *Werner Sombart*, Prinzipielle Eigenart des modernen Kapitalismus, in: Grundriss der Sozialökonomik, IV. Abteilung, 1. Teil, Tübingen 1925, S. 1–26, hier: S. 16.
128 Vgl. *Braudel*, Sozialgeschichte des 15.–18. Jahrhunderts, Bd. 2, S. 627–644, sowie *Friedrich Lenger*, Werner Sombart. 1863–1941. Eine Biographie, 3. Aufl., München 2012, Kap. X (zuerst 1994), und *Wolfgang Mager*, La conception du capitalisme chez Braudel et Sombart. Convergences et divergences, in: *Heinz-Gerhart Haupt/Hinnerk Bruhns* (Hrsg.), Werner Sombart. Journée d'études franco-allemande, Paris 1990, S. 63–72.

beginnende »Tendenz zu industriellem Zusammenschluss und zur Entstehung von Großkonzernen« angeschlossen habe. Es ist angesichts der bekannten Bewunderung Schumpeters für den wagemutigen Unternehmer nicht überraschend, dass für ihn der intakte, vom Freihandel geprägte Kapitalismus des 19. Jahrhunderts der eigentliche Kapitalismus ist, ohne dass ihn diese Präferenz blind für das zeitlich vorhergegangene »›mit dem Schwert in der Hand Geschäfte betreiben‹« gemacht hätte.[129]

Den schumpeterschen Unternehmerheroen stellt in diesem Band Timo Luks die schon in der ersten Hälfte des 19. Jahrhunderts zahlreichen und oft prekären kleinkapitalistischen Existenzen gegenüber, die für die Durchsetzung kapitalistischer Praktiken gleichwohl wichtig gewesen seien und eine theoretische Herausforderung für eine akkumulationsfixierte Kapitalismustheorie darstellten.[130] Hinsichtlich des Interesses an den Praktiken breiter Bevölkerungsschichten knüpft Jürgen Fingers Beitrag hieran an, der die Diskurse untersucht, die das Agieren von nicht selten weiblichen Kleinanlegern am Pariser »grauen« Kapitalmarkt in der zweiten Hälfte des 19. Jahrhunderts behandeln. Wie Luks entwickelt er eine anti-schumpetersche Perspektive, insofern eben der Kapitalmarkt nicht als Voraussetzung unternehmerischer Kreditschöpfung, sondern als Ort von Anlagestrategien »kleiner Leute« in den Blick genommen wird. Das macht erst wirklich verständlich, wie hoch die Wellen der Empörung waren, die ein Konjunktureinbruch wie die Gründerkrise von 1873 auslösen konnte. Wie Catherine Davies' deutsch-amerikanischer Vergleich in diesem Band deutlich macht, spielte dabei die institutionelle Rahmung eine erhebliche Rolle. Konkret sieht sie eine Entsprechung zwischen der Intransparenz und Anonymität deutscher Finanzmärkte und leicht antisemitisch aufzuladenden verschwörungstheoretischen Erklärungen für einen Zusammenbruch der Konjunktur auf der einen und eine Tendenz zur Anprangerung einzelner Personen im Kontext einer strengeren Regulierung von Aktiengesellschaften in den USA auf der anderen Seite. Das Kapitalmarktgeschehen als solches wurde dort nicht zum Gegenstand systemischer Kritik. Dazu passen die in diesem Band vorgelegten Ergebnisse eines weiteren deutsch-amerikanischen Vergleichs, in dem Thomas Adam die staatliche Defizitfinanzierung untersucht. Er kann zeigen, dass die in Deutschland vorgeschriebene »mündelsichere« Anlage von Stiftungskapital in Staatsanleihen diesen eine stabil niedrige Verzinsung bescherte, während die auf dem Markt frei gehandelten amerikanischen Staatsanleihen sehr viel stärker schwankten. Und auch der dritte deutsch-amerikanische Vergleich in diesem Band belegt eine weit deutlicher ausgeprägte staatliche Intervention in das deutsche Kapitalmarktgeschehen. Allerdings arbeiten Alexander Engel und Boris Gehlen in ihrem Beitrag auch heraus, dass die in der höheren Selbstorganisation und Selbstregulierung amerikanischer Börsenhändler ihre Entsprechung findenden Differenzen nicht darüber hinwegtäuschen dürfen, dass sich »Spekulanten« in beiden Ländern effizient gegen Regulierungsversuche zu wehren wussten. Ganz konkret belegt das in diesem Band auch die Analyse Michael Buchners zu den »Möglichkeiten und Grenzen staatlicher Finanzmarktregulierung« in Deutschland um die Mitte der 1890er-Jahre.

Es ist nicht schwer zu erkennen, dass die in der jüngeren Politikwissenschaft so intensiv diskutierte Unterscheidung zwischen liberalen Marktwirtschaften wie Großbritannien oder den USA und koordinierten Marktwirtschaften wie etwa Frankreich oder Deutschland nicht erst das Ergebnis der Entwicklung nach dem Zweiten Weltkrieg ist.[131] Umge-

---

129 *Joseph A. Schumpeter*, Kapitalismus, in: *ders.*, Schriften zur Ökonomie und Soziologie, hrsg. v. *Lisa Herzog/Axel Honneth*, Berlin 2016 (zuerst 1946), S. 139–166, hier: S. 149 und 143.
130 Das Interesse an den Alltagspraktiken teilt Luks mit *Mischa Suter*, Rechtstrieb. Schulden und Vollstreckung im liberalen Kapitalismus 1800–1900, Konstanz 2016.
131 Vgl. nur *Peter A. Hall/David Soskice*, An Introduction to Varieties of Capitalism, in: *dies.* (Hrsg.), Varieties of Capitalism. The Institutional Foundations of Comparative Advantage,

kehrt darf die Rückverlängerung entsprechender Pfadabhängigkeiten nicht den ganz irrigen Eindruck bruchloser Entwicklung suggerieren. Schließlich entwickelten Sombart und Schumpeter ihre knapp vorgestellten Phasenmodelle während des Ersten beziehungsweise des Zweiten Weltkriegs. Und interessanterweise näherten sich die Vorstellungen der beiden allen persönlichen Animositäten und politischen Differenzen zum Trotz umso stärker an, je mehr sie gegenwartsnahe Zeiten betrafen.[132] Mit Blick auf die von Schumpeter für die Zeit seit dem ausgehenden 19. Jahrhundert konstatierte »Tendenz zu industriellem Zusammenschluss und zur Entstehung von Großkonzernen«, die seither in der klassischen Untersuchung von Alfred D. Chandler als *managerial revolution* analysiert worden ist, wich Sombarts Insistieren auf einer Veränderung des »kapitalistischen Geistes« vielleicht noch leicht von Schumpeters Zugriff ab.[133] Ihre Mitte der 1920er- beziehungsweise Mitte der 1940er-Jahre publizierten Prognosen waren dagegen deckungsgleich. Während Sombart von einem Hinübergleiten »in einen rein bureaukratischen Verwaltungsschematismus« sprach, konstatierte Schumpeter »zunehmende [...] Bürokratisierung des Wirtschaftslebens, verbunden mit einer zunehmenden Dominanz der Interessen der Arbeiterschaft«. Das reichte für letzteren, »um den *regulierten* oder *gefesselten* Kapitalismus – sogar ohne umfassende Verstaatlichung der Industrie – in einen *gelenkten* Kapitalismus zu transformieren, den man fast ebenso berechtigt als Sozialismus bezeichnen könnte«. Und ganz ähnlich sah Sombart den Spätkapitalismus durch »gemeinwirtschaftliche und genossenschaftliche Prinzipien« durchsetzt und substanziell verändert.[134] In die dritte Auflage seines populärsten Werkes »Capitalism, Socialism and Democracy« wurde 1949/50 Schumpeters letzter Vortrag »The March into Socialism« aufgenommen, der das Argument noch weiter zuspitzte.[135] Die Entwicklungsrichtung stand für ihn also fest und zu ihren Gründen zählte nicht zuletzt das schwierige, in diesem Band von Jürgen Kocka systematisch behandelte Verhältnis von Demokratie und Kapitalismus.[136]

Schumpeters Prognose war für ihn selbst eine pessimistische, glorifizierte er doch die »civilization of inequality and of the family fortune«, die den intakten Kapitalismus charakterisiert hatte.[137] Bemerkenswerter scheint, dass seine und Sombarts Prognosen das Bild des Spätkapitalismus bis in die frühen 1970er-Jahre hinein prägten, ein Begriff, der in jenen Jahren eine wahre Hochkonjunktur erlebte.

Oxford/New York etc. 2001, S. 1–68; quer zu den behaupteten Unterschieden liegt der so vehement von Mariana Mazzucato verfochtene »entrepreneurial state«, der gerade auch in den USA Schlüsselinnovationen ganz maßgeblich gefördert habe und dies auch unbedingt tun solle, allerdings dafür auch stärker an den Erträgen teilhaben müsse: vgl. *Mariana Mazzucato*, The Entrepreneurial State. Debunking Public vs. Private Sector Myths, New York 2015 (zuerst 2013).

132 Vgl. zum Verhältnis der beiden knapp *Friedrich Lenger*, Krieg, Nation und Kapitalismus 1914–1918. Werner Sombart, seine Freunde, Kollegen und das Archiv für Sozialwissenschaft und Sozialpolitik, in: *Friedrich Wilhelm Graf/Edith Hanke/Barbara Picht* (Hrsg.), Geschichte intellektuell. Theoriegeschichtliche Perspektiven, Tübingen 2015, S. 446–464, insb. S. 457f.

133 Vgl. *Alfred D. Chandler, Jr.*, The Visible Hand. The Managerial Revolution in American Business, Cambridge/London 1977, und zu Sombarts Position *Lenger*, Werner Sombart, Kap. XIV.

134 *Sombart*, Prinzipielle Eigenart des modernen Kapitalismus, S. 26, und *Schumpeter*, Kapitalismus, S. 164f.

135 *Joseph A. Schumpeter*, Capitalism, Socialism and Democracy, New York 1950.

136 Die Ergebnisse einer vom 23.–25. Juni 2016 in Darmstadt abgehaltenen politikwissenschaftlichen Tagung »Ziemlich beste Feinde. Das spannungsreiche Verhältnis von Demokratie und Kapitalismus« lagen bei Abfassung dieses Forschungsberichts noch nicht vor.

137 *Schumpeter*, Capitalism, Socialism and Democracy, S. 419.

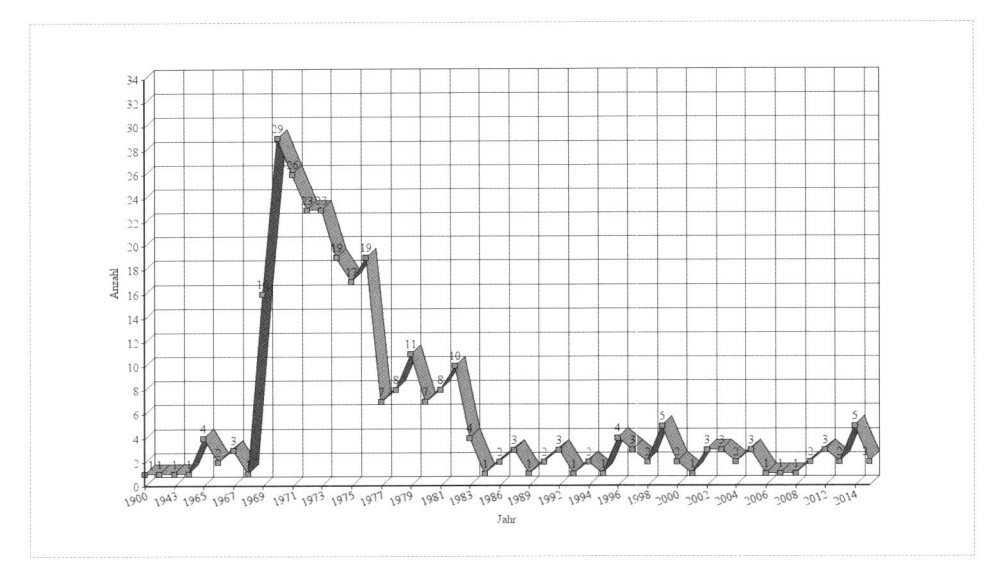

Abbildung 1: Übersicht: »Spätkapitalismus« als Teil eines Buchtitels[138]

So rekurrierte etwa Jürgen Habermas, als er 1973 ein »deskriptives Modell des Spätkapitalismus« zu entwickeln versuchte, vor allem auf zwei Phänomene: »einerseits auf den Konzentrationsprozeß der Unternehmen [...] und die Organisierung der Güter-, Kapital- und Arbeitsmärkte; andererseits darauf, daß der interventionistische Staat in die wachsenden Funktionslücken des Marktes einspringt«.[139] Und selbst Ernest Mandel verwies in seiner sehr viel stärker an Marx orientierten Analyse des Spätkapitalismus auf die entsprechenden Arbeiten Schumpeters.[140] Die von Habermas aufgeworfene Frage, ob »der Kapitalismus gar in eine nachkapitalistische Gesellschaftsformation überführt worden [sei], die die krisenhafte Verlaufsform des ökonomischen Wachstums überwunden hat«, mochte einen sorgenvollen Beiklang haben, aus heutiger Sicht sind die Gemeinsamkeiten zwischen politisch so verschiedenen Autoren wie Schumpeter und Habermas bemerkenswerter, umschrieben doch beide die Rahmenbedingungen des Nachkriegsbooms.[141] So trafen sich Schumpeters prospektive Überzeugung von den »vast productive possibilities of the capitalist engine that promise indefinitely higher mass standards of life« und Habermas' retrospektives Eingeständnis, es sei

»in den fortgeschrittensten kapitalistischen Ländern gelungen, den Klassenkonflikt [...] in seinen Kernbereichen latent zu halten; den Konjunkturzyklus zeitlich zu strecken und die periodischen Schübe der Kapitalentwertung in eine inflationäre Dauerkrise mit milderen konjunkturellen Schwankungen umzuwandeln«.[142]

---

138 Quelle: Worldcat.org. Für die Erstellung der Grafik und die zugrunde liegende Recherche danke ich Thore Czopnik (Gießen).
139 *Jürgen Habermas*, Legitimationsprobleme im Spätkapitalismus, Frankfurt am Main 1973, S. 50f.
140 Vgl. *Ernest Mandel*, Der Spätkapitalismus. Versuch einer marxistischen Erklärung, Frankfurt am Main 1972, S. 460f., Anm. 3.
141 *Habermas*, Legitimationsprobleme im Spätkapitalismus, S. 49.
142 *Schumpeter*, Capitalism, Socialism and Democracy, S. 419, und *Habermas*, Legitimationsprobleme im Spätkapitalismus, S. 58.

Bedroht seien die von einem Klassenkompromiss gekennzeichneten spätkapitalistischen Gesellschaften allenfalls von den ökologischen Grenzen des Wachstums und der nuklearen Bedrohung.

Die Zeitdiagnosen der frühen 1970er-Jahre sind hier nicht weiterzuverfolgen. Aus der Sicht des Jahres 2016 scheinen die von ihnen beschriebenen Verhältnisse weit weg, wobei noch unklar ist, ob dies mehr an der Schärfe eines für die Mitte der 1970er-Jahre behaupteten Strukturbruchs liegt oder an der Indienstnahme einer idealisierten Beschreibung dieser Verhältnisse als Folie, vor der sich die Schrecken einer »neoliberal-globalistische[n] Revolution« am effektivsten darstellen lassen.[143] Was mit dem Strukturbruch der 1970er-Jahre sein Ende gefunden haben soll, ist ein fordistisches Produktionsmodell, das von standardisierter Massenproduktion und steigender Massennachfrage gekennzeichnet war, wobei letztere von gewerkschaftlich erkämpften Lohnsteigerungen im Einklang mit der Entwicklung von Produktivität und Profit getragen und durch keynesianische Nachfragestärkung unterfüttert wurde.[144] In diesem Band gehen Christian Marx und Morten Reitmayer das Thema am Beispiel der deutschen, französischen und britischen Chemieindustrie an, kommen aber zu dem Ergebnis, dass für die Veränderung der jeweiligen Produktionsmodelle seit den 1970er-Jahren der gestiegene Einfluss der Finanzmärkte nicht allein entscheidend gewesen sei, den Unternehmensleitungen vielmehr im Rahmen nationaler und konzernspezifischer Pfadabhängigkeiten durchaus erhebliche Entscheidungsspielräume geblieben wären.[145] Ohnehin zeichnen sich die frühen 1970er-Jahre in längerfristig angelegten Betrachtungen nicht regelmäßig als scharfer Einschnitt ab. So zeichnet der Beitrag von Jürgen Dinkel zum Wandel des (Ver-)Erbens in der Bundesrepublik einen zwar rasch verlaufenden, aber kaum von Zäsuren geprägten Prozess zunehmender Liberalisierung und Individualisierung der Testierpraxis bei schnell anwachsenden Vermögen nach. Gleichfalls recht kontinuierlich stiegen seit den 1950er-Jahren die von Kieran Heinemann untersuchten Investitionen britischer Kleinanleger an. Die soziale Öffnung der Börse war deshalb eine recht zähe Angelegenheit, zumal die Spekulation für viele Anleger ein funktionales Äquivalent für Spiele und Wetten darstellte. Daran knüpft Sina Fabians Analyse des »popular capitalism« der Thatcher-Ära unmittelbar an, die zeigt, wie vielschichtig und in sich widersprüchlich die Privatisierung staatlicher Unternehmen und insbesondere des »council housing« verlief. Hier ließe sich auch von Vermarktlichung sprechen, also von der Überführung zuvor staatlich-bürokratisch verwalteter Güter und Dienste in eine marktförmige Allokation, wie sie nach 1989/90 schockartig in den nun postsozialistischen Gesellschaften durchgesetzt wurde.[146]

Auch wenn Wirtschaftssoziologen wie Jens Beckert überzeugend argumentiert haben, dass es »kein ökonomisches Handeln unabhängig von normativen und kognitiven Prägungen« gibt, scheint es durchaus sinnvoll, die angesprochenen Prozesse der Vermarktlichung

---

143 *Streeck*, Wie wird der Kapitalismus enden?, S. 107.
144 Vgl. etwa die in der Bundesrepublik einflussreiche Darstellung von *Anselm Doering-Manteuffel/Lutz Raphael*, Nach dem Boom. Perspektiven auf die Zeitgeschichte seit 1970, 2., erg. Aufl., Göttingen 2010, insb. S. 39, sowie zum Begriff *Adelheid von Saldern*, »Alles ist möglich«. Fordismus – ein visionäres Ordnungsmodell des 20. Jahrhunderts, in: *Lutz Raphael* (Hrsg.), Theorien und Experimente der Moderne. Europas Gesellschaften im 20. Jahrhundert, Köln/Weimar etc. 2012, S. 155–192.
145 Vgl. zur Einordnung auch *Knud Andresen/Ursula Bitzegeio/Jürgen Mittag* (Hrsg.), »Nach dem Strukturbruch«? Kontinuität und Wandel von Arbeitsbeziehungen und Arbeitswelt(en) seit den 1970er-Jahren, Bonn 2011.
146 Vgl. *Ralf Ahrens/Marcus Böick/Marcel vom Lehn*, Vermarktlichung. Zeithistorische Perspektiven auf ein umkämpftes Feld, in: Zeithistorische Forschungen/Studies in Contemporary History 12, 2015, S. 393–402, insb. S. 395, sowie die Beiträge von Rudolf Kučera und Markus Böick im selben Heft.

im Anschluss an Karl Polanyi als Herauslösung aus früheren sozialen Einbettungen zu beschreiben.[147] Von daher ist es wenig überraschend, dass sie regelmäßig auf Widerstand gestoßen sind. Dies sind indessen keineswegs die einzigen Wurzeln einer seit dem 18. Jahrhundert virulenten Kapitalismuskritik.[148] Zu den anderen zählt etwa die Konsumkritik, die zuletzt Wolfgang Streeck in der Erwartung zugespitzt hat,»die Märkte für Konsumgüter könnten an irgendeinem Punkt doch gesättigt sein«, da »der Konsum in reifen kapitalistischen Gesellschaften sich längst vom materiellen Bedarf abgelöst hat«.[149] Sehr viel konkreter untersucht das in diesem Band Benjamin Möckel am Beispiel der sich seit den 1960er-Jahren bildenden »Fair-Trade«-Bewegung. Die damit indirekt in den Blick genommenen Länder der sogenannten Dritten Welt spielen auch in dem Beitrag von Simone M. Müller eine zentrale Rolle, hatte sie doch der Chefökonom der Weltbank Lawrence Summers Ende 1991 als ideale Standorte für die Aufnahme von Giftmüll ausgemacht. Auslöser waren nicht zuletzt gesetzliche Regelungen in den USA, welche die zuvor mögliche inländische Lagerung mit anderem Müll erschwerten. Die Blockierung der bis dahin üblichen Externalisierung der Umweltbelastungen führte so erst zur Kommodifizierung des Giftmülls, der dann ganz marktgerecht seinen Weg in die sogenannten Entwicklungsländer fand.

Gerade das zuletzt angesprochene Beispiel führt noch einmal vor Augen, dass gerade auch für die jüngste Vergangenheit die Kapitalismusgeschichte einer globalen Dimension dringend bedarf. Ansätze dazu sind wie Vorschläge zur systematischen Konzeptualisierung globaler Ungleichheit rar. Die Weltsystemtheorie hatte einen energischen Schritt in diese Richtung getan, an den sich aufgrund der unübersehbaren Schwächen des Theorierahmens nicht unmittelbar wird anknüpfen lassen. Zudem besitzen die bei einigen ihrer führenden Vertreter unübersehbaren Erlösungshoffnungen – wie auch immer man die Zukunft Chinas beurteilen mag – nur geringe Werbekraft. Auf der anderen Seite ist die Empfehlung einer Rückkehr zu nationalstaatlichen Lösungen, wie man sie etwa von Wolfgang Streeck hört, wenig überzeugend, zumal sie mit keiner eingehenden Analyse der für zentral gehaltenen Finanzialisierung verbunden ist.[150] Entlarvende und moralisierende Kritik hat ohne Zweifel ihren Sinn in der politischen Auseinandersetzung, Einsichten in die spezifische Dynamik des heutigen Finanzmarktkapitalismus und seine globalen Wirkmechanismen ersetzt sie nicht.[151] Auf einer beschreibenden Ebene sind die als Komponenten eines »digitalen Finanzmarktkapitalismus« in Anschlag gebrachten Elemente der Digitalisierung, eines angebotsorientierten Monetarismus und eines »Leitbild[s] des ›unterneh-

---

147 *Jens Beckert*, Die sittliche Einbettung der Wirtschaft. Von der Effizienz- und Differenzierungstheorie zu einer Theorie wirtschaftlicher Felder, in: *Lisa Herzog/Axel Honneth* (Hrsg.), Der Wert des Marktes. Ein ökonomisch-philosophischer Diskurs vom 18. Jahrhundert bis zur Gegenwart, Berlin 2014, S. 548–576, hier: S. 569; vgl. *Karl Polanyi*, Ökonomie und Gesellschaft, Frankfurt am Main 1979, zum Beispiel S. 135, sowie zum Begriff *Christof Dejung*, Einbettung, in: *ders./Monika Dommann/Daniel Speich-Chassé* (Hrsg.), Auf der Suche nach der Ökonomie. Historische Annäherungen, Tübingen 2014, S. 47–71.
148 Ein oft klischeehafter Überblick bei *Jeffry Frieden/Ronald Rogowski*, Modern Capitalism: Enthusiasts, Opponents, and Reformers, in: *Neal/Williamson*, The Cambridge History of Capitalism, Bd. 2, S. 384–425.
149 *Wolfgang Streeck*, Wie wird der Kapitalismus enden?, Teil II, in: Blätter für deutsche und internationale Politik, 2015, H. 4, S. 109–120, hier: S. 112.
150 Eine solche ersetzen auch die glänzend geschriebenen Essays des Literaturwissenschaftlers Joseph Vogl nicht; vgl. *Joseph Vogl*, Das Gespenst des Kapitals, Zürich 2010, und *ders.*, Der Souveränitätseffekt, Zürich 2015.
151 Zur ersten Orientierung durchaus hilfreich *Alexander Engel*, The Bang after the Boom. Understanding Financialization, in: Zeithistorische Forschungen/Studies in Contemporary History 12, 2015, S. 500–510.

Die neue Kapitalismusgeschichte 37

merischen Selbst‹« ja durchaus plausibel, wenngleich sie nicht im selben Maße mit dem behaupteten Strukturbruch zusammenpassen und den Blick auf andere zeitgenössisch intensiv diskutierte postfordistische Optionen verdecken.¹⁵² Tiefere Einblicke in die Dynamik des erneuten Formwandels des Kapitalismus sowie in die politischen Voraussetzungen und globalen Dimensionen etwa der Deregulierung des Finanzsektors sind damit aber noch nicht gewonnen, ohne die der sympathische Ruf nach »Reichtum ohne Gier« einen leicht naiven Klang hat.¹⁵³ Die in dieser Einleitung vorgestellte Literatur gibt Grund zu der Annahme, dass solche Einsichten am ehesten von Arbeiten zu erwarten sind, welche die jüngsten Wandlungsprozesse im Kontext einer längerfristigen Entwicklung und ihrer theoretischen Reflexion zu begreifen suchen. Sie könnten durchaus an den jüngst von Jens Beckert vorgelegten Vorschlag anknüpfen, die Dynamik des Kapitalismus aus dessen Zeitstruktur zu erklären. Dieser Vorschlag nimmt die bei Sombart und Schumpeter ja durchaus schon präsente Einsicht auf, in wie hohem Maße kapitalistisches Agieren von Zukunftsprojektionen gelenkt ist, systematisiert sie und entwickelt sie zu einem umfassenderen Konzept weiter. Wie er selbst abschließend betont, bleibt aber – auch um über eine rigide Dichotomie zwischen traditionalem und modernem Zeitverständnis hinauszukommen – zum einen noch zu untersuchen, wie sich die dergestalt zentral gesetzten »imagined futures« in räumlich-zeitlicher Hinsicht veränderten und wie sie eine Periodisierung der Kapitalismusgeschichte erlauben könnten, und zum anderen zu beachten, dass diese »imagined futures are all reincorporated into the inner logic of capitalism«.¹⁵⁴

---

152 *Doering-Manteuffel/Raphael*, Nach dem Boom, S. 9; vgl. als eine seinerzeit viel beachtete Alternative *Michael J. Piore/Charles F. Sabel*, Das Ende der Massenproduktion. Studie über die Requalifizierung der Arbeit und die Rückkehr der Ökonomie in die Gesellschaft, Berlin 1985 (zuerst engl. 1984).
153 Vgl. *Sahra Wagenknecht*, Reichtum ohne Gier. Wie wir uns vor dem Kapitalismus retten, Frankfurt am Main/New York 2016.
154 *Jens Beckert*, Imagined Futures. Fictional Expectations and Capitalist Dynamics, Cambridge 2016, S. 285.

Jürgen Kocka

Kapitalismus und Demokratie
Der historische Befund*

Im Folgenden geht es um das Verhältnis von Kapitalismus und Demokratie aus historischer Perspektive, genauer um die Frage, ob und in welchen Hinsichten Kapitalismus und Demokratie vereinbar sind, sich gegenseitig behindern oder gegenseitig stärken. Dabei interessiert mehr die Bedeutung des Kapitalismus für die Demokratie als die Bedeutung der Demokratie für den Kapitalismus, obwohl beides zusammenhängt.

Das Thema ist kontrovers. Auf der einen Seite beschrieb zum Beispiel der Ökonom und Nobelpreisträger Gary Becker den Kapitalismus als das effektivste System, um Wohlstand wie Freiheit und damit auch freiheitliche Demokratie zu befördern. Der Politikwissenschaftler Robert Dahl machte darauf aufmerksam, dass moderne demokratische Institutionen bisher nur in Ländern mit kapitalistischer Wirtschaftsordnung existiert haben. Er hielt den Kapitalismus für eine notwendige, wenn auch nicht für eine hinreichende Bedingung von Demokratie. Auf der anderen Seite finden sich pessimistische Einschätzungen. Sie überwiegen derzeit, jedenfalls in den deutschsprachigen Diskussionen. Claus Offe sieht nur noch »Schwundstufen« der Demokratie, über »postdemokratische Zustände« klagt Colin Crouch, und nach Wolfgang Streeck haben lediglich demokratische »Fassaden« überlebt. Als wichtige Ursache des schlechten Zustands der Demokratie heute gilt diesen Autoren der Kapitalismus, besonders der gegenwärtige Finanzkapitalismus. Er habe die Ungleichheit der Einkommen und der politischen Beteiligungschancen verschärft, Parlamente entmündigt und die Substanz der Demokratie beschädigt.[1] Das sind gegensätzliche Positionen, wer hat mehr recht? Viel hängt von der Definition der Begriffe ab.

Ich verstehe Kapitalismus als eine Form des Wirtschaftens mit sozialen, kulturellen und politischen Bedingungen und Folgen. Im Kapitalismus verfügen erstens die wirtschaftlichen Akteure über Eigentumsrechte, die sie befähigen, die wichtigsten wirtschaftlichen Entscheidungen autonom und dezentral zu treffen und deren Folgen – Erfolge wie Misserfolge – sich zuzurechnen. Im Kapitalismus werden zweitens die wirtschaftlichen Akteure durch Märkte mobilisiert und koordiniert, also über Wettbewerb und Preise, durch Kauf und Verkauf von Waren. Das »Zur-Ware-werden«, die Kommodifizierung ist kenn-

---

* Überarbeitete Fassung des öffentlichen Abendvortrags auf dem Workshop des Archivs für Sozialgeschichte über »Sozialgeschichte des Kapitalismus im 19. und 20. Jahrhundert« am 15.10.2015 in Bonn. Der Text basiert auf einem Teil von *Jürgen Kocka/Wolfgang Merkel*, Kapitalismus und Demokratie. Kapitalismus ist nicht demokratisch und Demokratie nicht kapitalistisch, in: *Wolfgang Merkel* (Hrsg.), Demokratie und Krise. Zum schwierigen Verhältnis von Theorie und Empirie, Wiesbaden 2015, S. 307–337, führt jedoch darüber hinaus und akzentuiert anders. Vgl. auch *Jürgen Kocka*, Capitalism is Not Democratic and Democracy Not Capitalistic. Tensions and Opportunities in Historical Perspective, Florence 2015.
1 Vgl. *Gary S. Becker/Guity N. Becker*, The Economics of Life, New York 1997, S. 241–268; *Robert A. Dahl*, On Democracy, New Haven/London 2000, S. 166–179; *Milton Friedman*, Capitalism and Freedom, Chicago 1962. – Auf der anderen Seite *Claus Offe*, Demokratisierung der Demokratie. Diagnosen und Reformvorschläge, Frankfurt am Main/New York 2003, S. 138; *Colin Crouch*, Post-Democracy, Cambridge 2004; *Wolfgang Streeck*, Gekaufte Zeit. Die vertagte Krise des demokratischen Kapitalismus, Berlin 2013. Differenziert kritisch: *Wolfgang Merkel*, Is Capitalism Compatible with Democracy?, in: Zeitschrift für Vergleichende Politikwissenschaft 8, 2014, S. 109–128; dazu der Kommentar von *Wolfgang Streeck*, in: ebd. 9, 2015, S. 49–60.

zeichnend für den Kapitalismus. Dazu gehört auch die Kommodifizierung der Arbeit, zumeist und in langfristiger Tendenz als Lohnarbeit, mit den daraus resultierenden asymmetrischen Abhängigkeits-, ungleichen Verteilungs- und häufigen Spannungsverhältnissen. Kapital ist drittens grundlegend für Kapitalismus, also die Investition von Vermögen in der Gegenwart, mit dem Ziel, höhere Erträge in der Zukunft zu erreichen. Das impliziert das Streben nach Vergrößerung, Bereicherung, Verbesserung, Innovation, aber auch den Umgang mit Unsicherheit und Risiko. Der Zeitfaktor ist kennzeichnend: ein spezifisches Verhältnis zwischen Entscheidungen in der Gegenwart und Erwartungen für die Zukunft. Wandel und Wachstum sind dem Kapitalismus als Normalität eingeschrieben, allerdings unregelmäßig, im konjunkturellen Auf und Ab, nicht selten erschüttert von Krisen.[2]

Unter Demokratie verstehe ich eine politische Ordnung, in der Macht und Regierung vom Volk ausgehen und in der dieses – entweder unmittelbar oder durch die Auswahl von Repräsentanten – an allen Entscheidungen, die die Allgemeinheit verbindlich betreffen, beteiligt ist. Die Regierung geht in Demokratien durch Wahlen aus dem Volk hervor. Ich habe freiheitliche Demokratien im Blick. Typische Merkmale sind freie Wahlen, Mehrheitsentscheidung und Minderheitenschutz, die Legitimität von Pluralismus und die Akzeptanz politischer Opposition, Verfassungsmäßigkeit und Schutz der Grundrechte sowie Rechtsstaatlichkeit. Auch eine freie politische Öffentlichkeit gehört dazu. Zu den Merkmalen von Demokratie gehört aber auch die Gewährleistung prinzipiell gleicher Chancen für alle mündigen Subjekte zur Teilnahme an den Angelegenheiten des Gemeinwesens und damit ein Minimum an ökonomischer und sozialer Wohlfahrt für alle sowie Fairness bei der Verteilung von Grundgütern und Lebenschancen.[3]

I. KAPITALISMUS UND DEMOKRATISIERUNG IM 19. JAHRHUNDERT

Es gab Kapitalismus lange vor der Demokratie: vor allem als Kaufmannskapitalismus in vielen Weltgegenden seit vielen Jahrhunderten; als Agrar- und als Finanzkapitalismus in Europa seit dem Mittelalter; und als Plantagenkapitalismus meist mit unfreier Arbeit in den europäischen Kolonien seit dem 16./17. Jahrhundert.[4] Im Folgenden aber geht es um das Verhältnis von Kapitalismus und Demokratie, also um die Moderne und die Gegenwart. So notwendig es ist, den Blick auf andere Länder und Weltteile zu richten, so gut lässt sich eine gewisse Konzentration auf deutsche Erfahrungen begründen. Denn in Deutschland wurde der Kapitalismus relativ früh zum dominanten System, nämlich mit der Industrialisierung des 19. Jahrhunderts. Und die Deutschen haben in den letzten zwei Jahrhunderten unter sehr unterschiedlichen politischen Systemen gelebt. Das bietet reiches Anschauungsmaterial.

Blicken wir auf das »lange 19. Jahrhundert«, das Historikerinnen und Historiker oft schon im späten 18. Jahrhundert beginnen und erst im frühen 20. Jahrhundert enden lassen. Das 19. Jahrhundert ist für die hier zu diskutierende Thematik in mehrfacher Hinsicht interessant. *Zum einen* entstand das Substantiv »Kapitalismus« erst im 19. Jahrhundert,

---

2 Ausführliche Begriffsdiskussion bei *Jürgen Kocka*, Geschichte des Kapitalismus, München 2013, S. 9–23, insb. S. 20f. Zuletzt für einen engeren Begriff: *Johannes Berger*, Die kapitalistische Wirtschaftsordnung im Spiegel der Kritik, in: *Andrea Maurer* (Hrsg.), Handbuch der Wirtschaftssoziologie, 2., aktual. u. erw. Aufl., Wiesbaden 2017, S. 523–550.
3 Unterschiedliche Demokratiekonzepte werden diskutiert in: *Wolfgang Merkel*, Die Herausforderungen der Demokratie, in: *ders.*, Demokratie und Krise, S. 7–42, hier: S. 9–21; grundsätzlich: *David Beetham*, Democracy and Human Rights, Cambridge 1999, S. 50–66.
4 Überblicke in *Kocka*, Geschichte des Kapitalismus, Kap. II und III; *Larry Neal/Jeffrey G. Williamson* (Hrsg.), The Cambridge History of Capitalism, 2 Bde., Cambridge/New York etc. 2014.

und zwar in seiner zweiten Hälfte: zunächst als polemischer Begriff der Kapitalismuskritik, dann aber auch bald als zentraler Analysebegriff der Sozialwissenschaften, wobei sich deutsche Autoren besonders hervortaten, beispielsweise Werner Sombart, Max Weber und – in marxistischer Tradition – Rudolf Hilferding. *Zweitens* setzte sich im 19. Jahrhundert in Europa, Amerika und ansatzweise auch in Ostasien der Kapitalismus als Industriekapitalismus durch, mit Maschinisierung, Fabriksystem und massenhafter Lohnarbeit. Aber das lange 19. Jahrhundert war *drittens* in Europa und Amerika auch das Jahrhundert der ungleichmäßig fortschreitenden Demokratisierung: mit Höhepunkten in den Revolutionen des späten 18. Jahrhunderts, in den 1860er- und 1870er-Jahren, im Ersten Weltkrieg und unmittelbar danach, mit großen Rückschlägen zum Beispiel 1848/49 und immer wieder, in mannigfachen Kämpfen, gegen starke Widerstände und mit großen Unterschieden zwischen Ländern und Regionen.[5]

Was hielten die Kapitalisten des 19. Jahrhunderts von der Demokratie? Typischerweise setzten sich Kapitalisten, Unternehmer und Manager zwar für gemäßigt liberale Verfassungsreformen und repräsentative Regierungsformen mit Gewaltenteilung und Rechtsstaatlichkeit ein. Viel seltener sprachen sie sich dagegen für das allgemeine Wahlrecht und andere Formen der entschiedenen Demokratisierung aus. Im Gegenteil, je weiter diese voranschritt, desto häufiger befand sich die Bourgeoisie auf der Seite der Warner, Bremser und Gegner. Die Spannungen zwischen kapitalistischen Interessen einerseits und Demokratisierung andererseits waren erheblich, und insgesamt wuchsen sie. Trotzdem setzten sich der Kapitalismus als dominantes Wirtschaftssystem und Fortschritte auf dem Weg der Demokratisierung, aufs Ganze gesehen, ungefähr gleichzeitig durch, beides verlief zumindest parallel. Wie lässt sich das erklären?

Zum einen erwies sich schon hier die eklatante Fähigkeit des Kapitalismus, unter unterschiedlichen Politikverhältnissen zu reüssieren; darauf bleibt zurückzukommen. Zum anderen trug seine wühlende, alles Alte immer neu infrage stellende Dynamik zur nachhaltigen Erosion älterer, zum Beispiel feudaler und patriarchalischer Ungleichheiten und Kontrollen bei.[6] Bei der Aushöhlung und Schwächung *herkömmlicher* Hierarchien und Herrschaftsverhältnisse waren kapitalistische Dynamik und demokratische Emanzipation mithin tatsächlich verbündet. Man könnte es beispielsweise an der Emanzipation der Handwerksgesellen aus der Hausgewalt ihrer Meister, an der Bedeutung außerhäuslicher, marktbezogener Erwerbsarbeit für die Selbstbestimmungsansprüche der Frauen verschiedener Schichten und an der Relativierung überkommener Standesprivilegien durch den Aufstieg neuer leistungs- und erfolgsbezogener Statuskriterien zeigen. Vor allem aber führten die kapitalistische Industrialisierung und die sie begleitenden sozialen und kulturellen Veränderungen – Urbanisierung, Lebensstandardverbesserung, Konsum, Kommunikation und Verallgemeinerung von Bildung – dazu, dass breite Bevölkerungsteile in Bewegung gerieten, ihre Erwartungen steigerten und ihre Ansprüche zu formulieren lernten. Der sich ausbreitende Industriekapitalismus erfasste große Teile der Bevölkerung, ließ

---

5 Zur Geschichte des Begriffs: *Jürgen Kocka*, Capitalism. The History of the Concept, in: International Encyclopedia of the Social & Behavioral Sciences, Bd. 3, 2., erw. Aufl., Amsterdam 2015, S. 105–110; globalgeschichtliche Überblicke zu Industrialisierung und Demokratisierung im 19. Jahrhundert: *Jürgen Osterhammel*, Die Verwandlung der Welt. Eine Geschichte des 19. Jahrhunderts, München 2009, S. 848–867 und 909–957.

6 Klassisch formuliert von Karl Marx und Friedrich Engels 1847: »Die Bourgeoisie, wo sie zur Herrschaft gekommen, hat alle feudalen, patriarchalischen, idyllischen Verhältnisse zerstört. Sie hat die buntscheckigen Feudalbande, die den Menschen an seinen natürlichen Vorgesetzten knüpften, unbarmherzig zerrissen […]. Alles Ständische und Stehende verdampft, alles Heilige wird entweiht, und die Menschen sind endlich gezwungen, ihre Lebensstellung, ihre gegenseitigen Beziehungen mit nüchternen Augen anzusehen.« Manifest der Kommunistischen Partei, hier zit. nach: *Karl Marx*, Die Frühschriften, hrsg. v. *Siegfried Landshut*, Stuttgart 1953, S. 526f. und 528f.

eine qualifizierte, selbstbewusste und zunehmend fordernde Arbeiterklasse entstehen und trug damit nolens volens zur Stärkung sozialer und politischer Bewegungen bei, die die sich vergrößernde sozialökonomische Ungleichheit kritisierten, mehr Lebenschancen einforderten und sich für radikale Demokratisierung einsetzten: der Kapitalismus als Förderer der Demokratisierung wider Willen.[7] Schließlich sei darauf aufmerksam gemacht, dass zum Kapitalismus und den ihn mitkonstituierenden Eigentumsrechten nicht staatlicher Akteure eine strukturelle Machtteilung zwischen Markt und Staat, zwischen ökonomischen und politischen Ressourcen gehört, also ein Stück Macht- oder Gewaltenteilung im grundsätzlichen Sinn, die als Voraussetzung von Freiheit und Demokratie, von *limited government*, kaum überschätzt werden kann. Auch darauf wird zurückzukommen sein.

II. KAPITALISMUS UND DIKTATUREN

Im Kontrast dazu ist die Geschichte der Diktaturen des 20. Jahrhunderts besonders interessant. Die entschiedene Beseitigung des Kapitalismus in der Sowjetunion nach 1917 und nach 1945 in Osteuropa unter sowjetischer Hegemonie hat bekanntlich die Demokratie nicht gestärkt, sondern zum Abbau beziehungsweise zur Verhinderung von Demokratie ganz grundlegend beigetragen – ein Musterbeispiel für eine gewisse Affinität zwischen Kapitalismus und Demokratie e contrario, unter der Bedingung ihrer gemeinsamen Verhinderung.

Komplizierter ist der Befund aus der Entstehungs- und Gewaltgeschichte der faschistischen Diktaturen Europas. Zum Aufstieg und Sieg der Hitler-Diktatur trug die große Krise des Kapitalismus seit 1929 erheblich bei: mit ihrer Massenarbeitslosigkeit, ihren Verlusten, Deklassierungen und Leiden. Die Menschen machten den Staat, die Demokratie dafür verantwortlich, deren Akzeptanz darunter litt. Aufstieg und Sieg der nationalsozialistischen Diktatur wurden durch kapitalistische Führungsgruppen und Teile der Bourgeoisie maßgeblich befördert, und zwar in der Abwehr konsequenterer Demokratisierung und aus Furcht vor revolutionären Herausforderungen von links. Ein Teil von ihnen wurde zu Steigbügelhaltern der Diktatur und zu sympathisierenden Befürwortern der Vernichtung freiheitlicher Demokratie.

Die deutsche Geschichte zwischen 1933 und 1945 zeigt überdies, dass der Kapitalismus – jedenfalls einige seiner Teile und Prinzipien – auch unter extrem diktatorischen Bedingungen und in enger Kooperation mit Diktatoren florieren kann.

Zweifellos griffen die nationalsozialistischen Machthaber tief in die Eigentumsrechte der Marktakteure ein, bis hin zur partiellen, entschädigungslosen, Verfassung und Recht verletzenden Enteignung eines Teils der Kapitalisten und Unternehmer im Zuge der sogenannten Arisierung. Zu größeren Solidaritätsaktionen nichtjüdischer Kapitalisten und Unternehmer als Ausdruck eines gemeinsamen Klasseninteresses und gemeinsamer Klassenerfahrungen ist es nicht gekommen, im Gegenteil. Zweifellos wirkten sich die politisch-administrativen Regulierungen, Verbote und Verordnungen der nationalsozialistischen Machthaber als empfindliche Beschneidungen des Entscheidungs- und Handlungsspielraums vieler Unternehmen aus, besonders im Krieg. Die diktatorische Herrschaft drang unregelmäßig und oft willkürlich, aber vielfältig und tief in Gesellschaft und Wirtschaft ein, respektierte deren Eigenlogik sehr häufig nicht. Dennoch hob die Diktatur die für kapitalistisch-unternehmerisches Handeln unabdingbaren Handlungsspielräume und Anreizstrukturen nicht völlig auf – in einer Haltung freiwilliger oder erzwungener Selbst-

---

7 Ich habe versucht, dies am Beispiel der Entstehung der deutschen Arbeiterklasse zu zeigen. Vgl. *Jürgen Kocka*, Arbeiterleben und Arbeiterkultur. Die Entstehung einer sozialen Klasse, Bonn 2015, insb. Kap. V und VI.

beschränkung, aus Interesse am ökonomischen Erfolg als Bedingung politischer Machtausübung. Kernbestandteile des kapitalistischen Systems überlebten in der Diktatur. Die ganz überwiegende Mehrheit von Kapitalisten und Unternehmern konnte sich weiterhin an ihren partikularen ökonomischen Interessen orientieren und doch gleichzeitig im Sinn der Diktatur funktionieren. Für viele von ihnen eröffnete das NS-Regime auch neue Handlungsspielräume und Verdienstmöglichkeiten, so als Profiteure der Enteignungen, der Zwangsarbeit und besonderer Beziehungen zum Herrschaftsapparat, beispielsweise in der »kriegswichtigen« Produktion. Zu einer Basis der Resistenz, gar des Widerstands gegen die Diktatur wurden die Unternehmer und Kapitalisten nicht. Das hatten sie allerdings mit den meisten anderen sozialen Gruppen und Institutionen gemeinsam. Diktatur und Kapitalismus erwiesen sich in diesem Fall als bemerkenswert kompatibel, jedenfalls auf Zeit.[8]

III. ORGANISIERTER KAPITALISMUS UND REPRÄSENTATIVE DEMOKRATIE

In der zweiten Hälfte, vor allem im dritten Viertel des 20. Jahrhunderts erwies sich im westlichen Europa, in Nordamerika und in Japan ein zunehmend organisierter Kapitalismus als besonders kompatibel mit der demokratischen Verfasstheit der Politik. Dies geschah, obwohl oder – besser – weil ein zunehmend ausgebauter Interventions- und Sozialstaat in die kapitalistischen Ökonomien eingriff: regulierend, stabilisierend und bisweilen egalisierend. Es entstand der »keynesianische Wohlfahrtsstaat«[9] mit einer relativ sozialen und koordinierten Form des Kapitalismus. Gleichzeitig nahmen die Tendenzen zur Selbstorganisation von Wirtschaft und Gesellschaft zu, blieben die Wahrnehmung wirtschaftlicher Chancen und Aufgaben ebenso wie das Austragen von Verteilungs- und Sozialkonflikten nichtstaatlichen wirtschaftlichen und sozialen Akteuren überlassen, die sich häufig verbandlich organisierten. Ein intensives Geflecht von Interdependenzen zwischen Staat und Markt, zwischen demokratischen Institutionen und kapitalistischer Wirtschaft entstand, das die wirtschaftlichen Akteure vielfach einbettete, regulierte, privilegierte und in die Pflicht nahm. Andererseits öffneten sich die staatlichen Entscheidungsprozesse weit für wirtschaftliche und soziale Einflussnahmen, was als »Neokorporatismus« beschrieben wurde.[10] Punktuell wurden Elemente der Demokratie ins Wirtschaftssystem eingepflanzt – beispielsweise durch gesetzlich vorgeschriebene Mitbestimmung von Arbeitnehmerinnen und -nehmern, durch Anerkennung und Mitsprache der Gewerkschaften und durch die rechtlich einklagbare Absicherung von Arbeitnehmerinteressen. Es ist bemerkenswert, dass die Einkommens- und Vermögensungleichheit in mehreren westlichen Ländern im dritten Viertel des 20. Jahrhunderts leicht abnahm, anders als im 19. Jahrhundert und anders als wieder seit den 1970er-Jahren. Offenbar gelang es mit steuer- und sozialstaatli-

---

8 Vgl. *Manfred Hildermeier*, Die Sowjetunion 1917–1991, (zuerst) München 1998; *Ulrich Herbert*, Geschichte Deutschlands im 20. Jahrhundert, München 2014. – Am Beispiel der DDR: *Charles S. Maier*, Das Verschwinden der DDR und der Untergang des Kommunismus, Frankfurt am Main 1999. – Das Verhältnis von Kapitalismus und Nationalsozialismus bleibt umstritten. Vgl. Die Kontroverse zwischen Christoph Buchheim, Jonas Scherner und Peter Hayes in: Bulletin of the German Historical Institute 45, 2009, S. 29–50; vorher: *Christoph Buchheim*, Unternehmen in Deutschland und NS-Regime, 1933–45. Versuch einer Synthese, in: HZ Bd. 282, 2006, S. 351–390; *Jonas Scherner*, Die Logik der Industriepolitik im Dritten Reich, Stuttgart 2008.
9 Kritisch: *Claus Offe*, Contradictions of the Welfare State, Cambridge 1984.
10 *Philippe C. Schmitter*, Still the Century of Corporatism?, in: The Review of Politics 36, 1974, S. 85–131; ders., Reflections on Where the Theory of Neo-Corporatism Has Gone, in: *Gerhard Lehmbruch/Philippe C. Schmitter* (Hrsg.), Patterns of Corporatist Policy-Making, Beverly Hills 1982, S. 259–279.

chen Mitteln, die dem Kapitalismus eingeschriebene Tendenz zu wachsender sozialökonomischer Ungleichheit zu kompensieren.

Zwar blieb die Situation instabil, spannungsreich und umkämpft, die 1960er- und 1970er-Jahre waren in vielen Ländern nicht ohne Grund Jahre des vehementen Protests mit kapitalismuskritischer beziehungsweise antikapitalistischer Stoßrichtung. Aber insgesamt entstand ein System, in dem repräsentative Demokratie und Organisierter Kapitalismus – in der Bundesrepublik sprach man von »sozialer Marktwirtschaft« oder auch vom »rheinischen Kapitalismus« – nicht nur koexistierten, sondern sich gegenseitig stützten und stärkten. Zu den Faktoren, die dies ermöglichten, zählten: das ungewöhnlich rasche Wirtschaftswachstum der ersten Nachkriegsjahrzehnte, die nachwirkenden bitteren Erfahrungen mit kapitalistischen Krisen und politischen Katastrophen der Kriegs- und Zwischenkriegszeit, die sich nicht wiederholen sollten, sowie die weiterhin starke, auf Reformen drängende Kritik – auch seitens der Arbeiterbewegungen – am Kapitalismus im Namen von mehr Demokratie und sozialer Gerechtigkeit. Dies war überdies die Zeit des Kalten Kriegs zwischen West und Ost. Die im Westen aufmerksam registrierte und oft als bedrohlich empfundene Herausforderung durch die Existenz einer starken nichtkapitalistischen Alternative in Form des real existierenden Staatssozialismus sowjetischer Prägung beförderte die Reform- und Konzessionsbereitschaft der Entscheidungsträger in Wirtschaft und Politik.[11]

IV. DIE LETZTEN JAHRZEHNTE

Zunächst ist in Modifikation der verbreiteten These einer grundlegenden »Neoliberalisierung« des Kapitalismus in den letzten Jahrzehnten[12] zu betonen, dass wesentliche Elemente des soeben beschriebenen Systems in zahlreichen Ländern auch heute weiterhin Bestand haben. Das gilt insbesondere für Deutschland, wo sich der Organisierte Kapitalismus – im Zusammenspiel der Sozialpartner wie von Markt und Politik – beispielsweise im Umgang mit der tiefen Krise des globalen Kapitalismus seit 2008 bemerkenswert gut bewährt hat. Durch die seit den 1980er-Jahren kräftig vorangetriebene Integration Europas wurden überdies Elemente des Organisierten Kapitalismus auf transnationaler Ebene verankert, trotz aller Unvollkommenheit und gegenwärtigen Gefährdung der Europäischen Union. Gleichwohl hat sich im letzten Viertel des 20. Jahrhunderts und zu Beginn des 21. Jahrhunderts das nie wirklich gelöste Spannungsverhältnis zwischen Kapitalismus und Demokratie erneut verschärft. Wichtige Faktoren, die die Symbiose von Or-

---

11 Zum Begriff, der auf Rudolf Hilferding zurückgeht: *Jürgen Kocka*, Organisierter Kapitalismus oder Staatsmonopolistischer Kapitalismus? Begriffliche Vorbemerkungen, in: *Heinrich August Winkler* (Hrsg.), Organisierter Kapitalismus. Voraussetzungen und Anfänge, Göttingen 1974, S. 19–35. Vgl. auch *Colin Crouch*, Industrial Relations and European State Tradition, Oxford 1993; *Martin Höpner*, Sozialdemokratie, Gewerkschaften und organisierter Kapitalismus, 1880–2002. MPIfG (Max-Planck-Institut für Gesellschaftsforschung) Discussion Paper 04/10, Köln 2004. – *Peter A. Hall/David Soskice* (Hrsg.), Varieties of Capitalism. The Institutional Foundations of Comparative Advantage, Oxford/New York etc. 2001; *Bruno Amable*, The Diversity of Modern Capitalism, Oxford/New York etc. 2003; *Werner Abelshauser*, Deutsche Wirtschaftsgeschichte. Von 1945 bis zur Gegenwart, 2., überarb. u. erw. Aufl., München 2011; *Hans Günther Hockerts/Günther Schulz* (Hrsg.), »Der Rheinische Kapitalismus« in der Ära Adenauer, Paderborn 2016; gute Beschreibung, aber vorschnelle Prognose des Endes des Organisierten Kapitalismus in Deutschland bei *Wolfgang Streeck*, Re-Forming Capitalism. Institutional Change in the German Political Economy, Oxford/New York etc. 2009. Für entsprechende Entwicklungen in den USA vgl. *Howard Brick*, Transcending Capitalism. Visions of a New Society in Modern American Thought, Ithaca 2006.
12 Einflussreich: *David Harvey*, Kleine Geschichte des Neoliberalismus, Zürich 2007.

ganisiertem Kapitalismus und repräsentativer Demokratie im dritten Viertel des 20. Jahrhunderts beförderten, wurden schwächer oder verschwanden: Das Wirtschaftswachstum verlor seit den 1970er-Jahren in Europa an Schwung, die Systemauseinandersetzung des Kalten Kriegs ging zu Ende, die Erinnerung an die Katastrophen der ersten Jahrhunderthälfte verblasste. Überdies haben tief greifende Prozesse – insbesondere Deregulierung, Finanzialisierung und Globalisierung – nicht nur die Dynamik des kapitalistischen Systems und seine Instabilität erneut befördert, sondern auch die Spannungen zwischen Kapitalismus und Demokratie erheblich verstärkt.[13]

Seit den späten 1970er-Jahren kam es in den Ländern der OECD – ausgehend vom angloamerikanischen Bereich – zu massiven Deregulierungs- und Privatisierungsschüben wie zu einem gewissen Rückbau sozialstaatlicher Leistungen, auch wenn dieser Rückbau in Deutschland, Österreich, Frankreich und anderen Ländern des europäischen Kontinents sehr moderat blieb. Neoliberale Theorien in der Nachfolge Friedrich August von Hayeks und Milton Friedmans gewannen in Wissenschaft und Publizistik an Boden. Sie schätzten die Selbstregulierungskräfte des Marktes als hoch, die Interventionsmöglichkeiten des Staats als schwach oder schädlich ein. Die Stimmung schlug um: weg von Organisation und Solidarität als Leitwerten, hin zum Lob der Vielfalt und Individualität. Das angloamerikanische Modell des relativ marktradikalen Kapitalismus schien den verschiedenen Varianten des stärker koordinierten Kapitalismus kontinentaler Prägung den Rang abzulaufen. Zu den Ursachen dieser *Trendwende* gehörten zweifellos Schwächen des bis dahin dominierenden keynesianischen Wohlfahrtsstaats – man denke an die »Stagflation« der 1970er-Jahre –, vor allem aber technisch-organisatorische Innovationen im beginnenden IT-Zeitalter sowie die sich verschärfende grenzüberschreitende Konkurrenz und die intensivierte weltweite Verflechtung im Zuge der rasch voranschreitenden Globalisierung.

Finanzkapitalismus – als Inbegriff der Geschäfte, die nicht mit der Produktion und dem Tausch von Gütern, sondern vor allem mit Geld gemacht und von Wechslern, Maklern, Banken, Börsen, Investoren und anderen Akteuren der Kapitalmärkte betrieben werden – ist nicht neu, sondern war bereits im frühneuzeitlichen Europa voll ausgebildet. Aber als Folge von Globalisierung, digitaler Revolution, finanz- und währungspolitischer Deregulierung sowie partieller Deindustrialisierung in einigen westlichen Ländern kam es seit den 1970er-Jahren zu einer exorbitanten Ausweitung des Finanzsektors, vor allem in England und in den USA. Dort stieg sein Anteil am Gesamtprodukt von den 1950er-Jahren bis 2008 von 2 auf 9% beziehungsweise 8%. *Investment banks*, Investitions- und Hedgefonds sowie neuartige Kapitalbeteiligungsunternehmen entstanden in großer Zahl. Der grenzüberschreitende Kapitalverkehr schwoll immens an, von 4% des weltweiten Gesamtprodukts in den 1980er-Jahren auf 20% im Jahr 2007. Multinationale Unternehmen florierten. Es stieg die Erwartung auf höchste Gewinne wie auch die Bereitschaft zum großen Risiko. Zunehmend dereguliert und sich selbst überlassen, mit neuen beschleunigenden Technologien und immer komplexeren Instrumenten ausgestattet, getrieben von harter Konkurrenz untereinander, erwies sich dieser Teil der kapitalistischen Wirtschaft als unfähig zur Entwicklung stabiler, allgemein verträglicher Geschäftsführungsregeln, wie sich in der »Großen Rezession« seit 2008 dramatisch zeigte.[14]

---

13 Zum Folgenden ausführlicher und mit Nachweisen: *Kocka*, Geschichte des Kapitalismus, S. 77–123; überarbeitet als *Jürgen Kocka*, Capitalism. A Short History, Princeton/Woodstock 2016, S. 95–161.

14 Vgl. vor allem *Harold James*, Finance Capitalism, in: *Jürgen Kocka/Marcel van der Linden* (Hrsg.), Capitalism. The Reemergence of a Historical Concept, London 2016, S. 133–163, insb. S. 153–159. Sehr gut: *Paul Windolf* (Hrsg.), Finanzmarkt-Kapitalismus. Analysen zum Wandel von Produktionsregimen, Wiesbaden 2005. Als Analyse der Krise von 2008 und ihrer Ursachen vgl. *Ivan T. Berend*, Europe in Crisis. Bolt from the Blue?, New York/Abingdon 2013.

Was Ralf Dahrendorf als Übergang vom Spar- zum Pumpkapitalismus bezeichnet hat, also die enorme Zunahme der Verschuldung der Banken (deren Eigenkapital oft nur noch wenige Prozent des Kreditvolumens ausmacht), der privaten Haushalte zum Beispiel in den USA und der meisten Staaten resultierte aus den unterschiedlichsten Gründen, doch die Dynamik des hypertroph expandierenden Finanzkapitalismus hatte großen Anteil daran. Die exorbitant zunehmende Verschuldung der öffentlichen Haushalte aber machte die Regierungen vieler so verfahrender Staaten abhängiger vom nationalen oder internationalen Kapitalmarkt und damit – in zentralen Fragen – weniger steuerbar durch demokratische Präferenzen und Entscheidungsprozesse in ihrem Innern. Das bedeutete eine Schwächung der Demokratie aufgrund zunehmender Verschuldung.

»Das Finanzkapital ist auf den Fahrersitz gesetzt worden«, schrieb der Investor George Soros 1998. Das hatte auch Auswirkungen auf die Machtverhältnisse in den Chefetagen der großen Produktions-, Handels- und Dienstleistungsunternehmen. Der Shareholder-Value wurde zum fast allein regierenden Erfolgsmaßstab, die Unstetigkeit und Kurzatmigkeit der wirtschaftlichen Prozesse nahmen zu. Damit bröckelten aber zentrale Elemente der Koordinierung mit nicht marktlichen Mitteln (durch staatliche Interventionen, durch die Organisationstätigkeit der Verbände oder – beispielsweise in Deutschland – durch das enge, auf Stetigkeit setzende Verhältnis von Banken und Industrie). Zentrale Elemente des Organisierten Kapitalismus wurden damit geschwächt. Der meist hochgradig spekulative Investorenkapitalismus löste, wenngleich nur in einigen Bereichen, den älteren Managerkapitalismus und den noch älteren Eigentümerkapitalismus ab, die im Übrigen weiterhin koexistieren und sich kräftig überlappen.[15]

Sicherlich, der weitgehend deregulierte und global verflochtene Finanzkapitalismus ist weiterhin nur ein kleiner Teil des kapitalistischen Gesamtsystems weltweit. Auch deuten sich gewisse Korrekturen durch Re-Regulierung in Reaktion auf die Krise der Jahre seit 2008 an. Doch über die genannten Prozesse der »Finanzialisierung« wirkt der Finanzkapitalismus in die verschiedensten Wirtschafts- und Sozialbereiche hinein. Er ist eine Triebkraft der in unseren Gesellschaften seit den 1970er-Jahren wieder zunehmenden Ungleichheit der Einkommen und Vermögen, die von den astronomisch hohen Einkommen der Spitzenverdiener unter den wirtschaftlichen Akteuren spektakulär vorgeführt wird. Der immer marktradikalere, immer beweglichere, immer kurzatmigere Kapitalismus ist wohl auch die wichtigste Triebkraft hinter der beobachtbaren Umstrukturierung der Arbeitsmärkte, auf denen kurzzeitige, befristete und partielle Beschäftigungsverhältnisse an Verbreitung gewonnen haben. Kapitalistische Prinzipien drängen sich in viele Lebensbereiche auch außerhalb der Wirtschaft hinein, in den Sport, in die Wissenschaft, in die Unterhaltung. Die Kritik an dieser kapitalistischen »Landnahme« wird stärker.[16]

Deregulierung und Finanzialisierung sind, das wird deutlich geworden sein, mit der beschleunigten Globalisierung seit den 1970er-Jahren – verstanden als Zunahme grenzüberschreitender Strategien, Interdependenzen und Verflechtung – aufs Engste verbunden. Die Globalisierung setzt das Modell des Organisierten Kapitalismus unter erheblichen Druck, war dieses doch – trotz gewisser Ansätze zur Transnationalisierung (beispielsweise in der Europäischen Union), die in jüngster Zeit überdies rückläufig sind – durchweg

---

15 *Ralf Dahrendorf*, Nach der Krise. Zurück zur Protestantischen Ethik?, in: Merkur 63, 2009, S. 373–381; *George Soros*, The Crisis of Global Capitalism, New York 1998, S. XII und XX; *Jürgen Kocka*, Eigentümer – Manager – Investoren. Unternehmer im Wandel des Kapitalismus, in: *Maurer*, Handbuch der Wirtschaftssoziologie, S. 551–570.
16 Vgl. *Michael J. Sandel*, Was man für Geld nicht kaufen kann. Die moralischen Grenzen des Marktes, Berlin 2012. Jüngste Veränderungen des Arbeitsmarkts und der (globalen) Arbeiterfrage bei: *Jürgen Kocka*, Arbeit im Kapitalismus. Lange Linien der historischen Entwicklung bis heute, in: APuZ 65, 2015, H. 35–37, S. 10–17, insb. S. 15–17.

im nationalstaatlichen Rahmen durchgesetzt worden, nie ohne den Druck starker, zunehmend demokratisch verfasster Nationalstaaten. Die Regulierungsfähigkeit der Nationalstaaten sah sich nun dem scharfen Wind grenzüberschreitender und – damit bald verbunden – zwischenstaatlicher Konkurrenz ausgesetzt. Diese unterlief und untergrub nationalstaatliche Regulierungen, sie trug damit zur Infragestellung von Grundprinzipien des Organisierten Kapitalismus bei.

Es bestand immer ein Spannungsverhältnis zwischen Kapitalismus und Demokratie. Dieses hat sich als Folge der geschilderten Entwicklungen in den letzten Jahrzehnten verschärft. Drei Bereiche seien genannt, die dies belegen:

(a) Die Einkommens- und Vermögensungleichheit hat zugenommen. Ihr gegenwärtiges Ausmaß ist schwer vereinbar mit demokratischen Fairness- und Gerechtigkeitserwartungen, die nicht nur unter kommentierenden Intellektuellen, sondern auch in der breiten Bevölkerung heute viel wirksamer sind als in früheren Jahrzehnten und Jahrhunderten. Politikwissenschaftler stellen fest, dass wachsende sozialökonomische Ungleichheit zum Rückgang der Wahlbeteiligung beiträgt. Dieser Rückgang findet besonders in den ärmeren Schichten und marginalen Milieus der Bevölkerung statt, dadurch wird die soziale Selektivität politischer Partizipation verstärkt und demokratische Praxis erschwert. Sozialökonomische Ungleichheit übersetzt sich in politische Ungleichheit und partielle Exklusion. Die Erfahrung ausgeprägter sozialökonomischer Ungleichheit und die Unzufriedenheit damit scheinen überdies zum vielerorts beobachtbaren Aufstieg rechtspopulistischer Bewegungen beizutragen, die dadurch gekennzeichnet sind, dass sie den ausgeprägten Willen zu demokratischer Teilhabe häufig mit undemokratischen Inhalten und Formen verbinden. Doch bedarf dieser Zusammenhang weiterer Untersuchung, Rechtspopulismus speist sich auch aus anderen Quellen.[17]

(b) In den zurückliegenden Krisen und Krisenbewältigungsversuchen haben sich deutliche Grenzen der parlamentarischen Entscheidungs- und Kontrollfähigkeit gezeigt. Wichtige, das Gemeinwesen als Ganzes bindende und seine Zukunft tief beeinflussende Entscheidungen, zum Beispiel über die Verteidigung des Euro in der Krise und die dazu von einigen Staaten übernommenen Schulden und Bürgschaften, sind in oder von Gremien gefällt worden – Ministerzirkeln, Expertengruppen, Zentralbanken –, deren demokratische Legitimität dünn ist oder fehlt. Dies steht in Spannung zu demokratischen Prinzipien. Doch könnte dies mit der Transnationalisierung der Politik und der Komplexität der zu behandelnden Materien enger zusammenhängen als mit dem Kapitalismus. Auch ist das Ausmaß dieser Auslagerung von Entscheidungsmaterien in parlamentarisch-demokratisch kaum verantwortliche Bereiche umstritten, manches Stück Empirie steht ihr entgegen.[18]

(c) Gesellschaftlich besonders wichtige Teile des Kapitalismus, vor allem des Finanzkapitalismus, funktionieren mittlerweile grenzüberschreitend, mit Tendenz zur globalen Erstreckung. Die Globalisierung des Kapitalismus wurde aber nicht vom parallelen Aufbau starker staatlicher Strukturen mit transnationaler Erstreckung oder gar globaler Reich-

---

17 Vgl. *Armin Schäfer*, Der Verlust politischer Gleichheit. Warum die sinkende Wahlbeteiligung der Demokratie schadet, Frankfurt am Main 2014; *Bernhard Weßels*, Politische Ungleichheit beim Wählen, in: *Merkel*, Demokratie und Krise, S. 67–91; *Kocka/Merkel*, Kapitalismus und Demokratie, S. 322–331; *Colin Crouch*, Neue Formen der Partizipation. Zivilgesellschaft, Rechtspopulismus und Postdemokratie, in: Forschungsjournal Soziale Bewegungen 29, 2016, H. 3, S. 143–153; *Thomas Piketty*, Das Kapital im 21. Jahrhundert, München 2014 (zuerst frz. 2013); sehr gut und weiterführend: *Anthony B. Atkinson*, Inequality. What Can Be Done?, Cambridge/London 2015; aber auch: *Harry G. Frankfurt*, Ungleichheit. Warum wir nicht alle gleich viel haben müssen, Frankfurt am Main 2015.
18 Der Bundestagspräsident betont den Machtzuwachs des Parlaments in den letzten Jahren. Vgl. *Norbert Lammert*, Gut gerüstet, in: Frankfurter Allgemeine Zeitung, 17.10.2015.

weite begleitet, die ihm zähmend und regulierend Paroli bieten könnten. Dies trug zur Deregulierung kapitalistischer Strukturen und Prozesse bei. Die Balance zwischen Markt und Staat verschob sich zuungunsten des Staats, und das heißt im Fall großer Teile des Westens: zuungunsten der Demokratie. Dies ist ein drängendes und ungelöstes Problem.[19]

V. FAZIT

Es ist nicht zu übersehen[20], dass sich die Logiken von Kapitalismus und Demokratie grundsätzlich unterscheiden und in Spannung zueinander stehen. Kapitalismus und Demokratie besitzen unterschiedliche Legitimationsgrundlagen: ungleich verteilte Eigentumsrechte der eine, gleiche Staatsbürgerrechte die andere. In ihnen dominieren unterschiedliche Verfahren: der profitorientierte Tausch im Kapitalismus, Debatte und Mehrheitsentscheidung in der demokratischen Politik. Die egoistische Wahrnehmung partikularer Vorteile ist für kapitalistisches Handeln das eindeutige Ziel, auch wenn mit Adam Smith beansprucht werden kann, dadurch indirekt dem allgemeinen Nutzen zu dienen. Die Verwirklichung des allgemeinen Wohls ist dagegen das Ziel demokratischer Politik, auch wenn klar ist, dass sich dessen Inhalt erst in diesem Prozess »a posteriori« (Ernst Fraenkel) herausbildet und die Wahrnehmung partikularer Interessen im Rahmen des demokratischen Entscheidungsprozesses legitim, ja dessen Voraussetzung ist. Entscheidungen und ihre Implementierung führen im Kapitalismus, falls nicht gegengesteuert wird, zu einem Ausmaß an wirtschaftlicher und sozialer Ungleichheit (an Einkommen, Vermögen, Macht und Lebenschancen), das nach den an gleichen Rechten, Chancen und Pflichten orientierten Grundsätzen der Demokratie – oberhalb einer gewissen, nicht ein für alle Mal bestimmbaren, vielmehr auszuhandelnden Grenze – schwer akzeptabel und unerträglich erscheint. Dies umso mehr, als die tatsächliche Wahrnehmung demokratischer Rechte und Pflichten von verfügbaren ökonomischen und sozialen Ressourcen abhängig ist, und häufig geballte ökonomische Ressourcen in politische Macht transformiert werden können. Umgekehrt ist die volle Anwendung demokratischer Entscheidungsregeln – allgemeine und gleiche Partizipationsrechte, Mehrheitsentscheidungen und Minderheitenschutz – mit den Regeln des Kapitalismus unvereinbar. Kapitalismus ist nicht demokratisch, Demokratie nicht kapitalistisch.

Doch dies ist nur eine Seite, zwei andere müssen mitbedacht werden. *Zum einen* ist es ein fundamentaler Grundsatz freiheitlicher Demokratie, dass die Reichweite politischer Entscheidungen – auch *demokratischer* politischer Entscheidungen – begrenzt wird: durch die Sicherung von Grundrechten, zu denen seit John Locke und der Aufklärung auch das Eigentumsrecht gehört; durch Verfassung und Rechtsstaatlichkeit; durch die Anerkennung des Prinzips, dass demokratische Entscheidungsregeln zwar für das politische System zentral sind, aber andere gesellschaftliche Teilsysteme – wie Religion, Kunst, Wissenschaft und eben auch Wirtschaft – jedenfalls teilweise nach anderen Regeln funktionie-

---

19 In diesem Kontext wird klar, warum Wolfgang Streecks Vorschlag, die Zähmung des Kapitalismus wieder im nationalstaatlichen Rahmen statt auf europäischer Ebene zu versuchen, weder sinnlos ist noch eine Lösung bedeuten kann. Vgl. die lebhafte Diskussion über sein Buch »Gekaufte Zeit«, unter anderem *Wolfgang Streeck*, Vom DM-Nationalismus zum Euro-Patriotismus. Eine Replik auf Jürgen Habermas, in: Blätter für Deutsche und Internationale Politik, 2013, H. 9, S. 75–92. – Die Brexit-Entscheidung der Briten ist das letzte der keineswegs seltenen Beispiele dafür, dass demokratische Entscheidungen auch gegen das geballte Engagement der (fast) völlig einigen Kapitalinteressen den Sieg davontragen können. Sie fand aber bezeichnenderweise in einem nationalstaatlichen Rahmen, nicht in transnationaler Erstreckung statt.
20 Die folgende Konklusion teilweise bereits bei *Kocka*, Geschichte des Kapitalismus, S. 113, sowie bei *Kocka/Merkel*, Kapitalismus und Demokratie, S. 313f.

ren, wenngleich im Rahmen der politisch gesetzten und demokratisch veränderbaren Verfassung.[21] Freiheitliche Verfassungsordnungen begründen seit dem 18. Jahrhundert die sich gegenseitig begrenzende Eigenständigkeit von Wirtschaft und Politik, auch von kapitalistischer Wirtschaft und demokratischer Politik. Sie binden die Ausübung der politischen Macht zunächst an rechtsstaatliche, seit dem 19. Jahrhundert an demokratische Grundlagen, und gerade nicht an ökonomische Ressourcen. Gleichzeitig sichern sie das Recht auf Eigentum und aus ihm folgende Verfügungsrechte als Grundrechte ab und entziehen somit einen Kernbestand wirtschaftlicher Handlungsmacht dem Zugriff auch der demokratischen politisch-staatlichen Macht. Diese – bei aller tatsächlichen und wünschenswerten Verflechtung der Sphären – grundlegende Ausdifferenzierung der Teilsysteme Wirtschaft und Politik ist nicht nur eine wichtige Voraussetzung wirtschaftlicher Effektivität und Innovativität und damit der wirtschaftlichen Überlegenheit des Kapitalismus gegenüber allen bisher beobachtbaren Alternativen. Sondern diese Ausdifferenzierung stellt auch ein fundamentales Stück Macht- und Gewaltenteilung dar und damit einen wichtigen Beitrag zur Absicherung von Freiheit und Demokratie. Sie gehört zur Definition freiheitlicher Demokratie. Nur in derart ausdifferenzierten Gesamtsystemen sind kapitalistische Wirtschaft und demokratische Politik kompatibel. Sie wären es nicht, wenn die kapitalistische Wirtschaft ihre Logik der Politik (und anderen Lebensbereichen) oder die demokratische Politik ihre Regeln der Wirtschaft und anderen Lebensbereichen aufzwingen könnte.

Wenn allerdings die Verteilung und der Gebrauch von Eigentumsrechten zur Kumulation von Vermögensressourcen in einer Größenordnung führen, die es erlaubt, die Politik in ihrer eigenen politischen Sphäre in kapitalistische Schranken zu weisen und damit als demokratische auszuhebeln, oder aber, wenn demokratische Entscheidungen zu einer Einschränkung der Eigentumsrechte führen, kommt es zum Konflikt. In der Abwägung gilt generell, Eigentums- und Kapitalverfügungsrechte dann einzuschränken, wenn sie die demokratischen Entscheidungsregeln der politischen Sphäre überlagern und verformen. Demokratische Rechte können dann in der Legitimationshierarchie eine normative Superiorität beanspruchen, ohne jedoch dazu legitimiert zu sein, den Kernbestand jener grundrechtlich verbürgten eigentumsbasierten Verfügungsrechte auszuhebeln. Der verfassungsmäßige Spielraum zur Aushandlung von Kompromissen zwischen diesen Prinzipien ist nicht unbegrenzt, aber groß.

Zum anderen ist auf gewisse Affinitäten und Interdependenzen zwischen Kapitalismus und Demokratie zu verweisen. In beiden spielen Wettbewerb und Wahlentscheidungen, spielen Abwägen und Aushandeln eine wichtige Rolle – Aspekte der praktizierten Freiheit und Verständigung von Individuen. Kapitalismus und Demokratie haben gemeinsame Feinde: unkontrollierbare Zusammenballung von Macht, Regellosigkeit und Unberechenbarkeit, Korruption und letztlich auch – trotz der kriegsvorbereitenden Rolle der Rüstungsindustrien und ihrer Profitinteressen – Gewalt und Krieg. Schließlich können sich Kapitalismus und Demokratie wechselseitig stützen. Denn einerseits tut sich nachhaltiger Kapitalismus schwer ohne eine im Grundsatz berechenbare staatliche Ordnung, die auf Dauer am ehesten demokratisch gewährleistet werden kann. Andererseits gilt, dass nachhaltiges Wachstum, das politische Ordnungen und eben auch demokratische Institutionen erfahrungsgemäß legitimiert und stärkt, am ehesten – trotz seiner Konjunkturen und Krisen – vom Kapitalismus hervorgebracht wird. In all diesen Hinsichten sind Kapitalismus und Demokratie nicht nur gegnerische Pole in einem Spannungsverhältnis, sondern auch Alliierte.

---

21 Vgl. *Michael Walzer*, Spheres of Justice. A Defense of Pluralism and Equality, New York 1983; *Niklas Luhmann*, Soziale Systeme. Grundriss einer allgemeinen Theorie, Frankfurt am Main 1984.

In den letzten Jahrzehnten hat sich der Kapitalismus auch in Weltregionen hinein ausgeweitet, die ihm lange verschlossen waren. Kapitalistische Formen des Wirtschaftens haben beispielsweise in Süd- und Südostasien, in China, seit den frühen 1990er-Jahren auch in großen Gebieten der ehemaligen Sowjetunion und im ehemals sowjetisch beherrschten Teil Europas Fuß gefasst. Der Kapitalismus erwies erneut seine grenzüberschreitende Expansionsenergie, die bereits Marx und Engels im »Kommunistischen Manifest« voraussahen. Damit bestätigte sich aber auch in eklatanter Weise, was schon die Geschichte des 19. und des 20. Jahrhunderts zeigte: Der Kapitalismus kann zwar nicht in allen politischen Systemen – etwa nicht in kommunistischen – existieren, aber doch unter sehr unterschiedlichen politischen Regimen – nicht nur in den westlichen Ländern; nicht nur in Taiwan und Korea, wo sich die Erfolge von Kapitalismus und Demokratie schließlich gegenseitig verstärkt haben; nicht nur in autoritär gelenkten Staaten wie Singapur, das sich als besonders kapitalismusfreundlich erweist; sondern auch in Diktaturen, wenn diese wie die chinesische bereit sind, gewisse kapitalistische Grunderfordernisse zu gewährleisten. Zu diesen gehören die Möglichkeit von Märkten, ein Minimum an Berechenbarkeit staatlicher Aktionen, die Akzeptanz von ausgeprägter Ungleichheit sowie ein Mindestmaß an gesellschaftlicher Anerkennung und politischem Einfluss für Kapitalisten, Unternehmer und Manager.

Ob und wie lange eine Diktatur in der Lage ist, diese Konzessionen aufgrund ihres Interesses an wirtschaftlichem Wachstum, Wohlstandsvermehrung, Massenloyalitätserhalt und Machtzuwachs einzuräumen, ohne sich als Diktatur schrittweise aufzuheben, ist eine zentrale Frage, die auch im chinesischen Fall noch nicht beantwortet ist. Die modernisierungstheoretisch begründete Hoffnung, dass moderner Kapitalismus, offene Gesellschaft und irgendeine Form von Demokratie letztlich aufeinander angewiesen sind und deshalb langfristig nur gemeinsam florieren können, wird durch die jüngsten historischen Erfahrungen jedoch nicht genährt.[22]

Historisch und systematisch erweist sich die Beziehung zwischen Kapitalismus und Demokratie als nicht voll determiniert, als polyvalent und variabel. Es gibt weder eine Garantie dafür, dass Kapitalismus Demokratie begünstigt und stärkt. Noch überwältigt, beschädigt oder zerstört er sie mit Notwendigkeit. Er kann beides, und beides findet häufig gleichzeitig statt. Welche dieser beiden Wirkungen dominant ist, entscheidet nicht der Kapitalismus per se, sondern die Art, in der er eingebettet, gestaltet und genutzt wird. Kapitalismus determiniert die Ziele, denen er dient, nicht völlig. Es gab und gibt viele Kapitalismen und unterschiedliche Formen beziehungsweise Realisierungsgrade von Demokratie. Viel hängt von Politik, Zivilgesellschaft und Kultur, von den Entscheidungen und der Energie der jeweiligen Gemeinwesen und ihrer Zusammenarbeit ab. Die Vereinbarkeit von Demokratie und Kapitalismus ist nicht garantiert, aber sie ist möglich, gestaltbar und keineswegs selten.

---

22 Vgl. *Tobias ten Brink*, Chinas Kapitalismus. Entstehung, Verlauf, Paradoxien, Frankfurt am Main/New York 2013.

Timo Luks

Prekarität
Eine nützliche Kategorie der historischen Kapitalismusanalyse

»In my ancestors' Portsea, those best off were the penny-capitalists, the grocers and bakers, the shopkeeper gently milking her neighbours or the pawnbroker, part ›housewives saviour‹, part loan-shark, but there was not much ballast if the tide turned.«[1]

»Die Geschichte nähert sich langsam wieder eher meinen Handwerkern an und entfernt sich vom Fabrikmodell. Heute steht man vor all diesen Formen der Rückkehr zu einer Art von Handwerksarbeit, Hausarbeit, Kleinunternehmertum, Familienarbeit, Kinderarbeit. Inmitten des heutigen Kapitalismus kehrt man zu Formen zurück, die denen ähneln, die ich behandelt habe. [...] Offensichtlich versucht man durch das Beharren auf dem ›Post-Fordismus‹ zu verdecken, dass wir heute nicht bloß nach dem Fordismus sind, sondern auch hinter ihn zurückgefallen sind.«[2]

Das 19. Jahrhundert ist fast vollständig vom Radar der Geschichtswissenschaft verschwunden. Christopher Baylys oder Jürgen Osterhammels globalgeschichtliche Synthesen haben, so scheint es, auch den letzten noch offenen Wunsch erfüllt; und selbst da kann man spekulieren, ob Leserinnen und Leser »The Birth of the Modern World« und »Die Verwandlung der Welt« aus Interesse am 19. Jahrhundert oder am Synthesepotenzial der Globalgeschichte in die Hand nehmen.[3] Dass eine Epoche nach intensiver Beforschung, die in Synthesen mit finalem Anspruch mündet, in den Hintergrund rückt, gehört zur Normalität aufmerksamkeitsökonomischer Konjunkturzyklen. Hinzu kommt, dass das 19. Jahrhundert inzwischen weiter weg ist, als das vor 30 Jahren der Fall war, und die Interessen der Zeitgeschichte inzwischen bis in die 1980er-Jahre hineinreichen. Das Ausmaß, in dem die Beschäftigung vor allem mit der ersten Hälfte des 19. Jahrhunderts zurückgegangen ist, erstaunt aber schon.[4] Zudem tragen jüngere Periodisierungsvorschläge zu einer »Verkürzung« des 19. Jahrhunderts bei.[5] Das 19. Jahrhundert schrumpft dabei nicht nur in seiner zeitlichen Ausdehnung, sondern auch in seiner Bedeutung als Schlüsselepoche moderner Geschichte. Die Theoreme der Doppelrevolution und der Sattelzeit lenkten die Aufmerksamkeit früherer Forschung auf die Jahrzehnte um 1800 als Phase eines fundamentalen Einschnitts auf dem Weg in die Moderne. An die Stelle dieser Perspektive ist die Überzeugung getreten, dass die wesentliche Zäsur eher im Umfeld des Ersten Weltkriegs

---

1 *Alison Light*, Common People. The History of an English Family, London 2014, S. 231f.
2 *Jacques Rancière*, Die Methode der Gleichheit, Wien 2014 (zuerst frz. 2012), S. 156f.
3 Vgl. *Christopher A. Bayly*, The Birth of the Modern World, 1780–1914. Global Connections and Comparisons, Oxford 2004; *Jürgen Osterhammel*, Die Verwandlung der Welt. Eine Geschichte des 19. Jahrhunderts, München 2009.
4 Die folgenden Ausführungen zum Verschwinden des 19. Jahrhunderts stützen sich auf *David Blackbourn*, »Honey, I Shrunk German History«, in: German Studies Association Newsletter 38, 2013/14, Nr. 2, S. 44–53; *Paul Nolte*, Abschied vom 19. Jahrhundert oder Auf der Suche nach einer anderen Moderne, in: *Dieter Langewiesche/Paul Nolte/Jürgen Osterhammel* (Hrsg.), Wege der Gesellschaftsgeschichte, Göttingen 2006, S. 103–132.
5 Die Vorschläge laufen darauf hinaus, dass das 20. Jahrhundert »länger« wird, zumindest aber »früher«, in der Regel in den 1880er-Jahren, beginnt. Vgl. dazu *Anselm Doering-Manteuffel*, Die deutsche Geschichte in den Zeitbögen des 20. Jahrhunderts, in: VfZ 62, 2014, S. 321–348; *Ulrich Herbert*, Europe in High Modernity. Reflections on a Theory of the 20th Century, in: JMEH 5, 2007, S. 5–21; *Charles S. Maier*, Consigning the Twentieth Century to History. Alternative Narratives for the Modern Era, in: AHR 105, 2000, S. 806–831; *Lutz Raphael* (Hrsg.), Theorien und Experimente der Moderne. Europas Gesellschaften im 20. Jahrhundert, Köln/Weimar etc. 2012.

zu verorten sei. Inhaltlich heißt das zumeist: Das letzte Drittel des 19. Jahrhunderts wird »moderner«, das erste Drittel »traditionaler« (und im Zweifelsfall als Verlängerung des erodierenden Ancien Régime der »Vormoderne« zugeschlagen). Das mittlere Drittel wird auf 1848 reduziert. Die Konsequenz ist eine Auflösung der Epocheneinheit des 19. Jahrhunderts. Für eine theoretisch ambitionierte Sozialgeschichte des Kapitalismus hat das erhebliche Auswirkungen, schließlich wurde vor allem der ersten Hälfte des 19. Jahrhunderts vor 30 oder 40 Jahren nicht zuletzt deshalb besondere Aufmerksamkeit gewidmet, weil man in dieser Epoche die Formationsphase des modernen Kapitalismus vermutete. Im Umkehrschluss kann es auch für heutige Vorstellungen von Kapitalismus nicht folgenlos bleiben, wenn diese Phase ausgeblendet oder vermittelt durch einen Forschungsstand rezipiert wird, der aus den 1970er- und 1980er-Jahren datiert, und somit heutigen Fragestellungen, neuen Konzepten und veränderten Blickwinkeln nicht mehr vollends gerecht wird. Hier möchte ich ansetzen.

Ich werde im Folgenden keine Fallstudie vorstellen, sondern einige theoretische Fragen diskutieren und dabei für eine neuerliche Beschäftigung mit dem 19. Jahrhundert plädieren. Es soll gezeigt werden, wie eine solche Neubeschäftigung unter kapitalismustheoretischen und -historischen Vorzeichen aussehen könnte. Mein Beitrag versucht, zeithistorische Forschungen zum Strukturbruch der 1970er-Jahre sowie aktuelle sozialwissenschaftliche Diskussionen zur Transformation des Kapitalismus für eine Neuinterpretation des 19. Jahrhunderts nutzbar zu machen. Empirisch stütze ich mich auf Beispiele aus der Sozialgeschichte von Handwerk und Arbeiterschaft. Dabei wird die These entwickelt, dass ein Brückenschlag zwischen dem Vormärz und den Jahren »nach dem Boom« aufgrund struktureller Ähnlichkeiten beider Epochen aufschlussreich ist. In diese Richtung weist etwa Jacques Rancières eingangs zitierte Bemerkung, dass der *post*fordistische Kapitalismus in vielerlei Hinsicht als Aktualisierung des *prä*fordistischen Kapitalismus erscheint. Im Vorwort zur englischen Neuausgabe (2012) seiner großen sozialhistorischen Studie zur Arbeitergeschichte des frühen 19. Jahrhunderts präzisiert Rancière diesen Punkt:

»Die aktuellen Formen des Kapitalismus, das Auseinanderbrechen des Arbeitsmarktes, die Vernichtung der Systeme gesellschaftlicher Solidarität und die Prekarisierung der Beschäftigungsverhältnisse erzeugen Arbeitererfahrungen und Lebensformen, die möglicherweise jenen dieser Handwerker aus der Vergangenheit näher sind als dem Universum der immateriellen Arbeit und des frenetischen Konsums, das uns so selbstgefällig entworfen wird. Die zeitgenössischen Arbeitsformen bringen die Phänomene der Aufteilung der Zeit und der Teilnahme an mehreren Erfahrungswelten wieder auf die Tagesordnung, die ›Die Nacht der Proletarier‹ beschreibt: Oszillation zwischen Arbeit und Arbeitslosigkeit, Entwicklung von Teilzeitarbeit und allen Formen der Unregelmäßigkeit; Vervielfältigung auch derer, die eine Ausbildung für eine Arbeit haben und eine andere tun, die in einer Welt arbeiten und in einer anderen leben – auch das bedeutet Einwanderung.«[6]

Nutzt man diese sozialhistorisch-theoretisch grundierte Anregung sowie jüngere sozialwissenschaftliche Forschungen als Brücke in die erste Hälfte des 19. Jahrhunderts und liest ältere Forschungen zu dieser Epoche ein wenig gegen den Strich, dann lässt sich das Koordinatensystem der Kapitalismustheorie und der Sozialgeschichte des Kapitalismus in der Weise verschieben, dass der Industriekapitalismus nicht mehr als maßgebender Normalfall fungiert. Vor diesem Hintergrund verfolge ich eine argumentative Linie, die die fließenden Grenzen subsistenzökonomischer und kapitalistischer Praktiken betont und um die Figuren der prekären Selbstständigkeit, des *penny capitalism* sowie des Klein- und Kleinstunternehmertums kreist.

Im ersten Teil meines Aufsatzes werde ich aufzeigen, dass sowohl Arbeiten zum 19. Jahrhundert als auch zur Epoche »nach dem Boom« in der Regel auf das industriekapita-

---

6 *Jacques Rancière*, Die Nacht der Proletarier. Archive des Arbeitertraums, Wien/Berlin 2013 (zuerst frz. 1981), S. 18.

Prekarität. Eine nützliche Kategorie der historischen Kapitalismusanalyse 53

listische Akkumulationsregime verweisen – und welche Schwierigkeiten das mit sich bringt. Der zweite und dritte Teil dient der Klärung des begrifflichen Koordinatensystems: einerseits der Differenzierung der Kategorien »Kapitalist«, »Unternehmer« und »Selbstständiger«; andererseits der Kategorien »Subsistenz« und »Prekarität«. Innerhalb dieses Koordinatensystems wird es möglich, Zwischenbereiche zu konturieren, die in der sozialhistorischen Forschung verschiedentlich angesprochen, allerdings nicht systematisch auf ihr Erklärungspotenzial für eine Theorie und Geschichte des Kapitalismus befragt worden sind. Der vierte Teil widmet sich exemplarisch einigen dieser Zwischenbereiche und stellt die im Motto von Alison Light angesprochenen Kleingeldkapitalisten ins Zentrum der Analyse. Abschließend wird versucht, Kriterien für einen epochenübergreifenden Vergleich kleingeldkapitalistischer Praktiken zu skizzieren.

I. Der Industriekapitalismus als Fixpunkt

In zahlreichen geschichtswissenschaftlichen Arbeiten erscheint die erste Hälfte des 19. Jahrhunderts als Epoche der Entfesselung des modernen *Industrie*kapitalismus, zunächst vor allem in England, dann aber auch in anderen westeuropäischen Regionen, etwa dem Rheinland oder Sachsen.[7] Mehr oder weniger teleologisch wird der Industriekapitalismus in verschiedenen Studien zum Fixpunkt gemacht. Berücksichtigt man deren Entstehungszeit – die Hochphase des Industriekapitalismus –, mag das plausibel sein. Verstärkt wurde die Ausrichtung sozialhistorischer Forschungen auf den Industriekapitalismus durch die Anlehnung an eine sozialwissenschaftliche Theorietradition des 19. Jahrhunderts, deren Rezeption ganz bestimmte Prozesse ins Zentrum des Verständnisses der modernen Geschichte überhaupt rückte.[8] Dabei griff oft die bereits bei Karl Marx sichtbare Tendenz, Kapitalismus in einer Weise zu definieren, »dass er in voller Ausprägung erst als Industriekapitalismus in Erscheinung trat, mit der ›großen Industrie‹ und massenhafter Lohnarbeit im Zentrum«.[9] Der ebenso theoretische wie empirische und normative Zuschnitt moderner

---

7 In der Industrialisierungsforschung wird bereits seit Langem die Notwendigkeit betont, verschiedene *regionale* Industrialisierungspfade in den Blick zu nehmen. Dabei treten mitunter erhebliche Unterschiede etwa hinsichtlich der Bedeutung des Heimgewerbes, der Verfügbarkeit von (kaufmännischem) Investitionskapital oder arbeitsmarktlicher Voraussetzungen hervor. Vgl. schon *Sidney Pollard* (Hrsg.), Region und Industrialisierung. Studien zur Rolle der Region in der Wirtschaftsgeschichte der letzten zwei Jahrhunderte, Göttingen 1980; aber auch *Rudolf Boch*, Grenzenloses Wachstum? Das rheinische Wirtschaftsbürgertum und seine Industrialisierungsdebatte von 1814 bis 1857, Göttingen 1991; *Michael Schäfer*, Eine andere Industrialisierung. Die Transformation der sächsischen Textilexportgewerbe 1790–1890, Stuttgart 2016.
8 »Der Übergang von der ›traditionalen‹ in die ›moderne‹ Gesellschaft«, so *Nolte*, Abschied vom 19. Jahrhundert, S. 114, »wurde ausbuchstabiert als Alphabetisierung, Industrialisierung, Urbanisierung, Klassenbildung, Säkularisierung, Bürokratisierung – Prozesse, deren ›reales Substrat‹ zumal im mitteleuropäisch-deutschen Sonderfall überwiegend im 19. Jahrhundert zu verorten war (jedenfalls damals verortet wurde)«. Die moderne Sozialgeschichte, so Benjamin Ziemann, verschrieb sich einer *ganz bestimmten* soziologischen Theorietradition, um die von alternativen Theorieangeboten »ausgehende ›Verunsicherung des Projekts der Moderne‹ auf sichere Distanz zu halten«, *Benjamin Ziemann*, Sozialgeschichte und Empirische Sozialforschung. Überlegungen zum Kontext und zum Ende einer Romanze, in: *Barbara Lüthi/Pascal Maeder/Thomas Mergel* (Hrsg.), Wozu noch Sozialgeschichte? Eine Disziplin im Umbruch. Festschrift für Josef Mooser zum 65. Geburtstag, Göttingen 2012, S. 131–149, hier: S. 142.
9 *Jürgen Kocka*, Geschichte des Kapitalismus, München 2013, S. 12. Diese Engführung spiegelt sich auch in Marx' Fassung der Arbeiterklasse, die um das Industrieproletariat kreist und damit der Komplexität sozialer Klassenlagen der ersten Hälfte des 19. Jahrhunderts nicht vollends gerecht zu werden vermag. Vgl. *Ahlrich Meyer*, Eine Theorie der Niederlage. Marx und die Evidenz

Gesellschaften als »industriekapitalistisch« ist eine der Folgen. Vor allem zeigt sich das in Gesamtdarstellungen, die zwar *thematisch* keineswegs alles auf den Industriekapitalismus reduzieren, *konzeptionell* aber doch vieles auf ihn ausrichten.

Eric Hobsbawm argumentiert im ersten Band seiner Geschichte des 19. Jahrhunderts, dass sich zwischen 1789 und 1848 nicht der Durchbruch der Industrie schlechthin, sondern derjenige der *kapitalistischen* Industrie ereignete. Hobsbawm konturiert die Epoche als Übergang vom agrarischen zum Industriekapitalismus. Zwar lässt er keinen Zweifel, dass die industrielle Revolution in kapitalistischen Bahnen verlief, doch kommt er auf die Spezifika dieses Kapitalismus nur kursorisch zu sprechen. Er verweist auf die allgemeine Verbreitung des »cash nexus«, die bereits in dieser Epoche beachtliche Anhäufung von Investitionskapital, die Durchsetzung kapitalistischen Unternehmertums, die Anerkennung des Profitmotivs, die Unterwerfung der Arbeit sowie das Herausreißen der Arbeiter aus Subsistenzstrukturen.[10] Der Industriekapitalismus dieser Phase war allerdings noch ein gebremster Kapitalismus.

»What strikes us retrospectively about the first half of the nineteenth century is the contrast between the enormous and rapidly growing productive potential of capitalist industrialization and its inability, as it were, to broaden its base, to break the shackles which fettered it. It could grow dramatically, but appeared unable to expand the market for its products, the profitable outlets for its accumulation capital, let alone the capacity to generate employment at a comparable rate or at adequate wages.«[11]

Nach 1848 brach dann aber unumkehrbar das Zeitalter des Kapitals an. Seit den 1860er-Jahren gelangte das Wort »Kapitalismus« in den allgemeinen Sprachgebrauch. Wachstum, Markt und privates Unternehmertum setzten sich als ökonomische, soziale und mentale Orientierungspunkte durch. Insbesondere war die Zeit zwischen 1848 und 1875 durch eine massive Ausdehnung des fixen Kapitals wie auch der Kredite gekennzeichnet. Beides zusammen markiert für Hobsbawm den Siegeszug des Industriekapitalismus.[12]

Hans-Ulrich Wehler weist im zweiten Band seiner »Deutschen Gesellschaftsgeschichte«, der sich dem Zeitraum 1815–1845/49 widmet, darauf hin, dass diese Epoche kapitalismushistorisch durch Überlagerungen gekennzeichnet war: fortgesetzter Aufstieg des Agrarkapitalismus; beträchtlicher Entwicklungsschub des Handelskapitalismus; Take-off des Industriekapitalismus seit den 1840er-Jahren.

»Handels-, Gewerbe- und Agrarkapitalismus hatten bereits ein hohes Entwicklungsniveau erreicht und nach der Auffassung aller Experten essentielle Vorbedingungen geschaffen, als jener Spätling unter allen Spielarten des Kapitalismus, der Industriekapitalismus, mit ungeheurer Wucht seinen Siegeszug antrat. Trotz der immensen sozialen Kosten, die damit verknüpft waren und sind, begann nunmehr doch eine beispiellose Erfolgsgeschichte, die nicht nur zu einem fundamentalen Strukturwandel der von ihm eroberten Gesellschaften führte, sondern völlig neue Dimensionen der Conditio humana eröffnete.«[13]

In sozialhistorischen Gesamtdarstellungen zum 19. Jahrhundert wird die Entstehung des Industriekapitalismus also – durchaus mit guten Gründen – als zentrales Ereignis akzentuiert, auf das andere Themenfelder interpretatorisch ausgerichtet werden können. Nichtindustrielle ökonomische Praktiken sind von der Sozialgeschichte natürlich nicht igno-

---

    des 19. Jahrhunderts, in: *Marcel van der Linden* (Hrsg.), Über Marx hinaus. Arbeitsgeschichte und Arbeitsbegriff in der Konfrontation mit den globalen Arbeitsverhältnissen des 21. Jahrhunderts, Berlin/Hamburg 2009, S. 311–333.
10 Vgl. *Eric J. Hobsbawm*, The Age of Revolution, 1789–1848, New York 1996 (zuerst 1962), insb. S. 1f., 31f. und 39.
11 *Ders.*, The Age of Capital, 1848–1875, New York 1996 (zuerst 1975), S. 33.
12 Vgl. ebd., S. 1 und 214f.
13 *Hans-Ulrich Wehler*, Deutsche Gesellschaftsgeschichte, Bd. 2, München 1987, S. 592f.

riert worden, analytisch und theoretisch wurden sie aber immer wieder über ihr Verhältnis zum Industriekapitalismus zu fassen gesucht. So haben etwa Forschungen zur Proto-Industrialisierung wichtige neue Impulse hinsichtlich des Zuschnitts der Sozialgeschichte des Kapitalismus gesetzt, die Entstehung dieses Konzepts war allerdings ebenfalls mit dem Anliegen verbunden, den *Übergang zum Fabriksystem* zu fassen.»As a general concept it seeks to locate the origins of industrialization in a particular analytical configuration of rural industry, agricultural specialization, merchant capitalism, and household organization.«[14] Innerhalb dieses Geflechts ist es nicht immer leicht, zwischen nebengewerblicher Produktion, ländlichem Handwerk oder bereits vollständig in die ländliche Industrieproduktion eingebundenen Arbeitern und Familien zu unterscheiden. Zudem besteht in der Proto-Industrialisierungsforschung die Tendenz, den Aufstieg zentralisierter Produktionseinheiten als notwendige Voraussetzung von Industrialisierung und industriekapitalistischer Dynamik anzusehen.[15]

Aus globalgeschichtlicher Perspektive relativiert sich die Identifizierung des Industriekapitalismus mit dem Kapitalismus schlechthin. Jürgen Osterhammel konturiert das globale 19. Jahrhundert zwar als Epoche der »Ausbreitung der industriellen Produktionsweise sowie der damit verbundenen Gesellschaftsformen über große Teile der Welt«, betont aber, dass es »nicht die Zeit einer einförmigen und gleichmäßigen Industrialisierung« war. Der Kapitalismusbegriff wird explizit von der konzeptionellen Bindung an seine industrielle Ausprägung im 19. Jahrhundert gelöst.[16] Sven Beckert lenkt die Aufmerksamkeit wiederum auf die *Voraussetzungen* des Industriekapitalismus, den er als Folge und Weiterentwicklung eines vorangegangenen »Kriegskapitalismus« begreift:

»Der Kriegskapitalismus gedieh nicht in den Fabriken, sondern auf Feldern; er war nicht mechanisiert, sondern flächen- und arbeitsintensiv, da er auf der gewaltsamen Enteignung von Land und Arbeitern in Afrika, Asien und den Amerikas beruhte. [...] Wenn wir an Kapitalismus denken, dann denken wir an Lohnarbeiter – aber diese erste Phase des Kapitalismus basierte im Wesentlichen nicht auf freier Arbeit, sondern auf Sklaverei. Wenn wir an Kapitalismus denken, dann denken wir an Verträge und Märkte, aber die erste Phase des Kapitalismus gründete sich häufig auf den Einsatz von Gewalt und körperlichem Zwang.«[17]

Beckert betont, dass der Kriegskapitalismus den Industriekapitalismus hervorbrachte und diese Abhängigkeit dafür sorgte, dass »das Projekt der Industrialisierung in die Hände weniger privilegierter Weltgegenden gelegt« wurde. Entscheidend ist für Beckert allerdings die Diversität des Kapitalismus. Die Koexistenz »unterschiedlicher, aber voneinander abhängiger Formen des Kapitalismus war vielleicht die wahre Innovation des späten 18. und frühen 19. Jahrhunderts«.[18] Damit wird der Blick geöffnet für eine historische Kapitalismusanalyse, die die Heterogenität kapitalistischer Praktiken betont.[19]

---

14 *Geoff Eley*, The Social History of Industrialization. »Proto-Industry« and the Origins of Capitalism, in: Economy and Society 13, 1984, S. 519–539, hier: S. 521.
15 Vgl. ebd., S. 525f.
16 Vgl. *Osterhammel*, Verwandlung der Welt, S. 909–957. Christopher Bayly verzichtet gänzlich auf eine Auseinandersetzung mit dem Konzept des Kapitalismus und beschränkt sich stattdessen auf das Problem der Industrialisierung, vgl. *Bayly*, Birth of the Modern World, S. 170–198.
17 *Sven Beckert*, King Cotton. Eine Geschichte des globalen Kapitalismus, München 2014, S. 12f.
18 Ebd., S. 171.
19 Die »Cambridge History of Capitalism« leistet dies gerade nicht. Der dort in Anschlag gebrachte außerordentlich unbestimmte Kapitalismusbegriff drängt eher in Richtung Enthistorisierung und Homogenisierung ökonomischer Praktiken. Wenn bereits die Existenz eines mehr oder weniger nachhaltigen ökonomischen Wachstums als Indikator für das Vorhandensein kapitalistischer Tendenzen gilt, dann lässt sich zu nahezu jeder Zeit und an nahezu jedem Ort »Kapitalismus« finden. Entsprechend heißt es dann auch: »We look for the beginnings of capitalism as far back as archaeologists have been able to detect tangible evidence of some human activity

In der jüngeren Zeitgeschichte wird, gleichsam von der anderen Seite her, die industrielle Hochmoderne deutlicher als eine *spezifische*, an ihr Ende gekommene Epoche akzentuiert. In den Blick geraten ist dabei die Transformation des Industriekapitalismus seit den 1970er-Jahren – zunächst als krisenhafter Einschnitt, dann als Beginn eines neuen Typs von Kapitalismus. Mit dem Ende des Nachkriegsbooms in den 1970er-Jahren, so Anselm Doering-Manteuffel und Lutz Raphael, ging zugleich »ein Ordnungsmodell der industriellen Lebenswelt« zu Ende.[20] Die Annahme des *Industrie*kapitalismus als Normalfall relativiert sich dabei zwar, aber er bleibt dennoch insofern Fixpunkt, als die Folgeepoche als Auflösung der industriekapitalistischen Gesellschaftsformation interpretiert wird. An jüngeren sozialwissenschaftlichen Diskussionen, die oft auf zeithistorische Forschungen Bezug nehmen und auf sie zurückwirken, fällt auf, dass nahezu alle neueren Ansätze von der wirtschafts- und sozialgeschichtlich zwar plausiblen, keineswegs aber unumstrittenen Setzung ausgehen, dass der Kapitalismus in eine neue Phase eingetreten sei. In Abgrenzung zur vorangegangenen Phase wird dieser neue Kapitalismus als postindustriell oder postfordistisch bezeichnet.[21] Positiv wird er bestimmt als flexibler Kapitalismus[22] beziehungsweise Finanzmarktkapitalismus. Mit letzterem wird ein neuer Kapitalismustyp bezeichnet, der seinen Ausgang in einer Verschiebung der Modi der Unternehmensfinanzierung nahm. »Der Finanzmarkt-Kapitalismus« so Paul Windolf,

»markiert eine weitere Stufe in der Evolution kapitalistischer Produktionsregime. […] Die prinzipiell neue Konstellation im Finanzmarkt-Kapitalismus ist darin zu sehen, dass die operatorische Logik der Aktienmärkte unmittelbar auf die Strategien und internen Kontrollstrukturen der Unternehmen einwirkt.«[23]

Damit einher geht die Tendenz zu kurzfristiger Orientierung und schneller Profitmaximierung statt strategischer Unternehmensausrichtung sowie eine Verschiebung von Kontroll- zu Eigentumsrechten (Shareholder-Value). Einzubetten wäre diese jüngere Entwicklung in eine längerfristige Transformation des Kapitalismus, die sich beispielsweise am Wandel des Geld- und Kreditsystems seit dem späten 18. Jahrhundert nachvollziehen lässt. Die entscheidende Neuerung auf dem Weg zum Finanzmarktkapitalismus, so Joseph Vogl, besteht in einer »konsequenten Verzeitlichung des Systems«, das heißt dem Einsetzen eines

»endlosen Aufschubs […], der eine allgemeine und vollständige Kompensation der umlaufenden Schulden ausschließt. Zahlungsketten sind nun stets Ketten von Zahlungsversprechen, jede Operation erscheint als Antizipation einer offenen Zukunft und löst einen geschlossenen Kreis bloßer Gegenseitigkeit auf.«[24]

---

that was consistent, if not fully congruent, with the practices of modern capitalism«, *Larry Neal*, Introduction, in: *ders./Jeffrey G. Williamson* (Hrsg.), The Cambridge History of Capitalism, Cambridge 2014, Bd. 1, S. 1–23, hier: S. 6. Die verschiedenen Beiträge namentlich des ersten Bands fahnden dann nach Eigentumsrechten, vertragsrechtlichen Garantien, Märkten und wirtschaftspolitischen Flankierungsmaßnahmen, deren auch nur rudimentäres Vorhandensein es rechtfertigen soll, eine Gesellschaft als »kapitalistisch« zu identifizieren.

20 Vgl. *Anselm Doering-Manteuffel/Lutz Raphael*, Nach dem Boom. Perspektiven auf die Zeitgeschichte seit 1970, Göttingen 2008, insb. S. 15–56; sowie *Charles S. Maier*, »Malaise«. The Crisis of Capitalism in the 1970s, in: *Niall Ferguson/Charles S. Maier/Erez Manela* u.a. (Hrsg.), The Shock of the Global. The 1970s in Perspective, Cambridge/London 2010, S. 25–48.
21 Zur Historisierung dieser Diagnose vgl. *Doering-Manteuffel/Raphael*, Nach dem Boom, S. 61–66.
22 Zu »Flexibilität« als Schlüsselkategorie vgl. *Luc Boltanski/Ève Chiapello*, Der neue Geist des Kapitalismus, Konstanz 2006 (zuerst frz. 1999).
23 *Paul Windolf*, Was ist Finanzmarkt-Kapitalismus?, in: *ders.* (Hrsg.), Finanzmarkt-Kapitalismus. Analysen zum Wandel von Produktionsregimen, Wiesbaden 2005, S. 20–57, hier: S. 52.
24 *Joseph Vogl*, Das Gespenst des Kapitals, Zürich 2011, S. 77f.

Die bisher diskutierten Forschungsansätze teilen einen entwicklungslogischen Ansatz. Überall findet sich die Annahme, dass sich verschiedene Kapitalismustypen ablösen. Das bleibt nicht ohne Konsequenzen. *Erstens* begibt man sich damit in eine Logik, die historische Phänomene ausschließlich im Modus des »noch nicht« beziehungsweise »nicht mehr« verhandeln kann. Auf diese Weise lassen sich zwar immer neue »Phasen« des Kapitalismus identifizieren, aber es lässt sich weder ein Beitrag zu einer allgemeinen Kapitalismustheorie noch zu einem kapitalismusgeschichtlichen Epochenvergleich leisten. *Zweitens* kommt eine Fixierung auf den Industriekapitalismus als Bezugspunkt zum Vorschein; mit der Folge, dass bestimmte historische Erscheinungen zu kapitalismus*theoretischen* Setzungen verallgemeinert, andere historische Erscheinungen aus der Kapitalismustheorie herauskomplimentiert werden.

II. KAPITALIST, UNTERNEHMER, SELBSTSTÄNDIGER

Die Begriffe »Kapitalist«, »Unternehmer« und »Selbstständiger« verweisen aufeinander. Einzelne Charakteristika lassen sich ineinander übersetzen, die Begriffe sind aber nicht deckungsgleich. Definitionsversuche eines Begriffs schließen in der Regel Abgrenzungen zu den beiden anderen Begriffen ein. Diese Spannung ist konstitutiver Teil der verschiedenen Definitionen. »Kapitalist«, »Unternehmer« und »Selbstständiger« bilden eine Begriffs*konstellation*.[25] Eine Sozialgeschichte des Kapitalismus sieht sich also mit der Herausforderung konfrontiert, dass ein Wandel der mit einem der Begriffe bezeichneten Praktiken Auswirkungen auf die gesamte Begriffskonstellation hat, etablierte Abgrenzungen also problematisch werden.

In der industriellen Gesellschaft verweist der Kapitalbegriff auf die »Vorstellung von der Vermehrbarkeit der Güter, die Annahme und Erfahrung des wirtschaftlichen Wachstums«.[26] Zunehmend meinte »Kapital« nicht mehr nur Handelskapital, sondern auch das in Manufakturen und Fabriken *investierte* Kapital, und auch nicht mehr ausschließlich Geld, sondern ebenso Waren und Produktionsanlagen. Als »Kapitalist« galten noch im 18. Jahrhundert recht pauschal und unspezifisch Geldbesitzer im Allgemeinen, darunter Kaufleute, Bankiers, Rentiers und andere. Kritisch gewendet konnte der Begriff zum Einsatz kommen, wenn bürgerliche Autoren all jene einer Kategorie zuordnen wollten, die von »arbeitslosem Einkommen« lebten. Erst Anfang des 19. Jahrhunderts verschob sich die Begriffsbedeutung. So schrieb etwa Friedrich Benedict Weber 1813 in seinem »Lehrbuch der politischen Oekonomie«, Kapitalist seien all jene, die »den Überschuß ihrer Arbeit, ihres Verdienstes über ihre nötige Konsumtion sammeln, um ihn aufs Neue auf Production und Arbeit zu verwenden«.[27] In einer nun geläufiger werdenden Abgrenzung zum Begriff des Unternehmers wurde der nutz- und gewinnbringende Einsatz von Kapitalien zum spezifischen Merkmal des Kapitalisten. In diesem Sinn ist bis heute »theoretisch Kapitalist, wer einen Geldüberschuss besitzt und ihn investiert, um daraus einen Gewinn zu erzielen, der den ursprünglichen Überschuß vergrößert«.[28] Diesem akkumulationsbezogenen Begriff hat Joseph Schumpeter einen anderen Akzent verliehen, als er den Kapi-

---

25 Alle drei Begriffe stehen dann wiederum in einem Spannungs- und Abgrenzungsverhältnis zum »abhängig beschäftigten Lohnarbeiter«.
26 Dazu und zum Folgenden: *Marie-Elisabeth Hilger*, Kapital, Kapitalist, Kapitalismus, in: *Otto Brunner / Werner Conze / Reinhart Koselleck* (Hrsg.), Geschichtliche Grundbegriffe. Historisches Lexikon zur politisch-sozialen Sprache in Deutschland, Bd. 3, Stuttgart 1982, S. 399–454, hier: S. 409.
27 Zit. nach: ebd., S. 437.
28 *Boltanski / Chiapello*, Der neue Geist des Kapitalismus, S. 40.

talisten als denjenigen definierte, der den zur Durchsetzung von Innovationen im Produktionsprozess notwendigen Kredit bereitstellt und damit auch das Risiko wirtschaftlicher Unternehmungen trägt.

»The capitalist [...] is the agent that furnishes either physical or monetary capital. Therefore it is he who bears the business risks even if, as in the cases of the bondholder or simple creditor, he is, excepting bankruptcy, protected at the expense of the shareholder: that is to say, risks are always borne by those who furnish the means for a business venture although these risks may be unequally distributed among them.«[29]

Die mit der Industrialisierung aufkommende Diskussion um den *Unternehmer*begriff kreiste um zwei Aspekte: den Einsatz von Kapital samt den damit verbundenen Chancen und Risiken sowie die Durchführung und Leitung geschäftlicher Aktivitäten. Im Rahmen dieser Begriffsdiskussion wurde der Unternehmer als »Hauptträger der Produktion« adressiert, als »derjenige, der alle Produktionsmittel zusammenfaßt und kraft seiner Stellung die maßgeblichen Dispositionen in seiner Unternehmung trifft«.[30] Für Schumpeter besteht die Funktion des Unternehmers darin,

»die Produktionsstruktur zu reformieren oder zu revolutionieren entweder durch die Ausnützung einer Erfindung oder, allgemeiner, einer noch unerprobten technischen Möglichkeit zur Produktion einer neuen Ware bzw. zur Produktion einer alten auf neue Weise, oder durch die Erschließung einer neuen Rohstoffquelle oder eines neuen Absatzgebietes oder durch die Reorganisation einer Industrie usw.«[31]

Der Unternehmer sei das einzige Wirtschaftssubjekt, das der Kreditgewährung notwendig bedürfe:

»Um überhaupt produzieren, seine neuen Kombinationen durchführen zu können, braucht der Unternehmer Kaufkraft. Und diese Kaufkraft wird ihm nicht, wie dem Produzenten im Kreislauf, automatisch im Erlös der Produkte aus der vorhergegangenen Wirtschaftsperiode dargeboten. Wenn er sie nicht zufälligerweise sonst besitzt [...], muß er sie sich ›ausleihen‹. Gelingt ihm das nicht, so kann er offenbar nicht Unternehmer werden. [...] Er kann nur Unternehmer werden, indem er vorher Schuldner wird. Er wird zum Schuldner infolge einer inneren Notwendigkeit des Vorganges der Entwicklung, sein Schuldnerwesen gehört zum Wesen der Sache und ist nicht etwas Abnormales, ein durch akzidentelle Umstände zu erklärendes mißliches Ereignis. Sein erstes Bedürfnis ist ein Kreditbedürfnis.«[32]

Neben der Abgrenzung des Unternehmers vom Kapitalisten (als Finanzier, Kreditgeber und Risikoträger) nahm Schumpeter auch eine Unterscheidung von Unternehmer und Selbstständigem vor:

»Wir nennen Unternehmer erstens nicht bloß jene ›selbständigen‹ Wirtschaftssubjekte der Verkehrswirtschaft, die man so zu nennen pflegt, sondern alle, welche die für den Begriff konstitutive Funk-

---

29 *Joseph A. Schumpeter*, Comments on a Plan for the Study of Entrepreneurship, in: ders., The Economics and Sociology of Capitalism, Princeton 1991 (zuerst 1946), S. 406–428, hier: S. 424, Fn. 4; vgl. auch *ders.*, Theorie der wirtschaftlichen Entwicklung. Eine Untersuchung über Unternehmensgewinn, Kapital, Kredit, Zins und den Konjunkturzyklus, Berlin 1952 (zuerst 1926), S. 104f.
30 *Hans Jaeger*, Unternehmer, in: *Otto Brunner/Werner Conze/Reinhart Koselleck* (Hrsg.), Geschichtliche Grundbegriffe. Historisches Lexikon zur politisch-sozialen Sprache in Deutschland, Bd. 6, Stuttgart 1990, S. 707–732, hier: S. 710. Für eine Diskussion jüngerer Unternehmerbegriffe vgl. auch *Ulrich Bröckling*, Das unternehmerische Selbst. Soziologie einer Subjektivierungsform, Frankfurt am Main 2007, S. 108–126.
31 *Joseph A. Schumpeter*, Kapitalismus, Sozialismus und Demokratie, Tübingen 2005 (zuerst engl. 1942), S. 214.
32 Ebd., S. 148.

tion tatsächlich erfüllen, auch wenn sie, wie gegenwärtig immer häufiger, ›unselbständige‹ Angestellte einer Aktiengesellschaft sind. [...] Unter unseren Begriff fallen nicht alle selbständigen, für eigene Rechnung handelnden Wirtschaftssubjekte, wie das üblich ist. Eigentum am Betrieb – oder überhaupt irgendwelches ›Vermögen‹ – ist für uns kein wesentliches Merkmal; aber auch abgesehen davon schließt Selbständigkeit in diesem Sinne nicht schon von selbst die Erfüllung der für unseren Begriff konstitutiven Funktion ein.«[33]

Sergio Bologna hat das aufgegriffen und eine mangelnde Rollendifferenzierung als Spezifikum selbstständiger Arbeit benannt. Bologna verweist darauf, dass ein Selbstständiger »zugleich Kapitaleigentümer, Manager und ausführender Arbeiter« ist. Die Aufteilung dieser Rollen sei allerdings konstitutiv für den Begriff des Unternehmers, während selbstständige Arbeit »die Vereinigung der drei Rollen in einer einzigen Figur« darstelle. »In diesem Sinn ist es auch ein Widerspruch in sich, die selbständig Arbeitenden als ›UnternehmerInnen‹ oder ›Ein-Personen-Betriebe‹ zu definieren.«[34] Spezifisch für selbstständige Arbeit sei demgegenüber erstens eine Tendenz zur »Domestifikation«, das heißt, »dass der Arbeitsplatz als Ort begriffen wird, an dem von den selbständig Arbeitenden autonom aufgestellte Regeln gelten, damit die Kultur und die Gewohnheiten des privaten Lebens sich auf den Arbeitsplatz übertragen«.[35] Zweitens fehlten gegenüber etwa der Lohnarbeit geregelte Arbeitszeiten und längere Planungshorizonte. Drittens unterscheide sich die Entlohnung von der klassischen Form des Lohns als einer vertraglich geregelten und rechtlich abgesicherten, zeitlich strukturierten Zahlung, die darauf zielt, die Subsistenz zu garantieren. Viertens schließlich sei selbstständige Arbeit – im Unterschied zu unternehmerischer Tätigkeit – dadurch gekennzeichnet, dass sie in der Regel keinen Zugang zum Kapitalmarkt hat.[36]

Die bisherige Begriffsdiskussion hat die Frage aufgeworfen, ob nicht eine Fokussierung auf Überlappungen der mit den verschiedenen Begriffen abgesteckten Bereiche einen eigenständigen kapitalistischen Akteurtypus zum Vorschein bringt. In einem zweiten Schritt werden nun die Grenzbereiche kapitalistischer Praktiken diskutiert, also im konkreten Fall: ökonomische Aktivitäten, die in Spannung zur Subsistenzfrage stehen und zudem prekär sind.

III. SUBSISTENZ UND PREKARITÄT

Alles, was sich nicht dem Akkumulationsimperativ beugt, wird aufgrund des akkumulationszentristischen Bias der modernen Kapitalismustheorie zumeist in eine marginale Position verwiesen. Die Annahme der »sog. ursprünglichen Akkumulation« führt historisch und theoretisch zu einer hierarchischen Unterordnung *subsistenz*ökonomischer Praktiken.[37] Dieser Prozess, so Marx, »erscheint als ›ursprünglich‹, weil er die Vorgeschichte des

---
33 *Schumpeter*, Theorie der wirtschaftlichen Entwicklung, S. 111f.
34 *Sergio Bologna*, Die Zerstörung der Mittelschichten. Thesen zur Neuen Selbständigkeit, Graz/Wien 2006, hier: S. 12 und 60.
35 Ebd., S. 14.
36 Vgl. im Detail ebd., S. 18–63.
37 Die »sog. ursprüngliche Akkumulation« ist eines der am intensivsten diskutierten marxschen Theoreme überhaupt, vgl. *Maria Backhouse* (Hrsg.), Die globale Einhegung. Krise, ursprüngliche Akkumulation und Landnahmen im Kapitalismus, Münster 2013; *André Gunder Frank*, Über die sogenannte ursprüngliche Akkumulation, in: *Dieter Senghaas* (Hrsg.), Kapitalistische Weltökonomie. Kontroversen über ihren Ursprung und ihre Entwicklungsdynamik, Frankfurt am Main 1979, S. 68–102; *Ellen Meiksins Wood*, Ursprünge des Kapitalismus. Eine Spurensuche, Hamburg 2013.

Kapitals und der ihm entsprechenden Produktionsweise bildet«.[38] Marx, darauf hat Ahlrich Meyer hingewiesen, akzeptierte und theoretisierte die vorangegangene Zerstörung der Subsistenzbasis als historisch notwendige und unumkehrbare Voraussetzung des Kapitalismus.[39] Die Kapitalismustheorie behandelt subsistenzökonomische Praktiken seither entweder als Überbleibsel oder als Kuriosum – als nichtkapitalistische Inseln im oder weit entfernt vom Kapitalismus. Vom industriekapitalistischen Standpunkt mag das plausibel erscheinen. Sozialgeschichtlich ist allerdings darauf zu beharren, dass subsistenzökonomische Praktiken fortbestanden und fortbestehen – und zwar nicht nur als Relikt, sondern als Effekt einer steten Erneuerung der Subsistenzmittel auch und gerade durch quasikapitalistisches, kleinstunternehmerisches Handeln. Es geht also darum, Subsistenzwirtschaft nicht innerhalb einer Stufenlogik zu fassen (oder in die globalgeschichtliche Peripherie zu verlagern), sondern sie als Bündel von Praktiken vorzustellen, die gleichzeitig und eng verwoben mit solchen Praktiken existieren, die im engeren Sinn als kapitalistisch adressiert werden. Dieser Aspekt der Subsistenzfrage kann als wesentlicher Hebel einer Geschlechtergeschichte des Kapitalismus gelten. So hat insbesondere Silvia Federici darauf hingewiesen, dass das Machtgefälle zwischen Männern und Frauen

»als Auswirkung eines gesellschaftlichen Produktionssystems zu begreifen [sei], das die Produktion und Reproduktion des Arbeiters nicht als sozio-ökonomische Tätigkeit und Quelle der Kapitalakkumulation anerkennt; es mystifiziert sie vielmehr als Naturressource oder persönliche Dienstleistung und profitiert vom nicht entlohnten Charakter der damit einhergehenden Arbeit«.[40]

38 *Karl Marx*, Das Kapital. Kritik der politischen Ökonomie, Bd. 1, Berlin 1979 (zuerst 1867), S. 742. Es geht Marx dabei freilich zunächst um einen Prozess sozialer und ökonomischer Differenzierung. Bereits 1952 beklagte Rodney H. Hilton allerdings, dass nicht mehr die Gegenüberstellung von Lohnarbeitern und Kapitalisten als wesentliches Merkmal des Kapitalismus betrachtet, sondern von Kapitalismus überall dort gesprochen werde, wo eine bestimmte Form der Akkumulation von Reichtum sowie ein bestimmtes Ausmaß der Warenproduktion und des Handels erreicht worden sei. Vgl. *Rodney H. Hilton*, Capitalism – What's in a Name?, in: Past & Present, 1952, Nr. 1, S. 32–43. Bereits zu diesem Zeitpunkt zeigte sich also, was ich den *akkumulationszentristischen Bias der modernen Kapitalismustheorie* nennen möchte. Am stärksten ausgeprägt ist das in Arbeiten zum »kapitalistischen Weltsystem«. »In my view«, so Immanuel Wallerstein, »for a historical system to be considered a capitalist system, the dominant of deciding characteristic must be the persistent search for the *endless* accumulation of capital – the accumulation of capital in order to accumulate more capital. […] All the many institutions of the modern world-system operate to promote, or at least are constrained by the pressure to promote, the endless accumulation of capital«. *Immanuel Wallerstein*, Structural Crisis, or Why Capitalists May No Longer Find Capitalism Rewarding, in: ders./*Randall Collins/Michael Mann* u.a., Does Capitalism Have a Future?, Oxford 2013, S. 9–35, hier: S. 10f. (Hervorhebung im Original). Diese Perspektive geht in der Identifizierung aufeinander folgender Akkumulationszyklen auf, vgl. zum Beispiel *Giovanni Arrighi*, The Long Twentieth Century. Money, Power and the Origins of Our Time, London/New York 2010 (zuerst 1994), aber auch *David Harvey*, The Enigma of Capital and the Crises of Capitalism, London 2011. Zur Kritik am darin mitschwingenden Kapitalismusbegriff vgl. bereits *Robert Brenner*, The Origins of Capitalist Development. A Critique of Neo-Smithian Marxism, in: New Left Review, 1977, Nr. 104, S. 25–92. In der Geschichtswissenschaft wurde dieses Problem vor allem in der Diskussion um den Übergang vom Feudalismus zum Kapitalismus verhandelt. Eine auch nur entfernt angemessene Rekapitulation dieser Debatte ist angesichts der Fülle an Literatur kaum möglich (und übersteigt, nebenbei bemerkt, auch die Kompetenz eines Neuzeithistorikers). Für die wichtigsten Beiträge vgl. *Rodney H. Hilton* (Hrsg.), The Transition from Feudalism to Capitalism, London 1976; *Ludolf Kuchenbuch/Bernd Michael* (Hrsg.), Feudalismus. Materialien zur Theorie und Geschichte, Frankfurt am Main 1977.
39 Vgl. *Meyer*, Theorie der Niederlage, insb. S. 320–322.
40 *Silvia Federici*, Caliban und die Hexe. Frauen, der Körper und die ursprüngliche Akkumulation, Wien 2012 (zuerst engl. 2004), S. 8. Der »Körper der Frauen«, so schreibt sie, war »in der kapi-

Die Unterscheidung von Reproduktion und Produktion wurde in derartigen Ansätzen infrage gestellt. Subsistenz wurde als beständige Erneuerung des »menschlichen Lebens« und »lebendigen Arbeitsvermögens« gefasst. Entscheidend ist dabei die aus heutiger Sicht freilich nicht überraschende Einsicht, dass die »kapitalistische Produktionsweise ohne die Subsistenzproduktion nicht funktionieren würde«.[41] Die Prognose, dass mit dem Voranschreiten des Kapitalismus subsistenzökonomische Praktiken zunehmend verschwinden müssten, ist durch diese Forschungen nachhaltig erschüttert worden. Reproduktion und Produktion lassen sich zwar unterscheiden, der Unterschied ist allerdings nur ein gradueller. Gegenüber der industriellen Produktion realisiert sich der Tauschwert der hergestellten Güter bei Subsistenzproduktion oft nur indirekt oder mit zeitlicher Verzögerung. Kennzeichnend für Subsistenzproduktion ist »die Herstellung von Gebrauchswerten, die sich gleichsam zwangsläufig in Tauschwerte verwandeln und nicht die direkte Zielgerichtetheit auf die Tauschwerte, die der Motor der unmittelbaren Warenproduktion ist«.[42] Es bedarf also keiner großen Verschiebung, um jemanden vom Subsistenzproduzenten zum kapitalistischen Produzenten zu machen. Bereits Marx legte die Hürde nicht sonderlich hoch:

»Ein Teil des Mehrwerts wird vom Kapitalisten als Revenue verzehrt, ein anderer Teil als Kapital angewandt oder akkumuliert. [...] Wer aber diese Teilung vornimmt, das ist der Eigentümer des Mehrwerts, der Kapitalist. Sie ist also sein Willensakt. Von dem Teil des von ihm erhobnen Tributs, den er akkumuliert, sagt man, er spare ihn, weil er ihn nicht aufißt, d.h. weil er seine Funktion als Kapitalist ausübt, nämlich die Funktion, sich zu bereichern.«[43]

Dieser »Willensakt« steht einer sehr viel größeren und heterogeneren Gruppe offen als einigen wenigen, später sprichwörtlich gewordenen Industriekapitänen oder Bankiers; schließlich kann der als »Revenue« erzielte »Teil des Mehrwerts« auch aus der Ausbeutung der *eigenen* Arbeitskraft resultieren, sei es in selbstständiger oder lohnabhängiger Arbeit. Nicht zuletzt kann man eben auch einen Teil seines Lohns »akkumulieren«, das heißt als »Kapital anwenden«. Und das mag dann schon ausreichen, um einen Schritt in Richtung kapitalistischen Unternehmertums zu gehen. Pointiert gesagt: Geht man auf der Ebene sozialer und ökonomischer Praktiken von einer relativ niedrigen Schwelle zum Kapitalismus aus, dann geraten mehr und andere »Kapitalisten« – und auch andere unternehmerische Praktiken – in den Blick als diejenigen, die in der Sozialgeschichte des industriellen Kapitalismus thematisiert werden. Der Niederschwelligkeit auf dem Weg zum Kapitalisten entspricht eine (soziale) Heterogenität des Unternehmertums, auf die Joseph Schumpeter aufmerksam gemacht hat:

»Weil Unternehmersein kein Beruf ist und überhaupt in der Regel kein Dauerzustand, so sind die Unternehmer zwar eine Klasse im Sinne einer Gruppe, die der Forscher durch Klassifikation bildet – sie sind gewiß Wirtschaftssubjekte von besonderer, wenngleich denselben Individuen nicht immer eigener Art – aber keine Klasse im Sinne der sozialen Erscheinung, die man im Zusammenhang

---

talistischen Gesellschaft das [...], was die Fabrik für männliche Lohnarbeiter gewesen ist: der Hauptschauplatz ihrer Ausbeutung und ihres Widerstands«, ebd., S. 19.
41 *Veronika Bennholdt-Thomsen*, Subsistenzproduktion und erweiterte Reproduktion. Ein Beitrag zur Produktionsweisendiskussion, in: Gesellschaft. Beiträge zur Marxschen Theorie, Bd. 14, Frankfurt am Main 1981, S. 30–51, hier: S. 33; vgl. auch: *dies.*, Subsistenz – Perspektive für eine Gesellschaft, die auf Gemeingütern gründet, in: *Silke Helfrich* (Hrsg.), Commons. Für eine neue Politik jenseits von Markt und Staat, Bielefeld 2012, S. 107–111; sowie *Maria Mies*, Hausfrauisierung, Globalisierung, Subsistenzperspektive, in: *Marcel van der Linden* (Hrsg.), Über Marx hinaus. Arbeitsgeschichte und Arbeitsbegriff in der Konfrontation mit den globalen Arbeitsverhältnissen des 21. Jahrhunderts, Berlin/Hamburg 2009, S. 257–289.
42 *Bennholdt-Thomsen*, Subsistenzproduktion und erweiterte Reproduktion, S. 33.
43 *Marx*, Das Kapital, S. 617f.

mit ›Klassenbildung‹, ›Klassenkampf‹ usw. meint. Die Erfüllung der Unternehmerfunktion schafft klassenmäßige Positionen für den erfolgreichen Unternehmer und die Seinen, sie kann auch einer Zeit ihren Stempel aufdrücken, Lebensstil, moralisches und ästhetisches Wertsystem formen, aber sie bedeutet an sich ebensowenig eine Klassenposition, als sie eine voraussetzt.«[44]

Fließende Grenzen zwischen Reproduktion und Produktion sowie der fluide Charakter der »Klasse« der Unternehmer verweisen auf einen Bereich, der nicht durch stabile soziale Positionen oder sozioökonomische Institutionen gekennzeichnet ist, sondern durch das, was heute *prekär* genannt werden würde. »Prekarität« ist in den letzten Jahren zu einer Leitkategorie der Sozialwissenschaften geworden. Der Begriff bezeichnet zumeist die Ausbreitung »unsicherer Erwerbsverhältnisse« und deren Eindringen in Sozialbeziehungen und Lebensläufe.[45] Beschäftigungsverhältnisse können gemäß dieser Diskussion als prekär gelten, wenn sie unter ein bestimmtes Einkommens-, Schutz- und soziales Integrationsniveau sinken oder wenn Sinnverlust, Anerkennungsdefizit und Planungsunsicherheit empfunden werden. Prekarität erweist sich zunächst also als Frage der Zugehörigkeit und des Zugangs zum Arbeitsmarkt. Darüber hinaus ist Prekarität mit einer bestimmten Ausgestaltung von Arbeit verbunden, die in der Regel als Flexibilisierung beschrieben wird und sich dadurch vom (vermeintlich) starren Regime fordistisch-industriebetrieblicher Arbeitsverhältnisse unterscheidet:

»Die Flexibilisierung von Zeit bedeutet zum Beispiel, dass die Dauer und Länge der Arbeitszeit permanent zur Disposition steht. Mit Blick auf Raum gibt es eine Auflösung der fordistischen Kopplung von Unternehmen und Arbeitstätigkeit, Arbeit findet zunehmend zuhause oder unterwegs statt. Durch die Zunahme der Gruppen- und Projektarbeiten wird die Kontrolle von Arbeit in die Verantwortung der Beschäftigten verlagert. Von den Beschäftigten wird eine hohe fachliche Flexibilität erwartet. Sinnhafte und motivationale Faktoren gewinnen an Bedeutung, Beschäftigten (sic!) sollen selbst initiativ werden. Schließlich werden in der Dimension der Technik zunehmend Eigenleistungen gefördert.«[46]

Die sozialwissenschaftliche Konturierung des Begriffs der Prekarität kreist um das (vermeintliche) Ende der Epoche des Industriekapitalismus samt seiner typischen Arbeitsprozesse und sozialpolitischen, wohlfahrtsstaatlichen Arrangements. Am wirkmächtigsten ist diese Perspektive von Robert Castel entfaltet worden. Castels Studie »Die Metamorphosen der sozialen Frage« rekonstruiert verschiedene Modi des Umgangs mit sozialer (Un-)Sicherheit und entfaltet das Narrativ vom Aufstieg, Erfolg und Verfall von Sicherungssystemen, an dessen Ende – gegenwärtig – das »Verblassen von kollektiven Rahmen und allgemeingültigen Bezugspunkten« zu verzeichnen ist: »Eine Art Deinstitutionalisierung im Sinne einer Loslösung von den objektiven Rahmen, die das Leben der Subjekte strukturieren, zieht sich durch das gesamte gesellschaftliche Leben.«[47] Castel verweist auf »das Schützende des Kollektivs« und die Tendenz zur Entindividualisierung als historische Voraussetzung sozialer Sicherung, die den späten Industriekapitalismus gekennzeichnet hätten und gegenwärtig zurückgenommen würden.

»Wir steuern nicht auf ein ›Jenseits der Lohnarbeit‹ zu, sondern scheinen statt dessen hinter jene quasi vorherrschende Form des modernen Lohnarbeitsverhältnisses zurückzufallen, die sich im Industriekapitalismus entwickelt hatte.«[48] Bei Castel wird also – wie auch, davon war bereits die Rede, bei Jacques Rancière – eine vergleichende Perspektive

---

44 *Schumpeter*, Theorie der wirtschaftlichen Entwicklung, S. 116.
45 Vgl. dazu und zum Folgenden: *Mona Motakef*, Prekarisierung, Bielefeld 2015.
46 Ebd., S. 43f.
47 *Robert Castel*, Die Metamorphosen der sozialen Frage. Eine Chronik der Lohnarbeit, Konstanz 2000 (zuerst frz. 1995), S. 407f.
48 *Ders.*, Die Krise der Arbeit. Neue Unsicherheiten und die Zukunft des Individuums, Hamburg 2011 (zuerst frz. 2009), S. 130.

nahegelegt: Nach dem Fordismus ist vor dem Fordismus. Die Perspektive Castels wird inzwischen wegen ihrer Konzentration auf Prozesse der Verunsicherung *industrieller* Stammbelegschaften und die Erosion *männlicher* Normalarbeitsverhältnisse kritisiert. Dabei wird betont, dass Prekarität als soziales Phänomen »von Beginn der Industrialisierung an nicht zuletzt in Gestalt der flexiblen und marginalen Beschäftigung von Frauen« auftrat.[49] Eine Ausrichtung der Forschung am Typus des männlichen Industriearbeiters, so die Kritik, erzeuge einerseits eine Schieflage hinsichtlich des zeitlichen Horizonts und der Beurteilung der Neuheit der sozialen Figur der Prekarität, und andererseits schreibe sie einen *industrie*kapitalistischen Bias fort. Als anormal oder atypisch erscheint Prekarität schließlich nur dann, wenn die fordistische Industriegesellschaft als Normalfall gesetzt wird.[50] Ein wesentliches Problem der gegenwärtigen Prekaritätsforschung, auch derjenigen Castels, besteht in der »Fortschreibung von Denk- und Bewertungskategorien aus der fordistischen Gesellschaftsformation zur Benennung und Beurteilung derzeitiger Prozesse«.[51] »Historisch«, so schreibt Brigitte Aulenbacher, »geht Robert Castel zwar hinter die kapitalistische Gesellschaft zurück, theoretisch-systematisch bleibt er ihr aber verhaftet«.[52] Demgegenüber ist vorgeschlagen worden, Prekarität als sehr viel grundlegendere Kategorie des Sozialen zu fassen[53] und die Diskussion stärker von der Frage her zu führen, welche Personen und Gruppen bereits im fordistischen Wohlfahrtsstaat ausgeschlossen und marginalisiert waren.[54] Prekarität wird aus dieser Perspektive als Charakteristikum des Kapitalismus schlechthin sichtbar, nicht mehr als Ergebnis der Erosion einer im industriellen Hochkapitalismus erreichten sozialen Sicherung. Dabei wird deutlich, dass es sich um Erscheinungen handelt, die zwar mitunter ihre Form verändern, den Kapitalismus aber von Anfang an begleitet haben.[55]

---

49 *Brigitte Aulenbacher*, Die soziale Frage neu gestellt – Gesellschaftsanalysen der Prekarisierungs- und Geschlechterforschung, in: *Robert Castel/Klaus Dörre* (Hrsg.), Prekarität, Abstieg, Ausgrenzung. Die soziale Frage am Beginn des 21. Jahrhunderts, Frankfurt am Main/New York 2009, S. 65–77, hier: S. 65.
50 Vgl. *Brett Neilson/Ned Rossiter*, Precarity as a Political Concept, or, Fordism as Exception, in: Theory, Culture & Society 25, 2008, H. 7/8, S. 51–72.
51 *Susanne Völker*, Entsicherte Verhältnisse – veränderte Dynamiken sozialer Ein- und Entbindung, in: *Castel/Dörre*, Prekarität, Abstieg, Ausgrenzung, S. 219–227, hier: S. 220.
52 *Aulenbacher*, Die soziale Frage neu gestellt, S. 70.
53 Am einflussreichsten ist Judith Butlers Versuch geworden, Prekarität im Rahmen einer Ethik der Verletzlichkeit zu verorten, vgl. *Judith Butler*, Precarious Life. The Powers of Mourning and Violence, London/New York 2004.
54 Vgl. etwa *Isabell Lorey*, Die Regierung der Prekären, Wien/Berlin 2012.
55 Vgl. zum Beispiel *Klaus Dörre*, Prekarität im Finanzmarkt-Kapitalismus, in: *ders./Castel*, Prekarität, Abstieg, Ausgrenzung, S. 35–64, hier insb.: S. 35–37. *Motakef*, Prekarisierung, S. 22, betont, dass bereits Marx fehlende Existenzsicherung als Grundlage des Kapitalismus erkannte: »Marx sprach zwar nicht von Prekarität, seine Analysen lassen aber keine Zweifel daran, dass Prekarität eine normale Begleiterscheinung und keine Ausnahme kapitalistischer Gesellschaften bildet.« Sozialhistorisch ist das natürlich keine neue Erkenntnis (vgl. bereits *Hobsbawm*, Age of Capital, S. 219f.: »If any single factor dominated the lives of nineteenth-century workers, it was insecurity. They did not know at the beginning of the week how much they would bring home at the end. They did not know how long their present work would last or, if they lost it, when they would get another job or under what conditions. They did not know when accident or sickness would hit them, and though they knew that some time in middle ages – perhaps in the forties for unskilled labourers, perhaps in the fifties for the more skilled – they would become incapable of doing a full measure of adult physical labour, they did not know what would happen to them between then and death.«).

IV. »UNBESTIMMTE EXISTENZEN« UND DIE »ZUFÄLLE DER GEWERBELOTTERIE«

Georg Simmel präsentierte 1900 in seiner »Philosophie des Geldes« eine für die Sozialgeschichte des Kapitalismus aufschlussreiche Beobachtung:

»In den modernen Großstädten gibt es eine große Anzahl von Berufen, die keine objektive Form und Entschiedenheit der Betätigung aufweisen: gewisse Kategorien von Agenten, Kommissionäre, als die unbestimmten Existenzen der Großstädte, die von den verschiedenartigsten, zufällig sich bietenden Gelegenheiten, etwas zu verdienen, leben. Bei diesen hat das ökonomische Leben, das Gewebe ihrer teleologischen Reihen überhaupt keinen sicher anzugebenden Inhalt, außer dem Geldverdienen, das Geld, das absolute Unfixierte, ist ihnen der feste Punkt, um den ihre Tätigkeit mit unbegrenzter Latitüde schwingt. Eine besondere Art von ›unqualifizierter Arbeit‹ liegt hier vor, neben der die gewöhnlich so bezeichnete sich doch noch als qualifiziert herausstellt.«[56]

Simmel sprach von »problematischen Existenzen«, die »den divergentesten Verdienstgelegenheiten« nachgingen und »jeder apriorischen Bestimmtheit ihres Lebensinhalts« entbehrten, denen also das »Berufensein« fehle. Für Simmel sind es vornehmlich »großstädtische Existenzen«, die »nur auf irgend eine, völlig unpräjudizierte Weise Geld verdienen wollen« und damit »ein Hauptkontingent zu jenem Typus unsicher Persönlichkeiten« stellen, »die man nicht recht greifen und ›stellen‹ kann, weil ihre Beweglichkeit und Vielseitigkeit es ihnen erspart, sich sozusagen in irgend einer Situation festzulegen«.[57] Die mitunter ressentimentgeladene Kulturkritik Simmels[58] ist sicher nicht immer der beste Kompass für eine Sozialgeschichte in aufklärerischer Absicht. Eine sozialgeschichtliche *Kritik* der simmelschen Beobachtung kann aber doch einen wichtigen Hinweis für eine Neukonturierung des Kapitalismus geben. Löst man sich von der wenig überzeugenden Fixierung auf die Großstädte der Jahrhundertwende und lässt die bei Simmel durchscheinende psychologische Degenerationsthese beiseite, dann zeichnet sich das Portrait einer kapitalistischen Existenzweise ab, die analytisch als Scharnier zwischen einer »Ökonomie des Notbehelfs« (Olwen H. Hufton) und gegenwärtigen Formen prekärer Soloselbstständigkeit fungieren kann. Der Blick wird dadurch auf eine Welt kapitalistischer Klein- und Kleinstunternehmer und damit auf ökonomische Praktiken unterhalb beziehungsweise jenseits der Herausbildung industrieller Großunternehmen gelenkt. Diese Praktiken sind dem Kapitalismus nicht äußerlich, sondern es handelt sich um das in hohem Maße dynamische und fluide Fundament eines eindrucksvollen Prozesses gesellschaftlicher Kapitalanhäufung, das bereits Marx in den Blick rückte:

»Die Akkumulation und die sie begleitende Konzentration sind also nicht nur auf viele Punkte zersplittert, sondern das Wachstum der funktionierenden Kapitale ist durchkreuzt durch die Bildung neuer und die Spaltung alter Kapitale. Stellt sich die Akkumulation daher einerseits dar als wachsende Konzentration der Produktionsmittel und des Kommandos über Arbeit, so andrerseits als Repulsion vieler individueller Kapitale voneinander.«[59]

---

56 *Georg Simmel*, Philosophie des Geldes, Frankfurt am Main 1989 (zuerst 1900), S. 596.
57 Ebd., S. 596f.
58 Vgl. dazu *Hannes Böhringer/Karlfried Gründer* (Hrsg.), Ästhetik und Soziologie um die Jahrhundertwende. Georg Simmel, Frankfurt am Main 1976; *Heinz-Jürgen Dahme* (Hrsg.), Georg Simmel und die Moderne. Neue Interpretationen und Materialien, Frankfurt am Main 1984; *David Frisby*, Fragments of Modernity. Theories of Modernity in the Work of Simmel, Kracauer, and Benjamin, Cambridge 1985; *Paul Nolte*, Georg Simmels Historische Anthropologie der Moderne. Rekonstruktion eines Forschungsprogramms, in: GG 24, 1998, S. 225–247; *Otthein Rammstedt* (Hrsg.), Simmel und die frühen Soziologen. Nähe und Distanz zu Durkheim, Tönnies und Max Weber, Frankfurt am Main 1988.
59 *Marx*, Das Kapital, S. 654. Die dynamisierende Wirkung geht vom Konkurrenzmechanismus aus: »Die Konkurrenz rast hier im direkten Verhältnis zur Anzahl und im umgekehrten Verhält-

Nimmt man die hier anklingende, durchaus kleinteilige Dynamik ernst, statt sie sofort makrohistorisch hochzurechnen, dann erschließt sich eine Perspektive, die als Sozialgeschichte des Kapitalismus ›von unten‹ bezeichnet werden könnte – als sozialhistorisches Abtauchen in jene Welt des unvollständigen Wettbewerbs, den Joan Robinson wirtschaftstheoretisch als Regelfall herausgearbeitet hat. Robinson geht von der Existenz fragmentierter, weder vollständig transparenter noch gänzlich durchlässiger (Teil-)Märkte aus. Unternehmer strebten danach, einen »eigenen« Markt zu finden (oder ihn zu schaffen), auf dem sie – in welcher Größendimension auch immer – als Quasi-Monopolisten agieren können.[60] Joseph Schumpeter hat das aufgegriffen:

»Und in Hinsicht auf praktisch alle Fertigfabrikate und Dienstleistungen der Industrie und des Gewerbes ist evident, daß jeder Spezereihändler, jede Tankstelle, jeder Handschuhmacher, jeder Fabrikant von Rasiercreme oder Handsägen einen kleinen, unsicheren Eigenmarkt hat, den er sozusagen auszubauen und durch Preisstrategie, Qualitätsstrategie – ›Differenzierung des Produkts‹ – und Reklame zu halten versucht, versuchen muß.«[61]

Die von Robinson beschriebenen und von Schumpeter bestätigten Bedingungen verweisen auf die Existenz eines Raums für prekär-kapitalistisches Klein- und Kleinstunternehmertum, der im Folgenden an einigen Fallbeispielen vermessen wird. Es handelt sich um »Zwischenbereiche« und »Randzonen«, die gerade dadurch jedoch eine neue Perspektive auf die Sozialgeschichte des Kapitalismus ermöglichen. Kennzeichnend für diese Bereiche und Zonen ist, das hat Jacques Rancière herausgearbeitet, die grundlegende Erfahrung der Fragilität sozialer und ökonomischer Positionen – sowohl bei kleinen Unternehmern und selbstständigen Gewerbetreibenden oder Handwerkern als auch denjenigen in unsteten Lohnverhältnissen. Es waren die »Zufälle der Gewerbelotterie«, die »Prekarität einer Arbeit, die nicht nur von den herrschaftlichen Launen des Konsums der Reichen abhängt, sondern auch von der Spekulation des freien Kapitals«.[62] Die Ambivalenz der im Folgenden zu diskutierenden Praktiken zeigt sich nicht zuletzt daran, dass sie einerseits mit guten Gründen als Klein- und Kleinstkapitalismus interpretierbar sind, andererseits aber auch als Anknüpfungspunkte für »marktsozialistische« Alternativen zum Kapitalismus dienen konnten.[63]

---

nis zur Größe der rivalisierenden Kapitale. Sie endet stets mit Untergang vieler kleineren Kapitalisten, deren Kapitale teils in die Hand des Siegers übergehn, teils untergehn«, ebd., S. 655.
60 Vgl. *Joan Robinson*, The Economics of Imperfect Competition, London 1938, S. 86–90. Zur Separierung verschiedener Teilmärkte vgl. ebd., S. 180f.
61 *Schumpeter*, Kapitalismus, Sozialismus und Demokratie, S. 131.
62 *Rancière*, Nacht der Proletarier, S. 53f.
63 Vgl. dazu *Axel Honneth*, Die Idee des Sozialismus. Versuch einer Aktualisierung, Berlin 2015, insb. S. 28–40 und 94–113. *Rancière*, Nacht der Proletarier, S. 182, interpretiert die frühsozialistische Bewegung als Zusammenschluss »dieser Leute, die das Universum der Arbeit als zufallsbestimmt erleben«. Unter der »Idee der praktischen Perspektive der Assoziation«, so schreibt er, versammelten sich »Arbeiter, deren Qualifikationen, Ressourcen und Lebensweisen sich unterscheiden, die aber durch dasselbe Gefühl der Prekarität und denselben Willen verbunden sind, eine Form der sozialen Beziehungen auszuprobieren, die gleichzeitig einen individuellen Ausweg und das Vorbild für eine Lösung für die kollektive Prekarität bietet«. Meine folgenden Ausführungen sollen zwar in erster Linie ein Versuch sein, die vorliegenden sozialhistorischen Forschungsergebnisse unter kapitalismustheoretischen Vorzeichen neu zu vermessen, gleichzeitig wirft das aber auch die Frage auf, inwieweit die als Anknüpfungspunkt für marktsozialistische Experimente interpretierbaren Praktiken gleichzeitig als »anderskapitalistische« Praktiken zu verstehen sind – als eine Art *popular capitalism from below*. Dabei handelt es sich um eine andere Konstellation als bei der Durchsetzung eines *popular capitalism* ›von oben‹, wie sie etwa durch Margaret Thatcher in den 1980er-Jahren versucht wurde (vgl. dazu den Beitrag von Sina Fabian in diesem Band).

Kleingeldkapitalismus, prekäre Selbstständigkeit und Kleinstunternehmertum

John Benson hat in einer Pionierstudie zu den *penny capitalists* die erstaunliche Vielfalt an »money-making activities« in der englischen Arbeiterklasse des 19. Jahrhunderts rekonstruiert und darauf hingewiesen, dass jenseits der Fabriken und industriellen Großunternehmen eine umfangreiche »small-scale entrepreneurial activity« existierte. Offenbar jeder, so konstatierte er, der eine irgendwie vermarktbare Fertigkeit besaß, versuchte daraus Profit zu schlagen.[64] Spielräume für klein- und kleinstunternehmerische Aktivitäten bestanden in allen Wirtschaftssektoren. Sie waren allerdings unterschiedlich groß. Der Schwerpunkt lag im tertiären Sektor. Benson grenzte die *penny capitalists* explizit von Heimarbeitern, Subunternehmern und (Solo-)Selbstständigen ab. Um als *penny capitalist* zu gelten, reiche es nicht aus, dass jemand das für seine Unternehmung nötige Kapital selbst bereitstelle und die Produktionsmittel besitze. Essenziell sei vielmehr die Kontrolle über den Einsatz des Kapitals, der Produktionsmittel und der (eigenen) Arbeitskraft sowie ein gewisses spekulatives Element, also die Bereitschaft, Risiken in der Hoffnung auf Profit einzugehen.[65]

Die Welt der »kleinen« Selbstständigen ist sozialhistorisch nicht gänzlich unbeobachtet geblieben. Susanne Schötz hat in einer Studie zu Leipziger Viktualienhändlern und Gastwirten herausgearbeitet, dass deren Zahl zwischen 1830 und 1870 erheblich wuchs – »zu einem Zeitpunkt, da die vordringende kapitalistische Warenproduktion andere Angehörige der selbständigen Mittelschichten, so nicht wenige ›kleine‹ Handwerker und Bauern, aus traditioneller Selbständigkeit riß, wenn sie deren Gewerbe erfaßte«.[66] Prekäre Selbstständigkeit prägte auch weite Teile des Handwerks. Angesichts großer Unterschiede und eines mitunter erheblichen Wandels hinsichtlich Betriebsgröße, Kapital- und Maschineneinsatz oder Verflechtung mit anderen Betrieben und Branchen ist eine Definition des Handwerks als spezifischer Produktionsform nicht leicht möglich – zumal dann, wenn damit ein Epochenvergleich angestrebt wird. Als ein- und abgrenzende Bestimmung kann von Handwerk gesprochen werden, wenn eine selbstständige gewerbliche Tätigkeit vorliegt, die auf einer individuell erworbenen und persönlich eingesetzten beruflichen Fachqualifikation beruht, also einem Bündel aus technischen, aber auch kaufmännischen und sonstigen Fertigkeiten. Ebenso kennzeichnend dürfte eine Kombination von Hand- und Maschinenarbeit sein, in der Handarbeit mehr meint als die bloße Bedienung von Maschinen. Schließlich bleibt der Umstand wesentlich, dass im Handwerk der Besitz und die Benutzung von Produktionsmitteln zusammenfallen, auch wenn die Produktionsmittel (einschließlich des Kapitals) sich wandeln und »Besitz« in ökonomischer, sozialer und rechtlicher Hinsicht ganz unterschiedliche Dinge meinen kann (gerade angesichts der Technisierung dürften Leihe, Leasing oder gemeinsame Anschaffung vielleicht an Bedeutung gewinnen). Die für das Handwerk des 18. und 19. Jahrhunderts betonte Unterscheidung von Warenproduktion und Dienstleistung wäre dagegen etwas weniger zu betonen, wenn die gegenwärtige Ausprägung des Handwerks mit in den Blick genommen werden soll.[67] Für die Sozialgeschichte des Handwerks ist in einer Reihe von Arbeiten seit den 1980er-Jahren über »prekäre Selbstständigkeit« im Industrialisierungsprozess diskutiert worden, auch wenn eine systematische Erschließung des analytischen Potenzials dieser

---

64 Vgl. *John Benson*, The Penny Capitalists. A Study of Nineteenth-century Working-class Entrepreneurs, Dublin 1983.
65 Vgl. ebd., S. 4f.
66 *Susanne Schötz*, Zur Konstituierung »kleiner« Selbständiger während der bürgerlichen Umwälzung in Leipzig. Ein Beitrag zur messestädtischen Sozialgeschichte, in: Jahrbuch für Geschichte 38, 1989, S. 39–94, hier: S. 40.
67 Vgl. dazu *Friedrich Lenger*, Sozialgeschichte der deutschen Handwerker seit 1800, Frankfurt am Main 1988, S. 9–12.

Kategorie – auch aus Mangel an sozialtheoretischen Bezugspunkten – nicht erfolgte. »Die technischen, wirtschaftlichen und sozialen Voraussetzungen der Selbständigkeit in Handwerk und Kleingewerbe«, so schrieb Ulrich Wengenroth 1989 in der Einleitung eines einschlägigen Sammelbands, »waren weitgehend prekär und wurden auch so empfunden«.[68] Vor dem Hintergrund des Strukturwandels des Handwerks in der ersten Hälfte des 19. Jahrhunderts – sichtbar in den starken Schwankungen des Anteils der Handwerker an der Gesamtbevölkerung, der Nähe der Gesellenlöhne zum Verdienst von Tagelöhnern, den mitunter extremen Unterschieden zwischen verschiedenen Branchen sowie der Polarisierung innerhalb einzelner Handwerke – sprach Friedrich Lenger von einem »massive[n] Sockel von Klein- und Alleinmeistern, deren wirtschaftliche Lage prekär ist«.[69] Das wirkte sich auch mentalitätsgeschichtlich aus. Die handwerkliche Mentalität, so Gerard Schwarz, war »bestimmt von Existenzangst, Verunsicherung durch die neuen Zeichen der Zeit und ein ängstliches Festklammern an den noch gültigen Besitz- und Rechtspositionen«.[70] Die Unterscheidung zwischen Selbstständigen und Lohnabhängigen »verfloss im großen Unterbereich der Handwerksmeister«. Der Übergang zur Selbstständigkeit konnte »eine Art Flucht« bedeuten, etwa bei der Übernahme eines kleinen Ladens zum Beispiel durch ältere Gesellen, die in ihrer Profession keine Zukunft sahen.[71] Im ländlichen Bereich gestalteten sich die Verhältnisse ähnlich. »Die Selbständigkeit der Handarbeiter erschöpfte sich in der dauernden Suche nach (Lohn-)Arbeit. Denn wesentlich war für sie die nur kurzfristige, saisonale oder gegenstandsspezifische und daher häufig wechselnde Arbeit.«[72]

Zentral für die hier in den Fokus gerückte Ausprägung des Kapitalismus war der Kleinbetrieb, der wiederum ein breites Spektrum ökonomischer Praktiken umfassen konnte. Heinz-Gerhard Haupt und Geoffrey Crossick beobachteten eine »tiefgreifende soziale Heterogenität innerhalb der Welt der kleinen Unternehmen« und einen »hohen Grad an sozialer Instabilität«:

»Auf der einen Seite standen die gutsituierten Händler und Handwerksmeister einer Stadt, die mehrere Angestellte beschäftigten und ihre Unternehmen der nachfolgenden Familiengeneration vererben konnten. Auf der anderen Seite fanden sich die Betreiber winziger und unbedeutender Geschäfte und Werkstätten, die nur deshalb eröffnet wurden, weil ihnen durch ökonomische Krisen andere Möglichkeiten versperrt waren, den Lebensunterhalt zu verdienen.«[73]

Der Weg in die Selbstständigkeit, etwa als kleiner Viktualienhändler, das betont Susanne Schötz, wirkte in vielen Fällen als Vehikel intergenerationeller Mobilität. Für die Söhne von Gesindebediensteten oder lohnabhängigen Arbeitern markierte die Eröffnung eines kleinen Geschäfts ein Aufrücken

»in eine der untersten selbständigen Mittelschichten gegenüber den in jedem Fall nicht selbständigen, überwiegend lohnabhängigen Positionen der Väter. Mit der Erringung der sogenannten bürger-

---

68 *Ulrich Wengenroth*, Einleitung, in: ders. (Hrsg.), Prekäre Selbständigkeit. Zur Standortbestimmung von Handwerk, Hausindustrie und Kleingewerbe im Industrialisierungsprozess, Stuttgart 1989, S. 1–5, hier: S. 5.
69 *Friedrich Lenger*, Zwischen Kleinbürgertum und Proletariat. Studien zur Sozialgeschichte der Düsseldorfer Handwerker 1816–1878, Göttingen 1986, S. 63.
70 *Gerard Schwarz*, »Nahrungsstand« und »erzwungener Gesellenstand«. Mentalité und Strukturwandel des bayerischen Handwerks im Industrialisierungsprozeß um 1860, Berlin 1974, S. 51.
71 Vgl. *Jürgen Kocka*, Arbeiterleben und Arbeiterkultur. Die Entstehung einer sozialen Klasse, Bonn 2015, S. 62 und 241 f.
72 *Josef Mooser*, Ländliche Klassengesellschaft 1770–1848. Bauern und Unterschichten. Landwirtschaft und Gewerbe im östlichen Westfalen, Göttingen 1984, S. 240.
73 *Heinz-Gerhard Haupt/Geoffrey Crossick*, Die Kleinbürger. Eine europäische Sozialgeschichte des 19. Jahrhunderts, München 1998, S. 18 f.

lichen Selbständigkeit war der Generation der Söhne etwas gelungen, was der Vätergeneration zeitlebens verwehrt blieb.«[74]

Selbstständige und unternehmerische Aktivitäten im engeren Sinn waren hier nicht zwingend deckungsgleich. Selbstständigkeit war keine ausschließlich ökonomische Kategorie, sondern auch ein politisches Ideal und ein Hebel sozialer Distinktion. Selbstständigkeit beinhaltete »die Aufforderung, sich jeweils selbst um die Ausgestaltung der eigenen Stellung und des eigenen Lebensweges zu kümmern, und nicht nur vorgegebenes zu übernehmen«.[75] Im Bürgertum wurde Selbstständigkeit als sozioökonomische Voraussetzung für politische Partizipation – für das »Bürgersein« – diskutiert. Ein regelmäßiges und auskömmliches Einkommen allein reichte dazu nicht aus; es bedurfte eines gewissen Vermögens. Der Selbstständige im bürgerlichen Denken war »Eigentümer«, und das wiederum galt als Voraussetzung dafür, sich zu einer »Persönlichkeit« bilden und unabhängig vom Urteil anderer sein Leben gestalten zu können.[76] Ganz eindeutig war die Fokussierung auf »Selbstständigkeit« aber, anders als manchmal suggeriert, kein ausschließlich bürgerliches Phänomen und erst recht keine bürgerliche Erfindung. So hat Thomas Welskopp auf die zentrale Position des Topos der Selbstständigkeit beziehungsweise Selbstbestimmung innerhalb des sozialdemokratischen »panoptischen Weltbilds« hingewiesen.[77] Tendenzen in Richtung einer besonderen Wertschätzung der Selbstständigkeit finden sich nahezu überall in der Welt der Kleingeldkapitalisten.[78] Auch im Bereich des ländlichen und Heimgewerbes war das der Fall. Spinner und Weber etwa stellten

»den scheinbar paradoxen Typ eines besitzlosen Selbständigen dar, der seine Produktionsmittel – Flachs, Garn, Land – kaufen bzw. pachten mußte. Immer aber waren sie selbständig in der Kontrolle über den Arbeitsprozeß. Die Selbständigkeit gründete also weniger auf einem Besitz, wenn auch Produktionsinstrumente wie das Spinnrad und der Webstuhl allermeist als Eigentum vorhanden waren, sondern auf der Verfügung über die Arbeitskraft der Familie.«[79]

Diese Selbstständigkeit wurde oft unter erheblichen Opfern und um den Preis der Selbstausbeutung aufrechtzuerhalten versucht, war aber ökonomisch – etwa infolge zunehmender Kreditabhängigkeit – oft nur eine scheinbare. Die Aufladung des Topos der Selbstständigkeit realisierte sich in einem eigentümlich ambivalenten Verhältnis zur Rolle des (kapitalistischen) Unternehmers. Selbstständigkeit konnte sich in unternehmerischer Tätigkeit oder durch sie realisieren; das war aber nicht notwendig so. »Die durchaus marktbewußten Weber«, so Josef Mooser, verhielten sich in der ersten Hälfte des 19. Jahrhunderts nicht »wie kleine Kapitalisten, sondern wie zünftlerische Handwerker«.[80] Einzelne, aber eben nicht alle Elemente kapitalistischen Wirtschaftsverhaltens hielten Einzug in die gewerbliche Praxis: betriebswirtschaftlicher Individualismus, Gewinnorientierung, Kosten-Nutzen-Analysen, Orientierung an Marktveränderungen, rücksichtsloses Ausnutzen von Marktchancen.[81]

Eine derartige Spannung zeigt sich nicht nur in der Sozialgeschichte des 19. Jahrhunderts, sondern sie ist ebenso kennzeichnend für die Alternativbewegungen seit den 1970er-

---

74 *Schötz*, Konstituierung »kleiner« Selbständiger, S. 49.
75 *Manfred Hettling*, Die persönliche Selbstständigkeit. Der archimedische Punkt bürgerlicher Lebensführung, in: *ders./Stefan-Ludwig Hoffmann* (Hrsg.), Der bürgerliche Wertehimmel. Innenansichten des 19. Jahrhunderts, Göttingen 2000, S. 57–78, hier: S. 59.
76 Vgl. ebd., S. 63–66.
77 Vgl. *Thomas Welskopp*, Das Banner der Brüderlichkeit. Die deutsche Sozialdemokratie vom Vormärz bis zum Sozialistengesetz, Bonn 2000, S. 531f.
78 Vgl. *Benson*, Penny Capitalists, S. 126f.
79 *Mooser*, Ländliche Klassengesellschaft, S. 71.
80 Ebd., S. 168.
81 Vgl. ebd., S. 224f.

Jahren. Zahlreiche Klein- und Kleinstprojekte dieser Zeit – vieles davon wirkt wie politisierter *penny capitalism* – versuchten, »mit der Gründung von lokalen Zeitungen, Kneipen, Buchhandlungen, Kommunikationszentren, Verlagen, Läden und Teestuben eine eigene Sub- und Infrastruktur zu schaffen«.[82] Zunächst geschah das in expliziter Distanz zur unternehmerischen Logik, angesichts des ökonomischen Drucks, dem sich zahlreiche Alternativprojekte in den 1980er-Jahren ausgesetzt sahen, änderte sich das aber. Innerhalb der Alternativbewegung stieß diese Entwicklung auf Kritik, wenn es etwa 1980 in der Zeitschrift »radikal« hieß: »Alltägliche Überlebenskämpfe auf dem Schlachtfeld kleinkapitalistischer Konkurrenzmaschinen verkaufen sie als neue Heilslehre sozialer Emanzipation: die Geschäftsführer der Alternativbewegung.«[83] In affirmativ-apologetischer Wendung stimmten Autoren wie Matthias Horx dagegen ein Lob der neuen »postalternativen Kleinbetriebe« an, in denen zwar ein lockeres Klima herrsche, die Eigentumsverhältnisse aber dennoch klar seien. Aus alternativen Kollektivbetrieben wurden zusehends die »neuen Selbstständigen«.[84]

Nicht jeder dieser »neuen Selbstständigen« oder jeder selbstständige Handwerker und Händler des 19. Jahrhunderts war ein idealtypischer Unternehmer im schumpeterschen Sinn. Allerdings lässt sich aus den vorliegenden sozialhistorischen Forschungen schon der Schluss ziehen, dass unternehmerisches Bemühen nicht nur in Einzelfällen vorkam. Die nahezu unerschöpfliche Differenzierung und Spezialisierung von Produkten im Handwerk ist beispielsweise im oben ausgeführten Sinn als Suche nach neuen (monopolistischen) Teilmärkten interpretierbar; im Handel zeigt sich unternehmerische Innovation darin, aus nutz- und wertlosen Dingen, aus Weggeworfenem oder Verlorenem handelbare und profitable Waren zu machen. Das alles mag marginal erscheinen, allerdings ist es wenig plausibel, derartige Praktiken allein deshalb zu vernachlässigen, weil sie nach Art und Umfang nicht dem Bild des industriellen Großunternehmers entsprechen; schließlich unterstrich bereits Schumpeter, dass unternehmerische Neuerungen keineswegs immer spektakulär sein müssen und auch die »Belohnung« mitunter eher mäßig ausfalle.[85] In sozialhistorischer Perspektive und unterstützt von Schumpeters theoretischen Bemerkungen zeichnet sich die Existenz eines »prekären Unternehmertums« ab, dessen Grenzen zur (Solo-)Selbstständigkeit fließend sind.[86] Die in aktuellen sozialwissenschaftlichen Forschungen diagnostizierte Erosion des »Normalunternehmertums« (Andrea D. Bührmann/ Katrin Hansen) und die damit verbundene Diversifizierung unternehmerischer Praxis scheint mithin kein ausschließliches Phänomen der jüngeren und jüngsten Gegenwart zu

---

82 *Arndt Neumann*, Kleine geile Firmen. Alternativprojekte zwischen Revolte und Management, Hamburg 2008, S. 13f.
83 Zit. nach: ebd., S. 59.
84 Vgl. ebd., S. 63f.
85 »It should be observed at once«, so schrieb er »that the ›new thing‹ need not be spectacular or of historic importance. It need not be Bessemer steel or the explosion motor. It can be the Deerfoot sausage.« *Schumpeter*, Comments on a Plan for the Study of Entrepreneurship, S. 412. An anderer Stelle heißt es, die überwältigende Mehrheit der Unternehmer seien Klein- und Kleinstunternehmer, die »für ihre Tätigkeit ein sehr bescheidenes Entgelt oder gar nichts oder weniger als nichts« erhalten, dennoch aber »ihr Äußerstes [tun], weil sie die große Belohnung vor Augen [haben] und ihre Chancen auf gleichen Erfolg überschätz[en]«, *Schumpeter*, Kapitalismus, Sozialismus und Demokratie, S. 122f.
86 Dazu und zum Folgenden: *Andrea D. Bührmann/Katrin Hansen*, Die Erosion des Normalunternehmertums als Chance für eine notwendige Entrepreneurial Diversity, in: Sozialwissenschaften und Berufspraxis 30, 2007, S. 69–84; *Andrea D. Bührmann*, Unternehmertum jenseits des Normalunternehmertums. Für eine praxistheoretisch inspirierte Erforschung unternehmerischer Aktivitäten, in: Berliner Journal für Soziologie 22, 2012, S. 129–156.

sein. Der Typus des Normalunternehmers[87] war in historischer Perspektive im Grunde nie »normal«. Die gegenwärtige Neudefinition unternehmerischer Selbstständigkeit, die darauf verzichtet, den Umfang der Tätigkeit zu einem zentralen Kriterium zu machen und nicht mehr voraussetzt, dass man »auch andere als sich selbst« beschäftigt, scheint also durchaus anschlussfähig an eine Diskussion des Kleingeldkapitalismus im 19. Jahrhundert. Das betrifft auch die empirische Beobachtung, dass unternehmerische Gründungen gehäuft in Teilzeit oder Soloselbstständigkeit münden, die in jeder Hinsicht »prekär« sind.

> »Erst langsam wird deutlich, dass nicht nur viele Unternehmer und Unternehmerinnen erfolgreich, sondern auch immer mehr prekär wirtschaften und um ihr wirtschaftliches Überleben kämpfen. Diese prekären Selbständigen steigen gerade nicht entweder in gesicherte Verhältnisse auf oder müssen ihr Unternehmen aufgeben. Vielmehr verbleiben sie in einem ›heiklen Schwebezustand‹ zwischen Wohlfahrt und Armut.«[88]

Die Mehrheit dieser prekären Klein- und Kleinstunternehmen entsteht zudem nicht im Bereich hoch qualifizierter, anspruchs- und voraussetzungsvoller Tätigkeiten (das stereotype IT-Startup ist nicht die Norm und Google oder Facebook sind nicht die idealtypischen IT-Startups), sondern es handelt sich um Unternehmen, die gerade deshalb massenhaft gegründet werden, weil die qualifikatorischen Eingangshürden gering sind.[89] In der Wahrnehmung der prekären Unternehmerinnen und Unternehmer ist Qualifikation kein Selbstzweck mehr. Vielmehr zeigt sich eine »strategische Qualifikationsbereitschaft«, die darauf abhebt, möglichst viele Optionen möglichst lange offenzuhalten.[90] Auch das ist eine Brücke zurück ins 19. Jahrhundert, schließlich erlebten bereits Jacques Rancières französische Handwerker, dass berufliche Qualifikation in der »industriellen Anarchie so viel wert ist wie ein Lotterieschein«.[91] Für die postindustrielle Anarchie dürfte etwas sehr Ähnliches gelten. Die systematische und voranschreitende Privilegierung polyvalenter Kompetenzen gegenüber berufsspezifischer Fachqualifikation etwa im universitären Umfeld lässt sich als affirmativer Versuch interpretieren, dieser Entwicklung gerecht zu werden. Ein mit dem Wissen aus zahlreichen Entrepreneurship-Workshops ausgestattetes IT- und BWL-Prekariat, dessen Konturen sich bereits abzeichnen, bildet heute das potenziell unerschöpfliche Reservoir für ein neues Klein- und Kleinstunternehmertum – *penny capitalists* unter den Bedingungen eines neuen »kognitiven Kapitalismus«.[92]

---

87 Gemeint ist damit der berufserfahrene, erwerbstätige Mann ohne Migrationshintergrund, »der über angemessenes ökonomisches Kapital verfügt und profunde unternehmerische Fachkenntnisse sowie eine entsprechende (Berufs-)Ausbildung hat«, »sich rast- und ruhelos in Vollzeit seinem Unternehmen widmet« und »aus den erfolgreichen unternehmerischen Aktivitäten ein gesichertes Einkommen erzielen kann«, *Bührmann*, Unternehmertum jenseits des Normalunternehmertums, S. 131f.
88 Ebd., S. 137.
89 Vgl. *Randall Collins*, The End of Middle-Class Work: No More Escapes, in: *ders./Wallerstein/Mann* u.a., Does Capitalism Have a Future?, S. 37–69, hier: S. 53f.
90 Vgl. *Völker*, Entsicherte Verhältnisse, S. 224f.
91 *Rancière*, Nacht der Proletarier, S. 56. Berufswechsel und (wechselnde) Mehrfachbeschäftigungen kennzeichneten auch die Situation im Kleinbürgertum und dörflichem Handwerk, vgl. *Haupt/Crossick*, Kleinbürger, S. 91; *Mooser*, Ländliche Klassengesellschaft, S. 47f. In einer vor dem Abschluss stehenden Studie zur Geschichte des Polizeidiensts im 19. Jahrhundert arbeite ich die Konturen eines fluiden Arbeitsmarkts heraus, auf dem die Kombination handwerklicher Qualifikation mit häufig wechselnden Beschäftigungen in unterschiedlichen Dienstverhältnissen ebenfalls eher die Regel als die Ausnahme war.
92 Vgl. *Isabell Lorey/Klaus Neundlinger* (Hrsg.), Kognitiver Kapitalismus, Wien/Berlin 2012.

Prekarität. Eine nützliche Kategorie der historischen Kapitalismusanalyse 71

Aus dem Hobby Kapital schlagen

Es macht einen Unterschied, ob ein Gewerbe in Voll- oder Teilzeit betrieben wird. Teilzeitgeschäfte, so John Benson, waren mehrheitlich defensive Überlebensstrategie, während sich im Ringen um ein Vollzeitgeschäft oft der zähe Wunsch nach Unabhängigkeit von Lohnarbeit um jeden Preis zeigte.[93] Bei der Mehrheit kleingeldkapitalistischer Aktivitäten handelte es sich freilich um Teilzeitgeschäfte im Nebenerwerb. Das fügte sich in eine längere Tradition, verschiedene Tätigkeiten gleichzeitig, gleichsam im fliegenden Wechsel, auszuüben. Das seit einiger Zeit etablierte, aber wieder etwas vergessene Konzept der »Ökonomie des Notbehelfs« versucht, diese Konstellation zu fassen (verzichtet dabei aber auf die kapitalismustheoretischen Bezüge, auf die es mir ankommt):

»Die Notbehelfswirtschaft ist in erster Linie eine kombinierte Ökonomie, d. h. sie beruht auf der Kombination verschiedener Erwerbsquellen, die zusammengenommen erst das Überleben sichern. Man muß alles machen, was sich einem anbietet, und man kann noch alles tun, weil in der ländlichen Produktionsweise Arbeitsteilung und Spezialisierung noch verhältnismäßig wenig entwickelt sind. [...] Jede einzelne dieser Zuerwerbsquellen mag für sich genommen relativ belanglos gewesen sein; auch erscheinen sie in einem hohen Ausmaß als wechselseitig substituierbar, woraus sich im übrigen nicht zu unterschätzende Anpassungskapazitäten an Veränderungen der Wirtschaftsstruktur ergaben. Worauf es ankam, war das Arrangement dieser Einnahmequellen, d. h. die Fähigkeit, sie so geschickt zu organisieren und aufeinander abzustimmen, daß das Auskommen gewährleistet war und – im günstigsten Fall – eine Art von ›Sicherheitsnetz‹ aufgespannt werden konnte, das jederzeit aktivierbare Einkommensreserven bereithielt bzw. selbst im Falle des Ausbleibens der einen oder anderen Einnahmequelle den Absturz unter das Existenzminimum verhinderte.«[94]

Diese Tradition ragte weit ins 19. Jahrhundert (und scheint gegenwärtig wiederzukehren). Die Verbindung von Lohnarbeit mit anderen Einkommensquellen war und blieb für die ländlichen und städtischen Unterschichten typisch. Häufig, so Jürgen Kocka, waren diese Arrangements »mit Kleinstbesitz verbunden, und daraus folgten gewisse Selbständigkeitserfahrungen oder doch Selbständigkeitsansprüche, so bei vielen Landarbeitern, den Kleinmeistern des Handwerks und zahlreichen Arbeitern des Heimgewerbes«.[95] Im Viktualienhandel waren immer wieder Personen aktiv, die ihr Geschäft im Nebenerwerb betrieben, vornehmlich also in anderen Bereichen arbeiteten – allerdings in solchen, »die ihnen noch genügend freie Zeit für eine zweite Erwerbstätigkeit ließen«.[96] Ein sozialgeschichtlicher Blick auf ökonomische Praktiken im 19. Jahrhundert macht Karrieren sichtbar, wie etwa diejenige von George Heffran, Jahrgang 1820, der vom Seemann zum Wiegekontrolleur im Hafen von Portsmouth wurde und dann zum Kohlehändler, der seine Einnahmen durch den Verkauf und die Auslieferung von Milch ergänzte.[97]

Die Kombination unterschiedlicher Teilzeit- und Nebenbeschäftigungen schuf eine Situation, in der einerseits nicht immer klar anzugeben ist, ob eine (und welche) dieser Tätigkeiten Hauptbeschäftigung war. Andererseits wurde unter diesen Voraussetzungen die Grenze zwischen (Erwerbs-)Arbeit und Freizeit brüchig. Der Prozess der Ausdifferenzie-

---

93 Vgl. *Benson*, Penny Capitalists, S. 129–133.
94 *Norbert Schindler*, Jenseits des Zwangs? Zur Ökonomie des Kulturellen inner- und außerhalb der bürgerlichen Gesellschaft, in: *ders.*, Widerspenstige Leute. Studien zur Volkskultur in der Frühen Neuzeit, Frankfurt am Main 1992, S. 20–46, hier: S. 40f. Eingeführt wurde das Konzept als »economy of makeshifts«, um die ökonomischen Überlebensstrategien der Armen im 18. Jahrhundert beschreibend auf den Begriff zu bringen, vgl. *Olwen H. Hufton*, The Poor of Eighteenth-Century France, 1750–1789, Oxford 1974.
95 *Kocka*, Arbeiterleben und Arbeiterkultur, S. 76f.
96 *Schötz*, Konstituierung »kleiner« Selbständiger, S. 59f.
97 Vgl. *Light*, Common People, S. 211f.

rung dieser beiden Bereiche ist sozialhistorisch gut dokumentiert.[98] Eine zu strikte Betonung der Grenze hat allerdings zur Folge, dass bestimmte Praktiken, als »Hobby« codiert und damit aus einer Sozialgeschichte des Kapitalismus hinauskompliziert werden; und zwar auch dann, wenn sie quasiunternehmerisch betrieben und ihre Ergebnisse auf den Markt geworfen werden. Eine kategorische Ausdifferenzierungsperspektive verdeckt allerdings tendenziell die Existenz eines kapitalismushistorischen Zwischenraums, der sich beispielsweise in zeitgenössischen Beschreibungen des Heimgewerbes spiegelt. Einerseits betonten etwa preußische Gewerbebeamte um 1800 die Bedeutung der »häuslichen Industrie des Spinnens und Webens« in diesem Gefüge, sei sie doch »von unschätzbarem Wert, weil sie jeden sonst nutzlosen Augenblick zu Gelde macht«.[99] Andererseits zeigte sich im Übergang zu Verlagssystem und Fabrikindustrie gerade auch im ländlichen Bereich bei etablierten Bauern eine »Liebhaberei für Nebenverdienste« in Produktenhandel und Fuhrwerkgeschäften, es ging dabei aber oft eher um Dienstleistungen für Kaufleute als darum, selbst zum Händler und Kapitalisten zu werden.[100]

Carolyn Steedman hat in einer exemplarischen Studie über einen englischen Strumpfmacher des frühen 19. Jahrhunderts gezeigt, wie problematisch es im Einzelfall ist, die angesprochenen Unterscheidungen aufrechtzuerhalten. Joseph Woolley, der Strumpfwirker, um den es in Steedmans Studie geht, war mit diversen Dingen beschäftigt, die sich als ökonomische Tätigkeiten klassifizieren lassen, und er dokumentierte das in seinen Büchern.[101] Dabei fällt auf, dass er keine systematische Unterscheidung von Erwerbsarbeit und Freizeitbeschäftigungen vornahm. Er tat in seiner Freizeit, was andere taten, um ihren Lebensunterhalt zu verdienen – und er widmete sich seiner Erwerbsarbeit mit der gleichen Haltung wie seinen Hobbies. Woolley ebnete die Unterscheidung der verschiedenen Tätigkeiten tendenziell ein, auch wenn vom Umfang der Tätigkeiten klar blieb, dass er Strumpfmacher war, der sich nebenher mit anderem beschäftigte (und nicht umgekehrt). Woolley bezeichnete seine Einnahmen, die er aus ganz unterschiedlichen Quellen und mittels unterschiedlicher Tätigkeiten bezog (ohne eine bestimmte Tätigkeit als »eigentliche« Erwerbstätigkeit besonders zu behandeln), zudem nie als »wage« (diesen Begriff reservierte er für Dienstpersonal und Erntearbeiter). Wenn es also – aus seiner Sicht – kein Lohn war, mit dem er seinen Lebensunterhalt bestritt, weil er seine Tätigkeit nicht als Lohnarbeit ansah, was war es dann? Zahlte er sich selbst einen Teil seines unternehmerischen Gewinns, mithin einen Anteil des Profits (s)eines Ein-Mann-Mischkonzerns aus? Woolley handelte mit Kerzen und Baumwolle, vor allem zeigte er aber ein ausgeprägtes Interesse an »gardening« und »herbalism«. Er baute systematisch Kräuter an, stellte Salben und Tinkturen gegen Warzen, Rückenbeschwerden und andere Leiden her, die er verkaufte oder mit denen er Nachbarn behandelte. Er professionalisierte und kapitalisierte also eine Form des »doctoring«, die in der Arbeiterschaft traditionell innerhalb des Hauses

---

98 Nach wie vor anregend: *Gerhard Huck* (Hrsg.), Sozialgeschichte der Freizeit. Untersuchungen zum Wandel der Alltagskultur in Deutschland, Wuppertal 1980; vgl. aber auch *Peter-Paul Bänziger*, Arbeiten in der »Konsumgesellschaft«. Arbeit und Freizeit als Identitätsangebote um die Mitte des zwanzigsten Jahrhunderts, in: *Lars Bluma/Karsten Uhl* (Hrsg.), Kontrollierte Arbeit – disziplinierte Körper? Zur Sozial- und Kulturgeschichte der Industriearbeit im 19. und 20. Jahrhundert, Bielefeld 2012, S. 107–134; *Peter Burke*, The Invention of Leisure in Early Modern Europe, in: Past & Present, 1995, Nr. 146, S. 136–150; *Andrew M. Davies*, Leisure, Gender, and Poverty. Working-Class Culture in Salford and Manchester, Buckingham 1992.
99 Zit. nach: *Mooser*, Ländliche Klassengesellschaft, S. 40.
100 Zur »bäuerlichen Passivität gegenüber den handelskapitalistischen Möglichkeiten«, vgl. *Mooser*, Ländliche Klassengesellschaft, S. 282–284.
101 Vgl. dazu und zum Folgenden: *Carolyn Steedman*, An Everyday Life of the English Working Class. Work, Self and Sociability in the Early Nineteenth Century, Cambridge/New York etc. 2013, insb. S. 172–200.

praktiziert wurde. »The doctoring business clearly was a commercial enterprise, but the indications are that Woolley was intellectually interested in it.«[102] Woolley spezialisierte sich auf Stachelbeeren und verbuchte »subscription money to local gooseberry shows as a necessary outgoing, and was evidently pleased to win prizes at Bradmore and Ruddington in 1815«.[103] Woolley ist nur ein Beispiel. Gärtnerische Aktivitäten gehörten zum wichtigsten kleingeldkapitalistischen Betätigungsfeld arbeiterlicher Schichten während des gesamten 19. Jahrhunderts.[104] Die meisten Unternehmungen dieser Art pendelten zwischen Selbstversorgungs- und Profitmotiven.

»Indeed some gardeners and allotment holders proved as strongly profit motivated as the most devoted capitalist could wish. A seventeen-year-old factory worker wrote proudly to the Smallholder in 1910 to announce that he was able to sell most of his produce to his mother. ›Thus we follow out the principle in practice of producing at home instead of buying from the ›foreigner‹.‹ A girl from Barrow-in-Furness remembers with more bitterness that during the same period her step-grandfather ›had a garden on Greengate where the nursery school is now and he used to bring all the vegetables, potatoes, cabbage, beans and the most beautiful tomatoes anybody had ever tasted, and believe it or not he used to charge my mother for it.‹.«[105]

Bleibt man bei Joseph Woolley, dann wird offenkundig, dass die Grenzen zwischen Hobby, Hinzuverdienst und selbstständigem Unternehmertum fließend waren. Das rückt die ökonomischen Praktiken eines umtriebigen Strumpfmachers aus dem frühen 19. Jahrhundert in die Nähe der seit wenigen Jahren boomenden Geschäfte und Marktplattformen für Handarbeiten und Selbstgemachtes. Etsy.com oder DaWanda.com treten mit dem Versprechen an, aus dem einen oder anderen Hobby Kapital schlagen zu können. Erlaubt ist ausschließlich der Verkauf bestimmter Artikel:

»handgefertigte Produkte, Vintage-Artikel oder Handwerkszubehör (›Material & Werkzeug‹). Handgefertigte Produkte sind Artikel, die von dir, dem Verkäufer, hergestellt werden oder die von dir entworfen und mithilfe eines genehmigten externen Herstellers hergestellt werden, der unsere Richtlinien für ethisch vertretbare Herstellung erfüllt.«[106]

Die altehrwürdige kleingeldkapitalistische Praxis des Wiederverkaufs beziehungsweise Zwischenhandels unterliegt dagegen, wenn sie überhaupt möglich ist, einer strengen Regulierung. DaWanda.com gesteht zu, dass man »als Verkäufer nicht zwingend selbst der Hersteller des Produktes sein« muss, sondern auch »Designer oder Wiederverkäufer einzigartiger Dinge sein« kann, legt für diesen Fall aber fest, dass erstens in der Produktbeschreibung »der Hersteller des Produktes mit Vor- und Nachnamen sowie Adressangabe genannt sein«, zweitens dem Verkäufer »eine schriftliche Erlaubnis des Herstellers vorliegen« muss, die den »Weiterverkauf der Waren erlaubt«, drittens auch in diesem Fall nur Kleinserien und Unikate verkauft werden dürfen, viertens die angebotenen Produkte

---

102 Ebd., S. 197.
103 Ebd., S. 199.
104 Vgl. *Benson*, Penny Capitalists, S. 17–40.
105 Ebd., S. 22f.
106 So die Verkäuferbestimmungen bei Etsy.com, URL: <https://www.etsy.com/de/legal/sellers/#allowed> [11.08.2016]. Die Richtlinien bei DaWanda.com sind die gleichen: »[B]ei uns kannst Du Produkte verkaufen, bei denen das Besondere ersichtlich wird, zum Beispiel aufgrund des verwendeten Materials, der Herstellungsweise oder des Verwendungszwecks. […] Wichtig ist, dass Du keine Produkte ›von der Stange‹ anbietest, sondern Produkte, die Du selbst herstellst, entwirfst oder aufarbeitest. […] Bei DaWanda darfst Du ausschließlich handgemachte, individualisierte, aufgearbeitete, restaurierte, veredelte oder nach Maß angefertigte Produkte anbieten. Eine Ausnahme stellen lediglich entsprechende Waren der Kategorien ›Material‹ und ›Vintage‹ dar. […] Du kannst außerdem Produkte anbieten, für die Du das Design entworfen hast, die Du jedoch nicht selbst fertigst« URL: <http://de.dawanda.com/page/policies> [11.08.2016].

»zumindest teilweise handgefertigt sein« müssen und fünftens »handgefertigte Produkte aus Dritte-Welt- und Schwellenländern« nicht angeboten werden dürfen,»wenn sie nicht aus fairem Handel stammen«.[107] Online-Marktplattformen setzen die Einstiegshürden für die Eröffnung eines kleinen Geschäfts, die so oder so nie besonders hoch waren, noch einmal herab. Shops können mit wenigen Klicks eröffnet werden (und ggf. geräuschlos wieder verschwinden). Online scheinen Verkaufsformen aktualisiert zu werden, die sich auch im 19. Jahrhundert in der Welt des Kleingeldkapitalismus und der Kapitalisierung von Hobbys anboten. Auch die zahlreichen kleinen Geschäfte des 19. Jahrhunderts wurden oft nebenher betrieben und hatten einen Übergangscharakter.[108] Der Typus des temporären Ladengeschäfts kehrt gegenwärtig nicht nur »online« wieder, sondern seit Kurzem auch in Form sogenannter PopUpShops, die freilich stärker einen Eventcharakter haben und den Fokus auf die kreative Nutzung nicht (mehr) genutzter Räume richten. PopUpShops balancieren zwischen Kunstprojekt und origineller Shop-Idee.[109]

Es ist eine offene Frage, wie die verschiedenen Formen des Handelns mit selbst gemachten Dingen innerhalb der »Umstrukturierung von Arbeits- und Beschäftigungsverhältnissen« zu verorten oder »auf den ›kreativen Imperativ‹ postfordistischer Ökonomien« zu beziehen sind, wie also die Kapitalisierung »häuslicher Eigenproduktion« im konkreten Fall abläuft.

»Bei dieser kleinunternehmerischen Gründungsidee geht es darum, möglichst selbstbestimmt ›schöne‹ Produkte an den Mann oder die Frau zu bringen. Diese sind jedoch von prekären Arbeitsbedingungen und Unsicherheiten geprägt. Zeit für Widerstand gegen das kapitalistische System bleibt meist wenig. [...] [Vieles] klingt nach behübschendem Businessprech, den man auch im Begriffsnebel von Ich-AG & Co finden kann. Das Ankurbeln einer selbstausbeuterischen Nischenökonomie von SelbermacherInnen, die so in Deutschland z. B. dem Hartz-IV-Stigma zu entgehen versucht, ist durch Veröffentlichungen wie ›Marke Eigenbau. Der Aufstand der Massen gegen die Massenproduktion‹ von Holm Friebe und Thomas Ramge (2008) sowie dem 2006 gegründeten deutschen Pendant zur amerikanischen Selbermachplattform Etsy.com, dawanda.com, dem ›Marktplatz für Einzigartiges‹, der selbstgemachte ›products with Love‹ verkauft (die zumeist von Frauen mühevoll hergestellt und zu einem in keinem Verhältnis zum Aufwand stehenden Preis verkauft werden), bereits voll im Gange.«[110]

Mag sich die soziale Herkunft der Beteiligten gegenüber vergleichbaren Aktivitäten im 19. Jahrhundert verschoben haben, so zeigen sich doch *erstens* in geschlechtergeschichtlicher Hinsicht deutliche Kontinuitäten. (Textile) Handarbeiten wurden und werden mehrheitlich von Frauen praktiziert – gerade auch in ihrer kommerzialisierten Form. Bereits im 19. Jahrhundert waren es vor allem Frauen (freilich im Gegensatz zu heute eher Arbeiterfrauen als Frauen des Bürgertums), die ihre *domestic skills* kapitalisierten.[111] *Zweitens* weist auch das Verhältnis dieser Form der Betätigung zum Kapitalismus gewisse Kontinuitäten auf. Dieses Verhältnis war und ist ambivalent, jedenfalls weder gegenwärtig noch an der Wende zum 19. Jahrhundert eindeutig als kapitalismuskritisch oder gar antikapita-

---

107 Ebd.
108 Vgl. *Benson*, Penny Capitalists, S. 120.
109 Vgl. *Verena Kuni*, PopUpShop, in: Critical Crafting Circle (Hrsg.), Craftista! Handarbeit als Aktivismus, Mainz 2011, S. 144–157.
110 *Sonja Eismann/Elke Zobl*, Radical Crafting, DIY-Aktivismus & Gender-Politiken, in: Critical Crafting Circle, Craftista!, S. 188–197, hier: S. 192f.
111 Vgl. *Benson*, Penny Capitalists, S. 41–49. Unter den Bedingungen des textilindustriellen Heimgewerbes im ländlichen Raum konnte das allerdings auch eine Einebnung, teilweise sogar einen Umsturz der geschlechtsspezifischen Arbeitsteilung nach sich ziehen: Väter und Söhne verrichten die Feld- und Hausarbeit, damit Frauen und Töchter ungestört spinnen und damit das familiäre Einkommen sichern können. Mitunter wurde der gesamte Alltag um die hausindustrielle Tätigkeit der Frau herum organisiert. Vgl. *Mooser*, Ländliche Klassengesellschaft, S. 77f.

listisch einzuordnen.[112] Hans Medick hat bereits vor einiger Zeit darauf hingewiesen, dass auch die Verhaltensstandards und soziokulturellen Normen, die sich aus der »Ökonomie des Notbehelfs« um 1800 ergaben beziehungsweise ihr zugrunde lagen, nicht zwingend als bewusster Konflikt mit »den Zwängen der neuen kapitalistischen Märkte und Produktionsverhältnisse« zu interpretieren sind. Vielmehr handle es sich (»auch im Sinne einer positiven angepaßten Dynamik«, so Medick) um ein Marktphänomen.[113] Vor allem im Ausgabeverhalten zeige sich ein plebejischer Versuch »die Vorteile des neuen Kapitalismus erstmals [zu] nutzen, ohne seine Beschränkungen anzuerkennen«.[114] Medicks Zuordnung der kapitalismusaffinen Elemente aufseiten des Konsums, während Erwerb eher subsistenzökonomisch gerahmt wird, überzeugt allerdings nicht vollends. Auch die Generierung verschiedener Einkommen und Einkommensanteile wies früh kapitalistisch-unternehmerische Züge auf; allerdings in einer Form, in der Subsistenz und Kapitalismus nicht zu Gegensätzen wurden beziehungsweise die Logik der Prekarität mit der Logik des Unternehmerischen verschmolz.

Geliehenes Geld

Ebenso in einem kapitalismushistorischen Zwischenbereich lassen sich Klein- und Kleinstkredite verorten, die seit einiger Zeit aus alltagsgeschichtlicher und historisch-anthropologischer Perspektive diskutiert werden.[115] So hat Craig Muldrew die ausgedehnten und verzweigten Kreditnetzwerke im frühneuzeitlichen England rekonstruiert und auf die allgegenwärtige Rolle von Kredit und das Übergewicht kleiner, informell geregelter Kredite

---

112 Das gilt auch für die seit geraumer Zeit boomenden Projekte einer *Share Economy*. Diese zielen, so etwa Francesca Pick, Projektkoordinatorin bei OuiShare.net, langfristig auf »eine systemische und kulturelle Veränderung in der Gesellschaft«. Die praktische Schwierigkeit bestehe aber oft darin, dass viele Menschen zwar bereit sind, Dinge anderen zur temporären Nutzung zu überlassen, dies aber keineswegs immer ohne Gegenleistung. Aber selbst das gilt noch als »intermediärer Schritt«. »Natürlich ist es nicht ideal«, so Pick, »dass Leute ihre Sachen nur aufgrund einer Gewinnaussicht teilen. Aber ohne die würden sie es vielleicht gar nicht tun. Mit grundkapitalistischem Verhalten tragen die Leute also trotzdem dazu bei, die Share Economy zu verbreiten« (»Es geht um eine neue Gesellschaft«. Gespräch mit Francesca Prick, in: der Freitag, 28.5.2014, S. 20). Für eine solche Einschätzung bedarf es schon eines erheblichen Optimismus, stellt das Verleihen von Dingen gegen Gebühr, die Überlassung von Wohn- und Geschäftsräumen gegen Miete oder von Geld gegen Zinsen ja in der Tat ein »grundkapitalistisches Verhalten« dar, das zudem in Sachen Profitgier, Ausbeutungsgrad und anderer Begleiterscheinungen oft noch übler beleumundet ist als der reguläre Verkauf. Dass Kredit- oder Immobilienhaie aufgrund der Erfahrung, die sie beim profitablen »Teilen« ihres Gelds oder ihrer Häuser machen, zu einer kollaborativen Haltung finden, ist sozialhistorisch bisher nicht beobachtet worden. Die aktuellen Diskussionen um alternative Wirtschaftsformen überschreiten offensichtlich immer dann die Grenze zur Naivität, wenn es an kapitalismustheoretischer Reflexion und kapitalismushistorischer Tiefenschärfe fehlt; etwa dann, wenn völlig selbstverständlich davon ausgegangen wird, dass nur solche Dinge geteilt werden, die jemand bereits besitzt und (temporär) nicht benötigt. Ausgeblendet wird dabei die lange Geschichte einer kapitalistischen »Kultur des Teilens«, in der Dinge mit dem Ziel erworben werden, sie gewinnbringend anderen zu überlassen. Was als Alternative zum Kapitalismus startet, wird so zur konsumgesellschaftlichen Resteverwertung.
113 *Hans Medick*, Plebejische Kultur, plebejische Öffentlichkeit, plebejische Ökonomie. Über Verhaltensweisen Besitzarmer und Besitzloser in der Übergangsphase zum Kapitalismus, in: ders./ Robert M. Berdahl/Alf Lüdtke u.a. (Hrsg.), Klassen und Kultur. Sozialanthropologische Perspektiven in der Geschichtsschreibung, Frankfurt am Main 1982, S. 157–204, hier: S. 166.
114 Ebd., S. 173.
115 Als Überblick: *Mischa Suter*, Jenseits des »cash nexus«. Sozialgeschichte des Kredits zwischen kulturanthropologischen und informationsökonomischen Zugängen, in: WerkstattGeschichte, 2010, Nr. 53, S. 89–99.

hingewiesen.[116] In diesen Zusammenhang gehört auch das Pfandleihwesen. Die Pfandleihe war der »klassische Kredit armer Leute« seit dem 18. Jahrhundert. Es handelt sich um eine Kreditform, die »auf eine hochmobile städtische Bevölkerung zielte, die von ihrer Arbeitskraft lebte und nicht in der Lage war, auf familiale oder nachbarliche Netzwerke vor Ort zurückzugreifen«.[117]

Melanie Tebbutt konnte in ihrer Studie über die Pfandleihpraktiken der englischen Arbeiterschaft im 19. Jahrhundert nachweisen, dass Sparen stets auf konkreten Erwerb bezogen war und die erworbenen materiellen Besitztümer als »tangible assets« betrachtet wurden, die teilweise schon beim Erwerb darauf befragt wurden, was sie in der Pfandleihe einbringen werden. »Rather than standing idle in a savings account, money invested in material goods provided immediate enjoyment while being easily realizable.«[118] Das kapitalismustheoretisch Interessante daran ist, dass sich hier erzkapitalistischer Geist (der Horror vor unproduktivem Vermögen) und eine eher subsistenzökonomische Haltung (die Mobilisierung von Ressourcen nicht zwingend zum Zweck der Investition) überlagerten. Tebbutt berichtet von Praktiken, die sich sowohl als Beleg für die Ärmlichkeit der Verhältnisse als auch als (notgedrungen) kreatives Unternehmertum interpretieren lassen: Wäscherinnen, die die Wäsche der Kundinnen und Kunden bis zum Zahlungstermin verpfändeten, um »Kapital« für den täglichen Betrieb zu generieren; Fisch- und Gemüsehändler, die ihre Waren für das Tagesgeschäft bezahlten, indem sie allmorgendlich ihre Schlafdecken zur Pfandleihe brachten und abends mit einem Teil der Tageseinnahmen wieder auslösten; Schuhmacher, die halbfertige Zwischenprodukte in Zahlung gaben, da ihnen das Kapital fehlte, um alle für einen Auftrag benötigten Materialien auf einmal zu kaufen; Tischler und Schreiner, die nach den Sägearbeiten ihre Säge verpfändeten, um Nägel und Leim für den nächsten Arbeitsschritt zu bezahlen. Tebbutt berichtet von zahlreichen kleinen und kleinsten Krediten für kommerzielle Zwecke. »Many small-scale commercial enterprises were actually founded on the capital supplied by the pawnbroker, and those who depended on credit for their livelihood often relied in pledge shop advances to tide them over between payments.«[119] Das lässt sich um weitere Beispiele ergänzen. Johannes Laufer hat herausgearbeitet, dass im Oberharzer Bergbaugebiet im 19. Jahrhundert Bergmannsfrauen bei Händlern, Handwerkern und anderen Unternehmern in teilweise derart beachtlicher Höhe anschreiben ließen, dass diese Kredithäufung mit familiärem Konsum kaum zu erklären ist. Dieses Phänomen, so folgert er, »verweist auf deren spezifische kleinunternehmerische Aktivitäten im Hausier- und Hökereihandel [...]. Mit Hilfe von Krediten organisierten die Bergmannsfrauen die Vorfinanzierung der von ihnen erworbenen Handelswaren wie Textilien und spezielle Nahrungsmittel.«[120]

---

116 Vgl. *Craig Muldrew*, The Economy of Obligation. The Culture of Credit and Social Relations in Early Modern England, London/Basingstoke 1998; sowie *ders.*, Zur Anthropologie des Kapitalismus. Kredit, Vertrauen, Tausch und die Geschichte des Marktes in England 1500–1750, in: Historische Anthropologie 6, 1998, S. 167–199.
117 *Carola Lipp*, Aspekte der mikrohistorischen und kulturanthropologischen Kreditforschung, in: *Jürgen Schlumbohm* (Hrsg.), Soziale Praxis des Kredits. 16.–20. Jahrhundert, Hannover 2007, S. 15–36, hier: S. 22f. Vgl. auch *Melanie Tebbutt*, Making Ends Meet. Pawnbroking and Working-class Credit, Leicester 1983; sowie *Karl Christian Führer*, Pawning in German Working-Class Life Before the First World War, in: International Review of Social History 46, 2001, S. 29–44; *Andreas Kulhawy*, Das Braunschweigische Leihhaus als Instrument der Modernisierung (1830–1918), Braunschweig 2012.
118 *Tebbutt*, Making Ends Meet, S. 16f.
119 Ebd., S. 22.
120 *Johannes Laufer*, »Soziale Kredite«. Kredit als Element der Sozialordnung in den Oberharzer Bergstädten des 19. Jahrhunderts, in: *Schlumbohm*, Soziale Praxis des Kredits, S. 99–120, hier: S. 114.

Prekarität. Eine nützliche Kategorie der historischen Kapitalismusanalyse 77

Wo die einen Kredite aufnahmen, um ein Geschäft zu forcieren, da machten die anderen aus der Kreditvergabe ihr Geschäft. Vor allem bei Kleinkrediten ist es schwierig, den Grad der Kommerzialisierung zu fassen, griffen hier doch immer auch soziale Motive.

»Bei Kleinkrediten war nicht der finanzielle Gewinn wichtig, sondern die mit dem Kredit erworbene langfristige Chance, im Bedarfsfall ähnliche Leistungen zu erhalten und ebenfalls unterstützt zu werden. Es geht also nicht um direkte Reziprozität wie bei der Gabe, sondern um allgemeine perspektivische, hinter der die Frage nach Zinsgewinnen (partiell wenigstens) zurücktrat. Vor allem im Kontext der Familienökonomie und von Erbgängen gingen oft Geschenk und günstiger Kaufkredit direkt ineinander über.«[121]

Ähnliche Ambivalenzen prägen auch ländliche Gewerberegionen. Einerseits zeigt sich eine zunehmende Abhängigkeit kleiner Produzenten von kaufmännischem Kapital, andererseits eine lokal verankerte Kreditökonomie, an der »so gut wie alle ländlichen Schichten« beteiligt waren. Zu einem gewissen Teil war dieses System »nur ein anderer Ausdruck für die Arbeits-Produkten-Tauschwirtschaft, da die Unterschichten die Schulden oft wieder in Arbeit abgegolten haben«; also nicht nur wenig kapitalistisch, sondern im Einzelfall auch hinderlich für die Ausbreitung des handelskapitalistischen Kredits.[122] Allerdings wäre es verfehlt, die kleinen freundschaftlichen, nachbarschaftlichen und familiären Kredite gänzlich aus dem Feld kapitalistischer Ökonomie zu verabschieden – dafür war die Geldleihe einerseits zu verbreitet und andererseits in ihren Formen und Motiven zu vielfältig. Oft waren es Frauen, die kleine Finanzgeschäfte betrieben. Sie organisierten nachbarschaftliche Sparvereine, verwalteten und verliehen Gelder und anderes.[123] Die meisten dieser Aktivitäten hatten ein bestimmtes Ziel vor Augen: »to make some extra money by easing their neighbours' immediate financial worries«. Allerdings waren die wenigsten Kreditgeber ausschließlich als Finanzdienstleister aktiv. Im Regelfall waren es Buchmacher, Wirte oder Händler, die das Kreditgeschäft schlicht als Verlängerung ihrer »eigentlichen« Tätigkeit betrachteten und betrieben.[124] Auch dieses aus der kleingeldkapitalistischen Welt des 19. Jahrhunderts bekannte Modell der privaten Kleinkredite hat inzwischen eine Renaissance erfahren; etwa in Form des Online-Kreditmarktplatzes Auxmoney.com. Derartige Angebote sollen es ermöglichen, direkt, also unter Umgehung von Banken als Gatekeeper, in die Kreditnehmer zu investieren – und zwar »von Mensch zu Mensch«, »in echte Projekte und nicht in abstrakte Fonds«.[125]

Die skizzierten Finanzpraktiken lassen sich in verschiedene Richtungen interpretieren. *Erstens* bietet es sich an, die vielfältigen Kreditinstrumente und den Umgang mit ihnen als Strategien sozialer Sicherung zu fassen. Dabei erfüllten die einzelnen Kreditformen

---

121 *Lipp*, Aspekte der mikrohistorischen und kulturanthropologischen Kreditforschung, S. 29f.
122 Vgl. *Mooser*, Ländliche Klassengesellschaft, S. 293–298.
123 Jürgen Finger identifiziert ein weiteres, im Vergleich zur Geldleihe bisher noch kaum bearbeitetes Feld: das Agieren als Kleinanleger auf dem »grauen Kapitalmarkt« bereits seit der Mitte des 19. Jahrhunderts (vgl. den Beitrag in diesem Band). Offenkundig hielt der Kleingeldkapitalismus früh Einzug in die Finanzmärkte. Dabei stellt sich auch die Frage nach dem Aufstieg von Finanzspekulationen als sozialer Praxis, wie sie etwa Kieran Heinemann für die britische Geschichte der 1950er- und 1960er-Jahre diskutiert (vgl. den Beitrag in diesem Band).
124 *Benson*, Penny Capitalists, S. 89–97, hier: S. 89; vgl. auch *Tebbutt*, Making Ends Meet, S. 50–54.
125 Dieses sehr spezifische Verständnis von Kredit durchzieht in aufschlussreicher Rhetorik den gesamten öffentlichen Auftritt, vgl. URL: <https://www.auxmoney.com> [11.8.2016]. Derartige Geschäftsmodelle fügen sich bruchlos in wirtschaftspolitische Ideologien, die die Zukunft des Kapitalismus in einem finanzmarktgetriebenen Wachstumspfad sahen. Alles werde gut, so parodiert Randall Collins diese Position, wenn jeder sein eigener kleiner Finanzmarktkapitalist werden und anfangen würde, nicht mehr von Lohneinkommen, sondern von »investment returns« zu leben. *Collins*, End of Middle-Class Work, S. 44–47.

durchaus verschiedene Funktionen. »Kurzfristige Kleinkredite sowie das Borgen und Anschreiben dienten in der Regel der Versorgung mit lebensnotwendigen Gütern und zur Überbrückung akuter Mangel- oder Teuerungskrisen«, während langfristige Hypothekendarlehen »zur Finanzierung außerordentlicher Bedürfnisse und insbesondere zum Haus- und Grunderwerb genutzt« wurden und »Teil gruppenspezifischer Strategien sozialer Sicherung« waren. »Kredite«, so resümiert Johannes Laufer, »bildeten einen zentralen Bestandteil dieses Selbsthilfepotentials oder der Ökonomie des Notbehelfs«.[126] *Zweitens* wäre es denkbar, Bezüge dieser praktischen Selbsthilfebemühungen zu frühsozialistischen Debatten herzustellen, etwa zu Henri de Saint-Simons »Pläne[n], durch eine Zentralbank für eine faire, vor allem den unteren Schichten zugute kommende Verteilung von unternehmerischem Startkapital zu sorgen«.[127] Die Kreditfrage wird in dieser Perspektive zu einem Vehikel, die Ungerechtigkeiten des kapitalistischen Markts dadurch zurückzudrängen, indem es alle in den Stand versetzen soll, unternehmerisch zu agieren. Der Kredit wird zu einem »sozialrevolutionären Prinzip […], weil er die Kaufkraft von der Kontrolle durch ererbten Reichtum befreit«.[128] *Drittens* ließe sich diskutieren, inwieweit Strategien sozialer Absicherung oder marktsozialistische Utopien in kapitalistische Investitionsstrategien übergingen, wurde doch beispielsweise der Haus- und Wiesenbesitz bewusst als Quelle von Miet- und sonstigen Einnahmen begriffen – zur Verbesserung des Haushaltsbudgets, zur Erwirtschaftung des Hypothekenzinses, aber auch zur Anhäufung kleiner Vermögen etwa mit Blick auf die Altersversorgung.[129] Einige der skizzierten Beispiele deuten darauf hin, dass Klein- und Kleinstkredite nicht nur der unmittelbaren Bedürfnisbefriedigung, also der Besorgung der Dinge des täglichen Bedarfs oder der Versorgung mit lebensnotwendigen Gütern, dienten, sondern auch der Unternehmensfinanzierung, wie bescheiden auch immer. Auch im Kleinen zeigen sich Unternehmer in einem weiteren, bereits diskutierten schumperschen Sinn: nämlich diejenigen, die mit geliehenem Geld eine Unternehmung angehen. Viele der Klein- und Kleinstkredite haben sicher dazu gedient, die gelegentlich oder regelmäßig sich auftuende Kluft zwischen Einnahmen und Ausgaben zu überbrücken, Zahlungsausfälle oder -verzögerungen kurzfristig abzufedern, waren also Betriebskredite, die Schumpeter als nicht relevant für die Bestimmung der Funktion des Unternehmers begreift. Andere Kredite dürften allerdings Schumpeters Modell, das auf einen konstitutiven Zusammenhang von Unternehmer und Kredit abhebt, nahekommen. In gewisser Weise scheinen die Klein- und Kleinstunternehmer sowie die prekären Soloselbstständigen des 19. Jahrhunderts einen günstigeren Zugang zu Kapital gehabt zu haben als ihre heutigen Pendants. Gegenwärtig, so zumindest Sergio Bologna, hätten nämlich kleine Selbstständige kaum einen Zugang zum Kreditmarkt – weshalb man sie im strengen Sinn nicht »Unternehmer« nennen sollte. Kredite können zwar durchaus eine Rolle spielen, diese seien aber in der Regel nicht als Investitionskredite über den freien Markt organisiert, sondern als ein Instrument der Beschäftigungspolitik seitens der öffentlichen Hand.[130]

---

126 *Laufer*, »Soziale Kredite«, S. 101f. Die Pfandleihe dürfte wegen der geringen Höhe der zu realisierenden Summen nur selten zur Überbrückung unmittelbar drückender Notlagen in Anspruch genommen worden sein, sondern kam wohl eher infrage, wenn man kurzfristige Sonderausgaben hatte und sich ziemlich sicher war, die beliehenen Dinge rasch wieder auslösen zu können. Vgl. *Führer*, Pawning in German Working-Class Life, S. 42f.
127 *Honneth*, Idee des Sozialismus, S. 90.
128 *Ders.*, Die Kritik des Marktes vom 19. Jahrhundert bis zur Gegenwart, in: ders./Lisa Herzog (Hrsg.), Der Wert des Marktes. Ein ökonomisch-philosophischer Diskurs vom 18. Jahrhundert bis zur Gegenwart, Berlin 2014, S. 155–173, hier: S. 157.
129 Vgl. *Laufer*, »Soziale Kredite«, S. 112f.
130 *Bologna*, Die Zerstörung der Mittelschichten, S. 33 und 58–60. Punktuell scheint sich das gegenwärtig, etwa durch Crowdfunding-Modelle oder Kleinkreditplattformen, zu ändern.

V. RESÜMEE UND PERSPEKTIVEN

Im vorliegenden Aufsatz wurden, in theoretisch-konzeptioneller Absicht, Entwicklungen angesprochen, die auf den ersten Blick disparat wirken. Ihr gemeinsamer Nenner besteht darin, dass sie sich jenseits der Fabriken und Großunternehmen abspielten. Eine systematische Dezentrierung des Industriekapitalismus, das sollte deutlich geworden sein, ermöglicht es, Praktiken in den Blick zu nehmen, die bisher als marginal erscheinen konnten: Praktiken, die zwar nicht *industrie*kapitalistisch, aber dennoch sehr wohl *kapitalistisch* und zudem verbreiteter (und für den Kapitalismus vielleicht auch charakteristischer) sind, als es den Anschein hat. Sowohl in der ersten Hälfte des 19. Jahrhunderts als auch gegenwärtig begegnen Figuren wie etwa Kleingeldkapitalisten, prekäre Unternehmer und Soloselbstständige, die sich einer sauberen begrifflichen Abgrenzung entziehen, gleichwohl aber zu einer Neujustierung der Kapitalismustheorie beitragen können. Vor allem aber zeigen sich sozialgeschichtliche Brücken für einen Epochenvergleich, der – vielleicht etwas zu pointiert gesagt – Prä- und Postfordismus kurzschließen kann. In vergleichender Perspektive könnte *erstens* die Aufmerksamkeit auf kapitalistische Beschäftigungsformen gelenkt werden, die durch eine relative Kontrolle über den Arbeitsprozess gekennzeichnet beziehungsweise dauerhaft zwischen Lohnabhängigkeit und Angestelltenverhältnissen angesiedelt sind; also Beschäftigungsformen, bei denen *indirekte* Abhängigkeiten – vom Markt, von Krediten und anderen Faktoren – gegenüber direkten Eingriffen und Anweisungen dominieren. *Zweitens* wäre der Vergleich auf kleinbetriebliche Formen auszurichten, die wenig Raum für formalisierte interne Hierarchien oder strikte Rollenaufteilung und Arbeitsteilung lassen – also auf Unternehmensformen, die schnelles Wachstum ebenso ermöglichen wie geräuschloses Schrumpfen, da ihre Grenzen relativ offen sind. *Drittens* erschließen sich Ähnlichkeiten prä- und postfordistischer Beschäftigungen über die spezifische Form der Arbeitszeitgestaltung: sich regelmäßig, aber nicht immer vorhersehbar abwechselnde Phasen erheblicher Arbeitsverdichtung und relativer Unterbeschäftigung; ein eher projektförmiger als kontinuierlich-linearer Arbeitsprozess sowie die wechselseitige Durchdringung von Arbeit und Freizeit. *Viertens* ist zu fragen, ob und welche Tätigkeiten, Dienstleistungen und anderen Felder jeweils bevorzugt zusammengebunden werden (und welche Fähigkeiten und Kompetenzen dafür prädestiniert sind, in mitunter sehr verschiedenen Kontexten kapitalisiert zu werden), trägt der prekäre Kleingeldkapitalismus doch in jeder Epoche Zeichen einer kombinierten Ökonomie und einer Nischenökonomie. *Fünftens* ähneln sich die zum Einsatz kommenden Produktionsmittel, also Werkzeuge, Technik, Kapital und andere, zumindest in funktionaler Hinsicht. Prekäre Selbstständige finanzierten und finanzieren sich und ihre Unternehmungen weder im Vormärz noch »nach dem Boom« über den Aktienmarkt oder klassische Unternehmenskredite etablierter Geschäftsbanken. Über diese negative Bestimmung hinaus hätte ein Vergleich die Aufgabe, die jeweils konkreten Finanzierungsmodelle in ihren Gemeinsamkeiten und Unterschieden herauszuarbeiten. Es ist zu vermuten, dass in der konkreten Ausgestaltung die Unterschiede überwiegen, während Gemeinsamkeiten eher funktionaler und struktureller Natur sein dürften. Ähnlich verhält es sich auch in anderen Bereichen: Ein vormärzlicher Tischler verwendete natürlich andere Werkzeuge und Technik als ein postfordistischer Grafikdesigner. In beiden Fällen wäre aber zu diskutieren, ob und inwieweit eine bestimmte Art der Beschäftigung eine bestimmte Art von Werkzeugen und Technik privilegiert (und vielleicht auch voraussetzt): solche nämlich, die einerseits möglichst wenig Betriebskapital dauerhaft binden und andererseits flexibel einsetzbar sind.

Empirische Tiefenbohrungen in jedem der angesprochenen Bereiche werden sicher auch den Blick für die Grenzen eines epochenübergreifenden Vergleichs schärfen. Die im vorliegenden Aufsatz als prekäre Selbstständigkeit oder Kleingeldkapitalismus beschriebenen Praktiken sind sicher nicht identisch. Ihre Vergleichbarkeit, so die zugrunde gelegte Hypothese, ergibt sich in erster Linie aus dem Spannungsverhältnis zum Industriekapitalismus. Rückt man die Besonderheiten dieser Praktiken in Abgrenzung zur industriellen Produktion ins Zentrum, dann kann an die Stelle der homogenisierenden Dampfwalzentheorie des Kapitalismus, die Karl Marx und Friedrich Engels im »Manifest der Kommunistischen Partei« entfaltet haben und deren rhetorische Suggestivkraft zahlreiche Kapitalismusnarrative seither prägt, der Fokus auf lokale Dynamiken treten, der vielleicht zum Ausgangspunkt einer Geschichte der Formierung einer klein- und kleinstkapitalistischen Multitude werden kann.

Jürgen Dinkel

Erben und vererben in der Moderne
Erkundungen eines Forschungsfelds

Die Annahme von Erbe stellte schon immer einen spezifischen Zugang zu Eigentum und Eigentumsrechten dar, den Erbrecht und Erbpraktiken regulierten. In früheren Jahrhunderten galt dies stärker als im 20. Jahrhundert. Gleichwohl verloren Erbschaften auch im letzten Jahrhundert gegenüber dem durch Lohn und Leistung Erworbenen nur teilweise und nie vollständig ihre Bedeutung als Möglichkeit des Vermögenerwerbs.[1] Vielmehr nahm die Bedeutung von Erbschaften als Weg zu Wohlstand seit den 1980er-Jahren wieder zu.[2] Seitdem werden die Folgen von Erbschaften, Erbschaftssteuern und Erbpraktiken für die soziale Schichtung der modernen Gesellschaft sowie für die Lebensplanungen von Erblassern und Erben wieder intensiver in der Öffentlichkeit und in der Wissenschaft diskutiert.[3]

Ökonomen haben durch die Analyse der nur lückenhaft vorhandenen Erbschaftssteuerstatistiken und der seit Mitte der 1980er-Jahre durchgeführten Bevölkerungsbefragungen (Sozio-oekonomisches Panel SOEP, Deutscher Alterssurvey) begonnen, das jährlich transferierte Erbvolumen und dessen Verteilung innerhalb der bundesdeutschen Gesellschaft zu vermessen, während Soziologen und Juristen den Wandel der politischen und gesetzlichen Grundlagen der Vermögensweitergabe herausgearbeitet haben.[4] Zur Analyse von biologischen, religiösen und literarischen Erbdiskursen haben überdies Literatur- und Kulturwissenschaftlerinnen und -wissenschaftler wichtige Beiträge geleistet. Sie beschrieben die rechtlichen, ökonomischen und diskursiven Rahmenbedingungen, innerhalb derer sich die Nachlassweitergabe in der bundesdeutschen Gesellschaft vollzog.[5] Die konkrete Aus-

---

1 So das Ergebnis des kenntnisreichen Forschungsüberblicks von *Margareth Lanzinger*, Vererbung: Soziale und rechtliche, materielle und symbolische Aspekte, in: *Joachim Eibach/Simone Derix/Philip Hahn* u. a. (Hrsg.), Das Haus in der Geschichte Europas. Ein Handbuch, Berlin 2015, S. 319–336.
2 *Thomas Piketty*, Das Kapital im 21. Jahrhundert, München 2014 (zuerst frz. 2013); *Christoph Schinke*, Inheritance in Germany 1911 to 2009: A Mortality Multiplier Approach, in: SOEPpapers, 2012, Nr. 462; *Timm Bönke/Giacomo Corneo/Christian Westermeier*, Erbschaft und Eigenleistung im Vermögen der Deutschen: Eine Verteilungsanalyse, in: FU Berlin – Fachbereich Wirtschaftswissenschaften, Diskussionsbeiträge Economics, 2015, Nr. 10, hier: S. 17.
3 Vergleiche hierfür beispielhaft die Debatten um die beiden Bücher von Thomas Piketty und Julia Friedrichs: *Piketty*, Das Kapital im 21. Jahrhundert; *Julia Friedrichs*, Wir Erben. Was Geld mit Menschen macht, Berlin 2015.
4 *Jens Beckert*, Unverdientes Vermögen. Soziologie des Erbrechts, Frankfurt am Main/New York 2004; *Anatol Dutta*, Warum Erbrecht? Das Vermögensrecht des Generationenwechsels in funktionaler Betrachtung, Tübingen 2014; *Frank Lettke* (Hrsg.), Erben und Vererben. Gestaltung und Regulation von Generationenbeziehungen, Konstanz 2003; *Marc Szydlik/Jürgen Schupp*, Wer erbt mehr? Erbschaften, Sozialstruktur und Alterssicherung, in: Kölner Zeitschrift für Soziologie und Sozialpsychologie (KZfSS) 56, 2004, S. 609–629; das Potenzial von kulturvergleichenden Studien zeigt auch Werner M. Egli auf: *Werner M. Egli*, Erben, Erbrecht und Erbschaftssteuern im Kulturvergleich, in: Forum historiae iuris, 30.7.2000, URL: <http://www.forhistiur.de/2000-07-egli> [29.8.2016].
5 *Stefan Willer/Sigrid Weigel/Bernhard Jussen* (Hrsg.), Erbe. Übertragungskonzepte zwischen Natur und Kultur, Berlin 2013; *Stefan Willer*, Erbfälle. Theorie und Praxis kultureller Übertragung in der Moderne, Paderborn 2014. *Ulrike Vedder*, Das Testament als literarisches Dispositiv. Kulturelle Praktiken des Erbes in der Literatur des 19. Jahrhunderts, Paderborn 2011.

gestaltung dieser Spielräume durch einzelne Erblasser und Erben blieb jedoch weitgehend unbeachtet.[6] Dies liegt auch daran, dass Historikerinnen und Historiker das Thema »Erben und Vererben« für das 20. Jahrhundert bisher erstaunlich stiefmütterlich behandelt haben.[7] Für ältere Epochen hingegen sind die Weitergabe von Land, Immobilien, Privilegien und Geld, strategisches Heiratsverhalten, Versorgung der »weichenden« Erben und unterschiedliche Erbpraktiken (zum Beispiel Realteilung, Anerbenrecht) in verschiedenen sozialen Gruppen sehr gut erforscht.[8] Überzeugend haben Historikerinnen und Historiker – wie zuletzt Margareth Lanzinger – aufgezeigt, »dass Recht und Praxis nicht direkt aufeinander bezogen zu denken sind«. Vielmehr sei die Erbpraxis als ein Übersetzungsprozess von Rechtsnormen zu verstehen, »in dem historische Akteure und Akteurinnen Lücken und Uneindeutigkeiten ebenso genutzt haben wie darin angelegte Möglichkeiten der Instrumentalisierung«.[9] Während die Geschichtswissenschaft somit empirisch dichte Studien zur Genese und zu Folgen von Erbrechten und -praktiken bis zum Beginn des 20. Jahrhunderts vorgelegt hat, liegt der Schwerpunkt von ökonomischen und soziologischen Arbeiten auf dem Zeitraum seit Ende der 1980er-Jahre.

Vor diesem Hintergrund unternimmt der Beitrag einen Brückenschlag zwischen den geschichtswissenschaftlichen Arbeiten zum 19. und frühen 20. Jahrhundert und Studien zu Erbtransfers seit den 1980er-Jahren. Ziel ist es, aus einer offenen Perspektive Prozesse des Erbens und Vererbens, im engen Wortsinne verstanden als »Weitergabe von materiellem Eigentum und Eigentumsrechten im Todesfall«, für die (west-)deutsche Gesellschaft des 20. Jahrhunderts zu analysieren.[10]

---

6 Ausnahmen sind *Marianne Kosmann*, Wie Frauen erben. Geschlechterverhältnis und Erbprozeß, Opladen 1998; *Ulrike Langbein*, Geerbte Dinge. Soziale Praxis und symbolische Bedeutung des Erbens, Köln/Weimar etc. 2002.

7 *Dirk van Laak*, Was bleibt? Erben und Vererben als Themen der zeithistorischen Forschung, in: Zeithistorische Forschungen/Studies in Contemporary History 13, 2016, S. 136–150; seltene Beispiele sind *Clemens Wischermann*, »Mein Erbe ist das Vaterland«. Sozialreform und Staatserbrecht im Kaiserreich und in der Weimarer Republik, in: *Lettke*, Erben und Vererben, S. 31–57; *Michael Werner*, Stiftungsstadt und Bürgertum. Hamburgs Stiftungskultur vom Kaiserreich bis in den Nationalsozialismus, München 2011; *Michael Schäfer*, Familienunternehmen und Unternehmerfamilien. Zur Sozial- und Wirtschaftsgeschichte der sächsischen Unternehmer 1850–1940, München 2007; *Sonja Niederacher*, Eigentum und Geschlecht. Jüdische Unternehmerfamilien in Wien (1900–1960), Wien/Köln etc. 2012; *Simone Derix*, Die Thyssens. Familie und Vermögen, Paderborn 2016 (im Erscheinen).

8 Vgl. *Karin Gottschalk*, Eigentum, Geschlecht, Gerechtigkeit. Haushalten und Erben im frühneuzeitlichen Leipzig, Frankfurt am Main/New York 2003; *Stefanie Bietz*, Erbschaften im Bürgertum. Eigentum und Geschlecht in Sachsen (1865–1900), Leipzig 2012; *Margareth Lanzinger*, Das gesicherte Erbe. Heirat in lokalen und familialen Kontexten. Innichen 1700–1900, Wien/Köln etc. 2003; *David W. Sabean*, Kinship in Neckarhausen, 1700–1870, Cambridge/New York etc. 1998; *Hans Medick/David W. Sabean* (Hrsg.), Emotionen und materielle Interessen. Sozialanthropologische und historische Beiträge zur Familienforschung, Göttingen 1984; *Christine Fertig*, Familie, verwandtschaftliche Netzwerke und Klassenbildung im ländlichen Westfalen (1750–1874), Stuttgart 2012; *Georg Fertig*, Äcker, Wirte, Gaben. Ländlicher Bodenmarkt und liberale Eigentumsordnung im Westfalen des 19. Jahrhunderts, Berlin 2007; *Johannes Bracht*, Geldlose Zeiten und überfüllte Kassen. Sparen, Leihen und Vererben in der ländlichen Gesellschaft Westfalens (1830–1866), Stuttgart 2013; *Hannes Grandit/Patrick Heady* (Hrsg.), Distinct Inheritances. Property, Family and Community in a Changing Europe, Berlin 2004.

9 *Lanzinger*, Vererbung, S. 323. Beispielhaft vgl. *Daniela Münkel*, Bäuerliche Interessen versus NS-Ideologie. Das Reichserbhofgesetz in der Praxis, in: VfZ 44, 1996, S. 549–580.

10 Zur Begriffsdefinition vgl. *Jack Goody*, Erbschaft, Eigentum und Frauen. Einige vergleichende Bemerkungen, in: *Michael Mitterauer/Reinhard Sieder* (Hrsg.), Historische Familienforschung, Frankfurt am Main 1982, S. 88–121, S. 92.

Der Beitrag basiert auf der Annahme, dass der materielle Transfer im Todesfall von politischen, rechtlichen und wirtschaftlichen Kontexten, von religiösen Überzeugungen, von den Wert- und Familienvorstellungen sozialer Gruppen, von verwandtschaftlichen Beziehungen und Nahverhältnissen, von dem (Nicht-)Vorhandensein anderer Erwerbsmöglichkeiten, kollektiven und individuellen Zukunftserwartungen sowie von Emotionen beeinflusst wurde. Zugleich gilt es jeweils zu analysieren, welches Gewicht die einzelnen Faktoren für eine bestimmte soziale Gruppe und einzelne Erblasser zu verschiedenen Zeitpunkten besaßen.[11] Dies bedeutet umgekehrt, dass im Erbfall verschiedene gesellschaftliche Leitbilder, die Beziehungen zwischen den Generationen, zwischen den Geschlechtern, zwischen verschiedenen Familienmitgliedern sowie konkurrierende Zukunftserwartungen jeweils neu ausgehandelt und dann durch die Verteilung des Erbes in materieller Form symbolisch bestätigt oder infrage gestellt wurden. Der »Erbfall« wird daher als Seismograf verstanden, der Auskunft über Familien- und Zukunftsvorstellungen in verschiedenen sozialen Gruppen wie über soziale Ungleichheiten und deren Wandel in der Moderne geben kann. Von diesen Überlegungen ausgehend ist es das Ziel des vorliegenden Beitrags, die wesentlichen Kontexte der Vermögensweitergaben im Todesfall und konkrete Erbpraktiken in Deutschland ab dem 19. Jahrhundert zu untersuchen. Dadurch sollen Erkenntnisse über sich verändernde Familienvorstellungen gewonnen und ein Beitrag zur Geschichte sozialer Ungleichheit geleistet werden.

Zum einen greift er hierfür auf die vorhandene Literatur zurück, die synthetisiert und in übergreifende Deutungen eingebunden wird. Aufgrund des Forschungsstands werden die verschiedenen Kontexte und Praktiken jedoch nicht in gleicher Ausführlichkeit dargestellt. Vielmehr sollen vorhandene Forschungslücken aufgezeigt und Perspektiven für weitere Studien aufgeworfen werden.

Zum anderen baut der Beitrag auf eigene Forschungen zu Erbpraktiken im hessischen Raum auf, insbesondere zu Frankfurt am Main seit der Zwischenkriegszeit.[12] Herangezogen werden Nachlassakten des »Zentralarchivs der Evangelischen Kirche in Hessen und Nassau« (ZAEKHN) sowie Amts- und Oberlandesgerichtsakten, die bis in die 1970er-Jahre einsehbar sind. In letzteren finden sich Informationen zu Erbstreitigkeiten, über Notare, Rechtspfleger oder Nachlassverwalter sowie zu Erbpraktiken. Diese Akten reproduzieren die Perspektive der Verwaltung auf Nachlassübergaben und ermöglichen zugleich einen Blick auf Akteure, die in Erbübertragungen eingebunden waren. Erbratgeber und Informationsbroschüren von Notaren, Steuerberatern und Erbenermittlern stellen eine weitere in die Analyse einbezogene Quellengattung dar. Ratgeber und Broschüren werden dabei als Medien verstanden, die dem Leser »Expertise, Hilfestellung und konkrete Lösungen für alltägliche Probleme anbieten« und ihn in die Lage versetzen, diese Probleme selbstständig »unter sachkundiger Anleitung zu lösen«.[13] Ihre Analyse verspricht Erkenntnisse über die Angebote an bestimmtem Wissen, die Zirkulation von Wissen zu bestimmten Zeitpunkten und nicht zuletzt über die Etablierung von Experten, die in irgendeiner Form beruflich an der Vermögensübertragung im Todesfall beteiligt waren, dadurch möglicherweise auf den Vermögenstransfer einwirkten und diesen in eine bestimmte Richtung lenkten.

Das zentrale Quellenkorpus stellen 1.529 Nachlassakten des Amtsgerichts Frankfurt am Main dar. Von der Zwischenkriegszeit bis ins Jahr 2000 wurden ausgehend von politi-

---
11 *Sibylle Plogstedt*, Abenteuer Erben. 25 Familienkonflikte, Stuttgart 2011.
12 Zu Erbpraktiken in Frankfurt am Main im 18. und frühen 19. Jahrhundert vgl. *Barbara Dölemeyer*, Vermögenstransfers in bürgerlichen Familien: Frankfurt am Main im 18. und 19. Jahrhundert, in: *Stefan Brakensiek* (Hrsg.), Generationengerechtigkeit? Normen und Praxis im Erb- und Ehegüterrecht 1500–1850, Berlin 2006, S. 79–94.
13 *Florian Greiner*, »Richtig sterben«. Populäres Wissen zum Thema »Tod« seit den 1970er-Jahren, in: AfS 55, 2015, S. 275–296, hier: S. 276.

schen und wirtschaftlichen Zäsuren für fünf Jahrgänge (1925, 1940, 1950, 1970 und 2000) aus den vorhandenen Nachlassakten Stichproben gezogen, um Erbpraktiken in Frankfurt am Main quantitativ und qualitativ auswerten zu können. Weitere Stichprobenziehungen bis Mitte des 19. Jahrhunderts, auch für das ländliche Hessen, sind geplant. In einer Nachlassakte fassten die Mitarbeiter des Amtsgerichts Frankfurt am Main die wichtigsten Informationen zu einem Erbfall zusammen und legten eine sogenannte IVer-Akte an, wenn ein Testament vorhanden war, oder eine VIer-Akte, wenn kein Testament vorhanden war und die gesetzliche Erbfolge eintrat oder es zur Erbausschlagung, Nachlasspflege oder Erbstreitigkeiten kam. Für mehrere Erbfälle existieren daher eine IVer- und eine VIer-Akte.

IVer-Akten, in denen auch die Testamente der Erblasser aufbewahrt werden, geben im Idealfall folgende Auskünfte über den Verstorbenen: Geschlecht, Wohnort, Geburtsdatum und -ort, Sterbedatum und -ort, Religionszugehörigkeit, Familienstand zum Zeitpunkt des Todes und zum Zeitpunkt der Testamentserrichtung, Angaben zu Kindern und sonstigen gesetzlichen Erben, Beruf, Titel, Nachlasswert und -gegenstände. In der Realität sind diese Angaben nicht in jeder Akte zu finden, was dazu führt, dass die Anzahl der Erbfälle, die in diesem Beitrag ein Argument belegen, variiert. Insgesamt wurden in den fünf ausgewählten Jahrgängen jeweils ungefähr 10–15% der überlieferten IVer-Akten, zusammen 797 Stück, zufällig ausgewählt und analysiert.[14] Zusammengenommen erlauben diese Angaben eine gesellschaftliche Verortung der Erblasser, wobei zu beachten ist, dass Erblasser und Erben aus steuerlichen Gründen Interesse daran hatten, den Nachlasswert möglichst niedrig anzugeben.[15]

Die in den IVer-Akten enthaltenen Testamente erlauben zudem Aussagen über Zeitpunkt und Ort der Testamentserrichtung, die Art des Testaments (privatschriftlich oder notariell) und den Erblasserwillen. In jedem Fall hielten Testatoren die gewünschte Aufteilung des Vermögens fest und begründeten diese zum Teil. Aus diesen Angaben lässt sich ermitteln, zu welchen Zeitpunkten ihres Lebens sich Erblasser mit ihrer Nachlassplanung beschäftigten und wie sie ihr Erbe verteilten. In ausführlicheren Testamenten wird darüber hinaus sichtbar, welche Faktoren (zum Beispiel Wertvorstellungen, Familienzugehörigkeit, Nahbeziehungen, Verhaltensweisen) die Verteilung von Erbe bestimmten. Allerdings waren die Angehörigen des Erblassers nicht immer mit dessen letztem Willen einverstanden. In diesen Fällen prüfte das Amtsgericht Pflichtteilsansprüche und griff möglicherweise in die Erbaufteilung ein, was in der Regel zur Anlage einer VIer-Akte führte. VIer-Akten geben Aufschluss darüber, wann es zu Erbstreitigkeiten kam und mit welchen Argumenten potenzielle Erben Anspruch auf ihre Anteile erhoben. Des Weiteren wurden in diesen Akten Erbübertragungen festgehalten, in denen die gesetzliche Erbfolge (Intestaterbfolge) die Nachlassverteilung bestimmte, wodurch sich ermitteln ließ, ob und an welchen Punkten sich die Erbpraktiken von Testatoren von der gesetzlichen Erbübertragung unterschieden. Zum Vergleich mit den analysierten IVer-Akten wurden daher aus denselben Jahren jeweils annähernd gleich viele VIer-Akten ausgewertet, insgesamt 732 Stück, die sich folgendermaßen verteilen (vgl. Tabelle 1).

Zur genaueren Einordnung der Befunde aus den Testamentsakten wurden außerdem zeitgenössische juristische Studien der Rechtstatsachenforschung herangezogen, die das Testierverhalten der deutschen Bevölkerung für einzelne Jahre punktuell innerhalb einzelner Amtsgerichtsbezirke analysieren.[16]

---

14 Für das Jahr 2000 liegt der Prozentsatz der ausgewerteten Akten bei circa 5%.
15 Eine detailliertere Beschreibung von IV-Akten findet sich bei *Gabriele Metternich*, Verfügungsverhalten von Erblassern. Eine empirische Untersuchung zur Rechtstatsachenforschung und Reformdiskussion auf dem Gebiet des Erbrechts, Frankfurt am Main/Berlin etc. 2010, S. 28f.
16 *Dieter Leipold*, Wandlungen in den Grundlagen des Erbrechts?, in: Archiv für die civilistische Praxis Bd. 180, 1980, S. 160–238; *Günther Schulte*, Art und Inhalt eröffneter Verfügungen von

Tabelle 1: Übersicht ausgewerteter Nachlassakten aus dem Hessischen Hauptstaatsarchiv Wiesbaden und dem Amtsgericht Frankfurt am Main

Jahr	IVer-Akten	VIer-Akten	Gesamt
1925	185	145	330
1940	148	128	276
1950	148	168	316
1970	152	144	296
2000	164	147	311
Gesamt	797	732	1.529

Wie ausgeführt konzentriert sich die Studie im ersten Teil auf Erbpraktiken in Frankfurt am Main und im hessischen Raum, setzt diese aber – wo immer möglich – in Bezug zu Praktiken in anderen Regionen in Deutschland. Hierzu werden ausgehend von den beschriebenen Nachlassakten im diachronen Längsschnitt langfristige Vermögensverteilungen unter den Frankfurter Erblassern sowie die Bedeutung von Erbschaften im Vergleich zu Bruttoarbeitslöhnen herausgearbeitet. Anschließend werden diese Befunde in den weiteren Teilen stärker an politische, rechtliche, wirtschaftliche und soziale Kontexte rückgebunden und chronologisch eingeordnet: Der Beitrag untersucht Erbdebatten und Erbpraktiken im Kaiserreich, in der Zwischenkriegszeit, in den 1950er- und 1960er- und seit den 1970er-Jahren. Dieser an politischen und wirtschaftlichen Zäsuren orientierten Einteilung liegt die Beobachtung zugrunde, dass Erbpraktiken seit dem 19. Jahrhundert stabil blieben oder sich nur langsam wandelten, während sich die politischen und wirtschaftlichen Rahmenbedingungen zum Teil sehr schnell und grundlegend änderten. In der Konsequenz zogen gleiche oder ähnliche Erbpraktiken unter veränderten Kontexten völlig andere Folgen nach sich. Am Ende werden die einzelnen Ergebnisse noch einmal prägnant zusammengefasst, aufeinander bezogen und als Beitrag zu einer Geschichte des Kapitalismus diskutiert.

I. ERBEN UND VERERBEN IN FRANKFURT AM MAIN, 1925–2000

Es ist schwierig, das exakte Vermögen von Erblassern zu bestimmen. Zwar melden Banken in jüngerer Zeit Kontostände und Anlagevermögen des Erblassers direkt an das Finanzamt, damit dieses die Höhe der zu entrichtenden Erbschaftssteuer ermitteln kann. Die deutlich detaillierteren Wertermittlungsbögen, die den Nachlassakten beiliegen und die ebenfalls dazu dienen, die Höhe des Nachlasses und dessen Zusammensetzung (zum Beispiel Grundstücke, Immobilien, Schmuck, Anlagevermögen, Bargeld, Wertpapiere, Möbel, Kunst, Fahrzeuge) zu bestimmen, wurden allerdings von den Erben selbst ausgefüllt. Diese von den Erben gemachten Angaben überprüfte das Nachlassgericht nur punktuell; hauptsächlich dann, wenn gravierende Zweifel an den gemachten Angaben bestanden. Wenig überraschend ist daher der Befund, dass die Erben in allen Fällen, in denen das Amtsgericht die Angaben überprüfte, den Nachlasswert zu niedrig angegeben hatten. Es

---

Todes wegen, Münster 1982; *Paul Rotering*, Rechtstatsächliche Untersuchungen zum Inhalt eröffneter Verfügungen von Todes wegen, Frankfurt am Main/Bern etc. 1986; *Andreas Guericke*, Rechtstatsächliche Untersuchung über das Verfügungsverhalten und die Auswirkungen auf das Ehegattenerbrecht des Bürgerlichen Gesetzbuches, Marburg 1994; *Jeanette Vollmer*, Verfügungsverhalten von Erblassern und dessen Auswirkungen auf das Ehegattenerbrecht und das Pflichtteilsrecht. Ein Reformvorschlag anhand empirisch gewonnenen Tatsachenmaterials, Frankfurt am Main/Berlin etc. 2001; *Metternich*, Verfügungsverhalten von Erblassern.

ist im Folgenden daher mit hoher Wahrscheinlichkeit davon auszugehen, dass die tatsächlich vorhandenen Vermögen nicht vollständig in den Blick gerieten und die angegebenen Nachlasswerte zumindest teilweise zu niedrig angesetzt waren.

Unabhängig davon führt die Auswertung von Nachlassakten tendenziell zu Ergebnissen, die Vermögensunterschiede zwischen den einzelnen Erblassern nivellieren. Denn erstens gelang es den Erben großer Nachlässe besser und umfangreicher als den Erben kleinerer Nachlässe, die Höhe der erhaltenen Erbschaften gegenüber dem Nachlassgericht zu verschleiern.[17] Vor allem größere Nachlässe beinhalteten immer wieder Konten und Immobilien im Ausland, deren genauen Wert das Nachlassgericht nicht überprüfen konnte, wenn es denn überhaupt von ihnen erfuhr. Der vom Nachlassgericht ermittelte Nachlasswert bezog sich in diesen Fällen folglich nur auf das sich in Deutschland befindende Vermögen, und dementsprechend floss nur dieser Teil in die Auswertung ein.

Zweitens besaßen vor allem reichere Erblasser Betriebsvermögen und Grundstücke. Unternehmen und Unternehmensbeteiligungen übertrugen Erblasser in vielen Fällen allerdings schon zu Lebzeiten, weshalb diese Werte nicht in den Nachlasssummen auftauchen. Bei Grundstücken und Immobilien gaben Erben – entsprechend der Gesetzeslage – in der Regel deren gesetzlich festgelegten Einheitswert und nicht deren stärker am Immobilienmarkt orientierten Verkehrswert an. Der angegebene Wert der ererbten Flurstücke, Wohnungen und Häuser lag deshalb jeweils deutlich unter dem Erlös, der bei deren Verkauf zu erzielen gewesen wäre. In den wenigen in den Akten dokumentierten Fällen, in denen eine Erbengemeinschaft die übertragene Immobilie verkaufte, lag der Verkaufserlös jeweils ungefähr beim Vier- bis Fünffachen des im Wertermittlungsbogen festgehaltenen Einheitswerts.

Schließlich wurden in den Akten die Ausstände bei überschuldeten Nachlässen häufig nicht erfasst und beziffert. Meistens enthalten die Akten lediglich die kurze Notiz, dass der Nachlass überschuldet sei und der Nachlasswert null betrage. Nur in wenigen Fällen wird die genaue Höhe der ausstehenden Forderungen aufgeführt.

Zusammengenommen führen diese Faktoren dazu, dass der Nachlasswert von größeren Erbschaften geringer und der Nachlasswert von überschuldeten Erbschaften höher angegeben wird, womit vorhandene Vermögensunterschiede zwischen einzelnen Erblassern tendenziell eingeebnet werden. Behält man dies im Hinterkopf, ergibt sich aus den untersuchten Akten folgende Verteilung der Erbmasse auf Bevölkerungsdezile in den jeweiligen Jahren (vgl. Tabelle 2).

Tabelle 2: Gesamtsumme des im Sample vererbten Vermögens pro Jahr und dessen Verteilung auf Erblasser in Prozent nach Dezilen und reichstem Prozent der Erblasser

Jahr	Gesamtsumme	1. D.	2. D.	3. D.	4. D.	5. D.	6. D.	7. D.	8. D.	9. D.	10. D.	Top 1%
1925	2.372.010 RM	0	0	0,2	0,3	0,6	1,2	2,3	5,4	12,9	77	20,9
1940	5.403.886 RM	0	0	0,2	0,5	0,9	1,7	3	5,2	10,1	78,3	18,3
1950	1.939.787 DM	0	0,3	0,7	1,3	2,1	3,1	5,4	9,2	15,7	62,2	19,1
1970	8.815.748 DM	0	0,1	0,4	1,2	2	3,2	5,3	8,9	14,2	64,7	23,6
2000	520.000.860 DM	0	0	0,2	1,1	2,3	4	6,3	11,8	18,3	56	14,4

Aufgrund von Rundungsfehlern entspricht der Gesamtwert der einzelnen Dezile nicht immer genau 100%.

---

17 Empirisch dicht arbeitet Simone Derix solche Handlungen für die sehr reiche Familie Thyssen heraus, vgl. *Derix*, Die Thyssens.

Beim näheren Blick auf die Verteilung des Nachlassvolumens lassen sich drei markante Charakteristika feststellen. Erstens vererbte das reichste Prozent der Erblasser, im Sample jeweils nur zwei oder drei Personen, zwischen 1925 und 1970 etwa 20% der gesamten Erbmasse, im Jahr 2000 ging dieser Wert auf 14,4% zurück. Zweitens vererbten die Erblasser der beiden oberen Dezile zwischen 1925 und 2000 zwischen knapp 90% (1925) und knapp 75% (2000) des transferierten Vermögens. Das heißt, dass 20% der Erblasser einen Großteil der übertragenen Nachlasswerte vererbten. Drittens vererbten die ärmeren 80% der Erblasser demgegenüber bis ins Jahr 1970 lediglich circa 20% der übertragenen Erbmasse. In etwa der Hälfte aller Erbfälle gingen die Erben leer aus oder erhielten nur kleinere Summen. Denn von den in dieser Tabelle erfassten Nachlasswerten sind die Bestattungskosten noch nicht abgezogen; falls der Erblasser Mieter war, kamen noch ausstehende Mieten, bis zu drei weitere Monatsmieten nach dem Todesfall und anfallende Renovierungskosten hinzu. Mit der Annahme des Erbes verpflichteten sich die Erben, diese sowie weitere möglicherweise noch anfallende Kosten zu übernehmen – zum Beispiel ausstehende Rechnungen für Pflegedienste, ärztliche Behandlungen, die Unterbringung im Altersheim, Versandartikel, Reparaturen, Strom- und Wasserverbrauch oder Telefongebühren. In etwa 50% der Erbfälle blieb dadurch vom vorhandenen Nachlass wenig bis nichts übrig.

Die Kartierung des Vermögens der Erblasser bestätigt somit zunächst Studien, die mit anderen Daten eine ähnliche Ungleichverteilung des Erbschaftsvolumens seit den 1980er-Jahren in der deutschen Gesellschaft herausgearbeitet haben und verlängert den Blick zurück bis in die Zwischenkriegszeit.[18] Sie sagt aber noch wenig über die Bedeutung von Erbschaften als Möglichkeit des Vermögenserwerbs aus. Hierzu ist es notwendig, Erbschaften mit anderen Transfermodi (zum Beispiel Schenkungen) und Einkommensmöglichkeiten (zum Beispiel Mitgift, Lohnarbeit, Kapitalerträge, Sozialleistungen) zu vergleichen und stärker nach sozialen Gruppen zu differenzieren. An diesem Punkt setzt der nachstehende Vergleich an, indem er den durchschnittlichen Erbsummen der einzelnen Dezile die ungefähren durchschnittlichen und ähnlich hohen Bruttojahreslöhne männlicher gelernter Metallarbeiter und kaufmännischer Angestellter mit mehrjähriger Berufserfahrung in Frankfurt am Main gegenüberstellt (Tabellen 3 und 4).

Der Vergleich macht drei Befunde sichtbar, die sich zum Teil schon bei der Betrachtung der Erbmassenverteilung auf die untersuchten Erblasser angedeutet haben, sich nun aber präzisieren lassen. Erstens besaßen Erbschaften für etwa 50–60% der Erben über den gesamten Zeitraum keine oder nur eine geringe Bedeutung für ihren Vermögenserwerb. Die Nachlasssummen, die sie erhielten, fielen in der Mehrzahl der Fälle niedriger als der Jahreslohn eines männlichen kaufmännischen Angestellten aus. Zudem mussten, wie oben dargelegt, von diesen Summen in der Regel noch Kosten abgezogen sowie der Restbetrag durch durchschnittlich zwei bis drei Erben geteilt werden. Zweitens entsprachen die Nachlasssummen des dritten und vierten Dezils kontinuierlich durchschnittlich ein bis fünf Jahreslöhnen eines kaufmännischen Angestellten. Ihnen kommt daher eine deutlich höhere Bedeutung zu, insbesondere wenn man ihre Verteilung unter den Erben genauer aufschlüsselt. Für weibliche Erben, die als Hausfrauen häufig kein eigenes Einkommen hatten, waren Erbschaften beispielsweise die wichtigste Form des Vermögenserwerbs. Drittens hatten Erbschaften als Form des Vermögenserwerbs in den oberen beiden Dezilen die größte Bedeutung, wobei sich dort auch die größten Schwankungen zeigen. Entsprachen die Erbschaften im oberen Dezil bis ins Jahr 1940 dem 54- beziehungsweise 76-fachen und im zweitoberen Dezil in etwa dem Zehnfachen eines Jahreslohns, nahm die Bedeutung

---

18 *Marc Szydlik*, Erben in der Bundesrepublik Deutschland. Zum Verhältnis von familialer Solidarität und sozialer Ungleichheit, in: KZfSS 51, 1999, S. 80–104; *Bönke/Corneo/Westermeier*, Erbschaft und Eigenleistung im Vermögen der Deutschen; *Reiner Braun/Ulrich Pfeiffer/Lorenz Thomschke*, Erben in Deutschland. Volumen, Verteilung und Verwendung, Köln 2011, S. 24.

Tabelle 3: Durchschnittliche Nachlasssummen nach Dezilen im Vergleich zu durchschnittlichen Bruttojahreseinkommen männlicher Metallarbeiter/ kaufmännischer Angestellter mit mehrjähriger Berufserfahrung[19]

Jahr	Ø Nachlass-summe	1. D.	2. D.	3. D.	4. D.	5. D.	6. D.	7. D.	8. D.	9. D.	10. D.	Top 1%	Ø Jahres-lohn
1925	13.871 RM	−2.095	45	210	395	890	1.685	3.212	7.498	18.064	107.549	247.500	circa 2.000 RM
1940	24.233 RM	−430	83	572	1.324	2.182	4.088	7.347	12.877	24.813	183.887	493.844	circa 2.400 RM
1950	8.939 DM	−272	230	573	1.160	1.866	2.876	4.730	8.121	13.875	54.861	185.000	circa 4.000 DM
1970	33.267 DM	−648	368	1.437	3.796	6.778	10.568	17.800	29.145	48.248	211.096	6.933.333	circa 19.200 DM
2000	174.751 DM	−9.470	14	3.922	19.099	41.456	69.943	112.186	204.962	327.210	970.719	2.496.333	circa 45.000 DM

Tabelle 4: Durchschnittliche Nachlasssummen in Vielfachen von Bruttojahreslöhnen

Jahr	Ø Nachlass-summe	1. D.	2. D.	3. D.	4. D.	5. D.	6. D.	7. D.	8. D.	9. D.	10. D.	Top 1%	Ø Jahres-lohn
1925	6,9	0	0	0,1	0,2	0,4	0,8	1,6	3,7	9	54	124	circa 2.000 RM
1940	10	0	0	0,2	0,6	0,9	1,7	3,1	5,4	10,3	76,6	205,7	circa 2.400 RM
1950	2,23	0	0	0,1	0,3	0,5	0,7	1,2	2	3,5	13	46	circa 4.000 DM
1970	1,7	0	0	0,1	0,2	0,4	0,6	0,9	1,5	2,5	11	361	circa 19.200 DM
2000	3,9	0	0	0,1	0,4	0,9	1,6	2,5	4,6	7,3	21,6	55,5	circa 45.000 DM

von Erbschaften für den Vermögenserwerb nach dem Zweiten Weltkrieg stark ab. Das obere Dezil erbte 1950 und 1970 etwas mehr als das Zehnfache und das zweitobere Dezil etwa das Dreifache des Jahreslohns eines gelernten Metallarbeiters. Noch deutlicher wird der relative Bedeutungsverlust von Erbschaften als Form des Vermögenserwerbs nach dem Zweiten Weltkrieg – insbesondere in den unteren Dezilen –, wenn sozialstaatliche Unterstützungsleistungen als weitere Transfermodi von Kapital mitberücksichtigt werden. Diese nahmen in den 1950er- und 1960er-Jahren mit dem weiteren Ausbau des Sozialstaats deutlich zu und relativierten dadurch ebenfalls die Bedeutung von Erbschaften. In diesem Kontext entfaltete die Idee von der westdeutschen Leistungsgesellschaft ihre enorme Überzeugungskraft und prägte langfristig das Selbstverständnis der deutschen Gesellschaft. Ab den 1970er-Jahren stieg die Bedeutung von Erbschaften als Möglichkeit des Vermögenserwerbs jedoch wieder an. Die Nachlasssummen des oberen Dezils entsprachen im Jahr 2000 dem 22-fachen, die des neunten Dezils dem Siebenfachen und die des

---

19 Statistisches Jahrbuch für das Deutsche Reich 1927, S. 279; Statistisches Jahrbuch für das Deutsche Reich 1943, S. 405; Statistisches Jahrbuch für Frankfurt am Main 1951, S. 96f.; Statistisches Jahrbuch für Frankfurt am Main 1971, S. 55–58; *Gabriele Gutberlet*, Zur Entwicklung zentraler Größen der Einkommensentstehung in Frankfurt am Main zwischen 1991 und 2001. Ergebnisse der Volkswirtschaftlichen Gesamtrechnungen, in: Frankfurter Statistische Berichte, 2003, H. 2/3, S. 152–164; Marc Szydlik hat für die 1990er-Jahre einen mittleren Betrag von 110.000–220.000 DM pro Nachlass in der Bundesrepublik errechnet. Dies deckt sich mit der durchschnittlichen Nachlasshöhe im Stichprobenjahr 2000, vgl. *Szydlik*, Erben in der Bundesrepublik Deutschland, S. 81.

achten Dezils dem knapp Fünffachen des Jahreslohns eines Metallarbeiters oder kaufmännischen Angestellten.

Die skizzierte Nachlassverteilung von Erblassern in Frankfurt am Main und ihr Vergleich mit Bruttojahreslöhnen stellt eine Annäherung an tatsächliche Vermögensentwicklungen dar. Gleichwohl macht die quantitative Auswertung der Nachlassakten Entwicklungen sichtbar, die anders kaum in den Blick geraten. Gleichwohl gilt es, diese Befunde noch stärker nach sozialer Zugehörigkeit und Geschlecht der Erblasser und Erben zu differenzieren sowie die Erfahrungen und Erwartungen aller am Vermögenstransfer beteiligten Akteure zu berücksichtigen. Auch müssen diese Ergebnisse noch enger mit ihren rechtlichen, politischen und wirtschaftlichen Kontexten verzahnt werden, was im Folgenden annäherungsweise geschieht.

II. ERBRECHTSDEBATTEN, ERBRECHT UND ERBPRAKTIKEN IM KAISERREICH – EINE KNAPPE SKIZZE

Erbrecht und Erbpraktiken sind für das Kaiserreich verhältnismäßig gut erforscht. Die folgende knappe Skizze erhebt daher keinen Anspruch auf Vollständigkeit. Vielmehr geht es darum, zentrale politische Debatten und verbreitete Praktiken zu umreißen, um daran anschließend deren Wandel im 20. Jahrhundert aufzuzeigen.

Kurz nach der Gründung des Deutschen Kaiserreichs beschlossen Reichstag und Bundesrat, die Gesetzgebungszuständigkeit des Reichs auf das gesamte Zivilrecht und damit auch auf das Erbrecht auszudehnen und dieses einheitlich zu kodifizieren. Mit der Ausarbeitung eines für das ganze Reich geltenden Erbrechts beauftragten sie eine Kommission unter der Leitung von Gottfried Schmitt, Ministerialrat im bayrischen Justizministerium. Zu diesem Zeitpunkt existierten in Deutschland um die hundert regional und lokal verschiedene Erbregelungen; zum Teil galten in einem Dorf je nach Straßenseite unterschiedliche Erbrechte. Diese sollten nun durch ein einheitliches Erbrecht ersetzt werden, wodurch auch bestehende Privilegien und Traditionen infrage gestellt wurden.[20] Sofort nach Bekanntgabe des Vorhabens flammte daher eine schon ältere Debatte wieder auf, die sich um die Ausgestaltung des Erbrechts drehte. Denn relativ übereinstimmend sahen im 19. Jahrhundert Anhänger aller politischen Richtungen – von den Sozialisten über die Sozialdemokraten und (National-)Liberalen bis hin zu den Konservativen – im Erbrecht ein enorm wirkungsvolles gesellschaftspolitisches Instrument. Dementsprechend breit war das Spektrum der vorgebrachten Vorschläge für ein neues einheitliches Erbrecht und dementsprechend heftig und ausdauernd waren die Auseinandersetzungen. Im Ergebnis gelang es den Konservativen und den preußischen Großgrundbesitzern weitgehend, alle sozialdemokratischen und liberalen Vorstöße abzuwehren, die darauf abzielten, die Verfügungsgewalt einer Person über ihr Eigentum über ihren Tod hinaus zeitlich zu begrenzen sowie durch die Besteuerung von Erbübertragungen die Perpetuierung von sozialen Ungleichheiten in der Gesellschaft zu begrenzen. Weder wurde das Erbrecht des Staats gegenüber Familienmitgliedern gestärkt noch eine Erbschaftssteuer eingeführt (dies geschah erst im Jahr 1906, um die militärische Aufrüstung des Reichs zu finanzieren). Das Erbrecht des Bürgerlichen Gesetzbuchs (BGB) löste zwar eine ganze Reihe älterer Landrechte ab, in mehreren Fällen blieben ältere Konstrukte – wie das Recht, Familienfideikommisse zu errichten – aber bestehen, da sie der Landesgesetzgebung zugeschlagen wurden.[21]

---

20 Bayerisches Hauptstaatsarchiv (BayHStA), NL Gottfried von Schmitt, Box 1, unter anderem Manuskript vom 16.4.1874; vgl. auch *Rainer Schröder*, Abschaffung oder Reform des Erbrechts. Die Begründung einer Entscheidung des BGB-Gesetzgebers im Kontext sozialer, ökonomischer und philosophischer Zeitströmungen, Ebelsbach 1981.
21 *Beckert*, Unverdientes Vermögen, S. 178.

Auch deshalb war es Großgrundbesitzern und Adel Ende des 19. Jahrhunderts möglich, zunehmend mehr Land fideikommisslich zu binden und geschlossen an einzelne Erben zu übertragen. Unter anderem sollte dadurch die Aufteilung und Zersplitterung des Landes verhindert und die Macht des eigenen Hauses gesichert werden. Für ihre Erben bedeutete dies, dass nur einer in den Besitz des Fideikommisses gelangen konnte und dass an den Erhalt der Erbschaft häufig umfangreiche Bedingungen (zum Beispiel Fürsorge für weichende Geschwister) gebunden waren, während ihr Zugriff auf und ihre Verfügungsberechtigung über das fideikommisslich gebundene Erbe beschränkt blieb.[22] Eine ähnliche Funktion erfüllten Familienstiftungen für wohlhabende Bürger, in denen Land und Kapital gebunden wurden und die das Familienvermögen bewahren sollten. Die soziale Stiftungstätigkeit des Bürgertums war demgegenüber stärker auf die Gesellschaft ausgerichtet. Zum Teil zielten jedoch auch diese Stiftungskonstruktionen darauf ab, jenseits der damit verbundenen und für die Stifter zweifellos wichtigen öffentlichen Anerkennung die eigenen Nachkommen dauerhaft in einflussreichen lokalen Netzwerken zu platzieren.[23] Damit sind zwei in adeligen und wohlhabenden bürgerlichen Schichten des Kaiserreichs weitverbreitete Erbpraktiken angedeutet, die auf die Festigung der eigenen Machtposition und die der eigenen Familie in der Gesellschaft abzielten. Innerhalb dieser Familien existierten jedoch große Ungleichheiten zwischen weiblichen und männlichen Erben. Bürgerliche Männer vererbten in Leipzig um 1900 etwa dreimal so viel Vermögen wie Frauen und in Familienunternehmen traten bis in die Zwischenkriegszeit hauptsächlich Söhne die Unternehmensnachfolge an.[24] Sonja Niederacher hat zudem am Beispiel vermögender jüdischer Unternehmensfamilien in Wien herausgearbeitet, dass Frauen dort häufiger Immobilien erhielten, während Männer leichter zu investierendes Barvermögen oder Wertpapiere bekamen. Während Erblasser dadurch Frauen absicherten und versorgten, erleichterten sie Männern den Weg zum selbstständigen Wirtschaften. Damit verweist ihre Studie auch auf den Erkenntnisgewinn, der sich durch einen offenen und differenzierten Vermögensbegriff ergibt. Denn die Bedeutung einer Erbschaft für Erblasser und Erben bestimmt sich sowohl durch deren Höhe als auch durch deren konkrete Bestandteile.[25]

Im ländlichen Bereich zielten Vermögenstransfers zwischen den Generationen auf die Versorgung der abgebenden Hofbesitzer und den Erhalt des Hofes ab sowie dem nachgeordnet auf die Abfindung möglichst aller Abkömmlinge. Zugleich existierten sowohl regional als auch je nach sozialer und wirtschaftlicher Stellung des Hofbesitzers unterschiedliche soziale Normen und Erbpraktiken. Die Anzahl der Miterben beeinflusste zudem entscheidend die Nachlasssumme oder Abfindung, die der einzelne Erbe erhielt. In den meisten Familien waren Ende des 19. Jahrhunderts allerdings genügend Möglichkeiten vorhanden, um zu gewährleisten, dass auch die Nachkommen, die den elterlichen Hof nicht übernahmen, eine Familie gründen und eine eigenständige Existenz aufbauen konnten.[26]

---

22 *Monika Wienfort*, Adelige Handlungsspielräume und neue Adelstypen in der »Klassischen Moderne« (1880–1930), in: GG 33, 2007, S. 416–438; *Daniel Menning*, Standesgemäße Ordnung in der Moderne. Adelige Familienstrategien und Gesellschaftsentwürfe in Deutschland 1840–1945, München 2014; *Dirk H. Müller*, Adliges Eigentumsrecht und Landesverfassung. Die Auseinandersetzungen um die eigentumsrechtlichen Privilegien des Adels im 18. und 19. Jahrhundert am Beispiel Brandenburgs und Pommerns, Berlin 2011.
23 *Werner*, Stiftungsstadt und Bürgertum, S. 121ff.
24 *Bietz*, Erbschaften im Bürgertum, S. 118; *Schäfer*, Familienunternehmen und Unternehmerfamilien, S. 104 und 158.
25 *Niederacher*, Eigentum und Geschlecht; vgl. hierzu auch *Derix*, Die Thyssens, S. 10ff. Für die Frühe Neuzeit vgl. *Gottschalk*, Eigentum, Geschlecht, Gerechtigkeit.
26 *Christine Fertig/Georg Fertig*, Bäuerliche Erbpraxis als Familienstrategie. Hofweitergabe im Westfalen des 18. und 19. Jahrhunderts, in: *Stefan Brakensiek/Michael Stolleis/Heide Wunder* (Hrsg.), Generationengerechtigkeit? Normen und Praxis im Erb- und Ehegüterrecht 1500–1850,

Schließlich entstanden im Anschluss an die großen Auswanderungsbewegungen im 19. Jahrhundert Privatbanken und (halb-)staatliche Einrichtungen, die sich auf die Erbenermittlung im Ausland sowie Vermögenstransfers über nationale Grenzen hinweg spezialisierten.[27] Den sprichwörtlichen »reichen Onkel aus Amerika« gab es für manche Familien tatsächlich, nicht nur in der Literatur und im Film. Im Hessischen Staatsarchiv in Marburg finden sich Beispiele für Erbfälle, in denen Auswanderer aus nahezu allen Erdteilen ihren Nachlass oder einen Teil davon an Familienangehörige im Marburger Raum vererbten.[28] Die solche Erbübertragungen ermöglichenden Institutionen und Strukturen waren Teil der ersten Welle der Globalisierung im 19. und frühen 20. Jahrhundert. Ihre nähere Betrachtung lässt sichtbar werden, wie sich Netzwerke ausbildeten, die sich auf trans- und internationale Vermögenstransfers spezialisierten, auch wenn die Erbübertragungen nicht in allen Fällen funktionierten. Mit dem Ausbruch des Ersten Weltkriegs lösten sie sich teilweise wieder auf, ehe sie seit den 1970er-Jahren erneut an Bedeutung gewannen.[29]

III. EINFLUSS UND GRENZEN STAATLICHER MASSNAHMEN AUF ERBPRAKTIKEN VON DEN 1920ER- BIS IN DIE 1940ER-JAHRE

Nach dem Ersten Weltkrieg unternahmen SPD, DDP und Zentrum – nun in Regierungsverantwortung – erneut den Versuch, die Erbgesetzgebung zu reformieren und als Hebel für gesamtgesellschaftliche Veränderungen zu nutzen. Im Anschluss an ihre bereits im späten 19. und frühen 20. Jahrhundert geäußerten Forderungen diskutierten sie unter anderem die Erhöhung der Erbschaftssteuer, die Begrenzung des Familienprinzips und die Einführung eines Staatserbrechts. Nach Matthias Erzberger, Reichsminister der Finanzen, sollte die Erbschaftssteuer zur zentralen Besitzsteuer der Republik werden.[30] Darüber hinausgehend fanden – ähnlich wie in anderen westeuropäischen Ländern – auch die Überlegungen des italienischen Sozialisten Eugenio Rignano Anklang, der die Einschränkung der Testierfreiheit forderte und vorhandenes Vermögen nach der zweimaligen intergenerationellen Weitergabe im Todesfall vollständig verstaatlichen wollte.[31] Einen eher sozial- und bevölkerungspolitischen Kern hatten nach dem Krieg Forderungen, die darauf abzielten, die zu entrichtende Erbschaftssteuer in denjenigen Erbfällen zu senken, in denen der Erblasser Nachkommen hinterließ.

Gesetzeskraft erlangte nur ein Teil dieser Vorschläge: Mit dem Verbot, neue Fideikommisse zu gründen, schaffte die Regierung 1919 in der Weimarer Reichsverfassung eine Erbpraktik ab, die in ihren Augen zur Machtsicherung des Adels sowie zur Perpetuierung feudaler Strukturen im Kaiserreich beigetragen hatte. In der Praxis zog sich die Auflösung

---

Berlin 2006, S. 163–187; *Bracht*, Geldlose Zeiten und überfüllte Kassen, S. 106–117; *Volker Lünnemann*, Der Preis des Erbens. Besitztransfer und Altersvorsorge in Westfalen, 1820–1900, in: *Brakensiek/Stolleis/Wunder*, Generationengerechtigkeit?, S. 139–162.

27 Bundesarchiv (BArch), R 906, Reichsstelle für Nachlässe und Nachforschungen im Ausland, 1902–1931; Hoerner Bank AG, URL: <https://www.hoernerbank.de/historie> [29.8.2016].

28 Beispielhaft hierfür die Akten in Hessisches Staatsarchiv Marburg, 180 Hofgeismar, 3992, Erbschaftsangelegenheiten 1929–1944.

29 Erste Überlegungen hierzu finden sich bei *Simone Derix*, Hidden« Helpers: Biographical Insights into Early and Mid-Twentieth Century Legal and Financial Advisors, in: Jahrbuch für Europäische Geschichte 16, 2015, S. 47–62.

30 *Wischermann*, »Mein Erbe ist das Vaterland«, S. 45.

31 *Bruno Antweiler*, Erbschaftsteuer und soziale Reform. Kritische Betrachtungen anläßlich des Rignano-Plans, Würzburg 1933. *Guido Erreygers/Giovanni Di Bartolomeo*, The Debates on Eugenio Rignano's Inheritance Tax Proposals, in: History of Political Economy 39, 2007, S. 605–638.

der bereits vorhandenen Fideikommisse dann allerdings bis Ende der 1930er-Jahre hin, und im Adel zeigten sich funktionell ähnliche Erbpraktiken, beispielsweise die Errichtung von Familienstiftungen, auch noch in späteren Jahrzehnten.[32] Darüber hinaus fand auch das bevölkerungspolitische Argument Eingang in das Erbschaftssteuergesetz von 1925 (und später in das von 1934), was sich in steuerlichen Freibeträgen für eheliche Abkömmlinge ausdrückte. Die angestrebte Erhöhung der Erbschaftssteuer blieb hingegen hinter den in sie gesteckten Erwartungen zurück und wurde in der politischen Umsetzung weitgehend verwässert. Bereits 1922 nahm die Regierung in weiteren Reformen viele der Gesetze aus dem Jahr 1919 wieder zurück. Unter anderem hob sie die Nachlasssteuer auf, reduzierte sie die Steuerprogression der Erbschaftssteuer und befreite sie die Ehegatten, abgesehen von einigen Ausnahmen, wieder von der Erbschaftssteuer. Ein Jahr später schaffte sie die zusätzliche Besteuerung von vermögenden Erben ab.[33]

Deutlich größeren Einfluss auf konkrete Erbpraktiken hatten daher zunächst wirtschaftliche Entwicklungen nach dem Krieg, insbesondere die Entwertung des Geldes Anfang der 1920er-Jahre. Während das Bürgertum seine soziale Stiftungstätigkeit stark einschränkte, stieg die Zahl von Familien- und Betriebsstiftungen an, unter anderem, um in Not geratene Familienmitglieder zu unterstützen oder ihnen ihre Ausbildung zu finanzieren. Die Bereitschaft zum sozialen und gesellschaftlichen Engagement nahm ab, während die Absicherung der eigenen Familie demgegenüber in der Nachlassplanung deutlich an Bedeutung gewann.[34]

Zeitgleich überrollte eine Flut an Erbstreitigkeiten die hessischen Amtsgerichte, die sie zunächst nicht eindämmen konnten. Ausgangspunkt der Streitigkeiten war in den meisten Fällen ein Testament, das der Erblasser noch vor der Inflation errichtet hatte und in dem er seinen Wohn-, Grund- und Landbesitz vollständig oder zum größten Teil an einen Erben übertrug, während andere Erben Bargeld oder den Anspruch auf eine bestimmte an sie vom Landerben auszuzahlende Geldsumme erhielten. Diese Erbregelungen, die häufig auf den Erhalt des bäuerlichen Hofes oder des Unternehmens und zugleich auf eine möglichst gleiche Behandlung aller Nachkommen abzielten, entfalteten in der spezifischen Situation der Jahre 1922 und 1923 allerdings eine gegenteilige Wirkung. Während die Inflation den Nachlasswert der Grundstücke sogar noch steigerte, verloren monetäre Erbbestandteile nahezu jeglichen Wert. In unzähligen Fällen klagten vor diesem Hintergrund Personen, die in ihren Erwartungen auf den Erhalt von Erbe enttäuscht worden waren, gegen ihre Geschwister oder andere Erben – meist jedoch erfolglos. Dies führte unter anderem dazu, dass das Amtsgericht Frankfurt am Main – ebenso wie zahlreiche andere Amtsgerichte in ganz Deutschland – damit begann, alle Personen anzuschreiben, die auf dem Amtsgericht ein Testament hinterlegt hatten, mit der Aufforderung, ihre letztwilligen Bestimmungen den veränderten politischen und wirtschaftlichen Bedingungen anzupassen.[35] Auch die Erbratgeber der 1920er-Jahre reagierten auf diese Erfahrung. Während sie ihren Leserinnen und Lesern weiterhin die Errichtung eines Testaments zur gezielten Nachlassweitergabe nahelegten, verwiesen sie nun explizit darauf, das Testament kontinuierlich an veränderte persönliche, politische und wirtschaftliche Kontexte anzupassen, damit dieses nicht nach dem Tod des Erblassers eine Wirkung entfalte, die er nicht intendiert habe.[36]

---

32 *Jörn Eckert*, Der Kampf um die Familienfideikommisse in Deutschland. Studien zum Absterben eines Rechtsinstitutes, Frankfurt am Main/Berlin etc. 1992; *Eckart Conze*, Von deutschem Adel. Die Grafen von Bernstorff im zwanzigsten Jahrhundert, Stuttgart/München 2000.
33 Beckert, Unverdientes Vermögen, S. 273f.
34 *Werner*, Stiftungsstadt und Bürgertum, S. 177f.
35 Ein solches Anschreiben findet sich beispielsweise in der Nachlassakte von Ernestine Heister, Hessisches Hauptstaatsarchiv Wiesbaden (HHStAW), Abt. 469/6, Paket 465, Buchstabe H.
36 *Hans Stölzle*, Der letzte Wille des Menschen in rechtlicher und steuerrechtlicher Beziehung. Für Laien verfaßt, Stuttgart 1928, S. 13–18.

Inwiefern Testatoren diesen Aufforderungen nachkamen, lässt sich nur schwer ermitteln. In Sachsen nahm etwa ein Drittel der Testatoren ihre Testamente zurück oder änderte sie ab. In Frankfurt am Main kamen die Mitarbeiter des Amtsgerichts nach einer internen Revision im Jahr 1934 zu dem Ergebnis, dass sie noch 11.800 Testamente aufbewahrten, die vor dem 1. Juli 1924 hinterlegt worden waren und die in ihren Augen ein enormes Konfliktpotenzial bargen.[37] Dies lag, wie die Revision zum Vorschein brachte, neben politischen und wirtschaftlichen Veränderungen auch an den staatlichen Verwaltungsstrukturen. Demnach bleibe eine verhältnismäßig große Zahl der in amtliche Verwahrung genommenen Testamente unausgeführt, da die verwahrende Stelle von dem Tode des Erblassers nicht oder nicht rechtzeitig benachrichtigt werde. Für die Zukunft forderte das Amtsgericht daher eine engere Kooperation mit anderen Amtsgerichten und staatlichen Behörden.[38]

In anderer Hinsicht führte die Inflation und die Erfahrung mit den Erbstreitigkeiten Anfang der 1920er-Jahre dazu, dass sich die Bedeutung einzelner Nachlassgegenstände für Erblasser und Erben veränderte. In den noch eher dörflich geprägten Gebieten des Amtsgerichtsbezirks Frankfurt am Main und in Hessen-Kassel gewannen Grund- und Wohneigentum sowie Flurstücke vor allem in den 1920er-Jahren für Erben noch einmal besondere Bedeutung. Mit der Inflation waren die Bodenpreise enorm angestiegen und – wie ein Bericht des Göttinger Ökonomen und Staatsrechtlers Jens Jessen aus dem Jahr 1930 festhielt – war der Erhalt des Hofes, eines Ackers oder einer Wiese als Mitgift oder als Erbschaft eine wichtige Voraussetzung für die eigene Familiengründung. In der Tatsache, dass zahlreiche Personen in den 1920er-Jahren kein Erbe erhalten hatten, sah der Verfasser eine wesentliche Ursache für die verstärkte Abwanderung der Landbevölkerung in die Städte. Zugleich sei Hoferben die Abfindung ihrer Geschwister nur noch durch die übermäßige Verschuldung ihrer Höfe oder durch die Verteilung von Äckern möglich, wodurch sie ihre eigene Existenz gefährdeten.[39]

Auf solche Zustandsbeschreibungen reagierte die nationalsozialistische Regierung mit dem am 29. September 1933 erlassenen Reichserbhofgesetz, das wiederum in einer längeren Tradition bäuerlicher Sondererbrechte stand.[40] Es verhinderte den Zugriff von Gläubigern auf Hof- und Grundeigentum der Landwirte und verbot letzteren zugleich die Aufteilung ihrer Äcker und Felder. In der Praxis kamen die Landwirte dadurch aber schwerer an Kredite, da sie gegenüber potenziellen Gläubigern keine Sicherheiten mehr aufweisen konnten. Deshalb und auch aufgrund der langen Tradition der Realteilung im Frankfurter Raum ließen nur wenige Bauern ihre Höfe in die Erbhofrolle eintragen, während sie zahlreiche Wege fanden, um das Gesetz zu umgehen. Trotz zahlreicher Informationsveranstaltungen und zunehmendem politischen Druck mussten sich die lokalen Behörden und NS-Organisationen Ende der 1930er-Jahre eingestehen, dass es ihnen nicht gelungen war, die Erbpraktiken der ländlichen Bevölkerung im Amtsgerichtsbezirk Frankfurt am Main maßgeblich zu verändern.[41]

---

37 Bericht vom 19.5.1936, HHStAW, Abt. 460/774, Verfahren in Nachlasssachen, 1885–1935; Bericht des Amtsgerichtes an das Oberlandesgericht vom 11.7.1934, HHStAW, Abt. 460/775, Testamentswesen 1900–1936.

38 Bericht vom 24.4.1936, HHStAW, Abt. 458/1003, Regelung des Nachlass- und Vormundschaftswesens, 1892–1905, 1916–1936.

39 *Jens Jessen*, Die Vererbung des ländlichen Grundbesitzes in Hessen-Kassel, Hannover und Oldenburg, in: *Max Sering/Constantin von Dietze* (Hrsg.), Die Vererbung des ländlichen Grundbesitzes in der Nachkriegszeit. Bd. 1: Deutsches Reich, München/Leipzig 1930, S. 257–292.

40 Ein prägnanter Überblick zu den Debatten um ein solches Sondererbrecht, das dem allgemeinen Erbrecht gegenübergestellt wurde, findet sich bei *Fertig*, Familie, verwandtschaftliche Netzwerke und Klassenbildung im ländlichen Westfalen, S. 25–33.

41 Einführung der Erbhöferolle und Anerberecht, HHStAW, Abt. 458/1004-1007; vgl. auch *Münkel*, Bäuerliche Interessen versus NS-Ideologie.

Mit Kriegsbeginn wurde die Durchsetzung des Gesetzes dann auf die Zeit nach dem Krieg verschoben, wozu es aufgrund des Kriegsausgangs nicht kam. Vielmehr hoben die Alliierten im Jahr 1947 mit dem Kontrollratsgesetz Nr. 45 die Bestimmungen des Reichserbhofgesetzes auf, was in Bayern Erben, die vom Erbhofgesetz benachteiligt worden waren, dazu bewog, ihr nicht erhaltenes Erbe einzuklagen.[42] Auch forderten der Bayrische Bauernverband und die Landesbauernkammer, zum Schutze der Landwirte an deren Befreiung von der Erbschaftssteuer bei der Hofübergabe festzuhalten, da auf einem Bauernhof das Vermögen in den Sachwerten stecke, während flüssige Mittel dagegen meist sehr beschränkt seien.[43] Vor diesem Hintergrund gilt es noch näher zu untersuchen, wie sich mit dem Ausbau des Industrie- und Dienstleistungssektors in der Bundesrepublik sowie der zunehmenden Land-Stadt-Migration bäuerliches Erbrecht und bäuerliche Erbpraktiken langfristig veränderten und ob Felder und Äcker ihre Bedeutung als besondere Nachlassgegenstände wieder verloren. Für Landwirte wurde es jedenfalls zunehmend schwieriger, Nachfolger für ihren Hof zu finden, womit sich unter anderem die Frage stellt, wie sich die Eigentumsverhältnisse auf dem Land seit den 1950er-Jahren veränderten.[44] Zugleich sind jedoch auch diese Fragen an ihren regionalen und lokalen Untersuchungsraum rückzubinden. Die noch in der Zwischenkriegszeit ländlich geprägten Randgebiete des Amtsgerichtsbezirks Frankfurt am Main wurden im Laufe des 20. Jahrhunderts zunehmend stärker in die sich ausbreitende Stadt integriert und verloren ihren dörflichen Charakter. Damit ging eine enorme Aufwertung von Immobilien, Grund- und Landbesitz einher. In zahlreichen Fällen zeigt sich bei Personen aus dem Amtsgerichtsbezirk Frankfurt am Main, die in der Zwischenkriegszeit oder in den frühen 1950er-Jahren Land- und Grundbesitz sowie Wohneigentum erbten, ein enormer Vermögenszuwachs in den Jahrzehnten danach, der sich hauptsächlich durch die Aufwertung ihres Grundbesitzes erklärt.

In den 1930er-Jahren machten sich die nationalsozialistischen Rassengesetze für jüdische Erblasser und Erben auf dem Land und in der Stadt deutlich bemerkbar. Die zunächst auf Enteignung und Vertreibung und seit Anfang der 1940er-Jahre auf die Ermordung der jüdischen Bevölkerung abzielende Politik der Nationalsozialisten verunmöglichte zunehmend Erbübertragungen zwischen den Frankfurter Juden, deren Erbpraktiken sich noch in den 1920er-Jahren – je nach sozialer Schicht – kaum von denen anderer Frankfurter unterschieden hatten. Bei Erbfällen, in die Juden involviert waren, stellte das Amtsgericht Ende der 1930er- und Anfang der 1940er-Jahre immer häufiger fest, dass die im Testament angegebenen Vermögenswerte nicht mehr vorhanden und die Erben alle oder zum Teil ins Ausland emigriert oder in Gettos und Konzentrationslager deportiert worden waren. Nach dem Zweiten Weltkrieg erhielten die Überlebenden Wiedergutmachungsansprüche auf das Eigentum und das Erbe verstorbener oder ermordeter jüdischer Erblasser. Die Abwicklung dieser Restitutionsverfahren in Frankfurt am Main, in die spezialisierte Rechtsanwälte, Notare und jüdische Organisationen involviert waren, zog sich jedoch – auch durch die verschleppte Anerkennung von Erbansprüchen – häufig über viele Jahre, zum Teil bis in die Gegenwart hin.[45]

---

42 BayHStA, Stk 14690, hier unter anderem Johann Kraxner an den Beschwerdeausschuß des Bayrischen Landtages, 8.1.1951.

43 Bay. Bauernverband und Landesbauernkammer an das Staatsministerium für Ernährung, Landwirtschaft und Forsten, 24.9.1947, BayHStA, Stk 14691, Grundstücksverkehr und landw. Pachtwesen, Bd. 2, 1947–1950.

44 Vgl. das Sonderheft der Zeitschrift »Top agrar. Das Magazin für moderne Landwirtschaft«: Abfindung weichender Erben, 2005.

45 *Constantin Goschler*, Schuld und Schulden. Die Politik der Wiedergutmachung für NS-Verfolgte seit 1945, Göttingen 2005; *Berthold Unfried*, Vergangenes Unrecht. Entschädigung und Restitution in einer globalen Perspektive, Göttingen 2014.

IV. VON DER ERBEN- ZUR LEISTUNGSGESELLSCHAFT IN DEN 1950ER- BIS IN DIE 1970ER-JAHRE

Nachdem die Alliierten Ende der 1940er-Jahre die Erbschaftssteuern – entsprechend den Regelungen in ihren eigenen Ländern – merklich angehoben hatten, nahm die Bundesregierung diese Gesetze Anfang der 1950er-Jahre geräuschlos wieder zurück, wobei die dahinterstehenden Akteure, Argumente und Interessen noch genauer zu untersuchen sind.[46] Zugleich stärkte die Regierung mit dem Gleichberechtigungsgesetz, das am 1. Juli 1958 in Kraft trat, die Erbrechte des Ehepartners, während sie die Rechte von dessen Kindern und entfernten Seitenverwandten einschränkte. Bis dahin erhielt der überlebende Ehepartner entsprechend der gesetzlichen Erbfolge 25% vom Nachlass des verstorbenen Ehepartners, während die übrigen 75% unter dessen Kindern aufgeteilt wurden; waren keine Kinder vorhanden, ging die Hälfte des Nachlasses an die Seitenverwandten des Erblassers. War die Ehe vor 1900 geschlossen worden, traten in der Zwischenkriegszeit in einigen Erbfällen sogar noch ältere Landrechte in Kraft, nach denen der überlebende Ehepartner zwar Nießbrauchrechte am Nachlass des verstorbenen Partners erhielt, Eigentümer des Nachlasses aber ausschließlich dessen Kinder wurden. Schon während der Ausarbeitung des BGB am Ende des 19. Jahrhunderts hatte unter anderem die bürgerliche Frauenbewegung einen größeren Anteil für den überlebenden Ehepartner gefordert, zunächst aber ohne Erfolg.[47] Erst mit dem Gesetz von 1958 erhielt der Ehepartner die Hälfte des Erbes, wovon in der Praxis mehrheitlich Ehefrauen profitierten, da sie häufiger als Männer ihren Ehepartner überlebten. Bemerkenswerterweise wurde das Gesetz allerdings zu einem Zeitpunkt verabschiedet, als Erbschaften ihre Bedeutung für den Vermögenserwerb zu verlieren schienen.

»Vermögen aus den Nachlässen der beiden Verstorbenen ist nicht vorhanden. Die zuletzt verstorbene Ehefrau war ausgebombt und hat nichts hinterlassen.«[48] – »Nachlasswert null. Nur persönliche Dinge vorhanden.«[49] – Durch die Währungsreform ist vom »Vermögen wenig übrig geblieben. [...] war Flüchtling. [Der Nachlass besteht aus, J.D.] Hausrat ohne besonderen Wert.«[50] Mit diesen Notizen beschrieb das Amtsgericht Frankfurt am Main Anfang der 1950er-Jahre den Nachlass einer Professorenwitwe, eines kaufmännischen Angestellten und eines verwitweten Obergärtners. Krieg, Vertreibung und Währungsreform hatten in den 1940er-Jahren umfangreiche Vermögenswerte vernichtet und für große Bevölkerungsteile die Hoffnungen auf ein Erbe zerschlagen. Zusammen mit dem Ausbau des Sozialstaats und dem beginnenden ›Wirtschaftswunder‹ führten diese Entwicklungen zum Bedeutungsverlust von Erbschaften als Möglichkeit des Vermögenserwerbs im Vergleich zu Arbeitseinkommen. Noch deutlicher wird der relative Bedeutungsverlust, wenn sozialstaatliche Unterstützungsleistungen als weitere Transfermodi von Kapital mitberücksichtigt werden.[51] Damit schrumpfte zugleich die materielle, innerfamiliäre Machtbasis der älteren Generation gegenüber der jüngeren, da die Vergabe von

---

46 Beckert, Unverdientes Vermögen, S. 275ff.
47 Jens Lehmann, Die Ehefrau und ihr Vermögen. Reformforderungen der bürgerlichen Frauenbewegung zum Ehegüterrecht um 1900, Köln/Weimar etc. 2006.
48 Wertermittlungsbogen/Mitteilung einer Erbin an das Amtsgericht, 29.3.1960, 51 IV 12/60 K., Amtsgericht (AG) Frankfurt am Main, Nachlassabteilung. Die vollständige Signatur der Akten enthält den Nachnamen des Erblassers (zum Beispiel 51 IV 12/60 Mustermann). Aus datenschutzrechtlichen Gründen wird der Nachname im Folgenden abgekürzt, die Zuordnung der Signatur zur Akte wird davon nicht beeinträchtigt.
49 Wertermittlungsbogen 1956, 51 IV 266/81 B., AG Frankfurt am Main, Nachlassabteilung.
50 Wertermittlungsbogen 1956, 51 IV 5/70 H., AG Frankfurt am Main, Nachlassabteilung.
51 Cornelius Torp, Gerechtigkeit im Wohlfahrtsstaat. Alter und Alterssicherung in Deutschland und Großbritannien von 1945 bis heute, Göttingen 2015.

Erbschaften nur noch in abgeschwächter Form als Sanktions- oder Belohnungsinstrument funktionierte. Näher zu untersuchen wären vor diesem Hintergrund die Fragen, ob und inwiefern die zeitgenössischen Erfahrungen und Erwartungen, kein Erbe zu erhalten oder aufgrund des Wirtschaftswunders auf kein Erbe mehr für die eigene Selbstverwirklichung angewiesen zu sein, die Jugendproteste und Liberalisierungsprozesse in der frühen Bundesrepublik begünstigten.

Darüber hinaus wirkten sich der Bedeutungsverlust von Erbschaften und der Ausbau des Sozialstaats auch auf konkrete Erbpraktiken aus. Es kam zum Rückgang einer bis dahin weitverbreiteten Praxis, in welcher Erblasser ihren Nachlass zu ihrer eigenen sozialen Absicherung und Altersvorsorge sowie zur Versorgung nahestehender Familienangehöriger einsetzten. Vor allem von Erblassern, die ein kleines oder mittleres Vermögen besaßen, finden sich bis in die frühen 1960er-Jahre gehäuft Testamente, in denen sie ihre Pfleger als Erben einsetzten. Eine ledige Erblasserin erklärte in ihrem Testament – typisch für diese Fälle –, dass sie stets darauf bedacht gewesen sei, »Personen für die Versorgung im Alter und Krankheit zu gewinnen unter dem Versprechen der Erbeinsetzung«[52], und dass sie genau aus diesem Grund nicht ihre Verwandten, sondern ihre Pflegerin als Erbin einsetze. Der strategische Einsatz von Erbversprechen zur Kontingenzbewältigung wird hier besonders deutlich. Erblasser brachten zudem Pflege- und Fürsorgeleistungen in Anschlag, um eine ungleiche Verteilung von Erbe unter verwandtschaftlichen Nachkommen zu rechtfertigen. Die Eheleute K. beispielsweise errichteten im Jahr 1947 ein Testament, in dem sie ihren Sohn als Alleinerben einsetzten. Dieses widerriefen sie im Jahr 1950. Ihr Nachlass sollte nun gleichberechtigt an beide Kinder gehen. Fünf Jahre später errichtete die mittlerweile verwitwete Ehefrau ein drittes Testament, indem sie ihre Tochter, zu der sie nach dem Tod ihres Mannes gezogen war, zur Alleinerbin als Dank für ihre Pflege bestimmte.[53] Auch der verwitwete Herr G. setzte im Jahr 1956 seine Tochter zur Alleinerbin ein: »Aus Dankbarkeit, daß sie ihr Leben im Dienst für ihre Eltern geopfert hat.«[54] Ebenso begründete Herr B. die Alleinerbenstellung seines Sohns gegenüber seinen anderen Kindern im Jahr 1960 damit, dass dieser und seine Ehefrau ihn versorgen und bei Krankheit pflegen würden.[55]

Unter umgekehrten Vorzeichen folgten – überwiegend – Frauen dem Versprechen von Erblassern, diese – in vielen Fällen zunächst ohne Entlohnung – zu pflegen und zu versorgen, um dann später Teile von deren Nachlass zu erhalten. Erbe stellte für diese Personengruppe »verdientes Vermögen« dar, auf das sie bei der Aufteilung von Nachlässen beharrten.[56] In einigen Fällen nahmen sie den Erblasser, mit dem sie keineswegs immer verwandt waren, in ihren Haushalt auf oder zogen zu ihm. Sie schränkten andere Erwerbstätigkeiten ein oder machten die Pflege zu ihrem Beruf. Das Versprechen auf Erbe beeinflusste zumindest bis in die frühe Bundesrepublik hinein die Lebensplanungen eines bestimmten Personenkreises, der sich auf die Pflege älterer Erblasser einließ. Gleichzeitig machten einige von ihnen immer wieder die Erfahrung, dass ihnen andere potenzielle Erben, meist Familienmitglieder, nach dem Tod des Erblassers ihren versprochenen Teil am Erbe streitig machten, oder dass die Erblasser sie entgegen allen Versprechungen nicht oder nur teilweise in ihrem Testament bedacht hatten. Deutschlandweit machte in dieser Hinsicht der »Fall Theresia Jahn« Schlagzeilen, der von Anfang der 1950er- bis Mitte der

---

52 Testament vom 26.5.1977, 155/5486, ZA EKHN.
53 Testamente vom 25.6.1947, 24.8.1950 und 21.10.1955, 51 IV 11/56 K., AG Frankfurt am Main, Nachlassabteilung.
54 Testament vom 14.9.1950, 51 IV 19/56 G., AG Frankfurt am Main, Nachlassabteilung.
55 Testament vom 5.1.1960, 51 IV 19/60 B., AG Frankfurt am Main, Nachlassabteilung.
56 Eidesstaatlicher Bericht vom 19.5.1964, Schreiben des Rechtsanwaltes vom 1.6.1964, 155/5670, ZA EKHN.

1960er-Jahre die Münchner Gerichte beschäftigte und der die Fragilität der Absprache »Pflege gegen Erbe« paradigmatisch aufzeigte. Ausgangspunkt des Erbstreits war ein Testament, in dem eine äußerst wohlhabende ledige Erblasserin ihre Nichte, die bei ihr wohnte und die sie pflegte, als Alleinerbin eingesetzt hatte. Nach der Testamentseröffnung zweifelten allerdings die Geschwister der Erblasserin die Echtheit des Testaments an und warfen der Nichte Urkundenfälschung und Erbschleicherei vor. Außerdem verwiesen sie auf ihre eigenen Pflegeleistungen, um Erbansprüche zu erheben. In den folgenden Jahren legten führende Sachverständige Gutachten zur Echtheit des Testaments vor (mit unterschiedlichem Ergebnis); andere Verwandte, Freunde und Nachbarn der Erblasserin machten Aussagen zu internen Familienverhältnissen (ein Teil wurde später wegen Meineids verurteilt), Theresia Jahn musste zwischendurch wegen angeblicher Testamentsfälschung und Anstiftung zum Meineid ins Gefängnis, und die Presse verteufelte sie abwechselnd als »Erbschleicherin« und »Testamentsfälscherin«[57] beziehungsweise stellte sie als »Opfer der Justizmaschinerie«[58] oder als »unschuldige Rentnerin«[59] dar, der missgünstige Verwandte ihr verdientes Erbe nicht gönnten. Nach einem 15-jährigen Prozess bekam die mittlerweile 69-jährige Theresia Jahn vor Gericht Recht, ihr Vermögen war allerdings aufgebraucht und sie selbst nun auf staatliche Unterstützung angewiesen.[60] Das Ende des Prozesses fiel damit ziemlich genau mit dem Zeitraum zusammen, in dem diese Form der Erbübertragung immer seltener praktiziert wurde. Gleichwohl verloren Erbschaften ihre Funktion als »private« Altersvorsorge nie gänzlich. Seit dem Umbau des Sozialstaats in den 1990er-Jahren und angesichts steigender Lebenserwartungen (»Viertes Alter«) prognostizieren einzelne Autoren sogar einen erneuten Bedeutungsgewinn dieser Funktion.[61] In diese Richtung deuten auch Erbrechtsreformen, die darauf abzielen, Pflegedienste durch erbschaftssteuerliche Begünstigungen zu vergüten.[62] Daran anknüpfend verspricht die Analyse von Erbschaften als »private« Altersvorsorge angesichts steigender Lebenserwartungen, dem Ausbau von staatlichen und privaten Dienstleistern, kostenintensiver Betreuung und veränderten staatlichen Sozialleistungen eine historische Einordnung von zunehmend wichtiger werdenden Fragen unserer Gesellschaft: nämlich nach dem Umgang mit Hochbetagten, deren Betreuung und Pflege sowie der Finanzierung der entstehenden Kosten. In diesem Zusammenhang gälte es auch, die Rolle von Altersstiften und Spitälern zu berücksichtigten, die mindestens bis in die 1920er-Jahre Erbansprüche auf den Nachlass ihrer Bewohner erhoben.[63]

Die nachlassende Instrumentalisierung von Erbschaften seitens der Erblasser zur eigenen sozialen Absicherung verweist zudem auf eine weitere Entwicklung, die sich in den

---

57 Das Testament doch gefälscht?, in: Nürnberger Nachrichten, 26.1.1965. S. 10.
58 Eine Frau fühlt sich als Opfer der Justizmaschinerie, in: Passauer Neue Presse, 23.1.1965.
59 Unschuldig im Gefängnis, in: Süddeutsche Zeitung, 18.9.1959.
60 Zum Fall Jahn vgl. BayHStA, MJu 24027. Hier finden sich auch zahlreiche Presseartikel zu den Prozessen.
61 *Reiner Braun*, Hat die Erbengeneration ausgespart? Nach der Rentenillusion droht eine Erbschaftsillusion, in: *Lettke*, Erben und Vererben, S. 91–114; *Günter Buttler*, Alterssicherung im demographischen Wandel. Hält der Generationenvertrag?, in: *Helmut Neuhaus* (Hrsg.), Was du ererbt von deinen Vätern hast … Erbe, Erben, Vererben. Fünf Vorträge, Erlangen 2006, S. 117–137; vgl. auch das Habilitationsprojekt von Nicole Kramer: Eine Sozialgeschichte des »vierten Alters«. Hochbetagte in der Bundesrepublik Deutschland, Großbritannien und Italien.
62 Vgl. Änderungen der Erbschaftssteuerreform vom 1.1.2010, Bundesgesetzblatt, 2009, Teil I, Nr. 63, ausgegeben zu Bonn am 29. September 2009, S. 3142.
63 *Frank Hatje*, Das Gast- und Krankenhaus in Hamburg, Hamburg 1998, S. 231f. Zur Bedeutung von Erbe als Altersvorsorge vgl. auch *Fertig/Fertig*, Bäuerliche Erbpraxis als Familienstrategie; *Lünnemann*, Der Preis des Erbens; *Hendrik Hartog*, Someday All This Will Be Yours. A History of Inheritance and Old Age, Cambridge/London 2012.

1950er-Jahren verstärkte, als die Bedeutung von Erbschaften für den Vermögenserwerb vieler Erben nachließ. Seitdem knüpften Erblasser den Erhalt von Erbschaften seltener an Bedingungen, die die eingesetzten Erben zu erfüllen hatten. Während Erblasser ihre Erben bis in die 1950er-Jahre beispielsweise darauf verpflichteten, für sie selbst, für ihre Ehepartner, Kinder und weitere Verwandte zu sorgen, finden sich solche Klauseln in der Bundesrepublik seltener in den durchgesehenen Testamenten. Selbst die bis in die 1960er-Jahre in fast jedem Testament vorhandene Verpflichtung der Erben, für Bestattung und Grabpflege zu sorgen, verschwand größtenteils. Dienten Testamente bürgerlichen Erblassern zu Beginn des 20. Jahrhunderts noch der Selbstreflexion, der Inventarisierung des vorhandenen Vermögens, der Rechtfertigung der vorgenommenen Nachlassverteilung, der Formulierung von Ratschlägen an die Erben, der Belohnung oder Sanktionierung von Verhaltensweisen potenzieller Erben, der Förderung der Nachkommen und eben der Dokumentation von Bedingungen, die an den Erhalt der Erbschaft gebunden waren, so verloren die meisten Testamente diese Funktionen im Zulauf auf die Gegenwart. Zahlreiche in der Bundesrepublik eröffnete Testamente halten nur noch die gewünschte Nachlassverteilung fest und bestehen lediglich aus wenigen Sätzen. Umgekehrt bedeutet dies, dass die »Macht der toten Hand« nachließ und Erben seit den 1950er-Jahren kontinuierlich freier über ihr Erbe verfügen konnten.[64]

V. RÜCKKEHR DER ERBENGESELLSCHAFT? – 1970ER–2000ER-JAHRE

Die Bedeutung von Erbschaften für den Vermögenserwerb im Vergleich zu Arbeitseinkommen nahm seit den 1970er-Jahren im Frankfurter Raum wieder zu, und das insbesondere für die vermögenderen Schichten. Im Jahr 2015 bestand das Vermögen des reichsten Dezils der Gesamtbevölkerung der Bundesrepublik Schätzungen zufolge zu 32,57 %, desjenige des zweit- bis fünftreichsten Dezils zu 37,32 % und das der fünf ärmsten Dezile nur zu 17,21 % aus Erbschaften.[65]

Ausschlaggebend für diesen Bedeutungsanstieg war erstens die politische und wirtschaftliche Entwicklung der Bundesrepublik. Seit dem Zweiten Weltkrieg wurden keine größeren Vermögenswerte mehr durch Krisen oder Kriege vernichtet. Ferner ermöglichten der wirtschaftliche Aufschwung sowie die bis in die 1970er-Jahre andauernde Vollbeschäftigung es vielen Mitgliedern der Mittelschicht, kleinere Vermögen anzusparen. Zweitens führte die demografische Entwicklung dazu, dass Erbschaften seit den 1970er-Jahren auf immer weniger Erben verteilt werden. Im Untersuchungssample ging der Nachlass von Testatoren im Durchschnitt zu allen Zeiten an ungefähr 1,5 Erben, während sich ein Nachlass im Fall einer gesetzlichen Erbfolge bis 1970 auf durchschnittlich drei gesetzliche Erben verteilte, bevor dieser Wert auf etwas über zwei Erben im Jahr 2000 abfiel (vgl. Tabelle 5).

---

64 Zu einem ähnlichen Ergebnis kommt Marianne Kosmann in ihrer Analyse von Testamenten des Amtsgerichts Dortmund in den Jahren 1960 und 1985. *Kosmann*, Wie Frauen erben, S. 113 f. Einen ähnlichen Formwandel der Testamente beschreibt Lawrence M. Friedman für die USA, vgl. *Lawrence M. Friedman*, Dead Hands. A Social History of Wills, Trusts, and Inheritance Law, Stanford 2009, S. 77 und 100 f. Den langfristigen Bedeutungswandel von Testamenten beschreibt Karin Gottschalk, vgl. *Karin Gottschalk*, Erbe und Recht. Die Übertragung von Eigentum in der frühen Neuzeit, in: *Stefan Willer/Sigrid Weigel/Bernhard Jussen* (Hrsg.), Erbe. Übertragungskonzepte zwischen Natur und Kultur, Berlin 2013, S. 85–125.
65 *Bönke/Corneo/Westermeier*, Erbschaft und Eigenleistung im Vermögen der Deutschen, S. 17.

Tabelle 5: Durchschnittliche Erbenanzahl bei Erbfällen mit Testament und nach gesetzlicher Erbfolge in Frankfurt am Main

Jahr	Mit Testament	Gesetzliche Erbfolge
1925		3,36
1940	1,27	3,02
1950	1,63	3,10
1970	1,40	3,02
2000	1,46	2,21

Drittens blieben in der Bundesrepublik alle politischen Vorstöße zur deutlichen Erhöhung der Erbschaftssteuer erfolglos. Auf die Rücknahme der hohen Erbschaftssteuersätze der Alliierten in der frühen Bundesrepublik wurde bereits verwiesen. Danach kam es erst im Zuge der großen Steuerreform der ersten sozial-liberalen Koalition 1974 zu einer moderaten Erhöhung der Erbschaftssteuer sowie zur Schließung verschiedener erbschaftssteuerlicher Schlupflöcher. Die Reform stand damit zum einen in der langen Tradition liberaler und sozialdemokratischer Kritik am Erbe als »unverdientem Vermögen«.[66] Zum anderen gab es zur gleichen Zeit ähnliche Bestrebungen und Vorstöße in den USA und in Frankreich, wenngleich dort ohne Erfolg.[67] In Deutschland ging die Reform dem linken Flügel der SPD nicht weit genug, während der Mittelstand sowie CDU und CSU diese Erhöhung scharf kritisierten, ohne sie jedoch nach dem Regierungswechsel von 1982 sofort zurückzunehmen.[68] Dies geschah erst nach der Wiedervereinigung, als es im Kontext von Reformen des Sozialstaats, auf dem Höhepunkt der Debatte um den »Standort Deutschland« sowie der damit einhergehenden Steuerreformen zur Senkung der Erbschaftssteuer kam.[69]

Zumindest in zeitlicher Hinsicht fielen damit der Anstieg von Erbschaften und die Senkung der Erbschaftssteuer mit den Kürzungen im Sozialsystem Ende der 1990er- und Anfang der 2000er-Jahre zusammen. Dies wirft die Frage auf, ob die Sozialreformen auch deshalb durchsetzbar waren, weil ein zunehmend größerer Teil der Bevölkerung umfangreiche Erbschaften und/oder Schenkungen erhielt oder zumindest auf diese hoffen konnte. Für die Ehepartner und Kinder wohlhabender, überwiegend westdeutscher Erblasser

---

66 Für einzelne Positionen in dieser Debatte vgl. Wissenschaftlicher Beirat beim Bundesministerium der Finanzen, Gutachten zur Reform der direkten Steuern (Einkommensteuer, Körperschaftsteuer, Vermögenssteuer und Erbschaftsteuer) in der Bundesrepublik Deutschland vom 11. Februar 1967, in: Bundesministerium der Finanzen (Hrsg.), Der Wissenschaftliche Beirat beim Bundesministerium der Finanzen. Entschließungen, Stellungnahmen und Gutachten, 1949–1973, Tübingen 1974, S. 326–400; Hessischer Minister der Finanzen (Hrsg.), Entwurf für ein Gesetz zur Änderung des Erbschaftsteuergesetzes und anderer Vorschriften, Wiesbaden 1970.
67 *Jean-Jacques Servan-Schreiber*, Die befreite Gesellschaft. Eine Charta für Europa, Hamburg 1970.
68 *Walter Möller/Hellmut Eggers/Achim von Loesch*, SPD Hessen Süd: Vermögen umverteilen!, Frankfurt am Main 1970; *Walter Petwaidic/Jürgen Ebeling*, Die enterbte Gesellschaft. Erbschaftsteuer heute und morgen, Wege zur Steuerersparnis, drohende Reformen, Stuttgart 1971.
69 *Hans Günter Hockerts*, Vom Problemlöser zum Problemerzeuger? Der Sozialstaat im 20. Jahrhundert, in: AfS 47, 2007, S. 3–29; *Wencke Meteling*, Internationale Konkurrenz als nationale Bedrohung. Zur politischen Maxime der »Standortsicherung« in den neunziger Jahren, in: *Ralph Jessen* (Hrsg.), Konkurrenz in der Geschichte. Praktiken – Werte – Institutionalisierungen, Frankfurt am Main/New York etc. 2014, S. 289–315; *Marc Buggeln*, Steuern nach dem Boom. Die Öffentlichen Finanzen in den westlichen Industrienationen und ihre gesellschaftliche Verteilungswirkung, in: AfS 52, 2012, S. 47–89.

spannte sich dadurch – jenseits des Sozialstaats – ein Netz finanzieller Absicherung auf, auf das sie qua Familienzugehörigkeit weitgehend unabhängig von anderen Leistungen zurückgreifen konnten, während die Erben ärmerer, vorwiegend ostdeutscher Erblasser deutlich stärker direkt von den Reformen betroffen waren.

In den meisten Konstellationen blieb Erbe in der Familie. In Erbfällen ohne vorhandenes Testament kamen entsprechend der gesetzlichen Erbfolge im BGB neben dem Ehepartner ohnehin nur Familienmitglieder als Erben in Betracht. Doch auch Testatoren vererbten ihr Vermögen zum größten Teil und in der Mehrzahl der Fälle an Personen, mit denen sie verwandt oder verehelicht waren. In Frankfurt am Main setzten Testatoren zum Großteil Familienmitglieder als Erben ein, wobei dieser hohe Anteil von 91,1% (1940) und 92,2% (1950) auf 83,3% (1970) und 85,4% (2000) abfiel. Ähnliche Zahlen liegen für andere Amtsgerichtsbezirke vor. Analysen zum Testierverhalten stellten seit den 1970er-Jahren relativ übereinstimmend fest, dass bei verheirateten Paaren mit Kindern das Erbe jeweils zu etwa 90% innerhalb der Familie weitergegeben wurde.[70] Den niedrigsten Wert wiesen ledige und geschiedene Erblasser auf, doch selbst diese vererbten ihr Vermögen zu 60 bis 75% an Familienmitglieder.[71]

Diese Zahlen korrespondieren mit den Ergebnissen repräsentativer Umfragen zum Testierverhalten der deutschen Bevölkerung. Im Jahr 1990 ergab beispielsweise eine Befragung durch das Deutsche Jugendinstitut, dass nur 5,1% der über 1.000 Interviewten der Aussage »Erbschaften sollten in der Familie bleiben« nicht zustimmten.[72] Schließlich findet sich in Testamenten gerade im Hinblick auf materielle Objekte (»Erbstücke«) regelmäßig der explizit geäußerte Wunsch, dass diese in Familienbesitz bleiben sollen.[73] Im Hinblick auf Erbübertragungen lassen sich somit stabile Erwartungshaltungen und Erbpraktiken beobachten, die bis ins 19. Jahrhundert zurückreichen und die bis in die Gegenwart handlungsleitend sind. Die Werbung für Luxusgüter (zum Beispiel die Anzeigen des Uhrenherstellers »Patek Philippe«, welche neben den Produkten Väter mit ihren Söhnen und Mütter mit ihren Töchtern in Szene setzen) baut häufig genau auf diese weitverbreitete Praxis, dass Erbe innerfamilial weitergegeben wird, und bestätigt diese dadurch als »normal«.

Gleichwohl waren die Grenzen von »Familie« nie statisch, sondern fluide, und Zugehörigkeiten zur Familie sowie Hierarchien innerhalb der Familie wurden immer wieder neu ausgehandelt.[74] In der Bundesrepublik veränderten sich sowohl der Kreis der von Testatoren oder qua Intestaterbrecht bestimmten Erben als auch die gesetzlich garantierten Erbansprüche einzelner Personen am Nachlass verwandter Verstorbener. Wie bereits

---

70 *Metternich*, Verfügungsverhalten von Erblassern, S. 69; *Rotering*, Rechtstatsächliche Untersuchungen zum Inhalt eröffneter Verfügungen von Todes wegen, S. 45; *Schulte*, Art und Inhalt eröffneter Verfügungen von Todes wegen, S. 78; *Guericke*, Rechtstatsächliche Untersuchung über das Verfügungsverhalten, S. 160.
71 Ebd., S. 56 ff.; *Vollmer*, Verfügungsverhalten von Erblassern und dessen Auswirkungen auf das Ehegattenerbrecht und das Pflichtteilsrecht, S. 85 ff.; *Metternich*, Verfügungsverhalten von Erblassern, S. 91 ff.
72 *Walter Bien*, Leben in Mehrgenerationenfamilien – Regel oder Sonderfall?, in: *ders.* (Hrsg.), Eigeninteresse oder Solidarität. Beziehungen in modernen Mehrgenerationenfamilien, Opladen 1994, S. 3–27, hier: S. 26.
73 Testament vom 12.6.1950, 52 IV 15/56 W., AG Frankfurt am Main, Nachlassabteilung; Testament vom 23.11.1955, 51 IV 10/56 H., AG Frankfurt am Main, Nachlassabteilung.
74 *Andreas Gestrich*, Geschichte der Familie im 19. und 20. Jahrhundert, 3. erw. Aufl. München 2013; *Margareth Lanzinger/Edith Saurer* (Hrsg.), Politiken der Verwandtschaft. Beziehungsnetze, Geschlecht und Recht, Göttingen 2007. *Hannes Grandits* (Hrsg.), Family, Kinship and State in Contemporary Europe, Bd. 1: The Century of Welfare: Eight Countries, Frankfurt am Main/New York 2010.

aufgezeigt, schränkte der Gesetzgeber 1958 die Erbrechte entfernter Seitenverwandter ein, während er die Erbrechte des Ehepartners stärkte, womit er auf gesellschaftliche Entwicklungen reagierte, die sich schon länger im Testierverhalten verheirateter Eheleute abgezeichnet hatten. Deutlicher Ausdruck der kontinuierlichen Bevorzugung des Ehepartners ist die in der zweiten Jahrhunderthälfte deutlich gestiegene Zahl an Testamenten, in denen sich Ehepartner gegenseitig als Alleinerben einsetzten (sogenanntes Berliner Testament). Waren im Untersuchungssample in den Jahren 1940 (34%) und 1950 (28%) ungefähr ein Drittel aller letztwilligen Verfügungen Berliner Testamente, so stieg deren Anzahl auf 51% im Jahr 2000 an. Das heißt, um die Jahrtausendwende setzten sich in der Hälfte aller Erbfälle, in denen ein Testament vorhanden war, Ehepartner gegenseitig zu Alleinerben ein. Werden nur testierende Ehepartner betrachtet, so setzten sich diese im letzten Drittel des 20. Jahrhunderts in etwa 90% der Fälle gegenseitig als Alleinerben ein, womit sie die gesetzliche Erbfolge änderten und den Partner im Erbfall stärker bevorzugten.[75]

Dies wirkte sich auf den Vermögenstransfer dahin gehend aus, dass vor allem Ehefrauen, die häufiger als Männer ihren Ehepartner überlebten, zunehmend größere Erbschaften erhielten und weitergeben konnten. Während Männer im Jahr 1960 etwa doppelt so viel Vermögen vererbten wie Frauen, glichen sich die durchschnittlichen Nachlasssummen von männlichen und weiblichen Erblassern bis Mitte der 1980er-Jahre nahezu an.[76] Dies lenkt den Blick auf eine Personengruppe (vor allem Witwen und ältere ledige Frauen), die häufig als arm und schutzbedürftig und weniger als über Vermögen verfügend wahrgenommen wird.[77] An diese Beobachtungen anschließend gilt es noch näher zu untersuchen, was die Gründe für diese veränderte Erbpraktik waren, in welchem Verhältnis die Erbpraktiken zu sich verändernden Rollenmustern von Männern und Frauen in der Gesellschaft standen, wie sich Frauen ihr Erbe aneigneten und wie Ehefrauen die Handlungsspielräume nutzten, die sich durch ihre verbesserte materielle Situation ergaben. Als Kontrast hierzu böten sich Erbpraktiken im Adel, in Familienunternehmen und im landwirtschaftlichen Bereich an. Dort lassen sich noch stärkere Begünstigungen von männlichen Familienmitgliedern bei der Übergabe von Vermögen beobachten.[78]

Die Bevorzugung des Ehe- beziehungsweise des Lebenspartners hatte des Weiteren zur Folge, dass Erbe in vielen Fällen zunächst innerhalb einer Generation weitergegeben wurde, ehe es an die folgende überging. Zusammen mit der gestiegenen Lebenserwartung im 20. Jahrhundert führten beide Entwicklungen dazu, dass sich Erblasser immer später mit ihrer Nachlassplanung beschäftigten. Das Durchschnittsalter der Testatoren zum Zeitpunkt ihrer Testamentserrichtung betrug im Bereich des Amtsgerichts Frankfurt am Main in der ersten Jahrhunderthälfte relativ konstant 58,5 Jahre, ehe es auf 67,6 Jahre (1970) beziehungsweise 64,2 Jahre (2000) leicht anstieg.[79] Mit zunehmender Lebenserwartung der

---

75 *Schulte*, Art und Inhalt eröffneter Verfügungen von Todes wegen, S. 78, 119 und 181f.; *Guericke*, Rechtstatsächliche Untersuchung über das Verfügungsverhalten, S. 62 und 73; *Vollmer*, Verfügungsverhalten von Erblassern und dessen Auswirkungen auf das Ehegattenerbrecht und das Pflichtteilsrecht, S. 136.
76 Vgl. *Bietz*, Erbschaften im Bürgertum, S. 118; *Kosmann*, Wie Frauen erben, S. 92–95.
77 *Torp*, Gerechtigkeit im Wohlfahrtsstaat, S. 67–78.
78 *Schäfer*, Familienunternehmen und Unternehmerfamilien, S. 104 und 158. *Christina Lubinski*, Familienunternehmen in Westdeutschland. Corporate Governance und Gesellschafterkultur seit den 1960er Jahren, München 2010, S. 87; *Hans A. Stöcker*, Die Neuordnung der gesetzlichen Erbfolge im Spiegel des mutmaßlichen Erblasserwillens, in: Zeitschrift für das gesamte Familienrecht 18, 1971, S. 609–618, hier: S. 611.
79 Zum Vergleich: In der Studie von Dieter Leipold sind 80% der Testatoren älter als 60 Jahre, vgl. *Leipold*, Wandlungen in den Grundlagen des Erbrechts?, S. 184; in der Studie von Rotering sind 66% der Testatoren älter als 60 Jahre, vgl. *Rotering*, Rechtstatsächliche Untersuchungen zum Inhalt eröffneter Verfügungen von Todes wegen, S. 104; Gabriele Metternich bestimmt die Quo-

Erblasser stieg das Alter der Erben seit Beginn des 20. Jahrhunderts kontinuierlich an, von etwas über 30 Jahre (um 1900) auf etwas über 50 Jahre um das Jahr 2000.[80] In Frankfurt lag das Durchschnittsalter von Erben in der zweiten Jahrhunderthälfte bei 53,8 Jahren. Auch deshalb gewannen andere Modi des Vermögenstransfers an Bedeutung.

Seit den 1970er-Jahren erhöhte sich das Volumen der Vermögenstransfers *inter vivos*, auch da sich dadurch bei der Vermögensübergabe Steuern sparen ließen. Im diachronen Rückblick ist die Eigentumsübertragung *inter vivos* kein neues Phänomen der letzten 40 Jahre. Der Prozess des Erbens war bereits im 18., 19. und frühen 20. Jahrhundert ein Vorgang, der sich in mehreren Etappen und durchaus über längere Zeiträume erstrecken konnte. Dies gilt umso mehr, wenn neben der Mitgift auch Ausbildungsaufwendungen oder andere familiale Unterstützungsleistungen berücksichtigt werden.[81] In dieser diachronen Perspektive erscheinen vor allem die 1950er- und 1960er-Jahre als Ausnahmejahrzehnte, weil in der Nachkriegszeit in vielen Fällen kein oder nur wenig Besitz vorhanden war, der zu Lebzeiten hätte übergeben werden können. Seitdem steigt der Anteil der zwischen Lebenden übertragenen Vermögenswerte wieder kontinuierlich an. Entsprechend den vorhandenen Schenkungs- und Erbschaftssteuerstatistiken sind in den 1950er-Jahren weniger als 15% des steuerlich erfassten transferierten Vermögens zwischen Lebenden übertragen worden, in den 1970er-Jahren waren es etwas über 20%, im Jahr 2007 sogar mehr als 33%.[82] Das heißt, dass etwa ein Drittel des in Privatbesitz befindlichen Vermögens in den 2000er-Jahren bereits zu Lebzeiten weitergegeben wurde.

An diesem Punkt gilt es noch näher zu untersuchen, ob es sich hierbei um intra- oder um intergenerationelle Transfers handelte, in welchem Lebensabschnitt die Beschenkten Vermögen erhielten, ob Schenkungen an den gleichen oder einen anderen Empfängerkreis (zum Beispiel nicht eheliche Kinder) als Erbschaften gingen und ob Schenkungen an Bedingungen seitens des Schenkers gebunden waren.[83] Es spricht viel für die Hypothese, dass Generationenbeziehungen in der Bundesrepublik zunehmend über Schenkungen reguliert wurden, die zum Teil frühere Funktionen von Erbübertragungen übernahmen (zum Beispiel die Festigung von Machtpositionen in der Familie, die Belohnung oder Sanktionierung von Verhaltensweisen oder die Förderung der Nachkommen). Sie könnten zunehmend die Lebensplanungen der Nachkommen beeinflusst sowie eine umfangreichere Planung der Vermögensübertragungen erfordert haben.[84]

Jenseits der Fokussierung auf den Ehepartner als Hauptadressaten von Erbschaften zeigte sich seit den 1970er-Jahren in der Testierpraxis der Frankfurter Bevölkerung eine Entwicklung, die dem häufig postulierten Wandel von der Groß- zur Kleinfamilie im 20. Jahrhundert widerspricht. Sichtbar wird dies, wenn Erbpraktiken von Testatoren mit einem

---

te der Über-60-Jährigen mit 75%, vgl. *Metternich*, Verfügungsverhalten von Erblassern, S. 46; 53% der Testatoren sind in der Studie von Jeanette Vollmer über 66 Jahre alt, vgl. *Vollmer*, Verfügungsverhalten von Erblassern und dessen Auswirkungen auf das Ehegattenerbrecht und das Pflichtteilsrecht, S. 273.

80 *Piketty*, Das Kapital im 21. Jahrhundert, S. 517.
81 *Lanzinger*, Vererbung, S. 331.
82 *Marc Szydlik*, Reich durch Schenkung und Erbschaft?, in: *Thomas Druyen/Wolfgang Lauterbach/Matthias Grundmann* (Hrsg.), Reichtum und Vermögen. Zur gesellschaftlichen Bedeutung der Reichtums- und Vermögensforschung, Wiesbaden 2009, S. 135–145; vgl. auch *Schinke*, Inheritance in Germany 1911 to 2009, S. 30.
83 Zur problematischen Quellenlage diesbezüglich vgl. *Szydlik*, Erben in der Bundesrepublik Deutschland, S. 81f.
84 *Wolfgang Lauterbach/Kurt Lüscher*, Neue und alte Muster des Erbens gegen Ende des 20. Jahrhunderts, Arbeitspapier Nr. 18, Universität Konstanz, Sozialwissenschaftliche Fakultät 1995. *Wolfgang Lauterbach/Kurt Lüscher*, Erben und die Verbundenheit der Lebensläufe von Familienmitgliedern, in: KZfSS 48, 1996, S. 66–95.

weiten und offenen Familienbegriff, besser noch mit dem stärker auf Nahbeziehungen fokussierenden Haus-Begriff analysiert werden.[85] Denn seit den 1970er-Jahren nahm die Zahl der testamentarisch eingesetzten Erben zu, die nicht mit dem Erblasser verwandt oder verehelicht waren. Setzten Erblasser in Frankfurt am Main bis ins Jahr 1950 zu über 90% Familienmitglieder als Erben ein, so sank diese Zahl seit den 1970er-Jahren auf etwas über 80% ab. In etwa 15 bis 17% aller Erbfälle übergaben sie ihr Eigentum nicht an Familienmitglieder. Diese Entwicklung spiegelt zum einen die Pluralisierung der Lebensentwürfe wider, wenn Erblasser nicht eheliche Kinder, Lebenspartner, Freunde oder Nachbarn, aber zunehmend auch wieder Pflegepersonal als Erben einsetzten. Zum anderen verweist sie auf die zunehmende Zahl lediger und kinderloser Erblasser, die ihr Erbe am häufigsten Personen und Institutionen außerhalb der Familie vermachten und deren Erbverhalten für die Bundesrepublik noch kaum untersucht ist.

Durch die gestiegene Anzahl an großen Erbschaften, durch die Zunahme von Schenkungen und die Tatsache, dass sich traditionelle Erbpraktiken lockerten und Vermögen häufiger an Personen außerhalb der Familie weitergegeben wurde, stieg zugleich das Bedürfnis nach Beratung und Unterstützung bei der Nachlassplanung und Erbannahme, was sich in der Expansion des »Erbschaftsbusiness« ausdrückte. Seit Ende der 1980er-Jahre lässt sich im Bereich der Erbratgeberliteratur – wie zu vielen anderen gesellschaftlichen Themen auch – ein deutlicher Boom und eine Ausdifferenzierung feststellen.[86] Steuerberater, Finanzwirte, Ökonomen, Banken und Versicherungen gaben Ratgeber heraus und boten den Lesern Ratschläge zur Vermögensbewahrung an.[87] Die erhöhte Nachfrage nach solchen Veröffentlichungen lässt sich vor diesem Hintergrund zum einen als Ausdruck eines gestiegenen Bedürfnisses nach Orientierungswissen in einer als zunehmend unüber-

---

85 *Philip Hahn*, Trends der deutschsprachigen historischen Forschung nach 1945: Vom »ganzen Haus« zum »offenen Haus«, in: *Eibach/Derix/Hahn* u. a., Das Haus in der Geschichte Europas, S. 47–63.
86 Eine erste stichprobenartige Recherche in der Deutschen Nationalbibliothek ergab sieben Neuerscheinungen für den Zeitraum von 1946 bis 1960, elf von 1961 bis 1975, 18 von 1976 bis 1990 und 60 von 1991 bis 2005. Noch deutlicher wird dieser Anstieg, wenn zugleich die Neuauflagen der einzelnen Publikationen mit in den Blick genommen werden. Der von Wolfgang Klüpfel im Auftrag der Deutschen Sparkassen erstmals im Jahr 1960 herausgegebene Ratgeber »Erben und Vererben« erschien im Jahr 1991 in seiner 23. und im Jahr 2004 in seiner 34. überarbeiteten Auflage. Der »ErbschaftsBlock« der Volks- und Raiffeisenbanken beziehungsweise der R+V Versicherungsgruppe erreichte zwischen 1991 und 2010 27 Auflagen. Quantitativ nur schwer zu erfassen sind die zahlreichen Artikel und Sonderhefte, die in Zeitungen und Zeitschriften zu dieser Thematik erschienen sind. Auch das Fernsehen entdeckte in den 1990er-Jahren Erben als Thema. Reportagen zum Erbrecht, zum Verfassen von Testamenten sowie zur gewünschten Vermögensweitergabe sind seitdem fester Bestandteil des TV-Programms. Sat.1: »Erben gesucht« mit Jörg Wontorra, Erstausstrahlung 31.3.1994, wöchentliches Magazin, 13 Folgen. Beispielhaft für die letzten Jahre: TV-Beiträge: Das Erste/NDR, Günther Jauch, Unverdient reich – ist Erben gerecht?, 17.5.2015; RTL, Kämpf um dein Erbe!, 6.12.2014; WDR, Erben in der Patchworkfamilie. Tipps für das richtige Testament, 5.11.2014; Das Erste/SWR, Wer hat Recht? Kampf ums Erbe, 22.9.2014; ZDF, Die Erbengeneration – Wenn Vermögen den Besitzer wechselt, 11.5.2014.
87 *Michael Hübner*, Immer Streit ums Erbe? ARAG Ratgeber zum Erbrecht, München 2002; *Bernhard Paus*, Erben, vererben und das Finanzamt. Steuerstrategien und -tips zur Verminderung der Einkommen-, Erbschaft- und Schenkungsteuer, Planegg/München 1991; *Willi H. Grün*, Erben – aber richtig. Erbschaftsteuer sparen, Abschreibungsprofite erzielen, Anlagestrategien entwickeln, Berlin 1992; *Hans Günter Christoffel/Norbert Weinmann*, Erbschaft, Schenkung, Immobilien und das Finanzamt. Vorsorgen – rechtzeitig und richtig. Mit den neuen Erbschaftsteuer-Richtlinien, dem Steuerentlastungsgesetz 1999/2000/2002 und dem Entwurf eines Steuerbereinigungsgesetzes 1999, Freiburg im Breisgau 1999.

sichtlich empfundenen Zeit interpretieren, zum anderen kam in ihr die erneut anwachsende Bedeutung von Erbschaften als Möglichkeit des Vermögenserwerbs zum Ausdruck.[88]

Die Ratgeber legten ihren Leserinnen und Lesern den Rückgriff auf Fachleute nahe, insbesondere, wenn sich die Familienverhältnisse kompliziert gestalteten oder wenn es um die Vererbung großer Vermögen, Immobilien oder Unternehmen ging. Verwiesen wurde dabei auf Notare, Rechtsanwälte, Steuerberater oder Vermögensverwalter[89], wobei die Kontaktadressen größerer Gesellschaften und Vereinigungen – wie die der »Deutschen Vereinigung für Erbrecht und Vermögensnachfolge e. V.« – zum Teil direkt angegeben wurden.[90] Insbesondere bei größeren Vermögen waren oftmals Juristen oder Steuerberater in den Erbprozess involviert.[91] In diese Richtung weisen auch die Befunde dieser Studie. Im Untersuchungssample waren die Nachlasssummen von Testatoren, die immerhin zum Teil Notare konsultiert hatten, seit der Zwischenkriegszeit im Durchschnitt und im Median in allen fünf Vergleichsjahren deutlich höher als die Nachlasssummen von Erblassern, die kein Testament errichtet hatten (vgl. Tabelle 6).

Tabelle 6: Durchschnitt und Median von Erbsummen bei Erbfällen mit Testament und nach Intestaterbrecht

Jahr	Testament (Ø)	Intestaterbrecht (Ø)	Testament (Median)	Intestaterbrecht (Median)
1925	21.829 RM	10.199 RM	6.000 RM	3.500 RM
1940	41.842 RM	9.194 RM	8.800 RM	1.100 RM
1950	12.284 DM	4.632 DM	4.150 DM	1.400 DM
1970	57.132 DM	10.630 DM	21.000 DM	4.000 DM
2000	259.874 DM	120.666 DM	105.000 DM	25.000 DM

Ruft man sich noch einmal die gezieltere und beschränktere Erbeinsetzung von Testatoren in Erinnerung (vgl. Tabelle 5), so zeigt sich eine Erbpraktik, die tendenziell zur Vergrößerung von sozialen Ungleichheiten beitrug. Über den gesamten Untersuchungszeitraum hinweg ist festzustellen, dass größere Nachlässe im Durchschnitt unter weniger Erben aufgeteilt wurden als kleinere. Noch näher zu untersuchen gilt es allerdings, mit welchen Argumenten Testatoren zu welchen Zeiten den Ausschluss von gesetzlichen Erben begründeten und welche Folgen dies für die ausgeschlossenen Erben hatte.

Parallel zum Boom der Ratgeberliteratur veränderte sich seit den 1980er-Jahren der Dienstleistungssektor rund um das Thema Erben und Vererben. Die Frage, wer Erblasser bei der Vermögenssicherung und -übertragung im Todesfall im 20. Jahrhundert beriet und

---

88 Greiner, »Richtig sterben«; Sabine Maasen/Jens Elberfeld/Pascal Eitler u. a. (Hrsg.), Das beratene Selbst. Zur Genealogie der Therapeutisierung in den »langen« Siebzigern, Bielefeld 2011.
89 Claus Steiner, Vermögen vererben – Vermögen erben. Erbrechtswissen für Kundenberater und Ratsuchende. Ein praktischer Leitfaden, Frankfurt am Main 1990, S. 14; Bundesverband der Deutschen Volksbanken und Raiffeisenbanken, Erbfall, Erbe, Testament, Neuwied 1983, S. 3; Bundesminister der Justiz, Erben und vererben, Bonn 1989, S. 3.
90 Jan Bittler/Michael Rudolf, So erben Kinder, Düsseldorf 2006, S. 169; Bundesverband der Deutschen Volksbanken und Raiffeisenbanken/R+V Versicherungen (Hrsg.), Erbschaftsblock, 8., Aufl., Wiesbaden 1992, S. 112; Gerhard Hörner, Erben, vererben, schenken. Die Vermögensnachfolge optimal regeln; Gestaltungsmöglichkeiten richtig nutzen, München 2002, S. 112f.; Meyers Lexikonredaktion/FOCUS-Magazin (Hrsg.), Ernstfall Erbfall. Das Lexikon zum Erben und Vererben, Mannheim/Leipzig etc. 1999, S. 208.
91 Schulte, Art und Inhalt eröffneter Verfügungen von Todes wegen, S. 54.

als Experte in Vermögensfragen respektive als Testamentsvollstrecker auftrat, ist noch kaum untersucht. Im 19. und frühen 20. Jahrhundert waren unter anderem Privatbanken und spezialisierte Juristen in diesem Bereich tätig.[92] Ebenfalls noch genauer zu untersuchen ist die Rolle von Priestern, Pfarrern oder auch Rabbinern sowie von religiösen Institutionen, die auch als Ratgeber bei der Nachlassplanung sowie als Abnehmer von Erbschaften fungierten. In Ausnahmefällen, namentlich in der ersten Hälfte des 20. Jahrhunderts, nach dem Inkrafttreten des Bürgerlichen Gesetzbuchs, während der Inflation Anfang der 1920er-Jahre und nach der Währungsreform Ende der 1940er-Jahre, betätigten sich auch staatliche Einrichtungen verstärkt als Berater. Durch Informationsbroschüren, durch das gezielte Anschreiben von Personen, die Testamente auf den Amtsgerichten hinterlegt hatten, sowie durch Schulungen ihres Personals machten sie auf die Auswirkungen von rechtlichen und ökonomischen Entwicklungen auf die Testierpraxis aufmerksam. Dadurch versuchten sie, Erblasserwillen und Testamentsbestimmungen miteinander in Einklang zu bringen, um spätere Rechtsstreitigkeiten zu vermeiden.[93]

Seit den 1980er-Jahren dynamisierte und veränderte sich dieses Feld der Berater. Wie bereits aufgezeigt, warben Banken mit Ratgebern explizit für ihre Kompetenzen in der Vermögensverwaltung im Erbfall, wiesen dieses Tätigkeitsfeld in ihrer Öffentlichkeitsarbeit separat aus und boten sich als Ansprechpartner an. Nahezu alle gegenwärtig existierenden größeren Unternehmen, Gesellschaften und Vereinigungen, die sich auf das Thema Erben und Vererben spezialisiert haben, sind seit den späten 1980er-Jahren entstanden: unter anderem die »Deutsche Gesellschaft für Erbrechtskunde e.V.« im Jahr 1989, die »GEN Gesellschaft für Erbenermittlung mbH« im Jahr 1990, die »Deutsche Vereinigung für Erbrecht und Vermögensnachfolge e.V.« im Jahr 1995, das »Deutsche Forum für Erbrecht e.V.« im Jahr 1996 sowie »Pecunia – Das ErbinnenNetzwerk e.V.« im Jahr 2003. Ähnlich wie die Ratgeber haben sich auch diese Unternehmen auf bestimmte Aufgaben oder Zielgruppen spezialisiert, wobei insbesondere die Beratung von Vermögenden eine hervorgehobene Rolle spielt. In »Pecunia – Das ErbinnenNetzwerk« haben sich beispielsweise reiche Frauen zusammengefunden, um vermögende Erbinnen bei der Annahme ihres Erbes zu beraten. Das Netzwerk sieht es als seine Aufgabe an, seine Mitglieder durch praktische Wissensvermittlung zu unterstützen, »etwa zum Umgang mit Banken und Finanzdienstleistern oder ethischer Geldanlage, aber auch zu Themen wie Testament, Spendenplanung und Stiftungsaufbau oder dem Umgang mit den Medien«.[94] Über die konkreten Tätigkeiten und Arbeitsstrategien dieser »Hidden Helpers«[95] bei der Vermögensübertragung und -verteilung ist noch wenig bekannt, gleichwohl indizieren diese Vereinigungen eine Professionalisierung des Vermögenstransfers, die es noch genauer zu analysieren gilt.

Erbenermittler, Mediatoren, Erbschaftsfundraiser und Auktionatoren stellen weitere Dienstleister dar, deren Tätigkeiten seit den 1990er-Jahren zunehmend nachgefragt werden. Der SPIEGEL ging im Jahr 2006 von etwa 40 Unternehmen aus, die sich auf die Er-

---

92 Derix, Hidden Helpers; *Alastair Owens*, Property, Will Making and Estate Disposal in an Industrial Town, 1800–57, in: *Jon Stobart/ders.* (Hrsg.), Urban Fortunes. Property and Inheritance in the Town, 1700–1900, Aldershot 2000, S. 79–107.
93 Regelung des Nachlass- und Vormundschaftswesens, 1892–1905, 1916–1936, HHStAW, Bestand 458, Nr. 1003; Dorftestamente, BayHStA, MJu 16185; Hessisches Staatsministerium. Der Minister der Justiz an alle Gerichte Hessens, 6.1.1949: Runderlaß des Ministers der Justiz betreffend die Rücknahme von Testamenten auf Grund der veränderten Verhältnisse, in: BayHStA, MJu 22570, Bay. Staatsministerium der Justiz, Rücknahme von Testamenten auf Grund der veränderten Verhältnisse.
94 URL: <http://pecunia-erbinnen.net> [25.1.2016]. *Marita Haibach*, Frauen erben anders. Mutig mit Vermögen umgehen, Königstein im Taunus 2001.
95 Derix, Hidden Helpers.

mittlung von Erben spezialisiert haben.[96] Soweit sich von einzelnen Unternehmen die offiziell angegebenen Mitarbeiterzahlen ermitteln ließen, sind auch diese jeweils deutlich angestiegen: im Fall der »GEN Gesellschaft für Erbenermittlung mbH« von neun (1990) auf über 60 (2016), bei der »Henning Schröder Internationale Erbenermittlung GmbH« von einer Einzelperson (1986) auf circa 25 fest angestellte Mitarbeiter (2016) und im Fall der 2003 gegründeten »Erben-Ermittlung Emrich GmbH« auf mittlerweile über 100 Mitarbeiter (2016).[97] Während Erbenermittler in der Regel im Auftrag des Amtsgerichts oder selbstständig, motiviert durch ein Honorar im Erfolgsfall (circa 20–30 % des Nachlasswertes), nach erbberechtigten Familienmitgliedern suchen und mit dazu beitragen, dass Erbe in der Familie bleibt, arbeiten Erbschaftsfundraiser genau auf das gegenteilige Ziel hin.

Seit Mitte der 1990er-Jahre entdeckten immer mehr Vereine, Non-Profit-Organisationen, Gemeinden und Kommunen Erbschaften als attraktive Finanzquelle. Damit stieg sowohl das Interesse, diese Form der Geldbeschaffung gegen den Vorwurf der »pietätlosen Erbschleicherei« zu verteidigen als auch die Nachfrage nach Wissen, wie an potenzielle Erbschaften zu kommen sei. Nach und nach erschienen erste Artikel und Kapitel in Handbüchern, später dann spezielle Fachbücher, die sich ausschließlich dem Erbschaftsfundraising als neuer »Königsdisziplin«[98] der Fundraiser widmeten. Seit den 2000er-Jahren lässt sich eine zunehmende Vernetzung verschiedener Institutionen und NGOs auf dem Feld des Erbschaftsfundraising beobachten. Bereits Ende 2006 gründete sich auf Initiative der Deutschen Bischofskonferenz die Erbschaftsinitiative »Vermächtnis für die Eine Welt«, an der sich die katholischen Hilfswerke Adveniat, Caritas international, Sternsinger, Missio und Renovabis beteiligten. 2013 startete die Evangelische Landeskirche in Baden die Aktion »Was bleibt. Weitergeben. Schenken. Stiften. Vererben«, und 21 NGOs organisierten sich in den letzten Jahren unter dem Motto »Mein Erbe tut Gutes. Das Prinzip Apfelbaum«, darunter beispielsweise »Ärzte ohne Grenzen e.V.«, die »Max-Planck-Gesellschaft zur Förderung der Wissenschaften e.V.« und »Vier Pfoten – Stiftung für Tierschutz«.[99] Ziel all dieser Initiativen und Organisationen war und ist es, durch die Organisation von öffentlichen Vorträgen und Informationsveranstaltungen sowie die Herstellung und Verbreitung von Informationsbroschüren und Faltblättern potenzielle Erblasser davon zu überzeugen, zugunsten gemeinnütziger Zwecke zu testieren. Während somit einerseits vermögende Erblasser zunehmend auf Dienstleister zur sicheren innerfamilialen Vermögensweitergabe zurückgriffen, professionalisierten auf der anderen Seite Akteure ihre Strategien, um zumindest einen Teil dieser Nachlasssummen zu erhalten.

Die Kehrseite der ungleichen Verteilung des Nachlassvolumens zeigt sich im Auf- und Ausbau von Strukturen zur Abwicklung ausgeschlagener und überschuldeter Nachlässe.

---

96 *Bruno Schrep*, Die Spur des Geldes, in: Der SPIEGEL, 13.11.2006, S. 52–54.
97 Vgl. URL: <https://www.gen-gmbh.de/team-und-standorte/> [11.1.2016]; URL: <http://heredium.de/geschichte.htm> [11.1.2016]; URL: <http://www.ee-erbenermittlung.de/> [25.1.2016].
98 *Nicole Fabisch*, Fundraising. Spenden, Sponsoring und mehr…, München 2002, S. 303; *Bruno Fäh/Thomas B. Notter*, Die Erbschaft für eine gute Sache. Ein Handbuch für Fundraiser auf Legatsuche, Bern/Stuttgart etc. 2000; *Susanne Reuter* (Hrsg.), Erbschaftsfundraising. Mit Herzblut und Fingerspitzengefühl, Düsseldorf 2007.
99 *Matthias Daberstiel*, Für das gute Erbe werben, in: Fundraiser-Magazin, URL: <http://www.2013.fundraiser-magazin.de/index.php/aktuelle-nachrichten-archiv/fuer-das-gute-erbe-werben.html> [29.8.2016]; ähnliche Initiativen gründeten sich etwa zeitgleich in den anderen Industrieländern: »Remember A Charity« in Großbritannien (2000), »MyHappyEnd« in der Schweiz (2011), »Testamento Solidale« in Italien oder »Koalice Za snadné dárcovství« in Tschechien oder »Vergissmeinnicht.at – Die Initiative für das gute Testament« in Österreich. Auf der Homepage von Vergissmeinnicht.at finden sich Links zu vergleichbaren Initiativen in 14 Ländern. URL: <http://www.vergissmeinnicht.at/initiative/internationale-initiativen> [11.1.2016].

Im Untersuchungssample waren von der Zwischenkriegszeit bis ins Jahr 2000 durchgehend etwa 10% aller Nachlässe überschuldet und bei etwa der Hälfte der Nachlässe blieb nach Abzug der anfallenden Kosten und nach Aufteilung der vorhandenen Vermögenswerte für die einzelnen Erben oft kaum etwas übrig. Schon in der Zwischenkriegszeit existierten in Frankfurt am Main daher eingespielte Abläufe zwischen dem Amtsgericht, Nachlasspflegern, Haushaltsauflösern und Auktionatoren, die auf die Auflösung ausgeschlagener Erbschaften ausgerichtet waren.[100] Diese Strukturen der Abwicklung verloren nach dem Zweiten Weltkrieg zunächst an Bedeutung. Jedenfalls nahm die Zahl der Fälle ab, in denen Erben Nachlässe ausschlugen. Schlugen 1940 in 7,55% aller Erbfälle Erben ihr Erbe aus, fiel diese Zahl auf 1,36% im Jahr 1950, um dann wieder auf 5,54% im Jahr 1970 und 15,46% im Jahr 2000 anzusteigen. Der Rückgang der Erbausschlagungen in den 1950er-Jahren erklärt sich hauptsächlich mit der Situation vieler Erben nach dem Zweiten Weltkrieg. Denn auch wenn die Nachlasswerte nominell gering ausfielen, so waren die hinterlassenen Möbel oder Wäschestücke für die häufig ausgebombten oder nach Frankfurt geflohenen Erben doch von Nutzen. Seit 1950 nahm die Zahl der Erbausschlagungen dann wieder stetig zu. Im Jahr 2000 ging knapp jeder sechste Nachlass nicht an die testamentarischen oder gesetzlichen Erben. Die Abwicklung dieser Nachlässe stellt heute eine der Hauptaufgaben der Nachlassabteilung des Amtsgerichts in Frankfurt am Main dar, und erneut verzeichnen Berufe Umsatzzuwächse, die sich auf die Abwicklung dieser Nachlässe spezialisiert haben: Rechtspfleger, Haushaltsauflöser oder Auktionatoren.[101] Auch Inkasso-Unternehmen scheinen sich den Akten zufolge zunehmend mit der Ermittlung von möglichen Erben und dem Eintreiben von Ausständen verstorbener Schuldner beschäftigen zu müssen. Denn der Staat übernimmt nicht die Schulden verstorbener Erblasser, in bestimmten Fällen wird er aber dennoch als Erbe in Nachlassabwicklungen involviert. Dies ist insbesondere dann der Fall, wenn der Nachlass Flur- und/oder Grundstücke beinhaltet, da diese immer einer juristischen Person zugeordnet sein müssen. In zahlreichen Fällen, in denen der Nachlass trotz Grundstück überschuldet war, oder in denen ein winziges Flurstück vorhanden war, auf das die Erben verzichteten, übernahm der Staat einen Teil des Erbes. Seit einigen Jahren richten die Oberlandesgerichte und Finanzministerien der Bundesländer eigene spezialisierte Abteilungen zur Abwicklung dieser Erbfälle ein.[102]

VI. FAZIT

Sozialgeschichtliche Studien zur Geschichte des Kapitalismus im 20. Jahrhundert haben Prozesse des Erbens und Vererbens bisher weitgehend außer Acht gelassen. Gleichwohl sind Erbpraktiken auf vielfältige Weise mit sozialgeschichtlichen Entwicklungen verknüpft. Sie trugen sowohl zum Erhalt oder zum Ausschluss von Vermögen als auch zur sozialen Schichtung der Gesellschaft bei. Eine umfassende und sowohl regional, auch unterschieden nach städtischen und ländlichen Erbpraktiken, als auch sozial ausdifferenzierte Einordnung der Bedeutung von Erbschaften für den Vermögenserwerb einzelner Personen und Gruppen innerhalb der deutschen Gesellschaft, in beiden deutschen Staaten, steht für das 20. Jahrhundert allerdings noch aus. Vor diesem Hintergrund stellen die Ergebnisse dieser mikrogeschichtlichen Analyse einen Schritt zur Vermessung dieses Forschungsfelds dar.

---

100 Vgl. HHStAW, Abt. 460/774, Verfahren in Nachlasssachen, 1885–1935.
101 *Monika Hillemacher*, Wohin mit Omas Couch?, in: Süddeutsche Zeitung Online, 21.5.2010, URL: <http://www.sz.de/1.888585> [29.8.2016].
102 *Marike Bartels*, Der Staat als Erbe, in: Frankfurter Allgemeine Zeitung, 15.5.2013.

Einerseits deuten die Befunde darauf hin, dass Erbpraktiken hauptsächlich aufgrund der innerfamiliären Vermögensweitergabe permanent auf die Perpetuierung sozialer Ungleichheit hinwirkten. Die Bedeutung, die Erbschaften dabei zukam, variierte jedoch sowohl im Vergleich zu Erwerbseinkommen und staatlichen Sozialleistungen als auch für einzelne Erben (Seitenverwandte, nicht eheliche und eheliche Kinder, Ehepartner, Männer und Frauen). Diese im Vergleich zu anderen Transfermodi mehrdimensionale Einbindung von Erbschaften in unterschiedliche rechtliche Bezugssysteme und Familienvorstellungen sowie im Hinblick auf die eingesetzten Erben gilt es weiter in diachroner sowie in einer stärker räumlich und sozial vergleichenden Perspektive zu untersuchen, um ihren Einfluss auf soziale Ungleichheiten präziser bestimmen zu können.

Andererseits arbeitete der Überblick heraus, dass das Gelingen einer geplanten und gezielten Vermögensweitergabe keine Selbstverständlichkeit war. Im Gegenteil, der Vermögenstransfer im Todesfall war über das 20. Jahrhundert hinweg störanfällig. Vor allem in der ersten Jahrhunderthälfte führten Wirtschaftskrisen und Inflation, die politische Verfolgung der jüdischen Bevölkerung und schließlich die beiden Weltkriege dazu, dass sowohl die Nachlassübergaben zwischen Erblassern und ihren Erben als auch die Aufteilung des Erbes längst nicht immer wie geplant und erwartet abliefen. Erblasser stellten immer wieder fest, dass sie am Ende ihres Lebens ohne Besitz und damit häufig auch ohne Altersversorgung dastanden. Erben machten die Erfahrung, dass sie trotz gegenteiliger Erwartungen mehr oder weniger plötzlich doch kein Erbe erhielten. In deutlich abgeschwächter Form gilt dies ebenso für die zweite Jahrhunderthälfte. Durch die Zunahme von Singlehaushalten, kinderlosen Ehen und sich pluralisierenden Lebensmodellen wurde Erbe seltener innerhalb der eigenen Familie weitergegeben. Weitere Studien sind daher notwendig, um – anhand exemplarischer Familiengeschichten – die Fragen zu beantworten, ob, in welchen Fällen und zu welchen Zeiten die Erben wohlhabender Erblasser selbst zu wohlhabenden Erblassern ihrer eigenen Erben wurden. Erst dadurch ließe sich die Frage beantworten, in welchem Maße Nachlassübertragungen im 20. Jahrhundert über Generationen hinweg zur Vermögensakkumulation beitrugen und soziale Ungleichheiten stabilisierten.

Alexander Engel/Boris Gehlen

»The Stockbroker's Praises are Never Sung«
Regulation and Social Practices in U.S. and German Stock and Commodity Exchanges, 1870s to 1930s

In the aftermath of the 1907 financial panic, the United States witnessed the rekindling of a longer standing debate on how to improve their comparably weak financial institutions. Several legislative committees on both the state and federal level compiled a vast amount of material about the monetary and banking system as well as about exchanges. The most prominent output of these public debates was the formation of the Federal Reserve System in 1913[1], while for the moment a public regulation of exchanges was kept off the table, not least due to the exchanges' successful lobbying. One widely received contribution to the public debate on stock exchange reform was a voluminous book by William C. Van Antwerp, the secretary of the New York Stock Exchange (NYSE), who in 1913 lachrymosely complained about his peers' public image:

»The stock broker's praises are never sung; if he has good qualities, one seldom hears of it. [...] In the novels and on the stage he becomes sleck [sic], cunning, convivial, and slippery, while there is ever about him a rank smell of money and a Machiavellian sublety [sic] that enables him to get something for nothing.«[2]

Not surprisingly, Van Antwerp's own view on stock brokers was quite different. Selection processes within the stock exchange would guarantee that only the best characters – regardless of their social origins – could deal in the stock markets. »Nowhere else among business men does this silent and sure appraisal of worth find a more perfect result.«[3]

Obviously, public views and self-images of stockbrokers, commodity traders and other persons who actively traded at the stock and commodity exchanges in modern capitalist societies were, and are, extremely disparate. On the one hand, those »greedy speculators« appear to threaten public welfare, to trigger financial and economic crises, to turn serious business into despicable gambling, and thus to constitute a major intrinsic problem of capitalism. On the other hand, they are described as agents of efficiency, as promoters of general prosperity and financial participation (as well as democracy), as most honourable representatives of the cutting edge commercial institution. This extreme antagonism of views is not specific to certain times or places. It is rather invariant, and the core positions, arguments, and tropes are surprisingly persistent over time and space.[4] It is somewhat astonishing that, at least on the face of it, there never really developed a prominent middle ground between veneration and damnation of the exchanges, given on the one hand the continuous existence and central economic role of exchanges (hinting that a certain fruit-

---

1 *Eugene N. White*, The Regulation and Reform of the American Banking System, 1900–1929, Princeton 1983; *Niels Frederick Krieghoff*, Banking Regulation in a Federal System. Lessons from American and German Banking History, Diss., London 2013.
2 *William C. Van Antwerp*, The Stock Exchange from Within, New York 1913, p. 261.
3 Ibid., p. 264.
4 See *Alexander Engel*, Futures and Risk: The Rise and Demise of the Hedger-Speculator Dichotomy, in: Socio-Economic Review 11, 2013, pp. 553–576; *Alexander Engel*, Zank um Zwiebeln. Kontroversen um agrarischen Börsenterminhandel in den USA (1954–72), in: Bankhistorisches Archiv 39, 2013, pp. 40–58. A current perspective on stock exchanges' ethics: *Sven Grzebeta*, Ethik und Ästhetik der Börse, München 2014.

fulness of the institution has become acknowledged) and on the other hand the constant evolution of an ever stronger framework of rules within which the exchanges operate (as evidence of their destructive potential).

While there are limits for the institutional approach to economic and social history that became so prominent in the last two decades, there is certainly upside in treating the exchange as a rule-based system. Stock as well as commodity exchanges are characterized by the extreme ease and efficiency with which transactions can be conducted. In open outcry trading on the exchange floor, it takes nothing more than two or three quick gestures to buy and sell tons of grain or an interest in a company. To do this literally in the blink of an eye is possible only because all the conditions of every such transaction, the way it is to be conducted and what constitutes good and bad practice, have already been explicated, agreed on and meticulously formalized and written down beforehand. The rulebook of the exchange tries to do away with any uncertainty, any unpleasant practice that may arise, focusing the trade on the only two parameters that matter: How many for how much? It is evident that, while firmly set and fixed in the short run, the whole set of rules with and under which the exchanges operated changed in the long run, or at least was discussed to be changed. The written rules and the processes that developed them were, furthermore, embedded in another set of informal rules, in the dynamics of the social groups involved, and the discourses by which the practices became conceptualized and judged.

In the following, we will analyze the evolution of regulatory frameworks, social practices, and discourses concerning stock and commodity exchanges in the United States[5] and Germany[6] from the 1870s to the 1930s. The American case is usually viewed as the most important, most progressive and aggressive instance in the development of modern financialized capitalism. Germany, in contrast, is often cited as an example of a more reluctant approach, a more embattled and uneasy appropriation of modern industrial and financial capitalism against strong conservative resistance. However, such preconceptions overstate differences for the period up to 1930. They downplay both the strong reservations in U.S. society to many aspects of modern capitalism and the degree to which exchanges as commercial institutions were actually advanced and embraced in Germany, especially so in the realms of economic theory. This could be elaborated in a comparative approach, but a comparison is explicitly not what the following chapter is about. Rather, treating both the U.S. and the German case is intended to broaden the stage, so to speak, to get a wider view on concurrent developments that can be found in many countries at the time and to stress how these developments influenced and referenced another.

---

5 Some background on the U.S. case: *Jerry W. Markham*, The History of Commodity Futures Trading and its Regulation, New York 1987; *Mary O'Sullivan*, The Expansion of the U.S. Stock Market, 1885–1930: Historical Facts and Theoretical Fashions, in: Enterprise and Society 8, 2007, pp. 489–542; *Julia C. Ott*, When Wall Street Met Main Street. The Quest for an Investors' Democracy, Cambridge/London 2011; *Jonathan Levy*, Freaks of Fortune. The Emerging World of Capitalism and Risk in America, Cambridge/London 2012.

6 For the German exchanges, see for example: *Rainer Gömmel*, Entstehung und Entwicklung der Effektenbörse im 19. Jahrhundert bis 1914, in: *Hans Pohl* (ed.), Deutsche Börsengeschichte, Frankfurt am Main 1992, pp. 135–290; *Knut Borchardt*, Einleitung, in: *id.* (ed.), Max Weber. Börsenwesen. Schriften und Reden 1893–1898, Tübingen 1999, pp. 1–111; *Morten Reitmayer*, Bankiers im Kaiserreich. Sozialprofil und Habitus der deutschen Hochfinanz, Göttingen 1999; *Christof Biggeleben*, Das »Bollwerk des Bürgertums«. Die Berliner Kaufmannschaft 1870–1920, München 2006; *Alexander Engel*, Die Regulierung des Börsenterminhandels im Kaiserreich, in: Bankhistorisches Archiv 38, 2012, supplement 48, S. 27–39; *Boris Gehlen*, ›Manipulierende Händler‹ versus ›dumme Agrarier‹: Reale und symbolische Konflikte um das Börsengesetz von 1896, in: Bankhistorisches Archiv 39, 2013, pp. 73–90.

Public attention for the phenomenon of stock and futures trading clearly peaked whenever it went catastrophically wrong, i.e. in the context of financial and economic crises. While stock market crashes had been discussed publicly for as long as they had happened, the crash of 1873 and the subsequent economic downturn in Europe and North America can be viewed as the first major crisis in a new setting. For long, exchanges were rather peripheral institutions for the economy as a whole. With the rise of the modern company and with bigger businesses (financed through the issuance of shares) becoming the backbone of an industrial economy after the middle of the 19th century, stock exchanges took centre stage. Concurrently, commodity exchanges rose to prominence in an increasingly globalised commodity trade. Thus, the beginning of the 1870s marks the beginning of our analysis. The end of it is given by the Great Depression, a crisis so severe it left Germany and the United States with fairly different economic orders, both compared with each other and their former ones.

In between the larger crashes of 1873 and 1929, a number of smaller crashes and market turbulences occurred, as well as other instances of public concern, like market manipulations and corrupt brokerage practices. In the following, we will focus on a selection of such events that catalysed discourses about the exchanges' character and caused efforts towards institutional reforms and regulations. We describe commercial practices, regulations and rules as well as semantics and narratives in order to comprehend how the exchange worked as a social entity and to what extent the alleged social coherence of traders as a group had an impact on politics and public regulations. We focus on processes in which rules and institutions in the affected markets were considered to be revised, regardless whether new rules were sought to be implemented by law or by a self-governing body. In doing so, we refer to Friedrich August von Hayek's assumption of competition as a discovery procedure as well as to Hansjörg Siegenthaler's figure of fundamental learning.[7] Both assume that market actors are able to learn and to adjust transactions and institutions effectively in order to increase or regain stability. Beyond that, especially Siegenthaler stresses the role of uncertainty and the recourse on experience as a guide in times of fundamental changes which might explain the resilience of established frameworks, not only in financial markets. Our hypothesis is that in and after speculative overtrading or episodes of malpractice, a radical institutional change often is demanded but seldom implemented, because experience and specific market knowledge – and to a certain extent experience and knowledge-based power – of both market participants and political protagonists lead to an evolution of market institutions instead of a systemic revolution.

Basically, four fields of institutional evolution enter the limelight: First, the attempt to set up national rules and regulations under which the exchanges were allowed to operate; second, the rules of the organized market itself which were generally implemented by an exchange as the market's governing body; third, the contract design of items dealt in, i.e. futures, stocks and other securities, whose binding nature and information quality are essential for functioning markets and effective price-finding; fourth, the regulation of transactions in these items, and thus the composition and performance of market actors. Rather than reconstructing the institutional evolution in these four fields in the U.S. and German exchanges comprehensively (that would require a whole book of its own), we take the liberty of highlighting especially interesting developments. Regarding the U.S. case, we focus on the NYSE as the prototypical stock exchange and also take a look at the Chicago Board of Trade (CBOT) as the world's most important commodity exchange. The U.S.

---

7 *Friedrich August von Hayek*, Der Wettbewerb als Entdeckungsverfahren, Kiel 1968, pp. 8–10; *Hansjörg Siegenthaler*, Regelvertrauen, Prosperität und Krisen. Die Ungleichmäßigkeit wirtschaftlicher und sozialer Entwicklung als Ergebnis individuellen Handelns und sozialen Lernens, Tübingen 1993.

exchanges were essentially self-regulated for most of the time we look at, while the German exchanges had been subjected to public oversight and regulation to a much higher degree. Therefore, we will discuss the German case more generally, focusing only occasionally on specific exchanges, notably the (stock and produce) exchange in Berlin, which became especially targeted in German discourse and legislation.

In the following, we first give an overview of the public and academic discourse on exchanges. We then turn to the institutional makeup of the exchanges, especially regarding their membership. The rivalry between exchanges and the effect of this rivalry on the formation of rules is studied in section III, the position of the organized exchanges to more informal and less organized trading places in section IV. The four remaining sections are devoted to the chronological development of exchange regulation, starting with the challenge of the 1873 crisis. Section VI deals with the reinforced attempts and struggles of legislators to create comprehensive exchange laws in the 1890s, with a focus on the German *Börsengesetz* of 1896. The two final sections give an overview of the emergence of a new regulatory regime in the United States following the widely discussed German example: Section VII highlights the crisis of 1907 as a catalyst to regulatory change, section VIII shows the subsequent development in the 1920s, notably the emergence of a commodity exchange law, and gives an outlook of the regulatory impact of the Great Depression.

I. EXCHANGES IN PUBLIC OPINION AND ACADEMIC DISCOURSES

While stock and commodity exchanges can be considered key components of the modern capitalist economy only after about 1870, they had already existed in Europe for more or less than three centuries.[8] The public and academic discourse on the exchanges since the 1860s connected to earlier views especially on the stock and bond markets, which were unanimously negative. Both the public and early economists considered the »paper exchanges« as mere gambling-houses, which were not only unproductive for society (as they did not create any wealth but just redistributed it randomly), but also brought out the worst in people: greediness, readiness to cheat (e.g. by spreading false rumours) and last but not least an overall deterioration of proper manners.[9]

A shift from utter disapproval to a distinctively ambivalent view becomes visible in the middle of the 19th century, notably in French writing.[10] Mostly referring to the financing of railways, the socialist and anarchist Pierre-Joseph Proudhon attributed a productive function to stock exchange speculation: the well-judged allocation of capital.[11] The productive effect, however, appears as inseparable from the destructive side of speculation. In

---

8 *Fernand Braudel*, Civilization and Capitalism 15th–18th Century, vol. 2: The Wheels of Commerce, Berkeley/Los Angeles 1992, pp. 97–114; *Oscar Gelderblom/Joost Jonker*, Amsterdam as the Cradle of Modern Futures Trading and Options Trading, in: *William N. Goetzmann/K. Geert Rouwenhorst* (eds.), The Origins of Value. The Financial Innovations that Created Modern Capital Markets, Oxford/New York etc. 2005, pp. 189–205; *Lodewijk Petram*, The World's First Stock Exchange, New York/Chichester 2014.
9 Two 18th century accounts that reflect this: *Thomas Mortimer*, Every Man His Own Broker. Or, A Guide to Exchange-Alley, London 1765; *Honoré-Gabriel Riqueti de Mirabeau*, Dénonciation de l'agiotage au roi et à l'Assemblée des notables, s.l. 1787.
10 On the following, see also and in more detail: *Alexander Engel*, Vom verdorbenen Spieler zum verdienstvollen Spekulanten. Ökonomisches Denken über Börsenspekulation im 19. Jahrhundert, in: Jahrbuch für Wirtschaftsgeschichte/Economic History Yearbook 54, 2013, issue 2, pp. 49–70.
11 *Pierre-Joseph Proudhon*, Manuel du spéculateur à la bourse, 3rd edition, Paris 1857, pp. 1–8.

a similar vein, Émile Zola later, in 1891, depicted the bourse of Paris in his novel »L'Argent« (»The Money«) as a place that ultimately brings massive destruction and even death to the lives of people engaging in a speculative frenzy, but that frenzy brings life and prosperity to poor, underdeveloped areas of the Levant at the same time, as the Parisian investments are channelled there.[12]

A still more consequential reinterpretation of exchange-related speculation was delivered by German economists, starting in the 1860s. Otto Michaelis[13] and, especially, Gustav Cohn[14] reinterpreted exchange-related speculation as productive: The exchange allowed for effortless speculation on price differences and thus could lead to a most foresightful, exact pricing and consequently to less volatile prices. This idea not only pertained to stock and bond markets, but first and foremost to commodity exchanges, especially grain exchanges. The emergence of futures trading at commodity exchanges since the middle of the 19th century had allowed speculation on commodity price differences, both on rising prices (bull speculation) and falling prices (bear speculation) without actually acquiring or selling the commodity in question: in futures markets, standardized contracts for future delivery of a good were traded that did not refer to a specific, existing quantity of the good, but to an abstract quantity. Instead to deliver or take the good, usually both parties agreed on a cash settlement that involved no delivery, resulting in rather speculative markets that were seemingly disconnected from the effective trading of the good, but nevertheless dominated the pricing of the good.

While Cohn believed that the practice of futures trading principally allowed for productive speculation that enhanced the pricing process by focusing on the allocation and processing of information – undisturbed by the demanding efforts of actually and properly handling grain, cotton, sugar, coffee, and the like –, he strongly rejected the Scottish idea that markets produce correct, optimal results more or less »automagically«. Instead, Cohn shared the traditional view on exchanges as disgusting places of immoral manoeuvres and manners. In terms of concepts, the exchange-based speculative market was viewed as the ultimate form of a most highly developed market, but practically, real markets of that type appeared so deficient that they called for reform, to advance the speculative markets towards the ideal, in order to allow them to fulfil their »economic purpose«. In other words, the enrooted animosity against the bourse was reframed: The exchange appeared no longer as an inherently bad institution, but on the contrary as a potentially fruitful one, that, however, unfortunately was misused by persons of bad character, with bad manners and unsuitable motives. That idea necessitated a conceptual separation of useful and unwarranted speculation. In rationalizing the persona of the speculator, denying its ›animal spirits‹, and – similar to Van Antwerp – liking it to the soberly calculating »honourable merchant«, useful speculation was vested in professional speculators (depicted as well-capitalized and intellectually capable). Amateur speculators had to be excluded or educated.

While the German economists developed well-reflected theories on the principal usefulness of speculative markets – a theoretical basis that served as a starting point for the 20th century academic discourse on speculation, which by and large took place in U.S. academia –, the public in Germany, wider parts of Europe, and even North America kept

---

12 *Émile Zola*, Money (L'argent), London 1902.
13 *Otto Michaelis*, Die wirtschaftliche Rolle des Spekulationshandels (1. Abschnitt), in: Vierteljahrschrift für Volkswirtschaft und Kulturgeschichte 2, 1864, pp. 130–172.
14 *Gustav Cohn*, Zeitgeschäfte und Differenzgeschäfte, in: Jahrbücher für Nationalökonomie und Statistik, 1866, no. 7, pp. 377–428; *Gustav Cohn*, Die Börse und die Spekulation, Berlin 1868; *Gustav Cohn*, Ueber Differenzgeschäfte, in: *id.* (ed.), Volkswirtschaftliche Aufsätze, Stuttgart 1882, pp. 669–704.

a most sceptical, often furious view on the exchanges and their speculative markets.[15] Compared to the older discourse, it became less of an issue that effortless speculative profits seemed socially unjustified compared to earnings from productive, hard »honest labour«. Instead, the key role of exchanges for the workings of the modern capitalist market economy, as it had developed in the middle and late 19th century, became the main concern. The mayhem of speculation was no longer affecting only those people who chose to enter the gambling house. Instead, stock market crashes became connected to general economic downturns, and price movements generated at grain, sugar, coffee, or cotton exchanges concerned the life of the masses, which spend the lion's share of their budget on food and other basic necessities.

Building on the traditional narrative of exchange speculation as a pernicious, manipulative practice, unfavourable price developments were attributed to the wrongdoings of speculators. Both the commotions resulting from the occasional economic downfall of larger market participants and the alleged everyday ruin of ordinary men tempted into speculation reinforced a sense of menace within the society. Hence, the agenda of German political economists like Cohn to exclude small outsiders from the exchange was rooted equally in the notion that their alleged incompetence affected the pricing process and in the conviction that they – and society at large – need to be protected from themselves. Time by time, the position softened, and more effective education on financial matters became preferred over bare exclusion. Especially in the U.S., speculation by the general public became more and more accepted or even welcomed, even if the alleged incompetence of the stockholding men in the street was brought forward (by the bigger players in the markets) as an explanation for the 1929 crash. However, even in the U.S. stock markets of the late 1920s, active public participation remained limited.[16]

The public opinion, anyway, targeted the larger players as culprits and the small outsiders as victims. The common conceptualization of the speculative market as organized on the floors of the exchanges consisted for the most part of two parties of professional speculators conducting a tug of war: bear speculators that were specialized in and profited from bringing prices down on the one hand, and bull speculators on the other hand, who effectuated and fed on rising prices. The unwitting men in the street, who tried their luck at the exchange, were seen as neither bulls nor bears, but lambs to fall victim to either side.

The drama of such a tug of war is depicted in one of the closing chapters of Zola's novel, and even more broadly and detailed by Frank Norris in his 1903 novel »The Pit«.[17] According to Van Antwerp, contemporary stock brokers accepted »with good the epic touch of playwright and novelist who thus take poetic liberties with them and their profession. But the iron enters into their souls when you term them non-producers and parasites«.[18] The stock brokers' sensitivities notwithstanding, such stereotypes were part of an anti-capi-

---

15 Some examples of pamphlets that reflect this view: *Henry D. Lloyd*, Making Bread Dear, in: The North American Review 137, 1883, no. 321, pp. 118–136; *Charles William Smith*, Commercial Gambling: The Principal Causes of Depression in Agriculture and Trade, London 1893; *Gustav Rühland* [= Gustav Ruhland], The Ruin of the World's Agriculture and Trade. International Fictitious Dealings in Futures of Agricultural Produce and Silver, with Their Effect on Prices, London 1896.
16 In the months before the crash, about seven or eight million U.S. citizen held stock, which equals about an eighth of the adult population or a quarter of all U.S. households. While this represents a sizeable part of the population, it should be noted that the majority of stock holders held them passively. For example, only 1.5 million Americans had a brokerage account. *Edwin Burk Cox*, Trends in the Distribution of Stock Ownership, Philadelphia 1963, p. 63; *Ott*, When Wall Street Met Main Street, p. 2.
17 *Frank Norris*, The Pit. A Story of Chicago, New York 1903.
18 *Van Antwerp*, The Stock Exchange from Within, p. 262.

talistic rhetoric that, however, had a more lasting impact on German than on U.S. political debates. More or less similar in both countries was the farmers' scepticism about capital markets and exchanges, especially commodity exchanges.

In the United States, this sentiment carried the populist movement which became organized in the short lived »People's Party« (1891–1908). It had a considerable impact on U.S. politics in the early 1890s but left no lasting imprint. Still, the distrust of farmers towards the commodity exchanges remained deeply entrenched. In its fight against tougher federal legislation in the 1920s, the CBOT intensified its public relations efforts towards farmers, as they found that »there exists in rural districts a majority opinion that is hostile to the Board of Trade«.[19] In Germany, the criticism of the farmers mingled with anti-capitalist, right-wing, nationalistic (and ›*völkisch*‹), as well as anti-Semitic narratives.

On the moderate end of the spectrum, German political economist Gustav Ruhland, in an 1896 pamphlet on behalf of the »German Farmers' Union«, went sick about the fact that venerable commodity business such as the grain trade was turned into a »›a Monte Carlo without the music‹, at which the great international capitalists sit and hold the bank«.[20] Futures trading, Ruhland raged on, constituted gambling with bread, »an abuse of bread directly antagonistic to the spirit of Christianity that must be forbidden in a Christian State«. On the more extreme end of the spectrum, anti-capitalistic and anti-Semitic writings as such of Otto Glagau, Friedrich Kolk or Arthur Richard Weber[21] had become quite popular in the wake of the 1873 crisis. Kolk and Weber went so far as to explicitly interpret the system of speculative markets as being a Jewish conspiracy.

Most of the political parties were at least sceptical about exchanges and stock brokers. Only the liberal parties generally promoted exchanges, while all others – for different reasons – attacked them, aimed for (strict) public regulation, or wanted to abolish them straight away. Especially during the discussion about the Stock Exchange Act since the 1880s and 1890s, the political climate was rather hostile for the German exchanges.[22] Still, their outright abolishment was not up for serious discussion, at least since around 1900. Instead, the conversation shifted to potential ways in which ›bad speculation‹ could be eliminated without hurting ›good speculation‹. Could one trust, as Van Antwerp did in the U.S. case, the internal mechanisms and the self-regulation of an exchange to bring up commendable stockbrokers and commodity traders? Or, as Cohn believed, was government intervention necessary to achieve that aim? In order to discuss such questions, it is necessary to turn to the actual institutional makeup of the exchanges.

II. THE EXCHANGES: ACCESS AND PARTICIPATION

The role model of (stock) exchanges in the U.S., the NYSE, allowed only members to trade at the exchange for own and third-party account. For the number of members was strictly limited to 1,100 since 1879 (previously 1,060 since 1869) by the exchange's constitution, market access was exclusive. The NYSE laid down and enforced rules not only

---

19 Report of the Special Public Relations Committee, 1924, in: The University of Illinois at Chicago, Chicago Board of Trade Records, series V, subseries 3, box 279, file 7/14 (»1935–1936«).
20 *Ruhland*, The Ruin of the World's Agriculture and Trade, p. 51.
21 *Otto Glagau*, Der Börsen- und Gründungsschwindel in Berlin. Gesammelte und stark vermehrte Artikel aus der »Gartenlaube«, Leipzig 1876; *Friedrich Kolk*, Das Geheimnis der Börsenkurse und die Volks-Ausraubung durch die internationale Börsen-Zunft, Leipzig 1893; *Arw Solano* [= *Arthur Richard Weber*], Der Geheimbund der Börse, Leipzig 1893.
22 *Gehlen*, ›Manipulierende Händler‹ vs. ›dumme Agrarier‹.

for membership, but for every issue considered worth to be governed. Thus, it was a self-governing body responsible to no other than its members.[23]

Contrary to Van Antwerp's quoted allegation, access to the exchange thus did not depend so much on »character« or »skills«, but on solid financial background, networks, and co-optation. The strict limitation of membership created a captive market for access – with increasing prices for a seat (Figure 1). Despite some cyclic and crises-induced downturns (1893, 1907), prices rose almost continuously from the 1870s onwards. In 1901, e.g., a membership amounted to the 160-fold of a blue-collar worker's annual wage.[24] As a result, the NYSE gradually became a more and more exclusive organization which was dominated by New York's financial elite and reminded contemporaries of plutocratic structures.[25] In 1910, the 1,100 members of the exchange represented only 448 firms. That indicates a further concentration process and the emergence of larger financial business groups. Moreover, the most renowned and influential ones – »J. P. Morgan & Co.« on the one hand, »Kuhn, Loeb & Co.« on the other hand – symbolically represented the two (respectively three) major ethnic groups within the Exchange: By far the largest group was of Anglo-American origin (60–67%), followed by Germans (7–8%) and Jews (8–9%) – the latter often being of German origin as well. As an effect of the First World War, German Bankers partially lost influence within the exchange.[26]

While the membership composition of the CBOT[27], the dominant grain exchange of the United States, differed from the NYSE, organizational principles were very much the same. The CBOT had not been founded as an exchange at all, more as a business club intended to develop into a chamber of commerce.[28] Instead, the rooms of the Board became used more and more often for business transactions, marking the beginnings of an exchange that henceforth became the main purpose, and, finally, synonymous with the CBOT. The board expanded from 535 members in 1860 to 1,793 in 1880 and stayed at about that size in the following decades (1,808 in 1900, and 1,610 in 1920).[29] Originally made up only of Chicagoans from many different lines of business, the body of members both narrowed in on grain dealers, commission merchants, and brokers and expanded geographically to incorporate ever more members from all over the Grain Belt, the United States, and finally, the world; a certain focus was on New York members (about 8% in 1920). As at the NYSE, trading in the Chicago pits was limited to CBOT members, but, in contrast to the

---

23 *Ranald C. Michie*, The London and New York Stock Exchanges, 1850–1914, London 1987, p. 194.
24 Own calculations referring to Historical Statistics of the United States 1789–1945. A Supplement to the Statistical Abstract of the United States. Prepared by the Bureau of the Census with the Cooperation of the Social Science Research Council, Washington 1949, p. 68.
25 *Richard Ehrenberg*, Börsenwesen, in: Handwörterbuch der Staatswissenschaften, 2nd edition, vol. 2, pp. 1024–1052, here: p. 1033.
26 For data see *Petra Moser*, An Empirical Test of Taste-Based Discrimination Changes in Ethnic Preferences and their Effects on Admissions to the NYSE during World War I. NBER Working Paper 14003, 2008, URL: <http://www.nber.org/papers/w14003> [1.11.2016], pp. 11–12; for a description of New York's financial elite see *Susie Pak*, Gentlemen Bankers. The World of J. P. Morgan, Cambridge/London 2013.
27 For the 19th century history of the exchange, see *Jonathan Lurie*, The Chicago Board of Trade, 1859–1905. The Dynamics of Self-Regulation, Champaign-Urbana 1979; *William G. Ferris*, The Grain Traders: The Story of the Chicago Board of Trade, East Lansing 1988; *William Cronon*, Nature's Metropolis: Chicago and the Great West, New York/London 1992, chapt. 3; *Levy*, Freaks of Fortune, chapt. 7.
28 *Charles Henry Taylor*, History of the Board of Trade of the City of Chicago, Chicago 1917, p. 146; *Lurie*, The Chicago Board of Trade, p. 25.
29 Own calculations from the membership lists in the Annual Report on the Trade and Commerce of Chicago for the years 1860–1923, compiled for the Board of Trade, Chicago 1860–1923.

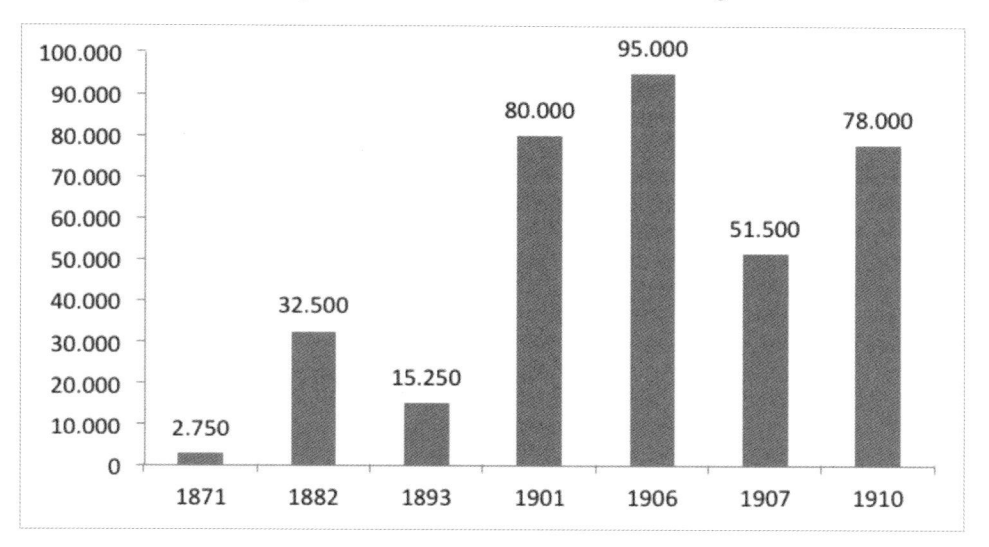

Figure 1: Membership Prices at the New York Stock Exchange in US Dollars[30]

```
         1871    1882    1893    1901    1906    1907    1910
         2.750   32.500  15.250  80.000  95.000  51.500  78.000
```

NYSE, the number of members was not fixed. In the late 1860s, any person of which the Board of Directors approved could become member for a modest initiation fee of $25.[31] Effective January 1, 1878, the requirements for new members were tightened, the initiation fee was upped to $1,000, and at the same time memberships became transferable. There are no readily available »market prices« for CBOT memberships, but the initiation fee for new memberships obviously served both as an upper boundary for the market prices and an indication of how much money interested persons were actually willing to pay. This fee was quickly increased to $5,000 at the end of 1881 and then to $10,000 starting in the year 1886. Then, the amount stayed constant for three decades until another increase to $25,000, effective January 1917. Even though these numbers were generally well below the prices of NYSE memberships, they as well served to confine membership privileges to the mercantile-financial elite.

It should be noted, however, that the exclusive right of members to deal at a stock or commodity exchange referred to *direct* market access (and influence to shape the rules), but, of course, *mediate* access (that came without influence to shape the rules) was possible as well. Generally, specialized brokers, brokerage firms, investment banks, and later investment trusts or – in the German case – universal banks acted as intermediaries of orders for third-party account and charged commissions for it. Due to a concentration process in both countries, institutional actors became dominant at the exchanges in the long run and their interests influenced the market design to a certain, but only a certain, extent.

At least in the 1870s and 1880s, the German exchanges were self-regulated bodies just as their U.S. counterparts, but they were being operated mostly by the semi-public chambers of commerce or similar bodies and their constitutions usually had to be approved by

---

30 Source: *Kurt von Reibnitz*, Die New Yorker Fondsbörse (Stock Exchange). Ihre Geschichte, Verfassung und wirtschaftliche Bedeutung, Halle a.d. Saale 1912, S. 86, for a larger data series see *Moser*, An Empirical Test of Taste-Based Discrimination Changes in Ethnic Preferences and Their Effects, Figure 3.
31 This and the following is taken from the Rules and By-laws of the Board of Trade, as printed in the Annual Report on the Trade and Commerce of Chicago for the years 1869, 1877, 1881, 1885, and 1916.

a state government. Generally, every »honourable man« could trade at the exchanges; restrictions for market access were very low, and the markets by no means were exclusive.[32] At least this is true at first glance. While access was indeed barely regulated formally, the right to set and to enforce rules within the goverving bodies usually was restricted to and defended by the same social group as in the United States: the financial and mercantile elite. For example, as Julia Laura Rischbieter has shown for the coffee exchange in Hamburg, the Association of Coffee Trading Firms (»Verein der am Kaffeehandel betheiligten Firmen«) managed to keep an exclusive access to the Hamburg coffee futures markets, especially by providing a clearinghouse (*Liquidationskasse*).[33]

A clearinghouse adds a level of security and control to a stock or futures market: Instead of trading directly with each other, running the risk of default by the counterparty, two traders used the clearinghouse as a middleman.[34] If one trader defaulted on the contract, it was to the harm of the clearinghouse (funded jointly by all traders), not the other trader. The use of a (certain) clearinghouse could be explicitly prescribed in the rules of the exchange, or (as in the case of the Hamburg coffee traders) it could become a de facto standard amongst insiders, effectually shielding against outsiders – who were allowed to trade at the exchange but were kept from using the clearinghouse – to enter into any deals.

Among the German exchanges, Berlin stands somewhat out; it became both the most important German stock market, as did the NYSE in the U.S., and it dominated German futures trading in grains even more clearly as the CBOT did North American trading. The *Ältestenkollegium* of the Berlin »Korporation der Kaufmannschaft«, which ran the Berlin Stock Exchange during the 19th century, was dominated by representatives of banks and merchant companies who usually originated from the bourgeoisie. Banking and finance in Imperial Germany remained socially exclusive, obstructing social mobility.[35] Correspondingly, neither institutions nor the composition of its bodies changed substantially when the leading position of the *Korporation* was finally successful attacked by the »Verein Berliner Kaufleute und Industrieller« which represented mostly businessmen of medium sized firms of the consumer goods industries.[36] Rather by informal arrangements than by formal regulations, the pattern of persons involved at the Berlin Exchange corresponded with the »concentric circles« Morten Reitmayer detected for the whole financial elite in Berlin with representatives of the large German banks in its centre, more or less affiliated private and regional bankers who depended on and cooperated with the large banks. However, the large banks never made full use of their market power but let the smaller ones participate in all businesses and governing bodies even in the exchange. Arguably, these banks got their market share by the grace of »Deutsche Bank«, »Darmstädter und Nationalbank«, »Dresdner Bank«, »Disconto-Gesellschaft«, and »Commerzbank« and their representatives – especially after the Stock Exchange Act of 1896 that accelerated concentration in German Banking.[37]

Other than the U.S. exchanges, which specialized either in equities or in commodities, German exchanges often combined both under one roof. As in larger German cities, a

---

32 *Borchardt*, Einleitung.
33 *Julia Laura Rischbieter*, Mikro-Ökonomie der Globalisierung. Kaffee, Kaufleute und Konsumenten im Kaiserreich 1870–1914, Köln/Weimar etc. 2011.
34 *Ernst Brenner*, Die Liquidationskassen der Terminbörsen, ihre Funktionen und ihre Struktur, Bonn 1926; *James T. Moser*, Contracting Innovations and the Evolution of Clearing and Settlements Methods at Futures Exchanges, Working Paper, Federal Reserve Bank of Chicago, Chicago 1998; *Peter Norman*, The Risk Controllers. Central Counterparty Clearing in Globalised Financial Markets, Chichester 2011.
35 *Reitmayer*, Bankiers im Kaiserreich, p. 122.
36 *Biggeleben*, Das »Bollwerk des Bürgertums«, pp. 111 and 116.
37 *Reitmayer*, Bankiers im Kaiserreich, pp. 53–66.

local exchange and a corresponding (municipal) regulatory framework had often been in existence since before the 19th century. New kinds of markets were usually attached as a new department to the existing organization, whereas in the United States they led to the establishment of new, specialized exchanges. The joint German treatment of stock and commodity exchanges is also reflected in the terms (»*Börsenterminhandel*« pertains to both stock and commodity time bargains, while the English term »futures trading« is limited to the specific practice of trading commodities in standardized contracts for future delivery) and the legislative efforts; the German consideration towards exchange reform made no clear distinction between either form, whereas in the U.S. the speculative markets for stocks and commodity were discussed in different public discourses. This, nevertheless, did not keep exchanges from attempts to widen their scope. The CBOT, for example, established the »Chicago Board of Trade Stock Exchange«, which was incorporated by the State of Illinois in 1887 but discontinued its service early in 1889.[38]

III. SELF-REGULATION AND THE COMPETITION OF THE EXCHANGES

Ultimately, the supervisory authority of the German exchanges rested with the administration of the federal states they were located in. While U.S. exchanges were usually also formally incorporated by state governments, the exchanges were left utterly to themselves prior to the First World War and developed their own regulation according to »market needs«. Their success depended on their ability to attract members and – above all – transactions to the market they governed. The existence of rivals or competitive exchanges theoretically forced the bourses to anticipate and adopt favourable rules. Institutional competition could lead either to a race to the bottom or to a specialization by sophisticated laws (and favourable taxes) as can be observed with regard to corporate governance in the U.S. – making small Delaware become the »headquarter« of American corporations.[39]

In a similar manner, a division of business shaped the leading financial market in New York. The NYSE implemented high standards not only for membership but also for the listed securities – including specific publication requirements in order to improve transparency. In consequence, mostly secure standard securities – such as government bonds or sound railroad companies – were traded. In doing so the NYSE only covered a part of the whole market. Riskier securities or shares of emerging companies were traded either at the Consolidated Stock and Petroleum Exchange, at first specialized in mining companies, or at the »Curb« – a marketplace for the securities at the curbstone right in front of the NYSE. Both trading places – a substantial over-the-counter (OTC) business throughout the whole country existed as well – had lower (Consolidated) or no (Curb) barriers for brokers, but they were to a certain extent (personally) interlinked with members of the NYSE. In short: The higher the standards of market access the larger the amount of defensive securities traded.[40]

---

38 The University of Illinois at Chicago, Chicago Board of Trade Records, series VI, subseries 12/13/14, box 80.
39 *Rudolf Wiethölter*, Interessen und Organisation der Aktiengesellschaft im amerikanischen und deutschen Recht, Karlsruhe 1961, pp. 147–153. Ibid. for a comparative history of corporate governance regulations.
40 *Michie*, The London and New York Stock Exchanges, 1850–1914, pp. 204–208; *O'Sullivan*, The Expansion of the U.S. Stock Market, pp. 490f.; *Samuel Armstrong Nelson*, The Consolidate Stock Exchange of New York. Its History, Organization, Machinery and Methods, New York 1907; New York Curb Exchange, Summary of Report of Committee on Stock Exchange Investigation of the National Association of Securities Commissioners on the New York Curb Exchange, New York 1929, p. 14.

This market structure had several implications. First, access to the securities market was as easy as in Germany. Second, there was a fluent passage between the submarkets – at least in the 1870s for both brokers and securities: If a security performed well at the Curb, the NYSE might have put it on its list. Third, all-embracing regulations did exist neither for the requirements of a security nor for the broker's business conduct. Fourth, beyond these official markets mainly for professional brokers or speculators (even at the Curb market) so-called bucket shops existed where no securities were traded but speculation on stock exchanges quotations was possible. They were no exchanges at all but more or less betting offices for gamblers. During phases of overtrading, those bucket shops especially attracted investing novices who wanted to make a quick buck by profiting from rises and thus did their bit to intensify the speculative atmosphere.[41]

While commodity futures exchanges provided markets just as the stock exchanges did, there are a number of notable differences in their scope. Stock exchanges offered to trade hundreds and thousands of stocks, most of which came and went, but commodity exchanges offered just one or two, at best very few firmly established goods. While it was useful for the NYSE, at least for some time, to nurture a coexistence with the Curb and the Consolidated as »trial markets« for new stocks, such an arrangement made no sense for a commodity exchange. Just as the stock exchanges, however, the commodity exchanges faced a challenge in the form of the bucket shops, which will be treated in more detail in section IV of this text.

Another important difference between stock and commodity markets was that the commodity exchanges did not look out for investment capital; instead, they were meant to aid and attract the effective trade in that good and as such then became interesting for pure speculation in prices as well. In almost any case, it was the local wholesalers in a certain commodity that put up a futures exchange in the hope to strengthen their market position. The competition between different exchanges for the same good – like among the grain exchanges of Chicago, Minneapolis, Kansas City, Duluth, and other marketplaces of the Grain Belt – was in fact a competition between the cities' large grain dealers and a joint competition of all the larger dealers organized in exchanges against the lesser dealers and against the dealers from peripheral places. The latter has been shown convincingly (and had been anticipated by the contemporaries)[42] for the case of the Hamburg futures market in coffee.[43]

The competition between different commodity exchanges for the same good often did not last long – as soon as one emerged as a larger market, the advantage of having greater liquidity usually gravitated business towards the central market and subordinated the others to regional sub-markets (or to give up completely) – as was the case with Chicago and the other Grain Belt exchanges, or with the New York Cotton Exchange, who topped the New Orleans Cotton Exchanges, which in turn had subdued the other exchanges of the South. Both in the U.S. and Germany, single dominant futures markets evolved that had no national rival to fear – Chicago and Berlin for grain, New York and Hamburg for coffee and (cane) sugar, New York and Bremen for cotton, and so on.

This concentration does not imply that the commodities themselves became traded exclusively at said centres. Rather, futures trading had increasingly detached from the actual handling of the commodity, which aided the process of concentration. In a setup remarkably similar to that of the stock exchange, commodity exchanges provided the opportuni-

---

41 *Robert Sobel*, The Curbstone Brokers. The Origins of the American Stock Exchange, New York 1970, p. 63.
42 Protokoll der Sitzung des Ausschusses des Deutschen Handelstags vom 19. bis 20. November 1889 in Berlin, pp. 18f., Westfälisches Wirtschaftsarchiv K 2, Nr. 439.
43 *Rischbieter*, Mikro-Ökonomie der Globalisierung, pp. 132–182.

ty for dealing standardized contracts for the future delivery of important primary products such as grain and cotton, so-called futures. These contracts were almost never fulfilled by actually delivering the commodity: If in the meantime the current price had risen above the contracted price, the buyer of the futures contract received the difference from the seller (so he could go and buy the commodity from anyone else, if he wanted, without paying more than specified in the futures contract), and if the current price had gone below the contracted price, the seller received the difference from the buyer (so the seller could dispose the commodity at the current lower price without a disadvantage). In consequence, both parties incurred the same loss or gain as if actual delivery and payment of the commodity had taken place, but without the »burden« of actually handling the good: Trading futures essentially meant betting another trader on the development of a commodity price. This mechanism could be used for speculation as well as a tool in the commodity trade itself, i.e. for risk management and/or buying time. In effect, commodity exchanges became financialized centres of world markets for key staples of the economy.

For lesser exchanges, usually the only chance to survive was to create specialized markets, e.g. by designing contracts of lesser size (to attract participants interested in dealing small amounts) or for special varieties of the good. Influential market participants held memberships at different exchanges, which led to a certain convergence of interest among the different exchanges' bodies of members and further cooled down direct competition. An instructive example in the case of the CBOT is its fight against an inner city rival, the Chicago Open Board of Trade, that had formed in 1880. A number of CBOT members participated in the Open Board as well, much to the dismay of their fellow CBOT members. Still, the Open Board withstood any legal and denunciatory attack and survived as a niche marked of minor importance. In 1929, the CBOT had a share in the U.S. wheat futures markets of 83.5%, the Open Board of 2.6% (making it number 4 behind Minneapolis and Kansas City, but ahead of Duluth).[44] It ultimately focused on contracts of considerably lower size, which – combined with lower membership costs – allowed a lesser cast of traders with more limited financial means to enter the market. Later on renamed MidAmerica Commodity Exchange, it finally joined forces with the CBOT in 1986 as sort of a »junior« market with mini-contracts.

At the same time, the NYSE fought a competitor in their city as well. Outside brokers tried to establish a rival market place in 1885. They build up the Consolidated Stock and Petroleum Exchange by amalgamating existing markets for securities not dealt at the NYSE. As soon as the Consolidated attracted a certain trading volume, it threatened to deduct investment capital from the NYSE[45], particularly because about 300 to 400 members of the NYSE (and thus a third of its membership) were associates of the Consolidated, too. The overlapping of the 1,100 members of the NYSE and, originally, 2,400 members of the Consolidated resulted from the market structure. Especially riskier papers of mining companies were not admitted at the NYSE at first, so that everyone who wanted to trade in mining shares or bonds was referred to a different market place. By establishing the Consolidated with a membership being more than twice as large as its own, a major competitor of the NYSE had evolved for the first time since the merger of the NYSE with the Big Board in 1869.[46]

---

44 *George Wright Hoffman*, Future Trading upon Organized Commodity Market in the United States, Philadelphia 1932, pp. 54f.
45 Meeting of the Governing Committee, October 22nd 1884, Minutes vol. 3, p. 380, NYSE Archives RG 1-2.
46 *Michie*, The London and New York Stock Exchanges, 1850–1914, pp. 202ff.; *Robert Sobel*, The Big Board. A History of the New York Stock Market, New York 1965, pp. 110–114, *O'Sullivan*, The Expansion of the U.S. Stock Market, pp. 494f.

However, the NYSE had anticipated the rising demand for industrial securities other than those traded at the exchange, especially since the traditional market for railroad stocks and bonds was still suffering from the ramifications of the 1873 panic, i.e. the reorganization and consolidation of railroads. The key invention of preferred stock in the late 1880s increased the demand of industrial securities. They sometimes granted only minor property rights and usually paid lower dividends than common stock but guaranteed stable dividends which the corporation had to pay preferred and before the claims of common stock-holders could be satisfied. Thus, preferred stocks created a rather secure investment, while common stocks remained riskier securities. The NYSE rapidly admitted preferred stock to its stock list, and by doing so helped to make it become popular.[47] But while this invention attracted more or less conservative investments, more speculative securities were still being demanded by many investors. The constitution of 1878 had already contained a rule for a department for unlisted securities[48] in order to open up a market for more speculative securities that were not yet considered to be worth being put on the official list; at the same time, the NYSE considered relaxing restrictions for trading: Brokers who were no formal member of the NYSE should, if admitted, be able to act as subscribers only of the Unlisted Department but should nonetheless be subjected to the duties of the exchanges' constitution.[49]

The leading exchange in New York thus reacted to the challenge of the Consolidated, but it went further. The early success of the Consolidated and the dual membership in each exchange led to an aggressive policy against the rival exchange. The NYSE refused to cooperate with the Consolidated.[50] Moreover, it forbade, by the threat of expulsion, a dual membership and any security transaction with any other exchange in New York City. This rule included members as well as partners.[51] Later on, the NYSE also banned every direct communication line – either telegraphs or telephones – from its building to outside trading places. The control of information became the essential factor of NYSE's success.[52]

In consequence, the Consolidated Stock Exchange gradually became less important and operated henceforth rather as a market place for odd lots. Its membership decreased to 671 in 1913, and the Consolidated became more and more prone to manipulations. In the end, the NYSE got rid of a rival, which it never called a rival, but »not an exchange in any proper sense of the word«, because it only »traded on New York Stock Exchange quotations«.[53] At the same time, the NYSE segmented the securities market as well – by attracting big money and referring retail investors (and shady characters) to the Consolidated. One effect of this new market structure was that the NYSE tended to concentrate on professional speculation, while retail investors and novices dealt at different places and thus – theoretically – did not constitute a threat to the financial system because failures at the Consolidated caused only minor losses, unable to generate a domino effect.

---

47 *Thomas R. Navin/Marian V. Sears*, The Rise of the Market for Industrial Securities, 1887–1902, in: The Business History Review 29, 1955, pp. 105–138, here: pp. 117–120.
48 Constitution and By-laws of the New York Stock Exchange revised 15.9.1878, article IV (12), NYSE Archives RG 1-2.
49 Meeting of the Governing Committee, 3.3.1882, Minutes vol. 3, pp. 113ff., NYSE Archives RG 1-2; *O'Sullivan*, The Expansion of the U.S. Stock Market, pp. 496f.
50 Meeting of the Governing Committee, 22.10.1884, Minutes vol. 3, p. 391, NYSE Archives RG 1-2.
51 Constitution of the New York Stock Exchange, 30.10.1885, article XVII, NYSE Archives RG 1-2; *O'Sullivan*, The Expansion of the U.S. Stock Market, p. 496.
52 *Michie*, The London and New York Stock Exchanges, 1850–1914, passim.
53 Digest of the Preliminary Work of the Special Committee, 25.6.1913, Special Committee on Bucket Shops, pp. 84f., 87 and 90, NYSE Archives RG 1-2.

IV. OUTSIDER ESTABLISHMENTS: BUCKET SHOPS AND THE CURB

While most German exchanges, at least in principle, were open to any »honourable citizen«, the private and ever more exclusive nature of the main U.S. exchanges prompted the emergence of rival places to speculate at. In that, organized exchanges with (thin) rulebook s like the Consolidated or the Chicago Open Board marked only one end of the spectrum. Unorganized exchanges like the Curb provided open, informal marketplaces for the men in street – in this case, literally the men in the street, as the Curb, by definition, lacked a building of its own. At the other end of the spectrum were the bucket shops, small betting establishments with the outer appearance of a minor exchange.

Other than the Consolidated, the Curb had a special status and was by and large accepted by the NYSE, for it provided a non-regulated test market for speculative securities, especially for new stock. Usually, newly issued shares are always highly speculative securities, particularly if corporate governance obligations were as low as at that time. E. g., a regulated procedure for initial public offerings did not exist, the market alone decided about the quality of securities with the qualification that prices or transactions could easily be manipulated due to low legal standards. The Curb, where around 200 or 300 brokers traded, was closely but informally linked to the NYSE. Sometimes stock traders at the NYSE and Curb brokers belonged to the same firm – and it was estimated that more than 80% of the Curb's transactions were by order of NYSE members. If securities traded at the Curb performed well, the NYSE put them on its list, if they belied the expectations, they were not traded anymore. Thus, the Curb was a trial market somewhere in between – with a substantial function for the whole securities market in New York. Besides the fact that the Curb was never considered as a rival but as a complementary market, the NYSE benefitted even more from its existence: Because the unregulated Curb had no formal organization for a long time, a formal cooperation with the NYSE could not exist. Thus, no official or member of the NYSE could be blamed for speculative dealings at the Curb, although the members of the NYSE benefitted most from the transactions and securities assessment outside its main building.[54] This functional division of business established mainly by the NYSE's policy since the panic of 1873 was finally regarded as dysfunctional as a result of the panic of 1907. This panic had several consequences for the securities market to be outlined later.

The Chicago Board of Trade initially faced off with competing institutions outside the city – the grain exchanges of other Grain Belt cities – rather than with inner city rivals. However, the more dominating the position of the CBOT, the more did it focus on smaller, upcoming establishments that presented itself as an alternative to the CBOT; both within Chicago and within the Grain Belt as a whole. In most cases, the new establishments duplicated the outlook of the typical trading floors but turned out to be mere bucket shops.[55]

While the men in the street were far from being financially able to start even a single transaction at the CBOT and would have to make use of brokers anyway, the bucket shops effectually allowed anyone who stepped in to bet even the smallest amounts of money on the constantly evolving course of the grain prices, as signalled on the chalkboards of the »trading room«. However, the prices were not generated through these kinds of »micro-

---

54 See *Michie*, The London and New York Stock Exchanges, 1850–1914, pp. 207f.
55 On bucket shops and their relation to the major organized exchanges, see *Ann Fabian*, Card Sharps, Dream Books, & Bucket Shops. Gambling in 19th-Century America, Ithaca 1990, pp. 153–203; *Lurie*, The Chicago Board of Trade, pp. 75–105 and 168–199; *David Hochfelder*, »Where the Common People Could Speculate«. The Ticker, Bucket Shops, and the Origins of Popular Participation in Financial Markets, 1880–1920, in: The Journal of American History 93, 2006, pp. 335–358.

trades«, but bucket shop owners simply operated a telegraph in a hidden back office that fed in (and sometimes distorted in favour of the bucket shop owner who in effect betted against all his customers) the current prices which the CBOT – or in the cases of stock markets, the NYSE – disseminated all over the country in order to enforce them as the most important, or even only relevant gauge of the market. Consequently, bucket shops could not, and did not intend to, generate any impact on the commodity or stock markets.

Even if stated differently in public, the CBOT had nothing to fear from those establishments in terms of market share and power (it had to fear the Open Board, and consequently denounced it as a bucket shop). Still, bucket shops insisted publicly on being exchanges of the very same nature as the CBOT and other established exchanges, a sentiment widely shared by the public. The bad reputation of the bucket shops as gambling halls was conferred upon the CBOT, adding to the troubles of the CBOT members to justify their institution to an already sceptical, even hostile public.

The first thing organized exchanges tried in their fight against bucket shops was to cut off the flow of price information. Already in 1878, the NYSE signed an exclusive contract with a telegraph company that immediately cut all telegraph lines from the NYSE to the bucket shops.[56] An attempt to get bucket shops legally prohibited was considered not feasible at the time, and, moreover, the NYSE feared damage to its image from such an attempt.[57] However, cutting off telegraph lines did not prove to be the silver bullet. On the one hand, telegraph lines were often secretly wiretapped, and on the other hand, it was even open to discussion if the organized exchanges had an exclusive right to the quotations they were producing. Bucket shop proponents claimed a victory in 1889, when the Illinois Supreme Court ruled against the CBOT in this matter.[58]

After 1900, both the established exchanges of the Grain Belt and those of New York joined forces under the leadership of NYSE and CBOT in their battle against the bucket shops and their attempts to establish themselves as the only »proper«, respectable, economically sound and useful speculative markets.[59] In 1905, another lawsuit of the CBOT against a major bucket shop operator – »C.C. Christie« in Kansas City – went before the U.S. Supreme Court. In a milestone verdict delivered by Judge Justice Oliver Wendell Holmes, organized exchanges were ultimately granted exclusive rights to their quotations. Moreover, Holmes helped the case of the CBOT and other organized exchanges to differentiate themselves from the bucket shops.[60] The whole argument in favour of speculation rested on having a body of *professional* speculators: »Speculation of this kind by competent men is the self-adjustment of society to the probable«, while incompetent persons – found in seedy bucket shops, but not in respectable exchanges – not only »bring themselves to ruin by undertaking to speculate in their turn«.[61]

The verdict drew a clear line between legitimate organized exchanges run by the mercantile-financial elite, and smaller institutions aimed at »common people«, which were deemed illegitimate places of gambling. Its importance cannot be overstated. Even in the late 1920s, the CBOT still quoted Judge Holmes on the backside of its information pam-

---
56 Special Committee on »Black Boards« and »Bucket Shops«, 1878, NYSE Archives RG 1-2.
57 Report, 2.2.1884, Law Committee, Opinion of Counsel F 3, NYSE Archives RG 1-2.
58 New York and Chicago Grain and Stock Exchange v. Chicago Board of Trade, 19 N.E. 855 (1889).
59 CBOT to NYSE, 19.2.1904, and an attached bill to prevent interstate telegraph and telephone lines used to promote gambling, Law Committee, Reports and Resolutions F 2, NYSE Archives RG 1-2.
60 For a detailed analysis, see: *Jonathan Levy*, Contemplating Delivery: Futures Trading and the Problem of Commodity Exchange in the United States, 1875–1905, in: AHR 111, 2006, pp. 307–335.
61 U.S. Supreme Court: Board of Trade v. Christie Grain & Stock Co., 198 U.S. 236 (1905).

phlets for visitors to the gallery above the trading floor to underscore a serious, useful economic nature of its establishment (after 1930, more adequately aimed at tourists, a picture of the grand view from the CBOT tower replaced the justificative text).[62] Armed with the 1905 decision, the CBOT consequently aimed at any bucket shop operation that was brought to its knowledge, using private investigators to determine their nature, and consequently alarmed the police whenever it appeared that telegraphic quotations were used illegally. These operations were continued well into the 1920s, until the bucket shops had finally vanished.

After outlining the relations between organized exchanges run by the mercantile-financial elite and other similar – or not so similar – institutions, and after showing the temporary nature of the latter, it is time to look at the regulatory developments regarding organized exchanges. The remainder of this paper will observe these developments in a roughly chronologic order, stressing financial crises as an important (albeit not the only) trigger for institutional change. We start with the first major crash after stock and commodity exchanges had become core elements of modern capitalism, i.e. the crisis of 1873.

V. THE FINANCIAL CRISIS OF 1873 AS A REGULATORY CHALLENGE

The crisis of 1873 affected both the U.S. and Germany. The economies were interlocked as the increased money supply in Germany (and Europe) spilled over to the U.S. where it fuelled the flames of speculation, especially in railroad stocks. The U.S. market for railroad stocks and bonds expanded rapidly and led to economically unjustified investments that came upon a weak financial and monetary system. Moreover, the quality of investments could not be assessed properly because of low corporate governance standards. In September 1873, the renowned investment house »Jay Cooke & Co.«, heavily involved in railroad speculations, could not meet its obligations anymore. Its failure and that of other companies caused a bank run with the consequence of several banks crashing.

The NYSE at first responded to that panic with a panic reaction. It closed its doors for an indefinite period on September 20th and thus exacerbated the panic, which was followed by a six-year-depression.[63] Beyond this initial and temporary reaction, the NYSE deemed it unnecessary to introduce institutional changes regarding the access to its own market. However, the governing committee of the NYSE scrutinized the organization and detected several imperfections in the market as a whole. The post-panic measures of the NYSE demonstrated its relevance for the competing exchanges and thus the entire Wall Street complex. During the suspension of trade, no member of the NYSE was, under threat of expulsion, allowed to trade in stocks in an outside market. Nevertheless, this regulation had no impact at all, because almost every member firm traded while the official market was closed. However, when the NYSE reopened and prices had steadied, no charges were preferred in this matter.[64]

This process is quite typical for self-regulated bodies. Self-regulation often generates group conformity instead of norm conformity: Even though there was a rule that was generally accepted, a majority ignored it because of exceptional circumstances[65] – as it was the case during the suspension of trade in 1873. The NYSE and its governing committee were

---

62 The University of Illinois at Chicago, Chicago Board of Trade Records, series V, subseries 2, box 173.
63 *Sobel*, The Big Board, pp. 97f.
64 *Robert Sobel*, Panic on Wall Street. A History of America's Financial Disasters, New York 1968, pp. 187–192.
65 See also *Rischbieter*, Mikro-Ökonomie der Globalisierung, pp. 108–111.

faced with the (simple) fact that the absorbing interest of a securities dealer is to deal in securities. The conclusion of this observation was quite simple as well. A rule could only be effective if the membership costs were lower than the opportunity costs. As soon as there existed a more cost-effective alternative, memberships and transactions would have been relocated. Thus, the NYSE could not simply try to discipline its members by threats but had to develop further incentives to keep the brokers in line. The best incentive, however, promised to be even more exclusivity for the members. Henceforth the main strategy of the NYSE was to defend and to extend exclusivity by making it harder for the rival exchanges to deal in securities. Gradually the NYSE regained market control by hampering market access for outside brokers. The fight against the Consolidated in the 1880s also fitted this bill.

Besides these outward efforts, and as a necessary precondition, the setting of internal rules and the specific form of their enforcement structured brokers' social relations. As the reaction on the 1873 crisis had already shown, rules were not an end to themselves. The main purpose of exchanges' institutions was to enable transactions by implementing a system of rules that made the markets workable. Superior standards such as »moral« or »justice« (in a legal sense) were of minor importance. An analysis of internal trials shows how flexible rules were enforced and how they functioned as a permanent threat to all brokers to not overly engage in questionable transactions.[66] Because the governing committee was »the sole judge« and its decisions were »final and conclusive«[67], it was not possible to contest a verdict at regular courts. Regularly the punishment for deviant behaviour was to suspend a broker for a certain time period up to one year; since the late 19th century even an expulsion was possible in case of serious offenses. Moreover, peers judged peers. As a result, the hierarchical position within the group influenced judgments. There is evidence that the same offence did not result in the same verdict. While powerful actors were discharged, minor brokers were seriously judged.[68] In some cases, bad conduct was charged as well, and if a broker did not behave socially adequate, he could even be judged if every market transaction had been correct.[69]

The case of Charles Neukirch 1897/98 is very interesting in this regard as it offers insights into the enforcement of rules. He complained that the transaction which led to his expulsion »[was] not unusual and has been in vogue in the exchange for many years«. Although he had obviously good arguments, his complaints were strictly rejected – and he was ruined financially and socially: »I have suffered the severest penalty in the power of the Exchange to inflict, with all the disgrace and dishonor attaching to it in social, business and financial relations.«[70]

Neukirch was a fall guy who was used as a warning. Correspondingly, the number of charges always increased in the aftermath of financial crises, which made internal judgments become a specific form of public communication by demonstrating the power and the will to enforce rules and to strictly penalize unsolid speculators – even if their misconduct happened far away from the Exchange. For example, the entourages of »J.P. Morgan

---

66 *Boris Gehlen*, Börsenhändler vor »Gericht«. Zur ökonomischen Logik von Ehrvorstellungen an der New York Stock Exchange vor 1914, inaugural address, Bonn February 5th 2014 (Publication in preparation).
67 Constitution of the New York Stock Exchange 1885, p. 26, NYSE Archives Publications 1-C-2.
68 Meetings of the Governing Committee, 16.12. and 30.12.1896, Minutes vol. 5, pp. 60–78, NYSE Archives RG 1-2.
69 Meetings of the Governing Committee, 25.7.1894 and 18.4.1895, Minutes vol. 4, pp. 610 and 650, NYSE Archives RG 1-2.
70 Report Charles Neukirch, 12.12.1898, pp. 1 and 5. Governing Committee Minutes, Correspondence, Reports F 3, NYSE Archives RG 1-2.

& Co.« or »Kuhn, Loeb & Co.« »suggested« a charge against a member of the NYSE because it had manipulated the market and supported a hostile acquisition which was detrimental especially to John Pierpont Morgan's interests.[71]

All in all, Van Antwerp's (and others') notion of »commercial honour« occurs as a functional instrument to organize markets. In their own view, stock brokers (or merchants in general) acted morally correct when they fulfilled contracts and accepted full responsibility for any transaction they made. Because »commercial honour« was functionally restrained to market organization and, moreover, its semantics opportunistically changed when markets shifted, it did not suit as a general moral model. Nevertheless, it was one core element of NYSE's exclusive organization.

The complicated and gradual development of exclusive market access and its evasion in New York did not correspond with the German experience, where public regulation of stock exchanges played a significantly greater role – and it were the stock exchanges, not the commodity exchanges, that were primarily challenged by the crisis of 1873. In Germany, it took the form of a multi-causal financial crisis which resulted from a combination of deregulation (stock corporation act 1870), increased money supply due to reparations from the Franco-Prussian War 1870/71 and a national euphoria in the aftermath of the German Unification.[72] As a consequence, the German stock market developed rapidly, it also attracted novices. On the one hand, restrictions to found stock companies had been removed, and this liberalization increased the supply of new stocks. On the other hand, the demand rose because of a shift in investments: Using the French reparations, the state was able to reduce its debts and therefore curtailed the issue of secure government bonds, which led to further investments in stocks. Then, the euphoric *Gründerzeit* (time of the founders) turned into the *Gründerkrise* (founders' crisis).

The market crashed in 1873, but already before the peak of the speculation frenzy, commonly dated to the autumn of 1872[73], the contemporaries were well aware of regulatory deficits. First, they observed that the stock corporation act facilitated fraudulent business foundations and gave only few rights to investors.[74] The latter allowed the founders to exploit the investors by simple manoeuvres. Second, the (many) investor novices themselves were criticized for not being careful enough. Thus, the following debate faced these problems of protecting un-experienced investors and improving the information quality of initial public offerings and stock issues in general.

A more liberal and a rather (state-)paternalistic argument can be extracted from the various debates in the aftermath of the crisis of 1873.[75] The liberals argued that it would be sufficient just to improve the information quality e.g. of stock issue prospects, because the market actors, especially the investor novice, had learned from the founders' crisis to be more cautious in investment decisions.[76] The paternalists preferred an investors' protection by law. In the end, a compromise was negotiated in such way that the information

---

71 Meetings of the Governing Committee, 14. and 30.1.1903, Minutes vol. 5, pp. 646–662 and 668f., NYSE Archives RG 1-2; *Reibnitz*, Die New Yorker Fondsbörse, pp. 57ff.
72 *Markus Baltzer*, Der Berliner Kapitalmarkt nach der Reichsgründung 1871. Gründerzeit, internationale Finanzmarktintegration und der Einfluss der Makroökonomie, Münster 2007, pp. 4–12.
73 *Charles P. Kindleberger*, Manien, Paniken, Crashs. Die Geschichte der Finanzkrisen dieser Welt, Neuauflage, Kulmbach 2001, p. 295.
74 *O.V.*, Ueber Actiengesellschaften, in: Deutsches Handelsblatt 1, 1871, pp. 93ff., 118ff. and 134f.
75 For details see *Sibylle Hofer*, Das Aktiengesetz von 1884 – ein Lehrstück für prinzipielle Schutzkonzeptionen, in: *Walter Bayer/Mathias Habersack* (eds.), Aktienrecht im Wandel, Bd. 1: Entwicklung des Aktienrechts, Tübingen 2007, pp. 388–414.
76 Bericht über den Entwurf eines Gesetzes betreffend die Commanditgesellschaften auf Actien und die Actiengesellschaften, 27.2.1884, Rheinisch-Westfälisches Wirtschaftsarchiv 1-20-24.

quality was improved by implementing (slight) prospectus liability, strengthening the supervisory board and curtailing founders' exclusive rights while an investors' »protection« was implemented by the back-door. In fact, it was no protection but exclusion of the retail investor and beyond. The revised stock corporation act of 1884 determined the minimum par value of new stocks at 1,000 M, while the average annual amount Germans could spend for savings fluctuated between 30 and 70 M at that time. Thus, after all only the rich and the super-rich (and, of course, banks) were henceforth able to invest in stocks, and even *mediate* market access for minor investors was de facto prohibited.[77]

This is somewhat comparable to the case of most commodity futures exchanges, both in Germany and the United States, as the standardized futures contracts only allowed to trade in multiples of a large volume of the good, like multiples of a thousand bushels of grain. However, while small traders could not afford to actually buy such a large share or such a large volume of wheat, there was still a chance that they could afford to trade on those markets in differences.

In futures trading, contracts become due in future months, and in most European stock markets shares were to be delivered and paid only at the end of the month (»ultimo«). This allowed opening market positions and then closing them again before those days on which effective delivery was due. Initially, opening a position came without any cost at all, capital was only required when the position was closed again, and at a loss. As often the obligation to pay the winning counterparts the difference was not or could not be honoured by the losing party, the practice evolved to deposit a margin when a position was opened, i.e. a certain fraction of the nominal contract value that had to be deposited at a third party, later on usually a clearinghouse was put up by the exchange specifically for that purpose. The margins hardly ever were more than 10% of the contract value, more usually 5% and below. Consequently, a speculation in differences based on the value of a contract with a nominal value of 1,000 M required only 50 M when a 5% margin was asked for. This practice leveraged gains and losses tremendously and made speculating on margins an extremely risky business.[78] The margin was readjusted regularly by the exchange itself, a parameter that could be used to dampen overheating speculation or heating up a sluggish market. While large nominal contract values effectively kept small investors away from a »buy-and-hold« investment, it was less effective in keeping smaller traders out of risky margin trading.

Still, by restricting market access in favour of larger, well-capitalized, often professional speculators, the revised Stock Corporation Act of 1884 could be interpreted as a stabilizer of financial (or at least stock) markets without deteriorating the circumstances of corporate finance substantially, which more or less was concentrated at the universal banks and influenced banking concentration. Generally, the importance of the securities market in Germany was not as high as in the U.S. and, moreover, had a different structure with a high market share of public and mortgage bonds. Institutional investors such as insurance companies or pension funds were rare as well due to public investment restrictions. As a further side-effect of the *Gründerkrach*, the Prussian Government started to nationalize private

---

77 The minimum stock price was not lowered until the reform of the act in 1965 – with obvious effects on the capital market's structure. See *Boris Gehlen*, Aktienrecht und Unternehmenskontrolle: Normative Vorgaben und unternehmerische Praxis in der Hochphase der Deutschland AG, in: *Ralf Ahrens/Boris Gehlen/Alfred Reckendrees* (eds.), Die »Deutschland AG«. Historische Annäherungen an den bundesdeutschen Kapitalismus, Essen 2013, pp. 165–193.
78 If a 1,000 M contract was bought on a 5% margin and then advanced 2.5% to be worth 1,025 M, the investor made a 25 M gain on his 50 M margin, i.e. a profit of 50%. Of course, if the contract lost 2.5%, the investor lost 25 M out of his 50 M, i.e. half of the initial investment. The leverage often ruined those who had little capital and invested it all.

railroads by buying railroad stock from 1879 onwards – not for capital market reasons[79], but certainly with effects on the stock market, as the railroad stocks, a very popular object of speculation during the founders' boom, vanished from the market.[80]

VI. EXCHANGE LAW LEGISLATION IN THE 1890S: THE *BÖRSENGESETZ*

The larger financial crises, i.e. those of 1873, 1907, and 1929, drew public attention primarily to the stock markets. In between those crises, a noticeable focus was on the commodity exchanges and the new institution of futures markets. Here, it was not any single huge market breakdown that prompted awareness, but rather the seemingly continuous stream of attempted corners which send prices temporarily on a roller-coaster, and also the phenomenon of depressed agricultural prices in the late 1880s and 1890s, which was blamed on bear speculation in agricultural futures markets. In addition, both agricultural producers and lesser intermediaries in peripheral places felt that the innovation of futures trading had shifted market power towards the large merchants in the important trading hubs, who operated the futures exchanges in the first place. As a consequence, the public outcry that cumulated in the U.S. and Germany around 1890 (followed by similar sentiments of the public in other highly developed countries in the 1890s) started legislative attempts to tackle speculative futures trading, and the antagonistic agricultural interest fuelled those attempts for several years to come.

In the United States, the accusation that futures trading drove down prices had been taken up by the mounting farmers' movement already at the end of the 1880s; they demanded a federal prohibition of futures trading. In 1892, after extensive hearings[81] and in spite of protests from the exchanges and parts of the business world[82], House and Senate passed a bill which would have imposed prohibitively heavy financial burdens on futures traders. As, however, the Senate had made slight amendments, the House needed to vote again very shortly before the end of the 52nd Congress, and it never happened. The bill effectively died as public pressure waned.[83] After the initial attempts to outright prohibit futures trading failed (even if more or less accidentally), a much more drawn-out process of legislative considerations and actions ensued, without any comprehensive law to show for in the next few years. The commodity exchanges, as well as the stock exchanges, kept self-regulating.

In Germany, several scandals in both stock and commodity speculation in the late 1880s and early 1890s rekindled the debate over exchange regulation. It seemed that the 1884 stipulations on contracts were not sufficient to guarantee a smoother operation of the markets, and a more explicit protection of investors was demanded. At the same time, the somewhat more prohibitive access to the German stock market after 1884 and the vanishing of

---

79 *Boris Gehlen*, Zwischen Wettbewerbsideal und Staatsräson: Die Diskussionen im Deutschen Handelstag über Regulierung und Verstaatlichung der Eisenbahnen, in: Jahrbuch für Wirtschaftsgeschichte/Economic History Yearbook 52, 2011, issue 2, pp. 119–149.
80 *Rainer Gömmel*, Entstehung und Entwicklung der Effektenbörse im 19. Jahrhundert bis 1914, in: *Pohl*, Deutsche Börsengeschichte, pp. 135–290.
81 U.S. Congress. Committee on Agriculture. House, »Fictitious Dealing in Agricultural Products« U.S. Congressional Hearings [HAg 52-A] (1892).
82 Dealings in »Options« and »Futures«: Protests, Memorials and Arguments against Bills Introduced in the Fifty Second Congress, published by the New York Cotton Exchange, New York 1892.
83 *Cedric B. Cowing*, Populists, Plungers, and Progressives. A Social History of Stock and Commodity Speculation, 1890–1936, Princeton 1965; *Lurie*, The Chicago Board of Trade, pp. 105–125.

the popular railroad stocks following the nationalization of the railroads meant that speculation in commodity futures had become more interesting to small investors/speculators, and thus the whole *Börsenwesen*, i.e. stock as well as commodity futures markets, came into view.

In the highly politicized debate, market access was one of the topics of interest. The defenders of the exchanges argued that it was again the uninformed public (and its demand for profits) that caused speculation-related problems. Among them was Max Weber, an intimate expert of the *Börsenwesen*, who stated in 1896 that »really all general problems with futures trading can be traced to the fact that speculators without capital and power of judgment are brought in too easily«.[84]

Problematic speculation was declared an outsider phenomenon rather than a systemic defect because professional merchants and speculators, the so-called honourable businessmen (*ehrbare Kaufleute*), were considered to be well aware of the risks of futures, which moreover were said to be used mostly for hedging reasons, i.e. to insure against price risk in the actual commodity trade. Furthermore, the existing regulations would suffice because the exchanges and their members would not tolerate un-businesslike behaviour and would exclude any member involved in corners, fraud, etc. But, again, the assertion that self-regulation was more efficient than public regulation was true for group conformity rather than for norm conformity. There are various examples that actors of the exchanges' inner circle involved in corners were not expelled as were, by contrast, actors regarded as troublemakers anyway – even though their involvement in a corner could not be proved.[85]

However, there was a common sentiment against stock and produce exchanges since the mid-1870s, so the legislator convened an enquiry into exchange practices and then prepared a bourse law coming into effect in June 1896.[86] Market access was not regulated in general but for *Börsenterminhandel*, i.e. futures trading in commodity and time bargains in stock trading. Henceforth anyone who wanted to trade in futures should sign in a specific bourse register (*Börsenregister*), and henceforth only transactions between registered persons were legally enforceable; obligations from other transactions could legally be evaded before court, as they were deemed gambling debts. But especially for the fear to be publically branded as gamblers, the professional futures speculators did not sign in the register. In their point of view only gamblers relied on public protection granted by the register, while every honourable businessman would fulfil his duties contracted bona fide. The boycott of the register finally led to its abolishment when the law was revised in 1908. Instead, some occupations (primarily mercantile and banking) were declared to be *termingeschäftsfähig*, i.e. principally enabled to trade in futures and carry out time bargains in stocks. All such transactions between those persons became legally enforceable; transactions between them and outsiders were enforceable only if the outsiders provided additional security deposits. In the end, the debate about the bourse law did not result in a substantial shift of direct market access, but again more or less favoured professional insiders over retail investors.

With regard to the stock market, a so-called *Börsenzulassungskommission* was implemented as well – a body created at the Berlin Stock Exchange already beforehand became mandatory for every German Exchange. It was a regulated (and supervised) self-regulated body that reviewed prospects of stock issues and thus guaranteed (and determined) a certain quality standard of stock issues.

---

84 *Max Weber*, Die Börse: II. Der Börsenverkehr, Göttingen 1896, p. 78 (quote translated from German).
85 *Rischbieter*, Mikro-Ökonomie der Globalisierung, pp. 108–111.
86 *Johann Christian Meier*, Die Entstehung des Börsengesetzes vom 22. Juni 1896, St. Katharinen 1992.

The *Börsengesetz* further invented official brokers (*Kursmakler*) which had to be officially approved. They collected bits and offers of commercial brokers including minimum and maximum prices for each stock and assessed one rate a day being valid for every transaction in this stock (*Einheitskursverfahren*). This theoretically steadied prices and more or less eliminated outliers. By contrast, every transaction made at the NYSE was published, influenced stock rates and evoked either price supports or further sales. Thus, quotations at the NYSE were by far more volatile than at the German exchanges – and made the NYSE that cautious to whom (and when) its quotations should be reported.[87]

Finally, the *Börsengesetz* ruled that a balance sheet had to be published if a company that was transformed into a stock corporation wanted to sell shares via the exchange. So it had to behave for one year as a ›public‹ stock corporation before it was one de facto. As it had to issue stocks anyway, which were at first bought by consortium banks, this rule had two implications: It strengthened the position of the banks in the process of (initial) public offerings (again), and it improved the information quality for investors (and reduced the issue of highly speculative securities), because no bank would have managed substantial amounts of stock for at least one year without confidence in a sound future performance. Finally, the underwriting bank owned the stock to be offered at the exchange and thus took the risk of not selling it, as well. With regard to the stock market, the *Börsengesetz* weakened the exchanges by strengthening the role of universal banks as major intermediaries.[88]

The impact of the *Börsengesetz* on the German futures exchanges, on the other hand, remained negligible – with one, albeit extremely important, exception: The strong agrarian interest in shaping the actual law heavily targeted the Berlin grain exchange.[89] Not only did it interdict futures trading in grain and milling product, it stipulated that henceforth, the board of the exchange had to include representatives from agriculture and milling, i.e. from ranks that bitterly opposed the institution of futures trading. The grain traders who led the exchange refused. The exchange was thus formally dissolved in 1897 – but factually, the members informally continued their business; first in a neighbouring building (the *Feenpalast*), and after the police dissolved this »shadow bourse«, without formal meetings in the floors of the so-called *Comptoirhaus*, in which they took offices. After a compromise was negotiated, the grain exchanges became reinstated in 1900. Still, the interdiction of futures trading remained a problem. However, the definition of futures trading had been much too tight in the law, so that it was possible to circumvent the prohibition by relying on techniques and an organization of trading that was slightly modified. The circumventive strategy only worked by confining the market to the inner circle of traders, which both effectively kept outsiders from the market and dis-embedded the Berlin market from the international futures markets, diminishing its importance and relevance.

---

87 Martin Bürger, Die Arten der Kursfeststellung an den Weltbörsen Berlin, Paris, London und New York, Diss., Heidelberg 1913.
88 Richard Tilly, Public Policy, Capital Markets and the Supply of Industrial Finance in Nineteenth-Century Germany, in: Richard Sylla/Richard Tilly/Gabriel Tortella (eds.), The State, the Financial System and Economic Modernization, Cambridge 1999, pp. 134–157, here: pp. 140f.; *Caroline Fohlin*, Finance Capitalism and Germany's Rise to Industrial Power, Cambridge/New York etc. 2007.
89 F. Goldenbaum, Auflösung und Wiederherstellung der Berliner Produktenbörse, in: Jahrbuch für Gesetzgebung, Verwaltung und Volkswirtschaft im Deutschen Reich 24, 1900, pp. 1057–1131 and ibid. 25, 1901, pp. 239–289; *Alfred William Flux*, The Berlin Produce Exchange, in: The Economic Journal 10, 1900, issue 38, pp. 245–250; *Reginald Hawthorn Hooker*, The Suspension of the Berlin Produce Exchange and Its Effect upon Corn Prices, in: Journal of the Royal Statistical Society 64, 1901, issue 4, pp. 574–613; *Biggeleben*, Das »Bollwerk des Bürgertums«, pp. 297–307; *Engel*, Die Regulierung des Börsenterminhandels im Kaiserreich.

The 1908 revision of the exchange law, upholding the interdiction of futures trading in grain only symbolically, explicitly approved and endorsed a market based on the circumventive trading techniques, as long as it was confined to those who actually produced, processed, or dealt in grain. This shut the door very effectively for small outside speculators but was far from shutting down speculation in grain, as the larger grain trading businesses had been the main speculators anyway.

When the revised version of the exchange law was enacted, it put a certain end to a German discussion that had been conducted very intensively and of which people finally became tired for years to come. The general outline of the German regulatory regime concerning the *Börsenwesen* was in place and remained essentially unchanged in many core aspects in the following decades. Consequently, the remainder of this paper will focus on the U.S. case.

VII. THE NYSE AND THE STATE IN THE CRISIS OF 1907

After the reform of the Stock Corporation Act in 1884 and the *Börsengesetz* of 1896, and not least due to the existence of the *Reichsbank* as a lender of last resort, the German financial system was quite stable before the First World War. In contrast, most depressions of the U.S. economy correlated with overtrading and financial panics, especially in 1893 and 1907. While the crisis of 1893 again resulted from shaky investments in railroads and from an undecided currency policy (Sherman Silver Act) that created uncertainty amongst investors and led to an alienation of capital from New York City, the panic of 1907 arose from »a perfect storm«.[90] It began with a failed corner by the so-called Morse-Heinze group that had challenged the »United Copper Company«, but the short sellers were able to deliver all stock. Afterwards, shares of United Copper lost roughly 80% of their value within two days. Charles Wyman Morse and Fritz Augustus Heinze were ruined as were the related banks. After the strong bull period since the dawn of the century, the breakdown alarmed investors. A bank run began, and the »Knickerbocker Trust Company« – closely linked to Morse-Heinze group – broke down not least because Knickerbockers' competitors refused aid: »Wall Street was gaining its revenge on the Morse-Heinze clique, but at the same time was committing suicide.«[91] In consequence, many banks and trust companies had to close their doors as depositors withdrew money from their accounts. Thus, the money supply decreased, for it depended significantly on the bank deposits in New York City. The panic of 1907 again brought the structural deficits of the U.S. financial markets to light, especially the absence of comprehensive regulations and a central bank: During an economic downturn, the money supply shrank when deposits were withdrawn and the banks' liquidity declined. There was no lender of last resort to remedy liquidity shortages of single banks or trusts. Thus, failed speculative manoeuvres as in the case of Heinze and Morse basically constituted a threat to the whole national economy (and beyond) as a pro-cyclical trend in money supply exacerbated the economic downturn.[92]

The revision of the *Börsengesetz* was put in place in 1908, but it had already been prepared since around 1900. Thus, it did not immediately react on the economic crisis of 1907 which was – in Germany – first of all a liquidity crisis because of dysfunctional payment

---

90 *Robert F. Bruner/Sean D. Carr*, The Panic of 1907. Lessons Learned from the Market's Perfect Storm, Hoboken 2007.
91 *Sobel*, The Big Board, p. 192; *Hermann Schumacher*, Die Ursachen der Geldkrisis. Vortrag gehalten in der Gehe-Stiftung zu Dresden am 18. Februar 1908.
92 *Richard Tilly*, Geld und Kredit in der Wirtschaftsgeschichte, Stuttgart 2003, pp. 144ff.

methods. Despite a bank enquiry in 1908/09, the crisis had no regulatory impact in Germany at all.[93] This was truly not the case in the United States. For the first time, the general public became a major player in the debates concerning the stock markets – at state level (the Hughes Commission in New York 1905 originally investigating business behaviour of life insurances but finally including banks' business as well) and at federal level (the Pujo Commission investigating the »Money Trust« since 1912).[94]

President Theodore Roosevelt, in an address to Congress delivered January 31st, 1908, neatly summed up the new urgency to take up legislative action and explicitly pointed to the *Börsengesetz*:

»I do not know whether it is possible, but if possible, it is certainly desirable, that [...] there should be measures taken to prevent at least the grosser forms of gambling in securities and commodities, such as making large sales of what men do not possess and ›cornering‹ the market. [...] The great bulk of the business transacted on the exchanges is not only legitimate, but is necessary to the working of our modern industrial system, and extreme care would have to be taken not to interfere with this business in doing away with the ›bucket shop‹ type of operation. We should study both the successes and the failures of foreign legislators who, notably in Germany, have worked along this line, so as not to do anything harmful.«[95]

Until then, at best tentative attempts for public regulation (or taxation) were made in New York State. But generally, Wall Street officials were politically powerful enough to stop investigations at early stages – and by adjusting their constitutions and by-laws. This twofold strategy can be observed in the reaction to the 1907 panic as well. The NYSE closed down its Unlisted Department that, however, never had been fully accepted by the NYSE members anyway. Already in 1896 a minority of a special committee criticized the Department for watering down the high standards of the NYSE, which figuratively acted as »the famous Dr. Jekyll and Mr. Hyde; laboring to elevate the standard of financial and corporate morality through the medium of his Committee on Stock List, and compelled to work evil by lowering that standard through the Unlisted Department«.[96] It still took until 1909 to abolish the Unlisted Department and to strengthen the powers of the Committee on Stock List.[97] Henceforth, only members (and their employees) had access to the NYSE, and a new Committee of Business Conduct enforced a new code of conduct for them.[98]

As the public interest in stock exchanges practices rose in the aftermath of the 1907 panic, the same process of argumentative differentiation as in Germany can be observed: The honourable broker traded at official exchanges (and – in their view – the most honourable at the NYSE), while the un-informed outsiders dealt in, now increasingly incriminated, bucket shops and wasted their savings: »Our duty is to protect these victims against the consequences of their own folly by closing down the doors now open to them.«[99] But this

---

93 *Reitmayer*, Bankiers im Kaiserreich, pp. 328f.
94 *Vincent P. Carosso*, Investment Banking in America. A History, Cambridge 1970, pp. 110–155; Report of the Committee Appointed Pursuant to House Resolutions 429 and 504 to Investigate the Concentration of Control of Money and Credit, submitted by Mr. Pujo, 28.2.1913, Washington 1913.
95 *James Daniel Richardson*, A Compilation of the Messages and Papers of the Presidents 1789–1908, vol. XI, New York 1908, pp. 1290f.
96 Minority Report (Rudolph Keppler), 22.1.1896, Special Committee on the Unlisted Department, p. 3, NYSE Archives RG 1-2.
97 Special Committee of Five on Unlisted Department, 7.7.1909, NYSE Archives RG 1-2.
98 Meeting of the Governing Committee, 25.2.1913, and Report of the Special Committee in Regard to Transactions by Members outside of the Exchange in Securities Listed on the Exchange, 20.2.1914, Minutes vol. 7, pp. 1 and 66f., NYSE Archives RG 1-2.
99 Digest of the preliminary work of the Special Committee, 25.6.1913, Special Committee on Bucket Shops, p. 42, NYSE Archives RG 1-2.

was far from being easy, because it was hard to proof that bucket shops only attracted gamblers and that the only goal was to speculate in price differences excluding the delivery of stocks.[100]

Certainly, the NYSE was worried about the increasing public speculation debates since 1907. This can clearly be shown by the revision of the relation to its trial market, the Curb. The Curb Brokers had recognized the shift of public opinion as well and tried to distance themselves from the mere gamblers by setting up rules and shaping an organization of their own. They therefore tried to cooperate with NYSE.[101] But the NYSE refused to formalize the heretofore informal supervision over the Curb market, for it was considered »much wiser to stand absolutely aloof, as they [=NYSE Governors] will be less liable to be criticized than if they exercised a partial supervision which was ineffectual and unsatisfactory«.[102] The NYSE still wanted to profit from more speculative dealings in riskier securities than it would have admitted for its own organization but did not accept liability for this market. Thus, the Curb stayed independent – and still acted henceforth by the grace of the NYSE.

The public demanded for public regulation of the exchanges, explicitly following the German role model[103], and with regard to a standardization of requirements for stock corporations even accepted by NYSE officials.[104] Still, the investigations of the National Monetary Commission in 1913 did not substantially change the self-regulatory regime. The major financial innovation in the aftermath of the 1907 crisis was the establishment of the Federal Reserve System – amongst other advantages making the money supply in the U.S. less dependent from Wall Street's activities. The non-existence of a lender of last resort had been without a doubt the major bottleneck of the U.S. financial system prior to the First World War.[105]

VIII. A NEW REGULATORY REGIME: THE DEVELOPMENT IN THE U.S. UNTIL THE 1930S

Usually, during phases in which a market expands, its regulation is rarely revised. So, after the threat of public regulation had been warded off in 1913, the regulatory framework of stock markets in the U.S. did not change significantly in the 1920s. Still, market participation and practices shifted slightly during the boom of the ›golden twenties‹, driven

---

100 Digest of the Preliminary Work of the Special Committee, 25.6.1913, Special Committee on Bucket Shops, pp. 154–157, NYSE Archives RG 1-2.
101 Meeting of the Governing Committee, 23.6.1909, Minutes vol. 6, p. 472, NYSE Archives RG 1-2.
102 Meeting of the Governing Committee, 19.1.1910, Minutes vol. 6, p. 512, NYSE Archives RG 1-2.
103 For the most frequent arguments pro and contra see *Samuel Untermyer*, Speculation on the Stock Exchange and Public Regulation of the Exchanges. An Address Delivered before the American Economic Association at Princeton, N.J., 29.12.1914, Princeton 1914; *Otto H. Kahn*, The New York Stock Exchange and Public Opinion. Remarks at Annual Dinner. Association of Stock Exchange Brokers Held at the Astor Hotel New York, 24.1.1917, New York 1917.
104 Memorandum for J.G.D., 3.12.1913, Library Committee, Letter books vol. 2, pp. 14ff., NYSE Archives RG 1-2; Van Antwerp to Brown, 5.12.1913, Library Committee, Letter books William C. Antwerp vol. 1, pp. 278–279, NYSE Archives RG 1-2.
105 *Richard Tilly*, Zur Geschichte der Bankenregulierung, in: *Dientrich von Delhaes-Guenther/ Karl-Hans Hartwig/Uwe Vollmer* (eds.), Monetäre Institutionenökonomik, Stuttgart 2001, pp. 3–27, here p. 21.

to a large extent by mass consumerism. Some general trends shall be outlined concisely: The importance of the U.S. for the world (capital) market increased substantially after the First World War. By transforming from a debtor to a lender state the U.S. economy attracted foreign capital – one consequence being a modest level of interest rates (easy money). The success of war bonds had to a certain extent promoted securities investments especially for the middle classes. Alongside the invention of investment trusts collecting small amounts of money for securities investment reasons, Main Street met Wall Street not only literally. The new buyers also shifted the requirements of securities, because speculation on margin became more and more important. Literally, the long-term investors yielded the floor for the short-time speculators. The hardly supervised over-the-counter business expanded due to the increased demand for securities as well. These developments, of course, attracted parvenus and also shady characters, which entered the market aggressively and lowered standards of issued securities. To a certain extent they replaced the bucket shops.[106]

In contrast to this un-regulated development of the market from the bottom up, the Curb brokers had founded the New York Curb Exchange in 1911 after the formal cooperation with the NYSE had been rejected. It formalized listing requirements and shaped a formal market place, still for mostly risky securities. The Curb's and NYSE's submarkets had moreover become divided more strictly due to the abolition of the Unlisted Department.[107] Finally, the Curb went indoors in 1921 – not least because the hubbub in Wall Street had become more and more confusing after the number of brokers had expanded.[108] Trading over 700 individual shares a day, the transaction volume of stocks dealt in at the Curb rose more than the thirty-fold – from about 15 million in 1921 to about 500 million shares in 1929.[109] During the economic upswing of the 1920s, stock prices quadrupled while industrial production »only« doubled. Before the panic of 1907, both indicators had moved more or less the same[110], which indicates the bubble tendencies in the 1920s. When the markets crashed on »Black Thursday«, the pile of shards came to light: Beyond the haute finance still represented by the NYSE, a new class of investors and (hardly regulated) stock issuers had gradually entered the stock markets – attempting to enforce their own rules and lower standards. The minor investors, which moreover often financed their speculative securities' investments by credit, turned out to be the victims of this development, for there was hardly any protection of minor investors' rights in that segments of the market.

The bitter experience of 1929 and the following years spurred federal efforts towards securities regulation. The Securities Act of 1933 (48 Stat. 77) effectively compelled all issuers of securities to fully disclose all information necessary for investors to judge the paper, as the so-called blue sky laws that were enacted in many of the states to regulate the issuance of securities in the previous two decades had been not very effective in that respect. The Securities Exchange Act of 1934 (48. Stat. 881) in addition regulated the secondary market, i.e. the further trading of securities after they had been sold by the issuer, and established the Security Exchange Commission as an oversight agency. While these steps seem relatively far-reaching when compared to the former complete lack of federal intervention in stock market regulation, they actually do follow developments in the commodity futures markets that had been going on for several years.

---

106 *O'Sullivan*, The Expansion of the U.S. Stock Market, pp. 526–534; *Sobel*, The Big Board, pp. 235–261; *Ott*, When Wall Street met Main Street.
107 *O'Sullivan*, The Expansion of the U.S. Stock Market, pp. 502–506; for more details see *Sobel*, The Curbstone Brokers.
108 New York Curb Exchange, Summary of Report of Committee on Stock Exchange Investigation, pp. 16ff.
109 Ibid., pp. 28–31.
110 *Sobel*, The Big Board, p. 228.

The 1905 Supreme Court decision strengthened the position of the commodity exchanges in their battle to gain public legitimation, but at the same time it reinvigorated the attempts by their opponents, specifically agricultural producers, to stifle futures trading by federal legislation. As has been shown in the previous section, and illustrated by Roosevelt's demands before congress in 1908, the *Zeitgeist* favoured federal regulation of the exchanges. Consequently, a string of bills to that end was introduced for consideration of the Congress in the following years, and quite a few – primarily directed against the cotton exchanges, and also against the grain exchanges – received consideration by hearings before the Committee of Agriculture of the House of Representatives, but without becoming actual law.[111]

Suggestions to plainly abolish futures trading were doomed to fail, as the economic use and necessity of »properly conducted« futures trading had become more and more accepted. What proved successful, instead, was to establish public control over the actual rulemaking at the exchanges. We have stressed that those were private associations with the right to make their own rules, which could not be contested before regular courts. However, the success of the larger exchanges in claiming key functions for the economy, which was a helpful argument in cementing their legitimacy, could now be turned against them: The operations of the CBOT and the New York and the New Orleans cotton exchanges had become so crucial for the U.S. grain and cotton markets as to constitute a legitimate public interest in the determination of how they should be conducted.

The first avenue along which federal authority entered into the rule-making was the question of the standardization of commodities. In order to have a homogenous, liquid, and effective futures market, the contracts dealt in this market had to be standardized, and in consequence, the commodity involved needed to be well defined.[112] The selection and definition of those varieties and qualities on which the futures markets were built was a powerful tool of the exchanges to govern and control the commodity market as a whole. In 1914, the U.S. Cotton Futures Act effectively conferred the right to define the grades for which cotton futures could be traded to the Secretary of Agriculture. It did so indirectly, as federal law could not regulate commerce directly (except for interstate commerce), this was the prerogative of the different states. Making use of the federal right to impose taxes, all cotton future contracts were subjected to a »tax in the nature of an excise of 2 cents for each pound of the cotton involved in any such contract«[113], which was prohibitively high. However, any contract in accordance with the requirements of the Department of Agriculture was exempt from that tax. The original Act of 1914 was ruled unconstitutional for formal reasons and replaced by the U.S. Cotton Futures Act of 1916 (39 Stat. 476), to the same effect.

Along that line, attempts were made to also enter into the definition of grain grades. They came to fruit in the early 1920s and actually went much further than the Cotton Futures Act. The Future Trading Act of 1921 (42 Stat. 187) levied a prohibitive tax on all grain futures contracts except those fulfilling certain conditions, but this construction was

---

111 Examples of such hearings: [HAg 60-G] Prevention of ›Dealing in Futures‹ on Boards of Trade, etc. (1909), [H5-2] Prevention of ›Dealing in Futures‹ on Boards of Trade, etc. Vol. 2 (1910), [HAg 61-L] Prevention of Dealing in Futures (1910); [HAg 62-J] Cotton and Grain Antioption Bills (1912), [H122-7] Grain Exchanges (1914), [H74-9] Regulation of Cotton Exchanges (1914), [H91-7] Control of Grain Exchanges (1914).
112 On standardization in the grain trade in general, see *Lowell D. Hill*, Grain Grades and Standards. Historical Issues Shaping the Future, Urbana 1990. On the role of standardization for the emergence of futures trading, see: *Alexander Engel*, Buying Time: Futures Trading and Telegraphy in Nineteenth-Century Global Commodity Markets, in: Journal of Global History 10, 2015, issue 2, pp. 284–306.
113 United States Cotton Futures Act, 38 Stat. 693, § 2.

now ruled unconstitutional by the Supreme Court. The Act became quickly replaced by the Grain Futures Act of 1922 (42 Stat. 998), which derived its authority from the statement that futures trading is for the most practical purposes interstate commerce. This construction was upheld before the Supreme Court and formed the basis of the Securities Act of 1934.

The Grain Futures Act plainly prohibited any futures trading except for that at so-called contract markets. Organized exchanges could apply at the Department of Agriculture for the status of a contract market, provided they fulfilled a number of requirements intended to maintain a proper conduct of business. The Department of Agriculture was given discretion to investigate the exchanges at any time to secure that they conducted as requested, to compile futures market statistics, and to publish the results in order to make the operation of the exchanges transparent to anyone involved in the grain business. The concept of the contract markets was, unsurprisingly yet unsuccessfully, bitterly opposed by the organized exchanges. As a consolatory side effect, it at least did finally away with any competing establishments and ultimately ended the »bucket shop war«: The exchanges of the mercantile-financial elite won out as the only proper marketplaces of their kind, but at the same time lost their autonomy.

In order to handle the administrative tasks, the Department of Agriculture established the Grain Futures Administration, which was transformed into the Commodity Exchange Commission in 1936, when the Commodity Exchange Act (49 Stat. 1491) amended the Grain Futures Act to cover a larger number of commodities and deepen the regulatory control of the markets in question. As a consequence, both the futures markets and, with the establishment of the Security Exchange Commission in 1934, the stock markets had become subjected to a public oversight agency. The scope, responsibilities, privileges, and funding of the oversight agencies were expanded in the decades to come, expanding a regulatory regime for the United States exchanges in which, in principle, a public agency closely followed and acted on any new development that took place in and around the trading floors.

The principle idea already came up in the context of the German exchange law in 1896, when it was stipulated that representatives from agriculture and milling had to be included in the board of the Berlin produce exchange. This measure would have secured a major influence of outside interest in the making of the rulebook, although, to be fair, it would practically most likely have had an obstructive instead of a constructive effect. This was the reason the exchange virtually suspended itself in 1897 and was only re-established in 1900, after a compromise was found that limited outside influence.

All in all, the exchange law legislation attempts of the 1890s and 1910s, in all countries, aimed to solve any problems in the commodity and/or stock markets by crafting general, catch-all rules. As the self-regulatory experiences of exchanges – we have illustrated them especially for the case of the NYSE – have shown, this had been a doomed approach for dealing with an institution that is, in effect, constantly evolving. The concept of a hands-on public oversight agency presented a solution; a solution that today is still at work in the regulatory regimes for the exchanges of modern financial capitalism.

Jürgen Finger

Spekulation für Jedermann und Jedefrau

Kleinanleger, Frauen und der graue Kapitalmarkt in Paris in der zweiten Hälfte des 19. Jahrhunderts[*]

In seinem Roman »L'Argent« – das Geld – aus dem Jahr 1891 schildert Émile Zola plastisch die Zustände auf dem Finanzmarkt des Zweiten Kaiserreichs. Den ökonomischen Kern des Plots entnahm der französische Naturalist seiner Gegenwart. Er adaptierte die Geschichte der »Union Générale«, einer kurzlebigen, von katholischen Monarchisten gegründeten Bank. Als eine Kursblase platzte, die die Bank selbst mit oft zweifelhaften Mitteln befeuert hatte, brach die »Union Générale« 1882 zusammen.[1] Zola verlegte diesen »Krach« in die Jahre 1864 bis 1869. Seine stark typisierten, psychologisch eher statischen Figuren räsonieren ausführlich über Börsengeschäfte und Marktlagen, über ihre Chancen und Taktiken.

Zola schildert nicht nur die professionellen Akteure, sondern auch das spekulative Handeln von (Klein-)Anlegern plastisch. Ihn interessierte die Anziehungskraft des leicht verdienten Gelds und der mondänen Hauptstadtwelt auf die kleinen Leute, auf Mittelklassen, Unterschichten und Franzosen aus der Provinz. Seine Hauptfigur, der Spekulant und Bankgründer Aristide Saccard, der zu Beginn des Romans insolvent *(en déconfiture)*, aber zur Rückkehr ins Finanzgewerbe fest entschlossen ist, beobachtet in einer Szene das Publikum vor dem Palais Brongniart, in dem die Pariser Börse untergebracht war. Nach Handelsschluss strömen die Makler und Spekulanten ins Freie und treffen auf die Menschenmenge auf der Straße: auf all die künftigen Aktionäre, die es auszubeuten gelte; die den Blick nicht abwenden könnten von dieser großen Lotterie der Spekulation. In einer Mischung aus Begehren und Furcht seien sie fasziniert vom Börsengeschehen, von jenem Mysterium des Finanzgeschäfts, das für die französischen Gehirne umso anziehender sei, als nur sehr wenige von ihnen es durchdrängen.[2]

Der Textauszug illustriert das Interesse, das die Börse in der zweiten Hälfte des 19. Jahrhunderts weit über den engeren Kreis der Interessierten hinaus erregte. Zola beschreibt die Gleichzeitigkeit von Abstoßung und Anziehung, die Börse und Spekulation bei den Beobachtern hervorriefen. Die Frage nach dem Wirken der Finanzmärkte in die Öffentlichkeit, weit in die französische Gesellschaft des 19. Jahrhunderts hinein, ist der Ausgangspunkt der folgenden Überlegungen. Ziel ist keine Höhenkammerzählung über Großkapital und Börsenprofis, auch keine Sittengeschichte des Finanzmarkts, die dichotomisch

---
[*] The project leading to this publication was supported by the P.R.I.M.E. programme of the German Academic Exchange Service (DAAD), co-funded with resources of the European Union's Marie Skłodowska-Curie Actions (grant number 605728 under FP7-PEOPLE-2013-COFUND) and the Federal Ministry of Education and Research.
[1] *Jean Bouvier*, Le Krach de l'Union Générale (1878–1885), Paris 1960.
[2] *Émile Zola*, L'Argent, Paris 1891, S. 43f.: »Jusqu'à la fermeture [de la Bourse, J.F.], Saccard s'entêta, debout à son poste d'observation et de menace. Il regarda le péristyle se vider, les marches se couvrir de la lente débandade de tout ce monde échauffé et las. Autour de lui, l'encombrement du pavé et des trottoirs continuait, un flot ininterrompu de gens, l'éternelle foule à exploiter, les actionnaires de demain, qui ne pouvaient passer devant cette grande loterie de la spéculation, sans tourner la tête, dans le désir et la crainte de ce qui se faisait là, ce mystère des opérations financières, d'autant plus attirant pour les cervelles françaises, que très peu d'entre elles le pénètrent.«

Spekulation und »Realwirtschaft«, große Kapitalisten und kleine Rentiers, Reiche und Arme voneinander scheidet. Dementsprechend ist im Folgenden der Begriff Spekulation wertneutral gemeint, er bezieht sich auf alle Anlagepraktiken ohne normative Unterscheidung zwischen vermeintlich »guter« (Investment) und »schlechter« Spekulation (Termingeschäfte und Kurswetten, *agiotage*).

Die zeitgenössische Faszination für Spekulation und Börse, so die Ausgangsthese, war schichtenübergreifend. Sie offenbarte sich sogar *ex negativo* in der virulenten Ablehnung der Spekulation, die gelegentlich mit großer Phantasie das Bild moralischer Abgründe und geheimer Verschwörungen eines personalisierten »Finanzkapitals« zeichnete. Deshalb dürfen die Praktiken der »gens modestes«, der bescheidenen und sittsamen Bürger, der unteren Mittelklassen und möglicherweise selbst von Teilen der (städtischen) Unterschichten nicht kategorisch vom modernen Finanzkapitalismus abgespalten werden. Spekulatives Handeln erreichte in der zweiten Hälfte des 19. Jahrhunderts in der westlichen Welt eine bisher ungekannte Verbreitung, einen hohen Grad an Popularität. Diese reichte weit über die Sphäre von Vermögenden und professionellen Akteuren hinaus. Gerade das »Populäre« und »Spektakuläre« (Urs Stäheli) der Spekulation, im Sinne ihrer popkulturellen Verarbeitung in Romanen, Zeitungsreportagen und Ratgeberliteratur, provozierte allerdings auch Zweifel an der Ernsthaftigkeit und »Ökonomizität« dieses Tuns, mithin also am ökonomischen Sinn der Spekulation.[3]

Eine Analyse popkultureller Deutungen der Spekulation gibt allerdings noch keinen Aufschluss über die Integration von Individuen und sozialen Gruppen in die kapitalistische Marktgesellschaft, die durch aktive Teilhabe vermittelt wird. Um einen analytischen Zugriff auf solche Formen der Integration in den Kapitalismus zu bekommen, muss die Perspektive verschoben werden von den gängigen, gleichwohl überzeugenden Definitionen des Kapitalismus durch Aufzählung von Strukturmerkmalen hin auf das Handeln einzelner Akteure und Akteursgruppen.[4]

Solche Definitionen durch Aufzählung, durch Kombination mehrerer, meist abstrakt gefasster Kriterien geben allerdings Aufschluss über mögliche Formen der Teilhabe. Eine prägnante Arbeitsdefinition des Kapitalismus als spezifisch moderne Form des Wirtschaftens hat Jürgen Kocka geliefert. Demnach gibt es drei notwendige Kriterien für Kapitalismus, die aber jedes für sich nicht spezifisch für dieses Wirtschaftssystem sind: Privateigentum, dezentrale Entscheidungen auf Märkten – was marktförmige Konkurrenz und Kooperation einschließt – und eine hohe Kapitalintensität, die es erlaubt, die Gegenwart mit der Zukunft zu verknüpfen und künftige Entwicklungen und Renditechancen zu antizipieren. Dem lassen sich sekundäre Merkmale zuordnen, die nicht immer gegeben sind oder in unterschiedlicher Mischung und historischer Ausprägung vorliegen: Geld- und Kreditwirtschaft; Arbeitsteilung; die Existenz eines staatlichen Ordnungsgebers; die Unternehmung als Organisationsform; freie Lohnarbeit – wobei parallel alternative Organisationsformen von Arbeit wie Sklaverei und feudale Dienstverhältnisse bestehen kön-

---

3 *Urs Stäheli*, Spektakuläre Spekulation. Das Populäre der Ökonomie, Frankfurt am Main 2007, S. 10–12 und 17–32. Zum Begriff der »gens modestes« im Kontext des frühliberalen Ideals einer »Republik der bescheidenen und sittsamen Leute« vgl. *Pierre Rosanvallon*, La société des égaux, Paris 2011, S. 52f.

4 Zum »elliptischen« (Jakob Tanner) Verhältnis von Struktur und Handeln: *Thomas Welskopp*, Die Dualität von Struktur und Handeln. Anthony Giddens' Strukturierungstheorie als »praxeologischer Ansatz« in der Geschichtswissenschaft, in: *ders.*, Unternehmen Praxisgeschichte. Historische Perspektiven auf Kapitalismus, Arbeit und Klassengesellschaft, Berlin 2014, S. 55–76, hier: S. 59–62; *Jakob Tanner*, »Kultur« in den Wirtschaftswissenschaften und kulturwissenschaftliche Interpretationen ökonomischen Handelns, in: *Friedrich Jaeger/Jörn Rüsen* (Hrsg.), Handbuch der Kulturwissenschaften, Bd. 3: Themen und Tendenzen, Stuttgart/Weimar 2004, S. 195–224, hier: S. 196–200 und 214–217.

nen; die Kommodifizierung (Vermarktlichung) von Dingen, Dienstleistungen und sozialen Verhältnissen, die so dem Konsum zur Verfügung stehen; schließlich eine Tendenz zur Entgrenzung von Märkten bis hin zur Einbindung in globale Handels- und Finanzsysteme.[5] Gerade die letztgenannten Dimensionen betonen die Prozesshaftigkeit des Kapitalismus. Die flexible Kombination der Kriterien erlaubt es, verschiedene historische Realtypen des Kapitalismus zu beschreiben, einschließlich möglicher Widersprüche und Ungleichzeitigkeiten: vom Merkantilismus (oder »Kriegskapitalismus« nach Sven Beckert) bis zur als neoliberale Transformation beschreibbaren Geschichte der Gegenwart.[6]

Akteure können innerhalb dieses Systems je nach Situation also verschiedene, sich nicht ausschließende Rollen einnehmen, als Arbeitnehmer, Schuldner oder Gläubiger, Konsument, Erbe, Kapitalist oder eben Anleger und Spekulant. In jeweils spezifischen Handlungsbereichen und mit spezifischen Handlungsformen und -techniken konstituieren Akteure soziale Verhältnisse.[7] Diese werden in der Regel durch Transaktionen hergestellt und gestützt, in denen Geld getauscht wird gegen Verfügungsrechte an Arbeitskraft, Waren und Dienstleistungen, immateriellen Gütern oder anderem Geld – etwa Profitversprechen, also in die Zukunft projiziertem Geld.[8] Das gilt auch für andere Wirtschaftssysteme, doch ist die Dichte und Vielschichtigkeit der durch Geldpraktiken konstituierten sozialen Beziehungen eines Individuums im Kapitalismus wohl ungewöhnlich hoch.

Demnach ist das Sparen und Anlegen von nicht zur Subsistenz oder zum Konsum benötigtem Geld *eine* Form, in der Menschen im Kapitalismus ins Verhältnis zueinander treten. Diese Perspektive verweist die historische Analyse stärker auf die Akteure, weniger auf Institutionen und Strukturen, die in einer additiven Kapitalismusdefinition im Vordergrund stehen. Letztgenannte rahmen freilich das Handeln der Einzelnen und dürfen deshalb bei der Analyse nicht außen vor bleiben. Der Fokus auf die Akteure erinnert zugleich daran, kritisch mit gängigen Sozialfiguren (Arbeitnehmer, Konsument, Kapitalist und so weiter) umzugehen. Nur auf den ersten Blick sind nämlich die Handlungsräume und typischen Verhaltensweisen, die diesen üblicherweise zugewiesen werden, eindeutig. Deshalb steht im Folgenden nicht das typische Anlegerhandeln im Vordergrund, weder

---

5 *Jürgen Kocka*, Geschichte des Kapitalismus, München 2013, S. 20f.; zur spezifischen Modernität dieser Wirtschaftsform und mit teils ähnlichen Kriterien: *Thomas Welskopp*, Einleitung und begriffliche Klärungen: Vom Kapitalismus reden, über den Kapitalismus forschen, in: *ders.*, Unternehmen Praxisgeschichte, S. 1–22, hier: S. 7–14. Die Hauptströmungen bisheriger, »klassischer« Definitionsversuche finden sich prägnant bei *Kocka*, Geschichte des Kapitalismus, S. 9–20; *Marcel van der Linden*, Ein globalgeschichtlicher Blickwinkel auf Kapitalismus und Arbeiterklasse, in: *Gunilla-Friederike Budde* (Hrsg.), Kapitalismus. Historische Annäherungen, Göttingen 2011, S. 164–175, hier: S. 164f.

6 *Sven Beckert*, King Cotton. Eine Globalgeschichte des Kapitalismus, München 2014 (zuerst engl. 2014), S. 12–14 und 395–398; *Philipp Ther*, Die neue Ordnung auf dem alten Kontinent. Eine Geschichte des neoliberalen Europas, Berlin 2014, S. 22–40; *van der Linden*, Ein globalgeschichtlicher Blickwinkel auf Kapitalismus und Arbeiterklasse; *Steven C. Topik/Allen Wells*, Warenketten in einer globalen Wirtschaft, in: *Emily S. Rosenberg* (Hrsg.), Weltmärkte und Weltkriege 1870–1945, München 2012, S. 589–814, hier: S. 599–600, 685–687 und 807–814.

7 *Thomas Welskopp*, Arbeitergeschichte im Jahr 2000. Bilanz und Perspektiven, in: traverse 7, 2002, H. 2, S. 15–31, hier: S. 21–23; *Sven Reichardt*, Praxeologische Geschichtswissenschaft. Eine Diskussionsanregung, in: Sozial.Geschichte 22, 2007, H. 3, S. 43–65, hier: S. 56–63. *Martin Lutz*, Akteurszentrierter Institutionalismus, in: *Clemens Wischermann/Katja Patzel-Mattern/ Martin Lutz* u.a. (Hrsg.), Studienbuch institutionelle Wirtschafts- und Unternehmensgeschichte, Stuttgart 2015, S. 48–52.

8 Zum Begriff der Verfügungsrechte *Clemens Wischermann*, Neue Institutionenökonomik, in: *Wischermann/Patzel-Mattern/Lutz* u.a., Studienbuch institutionelle Wirtschafts- und Unternehmensgeschichte, S. 20–32, hier: S. 26f. Vgl. den Beitrag von Jürgen Dinkel in diesem Band zu Erbschaften. Diese sind wohl das seltene Beispiel eines Vermögenstransfers ohne Gegenleistung.

der statistische Durchschnitt noch der Höhenkamm der Reichen und der institutionellen Akteure.

Vielmehr werden die Randbereiche des Finanzmarkts und das Handeln scheinbar marginaler Akteure analysiert, um Rückschlüsse auf Akzeptanz und Legitimität des Kapitalismus und auf die Verbreitung von Wissen und Praktiken spekulativen Handelns zu erhalten. Im Vordergrund stehen Transaktionen auf dem grauen Kapitalmarkt sowie durch Kleinanleger. Insbesondere stellt sich die Frage, in welchem Umfang nichtbürgerliche Schichten im ausgehenden 19. Jahrhundert in den modernen Finanzmarkt integriert waren und – möglicherweise bei gleichzeitiger Distanz und Kritik, die mit dem eigenen Handeln nicht notwendig im Einklang stehen musste – so dem Kapitalismus Liquidität *und* Legitimität zuführten.[9]

Quantifizieren lassen sich solche Phänomene nur annäherungsweise. Die zeitgenössische Statistik erfasst diese nicht und neigt ohnehin dazu, durch die Bildung von Durchschnittswerten nivellierende Trends abzubilden. Überlieferung vonseiten der Kleinanleger gibt es nicht: Die Akteure handelten direkt auf dem grauen Kapitalmarkt, ohne Banken als Vermittler. Wie sich zeigen wird, war das gerade einer der Vorteile dieses Marktsegments. Als Ersatzüberlieferung wird deshalb eine Mischung aus quantitativen Daten, Polizeiakten, Belletristik und Bildquellen verwendet, um erste Erkenntnismöglichkeiten dieser akteurszentrierten Perspektive für den Pariser Finanzplatz in der zweiten Hälfte des 19. Jahrhunderts auszuloten.

Wenn im Folgenden vom französischen Finanzmarkt oder vom Pariser Finanzplatz die Rede ist, ist damit das Ensemble aus Pariser Parkett- und Kulissenhandel gemeint. Die Provinzbörsen waren abgesehen von Lyon zu vernachlässigen. Die Börse in Lille profitierte im letzten Drittel des Jahrhunderts zwar von der Platzierung von Aktienemissionen nordfranzösischer Industriebetriebe, verlor die Kursbildung dieser Titel aber regelmäßig an die Pariser Börse, sobald die Firmen etabliert waren.[10]

Nach einer knappen Darstellung des konjunkturellen Umfelds, ohne das Anlagepräferenzen nicht zu verstehen sind (I.), folgen Überlegungen zu zentralen Narrativen der französischen Forschung über Vermögensverteilung, Vermögensstruktur und Geldanlage sowie eine erste Annäherung an die Relevanz von Kleinanlegern (II.). Während sich darin eher das Verhalten des Mainstreams abbildet, widmet sich der folgende Abschnitt den Grenzbereichen des Finanzplatzes Paris: zunächst mit Blick auf einen spezifischen Teil des Kapitalmarkts, die »grauen« Kapitalmärkte der französischen Hauptstadt, die primär Kleinanleger adressierten (III.); dann mit Blick auf eine spezifische soziale Gruppe: spekulierende Frauen (IV.). Daraus werden Problemfelder für die weitere Forschung entwickelt (V.).

I. LANGE STAGNATION UND KONJUNKTUREN DER *ÉPARGNE*

Die zweite Hälfte des 19. Jahrhunderts war durch eine lange Stagnation geprägt, die gut ein Vierteljahrhundert dauerte.[11] Entgegen dem Trend der deutschen Wirtschaftsgeschichte hält die französische Forschung an den Begriffen »lange Stagnation« und »Große Depression« fest. Dafür gibt es Gründe, wenngleich am zweiten Begriff Zweifel angebracht sind. Erstens wird seine Verwendung inzwischen von der »Great Depression« ab 1929

---

9 Vgl. die Beiträge von Kieran Heinemann und Sina Fabian in diesem Band zum begrenzten Grad dieser Teilhabe noch im ausgehenden 20. Jahrhundert.
10 In den 1890er-Jahren machten die Provinzbörsen zusammen rund 4 % des Gesamtvolumens der Börsentransaktionssteuer aus, mit leicht steigender Tendenz ab 1905. Vgl. L'impôt sur les opérations de bourse, in: Bulletin de statistique et de législation comparée, 1909, S. 452–455.
11 *Yves Breton/Albert Broder/Michel Lutfalla* (Hrsg.), La longue stagnation en France. L'autre grande dépression 1873–1897, Paris 1997.

überlagert. Zweitens wurde der makroökonomische Befund für Deutschland, England und die USA stark relativiert. Trotz kurzfristiger konjunktureller Schwankungen wuchsen diese Länder stabil; eine Stagnation gab es höchstens in einzelnen Branchen und selbst dann nur kurzzeitig. Das passt nicht zur Vorstellung einer potenziell globalen »Great Depression«. Drittens läuft die Forschung Gefahr, die Analyse am Wirtschaftspessimismus der Zeitgenossen zu orientieren, die stark in Dimensionen einer »Depression« dachten, bis hin zur Furcht französischer Ökonomen vor einer stationären Entwicklung der Wirtschaft. Eine derart pessimistische Diagnose war freilich naheliegend, da statistische Indikatoren für eine abstrakte Kategorie wie »Wirtschaftswachstum« noch nicht zur Verfügung standen. Vielmehr bestimmte die lang anhaltende Preis- und Deflationskrise die Wahrnehmung durch Ökonomen und Unternehmer.[12]

Allgemein lässt sich in den meisten Industrieländern seit Beginn der 1870er-Jahre ein verlangsamtes Wachstum für zwei Jahrzehnte feststellen, erst recht im Vergleich zur Phase rasanten Wachstums nach der Jahrhundertmitte. Die französische Chronologie der »langen Stagnation« unterschied sich jedoch von anderen Industrieländern: Denn erstens hatte das Land anders als Deutschland, Österreich oder die USA von dem vorhergehenden Boom kaum profitiert, hier gab es weder eine Spekulationsblase noch eine Überhitzung der Produktion. Im Gegenteil, die französische Wirtschaft war schon Ende der 1860er-Jahre in einer strukturellen »morosité« (Verdrossenheit) befangen. Zweitens war Frankreich deshalb – wiederum anders als die genannten Vergleichsländer – vom Börsenkrach 1873 und der »Gründerkrise« wenig betroffen. Dafür traf der verlorene Deutsch-Französische Krieg von 1870/71 die Wirtschaft umso stärker. Die im Frieden von Frankfurt am 10. Mai 1871 festgesetzten fünf Milliarden Goldfrancs an Reparationen (Artikel 7) bedeuteten einen massiven Entzug von Liquidität, da die Dritte Republik 1871 und 1872 zwei Anleihen platzieren musste, die *emprunts de la libération*, um die deutsche Besatzung der nordfranzösischen Departements möglichst schnell zu beenden.[13]

Zu dem niedrigen Ausgangsniveau der späten 1860er-Jahre und den Kriegsfolgen gesellten sich – in dieser Hinsicht wirkte der Gründerkrach indirekt – das international schwierige Umfeld und eine Kombination von frankreichspezifischen Belastungsfaktoren: Die »lange Stagnation« stellt sich als Deflations- und Zinskrise dar, kombiniert mit

---

12 Hier und im Folgenden: *Yves Breton/Michel Lutfalla*, Les économistes français et la longue stagnation, in: *Breton/Broder/Lutfalla*, La longue stagnation en France, S. 347–381, hier: S. 348–355 und 376–379; klassisch: *Hans Rosenberg*, Große Depression und Bismarckzeit. Wirtschaftsablauf, Gesellschaft und Politik in Mitteleuropa, Berlin 1967, S. 25–30; *Carsten Burhop*, Wirtschaftsgeschichte des Kaiserreichs 1871–1918, Stuttgart 2011, S. 69–73 und 79f.; für Deutschland: *Hans-Ulrich Wehler*, Deutsche Gesellschaftsgeschichte, Bd. 3: Von der »Deutschen Doppelrevolution« bis zum Beginn des Ersten Weltkrieges 1849–1914, München 1995, S. 100–105 und 546–551.

13 Weitere Finanzschocks blockierten das Wachstum: Reparationen; der Börsenkrach von 1882, der die Hausse und die Finanzmarktblase 1877–1881 zum Platzen brachte und unter anderem die »Union Générale« zusammenbrechen ließ; sowie eine Serie von Bankenskandalen und Spekulationskrisen, etwa das Scheitern und der Bestechungsskandal der Panamagesellschaft 1888. *Pierre-Cyrille Hautcœur*, Le marché financier entre 1870 et 1900, in: *Breton/Broder/Lutfalla*, La longue stagnation en France, S. 235–265, hier: S. 236–240; *Albert Broder*, La longue stagnation française. Panorama général, in: ebd., S. 9–58, zum Begriff der »morosité« ebd., S. 9. Zu den *emprunts de la libération* kam eine weitere Kontribution hinzu, die der Stadt Paris nach der Niederschlagung der Commune auferlegt worden war (Waffenstillstandsvertrag v. 28.1.1871). Sie erhöhte die schwebende Schuld der Stadt massiv (408 Millionen Francs) und musste durch eine Anleihe in Höhe von 350 Millionen Francs refinanziert werden: *Georges Gallais-Hamonno*, La création d'un marché obligatoire moderne. Les emprunts de la Ville de Paris au XIXe siècle, in: *ders.* (Hrsg.), Le marché financier français au XIXe siècle, Bd. 2: Aspects quantitatifs des acteurs et des instruments à la Bourse de Paris, Paris 2007, S. 263–362, hier: S. 294–303.

einer Krise der Industriefinanzierung, des Exports, einer Agrarkrise und (trotz sinkender Preise) einer Krise des Konsums. Der primäre Sektor, der noch ein deutliches Übergewicht in der ökonomischen Gesamtrechnung hatte, war doppelt betroffen, da trotz sinkender Produktion die Preise unter Druck gerieten.[14]

Das Wirtschaftswachstum war stark rhythmisiert, es schwankte wie auch in anderen Ländern, jedoch mit deutlich stärkeren Ausschlägen als etwa in Großbritannien. Frankreich musste Anfang der 1870er-Jahre anders als Deutschland und England einzelne Jahre mit negativem Wachstum überwinden. Massiv brach der damals noch größte Sektor, die Agrarproduktion, ein (nach Produktionsvolumen und Wert); der Tiefpunkt war mit 79,6% im Zeitraum 1884–1888 erreicht (Index 100: 1869/73). Die Industrieproduktion hatte im ersten Jahrfünft 1871–1875 leicht abgenommen, danach wuchs sie nur langsam.[15] Der Relaunch der französischen Wirtschaft verzögerte sich und begann erst in den 1890er-Jahren.

Im Vergleich wuchs das Sozialprodukt Frankreichs deutlich langsamer als in anderen Industrieländern. Das gilt besonders im Vergleich zu Deutschland mit seinem höheren Bevölkerungswachstum (1,2% p.a.) – während Frankreichs Demografie in den vier Jahrzehnten zwischen 1871 und 1913 stagnierte (0,2% p.a.). Mit einem durchschnittlichen jährlichen Wachstum von 1,7% zwischen 1871 und 1913 war Frankreich das Schlusslicht, im Vergleich zum deutlich dynamischeren Deutschland (2,7%), dem bereits auf hohem Niveau wachsenden Großbritannien (1,9%) und den Vereinigten Staaten (3,6%), die konjunkturell in einer anderen Liga spielten.[16]

Viele Anleger reagierten auf diese strukturellen Probleme und auf die Kontingenzerfahrung von Börsenkrächen auf ihre Weise. Traditionell bevorzugte der typische französische Rentier sichere, festverzinsliche Anlagen oder alte Aktienwerte, insbesondere die Papiere von Monopolgesellschaften (zum Beispiel Aktien und Obligationen der Kanal- und Eisenbahngesellschaften). Bis nach der Jahrhundertmitte dominierte der Wunsch nach fester Verzinsung die Anlagepräferenzen des Rentiers: Öffentliche Titel waren interessanter als private; Kursgewinne schienen die geringe Verzinsung (auf den Nominalwert) auszugleichen, schmälerten letztlich aber die effektive Rendite (bezogen auf den Kurswert); darauf reagierte er – selten sie – mit einer Aufstockung der Einlagen just in diesen Anlageformen, um bei sinkenden Zinsen eine gleichbleibende Rente sicherzustellen. Das Gewicht von Anleihen des französischen Staats, von Kommunen und des »Crédit foncier« in den Portfolios blieb groß, mit großem Abstand gefolgt von Aktien der »Banque de France«, von Monopolgesellschaften, dann Industrie-Aktien und an letzter Stelle ausländischen Renten und Aktien. Immobilienvermögen verlor an Bedeutung, machte 1895 allerdings immer noch 51% des französischen Gesamtvermögens aus (mit sinkender Tendenz), bei der Pariser Bevölkerung nur noch circa 36%.[17]

---

14 *Broder*, La longue stagnation française; *Breton/Lutfalla*, Les économistes français et la longue stagnation, S. 351–368; *Claude Fontaine*, L'évolution des prix pendant la longue stagnation, in: *Breton/Broder/Lutfalla*, La longue stagnation en France, S. 74–107.

15 *Broder*, La longue stagnation française, S. 43 und 39; *Aimé Scannavino*, L'instabilité financière à la fin du XIXe siècle. Une perspective internationale, in: *Breton/Broder/Lutfalla*, La longue stagnation en France, S. 266–307, hier: S. 268.

16 *Burhop*, Wirtschaftsgeschichte des Kaiserreichs, S. 50–53. Nach anderen Zahlen war die französische Wirtschaft zwischen 1865 und 1905 um gerade einmal 39,9% gewachsen, England hatte sein Sozialprodukt verdoppelt (+105,7%) und Deutschland mehr als verdreifacht (+252,6%): *Broder*, La longue stagnation française, S. 17.

17 Ebd., S. 50–57; *Breton/Lutfalla*, Les économistes français et la longue stagnation, S. 370f. Vor allem praktische Argumente sprachen für *valeurs mobilières*: Sie waren teilbar, konnten also in Tranchen gekauft und verkauft werden; sie erlaubten Diversifizierung – ein ausreichendes Anlagevermögen vorausgesetzt; sie waren einfach zu verwalten, anders als eine Direktinvestition; die Verzinsung einheimischer Rentenpapiere und Eisenbahnobligationen war staatlich garan-

Dies verschärfte Probleme der Unternehmensfinanzierung, da sich zugleich die großen Banken vom Markt für langfristige Unternehmenskredite und damit von der direkten Industriefinanzierung zurückzogen. Wohlgemerkt fehlte es trotz zeitweise leicht rückläufiger Sparquote in den 1880er-Jahren nicht an Liquidität, das Kapital kam jedoch nicht bei den Unternehmen an. Man könnte von einer Fehllenkung der *épargne* sprechen, des Sparens und des Ersparten, da die Sparer trotz stetig sinkender Zinsen festverzinsliche Papiere der Kapitalinvestition in Aktien vorzogen. Doch ist das mit dem Begriff der »Fehllenkung« verbundene Werturteil, die Rentiers hätten (ex post betrachtet) irrational gehandelt, problematisch: Es beruht auf der zweifelhaften Annahme, dass es ausreichend attraktive Investitionsalternativen gegeben habe. Ohne Zweifel war es problematisch, dass ein großer Anteil des Ersparten vom Staat aufgesogen und zu einem erheblichen Teil in öffentlichen Konsum gelenkt wurde. Doch zugleich waren die Profitchancen für innerfranzösische Kapitalinvestitionen gering: Der Börsenkrach von 1882 hatte eine Vertrauenskrise bei Anlegern und auch Industriellen bewirkt, die fürchteten, von Spekulationsskandalen und Kursstürzen kompromittiert zu werden.[18]

Der Finanzmarkt expandierte seit den 1850er-Jahren trotz des makroökonomischen Stagnationsbefunds: sowohl nach der Zahl der an der Pariser Börse (Parkett + Kulisse) gehandelten Titel, nach deren Marktkapitalisation oder nach der Zahl der Börsentransaktionen und ihres Volumens. Doch erst nach 1890 wuchs die Relevanz des Finanzmarkts für die Industriefinanzierung, also mit erheblicher Verspätung im Vergleich zu Deutschland, England und den USA.[19] In diesem seit den 1860er-Jahren gedämpften konjunkturellen Umfeld strebten immer mehr Kleinanleger an die Börse, denn die Zinsen öffentlicher Anleihen und auch der an diesen orientierten Sparbücher *(livret)* der »Caisses d'Epargne«, der französischen Sparkassen, sanken seit der Jahrhundertmitte; seit Gründung der Dritten Republik lag die Verzinsung von Staatsanleihen bei nur noch 3%, bezogen auf den Nominalwert, nicht auf den (höheren) Kurswert. Neue Investitionsmöglichkeiten durch Aktienemissionen taten sich erst in den 1890er-Jahren auf, als die Attraktivität der Börse zur Industriefinanzierung zunahm.

II. KLASSISCHE DEUTUNGSMUSTER: EFFIZIENTE MÄRKTE UND »DEMOKRATISIERUNG«

Zwei Motive, ein funktionalistisches und ein normatives, durchziehen die finanzhistorische Forschung seit dem Ende des 19. Jahrhunderts. Der erste, funktionalistische Deutungsstrang beschreibt, wie sich die Pariser Börse aus einem zu hoher Volatilität und »emotionalen« Reaktionen neigenden Emerging Market (1. Hälfte des 19. Jahrhunderts) zu

---

tiert. Bei diesen Papieren kam die gute Informationslage und die hohe Fungibilität dazu: Es gab einen großen Markt mit vielen Anbietern und Nachfragern; die Chance, dass jederzeit ein marktgerechter Preis gestellt würde, war also hoch. Die zunehmend kleinere Stückelung von Anleihen, die ab 1871 teilweise auch in Vierteln emittiert wurden, machte diese für Kleinsparer erschwinglich – im Gegensatz zu Aktien, bei denen ein Nominalwert von 500 beziehungsweise 1.000 Francs die Regel war. *Thierno Seck*, L'évolution du comportement d'épargne, in: *Pierre-Cyrille Hautcœur* (Hrsg.), Le marché financier français au XIXe siècle, Bd. 1: Récit, Paris 2007, S. 495–505, hier: S. 495–501; *Zheng Kang/Thierno Seck*, Les épargnants et le marché financier, in: ebd., S. 313–354, hier: S. 321–324, 330 und 338–349; *Thomas Piketty*, Das Kapital im 21. Jahrhundert, München 2014 (zuerst frz. 2013), Annexe technique: Tableau TS10.4.
18 *Hautcœur*, Le marché financier entre 1870 et 1900, S. 240–247 und 262–263.
19 Ebd., S. 247–253 und 258f.; L'impôt sur les opérations de bourse, S. 452–455. Bis Beginn der Dritten Republik dominierten bei der Unternehmensfinanzierung Direktinvestitionen und Bankkredite. Die durch den Rückzug der Banken aus diesem Feld entstandene Lücke wurde erst mit Verspätung durch die Pariser Börse gefüllt.

einem »effizienten« (bis 1880) und schließlich »reifen« Markt (ab 1880) entwickelt habe, der sich durch hohe Liquidität, hohen Organisationsgrad und relative Ausgeglichenheit auszeichnete.[20] Oder wie es Pedro Arbulu formuliert: wie aus einem Kasino ein Finanzmarkt geworden sei.[21] Für diese auf die Strukturen des Finanzmarkts und seine Bedeutung für die Volkswirtschaft zielende Deutung gibt es Gründe: Die zunehmende Sparquote schuf die materielle Grundlage für mehr Geldanlagen in Wertpapieren und erhöhte die Liquidität; zugleich verschob sich im Zuge dieser Expansion der *épargne*, des Sparens und des Ersparten, der Schwerpunkt von Immobilien zu (festverzinslichen) Wertpapieren. Der amtliche Handel wurde ausgeweitet. Der Terminmarkt (1885) und der Kulissenhandel (1893, im Zuge der Einführung einer Börsentransaktionssteuer[22]) wurden legalisiert und reguliert. Aus dem reinen Sekundärmarkt der ersten Hälfte des Jahrhunderts wurde gegen Ende des Jahrhunderts ein Primärmarkt. Damit einher ging eine Entpolitisierung des Markts: Die Kurse spiegelten nun stärker ökonomische Zukunftserwartungen statt politischer Ereignisse der Gegenwart. Die Finanzpresse professionalisierte sich und löste sich aus der Abhängigkeit von ihren Finanziers aus dem Bank- und Börsensektor, die sie für ihre Hausse- und Baisse-Strategien instrumentalisiert hatten.[23] Das abstrakte Narrativ von Expansion und Effizienzsteigerung des französischen, besser: des Pariser Finanzmarkts ist also durchaus plausibel.

Zusammen mit dem (bescheidenen) Wirtschaftswachstum und der wachsenden Sparquote ermöglichte (und benötigte) dieser Prozess eine signifikante Erweiterung des Finanzmarktpublikums. Darauf zielt ein zweiter, normativ aufgeladener Deutungsstrang ab: die »Demokratisierung« von Bankgeschäft und Geldanlage, die Ausweitung der Praktiken der *épargne* auf neue Bevölkerungsschichten. Dabei werden die Konzentration von Vermögen und deren geografische Zentralisierung in Paris gelegentlich zur Kenntnis genommen, betont wird allerdings meist die wachsende Verbreitung von Geldanlagen in *valeurs mobilières* vor allem in der Mittelklasse.

---

20 *Carine Romey*, Les transformations de l'activité boursière, in: *Hautcœur*, Le marché financier français au XIXe siècle, S. 273–312, hier: S. 275f.; *Thomas Piketty/Gilles Postel-Vinay/Jean-Laurent Rosenthal*, Wealth Concentration in a Developing Economy. Paris and France 1807–1994, in: American Economic Review 96, 2006, S. 236–256, hier: S. 236f.; *Larry Neal/Davis Lance*, The Evolution of the Rules and Regulations of the First Emerging Markets. The London, New York and Paris Stock Exchanges 1792–1914, in: The Quarterly Review of Economics and Finance 45, 2005, S. 296–311, hier: S. 308–311. Der letztgenannte Text verknüpft den Begriff des Emerging Market allerdings mit einem Plädoyer für zurückhaltende Marktregulierung, indem Larry Neal und Davis Lance einen ahistorischen diachronen Vergleich der angeblich überregulierten Pariser Börse mit den Börsen in New York und London im 19. Jahrhundert sowie mit den osteuropäischen Emerging Markets nach 1990 vornehmen.
21 *Pedro Arbulu*, La bourse de Paris au XIXe siècle. L'exemple d'un marché émergent devenu efficient, in: Revue d'Économie Financière (EcoFi) 49, 1998, H. 5, S. 213–249, hier: S. 213f. und 239–242, der Begriff Kasino ebd., S. 238.
22 Die Börsentransaktionssteuer (5 Centimes, ab 1907 10 Centimes je angefangene 1.000 Francs Transaktionsvolumen zum Marktwert) wurde auf alle Finanzgeschäfte fällig, auch auf jene an der Kulisse – das setzte die Legalisierung der Kulisse voraus (L'impôt sur les opérations de bourse).
23 *Arbulu*, La bourse de Paris au XIXe siècle; *ders.*, Le marché parisien des actions au XIXe siècle, in: *Gallais-Hamonno* (Hrsg.), Le marché financier français au XIXe siècle, S. 365–458; *Stéphane Reznikow*, Les envolées de la Bourse de Paris au XIXe siècle. Essai d'analyse comparative de la spéculation boursière au cours des années 1852–1856 et 1887–1881, in: Études et documents (Comité pour l'histoire économique et financière de la France), 1990, H. 2, S. 222–244, hier: S. 241f. Ähnlich für den Anleihenmarkt und die emprunts de la Ville de Paris und für den Übergang zur öffentlichen Subskription, die Kapital mobilisieren sollte: *Gallais-Hamonno*, La création d'un marché obligatoire moderne, S. 349–353.

Diese Deutung hat eine lange Tradition und ist nur vor dem Hintergrund der heftigen Diskussionen um soziale Ungleichheit und reformistische Sozialpolitik im 19. Jahrhundert zu verstehen. Im Kern reicht die Demokratisierungsthese – als politische Forderung und als Gegenwartsanalyse – in die ersten Regierungsjahre Napoleons III. zurück. Dieser propagierte eine Öffnung des Handelsplatzes Paris und des Zugangs zu Kleinkrediten. In diesen Kontext gehören 1852 die Zulassung von »Sociétés de Crédit Foncier«, die Hypothekendarlehen vergeben durften und aus denen der »Crédit Foncier de France« entstand, und die Gründung des »Crédit Mobilier« der Brüder Émile und Isaac Pereire. Napoleon III. war inspiriert von einer liberalen Variante des Saint-Simonismus, wonach die allgemeine Bereicherung aller Klassen helfen würde, den Pauperismus zu bekämpfen und den Kampf der Klassen zu beenden. Der Adressatenkreis dieser schon zeitgenössisch als »Demokratisierung« bezeichneten Maßnahmen war freilich begrenzt, an Spekulation durch Unterschichten und Frauen war nicht gedacht. Nach dem Platzen einer Spekulationsblase 1857 und der folgenden Rezession war die Kritik an dieser ohnehin begrenzten Öffnung scharf. Im öffentlichen Diskurs wurde wieder klarer zwischen »guter« Spekulation (Investment) und »schlechter« Spekulation *(agiotage, jeu)* unterschieden; es kam zu (vergeblichen) Versuchen, den Zugang zur Börse zu limitieren.[24]

Das Demokratisierungsnarrativ wirkte weiter. Einer der wichtigsten Exponenten im späten 19. Jahrhundert war der Statistiker und Finanzpublizist Alfred Neymarck (1848–1921).[25] Er und seine Kollegen im »Conseil Supérieur de la Statistique« und in der »Société de Statistique de Paris« (ein nationales Pendant gab es nicht), darunter der Mediziner und Konjunkturforscher Clément Juglar (1819–1905), versorgten die Regierungen der Dritten Republik – Opportunisten wie Radikale – mit statistischen Daten zur Untermauerung ihrer zurückhaltenden Sozialpolitik. Sie hielten an einer Wissenstradition fest, die der international vergleichenden Abschätzung des Nationalvermögens und der diachronen Darstellung des Vermögenswachstums den Vorzug gab vor einer synchronen Differenzierung, die ein besseres Verständnis der Einkommens- und Vermögensverteilung erlaubt hätte. Ziel war die Messung des allgemeinen Fortschritts, von dem potenziell alle profitierten.[26] Um es in der Metapher des »A rising tide lifts all boats« auszudrücken: Nicht die soziale Ungleichheit zwischen den Decks eines Schiffs galt es zu erforschen, sondern wel-

---

24 *Victoria Elizabeth Thompson*, The Virtuous Marketplace. Women and Men, Money and Politics in Paris, 1830–1870, Baltimore 2000, S. 146–149 und 154–156; *Jean Sagnes*, Napoléon III. Le parcours d'un saint-simonien, Sète 2008, S. 285–298; *Pierre Milza*, Napoléon III, Paris 2004, S. 386–390 und 398f.; Artikel »Jeu«, in: *Pierre Larousse* (Hrsg.), Grand dictionnaire universel du XIXe siècle, Bd. 9, Paris 1866–1877, S. 978–984.

25 Alfred Neymarck war ein liberaler Ökonom, der als Herausgeber der Finanzzeitschrift »Le Rentier« gegen staatlichen Interventionismus und den Ausbau des Steuerstaats Stellung bezog. Neymarck war die Zentralfigur des ersten Internationalen Wertpapierkongresses (»Congrès international de valeurs mobilières«), der anlässlich der Weltausstellung 1900 in Paris stattfand. Seine jeweils zum Jahresende publizierten Marktberichte bieten einen bemerkenswerten Überblick über die ökonomische Entwicklung Frankreichs und seiner Finanzmärkte gegen Ende des 19. Jahrhunderts: *Alain Becchia*, Les milieux parlementaires et la dépopulation de 1900 à 1914, in: Communications 44, 1986, S. 201–246, hier: S. 219; *Jean-Marie Thiveaud*, Coopération financière internationale. Le 1er Congrès international des valeurs mobilières les 5, 6, 7, 8, 9 juin 1900 à Paris, in: EcoFi 33, 1995, H. 2, S. 289–309; *Alfred Neymarck*, Finances contemporaines, Bd. 1: Trente années financières 1872–1901, Paris 1902.

26 *Zheng Kang*, La société de statistique de Paris au XIXe siècle. Un lieu de savoir social, in: Cahiers du Centre de Recherches historiques, 1992, H. 9, S. 2–11, hier: Abs. 32–44. Wie politisch diese Form der Wirtschaftsstatistik war, zeigen die Angriffe des Sozialisten Jean Jaurès gegen Neymarck und dessen Behauptung, die Franzosen seien ein Volk der kleinen Besitzer, auf die wiederum Neymarck reagierte: *Alfred Neymarck*, Finances contemporaines, Bd. 7: L'épargne française et les valeurs mobilières 1872–1910, Paris 1911, S. 149–153.

che Nation das größere und schnellere Schiff habe. Zeitgleich formulierte Erkenntnisse und Modelle von Vilfredo Pareto für Italien und Max Otto Lorenz für die USA wurden dementsprechend ignoriert oder als Angriff auf den liberalen Fortschrittsoptimismus verstanden, der dem Sozialismus in die Karten spiele.

In der Sicht Neymarcks war Frankreich ein Land der kleinen Rentiers und Kapitalisten, eine »immense démocratie financière« (1900). Er ging so weit, das nationale Vermögen in unendlich kleine Pakete aufgeteilt zu sehen – »repartie à l'infini«. Das erklärte in seinen Augen den Mangel an Kapital für die Unternehmensfinanzierung im Vergleich zu anderen Industrieländern.[27]

Überraschend ist die Selbstverständlichkeit, mit der die französische Finanzgeschichte den derart vorbelasteten Demokratisierungsbegriff bis heute nutzt.[28] Zweifellos gab es einen Expansionsprozess – sowohl dem Volumen des Finanzmarkts nach als auch was die Zahl der Inhaber von Wertpapieren betraf. Insbesondere die Mittelklassen konnten einen Anteil am Immobilien- und Wertpapiervermögen für sich verbuchen, der größer war als etwa zeitgleich in England und Deutschland. Man kann also durchaus von einer relativ breiten Streuung sprechen. Darüber darf aber die doppelte Ungleichheit, erstens gegenüber der Mehrheit der Vermögenslosen und zweitens innerhalb der Gruppe der Sparenden, nicht vergessen werden. Von einer *démocratisation* oder gar einem *capitalisme populaire* kann keine Rede sein.[29]

Wenn überhaupt, handelte es sich um einen *capitalisme petit-bourgeois*, einen Kapitalismus der Kleinbürger beziehungsweise – um eine neutralere und sozial geweitete Begrifflichkeit zu wählen – einen Kapitalismus der Mittelklassen, der neben dem wirtschafts- und großbürgerlichen Investoren-Kapitalismus bestand. Der Begriff der Mittelklassen (im Plural) ist für den französischen Fall der am wenigsten problematische zur Beschreibung (noch) nicht bürgerlicher und zugleich nicht populärer Schichten. Zwar transportiert er eine lange Tradition der normativen Aufladung des Begriffs der »Mitte«, doch immerhin reflektiert der Begriff, wie stark polarisiert und in sich heterogen diese Zwischenschicht war.[30]

---

27 Ebd., S. 153 (hier das Zitat); *Neymarck*, Finances contemporaines, Bd. 1, S. 280; *ders*., Que doit-on faire de son argent? Notions et conseils pratiques sur les valeurs mobilières, placements et opérations, Paris 1913, S. 34. Beim Internationalen Wertpapierkongress begeisterte sich Neymarck: »Elle [la diffusion de tous ces titres, J. F.] a montré qu'il n'y a pas de ploutocratie mais une véritable démocratie financière. Lorsqu'on décompose ces milliards de titres, on s'aperçoit bien qu'il n'y a là que de la poussière de titres et de la poussière de revenus, tellement le nombre des capitalistes et rentiers qui se partagent ces titres est devenu considérable«, zit. nach: *Thiveaud*, Coopération financière internationale, S. 293. Ins selbe Horn stießen auch andere Ökonomen der Zeit, die beklagten, dass die kleinen Anleger sich mehr um ihre Kapitalerträge sorgten, statt zum Wachstum des Kapitalstocks beizutragen: *Becchia*, Les milieux parlementaires et la dépopulation de 1900 à 1914, S. 219 und 237.

28 *Kang/Seck*, Les épargnants et le marché financier, S. 314–320 und 331–344; *Romey*, Les transformations de l'activité boursière, S. 274f.; zurückhaltend: *Seck*, L'évolution du comportement d'épargne, S. 504f.

29 *Jean-Yves Mollier*, Le scandale de Panama, Paris 1991, S. 117f., wirft anlässlich der Werbung für die Aktien der »Compagnie Universelle du canal interocéanique de Panama« 1880 die Frage nach dem *capitalisme populaire* auf, muss diese aber stark einschränken. Industriearbeiterschaft, städtische Unterschichten und Bauern fehlen in seinem Untersuchungssample, mithin die übergroße Mehrheit der Franzosen.

30 Serge Bersteins Definition ist überzeugend: Dieser sozialen Formation gehören Gruppen an, die erstens Träger eines entsprechenden Bewusstseins sind, zweitens von einer starken Aufstiegsorientierung und drittens von einem Gefühl der Fragilität der eigenen sozialen Position geprägt sind. Heute würde man wohl von der tatsächlichen und gefühlten Prekarität dieses Zwischenstandes sprechen. *Serge Berstein*, Les classes moyennes devant l'histoire, in: Vingtième Siècle,

Die erste frühe Etappe der Integration dieser neuen Schichten in den Kapitalmarkt war unfreiwillig: Nach der Revolution von 1848 fiel der Kurs der französischen Rente so stark, dass das Vertrauen in die Einlagen der »Caisses d'Epargne«, litt. Die auf Sparbüchern angesammelten Summen mussten nämlich im Gegenzug für die staatliche Garantie der Einlagen in hohem Maß in öffentlichen Anleihen platziert werden. Massenhafte Abbuchungen von den Sparbüchern drohten die Situation zu verschärfen. Die Regierung begrenzte die Abbuchungen und verfügte die teilweise Umwandlung der Einlagen in französische Renten. Paradoxerweise erhöhte dieser Schritt das Vertrauen in die Rente und damit auch wieder in die *livrets*, denn Millionen Franzosen hatten plötzlich ein *intérêt* an den Schuldtiteln ihres Landes: ein politisches Interesse und einen monetären Renten- und Zinsanspruch.[31] Diese politische und voluntaristische Krisenlösung erschloss neue Anlegerschichten. Sie wurde zugleich zur Initialzündung für die Suche nach neuen Strategien zur Finanzierung der Staatsschuld: Mittelfristige Anleihen (statt der ewigen Rente) sollten breiter gestreut werden, um die Abhängigkeit des Staats von wenigen Großfinanziers zu mindern. Die öffentliche Subskription von Staats- und Kommunalanleihen bot den durch sozialen Aufstieg und Ausweitung der Mittelklassen entstehenden neuen Anlegerschichten die passenden neuen Anlagemöglichkeiten.[32]

Vor diesem Hintergrund gelang es beispielsweise mit den erwähnten *emprunts de la libération* von 1871 und 1872 und mithilfe des nationalen Appells zur Befreiung der besetzten Departements, zahlreiche Kleinsparer zu mobilisieren. In den folgenden Jahren erfreuten sich Wertpapiere wachsender Beliebtheit, wie die massive Beteiligung von Kleinsparern an verschiedenen Papieren zeigt, für die – manchmal wegen der damit zusammenhängenden Skandale – Einzelstudien vorliegen: So profitierten Kommunalanleihen stark vom neuen Publikumsinteresse, insbesondere die Anleihen der Stadt Paris. Die *emprunts de la Ville de Paris* wurden seit 1855 mit großem Erfolg durch öffentliche Subskription ausgegeben, was es der Stadt erlaubte, die wachsenden Vermögen der Bürger zu mobilisieren. Die erste städtische Anleihe der Dritten Republik war 15-fach überzeichnet, die Anleihen 1892/94 sogar 85-fach; in der Regel lag der Faktor bei etwa 30. Seit 1871 wurden deshalb auch *quarts* ausgegeben, also Viertelstücke, und kleinere Zeichnungen (weniger als 3 beziehungsweise 5 Stücke) wurden systematisch bevorzugt. Das machte die städtischen Anleihen noch attraktiver für kleine Anleger.[33]

Die »Compagnie universelle du canal interocéanique du Panama«, die Panamagesellschaft, zielte mit den Werbekampagnen für ihre Anleihen ebenfalls besonders auf Kleinanleger und auf die französische Provinz, und das mit Erfolg. Orchestriert wurde dieses Bemühen von der französischen Presse und Politik, die über Jahre ein günstiges Meinungsklima schufen und dafür von der Panamagesellschaft und deren Investoren entsprechend entlohnt wurden. Just diese Kleinanleger engagierten sich paradoxerweise noch

---

Revue d'histoire, 1993, H. 1, S. 3–12, hier: S. 6–8; *Klaus-Peter Sick*, Von der politischen Formel zum Begriff der Repräsentation. Die Geschichte von »classes moyennes« in Frankreich von 18. zum 20. Jahrhundert, in: *Horst Möller/Gérard Raulet/Andreas Wirsching* (Hrsg.), Gefährdete Mitte? Mittelschichten und politische Kultur zwischen den Weltkriegen: Italien, Frankreich und Deutschland, Sigmaringen 1993, S. 57–82, hier: S. 59–69; *Klaus-Peter Sick*, Le concept de classes moyennes. Notion sociologique ou slogan politique?, in: Vingtième Siècle. Revue d'histoire, 1993, H. 1, S. 13–34, hier: S. 14–18; *Andreas Wirsching*, Einleitung, in: *Möller/Raulet/Wirsching*, Gefährdete Mitte?, S. 11–17.

31 *Kang/Seck*, Les épargnants et le marché financier, S. 346–349.
32 Ebd.; *Seck*, L'évolution du comportement d'épargne. Vergleiche zum Zusammenhang von Staatsschuld, Expansion der Staatstätigkeit und Mobilisierung privaten Kapitals in den USA und Deutschland den Beitrag von Thomas Adam in diesem Band.
33 *Gallais-Hamonno*, La création d'un marché obligatoire moderne, hier: CD-Rom, Annexe I, S. 2–6 und 11–15.

1888 für die Genehmigung einer Losanleihe durch die französische Nationalversammlung, indem sie Petitionen einreichten, um die Gesellschaft vor dem Zusammenbruch und damit ihre Einlagen vor dem Totalverlust zu retten. Von dieser Losanleihe, die nur teilweise ein Erfolg war, wurden wiederum überproportional viele kleine Tranchen gezeichnet: Noch zum Zeitpunkt des Untergangs der Panamagesellschaft engagierten sich also viele Kleinanleger, und sei es nur in der Hoffnung, bei der mit der Zeichnung verbundenen Lotterie das große Los zu ziehen.[34]

Nur zwei Tage nachdem die letzte Anleihe der Panamagesellschaft gescheitert war, hatten die Anleger bereits ein neues Ziel gefunden: russische Staatsanleihen. Die erste auf dem internationalen Markt platzierte Anleihe war in Paris mehrfach überzeichnet. Der Run auf russische Staats- und Kommunalanleihen sowie Aktien sollte – abgesehen von kurzen Rückschlägen, etwa bei der Revolution von 1905 – bis zum Ersten Weltkrieg nicht mehr abbrechen. Mit dem Zusammenbruch des Zarenreichs und der Gründung der Sowjetunion waren diese Investments freilich ein Totalverlust. Im Rückblick wurde das Russland-Interesse der Anleger vielfach als irrationales Herdenverhalten und als Folge der Falschinformation durch russophile Medien, Bankiers und Politiker abgetan. Dabei war das mehr als 20 Jahre während konstante Investment in russische Titel – soweit es individuell begrenzt blieb und Teil einer Diversifizierungsstrategie war – wegen der ökonomischen Modernisierungshoffnungen und der verspäteten Industrialisierung des Zarenreichs durchaus gerechtfertigt. Auf der Suche nach Anlagemöglichkeiten waren russische Wertpapiere ein willkommenes Ziel für den französischen Kapitalüberschuss. Die Einlösung der Kupons erfolgte zudem meist regelmäßig und pünktlich, was das Vertrauen erhöhte.[35]

Die Liste ließe sich erweitern, so übten etwa in den 1890er-Jahren Goldminenaktien aus dem Transvaal eine magische Anziehungskraft auf Kleinanleger aus.[36] Doch taugen selbst diese Beispiele höchstens als Indiz für ein naives Demokratisierungsnarrativ: Denn erstens war die (in absoluten Zahlen) große Gruppe der jeweils engagierten Personen bezogen auf die gesamte Bevölkerungszahl Frankreichs und Paris' klein. Zweitens war der Anteilsbestand innerhalb der Anleger ungleich verteilt. So lag bei der Pariser städtischen Anleihe von 1892 das arithmetische Mittel zwar bei 1,38 Anleihen je Person (379.909,25 Anleihen einschließlich Vierteln auf 274.328 Inhaber).[37] Tatsächlich verfügte die Mehrheit der Anleger aber nur über einzelne Stücke, viele sogar nur über Bruchteile eines Stücks: 38,2 % der Inhaber nannten gerade einmal 5,9 % der Anleihen ihr Eigen, in ihrem Portfolio war eine Anleihe oder sogar nur ein Bruchteil davon. Die oberen 10 % der Anleger verfügten dagegen über jeweils 20 Anleihen und mehr und damit über mehr als die Hälfte

---

34 *Mollier*, Le scandale de Panama, S. 117f., 136, 387f., 392, 396, 405 und 485–494; *Christophe Portalez*, Le scandale de Panama vu par un ancien député du Vaucluse. Réseaux, amitiés et corruption sous la Troisième République, in: *Frédéric Monier/Natalie Petiteau/Jens Ivo Engels* (Hrsg.), La politique vue d'en bas. Pratiques privées, débats publics dans l'Europe contemporaine (XIXe-XXe siècles), Paris 2011, S. 169–191, hier: S. 190.

35 *Mollier*, Le scandale de Panama, S. 117f., 335 und 387f.; *Hubert Bonin*, L'épargne française exposée aux risques russes dans les années 1900–1920. La réalité d'actifs tangibles et mobiles, in: GREThA, Working Papers, 2010/5, S. 10f.; *René Girault*, Emprunts russes et investissements français en Russie 1887–1914. Recherches sur l'investissement international, Paris 1973, S. 591–593.

36 *Pierre-Cyrille Hautcœur/Carine Romey*, Les émetteurs, une hiérarchie nouvelle, in: *Hautcœur*, Le marché financier français au XIXe siècle, S. 437–494, hier: S. 457–462.

37 Vgl. im Folgenden *Gallais-Hamonno*, La création d'un marché obligatoire moderne, CD-Rom, Annexe VII; in Verbindung mit *Edmond Duval*, Classement des titres des emprunts de la Ville de Paris en 1886 et 1892, in: Journal de la Société statistique de Paris 41, 1900, S. 134–139, hier: S. 137; teilweise eigene Berechnungen. Die Anlegerstruktur war bei der städtischen Anleihe von 1886 im Großen und Ganzen ähnlich (ebd., S. 135f.).

(54,4%) des gesamten gezeichneten Kapitals. Das oberste Prozent (genauer 1,2%, also 373 Inhaber mit 50 und mehr Anleihen) kontrollierte immerhin ein Fünftel des Anleihevermögens. Solche Daten zur Gliederung nach Vermögensgröße liegen zwar nur für einen Teil der städtischen Anleihen vor. Bezieht man die Durchschnittswerte für die restlichen Teile mit ein, bestätigt sich das Bild aber: Alles in allem war die Zersplitterung bei der Masse der Anleger sogar noch größer.[38]

Egal ob Sparbücher, Rentenpapiere oder Aktien und Anleihen der Eisenbahngesellschaften – die großen Anlageklassen der zweiten Jahrhunderthälfte: Der Befund ist immer ähnlich. Je breiter die Streuung, desto größer der Sockel an Anlegern, die nur Kleinstbeträge investiert hatten.[39] Gerade weil die Emittenten auch kleine Anleger gezielt adressierten, drückte sich in der Inhaberstruktur soziale Ungleichheit überdeutlich aus.

Im Kleinen fanden also Wertpapiere seit Mitte des 19. Jahrhunderts zunehmende Verbreitung, ihr Anteil an den französischen Vermögen wuchs. Von einer »Demokratisierung« oder einem »Volkskapitalismus« kann dennoch nicht die Rede sein. Darauf weisen auch die neuen Daten der Forschergruppe um Thomas Piketty hin, die auf der Basis von Steuerakten die spezifisch französische Patrimonialgesellschaft des 19. Jahrhunderts beschreibt und diese in säkulare und globale Ungleichheitszusammenhänge einordnet.[40] Auch die ältere einkommens- und vermögenshistorische Forschung aus dem Umfeld Fernand Braudels und der VI. Sektion der »École Pratique des Hautes Études«, namentlich die Forschungen Adeline Daumards auf der Basis von Nachlassakten, zeigen deutlich die Ausschließung der Mehrheit der französischen Bevölkerung von der Praxis der *épargne* und erst recht von Wertpapieren.[41]

Denn gut die Hälfte der Französinnen und Franzosen hinterließ während des gesamten 19. Jahrhunderts keine oder keine nennenswerte Erbschaft: Mangels Vermögen kommen sie in vermögenshistorischen Studien kaum vor. Was an kleinen Ersparnissen vorhanden war, wurde oft durch Schicksalsfälle, Teuerungskrisen und Inflation oder spätestens am Lebensende mit den Beerdigungskosten aufgezehrt. Der Anteil dieser Hälfte der Bevölkerung am französischen Gesamtvermögen lag während des gesamten Jahrhunderts unter 5%.[42] Zugleich erreichte die Konzentration der Vermögen in der patrimonialen Gesellschaft Frankreichs im 19. Jahrhundert und besonders in der Belle Époque Höchstwerte, ebenso die Zentralisierung der Vermögen in Paris. Der Großteil dieser Vermögensungleichheit rührte von den Wachstums- und Konzentrationseffekten von Industrievermögen und Finanzbeteiligungen in den Jahren zwischen 1860 und 1913 her. Im Jahr 1910 besaß das obere Dezil, also die reichsten 10% der Franzosen, 88,5% aller Vermögen; das obere Perzentil 60,5%; das obere Tausendstel 29%, also nicht ganz ein Drittel des Natio-

---

38 Grundlage dieser Angaben ist eine Statistik, die beim Tausch der Zeichnungsscheine in effektive Stücke bei der Pariser Stadtkasse erstellt wurde. Bei der Stadtkasse tauschten 31.560 Inhaber insgesamt 166.234,5 Stücke ein, also 5,27 Anteile je Person. Der größere Teil der Anleihen wurde bei den beteiligten Konsortialbanken umgetauscht. Hier gibt es zwar keine genauen Daten zur Verteilung, doch war die Streuung noch größer: 242.768 Anleger besaßen 213.674,75 Stücke, also 0,88 Anteile je Person. Nicht in die Berechnung einbezogen waren 114.379 Titel (von 588.235), bei denen die Einlage bereits vorzeitig eingezahlt worden war.
39 *Seck*, L'évolution du comportement d'épargne, S. 504f.
40 *Piketty*, Das Kapital im 21. Jahrhundert, S. 38f. und 449–457.
41 *Adeline Daumard* (Hrsg.), Les fortunes françaises au XIXe siècle. Enquête sur la répartition et la composition des capitaux privés à Paris, Lyon, Lille, Bordeaux et Toulouse d'après l'enregistrement des déclarations de succession, Paris/La Haye 1973; *dies.*, La fortune mobilière en France selon les milieux sociaux (XIXe-XXe siècles), in: Revue d'histoire économique et sociale 44, 1966, H. 3, S. 364–392; *dies.*, Maisons de Paris et propriétaires parisiens au XIXe siècle (1809–1880), Paris 1965.
42 *Piketty*, Das Kapital im 21. Jahrhundert, S. 456f.

nalvermögens. In Paris war die Ungleichheit etwas stärker ausgeprägt, das oberste Prozent besaß 70,7% der Vermögen.[43]

Wachsende und vererbte Vermögensungleichheit einerseits und die Etablierung einer neuen Gruppe von Sparern und Anlegern andererseits waren kein Widerspruch, solange man die kleinen und kleinsten Dimensionen der *épargne* der Masse im Blick behält. Diese Sparer verwirklichten die seit der Aufklärung proklamierte Tugend des Sparens und der Vorsorge *(prévoyance)*. Die Verbindung privater Sparsamkeit mit der Mobilisierung von Kapital für die Staats- und Unternehmensfinanzierung gab dem Sparen einen funktionalen Charakter mit Bezug zum Gemeinwesen und zur Volkswirtschaft. Sparen trug zum allgemeinen *progrès* bei, hob den *crédit public*; eröffnete neue Wege zur Finanzierung der Staatsschuld und zugleich den Weg zu (legitimer) Bereicherung. Während jedoch im aufklärerischen Diskurs das Sparen noch rückgebunden blieb an Vorstellungen von erarbeitetem Wohlstand (»Travaillez, épargnez, courageux citoyens; C'est pour vous enrichir l'infaillible moyen«), erodierte diese Bindung mit der Verbreitung der Börsenspekulation.[44] Die *épargne populaire* blieb im Kern eine (klein-)bürgerliche Praxis, eine Praxis der Mittelklassen, zu der in wachsendem Ausmaß auch die Spekulation gehörte. Orte dieser Spekulation waren auch und gerade die randständigen Segmente des Kapitalmarkts.

III. DER GRAUE KAPITALMARKT

Der französische Kapitalmarkt – vom Kreditmarkt und Direktinvestitionen ist im Folgenden nicht die Rede – umfasst alle Orte, heute würde man von Plattformen sprechen, an denen mit Wertpapieren *(valeurs mobilières)* gehandelt wurde. Dazu gehörten die Börse von Paris und die Provinzbörsen sowie im 19. Jahrhundert ein großer »grauer« Kapitalmarkt, der angesichts der allgemeinen Expansion des Finanzmarkts prosperierte.

Dieser graue Markt ist schwer einzugrenzen – nicht zuletzt weil sogar illegale Geschäfte im Untersuchungszeitraum faktisch nicht dem »schwarzen«, sondern eher dem grauen Kapitalmarkt zuzurechnen waren.[45] Eine abschließende Aufzählung von Praktiken ist nicht möglich, am ehesten ist der graue Markt *ex negativo* zu definieren: Es handelte sich um Handelssegmente und Handelsorte, Produkte oder Handelstechniken, die nicht reguliert (»weiß«) waren und zugleich nicht auf den ersten Blick illegal waren oder die von der Obrigkeit geduldet wurden. Damit ist eine erste von drei (nicht hinreichenden) Bedingungen genannt: Es gehört gerade zu den paradoxen Eigenschaften dieser Teilmärkte, dass sich deren Aktivitäten der staatlichen Definitionsmacht entzogen, weil die Regulierung von verbotenem oder nur geduldetem Handeln rechtssystematisch problematisch war;

---

43 Ebd., S. 449–457; *Thomas Piketty*, On the Long-Run Evolution of Inheritance – France 1820–2050, in: Quarterly Journal of Economics 61, 2011, S. 1071–1131, hier: S. 1105f. und 1120–1123; *Piketty/Postel-Vinay/Rosenthal*, Wealth Concentration in a Developing Economy, S. 242–246.

44 *Joachim Faiguet de Villeneuve*, Épargne, in: *Denis Diderot/Jean Le Rond d'Alembert* (Hrsg.), Encyclopédie ou Dictionnaire raisonné des sciences, des arts et des métiers, Bd. 5, Paris 1751–1772, S. 745–750, hier: S. 749f.; *Jean-Marie Thiveaud*, Aux origines de la notion d'épargne en France. Ou du peuple-prévoyance à l'État-providence (1750–1850), in: EcoFi 42, 1997, H. 4, S. 179–213, hier: S. 185–191; *Kang/Seck*, Les épargnants et le marché financier. Das Zitat aus: *Joachim Faiguet de Villeneuve*, L'Œconome politique. Projet pour enrichir et pour perfectionner l'espèce humaine (1763), zit. nach: *Jean-Marie Thiveaud*, Joachim Faiguet de Villeneuve. Naissance de l'épargne en France, in: *Gérard Klotz* (Hrsg.), Politique et économie aux temps des Lumières, Saint-Étienne 1995, S. 97–102, hier: S. 96.

45 Die nachfolgende Definition ist dem Untersuchungsfeld grauer Finanzmarkt in Frankreich angepasst. Eine stärker formalisierte, allerdings statische Unterscheidung illegaler, also ausdrücklich »schwarzer« Märkte bieten *Jens Beckert/Frank Wehinger*, In the Shadow. Illegal Markets and Economic Sociology, in: Socio-Economic Review 11, 2013, S. 5–30, hier: S. 7–10.

Regulierung hätte eine offizielle Anerkennung bedeutet. Ein weiteres Kennzeichen können spezifische Vertriebsformen sein: etwa die Direktansprache des Endkunden; die Bewerbung durch scheinbar neutrale, tatsächlich aber vom Emittenten abhängige Medien; die Abwicklung von Wertpapiergeschäften auf der Straße, in Cafés und Hinterzimmern oder beim Kunden zu Hause. Und drittens sind die Produkte intransparent oder mit hohen strukturellen Risiken (bis zum Totalverlust) verbunden; sie können formal illegal sein oder der Umgang mit ihnen erfolgt in betrügerischer Absicht. Eine Eigenheit dieses dritten Kriteriums liegt gerade darin, dass der genaue Status – riskant und doch substanzhaltig, intransparent, moralisch bedenklich, illegal, betrügerisch – sich häufig erst im Nachhinein erkennen lässt, beispielsweise nach dem Zusammenbruch eines Pyramidensystems.

Zwei große Bereiche machten im 19. Jahrhundert den grauen Kapitalmarkt in Paris aus: die Kulisse *(coulisse)*, der informelle Handel mit Wertpapieren außerhalb des amtlichen Handels, also außerhalb des Handelsparketts im Palais Brongniart. Und die *officines*, kleine, oft kurzlebige Bankhäuser, die mehr oder weniger exotische Papiere an den Mann und die Frau brachten.

Die Kulisse (auch *petite bourse*) müsste de jure sogar als »schwarzer« Finanzmarkt firmieren, denn ihre Geschäfte waren entweder illegal oder durch die Schutzvorschriften des Handelsgesetzbuchs und des Zivilrechts nicht abgedeckt.[46] Von Gesetzes wegen war der Handel mit Wertpapieren nur den staatlich zugelassenen Maklern erlaubt, den 60 (später 70) *agents de change*: Sie durften nur innerhalb der Handelszeiten und im Handelssaal aktiv werden und nur für die zum amtlichen Handel zugelassenen Papiere Kurse stellen. Sie sollten aus einer neutralen Position heraus als Vermittler *(intermédiaire)* den anonym bleibenden Käufern und Verkäufern einen für beide Seiten bestmöglichen Kurs stellen. Die *coulissiers*, die Händler der Kulisse, taten das genaue Gegenteil: Sie agierten außerhalb des Parketts, auch außerhalb der gesetzlichen Handelszeiten. Sie betrieben auch Eigenhandel, anstatt nur Kassageschäfte zu vermitteln, das heißt, dass sie auch einen Kurs stellten, wenn kein passender Käufer oder Verkäufer vorhanden war – sie übernahmen diese Rolle selbst und agierten *à contre-partie*, also auf eigene Rechnung. Die Hauptanlageklasse der Kulisse waren ohnehin Termingeschäfte *(marché à terme)*, die den *agents de change* der Börse ausdrücklich verboten waren. Dabei handelte es sich in der Regel um Differenzgeschäfte, am Fälligkeitstermin verzichteten also beide Seiten im gegenseitigen Einvernehmen auf die Lieferung (Wertpapier oder Geld) und rechneten nur die Kursdifferenz ab. Aus Sicht der französischen Justiz handelte es sich bis 1885 um reine Kurswetten, für die die Schutzvorschriften des Zivil- und Handelsgesetzbuchs nicht galten, im Konfliktfall waren Forderungen also nicht klagbar.[47]

Für Kleinanleger und große Banken hatten die Praktiken der Kulisse mehrere Vorteile: Wegen der hohen Hürden für die Erstnotierung von Wertpapieren im amtlichen Handel

---

46 Vgl. im Folgenden *Carine Romey*, L'organisation de la Bourse de Paris, in: Hautcœur, Le marché financier français au XIXe siècle, S. 47–108, hier: S. 60–63 und 98–102; *Carine Romey*, Les changements dans le fonctionnement du marché boursier, in: ebd., S. 411–434, hier: S. 417–430; *Paul-Regis Pollin*, La coulisse au XIXe siècle. De l'illégalité à la reconnaissance, in: *Gallais-Hamonno*, Le marché financier français au XIXe siècle, S. 87–114; *Alex Viaene*, Les marchés à terme et conditionnels à la Bourse de Paris au XIXe siècle, in: ebd., S. 571–600.

47 Ebd. Der Umgang mit Differenzgeschäften war an vielen Finanzplätzen umstritten. An ihnen lässt sich zeigen, wie sich die Grenze zwischen »ernsthafter« Spekulation und verderblichem Spiel *(jeu)* im Lauf des 19. Jahrhunderts verschob: *Alexander Engel*, Spiel, in: *Christof Dejung/ Monika Dommann/Daniel Speich Chassé* (Hrsg.), Auf der Suche nach der Ökonomie. Historische Annäherungen, Tübingen 2014, S. 263–285, hier: S. 269–275; *Carine Romey*, Les opérations de Bourse, in: Hautcœur, Le marché financier français au XIXe siècle, S. 109–158, hier: S. 138–158; *Alex Preda*, Framing Finance. The Boundaries of Markets and Modern Capitalism, Chicago 2009, S. 105–110 und 181–183.

waren Industriewerte und insbesondere ausländische Titel lange Zeit nur an der Kulisse »notiert«. Das große Handelsvolumen der Kulisse seit den 1850er-Jahren erhöhte die Fungibilität der Papiere, das heißt die Chance, dass jederzeit ausreichend Angebot und Nachfrage vorhanden waren, um einen Kurs zu stellen – notfalls sprangen die Kulissenhändler als *contre-partie* ein. Die begrenzten Handelszeiten des Parketts (Anfang des Jahrhunderts nur 1 Stunde, Ende des Jahrhunderts 3 Stunden täglich) waren im Zeitalter des Telegrafen und des permanenten und schnellen globalen Informationsflusses unzureichend. Die Courtage war nur halb so hoch wie bei den *agents de change*, außerdem gaben die *coulissiers* Rabatt. Es gab keine Schlusseinheit – also keine Mindeststückzahl, die geordert werden musste. Schließlich war es üblich, nur Anzahlungen zu hinterlegen und Kredit zu erhalten – man konnte also mit einem gewissen Hebel spekulieren. Termingeschäfte wurden ohnehin erst zum Monatsende abgerechnet und konnten sogar über dieses hinaus verlängert werden *(report)*, auch hier blieb der Einsatz begrenzt.

Gerade wegen dieser meist ungesetzlichen Handelspraktiken erfüllte die Kulisse wichtige Funktionen am Finanzplatz Paris. Der Staat duldete sie und schritt – abgesehen von punktuellen Maßnahmen und eher kosmetischen Aktionen – nicht gegen sie ein. De jure war die Kulisse also illegal, de facto war sie ein Teil des grauen Finanzmarkts. Während der Börsenzeiten trafen sich die *coulissiers* im Peristyle und auf der Freitreppe der Börse; außerhalb der Handelszeiten wussten alle interessierten Pariser, in welcher Passage, in welchem Café sie ihre Orders platzieren konnten. Abends fand nach Handelsschluss außerdem eine gut frequentierte *petite bourse* in der Wandelhalle des »Crédit Lyonnais« auf dem Boulevard des Italiens statt. Dass viele von diesem Wissen Gebrauch machten, zeigen die Akten des zuständigen Polizeikommissariats, denn gerade der informelle Charakter des Marktsegments machte es auch für kleine Akteure zugänglich, Makler wie Anleger. Die Kulisse war im Stadtbild nicht zu übersehen. Zu Beginn der Restauration traf sich die Kulisse in der Passage des Panoramas und den umliegenden Cafés, seit 1819 war sie im Café Cortoni am Boulevard de Gand (zuvor: Chaussée d'Antin, heute: Boulevard des Italiens) installiert, später in der Passage de l'Opéra. Zwar gab es gelegentlich kurze, meist nur eintägige Handelsverbote, etwa nach politischen Krisen, in denen die Kulisse Kursstürze zu verschärfen schien. Doch die Versuche zur Eindämmung des Kulissenhandels blieben sporadisch. Das Vorgehen der Polizei produzierte meist nur einen Verdrängungseffekt: Die *coulissiers* suchten sich einfach einen neuen Ort für ihre Geschäfte. Halbherzige Versuche der »Compagnie des agents de change«, der Körperschaft der vereidigten Börsenmakler, gegen die unerwünschte Konkurrenz vorzugehen, wurden von Polizeipräfektur, Justiz- und Finanzministerium regelmäßig dilatorisch behandelt: Ihr eigenes Klagerecht nutzte die Makler-Compagnie nämlich nur selten, denn auch sie profitierte von der Aufgabenteilung mit dem Kulissenhandel. Nur 1859 kam es zu einem letztlich folgenlosen Versuch, durch Strafklagen den Kulissenhandel einzudämmen: Einzelne Händler wurden verurteilt; aber die abschreckende Wirkung verpuffte bald.[48]

Bis Ende des Jahrhunderts hatten sich gut 200 Handelshäuser an der Kulisse etabliert, die neben Kassageschäften vor allem Termingeschäfte betrieben. Nach der Legalisierung des Kulissenhandels 1893 schlossen sie sich zu Syndikaten zusammen, um die Liquidation auf den verschiedenen Teilmärkten zu erleichtern. Die Legalisierung der Kulisse bedeutete die späte Anerkennung der lange praktizierten Koexistenz von amtlichem Handel

---

48 Artikel »Coulisse«, in: *Larousse*, Grand dictionnaire universel du XIXe siècle, Bd. 5, S. 307–308; Ministère de l'Intérieur an Préfecture de Police, 16.5.1842, und passim; Commissaire de police du Quartier de la Chaussée d'Antin an Préfecture de Police, 29.1.1843, Archives de la Préfecture de Police, Paris (APP), DA/351; zur Passage de l'Opéra: *Leo Lespès/Charles Bertrand*, Paris-album. Historique et monumental, divisé en vingt arrondissements, Paris 1861, S. 309f.

und Freimarkt.⁴⁹ Zusammen mit der Zulassung und Regulierung von Termingeschäften auf Wertpapiere 1885 (bei Warentermingeschäften stellte sich das rechtliche Problem nicht) gehörten diese Marktsegmente nun zum »weißen« Kapitalmarkt.⁵⁰ Paradoxerweise führte das aber nicht zu einer Stärkung der Kulisse: Den *agents de change* war es nämlich seit der Vertrauenskrise des Börsenkrachs von 1882, die vor allem Kulisse und Finanzzeitschriften traf, gelungen, den Parketthandel zu stärken und ihn für Aktienemissionen und französische Industriewerte zu öffnen. Das und die Transparenz der Kursbildung machten den amtlichen Handel für Anleger wie Unternehmen in den 1890er-Jahren attraktiver. Die Kulisse, die seit den 1850er-Jahren gut die Hälfte des gesamten Handelsvolumens des Finanzplatzes ausmachte, verlor durch die Öffnung und Modernisierung des Parketthandels innerhalb weniger Jahre an Gewicht. 1899 war das Handelsvolumen im Parketthandel erstmals wieder größer als jenes der inzwischen legalisierten Kulisse.⁵¹

Der zweite große Bereich des grauen Finanzmarkts waren die *officines*. Das waren kleine Banken, meist Aktiengesellschaften, die aber im Vergleich zum Umfang ihrer Geschäfte ein zu niedriges Eigenkapital hatten (falls dieses jemals überhaupt einbezahlt wurde).⁵² Häufig verkauften diese Bankkabinette – ohne Kommission – Wertpapiere oder Verbriefungen angeblicher Wertpapierpakete zu übertrierten Preisen direkt an die Anleger. Dazu bewarben sie ihre Produkte mit Flugblättern, Traktaten und bevorzugt mit hauseigenen Finanzzeitschriften. Diese machten bis in die 1880er-Jahre einen Großteil des auf Finanzen spezialisierten Zeitschriftenmarkts aus, da die *officines* (wie die Großbanken auch) die ihnen nahestehenden Blätter subventionierten, was niedrige Abonnementkosten und hohe Auflagen erklärt.⁵³ Über diese hauseigenen *journaux de chantage* wurden Aktien lanciert, häufig ausländische Titel (meist Rohstoff- oder Infrastruktur-Aktien), über die wenige Informationen in Frankreich verfügbar waren. Alternativ wurden die von der Konkurrenz vertriebenen Produkte schlecht geschrieben, um Kursstürze zu provozieren (auf die man wiederum wetten konnte) oder um Schutzgeld von anderen Anbietern zu erpressen *(faire du chantage)*.⁵⁴ So wurde eine künstliche Hausse erzeugt und damit weitere Anleger angezogen – das hatte den Charakter einer sich selbst erfüllenden Prophezeiung, das Platzen der Spekulationsblase inbegriffen.

Problematisch waren schließlich jene Fälle, in denen die *officines* keine effektiven Stücke lieferten, sondern die gekauften Papiere nur in den Büchern standen. Ob es überhaupt

---

49 *Gustave Boissière*, La compagnie des agents de change et le marché officiel à la Bourse de Paris, Paris 1908, S. 187–189; *Alfred Neymarck*, Finances contemporaines, Bd. 3: Questions économiques et financières 1872–1904, Paris 1905, S. 599–603; *ders.*, La Bourse, in: Société de statistique de Paris (Hrsg.), Notes sur Paris. À l'occasion du cinquantenaire de la société et de la XIIe session de l'Institut international de statistique, Nancy 1909, S. 125–130, hier: S. 128f.; »Gil blas« financier [La Bourse de Paris], in: Gil Blas, 28.3.1910. Die genaue Zahl der Handelshäuser an der Kulisse changiert je nach Quelle, da es keine formelle Registrierung gab.
50 Problematisch blieb am Ende des Jahrhunderts nur noch jene Gruppe der Kulisse, die sich dem Handeln von Papieren *hors cote* widmete, also dem einfachen Freiverkehr, »où toutes les fantaisies sont permises« – wo jede Fantasterei erlaubt sei (»Gil blas« financier).
51 Vgl. L'impôt sur les opérations de bourse.
52 Exemplarisch: APP, BA/2206, Dossier »Cie. des Réassurances générales«, Az. 82.000-176. Eine fundierte Beschäftigung mit diesen Bankkabinetten und ihren Praktiken steht noch aus. Die nachfolgenden Absätze stützen sich auf Quellenforschungen im Archiv der Polizeipräfektur Paris, die noch im Detail ausgewertet werden müssen.
53 *Reznikow*, Les envolées de la Bourse de Paris au XIXe siècle, S. 234–238.
54 Vgl. etwa die Ausgaben der »Omnium Français« und der »Revue Financière des Deux Mondes« in: APP, BA/2205, Dossier »Banque française des Comptes courants«, Az. 82.000-1166. Der letztgenannte Titel rekurrierte offensichtlich auf den Titel der berühmten »Revue des Deux Mondes« (gegr. 1829).

einen Gegenwert für die Zahlungen gab, ob die den Depots der Käufer gutgeschriebenen Wertpapiere nur fiktiv waren, konnte niemand wissen, solange nicht das Bankkabinett zusammenbrach und der »Bankier« die Flucht ergriff.[55] Die Massivität solcher Praktiken war spezifisch für den Finanzmarkt der 1860er- und 1870er-Jahre. In der Folge des Börsenkrachs 1882 verschwanden zwar viele dieser Kabinette und ihre Zeitschriften; die verbliebenen verloren, gemessen an der Expansion des amtlichen Handels und des zwischenzeitlich legalisierten Kulissenhandels, an Bedeutung. Dennoch blieben sie ein präsenter und vor allem öffentlichkeitswirksamer Teil des Finanzplatzes.

Eine offensichtlich betrügerische Variante dieser *officines* versuchte – nicht ohne Erfolg – mit unrealistischen Renditeversprechen, Kunden zu gewinnen. Die Behörden konnten oft erst spät einschreiten, weil Informationen über das Innenleben der Gesellschaft und eine gesetzliche Handhabe fehlten: Zinsversprechen von 30 % und sogar 50 % jährlich waren für jeden Kundigen Humbug, wurden von Unkundigen aber mit einem Umfeld in Beziehung gesetzt, in dem Kursgewinne in dieser Dimension immer wieder vorkamen.[56] Andere *officines* boten Produkte an, die auf dem »weißen« Markt nicht zu haben waren, was sie ebenfalls attraktiv machte: etwa eine als Wertpapier verpackte Totalisatorwette, bei der die Anleger gegeneinander auf den Schluss- oder Eröffnungskurs eines Papiers am Terminmarkt wetteten, wobei der Anbieter wie eine Art Buchmacher auftrat, aber nicht selbst wettete; oder Gewinnanteile an einem vermeintlich unfehlbaren System für Pferdewetten, die im Abonnement vertrieben wurden.[57] Diese ausgefallenen Geschäftsideen flogen freilich meist schnell auf. Andere machten dagegen hervorragende Geschäfte, indem sie im Ersten Weltkrieg die Einschränkungen im Handel mit ausländischen Aktien und Anleihen umgingen, indem sie nur mit den Coupons spekulierten, sogar mit Dividendenscheinen von Rentenpapieren der Feindstaaten. 1916 kamen die Behörden zu dem Schluss, dass diese Art von Spekulation zulässig sei, schließlich schade sie dem Feind.[58]

Viele Kleinanleger verloren ihr Erspartes, andere verbuchten mit solchen Geschäften gute, gelegentlich große Gewinne – vor allem, wenn sie es schafften, früh genug aus einer Hausse auszusteigen. Erneut ist Vorsicht geboten vor zu einfachen Urteilen, auch wenn zahlreiche Akteure in diesem Segment undurchsichtig waren, andere von Beginn an betrügerische Absichten hegten. Doch ihre Anleger waren nicht automatisch Opfer. Als die Gründungsaktionäre einer neu gegründeten »Compagnie des Réassurances générales« von Finanzierungsproblemen Wind bekamen, warfen viele ihre Aktien noch schnell auf den Markt, um sich selbst auf Kosten anderer, noch schlechter informierter Kleinanleger zu sanieren – womit sie erst recht einen Kurssturz und den Zusammenbruch provozierten.[59] Andere stiegen schon während einer Hausse aus und verkauften effektive Stücke notfalls selbst über die Kulisse. Bei Verbriefungen versuchten sie, die oft widerstrebenden *officines* zum Rückkauf zum Marktpreis oder zur Lieferung der versprochenen Stücke zu zwingen, indem sie Straf- und Zivilklage erhoben und mit einem Skandal drohten; sobald sie am Ziel waren, zogen sie ihre Klagen einfach zurück, sodass die Geschäftemacher weitermachen konnten.[60] Auch die »Bankiers« waren nicht alle stereotype Gauner. Die

---

55 APP, BA/446, Dossier »Banque Victoria«; Berichte der Préfecture de Police, 2.4.1910 und 30.11.1910, APP, BA/2205, Dossier »Banque française des Comptes courants«, Az. 82.000-1166; *Reznikow*, Les envolées de la Bourse de Paris au XIXe siècle, S. 234–238.
56 APP, BA/446, Dossier »Banque dite Caisse syndicale de l'Union«.
57 APP, BA/2239, Dossier »Agences Financières – Pièces diverses«, Az. 139.164-B; Dossier »Bureau Probitas«, Az. 100.000-407.
58 APP, BA/2207, Dossier »Banque Vasseur et Cie.«, Az. 100.000-411, unter anderem Bericht des Préfet de Police, 27.12.1916.
59 APP, BA/2206, Dossier »Cie. des Réassurances générales«, Az. 82.000-176.
60 Für die Strafverfolger war diese Art der Selbstermächtigung durch die Anleger zweischneidig, da die Anleger im Erfolgsfall ihre Klage zurückzogen beziehungsweise das Kabinett es gar nicht

französische Polizei traf zu ihrer Überraschung auf – zumindest äußerlich und nach den Kriterien der Zeit – wohlanständige Herren, mit kleinem Häuschen in der Vorstadt und bürgerlichem Lebenswandel, in deren familiären Umfeld keiner wusste, wie der Herr des Hauses sein Geld verdiente.[61]

Ohnehin waren die Grenzen zwischen *officines*, Kulisse und Parketthandel durchlässig, von der Geschäftemacherei der erstgenannten profitierten auch die anderen: Sie pushten unbekannte Aktien, steigerten die Nachfrage und brachten Liquidität in den Markt. Über Charles Victor, eines der Schwergewichte der Officine-Welt während der Belle Époque und eng vernetzt in Politik und Finanzwelt, äußerten sich 1914 auch die großen Akteure der Börse anerkennend: Dank ihm habe man früher viel Geld verdient; solche Figuren, die Liquidität und neue, sogar neuartige Papiere an den Pariser Finanzplatz gebracht hatten, fehlten inzwischen.[62]

Zeitgenössische Beobachter waren stark an diesen Schattenzonen des Kapitalismus interessiert, an der Kulisse und den kleinen Finanzkabinetten im Umfeld des Boulevard des Italiens. Sie standen pars pro toto für den schädlichen Einfluss des Glücksspiels an den Finanzmärkten. Auf dem Umweg über die Populärkultur prägte dieser irreguläre und scheinbar irrationale Bildausschnitt die Wahrnehmung des Finanzmarkts insgesamt. Davon zeugt nicht zuletzt der zu Beginn zitierte »Bankier« Saccard aus Zolas »L'Agent«. Umstritten und verunsichernd war die räumliche, soziale und rechtliche Unbestimmtheit dieser Segmente des Finanzmarkts, an denen Akteure aus verschiedenen sozialen Schichten und unterschiedlichen Geschlechts, an wechselnden Orten, in Cafés, Passagen und selbst auf der Straße in einer rechtlichen Grauzone Finanzgeschäfte betrieben.[63]

Während über die Kulisse und ihre Funktionsweise und Relevanz für den Finanzplatz Paris inzwischen relativ viel bekannt ist, bleiben Bewertungen des Verhaltens der (Klein-)Anleger in diesem Marktsegment immer noch von voreiligen Werturteilen bestimmt. Unterhalb der Aufmerksamkeitsschwelle der Finanzgeschichte blieben bisher die *officines*, die höchstens als Anomalie im Professionalisierungsprozess des Finanzplatzes Paris wahrgenommen wurden: während des oben erwähnten Übergangs vom Kasino zum Finanzplatz. Gerade diese randständigen Orte und ihre Akteure bedürfen der weiteren Untersuchung, um mehr über Erwartungen und Handlungsmöglichkeiten kleiner Anleger zu erfahren.

IV. SPEKULANTINNEN: FRAUEN ALS MARKTTEILNEHMERINNEN UND PROJEKTIONSFLÄCHE

Moralische Bewertungen wurden regelmäßig am sozialen Status der Handelnden festgemacht. Grundsätzlich war die Börse seit einer Verordnung Napoleons vom 20. Juli 1801 öffentlich und für alle Personen mit politischen Rechten [sic] zugänglich. Ausgenommen waren damit verurteilte Straftäter; zahlungsunfähige Kaufleute (*faillis* oder *banqueroutiers* nach Handelsrecht) und Personen *en déconfiture* (nach Zivilrecht), solange sie die An-

---

so weit kommen ließ. Ohne Klage entfiel der Ansatzpunkt für weitere Untersuchungen durch Polizei und *parquet*. Exemplarisch: Bericht des Préfet de Police, 30.11.1910, APP, BA/2205, Dossier »Banque française des Comptes courants«; Aktennotiz 26.1.1891, APP, BA/2206, Dossier »Crédit commercial et agricole«, Az. 82.000-288.

61 APP, BA/2206, Dossier »Crédit commercial et agricole«, Az. 82.000-288.
62 »C'était un homme assez aimable et qui faisait gagner beaucoup d'argent aux coulissiers et remisiers. On disait couramment qu'autrefois il y avait à la Bourse une dizaine de spéculateurs à qui elle devait sa prospérité et qu'il n'en restait maintenant plus qu'un seul: c'était Victor.« Aktennotiz des Préfet de Police, 3.2.1914, APP, BA/2207, Dossier »Sté. auxiliaire de Crédit/ Banque des Pays Latins«, Az. 100.000-407.
63 Vgl. *Claire Lemercier*, Les bourses en France au XIXe siècle, symboles d'un pouvoir commerçant?, in: Histoire, économie et société 25, 2006, S. 51–66, hier: S. 57.

sprüche ihrer Gläubiger nicht befriedigen konnten und nicht rehabilitiert waren; schließlich Minderjährige und Frauen.[64] Ein Teil der Regeln war freilich schwer durchzusetzen. Die Solvenz war den Besuchern schließlich kaum anzusehen. Jugendliche waren seit den 1870er-Jahren immer häufiger im Palais Brongniart anzutreffen, da der zuständige Polizeikommissar Sondergenehmigungen für die *commis* und Boten der vereidigten Makler erteilte, obwohl moralische Bedenken gegen deren Anwesenheit blieben. Frauen hatten bis 1848 immerhin Zugang zur Tribüne, von wo aus sie das Handelsgeschehen kommentierten und Order erteilten, bis die Zweite Republik dieses Treiben untersagte.[65] Die in der Börse eingesetzten Polizisten waren ohnehin skeptisch gegenüber der Öffentlichkeit des Börsenhandels, der Neugierige und zweifelhafte Gestalten anziehe, die auch durch ein Eintrittsgeld nicht abzuschrecken waren.[66]

Solche Versuche zur sozialen Schließung des Handelsplatzes im Palais Brongniart (durch staatliche Regulierung, Reputationsmanagement, begrenzte Zulassung zu Sicherungsfonds, soziale, kulturelle und monetäre Zugangshürden) waren wichtig im Prozess der Professionalisierung des Pariser Finanzmarkts.[67] Die Beteiligung von Frauen oder etwa Unterschichten an der Spekulation konnten sie allerdings kaum verhindern. Sie führten höchstens zu Ausweichbewegungen. Nach der Einführung eines Eintrittsgelds von einem Franc 1858 trafen sich zum Erschrecken der Polizei zwischen 1.200 und 1.500 *coulissiers* und Kunden zwischen den Baumreihen am Palais Brongniart, befragten die aus der Börse herauskommenden Abonnenten nach den Kursen und gaben ihre Orders. Der Versuch, den Handel in der Börse besser zu regulieren, erhöhte außerhalb des Gebäudes nicht nur das Verkehrschaos, sondern provozierte das Gegenteil der guten Absichten: Gerade »die niedrigsten Schichten der Gesellschaft« würden nun zum Spiel *(jeu)* ermuntert.[68]

Als besonders empörend empfanden die Untergebenen des »Commissaire spécial près la Bourse de Paris«, des für die Börsenaufsicht zuständigen Polizeikommissars, die Anwesenheit von Frauen im und am Palais Brongniart. Auch die Teilnahme von Frauen an Kursauktionen in Cafés und Passagen, einer Imitation des klassischen Parketthandels *(marché à la criée)*, wurde kritisch vermerkt.[69] Meist ließen Frauen jedoch vor dem Palais Brongniart ihre Aufträge über Boten an die *coulissiers* und an gesetzliche Makler übermitteln.[70] Die informelle Kulisse erwies sich für Frauen als bevorzugter Zugangspunkt zum Finanzmarkt, sie fungierte als Kommunikationsrelais zum Handel im Börsenpalast.

Viele sammelten sich beim *marché des pieds humides*.[71] Dabei handelte es sich um die unterste Hierarchiestufe des Pariser Finanzplatzes, wo mit wertlosen *Pennystocks* gehan-

---

64 Verordnung des Préfet de police »concernant la police de la Bourse«, 1er Thermidor an IX (20.7.1801), Art. 5, APP, DA/351.
65 Verordnung des Préfet de police, März 1885 (Entwurf); Bericht des Commissaire spécial près la Bourse de Paris, 3.3.1885, APP, DA/352; *Thompson*, The Virtuous Marketplace, S. 150f.; *Nelly Hissung-Convert*, La spéculation boursière face au droit 1799–1914, Paris 2009, S. 94.
66 Bericht des Commissaire spécial auprès la Bourse de Paris, 4.3.1851, APP, DA/351.
67 *Preda*, Framing Finance, S. 52–81; *Thompson*, The Virtuous Marketplace, S. 154–156.
68 Schreiben Préfecture de la Seine an Préfecture de Police, 25.3.1857; Aktennotiz der Préfecture de Police, 9.2.1958; Bericht der Police Municipale, 2e Arrondissement, Section des Invalides, 29.3.1859, APP, DB/188, Dossier »Bourse«; ähnlich: Schreiben Ministère des Finances an Préfet de Police, 4.3.1851, APP, DA/351.
69 Bericht des Commissaire spécial près la Bourse de Paris an Préfet de Police, 22.2.1856, APP, DA/351.
70 Ebd.; Schreiben Parquet du Tribunal de premier instance du Département de la Seine an Préfet de Police, 13.9.1851; Berichte an den Préfet de Police 22.9.1851, 22.9.1851, 10.12.1852 und [14].12.1852, APP, DB/188, Dossiers »Lois, décrets, Ordonnances, circulaires« und »Renseignements divers«.
71 Bericht der Police municipale an Préfet de Police, 21.10.1857, APP, DA/351.

Spekulation für Jedermann und Jedefrau

delt wurde. Er gehört zu den feststehenden Topoi der Börsenliteratur; selbst ein Stadtführer zur Weltausstellung 1900 erwähnte ihn und erläuterte den Besuchern die Üblichkeiten und Hierarchien des Pariser Finanzplatzes.[72] Die auf den ersten Blick pittoreske Metonymie der *pieds humides* – der nassen Füße, die sich die Akteure dieses Marktsegments holten, weil sie bei Wind und Wetter vor dem Palais Brongniart standen – verdeutlicht, wie tief diese Händler und ihre Kunden in der Hierarchie des Finanzplatzes standen. Hier wurden unter anderem Papiere längst insolventer Firmen gehandelt, die vom Kurszettel gestrichen waren, und ausländische Aktien, die genauso plötzlich vom Markt verschwanden, wie sie in einer plötzlichen Hausse aufgetaucht waren. Wer hier handelte, war nach zeitgenössischem Urteil geblendet vom Nennwert der Papiere oder getäuscht von vertraulichen Tipps über eine angeblich bevorstehende Renaissance einer Aktie. Diese *Pennystocks* hatten oft nur noch virtuellen Wert, eine Anomalie des Finanzmarkts.[73] Die Gründe für die sichtbare weibliche Präsenz bei den *pieds humides* dürften allerdings trivial sein: Erstens konnte man hier mit kleinen Summen vermeintlich große Portfolios erwerben. Zweitens durften Frauen zeitweise das umzäunte Vorfeld und die Kolonnaden des Palais Brongniart nicht betreten. Die *pieds humides* waren außerhalb dieses Bannbereichs, an dem Gitter, das das Börsengelände einfasste.[74]

Polizeiberichte geben zwar Aufschluss über die moralisierende Deutung des Geschehens durch die Polizisten, aber nicht über Erfahrungen und Ratio der spekulierenden Frauen. Wenn einer alten Frau die naivste [sic] Sicherheit im Handel mit *Pennystocks* attestiert wurde, so war die moralische Empörung des Urteils greifbar, aber ihr Handeln bleibt schwer einzuordnen: Ihre Selbstsicherheit mochte aus ihrem Unwissen über die Risiken erwachsen, oder aber weil sie anders als die moralisch gefestigten Ordnungshüter eine erfahrene Spekulantin war – ähnlich wie Zolas Mme La Mechain in »L'Argent«.[75] Auffällig ist die doppelte Viktimisierung der Frauen: als Beute schlauer Geschäftemacher auf den illegalen Märkten und als Opfer ihrer selbst, ihrer Spielsucht und mangelnden Rationalität; eine »groupe lamentable de joueuses«, eine beklagenswerte Gruppe von Spielerinnen, die angeblich nicht durchschauten, dass sie mit wertlosen Papieren handelten und dass sie bei der abendlichen Kurswette auf den Eröffnungskurs des Folgetags (»dont un sou pour demain«) nur verlieren könnten.[76]

---

72 Guide pratique du visiteur de Paris et de l'Exposition, Paris 1900, S. 60f.
73 Bericht der Police municipale an Préfet de Police, 21.10.1857, APP, DA/351, hier der Begriff der »anomalie«; *Zola*, L'Argent, S. 15f. und 26; *A. Callet*, Chronique. La bourse des pieds humides – Types divers, in: Le magasin pittoresque, 1908, S. 99. Auf dem Markt waren auch Kaufleute als Aufkäufer tätig, die mit diesen Papieren versuchten, ihren betrügerischen Bankrott zu kaschieren, indem sie ehemals werthaltige Papiere in ihre Bücher nahmen, den Kauf vordatierten und so eine externe Ursache für ihre Zahlungsunfähigkeit fingierten.
74 Procès-verbaux, Police judiciaire, 2e Arrondissement, Section des Italiens, 30.9.1851 und 8.10. 1851; Note, 6.10.1851; Verfügung Préfet de Police an Commissaire délégué près le Tribunal de simple police, 14.11.1851; Schreiben Tribunal de police municipale de la Ville de Paris an Préfet de Police, 21.11.1851, APP, DA/351.
75 Bericht der Police municipale an Préfet de Police, 21.10.1857, APP, DA/351: »Il n'est pas jusqu'à une vieille femme, que nous avons aperçue là, colportant des papiers de toutes couleurs dans son cabas faisant son marché avec la sécurité la plus naïve.« La Méchain ist eine Informantin des Kreditaufkäufers Busch im Roman »L'Argent«. Dieser bestreitet seinen Lebensunterhalt neben Kulissengeschäften mit dem Ankauf und der Verwertung notleidender Kredite. Beide arbeiten vertrauensvoll zusammen, da La Méchain (man beachte die ähnliche Lautung »la méchante« – die Bösartige, Miese) ein gut gehendes Geschäft hat und deshalb Busch nicht auf eigene Rechnung hintergehen muss. Sie vermietet monatsweise windschiefe Hütten in einer weitläufigen Barackensiedlung, der Cité de Naples, die ihr gehört. Ihr größtes Laster aber sei das Spiel an der Börse. *Zola*, L'Argent, S. 16f. und 27f.
76 »Le Marché de Paris«, in: Le Monde Illustré, 19.3.1898.

Auch in erzählenden Quellen werden die »tricoteuses du péristyle« (die Strickerinnen im Wandelgang der Börse), die »alten Mädchen«, Witwen und »vieilles harpies« dem Spott der schreibenden Beobachter und der Leser und Leserinnen der Pariser Journale ausgesetzt, da sie nicht den bürgerlichen Rollenerwartungen gerecht wurden und ihre häuslichen Pflichten vergäßen.[77] Sie taten etwas in der Öffentlichkeit, was den Männern vorbehalten schien: Sie handelten mit bunt bedruckten und offiziös wirkenden Wertpapieren in der Hoffnung, den Markt zu überlisten.

Die meisten seien dem Aussehen nach Angehörige der neuen Mittelklassen, so ein zeitgenössischer Beobachter, der deren Unwissenheit in ökonomischen Dingen schlicht voraussetzte und diese als »bas-bleus de l'agiotage« abwertete, analog zur Verunglimpfung gebildeter, emanzipierter Frauen als »Blaustrümpfe«. Die Assoziation der »bas bleus« mit der *agiotage* war doppelt pejorativ, denn der Begriff zielte nicht auf ein konkretes Börsengeschäft (das Differenzgeschäft), sondern allgemein auf eine als negativ und unseriös wahrgenommene Form der Spekulation.[78] Weil die in großen Bündeln gehandelten *Pennystocks* bei vermögenslosen Spekulanten beiderlei Geschlechts Anklang fanden, behauptete dieser Autor zwar: »L'agiotage n'a plus de sexe«. Mit der angeblichen Geschlechtsneutralität war es freilich nicht weit her, die moralische Bewertung der Akteure war deutlich gegendert: Derselbe Autor erlaubte sich eine spezifische Mischung von Mitleid und Abscheu gegenüber den »mégères« und ihren moralischen und körperlichen Unzulänglichkeiten, die bei Männern kaum denkbar gewesen wäre.[79] Ebenso scheinen von dieser abwertenden Rhetorik die bürgerlichen Frauen ausgenommen zu sein, die sich abends in der Wandelhalle des »Crédit Lyonnais« am Boulevard des Italiens einfanden: Sie werden in populären Quellen nicht erwähnt, denn sie entstammten einer anderen sozialen Schicht und agierten im halböffentlichen Raum der Bank.[80]

Das Bild der spekulierenden Frau in erzählenden Quellen ist letztlich uneindeutig: Einerseits stammten sie aus allen Schichten, aus Mittelklassen, Bürgertum und Adel; nur dass Frauen aus den letztgenannten Gruppen natürlich selten auf der Straße handelten, schon gar nicht bei den *pieds humides*.[81] Andererseits dominierte die spekulierende, eher ärmliche Witwe als besonders pittoreskes Motiv das Bild: die »créatures d'âge incertain

---

77 Die Zitate in: *Callet*, Chronique; ähnlich die Handbücher: *Paul Roué*, Code pratique de la bourse, Paris [1908], S. 61f.; sowie das bis 1905 in 16 Auflagen erschienene Werk (73.000 Stück bis 1941) von *S. Robert-Milles*, Grammaire de la bourse. Traité pratique élémentaire des opérations de bourse, Paris/Sévin 1900, S. 296f.; literarisch: *Zola*, L'Argent, S. 11 und 16f.

78 *Leo Lespès*, Courrier de Paris, in: Gazette Pittoresque, 28.1.1855. Der Begriff des Blaustrumpfs *(bas-bleus)* wurde im England des 19. Jahrhunderts mit Verweis auf die Anfang der 1750er-Jahre gegründete »Blue Stockings Society« geprägt, einen literarischen Salon, den zahlreiche gebildete Frauen frequentierten.

Die Vorwürfe gegen *agioteurs* standen in der Tradition der Wucherkritik; sie wurden in der Aufklärung, verstärkt nach der Revolution 1789 und während der Terreur erweitert und verschärft. Vor allem mit Blick auf Warentermingeschäfte wurde der Vorwurf des Hamsterns und der Preistreiberei erhoben. Seitdem war *agiotage* in der politischen Sprache des 19. Jahrhunderts zu einem absoluten Negativbegriff geworden, im Gegensatz zur Tätigkeit des angeblich ernsthaften *actionnaire*. *Anette Höfer*, Agiotage, Agioteur, in: *Rolf Reichardt/Hans-Jürgen Lüsebrink* (Hrsg.), Handbuch politisch-sozialer Grundbegriffe in Frankreich 1680–1820, Bd. 12, München 1992, S. 7–29, hier: S. 28f. Die Tätigkeit der Agioteure der Kulisse wurde dabei unmittelbar in den Zusammenhang von Schleichhandel und unsauberen illegalen Geschäften gestellt: »[ils] agiotaient, trafiquaient et tripotaient«, zit. nach: ebd.

79 *Lespès*, Courrier de Paris.

80 *Alfred Colling*, La prodigieuse histoire de la Bourse, Paris 1949, S. 301 und 318; *Maurice Mogenet*, Un siècle d'économie française 1863–1963, Paris 1963, S. 76; *Pierre Casselle*, Paris républicain 1871–1914, Paris 2003, S. 228f.

81 *Hissung-Convert*, La spéculation boursière face au droit 1799–1914, S. 94f.

[…], épaisses matrones ou sèches usurières« in zusammengewürfelter Kleidung: Kreaturen unklaren Alters, stämmige Matronen und hagere Wucherinnen.[82] Einerseits verfolgten sie wie ihre männlichen Gegenstücke eine eher aktive, kurzfristige Anlagestrategie und schienen durchaus zu wissen, wie die Transaktionen funktionierten. Andererseits wurde ihnen von Geschlechts wegen ökonomische Unkenntnis unterstellt.

In Grafiken, Daguerreotypien und frühen Fotografien zeigt sich die demgegenüber eindeutige visuelle Codierung des »männlichen« Börsenhandels. Die Menge der Spekulanten und Makler wird als ernsthaft blickende, gelegentlich hektisch gestikulierende Männer gezeigt, dunkel gewandet und mit hohem Zylinder. Auf dieses Accessoire wollten selbst die »habitués de l'Extérieur« nicht verzichten, die nicht zum Parkett zugelassenen Kulissenhändler und *pieds humides*.[83]

Die visuellen Repräsentationen spekulierender Frauen spiegelten wiederum die Uneindeutigkeit und Mannigfaltigkeit des Phänomens. Grafiken aus dem letzten Drittel des 19. Jahrhunderts pflegten nämlich zwei entgegengesetzte Darstellungsstrategien. Eine war offen misogyn, etwa »La Bourse des femmes« des bekannten Grafikers Paul Renouard (1845–1924), der in karikaturhaftem Stil eine Gruppe alter Frauen mit Einkaufskörben einem feisten Börsenmakler gegenüberstellte.[84] Ein anderer Künstler präsentierte in »Bravant le qu'en dira-t-on« (dem Gerede der Leute trotzend) eine Gruppe Frauen, die Gerüchte austauschen, sich untereinander beraten, von einem Herrn mit Zylinder belehrt werden und einem Makler, der innerhalb des Gitters mit seinem Notizbuch wartet, ihre Orders mitteilen. Die offensichtlich älteren Frauen sind mit ihren altmodischen Hauben, wärmenden Plaids und festem Schuhwerk deutlich als Angehörige nichtbürgerlicher Schichten gekennzeichnet. Sie bringen – mutmaßlich – das Vermögen des verblichenen Gatten durch, während im Hintergrund zwei junge Mütter mit Kindern als moralische Kontrastfolie fungieren (Abbildung 1).[85]

Ganz anders dagegen »La joueuse discrète«, eine junge, bürgerliche, à la mode gekleidete Dame, die ihrem Makler diskret, aber mit bestimmter Geste Anweisungen erteilt und kritisch die Angaben in seinem Notizbuch mustert (Abbildung 2). Beide Karikaturen, die als Ausschnitte in einer Akte der Pariser Polizeipräfektur liegen, scheinen sich aufeinander zu beziehen. Sie sind stilistisch ähnlich und die Szenerie ist spiegelbildlich, aus entgegengesetzten Perspektiven dargestellt.[86]

Auch Paul Renouard stellte einige »Intéressées aux affaires« als schick gekleidete Damen mit Pelzkragen dar, die vor dem Börsenpalast am Gitter vorbeidefilieren.[87] Eine wei-

---

82 *Charles Buet*, Gens de sac et de… bourse. Notes au courant de la plume, in: Paris Illustré, 1.11.1885, Nr. 37, H. »La Bourse«, S. 222–223.
83 Vgl. eine Sammlung von Zeitungsausschnitten in: APP, DB/188, Dossier »Bourse«. Ende des Jahrhunderts fanden sich – selten – auch einige Herren mit Melone ein. Weitere Beispiele finden sich in: *Marnin Young*, Capital in the Nineteenth Century. Edgar Degas's Portraits at the Stock Exchange in 1879, in: nonsite.org, 15.12.2014, URL: <http://nonsite.org/article/capital-in-the-nineteenth-century> [3.2.2016].
84 »La Bourse des femmes«, in: Paris Illustré, 1.11.1885, Nr. 37, H. »La Bourse«, S. 221. Das Heft wurde von Paul Renouard gestaltet und enthält gelungene Charakterstudien von Akteuren des Finanzplatzes.
85 Lithografie »Bravant le qu'en dira-t-on«, APP, DB/188, Dossier »Bourse«.
86 Lithografie »La joueuse discrète«, APP, DB/188, Dossier »Bourse«. Bemühungen, Autorschaft und Druckort der auch stilistisch zusammengehörigen Karikaturen zu verifizieren, waren leider vergeblich.
87 Lithografien »Intéressées aux affaires«, »Le public des tribunes«, in: Paris Illustré, 1.11.1885, Nr. 37, H. »La Bourse«, S. 212 und 210. Das zweite Bild zeigt eine Rückansicht von fünf sich über das Geländer der Tribüne beugenden Personen, darunter zwei Frauen. »L'escalier du télégraphe« (ebd., S. 211) zeigt die dunklen Umrisse der Personen auf der großen Freitreppe – darunter im Vordergrund den Schattenriss einer Dame.

Abbildung 1: »Bravant le qu'en dira-t-on«

Bravant le qu'en dira-on.

tere, kolorierte Lithografie Renouards lässt auf den ersten Blick nicht einmal eine Spekulantin erkennen: Eine junge Dame in aufwendigem blauen Kleid, mit Hütchen und Schirm sitzt bei einem Erfrischungsgetränk vor einem Bistro. Aufmerken lässt, dass sie allein dort sitzt, ihr Notizbuch in der Hand, vor dem Palais Brongniart, dessen markante Säulenreihen Pariser unschwer wiedererkannten (Abbildung 3).[88] Das Motiv war offenbar so vielsagend und repräsentativ, dass Renouard es einer Ausgabe von »Paris Illustré« über die Pariser Börse als Titelblatt voranstellte. Dieselbe junge Dame mit dem auffälligen Schirm stellte Renouard in einer weiteren Grafik vor die Menge der männlichen Börseninteressierten, die abends vor den sich schließenden Toren des »Crédit Lyonnais« drängelte, um die letzten Geschäfte zu tätigen (Abbildung 4).[89] Beide Grafiken mit der jungen Dame zeigen eine sonderbare Mischung aus Nähe und Distanz zum Börsengeschehen, ein gewisses Gefühl der Fremdheit und Verlassenheit: Die junge Frau fixiert den Betrachter. Sie gehört ganz offensichtlich nicht dazu, das hat sie letztlich mit den »alten Witwen« gemein. Sie steht inmitten der männlichen Spekulanten und doch abseits.

Wie und in welchem Umfang (klein-)bürgerliche Frauen auf dem Finanzmarkt handelten, ist bei der derzeitigen Forschungslage für Frankreich unklar. Wer aus Schicklichkeit vom Geschehen im und um den Palais Brongniart Abstand hielt, konnte auch über Banken und Mittelsmänner spekulieren. Offenbar hielten auch die im Zivilrecht eingeschränkten Verfügungsrechte von Ehefrauen über Vermögen und Mitgift diese nicht davon ab, Aktienemissionen zu zeichnen oder Börsenorder zu erteilen – ohne Einverständnis des Gatten und notfalls unter dem Mädchennamen. Je nach Güterstand der Frau hatte das im

---

88 Kolorierte Lithografie »La Bourse«, Titelblatt von: Paris Illustré, 1.11.1885, Nr. 37, H. »La Bourse«, S. [209].
89 »La petite bourse du soir au Crédit lyonnais«, in: ebd., S. 220.

Spekulation für Jedermann und Jedefrau 163

Abbildung 2: »La joueuse discrète«

Konfliktfall unterschiedliche Konsequenzen. Eine Frau, die dem Dotalrecht unterlag, konnte nicht über die unveräußerliche Mitgift verfügen; die Zeichnung war von vornherein (ex tunc) null und nichtig und die Aktiengesellschaft konnte keine Ansprüche durchsetzen. Bei Gütertrennung war die Zeichnung zwar ohne das Einverständnis des Ehemannes ebenfalls nichtig, der getäuschten Aktiengesellschaft stand aber Schadenersatz zu. Eine Börsenorder ohne Einwilligung des Mannes begründete dagegen eine Schadenersatzpflicht des Maklers gegenüber dem Ehemann und sogar gegenüber der Frau, selbst wenn diese den Makler über ihren Güterstand getäuscht hatte.[90] Diese Einschränkungen der Geschäftsfähigkeit der Frau galten freilich für die in den erwähnten populären Darstellungen gängigen stereotypen Witwen nicht: Sie konnten ohnehin frei über ihr Vermögen verfügen.

---

90 *Onésime Masselin*, Dictionnaire juridique. Législation et nouvelle jurisprudence en matière de finance et sociétés, sur les opérations de banque, bourse et coulisse […], Paris 1888, S. 136–140; *Auguste Vavasseur*, Bulletin, in: Revue des Sociétés, 1899, H. 9, S. 481–486, hier: S. 483.

Abbildung 3: Titelblatt »La Bourse«

»Gegenderte« normative Quellen und moralisierende Diskurse schließen Frauen zwar aus dem Handlungsfeld Spekulation diskursiv aus und codieren dieses »männlich«.[91] Über die soziale Praxis ist damit aber nichts gesagt. Hier besteht noch Forschungsbedarf. Frauen wurden seit der Aufklärung aus den Handlungsfeldern Spekulation und Geldanlage und aus dem Wirtschaftsleben insgesamt diskursiv eskamotiert, ihre Eignung für politische und ökonomische Führung systematisch negiert. Ungewöhnlich lange hat dieses ideologische Hintergrundrauschen den Blick der Forschung für die ökonomischen Handlungsmöglichkeiten von Frauen verstellt. Erst in den letzten Jahren konnte gezeigt werden, dass der Transfer ökonomischen Wissens und ökonomischer Praktiken weniger geschlechts- als schichtenabhängig war. Auch für die Rolle von Frauen für die Unternehmensfinanzierung, unternehmerische Netzwerke und im Einzelfall für die Unternehmensführung wurde

---

91 *Stäheli*, Spektakuläre Spekulation, S. 265–287.

Spekulation für Jedermann und Jedefrau 165

Abbildung 4: »La petite bourse du soir au Crédit lyonnais«

die Relevanzfrage neu gestellt. Das Investitionsverhalten von Frauen (und Männern) des 19. Jahrhunderts darf zudem nicht nach heutigen Rationalitäten beurteilt werden. Die bis heute verbreitete Annahme, Frauen bevorzugten risikoaverse und konservative Investitionen, ist wegen der ihr zugrunde liegenden geschlechtsspezifischen Erwartungshaltung zweifelhaft. Angesichts der kürzeren Lebenserwartung vor und während des demografischen Umbruchs konnte beispielsweise eine risikoreiche, schneller zu Gewinn führende Investitionsstrategie durchaus rational sein. Genauso ist die Vorstellung eines nicht nur diskursiven, sondern tatsächlichen Ausschlusses von Frauen aus der Geldökonomie kritisch zu hinterfragen.[92]

---

92 *Yves Cohen*, Le siècle des chefs. Une histoire transnationale du commandement et de l'autorité 1890–1940, Paris 2013, S. 275–277 und 376–378; *David R. Green/Alastair Owens/Josephine Maltby* (Hrsg.), Men, Women, and Money. Perspectives on Gender, Wealth, and Investment 1850–1930, Oxford/New York etc. 2011; *Anne Laurence/Josephine Maltby/Janette Rutterford*,

V. Weiterführende Überlegungen

Die Frage nach der Teilhabe von M. et Mme Tout-le-monde, von Jedermann und Jedefrau am französischen Kapitalismus lässt sich nicht nur mit Verweis auf jenen Teil der Mittelklassen und des Bürgertums beantworten, die in der französischen Vermögenshierarchie statistisch greifbar waren. Der Sinn solcher Platzhalternamen – wie auch »M. Untel« und »Mme Unetelle«, »Joe Sixpack« oder der deutsche »Ottonormalverbraucher« – wäre doch stark eingeschränkt. Auf Umwegen kann man jenen Kleinanlegern auf die Spur kommen, die nicht über Nachlassakten, Steuerakten, Anleihe- und Aktienregister erfasst werden können – weil sie nur in Bereichen aktiv wurden, die sich dem ordnenden Zugriff des Steuerstaats und der Verwaltung von Schuldtiteln entzogen. Dazu gehören der Kulissenhandel in seinen verschiedenen Facetten und die *officines* mit ihren intransparenten, oft bevorzugt an Kleinanleger gerichteten Produkten.

Trotz des oft kleinen Volumens einzelner Transaktionen können die Geschäfte auf dem grauen Finanzmarkt aussagekräftig sein für die Frage nach der Verbreitung von Finanzmarktwissen und für die massenhafte Akzeptanz des Kapitalismus durch Mitmachen, durch Spekulation. Das sind mehr als nur pittoreske Aperçus auf einem Nebenschauplatz der Geschichte der Finanzmärkte. Es handelt sich um Schnittstellen zwischen Finanzmarkt und Öffentlichkeit, an denen sich am Beispiel der Spekulation die Verallgemeinerung kapitalistischer Praktiken zeigen lässt.

Eine Sozialgeschichte des französischen Kapitalismus, die solche Formen der Partizipation und der Aneignung von Praktiken untersucht, darf allerdings nicht von den fundamentalen Ungleichheitsstrukturen absehen, die der Industrie- und Finanzkapitalismus fortschrieb und (meist) verschärfte. Auch bei diesen »neuen« Anlegern, Spekulantinnen und Spekulanten stellt sich die Frage nach sozialer Ungleichheit: erstens mit Blick auf das materielle Vermögen, das sie ›nach unten‹ (wo es völlig fehlte) und ›nach oben‹ (wo es ungleich größer, ja immens war) abgrenzte[93]; zweitens mit Blick auf Vermögen im übertragenen Sinn von Handlungsfähigkeit und Kompetenz, Informations- und Marktzugang.[94]

Damit hängt die Frage nach der ökonomischen Ratio der Akteure zusammen und nach ihrem Verständnis von Risiko und Chance. Denn offensichtlich wollten nicht alle Kleinanleger – Männer wie Frauen – dem für sie propagierten Sicherheitsdenken folgen. Ein Teil von ihnen tat das Gegenteil von dem, was ihnen die zeitgenössische Ratgeberliteratur ans Herz legte: Sie handelten (bewusst oder unbewusst) gerade nicht risikoavers; hatten nicht genügend Vermögen zur Diversifikation; interessierten sich für Verbriefungen, Los-

---

Introduction, in: *dies.* (Hrsg.), Women and Their Money 1700–1950. Essays on Women and Finance, London 2009, S. 1–29, hier: S. 1–5; *Gunilla-Friederike Budde*, Bürgerinnen in der Bürgergesellschaft, in: *Peter Lundgreen* (Hrsg.), Sozial- und Kulturgeschichte des Bürgertums. Eine Bilanz des Bielefelder Sonderforschungsbereichs (1986–1997), Göttingen 2000, S. 249–271, hier: S. 250–254; *Sandra Maß*, Formulare des Ökonomischen in der Geldpädagogik des 18. und 19. Jahrhunderts, in: WerkstattGeschichte 2011, Nr. 58, S. 9–28, hier: S. 6f. und 16f.; *Sandra Maß*, Kinderstube des Kapitalismus? Monetäre Erziehung im 18. und 19. Jahrhundert, München 2016 (im Erscheinen); *Christiane Eifert*, Deutsche Unternehmerinnen im 20. Jahrhundert, München 2011, S. 9–15.

93 Adeline Daumard stellt die berechtigte Frage, ob nicht gerade das Vorhandensein kleiner Sparsummen das Gefühl der Frustration von Unterschichten und unteren Mittelklassen noch verschärfte, angesichts der auf dem politischen Massenmarkt omnipräsenten Berichterstattung über Superreiche, Spekulationsgewinne und politisierte Finanzskandale. *Adeline Daumard*, Problèmes généraux et synthèse des résultats, in: *dies.*, Les fortunes françaises au XIXe siècle, S. 1–177, hier: S. 177.

94 Einen solchen weiten Begriff des Vermögens im Sinn von »vermögen, etwas zu tun« schlägt Simone Derix vor: *Simone Derix*, Die Thyssens. Familie und Vermögen, Paderborn 2016 (im Erscheinen).

anleihen und ausländische, oft exotische Papiere.[95] Doch darf über vermeintlich irrationales Handeln von Akteuren nicht im Lichte einer angeblich überzeitlichen und abstrakten Rationalität geurteilt werden, die zum Ex-post-Urteil neigt: Als rational erscheint, was erfolgreich war.[96] Wer das Spiel suchte, erwarb eine Losanleihe – das war ganz folgerichtig. Ende des 19. Jahrhunderts waren offenbar viele Kleinanleger nicht mehr mit der Regelmäßigkeit und Zuverlässigkeit kleiner Zinszahlungen zu beeindrucken; sie suchten zunehmend die großen, wenn auch selteneren Gewinnchancen. So lockten bei den städtischen Anleihen von Paris nicht die Vielzahl kleiner Loszuteilungen die Anleger, sondern die wenigen großen Lose. Auf diesen Effekt setzten also nicht nur *officines*, sondern sogar öffentliche Emittenten.[97]

Mangels Quellen ist es schwer, Motivstruktur, Erfahrungen und Kenntnisse dieser Anleger näher zu charakterisieren, ohne ungebührlich zu psychologisieren. Der erwähnte Ökonom Alfred Neymarck vereinte eine profunde Kenntnis des Pariser Finanzplatzes mit einem eher pessimistischen Menschenbild und beobachtete ein typisches Verhaltensmuster bei »neuen«, nicht professionellen Spekulanten: Nach den ersten erfolgreichen Transaktionen nehme das Risikobewusstsein bis hin zum Kontrollverlust ab; Ratschläge würden nur gesucht, um eigene Vorannahmen bestätigt zu finden – nur dann würden sie auch akzeptiert; gerade die kleinen Anleger, die nach außen betonten, nicht spekulieren zu wollen, schienen nichts mehr zu ersehen als die Chance auf den großen Coup: »Le public est joueur«.[98]

Die Fähigkeit dieser Personen zur Wahrnehmung und Bewertung von Risiken ist freilich quellenmäßig schwer greifbar. Doch wäre es überraschend, wenn ihre Finanzkompetenz größer gewesen wäre als jene heutiger Zeitgenossen. Denn trotz des allgemein gestiegenen Bildungsniveaus fehlt vielen Menschen immer noch grundlegendstes Wissen über ökonomische Fakten, Konzepte und kausale Zusammenhänge. Damit einher gehen eine häufig falsche Selbsteinschätzung der eigenen Kenntnisse, mangelndes Verständnis für grundlegende Rechenoperationen (Prozentrechnung, Zins und Zinseszins, nominaler und effektiver Zins), für einfache Formen statistischen Denkens (Bewertung der Chancen eines Lotterie-

---

95 *Kang/Seck*, Les épargnants et le marché financier, S. 335f.; *Neymarck*, Que doit-on faire de son argent?, S. 365–371 und 504–507. Die von Alfred Neymarck präsentierten Musterdepots für »petits rentiers« und »petits capitalistes«, die Anlagen »de tout repos« wählen sollten, waren nur mit einem gewissen Vermögensstock realisierbar. Ähnliches riet der liberale Ökonom und Publizist Paul Leroy-Beaulieu (1843–1916), der seit 1878 den Lehrstuhl für politische Ökonomie am Institut de France innehatte: *Paul Leroy-Beaulieu*, L'art de placer sa fortune, Paris 1906, S. 89–100 und 205–212. Im Grunde gaben die Autoren dieselben Tipps, die heute noch gelten: nur Titel, die regelmäßig und in großem Volumen gehandelt werden; diversifizieren; nur bekannte Firmen mit nachvollziehbarer Geschäftsidee, über deren Geschäft, Gremien, Geschäftskontakte und Geschäftszahlen Informationen verfügbar sind; nur vermittelt über große Banken oder am Ort etablierte Finanzhäuser, nicht bei unbekannten oder neu gegründeten Instituten; nicht auf der Basis von Prospekten, Rundschreiben, Flugblättern oder Finanzzeitschriften; keine Arbitrage-Geschäfte, schon gar nicht auf ausländischen Märkten; nur Geschäfte, die sofort liquidiert werden – also keine Leerverkäufe *(à découvert)* oder kreditfinanzierten Käufe *(de report)* oder Ähnliches.
96 *Lutz*, Akteurszentrierter Institutionalismus, S. 50f.
97 Bei Pariser Kommunalanleihen betrug der Hauptgewinn in der 1. Ziehung beispielsweise bis zu 100.000 Francs, in der 2. Ziehung 10.000 Francs und schließlich 1.000 Francs – diese Staffelung etablierte sich ab 1855 als Standard. Einen ähnlichen Effekt konnte in den 1950er-Jahren die französische Nationallotterie feststellen. Als sie ihre Ziehungen auf eine große Zahl kleinerer und mittlerer Losgewinne umstellte, sank das Interesse, obwohl die Wahrscheinlichkeit eines Gewinns stieg. Die Lotterie stellte deshalb wieder auf wenige große Gewinne um. *Gallais-Hamonno*, La création d'un marché obligatoire moderne, CD-Rom, Annexe I.
98 *Neymarck*, Que doit-on faire de son argent?, S. 31–33 und 506f., das Zitat S. 28f.; ein treffendes literarisches Beispiel für dieses Verhalten bietet die Beschreibung des Ehepaars Maugendre bei: *Zola*, L'Argent, S. 200–204.

gewinns oder eines Ausfallrisikos) und für das Konzept der Wahrscheinlichkeit als solches. In einer einzigen Entscheidungssituation mehrere Faktoren wie Risikoabschätzung, Zeithorizont der Anlage, Kosten, Liquidität, Spesen eines vorzeitigen Rückkaufs und schließlich Verzinsung zu kombinieren, stellt für Anleger bis heute eine Herausforderung dar.[99]

Die von der Geschichtswissenschaft inzwischen systematisch in Angriff genommene Analyse von Strukturen und Institutionen verschiedener Märkte bietet die nötige Grundlage, um in dieser Richtung weiterzudenken. Sozialwissenschaftliche und historische Arbeiten zu diskursiven Strategien von Akteuren und zu Prozessen der Institutionalisierung von Märkten liegen inzwischen ebenfalls vor. Das Beispiel spekulierender Frauen, deren Präsenz an der Börse heftig und hämisch diskutiert wurde, zeigt, wie aufschlussreich solche Zugriffe sein können: Die scharfe diskursive Ausschließung von Frauen vom Finanzplatz sollte dessen Stabilisierung und Professionalisierung dienen, wobei alte Vorurteile über leidenschaftliche und hinterlistige, Männer täuschende und instrumentalisierende Frauen aufschienen.[100]

Eine Sozialgeschichte des Kapitalismus muss das spekulative Handeln von Frauen und kleinen Anlegern als Untersuchungsobjekt eigenen Rechts behandeln. Denn diese Akteure waren nicht nur als Konsumentinnen und Konsumenten, als Lohnempfängerinnen und -empfänger in den Kapitalismus integriert. Sie wollten auch als Anleger, Spekulantinnen und Spekulanten in einer Mischung aus »désir et crainte« an der von Zola beschriebenen »grande loterie de la spéculation« teilhaben und legitimierten so den Kapitalismus durch Mitmachen.

---

99 *Inga Wobker/Peter Kenning/Marco Lehmann-Waffenschmidt* u.a., What Do Consumers Know about the Economy? A Test of Minimal Economic Knowledge in Germany, in: Journal of Consumer Protection and Food Safety 2014, S. 231–242, hier: S. 239–241; *Marco Monti/Riccardo Boero/Nathan Berg* u.a., How Do Common Investors Behave? Information Search and Portfolio Choice among Bank Customers and University Students, in: Mind & Society 11, 2012, S. 203–233, hier: S. 210–212. Weiterführende Hinweise zum Thema statistisches Denken beim Nestor der Forschungsrichtung in Deutschland: *Gerd Gigerenzer*, How I Got Started. Teaching Physicians and Judges Risk Literacy, in: Applied Cognitive Psychology 28, 2014, S. 612–614. Alfred Neymarck erkannte vor 100 Jahren den Nachholbedarf an finanzieller Bildung, der durch sozialen Aufstieg, eine steigende Sparquote und die Expansion des Finanzmarkts virulent wurde. Die wachsende Zahl der Besitzenden brauche ein breites Börsengrundwissen, umso mehr, als das Anlageverhalten gerade der Kleinanleger immer aktiver werde. Nötig sei nicht nur die Vermittlung technischer Kenntnisse über Finanztransaktionen *(instruction financière)*, sondern auch die Vermittlung charakterlicher Qualitäten an künftige Anleger, eine *éducation financière* im emphatischen Sinn, die klassische bürgerliche – im Kern »männliche« – Tugenden stärken sollte: Ausdauer *(persévérance)*, Geduld *(patience)* und eine gewisse Kaltblütigkeit *(sang-froid)* in Finanzdingen. Mit seinen zahlreichen Publikationen etablierte er sich geschickt in dieser Bildungslücke: *Neymarck*, Que doit-on faire de son argent?, S. 8–11, 21–24, 30 und 33f.

100 *Thompson*, The Virtuous Marketplace, S. 146–149 und 154–156; Artikel »Jeu«; *Hissung-Convert*, La spéculation boursière face au droit 1799–1914, S. 328; *Lynn Hunt*, The Many Bodies of Marie-Antoinette. Political Pornography and the Problem of the Feminine in the French Revolution, in: *Dena Goodman* (Hrsg.), Marie-Antoinette. Writings on the Body of a Queen, New York 2003, S. 117–138, hier: S. 120–122 und 131–134. Urs Stäheli geht für die USA von einer weitgehenden Universalisierung der Spekulation Ende des 19. Jahrhunderts aus (nach Zulassung von Kulissenhandel, Optionen und Futures), sodass liberale Ordnungsvorstellungen (die sozialistische und konservative Börsen- und Wucherkritik bleibt außen vor) nur noch wenige Ansatzpunkte für eine Abgrenzung des eigenen, professionellen und vermeintlich rationalen Spekulierens fanden: Frauen und Unterschichten, also Uninformierte, denen spekulative Übertreibungen und Hysterien angelastet wurden. Dabei interessiert sich Stäheli nicht für deren Handeln, sondern für die Diskurse der anderen über die Frauen, für die »gegenderten« Codierungen des Markts und seiner Akteure, die auf weiblich codierte Massen-Semantiken zurückgriffen; *Stäheli*, Spektakuläre Spekulation, S. 265–287.

Catherine Davies

Spekulation und Korruption

Zur Sozial- und Diskursgeschichte des Gründerkrachs und der »Panic of 1873«

Finanz- und Wirtschaftskrisen waren im letzten Drittel des 19. Jahrhunderts schon lange kein unbekanntes Phänomen mehr. Dass Handel und Verkehr, besonders der mit Wertpapieren auf Finanzmärkten, konjunkturellen Schwankungen unterlagen, galt vielen Beobachtern als ausgemacht. Hatten die klassischen Theoretiker der politischen Ökonomie Überproduktion und Spekulation für unvereinbar mit dem Postulat des Gleichgewichts gehalten, so ließ sich spätestens seit den 1860er-Jahren die Existenz von derartigen Krisen kaum noch leugnen. Während der transatlantischen Finanzkrise von 1837 hatte der Brite Samuel Jones Loyd (der spätere Lord Overstone) – wie etwa zeitgleich die US-Amerikaner Condy Raguet und Charles Francis Adams – erstmals davon gesprochen, dass immer wiederkehrende Perioden akuter Geldknappheit Teil eines regelmäßigen Zyklus seien.[1] 1862 hatte der französische Statistiker Clément Juglar eine Studie veröffentlicht, die quantitativ einen 7- bis 11-jährigen Krisenzyklus anhand der Barreserven dreier großer Banken nachzuweisen suchte.[2] Zwar war damit unter Theoretikern noch kein Konsens hergestellt[3], gleichwohl hatten plötzliche Marktpaniken und die Vernichtung von Geldwerten seit dem vorigen Jahrhundert doch an Fremdheit eingebüßt und waren zu einem vertrauten Phänomen geworden. Der deutsche Ökonom und Journalist Max Wirth hatte sich bereits im Anschluss an die Krise von 1857 an einer historisch-narrativen Darstellung des Phänomens versucht, die im Laufe der nächsten Jahrzehnte mehrere Auflagen erlebte.[4]

Hatten Finanzkrisen also im Laufe des 19. Jahrhunderts einiges von ihrer ursprünglichen Rätselhaftigkeit eingebüßt, blieben sie in anderer Hinsicht nach wie vor eine interpretatorische Herausforderung. Denn die bloße Tatsache, dass Krisen regelmäßig wiederkehrten, beantwortete noch nicht die Frage nach den Ursachen für ihre Entstehung. Walter Bagehot, Herausgeber des »Economist«, sah den Auslöser von Krisen auf dem Geldmarkt in der Furcht, »dass gewisse Personen ihre Gläubiger nicht bezahlen werden, wenn diese bezahlt zu werden wünschen«.[5] Worin aber lag die tiefere Ursache für ihre Entstehung? Warum stiegen die Preise für Wertpapiere im Vorfeld der Panik so rasch an? Wenn eine plötzliche Furcht vor einem Zahlungsausfall der Grund für die Panik war, wer trug dann die Verantwortung für die sich anschließenden Vermögensverluste?

In den Protesten der englischen Landbevölkerung gegen hohe Brotpreise im späten 18. und frühen 19. Jahrhundert erkannte Edward P. Thompson bekanntlich eine zugrunde liegende *moral economy*: ein System von Normen, das mit den anonymen Preisbildungsprozessen des Marktes konfligierte und die Brotkonsumenten gegen die als illegitim empfun-

---

1 *Jessica M. Lepler*, The Many Panics of 1837. People, Politics, and the Creation of a Transatlantic Financial Crisis, New York 2013, S. 236f.
2 *Clément Juglar*, Des crises commerciales et de leur retour périodique en France, en Angleterre et aux États-Unis, Paris 1862.
3 *Harry E. Miller*, Earlier Theories of Crises and Cycles in the United States, in: Journal of Economics 38, 1924, S. 294–329.
4 *Max Wirth*, Geschichte der Handelskrisen, Frankfurt am Main 1858.
5 *Walter Bagehot*, Lombard Street. A Description of the Money Market, London 1873.

denen Praktiken der Weizenspekulanten und -produzenten schützen sollte. Diese Normen bezogen ihre Legitimität aus althergebrachten und weitverbreiteten, in der Vormoderne verankerten Überzeugungen, die als allgemeingültig empfunden wurden.[6] Mit Blick auf die Finanzmärkte des letzten Drittels des 19. Jahrhunderts gab es eine solch etablierte *moral economy* hingegen nicht. Weder bestand hier eine Dichotomie von Konsumenten einerseits, Produzenten und Spekulanten andererseits, noch gab es aufgrund der relativen Neuheit von Wertpapieren und Börsen einen Konsens darüber, was in dieser Sphäre des wirtschaftlichen Lebens legitime und illegitime Praktiken sein sollten.[7]

Diese Frage nach der Legitimität stellte sich verschärft im Moment der Krise. Der Soziologe Urs Stäheli hat Börsenpaniken als Gleichheitserfahrung beschrieben, vor der »es keine sozialen Unterschiede mehr« gebe: »Jeder ist ihr gleichermaßen ausgesetzt – und genau darin liegt ihre egalisierende und demokratisierende Wirkung. […] Die Panik gleicht einer Epidemie, der jeder gleichsam naturwüchsig ausgesetzt ist.«[8] Die von Stäheli diagnostizierte Gleichheitserfahrung war aber bestenfalls eine momenthafte, wie im Folgenden anhand der Finanzkrisen des Jahres 1873 gezeigt werden soll, um deren Ursachen, Bedeutung und soziale Folgen Zeitgenossen erbittert rangen. Zentral war in diesem Zusammenhang gerade nicht die Erfahrung von Gleichheit im Angesicht des Kurssturzes, sondern im Gegenteil die Wahrnehmung, dass es vor allem Menschen geringen Vermögens waren, die getroffen worden seien, während Wohlhabende und Mächtige von der Panik profitiert hätten. Eng verknüpft war damit die Frage nach der Verantwortlichkeit: War die Krise möglicherweise das Werk einiger weniger, die sich mit ihr auf Kosten der Kleinen bereichert hatten? Oder war sie Symptom eines Sittenverfalls, der die ganze Gesellschaft erfasst hatte? Im Folgenden soll diesen Fragen mit Blick auf die amerikanische und deutsche Finanzkrise des Jahres 1873 nachgegangen werden. Im September des Jahres kam es an den amerikanischen und deutschen Börsen zu massiven Kurseinbrüchen, die in Deutschland unter der Bezeichnung »Gründerkrach«, in den USA unter dem Namen »Panic of 1873« bekannt wurden. Vorausgegangen war diesen Börsenereignissen in beiden Ländern eine Phase des steilen wirtschaftlichen Wachstums und der Hochspekulation in Wertpapieren, die vor allem der Eisenbahnbau befördert hatte. Die Kursstürze im Spätsommer 1873 waren Vorboten einer mehrere Jahre währenden wirtschaftlichen Stagnation, die sich in Form von teils negativen, teils geringen Wachstumsraten sowie sinkenden Börsenkursen, Warenpreisen und Reallöhnen manifestierte.[9] In diesem Kontext entspannten sich in beiden Ländern Debatten über die Ursache und Bedeutung der jeweiligen Krise, die manche Gemeinsamkeiten, aber auch signifikante Unterschiede aufwiesen. Im ersten

---

6 *Edward P. Thompson*, The Moral Economy of the English Crowd in the Eighteenth Century, in: Past & Present 50, 1971, S. 76–136.
7 Ab der zweiten Hälfte des Jahrhunderts kamen deutschsprachige Ökonomen zunehmend zu dem Schluss, dass Börsenspekulation volkswirtschaftliche Vorteile mit sich bringe, in der breiteren Öffentlichkeit aber war ihre Legitimität weiterhin umstritten. Vgl. *Alexander Engel*, Vom verdorbenen Spieler zum verdienstvollen Spekulanten. Ökonomisches Denken über Börsenspekulation im 19. Jahrhundert, in: Jahrbuch für Wirtschaftsgeschichte 54, 2013, S. 49–69.
8 *Urs Stäheli*, Spektakuläre Spekulation. Das Populäre der Ökonomie, Frankfurt am Main 2007, S. 215.
9 *Hans-Ulrich Wehler*, Deutsche Gesellschaftsgeschichte, Bd. 3: Von der »Deutschen Doppelrevolution« bis zum Beginn des Ersten Weltkriegs 1849–1914, München 1995, S. 552–567; *Margrit Grabas*, Die Gründerkrise von 1873/79 – Fiktion oder Realität? Einige Überlegungen im Kontext der Weltfinanz- und Wirtschaftskrise von 2008/2009, in: Jahrbuch für Wirtschaftsgeschichte 52, 2011, S. 69–96, insb. S. 77f. Für die USA vgl. *Samuel Rezneck*, Distress, Relief, and Discontent in the United States during the Depression of 1873–78, in: Journal of Political Economy 58, 1950, S. 494–512; *Christina D. Romer*, The Prewar Business Cycle Reconsidered: New Estimates of Gross National Product, 1869–1908, in: Journal of Political Economy 97, 1989, S. 1–37.

Teil dieses Aufsatzes soll gezeigt werden, dass der deutsche Krach als Zäsur erfahren wurde, in deren Folge die öffentliche Debatte um Kapitalismus und Liberalismus eine neue, rassifizierte Qualität erhielt. In der amerikanischen Debatte hingegen, so die These des zweiten Teils, reihte sich die Krise weitgehend in bereits existierende Zeitdiagnosen ein. Der Grund für diese Unterschiede, so soll abschließend argumentiert werden, lag einerseits in unterschiedlichen diskursiven Traditionen, andererseits in der anders gelagerten wirtschaftlichen Natur der jeweiligen Krisen.

I. DER GRÜNDERKRACH ALS ZÄSUR: SKANDAL UND KRIMINALISIERUNG

In Deutschland waren die Vermögensverluste infolge der Krise erheblich. Seit der Reform der Aktiengesetzgebung im Jahr 1870 waren in Preußen 857 Aktiengesellschaften gegründet worden, viereinhalb Jahre später waren davon 123 liquidiert worden und weitere 37 waren in Konkurs gegangen.[10] Doch auch die Besitzer von Aktien anderer Gesellschaften, die nicht Bankrott gingen, hatten häufig erhebliche Verluste zu verkraften. Ein Preisrückgang im hohen zweistelligen Prozentbereich war keine Seltenheit: Zwischen November 1872 und November 1875 sanken die Aktienkurse im Schnitt um etwa 26%.[11]

Dass in den frühen 1870er-Jahren an deutschen Börsen die Aktienkurse immer schneller gestiegen waren, war Beobachtern nicht verborgen geblieben; die Börsenspalten der Tageszeitungen – die in der zweiten Hälfte der 1860er-Jahre zu einem Standardelement der Presse wurden – hatten diese Bewegungen aufmerksam registriert und mitunter vor der sich breitmachenden Euphorie gewarnt.[12] Die steigenden Börsenkurse waren dabei nicht in Form von Grafiken visualisiert worden; diese Technik sollte erst später zu einem zentralen Bestandteil der Finanzberichterstattung werden.[13] Stattdessen hatten Reporter die Börse als Institution erzählt, in der zwei anonyme Akteursgruppen das Auf und Ab der Kurse bestimmten: das »Börsenelement« (auch »Spekulation«) einerseits und das »Privatkapital« andererseits, wobei ersterer Begriff professionelle Aktienhändler und Banken, letzterer Personen umfasste, die ihr privates Vermögen in Wertpapieren anlegten. In der Regel, so die Beobachtung der Berichterstatter, waren es die professionellen Akteure als »eigentliches Börsenelement«, die die Richtung der Kurse vorgaben. Ängstlichkeit und

---

10 *Ernst Engel*, Die erwerbsthätigen juristischen Personen insbesondere die Actiengesellschaften im preussischen Staate, Berlin 1876, S. 19.
11 Diese Zahl hat Ulrich Ronge mit Blick auf die dreißig größten deutschen Aktiengesellschaften kalkuliert. Vgl. *Ulrich Ronge*, Die langfristige Rendite deutscher Standardaktien. Konstruktion eines historischen Aktienindex ab Ultimo 1870 bis Ultimo 1959, Frankfurt am Main/Berlin etc. 2002, S. 63f. und 212. Ronges Zahlen beinhalten Dividenden. Legt man den von Anja Weigt kalkulierten Index zugrunde, verlor ein Anleger zwischen Januar 1871 und Dezember 1875 im Durchschnitt 0,41% pro Jahr. Vgl. *Anja Weigt*, Der deutsche Kapitalmarkt vor dem Ersten Weltkrieg – Gründerboom, Gründerkrise und Effizienz des deutschen Aktienmarktes bis 1914, Frankfurt am Main 2005, S. 94. Es handelt sich hierbei allerdings um Modelle, die die Erfahrung der einzelnen Aktionäre nur bedingt widerspiegeln, da diese nicht in Indizes, sondern in einzelne Unternehmen investierten.
12 1865 stellte die Redaktion der »Berliner Börsen-Zeitung« in einem Rückblick fest, dass nun »jede größere politische Zeitung für Börsenberichte ein ständiges Rubrum eröffnet und selbst das winzigste Lokalblatt das Bedürfniß des Publikums [erkennt], über die Situation des größeren Marktes fortgesetzt unterrichtet zu werden«. Vgl. *Emil Dovifat*, Die Zeitungen, Gotha 1925; *Friedrich Bertkau*, 75 Jahre Berliner Börsen-Zeitung. 1. Juli 1855–1. Juli 1930, in: *ders./Arnold Killisch von Horn* (Hrsg.), 75 Jahre Berliner Börsen-Zeitung, Berlin 1930, S. 9–32, hier: S. 25.
13 *Jakob Tanner*, Wirtschaftskurven. Zur Visualisierung des anonymen Marktes, in: *David Gugerli/Barbara Orland* (Hrsg.), Ganz normale Bilder. Historische Beiträge zur visuellen Herstellung von Selbstverständlichkeit, Zürich 2002, S. 129–158.

Herdenverhalten waren dagegen Eigenschaften, die vor allem mit Privatkapitalisten assoziiert wurden. Erst als die Privatanleger ihre übliche Zurückhaltung aufgegeben hatten, so der Tenor der Berichte, war es zum rasanten Kursanstieg gekommen.[14]

In den Wochen und Monaten nach der Panik erschien es nun zunächst, als seien – ganz im Sinne von Stähelis These von der Panik als Gleichheitserfahrung – Berufsbörsianer wie Privatanleger gleichermaßen Opfer des Krachs geworden. Exakte Zahlen darüber, wie weitverbreitet der Aktienbesitz unter verschiedenen gesellschaftlichen Gruppen zu dieser Zeit gewesen war, existierten dabei nicht; insofern waren die Belege für die Behauptung, welche Gruppen in welchem Umfang vom Krach betroffen worden waren, zwangsläufig anekdotischer Natur.[15] In den Wochen nach dem Krach erschienen zunächst mehrere Berichte über Börsenmakler, die sich, durch den Ruin ihrer Ehre beraubt, das Leben genommen hatten.[16] Gleichzeitig füllten sich die deutschen Zeitungen mit Anekdoten über Schicksale einzelner Privatanleger, die durch den Kurssturz in Not geraten waren. Das »Berliner Tageblatt« erzählte die Geschichte eines Fuhrherrn, der seinen Fuhrpark an eine Aktiengesellschaft gegen Aktien verkauft und diese bei derselben als Kaution hatte hinterlegen müssen. Mit dem Fallit der Gesellschaft war der ehemals wohlhabende Unternehmer mittellos geworden. Die Überschrift des Artikels, »Einer von den Vielen«, deutete an, dass sein Schicksal kein ungewöhnliches war.[17] In derselben Ausgabe berichtete das Blatt von im Zuge der Spekulationsblase entstandenem »Scheinkapital« in Form von »Gefälligkeitsaccepten«, die auf »simple Handwerker, kleine Kaufleute« ausgestellt worden waren, ohne dass diese sich ein Bild vom Umfang ihrer Verbindlichkeiten gemacht hätten.[18] Wenig später wurde von einem Ratsherrn aus Demmin berichtet, der »sein ganzes, allerdings nicht erhebliches, aber mühsam erworbenes Vermögen« in nunmehr wertlose Aktien angelegt, »bis auf wenige Thaler eingebüßt und aus Verzweiflung hierüber wohl den Tod gesucht« habe.[19] Zunehmend wurde außerdem deutlich, dass nicht nur unmittelbar am Börsenspiel Beteiligte, sondern auch solche, die nie Aktien besessen hatten, von den Folgen der Krise betroffen waren. Nachdem zahlreiche »Bankhäuser und Versicherungsgesellschaften«, die in den vergangenen Jahren jungen Angehörigen »der bevorzugten Stände« einen auskömmlichen Erwerb geboten hätten, infolge der Krise geschlossen hätten, seien viele »gewesene Offiziere, Referendarien und Kaufleute« ohne Anstellung und würden sich vorläufig mit einfachen Arbeiten wie dem Anfertigen von Wählerlisten über Wasser halten müssen.[20] Die in diesen und ähnlichen Berichten beschriebenen Umstände warfen ein moralisches Problem auf: Was bedeutete es, wenn Menschen, die nie in Aktien investiert hatten, dennoch von den Folgen des Krachs betroffen waren? Waren umgekehrt Anleger, die freiwillig ihr Erspartes in riskante Wertpapiere angelegt hatten, automatisch selbst verantwortlich für ihr Schicksal?

---

14 Vgl. zum Beispiel Berliner Börse, in: Der Aktionär, 14.1.1872; Berliner Börse, in: Der Aktionär, 5.11.1872; Berliner Cours-Bericht, in: Berliner Tageblatt, 8.1.1873; Berliner Cours-Bericht, in: Berliner Tageblatt, 15.1.1873.
15 Einer Berechnung zufolge belief sich die Aktiensparquote auf dem Höhepunkt des Booms 1872 auf mindestens 9,29%, eine im Vergleich zu früheren Jahren (1871: 1,55%) außerordentlich hohe Zahl (die tatsächlich wohl noch deutlich höher lag). Vgl. *Markus Baltzer*, Der Berliner Kapitalmarkt nach der Reichsgründung 1871. Gründerzeit, internationale Finanzmarktintegration und der Einfluss der Makroökonomie, Berlin/Münster 2007. Die Aktiensparquote sagt allerdings nichts über die Verteilung des Aktienbesitzes auf verschiedene Schichten aus.
16 Lokal-Nachrichten, in: Berliner Tageblatt, 4.11.1873.
17 Einer von den Vielen, in: Berliner Tageblatt, 24.10.1873.
18 Die Wirkungen des Börsenkrachs, in: Berliner Tageblatt, 24.10.1873.
19 Lokal-Nachrichten, in: Berliner Tageblatt, 5.11.1873.
20 Lokal-Nachrichten. Die Folgen der Geldkrisis, in: Berliner Tageblatt, 29.11.1873.

Der Verdacht, dass die Auswirkungen des Krachs ungleich verteilt waren, drängte sich nicht zuletzt deswegen auf, weil sich bereits vor dem Platzen der Aktienblase zwei Börsenskandale ereignet hatten, in denen es den wohlhabenden und teils adligen Verantwortlichen gelungen war, sich weitgehend unbeschadet aus der Affäre zu ziehen. So hatte der »Eisenbahnkönig« Bethel Henry Strousberg 1868 von der rumänischen Regierung den Auftrag bekommen, im Land Eisenbahnen zu bauen. Zu diesem Zweck hatte er im Verbund mit drei Adligen – Hugo Herzog von Ujest, Victor Herzog von Ratibor und Karl Graf Lehndorff-Steinort – ein Konsortium gebildet, das die Anleihen des Unternehmens an der Börse platzieren sollte. Tausende Anleger in Preußen und andernorts erwarben daraufhin rumänische Eisenbahnpapiere. Wenige Jahre später, im Jahr 1871, stellte sich heraus, dass der Zeitplan für den Bau nicht einzuhalten war und die versprochenen Zinsen wohl nicht gezahlt werden könnten; sowohl die Investoren als auch die Mitglieder des Konsortiums sahen sich mit massiven Verlusten konfrontiert. Letztere allerdings konnten auf die Unterstützung höchster Kreise zählen: Nachdem Reichskanzler Otto von Bismarck und Kaiser Wilhelm I. zu ihren Gunsten interveniert hatten, gewährten die Bankiers Gerson von Bleichröder und Adolph Hansemann den Herzögen von Ratibor und Ujest umfangreiche Kredite. Den Kleinanlegern wurde dagegen keine entsprechende Unterstützung zuteil.[21] Dass Ratibors Gebaren weithin registriert und als unziemlich empfunden wurde, zeigte sich bei den Wahlen des Jahres 1871. Ratibor kandidierte für die Freikonservativen für den Reichstag, konnte sich aber nicht gegen den wenig bekannten Kandidaten des Zentrums durchsetzen. Erzürnte Liberale und Konservative sahen darin das Resultat illegitimer politischer Einflussnahme durch katholische Priester; tatsächlich aber spricht einiges dafür, dass die Wähler Ratibor für seine Rolle bei Strousbergs Unternehmungen abstraften.[22]

Der nächste Eisenbahnskandal – wohl der bekannteste der deutschen Geschichte des 19. Jahrhunderts – ereignete sich knapp zwei Jahre später. Der nationalliberale Parlamentarier Eduard Lasker bezichtigte zahlreiche prominente Konservative, sich durch Beteiligungen an Eisenbahnunternehmungen bereichert zu haben. Sein Angriff galt insbesondere Hermann Wagener, einem Beamten im Staatsministerium und engen Weggefährten Bismarcks. Er warf ihm vor, als Gründer einer Eisenbahn-Aktiengesellschaft mehrfach gegen geltendes Recht verstoßen zu haben, wobei er vom preußischen Handelsminister gedeckt worden sei. Zwei andere hochrangige preußische Konservative und Mitglieder des Herrenhauses, Calixt Prinz Biron von Kurland und Wilhelm Malte Fürst zu Putbus, hatten sich, so Lasker, an ähnlich fragwürdigen Projekten beteiligt; im Ergebnis hatten zahlreiche Anleger Geld verloren. Laskers Enthüllungen resultierten in einem veritablen Skandal, der Handelsminister Heinrich Friedrich von Itzenplitz sowie Hermann Wagener die Posten kostete; letzterer wurde außerdem dazu verurteilt, 1,8 Millionen Mark Schadensersatz zu zahlen.[23] Putbus und Biron dagegen gingen aus der Geschichte weitgehend unbescha-

---

21 *Fritz Stern*, Gold and Iron. Bismarck, Bleichröder, and the Building of the German Empire, New York 1977, S. 358–369; *Joachim Borchart*, Der europäische Eisenbahnkönig Bethel Henry Strousberg, München 1991, S. 123–162. Allerdings wurde die Anlagesumme mitsamt Zinsen mit einiger Verspätung Ende der 1870er-Jahre dann doch noch gezahlt. Für Kleinanleger war dieser Ausgang Anfang der 1870er-Jahre natürlich nicht voraussehbar. Vgl. ebd.

22 *Margaret Lavinia Anderson*, Liberalismus, Demokratie und die Entstehung des Kulturkampfes, in: *Rudolf Lill/Francesco Traniello* (Hrsg.), Der Kulturkampf in Italien und in den deutschsprachigen Ländern, Berlin 1993, S. 116–119. Noch Anfang 1877 warben adlige Politiker des Zentrums im Wahlkampf mit dem Versprechen, »den Aktienschwindel und das Gründerthum« zu beseitigen. Vgl. *Markus Raasch*, Der Adel auf dem Feld der Politik. Das Beispiel der Zentrumspartei in der Bismarckära (1871–1890), Düsseldorf 2015, S. 262.

23 *Gordon R. Mork*, The Prussian Railway Scandal of 1873: Economics and Politics in the German Empire, in: European Studies Review 1, 1971, S. 36–38; Stern, Gold and Iron, S. 242.

det hervor.²⁴ Ähnlich wie in der Strousberg-Affäre konnte sich auch hier der Eindruck aufdrängen, dass für wohlhabende, adlige Mitglieder der herrschenden Schicht nicht dieselben Normen galten wie für andere. Aus dieser Perspektive betrachtet war es kein Zufall, dass es den Bürgerlichen Wagener härter getroffen hatte als seine aristokratischen Gesellen.

Verstärkt wurde dieser Eindruck noch durch ein Antikorruptionsgesetz, das 1873 im Reichstag und im darauffolgenden Jahr in Preußen verabschiedet wurde. Beamten sollte es in Zukunft verboten sein, sich an der Gründung einer Aktiengesellschaft zu beteiligen oder Mitglied in deren Vorstand oder Aufsichtsrat zu werden.²⁵ Für Abgeordnete sollten diese Vorschriften allerdings nicht gelten; ihnen stand die Möglichkeit eines solchen Nebenverdiensts weiterhin offen. Auch hierin konnte man eine Ungleichbehandlung erblicken, wie ein Abgeordneter des Herrenhauses, Graf von der Schulenburg-Beetzendorf, bemerkte.²⁶ Schließlich war weithin bekannt, dass Aktiengesellschaften bevorzugt Adlige in den Vorstand berufen hatten, um so Anleger von der vermeintlichen Seriosität des Unternehmens zu überzeugen. Vor dem Hintergrund der Strousberg-Affäre, der Enthüllungen Laskers und der vor allem seit dem Herbst 1873 zahlreich zirkulierenden Geschichten von nunmehr mittellosen Kleinanlegern musste die Reform des Beamtengesetzes wie eine halbherzige Maßnahme erscheinen, die an den eigentlichen Missständen und Übeltätern vorbeiging.

Gleichzeitig gab es seitens der Justizbehörden durchaus Bestrebungen, den schlimmsten Auswüchsen des Gründungsfiebers der vergangenen Jahre mit den Mitteln des Straf- und Zivilrechts beizukommen. Lasker selbst hatte bereits Ende 1872 den preußischen Justizminister Adolph Leonhardt aufgefordert, die Staatsanwaltschaft in diesem Sinne zu instruieren, was dieser allerdings abgelehnt hatte.²⁷ Seit 1873 waren dann Staatsanwälte von sich aus tätig geworden; in den folgenden Jahren mussten sich in einer Reihe aufsehenerregender sogenannter Gründerprozesse Gründer von Aktiengesellschaften vor Gericht verantworten, häufig in mehreren Instanzen. Auch wenn sich die genaue Zahl dieser Prozesse nicht ermitteln lässt, so geht aus einer Übersicht Leonhardts hervor, dass allein beim Berliner Stadtgericht zwischen Anfang 1872 und Oktober 1876 insgesamt 98 einschlägige strafrechtliche Untersuchungen angestrengt worden waren. Von den 58 bereits erledigten Untersuchungen waren 49 eingestellt worden, in acht Fällen hatte der Prozess mit einer Verurteilung und in einem Fall mit einem Freispruch geendet. In fünf weiteren Fällen war es zur Anklage gekommen. Zur Erläuterung der Zahlen verwies der Minister auf die komplizierte, schwer zu durchschauende Sachlage: Der »wahre Thatbestand« sei schwierig zu ermitteln, weil die verzweigten Gesellschaftsverträge gerade dazu angelegt seien, diesen zu verschleiern. Darauf, und nicht auf mangelnden Eifer der Staatsanwaltschaft, sei die vergleichsweise geringe Zahl der Anklagen zurückzuführen.²⁸

---

24 *Mork*, Prussian Railway Scandal, S. 40.
25 »Gesetz, betreffend die Rechtsverhältnisse der Reichsbeamten. Vom 31. März 1873«, Reichs-Gesetzblatt 1873, S. 61–90. Die relevanten Bestimmungen finden sich in § 16. Das preußische »Gesetz, betreffend die Beteiligung der Staatsbeamten bei der Gründung und Verwaltung von Aktien-, Kommandit- und Bergwerks-Gesellschaften« findet sich in *Carl Pfafferoth*, Preußische Beamten-Gesetzgebung. Enthaltend die wichtigsten Beamtengesetze in Preußen. Dritte neubearbeitete Auflage, Berlin 1896, S. 34.
26 Stenographische Berichte, Preußisches Herrenhaus, 20.5.1874, S. 416.
27 Betreffend: die strafgerichtliche Verfolgung der bei der Gründung von Actiengesellschaften verübten Vergehen. Votum des Justizministers, 16.10.1876, Geheimes Staatsarchiv Preußischer Kulturbesitz (GStA PK), Ministerium des Innern. Central-Bureau, I. HA, Rep. 77, Tit. 859, Nr. 60.
28 Ebd. Der Minister reagierte damit auf ein Schreiben des Kaisers, in dem dieser sich über die Gründerprozesse besorgt gezeigt und von seinem Staatsministerium einen Bericht erbeten hatte. In der Mehrheit der Fälle (12) lautete die Anklage auf die Verletzung von § 263 des Strafge-

Tatsächlich spielten sich die Delikte, die den Angeklagten vorgeworfen wurden, in einem rechtlichen Graubereich ab, der die Gerichte vor einige Probleme stellte. Die Richter der verschiedenen Instanzen waren sich keineswegs einig darüber, wie Betrug und Täuschung bei der Gründung einer Aktiengesellschaft zu definieren seien. Hauptstreitpunkt war in aller Regel die Frage, ob die Gründer Aktionäre über den Wert beziehungsweise den Preis des Sachkapitals und ihren eigenen Gewinn beim Gründungsvorgang getäuscht hatten. Bei diesem Vorgang wurden Grundstücke, Fabriken und Ähnliches zunächst vom Gründerkonsortium erworben, bevor dieses in einem zweiten Schritt eine Gesellschaft gründete und das zuvor erworbene Kapital darin einbrachte. Auf der Grundlage des eingebrachten Sachkapitals wurden dann Aktien in einer Höhe emittiert, die seinem Wert entsprechen sollten. Der Vorwurf der Anklage lautete nun, dass letzterer im Prospekt mit einem höheren Preis angegeben wurde, als ursprünglich gezahlt worden war. Aus der Differenz beider Beträge ergab sich der sogenannte Gründergewinn, gewissermaßen das Honorar, das die Gründer sich für ihre Rolle bei dem Vorgang und das von ihnen eingegangene Risiko zahlten. Ein solches sei zwar nicht per se illegal, sei aber, so der häufig geäußerte Vorwurf, nicht im Prospekt ausgewiesen worden. Wo die Öffentlichkeit darüber im Unklaren gelassen wurde, seien potenzielle Aktionäre dazu verleitet worden, Aktien zu einem überhöhten Preis zu erwerben.

Insgesamt wurden die angeklagten Gründer in den meisten Fällen verurteilt.[29] Dabei kamen die Richter der verschiedenen Instanzen allerdings zu unterschiedlichen Urteilen. So urteilte das Königliche Stadt- und Kreisgericht zu Magdeburg am 27. Oktober 1875, dass die Angeklagten einen Gründerlohn erhalten hätten, der in keinem Verhältnis zu dem von ihnen eingegangenen Risiko gestanden habe. Die Art des Gründungsvorgangs und die Zwischenschaltung eines Mittelsmanns bewiesen, dass sie die Existenz und Höhe des Gründerlohns bewusst verschleiert hätten. Trotz der irreführenden Angaben im Prospekt sei aber der Tatbestand des Betrugs nicht erfüllt, da der Nachweis nicht erbracht worden sei, dass Aktionäre dadurch in einem konkreten Fall zur Aktienzeichnung bewegt worden wären. Das Appellationsgericht zu Magdeburg dagegen hob das Urteil mit der Begründung auf, dass zwei Zeugen ausgesagt hätten, aufgrund des im Prospekt erweckten positiven Gesamteindrucks Aktien des Unternehmens gezeichnet zu haben; der Tatbestand des Betrugs sei also erfüllt.[30]

In einem weiteren Fall kamen sowohl die unteren Instanzen als auch die Berufungsgerichte zu einem diametral entgegengesetzten Schluss. So wurden in Braunschweig zwei Fälle verhandelt[31], in denen den Angeklagten ebenfalls vorgeworfen wurde, den Kaufpreis im Prospekt nicht korrekt angezeigt und so die Höhe des Gründergewinns verschleiert zu haben. Dennoch kamen die Gerichte zu dem Schluss, dass es sich dabei nicht um Betrug

---

setzbuchs (Betrug) sowie meist zugleich auf Verletzung von Artikel 249, Nr. 1 und 3 des »Gesetzes, betreffend die Kommanditgesellschaften auf Aktien und die Aktiengesellschaften« von 1870 (falsche Angaben über das Grundkapital einer Gesellschaft bei der Eintragung des Gesellschaftsvertrags in das Handelsregister beziehungsweise falsche Darstellung des Vermögensbestands in der Generalversammlung). Vgl. ebd. Herrmann von Tessendorf, der ermittelnde Staatsanwalt, wurde im selben Zeitraum durch sein hartnäckiges Vorgehen gegen Berliner Sozialisten bekannt, vgl. *Thomas Welskopp*, Das Banner der Brüderlichkeit. Die deutsche Sozialdemokratie vom Vormärz bis zum Sozialistengesetz, Bonn 2000, S. 46; Prozeß gegen die Gründer der Wrede'schen Spritfabrik, in: Berliner Tageblatt, 10.6.1876.

29 Neben den von dem Justizminister erwähnten Fällen trifft dies auf vier weitere Fälle zu, die in einer einschlägigen Urteilssammlung enthalten sind: Civil- und kriminalrechtliche Entscheidungen deutscher Gerichtshöfe in Gründungssachen, Bd. 1, Berlin 1876.
30 Ebd., S. 63–89 und 153–162.
31 Zu den Braunschweiger Prozessen vgl. auch *Norman-Mathias Pingel*, Gründerkrach in Braunschweig, in: Braunschweigisches Jahrbuch für Landesgeschichte 83, 2002, S. 223–232.

gehandelt habe. Hatte das Magdeburger Gericht geurteilt, dass die Zwischenschaltung eines Mittelsmannes die Täuschungsabsicht der Angeklagten beweise, so erklärte das Braunschweiger Gericht gerade die Existenz zweier verschiedener Verträge zu einem entlastenden Indiz.[32]

Der Umstand, dass verschiedene Instanzen und Gerichte in ähnlichen Fällen zu solch divergierenden Einschätzungen und Urteilen kamen, zeigt, dass es in diesen Fragen keinen etablierten, gemeinhin akzeptierten juristischen Maßstab gab, den die Gerichte hätten anlegen können.[33] Diese Problematik offenbarte sich auch im Bereich des Zivilrechts. In seinem Bericht hatte der Justizminister noch die Befürchtung geäußert, dass Zivilgerichte die Entschädigungspflicht von Gründern feststellen und so für »Unruhe in den kaufmännischen Kreisen« sorgen würden.[34] Tatsächlich hatte der Civil-Senat des Königlichen Kammergerichts am 26. Juni 1876 entschieden, dass falsche Angaben über den Kaufpreis einer Spritfabrik, die in eine Aktiengesellschaft umgewandelt wurde, den darauf beruhenden Kauf von Aktien ungültig machten und die Beklagten dem Kläger die Kosten zurückerstatten müssten. Damit wurde ein früheres Urteil des Berliner Stadtgerichts aufgehoben.[35] Das Reichsoberhandelsgericht allerdings hob dann seinerseits dasjenige des Kammergerichts auf und urteilte im darauffolgenden Jahr, dass die Geheimhaltung des Gründergewinns noch keine Täuschungsabsicht belege und dass zudem nicht erwiesen sei, dass der Kläger durch diesen Umstand dazu bewogen wurde, Aktien zu kaufen.[36] Im Kern kreisten diese Erörterungen auch immer um die Frage, was einen »normalen«, rationalen ökonomischen Akteur zum Zeichnen von Aktien bewog: War es vorstellbar, dass sich jemand auch in Kenntnis hoher Gründerprovisionen zum Kauf von Aktien entschloss? Oder war ein solches Szenario vielmehr so unwahrscheinlich, dass ein Unterschlagen dieser Information den Tatbestand des Betrugs erfüllte?

So trocken sich diese Ausführungen und Urteilsbegründungen ausnahmen, so groß war die Aufmerksamkeit, die den Prozessen zuteilwurde. Als Kaiser Wilhelm I. 1876 sein Staatsministerium kraft einer »allerhöchsten Order« beauftragte, Erkundigungen über die Zahl der begonnenen Untersuchungen und Prozesse einzuholen, mutmaßte die »Deutsche Reichsglocke«, es handele sich dabei um einen Versuch, von höchster Stelle auf eine Einstellung der Ermittlungen hinzuwirken. In seiner Mitteilung an den Kaiser lehnte es der Justizminister ab, in diesem Sinne auf die Strafverfolgungsbehörden einzuwirken. Eine solche Anweisung liege nicht in seinem Machtbereich; gleichzeitig gab er zu bedenken, dass eine »grundsätzliche Abstandnahme von einem strafgerichtlichen Einschreiten [...] zweifellos die öffentliche Meinung aufregen und beunruhigen« würde.[37] Das Interesse der Öffentlichkeit an diesen Fragen war wohl vor allem deswegen so ausgeprägt, weil viele

---

32 Verhandlungen des Strafprocesses, die Gründung des Braunschweigischen Walzwerks betreffend, nebst Gutachten, Braunschweig 1878, S. 313–318. Die Verhandlungen wurden von den Verteidigern veröffentlicht, wie aus dem Vorwort hervorgeht.
33 Auch zwei Gutachter für den Deutschen Juristentag kamen zu divergierenden Urteilen. Vgl. Gutachten von Advokat Stenglein und Obergerichtsrat Dr. Mittelstädt, in: Verhandlungen des 14. deutschen Juristentages, hrsg. v. dem Schriftführer-Amt der ständigen Deputation, Bd. 1, H. 2, Berlin 1878, S. 89–126.
34 Betreffend: die strafgerichtliche Verfolgung der bei der Gründung von Actiengesellschaften verübten Vergehen. Votum des Justizministers, 16.10.1876, GStA PK, Ministerium des Innern. Central-Bureau, I. HA, Rep. 77, Tit. 859, Nr. 60.
35 Civil- und kriminalrechtliche Entscheidungen deutscher Gerichtshöfe in Gründungssachen, S. 28–47.
36 Entscheidungen des Reichsoberhandelsgerichts, Bd. 22, S. 388, Nr. 90.
37 Betreffend: die strafgerichtliche Verfolgung der bei der Gründung von Actiengesellschaften verübten Vergehen. Votum des Justizministers, 16.10.1876, GStA PK, Ministerium des Innern. Central-Bureau, I. HA, Rep. 77, Tit. 859, Nr. 60.

sich von den Gerichten eine Korrektur der sozialen Schieflage erhofften, die durch den Krach und die Börsenskandale der frühen 1870er-Jahre entstanden war. Die Aussagen der geschädigten Aktionäre vor Gericht beförderten diese Erwartung, besonders, wenn es sich um Handwerker, kleine Angestellte und die sprichwörtlichen »Witwen und Waisen« handelte; ihre Auftritte wurden von der Presse aufmerksam registriert und dokumentiert.[38] Mit Blick auf diese öffentliche Dimension der Prozesse und die an sie gestellte Erwartung der moralischen Genugtuung sprach ein kritischer Beobachter gar von einem »willkommene[n] Agitationsmittel«, ein Vehikel des »sociale[n] Hader[s]«, das dem »gewerbmässigen Denunciantenthum Thür und Thor« geöffnet habe.[39] Doch obwohl die Angeklagten in den meisten Fällen tatsächlich verurteilt wurden, trugen die Prozesse letztlich nicht dazu bei, die derart erhitzte öffentliche Stimmung zu befrieden – zu wenige Anklagen hatte es gegeben, zu lang hatten sich die Verfahren hingezogen und zu groß war die Uneinigkeit, die unter Richtern und Rechtsgelehrten in Hinblick auf elementare Fragen von Schuld und Verantwortlichkeit bestand.

Tatsächlich hatte sich zwischen 1874 und 1876, als in den Gründerprozessen zahlreiche Urteile gefällt wurden, die öffentliche Empörung im Vergleich zu 1873 noch einmal deutlich gesteigert. Die Finanzkrise hatte sich rasch zu einer umfassenden Wirtschaftskrise ausgeweitet, die Industrie und Handel in Mitleidenschaft zog, die Börsen zeigten keine Zeichen von Erholung. In diesem Kontext wurden mehrere sensationsheischende Enthüllungsschriften publiziert, die behaupteten, die wahren Schuldigen des Gründerkrachs zu entlarven. Ihr reißerischer Tonfall, die in ihnen vorgebrachten umfangreichen und gleichzeitig vagen Anschuldigungen standen in deutlichem Gegensatz zu den vor Gericht verhandelten diffizilen rechtlichen Fragen und zu den langsam mahlenden Mühlen der Justiz. Das bekannteste Exposé aus der Feder des Publizisten und ehemaligen Liberalen Otto Glagau[40] begann 1874 als Artikelserie in der »Gartenlaube«. 1876 erschienen diese Artikel gesammelt als Buch, 1877 folgte ein zweiter Band.[41] Glagau zufolge war der Gründerkrach Folge einer umfassenden Korruption, die die Gesellschaft, das Parlament und die Presse erfasst habe. Die vielfach zu hörende Behauptung dagegen, die Privatanleger selbst trügen aufgrund ihrer Leichtgläubigkeit und Gier eine Mitschuld an der Misere, wies er empört zurück. Die Hauptschuldigen, so Glagau, seien Gründer, die meisten von ihnen Juden, die das Publikum gezielt hinters Licht geführt hätten; insgesamt nannte er mehr als 100 Namen von Personen, die sich derart schuldig gemacht hätten. Sie seien in ihren Betrügereien unterstützt worden von einem willfährigen Staat, der ihnen Land verkauft habe; von Beamten, die sich als Aufsichtsratsmitglieder bei Schwindelunternehmungen verdingt hätten und von einer Presse, die als Gegenleistung für Anzeigen jene Unternehmen hochgejubelt habe.[42]

Die Anschuldigungen stießen auf große Resonanz; im Vorwort zu seinem Buch (das in mehreren Auflagen erscheinen sollte) berichtete Glagau von zahlreichen Leserbriefen, die ihn in Reaktion auf seine Artikel erreicht hätten. Anknüpfend an Glagaus Veröffentlichun-

---

38 *Justinus Moeller*, Gründerprocesse. Eine criminalpolitische Studie, Berlin 1876, S. 13. In einem Braunschweiger Prozess hatten beispielsweise ein Sattlermeister und ein Bahnangestellter ausgesagt; vgl. Verhandlungen des Strafprocesses, die Gründung des Braunschweigischen Walzwerks betreffend, S. 138f. Generell erlauben die überlieferten Quellen aber keine präzisen Aussagen über den sozioökonomischen Status der Geschädigten.
39 *Moeller*, Gründerprocesse, S. 8.
40 Zu Glagaus Werdegang vgl. *Daniela Weiland*, Otto Glagau und »Der Kulturkämpfer«. Zur Entstehung des modernen Antisemitismus im frühen Kaiserreich, Berlin 2004, S. 43–46.
41 *Otto Glagau*, Der Börsen- und Gründungsschwindel in Berlin. Gesammelte und stark vermehrte Artikel der »Gartenlaube«, Leipzig 1876; *ders.*, Der Börsen- und Gründungsschwindel in Deutschland, Bd. 2, Leipzig 1877.
42 *Glagau*, Der Börsen- und Gründungsschwindel in Berlin, S. 145, 187 und 317.

gen wurden mehrere Schriften publiziert, in denen es ebenfalls hieß, die deutsche Regierung, Verwaltung, Wirtschaft und Gesetzgebung seien von jüdischen Bankiers unterwandert und korrumpiert worden. Der Begriff der Korruption, bis dato in Deutschland wenig populär, wurde erstmals zu einem dominanten Deutungsmuster.[43] 1875 erschien die berüchtigte Artikelserie Franz Perrots in der konservativen »Kreuzzeitung«, in der Bismarck und seine liberalen Verbündeten bezichtigt wurden, deutsche Interessen verkauft und »Judenpolitik« betrieben zu haben. Als Hauptverantwortlichen machte Perrot Bismarcks jüdischen Bankier Gerson von Bleichröder aus. In katholischen Zeitungen wurden wenig später ebenfalls Artikel veröffentlicht, die die vermeintliche »Judenwirtschaft« scharf attackierten.[44] 1876 wurden Glagaus Anschuldigungen gar Gegenstand einer Debatte im Reichstag, als ein Abgeordneter des Zentrums den Liberalen Johannes Miquel wegen seiner Tätigkeit als Direktor beziehungsweise Aufsichtsrat einer Bank, der »Disconto-Gesellschaft«, attackierte.[45] Im selben Jahr erschien außerdem ein Pamphlet aus der Feder eines ehemaligen Mitglieds des Preußischen Herrenhauses, das Bismarck bezichtigte, einem von Bleichröder geleiteten Konsortium Vorteile gewährt und im Gegenzug günstige Aktien erhalten zu haben, ein Vorwurf, der später entkräftet wurde. 1877 schließlich wurde die Schrift »Politische Gründer und die Corruption in Deutschland« aus der Feder des Sozialkonservativen Rudolph Meyer veröffentlicht. Meyer bezichtigte Bleichröder und die »Disconto-Gesellschaft«, in den 1860er-Jahren den Markt für Hypotheken- und Personalkredite monopolisiert, die deutschen Eisenbahnen unter ihre Kontrolle gebracht und massenhaft wertlose Anleihen auf die öffentliche Hand abgewälzt zu haben. Weiterhin hätten die »Gründerei und der sündhafte, durch das Actiengesetz ermöglichte und durch das laxe Strafgesetz begünstigte Schwindel an der Börse […] die Capitalien deplatziert«; das Ergebnis dieser weitverbreiteten Korruption sei Klassenhass und eine Spaltung in Arm und Reich gewesen. Die Hauptschuldigen an dieser Lage, so Meyer, seien Juden oder mit Juden verwandte Christen: »Das Judenthum dringt mit seinen Agenten in alle einflussreichen Kreise. […] Die ganze Presse ist den Gründern dienstbar.«[46]

Gänzlich neu war diese Verknüpfung von Börsenkritik, Antikapitalismus, Antisemitismus und Antiliberalismus nicht. Die gedankliche Assoziation von Juden und Geld hatte sich vielmehr bereits im Europa des Hochmittelalters herausgebildet, als jüdische Händler zunehmend von christlichen verdrängt worden waren und sich auf Tätigkeiten wie Geldverleiher konzentriert hatten; eine Entwicklung, die vor allem den antijüdischen Bestimmungen der Zünfte und dem zunehmend restriktiv ausgelegten Zinsverbot der Kirche geschuldet war. Die Idee wiederum, dass Juden als treibende Kraft des politischen Liberalismus agierten, war im deutschsprachigen Raum erstmals unter Konservativen während der Reformära aufgekommen, aber nach deren Ende zunächst wieder weitgehend in Vergessenheit geraten.[47] Mit der Krise des politischen Konservatismus in der »liberalen Ära« in der zweiten Hälfte der 1850er-Jahre wurden diese Ideen in den publizistischen Organen der Sozialkonservativen um Hermann Wagener (demselben Wagener, der im Zuge des von Lasker ausgelösten Korruptionsskandals zurücktreten musste) erstmals an-

---

43 *Jens Ivo Engels*, Politische Korruption in der Moderne. Debatten und Praktiken in Großbritannien und Deutschland im 19. Jahrhundert, in: HZ Bd. 282, 2006, S. 313–350, insb. S. 329–339.
44 *Rebecca Ayako Bennette*, Fighting for the Soul of Germany. The Catholic Struggle for Inclusion after Unification, Cambridge/London 2012, S. 56f.
45 *Weiland*, Otto Glagau und »Der Kulturkämpfer«, S. 54. Miquel war zu dem Zeitpunkt bereits aus dem Direktorium ausgeschieden, gehörte aber noch dem Aufsichtsrat an.
46 *Rudolph Meyer*, Politische Gründer und die Corruption in Deutschland, Leipzig 1877, S. 57, 111, 172–176, 183–185 und 196, Zitat auf S. 111. Zu diesen Kampagnen vgl. *Stern*, Gold and Iron, S. 500–508.
47 *Marcel Stoetzler*, The State, the Nation, and the Jews. Liberalism and the Antisemitism Dispute in Bismarck's Germany, Lincoln 2008, S. 193 und 211.

satzweise popularisiert und gezielt für politische Zwecke instrumentalisiert. Ziel war es, Angehörige des alten Mittelstands, die sich von der Handels- und Gewerbefreiheit bedroht sahen – kleine Grundbesitzer, Einzelhändler und städtische Handwerker – für den Konservatismus zu gewinnen.[48] Doch erst in den 1870er-Jahren erreichten diese Ideen ein breites Publikum und wurden zu einem dominanten Deutungsmuster der wirtschaftlichen Verhältnisse; eine Entwicklung, die in der Gründung der ersten antisemitischen Organisationen und Parteien Ende der 1870er- und Anfang der 1880er-Jahre vorläufig kulminierte.[49]

Neben dem ökonomischen Kontext der Gründerkrise war diese Entwicklung auch der Reichsgründung selbst geschuldet, infolge derer sich die Kommunikation zwischen den Regionen und Milieus intensivierte und die zuvor vergleichsweise isolierten konservativen Gruppen auch im Zuge der verstärkten Parteienkonkurrenz zusammenwuchsen und an Sichtbarkeit gewannen. Gleichzeitig schien es vielen nach 1871, als sei die nationale Integration unvollendet, die innere Einheit angesichts der nach wie vor bestehenden sozialen und konfessionellen Spaltungen weiterhin bedroht. Unter diesem Eindruck erschien das Feindbild des jüdisch-liberalen Kapitalisten als willkommenes Mittel der sozialen Integration.[50] So wurde der Topos des »jüdischen Gründerschwindels« auch auf katholischer Seite bereitwillig aufgenommen und fortgeführt. Nachdem katholische Blätter bereits 1875 einschlägige Artikel veröffentlicht hatten, argumentierten katholische Publizisten noch mehrere Jahre später und bis zum Ende des Kaiserreichs, Juden hätten den antikatholischen Kulturkampf inszeniert, um von ihrem Aktienschwindel abzulenken.[51] Auch auf der Linken, wo antijüdische Invektiven bereits vor der Reichsgründung keineswegs tabu gewesen waren, blieben Glagaus Veröffentlichungen nicht ohne Wirkung.[52] Franz Mehring, Mitte der 1870er-Jahre ein aufstrebender sozialistischer Politiker, bezichtigte Leopold Sonnemann von der »Frankfurter Zeitung«, seine Position missbraucht zu haben, indem er in seiner Zeitung Unternehmen gepriesen habe, an denen er finanziell beteiligt war. Sonnemann wies diese Anschuldigungen als verleumderisch zurück, woraufhin es zum Prozess kam. Das Berufungsgericht entschied, dass Sonnemann sich in dieser Frage tatsächlich unehrenhaft verhalten habe.[53] Auch dort, wo Sozialdemokraten sich offensiv gegen den politischen Antisemitismus aussprachen, geschah dies in der Regel nicht ohne Beteuerungen, dass man keinesfalls Philosemit sei und sehr wohl wisse, dass nicht

---

48 *Henning Albrecht*, Antiliberalismus und Antisemitismus. Hermann Wagener und die preußischen Sozialkonservativen 1855–1873, Paderborn/München etc. 2010.
49 In dem von Heinrich von Treitschke (ebenfalls einem ehemaligen Liberalen) ausgelösten Berliner Antisemitismusstreit dagegen spielten der Gründerkrach und der vermeintlich jüdische Anteil daran sowie die ökonomische Rolle von Juden allgemein kaum eine Rolle. Vgl. *Stoetzler*, The State, the Nation and the Jews, S. 80f.
50 *Werner Jochmann*, Antisemitismus im Deutschen Kaiserreich, 1871–1914, in: *ders.*, Gesellschaftskrise und Judenfeindschaft in Deutschland 1870–1945, Hamburg 1988, S. 30–98, hier: S. 33; *Shulamit Volkov*, Germans, Jews, and Antisemites. Trials in Emancipation, Cambridge/New York etc. 2006, S. 97.
51 *Olaf Blaschke*, Katholizismus und Antisemitismus im Deutschen Kaiserreich, Göttingen 1997, S. 88. Rebecca Ayako Bennette zufolge riss die antisemitische Berichterstattung in den katholischen Zeitungen 1875 vor allem deswegen ab, weil nicht alle Redakteure sich auf die glagausche Spielart der Judenfeindschaft verpflichten wollten und es bevorzugten, diese in traditionellen religiösen Begrifflichkeiten zu artikulieren. Vgl. *Bennette*, Fighting for the Soul of Germany, S. 61f.
52 *Rosemarie Leuschen-Seppel*, Sozialdemokratie und Antisemitismus im Kaiserreich. Die Auseinandersetzung der Partei mit den konservativen und völkischen Strömungen des Antisemitismus 1871–1914, Bonn 1978, S. 39–48.
53 *Dovifat*, Die Zeitungen, S. 66; *Thomas Höhle*, Franz Mehring. Sein Weg zum Marxismus, 2., überarb. Aufl., Berlin (Ost) 1958.

wenige Juden sich tatsächlich an unlauteren Praktiken der Ausbeutung beteiligen würden.[54]

So entfaltete sich parallel zu den langwierigen Zivil- und Kriminalprozessen eine immer schriller werdende Kampagne, die im Kern um die Behauptung kreiste, der Gründerkrach sei das Werk einiger jüdisch-liberaler Verschwörer, die mit ihren finanziellen Interessen die ganze Gesellschaft korrumpiert hätten. Es verstand sich von selbst, dass in dieser Perspektive die Rechtsprechung kein Korrektiv sein konnte; Meyer hatte das Strafrecht explizit als zahnlos gegeißelt und auch darin das Ergebnis von Korruption gesehen. Die Finanzkrise, deren Folgen bis zum Ende des Jahrzehnts spürbar blieben, erschien nun menschengemacht: und zwar nicht als unbeabsichtigtes Ergebnis des anonymen Zusammenwirkens von Abertausenden wirtschaftlichen Akteuren, sondern als bewusstes Werk einer überschaubaren Gruppe jüdischer Verschwörer. Die Krise wurde rassifiziert und personalisiert; das ominöse »Börsenelement«, von dem in den Finanzspalten der Zeitungen immer wieder die Rede war, hatte ein Gesicht bekommen.

II. Die »Panic of 1873«: Kontinuität des Diskurses und der Gesetzgebung

Eisenbahnskandale im Kontext der Spekulationsblase der frühen 1870er-Jahre hatte es auch in den Vereinigten Staaten gegeben, und auch dort wurden diese im Anschluss an die Krise als Ergebnis einer weitverbreiteten, in alle Schichten und in alle gesellschaftlichen Bereiche reichenden Korruption gedeutet.[55] Dennoch entfaltete dieses Deutungsmuster im amerikanischen Kontext eine deutlich andere Dynamik.

Im Unterschied zu Deutschland genoss das Thema bereits vor dem Krach eine weit größere Sichtbarkeit. Das Gespenst der Korruption als lebensbedrohliche Gefahr für den *body politic* war seit dem 18. Jahrhundert zentraler Bestandteil des republikanischen Diskurses gewesen. Eine erneute Auflaubung erfuhr der Begriff dann mit dem amerikanischen Bürgerkrieg und der anschließenden Periode der *Reconstruction* in den Südstaaten – Jahre, in denen viele Amerikaner die Überzeugung gewannen, dass mit dem Krieg Spekulation und Extravaganz gänzlich neue Ausmaße erreicht hätten. Zu einem Teil verdankte sich dies der Tatsache, dass der amerikanische Bundesstaat auf eine bis dato nicht gekannte Größe angewachsen war, um den Krieg zu finanzieren.[56] Mit den gestiegenen Einnahmen und Ausgaben des Staats wuchsen auch die Möglichkeiten von Unternehmern und Staatsangestellten, daran zu verdienen. Andererseits wurde der Korruptionsvorwurf im Anschluss an den Bürgerkrieg unter Politikern und Anhängern der Demokratischen Partei zu einem probaten Mittel, die Präsidentschaft Ulysses S. Grants und den Versuch der Republikanischen Partei, in den Südstaaten gleiche Rechte für Afroamerikaner durchzuset-

---

54 *Lars Fischer*, The Socialist Response to Antisemitism in Imperial Germany, Cambridge/New York etc. 2007. Für eine wohlwollendere Interpretation vgl. dagegen zum Beispiel *Volkov*, Germans, Jews, and Antisemites, S. 119–129. Shulamit Volkov sieht die SPD seit den 1890er-Jahren als zentralen Akteur im emanzipatorischen Lager, in dem öffentliche antisemitische Äußerungen weitgehend verpönt waren.

55 Zur politischen Korruption in dieser Zeit vgl. *Ari Hoogenboom*, Did Gilded Age Scandals Bring Reform?, in: *Abraham S. Eisenstadt/ders./Hans L. Trefousse* (Hrsg.), Before Watergate. Problems of Corruption in American Society, New York 1978, S. 125–142; *Mark Wahlgren Summers*, The Era of Good Stealings, New York 1993; *ders.*, Party Games. Getting, Keeping, and Using Power in Gilded Age Politics, Chapel Hill 2004.

56 *Richard Franklin Bensel*, Yankee Leviathan. The Origins of Central State Authority in America, 1859–1877, Cambridge/New York etc. 1990, S. 42–93.

zen, zu diskreditieren. Damit einher ging die Entstehung eines neuen Journalistentypus, der seine Aufgabe darin sah, unlautere Machenschaften der Politik aufzudecken.[57]

Eine der bekanntesten Antikorruptionsschriften der Epoche aus der Feder der liberalen Reformer Charles Francis und Henry Adams erschien bereits 1869 – lange vor der »Panic of 1873« – und widmete sich den Operationen der »Börsenmatadore« Daniel Drew, Cornelius Vanderbilt und Jay Gould in ihrem Kampf um die Vorherrschaft in der »Erie Railroad Company«. Detailliert und voller Schärfe beschrieben die Autoren, wie die Kontrahenten nicht nur die Börse, sondern auch Richter und Gesetzgeber in New York und New Jersey durch Zuwendungen auf ihre Seite gezogen und sich Gesetze und Gerichtsentscheide erkauft hatten. So schamlos und so durchgängig korrupt seien die dortigen Parlamente, dass es in der Geschichte keine Parallele dazu gebe – eine Behauptung, die vielen Zeitgenossen zu diesem Zeitpunkt wohl weder übertrieben noch originell erschien.[58] Der nächste Skandal ließ nicht lange auf sich warten; diesmal waren es Institutionen und Abgeordnete der Bundesebene, die unter Verdacht gerieten. 1872 veröffentlichte die New Yorker »Sun« eine Meldung, der zufolge der Kongressabgeordnete Oakes Ames seine Kollegen bestochen habe, indem er ihnen Aktien des Bauunternehmens »Crédit Mobilier of America« verkauft habe. Als Mitglied des zuständigen Ausschusses hatte Ames dem Unternehmen den Zuschlag für einen Vertrag zum Bau der transkontinentalen »Union Pacific Railroad« gegeben, deren Gründer eng mit »Crédit Mobilier« verbunden waren. Seinen Kollegen, so die Zeitung, habe er Aktien angeboten, um sie zu Zuwendungen zum Unternehmen zu bewegen. Trotz der großen öffentlichen Empörung kam ein daraufhin eingesetzter Untersuchungsausschuss zu dem Schluss, dass Ames zwar den Versuch einer Bestechung unternommen habe, die Käufer durch die Annahme der Aktien aber nicht korrumpiert worden seien. Ames selbst kam mit einer Rüge davon.[59]

Bei den Exposés der Adams' und der »Sun« handelte es sich – anders als bei den deutschen Enthüllungsschriften – nicht um Verschwörungstheorien. So sensationell sich die Geschehnisse rund um die Erie-Bahn ausnahmen, so wenig geheimnisumwoben waren sie. Sie entsprangen nicht der Fantasie ihrer Kritiker, sondern hatten sich weitgehend wie beschrieben zugetragen (hierin ähnelten sie Laskers Enthüllungen). Ohnehin tauchten die Namen von Gould und den anderen »Börsenmatadoren« in den 1860er- und frühen 1870er-Jahren mit einiger Regelmäßigkeit in den Börsenberichten der Presse auf.[60] Stieg der Preis eines Wertpapiers plötzlich an oder sank ein Papier im Kurs, erkannten Börsenbeobachter darin oft das Werk einer Börsenclique, die auf Geheiß eines Großspekulanten Preismani-

---

57 *Summers*, The Era of Good Stealings, S. 28, 61–63.
58 *Charles F. Adams, Jr./Henry Adams*, Chapters of Erie, and Other Essays, Boston 1871. Der Erie-Aufsatz erschien erstmals im Juli 1869 unter dem Titel »A Chapter of Erie« in der »North American Review«, Bd. 109, H. 224, S. 30–106.
59 *Maury Klein*, Union Pacific. The Birth of a Railroad. 1862–1893, New York 1987, S. 291–303; *Summers*, The Era of Good Stealings, S. 50–54. Maury Klein und Mark Wahlgren Summers vertreten die These, dass der Handel zwar tatsächlich den Zweck gehabt habe, ein günstiges legislatives Klima für das Unternehmen herzustellen, dass es aber kein konkretes Quidproquo gegeben habe. Vgl. auch *Richard White*, Railroaded. The Transcontinentals and the Making of Modern America, New York 2011, S. 64.
60 Diese konnte zu Beginn der 1870er-Jahre bereits auf eine längere Geschichte als ihr deutsches Gegenstück zurückblicken. Der »New York Daily Herald« war 1835 die erste Tageszeitung gewesen, die regelmäßig von der Wall Street berichtete, andere Zeitungen folgten im Laufe der Jahre seinem Beispiel. In den 1860er-Jahren dann wurden mit dem »Stockholder« und dem »Commercial & Financial Chronicle« zwei Publikationen gegründet, die sich ausschließlich auf Wirtschafts- und Finanzmarktnachrichten konzentrierten. Vgl. *Wayne Parsons*, The Power of the Financial Press. Journalism and Economic Opinion in Britain and America, Aldershot 1989, S. 24f.

pulation betrieb. Der berühmteste dieser sogenannten *Corner* war wohl Jay Goulds Versuch im Jahr 1869, den Preis für Gold in die Höhe zu treiben, um seine Interessen als Eisenbahnunternehmer zu befördern. Der Preis stieg zunächst tatsächlich über mehrere Wochen an, gab aber nach, als der amerikanische Finanzminister auf dem Goldmarkt intervenierte, woraufhin mehrere Hundert Börsenhändler zahlungsunfähig wurden.[61] Neben Gould waren es seit den 1860er-Jahren vor allem drei Männer, von denen es hieß, sie dominierten das Geschehen an der Wall Street – Cornelius Vanderbilt, Daniel Drew und James Fisk. Zeitgenossen »beschrieben sie als ›kühn‹, ›großartig anzusehen‹, voller ›Verve‹«.[62] Ihre finanziellen Mittel und ihr Einfluss an der Börse erlaubten es ihnen, die Preise von bestimmten Wertpapieren ihren Interessen entsprechend zu manipulieren, zum Schrecken anderer Börsianer und zur Faszination des unbeteiligten Publikums. Gegen Ende des Jahres 1872 sorgte ein Börsenmanöver für Aufsehen, bei dem wieder einmal Gould als die treibende Kraft ausgemacht wurde. Nachdem er zu Beginn des Jahres aus der lange von ihm dominierten Erie-Bahn gedrängt worden war, versuchte er im Oktober zunächst, den Geldmarkt zu manipulieren. Nachdem die Regierung, eine Panik fürchtend, eingriff, verlegte Gould sich darauf, gemeinsam mit dem Schwiegersohn Vanderbilts große Mengen zweier Eisenbahn-Aktien zu kaufen. Die »Commercial & Financial Chronicle« berichtete von dem Manöver und deutete es als Teil einer Strategie, in den Besitz der Bahnen zu kommen, um sie mit der bereits von Vanderbilt kontrollierten »Union Pacific Railroad« zu verbinden. Vanderbilt könne sich nun Hoffnung auf das größte im Lande je gesehene Eisenbahnmonopol machen, während zahlreiche aufrechte Unternehmen und Individuen durch jenes »demoralisierende und schreckliche Ereignis« erheblich beschädigt worden seien.[63] Die sogenannte *Northwestern Corner* war ein besonders prägnantes Beispiel für den Einfluss, den die großen Spekulanten auf kurzfristige Preisentwicklungen an der Wall Street ausübten. Doch auch bei weniger ausgeprägten Kursbewegungen waren Beobachter und Börsenreporter rasch mit Mutmaßungen zur Stelle, es müsse sich um das Werk einer Clique um einen der Großspekulanten handeln.[64] Für viele amerikanische Beobachter war der scheinbar übermäßig große Einfluss einiger weniger ein Missstand, der vermeintlich natürliche Börsenbewegungen verzerrte und den einfachen Händlern und Anlegern schadete. Um Verschwörungstheorien handelte es sich dabei nicht, dafür war die Strategie der Urheber solcher Manipulationen zu offenkundig. Dass sie namentlich bekannt waren und in den Finanzmarktberichten immer wieder auftauchten, war ein markanter Unterschied zum deutschen Börsendiskurs.

So sehr die 1860er- und frühen 1870er-Jahre also von einem Klima gekennzeichnet waren, in dem Korruptionsvorwürfe und Börsenskandale zur Tagesordnung gehörten, so wenig bedeutete die Krise von 1873 in dieser Hinsicht eine Zäsur. Der unmittelbare Auslöser für die Panik an der New Yorker Börse war die Zahlungsunfähigkeit der Bank »Jay Cooke & Company« am 18. September 1873. Jay Cooke hatte in den Monaten zuvor vergeblich versucht, Anleihen der »Northern Pacific Railroad«, deren Finanzier er war, bei Anlegern zu platzieren. Als dann ländliche Kunden seiner Bank im September in Erwartung der jährlichen Ernte begannen, ihre Einlagen abzuziehen, wurde die finanzielle Not des Unternehmens offenkundig. Die Zahlungsunfähigkeit Cookes, eines der berühmtesten Bankiers des Landes, der sich durch seine Rolle bei dem Verkauf der Kriegsanleihen in den frühen 1860er-Jahren einen Namen gemacht hatte, löste nicht nur eine Panik an der

---

61 *Maury Klein*, The Life and Legend of Jay Gould, Baltimore 1986, S. 100–114.
62 *Steve Fraser*, Wall Street. A Cultural History, London 2005, S. 85. (Übersetzungen aus dem englischen Original hier und im Folgenden von mir, CD.)
63 The Recent ›Corner‹ and What Started It, in: Commercial & Financial Chronicle, 30.11.1872.
64 Vgl. zum Beispiel Financial Affairs, in: The New York Times, 2.4.1872; Capital in Wall Street, in: Stockholder, 5.12.1871.

Börse, sondern auch eine Reihe von Bankzusammenbrüchen im ganzen Land aus, die innerhalb von wenigen Wochen auch Handel und Industrie in Mitleidenschaft zogen.[65]

In den USA, wo Eisenbahnunternehmen vor allem durch die Emission von Anleihen die Spekulation in Wertpapieren befördert hatten, war der Vermögensverlust durch die Krise erheblich. Infolge der Panik kam es erstmals zu einer Reihe von Konkursverfahren im Eisenbahnsektor; insgesamt waren 220 Bahnen und 30% des Schienennetzes davon betroffen. Da Konkursverwalter, anders als bei anderen Unternehmen, nicht einfach den Besitz liquidieren und die Gläubiger mit dem Erlös ausbezahlen konnten, hatten die Anleihebesitzer in der Regel das Nachsehen.[66] Wie in Deutschland existierten keine Zahlen über die gesellschaftliche Verteilung des Vermögensverlusts, und auch in den USA war die Wahrnehmung verbreitet, dass nicht nur professionelle Anleger, sondern auch Kleinanleger betroffen waren. Schließlich sei die New Yorker Börse, so schrieb ein Kommentator, der Ort, an dem sich die spekulative Neigung (»speculative feeling of the financial sentiment«) des ganzen Volkes manifestiere, daher würde auch der gegenwärtige wirtschaftliche Niedergang Angehörige aller Teile der Gesellschaft in Mitleidenschaft ziehen und auch den kleinen Gewerbetreibenden in einem Dorf in Connecticut nicht verschonen, der leichtsinnigerweise sein ganzes Vermögen in Anleihen von Jay Cookes Bahn investiert hatte.[67] Auch die New York Times glaubte, dass durch die Panik die Ersparnisse von »Frauen, Handwerkern, Sekretären und sämtlichen anderen Klassen« vernichtet worden seien, eine Erfahrung, die sich zwangsläufig in jeder Generation wiederhole.[68] Dieser Eindruck wurde wohl auch dadurch genährt, dass als Resultat der Krise nicht nur Börsenmakler und Inhaber von Wertpapieren, sondern auch Sparkassen zahlungsunfähig wurden. Nachdem unmittelbar nach der Börsenpanik zunächst einige Sparkassen im Westen des Landes ihre Kunden nicht ausbezahlen konnten, gab zu Beginn des Jahres 1874 die »Freedman's Savings Bank«, die Einlagen ehemals versklavter Afroamerikaner verwaltete und der pikanterweise Henry Cooke, der Bruder Jay Cookes, vorgestanden hatte, ihre Zahlungsunfähigkeit bekannt. Im Laufe des Jahrzehnts kam es zu zahlreichen weiteren Sparkassenpleiten, die kleine Sparer hart trafen.[69]

Anders als in Deutschland, wo Spekulationsblase und Krise als Manifestation einer neuen, vorher nicht gekannten Sorte Missstände gedeutet wurden, fügte sich auf der anderen Seite des Atlantiks die Erfahrung der plötzlich fallenden Kurse und des damit ein-

---

65 *Elmus Wicker*, Banking Panics of the Gilded Age, Cambridge/New York etc. 2000, S. 1–28.
66 *Henry H. Swain*, Economic Aspects of Railroad Receiverships, in: Economic Studies 3, 1898, S. 56–61 und 98; *Gerald Berk*, Alternative Tracks. The Constitution of American Industrial Order, 1865–1917, Baltimore 1994, S. 25 und 47–49. Die Entwicklung auf dem Aktienmarkt dagegen war uneinheitlich. Unmittelbar nach der Panik brachen die Kurse ein, erholten sich (dem Index von Wilson/Jones zufolge, bei den Dividenden monatlich reinvestiert werden) im folgenden Jahr, stagnierten 1875 und sanken wieder in den beiden darauffolgenden Jahren. 1879 erreichten die Preise dann ihren Höchststand aus dem Jahr 1872. Vgl. *Susan B. Carter* (Hrsg.), Historical Statistics of the United States. Earliest Times to the Present. Millennial Edition, Bd. 3, Teil C: Economic Structure and Performance, Cambridge/New York etc. 2006, S. 757.
67 Wall Street and the Crisis, in: Old and New, 1.1.1874.
68 Silent Histories of the Stock Market, in: The New York Times, 1.10.1873; vgl. auch The New York Panic, in: Religious Magazine and Monthly Review, 1.10.1873. Die Korrespondenz Cookes zeigt, dass tatsächlich viele Angehörige der unteren Mittelschicht seine Anleihen erworben hatten, vgl. *Richard White*, Information, Markets, and Corruption: Transcontinental Railroads in the Gilded Age, in: The Journal of American History 90, 2003, S. 19–43, hier: S. 41.
69 From Louisville, in: Daily Arkansas Gazette, 28.9.1873; *Jonathan Levy*, Freaks of Fortune. The Emerging World of Capitalism and Risk in America, Cambridge/London 2012, S. 104–146; *R. Daniel Wadhwani*, Protecting Small Savers: The Political Economy of Economic Security, in: Journal of Policy History 18, 2006, S. 126–145.

hergehenden Vermögensverlusts fast nahtlos in bereits existierende Zeitdiagnosen ein. Im November 1873 schrieb die »Atlantic Monthly«, dass man die Panik nicht dadurch verstehen könne, dass man sie auf ihre unmittelbaren Ursachen zurückführe. Vielmehr seien die tieferen, eigentlichen Ursachen in dem seit Jahren herrschenden allgemeinen Misstrauen zu suchen; dieses sei wiederum durch Betrug, Korruption und eine Kultur des öffentlichen schamlosen Lügens entstanden. Nicht nur Eisenbahndirektoren, sondern auch Sparkassen und Abgeordnete hätten sich in den vergangenen Jahren des Betrugs schuldig gemacht.[70] Andere argumentierten ähnlich und sahen in der Stadt New York und insbesondere in der Wall Street einen Herd von Luxussucht und Korruption, die sich von dort in alle Bereiche des Handels und der Gesellschaft ausbreiteten. In dieser Lesart war die Börse das Epizentrum des Übels.[71]

Diejenigen Kommentatoren, die Korruption für ein gesamtgesellschaftliches Problem hielten, machten keine im Verborgenen operierenden Cliquen dafür verantwortlich; sie konstatierten einen *allgemeinen* Verfall der Sitten und des moralischen Empfindens. So war die Diagnose auch nicht ethnisch-religiös markiert; es waren nicht Juden oder eine andere abgrenzbare Gruppe, der vorgeworfen wurde, sich einen Vorteil verschaffen zu wollen und damit anderen zu schaden. Gleichzeitig unterschieden sich die Korruptionskritiker hinsichtlich ihres Status und ihrer politischen Positionierung deutlich von Glagau, Perrot und Meyer. Die amerikanischen liberalen Reformer, die in den 1870er-Jahren den Korruptionsdiskurs prägten, waren respektable Mitglieder einer Bildungselite und bekannten sich zum Prinzip des freien Marktes. Zwar übten sie Kritik an den Exzessen einiger Unternehmer und Finanziers, wenn diese ihre Gewinne besonders skrupellosen Methoden (wie beispielsweise Preismanipulationen an der Börse) verdankten, die mit den vermeintlich natürlichen ökonomischen Gesetzen des orthodoxen Liberalismus unvereinbar erschienen. Die Kritik blieb indes eine der individuellen Moral, das kapitalistische System als solches stellten sie nicht grundsätzlich infrage und die Anliegen der Gewerkschaften und »kommunistischer Agrarier« lehnten sie rundheraus ab. Dabei stellten die amerikanischen Reformer und Korruptionskritiker – auch hier im Unterschied zu Glagau und Meyer – durchaus konkrete Forderungen für legislative Reformen (die sich beispielsweise auf das Wahl- und Beamtenrecht sowie auf die Währung und auf das Zollsystem bezogen), die im Laufe der nächsten beiden Jahrzehnte zu einem Teil umgesetzt wurden. Darin genossen sie die Unterstützung bekannter Akademiker, Journalisten, Politiker und einiger Geschäftsmänner[72] – eine Unterstützung aus dem »Establishment«, auf die die entschieden antiliberalen deutschen Antisemiten und Kapitalismuskritiker kaum zählen konnten. Diese waren, in den Worten Fritz Sterns, »Außenseiter« und »Unruhestifter«, denen es gänzlich an »Würde und Dekorum« fehlte.[73]

Gab es also auf den ersten Blick einige Gemeinsamkeiten im deutschen und amerikanischen Korruptionsdiskurs in diesen Jahren, so unterschieden sich beide bei näherer Betrachtung doch erheblich. Auch in einer weiteren Hinsicht fehlte es gänzlich an einem amerikanischen Äquivalent zu deutschen Entwicklungen: Anders als in Deutschland wurden in den Vereinigten Staaten keine Gründer in nennenswerter Zahl vor Gericht gestellt; »Gründerprozesse« waren kein Thema in der öffentlichen Debatte. Dies lag vor allem an

---

70 Politics, in: Atlantic Monthly 32, 1873, Nr. 193, S. 636–640.
71 Our Late Panic, in: International Review 1, 1874, S. 1–16. Vgl. auch The Lesson of the Autumn, in: Harper's Weekly, 15.11.1873; Hard Times and Their Causes, in: Herald & Presbyter, 17.12.1873; The Late Panic, in: Phrenological Journal and Life Illustrated 57, 1873, S. 309–311; Twelve Blows and Their Echoes, in: Money Safe, 1.4.1874.
72 *John G. Sproat*, »The Best Men«. Liberal Reformers in the Gilded Age, New York 1968, insb. S. 151–153.
73 *Stern*, Gold and Iron, S. 509.

den anders gelagerten rechtlichen Voraussetzungen. Deutschen Gründern wurde, wie gesehen, vorgeworfen, »Schwindelunternehmungen« gegründet zu haben, die zu keinem Zeitpunkt wirtschaftliches Potenzial hatten und allein zu dem Zweck entstanden waren, mit der Gründung selbst auf Kosten der Aktienzeichner Profit zu machen. Ermöglicht worden war dies nicht zuletzt durch die mit heißer Nadel gestrickte Reform des Aktienrechts im Jahr 1870, in dem der Gründungsvorgang unzureichend geregelt worden war, was erst mit einer weiteren Reform 1884 behoben wurde.[74] In den Vereinigten Staaten stellte sich die Lage anders dar. Zwar hatte es auch hier eine Gründungswelle im Vergleich zu den Vorjahren gegeben, diese war allerdings weniger massiv gewesen als die deutsche.[75] Dass es sich dabei in der großen Mehrheit nicht um »Schwindelunternehmungen« handelte, lässt sich auch daran ablesen, dass das englische begriffliche Äquivalent (*bubble companies* beziehungsweise *watered stock*) in der Presse und in der öffentlichen Debatte wenig Konjunktur hatte.[76] Die (Klein-)Anleger, die infolge des Krachs ihr Geld verloren, hatten in der Regel nicht in Aktien von Industrieunternehmen oder Banken (in diesem Sektor waren Schwindelunternehmungen in Deutschland besonders prominent gewesen), sondern in Eisenbahnanleihen investiert.[77] Auch wenn viele der betreffenden Bahnen in Konkurs gingen und Anleger Ausfälle zu verzeichnen hatten, so handelte es sich bei ihnen doch um echte Unternehmen, die nach Abschluss des Konkursverfahrens weiter existierten. Dass es in den USA nicht zu massenhaften Gründungen von *bubble companies* kam, lag wiederum wohl an der Aktiengesetzgebung, die den Gründungsvorgang strenger und transparenter regulierte, als dies nach deutschem Recht der Fall war. Gründer, die im Prospekt wissentlich falsche Angaben zum Kapital der Gesellschaft machten, waren demnach des Betrugs schuldig und schadensersatzpflichtig.[78] Sie konnten das Sachkapital einer Firma nicht nach Gutdünken bewerten, sondern benötigten hierfür die Zustimmung des »Commissioner of Corporations«.[79] Dort, wo es zu Prozessen gegen Gründer kam, entschieden Gerichte, dass diese sich in ihrer Funktion als Direktoren einer Gesellschaft kein Honorar für ihre Tätigkeit im Zusammenhang mit ihrer Gründung zusprechen und aus dem Ankauf von Firmenbesitz keinen Profit schlagen durften.[80] Auch wenn man von diesen gesetzlichen Bestimmungen und Urteilen nicht ohne Weiteres auf die tatsächliche

---

74 *Jan Lieder*, Die 1. Aktienrechtsnovelle vom 11. Juni 1870, in: *Walter Bayer/Mathias Habersack* (Hrsg.), Aktienrecht im Wandel, Bd. 1: Entwicklung des Aktienrechts, Tübingen 2007, S. 318–387, hier: S. 323f.; *Werner Schubert*, Die Abschaffung des Konzessionssystems durch die Aktienrechtsnovelle von 1870. Zeitschrift für Unternehmens- und Gesellschaftsrecht 2, 1981, S. 285–317; *Sibylle Hofer*, Das Aktiengesetz von 1884 – ein Lehrstück für prinzipielle Schutzkonzeptionen, in: *Bayer/Habersack*, Aktienrecht im Wandel, S. 398–411, hier: S. 403–411.
75 *George Herberton Evans, Jr.*, Business Incorporations in the United States 1800–1943, New York 1949, S. 11.
76 Der Ausdruck »bubble companies« taucht in der New York Times im Zeitraum 1870–1879 nur achtmal auf und bezeichnet meist britische Unternehmen. Der Begriff »watered stock« zur Bezeichnung von Aktienkapital, das nicht durch das Sachkapital des Unternehmens gedeckt ist, findet sich dort 43-mal.
77 *Charles P. Kindleberger*, Historical Economics. Art or Science?, New York 1990, S. 310.
78 *Benjamin Vaughan Abbott*, A General Digest of the Law of Corporations: Presenting the American Adjudications Upon Public and Private Corporations of Every Kind: With a Full Selection of English Cases, New York 1869, S. 795. Vgl. dazu auch die entsprechenden gesetzlichen Bestimmungen im Bundesstaat New York: *George W. Cochran*, The Revised Statutes of the State of New York, As Altered by Subsequent Legislation, Bd. 2, Albany 1875, Title XV, § 2.
79 *Lawrence E. Mitchell*, The Speculation Economy. How Finance Triumphed over Industry, San Francisco 2006, S. 45.
80 *Benjamin Vaughan Abbott*, A General Digest of the English and American Cases upon the Law of Corporations for the Ten Years from July, 1868, to July, 1878, with Acts of Congress, New York 1879, S. 157 und 297.

Praxis schließen kann, so deuten diese doch darauf hin, dass über »Schwindelunternehmungen« in den USA der 1870er-Jahre deshalb nicht breit diskutiert wurde, weil sie ein vergleichsweise marginales Phänomen waren.[81] Erst in den 1890er-Jahren, als Entwicklungen in der Rechtsprechung und Gesetzgebung die zuvor recht strikten Bestimmungen zur Bewertung des Aktienkapitals aufweichten, wurde in der amerikanischen Öffentlichkeit auf breiter Ebene über die Kompensation von Gründern und Vorstandsmitgliedern debattiert.[82]

III. FAZIT

Zusammenfassend lässt sich festhalten, dass in beiden Ländern die Krise als Katalysator sozialer Ungleichheit erfahren wurde und dass sowohl deutsche als auch amerikanische Beobachter der Ansicht waren, dass das Phänomen der Käuflichkeit die Entstehung der spekulativen Blase und den sich anschließenden Krach erklären könnte. Doch nur in Deutschland wurde dieser Diskurs rassifiziert und personalisiert. Worauf also lassen sich diese Gemeinsamkeiten und Unterschiede zurückführen? Welche Rolle spielten unterschiedliche diskursive Traditionen? Welche Rolle spielten unterschiedliche strukturelle Merkmale der Krise?

Sowohl die Verbindung von Antisemitismus und Antiliberalismus als auch seine verschwörungstheoretische Ausprägung hatten in Deutschland eine Vorgeschichte, die mindestens bis in die 1850er-Jahre zurückreichte[83]; hierzu gab es in den Vereinigten Staaten kein direktes Äquivalent. Zwar waren alte antijüdische Stereotype der europäischen Tradition wie die Figur des Shylock aus William Shakespeares »Der Kaufmann von Venedig« selbstverständlich auch Amerikanern vertraut, und Feindseligkeit und Ablehnung von christlichen Amerikanern gegenüber Juden waren im 19. Jahrhundert keine Seltenheit. So wurden jüdische Händler und Kleingewerbetreibende regelmäßig als unehrlich und verschlagen beschrieben, von der sich die angelsächsisch-protestantische ökonomische Elite dem eigenen Selbstverständnis nach positiv abhob.[84] Verstärkte antijüdische Ausfälle während des amerikanischen Bürgerkriegs dagegen blieben nach Kriegsende weitgehend folgenlos[85], auch wenn in der unmittelbaren Nachkriegszeit Vertreter landwirtschaftlicher Produzenten, die einen Mangel an Zahlungsmitteln beklagten, Kritik an Banken und Bankiers äußerten, die in einigen Fällen antisemitischer Natur war.[86] Erst mit dem ausgehenden 19. Jahrhundert – auch dies eine Zeit des dramatischen ökonomischen und sozialen Umbruchs – fand die verschwörungstheoretisch gefärbte Verknüpfung von Antikapitalismus und Antisemitismus in einem größeren Maße Eingang in den politischen Diskurs, vor allem in Äußerungen von Mitgliedern der agrarischen populistischen Bewegung, die die Not der Farmer gelegentlich auf die Machenschaften jüdischer Bankiers zurückführ-

---

81 Zum Verhältnis von Gesetzgebung und unternehmerischer Praxis vgl. *Lawrence M. Friedman*, A History of American Law, New York/London etc. 2005, S. 392.
82 *Mitchell*, The Speculation Economy, S. 68; *Vincent P. Carosso*, Investment Banking in America. Cambridge/London 1970, S. 45.
83 Vgl. weiter oben; *Albrecht*, Antiliberalismus und Antisemitismus.
84 *David A. Gerber*, Cutting Out Shylock: Elite Anti-Semitism and the Quest for Moral Order in the Mid-Nineteenth-Century American Market Place, in: The Journal of American History 69, 1982, S. 615–637.
85 *Ders.*, Anti-Semitism and Jewish-Gentile Relations in American Historiography and the American Past, in: *ders.* (Hrsg.), Anti-Semitism in American History, Urbana 1986, S. 3–54.
86 *Irwin Unger*, The Greenback Era. A Social and Political History of American Finance, 1865–1879, Princeton 1964, S. 210–212.

ten. Doch auch in diesem Kontext blieb der Antisemitismus von vergleichsweise untergeordneter Bedeutung.[87]

Fragt man nun weiter nach den diskursiven Vorbedingungen der divergierenden Reaktionen auf die Krise, so findet sich ein zweiter, weniger markanter, aber dennoch auffälliger Unterschied: Die Börse war in den deutschen Ländern, wie gesehen, in den Berichten der Presse ebenfalls seit Ende der 1850er-Jahre als Institution beschrieben worden, in denen das »Börsenelement« und das »Privatkapital« die wichtigsten Akteursgruppen waren, wobei die Personen, die diese Kollektive bildeten, anonym blieben. Ganz anders dagegen nahmen sich die amerikanischen Börsenberichte aus, in denen mit einiger Regelmäßigkeit die Namen bekannter »Operateure« auftauchten, die Preisbewegungen bestimmten. Mit Blick auf die Struktur von Verschwörungstheorien könnte man nun argumentieren, dass die Personalisierung des amerikanischen Börsendiskurses einer solchen gerade Vorschub leistete; die Finanzkrise hätte dann erscheinen können als das Werk einiger weniger, im Geheimen operierender Spekulanten. Berücksichtigt man allerdings, dass zentraler Bestandteil einer Verschwörung gerade das Element des Verborgenen ist, so war es der deutsche Börsendiskurs mit seiner anonymen, geheimnisvollen Qualität, der sich für eine solche Erzählung besser eignete als der amerikanische. Denn so illegitim die Praktiken der »Börsenmatadore« auch waren, so wenig geheimnisumwoben waren sie. Sie ließen sich anprangern, aber nicht entlarven. Dieser Unterschied im Diskurs spiegelte auch einen Unterschied in der Realwirtschaft beider Länder: Die großen Börsenoperateure an der Wall Street waren gleichzeitig Eisenbahnunternehmer, für die massenhafte Aktienkäufe ein Mittel der Unternehmensfusion waren. Der bekannteste deutsche Eisenbahnfinanzier dieser Periode hingegen, Bethel Henry Strousberg, nutzte nicht die Börse, um in den Besitz von Bahnen zu gelangen. Sein Geschäftsmodell beruhte darauf, Bahnen mittels der von ihm ersonnenen »Generalentreprise« zu bauen und sie dann nach Fertigstellung zu verkaufen.[88]

Diese diskursiven Unterschiede wird man indes nicht als ursächlich für die spätere Entwicklung begreifen können. Sie gaben Bedingungen vor, waren aber nicht direkt kausal für sie verantwortlich. Deswegen muss man weiter nach den ökonomischen und sozialgeschichtlichen Merkmalen der Krise selbst fragen, die bereits existierende Tendenzen formten oder ihnen eine andere Richtung gaben. Mit Blick auf den deutschen Fall haben historische Untersuchungen zum Antisemitismus hervorgehoben, dass er in seiner modernen Erscheinungsform, die sich von älteren Spielarten der Judenfeindlichkeit unterschied, als Reaktion verstanden werden muss auf die Krisenerfahrungen und ökonomischen Ängste des Kleinbürgertums: Die antisemitische Ideologie appellierte an Angehörige des alten Mittelstands, an kleine Grundbesitzer und städtische Handwerker.[89] Es liegt also nahe, zu fragen, ob gerade diese Schicht in Deutschland stärker von den Auswirkungen des Krachs betroffen war als ihr amerikanisches Pendant. Bedauerlicherweise aber lassen die überlieferten Quellen hierauf keine eindeutige Antwort zu. In beiden Ländern war die Vor-

---

87 *Arthur Liebman*, Anti-Semitism in the Left?, in: Gerber, Anti-Semitism in American History, S. 329–359.
88 *Borchart*, Der europäische Eisenbahnkönig Bethel Henry Strousberg, S. 50f. und 77.
89 Vgl. zum Beispiel *Robert Gellately*, The Politics of Economic Despair. Shopkeepers and German Politics, 1890–1914, London 1974; *Shulamit Volkov*, The Rise of Popular Antimodernism in Germany. The Urban Master Artisans, 1873–1896, Princeton 1978. Was die exakte Datierung des sogenannten modernen Antisemitismus anbelangt, so besteht in der Forschung kein übergreifender Konsens. Die von der älteren Forschung betonte Epochenschwelle der 1870er-Jahre ist sowohl mit Blick auf die Inhalte als auch die Funktion der antisemitischen Ideologie verschiedentlich relativiert worden. Vgl. *Henning Albrecht*, Preußen, ein »Judenstaat«. Antisemitismus als konservative Strategie gegen die »Neue Ära« – Zur Krisentheorie der Moderne, in: GG 37, 2011, S. 455–481, hier: S. 456–458.

stellung des kleinen Gewerbetreibenden, der mit der Krise sein Erspartes verloren hatte, virulent; quantifizieren lässt sich dies aber nicht. Zumindest lässt sich festhalten, dass mit der Reform des Aktienrechts 1884 Kleinanleger de facto vom Börsenhandel ausgeschlossen wurden, wozu es in den USA kein Pendant gab. Die deutsche Regierung sah also die übermäßige Spekulation der Kleinanleger an deutschen Börsen in den frühen 1870er-Jahren durchaus als Problem.

In ökonomischer Hinsicht bestand schließlich, wie gesehen, ein wichtiger Unterschied zwischen der deutschen und der amerikanischen Krise in der Art der Überspekulation: Während sich diese in Deutschland auf die Aktien von sogenannten Schwindelunternehmungen bezog, waren es in den USA die Anleihen von Eisenbahnen, die bevorzugt gekauft wurden. Zwar gingen diese auch mit Vermögensverlusten einher, dennoch wird man annehmen können, dass der ihnen zugrunde liegende Wert realer erschien als der der Aktie eines deutschen Schwindelunternehmens. Denn bekamen Anleger ihr Geld auch nicht oder nur zum Teil zurück, so bestanden die Eisenbahnen dennoch in den meisten Fällen fort; so gesehen entsprach dem eingesetzten Kapital ein direkter materieller Gegenwert. Von deutschen Aktienbanken hingegen konnte man Ähnliches nicht behaupten. Mehr als amerikanischen Anlegern musste es deutschen scheinen, als sei das Versprechen von Reichtum von vorneherein eine Chimäre gewesen, als habe der Blase auf dem Finanzmarkt nie etwas Reales entsprochen. In diese Chimäre hinein aber ließ sich das Hirngespinst einer jüdischen Verschwörung einfacher projizieren: Die phantasmatische Qualität dieses Narrativs erscheint so als Reaktion auf die Erfahrung maximaler Irrealität der Finanzmärkte.

Michael Buchner

Möglichkeiten und Grenzen staatlicher Finanzmarktregulierung

Die Reaktionen der Berliner Fondsbörse auf die Einschränkung des Terminhandels in Wertpapieren durch das Börsengesetz von 1896[*]

Seit Ausbruch der letzten globalen Finanzkrise 2007/08 sind Regulierungsfragen nicht nur wieder verstärkt auf die Agenda der Politik, sondern auch in den Fokus von Ökonomie und Geschichtswissenschaft zurückgekehrt.[1] Wie so häufig im Laufe der Finanzgeschichte scheint das Pendel der Regulierung nun wieder stärker in Richtung Restriktion auszuschlagen, während es vor der Krise allzu lange auf die Liberalisierung der Finanzmärkte zielte, mithin also in die entgegengesetzte Richtung. Auf den ersten Blick erweist sich die historische Erfahrung mit den Möglichkeiten staatlicher Einflussnahme auf die Finanzmärkte allerdings als ernüchternd. Im »Wettlauf« mit Finanzinnovatoren scheint die Gesetzgebung nur allzu oft zu unterliegen, sodass regulierende Maßnahmen häufig zu spät kommen und, wenn sie kommen, mehr schaden als nützen.[2] Auch das Beispiel des durch das deutsche Börsengesetz von 1896 ausgesprochenen Terminhandelsverbots fügt sich geradezu perfekt in dieses Bild. Ebenfalls ausgelöst von einer allgemeinen Finanzkrise entbrannte zu Beginn der 1890er-Jahre ein heftiger öffentlicher Streit über die Rolle der Börse in der modernen Volkswirtschaft, in welchem die Gegner der Börse rasch die Oberhand gewannen. Der Gesetzgeber sah sich deshalb zum Eingreifen gezwungen und versuchte mit dem Börsengesetz von 1896, den in der öffentlichen Wahrnehmung ganz besonders in die Kritik geratenen Terminhandel deutlich einzuschränken.[3] Doch bereits unmittelbar nach Inkrafttreten des Gesetzes bildeten sich neue Handelspraktiken heraus, deren einziger Zweck in der Umgehung der unliebsamen Bestimmungen bestand. Schließlich reagierte der Gesetzgeber erneut und hob das Terminhandelsverbot mit der Börsengesetznovelle von 1908 wieder weitgehend auf.

Ziehen auch einige Kommentatoren aus diesen und ähnlichen Erfahrungen die fatalistische Schlussfolgerung, wonach jeglicher Versuch eines staatlichen Eingriffs in die Finanzmärkte per se zum Scheitern verurteilt sei, so kann doch heute gleichzeitig kein Zweifel mehr an der Tatsache bestehen, dass auch der Kapitalismus grundsätzlich staatlicher Rahmensetzung und unterstützender Institutionen bedarf. Blickt man auf seine historische Entwicklung, so gehörte die Förderung durch eine wie auch immer geartete staatliche Zentralgewalt sogar gerade zu den Wesensmerkmalen des Kapitalismus über sämtliche Epochen

---

[*] Die folgenden Überlegungen entspringen einem laufenden Promotionsprojekt zur Geschichte der Londoner und der Berliner Börse im 19. Jahrhundert. Ich danke Frau Prof. Dr. Katja Patzel-Mattern und Herrn Prof. Dr. Mark Spoerer sowie den Teilnehmerinnen und Teilnehmern der wirtschafts- und sozialhistorischen Kolloquien in Heidelberg und Regensburg für viele wertvolle Anregungen und Hinweise.
[1] Beispielhaft und mit weiterführenden Literaturangaben etwa *Piet Clement / Harold James / Herman Van der Wee*, Financial Innovation, Regulation and Crises: A Historical View, in: dies. (Hrsg.), Financial Innovation, Regulation and Crises in History, London/Brookfield 2014, S. 5–12.
[2] Vgl. ebd., S. 7.
[3] Zum Einfluss öffentlicher Diskussionen auf die Kapitalmarktgesetzgebung des Kaiserreichs vgl. *Markus Baltzer*, Spekulation als Anstoß für Kapitalmarktregulierung in Deutschland im ausgehenden 19. Jahrhundert, in: Jahrbuch für Wirtschaftsgeschichte 54, 2013, S. 95–110.

hinweg.⁴ Diese Ansicht ist keineswegs eine späte Erkenntnis der »Neuen Institutionenökonomik« des 20. Jahrhunderts, sondern wurde auch bereits vor 1914 von den führenden Vertretern der sogenannten Jüngeren Historischen Schule der deutschen Nationalökonomie maßgeblich vertreten.⁵ Gerade Finanzmärkte aber bedürfen aufgrund der ihnen inhärenten Tendenz zur Instabilität ganz besonders der staatlichen Regulierung, auch wenn ihre Dynamik und Innovationskraft Regulierungsversuche immer auch entscheidend erschwert.⁶ Die Frage ist also nicht, *ob* der Staat regulierend eingreifen solle, sondern vielmehr, *wie* dies am besten zu geschehen habe. Dabei besteht die grundsätzliche Schwierigkeit darin, die geeignete Balance zwischen dem Vertrauen auf die Fähigkeit zur Selbstregulierung der Finanzmärkte und der Notwendigkeit staatlicher Maßnahmen zu finden.

Der folgende Beitrag vertritt deshalb den Ansatz, dass gerade historische Fallbeispiele gescheiterter Versuche, wie die Einschränkung des Terminhandels durch das Börsengesetz von 1896, dazu beitragen können, Möglichkeiten und Grenzen erfolgreicher Finanzmarktregulierung auszuloten.⁷ Mehr noch: Ein so tief greifender Einschnitt, wie ihn das Börsengesetz für den Wertpapierhandel darstellte, erlaubt es dem Historiker überhaupt erst, einen näheren Einblick in die allgemeinen Spielregeln des Finanzkapitalismus zu gewinnen.⁸ Denn die Börsenreformdebatte und das sich daran anschließende Gesetz zwangen die historischen Akteure erstmals, zu bis dahin meist stillschweigend ausgeübten Handelspraktiken und Verhaltensannahmen explizit Stellung zu beziehen. Somit bietet das historische Fallbeispiel auch die Möglichkeit, einen Blick auf die Mechanismen der »Stabilisierung einer auf Zahlungsversprechen beruhenden Form des Wirtschaftens«, und damit auf ein zentrales Merkmal kapitalistischer Wirtschaftsform schlechthin, zu werfen.⁹ In der deutschen Börsengeschichte des 19. und 20. Jahrhunderts markiert das Börsengesetz von 1896 eine deutliche Zäsur.¹⁰ Es stellte den Waren- und Wertpapierhandel an den Börsen innerhalb des deutschen Reichsgebiets erstmals überhaupt auf eine einheitliche rechtliche

---

4 Vgl. *Larry Neal*, Introduction, in: *ders./Jeffrey G. Williamson* (Hrsg.), The Cambridge History of Capitalism, Bd. 1: The Rise of Capitalism: From Ancient Origins to 1848, Cambridge/New York etc. 2014, S. 1–23, hier: S. 2. Zur Rolle von Institutionen in der modernen Ökonomie vgl. *Daron Acemoglu/James A. Robinson*, Why Nations Fail. The Origins of Power, Prosperity, and Poverty, London 2013.

5 Vgl. *Hans-Ulrich Wehler*, Die Deutschen und der Kapitalismus, in: *Gunilla Budde* (Hrsg.), Kapitalismus. Historische Annäherungen, Göttingen 2011, S. 34–49.

6 Vgl. *Ranald Michie*, Financial Capitalism, in: *Larry Neal/Jeffrey G. Williamson* (Hrsg.), The Cambridge History of Capitalism, Bd. 2: The Spread of Capitalism: From 1848 to the Present, Cambridge/New York etc. 2014, S. 230–263.

7 Ähnlich jüngst *Richard Grossman*, Wrong. Nine Economic Policy Disasters and What We Can Learn from Them, Oxford/New York etc. 2013. Für weitere historische Fallbeispiele zur Rolle des Staats für die Regulierung von Finanzmärkten vgl. auch die Beiträge in *Stefano Battilossi/ Jaime Reis* (Hrsg.), State and Financial Systems in Europe and the USA. Historical Perspectives on Regulation and Supervision in the Nineteenth and Twentieth Centuries, Farnham/Burlington 2010.

8 Der Begriff »Finanzkapitalismus« soll hier nicht im Sinne Rudolf Hilferdings, mit den daraus folgenden normativen Implikationen, sondern in einem allgemeinen Sinne verwendet werden, wie ihn etwa auch Ranald Michie benutzt. Vgl. *Michie*, Financial Capitalism, S. 230–263. Michie rückt die Vermittlungsfunktion der Finanzintermediäre zwischen denjenigen, die Kapital bereitstellen, und denjenigen, die es verwenden, in den Mittelpunkt seiner Betrachtung.

9 So die Formulierung aus dem Call for Papers zum Rahmenthema des vorliegenden Bandes.

10 In seiner novellierten Form von 1908 galt das Börsengesetz im Wesentlichen bis zur erneuten Börsengesetznovelle von 1989. Vgl. dazu *Udo Wolter*, Termingeschäftsfähigkeit kraft Information. Eine rechtshistorische, rechtsdogmatische und rechtspolitische Studie über die stillschweigende Entfunktionalisierung des § 764 BGB durch die Börsengesetz-Novelle 1989, Paderborn/ München etc. 1991.

Basis und führte zu diesem Zweck auch eine Reihe neuer Börseneinrichtungen und -organe ein.[11] Die Berliner Börse stand dabei im Vorfeld der Verabschiedung des Börsengesetzes häufig im Mittelpunkt der Diskussion. Schließlich hatten sich einige der Missstände, die die Börsenreformbewegung zu Beginn der 1890er-Jahre letztlich auslösten, gerade an der Börse der Hauptstadt, welche spätestens mit der Reichsgründung zur bedeutendsten deutschen Börse aufgestiegen war, in aller Deutlichkeit gezeigt.[12]

Über die administrative und rechtliche Vereinheitlichung des deutschen Börsenwesens hinausgehend schränkte das Börsengesetz den Wertpapierhandel vor allem auch in materieller Hinsicht deutlich ein, indem es insbesondere den Terminhandel in weiten Teilen begrenzte beziehungsweise völlig untersagte. Seit den Bemühungen des preußischen Staats in den 1830er- und 1840er-Jahren, Zeitgeschäfte in auswärtigen Staatsanleihen beziehungsweise in Eisenbahnpapieren zu unterbinden, stellte dieses Terminhandelsverbot den ersten umfassenden staatlichen Versuch dar, bestimmte Geschäftspraktiken zu verbieten.[13] Ab dem 1. Januar 1897 war der Abschluss von Börsentermingeschäften nicht nur in Getreide- und Mühlenfabrikaten, sondern auch in Anteilen von Bergwerks- und Industrieunternehmen per Reichsgesetz verboten. Nachdem sich damit nochmals das agrarische Lager durchgesetzt hatte, erklärten Bank- und Börsenkreise die Revision des Gesetzes und seiner restriktiven Bestimmungen zu ihrem gemeinsamen Ziel, dem auch die Gründung des »Centralverbands des Deutschen Bank- und Bankiergewerbes« (CVBB) im Jahr 1901 diente.[14] Mit der Verabschiedung der Börsengesetznovelle im Mai 1908, welche die Beschränkungen des Terminhandels in Wertpapieren im Wesentlichen wieder aufhob, war ihr Kampf letztlich auch erfolgreich und das Börsengesetz musste, wenigstens in dieser Hinsicht, als gescheitert betrachtet werden.[15]

Doch konnte es sich bei der politischen Lobbyarbeit der Finanzelite des Kaiserreichs allenfalls um eine mittel- bis langfristige Strategie handeln. In der Zwischenzeit aber musste die Börse mit dem unliebsamen Gesetz umgehen – schließlich blieb das Terminhandelsverbot immerhin mehr als elf Jahre formal in Kraft. Die folgenden Ausführungen konzentrieren sich auf die kurzfristigen Strategien der Finanzwelt, mit denen den Einschränkungen durch das Börsengesetz begegnet und diese letztlich umgangen werden sollten. Der Beitrag beschränkt sich dabei einerseits auf die Börse in Berlin als den führenden deutschen Finanzplatz, auf deren Charakteristika auch viele Bestimmungen des

---

11 Vgl. *Wolfgang Schulz*, Das deutsche Börsengesetz. Die Entstehungsgeschichte und wirtschaftlichen Auswirkungen des Börsengesetzes von 1896, Frankfurt am Main/Berlin etc. 1994, sowie *Johann Christian Meier*, Die Entstehung des Börsengesetzes vom 22. Juni 1896, St. Katharinen 1992. Für eine Verortung des Börsengesetzes im breiteren Kontext der wirtschaftspolitischen Debatten des Kaiserreichs nun auch *Boris Gehlen*, ›Manipulierende Händler‹ versus ›dumme Agrarier‹: Reale und symbolische Konflikte um das Börsengesetz von 1896, in: Bankhistorisches Archiv 39, 2013, S. 73–90.

12 Vgl. die Beiträge von *Hartmut Berghoff*, Der Berliner Kapitalmarkt im Aufbruch (1830–1870), in: *Hans Pohl* (Hrsg.), Geschichte des Finanzplatzes Berlin, Frankfurt am Main 2002, S. 53–102, und *Christoph Buchheim*, Deutsche Finanzmetropole von internationalem Rang (1870–1914), in: ebd., S. 103–156.

13 Vgl. *Rainer Gömmel*, Entstehung und Entwicklung der Effektenbörse im 19. Jahrhundert bis 1914, in: *Hans Pohl* (Hrsg.), Deutsche Börsengeschichte, Frankfurt am Main 1992, S. 133–207, hier: S. 170–178.

14 Vgl. *Morten Reitmayer*, Bankiers im Kaiserreich. Sozialprofil und Habitus der deutschen Hochfinanz, Göttingen 1999, S. 300–320.

15 Insgesamt scheint das Börsengesetz, neben der bereits erwähnten rechtlichen Vereinheitlichung, jedoch einen durchaus positiven Einfluss auf die Entwicklung der Börsenmärkte des Kaiserreichs ausgeübt zu haben. Vgl. dazu umfassend *Christoph Wetzel*, Die Auswirkungen des Reichsbörsengesetzes von 1896 auf die Effektenbörsen im Deutschen Reich, insbesondere auf die Berliner Fondsbörse, Münster 1996, insb. S. 291–404.

Börsengesetzes zugeschnitten waren, und nimmt andererseits ausschließlich den Wertpapierhandel in den Blick.[16] Dabei verfolgt der Aufsatz insgesamt zwei Ziele. Zum einen wird herausgearbeitet, auf welche Art und Weise der Wertpapierhandel in Berlin tatsächlich vor und nach dem Börsengesetz abgewickelt wurde, das heißt, welche unterschiedlichen Geschäftsformen und Praktiken dieser annahm beziehungsweise annehmen konnte. Dies erscheint nötig, da nicht nur in der begrenzt vorhandenen Forschungsliteratur, sondern auch in den zeitgenössischen Beobachtungen unterschiedliche Begrifflichkeiten nicht immer einheitlich verwendet werden. Eine genaue Rekonstruktion der verschiedenen Handelspraktiken ist aber unerlässlich, um zum anderen auch der Frage nach der Wirksamkeit des Börsengesetzes auf den Börsenhandel überhaupt nachgehen zu können. Ich vertrete dabei die These, dass die Beschränkung des Terminhandels durch das Börsengesetz von 1896 letztlich gerade deshalb scheiterte, weil die Bestimmungen den funktionalen Kern des Terminhandels sowie die sozialen Verhältnisse, die ihn überhaupt erst ermöglichten, verkannten und damit letztlich ins Leere liefen. Dahinter steht die grundsätzliche rechtssoziologische Überlegung, dass die Chancen der Wirksamkeit eines Gesetzes umso höher liegen, je stärker der Gesetzgeber »die Tatbestände und sozialen Strukturen, auf die er einwirken will«, berücksichtigt.[17] Dies war jedoch bei den Regelungen des Börsengesetzes im Hinblick auf den Terminhandel gerade nicht der Fall. Man wird sogar so weit gehen und von einer »vorprogrammierten Unwirksamkeit« sprechen dürfen.[18]

Der Rest des Beitrags gliedert sich wie folgt: Zunächst wird die Abwicklung des Wertpapierhandels an der Berliner Börse vor Inkrafttreten des Gesetzes in ihren Grundzügen skizziert, bevor im zweiten Abschnitt die wichtigsten Bestimmungen des Börsengesetzes hinsichtlich des Terminhandels in Wertpapieren diskutiert werden. Darauf aufbauend werden im dritten Teil die neuen Handelspraktiken, die sich zur Umgehung des Börsengesetzes sehr bald etablierten, eingehend dargestellt, um sodann abschließend die wesentlichen Gründe für das Scheitern des Terminhandelsverbots herauszustellen.

I. Der Wertpapierhandel an der Berliner Börse: Arbeitsteilung zwischen amtlichem Markt und »freiem Verkehr«

Während der öffentliche Diskurs im Zuge der Börsenreformdebatte in weiten Teilen vor allem um die Frage nach der Unterscheidung zwischen Kassa- und Termingeschäften kreiste, ist für ein tiefer gehendes Verständnis der Funktionsabläufe insbesondere an der Berliner Fondsbörse, wie im Folgenden gezeigt werden soll, vielmehr die Differenzierung zwischen amtlichem, offiziellem, und nicht amtlichem, inoffiziellem, Markt maßgeblich.

Amtlicher Markt: Kassa- und Ultimohandel

Als amtlicher Markt wurde in Berlin derjenige Teil des Börsenhandels verstanden, für dessen Wertpapiere eine amtliche Notierung an der Börse stattfand. Hatte die Berliner Börsenordnung von 1866 Termingeschäfte in Wertpapieren noch von der Kursnotierung aus-

---

16 Für die Reaktion der Berliner Produktenbörse vgl. *Christof Biggeleben*, Das »Bollwerk des Bürgertums«. Die Berliner Kaufmannschaft 1870–1920, München 2006, S. 297–307. Zu den Auswirkungen des Börsengesetzes auf den Warenterminhandel vgl. *Alexander Engel*, Die Regulierung des Börsenterminhandels im Kaiserreich, in: Derivate und Finanzstabilität. Erfahrungen aus vier Jahrhunderten, hrsg. v. Wissenschaftlichen Beirat des Instituts für bankhistorische Forschung e. V., Stuttgart 2013, S. 27–39.
17 *Thomas Raiser*, Grundlagen der Rechtssoziologie, 6., durchges. u. erw. Aufl. von »Das Lebende Recht«, Tübingen 2013, S. 252f.
18 Ebd., S. 252.

Möglichkeiten und Grenzen staatlicher Finanzmarktregulierung 193

geschlossen, so umfasste nach § 16 der revidierten Börsenordnung vom 15. Juli 1884 die amtliche Kursnotierung nun ausdrücklich sowohl Kassa- als auch Termingeschäfte.[19] Die Kursfeststellung oblag in Berlin formal dem jeweils zuständigen Börsenkommissar als dem Vertreter der Börsenaufsicht. Tatsächlich wurden die Kurse jedoch von den amtlich vereidigten Maklern ermittelt und in der Regel von den Börsenkommissaren nur noch bestätigt.[20]

Sämtliche Kassageschäfte, die von den vereidigten Maklern vermittelt wurden, wurden in Berlin zum sogenannten Einheitskurs ausgeführt. Bei dieser Art der Kursfeststellung handelte es sich um eine Berliner Besonderheit, die bereits seit Ende der 1860er-Jahre Anwendung fand und nach einhelliger Meinung aller Beteiligten nicht unwesentlich zum Aufstieg des Berliner Finanzplatzes beigetragen hatte.[21] Dabei wurde der Einheitskurs am Ende der Börsenzeit als derjenige Kurs ermittelt, zu dem tatsächlich alle oder wenigstens die größte Anzahl der vorliegenden Aufträge ausgeführt werden konnten. Es musste also ein Kurs gefunden werden, der es erlaubte, die größte Anzahl der nach oben beziehungsweise unten limitierten Kauf- oder Verkaufsorders gegeneinander auszugleichen. Dies bedeutete umgekehrt, dass bis zu diesem Zeitpunkt die abgeschlossenen Geschäfte noch in der Schwebe blieben, da nicht klar war, ob sie zu dem von den Vertragsparteien gewünschten Preis überhaupt ausgeführt werden konnten. Lagen dagegen Kundenaufträge in Form sogenannter Bestens-Aufträge vor, die also auf jeden Fall, eben zum bestmöglichen Preis, ausgeführt werden mussten, so stellte sich erst am Ende der Börsenzeit heraus, zu welchem Preis diese Aufträge letztlich realisiert werden konnten. Das heißt, im amtlichen Kassahandel wurde in Berlin täglich lediglich ein Kurs festgestellt, der dann rückwirkend für alle an diesem Tag während der Börsenzeit unter Zuhilfenahme der vereidigten Makler abgeschlossenen Kassageschäfte verbindlich war.

Für Termingeschäfte fand dagegen, wie an anderen Börsen auch, eine laufende Notierung der Kurse statt, sodass sich am Ende der Börsenzeit eine Kette an unterschiedlichen, aufeinanderfolgenden Kursen ergab, die die Preisschwankungen während der Handels-

---

19 Vgl. § 16 Revidirte Börsen-Ordnung für Berlin vom 15. Juli 1884, Berlin 1885. Seit Aufhebung des preußischen Terminhandelsverbots im Jahr 1860 waren Zeitgeschäfte auch in Wertpapieren wieder erlaubt und rechtsverbindlich. Vgl. *Friedrich-Wilhelm Henning*, Börsentermingeschäfte in historischer Sicht, in: *Manfred Pohl* (Hrsg.), Börsenterminmärkte. 13. Symposium zur Bankengeschichte am 9. Juni 1989 im Hause der Commerzbank AG, Frankfurt am Main 1991, S. 12–33, hier: S. 16f.
20 Verwaltung und Aufsicht der Börse zählten zu den wesentlichen Aufgaben der Ältesten der Korporation der Kaufmannschaft von Berlin, in deren Besitz sich auch die Börsenräumlichkeiten befanden. Seit 1874 bestand das sogenannte Börsenkommissariat, das insbesondere für die Aufrechterhaltung der Ordnung während der Börsenzeit, die amtliche Kursfeststellung sowie die Aufnahme neuer Wertpapiere in den amtlichen Kurszettel zuständig war. Daneben existierte bereits seit 1869 eine Sachverständigenkommission für die Fondsbörse als zweites Aufsichtsorgan. Sie war in erster Linie für technische Fragen des Wertpapierhandels zuständig und fungierte darüber hinaus auch als Schiedsgericht für Rechtsstreitigkeiten aus Wertpapiergeschäften an der Börse. Vgl. Die Korporation der Kaufmannschaft von Berlin. Festschrift zum hundertjährigen Jubiläum am 2. März 1920, Berlin 1920, S. 340–342.
21 Vgl. *Ernst Löb*, Kursfeststellung und Maklerwesen an der Berliner Effektenbörse, in: Jahrbücher für Nationalökonomie und Statistik 66, 1896, S. 237–273, hier: S. 261f. Zu den Besonderheiten der Einheitskursnotierung vgl. *Martin Bürger*, Die Arten der Kursfeststellung an den Weltbörsen Berlin, Paris, London und New-York, Heidelberg 1913, S. 37–69. Die von der Börsenenquetekommission (BEK) vernommenen Sachverständigen wiesen vermehrt darauf hin, dass erst diese Art der Kursfeststellung, bei der alle Kundenaufträge zum gleichen Kurs ausgeführt wurden, den Berliner Börsenplatz »groß gemacht« habe, so auch etwa der Makler Lehmann. Vgl. Börsen-Enquete-Kommission, Stenographische Berichte (BEK, Sten. Ber.), Berlin 1892, S. 1632.

zeit wiedergab. Von diesen Kursen wurden jedoch nur der erste Kurs, zu dem der Handel eröffnet und alle Aufträge, die bereits vorher bei den Maklern eingegangen waren, ausgeführt wurden, sowie der Schlusskurs am Ende der offiziellen Börsenzeit von den vereidigten Maklern selbst ermittelt.[22] Alle Kurse aber, zu denen zwischen Beginn der Börse und Feststellung des offiziellen Schlusskurses Termingeschäfte zustande kamen, entstanden im Wesentlichen durch Vermittlung von nicht vereidigten, also freien Maklern im sogenannten freien Verkehr und wurden von den vereidigten Maklern lediglich registriert. Die vereidigten Makler übten somit im Terminhandel nur äußerst begrenzt eine tatsächliche Vermittlungsrolle aus, ihre Hauptaufgabe bestand vielmehr in der Kursregistrierung.

Einer ausdrücklich *amtlichen* Feststellung der Kassa- und Terminkurse, für deren Richtigkeit die Börsenaufsicht bürgte, maß man in Deutschland im Allgemeinen und in Berlin im Besonderen eine große Bedeutung bei. Sie spielten vor allem eine wichtige Rolle für das Kommissionsgeschäft, das heißt für die Vermittlung der Kundenaufträge an die Börse. Denn mit der Veröffentlichung der Kurse im amtlichen Kurszettel, so die Überzeugung, habe das Privatpublikum eine Art Kontrollinstrument gegenüber seinem Kommissionär in der Hand, das es ihm erlaube, zu prüfen, ob die ihm berechneten Preise auch tatsächlich den am betreffenden Tag zustande gekommenen Kursen entsprachen. Wie insbesondere auch der Abschlussbericht der Börsenenquetekommission festhielt, bildeten die an der Börse ermittelten Preise jedoch darüber hinaus auch in vielen anderen Wirtschaftssektoren, die nicht unmittelbar in Verbindung mit dem Börsenhandel standen, die Grundlage für Geschäftsabschlüsse, sodass die Börsenkurse auch für Nicht-Börsenbesucher von Bedeutung waren.[23] Deshalb legte man Wert darauf, dass dem vom Börsenvorstand herausgegebenen Kurszettel eine amtliche Qualität zukam, auf die man sich im Zweifelsfall, so auch in Gerichtsverhandlungen, berufen konnte.

Der amtliche Markt der Berliner Fondsbörse zeichnete sich also in erster Linie durch die Feststellung einer amtlichen Kursnotiz aus, zu deren Ermittlung beziehungsweise Registrierung von den Ältesten der Berliner Kaufmannschaft eigens vereidigte Makler – seit Inkrafttreten des Börsengesetzes als »Kursmakler« bezeichnet – bestellt wurden. Mit dem starken Anstieg des Geschäftsvolumens zu Beginn der 1870er-Jahre begannen die Ältesten, die vereidigten Makler in Gruppen von jeweils zwei oder drei Personen einzuteilen, denen die Vermittlung bestimmter Wertpapiere zugewiesen wurde. So gab es im Jahr 1896 an der Berliner Fondsbörse 65 vereidigte Makler, eingeteilt in 33 Gruppen, die zusammen Geschäfte in circa 1.300 zur Notiz zugelassenen Wertpapieren vermittelten. Davon fand lediglich in circa 70 Papieren neben der Kassa- auch eine Terminnotiz statt, wobei es sich hierbei umgekehrt gerade um die umsatzstärksten Werte handelte.[24]

Alle weiteren Modalitäten von Kassa- beziehungsweise Termingeschäften regelten die jeweils gültigen Geschäftsbedingungen der Berliner Börse, die sich schon rein formal in zwei entsprechende Abschnitte gliederten. Dabei war der Übergang zwischen Kassa- und Zeitgeschäften in der Praxis jedoch ein fließender. So war etwa in § 13 der Bedingungen, die seit dem 1. Januar 1892 in Berlin in Kraft waren, festgelegt, dass als »Casse-Geschäfte [...] ausser den ausdrücklich ›per Casse‹, ›per morgen‹, oder ›per einige Tage‹ geschlossenen Geschäften, auch diejenigen Geschäfte, bei denen die Zeit der Erfüllung nicht aus-

---

22 Vgl. *Bürger*, Die Arten der Kursfeststellung, S. 93–96.
23 Vgl. Bericht der Börsen-Enquete-Kommission, Berlin 1893, S. 151f.
24 Im Jahr 1893 waren an der Berliner Börse insgesamt 1.225 Wertpapiere amtlich notiert, wovon wiederum für 75 Papiere neben Kassa- auch Terminpreise festgestellt wurden. Vgl. Börsen-Enquete-Kommission, Statistische Anlagen, Berlin 1893, S. 309f. und 395. Die Anzahl der vereidigten Makler sowie der Maklergruppen ist der Neueinteilung der Gruppen vom Dezember 1896 entnommen. Vgl. Correspondenz der Aeltesten der Kaufmannschaft von Berlin 19, 30.12. 1896, Nr. 10, S. 157–160.

drücklich bestimmt ist«, galten.²⁵ Das heißt also, dass auch ein Kassageschäft nicht zwingend sofort erfüllt werden musste, sondern durchaus einige Tage zwischen Vertragsabschluss und Lieferung liegen konnten. Auch für Zeitgeschäfte legten die Geschäftsbedingungen der Berliner Börse vorab keinen bestimmten Lieferungstermin fest²⁶, allein aus der Handelspraxis heraus hatte sich seit Ende der 1860er-Jahre das Monatsende, das heißt der »ultimo«, als Lieferungstermin etabliert. Zudem war an der Berliner Börse auch der Abschluss von Zeitgeschäften mit dem Zusatz »täglich« möglich. Bei dieser Art von Geschäften, die täglich kündbar waren, konnte somit auch schon vor dem eigentlichen Lieferungstermin die Lieferung verlangt werden.²⁷ Gleichwohl muss man annehmen, dass der Großteil der Kassageschäfte eben doch am nächsten Tag, die meisten Termingeschäfte dagegen erst zum Ultimo des Monats fällig waren. Darüber hinaus hatte sich bereits 1869 mit dem Liquidationsverein für Zeitgeschäfte eine eigene Institution herausgebildet, deren Aufgabe allein in der Erleichterung der Abwicklung der Termingeschäfte am Ende des Monats bestand.²⁸ Technische Details, wie etwa handelsübliche Quantitäten, die Modalitäten der Zinsberechnung oder andere Besonderheiten einzelner Wertpapiere, regelten darüber hinaus die immer wieder überarbeiteten Usancen der Berliner Börse. Im Gegensatz zur Börsenordnung bedurften die Geschäftsbedingungen sowie die Usancen auch nicht der obrigkeitlichen Zustimmung, sondern wurden beständig an die Handelspraxis angepasst.

Nicht amtlicher Markt: freier Verkehr

Neben dem amtlichen Markt gab es an der Berliner Börse schon seit Beginn des 19. Jahrhunderts quasi einen nicht amtlichen Markt, den sogenannten freien Verkehr. Dieser Markt erhielt seinen Namen vornehmlich aus der Tatsache, dass die dort abgeschlossenen Geschäfte nicht von den vereidigten Maklern, sondern eben von freien Maklern vermittelt wurden. Anders als ihre vereidigten Kollegen, denen die Übernahme auf eigene Rechnung nach Art. 69 Nr. 1 des »Allgemeinen Deutschen Handelsgesetzbuchs« (ADHGB) wenigstens formal untersagt war, unterlagen die freien Makler keinen vergleichbaren Restriktionen.²⁹ Während somit der vereidigte Makler Kauf- und Verkaufsinteressenten nur zusammenführen durfte, ohne selbst dazwischenzutreten, übernahm der freie Makler einen ihm erteilten Auftrag sofort auf eigene Rechnung und suchte sich erst im Anschluss die passende Gegenpartei. Da die Privatmakler damit eine wesentlich schnellere Ausführung garantieren konnten, wurde tatsächlich ein Großteil des Terminhandels in Berlin in eben diesem freien Verkehr abgewickelt. Die vereidigten Makler führten dagegen, wie gesehen, lediglich zum Anfangs- und Schlusskurs Aufträge für Termingeschäfte aus, die ihnen in der Regel bereits vor Beginn der Börsenzeit erteilt worden waren. Dazwischen aber, also fast während der kompletten Börsenzeit, übernahmen die freien Makler die Vermittlung von Termingeschäften. Zu den Vermittlern in diesem nicht amtlichen Markt gehörten

---

25 § 13 Bedingungen für die Geschäfte an der Berliner Fondsbörse, giltig vom 1. Januar 1892 ab, in: Correspondenz der Aeltesten 15, 15.2.1892, Nr. 39, S. 32–38.
26 Vgl. § 16 ebd.
27 Vgl. Saling's Börsen-Papiere, Erster Teil: Die Börse und die Börsengeschäfte, 14., neu bearb. Aufl., Berlin/Leipzig etc. 1913, S. 437.
28 Vgl. Statut des Liquidations-Vereins für Zeit-Geschäfte an der Berliner Fonds-Börse vom 18. März 1869, in: Börsen-Handbuch, hrsg. durch die Sachverständigen-Commission der Fonds-Börse von Berlin, Berlin 1877, S. 43–58.
29 In der Praxis gingen die vereidigten Makler dennoch auch häufig Geschäfte auf eigene Rechnung ein und übertraten damit das Verbot des Art. 69 Nr. 1 ADHGB, was von der Börsenaufsicht jedoch stillschweigend toleriert wurde. Für einen historischen Abriss zur Entwicklung des Maklerwesens vgl. auch *Oskar Stillich*, Die Börse und ihre Geschäfte, Berlin 1909, S. 49–72, sowie *Emil Struck*, Die Effektenbörse. Eine Vergleichung deutscher und englischer Zustände, Leipzig 1881, S. 186–224.

nun erstens einzelne selbstständige, das heißt selbst haftende Makler. Zweitens fallen hierunter aber vor allem auch die Agenten der in den 1870er-Jahren gegründeten Maklerbanken, die in der Regel keine Aufträge von Kunden außerhalb der Börse annahmen, sondern nur zwischen den Börsenbesuchern selbst vermittelten. Sie handelten dabei zwar stets auf eigene Rechnung, aber immer im Namen ihrer Bank, die Dritten gegenüber Haftung und Garantie für die Erfüllung der Geschäfte übernahm.[30] Und drittens schließlich konnten im freien Verkehr natürlich auch jederzeit zwischen den Börsenbesuchern selbst direkt miteinander Geschäfte abgeschlossen werden, mithin also ohne Zuhilfenahme der Dienste eines Maklers.

Genauere Daten zur Anzahl der freien Makler liegen nicht vor, denn anders als etwa ihre angelsächsischen Pendants waren die deutschen Börsen weitgehend frei zugänglich. Doch kann man davon ausgehen, dass die Anzahl der freien Makler beträchtlich größer als die ihrer vereidigten Kollegen war. So schätzte etwa Ernst Löb 1896 die Zahl der Privatmakler auf 500 bis 800, während es zu der Zeit nur 65 vereidigte Makler gab.[31] Diese Angabe mag etwas hochgegriffen sein und zum Teil aus der grundsätzlichen Problematik resultieren, dass bei einzelnen Firmen nicht eindeutig zwischen Kommissions- und Maklergeschäften zu unterscheiden war[32], doch immerhin stellten allein die Maklerbanken um diese Zeit mehr als vierzig Agenten.[33] Wenngleich sich auch die vereidigten Makler immer wieder über die Konkurrenz der von ihnen häufig auch als »Pfuschmakler« bezeichneten Kollegen beklagten, so scheint sich doch insgesamt eine arbeitsteilige Struktur herausgebildet zu haben, innerhalb derer das Kassageschäft weitgehend durch die vereidigten, das Termingeschäft dagegen durch die freien Makler abgewickelt wurde. Auch Löb sah

»[m]it der Feststellung des ersten Kurses und der Erledigung der zu ihm erteilten Aufträge [...] die Thätigkeit der vereideten Makler im Ultimo-Markt als Vermittler ziemlich erschöpft. Nach Fixierung des ersten Kurses bis zum Schluß des offiziellen Verkehrs [...] beschränken sie sich im wesentlichen auf Registrierung der Preisschwankungen, die sich im freien Verkehr vollziehen«.[34]

Der freie Verkehr an der Berliner Börse stellte jedoch keineswegs einen völlig deregulierten Markt dar, der keinerlei Kontrolle unterlegen wäre. So waren auch für Abschlüsse im freien Verkehr in der Regel die Geschäftsbedingungen der Berliner Börse verbindlich, was die Makler meist auch explizit in ihren Schlusszetteln festlegten. Dadurch unterlagen die in diesem Markt tätigen Akteure und die von ihnen abgeschlossenen Geschäfte auch grundsätzlich der Verfügungsgewalt der Börsenaufsicht. Auch bei der Kursfeststellung durch die vereidigten Makler sollten die Umsätze im freien Verkehr weitestgehend be-

---

30 Vgl. *Heinrich Kleine-Natrop*, Verfassung und Geschichte der Maklerbanken, München/Leipzig 1913, S. 8.
31 Vgl. *Löb*, Kursfeststellung und Maklerwesen an der Berliner Effektenbörse, S. 249. Die Angaben für die vereidigten Makler beziehen sich nur auf die Fondsbörse.
32 Vor allem die zahlreichen kleineren an der Börse vertretenen Firmen wiesen häufig keine eindeutige Berufsbezeichnung auf. Die Unterlagen der Börsenquetekommission geben die Anzahl der Bank- und Kommissionshäuser einschließlich der unvereidigten Makler für das Jahr 1893 mit 905 an. Vgl. BEK, Statistische Anlagen, S. 396.
33 Der Sachverständige Victor Benary, selbst vereidigter Makler an der Berliner Börse und Agent der Reichsbank, gab bei seiner Vernehmung durch die Börsenquetekommission an, der Börsenhandelsverein habe zu Beginn der 1890er-Jahre insgesamt 17 Agenten, die anderen beiden in Berlin tätigen Maklerbanken jeweils zwischen zwölf und 15 Agenten an die Börse geschickt. Vgl. BEK, Sten. Ber., S. 316.
34 *Löb*, Kursfeststellung und Maklerwesen an der Berliner Effektenbörse, S. 266. Max Weber war sogar der Meinung, selbst bei den Anfangskursen liege der »Schwerpunkt des Verkehrs« oft schon im »freien Markt«. Vgl. *Max Weber*, Die Ergebnisse der deutschen Börsenquete, in: Max Weber Gesamtausgabe Abt. I, Bd. 5, 1. Halbbd., hrsg. v. *Knut Borchardt*, Tübingen 1999, S. 195–550, hier: S. 327.

rücksichtigt werden, wobei natürlich stets fraglich war, inwieweit dies den vereidigten Maklern tatsächlich gelingen konnte. Schließlich aber gilt es, sich klarzumachen, dass die Beziehung zwischen amtlichem und nicht amtlichem Markt keine antagonistische, sondern eine zutiefst komplementäre war. Zudem war der amtliche Markt selbst auf die Existenz eines nicht amtlichen Marktes geradezu angewiesen. Dies wird besonders augenscheinlich, wenn man die Voraussetzungen für die Zulassung eines Wertpapiers zum Handel an der Börse sowie zur amtlichen Notierung näher betrachtet. Demnach bestand eine zentrale Bedingung gerade darin, dass sich »seit einiger Zeit ein regelmäßiger Verkehr« in diesem Papier etabliert hatte.[35] Wo aber hätte sich dieser regelmäßige Verkehr letztlich etablieren sollen, wenn nicht im freien Verkehr? Denn den vereidigten Maklern war eine Vermittlung der Papiere so lange verboten, wie noch keine offizielle Zulassung erfolgt war. Auch der Bankier Wilhelm Kopetzky, selbst Mitglied des Börsenkommissariats, hielt in seiner Stellungnahme vor der Börsenenquetekommission fest: »Der freie und der offizielle Markt schließen sich aneinander an. Die Einrichtungen sind in der Regel derart, daß der freie Markt für das betreffende Papier sich in der Nähe des Platzes befindet, den der dieses Papier handelnde vereidete Makler einnimmt, so daß eine gegenseitige Verbindung besteht.«[36] Ähnlich äußerten sich auch andere Sachverständige im Laufe der Verhandlungen immer wieder.

Wie an den meisten Finanzplätzen vor 1914 zeichnete sich somit auch an der Berliner Börse der Wertpapierhandel in erster Linie durch ein hohes Maß an Selbstregulierung durch die beteiligte Kaufmannschaft aus.[37] Entgegen der öffentlichen Wahrnehmung, die in der Börse meist das ungezügelte Chaos vorherrschen sah, hatte sich an allen Börsen durch langjährige Praxis ein komplexes Geflecht an formalen Regeln, wie sie in Börsenordnungen, Geschäftsbedingungen und Usancen kodifiziert waren, sowie an informellen Gebräuchen und Verhaltensmustern herausgebildet, die dem Wertpapierhandel letztlich erst seine Stabilität verliehen. Dabei entwickelte sich unter den am Börsenhandel beteiligten Akteuren auch allmählich eine arbeitsteilige Struktur heraus, die dazu diente, verschiedene Marktsegmente auf unterschiedliche Anforderungen zu spezialisieren. So kann etwa das Wechselspiel zwischen amtlichem Markt und freiem Verkehr in Berlin in seinen Grundzügen mit der arbeitsteiligen Beziehung zwischen *Parquet* und *Coulisse* an der Börse von Paris verglichen werden.[38] Während der amtliche Markt demnach vorrangig der Feststellung der offiziellen Börsenkurse diente, war für den freien Verkehr die möglichst rasche Abwicklung großer Handelssummen entscheidend.

II. BESTIMMUNGEN DES BÖRSENGESETZES BEZÜGLICH DES TERMINHANDELS IN WERTPAPIEREN

Die Börsenreformdebatte zu Beginn der 1890er-Jahre trug den skizzierten Funktionsabläufen an der Berliner Börse kaum Rechnung, sondern war in erster Linie von heftigen öf-

---

35 Vgl. *Franz Josef von Pfleger/Ludwig Gschwindt*, Börsenreform in Deutschland. Eine Darstellung der Ergebnisse der deutschen Börsenenquete, Bd. 3, Stuttgart 1897, S. 105.
36 BEK, Sten. Ber., S. 166.
37 Vgl. *Michie*, Financial Capitalism, S. 250–257. Vgl. auch *Carsten Burhop*, Regulierung und Selbstregulierung am Berliner Aktienmarkt. Maßnahmen zur Transparenz und Qualitätssicherung bei Aktienerstemissionen ca. 1870 bis 1930, in: Zeitschrift für Neuere Rechtsgeschichte 37, 2015, S. 32–49.
38 Vgl. *Pierre-Cyrille Hautcoeur/Angelo Riva*, The Paris Financial Market in the Nineteenth Century: Complementarities and Competition in Microstructures, in: Economic History Review 65, 2012, S. 1326–1353. Allerdings bestand ein wesentlicher Unterschied zur Pariser Börse darin, dass Parkett- und Kulissenhandel in Berlin im gleichen Raum stattfanden.

fentlichen Auseinandersetzungen um den Börsenhandel geprägt. Dies schlug sich schließlich auch in den konkreten Bestimmungen des Börsengesetzes in Bezug auf den Terminhandel nieder.

Der Terminhandel in der öffentlichen und politischen Debatte

Unmittelbarer Auslöser der Börsenreformbewegung war eine Reihe von Unregelmäßigkeiten und Betrugsfällen an deutschen Börsen, allen voran auch der Berliner Börse. Den Anstoß gaben zunächst mehrere kurz hintereinander auftretende Fälle der versuchten Preismanipulation an deutschen Warenbörsen gegen Ende der 1880er-Jahre.[39] Dadurch wurde die schon seit Längerem geäußerte Kritik der deutschen Agrarier am Getreideterminhandel, der sich vor allen Dingen in Berlin konzentrierte, weiter befeuert. Man gab dieser für viele doch noch immer ungewohnten Handelstechnik nämlich die Hauptschuld für den gerade in dieser Zeit zu beobachtenden Verfall der Getreidepreise sowie auch für die allgemein starken Preisschwankungen an den Getreidemärkten.[40] Die öffentliche Kritik erfasste schließlich aber auch die Effektenbörsen, als im Zuge der Krise um die britische Barings Bank im Herbst 1890 nicht nur die Aktienkurse nach der Hausse der vorangegangenen beiden Jahre deutlich einbrachen, sondern auch im Wertpapierhandel zahlreiche Missstände aufgedeckt wurden. Für großes Aufsehen sorgte insbesondere der Fall des Berliner Bankiers Paul Polke, der im April 1891 verhaftet und dem vorgeworfen wurde, seine Kunden zunächst gezielt angeworben und anschließend durch Kursmanipulationen mit überhöhten Preisen systematisch betrogen zu haben. Im Juli des gleichen Jahres kam zudem im Handel mit russischen Rubelnoten eine Reihe von Schlussscheinfälschungen an der Berliner Börse zum Vorschein. Und als im November des Jahres, auch als Folge der Baring-Krise, eine Reihe von Privatbanken Konkurs anmeldeten, wurden schließlich zahlreiche Fälle von Depotveruntreuungen aufgedeckt.[41] Angesichts dieser Massierung von Börsenskandalen innerhalb eines so kurzen Zeitraums konnten nun auch die überzeugtesten Vertreter des freien Spiels der Marktkräfte nicht mehr leugnen, dass es offenbar zu gravierenden Problemen im Börsenverkehr gekommen war.

Hinter den tagespolitischen Ereignissen erstreckte sich die Debatte jedoch auf eine wesentlich ältere Auseinandersetzung, die sich um die generelle Frage nach der Legitimität des Börsenhandels drehte. Mit der Ausdehnung des Aktien- und Börsenwesens im Zuge der Industrialisierung im Laufe des 19. Jahrhunderts nahm auch die Kritik am Börsenhandel deutlich zu, schien seine destruktive Wirkung beim Platzen von Spekulationsblasen doch nur allzu sichtbar zu werden. Welche langfristige Bedeutung für die öffentliche Wahrnehmung der Börse in Deutschland hier gerade auch die Erfahrung der Gründerkrise zu

---

39 Vgl. zur Entwicklung der Ereignisse grundsätzlich *Meier*, Die Entstehung des Börsengesetzes, und *Schulz*, Das deutsche Börsengesetz. Zusammenfassend auch *Knut Borchardt*, Einleitung, in: Max Weber Gesamtausgabe Abt. I, Bd. 5, 1. Halbbd., S. 1–108.

40 Für eine Diskussion der zeitgenössischen Literatur vgl. *Engel*, Die Regulierung des Börsenterminhandels im Kaiserreich, sowie *ders.*, Futures and Risk: The Rise and Demise of the Hedger-Speculator Dichotomy, in: Socio-Economic Review 11, 2013, S. 553–576. Das Sinken der Getreidepreise im Kaiserreich ist dagegen maßgeblich auf die zunehmende Integration des Weltmarkts und weniger auf die Auswirkungen des Terminhandels zurückzuführen. Vgl. *Cornelius Torp*, Die Herausforderung der Globalisierung. Wirtschaft und Politik in Deutschland 1860–1914, Göttingen 2005.

41 Die Frage der Bankdepots war Gegenstand eines eigenständigen Gesetzgebungsverfahrens, das schließlich in die Verabschiedung des »Gesetzes betreffend die Pflichten der Kaufleute bei Aufbewahrung fremder Wertpapiere«, kurz »Bankdepotgesetz«, vom 5. Juli 1896 mündete und als Ergänzung des Börsengesetzes betrachtet werden muss. Vgl. *Carmen Buxbaum*, Anlegerschutz zwischen Bankbedingungen und Rechtsnormen. Eine Untersuchung zu dem Depotgesetz von 1896, Berlin 2002.

Beginn der 1870er-Jahre spielte, kann wohl kaum überschätzt werden.[42] Dabei konzentrierte sich die öffentliche Kritik im Folgenden jedoch hauptsächlich auf die noch immer verhältnismäßig junge Geschäftspraxis des Terminhandels. Während Geschäfte auf Zeit in mal mehr und mal weniger starkem Ausmaß wohl schon seit Bestehen der Börsen abgeschlossen wurden, sind organisierte Terminmärkte in einzelnen Waren erst ein Produkt der zweiten Hälfte des 19. Jahrhunderts. Der Terminhandel wurde dabei in erster Linie vom Großhandel zur massenhaften Abwicklung von Geschäften in bestimmten Waren wie Getreide, Baumwolle oder Kaffee benutzt. Im Gegensatz zur zeitgenössischen Debatte, in der die Begriffe Zeit- und Termingeschäft weitgehend synonym verwendet wurden, wies Max Weber jedoch auf den zentralen konzeptionellen Unterschied zwischen beiden Geschäftsformen hin. Während demnach die bloße Vereinbarung eines späteren Erfüllungstermins beiden Geschäftsarten gleichermaßen eigen ist, zeichnen sich Termingeschäfte gerade durch den hohen Grad der Standardisierung der einzelnen Kontrakte aus, was bei bloßen Zeitgeschäften nicht zwingend der Fall sein muss. So wurden beispielsweise Termingeschäfte in Wertpapieren an der Berliner Börse, nach den geltenden Usancen, stets über eine Summe von 15.000 Mark beziehungsweise ein Vielfaches davon abgeschlossen, andere Beträge kamen dagegen in der Praxis nicht vor. Damit war zwar jedes Termingeschäft ein Zeitgeschäft, aber nicht umgekehrt auch jedes Zeitgeschäft automatisch schon ein Termingeschäft.[43] Dies bedeutet aber im Umkehrschluss, dass für die Definition eines Geschäfts als Termingeschäft in erster Linie der Rückgriff auf diese standardisierten Vertragsformen und weniger die Vereinbarung einer späteren Lieferung wesentlich war. Der Terminhandel ermöglichte in erster Linie die Abwicklung großer Mengen und garantierte insgesamt eine höhere Marktliquidität, erlaubte daneben aber natürlich auch die Spekulation auf Kursbewegungen. Dies dürften im Wesentlichen auch die Gründe sein, warum die Praxis des Börsenterminhandels schließlich auch mit Ausdehnung des Wertpapierhandels Einzug in die Effektenbörsen fand.[44] Die Kritiker des Terminhandels konzentrierten sich dagegen ausschließlich auf das zeitliche Auseinanderklaffen von Vertragsabschluss und Lieferung sowie die damit zwangsläufig einhergehende Möglichkeit der Kursveränderung bis zum Erfüllungstermin, was die Termingeschäfte in ihren Augen als bloße Wetten auf Kursverläufe erscheinen ließ.

Die öffentliche und politische Auseinandersetzung mit der Praxis des Terminhandels stützte sich im Folgenden vor allem auf die lang anhaltende juristische Diskussion über die Klagbarkeit von Ansprüchen aus sogenannten Differenzgeschäften. Dabei war der Begriff Differenzgeschäft ein »juristisches Kunstgebilde«[45], der zum Ausdruck brachte, dass, im Gegensatz zu gewöhnlichen Kaufgeschäften, viele Termingeschäfte an der Börse nicht durch effektive Lieferung der Ware erfüllt wurden, sondern durch Begleichung der Kursdifferenzen zwischen Zeitpunkt des Vertragsschlusses und Erfüllungstermin beziehungsweise durch Aufrechnung der wechselseitigen Ansprüche aus gegenläufigen Geschäften. Der Streit der Juristen drehte sich dabei um die Frage, wie ein wirtschaftlich begründetes Differenzgeschäft von einem »reinen« Differenzgeschäft, das einer bloßen Wette auf steigende oder fallende Kurse gleichkam, abzugrenzen war. Denn genau wie aus Glücksspielen sollten auch aus reinen Differenzgeschäften keine einklagbaren Rechtsansprüche für die beteiligten Parteien entstehen. Dies war der Kern einer lang anhaltenden juristischen Debatte, die »eine verwirrende Begriffsvielfalt zur Folge« hatte:

---
42 Vgl. dazu auch den Beitrag von Catherine Davies in diesem Band.
43 Vgl. *Borchardt*, Einleitung, S. 11.
44 Tatsächlich lassen sich die konkreten Motive, die zur Einführung des Terminhandels führten, kaum mehr rekonstruieren, was auch die Vernehmungen der Börsenenquetekommission bestätigen. Vgl. auch *Engel*, Futures and Risk, S. 557.
45 *Wolter*, Termingeschäftsfähigkeit kraft Information, S. 31.

»reines, wahres, effektives, scheinbares, eigentliches und uneigentliches, echtes und unechtes, gemischtes, offenes und verdecktes Differenzgeschäft – das sind die am häufigsten verwendeten Begriffe, durch die Wissenschaft und Praxis die verschiedenen Aspekte des Differenzgeschäfts ›im rechtlichen Sinn‹ gegenüber dem Differenzgeschäft ›im wirtschaftlichen Sinn‹ zu erfassen« versuchten.[46]

Für die Praxis des Wertpapierhandels spielte der juristische Begriffsstreit dagegen lange Zeit keine Rolle, da das Reichsoberhandelsgericht in seiner Entscheidung aus dem Jahr 1872 festgelegt hatte, nur dann von reinen Differenzgeschäften auszugehen, wenn von den Vertragsparteien die effektive Lieferung von Beginn an explizit ausgeschlossen worden war. Da derartige Geschäfte in der Praxis quasi nicht vorkamen, hatte die Diskussion über die Differenzgeschäfte lange Zeit auch allenfalls theoretische Bedeutung. Deswegen wurde auch der sogenannte Differenzeinwand, bei dem eine der Vertragsparteien sich nachträglich ihrer Verbindlichkeiten zu entledigen suchte, indem sie vor Gericht den Einwand vorbrachte, man habe von Anfang an »nur spielen« wollen, kaum erhoben. Im Jahr 1892 vollzog das Reichsgericht jedoch eine deutliche Wende in der höchstrichterlichen Rechtsprechung. In einer Reihe von Urteilen etablierte sich nun die Ansicht, dass ein die effektive Lieferung ausschließendes Differenzgeschäft auch durch konkludente Willenseinigung der Geschäftspartner begründet werden könne.[47] Damit aber öffnete sich für die Gerichte ein großer Interpretationsspielraum und es entwickelte sich in der Folge eine Indizienlehre, die mehr oder weniger klare Kriterien zu identifizieren versuchte, die für das Vorliegen eines reinen Differenzgeschäfts sprächen. Als derartige Indizien wurden insbesondere ein als unzureichend empfundenes Vermögen des Spekulanten, eine nicht unmittelbar mit Börsengeschäften in Verbindung stehende Berufstätigkeit sowie auch die Abwicklung der Geschäfte über eine dauernde Kontokorrentverbindung, mittels derer lediglich Kursdifferenzen beglichen wurden, betrachtet.[48] Gerade in den ersten beiden Indizien drückte sich die unter den Börsenreformern weitverbreitete Vorstellung aus, dass bestimmte Bevölkerungskreise kein legitimes, das heißt ökonomisch begründetes Interesse am Abschluss von Termingeschäften haben konnten und, so die Schlussfolgerung, von diesen künftig ausgeschlossen werden müssten. Insgesamt aber trug die Wende des Reichsgerichts entscheidend dazu bei, der Börsenreformbewegung zu Beginn der 1890er-Jahre eine neue Dynamik zu verleihen.

Mit der eingangs erwähnten Häufung von Skandalen radikalisierte sich die Auseinandersetzung um die Börse noch zusätzlich, und der Streit um das Börsengesetz, in dem sich agrarisch-konservative Kreise einerseits und ein finanzwirtschaftlich-liberales Lager andererseits gegenüberstanden, verdichtete sich schließlich zu einer Auseinandersetzung um Deutschlands Weg vom Agrarstaat in die industrielle Moderne.[49] Dementsprechend sollten letztlich auch weniger sachliche als vielmehr ideologisch begründete Argumente den Ausschlag geben. So stellte für die Agrarier und ihre neu gegründete Interessenorganisation, den »Bund der Landwirte«, das Vorgehen gegen den (Waren-)Terminhandel ein zentrales Element im gesellschaftlichen und politischen Machtkampf dar. Als im Herbst 1891 von verschiedenen Seiten Petitionen gegen die Auswüchse des Terminhandels im Reichstag eingebracht wurden, sah sich die Regierung veranlasst, zunächst eine Expertenkommission zur Untersuchung des Börsenwesens einzusetzen. Diese Börsenenquetekommission, zusammengesetzt aus Mitgliedern aus Wirtschaft, Politik und Wissenschaft, tagte von April 1892 bis November 1893, vernahm in dieser Zeit zahlreiche Sachverständige und produzierte insgesamt ein äußerst umfangreiches Untersuchungsmaterial von mehre-

---

46 Ebd., S. 30.
47 Vgl. ebd., S. 43–53.
48 Vgl. ebd., S. 56f.
49 Vgl. dazu *Gehlen*, ›Manipulierende Händler‹ versus ›dumme Agrarier‹.

ren Tausend Seiten.⁵⁰ Doch gerade im Hinblick auf die Praxis des Terminhandels waren die zutage geförderten Ergebnisse eher enttäuschend.⁵¹ Auch wenn sich die Experten in ihrem Abschlussbericht bereits dafür aussprachen, den Bundesrat grundsätzlich zu ermächtigen, den Börsenterminhandel in Wertpapieren und Waren einschränken zu können, so war das letztlich beschlossene Terminhandelsverbot aber erst ein Ergebnis der sich anschließenden parlamentarischen Verhandlungen. Denn in der Kommission des Reichstags, die von Januar bis März 1896 über die Verabschiedung des Börsen- sowie des Depotgesetzes beriet, verfügten die Agrarier über die Mehrheit und hier wurden schließlich auch die entscheidenden Beschränkungen des Terminhandels formuliert, denen später in der zweiten Lesung des Gesetzentwurfs nur mehr zugestimmt wurde.⁵²

Die Regulierungsinstrumente des Börsengesetzes: Handelsverbot und Börsenregister

Das Börsengesetz wurde schließlich am 22. Juni 1896 verabschiedet und sollte ab 1. Januar des folgenden Jahres in Kraft treten. In Abschnitt IV, §§ 48–69, wurde der Börsenterminhandel reguliert.⁵³ Dabei definierte § 48 zunächst als Börsentermingeschäfte alle »Kauf- oder sonstige[n] Anschaffungsgeschäfte«, die insbesondere durch folgende drei Merkmale gekennzeichnet seien: eine festbestimmte Lieferungszeit beziehungsweise -frist, ein Abschluss nach den Geschäftsbedingungen der jeweiligen Börse sowie das Bestehen einer amtlichen Feststellung von Terminpreisen. § 50 sprach ein allgemeines Verbot des Terminhandels in »Antheilen von Bergwerks- und Fabrikunternehmungen« aus und beschränkte darüber hinaus den restlichen Terminhandel in Aktien auf Gesellschaften mit einem Mindestkapital von 20 Millionen Mark. Zudem wurde der Bundesrat grundsätzlich dazu ermächtigt, weitere Beschränkungen des Terminhandels zu bestimmen. Ein »von der Mitwirkung der Börsenorgane unabhängige[r] Terminhandel« sollte nach § 51 von der Börse ausgeschlossen werden, »soweit er sich in den für Börsentermingeschäfte üblichen Formen« vollzog. Neben dieser materiellen Beschränkung des Terminhandels sollte auch der Kreis der termingeschäftsfähigen Personen eingeschränkt werden. So begründeten nach § 66 nur Termingeschäfte zwischen zwei Parteien, die beide zum Zeitpunkt des Vertragsabschlusses in das eigens dafür vorgesehene Börsenregister eingetragen waren, tatsächlich ein rechtliches Schuldverhältnis. Damit korrespondierend bestimmte schließlich § 69, dass

»[g]egen Ansprüche aus Börsentermingeschäften sowie aus der Ertheilung und Uebernahme von Aufträgen und aus der Vereinigung zum Abschlusse von Börsentermingeschäften [...] von demjenigen, welcher zur Zeit der Eingehung des Geschäfts in dem Börsenregister für den betreffenden Geschäftszweig eingetragen war [...], ein Einwand nicht darauf gegründet werden [könne], daß die Erfüllung durch Lieferung der Waaren oder Werthpapiere vertragsmäßig ausgeschlossen war.«⁵⁴

In das Börsenregister eingetragene Personen konnten somit den oben angesprochenen Differenzeinwand nicht rückwirkend geltend machen, um sich so ihren Verpflichtungen zu entziehen.

---

50 Zur Zusammensetzung und Arbeitsweise der Kommission vgl. *Schulz*, Das deutsche Börsengesetz, S. 72–114.
51 So äußerten sich auch bereits die zeitgenössischen Beobachter. Vgl. *Weber*, Die Ergebnisse der deutschen Börsenenquete, S. 494–499, sowie auch *Pfleger/Gschwindt*, Börsenreform in Deutschland, S. 1–4.
52 Entscheidend für die Verschärfung der Debatte, und letztlich für den Sieg der Agrarier, war nicht zuletzt die Aufdeckung von Preismanipulationen an der Berliner Getreidebörse durch das Unternehmen Cohn & Rosenberg im Herbst 1895. Wie *Borchardt*, Einleitung, S. 74, treffend festhält, war »[f]ür die Agrarier [...] der Nachweis einer, wenn auch nur vorübergehend erfolgreichen Manipulation des Berliner Roggenpreises durch ein jüdisches (!) Unternehmen ein Glücksfall«.
53 Der Text des Gesetzes ist abgedruckt in: *Schulz*, Das deutsche Börsengesetz, S. 703–720.
54 Ebd., S. 716f.

Diese beiden wesentlichen Regulierungsinstrumente, ein materielles Handelsverbot in bestimmten Gattungen von Wertpapieren sowie die Eintragung in ein Register als Voraussetzung der Rechtsfähigkeit, waren bereits im Vorfeld diskutiert worden. Die Idee, den Terminhandel in Aktien von Bergwerks- und Industrieunternehmen zu unterbinden, wurde bereits während der Verhandlungen der Börsenenquetekommission ins Spiel gebracht. Der Vorschlag wurde damit begründet, dass die Zulassung der Aktien von Industrieunternehmen zum Terminhandel die Leiter der entsprechenden Firmen zu einer Geschäftspolitik, die lediglich auf eine kurzfristige Beeinflussung der Aktienkurse abzielte, verleiten könnte.[55] Erwartungsgemäß sprach sich dagegen die überwiegende Mehrheit der vernommenen Börsianer gegen ein wie auch immer geartetes Handelsverbot in bestimmten Wertpapieren aus. Interessanterweise betonte aber auch Georg Siemens, der Vertreter der Deutschen Bank, dass er der Zulassung der Industriepapiere zum Terminhandel durchaus ablehnend gegenüberstehe, fügte jedoch unmittelbar hinzu, dass ein Kassahandel in diesen Werten noch größere Kursschwankungen hervorrufen würde.[56] Geradezu befremdlich auf den heutigen Leser wirken jedoch die getroffenen Aussagen der Sachverständigen, als es in den Verhandlungen der Börsenenquetekommission darum ging, ökonomische Gründe für den Effektenterminhandel anzuführen. Die auf die entsprechenden Abschnitte des Fragebogens gegebenen Antworten wirken heute seltsam konstruiert.[57] Meist wurde zunächst die Bedeutung des Terminhandels für den internationalen Zahlungsverkehr sowie für die Arbitrage mit ausländischen Börsenplätzen ins Feld geführt. Auch das Argument der Versicherung gegen Kursschwankungen findet sich oftmals in den Antworten. Dass der Terminhandel darüber hinaus aber wohl auch, vielleicht sogar überwiegend, zu bloßen Spekulationszwecken benutzt wurde, darauf ging man kaum ein. Die vorgebrachten Beispiele schließlich betrafen häufig entweder den Handel mit Devisen und öffentlichen Anleihen oder aber den Warenterminhandel, selten jedoch Geschäfte in Industriepapieren. Einig war man sich letztlich lediglich in der Auffassung, dass ein Terminhandelsverbot in bestimmten Werten nicht zum Verschwinden der Spekulation, sondern zu einem Ausweichen auf den Kassahandel führen würde. Umgekehrt vermochten die Börsianer dagegen keine überzeugende ökonomische Begründung zu liefern, warum die Börse des Terminhandels in Wertpapieren, gerade auch in Industriewerten, dringend bedürfe. Damit bestärkten sie aber bei ihren Gegnern die Überzeugung, dass ein etwaiges Terminhandelsverbot durchaus geboten sei, um die »Spekulationswut« einzuschränken.[58]

Die zweite zentrale Idee, die rechtliche Termingeschäftsfähigkeit an die Eintragung in ein Register zu knüpfen, wurde ebenfalls bereits seit Längerem, vornehmlich in juristischen Kreisen, diskutiert. Da das Privatpublikum die Eintragung in ein öffentliches Terminregister scheuen würde, so die Überlegung, würden dann auch die Börsenbesucher,

---

55 Vgl. *Weber*, Die Ergebnisse der deutschen Börsenenquete, S. 528–531. Auch Max Weber selbst hielt im Übrigen ein Terminhandelsverbot in Industriepapieren für »durchaus diskutabel«. Ähnlich äußerten sich auch andere Beobachter, so etwa Kurt Wiedenfeld, der das Terminhandelsverbot in Industrieaktien insgesamt für begründet hielt. Vgl. *Kurt Wiedenfeld*, Die Börse in ihren wirtschaftlichen Funktionen und ihrer rechtlichen Gestaltung vor und unter dem Börsengesetz, Berlin/München, S. 54f.
56 Vgl. BEK, Sten. Ber., S. 1932–1934.
57 Eine kurze Zusammenstellung der Antworten der Sachverständigen findet sich in: Börsen-Enquete-Kommission, Register zu den stenographischen Berichten über die Sachverständigen-Vernehmungen, Berlin 1893, S. 68–159.
58 Betroffen vom Terminhandelsverbot in Aktien waren letztlich an der Berliner Börse insgesamt lediglich elf Aktien, nämlich acht Bergwerks- und drei Industriewerte, wobei jedoch bereits drei der Papiere nicht die Voraussetzung der erforderlichen 20 Millionen Mark Grundkapital erfüllten. Gleichwohl gehörten diese wenigen Aktien gerade zu den umsatzstärksten der Berliner Börse. Vgl. *Meier*, Die Entstehung des Börsengesetzes vom 22. Juni 1896, S. 270.

das heißt in erster Linie die Banken, Abstand nehmen, mit Personen, die ihnen gegenüber jederzeit den Differenzeinwand geltend machen konnten, Termingeschäfte abzuschließen. Die Vorschläge der Börsenenquetekommission sahen ursprünglich nur für den Warenterminhandel ein verpflichtendes Register vor, für den Terminhandel in Wertpapieren wurde dagegen lediglich die Eintragung in das Handelsregister empfohlen.[59] Erst im Laufe des Gesetzgebungsprozesses wurde die Einführung des Börsenregisters auch auf den Terminhandel in Wertpapieren ausgedehnt. Damit sollte also die abschreckende Wirkung des Terminregisters deutlich erweitert und insbesondere das, nach einhelliger Meinung der Regulatoren, gerade so leicht zum Spiel an der Börse »verführbare« Privatpublikum vom Abschluss von Termingeschäften abgeschreckt werden. Ganz im Einklang mit der neuen Indizienlehre des Reichsgerichts sprach man gewissen Bevölkerungskreisen, deren Einkommen, Berufstätigkeit und auch sozialer Status kein unmittelbares Interesse an Börsentermingeschäften erkennen ließen, die Berechtigung ab, derartige Geschäfte überhaupt einzugehen. Damit sollte zum einen die Börsenspekulation gleichsam professionalisiert und auf einen kleinen Kreis von berufsmäßigen Spekulanten begrenzt werden. Denn dass sich in den 1880er- und 1890er-Jahren auch viele »Outsider« an der Börsenspekulation beteiligt hatten, zeigten nicht zuletzt die eingangs erwähnten Finanzskandale.[60] So gehörten etwa zum Kundenkreis des genannten Polke neben einigen Kaufleuten unter anderem auch ein Schankwirt, ein Destillateur, ein Bahnhofsvorsteher, ein Versicherungsagent, ein Landwirt, ein Gutspächter, ein Buchhändler, ein Hotelier, zwei praktische Ärzte, zwei Mühlen- und Ziegeleibesitzer, ein Spediteur, ein Fabrikbesitzer sowie einige Rentiers.[61] Solche Berufsvertreter, so die Überzeugung, konnten kein legitimes ökonomisches Interesse am Terminhandel haben, sondern beteiligten sich einzig und allein aus dem Grund, um auf steigende Kurse zu wetten. Hinzu kam bei vielen Kommentatoren auch die paternalistische Überzeugung, dass gerade die untersten sozialen Schichten davor bewahrt werden müssten, in der Hoffnung auf schnellen und bequemen Profit Börsengeschäfte einzugehen, von denen sie im Grunde nichts verstanden und die nur dazu geeignet waren, sie um ihr ohnehin geringes Vermögen zu bringen. So betonte etwa Gustav Schmoller in den Verhandlungen der Börsenenquetekommission, er selbst habe wiederholt für seine Dienstmädchen sowie auch für seinen Portier Staatspapiere gekauft, denn »derartige Leute [...] verstehen den Unterschied zwischen Konsols und anderen Papieren nicht; sie wissen nur, daß irgend wo jemand sei, der Geldgeschäfte vermittelt, und dem fallen sie in die Hände, und der betrügt sie unter 100 Fällen 90 mal«.[62] Diese Bevölkerungskreise wollte man somit gewissermaßen vor sich selbst schützen, indem man sie zur Eintragung in ein Terminregister und damit zum öffentlichen Bekenntnis als »Börsenspieler« zwang. Oder wie es der Senatspräsident des Reichsgerichts, Heinrich Wiener, formulierte: »man verlange, daß, wer termingeschäftsfähig werden wolle, einige Stunden während einer bestimmten

---

59 Vgl. Bericht der Börsen-Enquete-Kommission, Berlin 1893, S. 102–104 und 116.
60 Die von der Börsenenquete gehörten Sachverständigen gaben mehrheitlich an, dass sich, gerade in Zeiten einer Hausse, weite Kreise der Bevölkerung am Börsenterminhandel beteiligten. Ähnlich äußerte sich auch der französische Beobachter André Sayous in seiner umfangreichen Untersuchung des deutschen Börsenwesens Vgl. *André-E. Sayous*, Étude économique et juridique sur les bourses allemandes de valeurs et de commerce, Paris/Berlin 1898, S. 381.
61 Vgl. *Rudolf Plack-Podgorski*, Der Prozeß Polke vom Standpunkte der reinen Vernunft und Logik. Zur Aufklärung der öffentlichen Meinung über Schuld oder Unschuld des Angeklagten im Interesse der Wahrheit und Strafrechtspflege beschrieben und herausgegeben. Eine Widerlegung des gerichtlichen Urteils vom 3. Juni 1892, Strafkammer 3 des Landgerichts I Berlin unter Nachweis von Falsch- bzw. Meineiden, Dresden 1892, S. 119.
62 BEK, Sten. Ber., S. 312.

Zeit auf offenem Markte ein Schild an der Stirn mit der Aufschrift: ›ich bin Spekulant‹ tragen müsse«.[63]

Während der Schutz von Kleinanlegern im ausgehenden 19. Jahrhundert ein von staatlicher Finanzmarktregulierung noch weitestgehend unberührtes Themenfeld darstellte, galt in der Finanzwelt weiterhin der allgemeine Grundsatz des *caveat emptor*. Hier hatten sich also keine zufriedenstellenden Lösungen der Selbstregulierung entwickelt, sodass der unwissende Kunde im Zweifelsfall schlicht auf das Wohlwollen seines Bankiers vertrauen musste. Mit der Expansion des Aktienwesens und der Beteiligung immer breiterer Kreise der Bevölkerung am Wertpapierhandel nahmen jedoch auch die Probleme des Anlegerschutzes deutlich zu. Es bestand somit durchaus regulatorischer Handlungsbedarf, was auch von den Zeitgenossen bereits erkannt wurde.[64] Die Idee eines abschreckenden Börsenregisters sollte dagegen das Rad gewissermaßen wieder zurückdrehen, indem die Beteiligung des Privatpublikums am Terminhandel unterbunden werden sollte.

III. DIE REAKTIONEN DER BERLINER FONDSBÖRSE AUF DAS TERMINHANDELSVERBOT

Bereits unmittelbar nach Inkrafttreten des Börsengesetzes etablierten sich an der Berliner Fondsbörse neue Handelsformen, mithilfe derer die unliebsamen Bestimmungen möglichst reibungslos umgangen werden sollten. Diese Handelsformen lassen sich im Wesentlichen in zwei Gruppen einteilen: Zum einen wichen die Banken im Geschäftsverkehr mit dem Privatpublikum auf handelsrechtliche Lieferungsgeschäfte aus. Zum anderen entwickelten sich zwischen den Börsianern selbst mit dem sogenannten Großkassahandel sowie dem Kassa-Kontohandel neue Formen der Kassageschäfte im freien Verkehr.

Umgehung des Börsenregisters durch Ausschluss der Börsenbedingungen: Handelsrechtliche Lieferungsgeschäfte

Im Vorfeld der Börsengesetzgebung war die Einführung eines öffentlichen Börsenregisters von Vertretern der Finanzbranche häufig und vehement mit der Begründung abgelehnt worden, die Eintragung in ein derartiges Register käme einer Stigmatisierung als Spieler gleich, der sich kein ehrbarer Kaufmann ohne Weiteres aussetzen wolle und die zudem alle Beteiligten am Börsenhandel unter einen Generalverdacht stelle. Auf der »Protest-Kundgebung der Börsen-Interessenten« am 2. Februar 1896, zu der die Ältesten der Berliner Kaufmannschaft zahlreiche Vertreter des Handels aus dem ganzen Reichsgebiet nach Berlin eingeladen hatten, sprach sich der Vizepräsident der Korporation, Johannes Kaempf, beispielsweise entschieden dagegen aus, dass man den Kaufmannsstand zwinge, »um seinen legitimen Geschäften nachgehen zu können, […] sich in dieses Spielerregister eintragen zu lassen«.[65] Doch waren es schließlich gerade die führenden Berliner Bankhäu-

---

63 Börsen-Enquete-Kommission, Sitzungsprotokolle, Berlin 1893, S. 261. Wiener selbst äußerte sich zu der beabsichtigten Wirkung allerdings skeptisch, indem er unmittelbar hinzufügte: »Die Scheu möge wirken. Aber man werde sich gewöhnen, ohne Aussicht auf gerichtlichen Schutz Geschäfte auf das bloße Wort hin zu machen.«
64 So wurde beispielsweise die Frage diskutiert, inwiefern die Bankiers ihren Kunden gegenüber für Kaufempfehlungen von Wertpapieren haftbar gemacht werden konnten. Vgl. *Max Alsberg*, Die Haftung des Bankiers für Fahrlässigkeit bei der Empfehlung von Wertpapieren, in: Monatsschrift für Handelsrecht und Bankwesen, Steuer- und Stempelfragen 15, 1906, S. 321–326. Vgl. zu dieser Problematik auch umfassend *Buxbaum*, Anlegerschutz zwischen Bankbedingungen und Rechtsnormen.
65 Berliner Börsen-Zeitung, 3.2.1896, S. 6. Kaempf führte dagegen weiter aus, »dass an keinem Orte der Welt Treu und Glauben höher gehalten werden, als an der Börse«.

ser, die das Börsenregister anfänglich unterstützten. Demgegenüber lehnten die kleineren und mittleren Bankhäuser, allen voran die Banken aus der Provinz, die Eintragung in das Börsenregister mehrheitlich ab. So beschlossen die Mitglieder der Stempelvereinigung, der Interessenvertretung der größten Berliner Bankhäuser, bereits im November 1896, sich in das Register eintragen zu lassen, während der Verein für die Interessen der Fondsbörse, dem in erster Linie kleinere Banken, und namentlich eine Reihe von Privatbanken, angehörten, die Eintragung ablehnte. Der Verein wollte stattdessen versuchen, »das Zeitgeschäft auf Treu und Glauben aufrecht zu erhalten«.[66] Die Stempelvereinigung aber verkündete, ab dem 1. März 1897 nur noch mit in das Börsenregister eingetragenen Personen Termingeschäfte abschließen zu wollen. Doch anders als von manchen erwartet[67], ließen sich nach Verabschiedung des Börsengesetzes kaum Privatleute oder auch Provinzbankiers in das Register eintragen. So erfolgten für Berlin im Jahr 1897 tatsächlich nur 18 Eintragungen.[68]

Da die Kunden der Berliner Großbanken die Eintragung in das Börsenregister größtenteils verweigerten, sahen sich die Banken somit der Gefahr der rückwirkenden Erhebung des Differenzeinwands ausgesetzt, wenn sie dennoch weiterhin Börsentermingeschäfte in der bisher üblichen Form abschlossen. Wollte man auf dieses Geschäftsfeld aber nicht verzichten, so mussten also alternative Handelsformen gefunden werden.[69] Die führenden Berliner Bankhäuser passten dazu ihre Geschäftsbedingungen an, indem sie dazu übergingen, mit ihren Kunden handelsrechtliche Lieferungsgeschäfte auf Basis des ADHGB abzuschließen. Wurden bisher Termingeschäfte mit Kunden stets auf Basis der Geschäftsbedingungen der Berliner Börse abgeschlossen, so wurden diese nun explizit ausgeschlossen und stattdessen auf die entsprechenden Bestimmungen des Handelsgesetzes Bezug genommen. Das dahinterstehende Motiv bestand schlicht darin, die Definition der Börsentermingeschäfte nach § 48 des Börsengesetzes, die man als Legaldefinition betrachtete, zu umgehen. Hieß es beispielsweise in den Geschäftsbedingungen der Deutschen Bank noch im Jahr 1894: »Alle von uns für Rechnung unserer Geschäftsfreunde ausgeführten börsenmässigen Geschäfte unterliegen den jeweils hier geltenden Bedingungen für Geschäfte an der Berliner Fondsbörse.«[70] So folgte nach Inkrafttreten des Börsengesetzes noch folgender Passus: »Vorstehende Bestimmung findet keine Anwendung auf Geschäfte in Werthpapieren mit festbestimmter Lieferungszeit; für diese sind vielmehr besondere Bestimmungen massgebend.«[71] In diesen besonderen Bestimmungen hieß es aber gleich

---

66 *Max Weber*, Börsengesetz, in: Max Weber Gesamtausgabe Abt. I, Bd. 5, 2. Halbbd., Tübingen 2000, S. 791–869, hier: S. 858. Vgl. dort auch die Anmerkungen 41 und 42 des Herausgebers mit den Hinweisen auf die entsprechenden Veröffentlichungen der beiden Vereinigungen in der zeitgenössischen Presse.
67 So lehnten beispielsweise sowohl Heinrich Wiener, Senatspräsident am Reichsgericht, als auch Gustav Cohn, Professor für Nationalökonomie in Göttingen, die Einführung eines verpflichtenden Börsenregisters für den Terminhandel in Wertpapieren mit dem Argument ab, dies würde das Privatpublikum nur dazu veranlassen, sich »massenhaft« eintragen zu lassen, wodurch das Register seine »abschreckende Wirksamkeit« einbüße. Vgl. *Weber*, Die Ergebnisse der deutschen Börsenenquete, S. 544f.
68 Vgl. *Christoph Knipper*, Der Berliner Effektenhandel unter dem Einflusse des Reichs-Börsengesetzes vom 22. Juni 1896, Leipzig 1902, S. 69.
69 Vgl. für die folgenden Ausführungen: *Meier*, Die Entstehung des Börsengesetzes, S. 338–341, sowie vor allem *Knipper*, Der Berliner Effektenhandel, für eine umfassende und systematische Zusammenstellung mit Wiedergabe der wichtigsten Schriftstücke. Vgl. daneben auch *Jakob Riesser*, Die handelsrechtlichen Lieferungsgeschäfte. Eine Kritik der Rechtsprechung des Reichsgerichts, Berlin 1900.
70 Allgemeine Geschäftsbedingungen der Deutschen Bank aus dem Jahr 1894, Historisches Archiv der Deutschen Bank (HADB).
71 Allgemeine Geschäftsbedingungen der Deutschen Bank aus dem Jahr 1897, HADB.

einleitend: »Für die Erfüllung der Geschäfte gelten *unter Ausschluß der Bedingungen für Zeitgeschäfte an der Berliner Fondsbörse* die nachstehenden besonderen Vereinbarungen und die Vorschriften des Allgemeinen deutschen Handelsgesetzbuchs.«[72] Bemerkenswerterweise schloss sich in der Version der Geschäftsbedingungen aus dem Jahr 1897 zusätzlich der Hinweis an, dass die Deutsche Bank Börsentermingeschäfte im Sinne des Börsengesetzes nur mit Personen oder Firmen abschließe, die auch entsprechend in das Börsenterminregister eingetragen sind.[73] Dieser Zusatz entfiel jedoch später.[74]

Wie diese neuen Geschäftsformen aber tatsächlich zu beurteilen waren, davon geben die regelmäßigen Berichte des Staatskommissars bei der Berliner Börse, Theodor Hemptenmacher, der seit Beginn des Jahres 1897 sein neu geschaffenes Amt ausübte, ein deutliches Zeugnis ab.[75] So hielt der Staatskommissar gleich in seinem ersten Jahresbericht fest:

»[D]ie Bankiers verzichten, indem sie diese abweichenden Bedingungen ihren Zeitgeschäften zu Grunde legen zwar auf den Vortheil aus § 69 des Gesetzes, da sie auch trotz etwaiger Eintragung beider Theile in das Börsenregister dem Einwande des reinen Differenzgeschäftes ausgesetzt sind, haben aber ihrerseits den Vortheil, daß die Unwirksamkeit des Geschäfts aus § 66 wegen mangelnder Eintragung beider Theile in das Börsenregister auf ihre Zeitgeschäfte nicht Anwendung finden kann, weil sie keine Börsentermingeschäfte im Sinne des Gesetzes sind. *Die materielle Rechtslage für diese Zeitgeschäfte ist also genau dieselbe, wie vor dem Börsengesetz.*«[76]

Der Rückgriff auf Lieferungsgeschäfte auf Basis des Handelsgesetzbuchs war naheliegend, stellten die Börsentermingeschäfte im Grunde doch nur eine Weiterentwicklung derselben dar. So waren Termingeschäfte einerseits mit Blick auf den Vertragsgegenstand in höherem Maße standardisiert, was etwa in der Festlegung typischer Abschlusssummen in den Börsenusancen zum Ausdruck kam. Andererseits zeichneten sich Börsentermingeschäfte gegenüber handelsrechtlichen Lieferungsgeschäften durch strengere Ausführungsbestimmungen aus. So war bei Termingeschäften beispielsweise prinzipiell das Recht auf Rücktritt vom Vertrag für den nichtsäumigen Kontrahenten ausgeschlossen.[77] Konnte eine der beiden Vertragsparteien zum Erfüllungszeitpunkt ihren Verpflichtungen nicht nachkommen, so stand der Gegenpartei demnach das Recht zu, entweder auf nachträgliche Erfüllung zu bestehen, oder – und dies war das üblicherweise gewählte Vorgehen – während der nächsten Börsenversammlung unmittelbar zur sogenannten Zwangsregulierung zu schreiten. Dabei wurden die betreffenden Wertpapiere an der Börse durch zwangsweisen Kauf oder Verkauf erworben beziehungsweise veräußert und die sich ergebende Kurs-

---

72 Die Bedingungen der Stempelvereinigung, abgedruckt in: *Knipper*, Der Berliner Effektenhandel, S. 94–96 (Hervorhebung M.B.).
73 Geschäftsbedingungen aus dem Jahr 1897, HADB.
74 Vgl. etwa: Allgemeine Geschäftsbedingungen der Deutschen Bank aus dem Jahr 1904, HADB.
75 Die durch das Börsengesetz eingeführten Staatskommissare bei den deutschen Börsen hatten jährlich einen Bericht an den Handelsminister zu leisten. Das Amt des ersten Staatskommissars bei der Berliner Börse hatte von 1897 bis 1908, also für die komplette Zeit, in der das Börsengesetz in seiner ursprünglichen Form gültig war, der Jurist Theodor Hemptenmacher inne. Obwohl die Börsianer zunächst die Einrichtung des Amts des Staatskommissars kategorisch abgelehnt hatten, waren sie doch bald der Meinung, dass man mit der Berufung Hemptenmachers eine gute Wahl getroffen hatte. Dass Hemptenmacher sich in der Finanzwelt nicht völlig unmöglich gemacht haben konnte, belegt zudem sein Wechsel in den Aufsichtsrat der Commerzbank nach dem Ausscheiden aus seinem Amt. Vgl. *Detlef Krause*, Die Commerz- und Disconto-Bank 1870–1920/23. Bankgeschichte als Systemgeschichte, Stuttgart 2004, S. 268, sowie Der Deutsche Oekonomist 30, 23.11.1912, Nr. 1560, S. 744.
76 Bericht des Staatskommissars bei der Berliner Börse für das Jahr 1897, 27.1.1898, Geheimes Staatsarchiv Preußischer Kulturbesitz (GStA PK), I. HA Rep. 120 Ministerium für Handel und Gewerbe C XI 1, Nr. 29, adh. Bd. 1 (Hervorhebung M.B.).
77 Vgl. *Knipper*, Der Berliner Effektenhandel, S. 21.

differenz dem säumigen Teil in Rechnung gestellt. Der Schritt zur Zwangsregulierung erfolgte dabei unmittelbar am Tag nach Ablauf der Erfüllungsfrist und musste dem Vertragspartner auch nicht zuvor angekündigt werden.[78] Gerade dieses Element der Zwangsregulierung machte den Börsenterminhandel zu einem »gnadenlose[n] Markt«.[79] Ein eventuelles Rücktrittsrecht hätte dagegen ein störendes Element der Unsicherheit in den Börsenhandel eingeführt, denn an der Börse galt der allgemeine kaufmännische Grundsatz des *pacta sunt servanda* quasi in verschärftem Maße. Statt von einem abgeschlossenen Vertrag wieder zurückzutreten, schloss man eher ein passendes Gegengeschäft ab. In Summe entstand daraus aber, gerade im Terminhandel, eine oftmals sehr lange Kette von miteinander verwobenen Geschäften und Gegengeschäften. In dieser Hinsicht wichen dann auch die neuen Formen der handelsrechtlichen Lieferungsgeschäfte von den Bestimmungen des ADHGB entscheidend ab, indem auch sie das Rücktrittsrecht im Säumnisfall weitgehend ausschlossen. Offenbar konnte der Börsenhandel auch nach Inkrafttreten des Börsengesetzes auf dieses wesentliche Element nicht verzichten.

Nachdem der neu gewählte Vorstand der Berliner Börse die handelsrechtlichen Lieferungsgeschäfte sehr bald mit den Bestimmungen des Börsengesetzes für vereinbar erklärt hatte, stand den Banken ein einfaches Instrument zur Verfügung, das es ihnen erlaubte, ohne wesentliche Erschwernis des Handels weiterhin Termingeschäfte mit ihren Kunden einzugehen. Doch bereits kurz darauf wurde diese neue Ordnung vom Reichsgericht durchkreuzt, indem es in einer Reihe von Urteilen die Definition von Börsentermingeschäften erheblich über den Wortlaut des § 48 des Börsengesetzes hinaus ausdehnte. In zwei Urteilen vom 12. Oktober 1898 und vom 25. Oktober 1899 wurden die Lieferungsgeschäfte kurzerhand nach ihrem wirtschaftlichen Charakter zu Börsentermingeschäften im Sinne des Börsengesetzes erklärt.[80] Damit wurde § 48 der Charakter einer Legaldefinition abgesprochen und somit auch die Möglichkeit, die Bestimmungen des Börsengesetzes allein durch formalen Ausschluss der Börsengeschäftsbedingungen zu umgehen, aufgehoben. Im Herbst 1900 unternahm die Stempelvereinigung deshalb einen erneuten Anlauf, die Anzahl der Registereintragungen zu steigern, indem ihre Mitglieder sich selbst eintragen ließen und abermals erklärten, ab einem bestimmten Zeitpunkt nur noch mit eingetragenen Personen beziehungsweise Firmen Geschäfte eingehen zu wollen. Doch auch dieser Versuch scheiterte abermals am Boykott der kleineren Banken sowie des Privatpublikums. Insbesondere die sogenannten Provinzbankiers verweigerten offenbar die Eintragung in das Börsenregister, wie Hemptenmacher ausführte:

»Die Gründe für diese Weigerung sind mannigfaltiger Art. Einmal wird behauptet, daß die Bankiers in kleineren Städten in Rücksicht auf ihren Ruf als solide Geschäftsleute es überhaupt nicht wagen dürften, sich ins Börsenregister eintragen zu lassen, nachdem dasselbe gerade von den Börsenkreisen selbst als ›Spielerregister‹ immerfort bezeichnet sei. Sie würden daher durch eine solche Eintragung voraussichtlich gerade diejenige Kundschaft verlieren, welche sich ihrer zu Anlage und Verwaltung des Vermögens bediene, also Börsentermingeschäfte nicht mache. Andererseits seien sie demjenigen Theil ihrer Kundschaft gegenüber, der Börsentermingeschäfte mache, durch die Eintragung nicht gebessert, denn diese Privatleute würden sich ihrerseits nicht eintragen lassen, also doch immer den Einwand der Unklagbarkeit wegen Nichteintragung machen können.«[81]

---

78 Vgl. § 18 der Bedingungen für Geschäfte an der Berliner Fondsbörse, giltig vom 1. Januar 1892 ab.
79 *Borchardt*, Einleitung, S. 13.
80 Vgl. *Meier*, Die Entstehung des Börsengesetzes, S. 339. Die Urteile sind abgedruckt in: *Ernst Heinemann*, Die erlaubten und die verbotenen Termingeschäfte und die Rechtsprechung des Reichsgerichts, Berlin 1899, sowie *ders.*, Der Börsenterminhandel und das Reichsgericht, Berlin 1900.
81 Bericht des Staatskommissars bei der Berliner Börse für das Jahr 1900, 4.1.1901, GStA PK, I. HA Rep. 120 Ministerium für Handel und Gewerbe C XI 1, Nr. 29, adh. Bd. 2.

Da das Privatpublikum die Eintragung in das Börsenregister offenbar größtenteils verweigerte und sich damit auch die Möglichkeit des Differenzeinwands vorbehielt, verschwand auch für den Provinzbankier jeglicher Anreiz, sich in das Register einzuschreiben. Denn damit hätte er letztlich nur auf das Instrument des Differenzeinwands verzichtet, ohne dadurch gegenüber seiner Kundschaft besser gestellt zu sein. Der zweimalige Versuch der Großbanken, ihre Kunden zur Eintragung in das Börsenregister zu bewegen, lief deshalb ins Leere.[82] Das Privatpublikum aber wurde zwar, wie intendiert, von der Eintragung in das »Spielerregister« abgeschreckt – nicht aber vor dem Abschluss von Termingeschäften. Nachdem der Übergang zur Form der handelsrechtlichen Lieferungsgeschäfte im Kommissionsverkehr von Seite der Banken ursprünglich erfolgt war, um die Bestimmungen des § 48 des neuen Börsengesetzes zu umgehen und so die Möglichkeiten des Differenzeinwands zu begrenzen, stand dem Publikum nach den Urteilen des Reichsgerichts nun aber noch zusätzlich die Möglichkeit des sogenannten Registereinwands offen. Denn da gemäß § 66 des Börsengesetzes Rechtsverbindlichkeiten aus Termingeschäften, zu denen jetzt auch die handelsrechtlichen Lieferungsgeschäfte zu zählen waren, nur zwischen in das Börsenregister eingetragenen Personen begründet wurden, konnte man sich mit Hinweis auf die eigene Nichteintragung ebenfalls jeglicher Klagbarkeit von Ansprüchen entziehen. De facto hatte der Gesetzgeber damit dem Privatpublikum neben dem bereits möglichen Differenzeinwand noch ein weiteres Instrument an die Hand gegeben, um sich nachträglich seiner Verpflichtungen zu entledigen.

Eine Umfrage, die die Ältesten der Kaufmannschaft im Jahr 1901 unter den Berliner Finanzhäusern durchführten, bestätigt die Vermutung, dass Register- und Differenzeinwand in der Praxis auch tatsächlich von Privatleuten erhoben wurden. Von insgesamt 806 Firmen, an die eine Anfrage verschickt wurde, gaben allerdings 586 gar keine Antwort, während 119 Firmen angaben, keinerlei Auskunft geben zu können, weil sie keine diesbezüglichen Erfahrungen gemacht hätten oder aber grundsätzlich keine Börsentermingeschäfte abschlössen. Die restlichen 101 Firmen meldeten dagegen zusammen 301 Fälle, in denen ihnen gegenüber entweder der Register- oder der Differenzeinwand geltend gemacht war, wobei in der Praxis häufig beide Einwände kombiniert erhoben wurden.[83] In den Augen der Ältesten bestätigten die Ergebnisse der Umfrage, »wie demoralisierend das Börsengesetz auf die weitesten Kreise des Volkes gewirkt« habe.[84] In der Tat zeigten die Antworten, dass es nicht in erster Linie die »sogenannten unerfahrenen Leute« waren, die Differenz- und Registereinwand vorbrachten, sondern »dass wohlhabende Rentiers, gutsituierte Kaufleute, welche seit Jahren Börsentermingeschäfte abgeschlossen haben und mit der Technik der Börse vollkommen vertraut sind, vorzugsweise die Rechtsgültigkeit der Geschäfte bestritten haben«. Hinzu kam »eine nicht unerhebliche Zahl von Provinzialbankiers, welche überwiegend mit Rücksicht darauf, dass ihre Privatkunden ihnen gegenüber gleichfalls Einwendungen erhoben haben, sich ihren Verpflichtungen zu entziehen« versuchten.[85] Die überlieferten Antwortschreiben legen darüber hinaus auch den Schluss nahe, dass die Mittel der Differenz- beziehungsweise Registereinrede häufig auch in Konkursfällen benutzt wurden, um sich somit wenigstens eines Teils der ausstehenden Verbindlichkeiten möglicherweise entledigen zu können. Die Umfrage der Ältesten

---

82 Vgl. *Nathan Rosenstern*, Das Börsengesetz und seine Umgehung. Ein Beitrag zur Lehre von den Börsentermingeschäften, Berlin 1901, S. 45f.
83 Vgl. den Bericht der Ältesten an den Ober-Präsidenten der Provinz Brandenburg, 3.4.1901, abgedruckt in: Correspondenz der Aeltesten 24, 30.4.1901, Nr. 4, S. 150–151. Die bei den Ältesten eingegangenen Antwortschreiben finden sich in: Landesarchiv Berlin (LA Berlin), A Rep. 200-01, Nr. 1150.
84 Ebd., S. 150.
85 Ebd., S. 150f.

zeigt also, dass die Klagen aus Finanzkreisen über die durch das Börsengesetz verursachte Rechtsunsicherheit durchaus berechtigt waren, zumal man wohl auch von einer beachtlichen Dunkelziffer an nicht angezeigten Fällen ausgehen darf.[86] Zudem zeigen einige der Antworten, dass mitunter bereits die Androhung von Differenz- und Registereinwand genügte, um die Banken zu einem Entgegenkommen zu veranlassen. Es waren insgesamt aber augenscheinlich gerade die informierten Privatleute, denen es die Nichteintragung in das Börsenregister nun gestattete, im Verlustfall ihre Verbindlichkeiten abzustreiten. Dennoch scheint der Schaden umgekehrt nicht so hoch gewesen zu sein, als dass er die Banken tatsächlich vom Abschluss von Termingeschäften mit nicht eingetragenen Personen abgehalten hätte. Bemerkenswert scheint deshalb eher die Tatsache, dass trotz fehlender Rechtssicherheit weiterhin handelsrechtliche Lieferungsgeschäfte mit dem Privatpublikum abgeschlossen wurden.

Für den Geschäftsverkehr unter den Börsianern selbst war die Eintragung in das Börsenregister dagegen – trotz aller anderslautender öffentlicher Rhetorik – nicht weiter bedeutend, denn unter ihnen wurde weder der Differenz- noch der Registereinwand in der Praxis erhoben. Ein derartiges Verhalten machte den Einzelnen innerhalb der sozialen Gruppe der Börsianer ein für alle Mal unmöglich. So wurde auch in den äußerst seltenen Fällen, in denen tatsächlich ein Börsenbesucher den Differenzeinwand erhob, dieses Vergehen gegen die kaufmännische Ehre stets mit dem höchstmöglichen Strafmaß, das heißt mit dem dauernden Ausschluss von der Börse und damit gleichsam mit der Ächtung in der Börsengemeinschaft, geahndet. Ein Bankier, der versucht hatte, seinen Kontrahenten durch Androhung des Differenzeinwands zu erpressen, wurde deshalb ebenso ausgeschlossen wie ein anderer Börsenbesucher, der die Zahlung seiner Verluste nachträglich zu verhindern suchte, indem er den Registereinwand geltend machte.[87] Die Beispiele verdeutlichen, dass die Börsianer durch langjährige Praxis eigenständige Verhaltenskodizes und Sanktionsinstrumente entwickelt hatten, die eines zusätzlichen Schutzes durch staatliche Regulierung in Form des Börsenregisters nicht bedurften. Die Selbstregulierung der Börse nach innen, die in erster Linie auf den Aufbau langfristiger Reputation unter den Beteiligten abzielte, war hier also völlig ausreichend.[88] Dies verdeutlicht auch, dass die Geschäftsverbindungen innerhalb der Börse selbst einer grundlegend anderen Handlungslogik folgten als die Beziehungen zwischen der Börse und dem außenstehenden Publikum, was sich auch an den folgenden neuen Geschäftsformen zeigt.

Substitute für den verbotenen Terminhandel: Großkassahandel und Kassa-Kontohandel im freien Verkehr

An der Börse selbst, das heißt im Verkehr zwischen den Börsenbesuchern, entstanden sehr bald nach Inkrafttreten des Börsengesetzes zwei neue Geschäftsformen des Kassahandels, bei denen es sich formal um Kassageschäfte, der Funktion nach jedoch um Termingeschäfte handelte, und zwar in den Wertpapieren, in denen der Terminhandel durch das

---

86 So bat etwa Johannes Kaempf den Syndikus der Korporation, bei der Auswertung der Umfrageergebnisse zu berücksichtigen, dass ein Großteil der kleineren Banken wohl deshalb keine Antwort abgab, »weil sie für ihren Credit fürchteten«. Brief Johannes Kaempf, 3.4.1901, LA Berlin, A Rep. 200-01, Nr. 1150.
87 Die beiden Fälle ereigneten sich in den Jahren 1901 und 1904. Vgl. dazu die entsprechenden Berichte des Staatskommissars vom 18. Januar 1902 und vom 13. März 1905, GStA PK, I. HA Rep. 120 Ministerium für Handel und Gewerbe C XI 1, Nr. 29 adh. Bd. 2 und 3.
88 Zur Bedeutung von Reputation als wichtigem Mechanismus der Selbstregulierung vgl. Michie, *Financial Capitalism*, S. 250f. Für empirische Fallbeispiele zur Rolle von Reputation aus dem Bereich der Unternehmensgeschichte vgl. die Beiträge zum Themenheft »Corporate Reputation«, in: Business History Review 87, 2013, S. 625–786.

Börsengesetz untersagt war. Erstens bildete sich ein Großkassahandel heraus, der seinen Namen davon bekam, dass hier eben in großen Einheiten abgeschlossen wurde, und zwar regelmäßig in den Einheiten, in denen vor Inkrafttreten des Börsengesetzes der Ultimohandel abgewickelt wurde, also bei Wertpapieren in Einheiten von 15.000 Mark.[89] Trotz der Übernahme der standardisierten Ultimohandelseinheiten stellten diese im Großkassahandel abgeschlossenen Geschäfte insgesamt dennoch Kassageschäfte im herkömmlichen Sinne dar, denn die Lieferung und Bezahlung der Stücke hatte stets am folgenden Börsentag zu erfolgen. Da hierzu naturgemäß ein sehr hoher Kapitalbedarf nötig war, spielte sich der Großkassahandel auch im Wesentlichen nur zwischen den Berliner Großbanken ab.

Anders verhielt es sich dagegen mit der zweiten neuen Geschäftsform im Kassahandel, dem »Kassa-Kontohandel« oder auch »Kassa-Kontokorrentverkehr«, der sich, nach Einschätzung zeitgenössischer Beobachter, »hart an der Grenze von Kassa- und Zeitgeschäften« bewegte.[90] Dieser spezielle Kassahandel, der lediglich für Aktien von Industrie- und Bergwerksunternehmen vorgesehen war, wurde von den Berliner Maklerbanken eingeführt, die ihre diesbezüglichen Geschäftsbedingungen bereits Ende 1896 in der Berliner Presse bekannt gaben.[91] Darin bestimmten die Maklerbanken, für ihre Kunden eine laufende Kontokorrentverbindung einzurichten, die ausschließlich dem Kassaverkehr in Bergwerks- und Industrieaktien dienen sollte. Dabei wurden zwar die Konten der Kunden bei Kauf oder Verkauf derartiger Papiere sofort belastet beziehungsweise ein entsprechendes Guthaben verbucht, die Lieferung der Wertpapiere dagegen auf das Ende des Monats verschoben. Spätestens fünf Tage zuvor mussten die Parteien erklären, ob sie eine Verlängerung des Engagements oder die Kündigung und entsprechende Herausgabe der Papiere wünschten. Bei dieser Form der Kassa-Kontogeschäfte fand die Lieferung also, anders als beim Großkassahandel, tatsächlich erst später statt. Um aber »den Charakter als Kassageschäft zu wahren«[92], berechneten die Maklerbanken ihren Kunden für diesen Service des Aufschiebens der Lieferungsverpflichtung entsprechende Zinsen, mit denen das Konto bis zur Abwicklung belastet wurde. Deswegen war diese Geschäftsform auch etwas teurer als der ursprüngliche Ultimohandel.

Erneut geben die Beobachtungen des Staatskommissars ein eindrückliches Bild davon, wie diese neuen Geschäftsformen zu beurteilen waren. So hielt Hemptenmacher etwa am 6. Dezember 1899 in einem Bericht an den Börsenvorstand fest:

»Nachdem durch die Bestimmung im § 50 Abs. 2 des Börsengesetzes der Börsenterminhandel in Antheilen von Bergwerks- und Fabrikunternehmungen untersagt worden ist, findet an der hiesigen Börse in denjenigen Werthpapieren dieser Gattung, in welchen bis zum Inkrafttreten des Börsengesetzes ein Börsenterminhandel eingeführt war, ein Handel im freien Verkehr zu festen Kursen statt. Diesem Handel werden zwar formell die Geschäftsbedingungen für sofort erfüllbare Kassageschäfte zu Grunde gelegt, materiell wird ihm jedoch größtentheils durch Nebenabreden und Nebengeschäfte, wie insbesondere durch die Hinausschiebung der Abnahme und Lieferung der Stücke bis ultimo des Monats oder dadurch, daß der Verkäufer gleichzeitig die zu liefernden Stücke vom Käufer oder einem Dritten sich leiht, der Charakter des Börsenterminhandels gegeben.

Die Erwartung, daß dieser [...] als Ersatz für das verbotene Börsentermingeschäft bezeichnete Handel wegen der durch die nothwendigen Zinsberechnungen und Buchungen veranlaßten technischen Umständlichkeiten und wegen der größeren Spesen eine erhebliche Ausdehnung nicht gewinnen werde, hat sich nicht erfüllt. Es ist im Gegentheil zu beobachten gewesen, daß dieser Handel im

---

89 Vgl. *Knipper*, Der Berliner Effektenhandel, S. 26–30.
90 Ebd., S. 30.
91 Vgl. Berliner Börsen-Zeitung, 25.12.1896, Nr. 605, S. 13. Die Bedingungen sind auch abgedruckt in: *Knipper*, Der Berliner Effektenhandel, S. 86f.
92 Ebd., S. 33.

freien Verkehr zeitweilig der für die gesammte Börsentendenz hauptsächlich bestimmende Faktor gewesen ist.«[93]

Von den formal bei Kassageschäften bestehenden größeren Toleranzfristen, die bei Säumigkeit des Gegenkontrahenten gewährt werden mussten und die die Abwicklung am Ultimo erschwert hätten, wurde in der Praxis dagegen offenbar kaum Gebrauch gemacht.[94]

Der bisherige Kassaverkehr eignete sich in Berlin jedoch aufgrund der Feststellung des Einheitskurses nicht ohne Weiteres zur Verlagerung der Termingeschäfte. Denn im Terminhandel ging es ja nicht zuletzt um das Ausnutzen von Kursschwankungen, die beim Einheitskurs naturgemäß gar nicht auftreten konnten. Deshalb ging man an der Berliner Börse sehr schnell nach Inkrafttreten des Börsengesetzes dazu über, in denjenigen Papieren, in denen zuvor ein Ultimohandel stattgefunden hatte und die nun den Restriktionen für den Terminhandel unterlagen, neben dem Einheitskurs auch variable Kurse im Kassahandel zu notieren. Dazu nochmals Hemptenmacher:

»Die durch den Börsenterminhandel mit der Feststellung des ersten Kurses beim Beginn der Börse und einer Reihe variabler Kurse im Laufe derselben gebotene Möglichkeit, an demselben Tage Geschäft und Gegengeschäft zu machen, wäre fortgefallen und damit voraussichtlich eine merkliche Verringerung der Spekulationsgeschäfte in Bergwerks- und Industrie-Aktien die Folge des Verbotes des Börsenterminhandels gewesen. Hier haben die Börsenorgane in ihrem Kampfe gegen die einschränkenden Wirkungen des Börsengesetzes sofort nach dem Inkrafttreten des Gesetzes dadurch eingegriffen, daß sie für diejenigen Bergwerks- und Industrie-Aktien, in welchen bis dahin ein Börsenterminhandel stattgefunden hatte, neben den Tageseinheitskursen noch variable Kurse für Geschäfte über 15000M Nominal bzw. das Vielfache davon feststellten. Damit war jener das Hin- und Herhandeln an demselben Tage erschwerende Modus des Kassahandels für diese Aktien beseitigt.«[95]

Diesen variablen Kursen für Kassageschäfte in Industrie- und Bergwerksaktien, die nun neben den Einheitskursen für diese Papiere im amtlichen Kurszettel erschienen, gab man die Bezeichnung einer »Kursnotiz im freien Verkehr«. Natürlich handelte es sich bei dieser Notiz um nichts anderes als die bisher festgestellten Ultimonotizen. Dies blieb auch dem Handelsminister nicht lange verborgen, der deswegen am 7. Mai 1897 die Anfrage an die Korporationsältesten richtete, warum diese neue Notiz »an derselben Stelle wie früher die Ultimonotiz« erscheine und »wie diese für jeden Börsentag mehrere, nach einander im Verlauf der Börse festgestellte Kurse« angebe und sich zudem nur auf Geschäfte beziehe, »die über die im Ultimohandel üblichen runden Nominalbeträge von 15000M und dem Mehrfachen davon lauten«.[96] Insgesamt erscheine es, so der Minister, »nicht zweifelhaft, dass dieser Kontohandel sich als Ersatz für das durch § 50 Abs. 2 a.a.O. verbotene Ultimogeschäft herausgebildet hat«.[97] Die Ältesten gaben dem Minister auch bereitwillig Auskunft und gaben zu verstehen, dass, wenn »die Notirungen aus dem freien Verkehr an derselben Stelle erscheinen, an welcher vor dem 1. Januar die Ultimo-Kurse zu finden waren«, sich dies doch nur »aus Gründen der Uebersichtlichkeit und Nützlichkeit« ergebe, »damit das Publikum, das sich für das betreffende Werthpapier interessirt, die für dasselbe sowohl im freien Verkehr notirten Preise wie auch den Einheitskurs zugleich übersehen kann, ohne im Kurszettel suchen zu müssen, wo die eine oder die andere Notiz sich findet«.[98] In

---
93 Bericht des Staatskommissars bei der Berliner Börse an den Börsenvorstand, 6.12.1899, LA Berlin, A Rep. 200-01, Nr. 1376.
94 Vgl. *Knipper*, Der Berliner Effektenhandel, S. 41.
95 Bericht des Staatskommissars bei der Berliner Börse für das Jahr 1900, 4.1.1901, GStA PK, I. HA Rep. 120 Ministerium für Handel und Gewerbe C XI 1, Nr. 29, adh. Bd. 2.
96 Brief des Ministers für Handel und Gewerbe an die Ältesten der Kaufmannschaft, 7.5.1897, abgedruckt in: Correspondenz der Aeltesten 20, 30.6.1897, Nr. 6, S. 93–94, hier: S. 93.
97 Ebd., S. 94.
98 Antwort der Ältesten an den Handelsminister, 31.5.1897, abgedruckt in: ebd., S. 94.

ihrer Offenheit scheint diese Entgegnung geradezu dreist, doch letztlich akzeptierte die Obrigkeit die neue Situation an der Berliner Börse. In den regelmäßigen Berichten des Staatskommissars kam dies schon rein sprachlich darin zum Ausdruck, dass er den neuen Kassahandel im freien Verkehr fortan offen als »Surrogat des Terminhandels«[99] oder als den »bekannte[n] Ersatz für den verbotenen Terminhandel«[100] bezeichnete.

Aller öffentlichen Rhetorik über den schädlichen Einfluss des Börsengesetzes zum Trotz hatte sich die Finanzwelt damit doch sehr schnell an die veränderten Rahmenbedingungen angepasst. Anders als der Kommissionsverkehr zwischen den Banken und dem Privatpublikum wurde der Handel der Börsianer untereinander durch die Bestimmungen des Börsengesetzes weit weniger beeinträchtigt, als die öffentlichen Verlautbarungen auf den ersten Blick suggerieren. Da die Bestimmungen des Börsengesetzes mit Blick auf den Terminhandel lediglich an formalen Kriterien ansetzten, gab man den bisherigen Termingeschäften nach außen schlicht den Namen von Kassageschäften und passte die Formalitäten der Geschäftsabwicklung entsprechend an. Der Handel in Industrie- und Bergwerksaktien setzte sich indes ungemindert fort.

IV. Grenzen der Wirksamkeit der Einschränkung des Terminhandels

Angesichts der doch im Wesentlichen erfolgreichen Umgehungsversuche müssen die Maßnahmen des Börsengesetzes zur Beschränkung des Terminhandels in Wertpapieren als gescheitert betrachtet werden. Dass die Bestimmungen des Gesetzes hier im Großen und Ganzen ins Leere liefen, war auch den Zeitgenossen bereits sehr früh bewusst. Da der Gesetzgeber beabsichtigt hatte, in seinen Augen unbefugte Personen vom Börsenterminhandel fernzuhalten, hätte ein entsprechender Rückgang der Umsätze an der Börse die logische Konsequenz sein müssen. Doch, wie der Staatskommissar bei der Berliner Börse in seinem Jahresbericht für das Jahr 1900 festhielt, war gerade diese »vom Gesetzgeber beabsichtigte direkte Wirkung der Einschränkung der Umsätze durch das Ausscheiden der nicht eingetragenen Personen [...] nicht eingetreten«.[101] Zwar wurden im hier betrachteten Untersuchungszeitraum Umsatzzahlen für die Berliner Börse niemals festgestellt. Als Näherungswert wurden jedoch auch von den Zeitgenossen stets die Zahlen für den Inkasso-Verkehr der Bank des Berliner Kassen-Vereins benutzt.[102]

Wirft man einen Blick auf die Entwicklung der Zahlen für die Gesamteinlieferungen beim Kassen-Verein (Abbildung 1), die man als groben Näherungswert für die Entwicklung des Gesamtumsatzes an der Berliner Börse betrachten kann, so kann man keinesfalls von einem signifikanten Einschnitt durch das Börsengesetz sprechen. Allenfalls kam es Mitte der 1890er-Jahre zu einem kurzen Einbruch der Umsätze, der jedoch in erster Linie konjunkturell begründet war, doch der allgemeine Trend der Aufwärtsbewegung setzte sich auch nach Inkrafttreten des Börsengesetzes ungemindert fort. Gleichzeitig stagnierten

---

99 Bericht des Staatskommissars bei der Berliner Börse für das Jahr 1903, 3.3.1904, GStA PK, I. HA Rep. 120 Ministerium für Handel und Gewerbe C XI 1, Nr. 29, adh. Bd. 3.
100 Bericht des Staatskommissars bei der Berliner Börse für das Jahr 1904, 13.3.1905, ebd.
101 Bericht des Staatskommissars bei der Berliner Börse für das Jahr 1900, 4.1.1901, GStA PK, I. HA Rep. 120 Ministerium für Handel und Gewerbe C XI 1, Nr. 29, adh. Bd. 2.
102 Auch der CVBB griff im Jahr 1903 für seine Eingabe an die Regierung, mit der er auf die Revision des Börsengesetzes drang, auf die Zahlen des Berliner Kassen-Vereins zurück, denn die Hauptaufgabe dieser Bank sei die »Erfüllung der an der Berliner Börse abgeschlossenen Geschäfte«. Centralverband des Deutschen Bank- und Bankiergewerbes, Denkschrift betreffend die Wirkungen des Börsengesetzes vom 22. Juni 1896 und der durch das Reichsstempelgesetz vom 14. Juni 1900 eingeführten Börsensteuererhöhung, Berlin 1903, S. 23. Vgl. auch: Die Bank des Berliner Kassen-Vereins 1850–1900. Denkschrift zum 1. October 1900, Berlin 1900.

Möglichkeiten und Grenzen staatlicher Finanzmarktregulierung 213

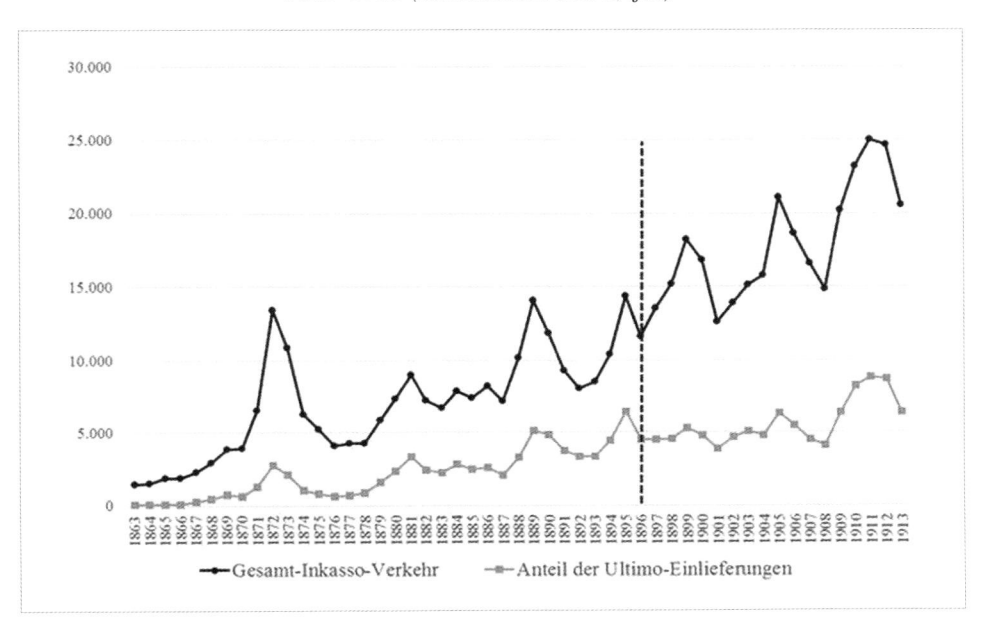

*Abbildung 1: Inkasso-Verkehr der Bank des Berliner Kassen-Vereins,
1863–1913 (in Millionen Mark, lfd.)*[103]

jedoch nach 1896 die Zahlen für die Einlieferungen an den Ultimo-Regulierungstagen, die man als Näherungswert für den regulären Ultimoterminhandel interpretieren kann, weitgehend. Damit ging insgesamt der relative Anteil, den die Umsätze der Börse am Ultimo an den Gesamtumsätzen ausmachten, doch deutlich zurück. Dies bedeutet umgekehrt, dass sich tatsächlich ein Teil des Wertpapierhandels an der Börse vom Termin- in den Kassahandel verlagerte.[104]

Auch nach der Börsengesetznovelle vom 27. Mai 1908, die bereits ab 1. Juni in Kraft trat, nahmen die Einlieferungen des Kassen-Vereins insgesamt nicht überdurchschnittlich zu. Dies bestätigt ebenfalls erneut die Einschätzung des Staatskommissars, der für die Zeit unmittelbar nach Verabschiedung der Novelle »keine besondere Belebung des Geschäfts« verzeichnen konnte.[105] Gleichzeitig fällt allerdings auch der erneut starke Anstieg der Ultimo-Einlieferungen auf, denn, anders als das Warenterminhandelsverbot, wurden die Beschränkungen des Terminhandels in Wertpapieren durch die Novelle weitgehend aufgehoben. So wurde zum einen das Handelsverbot in Industrie- und Bergwerksaktien wieder zurückgenommen, wobei jedoch der Bundesrat den Terminhandel in diesen Wertpapieren

---

103 Quelle: Geschäftsberichte des Verwaltungsrats der Bank des Berliner Kassen-Vereins, 1864–1914.
104 Man bescheinigt dem Börsengesetz daneben auch, die Konzentrationsbewegung im Bankensektor verstärkt zu haben, da die Banken nun verstärkt dazu übergingen, Wertpapiergeschäfte unmittelbar untereinander abzuwickeln und sie erst gar nicht mehr an der Börse zur Ausführung zu bringen. Empirische Untersuchungen dieser Frage führten bisher jedoch zu widersprüchlichen Ergebnissen. Vgl. zusammenfassend *Baltzer*, Spekulation als Anstoß für Kapitalmarktregulierung, S. 108.
105 Bericht des Staatskommissars bei der Berliner Börse für das Jahr 1909, 18.3.1910, GStA PK, I. HA Rep. 120 Ministerium für Handel und Gewerbe C XI 1, Nr. 29, adh. Bd. 4. Dieser Jahresbericht wurde bereits vom Nachfolger Hemptenmachers, Heinrich Göppert, verfasst.

ausdrücklich genehmigen musste und jederzeit Ausnahmen bestimmen konnte. Zum anderen aber wurde vor allen Dingen das Börsenterminregister abgeschafft und stattdessen eine »gestufte Termingeschäftsfähigkeit« eingeführt.[106] Demnach waren Vollkaufleute, die in das Handelsregister eingetragen waren, sowie berufsmäßige Börsenbesucher vollständig termingeschäftsfähig. Ihnen war das Recht des Differenzeinwands, der inzwischen auch in § 764 des am 1. Januar 1900 in Kraft getretenen Bürgerlichen Gesetzbuchs verankert worden war, entzogen.[107] Daneben wurde nun auch für das Privatpublikum die Möglichkeit geschaffen, sich am Terminhandel zu beteiligen. Doch wurde es jetzt gesetzlich zur Stellung von Sicherheiten verpflichtet, aus denen sich der Bankier im Verlustfall befriedigen konnte. Damit war also für den Effektenterminhandel nicht einfach der Status quo ante wieder hergestellt, sondern es erfolgte gewissermaßen eine soziale Ausdifferenzierung der am Terminhandel Beteiligten in die professionellen Börsenbesucher einerseits und das außenstehende Privatpublikum andererseits. Auf eine formale Definition von Termingeschäften verzichtete die Neufassung des Börsengesetzes dagegen und akzeptierte stattdessen mit Blick auf die tatsächliche Abwicklung des Terminhandels die weitgehende Selbstregulierung der Börse.

Spannender als die Frage, ob das Terminhandelsverbot scheiterte, ist aber die eingangs aufgeworfene Frage nach dem Warum.[108] Die Umgehungsversuche, die unmittelbar nach Inkrafttreten des Börsengesetzes im Januar 1897 einsetzten, ließen dabei insgesamt eine Diskrepanz zwischen den gesetzlichen Bestimmungen einerseits und der sozialen Wirklichkeit des Börsenterminhandels andererseits erkennen. Diese Diskrepanz, auf die man letztlich mit Verabschiedung der Novelle 1908 reagierte, äußerte sich vor allem in folgenden drei Aspekten.

Zunächst verkannte der Gesetzgeber die ökonomische Natur des Terminhandels. Die öffentliche wie auch die politische Diskussion waren im Vorfeld der Verabschiedung des Börsengesetzes hauptsächlich durch die Gegenüberstellung der ›guten‹, weil auf effektive Lieferung zielenden, Kassageschäfte einerseits und der ›bösen‹, lediglich auf die Erzielung von Kursdifferenzen ausgerichteten, Termingeschäfte andererseits gekennzeichnet. Diese Verengung der Debatte wurde freilich durch die an den meisten deutschen Finanzplätzen vorherrschende formale Trennung des Börsenhandels in Kassa- und Termingeschäfte, wie sie hier für Berlin kurz skizziert wurde, wesentlich begünstigt. Die Finanzbranche erleichterte es ihren Gegnern zudem auch, in der Debatte um den Terminhandel die Oberhand zu gewinnen. Wie insbesondere die Vernehmungen der Sachverständigen durch die Börsenenquetekommission zeigten, waren sich die Börsianer selbst über die Frage nach Ursprung und Bedeutung des Terminhandels, gerade in Aktien, nicht einig. Wer die stenografischen Berichte der Kommission liest, kann zwar aus den Antworten erkennen, dass sich die Spekulation bei einem Verbot des Terminhandels in den Kassaverkehr verlagern würde, doch über die Natur des Terminhandels erfährt er insgesamt wenig. Denn das wesentliche Charakteristikum des Terminhandels war gerade nicht die nach außen hin unmittelbar wahrnehmbare Tatsache einer aufgeschobenen Lieferungsverpflichtung, genauso wenig wie umgekehrt das »Wesen des Kassageschäfts die sofortige Regulirung« war.[109] Vielmehr

---

106 Vgl. *Schulz*, Das deutsche Börsengesetz, S. 543–548, hier: S. 548. Vgl. auch *Wolter*, Termingeschäftsfähigkeit kraft Information, S. 155–160.
107 Der mittlerweile aufgehobene § 764 BGB, welcher im Übrigen fast zeitgleich mit dem Börsengesetz verfasst worden war, erklärte reine Differenzgeschäfte zu Spielgeschäften und damit für nicht klagbar. Vgl. *Wolter*, Termingeschäftsfähigkeit kraft Information, S. 99–104.
108 Eine eigene Untersuchung wäre dagegen auch die Frage wert, warum gerade von politischer Seite die Umgehung des Terminhandelsverbots so rasch akzeptiert wurde. Diese Frage stellt sich umso mehr, wenn man die jahrelangen ideologischen Grabenkämpfe im Vorfeld des Börsengesetzes berücksichtigt.
109 Dr. von Cuny, in: BEK, Sten. Ber., S. 1364.

konnte der Übergang zwischen Kassa- und Termingeschäften, was die Dauer der Geschäftsabwicklung betraf, ein fließender sein. Ähnlich äußerte sich auch Theodor Hemptenmacher in der Neuauflage seines Kommentars zum Börsengesetz, die 1908 aufgrund der Novelle nötig war:

»An sich sind alle Börsengeschäfte Zeitgeschäfte. Die Börse unterscheidet sich vom Markt gerade dadurch, daß am Markt die Ware zur Stelle ist und beim Abschluß des Geschäfts sofort Zug um Zug dem Käufer übergeben wird, während an der Börse nur die Geschäfte abgeschlossen werden, während die Lieferung und Abnahme hinterher erfolgt.«[110]

Das Charakteristische des Terminhandels war dagegen vielmehr das Ausmaß an Standardisierung, das die einzelnen Geschäfte auszeichnete und das in erster Linie der Abwicklung großer Summen diente.[111] Bereits Max Weber hatte überzeugend argumentiert, dass das Termingeschäft nicht über seine formale Seite zu definieren war, so wie es eben der Gesetzgeber getan hatte, sondern über seine funktionale. Zentrale Funktion des Terminhandels aber, so Weber, sei gerade die Ermöglichung der Spekulation auf Kredit und weniger die Versicherung gegen Kursbewegungen.[112] Zwar konnte dieser Zweck auch mittels prolongierter Kassageschäfte erreicht werden, das heißt, indem ein Kassa- und ein entsprechendes Leihgeschäft miteinander kombiniert wurden, der Terminhandel aber stellte eine funktionale Weiterentwicklung dar, indem das Element des Leihvertrags schlichtweg entfiel. Wie Weber betonte, war es somit »[n]icht die Art der *Kontrakts*verabredungen«, die ein Termingeschäft definierten, »sondern ein *außerhalb* des *Einzelgeschäfts* liegendes Moment: das Vorhandensein des Termin*markts*, d.h. des stetigen massenhaften Umlaufens von Lieferungsabschlüssen eines *unter sich gleichartigen* Typus«.[113] Anders formuliert bedeutet dies, dass die Funktion des Börsenterminhandels gerade in der Einrichtung dieses Marktes, also in der Bereitstellung ausreichender Liquidität in besonders umsatzstarken Wertpapieren bestand. Wie gesehen, war dies an der Berliner Börse im Wesentlichen Gegenstand des freien Verkehrs.

Doch die Bestimmungen des Börsengesetzes ließen darüber hinaus auch kaum Verständnis für das arbeitsteilige Zusammenspiel von amtlichem und freiem Markt erkennen. Beide Marktsegmente entsprachen jeweils unterschiedlichen Bedürfnissen der beteiligten Börsenbesucher und waren über das System der Selbstregulierung aufeinander abgestimmt. Ähnlich wie sich im Laufe des 19. Jahrhunderts zwischen *Parquet* und *Coulisse* an der Pariser Börse eine arbeitsteilige Struktur beziehungsweise ein System des »kooperativen Wettbewerbs« herausgebildet hatte[114], waren auch in Berlin beide Marktbereiche auf verschiedene Anforderungen des Handels ausgerichtet. Zudem waren an der Berliner Fondsbörse auch zwei verschiedene Gruppen von Akteuren am Handel in den beiden Märkten beteiligt. Während die vereidigten Makler als offizielle Börsenorgane in erster Linie für die Abwicklung des Kassahandels und darüber hinaus vor allen Dingen für die Kursnotierung zuständig waren, lag die Vermittlung von Termingeschäften weitgehend in den Händen der freien Makler. Anders als im Kassaverkehr, bei dem in Berlin zu einem Einheitskurs, der sich erst am Schluss der Börse ergab, abgeschlossen wurde, kauften und verkauften die freien Makler im Ultimohandel sofort und zu variablen Kursen. In der Be-

---

110 *Börsengesetz. Nebst Ausführungsbestimmungen*, 2., völlig neu bearb. Aufl., hrsg. v. *Theodor Hemptenmacher*, Berlin 1908, S. 167. Ähnlich äußerte sich auch bereits *Weber*, Die Ergebnisse der deutschen Börsenenquete, S. 497.
111 Vgl. *Wolter*, Termingeschäftsfähigkeit kraft Information, S. 21.
112 Vgl. *Max Weber*, Die technische Funktion des Terminhandels, in: Max Weber Gesamtausgabe Abt. I, Bd. 5, 2. Halbbd., S. 597–613.
113 *Weber*, Börsengesetz, S. 855 (Hervorhebung im Original).
114 Vgl. *Hautcoeur/Riva*, The Paris Financial Market in the Nineteenth Century, S. 1329. Vgl. zur Pariser Börse auch den Beitrag von Jürgen Finger in diesem Band.

stellung vereidigter Makler, deren Hauptaufgabe in der Feststellung der offiziellen Börsenpreise bestand und denen deshalb auch – wenigstens formal – die Übernahme von Geschäften auf eigene Rechnung untersagt war, spiegelte sich die große Bedeutung wider, die man einer amtlichen Kursnotiz beimaß und die vor allem für den Kommissionshandel der Banken eine wichtige Rolle spielte. Die freien Makler wickelten dagegen im Wesentlichen den Terminhandel ab, bei dem die sofortige verbindliche Übernahme entscheidend war, um nicht zuletzt auch Kursschwankungen ausnutzen zu können. Während aber die Anzahl der Wertpapiere, die nur auf Kasse gehandelt wurden, die Terminhandelspapiere um ein Vielfaches überragte, war umgekehrt die Anzahl der freien Makler deutlich höher als die der amtlichen. Das heißt, dass gerade die besonders umsatzstarken Wertpapiere, bei denen auch eine Ultimonotiz festgestellt wurde, an der Berliner Börse vornehmlich im freien Verkehr gehandelt wurden. Dieser freie Verkehr war dabei aber kein völlig deregulierter oder unkontrollierter Markt, denn die dort vereinbarten Geschäfte erfolgten regelmäßig nach den Bedingungen der Berliner Börse und auch die Händler im freien Verkehr unterstanden grundsätzlich der Kontrolle durch die Börsenaufsicht. Auch war die Existenz des freien Verkehrs kein Ergebnis fehlgeleiteter staatlicher Regulierung oder ein Produkt des Börsengesetzes, sondern Resultat der Ausdehnung des Wertpapierhandels, die bereits um die Mitte des 19. Jahrhunderts eingesetzt hatte und eine entsprechende funktionale Ausdifferenzierung der Börse erforderte. Während der amtliche Markt fortan der Feststellung einer offiziellen Börsennotiz diente, sollte der freie Verkehr ausreichend Marktliquidität für den Terminhandel sicherstellen. Das Fallbeispiel zeigt somit, dass zwischen amtlichem Markt und freiem Verkehr keine antagonistische, sondern eine geradezu symbiotische Beziehung bestand, die insgesamt der Stabilisierung des Börsenhandels diente.[115]

Schließlich aber entzogen sich gerade diejenigen Personen, die der Staat mit seinem paternalistischen Fürsorgeanspruch schützen wollte, diesem Schutzversuch. Zwar schreckte das öffentliche Börsenterminregister das Privatpublikum tatsächlich von einer Eintragung ab, nicht aber vom weiteren Abschluss von Termingeschäften. Auch wenn für die meisten Laien die Mechanismen der Börse sicherlich immer ein Mysterium blieben, so wollten doch gleichzeitig auch immer mehr Menschen an den dort möglichen Gewinnen partizipieren.[116] Dementsprechend wurde die Verabschiedung der Börsengesetznovelle im Jahr 1908 auch mit dem Argument begrüßt, nun sei endlich das »Recht auf Spekulation« wiederhergestellt, und zwar »nicht nur für Vollkaufleute, sondern auch für Handwerker, Subaltern-Beamte, Portiers und Dienstmädchen«.[117] Das sprichwörtliche Dienstmädchen, das auch Schmoller als besonders schützenswert betrachtet hatte und das bis heute als Metapher für »naive Kleinanleger« in der sogenannten Dienstmädchenhausse fortlebt[118], sollte nun also ein gesetzlich verankertes Recht auf Beteiligung am Börsenterminhandel bekommen. Mit seiner Weigerung, die Beteiligung am Terminhandel zu unterlassen, hatte das Privatpublikum dieses Recht auf Spekulation letztlich auch für sich eingefordert. Anders als das Börsengesetz von 1896 zielte die Novelle von 1908 deshalb nicht mehr auf Abschreckung ab, sondern versuchte stattdessen, das Beteiligungsrisiko für das Privatpublikum zu begren-

---

115 Zu einem ähnlichen Ergebnis für die »New York Stock Exchange« kommen auch Boris Gehlen und Alexander Engel in diesem Band.
116 Zur ambivalenten öffentlichen Wahrnehmung der Börse, die stets zwischen Abneigung und Faszination oszilliert, vgl. *Urs Stäheli*, Spektakuläre Spekulation. Das Populäre der Ökonomie, Frankfurt am Main 2007.
117 *Ludwig Eschwege*, Epilog zur Börsengesetzreform, in: Die Bank. Monatshefte für Finanz- und Bankwesen 1, 1908, S. 339–343, hier: S. 340.
118 Vgl. *Barbara Orland*, Dienstmädchenhausse, in: *Barbara Duden/Karen Hagemann/Regina Schulte* u.a. (Hrsg.), Geschichte in Geschichten. Ein historisches Lesebuch, Frankfurt am Main/New York 2003, S. 241–250, hier: S. 242.

zen. Man wird nicht so weit gehen und in dieser Entwicklung Werner Sombarts berühmte »Demokratisierung des Kredits« erkennen können.[119] Doch immerhin zeigt das Beispiel des Börsengesetzes, dass sich das Privatpublikum nicht dauerhaft von der Beteiligung am Börsenhandel ausschließen ließ. Inwieweit hinter der Beteiligung des Publikums am Terminhandel auch stets eine bewusste Entscheidung stand oder inwiefern es eben doch hauptsächlich von den Banken in diesen Markt gelockt wurde, werden nur weitere sozialhistorische Mikrostudien zeigen können. Die Reaktionen auf das Börsengesetz von 1896 zeigten aber immerhin, dass offensichtlich eine ausreichende Nachfrage bestand, die von den Banken auch bereitwillig bedient wurde. Gerade die Untersuchung der Anlegerseite, insbesondere auch der Kleinanleger, ist jedoch nach wie vor ein Desiderat und wäre ein weiterer Beitrag zur Sozialgeschichte des (Finanz-)Kapitalismus. Denn das überlieferte Quellenmaterial belegt eindrucksvoll, dass der Erwerb von Aktien und anderen Wertpapieren auch im 19. Jahrhundert bereits kleinbürgerliche und Arbeiterkreise erreicht hatte und nicht erst ein Verdienst der Volksaktie des späten 20. Jahrhunderts darstellt.

---

119 Vgl. *Werner Sombart*, Die Juden und das Wirtschaftsleben, Leipzig 1911, S. 59. Im Übrigen bezog Sombart seinen oft zitierten Ausspruch auch in erster Linie auf das öffentliche Anleihewesen und verband mit der Demokratisierung des öffentlichen Kredits gerade auch die »Ausschaltung« des »Hofjuden«. Zur Bedeutung des Antisemitismus in Sombarts Analyse des modernen Kapitalismus vgl. *Jerry Z. Muller*, Capitalism and the Jews, Princeton/Oxford 2010, S. 56–61.

Thomas Adam

Der Anteil der Staatsanleihen an der Finanzierung staatlicher Haushalte

Eine vergleichende Studie der staatlichen Defizitfinanzierung in den USA und Deutschland vom ausgehenden 18. bis in das frühe 20. Jahrhundert

Die (Defizit-)Finanzierung von Staatsausgaben und Staatshaushalten durch die Emission von Staatsanleihen insbesondere in der Formierung moderner Nationalstaaten im 19. Jahrhundert hat bisher nur wenig Interesse unter Historikerinnen und Historikern erfahren.[1] Bisher wurden derartige Formen der Staatsfinanzierung nur im Kontext der Finanzierung des Ersten Weltkriegs und hier vor allem für die Finanzierung des Weltkriegs durch die deutsche Seite, die etwa drei Viertel der gesamten Kriegsausgaben über die Aufnahme von Kriegsanleihen bestritt, von Historikern wie Gerald D. Feldman und Konrad Roesler untersucht.[2] Anleihen – ob nun Staatsanleihen oder Kriegsanleihen – waren jedoch kein marginales Phänomen der modernen Geschichte, sondern ein finanzielles Instrument, das es modernen Staaten wie zum Beispiel den USA und dem Deutschen Kaiserreich erlaubte, kontinuierlich wachsende Staatsausgaben zu finanzieren.

Obwohl die USA und Deutschland einen signifikanten Teil ihrer Staatsausgaben in Friedenszeiten und in Kriegszeiten durch den Verkauf von Staatsanleihen finanzierten, wurde die Rolle dieser Anleihen bei der Finanzierung der Staatsausgaben bisher nur ungenügend erfasst und die Mechanismen der staatlichen Defizitfinanzierung durch die Emission von Staatsanleihen nur oberflächlich beschrieben.[3] Über den engen Rahmen des Ersten Weltkriegs hinaus gerieten etwa deutsche Staatsanleihen kaum in das Blickfeld der Geschichtswissenschaft. Und das, obwohl die Entwertung dieser Staatsanleihen in den frühen 1920er-Jahren entscheidend zur Proletarisierung des deutschen Mittelstands und zu dessen Abwendung vom politischen System der Weimarer Republik beitrug. Traditionelle Darstellungen zur Finanzgeschichte Deutschlands wie etwa Hans-Peter Ullmanns »Der Deutsche Steuerstaat« konstatierten zwar die wachsende Verschuldung der deutschen Staaten im Laufe des 19. Jahrhunderts, versäumten allerdings, den sich dahinter verbergenden Mechanismus der Defizitfinanzierung über Staatsanleihen zu ergründen.[4] Das kaiserliche

---

1 *Thorsten Beigel/Georg Eckert* (Hrsg.), Vom Wohl und Wehe der Staatsverschuldung. Erscheinungsformen und Sichtweisen von der Antike bis zur Gegenwart, Münster 2013.
2 *Gerald D. Feldman*, The Great Disorder. Politics, Economics, and Society in the German Inflation, 1914–1924, Oxford/New York etc. 1993; *Konrad Roesler*, Die Finanzpolitik des Deutschen Reiches im Ersten Weltkrieg, Berlin 1967. Vgl. auch die Beiträge zur »War Finance«, die in der online publizierten *International Encyclopedia of the First World War* aufgenommen wurden. URL: <http://encyclopedia.1914-1918-online.net/articles> [7.9.2016].
3 Für die USA vgl. *Paul Studenski/Herman E. Krooss*, Financial History of the United States. Fiscal, Monetary, Banking, and Tariff, Including Financial Administration and State and Local Finance, New York/San Francisco etc. 1963; *Davis Rich Dewey*, Financial History of the United States, New York 1924. Eine zusammenfassende und sehr kurze Übersicht bietet: *Michael Hochgeschwender*, Zwischen Wohlfahrtsstaat und nationaler Sicherheit. Die Geschichte der Staatsschulden in den USA, in: *Thorsten Beigel/Georg Eckert* (Hrsg.), Vom Wohl und Wehe der Staatsverschuldung. Erscheinungsformen und Sichtweisen von der Antike bis zur Gegenwart, Münster 2013, S. 183–198.
4 *Hans-Peter Ullmann*, Der deutsche Steuerstaat. Geschichte der öffentlichen Finanzen, München 2005.

Deutschland setzte aber ebenso wie die USA weniger auf die Ausweitung des Steuerstaats, sondern favorisierte eine Verschuldung des Staats, die vor allem durch Staatsanleihen realisiert wurde. Artikel 73 der Verfassung des Deutschen Kaiserreichs ermöglichte es der deutschen Reichsregierung, Anleihen zur Finanzierung »außerordentlicher Bedürfnisse« aufzunehmen.[5]

Das Forschungsfeld zum Stiftungswesen, das sich in den letzten drei Jahrzehnten herausbildete, widmete den Staatsanleihen in Deutschland dagegen mehr Aufmerksamkeit.[6] In diesen Forschungen wurde die Verschränkung staatlicher Finanzpolitik mit der Ausbildung zivilgesellschaftlicher Strukturen deutlich. Stiftungen waren in Deutschland gesetzlich dazu verpflichtet, ihre Kapitalien mündelsicher in Staatsanleihen anzulegen.[7] Durch diese gesetzliche Regelung schuf sich die deutsche Regierung einen Kreditmarkt, auf dem mehr und mehr Staatsanleihen angeboten werden konnten. Das ungeheure Wachstum des Stiftungswesens um 1900 und der damit verbundene Kapitalfluss von privaten Vermögen in Staatsanleihen eröffneten der deutschen Regierung einen Kreditmarkt, den sie selbst geschaffen hatte und dessen Spielregeln sie weitgehend selbst bestimmte. Da Stiftungen ihr gesamtes Vermögen permanent in Staatsanleihen anlegen mussten, nahmen diese Staatsanleihen den Charakter eines Kredits an, den der Staat niemals zurückzahlen musste. Staatsanleihen wurden nicht eingelöst, sondern nach ihrem Ablauf lediglich in neue Staatsanleihen umgetauscht. Die Verzinsung der Staatsanleihen war mit 3 bis 4% recht niedrig im Vergleich zu Aktien und wurde durch die Regierung in Abhängigkeit von den Wertpapierkursen an den deutschen Börsen festgesetzt. Bis 1914 wurden so fast 50 Milliarden Mark an Mündelgeldern – vor allem die Kapitalien von Stiftungen, aber auch die Einlagen des Reichsinvalidenfonds – in Staatsanleihen angelegt und beschafften der Reichsregierung, den bundesstaatlichen Regierungen und selbst den Städten und Kommunen einen günstigen und permanenten Kreditrahmen.[8]

Der Umfang der zirkulierenden Staatsanleihen lässt damit indirekt Rückschlüsse auf die Größe des Stiftungswesens zu. Und während wir aus der Perspektive der Stiftungen die Bedeutung der Staatsanleihen für das Funktionieren der Stiftungen ermessen können, blieb der Beitrag der Staatsanleihen zur Finanzierung von Staatsaufgaben und Staatsausgaben bisher ebenso wenig erforscht wie die Sozialstruktur derjenigen Bürger und Institutionen, die diese Staatsanleihen erwarben.[9] Auch wenn daher eine Studie sowohl der deutschen als auch der amerikanischen Defizitfinanzierung über Staatsanleihen an sich wichtig erscheint, ist es dennoch sinnvoll, gerade diese beiden Staaten und ihre Praxis der Defizitfinanzierung miteinander zu vergleichen. Ein Vergleich der deutschen und amerikanischen Defizitfinanzierung staatlicher Ausgaben wird dazu dienen, Gemeinsamkeiten und Unterschiede in der Finanzierungspraxis beider Staaten herauszuarbeiten. Insbesondere die Verpflichtung von deutschen Stiftungen, ihre Kapitalien in Staatsanleihen anzulegen, sowie die Behandlung der über Staatsanleihen angehäuften Schulden in den USA und in Deutschland in den 1920er-Jahren verweist auf Alternativentwürfe für die Verzahnung von Zivilgesellschaft und Staat und die Bewältigung finanzieller und politischer Krisen.

---

5 URL: <https://de.wikisource.org/wiki/Verfassung_des_Deutschen_Reiches_(1871)#Artikel_70> [6.7.2016].
6 *Thomas Adam*, Die volkswirtschaftliche Bedeutung von Stiftungen und »totem Kapital«, in: *ders./Manuel Frey/Rupert Graf Strachwitz* (Hrsg.), Stiftungen seit 1800. Kontinuitäten und Diskontinuitäten, Stuttgart 2009, S. 179–202.
7 *Thomas Adam*, Die Genesis und die Gefahren der mündelsicheren Anlage von Stiftungskapitalien, in: Zeitschrift für Stiftungs- und Vereinswesen 13, 2015, H. 6, S. 214–219.
8 *Heinrich Rittershausen*, Die Reform der Mündelsicherheitsbestimmungen und der industrielle Anlagekredit. Zugleich ein Beitrag zum Erwerbslosenproblem, Jena 1929, S. 8.
9 *Edwin R. A. Seligman*, Finance Statistics of the American Commonwealths, in: American Statistical Association New Series, December 1889, Nr. 8, S. 379–458, hier: S. 455–458.

Dieser Aufsatz bietet erstmalig eine vergleichende historische Perspektive auf die Defizitfinanzierung des deutschen und des amerikanischen Staats mittels der Emission von Staatsanleihen vom letzten Drittel des 18. Jahrhunderts bis in die 1920er-Jahre. Im ersten Abschnitt wird es um die Finanzierung von Staatsausgaben vor der Nationalstaatsgründung beziehungsweise im Prozess der Nationalstaatsgründung gehen. Der zweite Abschnitt widmet sich der Rolle von Staatsanleihen in den Bürgerkriegen sowie im politisch-finanziellen System der USA und des Deutschen Kaiserreichs nach der nationalstaatlichen Konsolidierung in den 1860er-Jahren. Im dritten Abschnitt wird es schließlich um die Finanzierung des Ersten Weltkriegs durch Kriegsanleihen gehen. In diesem letzten Abschnitt werden auch die individuellen und institutionellen Erwerber der Staatsanleihen zumindest für den deutschen Fall näher untersucht. Während damit die ersten beiden Abschnitte eine strukturelle und auf die Staatsbildung fokussierte Untersuchung bieten, werden im dritten Abschnitt sowohl die Perspektive des Staats als auch die des einzelnen Investors und Bürgers auf die Staatsanleihen in das Blickfeld genommen.

I. DIE ROLLE VON STAATSANLEIHEN VOR UND BEI DER GRÜNDUNG DES AMERIKANISCHEN UND DEUTSCHEN NATIONALSTAATS

Die Finanzierung von Staatsausgaben durch den Verkauf von Staatsanleihen, was der Aufnahme eines niedrig verzinsten Kredits durch den Staat bei den zumeist, aber nicht ausschließlich in dem Territorium des betreffenden Staats lebenden Personen gleichkam, begann sowohl im Fall der USA als auch im Fall Deutschlands vor der Gründung dieser beiden Staaten. Eugen Richter verfolgte in seiner im Jahr 1861 erschienenen Geschichte der preußischen Staatsschulden die Aufnahme derartiger Anleihen durch den preußischen Staat sogar bis in die Zeit der Übertragung der Mark Brandenburg auf die Hohenzollern-Familie im Jahr 1411. Seit dieser Zeit verließen sich die preußischen Herzöge und Könige mit Ausnahme Friedrich II. immer wieder auf diese bewährte Form der Defizitfinanzierung von Staatsausgaben vor allem in Kriegszeiten.[10]

Insbesondere in der Zeit der Französischen Revolution und der Napoleonischen Kriege wuchs der Finanzbedarf Preußens stark an. Zur Finanzierung der Militärausgaben wurden wiederholt Staatsanleihen durch die im Jahr 1794 in ein Staatsinstitut umgewandelte Preußische Seehandlung in Form von Seehandlungs-Obligationen, die mit 4% verzinst wurden, aufgelegt. Diese Obligationen, über die der preußische Staat in den Jahren von 1798 bis 1807 mehr als 17,8 Millionen Taler einwarb, waren nach einem Jahr von beiden Seiten – also dem Staat und dem Käufer der Anleihen – kündbar.[11] Erst mit dem Umtausch dieser Anleihen in neue Staatsschuldscheine im Jahr 1810 wurde das für die Zukunft der staatlichen Defizitfinanzierung charakteristische Merkmal der Unkündbarkeit derartiger Anleihen seitens der Erwerber der Anleihen eingeführt.[12]

Auch auf der anderen Seite des Atlantiks wurden Kriege und hier vor allem der Amerikanische Unabhängigkeitskrieg durch den Verkauf von Staatsanleihen, die in diesem Fall von einem noch nicht existierenden oder anerkannten Staat vertrieben wurden, finanziert. Da der Grund für die Loslösung der englischen Kolonien in Nordamerika vom englischen Kolonialreich gerade in einer von der lokalen europäischstämmigen Bevölkerung als ungerecht empfundenen Besteuerung lag, konnten die politischen Führer der Unabhängigkeitsbewegung kaum erwarten, dass die Bewohner der Kolonien zusätzliche Steuern zur

---

10 *Eugen Richter*, Das Preussische Staatsschuldenwesen und die Preussischen Staatspapiere, Breslau 1869, S. 6–14.
11 Ebd., S. 17f.
12 Ebd., S. 24f.

Finanzierung der Kriege akzeptieren würden. Damit blieb den Aufständischen nur die Wahl der Kreditaufnahme bei ausländischen Mächten wie Frankreich, Holland und Spanien, die den nordamerikanischen Aufständischen in den Jahren von 1777 bis 1783 insgesamt Kredite über 7.830.517 Dollar einräumten, sowie in der Aufnahme eines inländischen Kredits durch den Verkauf von Anleihen. Bereits im Oktober 1776 autorisierte der Kontinentalkongress den Verkauf von Staatsanleihen im Gesamtvolumen von 5 Millionen Dollar, um die Militärausgaben zu finanzieren. Die zuerst mit 4% verzinsten Anleihen, die bereits nach drei Jahren kündbar waren, fanden aber kaum Abnehmer. Selbst nachdem im September 1777 die Verzinsung auf 6% erhöht wurde, ließen sich diese Anleihen nur sehr schlecht unter den europäischen Siedlern verkaufen. Es fehlte einfach das Vertrauen in die neue politische Struktur. Erst nachdem Frankreich seine Kredite merklich erhöhte – von 181.500 Dollar im Jahr 1777 auf 544.500 Dollar im Jahr darauf –, wuchs das Vertrauen der Bevölkerung in die neuen Staatsanleihen. Dazu trug auch bei, dass der Kontinentalkongress bestimmte, dass ein Teil der französischen Kredite dazu genutzt werden sollte, um die Zinsen der inländischen Staatsanleihen zu bezahlen, um so deren Sicherheit der Bevölkerung gegenüber zu beweisen. Diese Strategie erwies sich als erfolgreich, da bis zum Jahr 1780 insgesamt Staatsanleihen im Wert von 7,7 Millionen Dollar verkauft werden konnten.[13]

Die Finanzierung von Staatsausgaben über die Emission von Staatsanleihen war damit in beiden Ländern schon vor deren Gründung als fester Bestandteil der politischen Kultur etabliert. Mit einer Verzinsung von etwa 4% sowie der Regelung, dass diese Staatsanleihen seitens der Käufer unkündbar waren, schälten sich auch bereits die beiden Ländern gemeinsamen finanziellen Parameter der Praxis der Defizitfinanzierung heraus. Der wesentliche Unterschied zwischen den USA und Deutschland bestand in dem Bestreben des amerikanischen Staats, die Staatsanleihen so schnell wie möglich einzulösen und seine Verschuldung zu vermindern, während die deutschen Staaten kein ernsthaftes Interesse zeigten, den durch den Verkauf von Staatsanleihen angehäuften Schuldenberg abzubauen.[14]

Die militärischen, politischen und wirtschaftlichen Wirren im Kontext der Unabhängigkeit der nordamerikanischen Kolonien und im Kontext des Endes des Heiligen Römischen Reichs führten zu Schwierigkeiten bei der Zahlung der den amerikanischen und deutschen Staatsanleiheinhabern versprochenen Dividende. Im Fall der USA wurde die Zinszahlung im Jahr 1782 eingestellt, weil das junge Land seine Finanzreserven erschöpft hatte. Die Staatsschulden der USA beliefen sich laut Alexander Hamilton im Jahr 1790 auf immerhin 54,1 Millionen Dollar.[15] Auch Preußen sah sich im Jahr 1807 dazu gezwungen, Zinszahlungen auf Staatsanleihen einzustellen.[16] Beide Staaten mussten einen Ausweg aus ihrer Finanzkrise finden und dabei das Vertrauen der Bevölkerung in die Sicherheit ihrer Staatsanleihen wiedergewinnen, wenn sie in der Zukunft weiterhin Staatsanleihen zur Finanzierung der Staatsausgaben einsetzen wollten. Dies ging natürlich nur, wenn die Bevölkerung diese Anleihen kaufte. Dazu war ein grundsätzliches Vertrauensverhältnis zwischen Bürger und Staat nötig.

Gegen gewaltigen Widerstand im amerikanischen Kongress setzte Hamilton durch, dass die amerikanische Bundesregierung ihren Schuldverpflichtungen nachkommen würde und die Schulden, die vor allem aus dem Unabhängigkeitskrieg stammten, zurückzahlte. Dazu gehörten auch die Staatsanleihen, die seit der Einstellung der Zinszahlungen massiv an

---

13 *Studenski/Kroos*, Financial History of the United States, S. 29f.; *Dewey*, Financial History of the United States, S. 45–47.
14 *Carl Sattler*, Die Schulden des Deutschen Reiches bis 1891, in: Finanz-Archiv. Zeitschrift für das gesamte Finanzwesen 8, 1891, S. 482–537, hier: S. 536.
15 *Studenski/Kroos*, Financial History of the United States, S. 29 und 51.
16 *Richter*, Das Preussische Staatsschuldenwesen, S. 25.

Der Anteil der Staatsanleihen an der Finanzierung staatlicher Haushalte 223

Wert verloren hatten. Im Januar 1789 wurden Staatsanleihen aus der Zeit des Unabhängigkeitskriegs nur noch zu 20 bis 25% ihres Nominalwerts gehandelt. Hamiltons Werben für die vollständige Rückzahlung dieser Anleihen ließ deren Wert binnen kurzer Zeit auf 30 bis 50% ansteigen und führte zu einer wilden Spekulation mit diesen Anleihen. Es war gerade diese Spekulation, die den Gegnern Hamiltons um James Madison missfiel und sie verlangen ließ, dass nur diejenigen, die die Anleihen in den Zeiten des militärischen Konflikts mit Großbritannien erworben hatten, nicht aber die Spekulanten, die diese unter Wert von den ursprünglichen patriotischen Eigentümern abgekauft hätten, in den Genuss der Verzinsung und der Rückzahlung kommen sollten. Hamilton setzte sich letztlich durch und erlangte die Zustimmung des Kongresses zu seinem Plan, der zu einer Neuauflage von Staatsanleihen in Höhe von etwa 55 Millionen Dollar führte. Mit diesen neuen mit 3 und 6% verzinsten Anleihen sollte genügend Kapital in die Staatskasse gespült werden, um die gesamten Altschulden – sowohl die ausländischen als auch die inländischen Schulden – der amerikanischen Regierung abzuzahlen. Hamiltons Plan sah vor, dass diese neuen Staatsanleihen, von denen zwischen 1791 und 1794 Anleihen im Wert von insgesamt 63.054.936 Dollar verkauft wurden, bis zum Jahr 1824 abbezahlt werden sollten.[17]

Der Verkauf von Staatsanleihen im Wert von 63 Millionen Dollar ermöglichte es der amerikanischen Regierung, ihre ausländischen Schulden abzubezahlen und ihre inländischen Schulden zu restrukturieren. Die alten Staatsanleihen aus der Zeit des Unabhängigkeitskriegs, die mit dem Makel der Spekulation belastet waren, wurden in neue Staatsanleihen umgetauscht. Die Untergliederung der Anleihen in mit 3 und 6% verzinste Papiere verringerte zudem kurzfristig die Zinsverpflichtungen der amerikanischen Regierung bis zum Jahr 1801 erheblich. Für die amerikanische Regierung resultierte der Verkauf dieser Staatsanleihen dennoch in einer wachsenden finanziellen Belastung, da die fälligen Zinszahlungen rasch anwuchsen und zu einem immer größer werdenden Posten des Staatshaushalts wurden. Im Jahr 1791 zahlte die amerikanische Regierung 1.178.000 Dollar an Zinsen für alle ausstehenden Kredite und Staatsanleihen. Im Jahr 1801 waren es schon 4.412.000 Dollar. Damit wuchs der Anteil der Zinszahlungen an den Gesamtausgaben von 38% im Jahr 1791 auf 47% im Jahr 1801.[18]

Die Reduktion der Staatsschulden um 38 Millionen Dollar von 1801 bis 1811 führte dann zu einer merklichen Verringerung der Zinsverpflichtungen, die im Jahr 1811 nur noch 2.585.000 Dollar betrugen. Dies waren aber immer noch 32% der Gesamtausgaben der amerikanischen Regierung. Weitere Kriege wie der Krieg gegen Großbritannien im Jahr 1812 wurden wiederum durch Staatsanleihen – in diesem Fall wurden Anleihen in einer Gesamtsumme von 41 Millionen Dollar ausgegeben – finanziert und ließen sowohl die Staatsschulden als auch die damit verbundenen Zinszahlungen in die Höhe schießen. Im Jahr 1816 betrugen die jährlichen Zinszahlungen 7.823.000 Dollar. Das waren allerdings nur 25% der gesamten Ausgaben der amerikanischen Regierung. In den folgenden Jahren fiel die Zinsbelastung infolge der Schuldenreduzierung weiter. Im Jahr 1833 beliefen sich die Zinszahlungen gerade einmal auf 303.000 Dollar und betrugen damit lediglich 1,3% der Gesamtstaatsausgaben der US-Regierung. Staatsanleihen blieben jedoch ein bewährtes Mittel, um Staatsausgaben und insbesondere Kriege zu finanzieren.[19]

Die Verhältnisse in Preußen waren, zumindest was die finanzielle Ausgangslage betrifft, den Verhältnissen in den USA durchaus sehr ähnlich. Krieg und Besatzung durch Napoleons Armee hatten die finanzielle Sicherheit der Staatsanleihen nachträglich infrage ge-

---

17 *Studenski/Krooss*, Financial History of the United States, S. 51–54; *Dewey*, Financial History of the United States, S. 89–92 und 94–96. Vgl. hierzu auch die sehr verknappte Darstellung in: *Hochgeschwender*, Zwischen Wohlfahrtsstaat und nationaler Sicherheit, S. 183–188.
18 *Dewey*, Financial History of the United States, S. 95 und 111.
19 Ebd., S. 125, 132–134 und 169.

stellt. Zinszahlungen seitens des preußischen Staats wurden von 1807 bis 1817 nicht geleistet. Erst der Sieg über Napoleon sowie die damit verbundenen Kriegsentschädigungen in Höhe von 145 Millionen Franken, die Preußen zugesprochen worden waren, versetzten den preußischen Staat wieder in die Lage, seine Zinszahlungsverpflichtungen im Jahr 1817 aufzunehmen. Zu diesem Zeitpunkt belief sich der Gesamtwert der ausgegebenen Staatsanleihen auf 56.614.048 Taler.[20] Im Jahr 1820 betrugen die jährlichen Zinsverpflichtungen für Kredite und Staatsanleihen des preußischen Staats immerhin 7.637.177 Taler. Das entsprach aber lediglich 10,5 % der Gesamtstaatsausgaben und lag damit weit unter dem Schuldenniveau der USA. Dennoch versuchte auch der preußische König Friedrich Wilhelm III., zunächst die Staatsschulden und damit die Zinsverpflichtungen abzubauen. Dazu erließ er am 17. Januar 1820 eine Verordnung, in der er nicht nur die bestehenden Schulden erstmals öffentlich machte, sondern auch die Einnahmequellen benannte, aus denen die Zinszahlungen gedeckt werden sollten. In der Verordnung schwor er die Regierung darauf ein, dass jährlich 1 % der bestehenden Staatsschulden abgebaut werden sollten. Daraus ergab sich ein jährlicher Finanzbedarf für den Zinsdienst und die schrittweise Amortisierung der Schulden von über 10 Millionen Taler (= 14 % der Gesamtausgaben Preußens). Der Verkauf von staatlichen und königlichen Vermögenswerten brachte in den folgenden Jahren zusätzliche Finanzmittel in den Staatshaushalt, aus denen zumindest ein Teil der ausstehenden Staatsschuld abgelöst wurde. Die Ablösung von Schulden ging jedoch einher mit der weiteren Ausdehnung der Schulden durch insgesamt 13 Emissionen von Staatsanleihen in den Jahren von 1848 bis 1864. Diese Anleihen brachten dem Staat Finanzmittel ein, die vor allem zum Bau von Staatseisenbahnen (zum Beispiel Ostbahn und Westfälische Bahn), dem Erwerb von Privateisenbahnen (zum Beispiel Niederschlesisch-Märkische Bahn und Münster-Hammer Eisenbahn) sowie für Militärausgaben (Mobilmachung des Heeres im November 1850) verwendet wurden. Durch diese Anleihen wuchs die Gesamtschuldenlast Preußens von 137.188.189 Taler im Jahr 1848 auf 264.456.359 Taler im Jahr 1864. Der Anteil der Ausgaben für den Schuldenabbau, die Zinszahlungen und die Verwaltungskosten der Schulden der preußischen Regierung erhöhte sich unablässig von 38 % im Jahr 1820 auf 40 % im Jahr 1840 und auf 48,5 % im Jahr 1861.[21]

Die in der Verordnung von 1820 vorgeschriebene einprozentige Ablösung von durch Anleihen erzeugten Schuldsummen sollte dazu führen, dass die betreffende Anleihe über einen Zeitraum von 100 Jahren abbezahlt würde, aber die beständige neue Auflage von Staatsanleihen und der Umtausch von Staatsanleihen ließ die Ablösung von Staatsanleihen hinter der Neuaufnahme zurückbleiben. Die finanziellen Eckpunkte der preußischen Staatsanleihen wurden mit der Gründung des Norddeutschen Bundes zunächst auf die Praxis der Staatsfinanzierung durch Staatsanleihen des Norddeutschen Bundes übertragen und dann mit der Gründung des Deutschen Reichs Bestandteil der politischen Kultur des deutschen Nationalstaats. Staatsanleihen wurden mit 3 bis 4 % verzinst. Die Inhaber von staatlichen Schuldverschreibungen hatten kein Kündigungsrecht, während der Norddeutsche Bund beziehungsweise das Deutsche Kaiserreich Schuldverschreibungen innerhalb von sechs Monaten kündigen konnte. Dem Bund wurde eine Tilgungspflicht auferlegt, nach der alljährlich 1 % der ursprünglichen Anleihesumme abzulösen sei.[22]

---

20 *Richter*, Das Preussische Staatsschuldenwesen, S. 31, 34 und 38.
21 Ebd., S. 34–44, 51 und 58–62; *Ernst Engel*, Kritische Beiträge zur vergleichenden Finanzstatistik der Gross- und Mittelstaaten Europas, mit besonderer Berücksichtigung ihrer Militärbudgets, in: Zeitschrift des Königl. Preussischen Statistischen Bureaus 2, 1862, Nr. 7/8, S. 145–161, hier: S. 158.
22 *Sattler*, Die Schulden des Deutschen Reiches bis 1891, S. 482f.

II. Die nationalstaatliche Konsolidierung und die Etablierung der Staatsanleihen als permanentes Mittel der Staatsfinanzierung

Doch nicht nur im deutschen Fall wuchs die Staatsverschuldung in den 1840er- und 1850er-Jahren an. Im Jahr 1844 betrugen die Zinsverpflichtungen der amerikanischen Regierung bereits wieder 8% ihrer Gesamtausgaben. Nachdem der US-Staatshaushalt am Ende der 1830er-Jahre noch Überschüsse aufwies, stieg die Verschuldung infolge von Kriegen wie dem Krieg gegen Mexiko in den Jahren von 1846 bis 1848 weiter an. So beliefen sich die Zinszahlungen bereits vor Ausbruch des amerikanischen Bürgerkriegs im Jahr 1861 auf 6% der Gesamtausgaben. Damit ergab sich schon vor dem amerikanischen und dem deutschen Bürgerkrieg, die das Schicksal beider Länder in den 1860er-Jahren bestimmten, eine Basisverschuldung, die durch die Finanzierung der Kriege durch den Verkauf von Staatsanleihen noch verschärft wurde.[23]

Sowohl die amerikanischen Südstaaten als auch die Nordstaaten finanzierten ihre militärische Auseinandersetzung zum großen Teil über den Verkauf von Staatsanleihen. Nur 22% der Kriegsausgaben des Nordens wurden über Steuern finanziert, 78% hingegen durch den Verkauf von Staatsanleihen und durch das Drucken von Papiergeld. Im Süden wurden sogar nur 5% der Kriegsausgaben durch Steuern finanziert und 95% durch den Verkauf von Staatsanleihen, das Drucken von Papiergeld und zu einem geringen Teil durch Bankkredite in Europa.[24]

Der Verkauf der Staatsanleihen im Norden erwies sich anfangs allerdings als recht schwierig. Die Festsetzung des Zinses auf 6%, das Vertriebssystem der Staatsanleihen und die anfänglichen militärischen Misserfolge der Nordstaatenarmee werden von Davis Rich Dewey in seiner »Financial History of the United States« als Hauptursachen für die fehlende Bereitschaft der Bürger angesehen, diese Staatsanleihen zu erwerben. Erst nachdem der Vertrieb der Staatsanleihen dem erfahrenen Banker Jay Cooke, der umgehend ein nationales Vertriebssystem aufbaute, übertragen wurde, stieg die Nachfrage nach Anleihen der Nordstaaten. Cooke wurde zudem autorisiert, die Anleihen, die bisher nur zum Nominalwert angeboten worden waren, nun zum Marktwert zu verkaufen, was der Spekulation mit diesen Anleihen freien Lauf ließ. Die Erhöhung des im Umlauf befindlichen Papiergelds von 400 Millionen Dollar im Jahr 1862 auf 700 Millionen Dollar im Jahr 1863 bot Bürgern, die sich um ihre Ersparnisse sorgten, einen weiteren Anreiz, die Staatsanleihen, die mit 6% verzinst wurden und eine Laufzeit von 40 Jahren hatten, zu erwerben. In der Zeit von 1861 bis 1865 wurden insgesamt Staatsanleihen im Wert von 890 Millionen Dollar in den Nordstaaten verkauft.[25]

Der Deutsche Krieg zwischen dem preußischen Norden und dem österreichischen Süden konnte im Gegensatz zu den USA auf der Seite Preußens vollständig aus Steuern, dem Staatsschatz und dem Verkauf von staatlichen Eisenbahnbeteiligungen finanziert werden.[26] Erst der Aggressionskrieg gegen Frankreich im Jahr 1870 erforderte die Auflage von Staatsanleihen im Wert von etwa 220 Millionen Taler. Der deutsch-französische Krieg wurde damit vollständig über den Verkauf von Kriegsanleihen finanziert, die nach dem deutschen Sieg aus den Frankreich auferlegten Kriegskostenzahlungen in Höhe von mehr als 4 Milliarden Mark komplett zurückgezahlt werden konnten.[27]

---

23 *Dewey*, Financial History of the United States, S. 246 und 267.
24 *Studenski/Krooss*, Financial History of the United States, S. 156–160. Vgl. auch: *Richard Cecil Todd*, Confederate Finance, Athens 1954.
25 *Dewey*, Financial History of the United States, S. 306–317; *Studenski/Krooss*, Financial History of the United States, S. 140–154.
26 Vgl. hierzu *Fritz Stern*, Gold and Iron. Bismarck, Bleichröder, and the Building of the German Empire, New York 1977, S. 84–86.
27 *Sattler*, Die Schulden des Deutschen Reiches bis 1891, S. 487–489 und 498.

Die französischen Zwangszahlungen waren so umfangreich, dass damit auch weitere Ausgaben gedeckt werden konnten. Unter anderem wurde mit 561 Millionen Mark ein Reichsinvalidenfonds eingerichtet, der Pensionen an im Kriege gegen Frankreich verwundete Soldaten und deren Hinterbliebene bereitstellen sollte. Mit der gesetzlichen Regelung darüber, wie das Kapital dieses Fonds angelegt werden sollte, beschritt das Deutsche Kaiserreich Neuland im Umgang mit der Defizitfinanzierung. In dem Gesetz vom 23. Mai 1873 schrieb der Gesetzgeber vor, dass die Kapitalien des Invalidenfonds permanent in Staatsanleihen oder staatlich garantierten Schuldverschreibungen mündelsicher, also geschützt vor riskanter Spekulation mit Aktien, anzulegen waren.[28] Die Regelung, dass treuhänderisch bereitgestellte Kapitalien, wie etwa die Einlagen dieses Invalidenfonds und das den Stiftungen im sozialen und kulturellen Bereich anvertraute Kapital, mündelsicher anzulegen sei, schuf eine gewaltige Nachfrage nach Anleihen, die vom Deutschen Reich, den deutschen Bundesstaaten und den Kommunen ausgegeben wurden. Damit entstand eine enge Verzahnung der finanziellen Interessen von zivilgesellschaftlichen Institutionen und des Staats. Die Schulden des Staats wurden zur mündelsicheren Investition der Stiftungen. Staatliche Schulden wurden aufgrund dieser gesetzlichen Regelung zu einer Grundbedingung des enormen Wachstums im deutschen Stiftungswesen. Und dieses enorme Wachstum der Stiftungen wurde umgekehrt zu einer Grundvoraussetzung der weiteren Verschuldung der deutschen Staaten. Auch wenn die offiziellen Gesetze immer wieder von einer Schutzfunktion des Staats für Einrichtungen wie Stiftungen sprechen, gab es zweifelsohne ein starkes staatliches Interesse, die in Stiftungen festgelegten Kapitalien für die Finanzierung von Staatsausgaben nutzbar zu machen. Das Interesse der Stifter, die ihre Stiftungen auf ewig angelegt und daher den Kapitalbestand mündelsicher wissen wollten, versorgte den Staat mit der notwendigen Begründung für diese gesetzliche Regelung.

Es war gerade diese gesetzliche Regelung, die zu einem Wesensunterschied in der Finanzierung von Staatsausgaben in Deutschland und den USA wurde. Sowohl die amerikanische als auch die deutsche Regierung griffen immer wieder auf die Möglichkeit zurück, Staatsausgaben über den Verkauf von Staatsanleihen zu finanzieren. Beide Regierungen schufen gesetzliche Rahmenbedingungen, in denen sie die Konditionen der Kreditaufnahme durch Staatsanleihen bestimmten. Deutsche und amerikanische Staatsanleihen konnten nur seitens der Regierungen, nicht aber des Erwerbers gekündigt werden. Die Laufzeiten wurden per Gesetz festgesetzt. Lediglich die Zinsrate wurde zumindest durch den Markt mitbestimmt, da die Käufer immer die Wahl hatten zwischen Anleihen der Zentralregierung, der Bundesstaaten, der Kommunen und eben auch Aktien. Das führte dazu, dass Regierungen auf die Zinsbedingungen der Finanzmärkte reagieren mussten und von Zeit zu Zeit die Verzinsung der von ihnen angebotenen Anleihen nach oben oder nach unten setzen mussten. Diese Schwankungen waren allerdings sehr begrenzt und betrugen zwischen 0,5 und 1 %.

Die amerikanische Regierung machte den Ankauf von Staatsanleihen, im Gegensatz zur deutschen Regierung, jedoch nicht verpflichtend für treuhänderische Kapitalien. Lediglich die durch den »National Banking Act« aus dem Jahr 1863 geschaffenen Nationalbanken waren dazu verpflichtet worden, Staatsanleihen aufzukaufen. Nationalbanken mussten ein Drittel ihres Kapitals in Staatsanleihen anlegen. Nicht nur die Zahl dieser Nationalbanken wuchs rasch an, sondern auch die von diesen Banken angekauften Staatsanleihen. Im Jahr 1863 gab es 66 Nationalbanken, die über Staatsanleihen im Wert von etwa 4 Millionen Dollar verfügten. Nur ein Jahr später war die Zahl der Nationalbanken bereits auf 584 und der Wert der von ihnen angekauften Staatsanleihen auf etwa 65 Millionen Dollar gestiegen. Auch wenn sich die amerikanische Regierung mit dieser gesetzlichen Regelung einen permanenten Absatzmarkt für den Verkauf von Staatsanleihen geschaffen hatte, war

---

28 Ebd., S. 492f.

dieser dem deutschen Markt für Staatsanleihen in Bezug auf seine Größe wohl kaum vergleichbar.[29]

Es waren in Deutschland jedoch nicht nur Stiftungen, die zur mündelsicheren Anlage ihrer Einlagen verpflichtet waren, sondern eben auch Einrichtungen wie der im Jahr 1873 begründete Invalidenfonds mit seinem Kapital von über 561 Millionen Mark.[30] Die im Gegensatz zu den USA, wo der Transfer von Kapitalien in das Stiftungswesen durch bundesstaatliche Regierungen und Gesetzgebungen bis zum Ende des 19. Jahrhunderts aktiv behindert wurde, stiftungsfreundliche politische Kultur des Deutschen Kaiserreichs sowie die Akkumulation von Privatkapital aufgrund der Industrialisierung des Landes führten zum Transfer gewaltiger Summen in den deutschen Stiftungssektor, der dem Deutschen Kaiserreich eine Führungsrolle in der westlichen Welt sicherte (vgl. Tabelle 1).[31]

Tabelle 1: Die in Stiftungen angelegten Kapitalien in Deutschland, Italien, Großbritannien, Belgien und den USA[32]

Land	Stichjahr	In Stiftungen angelegte Kapitalien		
			In der Landeswährung	Umgerechnet in Mark
Deutschland	1914	Marks	50.000.000.000	50.000.000.000
Italien	1896	Lira	2.159.616.568	1.749.289.420
England und Wales	1908	Pound	27.142.228	554.515.718
Frankreich	1907	Franc	1.298.879.883	1.052.092.705
Belgien	1907	Franc	83.009.483	67.237.681
USA	1930	Dollar	850.000.000	3.561.500.000

Die gesetzlich festgeschriebene Pflicht, die Stiftungskapitalien in Staatsanleihen anzulegen, ermöglichte es der deutschen Regierung seit der Staatsgründung im Jahr 1871, kontinuierlich Staatsanleihen aufzunehmen.[33] Der Finanzbedarf der deutschen Regierung und dessen Deckung durch Reichsanleihen schwankte jedoch, wie es die folgende Tabelle verdeutlicht, von Jahr zu Jahr (Tabelle 2).[34]

Da Einrichtungen wie der Invalidenfonds und die zahlreichen Stiftungen ihren Kapitalbestand permanent in Staatsanleihen anlegen mussten und ihr Kapital sich stetig vergrößerte, wuchs auch der Bedarf an Staatsanleihen. Staatsanleihen wurden von diesen institutionellen Besitzern nicht verkauft, sondern befanden sich in deren permanentem Besitz und wurden von Zeit zu Zeit gegen andere Staatsanleihen umgetauscht. Damit schuf sich die deutsche Regierung einen Kreditmarkt, in dem die Reichsregierung, bundesstaatliche

---

29 Dewey, Financial History of the United States, S. 326f.; *Studenski/Krooss*, Financial History of the United States, S. 154f.
30 *Sattler*, Die Schulden des Deutschen Reiches bis 1891, S. 495.
31 *Adam*, Die Genesis und die Gefahren der mündelsicheren Anlage von Stiftungskapitalien, S. 214f.; *ders.*, Stiften im 19. und 20. Jahrhundert in der deutschen und amerikanischen Gesellschaft, in: *Birgit Weitemeyer/Rainer Hüttemann/Peter Rawert* u.a. (Hrsg.), Non Profit Law Yearbook 2014/2015, Hamburg 2015, S. 1–30.
32 *Maximilian Meyer*, Statistik der Stiftungen im In- und Auslande, in: Jahrbücher für Nationalökonomie und Statistik Bd. 3, 1911, Nr. 42, S. 666–705.
33 *Sattler*, Die Schulden des Deutschen Reiches bis 1891, S. 511–521 und 535; *Alfred Jacob*, Die Theorie der Staatsanleihen und die Praxis im Deutschen Reichshaushalte, München 1897, S. 61f.
34 *Georg v. Mayr*, Reichsfinanzen, in: *Johannes Conrad/Wilhelm Lexis/Ludwig Elster* u.a. (Hrsg.), Handwörterbuch der Staatswissenschaften, Jena 1901, S. 360–383, hier: S. 378; *Jacob*, Die Theorie der Staatsanleihen und die Praxis im Deutschen Reichshaushalte, S. 66.

Tabelle 2: Der Anteil der Anleihen an der Finanzierung der Ausgaben der deutschen Reichsregierung (1876–1900)[35]

Jahr	Gesamtausgaben der Regierung in Mark	Anleihedeckung	
		In Mark	In Prozent der Gesamtausgaben
1876/77	679.081.200	16.300.000	2,4
1879/80	550.264.800	77.337.000	14,1
1884/85	614.594.600	38.065.900	6,2
1889/90	1.110.674.900	240.561.000	21,7
1894/95	1.336.940.600	145.569.700	10,9
1900	1.660.408.600	80.476.800	4,9

Regierungen und Kommunen jederzeit willige Abnehmer von niedrig verzinsten Anleihen fanden. So konnte die deutsche Regierung in den 16 Jahren von 1875 bis 1891 insgesamt 34 Staatsanleihen auflegen. Der Staat Preußen vermochte es sogar, im gleichen Zeitraum 64 Anleihen zu verkaufen.[36] Dadurch entstand eine gewaltige Staatsschuld, die sich für das Deutsche Reich bereits im Jahr 1891 auf fast 1,3 Milliarden Mark belief, was die deutsche Regierung zu jährlichen Zinszahlungen von 42 Millionen Mark verpflichtete. Dies entsprach allerdings lediglich 3,4% der Gesamtausgaben des Deutschen Reichs. Nur vier Jahre später betrug die Staatsschuld in Anleihen bereits mehr als 2,1 Milliarden Mark. Im Haushaltsjahr 1896/97 mussten fast 76 Millionen Mark, was 5,6% der Gesamtausgaben entsprach, für Zinszahlungen an die Eigentümer der Staatsanleihen eingestellt werden. Zwei Drittel der durch Staatsanleihen eingeworbenen Finanzmittel wurden für Militärausgaben verwendet. Das verbleibende Drittel der Finanzmittel wurde für Infrastrukturprojekte wie Eisenbahnen und Kanalbauten verwendet (vgl. Tabelle 3).[37]

Tabelle 3: Übersicht über die Verwendungszwecke der durch deutsche Reichsanleihen eingenommenen Finanzmittel (1875–1896)[38]

Verwendungszweck	Ausgaben in Mark	Ausgaben in Prozent
Landheer	1.552.100.000	66
Marine	382.400.000	16
Eisenbahn	139.500.000	6
Münzwesen	48.200.000	2
Zollanschluss von Hamburg und Bremen	52.000.000	2
Nordostseekanal	106.000.000	5
Post- und Telegrafenverwaltung	75.400.000	3
Gesamt	2.355.600.000	100

---

35 Ebd., S. 66.
36 *Sattler*, Die Schulden des Deutschen Reiches bis 1891, S. 511–521; *Carl Sattler*, Die Schulden des preussischen Staates von 1870–91, in: Finanz-Archiv. Zeitschrift für das gesamte Finanzwesen 9, 1892, S. 87–113.
37 *Mayr*, Reichsfinanzen, S. 378 und 381; *Sattler*, Die Schulden des Deutschen Reiches bis 1891, S. 521 und 535; *Jacob*, Die Theorie der Staatsanleihen, S. 67.
38 *Mayr*, Reichsfinanzen, S. 381.

Die gesetzlich vorgeschriebene Anlagepflicht treuhändischer Vermögen in mündelsicheren Staatsanleihen enthob die Regierung der Pflicht, diese Staatsanleihen abzulösen, solange der Staat die entsprechenden Zinszahlungen aufbringen konnte. An eine Tilgung der Staatsanleihen dachten deutsche Politiker in den 1880er-Jahren, wie das Carl H. C. Sattler in seinem im Jahr 1891 veröffentlichten Aufsatz »Die Schulden des Deutschen Reiches bis 1891« beklagte, überhaupt nicht.[39] 15 Jahre später stellte auch der Staatswissenschaftler Karl Kimmich in seiner Studie des Kurswerts der deutschen Reichsanleihen fest, dass trotz der zunehmenden Verschuldung des Staats die Reichsregierung keinerlei Anstrengungen bezüglich des Schuldenabbaus unternommen habe.[40] Der deutsche Staat legte weiterhin Staatsanleihen auf und setzte diese sogar zur Verstaatlichung privater Eisenbahngesellschaften ein. So wurde den Aktionären der Bergisch-Märkischen, Thüringischen, Berlin-Görlitzer, Cottbus-Großenhainer, Märkisch-Posener und Rhein-Nahe Eisenbahngesellschaften im Jahr 1882 angeboten, ihre Aktien gegen vierprozentige preußische Staatsanleihen umzutauschen.[41] Auf diesem Wege vergrößerte sich die Zahl der umlaufenden Staatsanleihen auf Kosten der Aktien und führte zu einem Ungleichgewicht im Verhältnis von Staatsanleihen zu Aktien – im Jahr 1912 standen Staats- und Kommunalanleihen im Wert von 46 Milliarden Mark Aktien im Wert von lediglich 5 Milliarden Mark gegenüber –, was von Finanzexperten und Volkswirtschaftlern seit den 1870er-Jahren immer wieder kritisiert wurde.[42]

Die Stückelung der deutschen Reichsanleihescheine, die mit 100 Mark einsetzte, machte diese Anleihen nicht nur für Kleinsparer erschwinglich, sondern brachte diese auch in die Reichweite der Kleinsparer[43], die durch die im Aktiengesetz aus dem Jahr 1884 gesetzlich festgeschriebene kleinste Stückelung in 1.000 Mark für Aktien vom Erwerb von Aktien ausgeschlossen waren.[44] Auch wenn dieser gesetzlich festgelegte Mindestbetrag von 1.000 Mark für Aktien dazu dienen sollte, den Kleinsparer vor dem Spekulieren auf dem Aktienmarkt zu bewahren, gab dieses Gesetz dem Staat einen entscheidenden Wettbewerbsvorteil gegenüber Aktiengesellschaften, da es den Transfer von Sparguthaben von Kleinsparern in den Staatsanleihenmarkt lenkte. Die Einstufung der Reichsanleihen als mündelsicher kann in diesem Zusammenhang als ein zusätzlicher Ansporn verstanden werden, Staatsanleihen zu erwerben.

Doch nicht nur in Deutschland, auch in den USA bewegte sich die Verschuldung des Staats auf einem hohen Niveau. Im Jahr 1880 belief sich die Nettoverschuldung der amerikanischen Regierung auf fast 2 Milliarden Dollar. Auch wenn diese Staatsverschuldung innerhalb der nächsten zehn Jahre auf 890 Millionen Dollar verringert werden konnte, stellten die Zinszahlungen für amerikanische Staatsanleihen immer noch eine bedeutende Summe dar. Sie beliefen sich mit 36.099.000 Dollar im Jahr 1890 auf 12 % der Gesamtausgaben der amerikanischen Regierung. Diese Staatsanleihen hatten lange Laufzeiten von 30 und 40 Jahren und wurden wiederholt umgetauscht. Obwohl die amerikanische Regie-

---

39 *Sattler*, Die Schulden des Deutschen Reiches bis 1891, S. 536. Vgl. auch: *Jacob*, Die Theorie der Staatsanleihen, S. 68–82.
40 *Karl Kimmich*, Die Ursachen des niedrigen Kursstandes deutscher Staatsanleihen. Eine Untersuchung über englischen, französischen und deutschen Staatskredit, Stuttgart/Berlin 1906, S. 159.
41 *Sattler*, Die Schulden des preussischen Staates von 1870–91, S. 98.
42 *Georg Rotzoll*, Zur Frage des Kursstandes der deutschen Staats- und Reichsanleihen, Heidelberg 1913. Vgl. hierzu auch *Adam*, Die volkswirtschaftliche Bedeutung von Stiftungen und »totem Kapital«, S. 189–191; *ders.*, Stiften im 19. und 20. Jahrhundert in der deutschen und amerikanischen Gesellschaft, S. 24–26.
43 *Hugo Heyman*, Die Deutschen Anleihen, Berlin 1911, S. 268.
44 *Sibylle Hofer*, Das Aktiengesetz von 1884 – ein Lehrstück für prinzipielle Schutzkonzeptionen, in: *Walter Bayer/Mathias Habersack* (Hrsg.), Aktienrecht im Wandel, Bd. 1: Entwicklung des Aktienrechts, Tübingen 2007, S. 388–414, hier: S. 406f.

rung immer wieder die Tilgung der Staatsanleihen vorantrieb und die Schuldensumme dadurch gewaltig reduzierte, entwickelten sich Staatsanleihen auch in den USA zu einem strukturellen und permanenten Element der Finanzierung von Staatsausgaben.[45]

Und es waren nicht nur die Zentralregierungen in Washington und Berlin, die ihre Ausgaben über Anleihen finanzierten. Bundesstaaten sowie Städte und Kommunen erkannten den Vorteil der Defizitfinanzierung. Die Finanzierung von kommunalen Ausgaben durch Anleihen scheint sich aber mehr in Deutschland als in den USA durchgesetzt zu haben. Unter den Bundesstaaten der USA entwickelte sich eine komplizierte Finanzierungspraxis staatlicher Ausgaben durch die Verbindung von Stiftungsfonds und Staatshaushalten. Eine größere Zahl von Bundesstaaten verfügte mit »Trust Funds« über Stiftungskapitalien, die dem betreffenden Bundesstaat zur Verwaltung anvertraut worden waren. Die in diesen Trust Funds investierten Kapitalien wurden in vielen Fällen in Staatsanleihen der betreffenden Bundesstaaten angelegt, sodass darüber die Schulden des betreffenden Bundesstaats durch den Trust Fund des betreffenden Bundesstaats aufgefangen wurden. Die betreffenden Bundesstaaten zahlten Zinsen für die von ihnen ausgegebenen Anleihen auf das Kapital ihres Trusts Funds praktisch an sich selbst. Im Fall von Kalifornien, Iowa, Vermont und Wisconsin war der gesamte Kapitalbestand der diesen Staaten gehörenden Trusts Funds in unkündbaren Staatsanleihen der betreffenden Bundesstaaten angelegt. Im Fall von Florida, Indiana, Kansas, Minnesota, Mississippi, Missouri und Texas war der größte Teil der Kapitalien in Staatsanleihen der betreffenden Bundesstaaten angelegt.[46] Auch die amerikanischen Städte und Gemeinden scheinen sich auf die Ausgabe von Anleihen zur Finanzierung ihrer Ausgaben verlassen zu haben. Allerdings haben wir hierfür nur sehr begrenzte Informationen. So betrug die Verschuldung der Kommunen Ohios im Jahr 1888 fast 57 Millionen Dollar und der Kommunen Massachusetts sogar fast 97 Millionen Dollar.[47]

Auch in Deutschland nutzten die Bundesstaaten und die Kommunen Anleihen dazu, ihre Haushalte auszugleichen und wichtige Staatsausgaben zu finanzieren. So belief sich der Gesamtwert der von 24 der 26 deutschen Bundesstaaten und Territorien[48] ausgegebenen Anleihen im Jahr 1911 auf 14.591.537.500 Mark (vgl. Tabelle 4).[49]

Damit belief sich der Gesamtwert der von den hier erfassten 24 Bundesstaaten und Elsass-Lothringen ausgegebenen Staatsanleihen auf etwa das Dreifache der durch die kaiserliche Regierung ausgegebenen Staatsanleihen. Die größte Summe entfiel mit 9.531.677.000 Mark auf Preußen, das damit fast zwei Drittel der bundesstaatlichen Staatsanleihen emittiert hatte. Die Zinszahlungen an die Eigentümer der preußischen Staatsanleihen beliefen sich auf 8,9% der Gesamtausgaben der preußischen Regierung und lagen damit sogar unter dem nationalen Durchschnitt von 9,3% im Jahr 1911. Bundesstaaten wie zum Beispiel Lübeck, Hessen und Bayern mussten einen wesentlich höheren Teil ihrer Gesamtausgaben den Zinszahlungen für die von ihnen ausgegebenen Staatsanleihen widmen (vgl. Tabelle 5).[50]

---

45 *Dewey*, Financial History of the United States, S. 428.
46 *Seligman*, Finance Statistics of the American Commonwealths, S. 380–386 und 449.
47 Ebd., S. 457.
48 Während Elsass-Lothringen, obwohl es nicht den Status eines Bundesstaats hatte, hier miteinbezogen wurde, mussten Hamburg und Bremen ausgeschlossen werden, da keine vergleichenden Datensätze verfügbar waren.
49 Diese Daten sowie die Informationen für die folgende Tabelle stammen aus: Statistisches Jahrbuch für das Deutsche Reich 1912, Berlin 1913, S. 346.
50 Diese Daten sowie die Informationen für die folgende Tabelle stammen aus: Statistisches Jahrbuch für das Deutsche Reich 1912, Berlin 1913, S. 344 und 346. Vgl. auch: *Rotzoll*, Zur Frage des Kursstandes der deutschen Staats- und Reichsanleihen, S. 12–14.

Der Anteil der Staatsanleihen an der Finanzierung staatlicher Haushalte 231

Tabelle 4: Vergleichende Übersicht der von den deutschen Bundesstaaten und Elsaß-Lothringen ausgegebenen Staatsanleihen (Stand 1911)

Bundesstaat	Staatsanleihen in Mark	Jährliche Zinszahlung in Mark	Jährliche Tilgung	
			In Mark	In Prozent der Gesamtschuld
Preußen	9.531.677.200	336.017.700	57.487.600	0,60
Bayern	2.165.942.900	78.929.700	5.466.900	0,25
Sachsen	871.467.600	28.134.000	11.839	1,36
Württemberg	608.509.500	22.040.600	4.010.200	0,66
Baden	562.680.400	23.242.600	13.725.900	2,44
Hessen	441.242.000	15.187.600	1.973.700	0,45
Mecklenburg-Schwerin	142.649.700	5.336.100	1.290.500	0,90
Großherzogtum Sachsen	2.821.200	103.200	40.100	1,42
Mecklenburg-Strelitz	2.734.100	101.500	64.900	2,37
Oldenburg	74.581.000	2.671.700	411.000	0,55
Braunschweig	47.443.900	978.700	1.767.200	3,72
Sachsen-Meiningen	7.012.500	195.700	316.700	4,52
Sachsen-Altenburg	882.700	36.500	–	–
Sachsen-Coburg-Gotha	4.293.900	192.000	69.900	1,63
Anhalt	5.349.500	198.600	219.400	4,10
Schwarzburg-Sondershausen	1.051.500	23.100	12.600	1,20
Schwarzburg-Rudolstadt	4.638.000	167.900	34.900	0,75
Waldeck	1.618.900	56.900	43.500	2,69
Reuß ältere Linie	–	–	–	–
Reuß jüngere Linie	1.040.600	41.600	–	–
Schaumburg-Lippe	325.700	11.300	13.900	4,27
Lippe	1.006.000	40.400	14.100	1,40
Lübeck	70.401.700	2.421.600	604.100	0,86
Bremen	–	–	–	–
Hamburg	–	–	–	–
Elsass-Lothringen	42.167.000	1.127.700	375.000	0,89
Gesamt Bundesstaaten	14.591.537.500	517.256.700	99.781.100	0,68
Deutsches Reich	4.823.656.700	189.584.900	95.081.400	1,97

Tabelle 5: Der Anteil der Zinszahlungen auf Staatsanleihen an den bundesstaatlichen Gesamtausgaben im Jahr 1911

Bundesstaat	Jährliche Zinszahlung auf Staatsanleihen in Mark	Gesamtausgaben des Staats in Mark	Prozentualer Anteil der Zinszahlungen an den Gesamtausgaben
Preußen	336.017.700	3.744.962.100	8,90
Bayern	78.929.700	631.215.900	12,50
Sachsen	28.134.000	395.413.800	7,10
Württemberg	22.040.600	220.167.400	10,00
Baden	23.242.600	216.965.100	10,70
Hessen	15.187.600	97.807.400	15,50
Mecklenburg-Schwerin	5.336.100	44.472.300	12,00
Großherzogtum Sachsen	103.200	14.670.800	0,70
Mecklenburg-Strelitz	101.500	4.740.100	2,10
Oldenburg	2.671.700	32.201.100	8,30
Braunschweig	978.700	29.168.100	3,40
Sachsen-Meiningen	195.700	10.652.100	1,80
Sachsen-Altenburg	36.500	5.837.600	0,60
Sachsen-Coburg-Gotha	192.000	7.696.900	2,50
Anhalt	198.600	14.693.000	1,30
Schwarzburg-Sondershausen	23.100	3.345.100	0,70
Schwarzburg-Rudolstadt	167.900	3.256.100	5,20
Waldeck	56.900	1.465.300	3,90
Reuß ältere Linie	–	1.393.200	
Reuß jüngere Linie	41.600	2.779.300	1,50
Schaumburg-Lippe	11.300	1.025.400	1,10
Lippe	40.400	4.057.400	1,00
Lübeck	2.421.600	15.478.200	15,60
Bremen	–	–	–
Hamburg	–	–	–
Elsass-Lothringen	1.127.700	71.479.000	1,60
Gesamt Bundesstaaten	517.256.700	5.574.942.700	9,30
Deutsches Reich	189.584.900	2 935 696.800	6,50

Wie im amerikanischen Fall waren es aber nicht nur die Bundesregierung und die bundesstaatlichen Regierungen, die Anleihen ausgaben, um ihre Ausgaben zu finanzieren, sondern auch Landkreise und Städte, die ihre Haushalte zum Teil mittels Anleihen finanzierten. Diese Anleihen konnten sich wie im Fall von München, Dresden und Leipzig auf zweistellige Millionenbeträge belaufen (München: 20 Millionen Mark; Dresden: 17 Millionen Mark; Leipzig: 15 Millionen Mark) oder wie im Beispiel von Hameln (500.000

Mark) oder Straubing (550.000 Mark) auch recht bescheidene Beträge aufweisen. Die von deutschen Städten und Kommunen von 1871 bis 1901 in Umlauf gebrachten Anleihen hatten einen Gesamtwert von immerhin 371.957.000 Mark.[51]

Zins- und Tilgungszahlungen der städtischen Anleihen waren, wie dies am Beispiel Leipzigs deutlich wird, ein fester Posten im jährlichen Stadthaushalt. In den drei Jahren von 1897 bis 1900 gab die Stadt Leipzig eine Anleihe von über 20 Millionen Mark aus. Davon wurden 12 Millionen Mark mit einem Zinssatz von 3% und 8 Millionen zu einem Zinssatz von 4% angeboten. Der Stadt entstand durch diese Anleihen bereits im Jahr 1900 eine jährliche Zinsverpflichtung von 2.515.820 Mark. Damit betrugen die Zinszahlungen immerhin 9,9% der gesamten städtischen Ausgaben im Jahr 1900. Dazu kamen noch 647.777 Mark an jährlichen Tilgungszahlungen (= 2,5% des städtischen Haushalts). Die Gesamtbelastung des städtischen Haushalts Leipzigs für die Abtragung der Anleiheschulden belief sich damit auf 12,4%.[52]

Wenig ist über die Käufer sowohl der deutschen als auch der amerikanischen Staatsanleihen bekannt. Es ist unklar, in welchem Umfang institutionelle Anleger wie Stiftungen und Versicherungsgesellschaften Staatsanleihen aufkauften. Wir wissen auch sehr wenig über den Vertrieb von Staatsanleihen außerhalb des betreffenden Landes. Glaubt man den Ausführungen des nationalliberalen Abgeordneten des Deutschen Reichstags Julius Heinrich Zimmermann aus dem Jahr 1912, dann befanden sich »von den 19 bis 20 Milliarden deutscher Reichsanleihen nur etwa 3 bis 4 Milliarden [...] im Besitze von Sparkassen, Versicherungsanstalten, Banken und Industriegesellschaften«. Zimmermann führte weiter aus, dass Reichsanleihen im Wert von lediglich 750 Millionen Mark im Ausland vertrieben worden wären.[53]

Neben den Stiftungen waren es vor allem die staatlichen Versicherungssysteme wie die Invaliden-Versicherungsanstalten und private Versicherungsgesellschaften, die ihre Kapitalien in Staatsanleihen investierten. So hatten zum Beispiel die 31 Versicherungsanstalten der staatlichen Invalidenversicherung ihr Vermögen, das sich im Jahr 1899 auf etwa 700 Millionen Mark belief, zu 48% entweder in Reichsanleihen (25 Millionen Mark = 4%), Anleihen deutscher Bundesstaaten (77 Millionen Mark = 11%) oder provinzielle Anleihen (231 Millionen Mark = 33%) angelegt. Bei der Anlage in Reichsanleihen zeigten sich sehr deutliche regionale Unterschiede: So investierte etwa die Versicherungsanstalt von Mecklenburg 15% ihrer Einlagen in Reichsanleihen und die Versicherungsanstalt für Berlin 13%. Die Versicherungsanstalten für Pommern, Posen, Schleswig-Holstein, Hannover, Westfalen, Oberbayern, Baden, Oldenburg und Braunschweig hatten sich im Gegensatz dazu entschlossen, ihr Kapital nicht in Reichsanleihen anzulegen. Auch der Vertrieb von bundesstaatlichen Anleihen traf nicht überall auf ein gleich hohes Interesse. Die Versicherungsanstalten der Hansestädte und für Mecklenburg legten mehr als 40% ihrer Rücklagen in bundesstaatlichen Anleihen an. Die Versicherungsanstalten für Posen, Hannover, Westfalen, Oldenburg und Braunschweig kauften keinerlei bundesstaatliche Papiere an. Insbesondere Anleihen der Provinzen trafen bei den Versicherungsanstalten (für Westfalen, Posen, Pommern, Braunschweig und die Rheinprovinz) auf großes Interesse, die keine oder nur geringe Summen in Reichs- und Staatsanleihen angelegt hatten.[54]

---

51 Diese Daten wurden auf der Basis einer statistischen Auswertung der bei den deutschen Börsen gehandelten Wertpapiere im Jahr 1901 gewonnen. Vgl. Vierteljahreshefte zur Statistik des Deutschen Reiches 11, 1902, S. 288–304.
52 Verwaltungsbericht des Rathes der Stadt Leipzig für das Jahr 1900, Leipzig 1902, S. 422.
53 Protokoll der 67. Reichstagssitzung, 21.5.1912, S. 2176, Bundesarchiv Berlin (BArch), R 101/337, Bl. 92.
54 Die Vermögenslage der Invaliden-Versicherungsanstalten, in: Die Arbeiter-Versorgung 18, 1901, Nr. 17 (12. Juni), S. 309–311.

Private Versicherungsgesellschaften wie Lebensversicherungen, Feuerversicherungen und Unfallversicherungen kauften Staatsanleihen, um ihr Kapital sicher anzulegen. Während Lebensversicherungsgesellschaften lediglich 1,2% ihres Kapitals von mehr als 4 Milliarden Mark (Stand 1908) in Staatsanleihen angelegt hatten, investierten Feuerversicherungen 18,2% ihres sich auf mehr als 332 Millionen Mark belaufenden Kapitals in Staatsanleihen. Und Unfallversicherungen kauften mit 11,9% ihres Kapitals von etwa 164 Millionen Mark Staatsanleihen. Damit hielten 158 deutsche Versicherungsgesellschaften aus diesen drei Branchen mit einem Gesamtkapital von 4,582 Milliarden Mark Staatsanleihen im Wert von 131 Millionen Mark im Jahr 1908. Mit der im Jahr 1910 für Feuerversicherungen und im Jahr 1912 für die Alters- und Invalidenversicherungsanstalten eingeführten Pflicht, mindestens 25% ihrer Kapitalrücklagen in Staatsanleihen anzulegen, erschloss sich der deutsche Staat weitere Finanzreserven, um seine Defizitfinanzierung auszudehnen.[55]

Die stetig wachsende Zahl der Reichs-, Staats- und Kommunalanleihen machte die Reichsregierung, die bundesstaatlichen Regierungen und die Kommunen wiederholt zu Konkurrenten auf den Kapitalmärkten und beeinflusste die Zinsrate, die den potenziellen Käufern von Anleihen angeboten wurde.[56] Insbesondere die Reichsregierung sah sich dazu gezwungen, einen Teil ihrer Anleihen im Ausland zu verkaufen. Ein Überangebot an Anleihen auf den deutschen Finanzmärkten in den Jahren von 1907 bis 1909 veranlasste die Reichsregierung mithilfe belgischer Banken wie der »Caisse Générale de Reports et de Dépôts« und der »Banque Nationale de Belgique« sowie französischer Banken wie der »Crédit Lyonnais«, deutsche Staatsanleihen auf den internationalen Finanzmärkten anzubieten.[57] Als die deutsche Regierung im Jahr 1925 mit der Abwicklung ihrer Altschulden begann, wurde die internationale Reichweite des Vertriebs deutscher Reichs- und Kriegsanleihen deutlich. Die deutsche Regierung musste Abwicklungsstellen in Amsterdam, Brüssel, Danzig, London, Luxemburg, New York, Paris, Posen, Prag, Saarbrücken und Zürich einrichten, die Tausende von Anträgen auf Entschädigung der Reichs- und Kriegsanleihenbesitzer bearbeiteten.[58] Im Fall der USA wurden bis zum 14. Juli 1926 insgesamt 3.261 individuelle Anträge auf Umtausch beziehungsweise Auszahlung der Anleihen von Zeichnern deutscher Staats- und Kriegsanleihen eingereicht. Die Gesamtsumme, die von diesen amerikanischen Anleihezeichnern repräsentiert wurde, belief sich auf immerhin 111.856.170 Mark.[59]

Die Praxis der permanenten Defizitfinanzierung von Staatsausgaben war unter den deutschen Politikern zumindest nach 1900 durchaus umstritten. In den Beratungen über die Grundsätze der Behandlung von Reichsanleihen im April 1908 zeigten vor allem nationalliberale Abgeordnete wie Hermann Paasche und Abgeordnete der Zentrumspartei wie Matthias Erzberger große Bedenken hinsichtlich der Finanzierung von Militärausgaben aus Staatsanleihen, die mit 3 bis 4% verzinst werden mussten, sowie der von der Regierung festgesetzten jährlichen Tilgungsrate von 3 beziehungsweise 5%. Paasche verwies etwa darauf, dass die deutsche Reichsregierung 200 Jahre benötigen würde, um die aus den

---

55 *Rotzoll*, Zur Frage des Kursstandes der deutschen Staats- und Reichsanleihen, S. 39.
56 Vgl. hierzu *Rotzoll*, Zur Frage des Kursstandes der deutschen Staats- und Reichsanleihen; *Kimmich*, Die Ursachen des niedrigen Kursstandes deutscher Staatsanleihen.
57 Schreiben des Reichskanzlers an Seine Majestät den Kaiser und König vom 4. Juni 1908, Geheimes Staatsarchiv Preußischer Kulturbesitz (GStA PK), I. HA, Rep. 89, Nr. 25137, Bl. 46; Schreiben des Reichskanzlers an Seine Majestät den Kaiser und König vom 31. Oktober 1909, GStA PK, I. HA, Rep. 89, Nr. 25124, Bl. 191.
58 Reichsgesetzblatt 1925 (Zweites Halbjahr), S. 383 (Zweite Verordnung des Reichsministers der Finanzen zur Ausführung des Gesetzes über die Ablösung öffentlicher Anleihen, vom 29. September 1925); Schreiben des Deutschen Sparkassen- und Giroverbandes vom 2. August 1926, BArch, R 2/2306, Bl. 32; Schreiben des Auswärtigen Amtes vom 24. Juli 1926, BArch, R 2/2306, Bl. 85.
59 Schreiben an den Reichskommissar für die Ablösung der Reichsanleihen alten Besitzes vom 16. Juli 1926, BArch, R 2/2275, Bl. 214.

Reichsanleihen verbindlichen Forderungen (Stand 1908) abzulösen und so einen ausgeglichenen und schuldenfreien Staatshaushalt zu erreichen. Erzberger ging noch weiter, indem er forderte, dass künftig nur noch Ausgaben wie für die Wohnungsfürsorge, den Ausbau des Reichsbahnnetzes und die Förderung des Baues von Eisenbahnverbindungen in den Kolonien über Staatsanleihen finanziert werden sollten, die zu einer Amortisierung und Verzinsung der Investitionen führten. Militärausgaben sollten – so Erzberger – grundsätzlich nicht mehr über Staatsanleihen finanziert werden, da diese Investitionen keine Verzinsung des eingesetzten Kapitals erlaubten. Weder Paasches noch Erzbergers Forderungen erwiesen sich letztlich als mehrheitsfähig.[60]

III. DIE FINANZIERUNG DES ERSTEN WELTKRIEGS MITTELS DEUTSCHER UND AMERIKANISCHER KRIEGSANLEIHEN

Die Tradition, staatliche Ausgaben durch Anleihen zu finanzieren, erreichte ihren Höhe- und im deutschen Fall auch einen Wendepunkt mit der Finanzierung des Ersten Weltkriegs. Sowohl die deutsche als auch die amerikanische Bundesregierung setzte von Anfang an darauf, die Kriegskosten im Wesentlichen über Kriegsanleihen aufzubringen. Die amerikanische Regierung gab insgesamt von 1917 bis 1919 fünf Kriegsanleihen mit einem Gesamtwert von 21,5 Milliarden Dollar heraus. Damit wurden etwa 55% der amerikanischen Kriegskosten über Kriegsanleihen finanziert.[61]

Auch die deutsche Regierung setzte von Anfang des Kriegs auf dessen Finanzierung durch Kriegsanleihen. Etwa drei Viertel der auf 146 Milliarden Mark geschätzten deutschen Kriegskosten wurden über die neun Kriegsanleihen, die die Regierung von 1914 bis 1918 auflegte, finanziert (Tabelle 6).

Tabelle 6: Die deutschen Kriegsanleihen[62]

Kriegsanleihen		Ausgabewert der Kriegsanleihen in Mark	Zahl der Erwerber von Kriegsanleihen	Durchschnittswert der erworbenen Kriegsanleihen pro Käufer in Mark
I	1914	4.460.000.000	1.177.235	3.788,54
II	1915	9.060.000.000	2.691.060	3.366,70
III	1915	12.101.000.000	3.966.418	3.050,86
IV	1916	10.712.000.000	5.279.645	2.028,92
V	1916	10.652.000.000	3.809.976	2.795,82
VI	1917	13.122.000.000	7.063.347	1.857,76
VII	1917	12.626.000.000	5.530.285	2.283,06
VIII	1918	15.001.000.000	6.869.901	2.183,58
IX	1918	10.443.000.000	2.742.446	3.807,91
Gesamt		98.177.000.000	26.015.955	

---

60 Reichstag 12. Legislaturperiode, Kommission für den Reichshaushalts-Etat, 82. Sitzung – Grundsätze über die Verweisung von Ausgaben auf die Anleihe, Verhandelt Berlin, den 30. April 1908, BArch, R 101/337, Bl. 68–70.
61 *Dewey*, Financial History of the United States, S. 502–510; *Studenski/Krooss*, Financial History of the United States, S. 288–292.
62 Die Finanzen des Deutschen Reiches in den Rechnungsjahren 1914–1918, in Finanz-Archiv. Zeitschrift für das gesamte Finanzwesen 36, 1919, S. 233–257, hier: S. 247 und 249.

Nach vier Kriegsjahren wurde im Mai 1918 den Beamten im Reichsschatzamt klar, dass die Finanzierung des Kriegs, für den die deutsche Reichsregierung bis Ende April 1918 bereits insgesamt 112,6 Milliarden Mark ausgegeben hatte, nicht mehr vorrangig durch die Ausgabe von Kriegsanleihen erreicht werden konnte. Die durchschnittlichen monatlichen Kriegskosten waren laut einem internen Memorandum, das von dem Staatsminister im Reichsschatzamt Siegfried von Roedern im Mai 1918 für den Reichskanzler verfasst worden war, von 2,2 Milliarden Mark im Jahr 1916 auf 3,9 Milliarden Mark im Jahr 1918 gestiegen. Während Kriegsanleihen der Jahre 1915 und 1916 noch so umfangreiche Summen in die Kassen der deutschen Reichsregierung spülten, dass davon 92 beziehungsweise 80% der Kriegsausgaben beglichen werden konnten, fielen die Erträge aus der Ausgabe der beiden Kriegsanleihen im Jahr 1917 wesentlich geringer aus (vgl. Tabelle 7). Und obwohl die achte Kriegsanleihe mit mehr als 15 Milliarden Mark mehr Geld einbrachte als die vorangegangenen Kriegsanleihen, verblieb der Reichsregierung immer noch ein Defizit von fast 32 Milliarden Mark, das mit Finanzmitteln aus anderen Quellen gedeckt werden musste.[63]

Tabelle 7: Die deutschen Kriegskosten und deren Deckung durch Kriegsanleihen

Jahr	Kriegskosten in Mark	Kriegsanleihen	
		In Mark	In Prozent der Kriegskosten
1914 (5 Monate)	7.465.400.000	4.460.000.000	60
1915	22.965.100.000	21.161.000.000	92
1916	26.722.400.000	21.364.000.000	80
1917	39.577.500.000	25.748.000.000	65
Gesamt	96.730.400.000	72.733.000.000	75

Die Finanzierung des Kriegs mittels Kriegsanleihen, die mit 5% verzinst wurden, hätte das Deutsche Reich, selbst wenn es den Krieg gewonnen hätte, vor enorme finanzielle Schwierigkeiten gestellt. Siegfried von Roedern wies bereits in seinem ersten Memorandum an den Reichskanzler vom 23. Mai 1917 auf die gewaltige Schuldenlast hin, die aus der Emission von Kriegsanleihen erwachsen würde. Graf von Roedern ging davon aus, dass die Kriegsschulden auf mehr als 90 Milliarden Mark (Stand Sommer 1917) anwachsen würden, sodass die jährlich anfallende Zinsverpflichtung der Reichsregierung mindestens 4,5 Milliarden Mark betragen würde. Dazu kämen weitere Zahlungsverpflichtungen für Kriegsbeschädigte und Hinterbliebene, die von Roedern auf etwa 2,5 Milliarden Mark schätzte. Insgesamt würden die jährlichen Ausgaben für kriegsbedingte Kosten auf mehr als 13 Milliarden Mark steigen. Graf von Roedern bemerkte weiterhin dass auch

»bei schärfster Auswertung aller im Reichsschatzamt, von der Wissenschaft oder in der Presse erörterten Steuerpläne, einmaliger Vermögensabgabe, in den höchsten Sätzen bis zu einem Viertel des Vermögens, Erbschaftssteuer der Descendenten mit Lloyd George'schen Sätzen, Verdreifachung der Bier- und Branntweinsteuern, hoher Luxussteuern aller Art, finanzieller Ausnutzung einer Reihe von Rohstoffen im Wege der beaufsichtigten Zwangssyndikate oder der Monopole, wird eine Deckung dieses Bedarfs nur bei äußerster Sparsamkeit im öffentlichen und privaten Leben und bei ange-

---

63 Diese Daten und die Daten für die folgende Tabelle stammen aus dem Memorandum des Grafen von Roedern an den Reichskanzler vom 23.5.1917, GStA PK, I. HA, Rep. 89, Nr. 25137, Bl. 95c–95l, und dem Memorandum des Grafen von Roedern an den Reichskanzler vom 13. Mai 1918, GStA PK, I. HA, Rep. 89, Nr. 25137, Bl. 106b–106h.

strengtester durch Export- und Valutaschwierigkeiten im internationalen Verkehr nicht zu sehr behinderter Arbeit möglich sein«.[64]

Um die finanzielle Belastung zu bewältigen, müsste das Deutsche Reich nicht nur den Krieg gewinnen, sondern auch umfangreiche Gebietsgewinne erzielen. Graf von Roedern kalkulierte, dass die Kosten für einen Monat Kriegführung in etwa die Eroberung eines Territoriums in der Größenordnung des Königreichs Sachsen beziehungsweise des Großherzogtums Baden entsprächen. Aber selbst derartige Gebietsgewinne würden nach von Roederns Berechnungen nur dann von Nutzen sein, wenn dieses Land »frei von Privatrechten« wäre und als »unbeschränktes Reichseigentum« behandelt würde.[65]

Die hohen Kriegskosten zwangen auch die amerikanische Regierung dazu, einen beachtlichen Teil der Kriegsfinanzierung durch Kriegsanleihen (»liberty loans«) abzuwickeln. Insgesamt fünf Kriegsanleihen brachten der amerikanischen Regierung eine Gesamtsumme von 21,5 Milliarden Dollar in die Staatskasse (Tabelle 8).[66]

Tabelle 8: Die amerikanischen Kriegsanleihen[67]

Kriegsanleihen (Liberty Loans)		Ausgabewert der Kriegsanleihen in Dollar
I	1917	2.000.000.000
II	1917	3.800.000.000
III	1918	4.200.000.000
IV	1918	7.000.000.000
V	1919	4.500.000.000
Gesamt		21.500.000.000

Während deutsche Kriegsanleihen zu einem Zinssatz von 5% und einer Laufzeit von 10 Jahren angeboten wurden, belief sich die Verzinsung der amerikanischen Kriegsanleihen auf 4,5% und ihre Laufzeit auf 15 Jahre.[68] Über die Personen und Institutionen, die diese Kriegsanleihen in beiden Ländern erwarben, ist bisher sehr wenig bekannt und zumindest für den deutschen Fall doch viel spekuliert worden. In beiden Ländern galten die Kriegsanleihen als »Volksanleihen«, was sich in der hohen Zahl der Käufer widerspiegelte. So wurden die 2 Milliarden Dollar der ersten amerikanischen Kriegsanleihe durch mehr als 4 Millionen individuelle Zeichner aufgebracht. Damit ergibt sich eine durchschnittliche Zeichnungssumme von 500 Dollar.[69] Auch wenn die durchschnittliche Zeichnungssumme für die deutschen Kriegsanleihen wesentlich höher lag (vgl. Tabelle 9), betonten zeitge-

---

64 Memorandum des Grafen von Roedern an den Reichskanzler vom 23.5.1917, GStA PK, I. HA, Rep. 89, Nr. 25137, Bl. 95f.
65 Memorandum des Grafen von Roedern an den Reichskanzler vom 23.5.1917, GStA PK, I. HA, Rep. 89, Nr. 25137, Bl. 95h.
66 *Dewey*, Financial History of the United States, S. 502–507. Zur Rolle der Kriegsanleihen bei der Finanzierung des Ersten Weltkriegs insgesamt vgl. *A. Sartorius Freiherr von Waltershausen*, Die Kriegsanleihen in der volkswirtschaftlichen Eigenart der einzelnen Länder, Stuttgart 1916; *Werner Hinnen*, Die Kriegsanleihen Deutschlands, Englands, Frankreichs und die Mobilisationsanleihen der Schweizerischen Eidgenossenschaft unter Berücksichtigung der Emissionssysteme, Paris/Weinfelden etc. 1923.
67 *Studenski/Krooss*, Financial History of the United States, S. 291.
68 *Hans Köppe*, Die deutschen Kriegsanleihen, in: Jahrbücher für Nationalökonomie und Statistik 51, 1916, S. 321–348, hier: S. 330f.; *Dewey*, Financial History of the United States, S. 502.
69 Ebd., S. 503.

nössische Regierungsbeamte und Historiker, dass sowohl die amerikanischen als auch die deutschen Anleihen Käufer aus allen sozialen Schichten und Klassen fanden.

Tabelle 9: Die Struktur der Zeichnungen der Ersten Kriegsanleihe in Deutschland[70]

Kriegsanleihescheine (in Mark)	Zahl der Zeichner	Anteil der Zeichner in Prozent	Summe in Mark	Anteil der Zeichnungen in Prozent
100–200	231.112	19,60	36.111.400	0,80
300–500	241.804	20,50	110.700.700	2,50
600–2.000	453.143	38,50	586.964.300	13,10
2.100–5.000	157.591	13,40	579.403.600	13,00
5.100–10.000	56.438	4,80	450.148.500	10,10
10.100–20.000	19.313	1,65	307.186.600	6,90
20.100–50.000	11.584	1,00	410.458.000	9,20
50.100–100.000	3.629	0,30	315.046.200	7,10
100.100–500.000	2.050	0,20	508.548.400	11,40
500.100–1.000.000	361	0,03	287.196.700	6,40
Über 1.000.000	210	0,02	868.937.000	19,50
Gesamt	1.177.235	100,00	4.460.701.400	100,00

Wie aus der Denkschrift über wirtschaftliche Maßnahmen Nr. 85 aus dem Jahr 1914 hervorgeht, hatten etwa 79% aller deutschen Kriegsanleihenzeichner Anleihen mit einem Nominalwert zwischen 100 und 2.000 Mark erworben. Diese 926.059 Personen trugen mit insgesamt 733.776.400 Mark nur etwa 16% des Gesamterlöses dieser ersten Kriegsanleihe bei. Demgegenüber standen die von 210 Personen erworbenen Anleihen im Wert von jeweils über einer Million Mark, die mit einer Gesamtsumme von 868.937.000 Mark mehr als 19% des Gesamterlöses repräsentierten.

Die deutsche Regierung tat alles, um eine breite Beteiligung am Erwerb der ersten Kriegsanleihe zu erreichen. So wurde der Zinssatz auf 5% festgesetzt und lag damit 1,5% über dem Zinssatz, der auf Staatsanleihen vor dem Kriegsausbruch gezahlt wurde. Die Stückelung der Anleihen, die mit 100-Mark-Anleihescheinen einsetzte, erlaubte es auch Kleinsparern, diese Anleihescheine zu erwerben. Am 9. September 1914 veröffentlichte das Reichsbankdirektorium in 2.800 inländischen Zeitungen eine Anzeige, in der alle Deutschen zum Kauf der Reichsanleihen aufgefordert wurden. Der Autor der Denkschrift hob hervor, dass »die Zeichnung sich auf alle Schichten der Bevölkerung gleichmäßig verteilt hat, und daß Reiche und Arme, jeder nach seinen Kräften, dazu beigetragen haben, den Erfolg zustande zu bringen«.[71]

In einem von dem Sekretär der »Chamber of German-American Commerce« Heinrich Charles im Jahr 1917 verfassten Aufruf an die Deutsch-Amerikaner zum Kauf deutscher Kriegsanleihen verwies der Autor nachdrücklich auf den »volkstümlichen« Charakter der deutschen Kriegsanleihen, der sich in der immer größer werdenden Zahl der Zeichner niederschlug. War die erste Kriegsanleihe noch von fast 1,2 Millionen Zeichnern finanziert

---

70 Denkschrift über wirtschaftliche Maßnahmen Nr. 85, 1914, S. 100, BArch, R 101/337, Bl. 161. Vgl. auch *Köppe*, Die deutschen Kriegsanleihen, S. 333–335.
71 Denkschrift über wirtschaftliche Maßnahmen Nr. 85, 1914, S. 99, BArch, R 101/337, Bl. 161; *Köppe*, Die deutschen Kriegsanleihen, S. 330–332.

worden, waren es immerhin fast 5,3 Millionen Personen, die die vierte Anleihe erwarben. Charles verwies darauf, dass sich alle Volksklassen an den vier Anleihen beteiligt hatten. Die Beteiligung der Arbeiterfamilien ergab sich für Charles aus der Tatsache, dass für die vierte Kriegsanleihe immerhin 2,5 Millionen Zeichner Anleihen im Einzelwert von lediglich 100 bis 200 Mark erworben hatten. Er betonte weiterhin, dass »die Zahl der Zeichnungen im Betrage von weniger als 2.000 Mark, die bei der ersten Anleihe 900.000 betrug, […] bei der vierten Anleihe auf nahezu fünf Millionen« gestiegen sei. Aber auch Charles kam nicht umhin zuzugeben, dass die Reichen eine entscheidende Rolle für den Erfolg der vierten Kriegsanleihe spielten. »574 Zeichnungen bei der vierten Anleihe beliefen sich auf je mehr als eine Million Mark und brachten zusammen 1.812.000.000 Mark.« Auch die Söhne aus wohlhabenden Familien steuerten beachtliche Summen zur vierten Kriegsanleihe bei. So gaben die »Jünglinge von 500 höheren Schulen […] 47 Millionen Mark« und »die Schüler von 680 Knabenschulen […] 17 Millionen« Mark. Aber auch Volksschulkinder beteiligten sich an der Sammlung von Geldern für den Erwerb von Kriegsanleihen. Charles schrieb, dass sich die Schüler von 311 Volksschulen in Berlin mit einer Million Mark an der vierten Kriegsanleihe beteiligten.[72]

Tabelle 10: Die Struktur der Zeichnungen der Ersten, Zweiten und Dritten Kriegsanleihe in Deutschland: die Zeichner[73]

Kriegsanleihescheine (in Mark)	Zahl der Zeichner		
	Erste Kriegsanleihe (1914)	Zweite Kriegsanleihe (1915)	Dritte Kriegsanleihe (1915)
100–200	231.112	452.113	984.358
300–500	241.804	581.470	858.259
600–2.000	453.143	1.079.637	1.448.771
2.100–5.000	157.591	361.459	422.626
5.100–10.000	56.438	130.903	147.593
10.100–20.000	19.313	46.105	53.445
20.100–50.000	11.584	26.407	32.840
50.100–100.000	3.629	7.742	10.090
100.100–500.000	2.050	4.361	7.074
500.100–1.000.000	361	538	832
Über 1.000.000	210	325	530
Gesamt	1.177.235	2.691.060	3.966.418

Ein Vergleich der Zahl der Zeichner der ersten und dritten Kriegsanleihe macht das gewaltige Anwachsen der Zahl der Personen deutlich, die diese Kriegsanleihen erwarben (Tabelle 10). So wuchs die Gesamtzahl der Zeichner um das 3,3-Fache. Dieses Wachstum erfasste alle Anlegergruppen, aber in unterschiedlicher Stärke. Während die Zahl der Kleinanleger, die Kriegsanleihen im Betrag von bis zu 2.000 Mark erwarben, um das 3,5-Fache stieg, erhöhte sich die Zahl der Personen, die Anleihen im Wert von mehr als einer Million Mark erwarben, nur um das 2,5-Fache.

---

72 *Heinrich Charles*, Die Deutschen Kriegsanleihen, New York 1917, S. 12f.
73 *Köppe*, Die deutschen Kriegsanleihen, S. 334, 337 und 341.

Tabelle 11: Die Struktur der Zeichnungen der Ersten, Zweiten und Dritten Kriegsanleihe in Deutschland: die gezeichneten Summen[74]

Kriegsanleihescheine (in Mark)	Summe in Mark		
	Erste Kriegsanleihe (1914)	Zweite Kriegsanleihe (1915)	Dritte Kriegsanleihe (1915)
100–200	36.111.400	71.000.000	130.000.000
300–500	110.700.700	254.000.000	368.000.000
600–2000	586.964.300	1.337.000.000	1.772.000.000
2100–5000	579.403.600	1.354.000.000	1.563.000.000
5100–10 000	450.148.500	1.057.000.000	1.202.000.000
10 100–20 000	307.186.600	745.000.000	858.000.000
20 100–50 000	410.458.000	926.000.000	1.167.000.000
50 100–100 000	315.046.200	648.000.000	850.000.000
100 100–500 000	508.548.400	1.066.000.000	1.766.000.000
500 100–1 000 000	287.196.700	440.000.000	695.000.000
Über 1 000 000	868.937.000	1.162.000.000	1.730.000.000
Gesamt	4.460.701.400	9.060.000.000	12.101.000.000

Ein Blick auf die Zeichnungssumme zeigt, dass diese für die dritte Kriegsanleihe in etwa dem 2,7-fachen Wert der ersten Kriegsanleihe entsprach. Insbesondere die Summe der in den unteren Kategorien eingeworbenen Finanzmittel wies ein überdurchschnittliches Wachstum auf. So wuchs die Summe in der Kategorie der 100- bis 200-Mark-Kriegsanleihescheine um das 3,6-Fache und die Summe in der Kategorie der 300- bis 500-Mark-Anleihescheine um das 3,3-Fache. Die Beiträge in der Kategorie der Anleihescheine im Wert von mehr als einer Million Mark wuchsen hingegen nur um das Zweifache (Tabelle 11). Dennoch scheint es zweifelhaft, in der zweiten und dritten Kriegsanleihe »eine Massenerhebung des Volkes zur finanziellen Durchführung des Kriegs« zu sehen.[75] Auch wenn die Zahl der Zeichner und der Zeichnungen anwuchs, blieb der Einfluss der Kleinsparer mit einem Jahreseinkommen von bis zu 3.000 Mark stark begrenzt (Tabelle 12). Obwohl der Anteil der Kleinsparer von etwa 78% in der ersten Anleihe auf 86% in der achten Anleihe anstieg, bewegte sich ihr finanzieller Beitrag lediglich zwischen 20% (in der IV. Anleihe) und 12% (in der VII. Anleihe). Selbst wenn die Kriegsanleihen als Volksanleihen stilisiert wurden und Millionen Kleinsparer ihre Guthaben gutgläubig in Kriegsanleihen anlegten, war die durchaus starke Beteiligung der unteren Einkommensschichten für den finanziellen Erfolg der Kriegsanleihen letztlich von eher geringer Bedeutung.[76]

---
74 Ebd., S. 334, 337 und 341.
75 Ebd., Die deutschen Kriegsanleihen, S. 338. Vgl. auch *Arnold Steinmann-Bucher*, Deutschlands Volksvermögen im Krieg, Stuttgart 1916, S. 53–56.
76 Die Daten der folgenden Tabelle stammen aus: *Jakob Riesser*, Das Ergebnis der zweiten Kriegsanleihe, in: Bank-Archiv. Zeitschrift für Bank- und Börsenwesen Bd. 14, 1915, Nr. 11, S. 185–186; *ders.*, Das Ergebnis der vierten Kriegsanleihe, in: Bank-Archiv. Zeitschrift für Bank- und Börsenwesen Bd. 15, 1916, Nr. 14, S. 273–276; *ders.*, Das Ergebnis der fünften Kriegsanleihe, in: Bank-Archiv. Zeitschrift für Bank- und Börsenwesen Bd. 16, 1916, Nr. 2, S. 21–24; *ders.*, Das Ergebnis der sechsten Kriegsanleihe, in: Bank-Archiv. Zeitschrift für Bank- und Börsenwesen Bd. 16, 1917, Nr. 15, S. 273–275; *ders.*, Das Ergebnis der achten Kriegsanleihe, in: Bank-Archiv. Zeitschrift für Bank- und Börsenwesen Bd. 17, 1918, Nr. 16, S. 157–160. Vgl. auch

Tabelle 12: Die Kleinst- und Kleinzeichner der deutschen Kriegsanleihen

Kriegs-anleihe	Gesamtzahl der Einzel-zeichnungen	Zahl der Kleinstzeichner (Beträge bis 200 Mark)	Summe der Kleinstzeich-nungen in Mark	Zahl der Kleinzeichner (Beträge bis 2.000 Mark)[77]	Summe der Kleinzeichnun-gen in Mark[78]
I	1.177.235	231.112	36.111.400	926.059	734.000.000
II	2.691.060	452.113	71.000.000	2.113.220	1.662.000.000
III	3.966.418	984.358	130.000.000	3.291.388	2.270.000.000
IV	5.279.645	2.406.118	–	4.728.712	2.194.000.000
V	3.809.976	1.794.084	154.301.633	3.382.468	1.519.000.000
VI	7.063.347	3.844.834	286.458.074	6.204.844	2.226.401.990
VII	5.530.285	3.233.472	208.038.060	4.778.695	1.494.892.299
VIII	6.869.901	3.801.571	262.162.045	5.963.484	1.953.730.853

Es waren eben nicht die Klein- und Kleinstzeichnungen, die für den Erfolg der Kriegsanleihen entscheidend waren, sondern die Zeichnungen über 10.000 Mark, die immerhin etwa 60% des Gesamterlöses der ersten Kriegsanleihe, 55% des Gesamterlöses der zweiten Kriegsanleihe und 58% des Gesamterlöses der dritten Kriegsanleihe ausmachten. Und diese Beiträge kamen sicherlich nicht von proletarischen und kleinbürgerlichen Familien, die nach der Jahrhundertwende über Jahreseinkommen von maximal 3.000 Mark verfügten, sondern wohl eher von bürgerlichen Familien.[79]

Während es uns diese statistische Auswertung gestattet, zumindest ein grobes Sozialprofil der Erwerber deutscher Kriegsanleihen zu zeichnen, gibt es keine vergleichbaren Informationen zum Sozialprofil der Erwerber amerikanischer Kriegsanleihen. Für den amerikanischen Fall ist lediglich bekannt, dass etwa 30% der Zeichner von Kriegsanleihen über Jahreseinkommen von bis zu 2.000 Dollar verfügten. Damit lag der Anteil der Kleinsparer unter den Erwerbern von Kriegsanleihen im amerikanischen Fall etwa zehn Prozentpunkte über dem im deutschen Fall. Sowohl die deutsche Regierung als auch die amerikanische Regierung erleichterten das Zeichnen von Kriegsanleihen für Kleinsparer durch die Einführung von Anleihen mit geringer Denomination (100 Mark im deutschen Fall und 50 Dollar im amerikanischen Fall), um so den Transfer von Privatvermögen auch kleiner Größenordnung in Kriegsanleihen zu erleichtern.[80]

Der Anteil institutioneller Erwerber wie zum Beispiel Stiftungen, Versicherungsgesellschaften sowie staatlicher und kommunaler Einrichtungen an der Kriegsfinanzierung durch den Erwerb von Kriegsanleihen wurde bisher weder für den deutschen noch für den amerikanischen Fall gründlich erforscht. Im Folgenden soll zumindest für den deutschen

---

Köppe, Die deutschen Kriegsanleihen, S. 342; *Roesler*, Die Finanzpolitik des Deutschen Reiches im Ersten Weltkrieg, S. 78.
77 Diese Zahl enthält auch die Zahl der Kleinstzeichner.
78 Diese Summe enthält auch die Summe der Kleinstzeichnungen.
79 Zur Entwicklung der Arbeitereinkommen und dem Sparverhalten der Arbeiter vgl. *Gerhard A. Ritter/Klaus Tenfelde*, Arbeiter im Deutschen Kaiserreich 1871 bis 1914, Bonn 1992, S. 354–371; *Hubert Kiesewetter*, Zur Entwicklung sächsischer Sparkassen, zum Sparverhalten und zur Lebenshaltung sächsischer Arbeiter im 19. Jahrhundert (1819–1914), in: *Werner Conze/Ulrich Engelhardt* (Hrsg.), Arbeiterexistenz im 19. Jahrhundert. Lebensstandard und Lebensgestaltung deutscher Arbeiter und Handwerker, Stuttgart 1981, S. 446–486; *Thomas Adam*, Arbeitermilieu und Arbeiterbewegung in Leipzig 1871–1933, Köln/Weimar etc. 1999, 68–77.
80 Für die USA vgl. *Studenski/Krooss*, Financial History of the United States, S. 292.

Fall diese Forschungslücke geschlossen werden. Institutionelle Zeichner wie Versicherungsanstalten und Stiftungen erlangten mit dem wachsenden Geldbedarf der deutschen Regierung zur Finanzierung des Kriegs einen höheren Stellenwert im Vertrieb der Kriegsanleihen. Vermutlich aus der Erkenntnis gespeist, dass die Privatvermögen nicht dazu ausreichen würden, um die Kriegskosten abzudecken, suchte die Reichsregierung ab Herbst 1916 gezielt die »gebundenen Vermögen« für die Kriegsfinanzierung zu mobilisieren. Zuerst wurden die Träger der Reichsversicherung sowie private Versicherungsunternehmen dazu animiert, ihre Rücklagen in Kriegsanleihen zu investieren. Diesem Ansinnen der Reichsregierung folgend, zeichneten die Berufsgenossenschaften der Unfallversicherung auf die ersten drei Kriegsanleihen etwa 143 Millionen Mark, die Träger der Invaliden- und Hinterbliebenenversicherung (Landesversicherungs- und Sonderanstalten) 439 Millionen Mark, die Reichsversicherungsanstalt für Angestellte 140 Millionen Mark und die privaten Versicherungsunternehmungen sogar etwas mehr als eine Milliarde Mark.[81] Der Abschöpfung der Einlagen der Versicherungsanstalten folgte die gezielte Abschöpfung der Einlagen von Stiftungen und Fideikommissen, die dazu aufgefordert wurden, ihre bereits in Staatsanleihen angelegten Stiftungskapitalien in Kriegsanleihen umzutauschen und Barguthaben in Kriegsanleihen anzulegen. Insbesondere die staatlichen und kommunalen Verwaltungen anvertrauten unselbstständigen Stiftungen wurden zum leichten Opfer dieser staatlichen Zwangspolitik, da sie von staatlich angestellten und bezahlten Beamten verwaltet wurden.[82]

Aus detaillierten Statistiken über die von Fideikommissen – also adligen Familienstiftungen – und allgemeinen Stiftungen erworbenen Kriegsanleihen im preußischen Finanzministerium geht hervor, dass der preußische Staat enormen Druck auf Stiftungen ausübte, um diese zum Erwerb von Kriegsanleihen zu bewegen.[83] Nachdem Stiftungen bei dem Vertrieb der ersten vier Kriegsanleihen nur eine marginale Rolle gespielt hatten[84], erließ der preußische König am 14. September 1916 eine speziell auf Stiftungen zugeschnittene Verordnung, die den Erwerb von Kriegsanleihen durch Stiftungen erheblich erleichtern sollte.[85] Die preußische Regierung beließ es jedoch nicht bei dieser Gesetzesänderung. An die Adresse der Fideikommisse gerichtet, erinnerte die Regierung deren Verwalter daran, dass der »so vielfach angefeindete gebundene Besitz« die patriotische Verpflichtung habe,

»durch die Tat zu beweisen, daß die Angriffe grundlos sind und daß der Stand der Fideikommißbesitzer allen übrigen Teilen des Volkes an Bereitschaft dem Vaterlande zu helfen, vorangeht. Tut er dies nicht, so wird er es sich selbst zuzuschreiben haben, wenn die auf Abschaffung der Fideikommisse gerichteten Bestrebungen, die schon einmal durch Annahme des Antrages Ablaß im Reichstage Ausdruck gefunden haben, an Boden gewinnen. Die Gefahr wird eine imminente, wenn und sobald gleiches Wahlrecht zum Abgeordnetenhause eingeführt wird. Die Sozialdemokratie wird dort weitaus die stärkste Partei bilden, sie wird mit Polen, Dänen, Welfen und dem Fortschritt die Mehrheit haben, und wenn das nicht, so werden wenige Stimmen aus der Zentrumspartei oder von dem linken Flügel der Nationalliberalen genügen eine radikale Majorität zu sichern. Den Tendenzen einer solchen auch nur durch Passivität Vorschub zu leisten, muß unter allen Umständen vermieden werden. Der patriotischen Pflicht tritt die der Selbsterhaltung hinzu, deshalb darf die vielleicht letzte Gele-

---

81 *Köppe*, Die deutschen Kriegsanleihen, S. 342f.
82 *Adam*, Die volkswirtschaftliche Bedeutung von Stiftungen und »totem Kapital«.
83 Vgl. hierzu *Thomas Adam*, Stiften und Stiftungen im deutsch-amerikanischen Vergleich von 1815 bis 1945, in: *Sitta von Reden* (Hrsg.), Stiftungen zwischen Politik und Wirtschaft. Geschichte und Gegenwart im Dialog, Berlin/Boston 2015, S. 23–50, hier: S. 29–32.
84 Entwurf für ein vertrauliches Rundschreiben der Centralstelle der Fideikommißvereine vom 2. September 1917, S. 1, GStA PK, I. HA, Rep. 84a, Nr. 50079, Bl. 250.
85 Preußische Gesetzsammlung 1916 Nr. 24, Verordnung, betreffend den Erwerb von Reichskriegsanleihen für Stiftungen, standesherrliche Hausgüter, Familienfideikommisse, Lehen und Stammgüter vom 14. September 1916, S. 121–122, GStA PK, I. HA, Rep. 84a, Nr. 50078, Bl. 60.

Der Anteil der Staatsanleihen an der Finanzierung staatlicher Haushalte 243

genheit die Position des gebundenen Besitzes zu stärken nicht unbenutzt vorübergehen. Es prüfe daher ein jeder Fideikommißbesitzer, in welcher Weise er sein gebundenes Vermögen zum Erwerbe eines möglichst hohen Kriegsanleihebetrages verwenden kann.«[86]

Dieser fast schon erpresserischen Aufforderung, die mit verstärktem Druck auf lokaler Ebene einherging, beugten sich viele Verwalter der Fideikommisse (Tabelle 13). In der Kur- und Neumark beteiligten sich 241 Fideikommisse mit mehr als 20 Millionen Mark an der fünften und sechsten Kriegsanleihe. Das waren immerhin 36% aller Fideikommisse in dieser Landschaft.[87] Im Oberlandesgerichtsbezirk Düsseldorf belief sich der durch Fideikommisse aufgebrachte Zeichnungsanteil an der achten Kriegsanleihe auf etwa 8 Millionen Mark. Diese Summe entsprach »etwa 1/6 des Gesamtliegenschaftswertes sämtlicher Fideikommisse des Bezirks, der auf 45 bis 50 Millionen Mark« geschätzt wurde.[88]

Tabelle 13: Das Gesamtergebnis der Beteiligung der gebundenen Vermögen in Preußen an der V. bis IX. Kriegsanleihe[89]

Kriegs-anleihe	Fideikommisse		Stiftungen		Gesamt	
	Zahl der Zeichnungen	Betrag in RM	Zahl der Zeichnungen	Betrag in RM	Zahl der Zeichnungen	Gesamt-betrag in RM
V.	295	27.050.114	280	7.272.433	575	34.322.547
VI.	584	92.376.900	309	9.793.950	893	102.170.850
VII.	421	61.308.768	217	7.496.125	638	68.804.893
VIII.	318	36.047.325	191	5.647.591	509	41.694.916
IX.	319	31.391.648	143	2.762.687	462	34.154.335
Gesamt	1.937	248.174.755	1.140	32.972.786	3.077	281.147.541

Insbesondere Stiftungen wurden dazu aufgefordert, Barvermögen in Kriegsanleihen anzulegen und Hypothekenforderungen, die mit 4% verzinst wurden, in Kriegsanleihen umzutauschen. Anfänglich erschien der Erwerb von Kriegsanleihen, die mit 5% verzinst wurden, als ein finanzieller Vorteil für die Stiftungsverwalter, da sie kurzfristig ein stabiles und höheres Zinseinkommen garantierten. Institutionen wie die Universität Tübingen entschlossen sich daher dazu, etwa 70% ihres im Jahr 1914 auf 4,4 Millionen Mark geschätzten Stiftungskapitals in Kriegsanleihen anzulegen.[90] Und die Universität Tübingen war bei Weitem kein Einzelfall. Auch die Kaiser-Wilhelm-Gesellschaft investierte etwa die Hälfte ihres auf 24 Millionen Mark (Stand 1918) geschätzten Stiftungskapitals in Kriegsanleihen.[91] Leider verfügen wir nicht über umfangreichere Statistiken, die uns ein

---

86 Entwurf für ein vertrauliches Rundschreiben der Centralstelle der Fideikommißvereine vom 2. September 1917, S. 2–3, GStA PK, I. HA, Rep. 84a, Nr. 50079, Bl. 251–252.
87 Undatiertes Rundschreiben der Kur- und Neumärkischen Haupt-Ritterschafts-Direktion betreff Auflage der 7. Kriegsanleihe, GStA PK, I. HA, Rep. 84a, Nr. 50079, Bl. 268.
88 Schreiben des Oberlandesgerichtspräsidenten in Düsseldorf betreff Erwerb von Kriegsanleihen durch die Fideikommisse vom 14. Juni 1918, S. 1–3, GStA PK, I. HA, Rep. 84a, Nr. 50080, Bl. 54r–55v.
89 Gesamtergebnis der Beteiligung der gebundenen Vermögen an der 5.–9. Kriegsanleihe, GStA PK, I. HA, Rep. 84a, Nr. 50078, Bl. 28.
90 *Albert Rienhardt*, Die Tübinger Studienstiftungen und ihre Verwaltungs- und Verleihungsvorschriften nebst Erläuterungen, Tübingen 1919, S. 2.
91 *Lothar Burchardt*, Die Kaiser-Wilhelm-Gesellschaft im Ersten Weltkrieg (1914–1918), in: *Rudolf Vierhaus/Bernhard vom Brocke* (Hrsg.), Forschung im Spannungsfeld von Politik und Gesellschaft, Stuttgart 1990, S. 163–196, hier: S. 176.

genaueres Bild von dem Anteil der in Kriegsanleihen investierten Stiftungskapitalien bieten. Die Beispiele der Universität Tübingen und der Kaiser-Wilhelm-Gesellschaft lassen jedoch deutlich werden, dass die betroffenen Einrichtungen erhebliche Anteile ihrer Einlagen in Kriegsanleihen anlegten und damit ihre finanzielle Sicherheit und Zukunft mit der des deutschen Staats noch tiefer verknüpften. Stiftungsverwalter wie Albert Rienhardt, dem die Aufsicht über die Stiftungen der Universität Tübingen oblag, sah anfänglich in dem Erwerb von Kriegsanleihen eher einen Vorteil, da diese höher verzinst wurden als herkömmliche Staatsanleihen und weil sie ebenso wie die Staatsanleihen als mündelsicher galten. Es war gerade dieses Versprechen der Mündelsicherheit, das viele Stiftungsverwalter dazu bewegte, den Forderungen der Reichsregierung nachzukommen, und es war der Bruch dieses Versprechens im Jahr 1925, der zur finanziellen Enteignung all jener Einrichtungen der Zivilgesellschaft führte, die der Aufforderung nachgekommen waren und Kriegsanleihen erworben hatten.[92]

Sowohl in den USA als auch in Deutschland fanden sich die nationalen Regierungen nach Kriegsende vor die Aufgabe gestellt, die durch Kriegsanleihen angehäuften Staatsschulden so umzustrukturieren, dass sie nicht zu einer Gefahr für das politische und finanzielle System wurden und den finanziellen Handlungsspielraum der amerikanischen und deutschen Regierung nicht zu sehr einengten. Im Fall der USA erreichten die Zinszahlungen für die Staatsschulden bereits im Jahr 1920 über eine Milliarde Dollar. Dies entsprach fast 17% der Gesamtausgaben der amerikanischen Regierung. Da an eine schnelle Rückzahlung der durch Kriegsanleihen akkumulierten Schulden nicht zu denken war, entschied sich die amerikanische Regierung, die Kriegsanleihen, die eine Laufzeit von 3 bis 15 Jahren hatten und mit 3,5 bis 4,25% verzinst wurden, in Staatsanleihen mit einer Laufzeit von 25 bis 30 Jahren umzutauschen. Diese mit 4,25% verzinsten Staatsanleihen boten den Inhabern der ersten und zweiten Kriegsanleihe, die mit 3,5 und 4% verzinst worden war, eine höhere Zinsrate und erfreuten sich daher eines regen Interesses. Der Umtausch der Kriegsanleihen mit einer kurzen Laufzeit und einer niedrigen Verzinsung in Staatsanleihen mit einer längeren Laufzeit, aber einer höheren Verzinsung, gab der amerikanischen Regierung wesentlich mehr Zeit, um ihre Kriegsschulden abzutragen.[93]

Die deutsche Regierung wählte mit dem Anleiheablösungsgesetz vom 16. Juli 1925 den Weg eines radikalen Schuldenschnitts, mit dem sich die Regierung auf Kosten seiner Bürger und der gemeinnützigen Einrichtungen von ihren Schulden weitestgehend befreite.[94] Die Regelungen des Anleiheablösungsgesetzes führten zu einer umfassenden Entwertung aller Staats- und Kriegsanleihen, die, dazu in Altbesitz und Neubesitz eingeteilt, unterschiedlich behandelt wurden. Als Altbesitz galten all diejenigen Anleihen, die die Zeichner vor dem 1. Juli 1920 erworben hatten. Jene Altanleihen wurden auf 2,5% ihres Nominalwerts abgewertet. Ein Kriegsanleiheschein über 100 Mark war damit nur noch 2,50 Mark wert. Wenn sich der Besitzer dieser Anleihe jedoch dazu entschloss, sie nicht sofort einzulösen, konnte er nach einer 30-jährigen Wartezeit den fünffachen Betrag – also 12,50 Mark oder 12,5% des ursprünglichen Nominalwerts – sowie eine jährliche Verzinsung von

---

92 *Adolf Bauser*, Die Tübinger Universitätsstipendien unter Inflation und Aufwertung, in: Schwäbischer Merkur, 16.7.1927; *Thomas Adam*, Wissenschaftsförderung im Deutschen Kaiserreich. Die Gründung und Finanzierung der Kaiser-Wilhelm-Gesellschaft im Kontext neuerer Forschungen über das Stiften und Spenden, in: *Dieter Hoffmann/Birgit Kolboske/Jürgen Renn* (Hrsg.), »Dem Anwenden muss das Erkennen vorausgehen«. Auf dem Weg zu einer Geschichte der Kaiser-Wilhelm/Max-Planck-Gesellschaft, Berlin 2014, S. 193–214, hier: S. 209–211.
93 *Studenski/Krooss*, Financial History of the United States, S. 291 und 317; *Dewey*, Financial History of the United States, S. 516.
94 Reichsgesetzblatt Teil I 1925, Gesetz über die Ablösung öffentlicher Anleihen vom 16. Juli 1925, S. 137–144; *Adam*, Die volkswirtschaftliche Bedeutung von Stiftungen und »totem Kapital«, S. 197f.

4,5 % des Kapitals beanspruchen. Staats- und Kriegsanleihen, die nach dem 1. Juli 1920 von ihren Eigentümern erworben wurden, wurden grundsätzlich auf 2,5 % ihres Nennwerts abgewertet und mussten sofort eingelöst werden.[95]

Mit diesem Gesetz entledigte sich die deutsche Regierung weitgehend ihrer inländischen Schulden von etwa 70 Milliarden Mark, die kurzfristig auf lediglich 1,75 Milliarden Mark und langfristig bis zum Jahr 1955 auf maximal 17,14 Milliarden Mark reduziert wurden. Damit hatte die Regierung sowohl die Kriegskosten als auch die kumulative Staatsverschuldung der Vorkriegszeit erfolgreich auf diejenigen Bürger und zivilgesellschaftlichen Einrichtungen abgewälzt, die entweder aus Vertrauen auf den deutschen Staat Staats- und Kriegsanleihen erworben hatten oder wie im Fall der Stiftungen gesetzlich dazu verpflichtet worden waren, ihre Kapitalien mündelsicher anzulegen. Die Auswirkungen des Anleiheablösungsgesetzes, das in der historischen Literatur kaum Erwähnung findet, wurden bisher völlig unterschätzt. Mit der Entwertung der Staats- und Kriegsanleihen gingen kulturelle und soziale Einrichtungen, die bis dahin durch private Geldgeber finanziert worden waren, bankrott. Die staatlichen und kommunalen Einrichtungen anvertrauten Stiftungskapitalien schmolzen zusammen. Im Fall der Kaiser-Wilhelm-Gesellschaft verblieben der Einrichtung nur noch 600.000 Mark des im Jahr 1918 noch auf über 24 Millionen Mark geschätzten Stiftungskapitals. Bis zum Ende des Ersten Weltkriegs war diese forschungsfördernde Einrichtung ein sich selbst finanzierendes Unternehmen gewesen, das seine Ausgaben fast vollständig aus der Verzinsung seines Stiftungskapitals bestritten hatte.[96] Das war nach der Entwertung des Stiftungskapitals zuerst durch die Inflation der Jahre 1919 bis 1923 und dann durch das Anleiheablösungsgesetz des Jahres 1925 nicht mehr möglich. Schulen, Universitäten, Museen und Sozialeinrichtungen, die bisher ihren Unterhalt aus Erträgen ihrer Stiftungskapitalien bestritten hatten, teilten das Schicksal der Kaiser-Wilhelm-Gesellschaft. Sie waren von nun an auf ihre Subventionierung durch den Staat, der oftmals die gesamten Unterhaltungskosten übernehmen musste, angewiesen. Das Anleiheablösungsgesetz verwandelte somit die deutsche Gesellschaft von einer bürgerzentrierten in eine staatszentrierte Gesellschaft. Die Entscheidung der amerikanischen Regierung, Kriegsanleihen, deren Ablösung die finanzielle Situation des Staats in den 1920er-Jahren nicht erlaubte, in Staatsanleihen umzuwandeln, die eine längere Laufzeit hatten, verweist auf eine alternative Lösung, die auch in Deutschland zumindest für gemeinnützige Einrichtungen hätte angewendet werden können. Vonseiten der Stiftungen wurde wiederholt auf eine Ausnahmeregelung von dem Anleiheablösungsgesetz für Stiftungskapitalien gedrungen. Die von dem parteilosen Reichskanzler Hans Luther geleitete rechts-bürgerliche Koalitionsregierung aus Zentrum, DDP, DVP und DNVP ließ sich jedoch nicht auf eine Sonderbehandlung der Stiftungen, die wichtige soziale und kulturelle Funktionen in der deutschen Gesellschaft erfüllt hatten, ein. Über die Gründe für diese doch erstaunlich ablehnende Haltung kann mangels Quellen nur spekuliert werden.

Der den über Jahrzehnte gewachsenen zivilgesellschaftlichen Institutionen zugefügte Schaden war unermesslich. Doch die Konsequenzen für die Zukunftsfähigkeit der Demokratie waren noch viel schwerwiegender. Millionen von Kleinsparern aus den unteren bürgerlichen Schichten hatten, auf den Staat vertrauend, ihre Guthaben in Staats- und Kriegsanleihen investiert. Der zunehmende Umlauf von Papiergeld in den letzten zwei Kriegsjahren hatte Sparer zusätzlich dazu motiviert, Staatsanleihen zu erwerben, um ihre Guthaben vor der Inflation zu bewahren. Ein Anstieg im Umlauf des Papiergelds hatte schon im amerikanischen Fall während des Bürgerkriegs den wohl intendierten Nebeneffekt, Bür-

---

95 Eine Groteske im Anleiheablösungsgesetz, von Sparkassen-Rendant Küsters, Straelen (Niederrhein), BArch, R 2/2299, Bl. 73–74; Übersicht über die Ablösung der Reichsanleihen, hrsg. v. Reichsfinanzministerium, Berlin 1925.
96 *Adam*, Wissenschaftsförderung im Deutschen Kaiserreich.

ger dazu zu bewegen, ihre Ersparnisse in Staatsanleihen anzulegen. Die Inflation der Kriegs- und Nachkriegszeit trug zu einer fortschreitenden Entwertung der deutschen Staats- und Kriegsanleihen bei, bevor die rechts-bürgerliche Regierung aus Gründen der finanziellen Stabilisierung und der Wiedererlangung der Kreditwürdigkeit den Schuldenschnitt im Jahr 1925 durchsetzte. Der von dem Finanzminister Otto von Schlieben (DNVP) vorbereitete Gesetzesentwurf zum Anleiheablösungsgesetz traf im Reichstag dennoch auf starke Ablehnung insbesondere in den Reihen der SPD-Abgeordneten, die in dem Gesetz eine bewusste Abwälzung der deutschen Staatsschulden aus der Kriegs- und Vorkriegszeit vor allem auf die Arbeiter und Angestellten sahen. Doch selbst der SPD-Abgeordnete Julius Leber akzeptierte die zweifelhafte Argumentation der Regierung, dass ein Schuldenschnitt unumgänglich sei, und schlug lediglich eine höhere Ablösungszahlung in Höhe von 20% anstelle der 2,5% an Personen vor, die über Staatsanleihen von bis zu 100.000 Mark verfügten.[97] Auch wenn in der Debatte Abgeordnete verschiedener Parteien auf die negativen Auswirkungen dieses Gesetzes auf die Kleinsparer verwiesen, spielten zivilgesellschaftliche Einrichtungen in den Reichstagsdiskussionen erstaunlicherweise keine Rolle. Der selbst verordnete Schuldenschnitt war in der modernen europäischen Geschichte wohl nicht nur einmalig, sondern zerstörte auch nachhaltig zivilgesellschaftliche Strukturen und das Vertrauen der Bürger in die Demokratie und ihren Staat, der sich auf Kosten der Bürger und der Zivilgesellschaft finanziell sanierte. Lebers Warnung an die DVP und die DDP, sollte dieser Gesetzentwurf angenommen werden, liest sich in diesem Zusammenhang fast prophetisch. »Aber eins kann ich Ihnen sagen«, warnte Leber,

»wenn die Öffentlichkeit wirklich dahinter kommt, was für ein unsinniges Gesetz da geschaffen ist, dann werden Sie etwas erleben; dann werden vor allem die Mittelparteien etwas erleben, wenn einmal eines Tages ihre kleinen Gewerbetreibenden und ihre Arbeiter kommen und sagen, wo sind unsere Kriegsanleihen, was habt ihr damit gemacht? – und Sie werden antworten müssen: wir haben sie gestrichen.«[98]

Das Anleiheablösungsgesetz muss daher wohl auch in dem Zusammenhang der Abwendung vor allem der Mittelschichten von den etablierten Parteien und der Weimarer Demokratie insgesamt sowie ihrer Hinwendung zu radikalen politischen Bewegungen und der nationalsozialistischen Bewegung im Besonderen gesehen werden.

IV. ZUSAMMENFASSUNG

Staatsanleihen spielten bei der Finanzierung von Staatsausgaben des amerikanischen und des deutschen Staats seit ihrer Gründung eine große Rolle. Sie ermöglichten es den Regierungen in beiden Ländern, ihre stetig wachsenden Aufgaben finanziell zu bewältigen, ohne drastische Steuererhöhungen durchsetzen zu müssen. Auch wenn die USA und Deutschland im Laufe des 19. Jahrhunderts neue Steuern einführten und bestehende Steuern erhöhten, verließen sich beide Staaten nicht nur auf Steuern, um ihre Ausgaben zu finanzieren, sondern zunehmend auch auf eine Defizitfinanzierung mittels Anleihen. Die Regierungen beider Länder häuften im Laufe des 19. Jahrhunderts durch den Verkauf von Staatsanleihen gewaltige Schuldenberge an, die zumindest im Fall der USA immer wieder abgetragen wurden. Das kaiserliche Deutschland hatte, im Gegensatz zu den USA, kein Interesse an der Verringerung dieser Schulden, da diese Schulden über die gesetzlich vorgeschriebene Anlagepflicht von Mündelgeldern in Staatsanleihen zu einem permanenten

---

97 Verhandlungen des Deutschen Reichstags, Protokolle, 94. Sitzung, 14.7.1925, S. 3114. URL: <http://www.reichstagsprotokolle.de/Blatt2_w3_bsb00000070_00908.html> [6.7.2016].
98 Ebd.

und strukturellen Element des deutschen Finanzsystems geworden waren. Die wachsende Staatsverschuldung im deutschen Fall ging einher mit dem enormen Wachstum des Stiftungswesens, das von der Möglichkeit abhing, Stiftungskapitalien in Staatsanleihen anlegen zu können. Der kontinuierliche Ausbau des deutschen Stiftungswesens hing somit unmittelbar mit dem permanenten Schuldenmachen des Staats zusammen.

Die Entscheidung der kaiserlichen Regierung, den Ersten Weltkrieg weitgehend durch die Emission von Kriegsanleihen zu finanzieren, erscheint vor dem Hintergrund der kontinuierlichen Finanzierung von Staatsausgaben durch die Aufnahme von Staatsanleihen seit dem Beginn des 19. Jahrhunderts nur folgerichtig. Bereits im Sommer 1917 wurde Finanzbeamten im Reichsschatzamt wie Graf von Roedern jedoch bewusst, dass das Deutsche Kaiserreich die durch die Ausgabe von Kriegsanleihen angehäuften Schulden selbst im immer unwahrscheinlicher werdenden Fall eines deutschen Siegs nur unter größter Kraftanstrengung und nur dann hätte zurückzahlen können, wenn umfangreiche territoriale Annexionen erreicht worden wären. Der Verlust des Kriegs, die fortschreitende Inflation und vor allem das Anleiheablösungsgesetz des Jahres 1925 ließen Staats- und Kriegsanleihen wertlos werden. Galten deutsche Reichsanleihen bis zum Krieg als sichere Anlage, für die der Staat bürgte, wurde mit der Entwertung aller staatlichen Anleihen im Jahr 1925 dieses staatliche Versprechen gebrochen und Staatsanleihen waren plötzlich ebenso riskante, wenn nicht sogar riskantere Anlageoptionen als Aktien. Von viel größerer Bedeutung war jedoch, dass das grundsätzliche Vertrauen der Kleinst- und Kleinsparer in den Staat zerrüttet wurde und dass sich die deutsche Gesellschaft infolge der Zerstörung der finanziellen Rücklagen zivilgesellschaftlicher Einrichtungen von einer bürgerzentrierten zu einer staatszentrierten Gesellschaft entwickelte.

Kieran Heinemann

Investment, Speculation and Popular Stock Market Engagement in 20th-Century Britain[*]

The idea of enfranchising »ordinary people« in the economy via the stock market has a long political, social and cultural trajectory in 20th-century Britain. Inter-war financial observers expected the »democratisation of investment« to radically change the social and economic outlook of Britain. Likewise, commentators of the 1950s and 1960s envisaged the coming of an »age of the small investor«, and in the 1980s, the Conservative governments of Margaret Thatcher claimed that their »popular capitalism« had turned Britain into a »share-owning democracy«. This article explores how the idea of a society of small shareholders and petty capitalists came to be seen as politically, socially and economically desirable in 20th-century Britain.

Seminal histories of the City of London and the London Stock Exchange have neglected the relevance of popular investment for most of the 20th century due to the growing dominance of financial institutions over British security markets in this period.[1] Recently, however, business historians have developed a quantitative-based interest in small investors' »widening participation in financial investments« in the 19th and 20th century without denying the trend of institutional dominance.[2] In another strand of research, political historians of Thatcherism have addressed the contested nature of Margaret Thatcher's »popular capitalism«, the term coined by her Conservative Party for efforts to achieve »wider share ownership« through the privatisation of nationalised industries during the 1980s.[3]

---

[*] I am grateful to the editors of the AfS, to the participants of the workshop in October 2015 at the Friedrich-Ebert-Stiftung for their encouragement and to Alex Campsie, Heidi Egginton, Jon Lawrence and Janette Rutterford for reading and commenting on earlier drafts of this article. Funding for this research was provided by Emmanuel College, Cambridge, and the German Academic Exchange Service (DAAD).

[1] See for example *David Kynaston*, The City of London, vol. IV: A Club No More 1945–2000, London 2001, p. 101: »In practice, over the next twenty years, the decline of the individual investor would be as steep as the rise of the institutional investor was irresistible. The trend would mean, among other things, that the City seemed an irrelevance in the day-to-day lives of most people.« Ranald Michie, the eminent historian of the London Stock Exchange, notes that »the period between the mid-nineteenth century and the 1930s was one when the individual investor reigned supreme«, *Ranald Michie*, Gamblers, Fools, Victims, or Wizards? The British Investor in the Public Mind, 1850–1930, in: *David R. Green/Alastair Owens/Josephine Maltby* et al. (eds.), Men, Women, and Money. Perspectives on Gender, Wealth and Investment 1850–1930, Oxford/New York etc. 2011, pp. 156–183, here: p. 157. By the 1950s and 1960s, however, small investors would only »dabble occasionally in the market«, *Ranald Michie*, The London Stock Exchange. A History, Oxford/New York etc. 2001, p. 206.

[2] Quote from *Janette Rutterford/David R. Green/Alastair Owens* et al., Who Comprised the Nation of Shareholders? Gender and Investment in Great Britain, c. 1870–1935, in: The Economic History Review 64, 2011, pp. 157–187, here: p. 158. See also *Janette Rutterford*, The Evidence for ›Democratization‹ of Share Ownership in Great Britain in the Early Twentieth Century, in: *Green/Owens/Maltby* et al., Men, Women, and Money, pp. 184–206; *Janette Rutterford*, The Shareholder Voice: British and American Accents, 1890–1965, in: Enterprise and Society 13, 2012, pp. 120–153.

[3] *Amy Edwards*, ›Manufacturing Capitalists‹. The Wider Share Ownership Council and the Problem of ›Popular Capitalism‹, 1958–92, in: Twentieth Century British History 27, 2016, pp. 100–123; *Matthew Francis*, A Crusade to Enfranchise the Many. Thatcherism and Property-Owning De-

This article draws attention to the competing notions of share ownership overlooked in these narratives. On the one hand, politics, the financial industry and large sections of the press fashioned private share ownership as a prudent way of having a stake in the economy by providing capital for business, thereby allowing ordinary citizens to participate in the nation's wealth. At the same time, however, shares could be treated not as a form of joint property, but as an object of speculation. In the popular press and a flourishing advice literature, the buying and selling of shares could be linked to risk-taking, profit-seeking and advertised as a source of excitement for the small investor who sought to anticipate the movement of stock prices. The latter notion caused particular concern among British financial elites, who upheld a clear distinction between »professional« and »amateur« involvement in the stock market. It is within this discursive field that the participation, integration and education of the small investor was negotiated. It is therefore necessary to scrutinise how the relationship between discourses and practices of investing, speculating and gambling in financial securities as well as concepts of »professionalism« and »amateurism« have shifted over time.[4] The ongoing struggles over the boundaries between these concepts are revealed in the popular financial press, advice guides, political debates and personal testimonies which historians have not studied closely before.

This article argues that the investing public should be seen as more than just an economic sphere. Ordinary peoples' involvement in the stock market needs to be explained within the wider context of political, social and cultural change in 20th-century Britain. The realm of popular share ownership was alternately entangled with war financing, inter-war patriotism, Protestant morality, anti-socialism, gender relations and the world of gambling. These broad ramifications, and the diversity of actors who engaged in the issue, demonstrate the social and cultural embeddedness of this chapter in the history of capitalism. Focussing on these aspects of share ownership alters our perspective on the trajectory of financial capitalism in 20th-century Britain and foregrounds mass participation as an aspect of its legitimacy.

The case for entrenching the investment habit as widely as possible in society needs to be explained in the context of the moral outrage the stock market caused in 19th-century Britain and, to a lesser extent, in the following century. Therefore, the first section of this article will outline the moral tensions that surrounded the emergence of an investing public in Victorian Britain. The following section examines how inter-war Britain's horizon of expectation was shaped by the incipient »democratisation of investment« and how the idea of »wider share ownership« took intellectual shape. I will then discuss the economic, social and cultural factors for the continued growth of private share ownership in the post-

---

    mocracy, in: Twentieth Century British History 23, 2012, pp. 275–297; *Ben Jackson*, Property-Owning Democracy. A Short History, in: *Martin O'Neill/Thad Williamson* (eds.), Property-Owning Democracy. Rawls and Beyond, Hoboken 2012, pp. 33–52.

4 In the vein of recent contributions by sociologists and historians, I pay close attention to the affinity between financial practices and gambling. See for example *Urs Stäheli*, Spectacular Speculation. Thrills, the Economy, and Popular Discourse, Stanford 2013 (first ger. 2007); *Marieke de Goede*, Virtue, Fortune, and Faith. A Genealogy of Finance, Minneapolis 2005; *Alexander Engel*, Spiel, in: *Christof Dejung/Monika Dommann* (eds.), Auf der Suche nach der Ökonomie. Historische Annäherungen, Tübingen 2014, pp. 263–285; *Edward Chancellor*, Devil Take the Hindmost. A History of Financial Speculation, London 1999. For Victorian Britain see in particular *David C. Itzkowitz*, Fair Enterprise or Extravagant Speculation: Investment, Speculation, and Gambling in Victorian England, in: *Nancy Henry/Cannon Schmitt* (eds.), Victorian Investments. New Perspectives on Finance and Culture, Bloomington 2009, pp. 98–119; *Paul Johnson*, In Pursuit of Prudence. Speculation, Risk, and Class in Victorian Britain, in: *Clare V. J. Griffiths/James J. Nott/William Whyte* (eds.), Classes, Cultures, and Politics. Essays on British History for Ross McKibbin, Oxford/New York etc. 2011, pp. 59–69.

war decades as well as early but unsuccessful efforts to make wider share ownership a political agenda. The final section focuses on the tension between Thatcher's moral ambition of rejuvenating Britain's ›Victorian values‹ and the acquisitive stock market culture of the 1980s that shaped her project of »popular capitalism«.

I. VICTORIAN BRITAIN: THE EMERGENCE OF AN INVESTING PUBLIC AND ITS MORAL ANXIETIES

In the wake of several speculative frenzies during the 1840s and 1850s, Britain witnessed the emergence of a broad investing public. Expanding capital markets, rising incomes and the circulation of financial knowledge through the press and advice literature drew ever more Britons to invest in stocks and shares.[5] Recent work has highlighted the complex social structure of Victorian stock markets, particularly the hitherto ignored, yet substantial involvement of women.[6] Traditionally a prerogative of the upper classes, by the end of the century a »growing number of individuals in Britain from a widening social spectrum, including the less affluent« had come to own financial securities.[7]

At the outset of the 19th century, however, only few Britons would have distinguished between stock market transactions and outright gambling. The emergence of the joint stock company in the late 17th century and its legal confirmation in the Limited Liability Act of 1855 had contributed to enormous financial growth and imperial expansion.[8] However, the very concept of limited liability – property rights becoming objects of intangible trade – was held to promote fraud.[9] Bourgeois social and cultural mores condemned horse racing, card games or lotteries as they »subverted the meritocratic principles of the Puritan work ethic, in which capital is earned by hard work, talent and deferred gratification«.[10] Likewise, because speculative dealings in company shares seemed to rely heavily on chance, Victorian economists and public moralists like Richard Cobden, John Ruskin or Thomas Carlyle condemned this conduct for »discouraging honest enterprise and promoting gambling and the base pursuit of wealth«.[11] Even free-trade proponents and anti-Corn Law campaigners like William Cobbett would deplore »[t]he talk about ›speculations‹; that is to say, adventurous dealings, or, rather, commercial gamblings« as »the most miserable nonsense that ever was conceived in the heads of idiots«.[12] By the same token, betters would equate their actions with stock market operations in efforts to legalize gambling as an 1829 pamphlet on horse racing exemplifies:

---

5 *Alex Preda*, The Rise of the Popular Investor. Financial Knowledge and Investing in England and France, 1840–1880, in: The Sociological Quarterly 42, 2001, pp. 205–232, here: p. 205.
6 *Janette Rutterford/J. Maltby*, ›The Widow, the Clergyman and the Reckless‹. Women Investors in England, 1830–1914, in: Feminist Economics 12, 2006, pp. 111–138; *J. Maltby/Janette Rutterford*, ›She Possessed Her Own Fortune‹. Women Investors from the Late Nineteenth Century to the Early Twentieth Century, in: Business History 48, 2006, pp. 220–253.
7 *Rutterford/Green/Owens* et al., Who Comprised the Nation of Shareholders?, p. 157. See also the contribution of Jürgen Finger in this volume.
8 On early joint-stock companies see *Anne L. Murphy*, The Origins of English Financial Markets. Investment and Speculation before the South Sea Bubble, Cambridge/New York etc. 2009. The 19th-century legal framework is examined extensively in *James Taylor*, Creating Capitalism. Joint-Stock Enterprise in British Politics and Culture, 1800–1870, London 2006.
9 *G. R. Searle*, Morality and the Market in Victorian Britain, Oxford/New York etc. 1998, pp. 82–86.
10 *Mark Clapson*, A Bit of a Flutter. Popular Gambling in England, c. 1820–1961, Manchester 1992, pp. 19f.
11 *Taylor*, Creating Capitalism, p. 73.
12 *William Cobbett*, Rural Rides in the Counties of Surrey, Kent, Sussex, London 1830, p. 294.

»As to *betting*, if we are to enter into the subject as a moral question, it will be but fair that we should begin at the fountain head, and also examine the branches of the stream; we may therefore commence with the Stock Exchange, the general transactions of which are as analogous as possible to betting; yet, even the ›*Saints*‹ themselves hesitate not to join in this species of traffic; and, if unsuccessful, to ›*waddle out of the Alley*‹, after the manner of the ›*Levanters*‹ of the turf.«[13]

This perception, however, began to change towards the second half of the century. Desperate to cast off their social stigma, speculators conceptualised their practices as a genuine economic and purposeful operation far removed from gambling. Eventually, late-Victorian economists and politicians came to view stock market operators as daring entrepreneurs and rational, calculating bearers of commercial risk.[14] According to Charles Duguid, City editor of the conservative »Morning Post« and author of a bestselling classic on the Stock Exchange, for instance, without the speculator's aid »commerce and industry would make none of those rapid strides which are for the welfare of the world, for speculation is the handmaid of enterprise«.[15] The loosening of religious apprehensions against speculation was key in this process. The gambling pamphleteer's quotation alludes to the clergy's *(›Saints‹)* traditionally hostile attitudes towards the stock market and the double moral standards resulting from clergymen's engagement in this realm. By the turn of the century, however, organised religion had somewhat come to terms with the Stock Exchange but continued to condemn excessive time bargains and the betting on stocks and shares in so-called bucket shops – betting shops in which clients could wager on falling or rising share prices – as »illegitimate speculation«.[16] As a social and cultural consequence of this »domestication of speculation«, gambling was further stigmatized as the very opposite of prudent financial behaviour and increasingly outlawed.[17]

The political confirmation of this distinction came in 1887. That year, the epicentre of British security markets, the London Stock Exchange, faced growing pressure from investors who had suffered losses and accused the »House« of promoting gambling and fraud. A Royal Commission was appointed to assess these accusations, which eventually acquitted the Exchange of any wrong-doing. Instead, it blamed »people of limited means«, who lost their savings in share dealings, for bringing the stock market into disrepute.[18] The Commission supported the Exchange's view that a privately organized securities market was a vital economic pillar of the nation and the empire. Backed by this political legitimization, the City of London entered the »Golden Years« of Victorian and global *laissez-faire* capitalism.[19] Britain's financial elites had won the struggle over the boundaries between legitimate speculation and wasteful gambling. The boundaries between investment

---

13 C. F. *Brown*, The Turf Expositor. Containing the Origin of Horse Racing, Breeding for the Turf, Training, Trainers, Jockeys; Cocktails, and the System of Cocktail Racing Illustrated; the Turf and Its Abuses; the Science of Betting Money, so as Always to Come off a Winner, Elucidated by a Variety of Examples; the Rules and Laws of Horse Racing; and every other Information Connected with the Operations of the Turf, London 1829, pp. 93f.
14 *Johnson*, In Pursuit of Prudence; *Michie*, Gamblers, Fools, Victims, or Wizards?. Similar developments played out in the United States, see *Goede*, Virtue. For Germany see *Alexander Engel*, Vom verdorbenen Spieler zum verdienstvollen Spekulanten. Ökonomisches Denken über Börsenspekulation im 19. Jahrhundert, in: Jahrbuch für Wirtschaftsgeschichte/Economic History Yearbook 54, 2013, issue 2, pp. 49–70.
15 *Charles Duguid*, The Stock Exchange, London 1904, p. 131. Charles Duguid's book became a classic and reached its 5th edition in 1926.
16 *Anon.*, The Stock Exchange and Gambling. Pan-Anglican Papers, London 1908.
17 *Itzkowitz*, Fair Enterprise or Extravagant Speculation; *Colleen Lannon*, Gambling and/on the Exchange. The Victorian Novel and the Legitimization of the Stock Market, Diss., Boston 2009.
18 *Michie*, The London Stock Exchange, pp. 83–135; *Johnson*, In Pursuit of Prudence, p. 67.
19 *David Kynaston*, The City of London, vol. II: Golden Years 1890–1914, London 1996.

and speculation, however, remained blurred. Even when explaining the »technicalities of the Stock Exchange« to »inexperienced investors«[20], financial experts like the stockbrokers »W. W. Duncan & Co« would acknowledge that »[i]nvestment and speculation are twin sisters, and so nearly alike that it is almost impossible to discriminate between them. All investments of money are more or less speculations as surely as that all speculations are investments of money.«[21]

In spite of the hazy lines between these categories, the financial establishment made very clear its view that purposeful speculation was to be the sole preserve of a »professional« stock market audience. The British writer Arthur Crump provided the first attempt of a comprehensive »Theory of Stock Exchange Speculation« in 1874, laying out the classical economic argument in favour of speculation for stabilising prices, thereby benefiting markets and society.[22] In order for this to work efficiently, however, only the »professional speculator who has the right sort of head, sufficient capital, patience, perseverance, coolness, and a business-like aptitude for laying down the elaborate machinery that is necessary for mercantile success« should be allowed access to the market.[23] The professional's counterpart was the »haphazard« or »amateur speculator«. This »person of flabby character« with »a taste for the excitement of dabbling in the markets [that] grows into a thirst, and from that into a mania« had to be excluded, in order for speculation to be respectable.[24]

On one level, the Stock Exchange welcomed the growth of private share ownership as a business opportunity. The question of whom it dealt with, however, was decided along class lines. When self-proclaimed professionals conjured up categories such as »right sort of head«, »patience« or »coolness«, they drew on a contemporary reservoir of bourgeois virtues of financial prudence.[25] The only *measurable* criterion was »sufficient capital«, meaning that the affluent middle-class investor's capital was welcome as long as he didn't embark on unbridled speculation. By contrast, the impecunious, unqualified amateur was framed as a reckless gambler and a threat. Yet because the line between investment and speculation was so difficult to define, and because the »amateur« speculator could degenerate into haphazard gambling, the Stock Exchange remained deeply anxious about a mass inclusion of investors. At the turn of the century, a growing popular financial press challenged this socially exclusive organisation of the stock market:

»If the public wish to bet on the stocks and shares by all means let them do so, it is not one whit worse than betting on a horse. […] In almost every other country of importance the Bourse is open to the public. Tom, Dick, and Harry can go to the public gallery and see their business done: but in our most law-abiding land all this is enveloped in a nimbus of mystery. The entrance to the Stock Exchange is as jealously guarded as are the gates of Mecca. The speculating public wonders what hocus pocus is being transacted within, and the majority hold aloof!«[26]

One the one hand, statements like this reveal the extent to which investment and speculation were treated arbitrarily, and that popular perception could still see these categories as similar to gambling. At the same time, the financial press polemicized against the financial establishment's nervousness about this circumstance and its »clubbish« character.

---

20 Preface to *William Wallace Duncan*, Duncan on Investment and Speculation in Stocks and Shares, London 1894.
21 Ibid., p. 5.
22 »The undue inflation or depression of prices will be counteracted by speculative operations […] and in that sense speculation is directly of immense benefit.« *Arthur Crump*, The Theory of Stock Exchange Speculation, London 1874, p. 129.
23 Ibid., p. 16.
24 Ibid., p. 50.
25 *Johnson*, In Pursuit of Prudence.
26 *H. Sidney Muller*, Scientific Speculation, London 1901, p. 11.

Nevertheless, the political and economic consensus of the Victorian Era persisted that the Stock Exchange should be organized in the fashion of a private club of the moneyed classes – not of a democratic institution open to the public.[27]

II. THE BRITISH INVESTING PUBLIC BETWEEN THE WARS – »DEMOCRATIZATION OF INVESTMENT«

Shortly after the outbreak of World War I, Britain's financial community expected the plutocratic outlook of the stock market to change. The wartime Liberal and Coalition governments oversaw three major issues of »War Bonds« that attracted over 13 million Britons. Suddenly, investment was fashioned into a patriotic duty. Essentially a bet on the outcome of the war, the German equivalent of »*Kriegsanleihen*« naturally proved less successful.[28] In the US and Britain, however, »Liberty Bonds« and »War Bonds« respectively triggered an interest in other financial securities, not least stocks and shares.[29] Shortly after the war, the Liberal politician and tax lawyer, Arthur Comyns Carr, envisaged the social consequences of this phenomenon:

»We have seen during the war a remarkably widespread diffusion of money, and a wonderful growth in the habit of investment, among classes of the population to whom both are a novelty. […] After the war it is expected that a large number of people who never were investors before will be willing to trust their savings to commercial to commercial companies, but will not be very well equipped to select those which are worthy of their confidence.«[30]

Writing in 1919, the editor of the »Financial News«, Ellis Powell, struck a similar note.[31] Inspired by the recent act of »financial patriotism«, he called »to enhance to an altogether unforeseen extent the democratisation of investment«.[32] He conjured up a shift in public opinion in that »persons who, by thrift, self-denial, and skilful investment, have created

---

27 This notion was by no means confined to Britain. In his essay on European stock exchanges, the German sociologist Max Weber called for »an organization of the [European] exchanges more along the lines of the English«. He hailed the London Stock Exchange for being »organized ›plutocratically‹ in that a significant amount of wealth and security deposits are required as preconditions for admittance to business on the exchange«. Weber maintained that necessarily the »exchange *is* the monopoly of the rich, and nothing is more foolish than to disguise this fact by admitting propertyless, and therefore powerless, speculators and in that way to allow large capital holders to shift responsibility away from themselves and onto those others«. (Emphasis in original) *Max Weber*, Stock and Commodity Exchanges [Die Börse (1894)], in: Theory and Society 29, 2000, pp. 305–338, here: pp. 333f.
28 See Thomas Adam's contribution in this volume.
29 *Michie*, Gamblers, Fools, Victims, or Wizards?, p. 181: »Many of these new investors were soon drawn towards joint-stock company shares […]. In addition, investors continued to be drawn into smaller and more speculative concerns offering the prospects of large capital gains«.
30 Ibid.
31 A staunch imperialist and social Darwinist, Dr. Ellis Thomas Powell, sometimes writing under his nome de plume Robert Ludlow, believed that »the ever-increasing stability and potency of modern finance were attributable to something in the nature of organic development, operating by means of Natural Selection, and therefore completely on accordance with the main postulate of the Darwinian theory«. Quote from: *David Kynaston*, The Financial Times. A Centenary History, London 1988, p. 59. After Powell's sudden death in 1922, obituaries praised him as a »voluminous« and »prolific writer on economic and public questions«, in: The Times, 2.6.1922; The Financial Times, 2.6.1922.
32 *Ellis Powell*, Democratisation of Investment, in: The Financial Review of Reviews 14, 1919, pp. 243–258, here: p. 250.

and accumulated these financial stores are really the backbone of the community, not thieves exploiting other people's labour«.[33] In a similar vein, »The Economist« declared in 1926 that »capital ownership in this country is truly a democratic business«.[34] By then, 1.3 million Britons were estimated to own shares directly and be responsible for about 80% of Stock Exchange transactions.[35]

Recent scholarship, however, has pointed out the limits of the inter-war narrative of the »democratisation of investment«, arguing that, to a certain extent, contemporaries misinterpreted the phenomenon. Janette Rutterford et al. state that the trend identified by Powell and »The Economist« »seems not to have been the arrival in the share market of a new group of non-traditional investors, but rather a change in behaviour by the classes who had been investors from the mid- to late nineteenth century onwards«.[36] However flawed the notion of »democratisation« may be empirically, it nevertheless had a very real impact on inter-war finance and politics. The financial media and public intellectuals actively reframed share ownership as politically, socially and economically desirable by re-drawing the defining lines between investment, speculation and gambling. Speculation remained to be viewed as an affair of professionals, furthermore retaining its brand of being a potential social menace. However, the small investor's participation in the Nation's and Empire's wealth was fashioned as the paragon of modern citizenship. Gradually, stocks and shares lost their social stigma of being suitable only for financial professionals and the upper classes. For the first time in British history, the idea of spreading share ownership more widely among all social classes became a normative project.

Anticipating an increased demand for popular investment knowledge, the financial press now set out to educate and advise the new investors. Financial journalism had already expanded rapidly between the 1870s and 1914.[37] In the 20th century, various formats of financial journalism began to converge. Highbrow newspapers and journals like the »Financial Times«, »The Economist« or the »Investors' Chronicle« shed their technical approach to financial affairs and began to address a broader audience in a more accessible style. Simultaneously, the popular press, led by the »Daily Mail« and the »Daily Herald«, expanded their coverage on money matters and combined serious financial journalism with a populist appeal.[38]

There were a number of reasons why the financial media promoted wider share ownership. Early proponents like Ellis Powell considered it a matter of economic efficiency to tap small holdings of capital for industry in order to end the »continual withdrawal of the

---

33 Ibid., p. 255.
34 Quoted after: *Rutterford/Green/Owens* et al., Who Comprised the Nation of Shareholders?, p. 162.
35 *Michie*, The London Stock Exchange, p. 171; *David Kynaston*, The City of London, vol. III: Illusions of Gold 1914–1945, London 2000, pp. 294f.
36 *Rutterford*, The Evidence for ›Democratization‹ of Share Ownership in Great Britain in the Early Twentieth Century, p. 206; *Rutterford/Green/Owens* et al., Who Comprised the Nation of Shareholders?, p. 157.
37 *Preda*, The Rise of the Popular Investor, p. 211; *Michie*, Gamblers, Fools, Victims, or Wizards?, p. 168; *Itzkowitz*, Fair Enterprise or Extravagant Speculation.
38 *Dilwyn Porter*, ›Where there's a Tip there's a Tap‹. The Popular Press and the Investing Public, 1900–60, in: *Peter Catterall/Colin Seymour-Ure* (eds.), Northcliffe's Legacy. Aspects of the British Popular Press, London 2000, pp. 71–96; *Wayne Parsons*, The Power of the Financial Press. Journalism and Economic Opinion in Britain and America, New Brunswick 1989, pp. 34–44 and 48–78. For a more recent comparative perspective on the strong tradition of financial journalism in Great Britain see *Marion Fourcade*, Economists and Societies. Discipline and Profession in the United States, Britain, and France, 1890s to 1990s, Princeton 2009, pp. 129–184.

life-blood of the body economic into stagnation and unfruitfulness«.³⁹ In addition, a »constantly augmenting financial public«, in close touch with the capitalist system, was seen as an effective method against the spread of socialism.⁴⁰ Last but not least, Powell and fellow campaigners, such as the reform-minded »Economist« journalist and author Hargreaves Parkinson⁴¹, awarded moral authority to the investor. According to Parkinson, a spread of the investment habit would foster the key middle-class virtue of thrift. Under the heading »The Moral Aspect«, he argued:

> »Thrift teaches a man dependence on himself rather than on the pity and charity of others. It overcomes the tyranny of chance and misfortune. It confers freedom from anxiety and forms an appropriate background for a serene mind. It enhances self-reliance, and supplies the motive power for the putting forth of one's best in all the affairs of life.«⁴²

In order to assert this moral high ground, however, the small investor's actions had to be rid of the taint of speculation and, to an even greater extent, gambling. More than ever, clear distinctions were needed:

> »To put the matter in broad terms, the investor deals in certainties, or, at least, what appear to be such within the limits of this somewhat uncertain world. The speculator takes risks and knows that he takes them, but seeks at the same time to reduce the element of uncertainty to a minimum by ascertaining whatever is ascertainable regarding the matter in hand. He speculates in the light of knowledge. The gambler – the real villain of the piece – risks all on some casual ›tip‹ which may have come to his ears without any real understanding of the merits of the case.«⁴³

There were moral as well as economic motives for Parkinson to argue that »the small investor should never allow himself to ›speculate‹ in securities, to buy or sell for a quick profit«.⁴⁴ Firstly, speculation could still attract moral opprobrium, having not fully cast off earlier, Victorian notions of its infamy. This can be exemplified by debates over the ethics of investment carried out in the same journal in which Powell's seminal democratisation essay had been published. One intervention came from H. J. D. Astley, an Anglican vicar and church historian from Norfolk, who attempted to erect a moral barrier between »the proper use of money« on the one hand and the speculator's »greed and selfishness« on the other.⁴⁵ Writing in 1918, he hailed war loans as a »prudent and patriotic act« leading to »peace and quiet« but condemned the »speculation involved in the holding of ordinary shares« as sinful.⁴⁶ Unlike the investor, to whom »worry and anxiety« are unknown, for the speculator »there lies in wait too often not only loss of goods and loss of self-respect, but the felon's cell or the suicide's grave!«⁴⁷

A similarly dramatic note was struck in an article titled »The Nemesis of Speculation« by the eugenicist Caleb Saleeby a year later. Saleeby had become an internationally acclaimed authority on social problems such as »venereal disease, insanity, and, in particu-

---

39 *Powell*, Democratisation of Investment, p. 250.
40 *Ellis Powell*, Letters to a Small Investor. A Straightforward & Non-Technical Introduction to the Science of Investment, London 1916, p. 5.
41 *Kynaston*, Illusions of Gold, p. 487, ibid., p. 505, denotes Parkinson a »reform-minded financial journalist«.
42 *Hargreaves Parkinson*, The Small Investor, London 1930, p. 112.
43 *Id.*, The A B C of Stocks and Shares. A Handbook for the Investor, London 1925, pp. 30f.
44 *Id.*, The Small Investor, p. 84.
45 *H.J.D. Astley*, The Morality of Investment, in: The Financial Review of Reviews 13, 1918, pp. 243–260, here: p. 260.
46 Ibid., p. 254.
47 Ibid.

lar, alcohol« by the early 20th century.⁴⁸ In 1919, he identified speculation as another such »racial poison« and declared the »temper of the hour [to be] speculative and inclined to take risks«.⁴⁹ »Lending our money to win the war« may have been entirely legitimate, but now Saleeby sensed a widely held expectation among the British people to »make money without working for it, by means of speculation and the harassing exploitation of the something-for-nothing instinct«.⁵⁰ In the vein of Victorian critics of finance, the trained physician listed addictive behaviour, alcoholism and suicide among the »deplorable consequences to mind and body of speculation«. Deeply influenced by a contemporary language of social hygiene, he urged to eradicate this »injury to the body-politic and to the mind-politic«.⁵¹ Acutely aware that »speculation is a much-abused word«, the likes of Hargreaves Parkinson likewise discarded it for the »ordinary investor«.⁵² It was not the latter's »business to dabble in speculative share transactions, but to build railways and roads, create industries and equip them with their necessary resources«.⁵³

This integration of shareholding into a 20th-century model of citizenship had found its political expression in 1923. That year, »The Spectator« published a series of essays entitled »Constructive Conservatism« by the Scottish Unionist politician Noel Skelton.⁵⁴ Skelton envisaged investment – not in the sense of stock dealing, but of share *ownership* – as a suitable means of bridging the gap between capital and labour. Keen to offer a Conservative alternative to the rise of socialism, he wrote that

»To the wage-earner, co-partnery brings a new incentive and a new kind of interest in his work, arising out of his new relation to it; a union of his thrift effort and his work effort; a wider industrial outlook, since, as his savings in the business increase, so does his interest in its general prosperity, for that prosperity affects him directly as a shareholder.«⁵⁵

Eventually, Skelton envisaged, »workers would become capitalists« and therefore not only politically, but economically enfranchised citizens of a »property-owning democracy«.⁵⁶ Under the term »co-partnery«, he subsumed profit-sharing and employee share schemes, which had already begun to flourish in some industries around the turn of the century.⁵⁷ Before his own Conservative Party took up Skelton's ideas, however, the Liberal Party made co-partnership a key social policy of its inter-war turn away from classical *laissez-faire* towards social liberalism.⁵⁸ However, Skelton is to be credited with coining the term

---

48 *G. R. Searle*, Saleeby, Caleb Williams Elijah (1878–1940), in: The Oxford Dictionary of National Biography (ODNB), 2004, URL: <http://www.oxforddnb.com/view/article/47854> [7.11.2016]; for Saleeby's impact on eugenics in Britain see *Grant Rodwell*, Dr Caleb Williams Saleeby. The Complete Eugenicist, in: History of Education 26, 1997, pp. 23–40.
49 *Caleb Saleeby*, The Nemesis of Speculation, in: The Financial Review of Reviews 14, 1919, pp. 20–41, here: p. 26.
50 Ibid., pp. 29f.
51 Ibid., p. 36.
52 *Parkinson*, The A B C of Stocks and Shares, p. 30.
53 Ibid., p. 33.
54 *Philip Williamson*, Skelton, (Archibald) Noel (1880–1935), in: ODNB, 2008, URL: <http://www.oxforddnb.com/view/article/40226> [7.11.2016]; *David Torrance*, Noel Skelton and the Property-Owning Democracy, London 2010.
55 *Noel Skelton*, Constructive Conservatism IV. Democracy Stabilized, in: The Spectator, 18.5.1923.
56 Ibid.
57 *Edward Bristow*, Profit-Sharing, Socialism and Labour Unrest, in: *Kenneth Douglas Brown* (ed.), Essays in Anti-Labour History. Responses to the Rise of Labour in Britain, London 1974, pp. 262–289; *Derek Matthews*, The British Experience of Profit-Sharing, in: Economic History Review 42, 1989, pp. 439–464.
58 »Profit-Sharing« loomed large in the Liberal Party's 1928 manifesto »Britain's Industrial Future«. It also discussed the technical differences between essentially two types of schemes: »In

»property-owning democracy«. The concept was picked up and refined by inter-war intellectuals such as Hilaire Belloc and Gilbert Keith Chesterton and was to have a long career in British politics.[59] In the process, however, the question of which *type* of property should be diffused in what manner always remained contested. The possibility that stocks could be treated as an object of speculation was not envisaged in a »share-owning democracy«. In similarly paternalistic manner to Powell and Parkinson, Skelton fashioned the shareholder as a passive holder of equity.

Yet there is evidence that many people were attracted to the stock market not for the income-producing properties of shares, but because speculating on price movements offered superb excitement. The inter-war history of »bucket shops« is highly illuminating in this regard. As mentioned above, bucket shops were betting offices in which clients could bet on share prices going up or down without actually dealing in the underlying securities.[60] This practice hardly differed from time bargains on the »real« Stock Exchange, where two participants agree on a transaction in the future based on a price settled in the present without intention of delivery. It is the latter aspect that gives time bargains the character of a mere bet on price movements. Having emerged as a transatlantic phenomenon in the 1880s[61], bucket shops more or less vanished during the War, but they were rekindled in the 1920s, reflecting the nascent consumer society's increased demand for entertainment. Since the very concept of these establishments blurred the carefully drawn line between legitimate speculation and gambling, financial reformers held them to be »systematically undermining the commercial probity of the financial sector«.[62] Hence, the established financial press spearheaded a campaign to crack down on bucket shops with Hargreaves Parkinson condemning them as »a species of parasitic growth on the main body of stock and share business«[63] that brought honest investment into disrepute.

Revealingly, the Stock Exchange did not support this campaign until political parameters began to shift to the detriment of financial capitalism in the wake of the global stock market crash of October 1929. Forced to counter the Labour Party's socialist critique of high finance, the »House« was keen to avoid its business being confused with gambling. Until then, however, the Exchange remained a *laissez-faire* stance in the question of bucket

---

the first, which may be called profit-sharing proper, the dividend is distributed in cash to the beneficiaries; in the second, which is usually known as co-partnership, the divisible surplus is *re-invested in the business*, and credited to the beneficiaries *in the form of shares*.« (My emphasis.) The manifesto stressed that the Party »should especially desire to see an extension of the second type, in all suitable cases, because it helps to bring about a wider diffusion of ownership«. This would mean »a real advance towards that goal of Liberalism in which everybody will be a capitalist, and everybody a worker, as everybody is a citizen«. Liberal Party of Great Britain, Britain's Industrial Future. Being the Report of the Liberal Industrial Inquiry, London 1928, pp. 198–204 and 249–261.

59 *Jackson*, Property-Owning Democracy; *Francis*, A Crusade to Enfranchise the Many.
60 *Itzkowitz*, Fair Enterprise or Extravagant Speculation; *Dilwyn Porter*, »Speciousness is the Bucketeer's Watchword and Outrageous Effrontery his Capital«. Financial Bucket Shops in the City of London, c. 1880–1939, in: *John Benson/Laura Ugolini* (eds.), Cultures of Selling. Perspectives on Consumption and Society since 1700, Aldershot/Burlington 2006, pp. 103–125.
61 For bucket shops in the United States see *David Hochfelder*, »Where the Common People Could Speculate«. The Ticker, Bucket Shops, and the Origins of Popular Participation in Financial Markets, 1880–1920, in: The Journal of American History 93, 2006, pp. 335–358; *Ann Fabian*, Card Sharps, Dream Books, & Bucket Shops. Gambling in 19th-Century America, Ithaca 1990; *Cedric B. Cowing*, Populists, Plungers, and Progressives. A Social History of Stock and Commodity Speculation, Princeton 1965.
62 *Porter*, »Speciousness is the Bucketeer's Watchword and Outrageous Effrontery his Capital«, p. 108.
63 *Parkinson*, The A B C of Stocks and Shares, p. 44.

shops and referred to its mantra »caveat emptor« – let the buyer beware.[64] After all, from a »professional« perspective it was deemed much less harmful for the functioning of the market if the investing public indulged in stock gambling in bucket shops instead of on the actual Exchange. Certainly some of the 177 shops that operated in the City between 1910 and 1936 were of a criminal nature.[65] Litigations against bucket shop operators, however, reveal that they attracted a socially highly diverse clientele. One bucketeer, who was »adjudicated bankrupt in 1935« and incarcerated the following year, counted »among his victims 220 women and 120 clergymen«.[66] Until bucket shops were outlawed by the Prevention of Fraud (Investments) Act of 1939[67], they remained a popular haunt for those who wanted to »avoid the tiresome formalities of dealing with a member of the Stock Exchange«.[68] However vicarious this form of financial participation was, there is evidence suggesting that it popularised investment and speculation. Every »gullible« investor deceived by a bucket shop had to be offset against the thousands of clients who voluntarily sought to enjoy the excitement of anticipating market fluctuations.[69]

The rigorous eradication of bucket shops reinforced the traditional notion held by high finance and wide sections of the media that stock market activity had nothing to do with gambling and that the »highly specialized business« of speculation was in any case »more suitable for the professional financier than for the ordinary investor«.[70] But what did it actually mean to be a »professional« in the inter-war stock market? David Kynaston's post hoc interviews with Stock Exchange members give an idea of the constructive character of the concept of »professionalism«. George Aylwen, for instance, of the stockbrokers »J. & A. Scrimgeour«, remembered his professional life in the 1920s as follows: »Most members were merely passers on of information and gossip, there was little or no attempt to sift information, to analyse prospects of equities, or indeed to justify the recommendation of the many and various tips toddled out by the market.« Aylwen's colleague, Daniel Cobbett, had similar memories of working on the trading floor of the London Stock Exchange: »The average stockbroker merely conjured a few current ideas out of his topper and trusted to the excellent fino sherry at Short's or the Jamaica to impart an impression of high promise.«[71]

---

64 *Porter*, »Speciousness is the Bucketeer's Watchword and Outrageous Effrontery his Capital«, pp. 120f.
65 Numbers from ibid., p. 104.
66 See for example the case of one bucket shop operator who »was adjudicated bankrupt in 1935, his liabilities being shown at £270,000 and his assets £75. There was no doubt, said counsel, that the bulk of that vast sum represented money he had received from persons whom he had circularized with attractive propositions regarding the purchase of shares or gambling on the rising of shares. Among his victims were 220 women and 120 clergymen. He appeared to have been gambling in American securities, which depreciated. Proceedings against him had been taken as an example to persons who might be minded to start ›bucket shops‹ and as a warning to members of the investing public not to be deluded by these circulars.« Bucket Shop Frauds. Penal Servitude for Outside Broker, in: The Times, 24.6.1936.
67 Due to the outbreak of World War II, the law did not become effective until 1944. Bucket-Shop Law, in: The Financial Times, 2.2.1944; Bucket Shop Adieu, in: The Financial Times, 8.8.1944.
68 *Porter*, »Speciousness is the Bucketeer's Watchword and Outrageous Effrontery his Capital«, p. 116.
69 See *Hochfelder*, »Where the Common People Could Speculate«, p. 336: »Despite the fictitious nature of bucket shop transactions, the shops functioned as a shadow market by providing a cheap and accessible way for people of limited means to speculate, however vicariously, in stocks and commodities«.
70 *C. R. Stiles*, The Alphabet of Investment, London 1918, p. 22.
71 Both quotes are taken from: *Kynaston*, Illusions of Gold, p. 295.

The impression that regular stock market activity was not always a sound, prudent and calculating affair is borne out in the case of Sydney Moseley, a leading journalist and later pioneer of British television. After a spell with the City engraving house »Waterlow & Sons«, Moseley changed career paths and joined the »Evening Standard« in 1910.[72] However, he maintained close ties to inner City circles, which he employed to make his mark as an author of critically acclaimed investment guides during the inter-war period.[73]

Moseley was not a member of the Stock Exchange, but, commanding sufficient capital and having access to insider knowledge, he was a professional by Arthur Crump's standards. In 1960, Moseley published his private diaries, and they give a rather different impression of his stock market dealings than the investment guides he famously wrote. On April 7th, 1927, only days before his first book was published, Moseley was in fact »[s]till trying hard to close down on [his] Stock Exchange dealings« and complained that it was »as hopeless as ever to make money by speculation«.[74] In October that same year, Moseley was found speculating heavily with borrowed money when the market turned against him:

»What I find so heartbreaking is that the money I have made by hard work in writing is simply thrown down the Stock Exchange drain. For some years now I have been trying to reduce my market commitments, but I am no better off for the effort. […] What's the use of earning a few guineas when one loses hundreds? That, I suppose, is one of the particular evils of speculation: it distorts one's sense of values.«[75]

In July 1934 – his second investment bestseller, which he advertised as a »safety-first book« that had »nothing whatever to do with speculation or speculative investment«[76], had appeared in the meantime – Moseley was »still in deeply« although he had cleared his »three biggest stockbroking accounts«. He had six altogether. He promised himself »that, given the chance, I will get free of the Stock Exchange altogether. At any rate, no more buying! … Get out! Get out!«[77] No improvement, however, was in sight by March the following year when Moseley was »tired of ›deals‹, tired of the Stock Exchange, and [hated] to say what else [he was] tired of«. His diary entry of the 26th reveals the enormous leverage of his dealings:

»I must really stop this speculating. […] My present position is that in one firm I have some £20,000 of stock open for which I am paying a nice interest! […] I owe my bank about £10,000. And that is not the whole story. So, I repeat, it is very necessary for me to clear out of the Stock Exchange once and for all.«[78]

Come September, however, Moseley had found excuses for plunging into shares once again: »I *would* put that money I have into the Insurance companies, […] but look at the silly rates they offer!« Instead, he »went bang into the gilt-edged market and the so-called high-class investment shares, [buying] 500 Pearl Insurance, followed by another 100 or more.«[79]

Moseley's personal writings of that time are not the notes of a rational stock market agent. Instead, they reveal a nervous gambler who enjoyed and suffered from the thrills

---

72 Kynaston, Golden Years, pp. 255–257.
73 *Sydney A. Moseley*, Money-Making in Stocks and Shares. A Popular Guide for Investors and Speculators, London 1927; *id.*, The Small Investor's Guide, London 1930. See the appraisal of his first book as »sound advice for those who desire to have a flutter now and then« in: New Investors' Guide. Review of Sidney Moseley, Money Making in Stocks and Shares, in: The Financial Times, 12.8.1927.
74 The Private Diaries of Sydney Moseley, London 1960, pp. 282f.
75 Ibid., pp. 286f.
76 *Moseley*, The Small Investor's Guide, pp. x–xi.
77 The Private Diaries of Sydney Moseley, p. 331.
78 Ibid., pp. 345f.
79 Ibid., p. 348.

of playing the stock market and who showed many of the symptoms – addiction, suicidal thoughts – his contemporary critics attested to what they saw as the social evil of speculation. The growth of private stock market investment in inter-war Britain was driven by an idiosyncratic melange of socioeconomic change, financial patriotism and a certain gambling spirit. Within this process, the lines between investment, speculation and gambling were re-drawn. With educational fervour, the financial press sought to moralise and reframe investment as a civic virtue by distinguishing it more clearly from speculation. While the latter remained ambiguous, the financial community was successful in severing entanglements between speculation and gambling.

III. WIDER SHARE OWNERSHIP IN POST-WAR BRITAIN – »THE AGE OF THE SMALL INVESTOR«

The dynamics that had grasped Britain's inter-war investing public were halted by the outbreak of the Second World War. After the war, Britain had ultimately lost its role as a global economic power, and the City of London faced the decline of sterling as an international reserve currency. July 1945 brought a political earthquake in Britain, when Labour won a large majority in the general elections and launched a full-scale programme of nationalisation. The programme, which affected key sectors such as coal, the railways and the Bank of England »at a stroke wiped out significant areas of popular investment«.[80] The City as a whole and the Stock Exchange in particular came under immense political scrutiny and feared to share the central bank's fate.[81] Many facilities of speculation – dealing on account, carrying over of stock, options trading – had been suspended during the war and were only gradually restored in the late 1940s. The Stock Exchange's situation hardly improved when Conservatives returned to power in 1951, since the Tories did not dismantle, but more or less adhered to the post-war settlement of nationalised industries and the Welfare state for electoral reasons.[82]

By 1955, however, Britain began to witness its first post-war bull market. Full employment, high wages and economic growth provided a breeding ground for numerous new company issues, drawing an unforeseen amount of small investors into the market. Hargreaves Parkinson estimated 1.1 million Britons to own shares directly in 1950 – more or less the pre-war level.[83] By 1963, a survey by the London Stock Exchange found this number had risen to 2.5 million, of which about 40% were women.[84] Furthermore, social sur-

---

80 *Kynaston*, A Club No More, p. 9.
81 *Michie*, The London Stock Exchange, pp. 326–362; *Ranald Michie*, The City of London and the British Government: The Changing Relationship, in: *id./Philip Williamson* (eds.), The British Government and the City of London in the Twentieth Century, Cambridge/New York etc. 2004, pp. 31–56; *Jim Tomlinson*, Labour Party and the City 1945–1970, in: ibid., pp. 174–192.
82 *Jim Tomlinson*, ›Liberty with Order‹. Conservative Economic Policy, 1951–1964, in: *Martin Francis/Ina Zweiniger-Bargielowska* (eds.), The Conservatives and British Society, 1880–1990, Cardiff 1996, pp. 274–288; *Ewen Green*, The Conservative Party, the State and the Electorate, 1945–64, in: *Jon Lawrence/Miles Taylor* (eds.), Party, State and Society. Electoral Behaviour in Modern Britain since 1820, Aldershot 1997, pp. 176–200.
83 *Hargreaves Parkinson*, Ownership of Industry, London 1951. Due to lack of availability, Parkinson had to use 1945 share registers. By then editor of the »Financial Times«, which had merged with his »Financial News« in 1945, he deceased in 1950. Obituary. Mr. Hargreaves Parkinson, in: The Times, 25.5.1950.
84 London Stock Exchange, How Does Britain Save? A Summary of the Results of a Survey Conducted for the London Stock Exchange by the British Market Research Bureau Limited, London 1966; *Alec G. Ellinger*, The Art of Investment, London 1971

veys conducted throughout the late 1950s and the 1960s sought to enquire the social background of private investors. In 1959, it was claimed that the »typical small investor [...] is probably a member of the lower middle class, or possibly the upper working class«.[85]

Certainly, members of the upper and upper-middle classes were far more likely to own shares and commanded over larger holdings, but as a 1962 survey pointed out:

> »[B]ecause of the differences in size of social grade it is a mistake to think of share owning as a predominantly upper middle class activity. In absolute numbers there are as many share owners in the lowest white collar grade as there are in the highest grade and skilled manual workers account for ten per cent of all share owners.«[86]

In a similar vein to the inter-war decades, various financial observers now welcomed the »new army of investors«[87], anticipated a »popular capitalism«[88] and the dawning of an »age of the small investor«.[89] In March 1960, even the largest working-class tabloid, the »Daily Mirror«, launched a regular »money page« and declared »that there has been a revolution in the savings habits of Britain. No longer is The City the exclusive domain of Big Money.«[90]

The dynamic of the late 1950s and early 1960s led to a political revival of Noel Skelton's call for a »property-owning democracy«. Prime Minister Anthony Eden built his 1955 election campaign around this term. But because the Suez disaster cut short his time in office and due to the reluctance of his senior ministers in this area, the following two years saw no major legislation in favour of profit-sharing schemes.[91] Eden's successor Harold Macmillan (1957–1963) retained a rhetorical commitment to the concept, but focussed on spreading ownership of houses rather than shares.[92] The government's inactivity in this regard, among other policy fields, caused growing discontent in the Tory rank and file. At the party's base, many regarded the leadership's commitment to the post-war settlement as a surrender to socialism.[93] Calling for a more openly capitalist profile, some Conservative backbenchers founded the Wider Share Ownership Council in November

---

85 Acton Society Trust, Wider Shareholding, London 1959, p. 51.
86 Research Services Limited, Savings and Attitudes to Share Owning, London 1962, p. 3.
87 *Edward Lowndes Westropp*, Invest £100. A Guide to Investment, London 1956, p. 7.
88 Widening Share Ownership. Meeting at Westminster, in: The Times, 21.11.1958; Giving Small Savers a Stake in Industry, in: The Times, 29.4.1959; ›Changing Face of Thrift‹, in: The Guardian, 24.9.1961.
89 *Arthur H. Thrower*, How to Invest for Profit in Stocks and Shares. A Guide for the Small Investor, Preston 1961, p. 7.
90 *Dilwyn Porter*, ›City Slickers‹ in Perspective. The Daily Mirror, Its Readers and Their Money, 1960–2000, in: Media History 9, 2003, pp. 137–152, here: p. 141.
91 On Eden and his attachment to the »property-owning democracy« see *D. Richard Thorpe*, Eden. The Life and Times of Anthony Eden, London 2003, pp. 340–342; *John Ramsden*, The Age of Churchill and Eden, 1940–1957, London/New York 1995, pp. 141, 175 and 255f. On Conservative reluctance on legislation see *Peter Dorey*, British Conservatism and Trade Unionism, 1945–1964, Aldershot 2009, pp. 68–70. It was Eden's first Chancellor of the Exchequer, Rab Butler, who asserted that »co-partnership schemes were often a consequence, rather than a cause, of good industrial relations« and therefore »any attempt to force them on people [...] is likely to do more harm than good«, ibid., p. 70.
92 *Aled Davies*, ›Right to Buy‹. The Development of a Conservative Housing Policy, 1945–1980, in: Contemporary British History 27, 2013, pp. 421–444. Macmillan's reluctance might have been caused by his antipathy towards the financial sector and his inter-war Keynesian influence. See for this line of argument *Ewen Green*, The Conservatives and the City, in: *Michie/Williamson*, The British Government and the City of London in the Twentieth Century, pp. 153–173, here: pp. 162–170.
93 *Ewen Green*, Thatcher, London/New York 2006, pp. 86–88.

1958 – the founding chairman ironically being the Prime Minister's son, Maurice Macmillan.[94] Embedded in the intellectual network of the libertarian ›New Right‹, including think tanks like the »neoliberal« Institute of Economic Affairs[95], the wider share ownership movement lobbied for tax benefits on and liberalisation of small share purchases.[96]

The wider share ownership movement called on the government to abolish the 2% stamp duty on stock transactions and, after its introduction in 1962, to curb capital gains tax.[97] It was particularly critical about the distinction between »earned« and »unearned« income inherent to Britain's tax system, which taxed investment profits at a higher rate than »industrious« income.[98] In a similar fashion to their inter-war predecessors, post-war libertarians challenged the prevailing moral consensus that investors and speculators were »profiting at other people's expense«.[99] Seemingly, economic debates had a crucial moral and political dimension. In a Skeltonian line of thought, advocates of wider share ownership like Conservative MPs Maurice Macmillan and Edward du Cann or the businessman George Copeman designed a Capitalist roadmap towards a »classless society«.[100] Not a mixed economy, but a »truly people's capitalism« seemed furthermore the most effective bulwark against socialism.[101] Last but not least, post-war »affluence« and consumerism were seen as deeply problematic. According to the movement's »high finance man«, William Clark, the country spent too much »income on expendable goods and not enough on investment in modernising Britain«.[102] Spreading the »investment habit«, therefore, was put forward as a viable means for remedying Britain's lagging international competitiveness.[103]

---

94 Encouraging Wider Shareownership. Meeting in the City Next Week, in: The Times, 13.11.1958.
95 *Richard Cockett*, Thinking the Unthinkable. Think Tanks and the Economic Counter Revolution 1931–1983, London 1995; *Ben Jackson*, The Think-Tank Archipelago. Thatcherism and Neo-Liberalism, in: *Ben Jackson/Robert Saunders* (eds.), Making Thatcher's Britain, Cambridge/New York etc. 2012, pp. 43–61.
96 *Toby Low*, Everyman a Capitalist. Some Proposals for the Small Saver in Industry, London 1959; Wider Share Ownership Council, The Growing Popularity of Share Ownership, London 1960; Wider Share Ownership Council, Growth in a Responsible Society, London 1961.
97 In his 1962 budget the Conservative Chancellor, Selwyn Lloyd, introduced a short-term capital gains tax in a bid to »counter criticism of the Conservatives as the party of speculators and shady financiers«. *Martin Daunton*, Just Taxes. The Politics of Taxation in Britain, 1914–1979, Cambridge/New York etc. 2002, p. 260.
98 This »differentiation« dated back to the Liberal Party's 1907 welfare reforms and was abolished in 1984 by Margaret Thatcher. See *Clare Munro*, The Fiscal Politics of Savings and Share Ownership in Britain, 1970–1980, in: The Historical Journal 55, 2012, pp. 757–778, here: p. 758.
99 *J. Enoch Powell*, Saving in a Free Society, London 1960; *Richard Kellett*, Ordinary Shares for Ordinary Savers, London 1962.
100 *Edward Du Cann*, Investing Simplified. A Guide to Unit Trust, Investment Clubs and Other Sharepurchase Schemes, London 1959, pp. 9f.
101 *George Copeman*, The Challenge of Employee Shareholding. How to Close the Gap between Capital and Labour, London 1958, p. 4: »For some time it has been increasingly clear in western countries that an important step in the initial task of staying the tide of collectivism is to broaden the base of capitalism, make it a truly people's capitalism«.
102 Owning capital. Proposals of a study group formed by the Political Council of the Junior Carlton Club, London 1963, p. 5. In an obituary, the »Daily Telegraph« denoted Clark as »man who understood high finance« and »an early advocate of council house sales and wider share ownership.« Daily Telegraph, 7.10.2004.
103 *Patrick Sergeant*, Budget Should Help Share-Buyers, in: Daily Mail, 23.2.1960: »Conservatives stand for larger private savings and share ownership. The wider these habits spread, the better for our economy, and the less chance have the Socialists with their dreary policies of public ownership«.

However, the Conservatives remained reluctant on the issue down to 1964 and neither did Edward Heath take any initiatives after his 1970 victory. Labour, in the meantime, was even less likely to pursue the issue under Harold Wilson (1964–1970, 1974–1976) and James Callaghan (1976–1979), although the idea appealed to some »Revisionists« on the party right.[104] Whiting argues that there was a lack of working-class demand for shares, as equity would not protect its holders from, but actually expose them to the inherent risks of financial capitalism. There were, however, also flaws on the supply side, caused particularly in the conservative attitude of the Stock Exchange. Its Council stubbornly upheld the fixed commission system, which made it unattractive for stockbrokers to process dealings of smaller clients. Furthermore, the majority of Council members refused to lift the ban on stockbrokers to advertise, arguing that this »could all too easily attract the wrong type of client, the outright small speculator«.[105] This structural conservatism impeded the establishment of an American-style retail market for shares.[106] Apart from opening a Visitors' Gallery in 1953, the Stock Exchange hardly encouraged »popular capitalism«.[107] Hardly anyone in the City welcomed the unsolicited entry of ever more small investors into the stock market. In 1960, the Chairman of the Stock Exchange, Lord Ritchie of Dundee, was asked for his view on the investing newcomers. His reply encapsulates the financial establishment's continuously strict attitude towards »amateur« involvement: »Nothing could be better than a large number of small investors – but nothing worse than a large number of small speculators.«[108] In 1969, even the Conservative Research Department critiqued this approach as entirely counterproductive for creating a nation of shareholders:

»There is, however, in this country a great toffee-nosed tradition against the ›bucket shop‹, but I am sure that if we want to get what Ian Macleod [then Conservative Shadow Chancellor] calls a ›capital-owning democracy‹ we must make share purchasing becomes something less of a solemn mystery understood only by top people.«[109]

In one way, the City did see a business opportunity behind the post-war growth in popular investment. The mid-1950s saw a massive boost in the unit trust industry, the origin of which dates back to the 1930s. Unit trusts are mediated investment vehicles that pool their clients' small amounts of capital and re-invest them in a wide array of securities for a premium, allowing smaller investors, who normally could not afford to maintain a diversified share portfolio, to spread their risk. Hence, unit trusts were advertised as a vehicle *enabling* the ›small man‹ to enjoy the benefits of equity investment.[110] Yet the idea of this investment vehicle was fundamentally paternalistic. In 1955, the unit trust pioneer Ian Fairbairn acknowledged these companies were founded and promoted because »most responsible and well-informed people in the City were on principle against equity invest-

---

104 *Ben Jackson*, Revisionism Reconsidered. ›Property-owning Democracy‹ and Egalitarian Strategy in Post-War Britain, in: Twentieth Century British History 16, 2005, pp. 416–440; *Whiting*, The City and Democratic Capitalism, p. 101; *Edwards*, ›Manufacturing Capitalists‹, p. 105.
105 The Stock Exchange Grapples with a Social Revolution, in: The Times, 24.10.1960.
106 On commissions see *Michie*, The London Stock Exchange, pp. 442–445; on the advertising ban ibid., pp. 432f.; *Kynaston*, A Club No More, p. 158.
107 As David Kynaston notes, the Gallery became »a magnet over the years for amateur sociologists and anthropologists, ibid., p. 157. See for example Paul Ferris' 1960 field study of the City and the Stock Exchange by *Paul Ferris*, The City, London 1960. By 1960, it counted 500,000 visitors all in all, meaning an average of 200 per day.
108 Helping the Small Investor, in: The Sunday Times, 28.2.1960, p. 7.
109 *Richard Whiting*, The City and Democratic Capitalism, in: *Michie/Williamson*, The British Government and the City of London in the Twentieth Century, pp. 96–114, here: p. 104.
110 *Michie*, The London Stock Exchange, pp. 178f.

ment for any but those experienced enough to look after themselves«.[111] Fairbairn's colleague, and from 1956 Conservative MP for Taunton, Edward du Cann, manager of the Unicorn unit trust, advertised this device in a similar fashion when he claimed that »[t]he swift, ever-changing market-place of stocks and shares is no place for the amateur or do-it-yourself investor«.[112] Therefore, from a high finance perspective, unit trusts had the double benefit of channelling the disposable incomes of the newly affluent into equity while at the same time keeping them and their supposedly irresponsible investment behaviour at bay.

The case of the unit trust also reveals an interesting tension within the wider share ownership movement. Staunch libertarians like Enoch Powell, for example, remained suspicious of this indirect form of investment as they saw the educative function of share ownership to be lost in the unit trust: »The investor is not brought into touch as a shareholder with the fortunes or management of firms; and he has no concern with or knowledge of the problems and prospects of the businesses or industries whose securities underlie the units.«[113] Yet, the growth of the unit trust movement illustrates a larger trend of financial institutions acquiring an ever more dominant position in Britain's securities markets. In the late 1940s, some pension funds and insurance companies began to shift their clients' savings from gilt-edged securities to equities as a hedge against inflation – a development that took off in the 1950s and which contemporaries described as the »cult of the equity«.[114] The rise of the institutional investor meant the relative decline of his private counterpart. Absolute shareholder numbers remained steady at approximately 2.5 to 3 million as 1966 numbers show.[115] By 1963, however, the market value of their holdings had declined to 51% – from 61.8% in 1957.[116]

This meant that indirectly ever more people's economic fate became affected by the performance of the stock market. Systematically, however, the actions of private investors, small and large, became less and less relevant for the market. As the ordinary investor's economic impact became less significant, the non-economic aspects of investment increasingly came to the fore. A closer look at the flourishing advice culture strongly suggests that the stock market appealed widely as a source of excitement and entertainment. While the wider share ownership movement stressed the prudence and responsibility of financial securities, a more vernacular, less coercive and outspokenly playful language of the stock market emerged in the financial press and the steadily growing genre of advice literature. The former treated shares as a form of property. The latter acknowledged that shares were a tradeable object that could be turned into profit and that the timing of buying or selling according to market fluctuations could be a highly entertaining affair. Perhaps because the opportunity of gambling on stocks and shares in bucket shops was no longer available, more and more people discovered the »entertaining and spectacular surplus«[117] of the actual stock market.

It is difficult to determine the motivations and the investment behaviour of Britain's small shareholders empirically. Certainly, less affluent shareholders tended to look for

---

111 Unit Trusts – Past and Future I, in: Investors' Chronicle, 13.8.1955.
112 *Du Cann*, Investing Simplified, p. 8.
113 *Powell*, Saving in a Free Society, p. 106.
114 *Kynaston*, A Club No More, pp. 160–165; *Aled Davies*, The City of London and British Social Democracy, c. 1959–1979, Diss., Oxford 2014, pp. 25–51; *Ranald Michie*, The City of London. Continuity and Change since 1850, London 1991, p. 129.
115 London Stock Exchange, How Does Britain Save?
116 By 1970, this figure had gone down to 47.4. See *John Moyle*, The Pattern of Ordinary Share Ownership 1957–1970, Cambridge 1971, p. 8.
117 *Stäheli*, Spectacular Speculation, p. 29.

relative safety and gradual capital appreciation, while wealthy investors could afford to run higher risks by speculating on quick capital gains. The question, however, whether the average investor was a passive holder of shares or an active speculator is complicated by the fact that he or she could hold several shares for dividends but also deal in more speculative securities in one and the same portfolio. There is evidence that Britain's small investors were not as passive as many observers suggested. Surveys revealed that not dividends, but capital gains were the main financial motives of shareholders, the latter being the difference between the buying price and the selling price if stock value had increased.[118] Furthermore, as Richard Whiting notes, »[o]ver a third of the respondents of the [1960] Gallup survey reported in the *News Chronicle* bought shares to take a gamble«.[119]

In line with this, a close reading of the flourishing advice literature on investment strongly suggests that the ludic character of stock market engagement appealed to a wider audience.[120] The increased ratio of risk and reward that went along with active trading could provide »the pleasure of knowing that you have played the game successfully«.[121] Playing the stock market was presented as »a pleasant as well as a profitable hobby«[122] providing an »exciting daily interest«.[123] No guide actively encouraged the investing public to engage in reckless gambling on the stock exchange. But it is important to note that post-war attitudes towards gambling had become more permissive, resulting in liberalising reforms under Macmillan in the late 1950s.[124] In the course of this development, reservations towards the stock market game also collapsed and share dealing was advertised in candid analogies: »There are no ›certainties‹ on the Stock Exchange any more than at a race meeting« held one author and praised »the uncertainty [as] one of the fascinations of investment«.[125] Accordingly, the line between investment and speculation could not be

---

118 Research Services Limited, Savings and Attitudes to Share Owning, p. 3.
119 *Whiting*, The City and Democratic Capitalism, p. 105.
120 Surely, this type of source bears the problem that we cannot deduce its audience's attitudes or actions from its content. However, the sheer quantity of this kind of literature and the fact that many guides reached several editions testifies of their wide circulation and their ›throw‹. Here I follow Peter Mandler, who urged cultural historians to »evaluate not only the meanings of a text but also its relations to other texts, its significance in wider discursive fields, its ›throw‹, its dissemination and influence; that is, the conditions not only of its production but also of its distribution and reception.« *Peter Mandler*, The Problem with Cultural History, in: Cultural and Social History 1, 2004, pp. 94–117, here: p. 96.
121 *Thrower*, How to Invest for Profit in Stocks and Shares, p. 7.
122 Investors Chronicle, Beginners, Please, London 1960, p. ix.
123 *Barry H. Barrada*, How to Succeed as an Investor, London 1966, p. 17. Investment was often referred to as a hobby: »To learn the investment trade takes a little time and a little trouble, but it can become one of the most fascinating hobbies in the world for the retired man or woman or, in fact, for anyone who wishes their money to work for them.« *Westropp*, Invest £100, p. 9.
124 *Mark Jarvis*, Conservative Governments, Morality and Social Change in Affluent Britain, 1957–64, Manchester/New York 2005, pp. 66–73.
125 *Brian Whitehouse*, Investing Your Money, London 1961, p. 64 and 41. The racing analogy was frequently made use of to explain the essence of investment and speculation: »A speculator has much in common with a man who backs horses – and no one expects to find a winner every time.« *Charles Gifford/John Austin Stevens*, Making Money on the Stock Exchange. A Beginner's Guide to Investment Policy, London 1960, p. 222; »Anyone who resents the fact that others make money by investment in stocks and shares is dishonest with himself, because he is as likely as anyone else to enjoy personal gain, and it is as easy for him to set about getting it by means of sound investment as it is for him to do so by means of football pools, horse racing and so on. The fundamental difference is that sound investment is safer and in the long run infinitely more profitable.« *John Patrick Warren*, Pounds, Shillings and Sense. A Guide for the New Investor, London 1959, p. 6.

drawn as clearly as the political rhetoric suggested: »An investment which looks safe is often most dangerous, and conversely that which may appear a wild gamble can turn into an almost gilt-edged stock.«[126]

As British post-war society embraced individualism and became less inclined to adhere to traditional social hierarchies or paternalism[127], moral anxieties about investment and speculation were cast off alongside. From a financial perspective, investment held the prospect of higher returns on disposable incomes at times of inflation. Politically and socially it could be a middle-class statement against socialism, »an assurance of independence at a later stage in life, an independence from too many hand-outs from the State«.[128] At the same time, playing the stock market became a popular hobby for those who could afford it, and tacitly it became socially acceptable to enjoy the occasional flutter in stocks and shares. Increasingly, only the Labour Party saw a moral problem in this. In a seminal House of Commons debate on wider share ownership, Maurice Edelman, Labour MP for Coventry, condemned »the very lucrative encouragement which is given to the ordinary man in the street to take part in the gamble for quick wealth through speculation«. He conjured up the »emergence of the ›gamblers' State‹ as a successor to the Welfare State« and saw »two Nations in Britain – that which creates wealth and that which seeks to speculate in the product of that labour«.[129] Not even religious fervour was noticeable in the post-war debates over the stock market as it had been the case between the Wars. Instead, investment even seemed to be compatible with Protestant morality as stock market expert Gordon Cummings reminded his readers: »Then, as the parable of the forty talents so forcefully reminds us, money hidden away is sterile. It earns nothing for its owner; it does no useful work.«[130]

In spite of the deeply conservative and paternalist outlook of the Stock Exchange, the face of Britain's financial community and the social and cultural attitudes towards finance changed profoundly during the post-war era. The shifting gender balance was an important aspect of this story. Now women became more *visible* as actors in and of finance. Firstly, women gradually acquired positions in financial journalism, with Margot Naylor being the first British female financial journalist. She joined the renowned »Investors' Chronicle« in 1952, where she started her regular column »Investment Pathfinder« in 1960[131], followed by spells at »The Observer«, »The Statist« and the »Daily Mail«. By

---

126 *Westropp*, Invest £100, p. 11. See also *P. J. Naish*, The Complete Guide to Personal Investment, London 1962, p. 18: »To some extent all dealings in money and investment contain an element of speculation«.
127 *Jon Lawrence*, Class, »Affluence« and the Study of Everyday Life in Britain, c. 1930–1964, in: Cultural and Social History 10, 2013, pp. 273–299; *id.*, ›Paternalism, Class and the British Path to Modernity‹, in: *Simon Gunn/James Vernon* (eds.), The Peculiarities of Liberal Modernity in Imperial Britain, Berkeley 2011, pp. 147–164.
128 *Jack Medomsley*, Opportunities for the Small Investor, Durham 1978, p. 8.
129 HC Deb vol. 625, c. 832, 24 June 1960. In a similar vein, the later Labour Prime Minister, Harold Wilson, frequently condemned the Stock Exchange as a casino: »Are we really to counter the Soviet industrial developments with an economic system the higher manifestations of which are the take-over bid and a Stock Exchange behaving like a casino run mad?« 28.10.1959, HC Deb, vol. 612, cc. 242–364.
130 *Gordon Cummings*, The Complete Guide to Investment, Harmondsworth 1963, p. 10. For this type of legitimization see also *Medomsley*, Opportunities for the Small Investor, p. 7: »The Stock Market is really one of the few places where the reader, if so disposed, can take literally and put into practice the exhortation in the parable of the talents. Go out and do something with your spare capital; do not dig a hole to put it in.«
131 Investment Pathfinder, in: Investors' Chronicle, 23.9.1960. On this occasion she earned the wrath of one of her female readers, when she suggested »that housewives should use their shopping experience to invest in those firms which make their favourite products.« Two weeks

securing an »acceptance in the masculine stronghold, the City of London«, she paved the way for fellow female journalists like Louise Botting of the »Daily Mail« or Margaret Dibben of »The Guardian«.[132]

These careers were remarkable achievements considering that the City still largely recruited itself from a handful of all-male public schools and Oxbridge colleges, making it even more resistant to gender equality than other spheres of post-war British society.[133] It took the Stock Exchange until 1973 to grant membership to female applicants. A 1962 standard work on the »House« quotes a poem titled »Fair Shares« of a »poetically inclined member« that summed up the Exchange's stance on women membership: »We'll share with you gladly/our homes and our hearths/[…] Our pleasures, and treasures/THOUGH NEVER ›THE HOUSE‹«[134]

Among the wider financial community, misogyny and sexist stereotypes were rampant.[135] A senior stockbroker shared his view on women investors with a female reporter of the Investor's Guide, a City supplement of the »Evening Standard«:

»Women as buyers of securities are too hysterical […]. They don't study market conditions. If things are going up, they plunge in headlong and don't know what they're buying. The minute the price goes down they start screaming and want to sell. And that goes for about 95 pc of them. Women are the poorest managers of money.«[136]

This attitude was still prevalent in 1978, when the preface of an investment guide assumed its readership to be male, since »ladies tend, perhaps because of their maternal and protective instincts, to avoid situations of more than average risk«.[137]

How simply incorrect these views were can be shown by the example of investment clubs, several of which had female-only membership. In the late 1950s and early 1960s, privately organized investment clubs of hobby investors mushroomed across the country. In May 1959, the newly founded National Association of Investment Clubs (NAIC) presided over 70 registered clubs, together disposing over capital of about £50,000.[138] By September the following year, there were 400 investment clubs and the funds invested through them estimated at £600,000.[139] Pooling their members' money and investing it

---

later, Mrs Violet Gladwell from Cullompton, Devon, protested against this patronising advice: »As a regular, and very interested reader of the IC I feel that the articles addressed to women readers by Margot Naylor are an affront to their intelligence and bring a flavour of ›Peg's Paper‹ into a very informative and adult magazine. Most of my women friends […] are keenly interested in the stock market, and are shrewd investors. Am I not correct in thinking that nearly 50 per cent. of investors in Ordinary shares are women? Why single them out for this infantile talk? I don't think such ›nit wits‹ as Margot Naylor appears to be talking to would ever have the common sense to read a paper like the IC, so the articles are a waste of precious space.« Letters to the Editor. »Investment Pathfinder«, in: Investors' Chronicle, 7.10.1960.

132 Quote from her obituary, Margot Naylor. An appreciation, in: The Times, 30.9.1972. See also Margot Naylor, in: The Observer, 24.9.1972.
133 The strong grip of Old Etonians on top positions in the Bank of England, the Stock Exchange and the leading merchant banks was particularly striking. See *Kynaston*, A Club No More, pp. 201, 332, 422 and 514.
134 *Edward Victor Morgan/William Arthur Thomas*, The Stock Exchange. Its History and Functions, London 1962, p. 259.
135 See *Kynaston*, A Club No More, pp. 148–150 and 419–420 among countless incidences.
136 *Doreen Chaundy*, Woman's Angle. Dictum Meum Pactum, in: The Investor's Guide 2, 1960, p. 11.
137 *Medomsley*, Opportunities for the Small Investor, p. 7.
138 Growing Number of Investment Clubs, in: The Times, 5.5.1959.
139 Clubs for Small Capitalists, in: The Times, 5.9.1960; Investment Club X-Ray, in: Investors' Chronicle, 4.11.1960; *Kellett*, Ordinary Shares for Ordinary Savers, p. 25.

collectively, investment clubs essentially worked by the same logic as unit trusts. The difference of this non-institutional equivalent was that members could socially interact, devise common strategies and engage more actively with the intricacies of the stock market by deciding over the club's portfolio democratically. Direct involvement, whether individually or collectively, was furthermore celebrated as a more stirring experience than institutional investment: »Investing through the medium of a management company takes the thrill out of backing one's own judgment against that of the market and, although it minimises likely losses, investing in this indirect way also minimises the gains that can be expected from a successful investment policy.«[140]

By 1964, the even NAIC published a monthly newsletter, the »Stockholder«, which kept members up to speed about investment opportunities, social events and served as a discussion forum for all kinds of questions surrounding the stock market.[141] Curiously, the National Association's annual meeting brought regular embarrassment to all-male clubs as they were repeatedly »soundly beaten by the women in a test of investing skill«.[142] For the »interesting fact that on average all-female clubs outperform their all-male opposites«[143] two reasons were given: women's »chariness of anything that might be considered speculation« and their choice of investments in »companies they are familiar with from shopping«.[144]

The share fever of the 1950s and 1960s began to ebb away in the 1970s. The continuing dominance of financial institutions, the global bear market following the collapse of the Bretton Woods system in 1973 and Britain's generally deteriorating economic condition, made the 1970s a bleak decade for Britain's investing public. But although the small investor was pushed to the margins by rapidly expanding pension funds and life insurance companies, there remained a lively investment culture in form of both individual and collective participation, in any way outside of financial institutions. Certainly these investment clubs and private investors, whether affluent or less well off, were out for a profit or a higher than average return on their savings, particularly at times of inflation. However, it was about more than that. Private investment provided entertainment and excitement, not because dealing in stocks and shares necessarily *was* gambling, but because it promised similar thrills of risk and reward than betting on horses, football or dog races.

IV. CONCLUSION: THATCHERISM – POPULAR CAPITALISM?

Thatcher's three governments between 1979 and 1990 are widely famed – or disdained – for their wide-ranging privatisation programme that saw nationalised industries sold in heavily advertised give-away flotations.[145] As a way of concluding on the issue of private

---

140 *Russell Taylor*, Investment, London 1963, p. 55. See also *Gifford/Stevens*, Making Money on the Stock Exchange, p. 180: »I must admit they [unit trusts] don't sound very exciting. Why does anybody buy them?«
141 In 1970, the newsletter was renamed »The Shareholder and New Investor«.
142 Congenial Talk about Money. Investment Clubs in Conference, in: The Times, 26.9.1960.
143 Female Clubs in the Lead, in: The Times, 5.9.1967.
144 In the Money. Investment Clubs, in: The Times, 9.7.1962. These explanations may sound patronizing. Behavioural economists, however, would argue that a strategy of passive shareholding while focussing on stocks of companies one is acquainted with is the best investment strategy, *Brad M. Barber/Terrance Odean*, Trading Is Hazardous to Your Wealth. The Common Stock Investment Performance of Individual Investors, in: The Journal of Finance 55, 2000, pp. 773–806.
145 See Sina Fabian's contribution in this volume and my recent article: *Kieran Heinemann*, Aktien für alle? Kleinanleger und die Börse in der Ära Thatcher, in: VfZ 64, 2016, pp. 637–663.

investment, it is worthwhile to pick up on how the competing notions of share ownership that structured the interest of this article played out in the Thatcher years.

Thatcher revived and exaggerated Noel Skelton's rhetoric of a property- and share-owning democracy. Like the Scottish Unionist, she framed wider share ownership primarily as a social policy intended for fostering responsibility and economic enfranchisement. Thatcher furthermore linked these terms to her vision of reinvigorating ›Victorian values‹ of thrift, hard work and honest money, the alleged demise of which she and many of her allies had identified as the root-cause of Britain's supposed moral and economic decline.[146] Her 1985 speech to Conservative trade unionists gives an impression of the moral diligence of privatisation beyond its aim of »rolling back the frontiers of the state«:

»But there is another purpose behind privatisation: Wider share ownership. It should be as natural for people to own shares as to own their home or to own a car. [...] All of this helps to build a more robust and more responsible society. The strength of our policies is that they are founded on the basic instincts of our people. An instinct: for ownership, for thrift, for honest work, for fair rewards, and for helping others.«[147]

One side effect of privatisation was that it brought down the City's conservative attitude towards small investors. In a 1992 speech, the leading Thatcherite, John Moore, noted how the government's plans to spread share ownership by floating British Telecom on the Stock Exchange in 1984, when Moore was Financial Secretary to the Treasury, were perceived by »a senior City figure«: »›But John‹, he said in a shocked voice, ›we don't want all those kind of people owning shares, do we?‹«[148] By the end of the decade, however, privatisation had proven a hugely successful business for British investment banks like »Kleinwort Benson« and »N. M. Rothschild«. Furthermore, even the spectacular growth of shareholder numbers did not turn back the tide of institutional dominance, meaning that the private investor's investment decisions hardly influenced the market anymore.[149]

In many ways, however, Thatcher's privatisations were not an incentive to invest on the long-term, but to speculate on the short-term. The government deliberately undervalued the issue price of each initial public offering, which was at odds with »neoliberal« economics, but allowed ministers to orchestrate the oversubscribed flotations of nationalised industries as a political success of free-market capitalism.[150] Due to the sales of state assets like British Telecom, Airways, Gas etc. the number of individual shareholders in Britain reached 11 million in 1990.[151] However, it was widely known that the issues were undervalued. Many did not apply to hold the shares on a long-term basis, but merely to

---

146 Take, for example, Thatcher's closest ally, Keith Joseph, arguing in 1974 that Britain needed to »re-moralise [its] national life«: »If we cannot restore the family and civilised values to health, our nation can be utterly ruined, whatever economic policies we might try to follow, for economics is deeply shaped by values, by the attitude towards work, thrift, ethics, public spirit.« *Matthew Grimley*, Thatcherism, Morality and Religion, in: *Jackson/Saunders*, Making Thatcher's Britain, pp. 78–94, here: p. 82.
147 Speech to Conservative Trade Unionists Conference, 30 November 1985, Margaret Thatcher Foundation website, URL: <http://www.margaretthatcher.org/document/106185> [7.11.2016].
148 *John Moore*, Privatization Everywhere. The World's Adoption of the British Experience, London 1992, p. 27. The passage is also mentioned in *Francis*, A Crusade to Enfranchise the Many, p. 292.
149 By 1989, the market value of small shareholdings had declined to 20%. Office for National Statistics, Share Ownership. A Report on the Ownership of Shares at 31st December 1997, London 1997, p. 8.
150 *John Vickers/George Yarrow*, Privatization. An Economic Analysis, Cambridge 1988, pp. 171–194.
151 A Nation of Shareholders. Report of the CBI Wider Share Ownership Task Force, London 1990. This boost in absolute numbers did not turn back the tide of institutional dominance.

»stag« the issue. The »stag« is a speculator who targets new issues by subscribing for as many shares as possible without having an interest in the underlying company. Knowing that an artificially low issue is bound to go up, stags merely aim to re-sell allotted shares swiftly and cash in an easy profit.[152] Each privatisation showed the similar pattern of being »stagged« on a large scale.[153] »The Sunday Times'« City editor, Graham Searjeant, polemicised that the term »small investor became a euphemism for thousands of ordinary newspaper readers who can spot a no-loss speculation«.[154] The critique of privatisation by a liberal newspaper that was otherwise ardently Thatcherite is highly revelatory for perceived developments in the investing public leading up to »popular capitalism«:

»Genuine mass participation would require a much more imaginative approach. Today's residual active small shareholders are, by and large, not pink-nosed rabbits inhabiting a vanishing habitat and waiting for kindly ministers to set up financial nature reserves. They survived in a hostile environment by natural selection, by learning to be more like speculators.«[155]

Elsewhere, the state-funded business of »stagging« was promoted in an entirely unabashed manner. The »Daily Mail«, for example, urged its readers to cash in on »a quick, easy profit in early trading«.[156] The paper's City editor, Michael Walters, who authored several popular stock market manuals during the 1980s, promoted a fairly simple view on privatisation issues: »What matters is the chance of quick, fat profits. […] Never mind the industrial strategy; enjoy the thrill of a soaring share price.«[157]

However, this attitude not only lays bare an individualistic mentality of self-enrichment characteristic of the Thatcher era. This mentality is deeply embedded in the emergence of »short-termism« that saw financial behaviour become ever more myopic in the 1980s. As the average holding period on the London Stock Exchange dramatically declined, securities were less and less seen as an ownership form in the sense that Ellis Powell, Noel Skelton, Hargreaves Parkinson or Thatcher had all championed. One classic investment guide of the 1980s could not that defied the concept of a property-owning democracy more openly when he pinned down the *Zeitgeist* of the 1980s: »Firstly, we must only treat company shares as pieces of paper, and form no other relationship with them other than that they are a means of making a profit.«[158]

In the realm of private share ownership, the great transformation of the 1980s is not the creation of a »genuinely popular capitalism«[159], which the former Prime Minister, David

---

152 *J. T. Stafford*, The Share-Owner's Guide. How to Invest Profitably and Safely in Shares, Cambridge 1987, p. 75: »New issues of shares have always been popular with some investors, especially because of their scope for making a quick profit – called ›stagging‹. But the Government's most recent privatisation issues have elevated stagging to something of a national sport. It seems well nigh impossible to make a loss on the privatisations – whether you're a stag or a long-term investor – but this is not the case with all issues of new shares«.
153 »The number of shareholders in British Aerospace fell from 158,000 initially to 27,000, Cable & Wireless from 150,000 to 27,000 and Amersham International from 63,000 to 10,000 in the months following flotation.« *David Parker*, The Official History of Privatisation, vol. 1: The Formative Years 1970–1987, London 2009, pp. 160f.
154 *Graham Searjeant*, The Joys of Making a Quick Profit, in: The Sunday Times, 21.2.1982.
155 *Graham Searjeant*, The Wit to Woo Small Investors, in: The Sunday Times, 2.5.1982, p. 53.
156 *Michael Walters*, Time for Sid to Turn on to Gas, in: Daily Mail, 28.11.1986, p. 41.
157 *Michael Walters*, How to Make a Killing in the Share Jungle, London 1987, p. 72. See also *id.*, How to Make a Killing in Penny Shares, London 1987; *id.*, How to Make a Killing in New Issues, London 1988.
158 *Brian J. Millard*, Stocks and Shares Simplified. A Guide for the Smaller Investor, Chichester/New York 1989, p. 71. Previous editions were published in 1981 and 1986.
159 David Cameron, 19 January 2012. Full speech at URL: <http://www.businesszone.co.uk/deep-dive/future/david-cameron-calls-for-popular-capitalism-the-full-speech> [7.11.2016]. David

Cameron, singled out as the main achievement of Margaret Thatcher's administration. Instead, this decade saw former taboos around profiteering, speculating and personal enrichment collapse and saw investment becoming increasingly unhinged from social and economic contexts.

Sina Fabian

»Popular Capitalism« in Großbritannien in den 1980er-Jahren[*]

»In the 80s I became a capitalist with NFC shares and used some of my unearned rewards to become a home owner. I also bought my first brand new car ever.«[1] So bilanzierte ein britischer Arbeiter im Jahr 1990 das vorangegangene Jahrzehnt. Es zeichnete sich für ihn allerdings noch durch ein weiteres Merkmal aus: »It was also the decade of redundancy '83 and '86.«[2] Die 1980er-Jahre waren für ihn demnach sowohl eine Zeit des steigenden materiellen Wohlstands als auch ein zumindest streckenweise prekärer Lebensabschnitt. Diese beiden Pole sind charakteristisch für die Regierungszeit Margaret Thatchers.[3] Doch wie lassen sich der steigende materielle Wohlstand auf der einen und die Zunahme sozialer Unsicherheiten auf der anderen Seite, die bis heute nachwirken, erklären?

Diese Frage steht im Folgenden im Zentrum meiner Ausführungen zum »popular capitalism« in Großbritannien in den 1980er-Jahren. Der Begriff beschreibt ein sozialpolitisches Projekt der konservativen britischen Regierung unter Margaret Thatcher, das Eigentum auf eine möglichst breite gesellschaftliche Basis ausweiten wollte, um so einen Volkskapitalismus zu etablieren und die Abhängigkeit der Individuen vom Staat zu reduzieren.[4] Ihr Ziel war es, »Arbeiter zu Eigentümern« zu machen und so den Weg zu einer »neuen Gesellschaft« zu bereiten.[5] Die beiden Hauptsäulen dieses »Volkskapitalismus« stellten der Erwerb von Wohneigentum und der Besitz von Aktien dar.

Die Thatcher-Regierung schuf während ihrer Amtszeit von 1979 bis 1990 eine Vielzahl von Anreizen, um dieses Ziel zu erreichen. Dabei standen, wie die jüngere Forschung gezeigt hat, ökonomische Interessen, etwa bei der Privatisierung von Staatsunternehmen, teilweise hinter dem sozialpolitischen Ziel zurück.[6] Während ein Großteil der Reformen, die zur Ausweitung des Volkskapitalismus führen sollten, bei der Bevölkerung auf großen Zuspruch stieß, zeigt der vorliegende Beitrag, dass der »popular capitalism« durchaus Schattenseiten hatte, indem er zur Ausweitung sozialer Ungleichheit beitrug. Daraus ergeben sich folgende Fragen: Mit welchen politischen Anreizen versuchte die konservative

---

[*] Für wertvolle Hinweise zu diesem Aufsatz danke ich Martina Steber, der Redaktion des Archivs für Sozialgeschichte und den Teilnehmern des Bonner Autorenworkshops.
[1] Mass Observation Archive (MOA), Retrospective on the 1980s, Frühling 1990, SxMOA2/1/31/2 R470. Die »National Freight Corporation« (NFC) war ein britisches Transportunternehmen, das als eines der ersten größeren staatlichen Unternehmen während Margaret Thatchers Amtszeit im Jahr 1982 privatisiert wurde.
[2] Ebd.
[3] Vgl. dazu: *Sina Fabian*, Boom in der Krise. Konsum, Tourismus, Autofahren in Westdeutschland und Großbritannien 1970–1990, Göttingen 2016.
[4] *Margaret Thatcher*, The Downing Street Years, London 1993, S. 676f. Vgl. dazu auch *Ewen Henry Harvey (E.H.H.) Green*, Thatcher, London/New York 2010, S. 97–101; *Dietmar Süß*, Idee und Praxis der Privatisierung. Eine Einführung, in: *Norbert Frei/ders.* (Hrsg.), Privatisierung. Idee und Praxis seit den 1970er Jahren, Göttingen 2012, S. 11–31, hier: S. 11f.
[5] Speech to Conservative Rally in Harrogate, 9.6.1987, URL: <http://www.margaretthatcher.org/document/106880> [1.9.2016]. Nahezu alle öffentlichen Äußerungen Margaret Thatchers finden sich auf der Seite der ihr nahestehenden »Margaret Thatcher Foundation«, URL: <http://www.margaretthatcher.org> [1.9.2016].
[6] *Matthew Francis*, ›A Crusade to Enfranchise the Many‹: Thatcherism and the ›Property-Owning Democracy‹, in: Twentieth Century British History 23, 2012, S. 275–297; *Green*, Thatcher, S. 97–101.

Regierung, den Volkskapitalismus zu etablieren? Wie genau wurde das Konzept in der Bevölkerung aufgenommen? Inwieweit handelte die Bevölkerung so, wie es die konservative Regierung mit ihren Anreizen anstrebte und welche weiteren, nicht intendierten Folgen offenbarte die Popularisierung des Volkskapitalismus?

Im Fokus des Aufsatzes stehen somit die konkreten Praktiken des »popular capitalism« sowohl mit Blick auf die Regierung als auch auf die britische Bevölkerung sowie seine sozialen Auswirkungen. Zur historischen Entwicklung des Konzepts und seiner ideellen Verortung liegen bereits mehrere Studien vor.[7] Während Überblicksdarstellungen auf die gesellschaftlichen Auswirkungen einzelner Aspekte des »popular capitalism«, wie die Zunahme sozialer Ungleichheit und einer hohen Verschuldung privater Haushalte, hinweisen, wurden sie bisher nur in geringem Maße detailliert und übergreifend untersucht.[8] Dies ist auch deshalb von Interesse, weil die in den 1980er-Jahren angelegten Entwicklungen die britische Gesellschaft bis heute nachhaltig prägen.

In einem ersten Schritt nehme ich das Konzept des »popular capitalism« in den Blick und untersuche seine Genese und seine politische Verortung. So lassen sich die Reformen und Anreize der Regierung sowie die sozialen Konsequenzen verstehen, die in den folgenden Abschnitten Gegenstand der Untersuchung sind. Anschließend steht die Ausweitung des Aktienbesitzes im Vordergrund, während ich im darauffolgenden Kapitel die Ausweitung von Wohneigentum in der britischen Bevölkerung analysiere. Der dritte Abschnitt führt die beiden Entwicklungen zusammen und untersucht die sozialen Auswirkungen des Volkskapitalismus, insbesondere die Zunahme sozialer Ungleichheit.

In meinen Ausführungen stütze ich mich in erster Linie auf öffentliche Äußerungen Margaret Thatchers und auf Regierungsakten ihrer Amtszeit. Eine weitere zentrale Quellenbasis stellen die Selbstzeugnisse aus dem »Mass Observation Archive« (MOA) dar. Das »Mass Observation Project« (MOP) versendet mehrmals im Jahr Fragekataloge, zu denen sich die Teilnehmerinnen und Teilnehmer in Essayform äußern. Diese beschäftigen sich mehrheitlich mit Themen des Alltags und aktuellen gesellschaftlichen Fragen. Trotz der Fülle des Materials lassen sich aus den Berichten keine allgemeingültigen, quantitativen Befunde ableiten. So sind etwa Akademiker aus dem linksliberalen Milieu und ältere Frauen unter den Teilnehmern deutlich überrepräsentiert. Auch die teilweise suggestive Themen- und Fragestellung wirft quellenkritische Probleme auf. Deshalb werden die MOP-Berichte als Zeitzeugen-Äußerungen verstanden und interpretiert, die einen Einblick in die zeitgenössische Wahrnehmung einer Vielzahl von Einzelpersonen geben.[9]

---

7 Vgl. ebd., S. 83–101; *Francis*, ›A Crusade to Enfranchise the Many‹; *Harriet Jones*, ›This is Magnificent!‹. 300,000 Houses a Year and the Tory Revival after 1945, in: Contemporary British History 14, 2000, S. 99–121; *dies.*, »New Conservatism«? The Industrial Charter, Modernity and the Reconstruction of British Conservatism after the War, in: *Becky Conekin/Frank Mort/Chris Waters* (Hrsg.), Moments of Modernity. Reconstructing Britain 1945–1964, London 1999, S. 171–188.

8 Vgl. *Graham Stewart*, Bang! A History of Britain in the 1980s, London 2013, S. 380–424; *John Campbell*, Margaret Thatcher, Bd. 2: The Iron Lady, London 2003, S. 232–252; *Richard Vinen*, Thatcher's Britain. The Politics and Social Upheaval of the 1980s, London 2009, S. 178–208.

9 Vgl. zum »Mass Observation Project« und seinen methodologischen Schwierigkeiten *Nick Hubble*, Mass-Observation and Everyday Life. Culture, History, Theory, Basingstoke/New York 2006; *Annebella Pollen*, Research Methodology in Mass Observation Past and Present: ›Scientifically, about as Valuable as a Chimpanzee's Tea Party at the Zoo‹?, in: History Workshop Journal 75, 2013, S. 215–235; *David Bloome/Dorothy Sheridan/Brian Street*, Reading Mass Observation Writing: Theoretical and Methodological Issues in Researching the Mass Observation Archive, in: Occasional Papers of the Mass Observation Archive, 1993, Nr. 1, o. S.

I. »A NATION OF OWNERS« – DAS KONZEPT DES »POPULAR CAPITALISM«

»Private ownership – of companies, of homes, of property of every kind – goes far deeper than mere efficiency. All of us in politics have dreams. It is part of mine to give power and responsibility back to people, to restore to individuals and families the sense and feeling of independence. The great reform of the last century was to make more and more people voters. The great reform of our time is to make more and more people owners. Popular capitalism is a crusade: a crusade to enfranchise the many in the economic life of Britain.«[10]

In dieser Aussage, die Margaret Thatcher in leicht abgeänderter Form mehrfach öffentlich kundtat, kommt zum Ausdruck, was die Premierministerin unter »popular capitalism« verstand und welche Bedeutung sie ihm beimaß. Für sie war er demnach ebenso bedeutsam wie die Ausweitung des demokratischen Wahlrechts im 19. und frühen 20. Jahrhundert. Zudem wird deutlich, dass Thatcher mit der Ausweitung des »popular capitalism« auf eine Veränderung der Gesellschaft abzielte. Ihr Hauptfokus lag auf der breiten Mittelschicht, die sie als »ordinary working people« verstand. Dabei vermied sie dezidiert den Klassenbegriff.[11] Der Volkskapitalismus sollte es diesem Teil der Bevölkerung ermöglichen, Eigentum zu erwerben, um so möglichst unabhängig vom Staat zu sein. Bereits in diesem Verständnis ist eine soziale Ungleichheit angelegt. Sie impliziert, dass jede Person, wenn sie sich anstrenge, die Möglichkeit habe, vom »popular capitalism« zu profitieren:

»This is the way to build one nation, not to look at them as north or south, one class or another. We say: It does not matter who you are, where you come from, you shall have your opportunity and you too shall own property; you too shall have the chance to own shares, build up your savings. That is the way to build one Britain – and we are doing it.«[12]

Haushalte, die dennoch weiterhin in Abhängigkeit vom Staat lebten, waren Thatchers Verständnis nach weitgehend selbst schuld daran, weil sie sich nicht genug anstrengten. Dieses Verhalten würde durch eine großzügige Unterstützung des Staats noch gefördert. Deshalb sollte der Staat nur in absoluten Notlagen helfen und lediglich die Lebensgrundlage sichern.[13] Ihr Biograf John Campbell attestiert ihr auf dieser Basis fehlendes Mitgefühl und Verständnis für die Lebenslagen ärmerer Menschen.[14] Durch den Volkskapitalismus, so die Hoffnung Thatchers, könnte sich die Mehrheit, die erfolgreich daran partizipierte, um den kleinen Teil der Bevölkerung kümmern, dem dies nicht gelang. So könne sich der Staat

---

10 Speech at Lord Mayor's Banquet, 10.11.1986, URL: <http://www.margaretthatcher.org/document/106512> [1.9.2016].
11 Vgl. *Jon Lawrence/Florence Sutcliffe-Braithwaite*, Margaret Thatcher and the Decline of Class Politics, in: *Ben Jackson/Robert Saunders* (Hrsg.), Making Thatcher's Britain, Cambridge/New York etc. 2012, S. 132–147; *David Cannadine*, Class in Britain, London 2000, S. 171–180.
12 TV Interview for BBC, 11.5.1987, URL: <http://www.margaretthatcher.org/document/106615> [1.9.2016]. Mit dem Begriff »one nation« bezog sich Thatcher auf eine einflussreiche Strömung innerhalb der Konservativen, die paternalistisch und sozialpolitisch ausgerichtet und konsens orientiert ist. One-Nation-Tories beziehungsweise »Wets« gehörten zu den parteiinternen Kritikern Thatchers. Vgl. dazu *Green*, Thatcher, S. 41–46; *Eric J. Evans*, Thatcher and Thatcherism, London/New York 1997, S. 41–48. Vgl. dazu auch *Florence Sutcliffe-Braithwaite*, Neo-Liberalism and Morality in the Making of Thatcherite Social Policy, in: The Historical Journal 55, 2012, S. 497–520; *Richard Toye*, From ›Consensus‹ to ›Common Ground‹. The Rhetoric of the Postwar Settlement and its Collapse, in: Journal of Contemporary History 48, 2013, S. 3–23, hier: S. 17–23.
13 Interview for Woman's Own, 23.9.1987, URL: <http://www.margaretthatcher.org/document/106689> [1.9.2016].
14 *Campbell*, Thatcher, Bd. 2, S. 247f.

weitgehend aus der sozialen Fürsorge herauszuehen.[15] Dieses Verständnis kommt in dem häufig verkürzten Zitat Thatchers »There is no such thing as society« zum Ausdruck. Im Gesamtzusammenhang betont Thatcher, dass zu viele Menschen ihre Probleme auf die Gesellschaft abwälzten, in der Überzeugung, diese kümmere sich darum:

> »Who is society? There is no such thing! There are individual men and women and there are families and no government can do anything except through people and people look to themselves first. It is our duty to look after ourselves and then also to help look after our neighbour and life is a reciprocal business [...].«[16]

Aufgabe der Regierung war es demnach, Reformen durchzuführen und Anreize zu schaffen, die die Etablierung des »popular capitalism« förderten. So sollte eine neue Gesellschaftsordnung entstehen, in der der Staat kaum noch eine Rolle spielte. Dies betraf insbesondere den Wohnungssektor. Thatchers Meinung nach war es nicht die Aufgabe des Staats, für Wohnraum zu sorgen.[17]

Thatcher verwendete den Begriff »popular capitalism« häufig synonym mit »property-owning democracy« oder »share-owning democracy«.[18] Er tauchte seit 1986 vermehrt in den öffentlichen Äußerungen der Premierministerin und anderer Regierungsmitglieder auf, so etwa prominent auf dem Parteitag der Konservativen im Oktober 1986 in Bournemouth und bei der Vorstellung des Haushaltsplans im selben Jahr.[19] »Popular capitalism« bezog sich zumeist auf Eigentum jeglicher Art, beispielsweise Immobilien, Aktien, Land oder die Teilhabe an einem Unternehmen. Thatchers Ziel war es, aus jedem Menschen einen Kapitalisten zu machen. Was genau einen Kapitalisten ihrer Meinung nach auszeichnete, beschrieb sie jedoch unterschiedlich. Ein Argument, das in diesem Zusammenhang regelmäßig genannt wurde, war, dass Eigentum die Bürger unabhängiger vom Staat mache.[20]

---

15 Vgl. Speech at Lord Mayor's Banquet, 10.11.1986; Speech to Scottish Conservative Party Conference, 15.5.1987, URL: <http://www.margaretthatcher.org/document/106814> [1.9.2016]. Darauf, dass diese Vision bei Weitem nicht Realität wurde, sondern die Aufwendungen etwa für den staatlichen Gesundheitssektor und für die staatliche Arbeitslosenunterstützung in den 1980er-Jahren zunahmen, haben Studien bereits hingewiesen. Vgl. *Jenny Pleinen*, »Health inequalities« und Gesundheitspolitik im Großbritannien der »Ära Thatcher«, in: AfS 54, 2014, S. 245–265; *Winfried Süß*, Massenarbeitslosigkeit, Armut und die Krise der sozialen Sicherung. Großbritannien und die Bundesrepublik im Vergleich, in: *Thomas Schlemmer* (Hrsg.), Die Krise der Arbeitsgesellschaft 1973–1989. Die Bundesrepublik Deutschland im europäischen Kontext, München 2009, S. 55–66.
16 Interview for Woman's Own, 23.9.1987, URL: <http://www.margaretthatcher.org/document/106689> [1.9.2016]. Vgl. dazu auch *Green*, Thatcher, S. 43f.
17 Vgl. *Campbell*, Thatcher, Bd. 2, S. 234f.
18 Vgl. zum Begriff und Konzept der »property-owning democracy« *Ben Jackson*, Property-Owning Democracy. A Short History, in: *Martin O'Neill/Thad Williamson* (Hrsg.), Property-Owning Democracy. Rawls and Beyond, Malden 2012, S. 33–52.
19 Speech to Conservative Party Conference, 10.10.1986, URL: <http://www.margaretthatcher.org/document/106498>; Nigel Lawson, 1986 Budget, 18.3.1986, URL: <http://www.margaretthatcher.org/document/109503> [1.9.2016]. Da die konservative Regierung nicht trennscharf zwischen den Begriffen »property-owning democracy«, »capital-owning democracy« und »popular capitalism« unterschied und sie häufig synonym gebrauchte, verwende ich im Folgenden die Bezeichnung »popular capitalism« oder »Volkskapitalismus«.
20 Vgl. beispielsweise: Speech in Finchley, 2.5.1979, URL: <http://www.margaretthatcher.org/document/104072>; Interview for Observer, 11.4.1983, URL: <http://www.margaretthatcher.org/document/105127> [1.9.2016]. Die Vorzüge einer »property-owning democracy« wurden auch unter progressiven Labour-Politikern wie Anthony Crosland und Labour nahestehenden Ökonomen wie James Meade diskutiert. Die Ausweitung von Besitz sollte in dieser Variante in erster Linie soziale Ungleichheit abbauen. Vgl. *Ben Jackson*, Revisionism Reconsidered: ›Property-Owning Democracy‹ and Egalitarian Strategy in Post-War Britain, in: Twentieth Century British History 16, 2005, S. 416–440.

In Thatchers Äußerungen nahm die Akkumulation von Eigentum einen wesentlich höheren Stellenwert ein als Investitionen.²¹ Sie war der Meinung, Kleinanleger an der Börse seien nicht auf schnelle Gewinne aus, sondern wollten mithilfe des Aktienbesitzes langfristig ein Vermögen ansparen: »The small investor buys not really to sell the next day, the next week, the next month, the next year. Most of them buy to put it, as we would say, in the bottom drawer, to give an investment for the future.«²² Wenn es nach der Premierministerin gegangen wäre, sollte Eigentum vererbt anstatt reinvestiert werden:

»In about 25 years' time, even as far as we have got now, there will be quite a lot of people, very ordinary folk, great grandchildren, who will be inheriting something, because for the first time we will have a whole generation of people who own their own homes and will be leaving them, so that they topple like a cascade down the line of the family, leaving to others not only their homes but some of their shares.«²³

Thatcher maß Sparsamkeit eine hohe Bedeutung zu. Diese sollte sich nicht nur auf den Staatshaushalt beziehen, sondern auch auf Privathaushalte. Ihr Biograf John Campbell führt dies auf ihre methodistische Erziehung und das Vorbild ihres Vaters Alfred Roberts zurück.²⁴ Dieser besaß zwei Lebensmittelgeschäfte und engagierte sich vielfältig: politisch als Stadtrat und Bürgermeister, kirchlich als Laienpriester der konservativen Strömung in der methodistischen Kirche. Werte wie Sparsamkeit, Fleiß und Eigenverantwortung bekam Thatcher so frühzeitig und eindringlich vermittelt.²⁵ Finanzspekulationen stand sie deshalb skeptisch gegenüber.²⁶ Campbell erklärt: »[S]he did not really approve of the Stock Exchange, believing at heart that wealth should be earned by making and selling real goods and services, not by gambling and speculation.«²⁷ Gleichwohl betonte die Premierministerin öffentlich, wie erfolgreich die Liberalisierung des Finanzwesens und die Neustrukturierung der Börse waren, die erst die hohen Investitionen und Spekulationen ermöglicht hatten.²⁸

In Bezug auf Privathaushalte und den Volkskapitalismus stand für sie jedoch stets die Akkumulation von Eigentum im Vordergrund und nicht die Profitmöglichkeiten, die sich daraus ergaben. Jüngere Studien haben deshalb darauf hingewiesen, dass Thatchers Politik nicht dem neoliberalen Ideal entsprach. Das Festhalten an traditionellen Werten, nach denen sie erzogen worden war, beeinflusste ihr politisches Handeln ebenfalls stark. »A family-centred, moralistic individualism underpinned Thatcherite policies; this individualism was not precisely congruent with that of neo-liberal theorists.«²⁹ Im »popular capitalism« kamen diese mitunter widerstreitenden Überzeugungen zum Ausdruck.

---

21 Vgl. dazu exemplarisch: Speech at Lord Mayor's Banquet, 10.11.1986; Speech to Scottish Conservative Party Conference, 15.5.1987.
22 TV Interview for Thames TV This Week, 10.12.1987, URL: <http://www.margaretthatcher.org/document/106993> [1.9.2016].
23 Interview for The Times, 24.3.1986, URL: <http://www.margaretthatcher.org/document/106206> [1.9.2016].
24 *Campbell*, Thatcher, Bd. 2, S. 249.
25 Vgl. dazu: *John Campbell*, Margaret Thatcher, Bd. 1: The Grocer's Daughter, London 2000, S. 1–33.
26 Vgl. *Sutcliffe-Braithwaite*, Neo-Liberalism and Morality; *Jacqueline Botterill*, Consumer Culture and Personal Finance. Money Goes to Market, Basingstoke/New York 2010, S. 135ff.
27 *Campbell*, Thatcher, Bd. 2, S. 248f.
28 Vgl. Speech at Lord Mayor's Banquet, 10.11.1986, URL: <http://www.margaretthatcher.org/document/106512>; TV Interview for BBC1 Panorama, 8.6.1987, URL: <http://www.margaretthatcher.org/document/106647> [1.9.2016].
29 *Sutcliffe-Braithwaite*, Neo-Liberalism and Morality, S. 497. Vgl. dazu auch *Campbell*, Thatcher, Bd. 2, S. 248–252; *Jim Tomlinson*, Thatcher, Monetarism and the Politics of Inflation, in: *Jackson/Saunders*, Making Thatcher's Britain, S. 62–77. Vgl. zur Rolle, die ihre religiöse Überzeugung spielte, jüngst: *Eliza Filby*, God and Mrs Thatcher. The Battle for Britain's Soul, London 2015.

Die Idee, die Ausweitung von Eigentum in der breiten Bevölkerung zu fördern, damit diese möglichst unabhängig vom Staat sei, hatte eine lange Tradition in der Konservativen Partei.[30] Der schottische Abgeordnete Noel Skelton brachte den Begriff »property-owning democracy« bereits 1923 auf. In diesem Zusammenhang sprach er sich für die Teilhabe der Arbeitnehmer an ihren Unternehmen aus. Nach dem Ende des Zweiten Weltkriegs propagierte der konservative Premierminister Anthony Eden eine »property-owning democracy«, die in erster Line auf dem Besitz von Wohneigentum fußen sollte. Bis zum Regierungsantritt Thatchers wurde das Konzept, das unterschiedliche Formen des Besitzes beinhaltete, vielfach diskutiert. So kam bereits Ende der 1950er-Jahre der Aufruf: »Everyman a capitalist« auf. In der gleichnamigen Broschüre des »Conservative Political Centre« sprach sich der parteiinterne Thinktank für Investitionen breiter Bevölkerungsschichten in die britische Wirtschaft aus.[31] Gemeinsam war den konservativen Vertretern einer »property-owning democracy« die Überzeugung, dass die Bevölkerung dadurch unabhängiger vom Staat werde. Damit verknüpft war die skeptische bis feindliche Haltung der Tories gegenüber der insbesondere seit dem Ende des Zweiten Weltkriegs unter Labour initiierten Verstaatlichung einer Vielzahl von Unternehmen. Anders als es Thatcher vielfach betonte, hatte zwischen den Tories und Labour kein Konsens für eine »mixed economy« bestanden. Die Premierministerin knüpfte mit dem Volkskapitalismus somit an eine lange Tradition der Konservativen an.[32]

Dem Konzept lag das neoliberale, humankapitalistische Verständnis des Individuums als Unternehmer seiner selbst zugrunde. Wie Ulrich Bröckling gezeigt hat, war es ein zentraler Bestandteil neoliberaler Wirtschafts- und Gesellschaftspolitik.[33] Es fußte auf der Vorstellung des Homo oeconomicus. Dieser treffe Entscheidungen stets rational, wäge die Vor- und Nachteile ab und entscheide sich dann für die für ihn beste Option. Bröckling folgend, lässt sich ein so imaginierter Bürger in gewünschter Weise durch die Regierung steuern: »Wenn der Einzelne stets seinen Nutzen zu maximieren sucht, kann man seine Handlungen steuern, indem man deren Kosten senkt oder steigert und so das Kalkül verändert.«[34] Aufgrund dieser Vorstellung schuf die Thatcher-Regierung Anreize, die die Etablierung des Volkskapitalismus begünstigen sollten. In diesem Sinne sind die im Folgenden dargestellten Anreize zu Aktienerwerb und Hauskauf zu verstehen. Dem unternehmerischen Selbst sollten die größtmögliche Entscheidungsfreiheit und eine Vielzahl an Optionen zustehen, aus denen es sich die für ihn passenden heraussuchen konnte.[35] Zu diesem Verständnis gehörte jedoch auch, dass das unternehmerische Selbst nicht vor eigenen Fehlentscheidungen geschützt werden musste.

Eine wichtige Voraussetzung für die Umsetzung des Volkskapitalismus-Modells war die Verfügbarkeit von Krediten für die Bevölkerung. Denn erst so war es dem rational han-

---

30 Vgl. *Green*, Thatcher, S. 83–101; *Francis*, ›A Crusade to Enfranchise the Many‹; *Jackson*, Property-Owning Democracy.
31 Conservative Political Centre (Hrsg.), Everyman a Capitalist. Some Proposals for the Small Saver in Industry, London 1959.
32 Vgl. zu den langen Traditionslinien der Thatcher-Politik: *E.H.H. Green*, Ideologies of Conservatism. Conservative Political Ideas in the Twentieth Century, Oxford/New York etc. 2002. Vgl. zum »Konsens-Mythos«: *Harriet Jones/Michael Kandiah* (Hrsg.), The Myth of Consensus. New Views on British History, 1945–64, Basingstoke/New York 1996; *Toye*, From ›Consensus‹ to ›Common Ground‹.
33 Vgl. *Ulrich Bröckling*, Das unternehmerische Selbst – Soziologie einer Subjektivierungsform, Frankfurt am Main 2007, hier insb.: S. 86ff.
34 Ebd., S. 90. Vgl. zum neoliberalen Verständnis des Verbrauchers der Thatcher-Regierung: *Christopher Payne*, The Consumer, Credit and Neoliberalism. Governing the Modern Economy, New York/Abingdon 2012.
35 *Bröckling*, Das unternehmerische Selbst, S. 88f.

delnden unternehmerischen Selbst möglich, Finanzentscheidungen und -investitionen zu tätigen.³⁶ Die Kreditaufnahme wurde durch die Liberalisierung des Banken- und Finanzwesens unter Margaret Thatcher erheblich erleichtert.³⁷ Bis in die 1980er-Jahre war dieser Sektor stark staatlich reguliert. So bestanden gesetzliche Bestimmungen, in welchem Ausmaß und für welchen Zweck eine Bank Privatkredite vergeben durfte. Auch der Aufgabenbereich von Banken und Bausparkassen (»building societies«) war zuvor getrennt gewesen.³⁸ Die konservative Regierung hob diese strikte Trennung auf, sodass sich die Finanzinstitute in ihren Dienstleistungen immer stärker anglichen. Zudem erhöhte die Regierung den Kreditrahmen, den Geldinstitute Privatpersonen gewähren durften.³⁹ Durch die Liberalisierung verstärkte sich der Konkurrenz- und Wettbewerbsdruck unter den Finanzinstituten deutlich. Dies führte zu höheren Krediten und zu günstigeren Konditionen. Hinzu kam, dass die Kreditnehmer kaum noch Sicherheiten vorweisen mussten. Die Kreditaufnahme stieg so in den 1980er-Jahren massiv an.

Obwohl die konservative Regierung die Kreditaufnahme von Privatpersonen, die die Teilhabe am Volkskapitalismus ermöglichte, guthieß und diese auch steuerlich förderte, stand sie im Widerspruch zu einer strikt monetaristischen Politik. Deren Ziel war es, die Geldmenge zu steuern und zu begrenzen.⁴⁰ Die Thatcher-Regierung tat dies, indem sie die Höhe des Leitzinses variierte. Dies geschah sehr häufig. Alleine im Jahr 1982 griff sie 36-mal korrigierend ein.⁴¹ Die Zinsen waren insbesondere zu Beginn und zum Ende von Thatchers Amtszeit hoch und belasteten Kreditnehmerinnen und -nehmer.

II. »TELL SID!« – AKTIEN FÜR DEN »ORDINARY MAN ON THE STREET«

Die Privatisierung fast aller staatseigenen Unternehmen in den 1980er-Jahren stellte einen zentralen Aspekt der Politik Margaret Thatchers dar. Sie fand zugleich international breite Aufmerksamkeit. Großbritannien galt in dieser Hinsicht als Vorreiter. Während Thatchers

36 Vgl. *Payne*, The Consumer, Credit and Neoliberalism, S. 121ff.
37 Eine neuere umfassende Untersuchung zur Liberalisierung des Finanzwesens während der 1980er-Jahre und ihren Folgen steht noch aus. Vgl. dazu *Stewart*, Bang!, S. 380–424. Einführend dazu auch *Botterill*, Consumer Culture and Personal Finance. Für einen historischen Überblick zum Finanzkapitalismus vgl. *Ranald Michie*, Financial Capitalism, in: *Larry Neal/Jeffrey G. Williamson* (Hrsg.), The Cambridge History of Capitalism, Band II: The Spread of Capitalism: From 1948 to the Present, Cambridge/New York etc. 2014, S. 230–263. Vgl. zur Entwicklung des Finanzmarktkapitalismus sowohl in historischer Perspektive als auch seit den 1980er-Jahren mit einem Fokus auf Deutschland: *Paul Windolf* (Hrsg.), Finanzmarktkapitalismus. Analysen zum Wandel von Produktionsregimen, Kölner Zeitschrift für Soziologie und Sozialpsychologie 45, 2005, Sonderheft. Vgl. zur Kritik an der neoliberalen Wirtschafts- und Finanzpolitik und einem Plädoyer für einen »deutschen Sonderweg der ökonomischen Theorie«: *Hans-Ulrich Wehler*, Die Deutschen und der Kapitalismus, in: *ders.*, Die Deutschen und der Kapitalismus. Essays zur Geschichte, München 2014, S. 17–33.
38 »Building societies« entsprechen in weiten Teilen den deutschen Bausparkassen. Ihre historischen Wurzeln reichen bis ins 18. Jahrhundert zurück. Sie sind genossenschaftlich organisiert und bis in die 1980er-Jahre standen ihnen ausschließlich die Beiträge ihrer Mitglieder zur Verfügung, aus denen die Kredite finanziert wurden. Die Thatcher-Regierung gewährte ihnen den Zugang zum internationalen Finanzmarkt.
39 Vgl. *Chris Hamnett*, Winners and Losers. Home Ownership in Modern Britain, London 1999, S. 178ff.; *Fabian*, Boom in der Krise.
40 Vgl. *Tomlinson*, Thatcher, Monetarism and the Politics of Inflation.
41 Vgl. für eine Übersicht der Leitzinsen seit 1975: URL: <http://www.bankofengland.co.uk/boeapps/iadb/repo.asp> [1.9.2016]. Das Recht der Regierung, die Leitzinsen- und damit die Geldpolitik zu bestimmen, wurde erst während der Regierungszeit Tony Blairs eingeschränkt. Seit 1997 ist das »Monetary Policy Committee« der Bank of England dafür verantwortlich.

Amtszeit wurden insgesamt 40 Staatsunternehmen privatisiert, darunter »British Petroleum« (BP), »British Telecom« (BT), »British Airways« und »British Gas«.[42] Obwohl die Entstaatlichung ein Signum der Thatcher-Ära und Aushängeschild ihrer neoliberalen Wirtschaftspolitik war, fanden sich im Wahlprogramm von 1979 noch keine weitreichenden Privatisierungspläne. Die Tories listeten lediglich kleinere Unternehmen auf, die privatisiert werden sollten. Sie stellten dabei jedoch bereits die Beteiligung der Arbeitnehmer heraus.[43]

Die großen Betriebe wie BT, »British Gas« und die Mehrheit an BP wurden erst in der zweiten Hälfte des Jahrzehnts und unter massiver Beteiligung der Bevölkerung privatisiert. Die konservative Regierung agierte zunächst vorsichtig bei der Entstaatlichung, da diese in weiten Teilen der Bevölkerung unpopulär war. Obwohl Thatcher erst in ihrer zweiten Amtszeit den Aktienbesitz popularisierte, war dies keine Idee, die erst während ihrer Regierungszeit aufkam. Vielmehr hatte sich die Parteispitze der Tories bereits in den 1970er-Jahren darauf geeinigt, die Entstaatlichung voranzutreiben und den Besitz von Aktien in der Bevölkerung auszuweiten.[44]

Es greift zu kurz, die Privatisierung der Staatsbetriebe lediglich unter wirtschaftlichen Aspekten zu sehen. Zwar war die Sanierung der öffentlichen Finanzen durch den Verkauf der Staatsunternehmen, ebenso wie die Effizienz- und Profitsteigerung, ein wichtiges Ziel. Die Privatisierung sollte jedoch auch dazu dienen, die breite Bevölkerung zu Aktienbesitzern und Teilhabern an den Unternehmen zu machen, um so den »popular capitalism« voranzutreiben.

Dies verfolgte die Regierung auf zweierlei Weise. Zum einen sollten die Arbeitnehmer des jeweiligen Unternehmens an der Privatisierung beteiligt werden und so von ihr profitieren. Dies war etwa bei dem eingangs zitierten Transportunternehmen »National Freight Corporation« (NFC) der Fall. Die Privatisierung der NFC erfolgte durch den Verkauf an die Belegschaft im Jahr 1982. Diese wurde so zum Eigentümer des Unternehmens. Obwohl die Regierung dem Buy-out aus einer Notlage heraus zustimmte, da sich kaum Investoren für das in Schieflage geratene Unternehmen interessierten, führten die Tories diese Art der Privatisierung in den folgenden Jahren als sehr erfolgreiches Beispiel an. Die Gewerkschaften rieten ihren Mitgliedern, sich nicht an der Privatisierung von NFC zu beteiligen, woran sich mehr als die Hälfte der Angestellten hielt. Diejenigen, die Anteile am Unternehmen erwarben, verzeichneten in den Folgejahren jedoch hohe Gewinne, da sich NFC sehr erfolgreich konsolidierte.[45] Auch bei den Privatisierungen anderer großer Unternehmen wie BT und »British Gas« kamen die Mitarbeiterinnen und Mitarbeiter in den Genuss großzügiger vergünstigter Aktienpakete.

Die Regierung plante und organisierte darüber hinaus die Privatisierung großer Staatsunternehmen so, dass möglichst viele Kleinanleger Aktien erwarben. Die weitreichendste Kampagne in dieser Hinsicht stellte die Privatisierung von »British Gas« im Jahr 1986 dar. Bereits im Jahr 1984 war BT sehr erfolgreich privatisiert worden. Obwohl die Regierung nur die Hälfte der Anteile zur Privatisierung freigab, stellte dies den bis dato größten Börsengang der Geschichte dar. Mehr als zwei Millionen Privatanleger – dies entsprach 5% der erwachsenen britischen Bevölkerung – erwarben Aktien von BT. Innerhalb des

---

42 Vgl. zur Privatisierung *David Parker*, The Official History of Privatisation, Bd. 1: The Formative Years 1970–1987, New York/Abingdon 2009, und Bd. 2: Popular Capitalism, 1987–1997, New York/Abingdon 2012; *Frei/Süß*, Privatisierung, darin insb. *Dominik Geppert*, »Englische Krankheit«? Margaret Thatchers Therapie für Großbritannien, S. 51–68.
43 Conservative General Election Manifesto 1979, 11.4.1979, URL: <http://www.margaretthatcher.org/document/110858> [1.9.2016].
44 Vgl. *Green*, Thatcher, S. 84–97.
45 *Parker*, The Official History of Privatisation, Bd. 1., S. 140–147.

ersten Börsentags verdoppelte sich der Wert der Aktie.[46] Der Erfolg der Privatisierung von BT ist eine Erklärung für die noch größere Nachfrage von Kleinanlegern bei der Privatisierung von »British Gas«.

Anders als bei BT entschied sich die Regierung, das Unternehmen vollständig zu privatisieren. Dies war ein noch größeres Unterfangen als der Börsengang BTs zwei Jahre zuvor. Um den Volkskapitalismus voranzutreiben, sollten in noch höherem Maße Klein- und Erstanleger zum Kauf von Aktien ermutigt werden. Die Regierung finanzierte zu diesem Zweck eine massive Werbekampagne, die als eine der einflussreichsten in der jüngeren britischen Geschichte gilt.

Die »British Gas Corporation« hatte wie BT eine Monopolstellung inne. Das Unternehmen war der einzige Gaslieferant in Großbritannien und versorgte vier Fünftel aller Haushalte. Gas war in den 1980er-Jahren der mit Abstand wichtigste Energieträger im Vereinigten Königreich.[47] »British Gas« wurde als ganzes Unternehmen privatisiert. Es behielt somit auch danach seine Monopolstellung, wodurch die Privatisierung keinen größeren Wettbewerb innerhalb des Gassektors brachte.[48] Allerdings war dies auch nicht der Hauptfokus der Privatisierung. Auch ein größtmöglicher finanzieller Gewinn war nicht das Hauptaugenmerk. Vielmehr stellte die Regierung diesen bewusst hinter das Ziel, den Aktienbesitz innerhalb der Bevölkerung auszuweiten.

Dies wird anhand der Vorzüge deutlich, die Kleinanleger und Mitarbeiter von »British Gas« gegenüber Großanlegern wie Banken erhielten. Zunächst wurden zwei Fünftel der Aktien für private Kleinanleger reserviert. Die Regierung behielt sich jedoch das Recht vor, diesen Anteil auszuweiten, wenn die Nachfrage der Privatanleger größer als das reservierte Kontingent sein sollte. Dieser Fall trat ein, sodass letztlich drei Viertel der Aktien an Kleinanleger ausgegeben wurden. Die Großanleger mussten sich mit der Hälfte der ihnen ursprünglich versprochenen Aktien zufriedengeben. Hinzu kam, dass die Regierung den Aktienpreis mit 1,35 Pfund bewusst so niedrig hielt, dass die Anleger in jedem Fall Gewinne erzielen würden.[49] Zusätzlich zu dem niedrigen Preis setzte die Thatcher-Regierung auch die Mindestinvestitionssumme mit 100 Pfund niedrig an. Zudem konnten die Anleger ihre Aktien in drei Raten finanzieren. Sie mussten beim Kauf lediglich 50 Pence pro Aktie bezahlen. Dies sollte in erster Linie Anleger ansprechen, die keine größere Summe auf einmal aufbringen konnten. Um den Anreiz weiter zu erhöhen, bekamen Anleger für jede zehnte Aktie eine gratis hinzu. Alternativ konnten sie sich auch für eine reduzierte Gasrechnung als Bonus entscheiden. Bereits vor dem Börsengang verkündete Energieminister Peter Walker, dass Anleger mit einem Gewinn von 20 bis 30% rechnen konnten.[50]

Auch den Mitarbeitern von »British Gas« wurde eine Vielzahl von Vergünstigungen beim Aktienkauf angeboten. Zunächst erhielt jeder Mitarbeiter Papiere im Wert von 70 Pfund kostenlos. Für bis zu 111 weitere Aktien bekamen sie zwei Aktien zum Preis von einer. Hinzu kam ein Rabatt von 10% auf eine Investitionssumme von bis zu 2.000 Pfund. Auch ehemalige Mitarbeiter, die bereits in Rente waren, bekamen Aktien im Wert von 76 Pfund geschenkt.[51] Neben der Ausweitung des Aktienbesitzes diente das Programm auch dazu, den Widerstand der Mitarbeiter und Gewerkschaften gegen die Privatisierung zu schmälern. Nahezu alle Mitarbeiter beteiligten sich an der Privatisierung, obwohl die Gewerkschaft und die Labour-Partei sich dagegen ausgesprochen hatten.

---

46 Vgl. zur Privatisierung von BT ausführlich: ebd., S. 290–329.
47 Ebd., S. 331f.
48 Vgl. zur kontrovers geführten Diskussion innerhalb der Regierung zum Beibehalten der Monopolstellung: ebd., S. 338ff.
49 Vgl. dazu ausführlich: ebd., S. 396f.
50 Department of Energy News Release, 21.11.1986, The National Archives (TNA), INF 12/1513.
51 *Parker*, The Official History of Privatisation, Bd. 1, S. 376ff.

Die Anreize, die die Regierung zum Erwerb von Aktien schuf, waren zwar beträchtlich, doch sie allein reichten noch nicht aus, um möglichst viele Klein- und vor allem Erstanleger zum Kauf zu bewegen. Zusätzlich bedurfte es einer Werbekampagne, die zum einen über die lukrativen Anreize informierte und die zum anderen Hemmungen vor dem Kauf von Aktien abbaute. Das Hauptziel der Werbekampagne im Vorfeld der Privatisierung von »British Gas« lautete: »to communicate the broad offer features, and by demonstrating the simplicity of participation, counter the stereotypes of share ownership as being complex, alien and for others.«[52] Insbesondere Personen, die bisher noch keine Aktien besaßen, sollten vom Kauf überzeugt werden: »Non shareholders we know will be more difficult to attract and convert. [...] The two million new shareholders we want to attract need a stronger injunction to act this time.«[53] Diese Aufgabe übernahm die renommierte Werbeagentur »Young & Rubicam«. Parallel dazu führten die PR-Beratung Dewe Rogerson und das Meinungsforschungsinstitut »MORI« im Auftrag der Regierung wöchentliche Umfragen durch, um den Fortschritt der Kampagne zu dokumentieren und um über die Einstellung in der Bevölkerung zur Privatisierung von »British Gas« im Bilde zu sein.

Der Hauptfokus der Kampagne lag auf einer Reihe von TV-Werbespots, die durch Plakate, Anzeigen in Zeitschriften und Radiowerbung ergänzt wurden. Insbesondere in Boulevard-Medien wie der »Sun« und der »Daily Mail«, aber auch im Labour-nahen »Daily Mirror« wurden Anzeigen geschaltet. Die Fernsehspots liefen unter anderem während der beliebten Seifenopern »Coronation Street« und »Emmerdale«.[54] Mit der Auswahl der Werbeplätze sollte ein möglichst breites Publikum erreicht werden, für das – anders als für die Leserinnen und Leser der »Times« oder der »Financial Times« – Informationen über den Besitz von Aktien bisher nicht zum Alltag gehört hatten.

Die Fernsehspots waren episodisch aufgebaut und liefen in den acht Wochen vor dem Ende der Frist, in der sich Interessenten für den Kauf von Aktien bewerben konnten. Jede Woche lief ein anderer Spot, der inhaltlich auf dem vorherigen aufbaute. In jedem Spot informierten sich Personen, die die Normalbevölkerung verkörpern sollten, gegenseitig darüber, dass sie demnächst Aktien von »British Gas« erwerben konnten und dass das Prozedere ganz einfach sei. Jeder Spot enthielt zudem in Form eines Voice-over-Kommentars zusätzliche Informationen zum weiteren Vorgehen.[55]

Die Szenen spielten zumeist in ländlichen Gebieten. Zu sehen waren Postboten, Busfahrer, Rentner, Krankenschwestern und Fischer, die über das Angebot informiert wurden. Der eigentliche Adressat jedoch war »Sid«, der die Botschaft, die von Person zu Person weitergegeben wurde, erhalten sollte. Jeder Spot endete mit der Aussage: »If you see Sid, tell him!« Je näher das Ende der Bewerbungsfrist rückte, desto eindringlicher wurden die Spots und desto dringlicher die Suche nach »Sid«. Obwohl zunächst geplant war, »Sids« Identität am Ende zu enthüllen, entschieden sich die Werbefachleute gemeinsam mit Vertretern aus der Regierung dafür, ihn nicht zu zeigen. Eine Enthüllung wäre immer enttäuschend gewesen, nachdem die Spannung über Wochen aufgebaut worden war.[56]

Die Botschaft, die mit den Spots übermittelt werden sollte, kam auch so an. Vorführungen vor Testpublikum zeigten, dass die Mehrheit der Zuschauer der Werbung entnahm, dass der Aktienerwerb einfach sei und dass mit »Sid« »every man on the street« gemeint war.[57]

---

52 Flotation Communication Strategy, 24.6.1986, TNA, INF 12/1510.
53 Implications on Advertising, 27.6.1986, TNA, INF 12/1510.
54 National Newspaper and Colour Supplements, 14.8.1986, TNA, INF 12/1510; Transmission Timings, ebd.
55 Vgl. für den ersten Werbespot der Reihe: URL: <https://youtu.be/nedVpG-GjkE> [1.9.2016].
56 Young & Rubicam an Michael Reidy, 20.11.1986, TNA, INF12/1512. Für die detaillierte Planung der Kampagne und die Drehbücher der Spots vgl. TNA, INF 12/1510–INF 12/1513.
57 Key Point Summary. British Gas. Stage X, October 1986, TNA, INF 12/1512.

Die Kampagne erreichte innerhalb kurzer Zeit einen hohen Bekanntheitsgrad. Bereits nach der ersten Woche konnten sich zwei Fünftel an »Sid« erinnern. Im Verlauf der Kampagne wussten laut einer Umfrage 90% der Bevölkerung, dass sie Aktien von »British Gas« erwerben konnten. Auch die Bereitschaft dazu stieg. Vor Beginn der Werbekampagne hatten lediglich 3% der erwachsenen Bevölkerung betont, sie würden auf jeden Fall Aktien kaufen. Zwei Wochen vor dem Ende der Bewerbungsfrist waren es bereits 11%.[58]

Bis zum Ende der Frist am 3. Dezember 1986 waren viereinhalb Millionen Bewerbungen aus der Bevölkerung für Aktien eingegangen. Dies waren mehr als doppelt so viele wie bei der Privatisierung von BT. Etwa die Hälfte der Bewerber waren Erstanleger, die bis zu dem Zeitpunkt noch keine Aktien besessen hatten. Für die Thatcher-Regierung war dies ein großer Erfolg auf dem Weg zum Volkskapitalismus. Da die Aktien dreifach überzeichnet waren, erhielten nicht alle Bewerber so viele Aktien, wie sie eigentlich wollten. Beim Verteilungsschlüssel zeigte sich ein weiteres Mal, dass besonders Kleinanleger bevorzugt wurden. Alle Anleger, die sich für bis zu 400 Aktien im Gesamtwert von 540 Pfund beworben hatten, bekamen diese auch zugesprochen. Jeder Anleger, der sich für mehr Aktien beworben hatte, bekam weniger, als er ursprünglich gewollt hatte. Das traf demnach vor allem Anleger, die eine große Summe hatten investieren wollen.[59] Insgesamt erwarben 10% der erwachsenen britischen Bevölkerung Aktien von »British Gas«. Bis zur Privatisierung von BT hatten nur 7% Aktien besessen. Innerhalb von nur drei Jahren verdreifachte sich dieser Anteil auf 25%.[60]

III. DAS »RIGHT TO BUY« UND DIE FÖRDERUNG VON WOHNEIGENTUM

In ihrem Wahlprogramm von 1979 versprachen die Tories, in der ersten Sitzungsperiode des Parlaments ein Gesetz zu erlassen, das Bewohnern von staatlichen Wohnungen das Recht geben würde, diese den zuständigen Kommunen abzukaufen.[61] Die Besonderheiten des britischen Wohnungsmarkts, wie sie zu Beginn der 1980er-Jahre bestanden, hatten sich maßgeblich im 20. Jahrhundert entwickelt. Vor dem Ersten Weltkrieg hatte der private Mietsektor noch 90% ausgemacht, während nur ein Zehntel der Haushalte Wohneigentum besaß. Zu Beginn der 1980er-Jahre hatte sich das Bild dramatisch verschoben. Der private Mietsektor machte nur noch ein Zehntel aus, während fast drei Fünftel der Haushalte über ein eigenes Haus verfügten. Ein knappes Drittel der Haushalte lebte in Wohnungen, die dem Staat beziehungsweise den Kommunen gehörten.[62] Für diese Veränderung war eine Reihe von unterschiedlichen Faktoren verantwortlich.[63]

---

58 9th Adhoc Tracking Survey, November 1986, TNA, INF 12/1512.
59 *Parker*, The Official History of Privatisation, Bd. 1, S. 393f.
60 Central Statistical Office (Hrsg.), General Household Survey 1987, London 1989, S. 84f.
61 Conservative General Election Manifesto 1979.
62 Vgl. die Zahlen bei *Peter Saunders*, A Nation of Home Owners, London 1990, S. 14. Die große Mehrzahl der Briten lebt in Einfamilienhäusern. Wohnungen spielen, selbst in Städten, nur eine geringe Rolle. So lebten Ende der 1980er-Jahre lediglich 15% der Bevölkerung in einer Wohnung. Vgl. Social and Community Planning Research (Hrsg.), British Social Attitudes. Cumulative Sourcebook, Aldershot 1992, R 16. Deshalb spreche ich im Folgenden zumeist von Häusern.
63 Zur Entwicklung des Wohnens und des Wohneigentums vgl. *Martin J. Daunton*, A Property-Owning Democracy? Housing in Britain, London 1987. Daunton erklärt in seinem Vorwort, dass die Entwicklung der 1980er-Jahre ihn dazu bewogen habe, den historischen Wurzeln des Hausbesitzes im Vereinigten Königreich nachzugehen. So betont er, die besonders hohe Stellung, die Hausbesitz in Großbritannien einnehme, sei kein »natürliches Verlangen«, sondern könne aus historischer Perspektive erklärt werden, ebd., S. x.

Der Rückgang des privaten Mietsektors erklärt sich zum einen aus staatlich regulierten Mietpreisen, die seit dem Ersten Weltkrieg in Kraft gewesen waren und die es für private Vermieter weniger rentabel gemacht hatten, ihr Eigentum zu vermieten. Deshalb hatte im Laufe des 20. Jahrhunderts ein großer Teil von ihnen seine Immobilien an die Mieter verkauft. Weitere wichtige Faktoren, die zum Anstieg des Wohneigentums beitrugen, waren die relativ leichte Verfügbarkeit von Krediten zur Hausfinanzierung durch die »building societies« und generell steigende Löhne, die es einer immer breiteren Bevölkerungsschicht erlaubt hatten, ein Haus zu bauen oder zu kaufen.

Seit dem Ende des Zweiten Weltkriegs hatten sowohl die Labour- als auch Tory-Regierungen den staatlichen Wohnungsbau forciert. Von diesem sollten nicht nur sozial schwache Haushalte profitieren, sondern auch alle, die sich kein eigenes Haus leisten konnten oder wollten.[64] So hatte sich der Staat in der zweiten Hälfte des 20. Jahrhunderts zum mit Abstand größten Vermieter in Großbritannien entwickelt und nach und nach fast vollständig den privaten Mietsektor ersetzt. Beim Regierungsantritt Margaret Thatchers gab es deshalb in erster Linie zwei Wohnmöglichkeiten: Entweder man besaß seine eigene Immobilie oder man wohnte zur Miete in einer Immobilie, die der Kommune gehörte.

Erklärtes Ziel der Thatcher-Regierung war die Förderung von Wohneigentum und die Wiederbelebung des privaten Mietsektors. Neben dem Verkauf von staatlichen Wohnungen an die Mieter sollte auch der Kauf eines Hauses auf dem freien Markt durch Steuervergünstigungen und eine erleichterte Kreditaufnahme gefördert werden.[65] Das Herzstück der Reform stellte das »right to buy« dar. Es gab Mietern von Kommunalwohnungen das Recht, diese zu einem erheblichen Preisnachlass zu kaufen. Bereits wenige Tage nach dem Wahlsieg der Konservativen am 3. Mai 1979 nahm der zuständige Umweltminister, Michael Heseltine, die Umsetzung des Wahlversprechens in Angriff.[66]

Die Kommunen besaßen zwar bereits seit 1936 das Recht, ihre Wohnungen (Council-Häuser) an die Mieter zu verkaufen. Bis in die 1970er-Jahre war dies jedoch kaum geschehen. Während der Regierungszeit von Premierminister Edward Heath in den frühen 1970er-Jahren hatte die konservative Regierung den Verkauf von Council-Häusern forciert. Insbesondere von Labour geführte Kommunen hatten jedoch kein Interesse daran, die Anzahl ihrer Wohnungen zu reduzieren. Da die Mieter nach der bestehenden Regelung keine Möglichkeit hatten, die Kommunen zum Verkauf zu bewegen, war die Veräußerung von Council-Häusern auch in den 1970er-Jahren schleppend verlaufen. Dies änderte sich jedoch mit dem »housing act« von 1980. Er legte explizit das »right to buy« fest. Mieter von kommunalen Wohnungen hatten nun das Recht, ihre Wohnungen auch gegen den Willen der Kommune mit einem Preisnachlass zu kaufen.[67]

Der Rabatt bemaß sich daran, wie lange die Mieter in einem kommunalen Wohnungsbau gewohnt hatten. Hatten sie mindestens drei Jahre dort gelebt, so erhielten sie einen Preisnachlass von einem Drittel des Marktwerts. Er stieg pro Jahr, in welchem der Mieter in einer Council-Wohnung gewohnt hatte, um 1%. Den maximalen Rabatt erreichten Mieter, die 20 Jahre lang (oder mehr) Bewohner einer kommunalen Wohnung gewesen waren. Er belief sich auf 50% des Marktwerts. Die Mieter mussten nicht die gesamte Zeit in demselben Haus gewohnt haben, sondern konnten sich die Zeiten, die sie in anderen Kommunalwohnungen gelebt hatten, anrechnen lassen. Kaufen konnten sie jedoch nur die Immobilie, die sie zum Zeitpunkt bewohnten, an dem sie von ihrem »right to buy« Gebrauch machten.

---

64 *Saunders*, A Nation of Home Owners, S. 27; *Jones*, ›This is Magnificent!‹.
65 Conservative General Election Manifesto 1979.
66 Michael Heseltine an Margaret Thatcher, 11.5.1979, TNA, Prem 19/1270.
67 Housing Act 1980, 8.8.1980, URL: <http://www.legislation.gov.uk/ukpga/1980/51> [1.9.2016].

Das »right to buy« erwies sich als ungemein populär. Nur 10% der Bevölkerung waren gegen seine Einführung.[68] Innerhalb des ersten halben Jahres hatte sich bereits mehr als eine Viertelmillion Bewohner von kommunalen Wohnungen für den Kauf ihres Hauses entschieden. Insgesamt gingen in den 1980er-Jahren 1,2 Millionen Council-Häuser in privaten Besitz über. Da die Kommunen die Gewinne aus den Verkäufen nicht in den Bau neuer Wohnungen investieren durften und daher kaum neue Council-Häuser gebaut wurden, verringerte sich die Anzahl der kommunalen Wohnungen in Großbritannien innerhalb von wenigen Jahren um ein Fünftel.[69]

Um Spekulationen und schnellen Gewinnen beim Kauf von Council-Häusern vorzubeugen, durften die Käufer erst nach fünf Jahren den vollen Gewinn beim Verkauf des Hauses behalten. Verkauften sie die ehemalige Kommunalwohnung in den ersten fünf Jahren, so mussten sie, je nachdem in welchem Jahr sie sie veräußerten, zwischen 100 und 20% des Rabatts, der ihnen beim Kauf gewährt worden war, an die Kommune zurückzahlen.

Zum »right to buy« gehörte auch das Recht auf Kredit. Die Kommune war verpflichtet, den Kaufinteressenten einen Kredit zur Finanzierung des Hauskaufs einzuräumen. Die Kaufinteressenten konnten zudem das Wohnobjekt zwei Jahre reservieren, falls die aktuelle finanzielle Situation einen sofortigen Kauf oder eine Kreditfinanzierung nicht erlaubte. Dabei blieb der Preis, den die Mieter zu zahlen hatten, für zwei Jahre gleich – unabhängig davon, ob der tatsächliche Marktwert in diesen Jahren stieg.[70]

Die relativ komplizierten Finanzierungsmöglichkeiten und Auflagen beim schnellen Wiederverkauf des Hauses weisen auf ein Spannungsverhältnis hin, das in der Regierung bestand. Sie war gespalten zwischen dem Willen, den Hausbesitz auf möglichst breite Bevölkerungsschichten auszudehnen, und dem Wunsch, die Council-Häuser gewinnbringend zu veräußern. Insbesondere das Recht auf Kredit war in der Regierung umstritten. Während Umweltminister Heseltine eine Vollfinanzierung durch die Kommunen favorisierte, sprach sich Finanzminister John Biffen dafür aus, dass die Kommunen nur im Notfall als Kreditgeber fungieren sollten, wenn »building societies« einen Kredit abgelehnt hatten. Als Begründung führte er an, dass sich die Realisierung der staatlichen Gewinne aus dem Verkauf der Wohnungen verzögerte, wenn die Kommunen in hohem Umfang als Kreditgeber agierten.[71]

Die Regierung wollte zudem verhindern, dass die ehemaligen Council-Häuser zu reinen Spekulationsobjekten wurden. Dies spiegelte sich auch in den öffentlichen Äußerungen Margaret Thatchers wider. Sie propagierte zwar die Ausweitung des Hausbesitzes, allerdings fungierte Wohneigentum in ihren Äußerungen nicht als Investitionsobjekt, dessen Verkauf hohe Gewinne versprach. Vielmehr bedeutete für sie der Besitz eines Hauses Unabhängigkeit vom Staat. Wohneigentum sollte die Besitzer ferner zu verantwortungsvolleren Bürgern machen.[72] Dies stellte für die Mehrheit jedoch nur einen nachrangigen Grund dar, ein Haus zu besitzen.

Viele waren – entgegen Thatchers Intention – durchaus daran interessiert, ihr Haus möglichst gewinnbringend zu verkaufen. Für sie war das Haus nicht nur Eigentum, das es zu akkumulieren galt, sondern es stellte mitunter eine Investition mit der Aussicht auf große

---

68 Social and Community Planning Research, British Social Attitudes, R 20.
69 *Stewart*, Bang!, S. 418f.
70 Vgl. dazu die von der Regierung herausgegebene ausführliche Broschüre, die die Einzelheiten des »right to buy« erklärt: The Right to Buy. A Guide to Council, New Town and Housing Association Tenants, TNA, Prem 19/1270.
71 Vgl. dazu die Diskussion im Dezember 1979 in: TNA, Prem 19/256.
72 Vgl. dazu etwa: Debate on the Address, 15.5.1979, House of Commons Debates (HC Deb), vol 967, cc52–198, hier: c79f.

Gewinnchancen dar. Dazu trugen die hohen nominalen Steigerungen der Hauspreise entscheidend bei. So stieg der Durchschnittspreis eines Hauses zwischen 1970 und 1989 um das Zwölffache von 5.000 Pfund auf mehr als 60.000 Pfund. Das Bild wird jedoch durch die zeitweise sehr hohe Inflationsrate stark verzerrt. Die realen Hauspreise stiegen im selben Zeitraum nur um das Zweieinhalbfache. Hinzu kommt, dass die Löhne im ungefähr gleichen Verhältnis zu den Hauspreisen stiegen. Dies bedeutet, dass der finanzielle Aufwand, ein Haus zu erwerben, in den späten 1960er-Jahren in etwa genauso hoch war wie Mitte der 1980er-Jahre.[73]

Die jährlichen realen Veränderungen der Hauspreise offenbaren zudem erhebliche Schwankungen. So waren die mittleren 1970er-, die frühen 1980er- und die frühen 1990er-Jahre durch fallende Preise gekennzeichnet.[74] In der Wahrnehmung der Bevölkerung war dies jedoch kaum präsent.[75] Insbesondere der jährlich starke Anstieg der Hauspreise Mitte der 1980er-Jahre trug zu der Überzeugung bei, dass der Kauf eines Hauses ein gutes und sicheres Investment sei. Ein Fünftel der Hausbesitzer betonte in einer Umfrage Ende der 1980er-Jahre, dass das Investitionspotenzial für sie den Hauptgrund für den Hauskauf darstellte. Demgegenüber betonte nur ein Zehntel, dass die Unabhängigkeit und der Stolz, Hausbesitzer zu sein, eine wichtige Rolle spielten.[76] Mehr als die Hälfte der Bevölkerung hielt zudem den Kauf und Besitz eines Hauses nicht für ein risikoreiches Investment.[77] So beschrieb ein Teilnehmer des »Mass Observation Projects« rückblickend die zentrale Rolle, die dem Hausbesitz in den 1980er-Jahren zukam: »Our houses made those of us who owned one a lot of money and for many house prices were a constant source of conversation among house owners.«[78]

Viele der Hausbesitzer kannten demnach den Marktwert ihres Hauses. Darüber hinaus wussten sie auch, wie viel die Häuser ihrer Nachbarn ungefähr Wert waren und konnten so den Wert ihres eigenen Hauses in Beziehung dazu setzen. Renovierungen und Erweiterungen des Hauses dienten nicht nur der Instandhaltung oder Verschönerung, sondern wurden gezielt zur Wertsteigerung genutzt.[79] Exemplarisch hierfür steht die Aussage einer Hauseigentümerin gegenüber dem MOP: »Next-door neighbour who bought at £34,000 in April now has house up for sale again at £40,000. This house would have cost about £10–12,000 some 10 years ago. Our house cost about 10,000; would now fetch about £38,750.«[80] Personen, die eine kommunale Wohnung kauften, renovierten oder bauten sie häufig unmittelbar danach aus. Auch dies geschah mitunter, um den Wert ihres so günstig erworbenen Hauses zu steigern.[81] Für den Kauf eines Hauses benötigten die Käufer zudem Finanzwissen, um die für sie günstigste Finanzierung in Anspruch zu nehmen. Die Thatcher-Regierung befürwortete und förderte eine erleichterte Kreditaufnahme als Mittel, den Hausbesitz auszuweiten.[82] Durch die Liberalisierung des Kreditwesens und die

---

73 *Chris Hamnett/Michael Harmer/Peter Williams*, Safe as Houses. Housing Inheritance in Britain, London 1991, S. 13ff.
74 Ebd.
75 Vgl. dazu auch *Hartmut Berghoff*, Rationalität und Irrationalität auf Finanzmärkten, in: *Gunilla Budde* (Hrsg.), Kapitalismus. Historische Annäherungen, Göttingen 2011, S. 73–96. Berghoff zeigt, dass selbst Finanzexperten in den USA von real stetig steigenden Hauspreisen ausgingen, obwohl sie historisch deutlichen Schwankungen unterlagen.
76 *Ray Forrest/Alan Murie/Peter Williams*, Home Ownership. Differentiation and Fragmentation, London 1990, S. 47.
77 Social and Community Planning Research, British Social Attitudes, R 22.
78 MOA, Retrospective on the 1980s, Frühling 1990, SxMOA2/1/31/2 M1460.
79 Vgl. MOA, Frühling 1982, SxMOA2/1/4/1/3 R149; O407, S483; S511.
80 MOA, Frühling 1982, SxMOA2/1/4/1/3 R469.
81 MOA, Frühling 1982, SxMOA2/1/4/1/3 S505.
82 How to Sell More Council Houses, TNA, Prem 19/270.

gezielte Förderung von Wohneigentum hatten potenzielle Käufer somit die Möglichkeit, aber auch die Aufgabe, eine Vielzahl von Optionen abzuwägen und sich umfassend zu informieren.[83]

Des Weiteren stellten Steuervergünstigungen einen wichtigen Anreiz zum Hauskauf und -verkauf dar. Zum einen musste der Gewinn, den eine Person aus dem Verkauf ihres Hauptwohnsitzes erzielte, nicht versteuert werden. Zum anderen konnten die Zinsen eines Kredits für den Kauf eines Hauses bis zu einer Höhe von 30.000 Pfund steuerlich abgesetzt werden. Diese Subvention belief sich im Jahr 1980 auf 1,5 Milliarden Pfund, 1988 waren es bereits 4,5 Milliarden.[84] Die Regierung erhöhte zudem die Rabatte beim Kauf von Kommunalwohnungen. Seit 1986 bekamen Bewohner, die mindestens zwei Jahre in einem Council-Haus gewohnt hatten, einen Discount von 44%. Der maximale Preisnachlass stieg auf 70% an.[85] Die günstigen Finanzierungsmöglichkeiten für den Hauskauf zeigen ein weiteres Mal, dass es der Thatcher-Regierung nicht in erster Linie um die finanziellen Gewinne ging, die der Verkauf von Kommunalwohnungen dem Staat einbrachte. Sie verdeutlichen vielmehr den Gesellschaftswandel, den die Regierung damit erreichen wollte. Den Gewinnen von 18 Milliarden Pfund aus dem Verkauf von Sozialwohnungen standen Einbußen im Steueraufkommen von mehr als 30 Milliarden Pfund gegenüber, die aus dem Absetzen der Kreditzinsen von der Einkommenssteuer resultierten.[86] Es war vor allem Thatcher, die an den enormen Steuervergünstigungen festhalten wollte, während sich ein Großteil der Regierungsmitglieder dafür aussprach, die hohen steuerlichen Abschreibungen graduell auslaufen zu lassen.[87]

Die Anstrengungen der Regierung – vor allem der Premierministerin –, den Hausbesitz auszuweiten, waren sehr erfolgreich. Bei Thatchers Regierungsantritt verfügten 55% der Haushalte über Wohneigentum. Zu Beginn der 1990er-Jahre waren es 65%, was mehr als zwei Millionen neuen Hausbesitzern entsprach. Der Boom der Hauspreise kam jedoch Ende der 1980er-Jahre zu einem abrupten vorläufigen Ende. Der Häusermarkt hatte sich in diesen Jahren stark überhitzt. So stiegen die nominalen Preise allein im Jahr 1988 um ein Drittel.

Das starke Überhitzen des Markts und das darauffolgende Platzen der Blase hingen zu einem großen Teil mit dem Haushaltsentwurf der Regierung für das Jahr 1988 zusammen. Schatzkanzler Nigel Lawson kündigte im März an, er werde die steuerlichen Vergünstigungen bei der Finanzierung von Wohneigentum senken. So sollte nur noch ein Käufer pro Haus die Zinsen für einen Hauskredit absetzen können und nicht mehr, wie bisher, zwei nicht verheiratete berufstätige Personen. Die Verschärfung trat jedoch erst ein halbes Jahr später in Kraft. In der Zwischenzeit stieg die Nachfrage nach Häusern massiv an, da Paare noch vor der Verschärfung in den Genuss der höheren Steuervergünstigungen kommen wollten. Mit Inkrafttreten der neuen Verordnung ging die Nachfrage merklich zurück.

Hinzu kam, dass die Regierung den Leitzins deutlich erhöhte und ein Hauskauf dadurch unattraktiver wurde. Das Wirtschaftswachstum schwächte sich in der Folge ab und die Arbeitslosigkeit stieg. Die Nachfrage nach Häusern brach deshalb weiter ein und die Preise verzeichneten 1990 zum ersten Mal seit 1982 einen realen Rückgang. Dieser hielt bis Mitte

---

83 Vgl. MOA, Frühling 1982, SxMOA2/1/4/1/3 S505. Vgl. zum Umgang der britischen Bevölkerung mit den neuen Finanzierungsmöglichkeiten *Fabian*, Boom in der Krise. Vgl. auch die Einsendungen zur »Summer Directive 1984 – Banking«, MOA, SxMOA2/1/16.
84 Mortgage Tax Relief, 16.11.1989, HC Deb, vol 160, cc482-3W, URL: <http://hansard.millbanksystems.com/written_answers/1989/nov/16/mortgage-tax-relief> [1.9.2016], sowie *Ray Forrest/Alan Murie/Peter Williams*, Home Ownership, S. 73.
85 *Francis*, ›A Crusade to Enfranchise the Many‹, S. 295.
86 Mortgage Tax Relief, 16.11.1989; *Stewart*, Bang!, S. 419.
87 Vgl. *Campbell*, Thatcher, Bd. 2, S. 233f.

des Jahrzehnts an. In dieser Zeit sanken die realen Hauspreise um ein Drittel.[88] Die britische Wirtschaft geriet in den Jahren 1991 und 1992 in eine Rezession, zu der der Fall der Hauspreise maßgeblich beitrug. Die hohen Zinsraten führten nicht nur zu einer sinkenden Nachfrage nach Immobilien, sondern zur Schwächung der Wirtschaft insgesamt.[89]

IV. GESELLSCHAFTLICHE AUSWIRKUNGEN DES VOLKSKAPITALISMUS

Ein Teilnehmer des MOP erinnerte sich an Thatchers Wahlsieg am 3. Mai 1979 folgendermaßen: »A few days after the 1979 General Election, I had a serious heart attack. I am tempted to say that the second event was a consequence of the first, but it is not true. These two events changed the next ten years for me and the rest of us.«[90]

Weite Teile der britischen Bevölkerung nahmen gesellschaftliche Veränderungen während der Regierungszeit Margaret Thatchers wahr. Inwiefern trug der Volkskapitalismus zu diesen Entwicklungen bei? Schließlich zielte der »popular capitalism« dezidiert auf die Veränderung der Gesellschaft ab. Innerhalb der Bevölkerung gingen die Meinungen auseinander, ob die Entwicklungen mehrheitlich positiv oder negativ zu bewerten seien.[91] Thatchers Kritiker warfen der Premierministerin vor, sie treibe die Spaltung der Gesellschaft bewusst voran, indem sie Gier und Profitdenken fördere und damit den sozialen Zusammenhalt der Gesellschaft systematisch zerstöre. So urteilte ein MOP-Teilnehmer rückblickend im Jahr 1990: »The 1980s were the years of the locust: when making, not earning, money was a reputable occupation, when greed was a Virtue not a Sin, when homelessness doubled, when the poor were more numerous [...] when our publicly-owned assets were sold off to make more money.«[92]

Die Kritiker ignorierten dabei jedoch, dass die Ausweitung des Aktien- und noch mehr des Hausbesitzes auf großen Zuspruch in der Bevölkerung stieß. Die britische Gesellschaft war bereits in den 1970er-Jahren nicht mehr eindeutig in Klassenidentitäten zu unterscheiden. Vielmehr herrschten auch unter Arbeitern »›privatised‹, family-centred consumption strategies« vor.[93] Diese erreichten Thatcher teilweise mit der Betonung, dass »ordinary and hard-working people« es verdient hätten, sich mehr leisten zu können und über Eigentum verfügen sollten. Diese Wünsche sprachen die Konservativen in einem

---

88 *Payne*, The Consumer, Credit and Neoliberalism, S. 116ff.; *Stewart*, Bang!, S. 424.
89 Vgl. *Hamnett*, Winners and Losers, S. 167–181. Vgl. dazu auch *Colin Hay*, Good Inflation, Bad Inflation. The Housing Boom, Economic Growth and the Disaggregation of Inflationary Preferences in the UK and Ireland, in: The British Journal of Politics and International Relations 11, 2009, S. 461–478. Die hohen Zinsraten waren dadurch bedingt, dass der Schatzkanzler seit Mitte der 1980er-Jahre das britische Pfund informell an die Deutsche Mark gekoppelt hatte. Wenn die Mark stark war, musste auch das Pfund durch hohe Zinsen auf einem hohen Niveau gehalten werden. Auch die Entscheidung der Regierung im Oktober 1990, dem europäischen Wechselkursmechanismus (WKM) beizutreten, bedingte das Festhalten an hohen Zinsen. Vgl. zur WKM-Debatte in Großbritannien *Stewart*, Bang!, S. 443f. und 450–455.
90 MOA, Retrospective on the 1980s, Frühling 1990, SxMOA2/1/31/2 P1044.
91 Vgl. zu Berichten, die sich positiv äußerten: MOA, Retrospective on the 1980s, Frühling 1990, SxMOA2/1/31/2 M1450, M1460, M1725, M2480 und M348. Vgl. zu Berichten, die die Entwicklungen negativ beurteilten: ebd., M381, M2213, M2326, M2164, L2393 und R2247.
92 MOA, Retrospective on the 1980s, Frühling 1990, SxMOA2/1/31/2 P1044; vgl. mit ähnlichen Äußerungen: ebd., M381, M2213, L2393, H1806 und S496.
93 *Lawrence/Sutcliffe-Braithwaite*, Margaret Thatcher and the Decline of Class Politics, S. 139. Auch Labour wandte sich in den 1980er-Jahren zunehmend von dem Gebrauch des Begriffs »Klasse« ab und benutzte ebenfalls vermehrt Begriffe wie »ordinary working families«. Vgl. dazu *Florence Sutcliffe-Braithwaite*, ›Class‹ in the Development of British Labour Party Ideology, 1983–1997, in: AfS 53, 2013, S. 327–361.

Wahlwerbespot von 1979 offensiv an: »We will give people back their ambitions and drive. Make it possible for people to earn more so that they can buy more.«[94]

Rückblickend auf die 1980er-Jahre betonte eine Vielzahl der Teilnehmer des MOP, das letzte Jahrzehnt sei in finanzieller Hinsicht und in Bezug auf ihren Konsumstandard positiv verlaufen. Neben den Stimmen, die Thatchers Politik kritisch betrachteten, gab es ebenso viele, die sich zustimmend äußerten. Exemplarisch für diese Einschätzung steht folgende Aussage: »During the last decade I think the most significant change that has taken place is that the majority of people are better off and are afforded more opportunities to make themselves better off if they choose to take advantage.«[95] »Ihren Vorteil« nutzten viele der Briten: Sie machten von den Möglichkeiten, die der Volkskapitalismus ihnen bot, umfassend Gebrauch, wie folgendes Beispiel eines älteren Ehepaares zeigt:

»We lived in London at the time and a couple of years later the housing boom of the late eighties enabled us to sell our house at a remarkable price which after investment of the resultant money trebled my pension and has allowed us to convert a plain house into what will be a luxury home […]. In fact we are better off now than when I was working. Who was the fool who said one must always remain in employment to be happy?«[96]

Diese Äußerung zeigt beispielhaft, wie Personen sich die finanziellen Anreize und die Liberalisierungsreformen der Regierung zunutze machten.

Auch die Ausweitung des Aktienbesitzes auf ein Viertel der Bevölkerung spricht für den Erfolg des »popular capitalism«. Obwohl Thatcher die Vorzüge eines langfristigen Aktienbesitzes in der Bevölkerung herausstellte, war ein Großteil der Anleger an schnellen Gewinnen interessiert. Bereits drei Monate nach dem Börsengang von BT hatte ein Viertel der Anleger seine Aktien gewinnbringend verkauft, viele davon bereits in den ersten Tagen. Sehr ähnlich verhielt es sich auch mit den »British-Gas«-Anlegern. Innerhalb des ersten Jahres hatte ein Drittel von ihnen die Anteile veräußert.[97] Viele sahen den Besitz von Aktien demnach nicht, wie Thatcher meinte, als langfristige Sparanlage, die in der »untersten Schublade« aufbewahrt würde und in ferner Zukunft von Nutzen sein könnte.[98]

Die Ausweitung des Hausbesitzes scheint in noch höherem Maße als der Aktienbesitz die Erfolgsgeschichte des Volkskapitalismus bestärkt zu haben. Einige Teilnehmer des MOP, die betonten, sie hätten sich zuvor niemals vorstellen können, ein Haus zu besitzen, kauften in den 1980er-Jahren ihr Council-Haus.[99] Allerdings bedeute das Profitieren vom Volkskapitalismus nicht zwangsläufig die Unterstützung der Politik Thatchers. Insbesondere das »right to buy« schien für eine Vielzahl abgekoppelt von der restlichen Politik der Tories zu sein. Einige Teilnehmer reflektierten dies. So resümierte ein Kritiker Thatchers: »Economically life has been reasonably encouraging, funnily enough through the actions (high interest rate) of a government with whose policies I disagree.«[100] In anderen Berichten erwähnten die Teilnehmer etwa den Kauf eines Council-Hauses und kritisierten die Politik der Tories im weiteren Verlauf scharf.[101] Zeitgenössische Studien kamen außerdem zu dem Schluss, dass das »right to buy« etablierte Wählerpräferenzen kaum veränderte. Aus überzeugten Labour-Wählern wurden demnach zumeist keine Wähler der Tories, auch

---

94 Conservative Election Broadcast, 19.4.1979, Transkript unter: URL: <http://www.politicsresources.net/area/uk/pebs/con79.htm> [1.9.2016].
95 MOA, Retrospective on the 1980s, Frühling 1990, SxMOA2/1/31/2 M2480; vgl. mit ähnlichen Aussagen: ebd., M1460, M1725 und L1290.
96 MOA, Retrospective on the 1980s, Frühling 1990, SxMOA2/1/31/2 M1450.
97 *Parker*, The Official History of Privatisation, Bd. 1, S. 317 und 394.
98 TV Interview for Thames TV This Week, 10.12.1987.
99 MOA, Retrospective on the 1980s, Frühling 1990, SxMOA2/1/31/2 H260.
100 Ebd., M381.
101 Ebd., H260, M1725, L1681 und P1906.

wenn diese ihnen den Kauf eines Hauses ermöglicht hatten. Der Anteil der Council-Haus-Besitzer, die bei der Wahl 1987 den Konservativen ihre Stimme gaben, entsprach mit 40% dem Landesdurchschnitt. Die Mehrheit der Personen, die vom »right to buy« profitiert hatten, hatte demnach nicht konservativ gewählt.[102]

Die bisherigen Schilderungen entsprachen dem Bild des »popular capitalism«, das Margaret Thatcher propagierte.[103] Die Auswirkungen waren allerdings bei Weitem nicht so einseitig positiv, wie sie stets betonte. Die andere Seite des Volkskapitalismus, die auch Resultat der Reformen und Anreize der Regierung war, stellte sich für viele Briten als ebenso einschneidend heraus. Sie ist jedoch nicht Teil der von der Konservativen Partei vertretenen Erfolgsgeschichte. »Popular capitalism« trug in vielfältiger Weise zur Verschärfung der sozialen Ungleichheit bei.

Obwohl sich der Aktienbesitz in der Bevölkerung deutlich ausweitete, waren es doch in erster Linie Männer aus der Mittelschicht, die im Zuge der Privatisierungen Aktien erwarben. Diese verfügten häufig bereits schon über Aktien. Die Hälfte der Befragten in einer Umfrage betonte, sie hätte kein Geld, um es zu investieren, und ein Drittel gab an, kein Interesse an Aktienbesitz zu haben.[104] Während wohlhabende Haushalte und Haushalte der Mittelschicht profitierten, galt dies nicht für den gering verdienenden Teil der Bevölkerung. Ihm fehlte das Geld, um es gewinnbringend zu investieren. Die Mehrheit der neuen Aktienbesitzer hatte relativ geringe Summen von weniger als 1.000 Pfund investiert.[105] Die dadurch erzielten Gewinne trugen nur kurzzeitig zur Verbesserung des Einkommens bei. Am deutlichsten profitierten wohlhabende Anleger mit hohen Summen. Ihre Einkommen aus Investitionen stiegen in den 1980er-Jahren überproportional im Vergleich zu Lohneinkommen.[106]

Obwohl sich der Anteil der Aktienbesitzer in den 1980er-Jahren vervierfachte, war nur ein geringer Teil der Bevölkerung ausgesprochener Befürworter einer weitreichenden Privatisierung. Anders als das »right to buy«, das die große Mehrheit guthieß, befürwortete nur ein Drittel während der Hochphase 1986 weitere Privatisierungen. Im Jahr 1989 gab es mehr Personen, die sich für die Umkehr des Trends aussprachen und eine vermehrte Verstaatlichung von Unternehmen guthießen, als Privatisierungsbefürworter.[107] Obwohl ein beträchtlicher Teil der Bevölkerung die Chancen profitabler Investitionen ergriff, wenn sie sich ihm boten, ging dies nicht unbedingt einher mit der ideellen Unterstützung der Entstaatlichung.

Eine gravierende Konsequenz des »popular capitalism« war die hohe Verschuldung und in vielen Fällen auch Überschuldung britischer Haushalte. Sie verdoppelte sich in den 1980er-Jahren und war 1990 genauso hoch wie das durchschnittlich verfügbare Haushaltseinkommen. Parallel dazu ging die Sparquote stark zurück: von 14% 1981 auf weniger als 4% am Ende des Jahrzehnts.[108] Dies widersprach den Sparsamkeitsappellen der Premier-

---

102 *Evans*, Thatcher and Thatcherism, S. 27; vgl. *Brendan Evans*, Thatcherism and the British People, in: *Stuart Ball/Ian Holliday* (Hrsg.), Mass Conservatism. The Conservatives and the Public since the 1880s, London 2002, S. 218–241.
103 Vgl. exemplarisch: Speech to Scottish Conservative Party Conference, 15.5.1987.
104 Key Point Summary. British Gas: Stage X. October 1986.
105 British Gas Flotation, 8/9 September 1986 Tracking Research, TNA, 12/1510; Second Enquiry Handling Survey, 3.10.1986, TNA, 12/1512.
106 Central Statistical Office (Hrsg.), Family Expenditure Survey 1988, London 1990, S. 66; Central Statistical Office (Hrsg.), Family Expenditure Survey 1978, London 1979, S. 104.
107 Social and Community Planning Research, British Social Attitudes, H 10.
108 *Payne*, The Consumer, Credit and Neoliberalism, S. 117 und 119; *Botterill*, Consumer Culture and Personal Finance, S. 146f.; *Gillian Parker*, Getting and Spending, Credit and Debt in Britain, Aldershot/Brookfield 1990.

ministerin und zeigte die Unzulänglichkeiten des Homo-oeconomicus-Modells. Offensichtlich ließ sich das Finanzverhalten der Bürger staatlich nicht so einfach steuern.

Die Verschuldung hatte zwei Hauptursachen. Zum einen war sie eine Folge der Liberalisierung des Banken- und Kreditwesens. Durch die Aufhebung der strikten Trennung zwischen »building societies« und Banken und dem dadurch verstärkten Wettbewerb waren Kredite zunehmend leichter zu bekommen. Lag bis in die 1980er-Jahre die maximale Höhe, in der ein Privatkredit vergeben wurde, bei dem Zweieinhalbfachen des Jahreseinkommens, so bewilligten Banken und Bausparkassen zunehmend Kredite in Höhe des vierfachen Jahreseinkommens. Hinzu kam, dass die Institute kaum noch Sicherheiten für hohe Kredite verlangten. So versiebenfachte sich in den 1980er-Jahren das Volumen von Verbraucherkrediten auf 28 Milliarden Pfund im Jahr 1988.[109] Das Volumen von Krediten zur Finanzierung von Wohneigentum verzehnfachte sich sogar auf 63 Milliarden Pfund. Am Ende des Jahrzehnts verschärften sich die Kreditbedingungen durch die reduzierten Steuervergünstigungen und durch das Anheben der Zinsrate auf 15%. Dies stellte neue – wesentlich schlechtere – Bedingungen für eine Vielzahl von Hausbesitzern dar, die einen Kredit einige Jahre zuvor zu deutlich niedrigeren Zinskonditionen und größeren Steuervorteilen aufgenommen hatten.

In den späten 1980er- und frühen 1990er-Jahren offenbarte sich die Kehrseite des Volkskapitalismus. Weil viele Haushalte die Kredite für den Kauf ihrer Häuser nicht mehr bedienen konnten, fielen diese an die Gläubiger. 1991 war dies bei 76.000 Objekten der Fall.[110] Eine Vielzahl ehemals stolzer Hausbesitzer musste zudem in den frühen 1990er-Jahren wegen der gesunkenen Hauspreise erleben, dass der Wert ihrer Immobilie nun geringer war als der Kredit, den sie abzuzahlen hatten. Es bedeutete, dass diese Haushalte selbst durch den Verkauf ihres Hauses ihre Schulden nicht tilgen konnten. In den 1980er- und frühen 1990er-Jahren stieg die Zahl von Obdachlosen aus diesem Grund stark an.[111] Nun erwies sich auch der Verzicht auf jegliche Rücklagen als fatal.

Wie sich eine zu hohe Verschuldung auswirken konnte, zeigt das Beispiel der Familie, die als erste vom »right to buy« im Jahr 1980 Gebrauch machte. Margaret Thatcher persönlich übergab der Familie aus dem Osten Londons die Schlüssel zu ihrem Haus. Die fünfköpfige Familie hatte das Haus mit einem Rabatt von 40% erworben und dafür einen Kredit über die gesamte Kaufsumme aufgenommen. In den folgenden Jahren ging jedoch die Ehe, auch aufgrund der hohen Schulden, in die Brüche und die Ehefrau war alleine für die Tilgung des Kredits verantwortlich. Die Schuldenlast wurde so groß, dass sie Mitte der 1990er-Jahre das Haus verkaufen musste und, nachdem sie die Schulden abgezahlt hatte, in ein »mobile home«, eine Art feststehenden Caravan, zog. Rückblickend betonte sie: »If I'd foreseen the end of my marriage I'd never have bought. I got trapped there without enough cash to cover bills [...] I was desperate in a house I couldn't manage and wished I'd never bought.« Gleichzeitig sprach sie sich jedoch generell für das »right to buy« aus.[112]

Anders als es die Rhetorik Thatchers Glauben machen wollte, bedeutete die Teilhabe am Volkskapitalismus nicht zwangsläufig einen finanziellen oder sozialen Aufstieg. Im

---

109 *Stewart*, Bang!, S. 426; *Botterill*, Consumer Culture and Personal Finance, S. 144–155. Vgl. zur Rolle von Kreditkarten und Konsumentenkrediten in den 1980er-Jahren auch *Fabian*, Boom in der Krise.
110 *Hamnett*, Winners and Losers, S. 36.
111 *Stewart*, Bang!, S. 420f.; *Hamnett*, Winners and Losers, S. 33–38.
112 What Happened to Margaret Thatcher's First Right to Buy Council House?, in: The Telegraph, 14.4.2015, URL: <http://www.telegraph.co.uk/news/politics/margaret-thatcher/9983113/Margaret-Thatcher-History-of-one-of-the-first-Right-To-Buy-council-houses.html> [1.9.2016]; 30 Years on, the Right to Buy Revolution That Still Divides Britain's Housing Estates, in: The Guardian, 6.12.2009, URL: <http://www.theguardian.com/society/2009/dec/06/right-to-buy-housing-thatcher> [1.9.2016].

Gegenteil, der Besitz eines Hauses und eine dadurch ausgelöste Überschuldung konnte sehr schnell zu existenzieller Armut führen, wenn beispielsweise durch den Verlust des Arbeitsplatzes die Kredite nicht mehr bedient werden konnten. Zu Beginn der 2000er-Jahre lebte die Hälfte der als arm geltenden britischen Bevölkerung in einem eigenen Haus. Anders als Bewohner von Kommunalwohnungen bekam sie keine staatliche Unterstützung in Form von Wohngeld. Des Weiteren entsprachen die Council-Wohnungen häufig einem besseren Standard als die Häuser, die Eigentum ärmerer Haushalte waren.[113]

Das »right to buy« wirkte sich jedoch mitunter nicht nur auf diejenigen negativ aus, die von ihm Gebrauch machten. Der massenhafte Verkauf von Council-Häusern und die demgegenüber geringe Zahl der Neubauten hatten weitere weitreichende Folgen. Zum einen trug dies mit zur Erhöhung der Obdachlosenzahlen bei, weil es in einigen Kommunen zu wenige Sozialwohnungen gab, um ihnen eine feste Bleibe zu bieten. Eine zweite, bedeutendere Auswirkung war der generell sinkende Standard der kommunalen Wohnungen während der 1980er-Jahre. Nicht alle Wohnungen waren gleich beliebte Kaufobjekte. Während Council-Häuser, die über einen kleinen Garten und eine Garage verfügten, besonders häufig von ihren Bewohnern gekauft wurden, waren Wohnungen in großen Wohnblöcken und Hochhäusern unbeliebte Kaufobjekte. Die Bewohner von Kommunalwohnungen, die es sich leisten konnten, verließen diese »council estates«, zogen in ein frei stehendes Council-Haus und kauften es, wenn möglich. In den Hochhaussiedlungen blieben in erster Linie Bewohner, die keine Möglichkeit hatten, in ein hochwertigeres Council-Haus zu ziehen, und eine höhere Miete nicht zahlen konnten. Die soziale Segregation und Ungleichheit unter den Mietern von Sozialwohnungen nahm so im Laufe des Jahrzehnts stark zu, was eine Gettoisierung zur Folge hatte.[114]

Ein älterer Bewohner eines »council estates«, der aus großen Wohnblöcken bestand, fasste die Entwicklung während der 1980er-Jahre wie folgt zusammen: »In 1979 the Estate I live on was a much sought after area for potential council house tenants, indeed there was a waiting list for tenancies. Ten years on exactly the reverse situation exists. There is now a waiting list of tenants wanting to transfer from the estate.«[115] Hinzu kam, dass die Kommunen über weniger finanzielle Mittel verfügten, um die Sozialbausiedlungen zu pflegen.

Demnach trug der Volkskapitalismus durchaus zu einer Veränderung der Gesellschaft bei, allerdings nicht so, wie Thatcher es erhofft und propagiert hatte: als einen Weg, der stets nur aufwärts führe. Während sie betonte, »popular capitalism« verringere soziale Ungleichheit, trug er mittel- und langfristig tatsächlich zur Verschärfung derselben bei. Allerdings verschoben sich die gesellschaftlichen Trennlinien. Sie verliefen nicht mehr entlang traditioneller Klassen. Der Volkskapitalismus trug dazu bei, dass die soziale Ungleichheit vor allem an den Rändern der Gesellschaft wuchs, insbesondere am unteren Rand. Während wohlhabendere Haushalte ihr Vermögen in vielfältiger Weise gewinnbringend investieren konnten, war der Volkskapitalismus mitunter auch für einen tiefen sozialen Fall durch eine massive Verschuldung und Obdachlosigkeit verantwortlich, die gerade in die Abhängigkeit vom Staat führten. Die konservative Regierung sah sich jedoch nicht in der Pflicht, gegen diese negativen Folgen zu intervenieren. Dies widersprach zum einen ihrem Verständnis des für sich selbst verantwortlichen Individuums. Zum anderen sollten im funktionierenden Volkskapitalismus diejenigen den ärmeren Haushalten helfen, die erfolgreich daran partizipierten. Anders als es Thatchers Rhetorik Glauben machen wollte, war das Scheitern im Volkskapitalismus nicht immer selbst verschuldet. Die Gefahr des Scheiterns war vielmehr bereits in der Mehrzahl der politischen Reformen und Anreize angelegt und wurde durch sie teilweise noch vergrößert.

---

113 Vgl. *Roger Burrows*, Poverty and Home Ownership in Contemporary Britain, Bristol 2003.
114 Vgl. dazu auch *Stewart*, Bang!, S. 419; *Campbell*, Thatcher, Bd. 2, S. 235f.
115 MOA, SxMOA2/1/31/2 M2326.

Margaret Thatcher betonte im Jahr 1990 zwar, dass die Situation für Personen mit Krediten wegen der von der Regierung festgesetzten hohen Zinsen nun schwierig sei: »If you have heavily borrowed, you have real problems.« Aber sie rechtfertigte die hohen Zinsen, ohne wesentliche Erleichterungen für die Kreditnehmer anzukündigen.[116] Auch Nigel Lawson, der von 1983 bis 1989 das Amt des Schatzkanzlers innehatte, betonte: »Those liberated from the dungeons of State control are often at first blinded and bewildered by the bright sunlight of freedom.«[117] Lawson folgend, kam den Konservativen die Rolle der »Befreier« zu, während die Bevölkerung, nun auf sich allein gestellt, sich erst an die »Freiheit« gewöhnen müsse.

V. SCHLUSSBETRACHTUNG UND AUSBLICK

Thatchers Streben, den Volkskapitalismus in Großbritannien zu etablieren, erlebte eine kurze Hochphase Mitte der 1980er-Jahre. Der Anstieg der Inflation und Arbeitslosigkeit in den folgenden Jahren und die Rezession der frühen 1990er-Jahre ließen ihre euphorischen Äußerungen in dieser Hinsicht jedoch rückblickend in anderem Licht erscheinen. War die Premierministerin kurz vor dem Ziel gescheitert?[118] Die Bilanz des Volkskapitalismus ist ambivalent. Unleugbar erreichte sie bei der quantitativen Ausweitung ein großes Etappenziel. Während der 1980er-Jahre stieg die Anzahl der Haushalte, die Wohneigentum besaßen, um mehr als zwei Millionen. Davon war mehr als die Hälfte auf das »right to buy« zurückzuführen. Der Anteil der Bevölkerung, der über Aktienbesitz verfügte, vervierfachte sich parallel auf ein knappes Drittel. Insbesondere das »right to buy« erwies sich als überaus populär in der Bevölkerung. Sowohl bei dem Verkauf von Council-Häusern als auch bei der Privatisierung seit Mitte der 1980er-Jahre standen die gesellschaftspolitischen Ziele sichtbar über den ökonomischen. Ein großer Teil der Bevölkerung profitierte von den materiellen Anreizen, die die konservative Regierung schuf. Auf den ersten Blick erscheint demnach das Konzept des »popular capitalism« durchaus erfolgreich gewesen zu sein.

Thatcher ging es jedoch beim Volkskapitalismus nicht in erster Linie darum, die britischen Haushalte finanziell und materiell besserzustellen. Obwohl sie wiederholt betonte, jeder solle ein Kapitalist werden, meinte sie damit nicht primär Investitionen zur Kapital- und Besitzvermehrung und damit kapitalistisches Handeln. Die Bevölkerung sollte vielmehr Besitz akkumulieren, um damit unabhängig vom Staat zu sein und um ihn weiterzuvererben zu können. Nach diesen Motiven handelten jedoch bei Weitem nicht alle. Eine Vielzahl war durchaus in erster Linie auf kurzfristige finanzielle Gewinne beim Haus- und Aktienkauf aus und handelte ihren Interessen entsprechend.

Besitz und Vermögen in Großbritannien konzentrierten sich zunehmend auf eine kleinere gesellschaftliche Schicht. Der Anteil der reichsten 5% der Bevölkerung am Gesamtvermögen, der im Laufe des 20. Jahrhunderts kontinuierlich gesunken war, konsolidierte sich in den 1980er-Jahren. Er nahm nicht weiter ab – trotz der Beteuerungen der Thatcher-Regierung, Eigentum auf eine breitere gesellschaftliche Basis zu verteilen.[119] Eine Viel-

---

116 Interview for Sunday Times, 15.11.1990, URL: <http://www.margaretthatcher.org/document/107868> [1.9.2016].
117 Nigel Lawson, The New Conservatism (Lecture to the Bow Group), 4.8.1980, URL: <http://www.margaretthatcher.org/document/109505> [1.9.2016].
118 Vgl. dazu auch *Sina Fabian*, Was von Margaret Thatcher bleibt, in: Zeitgeschichte-online, April 2013, URL: <http://www.zeitgeschichte-online.de/kommentar/was-von-margaret-thatcher-bleibt> [1.9.2016].
119 *Anthony B. Atkinson*, Distribution of Income and Wealth, in: *Albert Henry Halsey/Josephine Webb* (Hrsg.), Twentieth-Century British Social Trends, New York 2000, S. 348–381, hier: S. 258ff.; Central Statistical Office (Hrsg.), Social Trends 1990, London 1991, S. 85.

zahl der Haushalte überschuldete sich, um am Volkskapitalismus teilhaben zu können. Dies konnte zum sozialen Abstieg führen, wenn die Kredite nicht mehr bedient werden konnten. Der Abstand zwischen denjenigen, die am »popular capitalism« partizipierten und denjenigen, denen dies nicht möglich war, vergrößerte sich in den 1980er-Jahren. Für die Zunahme sozialer Ungleichheit war allerdings nicht der Volkskapitalismus allein verantwortlich. Weitere wichtige Faktoren waren die von der Thatcher-Regierung durchgeführten Kürzungen im Sozialstaat, die die Schwächsten der Gesellschaft trafen. Auch die Steuergesetzgebung und geringere staatliche Umverteilung trugen zur Zunahme sozialer Ungleichheit insbesondere am oberen und unteren Rand der Gesellschaft bei, die Ende der 1980er-Jahre weiter leicht anstieg.[120] Die Vision des Volkskapitalismus, von dem letztlich alle profitieren sollten, war damit gescheitert.

Das »right to buy« erlebte jüngst ein aufsehenerregendes Comeback. Im Vorfeld der Unterhauswahlen im Jahr 2015 versprachen die Konservativen in ihrem Wahlprogramm, das »right to buy« auch auf sogenannte »housing associations« auszuweiten. Diese haben seit den 1980er-Jahren zunehmend die Verantwortung über den sozialen Mietsektor übernommen.[121] Das erweiterte »right to buy« erstreckt sich auf 1,3 Millionen Haushalte, die nun das Recht haben, ihre Mietwohnung zu einem Preisnachlass von bis zu 70 % zu erwerben.[122] Das »Help-to-buy«-Programm der Regierung bietet zudem staatliche Kredite und Zuschüsse für alle Hauskäufer an, denn »everyone who works hard should be able to own a home of their own.«[123] Auffällig ist neben der wörtlichen Übernahme von Thatchers Rhetorik auch die Kopie der politischen Anreize. Die Idee, wonach »ordinary, hard working people« vom Volkskapitalismus profitieren sollen, besteht demnach fort und wird von den Tories gefördert.

Daran scheinen die Erfahrung der Rezession der späten 1980er- und frühen 1990er-Jahre und das Platzen der Hauspreisblase nichts geändert zu haben. Die politischen Anreize, die zur Steigerung der Hauspreise in den 1980er-Jahren beitrugen, werden wiederbelebt und tragen damit auch aktuell zu den bereits hohen Hauspreisen bei. Unter Labour nahmen allerdings ebenfalls sowohl die Hauspreise als auch die Verschuldung von Privathaushalten seit Mitte der 1990er-Jahre bis 2007/8 zu.[124] Trotz der fallenden Preise während

---

120 Vgl. zur sozialen Ungleichheit im Sozialstaat *Winfried Süß*, Armut im Wohlfahrtsstaat, in: *Hans Günter Hockerts/ders.* (Hrsg.), Soziale Ungleichheit im Sozialstaat. Die Bundesrepublik Deutschland und Großbritannien im Vergleich, München 2010, S. 19–41; vgl. in europäischer Perspektive *ders.*, Der bedrängte Wohlfahrtsstaat. Deutsche und europäische Perspektiven auf die Sozialpolitik der 1970er-Jahre, in: AfS 47, 2007, S. 95–126; vgl. zur Diskussion um »health inequalities« in den 1980er-Jahren *Pleinen*, »Health inequalities«. Vgl. zur Steuergesetzgebung und staatlicher Umverteilung: *Marc Buggeln*, Steuern nach dem Boom. Die öffentlichen Finanzen in den westlichen Industrienationen und ihre gesellschaftliche Verteilungswirkung, in: AfS 52, 2012, S. 47–89; *Atkinson*, Distribution of Income and Wealth. Die Zunahme sozialer Ungleichheit in den 1980er-Jahren in Großbritannien ist auch im internationalen Vergleich hoch. Vgl. *Stefan Hradil*, Warum werden die meisten entwickelten Gesellschaften ungleicher?, in: *Windolf*, Finanzmarktkapitalismus, S. 460–483.
121 Vgl. *Peter Malpass*, Housing Associations and Housing Policy. A Historical Perspective, Basingstoke 2000. »Housing associations« sind private Non-Profit-Organisationen, die sozialen Wohnraum zur Verfügung stellen. Sie tragen sich durch die Vermietung ihrer Wohnungen. Vgl. zur genauen Definition dieser »curious entities«: ebd., S. 3–19. Seit dem Wohnungsgesetz von 1988 lösen »housing associations« zunehmend den Staat als Bereitsteller sozialen Wohnraums ab.
122 Conservative Election Manifesto 2015, URL: <https://www.conservatives.com/manifesto> [1.9.2016].
123 Ebd. Vgl. das »Help-to-buy«-Programm, das 2013 unter der konservativen Regierung ins Leben gerufen wurde, unter: URL: < https://www.helptobuy.gov.uk > [1.9.2016].
124 Vgl. *Hay*, Good Inflation; *Botterill*, Consumer Culture and Personal Finance, S. 157–169.

der jüngsten Krise haben sich die Kosten für ein Haus seit 2002 verdoppelt. Die durchschnittliche Verschuldung lag 2008 bei 170% des verfügbaren Haushaltseinkommens. Es mehren sich daher aktuell Stimmen, die eine erneute Schuldenkrise privater Haushalte in Großbritannien vorhersehen.[125]

---

125 Office for National Statistics (Hrsg.), Statistical Bulletin. House Price Index, January 2015, 24.3.2015, URL: <http://webarchive.nationalarchives.gov.uk/20160105160709/http://www.ons.gov.uk/ons/dcp171778_398690.pdf> [1.9.2016]; Rising Household Debt Is Cause for Alarm, Warns Thinktank IPPR, in: The Guardian, 28.12.2013, URL: <http://www.theguardian.com/politics/2013/dec/28/rising-household-debt-cause-for-alarm> [1.9.2016]; Household Debt at Highest for Five Years, Says TUC, in: BBC News, 8.1.2016, URL: <http://www.bbc.com/news/business-35261373> [1.9.2016]; Is the UK Facing a Debt Disaster?, in: The Independent, 13.1.2016, URL: <http://www.independent.co.uk/money/is-britain-facing-a-debt-disaster-a6808086.html> [1.9.2016]. Vgl. zum medialen Verschuldungsdiskurs in Großbritannien seit den 2000er-Jahren *Botterill*, Consumer Culture and Personal Finance, S. 157–215.

Christian Marx/Morten Reitmayer

Zwangslagen und Handlungsspielräume

Der Wandel von Produktionsmodellen in der westeuropäischen Chemieindustrie im letzten Drittel des 20. Jahrhunderts

Der säkulare Aufstieg des Finanzmarktkapitalismus hat sich mittlerweile als zentrales Thema der Politischen Ökonomie etabliert. Demnach führten ganz wesentlich die verstärkte Finanzierung über den Kapitalmarkt und der Einstieg institutioneller Anleger zu einem drastischen Umbruch in der *Corporate Governance* westlicher Großunternehmen, bei dem das kooperative Element in den Beziehungen zwischen Kapital und Arbeit zunehmend unter Druck geriet.[1] Häufig wird dabei argumentiert, oder zumindest unterstellt, dass sich die Auflösung des institutionellen Arrangements der Nachkriegszeit, das vielfach mit dem Begriff »Konsenskapitalismus« bezeichnet wurde, unter dem Druck von Globalisierung, Digitalisierung und fallender Profitraten der Unternehmen mit der gleichen Zwangsläufigkeit ereignet habe, mit der die neoliberalen Entscheidungseliten den institutionellen und mentalen Umbau der westlichen Gesellschaften nach ihren Vorstellungen exekutierten (»There is no alternative«, Margaret Thatcher).[2] Für uns stellt sich damit die Frage nach den Handlungsspielräumen, über die zentrale Akteure in Wirtschaftsunternehmen gegenüber diesen Herausforderungen verfügten. Damit verbunden ist die Frage, ob die zunehmende Einbindung der Unternehmen in die internationale Arbeitsteilung und die ansteigende weltwirtschaftliche Verflechtung (»Globalisierung«) seit den 1970er-Jahren eine (eventuell zeitverschobene) Angleichung von Unternehmensstrukturen, Geschäftsstrategien und industriellen Beziehungen nach sich zogen und damit die Einebnung nationaler Spielarten des Kapitalismus bedeuteten.[3] Gerade der Anschluss an die neueren Diskussionen der Politischen Ökonomie über die vermeintliche Unausweichlichkeit der Konvergenz der westlichen Volkswirtschaften mit dem angloamerikanischen Kapitalismusmodell lenkt den Blick auf die Unterschiede zwischen den Produktionsmodellen der Großunternehmen in Westeuropa. Das Ausmaß der Handlungsspielräume der ökonomischen Entscheidungseliten gegenüber den genannten Herausforderungen (vor denen alle Unternehmen standen) bemisst sich in dieser Perspektive gerade in den Differenzen zwischen den Unternehmensverfassungen und Unternehmensstrategien, die am Ende des Untersuchungszeitraums noch immer zu beobachten waren. Der Umfang und die Bedeutung jener Herausforderungen, aber auch der Möglichkeitsraum für die unternehmerischen Entscheidungen werden dabei deutlicher, wenn die Wechselbeziehungen zwischen den drei Handlungsebenen der einzelnen Unternehmen, der Branchen, in denen sie sich betätigten, sowie der Volkswirtschaften, in die sie eingebettet waren, systematisch in den Blick ge-

---

1 *Colin Crouch*, Das befremdliche Überleben des Neoliberalismus, Berlin 2011; *Wolfgang Streeck*, Gekaufte Zeit. Die Krise des demokratischen Kapitalismus, Berlin 2013; *Paul Windolf* (Hrsg.), Finanzmarkt-Kapitalismus. Analysen zum Wandel von Produktionsregimen, Wiesbaden 2005.
2 *Jürgen Beyer* (Hrsg.), Vom Zukunfts- zum Auslaufmodell. Die deutsche Wirtschaftsordnung im Wandel, Wiesbaden 2003; *Ulrich Brinkmann/Karoline Krenn/Sebastian Schief* (Hrsg.), Endspiel des Kooperativen Kapitalismus? Institutioneller Wandel unter den Bedingungen des marktzentrierten Paradigmas, Wiesbaden 2006; *Wolfgang Streeck/Martin Höpner* (Hrsg.), Alle Macht dem Markt? Fallstudien zur Abwicklung der Deutschland AG, Frankfurt am Main/New York 2003.
3 *Peter A. Hall/David Soskice* (Hrsg.), Varieties of Capitalism. The Institutional Foundations of Comparative Advantage, Oxford/New York etc. 2001.

nommen werden. Zu diesem Zweck greifen wir auf das gleich weiter zu erläuternde Konzept des »Produktionsmodells« zurück. Und schließlich gilt es auch, den Ursprung der sinkenden Unternehmensgewinne, die gewissermaßen den Auslöser der weitreichenden institutionellen Umbauten darstellten, zu analysieren. Zwar herrscht in der neueren Zeitgeschichtsforschung Einigkeit darüber, dass die westeuropäischen Gesellschaften in den 1970er-Jahren einen rasanten Wandel erlebten, der sowohl die materielle und immaterielle Produktion als auch die Arbeitswelt umformte. Offen sind jedoch nach wie vor die Chronologie und die Konjunkturen des Wandels auf den verschiedenen gesellschaftlichen Handlungsfeldern.[4] Die Natur des krisenhaften wirtschaftlichen Einbruchs, der auch für die westeuropäische Chemieindustrie die Ära des mühelosen Wachstums beendete, näher zu bestimmen erscheint umso dringlicher, als nach wie vor recht pauschale Verweise auf die erste Ölpreiskrise und den Zusammenbruch des Weltwährungssystems (Bretton Woods) als Erklärungen für die wirtschaftliche Trendwende, die den großen Nachkriegsboom beendete, verwendet werden. Hier sind differenziertere Antworten vonnöten, die die konkreten Herausforderungen für Wirtschaftsunternehmen und deren Antworten genauer in den Blick nehmen.[5]

Der vorliegende Text greift jene in der Zeitgeschichte und der Politischen Ökonomie aufgeworfenen Debatten auf, um mittels eines historischen Vergleichs am Beispiel der Chemieindustrie die Frage zu beantworten, ob sich in drei großen westeuropäischen Volkswirtschaften – der Bundesrepublik, Frankreich und Großbritannien – im letzten Drittel des 20. Jahrhunderts Produktionsmodelle signifikant (und transnational gleichförmig) veränderten und welche Auswirkungen diese Verschiebungen auf die Unternehmen und Belegschaften hatten. Der transnationale Vergleich bietet den Vorteil, die jeweils besonderen Rahmenbedingungen, die innerhalb der im Wesentlichen nationalstaatlich regulierten Volkswirtschaften wirksam waren, als solche überhaupt erst in den Blick nehmen zu können. Die Konzentration auf die Chemieindustrie, die in allen drei Volkswirtschaften hinsichtlich der Wertschöpfung wie der Beschäftigtenzahl eine der wichtigsten war, gewährleistet demgegenüber eine gewisse Einheitlichkeit des Untersuchungsgegenstands, denn die fraglichen Unternehmen standen aufgrund ihrer Größe und Produktpolitik vor ähnlichen Herausforderungen. Während Diversifikation und Divisionalisierung ab Mitte der 1960er-Jahre branchenübergreifend als Erfolgskonzepte gefeiert wurden, geriet diese unternehmensstrategische Mode angesichts des Erfolgs schlanker japanischer Konkurrenten spätestens in den 1980er-Jahren unter enormen Druck und wurde in Verbindung mit dem Bedeutungsgewinn des Kapitalmarkts oftmals zugunsten einer neuen, sich auf Kernkompe-

---

4 *Knud Andresen/Ursula Bitzegeio/Jürgen Mittag* (Hrsg.), Nach dem Strukturbruch? Kontinuität und Wandel von Arbeitsbeziehungen und Arbeitswelt(en) seit den 1970er-Jahren, Bonn 2011; *Andy Beckett*, When the Lights Went Out. What Really Happened to Britain in the Seventies, London 2010; *Anselm Doering-Manteuffel/Lutz Raphael*, Nach dem Boom. Perspektiven auf die Zeitgeschichte seit 1970, 3., erg. Aufl., Göttingen 2012; *Anselm Doering-Manteuffel/Lutz Raphael/Thomas Schlemmer* (Hrsg.), Vorgeschichte der Gegenwart. Dimensionen des Strukturbruchs nach dem Boom, Göttingen 2016; *Konrad H. Jarausch* (Hrsg.), Das Ende der Zuversicht? Die siebziger Jahre als Geschichte, Göttingen 2008; *Morten Reitmayer/Ruth Rosenberger* (Hrsg.), Unternehmen am Ende des »goldenen Zeitalters«. Die 1970er Jahre in unternehmens- und wirtschaftshistorischer Perspektive, Essen 2008; *Morten Reitmayer/Thomas Schlemmer* (Hrsg.), Die Anfänge der Gegenwart. Umbrüche in Westeuropa nach dem Boom, München 2014; *Jean-François Sirinelli*, Les Vingt Décisives. Le passé proche de notre avenir 1965–1985, Paris 2007.
5 *Werner Plumpe*, »Ölkrise« und wirtschaftlicher Strukturwandel. Die bundesdeutsche Wirtschaft im Zeichen von Normalisierung und Globalisierung während der 1970er Jahre, in: *Alexander Gallus/Axel Schildt/Detlef Siegfried* (Hrsg.), Deutsche Zeitgeschichte – transnational, Göttingen 2015, S. 101–123.

tenzen konzentrierenden Strategie aufgegeben.⁶ Schließlich ist zu fragen, inwieweit Wechselwirkungen zwischen den drei verschiedenen Handlungsebenen – derjenigen der Unternehmen, der Branche und der Volkswirtschaft – sichtbar werden.

Zu diesem Zweck greifen wir auf Ansätze der französischen Regulationsschule zurück, die ein gut operationalisierbares Konzept der Beziehungen zwischen der Mikroebene der Unternehmen, der Mesoebene der Branche und der Makroebene ganzer Volkswirtschaften entwickelt hat. Mit dem Begriff des Produktionsmodells als Bezeichnung für den Ausgleich (»*Governance*-Kompromiss«) zwischen der Produktpolitik, der Produktionsorganisation und den Arbeitsbeziehungen, den jedes Unternehmen finden muss, steht ein Konzept zur Verfügung, das den analytischen Blick einerseits auf die Handlungsspielräume des Managements richtet, zum Beispiel weil Veränderungen der Produktpolitik mittelbar Auswirkungen auf die Produktionsorganisation und auf die Arbeitsbeziehungen nach sich ziehen. Andererseits muss das Produktionsmodell eines Unternehmens abgestimmt sein auf sein wirtschaftliches und politisches Umfeld, weil die Marktstrukturen, die über den Erfolg von Profitstrategien bestimmen, von den nationalen Wachstumsmodellen geformt werden.⁷

In den folgenden Teilen werden Produktionsmodelle in der chemischen Industrie der Bundesrepublik, Frankreichs und Großbritanniens anhand einzelner Charakteristika – Unternehmensstrukturen, Arbeits- und Unternehmensbeziehungen – sukzessive herausgearbeitet, bevor wir ein abschließendes Resümee ziehen. Hierbei gehen wir grundsätzlich von der These aus, dass Produktionsmodelle in Großbritannien durch die Schwächung der Gewerkschaften, Deregulierung und Privatisierung am stärksten und frühesten umgebaut wurden, während deutsche Unternehmen lange mit dem Umbau zögerten und in Frankreich mit dem Modell des »Keynesianismus in einem Land« zunächst ein anderer Weg eingeschlagen wurde.

I. Produktionsmodelle der (West-)deutschen Chemieindustrie

Unternehmensstrukturen

Die Chemieindustrie gehörte neben der Elektroindustrie zu den dynamischen Wirtschaftszweigen der Hochindustrialisierung seit dem späten 19. Jahrhundert. Die wissenschaftlichen Prinzipien der künstlichen Farbstoffherstellung ließen sich auf andere Anwendungsbereiche übertragen, und folglich diversifizierten große Farbenproduzenten wie Bayer oder Hoechst in den 1880er-Jahren in die pharmazeutische Forschung und trugen damit zur Entstehung chemisch-pharmazeutischer Großkonzerne bei.⁸ Nach dem Zweiten Weltkrieg war die westdeutsche Chemieindustrie bereits 1949 in Teilen wieder exportfähig und der Export sollte in den Jahrzehnten des Wirtschaftswunders zum Motor der Expansion werden: Mit dem Koreaboom steigerte die Chemieindustrie ihren Exportanteil wieder auf das Vorkriegsniveau von etwa 15% der gesamten westdeutschen Exporte, damit erwirtschafteten die I.G. Farben-Nachfolger rund ein Drittel ihrer Umsätze im Außenhandel.⁹ In

---

6 *Werner Plumpe*, Das Ende des deutschen Kapitalismus, in: WestEnd. Neue Zeitschrift für Sozialforschung 2, 2005, H. 2, S. 3–26, hier: S. 13–17.
7 *Robert Boyer/Michel Freyssenet*, Produktionsmodelle. Eine Typologie am Beispiel der Automobilindustrie, Berlin 2003.
8 *Dieter Ziegler*, Das Zeitalter der Industrialisierung (1815–1914), in: *Michael North* (Hrsg.), Deutsche Wirtschaftsgeschichte. Ein Jahrtausend im Überblick, München 2000, S. 192–281, hier: S. 238–240.
9 *Werner Abelshauser*, Deutsche Wirtschaftsgeschichte. Von 1945 bis zur Gegenwart, Bonn 2011, S. 424–429.

technologischer Perspektive stellte die Umstellung des Produktionsprozesses von kohle- auf petrochemische Verfahren nach dem Krieg neben der Wiedergewinnung der Auslandsmärkte die größte Herausforderung dar. Dabei hatten die deutschen Unternehmen aufgrund der NS-Wirtschaftspolitik nicht nur den internationalen Trend in Richtung Petrochemie, sondern auch entscheidende Entwicklungen in der Pharmaforschung verpasst. Mitte der 1960er-Jahre war jedoch auch dieser Nachholprozess weitgehend abgeschlossen.[10] Diese sich seit dem letzten Drittel des 19. Jahrhunderts herausbildende Grundstruktur der deutschen Chemieindustrie – hoher Konzentrationsgrad bei wenigen chemisch-pharmazeutischen Großkonzernen, die weite Teile der Forschung dominierten, für einen Großteil chemischer Exporte und Auslandsinvestitionen verantwortlich waren und die industriellen Beziehungen durch ihre Haustarifverträge prägten – spiegelte im Wesentlichen auch die Situation am Ende des Booms wider, als die Unternehmen mit neuen Schwierigkeiten konfrontiert wurden.

Auch wenn sich die westdeutschen Chemieunternehmen nicht existenziell bedroht sahen, so überlagerten sich doch seit den ausgehenden 1960er-Jahren mehrere Problemkreise, die zu einem lang andauernden Rückgang der Erträge führten. Noch bevor die erste Ölkrise zu einer deutlichen Verteuerung des wichtigsten Rohstoffs – zur Verarbeitung wie zur Energiegewinnung – führte, hatten die Überkapazitäten der europäischen Chemieindustrie, vor allem im Bereich einfacher Chemiefasern, zu einem erheblichen Preisverfall geführt, der durch zusätzliche, neue Konkurrenten aus Osteuropa und den Schwellenländern noch verstärkt wurde – einfache chemische Produkte konnten dort zu weitaus billigeren Kosten hergestellt werden als im Hochlohnland Bundesrepublik. Obendrein erschwerte die Dollarschwäche in den 1970er-Jahren Exporte in die Vereinigten Staaten; und schließlich erforderte die Entwicklung der neuen Produkte, mit denen all diese Herausforderungen angenommen werden konnten, hohe Investitionen.[11]

Die westdeutschen Chemieunternehmen gerieten für über eine Dekade in eine Ertragskrise, die erst in der ersten Hälfte der 1980er-Jahre überwunden werden konnte, wobei die Umsatzeinbrüche 1975 und 1981/82 besonders tief waren. Erst der Wirtschaftsaufschwung in den USA und der starke Anstieg des Dollar-Kurses Mitte der 1980er-Jahre bescherten den exportorientierten Konzernen neue Rekordgewinne, obschon sie im Inland ihre Rolle als Wachstumsmotor einbüßten. Produktions- und Umsatzwachstum blieben in den 1980er-Jahren hinter dem allgemeinen Trend des verarbeitenden Gewerbes zurück.[12] Im Ausland hingegen hatten sie übermäßigen Erfolg.

»›Nie‹, frohlockt Volker Kalisch, Sprecher des Verbands der Chemischen Industrie, ›sind im Ausland so viel deutsche Chemieerzeugnisse gekauft worden wie heute.‹ Nicht nur in den USA selbst nämlich haben die Chemiker vom Rhein Freude am Reagan Boom. Auf allen bedeutenden Märkten der Welt kommen sie dank der US-Konjunktur plötzlich groß ins Geschäft.«[13]

Um den Herausforderungen der 1970er-Jahre zu begegnen, wählten die großen westdeutschen Chemieunternehmen drei Strategien: Erstens reduzierten sie den Anteil der Grundstoffe am Gesamtproduktionswert zugunsten von Spezialerzeugnissen und Pharmazeutika. Besonders im Bereich von Massenkunststoffen und Chemiefasern standen die westdeutschen wie auch die übrigen westeuropäischen Unternehmen vor erheblichen Absatz-

---

10 Ebd., S. 428–430; *Ernst Bäumler*, Farben, Formeln, Forscher. Hoechst und die Geschichte der industriellen Chemie in Deutschland, München 1989, S. 267–289.
11 *Christopher S. Allen*, Political Consequences of Change. The Chemical Industry, in: *Peter J. Katzenstein* (Hrsg.), Industry and Politics in West Germany. Toward the Third Republic, Ithaca/London 1989, S. 157–184.
12 *Abelshauser*, Deutsche Wirtschaftsgeschichte, S. 432f.
13 »Ein unehelicher Boom«, in: Die ZEIT, 12.10.1984.

problemen. Nachdem die westeuropäischen Kunststoffhersteller 1981 einen Verlust von drei Milliarden DM verkraften mussten, bauten BASF, Bayer und Hoechst massiv Produktionskapazitäten von Standardkunststoffen ab und entwickelten höherwertige technische Kunststoffe. Dem Abwärtstrend auf dem Fasermarkt begegneten die westeuropäischen Chemiefaserhersteller (unter Beteiligung von Hoechst, Bayer, ICI, Enka, Rhône-Poulenc, Courtaulds und Montefibre) Ende der 1970er-Jahre mit einem Abkommen zur Stilllegung von Überkapazitäten. Gleichzeitig entwickelten westdeutsche Produzenten wie Hoechst neue, anspruchsvolle Hochleistungsfasern.[14] Bayer-Chef Herbert Grünewald stellte deshalb Anfang der 1980er-Jahre im Zuge der Umstrukturierung fest: »Wir gehen bewußt auf die Spezialgebiete, in denen wir noch Zuwachsraten erwarten.«[15]

Zweitens beflügelte der Erfolg von multidivisionalen US-Konzernen in westdeutschen Vorstandsetagen die Idee, den Ertrag durch die Divisionalisierung ihrer Unternehmen zu steigern und die Organisationsstruktur somit als ökonomische Ressource zu begreifen. Folglich legten die BASF, Bayer und Hoechst zu Beginn der 1970er-Jahre ihre funktionale Aufgabentrennung zugunsten einer divisionalen Unternehmensstruktur ab; das Pharmaunternehmen Schering oder der deutsch-niederländische Akzo-Konzern sind weitere Beispiele hierfür.[16] Einflussreiche US-Beratungsgesellschaften wie McKinsey oder Arthur D. Little wurden hierbei zu integralen Institutionen bei der Transmission unternehmerischer Organisationsmodelle.[17]

Drittens leiteten die Industriemanager aus der Wachstumsschwäche im Inland die Konsequenz ab, verstärkt im Ausland zu investieren und dort nicht nur Vertriebsgesellschaften, sondern auch Produktionsstätten aufzubauen. Rolf Sammet, Vorstandsvorsitzender der Hoechst AG, brachte dies 1976 auf den Punkt, indem er verkündete,

»daß in der letzten Zeit bei den Investitionen in der Bundesrepublik die Unternehmen das Hauptgewicht auf Rationalisierung legten. Zwar wurden auch weiter Neuanlagen gebaut […]; auf Export gerichtete Erweiterungsinvestitionen verloren jedoch an Bedeutung. […] Das Wachstum allerdings, das wird nicht im Inland, sondern im Ausland stattfinden.«[18]

In aller Konsequenz wurden die Folgen dieser unternehmensstrategischen Entscheidungen allerdings erst in den 1990er-Jahren sichtbar. In Verbindung mit der Liberalisierung der Finanzmärkte und dem Bedeutungsgewinn des Shareholder-Value-Prinzips als normative Leitorientierung ließ die Divisionalisierung der Unternehmensstruktur (und die darauf aufbauende Einführung ergebnisverantwortlicher *Business Units*) nun die Abspaltung von Unternehmensteilen oder Zerschlagung ganzer Konzerne profitabel erscheinen.

---

14 *Bäumler*, Farben, Formeln, Forscher, S. 319–400; *Christian Marx*, A European Structural Crisis Cartel as Solution to a Sectoral Depression? The West European Fibre Industry in the 1970s and 1980s, in: Jahrbuch für Wirtschaftsgeschichte/Economic History Yearbook (JWG) 58, 2017 (im Erscheinen); *Harm G. Schröter*, Kartelle als Kriseninstrumente in Europa nach 1970. Das Beispiel des europäischen Chemiefaserkartells, in: JWG 53, 2012, H. 1, S. 87–102; *Walter Teltschik*, Geschichte der deutschen Großchemie. Entwicklung und Einfluß in Staat und Gesellschaft, Weinheim 1992, S. 262f. und 295–300.
15 »Klasse statt Masse«, in: Die ZEIT, 9.9.1983.
16 *Werner Abelshauser*, Die BASF seit der Neugründung 1952, in: *Werner Abelshauser* (Hrsg.), Die BASF. Eine Unternehmensgeschichte, München 2007, S. 359–637, hier: S. 469–478; *Bäumler*, Farben, Formeln, Forscher, S. 311–313.
17 *Matthias Kipping*, The U.S. Influence on the Evolution of Management Consultancies in Britain, France, and Germany Since 1945, in: Business and Economic History 25, 1996, H. 1, S. 112–123; *Christopher D. McKenna*, The World's Newest Profession. Management Consulting in the Twentieth Century, Cambridge/New York etc. 2006, S. 165–191.
18 Vgl. *Petra Struve*, Multinationale Konzerne in der chemischen Industrie der Bundesrepublik Deutschland, in: *Klaus Peter Kisker/Rainer Heinrich/Hans-Erich Müller* u.a., Multinationale Konzerne. Ihr Einfluss auf die Lage der Beschäftigten, Köln 1982, S. 281–313, hier: S. 313.

Markante Beispiele für jene finanzmarktorientierte Neuausrichtung waren die Konzentration auf *Life Sciences* unter Aufgabe zahlreicher Geschäftsfelder und schließlich die Fusion mit dem ebenfalls auf Pharma- und Agrochemie reduzierten französischen Konzern Rhône-Poulenc zu Aventis im Fall von Hoechst oder die Abspaltung der Fasersparte beim deutsch-niederländischen Akzo-Konzern. Auch bei Bayer traten 1994 an die Stelle von Umsatz- und Ertragsentwicklung die Orientierung am Shareholder-Value und die Steigerung des Unternehmenswerts als neue Leitziele sowie eine Konzentration auf die Arbeitsbereiche Gesundheit, Landwirtschaft und Polymere, obschon das Management hier länger und stärker als bei Hoechst am Prinzip des integrierten chemisch-pharmazeutischen Unternehmens festhielt. Bei der BASF nahm die Finanzmarktorientierung in den 1990er-Jahren zwar ebenfalls zu, im Unterschied zu ihren beiden großen deutschen Konkurrenten setzte ihr Vorstand aber nicht auf das Pharmageschäft, sondern hielt – auch auf Druck der Beschäftigten – weiterhin am Prinzip der stärker auf Chemieaktivitäten ausgerichteten Verbundchemie fest, von der sich Bayer und Hoechst angesichts steigender Ölpreise seit den 1970er-Jahren sukzessive verabschiedet hatten. Dem Trend zur unternehmensinternen Vermarktlichung und Finanzialisierung konnte sich aber keiner der Großkonzerne entziehen, doch zeigen die unterschiedlichen Verläufe, dass die Unternehmensentwicklung nicht Ausdruck übergeordneter Zwänge, sondern auf die Strategiewahl der unternehmerischen Entscheidungsträger zurückzuführen war.[19] Die Aufgabe des Prinzips der Verbundchemie bei Bayer und Hoechst hatte weitreichende Folgen für die Produktionsorganisation. Bayer wollte das Prinzip der Diversifizierung zwar nicht vollständig aufgeben, konzentrierte sich aber seit Mitte der 1990er-Jahre vor allem auf seine Kernkompetenzen. Unter dem seit 2002 amtierenden Bayer-Vorstandschef Werner Wenning begann eine der größten Umbruchphasen des Konzerns, bei der die bisherigen Geschäftsbereiche (Pflanzenschutz, Pharma, Polymere und Chemie) in eigenständige Teilkonzerne (Bayer CropScience, Bayer HealthCare, Bayer Polymers und Bayer Chemicals) unter dem Dach der Bayer Holding angesiedelt wurden. Andere Arbeitsgebiete wurden in sogenannte Servicegesellschaften – wie Bayer Technology Services, Bayer Industry Services oder Bayer Business Services – transferiert, zugleich wurden Dienstleistungs- und Infrastrukturfunktionen wie Logistik, Lagerwirtschaft, Ver- und Entsorgung sowie Kantinen- und Servicebereiche in eigenständige Unternehmen außerhalb des Chemietarifs ausgegliedert. Ähnlich hatte sich auch Hoechst in den 1990er-Jahren auf seine neu definierten Kernarbeitsgebiete konzentriert und eine strategische Management-Holding mit unternehmensrechtlich selbstständigen Gesellschaften vorgesehen, die allerdings zunächst noch nicht den Rückzug aus dem Industriegeschäft beinhaltete. Der Schwenk zu einer an Finanzmarktnormen ausgerichteten Unternehmensstrategie erfolgte erst nach 1994 durch den neuen Vorstandsvorsitzenden Jürgen Dormann.[20] Auslöser waren die sinkenden Gewinne und die steigende Verschuldung des Unternehmens.[21] Nun steuerten die einzelnen Gesellschaften des Konzerns ihre Beziehungen untereinander zunehmend durch Marktmechanismen, und die Werksgelände der ehemals hierarchisch gelenkten Unternehmen verwandelten sich in netzwerkartige, ganz der Logik der Vermarktlichung unterworfene Chemieparks. Während

---

19 *Jürgen Kädtler*, Industrieller Kapitalismus und Finanzmarktrationalität – am Beispiel des Umbruchs in der (traditionellen) deutschen Großchemie, in: PROKLA. Zeitschrift für kritische Sozialwissenschaft 42, 2012, Nr. 169, S. 579–599.
20 *Jürgen Kädtler*, Sozialpartnerschaft im Umbruch. Industrielle Beziehungen unter den Bedingungen von Globalisierung und Finanzmarktkapitalismus, Hamburg 2006, S. 95–109, 143–151 und 180f.
21 Vorstandschef Dormann hält trotz Kritik an seiner Strategie fest. Hoechst soll weiter schrumpfen: Schwieriges Jahr 1998 erwartet, in: Berliner Zeitung, 13.3.1998; *Christoph Wehnelt*, Hoechst. Untergang des deutschen Weltkonzerns, Lindenberg 2009, S. 109.

der Industriepark Höchst mit seiner Zusammenfassung der Infrastruktur- und Dienstleistungen in einer rechtlich eigenständigen Gesellschaft und der Entkopplung von Produktionsunternehmen und Standortinfrastruktur als eine erste Variante – als Netzwerk aus Infrastruktur- und Dienstleistungsanbietern – gilt, findet sich bei Bayer in der Öffnung der Standortverbundstrukturen auch für andere (Chemie-)Unternehmen eine zweite Variante. Auch der Traditionsstandort von Enka Glanzstoff in Oberbruch wurde 1998 in einen diversifizierten Multi-User-Industriepark mit Firmen unterschiedlicher Branchen umgewandelt. Ob sich diese residualen Industrieparks als Abwicklungskonfiguration oder zukunftsträchtige Netzwerkstruktur erweisen, wird sich erst in Zukunft entscheiden.[22] Im Gegensatz zu Bayer oder Hoechst hielt BASF hingegen (erfolgreich) am Modell der Verbundchemie fest, exportierte das Verbundsystem sogar ins Ausland und zeigt damit die Bandbreite unternehmerischer Entwicklungsmöglichkeiten.[23] Auch bei der BASF zeigten sich die Prozesse der Globalisierung, Vermarktlichung und Finanzialisierung, allerdings ist die BASF zugleich ein Beispiel dafür, dass den Zwängen des Finanzmarktkapitalismus durchaus unterschiedlich begegnet werden konnte. Dieser Gestaltungsspielraum der westdeutschen Chemieunternehmen zeigte sich gerade in der Beziehung zum Kapitalmarkt. Während sich Hoechst konsequent der Finanzmarkt- und Shareholder-Value-Orientierung verschrieben hatte, entschied BASF 2007, sich von der New Yorker Börse zurückzuziehen, um Kosten von über fünf Millionen Euro einzusparen. Dies lag zum einen sicherlich daran, dass ein Ziel des Börsengangs bereits erreicht war, denn im Vergleich zur Einführung der Aktie an der Wall Street im Jahr 2000 hatte sich der Anteil der nordamerikanischen Anteilseigner deutlich von 8,5% auf circa 20% erhöht, zum anderen erwarben immer mehr Investoren ihre Aktien über elektronische Handelsplattformen, die eine Listung in den USA nicht mehr notwendig machten.[24] Auch die Bayer-Aktie wurde nur zwischen 2002 und 2007 in New York gehandelt.[25] Mit ihrem Rückzug wollten sich die Chemieunternehmen der Berichtspflicht gegenüber der US-Börsenaufsicht entledigen und Kosten sparen. Sie setzten damit aber auch ein Zeichen, dass sie nicht auf die Finanzierungsmöglichkeiten eines der weltweit größten Handelsplätze angewiesen waren.

Industrielle Beziehungen

Die Anzahl der Beschäftigten in chemischen Betrieben überstieg 1969 erstmals die Marke von 550.000 und schwankte in den darauffolgenden Jahren bis 1990 zwischen 550.000 und 600.000. Dabei ging die Anzahl der Arbeiter ab Mitte der 1970er-Jahre kontinuierlich zurück, stieg auch Ende der 1980er-Jahre trotz der ökonomischen Erholung der Branche kaum an und verweist auf den relativen Anstieg höher Qualifizierter.[26] Beim Hoechst-Konzern verringerte sich die Zahl der Arbeiter unter der Stammbelegschaft beispielsweise von über 50.000 auf unter 44.000 zwischen 1974 und 1983, wohingegen die Zahl der Angestellten um etwa 3.500 auf 36.000 anwuchs. Im Einzelfall konnte diese Entwicklung durchaus mit Aufstiegen in den Angestelltenstatus einhergehen, die Sozialfigur des Arbei-

---

22 Industriepark Oberbruch GmbH & Co. KG (Hrsg.), Industriepark Oberbruch – ein Standort wird 100, Heinsberg 1999; *Jürgen Kädtler*, Die Großen werfen ihre Netze aus – Zum Verhältnis von Zentralisierung und Netzwerkkonfiguration in der deutschen Chemieindustrie, in: *Heiner Minssen* (Hrsg.), Begrenzte Entgrenzungen. Wandlungen von Organisation und Arbeit, Berlin 2000, S. 47–70, hier: S. 64–66.
23 *Abelshauser*, Die BASF seit der Neugründung, S. 503–507.
24 BASF plant Rückzug von New Yorker Börse, in: Handelsblatt, 30.7.2007.
25 Bayer zieht sich zurück, in: Manager Magazin, 5.9.2007.
26 Statistisches Bundesamt (Hrsg.), Statistisches Jahrbuch für die Bundesrepublik Deutschland. Produzierendes Gewerbe: Betriebe und Beschäftigte, Wiesbaden 1960–2000 (diverse Jahrgänge).

ters erlitt hingegen in jedem Fall einen Abstieg.[27] Obschon Umsatz- und Produktionszahlen nach oben zeigten, war der Beschäftigungseffekt der chemischen Industrie als »mittlerer« Industrie zwischen den absteigenden Traditionsindustrien und dem aufsteigenden Dienstleistungssektor in den 1970er- und 1980er-Jahren gering. Im Vergleich zu allen im produzierenden Gewerbe beschäftigten Personen nahm der Beschäftigtenanteil allerdings zu.[28] Zudem fand zwischen Mitte der 1960er- und Mitte der 1980er-Jahre infolge von Übernahmen und Fusionen ein kontinuierlicher Konzentrationsprozess in der westdeutschen Chemieindustrie statt, in dessen Folge über 200 Betriebe und Unternehmen verschwanden.[29]

Grundlagen der kooperativen industriellen Beziehungen in der deutschen Chemieindustrie waren eine Zentralisierung der Verbandspolitik auf Arbeitgeberseite, die sich in den 1960er-Jahren im »Arbeitsring der Arbeitgeberverbände der deutschen chemischen Industrie e. V.« zusammenfand (1982 in »Bundesarbeitgeberverband Chemie« umbenannt), die Organisation der Beschäftigten in einer nach dem Industrieverbandsprinzip aufgebauten Einheitsgewerkschaft, die strukturelle Streikunfähigkeit der Industriegewerkschaft Chemie-Papier-Keramik (IG CPK) in ihrer Leitbranche, der Chemieindustrie, aufgrund übertariflicher Löhne und Sozialleistungen in den drei großen, die Branche prägenden Konzernen (BASF, Bayer, Hoechst), sowie die kooperative Einbindung der IG CPK in einen zentralen Branchenregulierungsverbund. Der letzte Versuch der Vergewerkschaftlichung über das Projekt einer betriebsnahen Tarifpolitik Ende der 1960er-Jahre mündete in einen desaströs verlorenen Arbeitskampf 1971. Der Bezirk Rheinland-Pfalz-Saar, in dem auch die BASF ihren Sitz hatte, schloss frühzeitig am 24. Mai 1971 einen Tarifvertrag ab; die mit ihren Unternehmensleitungen sozialpartnerschaftlich verbundenen Betriebsräte von Bayer und Hoechst hatten bereits fehlende Unterstützung signalisiert. Die Gewerkschaftsspitze fürchtete folglich ein negatives Votum bei einer notwendigen Urabstimmung und lenkte deshalb ein. Langfristig hatte dies eine spätestens seit Mitte der 1980er-Jahre vollständig zentralisierte Tarifpolitik, eine wachsende Anzahl von Sozialpartnervereinbarungen sowie formelle wie informelle Kommunikations- und Absprachebeziehungen auf Spitzenebene zur Konsequenz. Hierfür entwickelte sich der Begriff der »Chemiepartnerschaft«. Hermann Rappe, von 1982 bis 1995 Vorsitzender der IG CPK, stand paradigmatisch für diesen pragmatischen Gewerkschaftskurs. Dabei lag das tarifliche Entgeltniveau der Chemieindustrie durchweg über dem anderer Branchen.[30] Die schrittwei-

---

27 Hoechst Sozialpolitik. Bericht aus dem Personal- und Sozialbereich 1983, S. 23–28, Hoechst-Archiv, Frankfurt am Main, H0025775; *Josef Mooser*, Abschied von der »Proletarität«. Sozialstruktur und Lage der Arbeiterschaft in der Bundesrepublik in historischer Perspektive, in: *Werner Conze/Rainer M. Lepsius* (Hrsg.), Sozialgeschichte der Bundesrepublik Deutschland, Stuttgart 1983, S. 143–186.

28 *Werner Glastetter/Günter Högemann/Ralf Marquardt*, Die wirtschaftliche Entwicklung der Bundesrepublik Deutschland 1950–1989, Frankfurt am Main/New York 1991, S. 260f.; *Martin Gornig*, Gesamtwirtschaftliche Leitsektoren und regionaler Strukturwandel. Eine theoretische und empirische Analyse der sektoralen und regionalen Wirtschaftsentwicklung in Deutschland 1895–1987, Berlin 2000, S. 78; *André Steiner*, Die siebziger Jahre als Kristallisationspunkt des wirtschaftlichen Strukturwandels in West und Ost?, in: *Konrad H. Jarausch* (Hrsg.), Das Ende der Zuversicht? Die siebziger Jahre als Geschichte, Göttingen 2008, S. 29–48, hier: S. 40f.

29 *Jürgen Kädtler/Hans-Hermann Hertle*, Sozialpartnerschaft und Industriepolitik. Strukturwandel im Organisationsbereich der IG Chemie-Papier-Keramik, Opladen 1997, S. 33; Statistisches Bundesamt, Statistisches Jahrbuch für die Bundesrepublik Deutschland (diverse Jahrgänge).

30 *Kädtler*, Sozialpartnerschaft im Umbruch, S. 66–68; *Kädtler/Hertle*, Sozialpartnerschaft und Industriepolitik, S. 52–54 und 56–68; *Rudolf Tschirbs*, Grundzüge der Tarifpolitik und der Tarifbewegungen in Bergbau, Energie, Chemie, Papier, Keramik und Leder in Westdeutschland, in: *Klaus Tenfelde* (Hrsg.), Ein neues Band der Solidarität. Chemie – Bergbau – Leder. Industrie-

se Angleichung des Angestellten- und des Arbeiterstatus spiegelte sich schließlich im erstmaligen Abschluss eines einheitlichen Tarifvertrags für Angestellte und Arbeiter im Jahr 1987 wider (Bundesentgelttarifvertrag), mit dem die chemische Industrie ausnahmsweise einmal eine Pionierrolle tarifvertraglicher Lösungen übernahm. Umgekehrt fand mit dem Auf- und Ausbau von Vereinbarungen und Regelungsabsprachen, die nicht mehr Gegenstand von Tarifverträgen waren, eine Flexibilisierung und Dezentralisierung der bisherigen Tarifpolitik statt. In diesem Zusammenhang sind sowohl die Abschlüsse von »Sozialpartner-Vereinbarungen« Ende der 1980er-Jahre als auch die Einführung sogenannter Flexi-Instrumente mit Arbeitszeit- und Entgeltkorridoren seit Anfang der 1990er-Jahre zu sehen.[31]

Trotz der strukturellen Probleme der IG CPK infolge der starken Position der chemischen Großkonzerne verfügte die Industriegewerkschaft aufgrund ihrer hohen Mitgliederzahl, die seit Mitte der 1970er-Jahre bei etwa 650.000 lag, über erhebliches Einflusspotenzial. Allerdings ging der Anteil der Betriebstätigen zugunsten von Rentnern und Arbeitslosen zurück (vgl. Abbildung 1). Das relative Gewicht der chemischen Industrie in der IG CPK nahm bis Ende der 1980er-Jahre zwar kontinuierlich auf zwei Drittel zu, allerdings fiel ihr Organisationsgrad bis Anfang der 1990er-Jahre auf knapp 43 % ab, wohingegen der Organisationsgrad in der Kautschuk-, Papier- oder Glasindustrie weiterhin über 60 % lag (vgl. Abbildung 2).[32] In dieser Heterogenität der IG CPK lag auch die Ursache für ihre sektorale Tarifpolitik begründet, bei der die kleineren Industriegruppen regelmäßig richtungsweisende Abschlüsse erzielen konnten, während die Betriebsräte der chemischen Unternehmen die tariflich unerschlossenen Räume nutzten, um in kooperativen Arrangements auf Betriebsebene möglichst viel für die Beschäftigten herauszuholen.[33] Sozial kontrollierte Arbeitsmärkte, eine der Mitbestimmung unterliegende Unternehmenspolitik und ein hohes Entgeltniveau verursachten in der kapitalintensiven Chemieindustrie Kosten, die eine Niedrigpreisproduktion wirtschaftlich unmöglich machten und Chancen für eine Strategie der diversifizierten Qualitätsproduktion eröffneten. Umgekehrt war die Orientierung auf qualitätskompetitive Märkte nur aufgrund des hohen, langfristig entwickelten Qualifikationsniveaus der Beschäftigten, stabiler Finanzierungsformen und daraus resultierender, langfristiger Entscheidungshorizonte möglich.[34]

---

arbeiter und Gewerkschaften in Deutschland seit dem Zweiten Weltkrieg, Hannover 1997, S. 205–222, hier: S. 216; *Kim Schewe/Klaus Schönhoven*, Programmatischer Traditionalismus oder pragmatische Gewerkschaftspolitik? Bergbau- und Chemiegewerkschaften und die Kräftekonstellationen im DGB seit den 1960er Jahren, in: ebd., S. 255–270, hier: S. 265.

31 *Wolfgang Menz/Steffen Becker/Thomas Sablowski*, Shareholder-Value gegen Belegschaftsinteressen. Der Weg der Hoechst-AG zum »Life-Sciences«-Konzern, Hamburg 1999, S. 158–163; *Walther Müller-Jentsch*, Arbeitgeberverbände und Arbeitgeberpolitik in der Chemieindustrie, in: *Klaus Tenfelde/Karl-Otto Czikowsky/Jürgen Mittag* u. a. (Hrsg.), Stimmt die Chemie? Mitbestimmung und Sozialpolitik in der Geschichte des Bayer-Konzerns, Essen 2007, S. 283–303, hier: S. 294; *Kädtler/Hertle*, Sozialpartnerschaft und Industriepolitik, S. 42f., 120–150 und 318–323. Vgl. hierzu auch: *Dietmar Süß*, Stempeln, Stechen, Zeit erfassen. Überlegungen zu einer Ideen- und Sozialgeschichte der »Flexibilisierung« 1970–1990, in: AfS 52, 2012, S. 139–162.

32 *Kädtler/Hertle*, Sozialpartnerschaft und Industriepolitik, S. 38–42.

33 Ebd., S. 45–51 und 54–56.

34 *Wolfgang Streeck*, Deutscher Kapitalismus: Gibt es ihn? Kann er überleben?, in: *ders.* (Hrsg.), Korporatismus in Deutschland. Zwischen Nationalstaat und Europäischer Union, Frankfurt am Main/New York 1999, S. 13–40.

Abbildung 1: Mitgliederentwicklung der IG CPK (1950–1990)[35]

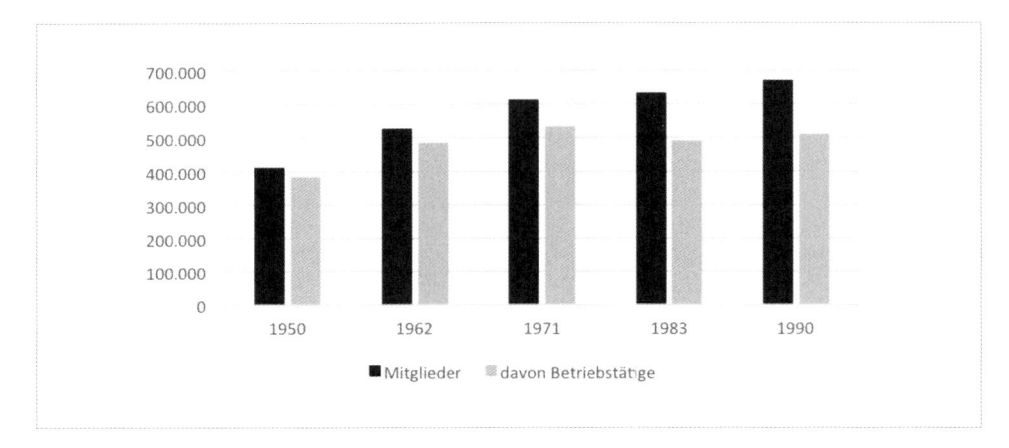

Abbildung 2: Organisationsgrad der IG CPK (1955–1990)[36]

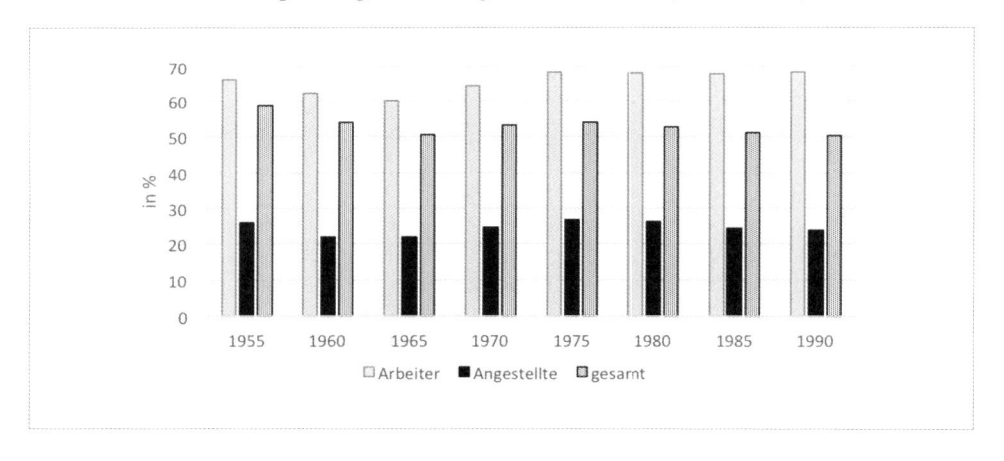

Inter-Company-Relations und Corporate Governance

Über die Zäsur von 1945 hinweg existieren im *Corporate-Governance*-System der großen deutschen Chemieunternehmen deutliche Kontinuitätslinien. Zwar wurde die IG-Farben in ihre Ursprungsunternehmen entflochten und Kartelle verboten, aber das Universalbankensystem, die starke Stellung der Wirtschaftsverbände und eine enge brancheninterne Kooperation entwickelten sich schon bald wieder zu typischen Merkmalen der westdeutschen Wirtschaft. Auch wenn die deutschen Großbanken in anderen Branchen bei der Organisation der Industriefinanzen eine bedeutendere Rolle einnahmen und die chemische Industrie einen Großteil ihrer Investitionen aus eigenen Mitteln finanzierte, waren sie seit der Wiedergründung der drei großen westdeutschen Chemiekonzerne in deren Aufsichts-

---

35 Quelle: *Kädtler/Hertle*, Sozialpartnerschaft und Industriepolitik, S. 39.
36 Quelle: ebd.

räten vertreten.³⁷ Freilich hatten sie hierin keine beherrschende Stellung – wie dies in Ausübung ihrer Kontrollfunktion als Gläubiger in anderen Unternehmen durchaus vorkam – und auch ihre Kapitalbeteiligungen hielten sich in Grenzen, gleichwohl können anhand von langjährigen und personenunabhängigen Verbindungen zwischen Chemieunternehmen und Großbanken die für den Rheinischen Kapitalismus typischen Industrie-Bank-Beziehungen nachgewiesen werden. Mit Hermann Josef Abs (1939–1971), Franz Heinrich Ulrich (1971–1978) und Alfred Herrhausen (1978–1985) standen beispielsweise mehr als 40 Jahre Vorstände der Deutschen Bank dem Aufsichtsrat des größten westdeutschen Chemiefaserproduzenten Glanzstoff vor. Bei der BASF saßen mit Hermann Josef Abs, Hans Feith und Robert Ehret ebenfalls über Jahrzehnte Vertreter der Deutschen Bank im Aufsichtsrat. Der Hoechst-Aufsichtsrat war hingegen durch Bankiers der beiden anderen großen deutschen Kreditinstitute – Commerzbank und Dresdner Bank – geprägt, während Bayer bis in die 1990er-Jahre eine Doppelachse zur Deutschen Bank und zur Commerzbank aufrechterhielt.³⁸ Neben kooperativen Beziehungen der Chemie- zur Elektroindustrie und der Kooptation von Wissenschaftlern – insbesondere von Vertretern mehrerer im Bereich der Chemie forschender Max-Planck-Institute – war der Wechsel vom Vorstand in den Aufsichtsrat typisch für die Machtverteilung in westdeutschen Großunternehmen und spiegelte die herausgehobene Position von Insidern und deren Wissen wider. Im Fall von Hoechst wechselten Karl Winnacker und Rolf Sammet sogar direkt vom Vorstands- zum Aufsichtsratsvorsitz. Die Berufung von Wissenschaftlern verweist zudem auf die zentrale Rolle wissenschaftlicher Erkenntnisse für die Forschung und den Erfolg von Unternehmen in einem »wissensbasierten« Industriezweig wie der Chemieindustrie. Über den Aufsichtsrat wurde auf diese Weise ein weit gespanntes Netzwerk bereitgehalten, das den Unternehmen wertvolle Informationen über Märkte und Innovationen liefern konnte.³⁹

Bis in die 1990er-Jahre waren die westdeutschen Chemieunternehmen inhärenter Teil der »Deutschland AG«, deren intrasektorale Vernetzung die Kooperation zwischen konkurrierenden Unternehmen erleichterte. Dann aber setzte die Auflösung des Netzwerks ein. Als der – teilweise durch die Unternehmen selbst hervorgerufene – Globalisierungsprozess und die Liberalisierung des Weltkapitalverkehrs wie auch des Welthandels in den 1990er-Jahren ihre volle Durchschlagskraft entfalteten und bundesdeutsche Regierungen aller Couleur eine neoliberale, an Deregulierung und Privatisierung orientierte Politik betrieben, erhöhten sich der Druck und der Anreiz, solche Unternehmensbeziehungen auf-

---

37 *Werner Abelshauser*, Das Produktionsregime der chemischen Industrie im sozialen Produktionssystem der deutschen Wirtschaft des 20. Jahrhunderts, in: *Rolf Petri* (Hrsg.), Technologietransfer aus der deutschen Chemieindustrie (1925–1960), Berlin 2004, S. 59–77, hier: S. 63–65.

38 *Christian Marx*, Die Internationalisierung der Chemieindustrie als Herausforderung für die Deutschland AG, in: *Ralf Ahrens/Boris Gehlen/Alfred Reckendrees* (Hrsg.), Die »Deutschland AG«. Historische Annäherungen an den bundesdeutschen Kapitalismus, Essen 2013, S. 247–273; *Anna Elisabeth Schreier/Manuela Wex*, Chronik der Hoechst Aktiengesellschaft 1863–1988, Frankfurt am Main 1990, S. 227; *Ludwig Vaubel*, Glanzstoff, Enka, Aku, Akzo. Unternehmensleitung im nationalen und internationalen Spannungsfeld 1929 bis 1978, Bd. 1, o.O. 1986, S. 231–240; Hoppenstedt-Verlag (Hrsg.), Handbuch der deutschen Aktiengesellschaften, Darmstadt 1953, 1965, 1975, 1984, 1995; ders. (Hrsg.), Leitende Männer und Frauen der Wirtschaft, Darmstadt 1953, 1965, 1975, 1984, 1995; Geschäftsberichte von Glanzstoff/Enka, BASF, Hoechst, Bayer (1953, 1965, 1975, 1984, 1995), Wirtschaftsarchiv der Universität zu Köln.

39 *Abelshauser*, Das Produktionsregime der chemischen Industrie, hier: S. 65f.; *Stefan Eckert*, Auf dem Weg zur Aktionärsorientierung: Shareholder Value bei Hoechst, in: *Streeck/Höpner*, Alle Macht dem Markt?, S. 169–196, hier: 171f.; *Heike Papenheim-Tockhorn*, Der Aufbau von Kooperationsbeziehungen als strategisches Instrument. Eine Längsschnittuntersuchung zur Kooperationspolitik deutscher Unternehmen, Heidelberg 1995, S. 262–271; Geschäftsbericht Hoechst 1985, S. 59.

zugeben.[40] Der Abtritt der Techniker und Naturwissenschaftler von den Vorstandsetagen der deutschen Chemiekonzerne, deren Nachfolger die Unternehmensstrategie vorrangig auf den Kapitalmarkt und Aktionärsinteressen (Shareholder-Value) ausrichteten, sowie der Aufstieg neuer Eigentümer mit kurzem Investitionshorizont, die kein Interesse an dauerhaften Industriebeteiligungen hatten, veränderten das Zusammenspiel der Unternehmensakteure grundlegend. Indem Großunternehmen ihren Finanzierungsbedarf zunehmend über den Kapitalmarkt abwickelten, mussten Banken immer weniger mitunternehmerisch tätig werden. Bank-Industrie-Verflechtungen verloren hierdurch an Bedeutung. Neue Steuer- und Finanzmarktgesetze erleichterten zudem die Veräußerung von (traditionellen) Kapitalbeteiligungen, sodass dauerhaft flankierende Personalverflechtungen zur Kontrolle des Eigentums obsolet wurden.[41]

Festzuhalten bleibt, dass die lang andauernde Ertragskrise, in welche die drei großen westdeutschen Chemiekonzerne aus den genannten Gründen gerieten, Veränderungen an verschiedenen Teilen ihres Produktionsmodells bewirkten, die in ihrer Summe Jahrzehnte später ganz neuartige Produktionsmodelle hatten entstehen lassen, ohne dass eine einzelne scharfe Zäsur sichtbar geworden wäre. Von den drei ehemals stark diversifizierten Unternehmen war eines (Hoechst) im Finanzmarktkapitalismus vollständig verschwunden, eines (Bayer) hatte sich ganz auf seine Kerngeschäftsgebiete konzentriert und andere Bereiche verkauft oder ausgegliedert, und das dritte – die BASF – hatte seinen etablierten Pfad weiterentwickelt, die diversifizierte Qualitätsproduktion ausgebaut und noch stärker die immaterielle Wertschöpfung forciert. Bemerkenswerterweise zogen sich Bayer und die BASF am Vorabend der Weltfinanzkrise von der New Yorker Börse zurück, doch hatte der Finanzmarktkapitalismus gerade in der Produktionsorganisation deutliche Spuren hinterlassen. Ein Status quo ante wurde nicht wiederhergestellt, und welche Konsequenzen die stärkere Berücksichtigung von außerhalb der »Deutschland AG« angesiedelten Aktionärsinteressen für das neue Produktionsmodell haben wird, ist noch nicht absehbar. Die in den 1970er-Jahren bei allen drei Unternehmen vorgenommenen Veränderungen der Unternehmensorganisation und der *Corporate Governance* hatten sich als (wenn auch nicht alleinige!) entscheidende Voraussetzungen für die Anpassungen an den Finanzmarktkapitalismus erwiesen. Für die Beschäftigten waren diese Veränderungen zumindest in denjenigen Fällen, in denen ausgegliederte Unternehmensteile nicht mehr nach dem Chemietarifvertrag bezahlt wurden oder auf übertarifliche Zahlungen verzichten mussten, nicht so vorteilhaft wie für diejenigen Aktionäre, die von der Kursentwicklung an den Finanzmärkten profitiert hatten.

---

40 *Marx*, Die Internationalisierung der Chemieindustrie; *Lutz Raphael*, Die Geschichte der Bundesrepublik schreiben als Globalisierungsgeschichte, in: *Frank Bajohr/Anselm Doering-Manteuffel/Claudia Kemper* u. a. (Hrsg.), Mehr als eine Erzählung. Zeitgeschichtliche Perspektiven auf die Bundesrepublik, Göttingen 2016, S. 203–218; *Dietmar Süß*, Idee und Praxis der Privatisierung. Eine Einführung, in: *Norbert Frei/Dietmar Süß* (Hrsg.), Privatisierung. Idee und Praxis seit den 1970er Jahren, Göttingen 2012, S. 11–31; *Paul Windolf*, The Corporate Network in Germany, 1896–2010, in: *Thomas David/Gerarda Westerhuis* (Hrsg.), The Power of Corporate Networks. A Comparative and Historical Perspective, New York/London 2014, S. 66–85, hier insb.: S. 74; *Paul Windolf/Jürgen Beyer*, Kooperativer Kapitalismus. Unternehmensverflechtungen im internationalen Vergleich, in: KZfSS 47, 1995, S. 1–36.
41 *Jürgen Beyer*, Deutschland AG a.D. Deutsche Bank, Allianz und das Verflechtungszentrum des deutschen Kapitalismus, in: *Streeck/Höpner*, Alle Macht dem Markt?, S. 118–146, hier insb.: S. 126; *Stefan Eckert*, Auf dem Weg zur Aktionärsorientierung. Shareholder Value bei Hoechst, in: ebd., S. 169–196.

II. PRODUKTIONSMODELLE DER FRANZÖSISCHEN CHEMIEINDUSTRIE

Unternehmensstrukturen

In den 1950er-Jahren lag ein großer Teil der französischen Chemieproduktion noch bei Klein- und Mittelbetrieben. Nach der großen Fusionswelle in den 1960er-Jahren blieb die Anzahl der chemischen Unternehmen, die etwa 5% aller französischen Industrieunternehmen umfassten, relativ konstant. Zwischen 1979 und 1985 nahm die Anzahl der Unternehmen aus der Grundstoff- und Kautschukindustrie etwas ab, während diejenige aus dem Bereich chemischer Spezialitäten *(parachimie)* leicht anwuchs und die Wachstumsmöglichkeiten in diesem Zweig der Chemieindustrie symbolisierte. Im Vergleich zur deutschen Chemieindustrie war die französische traditionell weniger auf den Export ausgerichtet, gleichwohl stiegen auch die französischen Ausfuhren kontinuierlich an (vgl. Tabelle 1).[42]

Tabelle 1: Exportquote in ausgewählten Zweigen der französischen Chemieindustrie (1980–1994)

	1980	1985	1990	1994
Chemische Grundstoffindustrie*	33,1	37,2	40,4	45,1
Weiterverarbeitende Chemieindustrie	21,0	24,5	26,3	33,5
Pharmaindustrie	16,7	17,5	16,9	19,2
Kautschukindustrie	38,4	41,5	41,5	42,7
Chemiefaserindustrie	46,0	43,7	49,7	49,3

* Im Jahr 1994 wurden die Angaben zur mineralischen und organischen Chemie zur chemischen Grundstoffindustrie zusammengefasst. Chemische Grundstoffindustrie *(industrie chimique de base)*; weiterverarbeitende Chemieindustrie *(parachimie)*; Pharmaindustrie *(industrie pharmaceutique)*; Kautschukindustrie *(industrie du caoutchouc)*; Chemiefaserindustrie *(industrie des fils et fibres artificiels et synthétiques)*.

Quelle: Ministère de l'Économie et des Finances/Institut National de la Statistique et des Études Économiques (INSEE) (Hrsg.), Annuaire Statistique de la France (diverse Jahrgänge): Les structures industrielles françaises.

Wenn man die verschiedenen Zweige der Chemieindustrie (Grund- und Spezialchemie, Pharma, Kautschuk und Kunstfasern) zusammenfasst, waren 1975 in der französischen Chemieproduktion circa 444.000 Personen und damit deutlich weniger als in der Bundesrepublik beschäftigt. Bis 1990 fiel dieser Wert auf unter 380.000, wobei besonders die Chemiefaserindustrie einen starken Beschäftigungsrückgang zu verzeichnen hatte, während die Anzahl der in der Pharmaproduktion Beschäftigten zwischen 1979 und 1990 von 64.000 auf knapp 78.000 stieg. Dabei blieb der Anteil der Beschäftigten in der französischen Chemieindustrie an allen Industriebeschäftigten zwischen Mitte der 1970er- und

---

42 FNIC-CGT (Hrsg.), Des moments d'histoire de la Fédération Nationale des Industries Chimiques C.G.T., Colmar 1995, S. 27; *Egon Kaskeline*, Frankreich entdeckte die Chemie. Ein junger Industriezweig will durch Konzentration wettbewerbsfähig werden, in: Die ZEIT, 23.4.1965; Ministère de l'Économie et des Finances/Institut National de la Statistique et des Études Économiques (INSEE): Annuaire Statistique de la France (diverse Jahrgänge, insb. 92, 1987, S. 826): Les structures industrielles françaises beziehungsweise Commerce extérieur de la France par produit.

Mitte der 1990er-Jahre bei 9 bis 10% konstant.[43] Im Fall von Rhône-Poulenc verhängte der Konzern 1975 angesichts der schlechten ökonomischen Zahlen einen Einstellungsstopp im Inland und verringerte – ähnlich der Branchenentwicklung – vor allem seine Belegschaft im Kunstfaserbereich (1976: –9,5%).[44] Der Produktionsindex der französischen Chemieindustrie zeigt für die Zeit ab 1980 – ähnlich der Beschäftigtenentwicklung – einen positiveren Trend des Pharmabereichs im Vergleich zur Grundchemie oder zur Kautschukproduktion. Gleichzeitig wird hier deutlich, dass sich die französische Chemieindustrie seit den 1960er-Jahren – wie im Fall der Bundesrepublik – wesentlich positiver als die gesamte Industrie entwickelte.[45]

Im Vergleich zu ihren westdeutschen, schweizerischen oder britischen Konkurrenten erscheinen die französischen Chemieunternehmen im 20. Jahrhundert auf den ersten Blick weniger bedeutsam, doch im Jahr 2000 lag der Umsatz der französischen Chemieindustrie in Europa auf Platz zwei hinter der Bundesrepublik. Spezialisierung, Internationalisierung und Unternehmensfusionen hatten auf die französischen Chemieunternehmen seit den 1970er-Jahren mindestens ebenso weitreichende Auswirkungen wie auf ihre westdeutschen Konkurrenten.[46] Dabei lassen sich in der französischen Chemieindustrie mindestens drei unterschiedliche unternehmerische Entwicklungsverläufe ausmachen. Erstens. Spezialchemie-Unternehmen wie das Industriegasunternehmen Air Liquide, das weltweit führende Kosmetikunternehmen L'Oréal oder das Pharmaunternehmen Roussel Uclaf entwickelten ihre Produkte vielfach in enger Abstimmung mit ihren Kunden und erreichten so ein kontinuierliches Wachstum vor allem aus eigener Kraft. Ohne vergleichbares westdeutsches Pendant waren zweitens die französischen Mineralölkonzerne, bei denen sich aufgrund der strategischen Bedeutung der Ölversorgung der Einfluss des Staats besonders deutlich widerspiegelte. Sie integrierten am Ende des Booms vorwärts in die Herstellung petrochemischer Produkte, um die Folgen des konjunkturellen Abschwungs abzumildern. Drittens stellte die Unternehmensstrategie eines breit aufgestellten, diversifizierten Chemie- und Pharmakonzerns (ähnlich Bayer und Hoechst) die wichtigste Entwicklung in Frankreich dar. Diesen Weg beschritt Rhône-Poulenc.[47]

Nach dem Zweiten Weltkrieg hatte besonders die Nachfrage nach Chemiefasern für ein starkes Wachstum des Unternehmens gesorgt, das 1968 im Zuge der bis dahin bedeutendsten Fusion in der französischen Chemieindustrie die Chemieaktivitäten der Firma Pechiney-Saint-Gobain sowie seinen französischen Konkurrenten Progil übernahm. In-

---

43 Ebd.
44 Rhône-Poulenc Exercice 1976, S. 15, Archives Historiques du Groupe Sanofi, Paris (AHGS).
45 Ministère de l'Économie et des Finances/Institut National de la Statistique et des Études Économiques (INSEE) (Hrsg.), Annuaire Statistique de la France (diverse Jahrgänge): Indices de la production industrielle. Vgl. zur regionalen Verteilung der französischen Chemieindustrie in den 1970er-Jahren auch: CGT (Hrsg.), Pour une industrie chimique au service de la nation, Paris 1980, S. 9–22.
46 *Florence Charue-Duboc*, Repositioning of European Chemical Groups and Changes in Innovation Management. The Case of the French Chemical Industry, in: *Louis Galambos/Takashi Hikino/Vera Zamagni* (Hrsg.), The Global Chemical Industry in the Age of the Petrochemical Revolution, Cambridge/New York etc. 2007, S. 251–284; *Patrick Fridenson*, La multinationalisation des entreprises françaises publiques et privée de 1945 à 1981, in: *Maurice Lévy-Leboyer* (Hrsg.), L'Économie française dans la compétition internationale au XXe siècle, Paris 2006, S. 311–335.
47 *Charue-Duboc*, Repositioning of European Chemical Groups and Changes in Innovation Management; *Vivien A. Schmidt*, From State to Market? The Transformation of French Business and Government, Cambridge/New York etc. 1996, S. 81f.; *Raymond G. Stokes/Ralf Banken*, Aus der Luft gewonnen. Die Entwicklung der globalen Gasindustrie 1880–2012, München 2014, insb. S. 208–210 und 249f.

folge der europäischen Chemiefaserkrise, zunehmender internationaler Konkurrenz und der ökonomischen Turbulenzen in den 1970er-Jahren stand es jedoch wie seine westdeutschen Konkurrenten vor gewaltigen Herausforderungen und gab Aktivitäten in der Herstellung von Chemiefasern, Düngemitteln und Petrochemikalien auf. Die 1980er-Jahre waren vor allem durch zahlreiche Akquisitionen und Desinvestitionen, unternehmensinterne Rationalisierungen, ein zunehmendes Benchmarking zwischen den einzelnen Unternehmensdivisionen sowie eine kontinuierliche Stärkung der *Life Sciences* (Agrochemie und Pharmazeutika) gekennzeichnet, die 1990 in die Übernahme des US-Pharmaunternehmens Rorer für zwei Milliarden Dollar mündete und 1999 ihren Höhepunkt in der Fusion mit dem inzwischen auf *Life Sciences* zusammengeschrumpften Hoechst-Konzern fand. Ein Jahr zuvor hatte auch Rhône-Poulenc seine Chemieaktivitäten abgespalten und in einem eigenständigen Unternehmen namens Rhodia an die Börse gebracht.[48]

Industrielle Beziehungen

Im Gegensatz zum westdeutschen Prinzip der Einheitsgewerkschaft pluralisierte sich die französische Gewerkschaftslandschaft nach dem Zweiten Weltkrieg weiter aus. Im Jahr 1947 spaltete sich die antikommunistische »Confédération générale du travail-Force ouvrière« (CGT-FO) von der »Confédération générale du travail« (CGT) ab, die damit ihren ersten dramatischen Mitgliederschwund erlebte. Die CGT war – wie die übrigen französischen Gewerkschaften – zum einen geografisch in regionale Gewerkschaftseinheiten, zum anderen sektoral nach Industriezweigen gegliedert: In der Chemieindustrie übernahm die 1907 gegründete »Fédération nationale des industries chimiques CGT« (FNIC-CGT) die Vertretung der Belegschaftsinteressen.[49] In den 1960er-Jahren distanzierte sich dann die Mehrheit der Mitglieder von der christlichen Gewerkschaft »Confédération française des travailleurs chrétiens« (CFTC) und gründete die linkssozialistische »Confédération française démocratique du travail« (CFDT), die von den Ereignissen um 1968 am stärksten profitierte und ihre Mitgliederzahl deutlich steigern konnte.[50] Infolge der anwachsenden Zahl von Führungskräften *(cadres)* gewann ferner die »Confédération générale des cadres« (CGC) an Bedeutung. Gleichwohl garantierte die Vielzahl der Gewerkschaften keinen hohen Organisationsgrad. In den 1950er-Jahren nahm der Anteil der gewerkschaftlich organisierten Arbeitnehmer von über 40% auf etwa 20% ab. Auf diesem Niveau verblieb der Organisationsgrad im Wesentlichen auch in den 1970er-Jahren, während er in anderen westeuropäischen Ländern (Bundesrepublik: 41%; Großbritannien: 50%) deutlich höher lag. Auch der Mitgliederzuwachs der CFDT blieb von kurzer Dauer. Mitte der 1970er-Jahre hatte die CGT noch circa 2,3 Millionen Mitglieder, die CFDT eine Million sowie die CGT-FO etwa 900.000; bis 1980 musste besonders die CGT einen star-

---

48 *Pierre Cayez*, Rhône-Poulenc 1895–1975. Contribution à l'étude d'un groupe industriel, Paris 1988.
49 *Dominique Andolfatto/Dominique Labbé*, Sociologie des syndicats, Paris 2011, S. 51–58; *dies.*, Histoire des syndicats (1906–2010), Paris 2011, S. 273–282 und 288–296; *Michel Dreyfus*, Histoire de la C.G.T. Cent ans de syndicalisme en France, Brüssel 1995, S. 213–233; FNIC-CGT (Hrsg.), Des moments d'histoire de la Fédération Nationale des Industries Chimiques C.G.T., Colmar 1995, S. 22; *Janine Goetschy/Patrick Rozenblatt*, France: The Industrial Relations System at a Turning Point?, in: *Anthony Ferner/Richard Hyman* (Hrsg.), Industrial Relations in the New Europe, Oxford 1992, S. 404–444, hier: S. 408–411; *Peter Jansen/Leo Kißler/ Claus Leggewie* u. a., Gewerkschaften in Frankreich. Geschichte, Organisation, Programmatik, Frankfurt am Main 1986, S. 17–33; *Joachim Schild/Henrik Uterwedde*, Frankreich. Politik, Wirtschaft, Gesellschaft, 2., akt. Aufl., Wiesbaden 2006, S. 248–252.
50 *Andolfatto/Labbé*, Histoire des syndicats, S. 283–288; *Goetschy/Rozenblatt*, France, hier: S. 411–413; *Jansen/Kißler/Leggewie* u. a., Gewerkschaften in Frankreich, S. 37–43.

ken Mitgliederschwund auf circa 1,6 Millionen Mitglieder hinnehmen. Seit 1977, vor allem nach dem Wahlsieg François Mitterrands 1981, durch den viele Beschäftigte ihre Interessen bei der Regierung aufgehoben sahen, nahm die Anzahl der gewerkschaftlich organisierten Beschäftigten in Frankreich bis Anfang der 1990er-Jahre sukzessive ab und stabilisierte sich anschließend auf niedrigem Niveau. Im Jahr 2008 lag der Organisationsgrad in Frankreich bei gerade noch 10% und damit auf dem niedrigsten Stand aller EU-Staaten.[51] Die Gründe für den niedrigen Organisationsgrad waren vielfältig: Die französischen Gewerkschaften legten mehr Wert auf einen kampfbereiten Kern als auf eine stabile Massenbasis und waren politisch stark fragmentiert, gleichzeitig reduzierte die Ausweitung kollektiver Vereinbarungen auf alle Beschäftigten den Anreiz, Mitglied in einer Gewerkschaft zu werden. Die Krise der Gewerkschaften seit den 1980er-Jahren spiegelte sich nicht nur in abfallenden Mitgliederzahlen wider, vielmehr reduzierte sich auch ihr Einfluss auf die Vertretungsorgane der Beschäftigten. Besonders bei der CGT fiel der Anteil bei den Betriebsratswahlen von 37% 1977 auf 25% 1990, während im selben Zeitraum der Anteil der nicht gewerkschaftlich Organisierten von 18 auf 26% stieg. Die Umstrukturierung der französischen Wirtschaft und der Bedeutungsverlust traditionell gut organisierter Industriezweige, die steigende Arbeitslosigkeit und der Einstellungswandel einer jüngeren Generation gegenüber dem gewerkschaftlichen Organisationsprinzip waren im Zusammenspiel mit zwischengewerkschaftlichen Machtkämpfen im Wesentlichen hierfür verantwortlich.[52]

Bis Ende der 1960er-Jahre waren die Gewerkschaften in französischen Betrieben offiziell nicht zugelassen und konnten nur über das 1945 eingerichtete, mit geringen Mitwirkungs- und Informationsrechten ausgestattete *comité d'entreprise* (CE), dem der Betriebsleiter oder dessen Repräsentant vorstand, oder über Vertrauensleute *(délégués du personnel)* Einfluss ausüben. Der Wirkungsbereich der CE blieb begrenzt, stattdessen entwickelte sich die Verwaltung des von der Geschäftsleitung zur Verfügung gestellten Sozialbudgets zu ihrer Hauptdomäne. Damit wurden sie zwar zu ausgesprochen finanzstarken Organisationseinheiten mit erheblichem Einfluss auf das soziale und kulturelle Leben der Beschäftigten, eine Mitwirkung an der Unternehmensführung erwuchs hieraus jedoch nicht. Erst mit der Anerkennung der *sections syndicales* infolge des Streiks 1968 erlangten die Gewerkschaften in den Betrieben größere Bedeutung.[53] Die zwischen Vertretern der Regierung Georges Pompidou, der Gewerkschaften und der Arbeitgeberverbände 1968 ausgehandelten Vereinbarungen von Grenelle *(accords de Grenelle)* sahen neben einer Erhöhung des Mindestlohns die Schaffung sogenannter *sections syndicales d'entreprise* sowie die Ernennung von Gewerkschaftsdelegierten *(délégués syndicaux)* vor, über die gewerkschaftliche Informationen verbreitet und Interessen organisiert werden konnten.[54] Allerdings blieben die betrieblichen Sozialbeziehungen zwischen Arbeitgebern und Arbeitneh-

---

51 *Andolfatto/Labbé*, Histoire des syndicats, S. 311–324; *Dreyfus*, Histoire de la C.G.T., S. 287–316; *Jansen/Kißler/Leggewie* u.a., Gewerkschaften in Frankreich, S. 51–52; *Jörg Requate*, Frankreich seit 1945, Stuttgart 2011, S. 213–215.
52 *Jean-François Amadieu*, Industrial Relations. Is France a Special Case?, in: British Journal of Industrial Relations 33, 1995, S. 345–351; *Goetschy/Rozenblatt*, France, S. 413–419.
53 *Marc Maurice/François Sellier/Jean Jaques Silvestre*, La production de la hiérarchie dans l'entreprise: recherche d'un effet sociétal. Comparaison France-Allemagne, in: Revue Française de Sociologie 20, 1979, S. 331–365, hier: S. 227f.; *Ute Engelen*, Demokratisierung der betrieblichen Sozialpolitik? Das Volkswagenwerk in Wolfsburg und Automobiles Peugeot in Sochaux, Baden-Baden 2013, S. 51–55; *Jansen/Kißler/Leggewie* u.a., Gewerkschaften in Frankreich, S. 71–72; *Schild/Uterwedde*, Frankreich, S. 258–261.
54 *Ingrid Artus*, Mitbestimmung versus Rapport de Force. Geschichte und Gegenwart betrieblicher Interessenvertretung im deutsch-französischen Vergleich, in: *Andresen/Bitzegeio/Mittag*, Nach dem Strukturbruch?, S. 213–243, hier: S. 229f.

mern primär Misstrauensbeziehungen. Das niedrige Qualifikationsniveau eines Großteils der Beschäftigten, eine stark arbeitsteilige Produktionsweise mit ausgeprägter innerbetrieblicher Hierarchie und jene Misstrauenskultur bedingten sich dabei gegenseitig.[55]

Gleichzeitig hatte die Zersplitterung der französischen Gewerkschaftslandschaft zur Folge, dass die Gewerkschaften (zumindest innerbetrieblich) miteinander kooperieren mussten. Trotz fortbestehender Divergenzen über Zielsetzung und Art gewerkschaftlicher Aktionen vereinbarten CGT und CFDT – insbesondere vor dem Hintergrund der Sammlungsbewegung der Sozialisten zur neuen »Parti socialiste« (1969) – auf nationaler Ebene 1966, 1970 und 1974 mehrere Abkommen und konnten auf diese Weise teils erhebliche Lohnerhöhungen durchsetzen. Mit der strategischen Wende der CFDT unter Edmond Maire, der treibenden Kraft hinter dem pragmatischen Gewerkschaftskurs, fand jenes Gewerkschaftsbündnis auf nationaler Ebene jedoch sein Ende.[56] Zwischengewerkschaftliche Kooperationen gab es ebenfalls auf Unternehmensebene. Die Vereinbarungen von Grenelle zogen bei Rhône-Poulenc 1973 einen zwischen der Unternehmensleitung und mehreren Gewerkschaftsvertretern (CGT, CFDT, CGT-FO, CFTC und CGC) abgeschlossenen Vertrag nach sich, der den Gewerkschaften in Abhängigkeit von ihrer Vertretungsstärke (bei den *délégué du personnel* beziehungsweise im CE) zwei bis vier delegierte Gewerkschafter zugestand.[57] Doch auch die Anerkennung der Gewerkschaften im Betrieb und die besseren Möglichkeiten zur Gewerkschaftsarbeit schufen keine ähnlich kooperativen Arbeitsbeziehungen wie in westdeutschen Chemieunternehmen. Als die CGT und die CFDT am 19. November 1974 zu einem Generalstreik *(jour de grève nationale)* aufriefen, beteiligten sich auch Beschäftigte der französischen Chemiekonzerne – Teile der Belegschaft der Rhône-Poulenc-Fabrik in Vitry-sur-Seine und Textilfabriken des Konzerns – daran. Ein mehr als fünf Wochen dauernder Streik, der sich gegen die Austeritätspolitik unter Valéry Giscard d'Estaing richtete, paralysierte schließlich die gesamte französische Wirtschaft.[58] Die Beteiligung der Textilfabriken war kein Zufall, denn hier war – neben dem Standort Roussillon – der gewerkschaftliche Organisationsgrad der CGT besonders hoch. In anderen Werken von Rhône-Poulenc war die CGT hingegen praktisch nicht existent. Diese unterschiedlich starke Repräsentanz der CGT innerhalb des Konzerns erschwerte die Gewerkschaftsarbeit, und auch das zur übergreifenden Interessenorganisation gegründete »comité de coordination CGT«, welches sich aus allen FNIC-CGT-Vertretungen der Einzelwerke zusammensetzte, hatte keine Weisungsbefugnis und musste die Autonomie der betrieblichen Gewerkschaftssektionen akzeptieren.[59]

Die konflikthaltige Misstrauensbeziehung hielt in den 1970er-Jahren an. Angesichts steigender Arbeitslosenzahlen und des beschleunigten Strukturwandels in der französischen (Chemie-)Industrie – Rhône-Poulenc musste wie seine westdeutschen Konkurrenten nicht nur einen allgemeinen Nachfragerückgang hinnehmen, sondern war insbesondere

---

55 Ebd., S. 226f.; *Burkart Lutz/Pierre Veltz*, Maschinenbauer versus Informatiker – Gesellschaftliche Einflüsse auf die fertigungstechnische Entwicklung in Deutschland und Frankreich, in: *Klaus Düll/Burkart Lutz* (Hrsg.), Technikentwicklung und Arbeitsteilung im internationalen Vergleich. Fünf Aufsätze zur Zukunft industrieller Arbeit, Frankfurt am Main/New York 1989, S. 213–285, hier: S. 218–221; *Leo Kißler/René Lasserre*, Tarifpolitik. Ein deutsch-französischer Vergleich, Frankfurt am Main 1987, S. 39f.; *Maurice/Sellier/Silvestre*, La production de la hiérarchie dans l'entreprise; *Requate*, Frankreich seit 1945, S. 215.
56 *Andolfatto/Labbé*, Histoire des syndicats, S. 296–307 und 324–326; *Dreyfus*, Histoire de la C.G.T., S. 279–287; *Jansen/Kißler/Leggewie* u.a., Gewerkschaften in Frankreich, S. 43–46.
57 Exercice du Droit Syndical dans l'Entreprise, 24.5.1973, AHGS, RP.SA-BH1217-C.C.23-3.
58 »Valery au tri«, in: Der SPIEGEL, 25.11.1974, S. 108–110; Rhône-Poulenc. Syndicats, 1974, AHGS, Boîte 841201B35.
59 *Lydie Tessier/Roger Beziau/Michel Blanchard* u.a., Rhône-Poulenc. 20 ans d'activité militante. Pour éclairer le présent, o.O. 2007, S. 10 und 14f.

von der europäischen Chemiefaserkrise betroffen – sanken die Mitgliederzahlen der Gewerkschaften ab der zweiten Hälfte der Dekade und damit auch deren Machtbasis. Zum einen führten diese Veränderungen zu einer Entradikalisierung gewerkschaftlicher Forderungen, zum anderen bewirkten sie aber auch eine Machtverschiebung auf staatlicher Ebene, auf der nach Jahrzehnten konservativer Präsidenten erstmals eine sozialistische Partei an die Regierung kam.[60]

Mit den *Lois Auroux* regelte die sozialistische Regierung unter Mitterrand die Arbeitsbeziehungen neu, stärkte die Verhandlungskultur in den Betrieben und förderte den Abschluss von Firmentarifverträgen. Arbeitnehmer und Arbeitgeber wurden fortan verpflichtet, jährlich über mögliche Lohnsteigerungen und Arbeitszeiten zu verhandeln *(Négociations Annuelles Obligatoires)*, und auch das *comité d'entreprise* wurde aufgewertet, ohne ihm jedoch tatsächliche Eingriffs- oder Vetorechte zuzugestehen. Ferner wurden der betrieblichen Interessenvertretung weitere Institutionen – wie das *comité de groupe* oder die *groupes d'expression* – hinzugefügt. Insgesamt räumten die Gesetze den Arbeitnehmern größere Mitspracherechte ein, allerdings wurde der Grundkonflikt damit zu weiten Teilen auf die betriebliche Ebene verlagert und langfristig die Position der französischen Gewerkschaften geschwächt, da ihre vielfach noch vom Klassenkampf geprägten Forderungen und ihre auf betrieblicher Ebene erzielten Ergebnisse weit voneinander abwichen. Gerade weil ein Großteil der Auseinandersetzungen und zentrale Prozesse der Lohnfindung traditionell und weiterhin auf betrieblicher Ebene stattfanden, führte die Stärkung der betrieblichen Interessenvertretung aber ebenso wenig zu einem institutionalisierten betrieblichen Sozialdialog wie in der Bundesrepublik.[61] Im Fall von Rhône-Poulenc wurde bereits 1979 für die französischen Gesellschaften des Konzerns ein *comité de groupe* gegründet, in dem Vertreter unterschiedlicher Gewerkschaften mit der Unternehmensleitung beziehungsweise Vertretern der einzelnen Divisionen regelmäßig zusammenkamen. Hier wurden sowohl sozial- als auch unternehmenspolitische Themen (Entwicklung der Beschäftigten, Ausbildung, Lohnentwicklung, neue Technologien, Investitionen) besprochen, auch wenn damit keine echten Mitwirkungsrechte wie im deutschen Mitbestimmungsmodell verbunden waren.[62] Selbst die CGT sah die Einrichtung dieses Organs als Fortschritt an. Bis dahin verkörperte vor allem das 1974 eingerichtete »Comité Central Rhône-Poulenc Industries« den Ort im Konzern, an dem über soziale und wirtschaftliche Angelegenheiten der Rhône-Poulenc-Gruppe debattiert werden konnte.[63] In den späten 1980er-Jahren waren Rhône-Poulenc und eine Gruppe weiterer staatlich kontrollierter Unternehmen im Bereich der Belegschaftskonsultationen innerhalb der französischen Industrie führend und bauten Anfang der 1990er-Jahre zudem auf europäischer Ebene ent-

---

60 *Artus*, Mitbestimmung versus Rapport de Force, S. 235.
61 Ebd., S. 235–237; *François Eyraud/Robert Tchobanian*, The Auroux Reforms and Company Level Industrial Relations in France, in: British Journal of Industrial Relations 23, 1985, S. 241–259; *Goetschy/Rozenblatt*, France, hier: S. 431–436; *Jansen/Kißler/Leggewie* u. a., Gewerkschaften in Frankreich, S. 72; *Alan Jenkins*, Employment Relations in France. Evolution and Innovation, New York 2000, S. 28–30; *Leo Kißler* (Hrsg.), Industrielle Demokratie in Frankreich. Die neuen Arbeitnehmer- und Gewerkschaftsrechte in Theorie und Praxis, Frankfurt am Main 1985; *ders./Meinhard Zumfelde/Peter Jansen* u. a., Arbeitskampfkulturen. Recht und Strategien von Streik und Aussperrung im deutsch-französischen Vergleich, Frankfurt am Main/New York 1997, S. 73–75; *Kißler/Lasserre*, Tarifpolitik, S. 68–72; *René Lasserre*, Mitbestimmung und Betriebsverfassung in Deutschland und Frankreich. Elemente eines historischen und soziologischen Vergleichs, in: *Hans Pohl* (Hrsg.), Mitbestimmung und Betriebsverfassung in Deutschland, Frankreich und Großbritannien seit dem 19. Jahrhundert, Stuttgart 1996, S. 23–40; *Requate*, Frankreich seit 1945, S. 216.
62 Comité de Groupe, 10.5.1990, AHGS, RP.SA-BH1848-B.2 Nr. 4.
63 *Tessier/Beziau/Blanchard* u. a., Rhône-Poulenc, S. 12, 18 und 20.

Der Wandel von Produktionsmodellen in der westeuropäischen Chemieindustrie 315

sprechende Informationsorgane auf, auch wenn diese – im Gegensatz zu ähnlichen Organen bei deutschen Unternehmen – durch das Management und nicht durch Belegschaftsvertreter initiiert worden waren. Bei aller fortbestehenden Vielfalt in den europäischen Arbeitsbeziehungen zeigten sich hier, insbesondere infolge der Einführung des Europäischen Betriebsrats 1994, Ansätze einer konvergenten Entwicklung, die einerseits aus der Globalität neuer Herausforderungen und andererseits aus der Zusammenarbeit unterschiedlicher nationaler Gewerkschaften in multinationalen Unternehmen zu erklären sind.[64]

Die französischen Arbeitgeber waren seit 1946 im Dachverband »Conseil nationale du patronat français« (CNPF) organisiert, der sich aus etwa 80 industriespezifischen und 140 regionalen, industrieübergreifenden Organisationen – keinen Einzelunternehmen – zusammensetzte, etwa drei Viertel aller französischen Unternehmen repräsentierte, aufgrund der Heterogenität seiner Mitglieder jedoch nur über einen programmatischen Minimalkanon verfügte. Seit 1977 empfahl der CNPF dem Management verstärkt eine aktive Personalpolitik auf Betriebsebene zu betreiben und in den direkten Dialog mit den Beschäftigten zu treten. Während der CNPF Anfang der 1980er-Jahre in Totalopposition zu Mitterrand ging und eine harte Kampagne gegen die Auroux-Gesetze initiierte, nutzten einige Arbeitgeber die mit der Gesetzesänderung verbundenen Formen des direkten Dialogs und richteten sogenannte Qualitätszirkel ein.[65] Gleichzeitig gelang es den Arbeitgebern über die Lockerung der Arbeitsmarktregulierung in den 1980er-Jahren die Flexibilität der Beschäftigungsverhältnisse – über befristete und Teilzeitverträge sowie eine Individualisierung der Entlohnung – deutlich zu erhöhen. Darüber hinaus wurde auch die funktionale Flexibilität gesteigert, um die Einführung neuer Technologien zu ermöglichen, jedoch nicht indem die bestehende Belegschaft reorganisiert und fortgebildet wurde, sondern über die Einführung neuer Kategorien und (Leitungs-)Stellen. Zur Abstufung der innerbetrieblichen Hierarchie wurde in diesem Zusammenhang in großen französischen Chemieunternehmen 1978 beispielsweise ein neues Klassifikationsschema eingeführt.[66] Diese Formen der Flexibilisierung entsprachen zwar nicht den gewerkschaftlichen Vorstellungen, noch dringender erschien den Gewerkschaften – allen voran der CGT – ab Mitte der 1980er-Jahre aber der Kampf gegen die Reprivatisierung der verstaatlichten Unternehmen, die Interessenorganisation auf europäischer Ebene sowie die Einbindung überseeischer Standorte – im Fall von Rhône-Poulenc in den USA und Brasilien.[67] Dabei blieb Flexibilisierung auch in den 1990er-Jahren ein zentrales Thema in französischen Debatten über Arbeitszeit und Normalarbeitsverhältnisse. Mit dem 1993 verabschiedeten *Loi quinquennale* ermöglichte die Regierung den Unternehmen bereits von der durchschnittlichen wöchentlichen Arbeitszeit abzuweichen oder Beschäftigte (bei Aufrechterhaltung

---

64 *Michael Gold/Mark Hall*, European-Level Information and Consultation in Multinational Companies. An Evaluation of Practice, Dublin 1992; *Goetschy/Rozenblatt*, France, S. 426 und 441.
65 *Goetschy/Rozenblatt*, France, S. 419–423; *David L. Hanley/Anne Paterson Kerr/Neville H. Waites*, Contemporary France. Politics and Society since 1945, London/New York 1984, S. 168f.; *Steve Jefferys*, Liberté, Égalité and Fraternité at Work. Changing French Employment Relations and Management, Basingstoke/New York 2003, S. 84–87; *Jenkins*, Employment Relations in France, S. 30–36; *Kißler/Lasserre*, Tarifpolitik, S. 35–39.
66 *François Eyraud/Annette Jobert/Patrick Rozenblatt* u.a., Les classifications dans l'entreprise. Production des hiérarchies professionnelles et salariales, Paris 1989, S. 13; *Goetschy/Rozenblatt*, France, S. 423–425; *Jenkins*, Employment Relations in France, S. 109–130; *Christel Lane*, Management and Labour in Europe. The Industrial Enterprise in Germany, Britain and France, Aldershot 1989, S. 189–192; *dies.*, Industrial Order and the Transformation of Industrial Relations: Britain, Germany and France Compared, in: *Richard Hyman/Anthony Ferner* (Hrsg.), New Frontiers in European Industrial Relations, Oxford 1994, S. 167–195, hier: S. 186; *Schild/Uterwedde*, Frankreich, S. 254f.
67 *Tessier/Beziau/Blanchard* u.a., Rhône-Poulenc, S. 28–35.

des Arbeitsvertrags) vorübergehend in die Arbeitslosigkeit zu entlassen, noch stärker wirkte aber das *Loi Robien sur l'aménagement du temps de travail* (1996), welches den Unternehmen gestattete, die Arbeitszeit zu reduzieren, um Neueinstellungen zu ermöglichen oder Kündigungen zu verhindern.[68]

Inter-Company-Relations und Corporate Governance

Sowohl die Leitungs- und Kontrollverhältnisse *in* französischen (Groß-)Unternehmen als auch Beziehungen *zwischen* denselben waren wesentlich stärker durch die Regulationsinstanz des Staats geprägt als im deutschen Fall. Seine prominente Rolle im ökonomischen System verdankte er in gewisser Weise der Schwäche korporatistischer Akteure. Obschon der hohe Arbeitsschutz und die soziale Absicherung, die Zentralisierung der Tarifverhandlungen sowie ein gewisses Maß an Produktmarktregulierung ihre Entsprechung in anderen europäischen Staaten fanden, unterschied sich das französische Modell von anderen westeuropäischen Wirtschaftsformen.[69] Sowohl in der Vierten Republik als auch unter Staatspräsident Charles de Gaulle ab 1958 orientierte sich die französische Industriepolitik an der Idee einer nationalen Gesamtplanung. Staatliche Planung sollte im Zusammenspiel mit dem Konzept »nationaler Champions« die Wettbewerbsfähigkeit der gesamten französischen Industrie gewährleisten. Einzelne herausragende französische Unternehmen – wie Rhône-Poulenc –, die eine hohe Bedeutung für ihren Wirtschaftszweig innerhalb Frankreichs hatten, wurden seitens des Staats gefördert und sollten auf diese Weise im Wettbewerb mit ihren internationalen Konkurrenten bestehen.[70] Trotz dieser Form staatlicher Hilfestellung gelang es – aus Sicht Alfred D. Chandlers – Rhône-Poulenc nicht, eine eigenständige Lern- und Entwicklungsbasis wie seine Konkurrenten in der Bundesrepublik, der Schweiz oder den USA zu entwickeln, vielmehr blieb Rhône-Poulenc demnach auf unternehmensexternes Wissen angewiesen. Folglich habe das Unternehmen nur ansatzweise zu seinen westeuropäischen und nordamerikanischen Konkurrenten aufschließen können.[71]

In den 1970er-Jahren wurde diese Form staatlichen Dirigismus zwar teilweise infrage gestellt, grundsätzlich wurde an der auf nationale Champions und Massenproduktion ausgerichteten Industriepolitik aber festgehalten und mit dem Wahlsieg der französischen Sozialisten unter François Mitterrand 1981 rückten die französischen Großkonzerne erneut in den Mittelpunkt staatlichen Handelns. Die neue französische Regierung legte in Übereinstimmung mit gewerkschaftlichen Forderungen eine Liste mit zu verstaatlichenden Unternehmen vor, unter denen sich auch Saint-Gobain, Pechiney Ugine Kuhlmann, Rhône-Poulenc und Roussel Uclaf befanden. Diese Maßnahme stand in der Tradition der franzö-

---

68 *Jefferys*, Liberté, Égalité and Fraternité at Work, S. 138–144; *Jenkins*, Employment Relations in France, S. 159–186.
69 *Bruno Amable/Elvire Guillaud/Stefano Palombarini*, Changing French Capitalism. Political and Systemic Crises in France, in: Journal of European Public Policy 19, 2012, S. 1168–1187, hier: S. 1173.
70 *Patrick Fridenson*, Atouts et limites de la modernisation par en haut: Les Entreprises publiques face à leur critiques (1944–1986), in: *Patrick Fridenson/André Straus* (Hrsg.), Le Capitalisme Français. XIXe–XXe siècle. Blocages et dynamismes d'une croissance, Paris 1987, S. 175–196, hier: S. 180–184; *Bob Hancké*, Large Firms and Institutional Change. Industrial Renewal and Economic Restructuring in France, Oxford/New York etc. 2002, S. 29f.
71 *Alfred D. Chandler*, Shaping the Industrial Century. The Remarkable Story of the Evolution of the Modern Chemical and Pharmaceutical Industries, Cambridge/London 2005, S. 139f. Chandler zufolge erhielt Rhône-Poulenc 1983 staatliche Hilfen in Höhe von circa 230 Millionen Dollar. Hancké gibt für den Zeitraum 1982–1986 insgesamt 700 Millionen FF als Subventionen für Rhône-Poulenc an. Vgl. *Hancké*, Large Firms and Institutional Change, S. 59.

sischen Industrie- und Nationalisierungspolitik und bildete als sozialistische Symbolpolitik einen Gegenpol zur zeitgenössischen britischen und amerikanischen Wirtschaftspolitik. Doch noch bevor mehrere dieser Verstaatlichungen unter dem erneut zum Premierminister gewählten Jacques Chirac (1986–1988) rückgängig gemacht wurden, hatte die sozialistische Regierung 1983 verstaatlichten Konzernen den Verkauf von Tochtergesellschaften an Privatunternehmen sowie die Kapitalbeschaffung über den Kapitalmarkt *(titres participatifs)* gestattet. Im Rahmen einer wirtschaftspolitischen Kehrtwende befürwortete Mitterrand spätestens ab 1984 eine Mischwirtschaft mit Privatunternehmen. Dieser Richtungswechsel stand in Zusammenhang mit einer Krise, die das französische Wachstumsmodell in der ersten Hälfte der 1980er-Jahre durchlief und in der sich die französische Regierung entschied, auf eine antiinflatorische Währungspolitik umzuschwenken, um den Franc zu stabilisieren und Frankreich im Europäischen Währungssystem zu halten. Damit unterwarf sich die französische Währungspolitik de facto den Regeln der westdeutschen Bundesbank, und für viele französische Unternehmen war diese Entscheidung aufgrund ihres hohen Verschuldungsgrads mit hohen Kosten verbunden.[72] In der zweiten Kohabitationsregierung von Ministerpräsident Édouard Balladur (1993–1995) setzte dann im internationalen – insbesondere auf Ebene der Europäischen Union sichtbaren – Trend zu Deregulierung und Liberalisierung eine neue Reprivatisierungswelle ein, in deren Kielwasser der französische Staat erhebliche Unternehmensverkäufe tätigte – auch im Fall von Rhône-Poulenc und Elf Aquitaine.[73]

Bei Rhône-Poulenc folgte aus Artikel 7 des im Februar 1982 erlassenen Gesetzes zur Nationalisierung von Unternehmen, dass sich der Aufsichtsrat (hier: *conseil d'administration*) fortan aus sieben staatlichen Vertretern, sechs auf Vorschlag der Gewerkschaften nominierten Vertretern der in Frankreich Beschäftigten und fünf weiteren Personen zusammensetzte.[74] Grundlage dieser für alle nationalisierten Unternehmen geltenden Besetzungspolitik war eine Verstaatlichung des Aktienkapitals der entsprechenden Gesellschaften. Noch 1991 hielt der französische Staat unmittelbar 56,9% am Aktienkapital von Rhône-Poulenc S.A., zudem waren Crédit Lyonnais beziehungsweise Assurances Générales de France zu diesem Zeitpunkt im Besitz von 9,4 beziehungsweise 6,8%.[75] Neuer Vorstandsvorsitzender wurde 1982 Loïk Le Floch-Prigent (1982–1986), der zuvor Kabinettsdirektor des Industrieministers Pierre Dreyfus war und Rhône-Poulenc eine klare Kontur und strategische Kohärenz geben wollte. Im Rahmen der staatlich verordneten Restrukturierung der französischen Chemieindustrie trennte sich Rhône-Poulenc deshalb von der Düngemittelproduktion, übernahm von Produits Chimiques Ugine-Kuhlmann (PCUK) eine Reihe kleinerer Gesellschaften (Pharmuka, Sédagri, Umupro) im Agrochemie- und

---

72 *Michel Bauer*, The Politics of State-Directed Privatisation: The Case of France, 1986–88, in: West European Politics 11, 1988, H. 4, S. 49–60; *Hancké*, Large Firms and Institutional Change, S. 30 und 38–40; *Schild/Uterwedde*, Frankreich, S. 148–151 und 159–164; *Schmidt*, From State to Market?, S. 94–164; *dies.*, French Capitalism Transformed, yet Still a Third Variety of Capitalism, in: Economy and Society 32, 2003, S. 526–554, hier: S. 533. Während sich staatliche Interventionen nach 1974 vor allem auf niedergehende Industrien *(canards boiteux)* erstreckten, war die Verstaatlichungspolitik ab 1982 auch (wieder) auf Führungssektoren der französischen Industrie ausgerichtet. Vgl. *Suzanne Berger*, Lame Ducks and National Champions: Industrial Policy in the Fifth Republic, in: *William G. Andrews/Stanley Hoffmann* (Hrsg.), The Fifth Republic at Twenty, Albany 1981, S. 292–310.
73 *Requate*, Frankreich seit 1945, S. 191–195; *Schmidt*, From State to Market?, S. 165–196.
74 Geschäftsbericht Rhône-Poulenc 1981, S. 3, AHGS, RP.SA-BH2253-G13-2.
75 Geschäftsbericht Rhône-Poulenc 1991, S. 1, AHGS, RP.SA BH3759-a; *Schmidt*, From State to Market?, S. 122.

Pharmabereich und stärkte damit seine beiden zentralen unternehmensstrategischen, auf Gesundheit und Agrochemie zugeschnittenen Achsen.[76]

Im Fall von Roussel Uclaf musste der westdeutsche Chemiekonzern Hoechst seine zwischen 1968 und 1974 erworbene Mehrheitsbeteiligung zunächst leicht von 57,5% auf 54,5% herabsetzen, während der französische Staat einen Minderheitsanteil von 40% erwarb, der mit dem Vorschlagsrecht für den Präsidenten des Aufsichtsrats verbunden war. Hiervon machte der französische Staat auch Gebrauch. Der bisherige Aufsichtsratspräsident und Hoechst-Repräsentant Kurt Lanz musste 1982 auf den Vizesessel weichen und machte damit den Weg für den französischen Diplomaten Christian d'Aumale (1982–1989) an der Aufsichtsratsspitze frei. Neu in den Aufsichtsrat traten zudem der Bankier Bernard Esambert, der Paribas-Präsident Jean-Yves Haberer, der Wirtschaftspolitiker und Präsident der Société financière gaz et eaux (Lazard) Dominique de La Martinière sowie der vom französischen Industrieministerium entsandte Christian Langlois-Meurinne ein.[77] Damit demonstrierte die neue Regierung ihren Willen, sich nicht mit einer stillen Teilhaberschaft zu begnügen. Doch mit der Wende in der Verstaatlichungspolitik wurde Hoechst ab Juni 1987 wieder bemächtigt, seine Mehrheitsrechte auszuüben und sieben der zwölf Aufsichtsratsmitglieder zu benennen. Drei Jahre später übernahm Rhône-Poulenc die staatlichen Anteile an Roussel Uclaf und verringerte damit die direkten Einflussmöglichkeiten des Staats, gleichzeitig trat mit dem französischen Chemiekonzern aber neben Hoechst ein neuer, mächtiger Anspruchsberechtigter bei Roussel Uclaf auf die Bühne.[78] Den Aufsichtsratsvorsitz übernahm 1989 mit Jacques Mazichaud wieder ein Insider, der unmittelbar nach dem Zweiten Weltkrieg zu Roussel Uclaf gekommen war und das Unternehmen zwischen 1974 und 1981 als Vorstandsvorsitzender geführt hatte.[79] Während die französischen Großunternehmen in den Nachkriegsjahrzehnten somit vor allem als Instrumente fungierten, um bestimmte sozial-, regional- oder technologiepolitische Ziele zu erreichen, traten diese nach der Reorganisation der französischen Wirtschaft in der zweiten Hälfte der 1980er-Jahre zunehmend aus dem Schatten staatlicher Politik heraus und entwickelten sich zu *den* zentralen Akteuren auf dem ökonomischen Feld, die notfalls auch gegen staatliche Interessen handelten.[80]

---

76 *Fred Aftalion*, Recent History of the Chemical Industry 1973 to the Millennium: The New Facts of World Chemicals since 1973, in: *James A. Kent* (Hrsg.), Handbook of Industrial Chemistry and Biotechnology, Bd. 1, New York 2012, S. 1–45, hier: S. 4–6; Geschäftsbericht Rhône-Poulenc 1982, S. 11f., Rhône-Poulenc Exercice 1982. Comptes et commentaires financiers, S. 32 und 35, Rhône-Poulenc Exercice 1983. Comptes et commentaires financiers, S. 3 und 25, AHGS, RP.SA-BH2253-G13-2; *Fridenson*, Atouts et limites de la modernisation par en haut, S. 185. Le Floch-Prigent löste Jean Gandois ab, der Rhône-Poulenc aufgrund von Differenzen mit den Zielen der neuen sozialistischen Regierung verlassen musste, wurde anschließend Vorstandsvorsitzender der ehemals staatlichen Elf Aquitaine (1989–1993) sowie Präsident der staatlichen Gaz de France (1993–1996) und der staatlichen französischen Eisenbahngesellschaft SNCF (1995–1996) und prägte damit die Unternehmenspolitik mehrerer französischer, staatlich kontrollierter Unternehmen in den 1980er- und 1990er-Jahren. Vgl. Geschäftsbericht Rhône-Poulenc 1981, S. 1, AHGS, RP.SA BH2253-G13-2; *Mauve Carbonell*, Jean Gandois, in: *Jean-Claude Daumas/Alain Chatriot/Danièle Fraboulet* u. a. (Hrsg.), Dictionnaire historique des patrons français, Paris 2010, S. 313–316; *Schmidt*, From State to Market?, S. 214 und 305.
77 Geschäftsbericht Roussel Uclaf 1982 und Allocution du Président, 24.6.1983, AHGS, RU-29.
78 *Bäumler*, Farben, Formeln, Forscher, S. 299; Hoechst in Frankreich (1988), Hoechst-Archiv, Frankfurt am Main, Hoe. Ausl. 98b; Rhône-Poulenc an Roussel Uclaf beteiligt, in: Frankfurter Allgemeine Zeitung, 20.2.1990.
79 Geschäftsbericht Roussel Uclaf 1989, S. 2, AHGS, RU-30. Im Direktorium folgte 1981–1993 der bisherige Vizepräsident Edouard Sakiz auf den Chefsessel von Mazichaud.
80 *Hancké*, Large Firms and Institutional Change, S. 30.

Die Verstaatlichung der Unternehmen Anfang der 1980er-Jahre hatte zunächst deren finanzielles Überleben gesichert, ihren Verkauf an ausländische Konzerne verhindert und ihre anschließende Rekapitalisierung ermöglicht. Doch neue Produktionsmethoden, die Restrukturierung der Zuliefererbeziehungen und neue Produktmarktstrategien, die sich vom bisherigen Modell der billigen Massenproduktion lösten, erforderten darüber hinaus auch eine Reorganisation der *Corporate Governance* in Richtung größerer Managementautonomie. Dabei wehrten die Unternehmen über die Auswahl bestimmter neuer Investoren und Vorstandsmitglieder zugleich den politischen Druck durch den Staat als auch den steigenden Druck zunehmend liberalisierter Kapitalmärkte ab. Die eng miteinander verbundene staatlich-ökonomische Elite der *grandes écoles* und der *grands corps* bildete das Rückgrat dieser Operation nach den Privatisierungen von 1986 und 1993.[81] Ein 1984 verabschiedetes Gesetz zur Deregulierung des französischen Bankensystems, welches die Zahl der Universalbanken erhöhen, ihren Wettbewerb untereinander verstärken und die Finanzwelt dazu ermuntern sollte, eine aktive Rolle im Management industrieller Unternehmen zu übernehmen – in Richtung des deutschen Modells –, führte zwar zu einer Umstrukturierung des Finanzsystems, im Zusammenspiel mit der (Re-)Privatisierung von Unternehmen bewirkte es jedoch nur eine marginale, zuvor anvisierte Umgestaltung der *Corporate-Governance*-Regeln industrieller Unternehmen. Eine kleine Gruppe von Topmanagern, Regierungsvertretern und Bankiers blieb weiterhin für die Entwicklung der Großunternehmen verantwortlich. Während Verbindungen zu staatlichen Institutionen und direkter Staatsbesitz bis Mitte der 1980er-Jahre hierfür maßgeblich waren, entstand zu diesem Zeitpunkt ein Netzwerk von Querbeteiligungen *(cross-shareholding)*, dessen Kern die sogenannten *noyaux durs* (oder *actionnaires de référence*) bildeten. Im Zuge der Privatisierung wurden die Aktien der Großunternehmen keineswegs frei auf den Markt geworfen, vielmehr wurden sie nach einem Quotensystem an Aktionäre mit langfristigem Investitionshorizont vergeben. Neben französischen und ausländischen institutionellen Investoren, der Belegschaft und der Öffentlichkeit sorgte deshalb vor allem dieser harte Kern französischer Unternehmen und Banken dafür, dass feindliche Übernahmen seitens ausländischer Konzerne auch weiterhin kaum möglich waren; umgekehrt verschaffte er den Unternehmen aber auch eine gewisse Autonomie gegenüber dem direkten Einfluss des Staats.[82] Hierbei handelte es sich im Wesentlichen um zwei stabile Gruppen mit jeweils einem großen Versorgungs- und Versicherungsunternehmen sowie einer Großbank (zum einen die Gruppe Lyonnaise des Eaux, Suez-Holding, Banque Nationale de Paris, Union des Assurances de Paris, zum anderen die Gruppe Générale des Eaux, Parisbas, Crédit Lyonnais, Société Générale, Assurance Générales de France). An Rhône-Poulenc wurden vor allem Unternehmen der zweiten Gruppe beteiligt. Das Konzept der *noyaux durs* beruhte auf einem komplexen Netz miteinander verwobener Kapital- und Personalverflechtungen, bei dem jedes Unternehmen zwischen 0,5 und 5% des Aktienkapitals hielt. Gemeinsam sorgten sie mit einem Aktienbesitz von 20 bis 30% für eine stabile Aktionärsstruktur und schützten die Firmen – ähnlich dem deutschen Unternehmensnetzwerk – gegen ausländische Übernahmeversuche. Das Ergebnis der Finanzreform von 1984 in Verbindung mit der Privatisierungswelle ab 1986 war folglich eine Kopie des alten staats-

---

81 Ebd., S. 33f.; *Michael Hartmann*, Eliten und Macht in Europa. Ein internationaler Vergleich, Frankfurt am Main/New York 2007, S. 39–44 und 83–102; *Paul Windolf*, L'Évolution du Capitalisme Moderne. La France dans une Perspective Comparative, in: Revue Française de Sociologie 40, 1999, S. 501–529.
82 *Hancké*, Large Firms and Institutional Change, S. 34 und 51–55; *Mairi Maclean*, Corporate Governance in France and the UK: Long-Term Perspectives on Contemporary Institutional Arrangements, in: Business History 41, 1999, H. 1, S. 88–116, hier: S. 98–105.

zentrierten *Corporate-Governance*-Systems ohne direkten staatlichen Einfluss.[83] Diese Kapitalverflechtungen zeigten sich auch auf der personellen Ebene der chemischen Großunternehmen. Rhône-Poulenc war noch 1993 über den *conseil d'administration* unmittelbar mit dem französischen Versicherungsunternehmen AXA (Claude Bébéar), dem französischen IT-Unternehmen Cap Gemini Sogeti S. A. (Serge Kampf), den beiden französischen Forschungsinstituten Centre National de la Recherche Scientifique (CNRS) (François Kourilsky) und Institut Mérieux (Alain Mérieux), Fiat France S. A. (Giorgio Frasca) sowie den Finanz- und Versicherungsunternehmen Banque Nationale de Paris (BNP) (Michel Pébereau), Crédit Lyonnais (Michel Renault), Crédit Suisse (Rudolph W. Hug), Société Centrale des Assurances Générales de France (Antoine Jeancourt-Galignani) und Société Générale (Marc Viénot) verbunden.[84]

Erst nach 1996 brach dieses Beteiligungsgeflecht in sich zusammen. Nachdem die Dichte zwischen den 250 größten französischen Firmen in den 1960er- und 1970er-Jahren wieder zugenommen und Werte wie in der Zwischenkriegszeit erreicht hatte, wandelte sich die französische Unternehmensverflechtung in den 1990er-Jahren grundlegend. Der Finanzmarktkapitalismus erlebte von nun an auch in Frankreich seinen Durchbruch und viele der bisher von den beiden Beteiligungsgruppen gehaltenen Aktienpakete gingen an institutionelle ausländische Investoren mit anderen unternehmerischen Zielvorstellungen und Managementpraktiken. Indem die Banken als traditionelle Finanzgeber zurückgedrängt wurden und die Unternehmen sich verstärkt über die Börse finanzierten, stieg das Gewicht der Aktionäre. Alte Interessenkoalitionen lösten sich auf, der Finanzsektor verlor seine netzwerkstabilisierende Wirkung.[85] Der seit 1986 amtierende Vorstandsvorsitzende von Rhône-Poulenc, Jean-René Fourtou, hatte bereits 1990 erklärt, dass das Unternehmen den freien Cashflow für das interne Wachstum nutzen werde, für das externe Wachstum hingegen neue Finanzierungstechniken entwickelt werden müssten. Jene neuen Finanzierungspraktiken und die damit einhergehende stärkere Orientierung am Kapitalmarkt prägten ab Mitte der 1990er-Jahre maßgeblich die Entscheidungsabläufe und Entwicklungslinien der französischen Chemieunternehmen.[86] Gleichwohl unterschied sich das französische Modell aufgrund der größeren Autonomie der Manager gegenüber dem Finanzmarkt und der fortbestehenden hohen Bedeutung des Staats für die Koordination wirtschaftlicher Geschehnisse weiterhin vom angelsächsischen Kapitalismus.[87]

Wichtige Merkmale des französischen Produktionsmodells, wie die große Bedeutung des Staats, die starke Hierarchisierung der Unternehmensorganisation und die von gegenseitigem Misstrauen geprägten Arbeitsbeziehungen, bestanden auch in den Dekaden nach dem Boom trotz der Reform des Finanzsystems sowie des Produkt- und Arbeitsmarkts weiter fort.[88] Allerdings hatten sich Funktion und Bedeutung zum Teil erheblich gewandelt. Die Interventionen des Staats veränderten sich von der Schaffung nationaler Cham-

---

83 *Andrea Goldstein*, Privatisations et contrôle des entreprises en France, in: Revue économique 47, 1996, S. 1309–1332; *Hancké*, Large Firms and Institutional Change, S. 63–65; *Mairi Maclean*, New Rules – Old Games? Social Capital and Privatisation in France, 1986–1998, in: Business History 50, 2008, S. 795–810, hier insb.: S. 802.
84 Geschäftsbericht Rhône-Poulenc 1993, S. 53, AHGS, RP.SA-BH3759-b.
85 *Pierre François/Claire Lemercier*, Ebbs and Flows of French Capitalism, in: *David/Westerhuis*, The Power of Corporate Networks, S. 149–168; *Hancké*, Large Firms and Institutional Change, S. 64; *Jefferys*, Liberté, Égalité and Fraternité at Work, S. 152–164; *François Morin*, A Transformation in the French Model of Shareholding and Management, in: Economy and Society 29, 2000, S. 36–53; *Schild/Uterwedde*, Frankreich, S. 204–206.
86 Comité de Groupe. Réunion des 10 et 11 Mai 1990, 10./11.5.1990, S. 76, AHGS, RP.SA-BH1848-B.2-4.
87 *Schmidt*, French Capitalism Transformed, S. 534 und 540–543.
88 *Amable/Guillaud/Palombarini*, Changing French Capitalism.

pions durch mehr oder weniger offene Verstaatlichung nach der Reprivatisierung hin zu einem Akteur, der einerseits die Großkonzerne vor ausländischen Konkurrenten (oder Käufern) und den Zwängen der Finanzmärkte schützte, ohne andererseits auf Unternehmensführungen und Unternehmensstrategien wirksam Einfluss nehmen zu können. Mit der Auflösung der Beteiligungsverflechtungen und der vollständigen Öffnung der Unternehmen in Richtung internationaler Finanzmarktregeln schmolz dieser Einfluss noch weiter zusammen. Offenbleiben muss beim gegenwärtigen Forschungsstand die Frage, ob in den 1990er-Jahren eine vergleichsweise autonom agierende Unternehmerelite entstand, die sich sowohl der Kontrolle und dem Zugriff durch den Staat wie durch die Finanzmärkte zu entziehen vermochte, und deren Loyalität und Solidarität allenfalls noch der Zugehörigkeit zu den *grands corps* galten. Eine solche »Entbettung« hätte den Staat als traditionellen Adressaten ökonomischer Erwartungen hilflos erscheinen lassen und damit auch das politische System Frankreichs vor neue Legitimationsprobleme gestellt.

Dass die Mobilisierungsfähigkeit der französischen Gewerkschaften seit den 1980er-Jahren deutlich abnahm, ist sicher vor allem auf deren Mitgliederschwund zurückzuführen, kooperativer wurden die Arbeitsbeziehungen deshalb nicht unbedingt. Die institutionellen Neuerungen zwischen den späten 1960er- und den frühen 1980er-Jahren verhalfen dem Produktionsmodell von Rhône-Poulenc zwischen den beiden dominanten Polen – individualistische Marktorientierung und modernisierender Interventionsstaat – nicht zu einem korporatistischen »Unterbau«. Die Folgen zeigten sich spätestens seit den frühen 1980er-Jahren, als die Gewerkschaften infolge der Inkongruenz ihrer Forderungen mit der betrieblichen Wirklichkeit der Arbeitnehmer mehr und mehr Mitglieder verloren. Die Verbetrieblichung der Tarifpolitik, die um 1970 eingesetzt hatte und die für rund eineinhalb Dekaden auch in der Chemieindustrie zu einer Art von »neopaternalistischen« Sozialbeziehungen geführt hatte[89], schlug schließlich gegen die Beschäftigten aus, indem das Management immer weitergehende »Flexibilisierungen« der Arbeitsverhältnisse (befristete Arbeitsverträge, Individualisierung der Entlohnung und andere) durchzusetzen vermochte, ohne dabei in die starke Hierarchisierung der Unternehmensorganisation einzugreifen.

III. PRODUKTIONSMODELLE DER BRITISCHEN CHEMIEINDUSTRIE

Unternehmensstrukturen

Im Unterschied zur Bundesrepublik und zu Frankreich war Großbritannien 1957 nicht dem gemeinsamen europäischen Markt beigetreten, sodass britische Unternehmen noch in den späten 1960er-Jahren einen höheren Schutz vor ausländischen Konkurrenten genossen als ihre Mitbewerber auf dem Kontinent, umgekehrt aber auch einem geringeren, innovationsfördernden Wettbewerb ausgesetzt waren. Dies änderte sich erst mit dem EG-Beitritt Großbritanniens 1973. Großunternehmen beschäftigten einen stetig steigenden Prozentsatz aller Arbeitskräfte, die Zahl der Riesenunternehmen hatte von der Zwischenkriegszeit bis in die 1960er-Jahre deutlich zugenommen, vor allem im Fahrzeugbau, in der Computerindustrie und in der chemischen Industrie. Die Marktmacht jener Unternehmen war jedoch geringer als ihre Größe erwarten ließ, da sie auf zahlreichen Produktmärkten aktiv waren und in Europa, den USA und Asien mit anderen multinationalen Firmen konkurrierten. Die britischen Chemieunternehmen – allen voran der Branchenprimus ICI – verfügten über eine reichhaltige Produktpalette, die sie auf den weltweiten Märkten anboten.[90]

---

89 *Pierre Bourdieu*, Der Staatsadel, Konstanz 2004 (zuerst frz. 1989), S. 426–434.
90 *Alexander John Youngson*, Großbritannien 1920–1970, in: *Carlo M. Cipolla/Knut Borchardt* (Hrsg.), Die europäischen Volkswirtschaften im zwanzigsten Jahrhundert, Stuttgart/New York 1980, S. 139–173, hier: S. 165–169.

Gleichwohl blieb das Wachstum der britischen Chemieproduktion in den 1960er- und 1970er-Jahren hinter demjenigen Frankreichs oder Deutschlands zurück.[91] Die britische Chemieindustrie gehörte zwischen 1950 und 1970 zwar zu den am schnellsten wachsenden Industriesektoren Großbritanniens, westdeutsche, französische und US-amerikanische Chemieunternehmen wuchsen aber wesentlich rascher; und während ICI in den 1940er- und 1950er-Jahren noch zahlreiche Innovationen entwickelt und Lizenzen an deutsche und amerikanische Firmen vergeben hatte, traten letztere in den 1960er- und 1970er-Jahren als seine schärfsten, oftmals überlegenen Konkurrenten auf.[92] In Großbritannien hielt die Bedeutung der Großunternehmen auch nach den 1960er-Jahren an. Im Jahr 1978 beschäftigten die 100 größten Privatunternehmen 37% aller Erwerbstätigen im produzierenden Gewerbe; über 80% der britischen Düngemittel- und Farbenproduktion wurden von den sechs größten Chemieunternehmen erzeugt. Nach British American Tobacco Industries rangierte ICI 1980/81 am Umsatz gemessen auf Platz zwei der größten produzierenden britischen Unternehmen – vor Unilever oder Ford Motor –, Courtaulds nahm den zwölften Platz ein. ICI war zu dieser Zeit der größte britische und weltweit fünftgrößte Chemiekonzern – nach DuPont und den drei westdeutschen Konzernen BASF, Bayer und Hoechst –, der 25% aller in Großbritannien gefertigten Chemieprodukte herstellte; weitere 40% waren in der Hand anderer 20 großer und mittlerer Unternehmen. An der Marktkapitalisierung gemessen war ICI 1983 das fünftgrößte britische Unternehmen.[93]

Ähnlich dem französischen Fall lassen sich auch in der britischen Chemieindustrie drei unterschiedliche Unternehmenstypen finden: Erstens waren mit dem britisch-niederländischen Ölkonzern Royal Dutch Shell und der britischen Ölgesellschaft British Petroleum (BP) – wiederum im Unterschied zur Bundesrepublik – zwei der weltweit größten, international tätigen Öl- und Gasunternehmen in Großbritannien angesiedelt, die in die petrochemische Fertigung integriert hatten. Im Jahr 1981 entfielen 25% der chemischen Produkte auf die Petrochemie, die von vier multinationalen Unternehmen – ICI, Shell Chemicals, BP Chemicals und Esso Chemicals – dominiert wurde.[94] Zweitens gab es eine Gruppe von hochspezialisierten Chemieunternehmen, die in ihrem eng gefassten Produktbereich auch international wettbewerbsfähig waren. Mit Courtaulds war ein auf die Produktion von Chemiefasern spezialisiertes Traditionsunternehmen in Großbritannien ansässig, das in den 1970er-Jahren zu einem der weltweit führenden Textilhersteller aufstieg, aufgrund der Verlagerung textiler Produktionsstrukturen nach Asien in den 1980er-Jahren aber in enorme Schwierigkeiten geriet. Daraufhin wurde Courtaulds 1990 in zwei Unternehmensteile – Courtaulds PLC (Chemiefaser- und Chemieaktivitäten) und Courtaulds Textiles (Garn- und Textilaktivitäten) – aufgespalten, bevor die Chemiefaseraktivitäten von Courtaulds

---

91 *Andrew M. Pettigrew*, The Awakening Giant. Continuity and Change in Imperial Chemical Industries, Abingdon/New York 2011, S. 59.
92 *Chandler*, Shaping the Industrial Century, S. 129f.; *Wyn Grant*, The United Kingdom, in: *Galambos/Hikino/Zamagni*, The Global Chemical Industry in the Age of the Petrochemical Revolution, S. 285–307, hier: S. 285f. und 301–303; *John F. Wilson*, British Business History, 1720–1994, Manchester/New York 1995, S. 172f.
93 Britain 1982. An Official Handbook, S. 200f. und 212; *Pettigrew*, The Awakening Giant, S. 69.
94 *James Bamberg*, British Petroleum and Global Oil, 1950–1975. The Challenge of Nationalism, Cambridge/New York etc. 2000; *Grant*, The United Kingdom, hier: S. 298f.; *ders./William Paterson/Colin Whitson*, Government and the Chemical Industry. A Comparative Study of Britain and West Germany, Oxford 1988, S. 41; *Jan Luiten van Zanden/Joost Jonker/Stephen Howarth* u. a. (Hrsg.), A History of Royal Dutch Shell, Bd. 2: Powering the Hydrocarbon Revolution, 1939–1973, New York 2007; *dies.* u. a. (Hrsg.), A History of Royal Dutch Shell, Bd. 3: Keeping Competitive in Turbulent Markets, 1973–2007, New York 2007.

und AkzoNobel 1998 zu Acordis fusionierten.[95] Ein weiteres Beispiel ist die auf Industriegase spezialisierte British Oxygen Company.[96] Neben den Pharmafirmen Beecham oder Glaxo stellte das auf Pharmazeutika sowie Agro- und Feinchemikalien spezialisierte Unternehmen May & Baker einen Sonderfall dar, da sich seine Aktien bereits seit den 1920er-Jahren in der Hand von Établissements Poulenc Frères (später Rhône-Poulenc) befanden und es sich somit um eine Tochtergesellschaft eines französischen Konzerns handelte.[97]

Drittens ist hier die Strategie einer breiten Diversifizierung zu nennen, wie sie vom industriellen Flaggschiff der britischen (Chemie-)Industrie ICI bis Ende der 1980er-Jahre eingeschlagen wurde – ähnlich Bayer oder Hoechst. Während die geplante Übernahme von Courtaulds 1961/62 scheiterte, da die Courtaulds-Aktionäre das Angebot als zu niedrig einstuften, gelang es ICI 1964, das von ICI und Courtaulds 1940 gegründete Joint Venture British Nylon Spinners zu übernehmen. In den folgenden Jahren setzte ICI seinen Expansionskurs auch im Ausland fort und übernahm 1971 den US-Konkurrenten Atlas Chemical Industries Inc., gleichwohl war auch ICI ab Mitte der 1970er-Jahre stark von europäischen Überkapazitäten im Massenkunststoff- und Chemiefasergeschäft betroffen. Die 23 europäischen Hauptproduzenten von Polyethylen niedriger Dichte erwirtschafteten in diesem Segment 1978 einen Verlust von 200 Millionen Pfund, hiervon entfielen elf Millionen Pfund auf ICI. Ab 1980 rutschte die gesamte ICI-Kunststoffdivision mit einem Verlust von 35 Millionen Pfund tief in die roten Zahlen. Obschon Massenkunststoffe noch etwa hälftig zum Umsatz der Division beitrugen, erwirtschafteten sie keinen Gewinn mehr; profitabel waren nur Folien und Spezialkunststoffe. Als Reaktion hierauf wurden 1981 die petrochemische und die Kunststoffsparte miteinander verschmolzen und unrentable oder nicht ausreichend ausgelastete Massenkunststofffertigungen stillgelegt.[98] Dabei verfolgte das ICI-Management in den 1980er-Jahren eine zweigleisige Strategie, indem es erstens die Herstellung hochwertiger Produkte zulasten günstiger Massenprodukte ausbaute und zweitens verstärkt auf den US-Markt vordrang. Mit dem Erwerb des US-Unternehmens Glidden 1986 stieg ICI zum weltweit größten Farbenhersteller auf, im Folgejahr baute ICI seine Agrochemiesparte mit der Übernahme des US-Konzerns Stauffer Chemical enorm aus.[99] Die Zeit ab 1990 war vor allem durch zahlreiche Umstrukturierungen und Desinvestitionen geprägt, wie sie sich im Verkauf des Nylongeschäfts an DuPont 1992 sowie der Auslagerung der pharmazeutisch-biowissenschaftlichen Bereiche in eine neue Gesellschaft namens Zeneca 1993 widerspiegelten. Statt Diversifizierung und Expansion trat unter den neuen Bedingungen des heraufziehenden Finanzmarktkapitalismus die Konzentration auf ein möglichst rentables Kerngeschäft in den Vordergrund. Die Abspaltung des Pharmaunternehmens Zeneca lag somit in der überdurchschnittlichen Rentabilität dieses Chemiezweigs sowie den Erwartungen von Aktionären und anderen Finanzmarktakteuren begründet. Im Jahr 1999 fusionierten Zeneca und das schwedische Pharmaunter-

---

95 *Donald Cuthbert Coleman*, Courtaulds: An Economic and Social History, Bd. III: Crisis and Change, 1940–1965, Oxford 1980; *Geoffrey Owen*, The Rise and Fall of Great Companies. Courtaulds and the Reshaping of the Man-Made Fibres Industry, Oxford 2010; *Marc Reisch*, Courtaulds to Spin off Textiles Operation, in: Chemical & Engineering News 67, 1989, Nr. 45, S. 6; Katholieke Universiteit Leuven, Bibliotheek Economie en Bedrijfswetenschappen, Akzo-Nobel Annual Report 1998, S. 4.
96 *Stokes/Banken*, Aus der Luft gewonnen, insb. S. 224–245.
97 *Richard P. T. Davenport-Hines/Judy Slinn*, Glaxo. A History to 1962, Cambridge/New York etc. 1992; *Judy Slinn*, A History of May & Baker 1834–1984, Cambridge 1984.
98 London School of Economics Library (London), Annual Report ICI Ltd. 1980, S. 13; Annual Report ICI 1981, S. 15; Annual Report ICI PLC 1982, S. 13; *Pettigrew*, The Awakening Giant, S. 69–83, 263–266 und 417–422.
99 British Library, ICI Annual Report 1986, S. 4; *Chandler*, Shaping the Industrial Century, S. 130–133; »Britain's I.C.I. To Buy Glidden«, in: The New York Times, 16.8.1986.

nehmen Astra AB schließlich zu AstraZeneca. Im Fall des zusammengeschrumpften ICI-Konzerns lehnten der Vorstand und die Mehrheit der Aktionäre 2007 zunächst ein Übernahmeangebot von AkzoNobel ab, stimmten aber letztlich einer verbesserten Offerte zu und machten damit den Weg zur Übernahme im Folgejahr frei.[100]

Industrielle Beziehungen

Im Vergleich zur Bundesrepublik oder Frankreich erlebten die industriellen Beziehungen in Großbritannien infolge des Regierungsantritts der konservativen Regierung unter Margaret Thatcher ab Ende der 1970er-Jahre die tiefgreifendsten Veränderungen, gleichwohl unterschied sich das britische System industrieller Beziehungen schon zuvor markant von denjenigen seiner europäischen Nachbarstaaten. Im Jahr 1968 hatte die Donovan-Kommission auf das Nebeneinander zweier Systeme industrieller Beziehungen verwiesen: ein formelles, in den offiziellen Institutionen festgelegtes überbetriebliches System und ein informelles System auf der Ebene der Einzelbetriebe, welches durch das Handeln von Gewerkschaften, Arbeitgebern, Managern, *shop stewards* und Beschäftigten gestaltet wurde. In den 1970er- und 1980er-Jahren zielten dann vor allem konservative Regierungen darauf ab, die Streikfreudigkeit der britischen Gewerkschaften gesetzlich zu beschränken, wohingegen sich die Labour-Regierungen zum Garanten gewerkschaftlicher Autonomie stilisierten und mit dem Trade Union and Labour Relations Act 1974/76 sowie dem Employment Protection Act 1975 unter Harold Wilson den von der Regierung Edward Heath 1971 erlassenen Industrial Relations Act ersetzten.[101] Nach den Streikaktivitäten im Winter 1978/79 nutzte die Thatcher-Regierung die antigewerkschaftliche Stimmung und setzte mit den Employment Acts der Jahre 1980, 1982, 1988 und 1990 sowie dem Trade Union Act von 1984 schrittweise eine Gesetzgebung zur Reform der gewerkschaftlichen Stellung in den industriellen Beziehungen durch. Solidaritätsstreiks wurden deutlich eingeschränkt, das Auftreten von Streikposten vor fremden Betrieben wurde verboten, und das *Closed-Shop*-Prinzip wurde aufgeweicht. Zudem konnte Gewerkschaftsvermögen von nun an für Schäden herangezogen werden, die Gewerkschaftsmitglieder oder -funktionäre verursacht hatten – so geschehen im Fall des britischen Bergarbeiterstreiks 1984/85. Auf diese Weise wurden die individuellen Rechte der Arbeitnehmer zulasten der Mobilisierungsfähigkeit der Gewerkschaften gestärkt, deren Einfluss sich im letzten Drittel des 20. Jahrhunderts in Anbetracht steigender Arbeitslosenzahlen, wirtschaftlicher Krisen sowie einer besonders ausgeprägten sektoralen Verschiebung in Richtung gewerkschaftlich schwach organisierter Dienstleistungsberufe verringerte. Diese Schwäche wurde durch das Bestreben des Managements, in einigen Betrieben formalisierte Kommunikations-

---

100 British Library, ICI Annual Report 1991, S. 6; ICI Annual Report 1992, S. 1; ICI Annual Report and Accounts 1993, S. 1; Katholieke Universiteit Leuven, Bibliotheek Economie en Bedrijfswetenschappen, AkzoNobel Annual Report 2007.
101 *Gill Palmer*, »Freiwilliger Korporatismus« – Reformvorschläge der Donovan-Kommission von 1968 und der Commission on Industrial Relations von 1969 bis 1974, in: *Otto Jacobi/Hans Kastendiek* (Hrsg.), Staat und industrielle Beziehungen in Großbritannien, Frankfurt am Main/New York 1985, S. 101–121; *Richard Hyman*, The Historical Evolution of British Industrial Relations, in: *Paul Edwards* (Hrsg.), Industrial Relations. Theory and Practice in Britain, Oxford 1995, S. 27–49, hier: S. 35f. und 41–47; *Patrick Maguire*, Labour and the Law. The Politics of British Industrial Relations, 1945–79, in: *Chris Wrigley* (Hrsg.), A History of British Industrial Relations, 1939–1979. Industrial Relations in a Declining Economy, Cheltenham/Brookfield 1996, S. 44–61, hier: S. 54–60; *Michael Moran*, Die Ursprünge des Industrial Relations Act, in: *Paul Windolf* (Hrsg.), Gewerkschaften in Großbritannien, Frankfurt am Main/New York 1983, S. 259–283; *Roland Sturm*, Großbritannien. Wirtschaft – Gesellschaft – Politik, Opladen 1991, S. 169.

strukturen – wie Qualitätszirkel oder »Joint Consultation Committees« – aufzubauen, noch verstärkt.[102]

Trotz der Schwächung der britischen Gewerkschaften lag der gewerkschaftliche Organisationsgrad in Großbritannien auch Mitte der 1980er-Jahre noch höher als in der Bundesrepublik – insbesondere aufgrund des, wenn auch eingeschränkten *Closed-Shop*-Prinzips. Doch besagt der Organisationsgrad der Gewerkschaften allein noch wenig über deren Durchsetzungskraft. Zwar existierten in beiden Ländern mit dem Deutschen Gewerkschaftsbund (DGB) und dem »Trades Union Congress« (TUC) zentrale Gewerkschaftszusammenschlüsse, im Unterschied zu seinem deutschen Pendant hatte der TUC aufgrund der Eigenständigkeit der britischen Einzelgewerkschaften jedoch Probleme, eine gemeinsame inhaltliche Linie zu finden. Zudem fanden Lohnverhandlungen primär auf Betriebsebene statt, sodass dem Spitzenverband die Grundlage für tarifliche Aushandlungsprozesse fehlte. Insgesamt hatte sich die Anzahl der britischen Gewerkschaften von circa 1.000 in den 1940er-Jahren – vor allem aufgrund von Zusammenschlüssen – bis Ende der 1970er-Jahre etwa halbiert, 1992 war sie auf 268 gesunken. Gleichzeitig verdoppelte sich die Anzahl der Gewerkschaftsmitglieder von 1940 bis 1979 auf über 13 Millionen, sodass der gewerkschaftliche Organisationsgrad von 30% auf 55% kletterte. Da die britischen Gewerkschaften ihre Mitglieder nach Branchen wie auch nach Tätigkeiten rekrutierten, waren in britischen Unternehmen – ähnlich Frankreich – vielfach mehrere Gewerkschaften mit unterschiedlichen Zielsetzungen aktiv. Im Jahr 1980 war in 45% aller britischen Unternehmen mehr als eine auf manuelle Tätigkeiten ausgerichtete Gewerkschaft *(manual union)* präsent, auch wenn sich diese Gewerkschaften in 40% zu gemeinsamen Verhandlungen zusammenschlossen. Darüber hinaus hatte bereits die Donovan-Kommission eine zunehmende Dezentralisierung kollektiver Verhandlungen von der nationalen oder der Branchenebene auf die Betriebsebene festgestellt, auf der Gewerkschaftsvertreter *(shop stewards)* immer stärker als legitime, gewerkschaftlich jedoch nur schwer zu kontrollierende Verhandlungspartner fungierten.[103] Die Präsenz mehrerer Gewerkschaften in einem Unternehmen, die fehlende Formalisierung von Rechten und Pflichten sowie die mangeln-

---

102 Derek H. Aldcroft/Michael J. Oliver, Trade Unions and the Economy, 1870–2000, Aldershot 2000, S. 142–154; *Jon Clark*, Die Gewerkschaftsgesetzgebung 1979 bis 1984 und ihre Folgen für die Politik der Gewerkschaften, in: *Jacobi/Kastendiek*, Staat und industrielle Beziehungen in Großbritannien, S. 163–187; *Colin Crouch*, Ausgrenzung der Gewerkschaften? Zur Politik der Konservativen, in: ebd., S. 251–278; *Linda Dickens/Mark Hall*, The State. Labour Law and Industrial Relations, in: *Edwards*, Industrial Relations, S. 255–303; *Steven Dunn/David Metcalf*, Trade Union Law since 1979, in: *Ian Beardwell* (Hrsg.), Contemporary Industrial Relations. A Critical Analysis, Oxford 1996, S. 66–98; *Hans Kastendiek/Hella Kastendiek*, Konservative Wende und industrielle Beziehungen in Großbritannien und in der Bundesrepublik, in: Politische Vierteljahresschrift 26, 1985, S. 381–399; *Peter Nolan/Janet Walsh*, The Structure of the Economy and Labour Market, in: *Edwards*, Industrial Relations, S. 50–86, hier: S. 54–58; *Jim Phillips*, Collieries, Communities and the Miners' Strike in Scotland, 1984–85, Manchester 2012; *Sturm*, Großbritannien, S. 168–173; *Jeremy Waddington/Colin Whitston*, Trade Unions. Growth, Structure and Policy, in: *Edwards*, Industrial Relations, S. 151–202, hier: S. 166–173.
103 *Aldcroft/Oliver*, Trade Unions and the Economy, S. 89–92 und 116–121; *Anke Hassel*, Gewerkschaften und sozialer Wandel. Mitgliederrekrutierung und Arbeitsbeziehungen in Deutschland und Großbritannien, Baden-Baden 1999, S. 93–97; *Lane*, Management and Labour in Europe, S. 200–205; *Sturm*, Großbritannien, S. 158–168; *Robert Taylor*, Shop Stewards – Die Herausforderung von unten, in: *Windolf*, Gewerkschaften in Großbritannien, S. 103–120; *Robert Taylor*, The TUC: From the General Strike to New Unionism, Basingstoke/New York 2000; *Michael Terry*, Trade Unions. Shop Stewards and the Workplace, in: *Edwards*, Industrial Relations, S. 203–228; *Waddington/Whitston*, Trade Unions, S. 151–166; *Chris Wrigley*, Trade Union Development, 1945–79, in: *ders.*, A History of British Industrial Relations, S. 62–83.

de Institutionalisierung der Konfliktregulierung führten zu einem hohen Konfliktpotenzial innerhalb der Unternehmen und verstärkten die Tendenz, Arbeitskämpfe als Mittel der Auseinandersetzung einzusetzen. Dabei wandelte sich auch die Zielsetzung der Arbeitskämpfe im Untersuchungszeitraum. Während die Arbeitskämpfe in der Nachkriegszeit vorwiegend Lohnkämpfe waren, richteten sich die Auseinandersetzungen in den 1980er-Jahren vor allem gegen den Abbau von Arbeitsplätzen.[104] Da sich die Deindustrialisierung und der mit ihr verbundene Arbeitsplatzabbau in Großbritannien während der 1980er-Jahre vor allem auf große Privatunternehmen der »alten« Industriebranchen mit vielen männlichen, im *Closed-Shop*-Prinzip organisierten Beschäftigten konzentrierten (vgl. Tabelle 2 und 3) – und dies, obschon die britischen Arbeitskosten im produzierenden Sektor spätestens seit 1970 unter dem Niveau in der Bundesrepublik oder Frankreich lagen[105] –, sank bis Mitte der 1990er-Jahre mit der Anzahl der Gewerkschaftsmitglieder auf unter acht Millionen auch der gewerkschaftliche Organisationsgrad auf etwa 30%. Der gewerkschaftliche Organisationsgrad im öffentlichen Sektor blieb auch nach 1970 wesentlich höher als in der Privatindustrie.[106]

Tabelle 2: Beschäftigte im produzierenden Gewerbe in Prozent aller zivil Beschäftigten (1960–1990)

	1960	**1974**	**1980**	**1990**
Deutschland	34,3	35,8	33,9	31,5
Frankreich	27,3	28,3	25,8	21,3
Vereinigtes Königreich	38,4	34,6	30,2	22,5

Quelle: OECD 1991, zit. nach: *Nolan/Walsh*, The Structure of the Economy and Labour Market, S. 67.

Tabelle 3: Anteil am Welthandel im produzierenden Gewerbe in Prozent (1960–1990)

	1960	**1970**	**1979**	**1990**
Deutschland	19,3	19,8	20,9	20,2
Frankreich	9,6	8,7	10,5	9,7
Vereinigtes Königreich	16,5	10,8	9,1	8,6

Quelle: *Nicholas Crafts*, The Assessment. British Economic Growth over the Long Run, in: Oxford Review of Economic Policy 4/1, S. i–xxi, zit. nach: *Nolan/Walsh*, The Structure of the Economy and Labour Market, S. 68.

Die Zahl der Beschäftigten in der britischen Chemieindustrie war in den Nachkriegsjahrzehnten angestiegen und hatte 1961 mit 531.000 einen Höhepunkt erreicht, anschließend sank sie bis 1990 recht kontinuierlich auf etwa 330.000 und erlebte in der darauffolgenden Dekade bis 2000 nochmals einen rapiden Rückgang auf 251.000.[107] Während kriselnde

---
104 *Lane*, Management and Labour in Europe, S. 211f.
105 *Nolan/Walsh*, The Structure of the Economy and Labour Market, S. 69–71.
106 *Aldcroft/Oliver*, Trade Unions and the Economy, S. 134–142; *Hassel*, Gewerkschaften und sozialer Wandel, S. 27–45; *Lane*, Management and Labour in Europe, S. 220–223; *Nolan/Walsh*, The Structure of the Economy and Labour Market, S. 66–69.
107 Britain 1992. An Official Handbook, S. 322; *Grant*, The United Kingdom, S. 286. Der Anstieg der Beschäftigtenzahl in der britischen Chemieindustrie von 408.000 (1965) auf 510.200 (1971) bei Grant/Paterson/Whitson weicht hiervon ab. Vgl. *Grant/Paterson/Whitson*, Govern-

Zweige der Chemieindustrie massiv Arbeitsplätze abbauten, waren im Pharmabereich bis in die 1990er-Jahre relativ konstant 70.000 bis 80.000 Personen beschäftigt, im Jahr 2000 allerdings nur noch 62.000.[108] Aufgrund des hohen Anteils ungelernter Arbeiter wurden die industriellen Beziehungen auf Arbeitnehmerseite in den 1980er-Jahren durch die beiden großen, allgemeinen Gewerkschaften »Transport and General Workers' Union« (T & GWU) sowie »General, Municipal, Boilermakers and Allied Trades Union« (GMB) dominiert, einige ungelernte Beschäftigte waren zudem in der »Union of Shop, Distributive and Allied Workers« (USDAW) organisiert. Bis zur Fusion mit der »General and Municipal Workers' Union« 1974 war ein Teil der Beschäftigten in der »Rubber, Plastic and Allied Workers' Union« vertreten. Die in der Instandhaltung und im Anlagenbau tätigen Beschäftigten waren hingegen eher in der »Amalgamated Union of Engineering Workers« oder der »Electrical, Electronic, Telecommunication and Plumbing Union« organisiert. Die Bandbreite gewerkschaftspolitischer Positionen variierte entsprechend stark.[109] Der gewerkschaftliche Organisationsgrad in der Chemieindustrie war nach dem Ende des Zweiten Weltkriegs niedriger als in anderen Industriebranchen, im Jahr 1948 waren nur 35% aller Beschäftigten gewerkschaftlich organisiert. In den folgenden 30 Jahren stieg dieser Wert langsam, aber kontinuierlich an, erreichte 1968 bereits 39% und überschritt 1979 die Marke von 58%. Dieses Wachstum war sowohl auf einen verstärkten Zustrom bei Arbeitern *(manual workers)*, die einen Organisationsgrad von 83% erreichten, als auch bei Angestellten *(white-collar workers)* zurückzuführen. In den 1980er-Jahren ging der gewerkschaftliche Organisationsgrad in der britischen Chemieindustrie dann wieder deutlich zurück. Die Arbeitgeber standen besonders der Mitgliedschaft von Angestellten in Gewerkschaften ablehnend gegenüber, noch 1973 stellte man bei ICI fest, dass eine solche Mitgliedschaft von Angestellten den Interessen des Unternehmens entgegenstehe. Doch der Druck der Gewerkschaften und die Gesetzgebung der 1970er-Jahre, welche die Arbeitgeber dazu aufforderte, das Bedürfnis von Angestellten nach gewerkschaftlicher Teilhabe anzuerkennen, führten dazu, dass 1981 insgesamt 41% aller nicht manuell Beschäftigten gewerkschaftlich organisiert waren. Der Anteil der Beschäftigten in der Chemieindustrie, die unter *Closed-Shop*-Vereinbarungen fielen, lag zwischen 42% (bei allen Beschäftigten) und 55% (bei Arbeitern). ICI hatte beispielsweise 1968 für die Lohngruppen der Arbeiter eine entsprechende Vereinbarung abgeschlossen. Gleichzeitig stieg – ähnlich der Entwicklung in der Bundesrepublik und Frankreich – als Folge von Verwissenschaftlichung und Professionalisierung auch in Großbritannien der Anteil der Angestellten in der Chemieindustrie von 35% Anfang der 1960er-Jahre auf 41% 1981.[110] Im Vergleich zu anderen Industriezweigen lag die Anzahl der Streiks und verlorener Arbeitstage niedriger.[111]

Zwar gab es auch in der britischen Chemieindustrie tripartistische Ansätze der Interessenvermittlung – der 1964 gegründete »Chemicals Economic Development Council« brachte beispielsweise hochrangige Manager, Gewerkschaftsoffizielle und Staatsvertreter zusammen, um über produktivitätssteigernde Maßnahmen zu beraten, verlor mit Antritt

---

ment and the Chemical Industry, S. 40 und 43. Laut offiziellem Jahrbuch waren 1971 483.000, 1980 471.000 und 2000 238.000 Personen in der chemischen Industrie beschäftigt. Vgl. Britain 1982. An Official Handbook, S. 288; UK 2002. The Official Yearbook of Great Britain and Northern Ireland, S. 476.

108 Britain 1992. An Official Handbook, S. 239–241; UK 2002. The Official Yearbook of Great Britain and Northern Ireland, S. 477f.
109 *Hugh A. Clegg*, Die Struktur der britischen Gewerkschaften, in: *Windolf*, Gewerkschaften in Großbritannien, S. 121–142; *Grant/Paterson/Whitson*, Government and the Chemical Industry, S. 139–143.
110 Ebd., S. 140f.; *Waddington/Whitston*, Trade Unions, S. 164f.
111 *Colin Gill/Ralph Morris/Jack Eaton*, Industrial Relations in the Chemical Industry, Westmead 1978, S. 69.

der Heath-Regierung 1970 jedoch deutlich an Einfluss –, die Kollektivverhandlungen zwischen Arbeitgebern und Gewerkschaften wurden aber vor allem in drei bilateralen Gremien (»Joint Industrial Councils«) geführt. Der »Chemicals and Allied Industries Joint Industrial Council« (CAIJIC) war etwa für die Hälfte aller in der Chemieindustrie Beschäftigten zuständig, setzte sich aus Nominierten des britischen Unternehmensverbands »Chemical Industries Association« (CIA) und einem Gewerkschaftskomitee zusammen, in dem T & GWU, GMB und USDAW vertreten waren, und beriet über Mindestlöhne, Urlaubszeiten, Prämien und andere Angelegenheiten. Die CIA zählte 1976 296 Mitgliedsunternehmen, repräsentierte nach eigenen Angaben etwa 90% der Chemieunternehmen und hatte in den vorangegangenen Jahrzehnten verschiedene der Chemieindustrie nahestehende Arbeitgeberverbände übernommen, die unterschiedlich stark in den Gesamtverband integriert worden waren, wie die »British Aerosol Manufacturers' Association« oder die »British Association of Synthetic Rubber Manufacturers«. Der Verband war nach dem Prinzip des »*open shop*« organisiert. So war der größte Arbeitgeber in der Chemieindustrie ICI zwar Vollmitglied der CIA und in deren »Industrial Relations Board« vertreten, aber nicht an deren Vereinbarungen über Löhne und Arbeitsbedingungen gebunden. Die »Drug and Fine Chemicals Joint Conference« als zweites derartiges Gremium wies eine ähnliche Struktur wie der CAIJIC auf. Dagegen waren die Verhandlungen des »CIA-Craft Union Negotiating Committee« vor allem auf die Belange qualifizierter Arbeiter ausgerichtet. Seit den 1960er-Jahren führte die Tendenz zu Betriebs- und Unternehmensvereinbarungen nicht nur zu einer Lohndrift zwischen den einzelnen Unternehmen der CIA, deren Mitglieder waren auch nur für einen Teil der Verhandlungen zwischen Arbeitgebern und Gewerkschaften verantwortlich, denn einige Unternehmen verhandelten verbandsunabhängig – insbesondere der Branchenprimus ICI, der in den 1970er-Jahren 25 bis 30% aller Beschäftigten in der Chemieindustrie umfasste.[112] Als Reaktion auf Berichte über die Personalstärke in US-Unternehmen handelten die CIA und elf Gewerkschaften 1968 ein *framework agreement* aus, das lokale Lohnstrukturen über den Abschluss von Produktivitätsvereinbarungen auf Unternehmens- oder Betriebsebene zuließ. Bei ICI läuteten die 1965 aufgenommenen Verhandlungen im Rahmen der »Manpower Utilisation and Payment Structure« und die seit 1969 immer wieder neu abgeschlossenen »Weekly Staff Agreements« die Ära der auf Produktivität zielenden Abkommen ein und stellten damit einen Meilenstein in der Geschichte industrieller Beziehungen dar.[113] Seit den 1960er-Jahren ging die CIA als einer der ersten britischen Arbeitgeberverbände dazu über, ihre Politik zentraler Lohnregulierung aufzugeben, vor allem weil ein machtvolles lokales Management in diesem stark konzentrierten und seit dieser Zeit in zunehmendem internationalem Wettbewerb stehendem Industriezweig nach flexibleren Lohnregulierungen verlangte. Das *framework agreement* brachte nicht nur zum ersten Mal Fach- und Produktionsarbeiter zusammen, es zeigte auch die Bereitschaft der Arbeitgeber, über Verhandlungen mit den Gewerkschaften zu Konfliktlösungen zu gelangen. Dabei fand die von mehreren Regierungen als Allheilmittel ausgerufene Idee einer stärkeren Exportorientierung ihren Niederschlag in aus Gewerkschafts- und Arbeitgebervertretern der chemischen Industrie zusammengesetzten Produktivitätsteams, die 1967 die USA und 1973 mehrere europäische Staaten besuchten. Als sich das politische Klima in Großbritannien Ende der

---

112 Ebd., S. 3–11; *Grant/Paterson/Whitson*, Government and the Chemical Industry, S. 143–146 und 150–152; *Steven Tolliday/Jonathan Zeitlin* (Hrsg.), The Power to Manage? Employers and Industrial Relations in Comparative Historical Perspective, London/New York 1991.
113 *Gill/Morris/Eaton*, Industrial Relations in the Chemical Industry, S. 93–96; *Joe Roeber*, Social Change at Work. The ICI Weekly Staff Agreement, London 1975. Vgl. zu ICI auch: Commission on Industrial Relations, Report No. 88: Imperial Chemical Industries Limited, London 1974.

1970er-Jahre änderte, ließ diese Bereitschaft zur Zusammenarbeit jedoch deutlich nach. Zwei zwischen 1981 und 1983 im Rahmen von »Joint Industrial Councils« abgeschlossene Vereinbarungen, deren Lohnsteigerungen unter der Inflationsrate blieben und zugleich mit harten Arbeitsplatzeinschnitten einhergingen, verweisen auf die zunehmende Konflikthaftigkeit industrieller Beziehungen vor dem Hintergrund der ökonomischen Turbulenzen im Anschluss an die zweite Ölkrise. In den 1980er-Jahren gewann das Thema Flexibilität dann eine noch größere Bedeutung; vielfach standen auch in der britischen Chemieindustrie der Sicherung einer reduzierten Anzahl von Arbeitsplätzen eine höhere Flexibilität bei Arbeitszeiten und ein niedrigeres Lohnniveau gegenüber.[114]

Inter-Company-Relations und Corporate Governance

Auch wenn kooperative Beziehungen kein Signum der britischen Wirtschaft waren – vielmehr sahen viele Wirtschafts- und Unternehmenshistoriker im britischen Fall lange einen »Personal Capitalism«, wie Chandler es nannte, in dem einzelne Eigentümer und nicht ein Netz angestellter Manager das Letztentscheidungsrecht besaßen –, stellten Verbindungen zwischen den Direktoren der Vorstandsgremien *(board of directors)* auch in Großbritannien eine bedeutende Gelegenheitsstruktur für Absprachen und Informationsaustausch dar.[115] Von den 1950er- bis in die 1980er-Jahre besaßen die Banken eine zentrale Rolle in der britischen Unternehmensverflechtung, sie fungierten als Dreh- und Angelpunkt zwischen lose miteinander verkoppelten Industrie- und Finanzunternehmen, ohne hierbei eine beherrschende Rolle einzunehmen. Ihre wachsende Zentralität war auch Ausdruck einer zunehmenden Trennung von Eigentum und Kontrolle in britischen Unternehmen, welche Finanzinstituten oftmals Gelegenheit gab, Managern ihre Dienste anzubieten. Mit dem Aufkommen des Finanzmarktkapitalismus ab der zweiten Hälfte der 1980er-Jahre nahm die Bedeutung der Banken im britischen Unternehmensnetzwerk bis in die 2000er-Jahre jedoch kontinuierlich ab, einige Autoren sehen deshalb im Übergang von den 1980er- zu den 1990er-Jahren einen Strukturbruch.[116] Der Wandel des Bankgeschäfts vom traditionellen Kreditgeschäft zu finanzmarktbasierten Aktivitäten sowie die steigende Inanspruchnahme des Finanzmarkts durch Nicht-Finanzunternehmen trugen maßgeblich hierzu bei. Diese Verschiebungen führten jedoch nicht zu einer vollständigen Auflösung oder Verkleinerung des britischen Netzwerks in den 1990er-Jahren, da vor allem Mehrfachverflechtungen, die vielfach als Kontrollinstrument interpretiert werden, reduziert wurden, das heißt, die Beziehungen zwischen den Firmen verloren an Stärke, der Koordinations- und Kommunikationszusammenhang blieb aber erhalten.[117] Im Unterschied zu Deutschland waren Kapital- und Personalverflechtungen in Großbritannien schon Anfang der 1990er-Jahre voneinander entkoppelt, nicht zuletzt aufgrund der höheren Fragmentierung des Eigentums bei britischen Unternehmen. Britische Finanzunternehmen besaßen zwar viele, aber oftmals nur geringe Beteiligungen an Nicht-Finanzunternehmen, die kaum eine Absicherung ihrer Investitionen über die Entsendung von Direktoren zuließen.[118]

---

114 *Gill/Morris/Eaton*, Industrial Relations in the Chemical Industry, S. 10f. und 46; *Grant/Paterson/ Whitson*, Government and the Chemical Industry, S. 146–149.
115 *Alfred D. Chandler*, Scale and Scope. The Dynamics of Industrial Capitalism, Cambridge/London 1990.
116 *Gerhard Schnyder/John F. Wilson*, The Structure of Networks. The Transformation of UK Business, 1904–2010, in: *David/Westerhuis*, The Power of Corporate Networks, S. 48–65, hier: S. 48f.; *John Scott/Catherine Griff*, Directors of Industry. The British Corporate Network 1904–76, Cambridge/Oxford 1984.
117 *Schnyder/Wilson*, The Structure of Networks; *Wilson*, British Business History, S. 192f.
118 *Windolf/Beyer*, Kooperativer Kapitalismus.

Das führende Chemieunternehmen ICI besaß als Flaggschiff der britischen Wirtschaft nicht nur zahlreiche Kontakte zu anderen Firmen, sondern insbesondere enge Beziehungen zu politischen Entscheidungsträgern. Es wird im Folgenden daher näher dargestellt. Als Paul Chambers, der zwanzig Jahre dem ICI-Vorstand angehört und diesen von 1960 bis 1968 als erster Nicht-Naturwissenschaftler geleitet hatte, auf eigenen Wunsch ausschied, übernahm Peter Allen, seit 1951 Vorstandsmitglied und zuvor Chemiker in der ICI-Tochter Brunner, Mond and Co. Ltd., für drei Jahre die Leitung des ICI-Managements. Es folgten Jack Callard (1971–1975), Rowland Wright (1975–1978), Maurice Hodgson (1978–1982) und John Harvey-Jones (1982–1987) an der Spitze des Chemiekonzerns. Ihre herausgehobene Stellung zeigte sich schon darin, dass alle während ihrer Zeit an der ICI-Spitze zum Ritter geschlagen wurden. Obschon an die ICI-Vorsitzenden die Erwartung gestellt wurde, sich ihrer Verantwortung für die gesamte Volkswirtschaft bewusst zu werden und einer gemäßigten, am Konsens orientierten Unternehmenspolitik – sowohl hinsichtlich der industriellen Beziehungen als auch im Verhältnis zur Regierung – zu folgen, wichen einige Vorstandsvorsitzende hiervon ab. Während Chambers als Anhänger neoliberaler Ideen und ausgesprochener Kritiker der Labour-Regierung galt, hatte Harvey-Jones – im Unterschied zur typischen Managerkarriere bei ICI ebenfalls kein Naturwissenschaftler und ab 1990 vor allem aus der TV-Serie »Troubleshooter« bekannt – eine vom Thatcherismus abweichende Vorstellung über die ökonomische und soziale Entwicklung Großbritanniens, gleichwohl unterlagen beide Vorsitzenden unternehmensspezifischen Zwängen und konnten nicht vollkommen losgelöst davon agieren. Wenn die Investitionspolitik von ICI in den 1960er-Jahren in der Downing Street diskutiert wurde, dann zeigte sich darin auch die politische Reichweite unternehmerischer Entscheidungen im Fall des größten britischen Chemiekonzerns. ICI war mehr als nur das führende britische Chemieunternehmen, es stand auch beispielhaft für ein Set von Ideen, wie das produzierende Gewerbe Großbritanniens grundsätzlich organisiert sein sollte, und galt in der britischen, zunehmend durch Finanzmarktakteure geprägten Wirtschaftswelt als Verteidiger einer verstärkt als überkommen angesehenen Industrieproduktion.[119]

Zwischen den 1960er- und den 1990er-Jahren veränderten sich auch die Größe und die Struktur des ICI-Boards. Während er sich 1960 noch aus einem Vorsitzenden, drei Stellvertretern, 14 exekutiven und sechs nicht-exekutiven Direktoren zusammensetzte, bestand der durchrationalisierte Board des Jahres 1983 nur noch aus einem Vorsitzenden sowie sieben exekutiven und sechs nicht-exekutiven Direktoren, daneben gab es nun allerdings noch acht Division Chairmen und sieben General Managers als Senior Executives. Bis 1990 erhöhte sich die Zahl der nicht-exekutiven Direktoren auf zehn Personen und damit auch die Möglichkeit, Kontakte zu fremden Gesellschaften aufzubauen.[120] Denys Henderson war nicht nur seit 1980 exekutives Mitglied im ICI-Board und seit 1987 Vorsitzender des Gremiums, sondern saß zudem in den Boards von Barclays PLC und The RTZ Corporation PLC. Gleichzeitig waren Anfang der 1990er-Jahre das ICI-Vorstandsmitglied Ronnie C. Hampel im Board von British Aerospace und Commercial Union Assurance Company PLC, Chris Hampson im Board von Costain Group PLC und Hawker Siddeley Group PLC sowie Tom O. Hutchison bei Cadburry Schweppes PLC und der Bank of Scotland. Darüber hinaus verfügte der ICI-Board mit Henry Chilver (Vorsitzender von English China Clays PLC und Milton Keynes Development Corporation), Alex Jarratt (Vorsitzender von Smiths Industries PLC und stellvertretender Vorsitzender bei Midland Bank), Walther Leisler Kiep (Partner von Gradmann & Holler, Direktor von Marsh & McLennan

---

119 *Grant*, The United Kingdom, S. 300–302; *Grant/Paterson/Whitson*, Government and the Chemical Industry, S. 76–83; *Pettigrew*, The Awakening Giant, S. 70f.
120 London School of Economics Library (London), ICI Annual Report for the Year 1960, S. 5; *Pettigrew*, The Awakening Giant, S. 70f.

Companies und Aufsichtsratsmitglied bei Volkswagen), Patrick Meaney (Vorsitzender von The Rank Organisation PLC und stellvertredender Vorsitzender bei Midland Bank), Jeremy Morse (Vorsitzender von Lloyds Bank PLC), Antony Pilkington (Vorsitzender von Pilkington PLC und Direktor der National Westminster Bank PLC), Ellen R. Schneider-Lenné (Vorstandsmitglied der Deutschen Bank), Shoichi Saba (Berater des Boards von Toshiba Corp.), Paul Volcker (ehemaliger Vorsitzender der US-Zentralbank Fed und Vorsitzender von James D. Wolfensohn Inc.) und Thomas H. Wyman (ehemaliger CEO von CBS Inc., Direktor bei AT&T, General Motors Corp. und S.G. Warburg Group PLC) über national wie international angesehene und gut vernetzte, nicht-exekutive Mitglieder. Weder die Aufsichtsräte der drei großen deutschen Chemiekonzerne BASF, Bayer oder Hoechst noch der *conseil d'administration* des französischen Unternehmens Rhône-Poulenc waren zu dieser Zeit personell ähnlich international ausgerichtet wie der ICI-Board. Mit der Aufnahme von Kiep 1982, Saba 1985 und Volcker 1988 hatte ICI während der 1980er-Jahre Verbindungen in die Bundesrepublik, nach Japan und in die USA geschlagen. Neben Beziehungen zu Rohstoffgesellschaften (wie The RTZ Corporation oder English China Clays) und zur Abnehmerindustrie (wie British Aerospace oder Volkswagen) verfügte ICI zudem über zahlreiche Verbindungen zu den bedeutendsten britischen Banken (Barclays, Bank of Scotland, Midland Bank, Lloyds Bank, National Westminster Bank). Obschon die Banken im britischen Unternehmensnetzwerk seit den 1980er-Jahren an Bedeutung verloren, hatten sie im Fall eines Unternehmens von der Größenordnung ICIs – und umgekehrt auch der Chemiekonzern selbst – ein Interesse am Erhalt dauerhafter Industrie-Bank-Beziehungen. Multiple Beziehungen – wie im Fall Midland Bank – waren hingegen auch bei ICI die Ausnahme.[121]

Im Unterschied zum deutschen Hausbankenprinzip waren im ICI-Board somit zahlreiche Banken vertreten, deren Konkurrenzverhältnis eine beherrschende Stellung gegenüber dem Industrieunternehmen weitgehend ausschloss. Die Kritik an den britischen Finanz-Industrie-Beziehungen konzentrierte sich denn auch auf vier andere Punkte. Erstens würden die Banken keine ausreichende und oftmals eine zu kurzfristige Finanzierung für Industrieunternehmen bereitstellen; zweitens habe der Finanzsektor kein hinreichendes Wissen über die Arbeitsweise der (chemischen) Industrie, drittens seien institutionelle Investoren zu sehr mit ihrem kurzfristigen Portfolio-Management beschäftigt, um langfristige Unternehmensziele berücksichtigen zu können, und viertens müssten Industriefirmen ihrer Marktperformance angesichts des lebhaften Aktienmarkts zu viel Aufmerksamkeit beimessen.[122] Tatsächlich finanzierte ICI in den 1980er-Jahren über 80% seiner Investitionen aus eigenen Reserven, die zu dieser Zeit ausreichend hoch waren und damit auch genügend Spielraum ließen, während westdeutsche Chemiekonzerne ihre Investitionen weitaus stärker über Banken abwickelten. Die britische Finanzierungspraxis sicherte ICI zwar eine größere Unabhängigkeit gegenüber den Banken, konnte sich aber auch nachteilig auf Investitionen auswirken, da diese sehr stark an die Profitabilität des Industrieunternehmens gebunden waren. Die geringe Ausstattung mit Kapital seitens der Banken führte insbesondere dazu, dass die britischen Chemieunternehmen Innovationen in der Finanzierung hervorbrachten und hausinterne Banken etablierten, die keine Parallele in westdeutschen Chemiekonzernen fanden. Bei ICI wurde 1972 ICI Finance Ltd. als eigenständige Tochtergesellschaft und zentrale konzerninterne Verrechnungsstelle gegründet, deren Aufgabe im Handel auf internationalen Devisenmärkten, in der Zusammenführung der Forderungen der einzelnen Handelsdivisionen und in einem möglichst effizienten Management von Steuerforderungen lag. Dabei war sie weniger auf Profitmaximierung ausgerichtet, son-

---

121 British Library (London), ICI Annual Report 1988, S. 34; ICI Annual Report 1990; Carol Kennedy, ICI. The Company That Changed Our Lives, London 1993, S. 184–202.
122 *Grant/Paterson/Whitson*, Government and the Chemical Industry, S. 122f.

dern übernahm vornehmlich Servicefunktionen für die übrigen ICI-Gesellschaften.[123] Der Vorbehalt mangelnder Kenntnisse von Finanzakteuren hinsichtlich der Produktionsstrukturen in der Chemieindustrie, der sich insbesondere an die britischen Clearing-Banken richtete, war teilweise berechtigt, allerdings wussten Chemieunternehmen durchaus deren Wissen in Finanzfragen zu nutzen und mit der Einführung professioneller Finanzvorstände in den 1970er-Jahren – insbesondere als Reaktion auf die Flexibilisierung der Wechselkurse und zunehmende Währungsrisiken – entstand innerhalb der Chemieunternehmen eine Kontaktzone zwischen Industrie- und Finanzwelt.[124] Die Kritik an der Bedeutung der Aktienmärkte für britische Industrieunternehmen war nicht unbegründet. Tatsächlich übten diese in Großbritannien mehr (und früher) Druck auf die Unternehmenspolitik von Chemieunternehmen aus als beispielsweise in der Bundesrepublik, deren bankfinanziertes System sich bis in die 1990er-Jahre durch eine höhere Toleranz gegenüber kurzfristigen Unternehmensverlusten auszeichnete. Im Fall von ICI demonstrierten sowohl die Reorganisation des Massenkunststoffgeschäfts in eine separate Tochtergesellschaft 1986 (ICI Chemicals and Polymers Group) als auch die Ausgliederung von Zeneca 1993 die Bedeutung, die der Druck des Aktienmarkts auf unternehmerische Entscheidungen ausüben konnte. Da sich der Finanzmarktkapitalismus in Großbritannien bereits in den 1980er-Jahren entfaltete – der sprunghaft ansteigende Aufwand für Unternehmenszusammenschlüsse in Großbritannien ab 1984 war ein weiteres Indiz hierfür[125] –, zeigten sich seine Praktiken und seine Folgen hier schneller und deutlicher als in Frankreich oder Deutschland.[126]

Dem Druck der europäischen Chemiefaserkrise konnten sich die britischen Chemieunternehmen genauso wenig entziehen wie ihre französischen und deutschen Konkurrenten. Branchenprimus ICI antwortete darauf mit einer Strategie des »*Fix it, sell it or close it*«, ganz in der Logik der Finanzmärkte: Die Produktion hochwertiger Produkte wurde ausgebaut, verlustbringende Unternehmensteile wurden verkauft oder geschlossen. Am Ende verschwand der Konzern selbst in einer Unternehmensfusion. Hinsichtlich der *Corporate Governance* scheinen die Kontinuitäten im Produktionsmodell von ICI zu überwiegen. Obschon britische Banken bis in die 1980er-Jahre eine zentrale Vermittlerrolle zwischen lose miteinander verkoppelten Industrie- und Finanzunternehmen einnahmen, kam ihre Funktion und Bedeutung nicht dem deutschen Hausbankenprinzip gleich, folglich schlug sich die im westeuropäischen Vergleich früher einsetzende Durchsetzung des Finanzmarktkapitalismus in Großbritannien auf der Ebene der *Corporate Governance* auch minder schwer als beispielsweise in der Bundesrepublik nieder. Zwar hielt ICI als Flaggschiff der britischen Wirtschaft lange Beziehungen zu den wichtigsten Banken aufrecht, insgesamt nahm deren Bedeutung für die Finanzierung von Industrieunternehmen jedoch ab. Dabei waren die Veränderungen des Produktionsmodells einerseits den zunehmenden Zwängen des Finanzmarktkapitalismus geschuldet, andererseits resultierten sie aus der Übertragung seiner Binnenlogik auf die unternehmensinterne Steuerung und damit auf die Herstellung eines *Governance*-Kompromisses.

---

123 Ebd., S. 123–126; *Jeff Pearcy*, Recording an Empire. An Accounting History of Imperial Chemical Industries Ltd. 1926–1976, Glasgow 2001, S. 346. In Westdeutschland erinnert allenfalls die 1949 gegründete Volkswagen Bank an die Etablierung hausinterner Banken, allerdings war diese zunächst vordringlich auf die Finanzierung von Autoverkäufen ausgerichtet und damit im Wesentlichen Instrument der Absatzförderung. Vgl. *Eike-Christian Heine/Matthias Dudde*, Volkswagen Financial Services AG. 60 Jahre Bank, Leasing, Versicherung – eine Chronik, Hannover 2009, S. 16–26.
124 *Grant/Paterson/Whitson*, Government and the Chemical Industry, S. 126–129.
125 *Wilson*, British Business History, S. 225.
126 British Library, ICI Annual Report 1986, S. 4 und 33; ICI Annual Report and Accounts 1993, S. 1; *Grant/Paterson/Whitson*, Government and the Chemical Industry, S. 129–131.

Die Arbeitsbeziehungen in der chemischen Industrie Großbritanniens scheinen sich von den konfrontativen 1970er-Jahren her gesehen verbessert zu haben, aber nicht, weil der Konsens über die Unternehmenspolitik verbreitert worden wäre, sondern weil das *Closed-Shop*-Prinzip aufgeweicht, die individuellen Arbeitnehmerrechte auf Kosten der Gewerkschaften gestärkt und die Anlagen der Massenchemie, in denen sich die Gewerkschaften vehement gegen Veränderungen der Arbeitsorganisation zur Steigerung der Produktivität gewehrt hatten, geschlossen wurden.

IV. FAZIT

Die Analyse der Produktionsmodelle der westeuropäischen Chemieindustrie zeigt zuallererst, dass die Unternehmensleitungen der untersuchten Konzerne angesichts der Zwänge, die der Finanzmarktkapitalismus ausübte, durchaus über Handlungsspielräume verfügten, wie diesen Zwängen zu begegnen sei: Für welche der unternehmensstrategischen Optionen sie sich entschieden, hing weniger vom Ausmaß der Unternehmenskrise, in welche die Chemieunternehmen spätestens in den 1970er-Jahren gerieten, oder des Drucks seitens der Finanzmärkte ab, als vielmehr von nationalen und unternehmensspezifischen Pfadabhängigkeiten sowie von den Präferenzen der jeweiligen Manager.[127] In Großbritannien folgte die Unternehmensleitung mehr oder weniger selbstverständlich den Imperativen des Finanzmarktes; in Frankreich blieb der Staat bis in die 1990er-Jahre zentral für die Zuweisung von Ressourcen, bevor sich die vormaligen Staatskonzerne zumindest vorübergehend sowohl der politisch-administrativen Kontrolle als auch derjenigen durch die Finanzmärkte zu entziehen vermochten. In Deutschland zeigt sich die Spannweite der Handlungsspielräume des Managements am besten: von der Weiterentwicklung der unternehmenseigenen Tradition über eine bedingte Anverwandlung bis hin zur völligen Selbstüberantwortung an die Finanzmärkte. Der Umstand, dass es sich bei den krisenhaften 1970er-Jahren für die Chemieindustrie im Wesentlichen – angesichts von Überkapazitäten und gesättigten Märkten – um eine Ertragskrise (und zum Beispiel weniger um eine Technologie- beziehungsweise Innovationskrise) handelte, legte es den Unternehmensleitungen nahe, die Lösung der Probleme nicht allein in der Produktionsstruktur, in der Produktpalette, in der Marketing- oder Auslandsstrategie, sondern auch auf finanziellem Gebiet zu suchen. Auch die Aufgabe des festen Wechselkursmechanismus, die Liberalisierung des weltweiten Kapitalverkehrs und die daraus resultierenden Probleme für eine verlässliche langfristige Unternehmenskalkulation wirkten – dies konnte auf dem begrenzten Raum dieses Aufsatzes nur angedeutet und müsste noch näher untersucht werden – in dieselbe Richtung, besonders bei einer stark internationalisierten Branche wie der Chemieindustrie. Verantwortlich für diese Krise, die alle westeuropäischen Unternehmen traf, die sich auf dem Gebiet der Massenkunststoffe und Faserproduktion betätigten, waren einerseits Überinvestitionen der 1960er-Jahre und andererseits das Auftreten neuer Konkurrenten aus Osteuropa und Ostasien, die einfache Produkte billiger herzustellen vermochten. Hier verschränkte sich die Mesoebene der Branche sowohl mit der Makroebene der Weltwirtschaft als auch mit den Mikroebenen der Einzelunternehmen. Angesichts der relativen Schwäche von Branchenverbänden in Frankreich und Großbritannien und der fortwährenden Verbetrieblichung der Arbeitsbeziehungen blieb diese Mesoebene als handlungsfähiger (korporatistischer) Akteur dort verhältnismäßig schwach. In der Bundesrepublik trugen hingegen sozialpartnerschaftliche Beziehungen zwischen Betriebsräten und Unternehmensleitungen sowie das durch den Begriff »Chemiepartnerschaft« charakterisierte Verhältnis zwischen Gewerkschaften und Arbeitgeberverbänden zu konsensualen

---

127 *Kädtler*, Industrieller Kapitalismus und Finanzmarktrationalität.

Formen der Konfliktaustragung bei, die die Handlungsfähigkeit der beteiligten Akteure und damit letztlich die Wettbewerbsfähigkeit der Unternehmen erhöhten. Trotz national übergreifender, gleichförmiger Entwicklungen wie der Auflösung der Unternehmensverflechtung, des Bedeutungsgewinns des Kapitalmarkts und der Aktionäre für die Steuerung von Industrieunternehmen, des strategischen Schwenks in Richtung höherwertiger, technologisch anspruchsvoller Produkte oder des Bedeutungsrückgangs der Gewerkschaften blieben zumindest bis Ende der 1990er-Jahre noch deutliche Unterschiede zwischen nationalen Wachstumsmodi wie auch zwischen Produktionsmodellen bestehen.[128]

Bemerkenswerterweise sind sich sowohl neoliberale Kritiker des »Konsenskapitalismus« der 1960er- und 1970er-Jahre als auch Kritiker des Neoliberalismus seit den 1980er-Jahren in dem Befund einig, dass die westeuropäischen Unternehmen einem *profit squeeze* ausgesetzt waren.[129] Im Gegensatz zu beiden Positionen machen wir jedoch nicht die Tarifpolitik und Mitbestimmungsgesetzgebung der Boom-Ära dafür verantwortlich, sondern die in den 1960er-Jahren aufgebauten Produktionskapazitäten, deren Auslastung bereits ein Jahrzehnt später nicht mehr rentabel war, sowie die dramatisch gewandelte internationale Arbeitsteilung. Obwohl die westeuropäischen Chemieunternehmen mehr oder weniger gleichzeitig in jene Ertragskrise gerieten (nämlich um 1970), lässt sich schwer ein exakter Zeitpunkt bestimmen, an dem die Produktionsmodelle der Boom-Ära tatsächlich durch neue abgelöst worden waren. Vieles spricht dafür, einerseits von fließenden Übergängen statt von markanten Zäsuren auszugehen, und andererseits die unternehmensorganisatorischen Veränderungen der 1970er- und 1980er-Jahre als Einschnitte anzusehen, weil sie die Voraussetzung für die Vermarktlichung und *Kommodifizierung* der Unternehmen selbst darstellten. In dieser Perspektive bedeutet das Verschwinden von ICI und Hoechst einerseits, der Rückzug von BASF und Bayer von der New York Stock Exchange andererseits das Ende der Transformationsphase »nach dem Boom« für die westeuropäischen Chemiekonzerne.

---

128 *Boyer/Freyssenet*, Produktionsmodelle, S. 31–36.
129 *Herbert Giersch/Karl-Heinz Paqué/Holger Schmieding*, The Fading Miracle. Four Decades of Market Economy in Germany, Cambridge/New York etc. 1992, S. 208–218; *Streeck*, Gekaufte Zeit, S. 45.

Benjamin Möckel

Gegen die »Plastikwelt der Supermärkte«
Konsum- und Kapitalismuskritik in der Entstehungsgeschichte des »fairen Handels«

Der »faire Handel« ist in den vergangenen Jahren verstärkt in den Fokus von Wissenschaft und Öffentlichkeit gerückt. Die Politik-, Wirtschafts- und Sozialwissenschaften haben das Thema schon seit geraumer Zeit entdeckt[1], die publizistischen und populärwissenschaftlichen Veröffentlichungen lassen sich kaum mehr überblicken[2], und mittlerweile hat das Thema sogar Eingang in den Kanon der universitären Einführungsliteratur gefunden.[3] Eine fundierte historische Einbettung steht jedoch noch relativ am Anfang. Nicht nur hat das Thema die Geschichtswissenschaft erst in jüngster Zeit erreicht; als Folge hiervon lässt sich in zahlreichen ökonomischen und soziologischen Arbeiten auch eine gewisse Sorglosigkeit gegenüber den historischen Entstehungsbedingungen des »fairen Handels« erkennen.[4]

Dies scheint sich jedoch aktuell zu ändern. So sind im Jahr 2015 gleich zwei Dissertationen erschienen, die den Versuch einer historischen Gesamtdarstellung des »fairen Handels« innerhalb ihres jeweiligen nationalen Kontexts unternehmen. Während sich Ruben Quaas auf das Beispiel der Bundesrepublik Deutschland und die hiermit verbundenen transnationalen Verflechtungen konzentriert, bezieht sich Matthew Anderson auf die unter vielen Gesichtspunkten unterschiedliche Entwicklung des »fairen Handels« in Großbritannien.[5] Beide Arbeiten teilen das Ziel, die Geschichte des »fairen Handels« in den Kontext zeitgenössischer Solidaritätsbewegungen, Alternativ- und Gegenmilieus und anderer Formen des zivilgesellschaftlichen Engagements zu verorten. So versteht Quaas den »fairen Handel« als ein »soziales Feld«, das Akteure mit zum Teil divergierenden Interes-

---

1 Vgl. exemplarisch aus der angloamerikanischen Literatur des vergangenen Jahrzehnts: *Alex Nicholls/Charlotte Opal*, Fair Trade. Market-Driven Ethical Consumption, London 2005; *Meera Warrier* (Hrsg.), The Politics of Fair Trade. A Survey, London 2011; *Janet Dine/Brigitte Granville* (Hrsg.), The Processes and Practices of Fair Trade. Trust, Ethics and Governance, New York 2013; *Keith R. Brown*, Buying Into Fair Trade. Culture, Morality and Consumption, New York 2013.
2 Vgl. als einen der wenigen Beiträge, dem eine abwägend-kritische Bestandsaufnahme gelingt: *Caspar Dohmen*, Otto Moralverbraucher. Vom Sinn und Unsinn engagierten Konsumierens, Zürich 2014.
3 Vgl. den bei UTB erschienenen Einführungsband *Michael von Hauff/Katja Claus*, Fair Trade. Ein Konzept nachhaltigen Handelns, Konstanz 2012.
4 Für diese Kritik vgl. auch *Matthias Schmelzer*, Marketing Morals, Moralizing Markets: Assessing the Effectiveness of Fairtrade as a Form of Boycott, in: Management and Organizational History 5, 2010, S. 221–250; *Gavin Fridell*, Fair Trade Coffee. The Prospects and Pitfalls of Market-Driven Social Justice, Toronto 2007, insb. S. 22ff.
5 Vgl. *Ruben Quaas*, Fair Trade. Eine global-lokale Geschichte am Beispiel des Kaffees, Köln/Weimar etc. 2015; *Matthew Anderson*, A History of Fair Trade in Contemporary Britain. From Civil Society Campaigns to Corporate Compliance, Basingstoke/New York 2015. In dezidiert globalgeschichtlicher Perspektive hat zuletzt Peter van Dam den »fairen Handel« im Kontext von zivilgesellschaftlichen Bewegungen einer »postcolonial globalization« interpretiert: *Peter van Dam*, The Limits of a Success Story. Fair Trade and the History of Postcolonial Globalization, in: Comparativ. Zeitschrift für Globalgeschichte und vergleichende Gesellschaftsforschung 25, 2015, S. 62–77.

sen in einem gemeinsamen Handels- und Aktionsmodell vereint; Anderson betont in seiner Darstellung die Bedeutung von Institutionen wie »Oxfam«, »Christian Aid« oder des »Co-operative Movement«. In beiden Fällen trägt die historische Kontextualisierung dazu bei, die komplexen Verbindungen des »fairen Handels« in den Blick zu nehmen, die weder in einem rein ökonomistischen Narrativ der Markttransformation noch in einer bloßen Institutionengeschichte aufgehen.

Der vorliegende Beitrag schließt an diese Arbeiten an und unternimmt für den Kontext der Bundesrepublik den Versuch, den »fairen Handel« innerhalb einer »Sozialgeschichte des Kapitalismus« zu verorten. Anders als bei Anderson und Quaas stehen dabei nicht so sehr die institutionenimmanenten Prozesse der Professionalisierung und strukturellen Neuausrichtung im Vordergrund, sondern die konzeptionellen Debatten, die zeitgenössisch über die praktische Umsetzung des eigenen Handelsmodells geführt wurden. Zu diesem Zweck wird vor allem nach den Akteuren des Felds gefragt sowie nach den Strategien, mit denen diese Akteure das Konzept des »fairen Handels« zu zeitgenössischen Vorstellungen von Konsum, Markt und Kapitalismus in Verbindung setzten beziehungsweise den eigenen Ansatz hiervon abgrenzten. Auf diese Weise soll das ambivalente Verhältnis des »fairen Handels« zu Mechanismen der Markt- und Konsumgesellschaft in den Blick genommen und im Kontext zeitgenössischer konsum- und kapitalismuskritischer Diskurse betrachtet werden.

Konsumkritische Deutungsmuster waren gerade in der Gründungsphase des »fairen Handels« von zentraler Bedeutung. Allerdings war die Distanzsetzung zu »konventionellen« Konsumpraktiken selten eindeutig. Daher müssen heutige Interpretationen, die im »fairen Handel« eine als »Wertewandel« beschreibbare Transformation von Ökonomie und Marktwirtschaft zu erkennen glauben, in historischer Perspektive zunächst daraufhin befragt werden, welche konkurrierenden Vorstellungen der normativen Verfasstheit von Märkten zeitgenössisch existierten und in welcher Weise diese in konkrete Modelle »alternativer« Handels- und Konsumformen übersetzt wurden. Aus diesem Grund wendet sich der vorliegende Ansatz auch gegen Globalerklärungen einer umfassenden Markttransformation, wie sie beispielsweise der Soziologe Nico Stehr zuletzt unter dem Schlagwort einer »Moralisierung der Märkte« vorgeschlagen hat.[6]

Statt als Ausdruck einer radikalen Transformation von Ökonomie und Konsumgesellschaft verweist eine historische Verortung des »fairen Handels« eher auf die Ambivalenz, mit der die Akteure bestimmte Marktmechanismen aufgriffen, das eigene Handelsmodell aber zugleich als dezidierte Gegenbewegung zur konventionellen Ökonomie auffassten und zum Teil auch strategisch inszenierten. Der Politologe Gavin Fridell hat dieses Spannungsverhältnis aufgegriffen und zwei Ansätze unterschieden, die er in einer chronologischen Abfolge verortet. Im Kontext eines »embedded liberalism« in der Zeit zwischen 1945 und den späten 1980er-Jahren sei der »faire Handel« dabei Teil einer umfassenderen Bewegung der Kritik und Transformation globaler Handelsbeziehungen gewesen und habe sich auf dieser Basis nicht zuletzt als ein Projekt der politischen Bewusstseinsbildung verstanden. Ab den späten 1980er-Jahren habe sich die Bewegung dann im Kontext eines zeitgenössischen »neoliberalism« neu positioniert und mit der Einführung von Zertifizierungen vor allem auf Umsatzsteigerungen und die Kooperation mit kommerziellen Firmen und Vertriebswegen konzentriert.[7] Fridells Darstellung spiegelt in der Tat einen für die Ge-

---

6 *Nico Stehr*, Die Moralisierung der Märkte. Eine Gesellschaftstheorie, Frankfurt am Main 2007.
7 *Fridell*, Fair Trade Coffee, S. 22–51. Fridells Argumentation ist an vielen Stellen überzeugend, leidet aber unter dem Problem, dass der Autor seinem makroökonomischen Referenzrahmen des »embedded liberalism« und des »neoliberalism« keine klare analytische Konkretisierung verleiht.

schichte des »fairen Handels« wichtigen Grundsatzkonflikt wider. Seine These einer klar periodisierbaren Abfolge erscheint jedoch weniger überzeugend. Mit Blick auf die zeitgenössischen Diskussionen lässt sich vielmehr erkennen, dass die Frage nach dem Verhältnis zur konventionellen Marktwirtschaft zwischen den Protagonisten schon von Beginn an hoch umstritten war. Schon in einer der frühsten wissenschaftlichen Darstellungen des »fairen Handels« aus der Mitte der 1970er-Jahre unterschied beispielsweise der Autor Franz-Josef Stummann in diesem Sinne zwischen einem »integrierten« und einem »kritischen« Handlungsmodell, um vermeintlich getrennte Fraktionen innerhalb des ›Dritte-Welt‹-Handels zu unterscheiden.[8]

Im Folgenden soll weder Fridells chronologische noch Stummanns akteurszentrierte Gegenüberstellung reproduziert werden. Das zeitgenössische Quellenmaterial legt stattdessen nahe, die vermeintliche Dichotomie von »integrierten« und »kritischen« Handlungsmodellen nicht einzelnen Generationen oder Fraktionen zuzuordnen, sondern als einen dem gesamten Feld eingeschriebenen Grundsatzkonflikt zu verstehen. Der vorliegende Beitrag zielt in diesem Sinne darauf ab, die Geschichte des »fairen Handels« in eine Ambivalenz von Marktkritik und Marktintegration einzuordnen. Zu fragen ist hierbei einerseits, welche Rolle konsum- und kapitalismuskritische Diskurse spielten, zugleich aber auch, auf welche Weise sich inhärente Marktlogiken in den jeweiligen Entscheidungsstrategien widerspiegelten. Dabei geht es nicht zuletzt darum, nach den Praktiken, Wahrnehmungen und diskursiven Strategien zu fragen, mit denen sowohl die Integration als auch die Distanzsetzung zu konventionellen Konsumformen intern legitimiert und nach außen inszeniert wurden.

Um die Geschichte des »fairen Handels« auf diese Weise im Spannungsfeld von Markt, Ökonomie und Moral zu verorten, wird der erste Abschnitt (I.) zunächst die Entstehungsphase der »Aktion Dritte Welt Handel« (A3WH) in den Fokus rücken und nach der Rolle von Konsum- und Kapitalismuskritik in den frühen konzeptionellen Texten des Felds fragen. Der zweite Teil (II.) wird die Kontroversen um Konsumkritik und Marktintegration für die 1980er-Jahre in den Blick nehmen und sich dabei vor allem auf die internen Debatten der »Dritte-Welt-Läden« beziehen. Ein kurzer Ausblick (III.) wird schließlich auf die Einführung von Zertifizierungen und den hiermit verbundenen Eintritt in den konventionellen Konsummarkt in den frühen 1990er-Jahren verweisen und andeuten, welche Veränderungen hiermit für das Feld des »fairen Handels« verbunden waren.

I. KONSUMKRITIK IN DER GRÜNDUNGSPHASE DER »AKTION DRITTE WELT HANDEL«

Die »Aktion Dritte Welt Handel« war schon in ihrer Entstehung mit ambivalenten Bezugnahmen und Abgrenzungen verbunden. Drei Spannungslinien waren dabei von besonderer Bedeutung: Das gilt erstens für die Tatsache, dass die Aktionen auf der einen Seite als Kritik zeitgenössischer Handels- und Konsumpraktiken firmierten, zugleich aber mit einem durchaus offensiv artikulierten Marktoptimismus argumentierten, in dem individuelles Konsumhandeln als eine potenziell gesellschaftsverändernde Praxis interpretiert wurde. Hiermit verbunden war zweitens die Tatsache, dass sich das Modell gleich in zwei Richtungen abgrenzte: auf der einen Seite von den als ungerecht und zerstörerisch beschriebenen globalen Handelsbeziehungen, zu denen man eine »gerechte« Alternative etablieren wollte; zugleich aber auch gegenüber zeitgenössischen Praktiken des Spendenwesens, der Entwicklungshilfe und des karitativen Engagements, dem man das auf »Partnerschaft«

---

8 *Franz-Josef Stummann*, Aktion Dritte Welt. Eine Fallstudie zur entwicklungspolitischen Bewußtseinsbildung der Jugend, Frankfurt am Main 1976 (zusammenfassend auf S. 319–324).

beruhende Konzept eines »gleichberechtigten Handels« gegenüberstellte.[9] Drittens standen die Aktionen schließlich im Spannungsfeld unterschiedlicher Zielvorstellungen, in denen einige Protagonisten den Handel als echte Alternative zum bestehenden Wirtschaftssystem interpretierten, während die große Mehrzahl betonte, dass es allein um einen symbolischen »Modellcharakter« ginge, der eine größere Aufmerksamkeit für Fragen globaler ökonomischer Gerechtigkeit erzeugen sollte.

Diese Zielkonflikte lassen sich schon in der Gründungsphase der »Aktion Dritte Welt Handel« anhand zahlreicher Konzeptdebatten nachzeichnen. Die Initiative für das Aktionsmodell ging aus dem 1969 gegründeten ökumenischen »Entwicklungspädagogischen Arbeitskreis« hervor, in dem die katholischen und evangelischen Jugendverbände zusammenarbeiteten. Einer der beiden Vorsitzenden des Arbeitskreises war Ernst-Erwin Pioch, der im Juni 1970 eine »Problemskizze zur Gründung einer ›Aktionsgemeinschaft Dritte Welt-Handel‹« verfasste.[10] Ziel war es, die Dynamik vorangegangener Aktionen wie des kurz zuvor durchgeführten Friedensmarsches aufzugreifen und durch den Verkauf von Waren aus der ›Dritten Welt‹ einen konkreten Anknüpfungspunkt für eine entwicklungspolitische Bildungsarbeit zu schaffen. Piochs Text ist demnach das erste Konzeptpapier, das die Idee eines entwicklungspolitisch motivierten Verkaufs von Produkten aus der ›Dritten Welt‹ für die Bundesrepublik systematisch ausformulierte.

Interessant ist der Text darüber hinaus, weil Pioch schon zu diesem frühen Zeitpunkt eine Reihe jener Argumente und Konfliktlinien formulierte, die auch im folgenden Kontext der Institutionalisierung der Bewegung und bis weit in die 1980er-Jahre hinein von zentraler Bedeutung bleiben sollten. Das gilt nicht zuletzt für die ambivalente Bezugnahme auf globale Handelsbeziehungen, Marktlogiken und westliche Konsummuster. Auf der einen Seite argumentierte Pioch, dass man mit dem Aktionsmodell die Aufmerksamkeit von einer bloß karitativen Nothilfe lösen und auf das Phänomen »ungerechter Handelsstrukturen« lenken wolle. Hierauf rekurrierte das erste der drei von ihm benannten Aktionsziele: die »Bewusstseinsbildung in den Industrieländern«, die nicht zuletzt auch eine Kritik der westlichen Konsumgesellschaft beinhalten müsse. Zugleich formulierte Pioch jedoch auch Argumente, die auf die Integration lokaler Produzenten in eben diese Konsummärkte abzielten. »Kaufhäuser und der Versandhandel«, so Pioch, hätten gezeigt, »daß auf unseren Märkten durchaus Interesse für Handarbeiten aus Ländern der Dritten Welt vorhanden ist«. Es sei daher ein sinnvolles Ziel, Produktionsgenossenschaften in der »Dritten Welt« daran zu interessieren, »für Europa marktgerecht zu produzieren«. Die Aufgabe einer zu gründenden Handelsgesellschaft wäre es dann, diese Waren »hier marktgerecht [zu] verkaufen«.[11]

Bezeichnenderweise nahm Pioch sofort einige Einwände vorweg, die gegen einen solchen Ansatz vorgebracht werden könnten (und in den folgenden Jahren tatsächlich auch immer wieder vorgebracht wurden). Im Kern zielten diese Argumente auf die Frage, ob nicht auch diese Handelsinitiativen eine für die Länder gar nicht gewünschte ökonomische Entwicklung forcieren beziehungsweise die Abhängigkeit von den Industrieländern noch potenzieren würden. Pioch antwortet hierauf mit dem Verweis auf den bloßen Modellcharakter der Initiativen. Man wolle, so Pioch, nur symbolisch darstellen, »in welcher

---

9 Mit dieser Gegenüberstellung von »Hilfe« als einer asymmetrischen Beziehung, die eher Abhängigkeiten fördere als zur Eigeninitiative anrege, und »Handel«, der als gleichberechtigte Beziehung der gemeinsamen Zusammenarbeit und Partnerschaft imaginiert wurde, schloss die »Aktion Dritte Welt Handel« explizit an die Formel von »Trade not Aid« an, die vor allem auf der UNCTAD-Konferenz 1968 in Delhi popularisiert worden war.
10 *Ernst-Erwin Pioch*, Problemskizze zur Gründung einer ›Aktionsgemeinschaft Dritte Welt-Handel‹, 8.6.1970, Misereor Archiv Aachen, Bestand Fairer Handel 6 (im Folgenden: MAA, FH 6).
11 Ebd.

Weise Handelsbeziehungen zwischen Ländern der Dritten Welt und Industrienationen aufgebaut werden können, [...] die die Arbeit der Dritten Welt nicht ausbeuten«.[12] Der reale Umfang des Handels sei dabei so gering, dass die vorgebrachten Einwände nicht ins Gewicht fielen. In Bezug auf die zeitgenössischen Handelsvolumina war das zweifellos richtig. Eine überzeugende Argumentation stellte dies aber dennoch nicht dar. Zwar konnte man mit dem Verweis auf den bloßen Modellcharakter der Aktionen den Einwand potenziell kontraproduktiver Effekte relativieren. In diesem Fall war es aber auch nicht mehr plausibel, für die Initiative mit dem Verweis auf eine Ausweitung ökonomischer Chancen für lokale Produzenten zu werben. Hierin zeigte sich ein generelles Dilemma des entstehenden alternativen ›Dritte-Welt‹-Handels: Entweder interpretierte man die eigenen Aktionen als bloßes Modell und setzte sich der Kritik aus, die Interessen der lokalen Produzenten nicht genügend zu berücksichtigen oder gar für die eigenen Ziele zu instrumentalisieren, oder man reklamierte das Ziel direkter ökonomischer Veränderungen, musste sich dann aber auch den Folgen stellen, die mit einer Marktintegration der Handelspartner einhergingen.

Neben Piochs »Problemskizze« war es vor allem der von dem A3WH-Mitarbeiter Gerd Nickoleit verfasste Text »Entwicklung der Unterentwicklung«, der zu einem der wichtigsten Referenztexte avancierte, auf den man sich in den internen Debatten der folgenden Jahre immer wieder berief.[13] Nickoleit war von der A3WH mit der Ausarbeitung des Konzeptpapiers beauftragt worden, sodass der Text den Status einer institutionell autorisierten Bestandsaufnahme der konzeptionellen Überlegungen der A3WH besaß. Bezeichnenderweise spielte auch hier die Ambivalenz von Marktkritik und Marktintegration eine zentrale Rolle. Zwar waren Nickoleits Überlegungen konzeptionell breiter verortet und rekurrierten auf zeitgenössische Diskurse der Dependenztheorie und der Kritik an dem modernisierungstheoretischen Optimismus der Entwicklungshilfe.[14] In der Beschreibung der konkreten Ziele des Handelsmodells verwies er jedoch in analoger Weise auf den Doppelcharakter von symbolischer Kritik an kapitalistischen Handelsbeziehungen und der Integration lokaler Produzenten in – gerechter gestaltete – globale Handelsnetze. Die »Aktion Dritte Welt Handel«, so Nickoleit, nehme nicht für sich in Anspruch, »das auf der Grundlage des Kapitalismus errichtete Welthandelssystem durch ein neues und besseres zu ersetzen«. Wohl aber würde eine derartige Aktion, die nicht auf Profitmaximierung aus sei, »den Kapitalismus notwendigerweise in Frage [stellen]«. Die Aktionen seien zwar nur als Modell zu verstehen, über den »Effekt der Bewußtseinsbildung« könnten sie jedoch »Kräfte auslösen, die um vieles größer und wirksamer sind als das Modell selbst«.[15]

Dieses Argument war alles andere als neu. Originell war jedoch, wie Nickoleit dieses Ziel der Bewusstseinsbildung innerhalb der westlichen Konsumgesellschaft verortete. Bewusstseinsbildung, so Nickoleit, müsse die weithin bekannten Fakten globaler Ungerechtigkeit auf die eigene Lebenssituation zurückbeziehen. »Elendsstatistiken« allein würden kein Handeln mehr stimulieren, stattdessen müsse man dort ansetzen, »wo unsere Konsumgewohnheiten, unsere Wirtschaftsinteressen, unsere politischen Lieblingsideen darauf abgeklopft werden, inwieweit sie entwicklungsfeindlich sind«.[16] Eine solche »Bewußtmachung unangenehmer Zusammenhänge« stoße jedoch regelmäßig auf Widerstand. Ge-

---

12 Ebd.
13 *Gerd Nickoleit*, Entwicklung der Unterentwicklung. Eine Analyse im Auftrag der Aktion Dritte Welt Handel. Der Text ist enthalten im Bestand MAA, FH 2.
14 Der Text nahm in seinem Titel nicht zufällig Bezug auf einen der klassischen Beiträge der zeitgenössischen Dependenztheorie. Vgl. *Andre Gunder Frank*, The Development of Underdevelopment, in: Monthly Review 18, 1966, Nr. 4, S. 17–31.
15 *Nickoleit*, Entwicklung der Unterentwicklung, S. 16f.
16 Ebd., S. 17.

rade deshalb, so Nickoleit, stelle das Mittel des Konsums einen so vielversprechenden Ansatz dar: »Um den mitteleuropäischen Konsumbürger an diese unangenehme Wahrheit heranzuführen, benötigen wir einen ›Abholeffekt‹. Wir benutzen das Konsumbedürfnis […] als Anknüpfungspunkt.«[17] Kunstgewerbliche Waren seien unmittelbar interessant und würden ein erstes Interesse erzeugen, an das man anschließen könne. Dem Gesprächspartner würden Informationen nicht aufgedrängt, sondern von ihm selbst eingefordert. Die Massenkonsumgesellschaft erhielt bei Nickoleit auf diese Weise eine doppelte Dimension: Sie war sowohl Teil der globalen ökonomischen Ungleichheit und insofern Ziel der Kritik. Über ein vermeintlich natürliches »Konsumbedürfnis« wurde sie aber zugleich zu einem Mittel, um einen Reflexionsprozess über eben diese Zusammenhänge zu initiieren.

Auch andere Autoren versuchten in diesem Zeitabschnitt, die divergierenden Ziele der »Aktion Dritte Welt Handel« zueinander in Verbindung zu setzen.[18] Dennoch blieb die Gegenüberstellung einer modellhaften Kapitalismuskritik und der Forderung nach Marktintegration als einzigem Weg, eine Alternative zu existierenden Handelsformen zu etablieren, als Grundkonflikt virulent. Das zeigte sich exemplarisch, als im Dezember 1972 der Leiter des Weltladens in Telgte nahe Münster einen Brief an führende Akteure der »Aktion Dritte Welt Handel« schrieb, in dem er deren Handelskonzept scharf kritisierte und ein eigenes Modell der marktkonformen Professionalisierung skizzierte, das er unter dem Namen »Hilfe durch Handel« zur Diskussion stellte. Die »Aktion Dritte Welt Handel«, so der Verfasser Eduard Walterscheid, hätte bislang »mit großem Einsatz […] kunstgewerbliche, folkloristische Artikel für Liebhaber«[19] verkauft. Dies sei jedoch nur ein »winziger Tropfen auf einen sehr heißen Stein«. Um echten Einfluss zu gewinnen, müsse man sich von dem Konzept der bloßen Information und Aufklärung lösen und »eine klare Alternative zum üblichen Geschäftsgebaren« setzen. Andernfalls würden »andere, die schon heute unter dem Namen Dritte-Welt Handel in Läden und Boutiquen die Bereitschaft der Bevölkerung, Entwicklungshilfe zu leisten, zur Ausbeutung nutzen, das Rennen machen, und wir werden dann nichts anderes als billige Reklameträger gewesen sein«.[20]

Walterscheids Kritik und insbesondere seine hieran anschließenden, wenig praktikablen Reformvorschläge wurden von der Leitungsebene der »Aktion Dritte Welt Handel« jedoch sehr schnell und äußerst dezidiert zurückgewiesen. Zunächst hatte man vonseiten der A3WH Kontakt zu Walterscheid hergestellt und in einem persönlichen Gespräch nach einer Verständigung gesucht, was jedoch gescheitert war. In einem Brief, den der A3WH-Mitarbeiter Wolfram Walbach im Anschluss daran an alle Weltläden versandte, stellte er in klarer Abgrenzung zu den Thesen Walterscheids ein weiteres Mal fest, man müsse sich »von dem Gedanken freimachen, daß das Modell Aktion Dritte Welt Handel oder Hilfe-durch-Handel die weltwirtschaftliche Lage merklich verbessern helfen kann«. Die Konsequenz hieraus sei, dass das Hauptaugenmerk nicht auf der Entwicklung des Handels mit der ›Dritten Welt‹ zu liegen habe, sondern auf der »Veränderung unseres Handelsbewußtseins gegenüber diesen wirtschaftlich weniger entwickelten Ländern«.[21]

Diese deutliche Zurückweisung der Thesen Walterscheids sollte jedoch nicht darüber hinwegtäuschen, dass die Frage nach dem Verhältnis der eigenen Aktionsformen zur kon-

---

17 Ebd.
18 Vgl. zum Beispiel als weiteren wichtigen Text, der innerhalb des Felds häufig aufgegriffen, zitiert und wiederabgedruckt wurde: *Harry Neyer*, Vom Bastkorb zum Guatemala-Kaffee. Trends, Tendenzen und offene Fragen bei der Aktion Dritte Welt Handel, in: E+Z Entwicklung und Zusammenarbeit 14, 1973, H. 4, S. 19–21.
19 *Eduard Walterscheid*, Die Entwicklung der Entwicklungshilfe, 28.12.1972, MAA, FH 3.
20 Ebd.
21 *Wolfram Walbach*, Dritte Welt Handel-GmbH und »Hilfe durch Handel«, [o.D.], MAA, FH 3 (Hervorhebung im Original).

ventionellen Markt- und Konsumgesellschaft und die Bedeutung ökonomischer Eigenlogiken auch in der sich institutionalisierenden »Aktion Dritte Welt Handel« weiterhin ein zentrales Konfliktfeld bildeten. Hierbei ging es in der Folge nicht allein um die Kontroverse zwischen »Handel« und »Bewusstseinsbildung« als primäre Ziele des Aktionsmodells, sondern um vielfältig verschränkte Konfliktlinien, die beispielsweise auf Prozesse der Professionalisierung und Zentralisierung verwiesen, Argumente ökonomischer Rationalität formulierten oder Forderungen nach basisdemokratischer Partizipation erhoben. Konsum- und kapitalismuskritische Motive spielten dabei vor allem ab den 1980er-Jahren eine entscheidende Rolle in der Legitimation und Selbstdarstellung des »fairen Handels« als eines alternativen Handelsmodells.

II. Kontroversen um Konsumkritik und Marktintegration in den 1980er-Jahren

Die ambivalente Bezugnahme auf die zeitgenössische Markt- und Konsumgesellschaft blieb somit auch in der Folge ein Leitmotiv des alternativen ›Dritte-Welt‹-Handels. Der folgende Abschnitt wird dies für die 1980er-Jahre anhand der internen Debatten der sogenannten Dritte-Welt-Läden nachverfolgen, die in der zweiten Hälfte der 1970er-Jahre zum wichtigsten Verkaufsort der durch die GEPA, die »Gesellschaft zur Förderung der Partnerschaft mit der Dritten Welt mbH«, und andere Institutionen importierten Produkte wurden.

Nachdem der Handel in den ersten Jahren allein über zeitlich begrenzte Aktionen wie Basare und Verkaufsstände organisiert worden war, für die sich Kirchen- und Jugendgruppen jeweils über die A3WH mit Waren und Informationsmaterial versorgen mussten, entstanden 1973 die ersten Weltläden als institutionalisierte Verkaufsorte. Die zweite Hälfte der 1970er-Jahre kann für die Bundesrepublik dabei als Phase des Durchbruchs dieses Ladenkonzepts angesehen werden. Während die »Arbeitsgemeinschaft Dritte Welt Läden« (AG3WL) als Dachorganisation der Weltläden 1975 mit sieben Mitgliedern startete, stieg die Mitgliederzahl bis 1981 auf 43 Mitglieder an – wobei immer nur ein Teil der Weltläden Mitglied des Dachverbands war und man daher von einer weit größeren Zahl an existierenden Läden ausgehen kann.[22] Aus der Mitgliederliste für das Jahr 1981 lässt sich darüber hinaus nachvollziehen, dass sich das Konzept der Weltläden zu Beginn der 1980er-Jahre über die gesamte Bundesrepublik verbreitet hatte: Viele Läden befanden sich selbstverständlich in den großen Metropolen und wenig überraschend ist auch die starke Präsenz in klassischen Universitätsstädten wie Heidelberg, Tübingen, Marburg oder Göttingen; jedoch fanden sich auch in zahlreichen kleinen Städten und Ortschaften eigenständige Ladengruppen wie zum Beispiel in Kronach, Metzingen, Sulzbach oder Schramberg. Auch regional lässt sich zu diesem Zeitpunkt – im Gegensatz zur Entstehungsphase der 1970er-Jahre, in der eine Mehrzahl der Läden im Raum Nordrhein-Westfalen, Hessen und Niedersachsen entstanden – kein spezifischer Schwerpunkt mehr erkennen.[23]

---

22 Zeitgenössische Schätzungen gehen für das Jahr 1981 von etwa 200 existierenden Weltläden aus. Vgl. hierfür den Hinweis im Kontext der Mitgliederbefragung des Jahres 1981, Archiv der AG3WL, AG3WL-Rundbrief, Nr. 1, Oktober 1981, Anhang, S. 1–4.
23 Eine kontinuierlich geführte Mitgliederkartei existiert für die »Arbeitsgemeinschaft Dritte Welt Läden« nicht. Die Gründungsmitglieder lassen sich über das Gründungsprotokoll des Verbands nachvollziehen: Protokoll über die Gründung der Arbeitsgemeinschaft Dritte Welt Läden e.V. am 26. April 1975 in Frankfurt am Main, Archiv der AG3WL, ungeordnete Dokumente; die Zahlen und Ortsangaben für das Jahr 1981 stammen aus einer Adressliste für den Rundbrief der AG3WL, abgedruckt auf dem Rücken des AG3WL-Rundbriefs, Nr. 2, November/Dezember 1981.

Im Folgenden sollen die erhaltenen Archivdokumente der AG3WL als Quellengrundlage für die internen Diskussionen der Weltläden in den 1980er-Jahren aufgegriffen werden. Die AG3WL war 1975 zunächst zu dem Zweck gegründet worden, als Mitgesellschafter in die neu gegründete Importorganisation GEPA einzutreten und den Weltläden dort ein Mitspracherecht zu gewährleisten. In der Folge entwickelte sie sich jedoch darüber hinaus zu einem wichtigen Ort des Austauschs und der Vernetzung, an dem Kontroversen über die Ziele des ›Dritte-Welt‹-Handels besonders intensiv diskutiert wurden. Hierfür ist vor allem der interne Rundbrief von Interesse, der wechselnd von verschiedenen Ladengruppen zusammengestellt wurde. In diesen Rundbriefen wurde über Grundsatzfragen debattiert, aber auch ein sehr konkreter Austausch über subjektive Erfahrungen oder spezifische Verkaufspraktiken und Aktionsformen betrieben – beispielsweise in regelmäßig veröffentlichten »Selbstdarstellungen« einzelner Ladengruppen.

Auch hier kreisten viele der Debatten um die Positionierung gegenüber der konventionellen Marktwirtschaft. Die hiermit verbundenen Kontroversen waren dabei sehr viel prinzipieller als der in der Forschung immer wieder betonte Konflikt zwischen »Handel« und »Bewusstseinsbildung«.[24] Innerhalb der Weltläden, die in den 1980er-Jahren eine partielle Verschiebung des Akteurzusammenhangs von konfessionellen Gruppen zu Protagonisten des »alternativen Milieus« erfuhren, dominierte dabei eine Sichtweise, die mit großer Skepsis und zum Teil reflexhafter Ablehnung auf alle Formen einer Integration in konventionelle Handelsstrukturen beziehungsweise einer Ausrichtung an marktwirtschaftlichen Kriterien und Praktiken reagierte. Hiermit gerieten die Läden im Verlauf der 1980er-Jahre immer stärker in Konflikt zu Bestrebungen der GEPA und insbesondere den als Gesellschafter in der GEPA vertretenen Institutionen »Brot für die Welt« und »Misereor«. Während viele Ladengruppen weiterhin betonten, dass der Sinn der eigenen Initiativen allein in der symbolischen Kritik globaler Handelsstrukturen liege, verwiesen letztere darauf, dass es darauf ankomme, realistische Alternativen aufzeigen, wie globaler Handel gerechter gestaltet werden könne, und bezogen sich dabei auf eine moralische Verantwortung gegenüber den Handelspartnern in der ›Dritten Welt‹, deren Produkte man nicht als bloße »Hilfsmittel« für die eigene politische Arbeit missbrauchen dürfe.

Die ablehnende Haltung, die viele Ladengruppen gegenüber solchen Plänen der forcierten Marktintegration formulierten, wurde vor allem unter der Frage verhandelt, inwiefern der ›Dritte-Welt‹-Handel wirklich ein »alternatives« Handelsmodell darstellte. Auf einer Mitgliederversammlung im Jahr 1982, zu der die Mitarbeiterinnen und Mitarbeiter aller in der AG3WL organisierten Ladengruppen eingeladen waren, wurde hierzu eigens eine Arbeitsgruppe einberufen, die sich des Themas unter dem Titel »Alternativbewegung und Dritte-Welt-Läden« annahm. In den von der Gruppe formulierten Thesen lässt sich eine

---

24 Am deutlichsten hat Markus Rasche den Gegensatz von »Handel« und »Bewusstseinsbildung« zum Leitmotiv seiner Darstellung gemacht, vgl. *Markus Raschke*, Fairer Handel. Engagement für eine gerechte Weltwirtschaft, Ostfildern 2009. In der Tat spielt diese Gegenüberstellung auch in den zeitgenössischen Quellen eine wichtige Rolle. Sie besaß aber deutlich weniger Sprengkraft als die Frage einer marktwirtschaftlichen Integration. Handel und Bewusstseinsbildung verwiesen zwar auf eine von verschiedenen Akteuren unterschiedlich bewertete Prioritätssetzung; dennoch ließ sich letztlich durchaus konsensual argumentieren, dass beide Ziele voneinander abhängig waren und die Herausforderung gerade darin bestehe, beides produktiv zu vereinen. So argumentierte schon Werner Rostan in einem Grundsatzpapier aus dem Jahr 1977, dass das »innere Spannungsverhältnis« zwischen Handel und Bewusstseinsbildung zwar Anlass zu »ständigen Konflikten und Auseinandersetzungen« gebe, zugleich aber dafür sorge, »daß die Bewegung nicht erstarrt [...], sondern als Bewegung fortbesteht und sich ständig erneuert«. Aufgabe sei es daher, diese Spannung aufrechtzuerhalten und sich gleichberechtigt für die Umsetzung beider Ziele einzusetzen. Vgl. Werner Rostan, Grundsatzbericht bei der Mitgliederversammlung am 23. September 1977, Archiv der AG3WL, ungeordnete Dokumente.

recht pessimistische Wahrnehmung erkennen, die immer wieder auf die Dominanz ökonomischer Zwänge rekurrierte, durch die die eigene Arbeit geprägt sei. So stellten die Autoren in Bezug auf mögliche Umsatzsteigerungen apodiktisch fest: »Steigender Umsatz schafft Abhängigkeit und ›Sachzwänge‹ [...] und behindert weitgehend die Informationsarbeit«[25], während als Gegenthese nur der indirekte Nutzen anerkannt wurde, dass mit den so generierten Gewinnen andere »alternative Projekte« finanziell unterstützt werden könnten. Generell interpretierten die Autoren den ›Dritte-Welt‹-Handel gerade nicht als Alternative zu konventionellen Handelspraktiken, sondern betonten die strukturellen Analogien zur kapitalistischen Ökonomie: »Angesichts der heutigen Praktiken in den Dritte-Welt-Läden (Verkauf, Warenpalette, Umsatzstreben)«, so die Autoren, »scheint der Ausdruck ›alternativer Handel‹ fragwürdig.«[26]

Die Autoren kritisierten jedoch nicht nur konkrete Praktiken der Ladenorganisation, sondern stellten auch prinzipiell die Möglichkeit eines »alternativen« Handels mit der ›Dritten Welt‹ infrage: »Handel mit der Dritten Welt beruht immer auf Ausbeutung: wenn dem nicht so wäre, könnten die Waren gar nicht abgesetzt werden – sie wären schlicht zu teuer.«[27] Auch die Frage nach der politischen Bewusstseinsbildung betrachteten die Autoren mit Skepsis. Gerade an dem Ziel, »über Warenverkauf Bewußtseinsarbeit zu leisten«, sei die Bewegung »gescheitert«. Zum Teil habe der Verkauf – insbesondere wenn er zum »Massenverkauf« würde – sogar gegenteilige Effekte: »Ein Massenverkauf erzeugt den Eindruck, es werde ›viel‹ für die Dritte Welt getan, wirkt also bewußtseinsfälschend.«[28] Fluchtpunkt der Diskussion war dabei immer wieder die als zerstörerisch empfundene Wirkung ökonomischer Eigenlogiken: So wurde zwar durchaus konzediert, dass der ›Dritte-Welt‹-Handel zumindest symbolisch »Modelle für einen weniger ungerechten Welthandel aufzeigen« könne; problematisch sei jedoch die fortgesetzte Abhängigkeit von etablierten Markt- und Handelsstrukturen. Sowohl die Weltläden als auch die Importorganisationen seien in ihrer Existenz von Umsatz und Gewinn aus dem ›Dritte-Welt‹-Handel abhängig. Auf diese Weise, so die Autoren, lebten »sie von etwas, das sie eigentlich überflüssig machen wollen«.[29]

Zwei weitere Konzeptpapiere setzten diese Diskussion kurz darauf fort. Auch der Text »Alternativer Handel?« betonte, dass das Konzept »Hilfe durch Handel« an seine wirtschaftlichen und politischen Grenzen gestoßen sei. Immer deutlicher werde in der praktischen Arbeit, »daß wir bei unserem Handeln eingebunden sind in ein System, das von der Konkurrenz hier und der Ausbeutung dort lebt«.[30] In diesem Kontext würden politische Überlegungen häufig von »wirtschaftlich-geschäftlichen Sachzwängen erdrückt«: Im Zweifelsfall ginge es nicht um politische Aussagekraft, sondern um die »Sicherung zwingender wirtschaftlicher Interessen«. Die »›alternativen‹ Sachzwänge« schlügen zu.[31] Zwar formulierten die Autoren auch Argumente für eine Fortsetzung des Aktionsmodells, forderten aber ebenfalls, dass jegliche finanzielle Abhängigkeit vom Handel vermieden werden müsse und die Waren ausschließlich als »Informationsträger« verkauft würden. Beinahe wortgleich konnte man diese Position in einem weiteren Diskussionsbeitrag wiederfinden, der in der folgenden Ausgabe der »Rundbriefe« erschien. Auch hier wurde konstatiert, dass in der aktuellen Form des ›Dritte-Welt‹-Handels sowohl die Läden als auch die

---

25 »Thesen der Arbeitsgruppe ›Alternativbewegung und Dritte-Welt-Läden‹«, Archiv der AG3WL, AG3WL-Rundbrief, Nr. 6, November/Dezember 1982, S. 12–14.
26 Ebd., S. 12.
27 Ebd.
28 Ebd.
29 Ebd., S. 13.
30 »Alternativer Handel?«, Archiv der AG3WL, AG3WL-Rundbrief, Nr. 12, März 1984, S. 12–14.
31 Ebd.

Projektpartner in einem »System der Ausbeutung« gefangen blieben. Als Konsequenz forderten die Autoren: »Wir können keinen alternativen, gerechten Handel treiben, ohne gleichzeitig das Weltwirtschaftssystem anzugreifen [...]. Alternativer Handel kann also nur zeichenhafte Bedeutung haben, er ist keine reale Alternative.«[32]

Im Kontext solch apodiktischer Gegenüberstellungen wurde klassischen marktwirtschaftlichen Kategorien wie Umsatzsteigerung, Gewinn oder Marktexpansion sowie Praktiken moderner Konsumgesellschaften wie Werbung und Produktgestaltung häufig mit einer beinahe reflexhaften Ablehnung begegnet. Allerdings gab es innerhalb der Ladengruppen durchaus auch divergierende Stimmen. So löste schon das zu Beginn zitierte Konzeptpapier eine rege Diskussion unter den einzelnen Ladengruppen aus, die in der nächsten Ausgabe auf 16 Seiten mit Briefen und Stellungnahmen von insgesamt 14 Läden dokumentiert wurde. Hierin fanden sich zwar eine Reihe zustimmender Antworten. Zugleich gab es jedoch auch Stimmen, die auf einen praktischen und auf konkretes Handeln bezogenen Ansatz der eigenen Arbeit verwiesen und eine pragmatische Zieldefinition jenseits utopisch-revolutionärer Zukunftshorizonte einforderten. So stellte beispielsweise eine Ladengruppe aus Siegen im Fazit ihrer Antwort fest: »Wir sind der Überzeugung, daß das ursprüngliche Selbstverständnis der Arbeitsgemeinschaft [...] auch heute noch Gültigkeit haben sollte. Haben wir doch den Mut, hartnäckig kleine Brötchen zu backen. Utopien alleine helfen sicherlich nicht.«[33]

Zur Bestimmung des Verhältnisses des ›Dritte-Welt‹-Handels zu Markt, Ökonomie und Kapitalismus stellen die konzeptionellen Debatten daher nur eine Seite dar. Während in den theoretischen Diskussionen die konsum- und kapitalismuskritischen Traditionslinien der Gründungsphase eine recht ungebrochene Fortsetzung fanden, stellte sich in der Folge vor allem die Frage, wie diese Kritik in konkrete Praktiken des Ladenalltags übersetzt werden sollte. Der proklamierte »alternative« Charakter des ›Dritte-Welt‹-Handels erhielt in diesem Kontext eine doppelte Dimension. Auf der einen Seite ging es weiterhin um die Frage, in welcher Weise die eigenen Handelsstrukturen ein Gegenmodell zur kapitalistischen Marktlogik bilden konnten, etwa indem man sich von Dynamiken der Gewinnsteigerung, der Preiskonkurrenz oder der Marktexpansion distanzierte. Auf der anderen Seite verwies die Vorstellung eines »alternativen Konsums« aber zugleich auf die Tatsache, dass sich die Weltläden mittlerweile mit spezifischen Erwartungshaltungen einer Gruppe von »alternativen Konsumenten« konfrontiert sahen, denen sie in der Inszenierung des eigenen Angebots Rechnung tragen mussten. Spezifische Marker der Konsumkritik wurden so zu einem zentralen Bestandteil dessen, was sich in den 1980er-Jahren als ein eigenständiges Segment des »konsumkritischen Konsums« etablierte. Unter der Hand folgte der »faire Handel« damit durchaus gängigen marktwirtschaftlichen Logiken einer zielgruppenorientierten Inszenierung des Konsumangebots, Praktiken der Konsumentenbindung sowie der symbolischen Aufladung der eigenen Produkte. In internen Debatten mochten solche Dynamiken als »Alternativkommerz« diskreditiert werden. Analytisch ist es jedoch gerade von Interesse, nach den konkreten Strategien zu fragen, mit denen die einzelnen Läden versuchten, mit diesem Spannungsverhältnis glaubwürdig umzugehen.

Die frühen 1980er-Jahre bilden dabei eine besonders interessante Phase, um dieses Spannungsverhältnis in den Blick zu nehmen. In diesem Zeitraum befanden sich die Weltläden mitten in einem Prozess, in dem sie sich von früheren, eher improvisierten Aktionsformen lösten und sich der Herausforderung einer Professionalisierung und institutionellen Konsolidierung stellen mussten. Zugleich hatte sich in diesem Zeitraum ein spezifisches Kundenprofil gebildet, das eigene Konsumerwartungen an die jeweiligen Läden herantrug. Es ist daher sinnvoll, zunächst in einem kurzen Exkurs einen Blick auf die Struk-

---

32 »Alter-na(t)iver Handel«, Archiv der AG3WL, AG3WL-Rundbrief, Nr. 13, Juni 1984, S. 25–29.
33 Ebd.

Gegen die »Plastikwelt der Supermärkte«

tur der Weltläden in den 1980er-Jahren zu werfen sowie einige wenige Andeutungen zum Profil der Konsumenten zu machen, welche die Weltläden in dieser Phase besuchten.

Beides kann nur tentativ erfolgen. Die einzelnen Weltläden operierten unter sehr unterschiedlichen Bedingungen – sowohl was die Läden selbst angeht als auch in Bezug auf das städtische Umfeld und soziale Milieu, in das sie eingebunden waren. Insofern ist es kaum möglich und auch wenig weiterführend, generalisierende Aussagen über die jeweiligen Ladenstrukturen zu treffen. Als Quellen, mit denen sich bestimmte Strukturmerkmale zumindest annäherungsweise beschreiben lassen, stehen vor allem die von den Institutionen selbst durchgeführten Befragungen und Analysen zur Verfügung.

So führte die AG3WL im Sommer 1981 eine Befragung unter ihren Mitgliedern durch, um genauere Informationen über die Läden, deren Umsatz und die jeweiligen Ladengruppen zu erhalten. Die Ergebnisse beruhen auf den Antworten jener 23 Läden, die auf die an alle 37 Mitglieder gerichtete Anfrage reagiert hatten. Hiernach lagen knapp die Hälfte der Läden in Großstädten und fast alle in der direkten Innenstadt oder zumindest am Rand der Innenstadt.[34] Die durchschnittliche Verkaufsfläche lag bei 32 m², wobei die Läden jedoch eine große Spannweite zwischen 9 m² und 80 m² aufwiesen. Fast alle Läden waren täglich von Montag bis Samstag geöffnet. Im Umsatz dagegen taten sich sehr deutliche Unterschiede auf: Wie die Autoren in der Zusammenfassung der Ergebnisse vermerkten, würden sich die Läden beinahe ausnahmslos in »Umsatzriesen« mit über 100.000 DM Umsatz und »Umsatzzwerge« mit weniger als 50.000 DM Umsatz aufteilen. Im Durchschnitt setzten die Läden knapp unter 100.000 DM an Waren jährlich um. Bemerkenswert waren darüber hinaus die Ergebnisse in Bezug auf die Ladengruppen. Im Durchschnitt bestanden die Ladengruppen aus über 40 Mitgliedern, wobei jedoch die Zahl derjenigen, die sich aktiv an der Ladenarbeit beteiligten, sehr viel geringer war und bei den meisten Läden zwischen 11 und 20 Personen lag. Für die Zusammensetzung der Gruppen ließen sich aus der Befragung nur wenig verallgemeinerbare Aussagen treffen. In der Auswertung verwiesen die Autoren jedoch auf zwei unterschiedliche Typen von Ladengruppen, von denen sich die eine durch eine relativ homogene Alters- und Sozialstruktur auszeichnete und vor allem durch Studenten, Schüler, Azubis und einige Lehrer und Angestellte geprägt war, sowie eine eher heterogene Ladengruppe, in denen weniger Studenten beteiligt waren und stattdessen vor allem Schüler, »Hausfrauen« und Angestellte.

Erscheint schon die strukturelle Einordnung der einzelnen Weltläden als schwierig, so gilt dies in noch stärkerem Maße für die Frage nach den Konsumenten, die in diesen Läden einkauften. Auch hier ist der einzig plausible Weg der Rückgriff auf jene Untersuchungen und Befragungen, die schon zeitgenössisch mit der Motivation durchgeführt wurden, ein besseres Profil der eigenen Kunden zu erhalten. Für den Zeitraum der frühen 1980er-Jahre sind hierbei die Kundenbefragungen von Martin Kunz besonders aussagekräftig, die dieser 1983 und 1984 im Kontext seiner Dissertation in den Weltläden in Leonberg und Ludwigsburg durchführte.[35] Zwar muss offenbleiben, inwiefern die an diesen beiden Läden gewonnenen Erkenntnisse auf Verkaufsorte in Großstädten wie Berlin oder Hamburg oder in Universitätsstädten wie Göttingen oder Heidelberg übertragbar sind. In Umfang und Detailliertheit ist die Befragung für den Untersuchungszeitraum jedoch singulär.

Unter Berücksichtigung dieser Einschränkung in Bezug auf eine Repräsentativität der Ergebnisse konturieren die von Kunz durchgeführten Befragungen ein relativ aussagekräftiges Kundenprofil. Nach seinen Ergebnissen waren circa zwei Drittel der Befragten

---

34 Vgl. für die folgenden Zahlen: Archiv der AG3WL, AG3WL-Rundbrief, Nr. 1, Oktober 1981 (als Anhang zum regulären Rundbrief: S. 1–4).

35 *Martin Kunz*, Dritte Welt-Läden. Einordnung und Überprüfung eines entwicklungspolitischen Bildungsmodells anhand der Fallbeispiele Leonberger und Ludwigsburger Ladeninitiativen, Darmstadt 1987.

weiblich. In beiden Läden waren darüber hinaus mehr als 90% der Ladenbesucherinnen und -besucher unter 45 Jahre alt. Dennoch lässt sich die Besuchergruppe nicht als eine klar definierte generationelle Gruppe interpretieren. In Ludwigsburg war beispielsweise knapp ein Drittel der Besucher unter 18 Jahre alt, während in Leonberg in zwei Befragungen 33% beziehungsweise 52% über 35 Jahre alt waren.[36] Diese relativ breite generationelle Streuung erscheint auf den ersten Blick überraschend, ist aber womöglich auch auf den spezifischen kleinstädtischen Kontext der beiden Läden zurückzuführen. Gerade hier wäre eine Befragung zum Beispiel in einer klassischen Universitätsstadt mit Sicherheit zu anderen Ergebnissen gekommen. Interessant ist darüber hinaus die Beobachtung, dass in beiden Beispielen circa 50% der Befragten angaben, durch Freunde oder Bekannte auf den Laden aufmerksam geworden zu sein – dies lässt sich als Indiz für eine relativ enge soziale und milieubestimmte Bindung lesen, durch die beide Läden in großem Maße getragen wurden. Hierzu passt auch, dass eine große Zahl von Kundinnen und Kunden angab, selbst in unterschiedlichen Bereichen ehrenamtlich engagiert zu sein (in Ludwigsburg 33%, in Leonberg 50%).[37]

Besonders interessant an den Befragungen war jener Teil, der auf die Wahrnehmung der Läden durch die Konsumentinnen und Konsumenten verwies. Hier lässt sich erkennen, dass in den Antworten der Befragten Einschätzungen dominierten, die dem Anspruch und Selbstbild der Läden deutlich entgegenliefen. So klassifizierte knapp ein Drittel der Besucherinnen und Besucher die Läden als »Boutiquen« oder »Einkaufsläden«, also als klassische Konsumorte, als welche die Läden gerade nicht erscheinen wollten. Ein weiteres Drittel bezeichnete die Läden dagegen als »Hilfswerke«, was ebenfalls die intendierte Dimension konterkarierte, nach der man gerade nicht als Ort karitativer Hilfe wahrgenommen werden wollte. Nur etwa ein Drittel wählte die Bezeichnungen »Treffpunkt«, »Bildungsort« oder »politischer Laden« und folgte damit der Selbstwahrnehmung der Weltladengruppen.[38]

Die geringe Bedeutung, welche die Besucherinnen und Besucher anscheinend der Bildungs- und Informationsarbeit der Weltläden beimaßen, spiegelte sich zum Teil auch in den konkreten Besuchserfahrungen wider. So gaben über die Hälfte der Befragten an, nie einen Wareninformationszettel erhalten zu haben und die überwiegende Mehrheit stellte auch fest, dass sie nie ein Kundengespräch geführt (83% in Ludwigburg, 67% in Leonberg) und dies in der Mehrheit auch nicht von dem eigenen Besuch erwartet hätten (61% in Ludwigsburg, 60% in Leonberg). In gewissem Gegensatz hierzu stand jedoch, dass eine große Mehrzahl der Besucherinnen und Besucher – 80% der Befragten in Ludwigsburg und 76% in Leonberg – angab, durch die Besuche im Weltladen Anstöße zu einer »Veränderung von Lebensgewohnheiten« erhalten zu haben, was sie auch an konkreten Beispielen wie der Teilnahme an Boykottaktionen, einem gesteigerten »Verpackungsbewusstsein« oder der Praxis des »Altpapiersammelns« spezifizierten.[39]

Die Antworten der Kundenbefragungen legen nahe, dass es für die Weltläden durchaus schwierig war, den eigenen Laden als politisch-edukatives Projekt zu etablieren und auf diese Weise von »konventionellen« Konsumorten abzugrenzen. Dennoch lassen sich anhand der konkreten Praktiken des Ladenalltags Strategien nachvollziehen, mit denen die Läden versuchten, die Spannung zwischen Konsumort und politischem Treffpunkt aufzulösen oder zumindest abzumildern. Dies soll im Folgenden kurz an drei neuralgischen Punkten exemplifiziert werden, die jeweils auf das Bestreben verweisen, das eigene Handeln als »politisches Handeln« von konventionellen Verkaufspraktiken abzugrenzen:

---

36 Ebd., S. 272f.
37 Ebd., S. 275.
38 Ebd., S. 287.
39 Ebd., S. 294–299.

erstens in der Selbstinterpretation der Akteure, die sich explizit nicht als »Verkäufer« beschrieben, *zweitens* in Bezug auf den Weltladen als sozialen Ort, der nicht als Konsumort inszeniert werden sollte, und *drittens* in Bezug auf die verkauften Produkte, die nicht als Objekte des Konsums erscheinen sollten.

Schon die Selbstbeschreibung der Akteure verweist auf eine solche Abgrenzungsstrategie. In den internen Diskussionen lässt sich immer wieder erkennen, dass das eigene Engagement explizit nicht mit dem eigentlich naheliegenden Bild einer Tätigkeit als Verkaufskraft in Verbindung gebracht werden sollte, sondern als Praxis des politischen Aktivismus und der Solidarität inszeniert wurde. Ein Thema, an dem diese Gegenüberstellung exemplarisch zum Ausdruck kam, war die kontrovers geführte Debatte, ob die Arbeit in den »Weltläden« allein von Ehrenamtlichen geleistet werden sollte oder durch die Tätigkeit von fest angestellten Voll- und Teilzeitkräften unterstützt werden dürfe. In den Diskussionen überrascht zunächst, wie moralisch aufgeladen dieser Streit geführt wurde. Zwar besaß die Debatte einen ökonomischen Kern, da Kritiker von bezahlten Arbeitskräften darauf verwiesen, dass die hiermit verbundenen Mehrausgaben aus den Gewinnen des Ladens und damit indirekt durch die Arbeitsleistung der Produzenten aus der ›Dritten Welt‹ aufgebracht werden müssten. Die moralische Aufladung lässt sich aber darüber hinaus daraus erklären, dass eine bezahlte Tätigkeit dem Bild des politischen Aktivismus als Rollenmodell zu widersprechen schien und die eigene Tätigkeit unverkennbar in die Nähe »konventioneller« Verkaufstätigkeiten rückte.[40]

Noch deutlicher sind diese Abgrenzungsstrategien in Bezug auf den Weltladen als sozialen Ort zu erkennen. Hier war es von noch größerer Bedeutung, jede Parallele zu anderen Ladenformen wie Warenhäuser oder Supermärkte zu vermeiden. Die selbstverständliche Tatsache, dass »Weltläden« Orte des Konsums darstellten, wurde daher sowohl in den internen Diskussionen als auch in der Außendarstellung eher kaschiert. Dies lässt sich ganz konkret an Strategien der Ladengestaltung nachvollziehen – von den beinahe obligatorischen selbst gemalten Ladenschildern über eine betont »nachlässige« und nicht auf die einzelnen Produkte fokussierende Schaufenstergestaltung, die »alternative«, oft selbst hergestellte Ladeneinrichtung bis zu der nach politischen Gesichtspunkten und gerade nicht auf Vollständigkeit abzielenden Auswahl des Warensortiments.

Zuletzt lässt sich diese Strategie auch an den Konsumprodukten nachvollziehen. Auch hier lag die Herausforderung darin, den Produkten ihren Status als Objekte des Konsums weitestgehend abzusprechen oder zumindest die hiermit verbundenen Konsumentenerwartungen bewusst zu brechen. Exemplarisch lassen sich hierfür der Umgang mit Werbung und die äußere Gestaltung der Produktverpackungen anführen. So wurde Werbung überhaupt nur sehr zurückhaltend und in spezifischen Medien eingesetzt und fokussierte dann vor allem auf eine (politische) Information über die Produkte, deren Textlastigkeit im Vergleich zur zeitgenössischen Werbesprache sofort ins Auge fiel. Ein Beispiel hierfür ist die Werbung für den Nicaragua-Kaffee, die in den 1980er-Jahren unter anderem in der Tageszeitung taz erschien. Auch für die Produktgestaltung ist der Nicaragua-Kaffee ein aussagekräftiges Beispiel. Mit dem ausführlichen Text über die politische Situation in Nicaragua und die Notwendigkeit internationaler Solidarität war die gesamte Produktverpackung ausgefüllt und wurde nur sehr spärlich durch wenig aussagekräftige Illustrationen ergänzt. Einerseits wurde das Produkt auf diese Weise bewusst als »politisches Produkt« und Informationsträger inszeniert, zugleich lässt sich hierin aber auch eine ikono-

---

40 Vgl. für die Kontroverse über das »Pro und Contra« in Bezug auf die Einstellung fest angestellter Mitarbeiter: »Arbeitsgruppe: Alternative Ökonomie im 3. Welt-Laden und bei den Produzenten«, Archiv der AG3WL, AG3WL-Rundbrief, Nr. 16, Februar 1986, S. 24–28.

grafische Abgrenzung zu gängigen Formen der Produktkommunikation erkennen, wie sie in den 1980er-Jahren fest etabliert waren.[41]

Einige dieser Strategien der konsumkritischen Abgrenzung des eigenen Handelsmodells lassen sich exemplarisch an den Erfahrungsberichten nachvollziehen, die in den 1980er-Jahren in den Ausgaben der AG3WL-Rundbriefe erschienen. In den Rundbriefen wurden in regelmäßiger Folge solche Erfahrungsberichte veröffentlicht, in denen Aktivistinnen und Aktivisten oder Ladengruppen auf meist sehr persönliche und subjektive Weise von dem eigenen Ladenprojekt und dem Alltag der eigenen Tätigkeit berichteten. In einem Text mit dem Titel »Protokoll meines Ladendienstes am Dienstag, 4.9.1984« beschrieb beispielsweise die ehrenamtliche Mitarbeiterin Gisela Kriebel in großer Detailfreude ihre Erlebnisse während einer einzigen Verkaufsschicht im Weltladen in der Berliner Gedächtniskirche.[42] Kriebel berichtete von den Arbeitsroutinen, den zum Teil frustrierenden Beschränkungen durch die wenig dankbare Lage und Ausstattung des Ladens sowie von den Kunden, die den Laden in ihrer Vormittagsschicht besuchten. Kriebels Darstellung war dabei in einer relativ melancholischen Note gehalten. Der Laden bot nur wenig gestalterische Möglichkeiten und war als Treffpunkt kaum geeignet, die Kunden waren nicht sehr zahlreich und insbesondere das Interesse für entwicklungspolitische Themen schien nur sehr sporadisch aufzuflammen. Ihre kurze Reflexion des Tagesablaufs gab diese Wahrnehmung recht anschaulich wieder:

»Ob ich etwas bewirkt habe? Ich weiß es nicht. Ich gehöre nicht zu den charismatischen Menschen, die andere ansprechen und begeistern können für irgendetwas, das diese nicht wissen oder nicht wissen wollen. Ich vertraue darauf, daß die, die noch nicht ganz abgestumpft und unsensibel sind, sich von den Waren, den Postern, den angebotenen Informationen ansprechen lassen. Ein paar Mal ist es ja heute auch geschehen; es gibt ganz andere Tage, da kommt es zu überhaupt keinem Gespräch.«[43]

Dennoch verwies Kriebel am Ende des Textes sehr dezidiert auf die Bedeutung des Ladens als alternativen Konsumort und betonte dessen Rolle als Gegenmodell zur konventionellen Konsumgesellschaft. Viele Menschen spürten, so stellte Kriebel fest,

»daß unser Laden anders ist als die Plastikwelt der Supermärkte und Kaufhäuser, in denen sie sich sonst aufhalten. Sie lassen sich gefangennehmen von dem, was von all diesen natürlichen Materialien und ihrem So-sein als Handarbeit einzelner, ganz identifizierbarer Menschen ausgeht. Und da wir nun einmal ein Laden sind […] wollen wir auch verkaufen. Was nützt es den Lederarbeitern in Kalkutta, wenn wir hier lange Vorträge über die Verhältnisse in Indien halten? Sie würden nie aus ihrer Misere herauskommen, wenn wir sie ihre Lederwaren auf dem indischen Markt verkaufen ließen. So freue ich mich über jedes Stück, das ich verkaufen kann, um der Leute willen, die da auf uns zählen. Wenn es dabei noch zu einem guten Gespräch kommt, waren die Stunden im Laden nicht umsonst.«[44]

In entwicklungspolitischer Perspektive skizzierte Kriebel hier ein sehr traditionelles Konzept, das karitativ-paternalistischen Denkmustern sehr viel näher stand, als es der Autorin wohl selbst bewusst war. Gerade deshalb erscheint es jedoch besonders aussagekräftig, wie zentral bei ihr die Vorstellung war, dass der Einkauf in einem Weltladen als eine spezifische Konsumerfahrung zu verstehen sei, die ein Gegenmodell zur westlichen Massenkonsumgesellschaft markierte.

---

41 Diese Produktinszenierungen und nicht zuletzt deren langsamer Wandel im Verlauf der 1980er-Jahre lassen sich am eindrucksvollsten anhand der von der GEPA herausgegebenen Produktkataloge nachvollziehen, die einen Visual-History-Ansatz für die Geschichte des »fairen Handels« unmittelbar nahelegen. Die Kataloge sind unter anderem im GEPA-Archiv in Wuppertal überliefert.
42 *Gisela Kriebel*, Protokoll meines Ladendienstes am Dienstag, 4.9.1984, Archiv der AG3WL, AG3WL-Rundbrief, Nr. 14, Februar 1985, S. 8–11.
43 Ebd., S. 11.
44 Ebd.

Abweichungen von diesem Konsens einer dezidierten Distanzsetzung zur »konventionellen« Konsumgesellschaft waren daher intern auch äußerst umstritten. So konnte schon der Versuch eines Ladens, die eigenen Schaufenster mithilfe eines professionellen Grafikers neu zu gestalten, hitzige Kontroversen auslösen, in denen der Hinweis nicht fehlte, dass der Grafiker ansonsten für die »Karstadt AG« arbeiten würde.[45] Konnten schon solche Innovationen heftigen Widerspruch entfachen, so galt dies in noch stärkerem Maße in jenen Fällen, in denen Akteure grundsätzlichere Reformen anmahnten. Ein Beispiel hierfür ist ein von Rudolf Schlegelmilch vom »Dritte-Welt-Laden« in Aalen verfasstes Diskussionspapier. In seinem Beitrag stellte er die Frage, »ob die bisherige Konzeption der Dritte-Welt-Laden-Arbeit nicht in eine Sackgasse führt, ob die Läden nicht auf ewig zu einem kaum beachteten Mauerblümchen-Dasein verurteilt sind«.[46] Was folgte, war eine relativ schonungslose Problemanalyse. Das Angebot der Läden sei oft qualitativ und quantitativ zu beschränkt, die Läden selbst wenig effektiv organisiert, »in meist schlechten Räumen« mit »unqualifiziertem Verkaufspersonal« und »lückenhaften Öffnungszeiten«. Dies habe dazu geführt, dass die Läden nur von »Insidern«, Freunden und Verwandten besucht würden, die »oft mehr dem Ladenpersonal als der Dritten Welt helfen möchten«. Die Masse der Bevölkerung und insbesondere die »unteren sozialen Schichten« ließen sich dagegen nicht dazu bewegen, einen ›Dritte-Welt‹-Laden zu betreten.[47]

Folgte diese Problembeschreibung noch dem Muster ähnlicher Debattenbeiträge, so galt das für seine Lösungsvorschläge sehr viel weniger. Schlegelmilch verwies unter anderem auf den kommerziellen »TEAM«-Versand, mit dem eine Zusammenarbeit forciert werden sollte, entwarf den Plan eines Warenkatalogs, der »genauso Bestandteil eines jeden Haushaltes würde wie der Quelle-Katalog« und stellte an die »Weltläden« die Forderung, die eigene Arbeit zu professionalisieren und zu zentralisieren, nicht zuletzt auch, um »konservative Kunden« nicht von vornherein abzustoßen. Um Aufmerksamkeit für die eigene Arbeit zu generieren, sollte schließlich »eine schlagkräftige Parole in Form eines Aufklebers« entworfen werden, ähnlich wie es der Anti-Atombewegung oder der Aktion »Ein Herz für Kinder« gelungen sei.[48]

Es war von einer gewissen Ironie, mit welcher Zielstrebigkeit Schlegelmilch im Minenfeld der zeitgenössischen Debatten alle tabuisierten Vorschläge und Schlüsselbegriffe aufgriff und zur wohlmeinenden Diskussion vorschlug. Professionalisierung, Effizienz- und Umsatzsteigerung, Zusammenarbeit mit kommerziellen Firmen, Vereinheitlichung und Zentralisierung, ästhetische Ansprache konservativer Kundenkreise und der Verweis auf die von der BILD-Zeitung initiierte Aktion »Ein Herz für Kinder« als ikonografisches Vorbild – es ist nicht verwunderlich, dass das Diskussionspapier die Reihen der Gegner einer weiteren Öffnung gegenüber konventionellen Konsummärkten eher schloss als eine produktive Diskussion zu initiieren. Mit diesen Vorschlägen, so stellte beispielsweise Sigi Schwarzer vom Weltladen in Mainz fest, »wird die entwicklungspol. Arbeit der GEPA und der engagierten informierenden Aktionsgruppen zu Grabe getragen«.[49] In den formulierten Ideen, so Schwarzer weiter, »sind die gleichen Motive, wie in der Wirtschaft zu entdecken: Der Kunde als passiver Konsument von Waren und Infos, der Laden straff organisiert und gleichaussehend, ›Werbe‹-Kataloge a la TEAM, Profitmaximierung ohne Rück-

---

45 Vgl. »Schöne Schaufenster«, Archiv der AG3WL, AG3WL-Rundbrief, Nr. 34, Januar 1989, S. 6–7.
46 *Rudolf Schlegelmilch*, Wie soll es weitergehen?, Archiv der AG3WL, AG3WL-Rundbrief, Nr. 2, November 1981, S. 15–16.
47 Ebd.
48 Ebd.
49 *Sigi Schwarzer*, Leserbrief, Archiv der AG3WL, AG3WL-Rundbrief, Nr. 3, März 1982, S. 15–16.

sicht auf die Produzenten.« Bereits in der Wortwahl käme dieses »Managerdenken« offen zum Ausdruck. Logische Folge der Vorschläge wäre eine »pseudoentwicklungspolitische Konkurrenz zu bestehenden Verkaufsketten«.[50]

Die scharfe Reaktion zeigte noch einmal exemplarisch, wie fest verankert ein kapitalismuskritischer Impuls innerhalb der »Weltläden« in den 1980er-Jahren war. Wie dargestellt, verwies dies nicht zuletzt auf spezifische Erwartungshaltungen. Die betont unprofessionelle Gestaltung der Läden, eine ästhetisch wenig ausgefeilte Produktgestaltung und ein spezifischer Habitus der sozialen Interaktion im Ladenalltag – all dies rekurrierte mittlerweile auf einen konsolidierten Kundenstamm, bei dem schon der Druck des GEPA-Katalogs auf Hochglanzpapier lebhaften Widerspruch hervorrief.[51] Dass man auf diese Weise auch die Tendenz erzeugte, nur das eigene »alternative Milieu« anzusprechen und alle anderen sozialen Gruppen eher abzuschrecken – also gewissermaßen einem Prinzip des »selling to the converted« folgte – wurde von einigen Akteuren zwar durchaus als Problem wahrgenommen. Echte Versuche, dies zu durchbrechen, blieben jedoch die Ausnahme. Gerade in Hinblick auf die anschließenden Debatten im Kontext der Zertifizierungsprozesse ist jedoch zu beachten, dass die Konfliktlinien nicht so sehr zwischen einer politisch »radikalen« und einer »pragmatisch« orientierten Fraktion innerhalb des »fairen Handels« verliefen. Wichtiger war in vielen Fällen stattdessen die größere Nähe zu den Produktionsgenossenschaften, die bei den Importorganisationen ein stärkeres Bestreben nach Marktausweitungen erzeugte, während in den Weltläden, die oft nur in sporadischem Kontakt zu den Produktionsgenossenschaften standen, noch längere Zeit ein konsum- und kapitalismuskritischer Konsens dominierte, der erst durch die Neuausrichtung des »fairen Handels« in den frühen 1990er-Jahren und der hiermit verbundenen Integration in konventionelle Konsummärkte infrage gestellt wurde.

III. AUSBLICK UND FAZIT: VOM »ALTERNATIVEN« ZUM »FAIREN HANDEL«?

Vor der Folie der dargestellten konsum- und kapitalismuskritischen Dimension des alternativen ›Dritte-Welt‹-Handels bildete die Einführung von Fair-Trade-Zertifizierungen in den späten 1980er- und frühen 1990er-Jahren einen wichtigen Einschnitt. Der überwiegende Teil der sozial- und wirtschaftswissenschaftlichen Literatur bezieht sich in seiner Argumentation vor allem auf diesen Zeitabschnitt, meist ohne zu reflektieren, dass zentrale Merkmale dieses Modells in deutlicher Spannung zu früheren Traditionslinien standen. Zur Geschichte dieser Zertifizierungen selbst lässt sich aus historischer Perspektive bislang nur wenig beitragen, was über die Erkenntnisse sozialwissenschaftlicher Arbeiten hinausgehen würde – nicht zuletzt, weil das relevante Archivmaterial bislang nur eingeschränkt zugänglich ist.[52] Der geschichtswissenschaftliche Blick kann jedoch helfen, die Debatten, die diesen Prozess seit den späten 1980er-Jahren begleiteten, in die dargestellten ideen- und sozialgeschichtlichen Traditionslinien einzuordnen und den zum Teil noch immer aktuellen Kontroversen auf diese Weise eine historische Tiefendimension zu verleihen.

Vorbild vieler dieser Entwicklungen war die »Aktion Sauberer Kaffee« (»Zuivere-Koffie«) in den Niederlanden, die im Jahr 1988 zum ersten Mal systematisch die Zusam-

---

50 Ebd.
51 Vgl. die Reaktion der GEPA hierauf in ihrem Katalog von 1988, Archiv der AG3WL, ungeordnete Dokumente.
52 Vgl. jedoch als konzise Darstellung der institutionellen Entstehungskontexte der einzelnen Zertifizierungen: *Elizabeth Anne Bennett*, A Short History of Certification Governance, in: *Dine/Granville*, The Processes and Practices of Fair Trade, S. 43–78.

menarbeit mit nationalen Supermärkten als Verkaufspartnern suchte. Hieraus ging das Max-Havelaar-Siegel hervor, das in der Folge auch in andere Länder expandierte und weitere Produktsegmente integrierte.[53] In Deutschland war es die Tübinger Basisgruppe »Aktion Arme Welt«, die in einem Pilotversuch von der GEPA importierten Kaffee in Kooperation mit einer regionalen Supermarktkette verkaufte.[54] Die Aktion war ein überraschend großer Erfolg und schien zu beweisen, dass für »fair gehandelte« Produkte auch im konventionellen Konsummarkt eine Nachfrage bestand. Ähnlich wie in den Niederlanden wurde auf dieser Grundlage auch in Deutschland an einem Gütesiegel gearbeitet, das zunächst in der »AG Kleinbauernkaffee« und schließlich 1992 im Transfair-Siegel seinen Ausdruck fand. Für die in der AG3WL organisierten Weltläden machte diese relativ plötzliche Entwicklung viele der zuvor geführten Debatten obsolet. Der schon zuvor schwelende Konflikt zwischen der GEPA und den Weltläden wurde so in denkbar radikaler Weise gelöst. Der Einfluss der Weltläden auf die Entscheidungsprozesse blieb dabei marginal – vermutlich auch, weil sie sich zuvor durch sehr apodiktische Positionierungen ins Abseits gestellt hatten.

Im Kontext der dargestellten Kontroversen sind vor allem zwei Punkte von Bedeutung: *Erstens* verlor die konsum- und kapitalismuskritische Verortung an Deutungsmacht. Der semantische Übergang vom »alternativen« zum »fairen« Handel drückte genau dies aus: Mit der Nutzung kommerzieller Vertriebswege und der Kooperation mit gewinnorientierten Konzernen ging es nicht mehr primär darum, das eigene Handelsmodell als Gegenentwurf zu konventionellen Konsummärkten zu inszenieren, sondern darum, Produkte mit konkret definierten sozialen Standards auf dem regulären Markt zu etablieren. *Zweitens* war mit der Einführung von Zertifizierungen die Herausforderung verbunden, die symbolisch-moralische Aufladung der Produkte in veränderter Weise darzustellen – nämlich im Kontext konventioneller Konsumorte, in denen die symbolische Rahmung nicht mehr durch den sozialen Ort des Verkaufs und die politische Informationsarbeit der Ladenmitarbeiter gewährleistet war.

Zeitgenössisch wurde die Bedeutung dieses Übergangs erneut vor allem unter dem Gegensatz von »Handel« und »Bewusstseinsbildung« diskutiert. Kritiker argumentierten, dass mit dem Schritt in den konventionellen Konsummarkt die ursprünglichen politisch-edukativen Ziele des Handelsmodells aufgegeben würden. Bei genauerer Betrachtung traf dies aber nicht den Kern der Veränderung. Einerseits war schon in den Weltläden die Informations- und Bildungsarbeit selten als besonders befriedigend wahrgenommen worden. Darüber hinaus ließe sich argumentieren, dass eine Integration in konventionelle Konsumorte sogar neue Möglichkeiten der Bildungsarbeit eröffnete: nicht nur weil breitere Konsumentenschichten angesprochen werden konnten, sondern auch weil die Konfrontation mit »konventionellen« Produkten neue Formen der Differenzbildung gestattete. Im Sinne einer Kritik an globalen Handelsbeziehungen und kapitalistischen Marktmechanismen konnte der Verkauf in Supermärkten daher theoretisch auch neue Protestmöglichkeiten eröffnen, die im hermetisch geschlossenen Konsumraum des Weltladens nicht gegeben waren.

Der Transformationsprozess lag daher eher auf einer Ebene, die sich als Problem der Marktpositionierung beschreiben lässt. Einerseits wurde mit den Zertifizierungen das beanspruchte moralische Kapital des ›Dritte-Welt‹-Handels prekär. Da der Weltladen als

---

53 Vgl. *Quaas*, Fair Trade, S. 283–286. Zur zeitgenössischen Rezeption der Aktion innerhalb der AG3WL vgl. unter anderem: *Rainer Clos*, Sauberer Kaffee – Nachahmenswerte Kampagne in den Niederlanden, Archiv der AG3WL, AG3WL-Rundbrief, Nr. 29, Oktober 1987, S. 12–13.

54 Wiederum *Quaas*, Fair Trade, S. 286–288. Auch hier ist die – sehr kritische – Rezeption innerhalb der AG3WL interessant: Aktion Sauberer Kaffee – Verkauf von AHA-Kaffee im Supermarkt in Tübingen, Archiv der AG3WL, AG3WL-Rundbrief, Nr. 36, Dezember 1989, S. 15–19.

sozialer Ort nicht mehr die moralische Einbettung der Produkte garantierte, musste Vertrauen über neue Formen der Produktinszenierung hergestellt werden. Hiermit löste sich der »faire Handel« partiell aus der Tradition einer konsumkritischen Einbettung, wie sie über weite Strecken der 1970er- und 1980er-Jahre dominiert hatte. Die periodisch wiederkehrende Skandalisierung der Zusammenarbeit mit Konzernen wie Starbucks, McDonalds oder Lidl erklärt sich daher nicht allein aus der Befürchtung, dass in diesen Kooperationen Kriterien aufgeweicht oder andere Konzernpraktiken kaschiert werden könnten, sondern spiegelt auch diese konsum- und kapitalismuskritische Traditionslinie, die der vorliegende Beitrag als zentrales Merkmal des ›Dritte-Welt‹-Handels herausgearbeitet hat.

Viele zeitgenössische Protagonisten hätten sich daher vermutlich dagegen verwehrt, die Geschichte des »fairen Handels« als Teil einer »Sozialgeschichte des Kapitalismus« zu lesen. Gerade in der dargestellten Ambivalenz von Konsumkritik und Konsumpraxis ist er jedoch in der Tat ein äußerst aussagekräftiges Beispiel marktaffinen Handelns im letzten Drittel des 20. Jahrhunderts. Die Versuchung, diese Phänomene in eine umfassende These zur Geschichte *des* Kapitalismus einzufügen, ist daher verständlicherweise groß. Auf Nico Stehr ist schon verwiesen worden, der in Bezug auf den »fairen Handel« die Idee einer »Moralisierung der Märkte« als »Gesellschaftstheorie« der Gegenwart formuliert hat.[55] Mit Luc Boltanski und Ève Chiapello könnte man stattdessen auch auf die Adaptionsfähigkeit kapitalistischer Systeme blicken und die Erfolgsgeschichte des »fairen Handels« als Beispiel ihres Arguments anführen, dass im »neuen Geist des Kapitalismus« gerade die Kapitalismus*kritik* zum Motor kapitalistischer Innovation wird.[56] Mit den kulturphilosophischen Thesen Michael Sandels ließe sich schließlich argumentieren, dass weniger eine »Moralisierung der Märkte«, sondern eher eine »Kommodifizierung der Moral« als leitendes Motiv des »fairen Handels« angesehen werden kann.[57] Die im vorliegenden Beitrag angeführten Beispiele sollten jedoch eher als ein Plädoyer dafür gelesen werden, solchen übergreifenden Erklärungsversuchen mit Zurückhaltung zu begegnen. Das gilt nicht zuletzt deshalb, weil die moralische Rahmung, Inszenierung und Skandalisierung von Konsumpraktiken keineswegs ein genuines Phänomen des »fairen Handels« darstellt, sondern an eine lange Tradition der normativen Reflexion über Fragen und Phänomene des Konsums anschließt.[58] Die Debatten, die den ›Dritte-Welt‹-Handel seit den 1970er-Jahren begleiten, lassen sich daher nicht in einer Gegenüberstellung von »Moralisierung« und »Kommodifizierung« abbilden. Zu fragen ist eher, *welche* Moralisierungsstrategien und ethischen Motivationen die einzelnen Protagonisten betonten und welche Zielkonflikte hieraus innerhalb der Fair-Trade-Bewegung entstanden. Statt diese Konflikte vorschnell in eine vermeintlich folgerichtige Entwicklungsgeschichte des Kapitalismus einzuordnen, erscheint es lohnender, nach den konkreten Strategien zu fragen, mit denen sich die Institutionen des »fairen Handels« als Akteure auf genau jenen Märkten zu etablieren versuchten, deren Unzulänglichkeiten sie zugleich durch das eigene Handelsmodell zu kritisieren versuchten.

---

55 *Stehr*, Die Moralisierung der Märkte.
56 *Luc Boltanski/Ève Chiapello*, Der neue Geist des Kapitalismus, Konstanz 2003.
57 *Michael Sandel*, What Money Can't Buy. The Moral Limits of Markets, New York 2012. In ähnlicher Ausgangsperspektive, aber mit geringerem kulturpessimistischem Ballast: *Debra Satz*, Why Some Things Should not Be for Sale. The Moral Limits of Markets, Oxford/New York etc. 2010.
58 Vgl. hierzu zuletzt prägnant: *Peter van Dam*, Tales of the Market. New Perspectives on Consumer Society in the 20th Century, in: H Soz Kult, 4.12.2015, URL: <http://www.hsozkult.de/literaturereview/id/forschungsberichte-2832> [6.7.2016]. Vgl. auch: *Frank Trentmann*, Before »Fair Trade«. Empire, Free Trade, and the Moral Economies of Food in the Modern World, in: Environment and Planning D: Society and Space 25, 2007, S. 1079–1102.

Simone M. Müller

Rettet die Erde vor den Ökonomen?
Lawrence Summers' Memo und der Kampf um die Deutungshoheit über den internationalen Giftmüllhandel

Am 12. Dezember 1991 versandte Lawrence H. Summers, vormals Harvard-Professor für Ökonomie und zu diesem Zeitpunkt Vizechef der Weltbank, ein Memo an seine Mitarbeiter zum Thema »schmutzige Industrien« und internationaler Giftmüllhandel. Eingebettet in die damals geltende Weltbank-Prämisse für stärkere Marktliberalisierung, forderte er in dem Schriftstück die verstärkte Ansiedlung dieser schmutzigen Industrien in den »LDCs«, den *least developed countries* oder umgangssprachlich ›Entwicklungsländern‹.[1] Ausgehend von der klassischen Freihandelstheorie, sah Summers dafür vor allem drei Gründe: 1) den komparativen Kostenvorteil in Ländern mit den geringsten Löhnen, 2) die relationale Verteilung von Giftmüll im globalen Spektrum anhand relativer Bevölkerungsdichte und 3) die geringeren Opportunitätskosten mit Giftmüll für Menschen gerade in armen Ländern mit hoher Mortalitätsrate. Die Betroffenheit bezüglich einer 1-zu-1-Million-Chance auf Prostatakrebs, so Summers, sei offensichtlich in solchen Ländern höher, in denen Menschen das entsprechende Krebsrisiko-Alter erreichten, als dort, wo bereits die Kindersterblichkeit im Verhältnis von 200 zu 1.000 liege. Die ökonomische Logik seiner Position sei nicht zu beanstanden, erklärte der Vizechef der Weltbank. Geläufige Argumente gegen eine Politik des Verschmutzungsexports in arme Länder, nämlich das inhärente Recht auf bestimmte Güter des Gemeinwohls (saubere Umwelt), Moral, soziale Bedenken, das Fehlen adäquater (Müllentsorgungs-)Märkte, könnten zudem gegen jeden Vorstoß der Bank für eine Liberalisierung angebracht werden.[2]

Summers quantifizierte in seinem Memo den Wert eines Lebens bemessen an Arbeitskraft und Umweltschäden bemessen an ihren Folgekosten für industrielle Produktion. In einem zweiten Schritt implementierte er diese Größen in ein globales System eines kapitalistischen Weltmarkts. Giftmüllhandel war in seiner Weltsicht ein reines Marktphänomen, keines mit sozialen, ökologischen oder moralischen Implikationen. Der Weltkapitalismus, als Bühne für den Giftmüllhandel, war ein Wirtschafts-, kein Gesellschaftssystem, welches zudem, in den Worten des französischen Moralphilosophen André Comte-Sponville oder auch des Wirtschaftshistorikers Jürgen Kocka, nicht unmoralisch, sondern inhärent amoralisch war. Für die Kategorie Moral sah sich die Wirtschaft nicht zuständig.[3]

An sich rein für die interne Kommunikation der Weltbank gedacht – und wie Summers später erklärte, als Denkanstoß und Kritik an einem Entwurf des »Global Economic Prospects Reports« der Weltbank konzipiert –, fand sich das Memorandum über unautorisierte Wege am 8. Februar 1992 im Londoner »Economist« wieder. Deutlich kritisch ob Summers' »krasser Ausdrucksweise« befand der »Economist« gleichzeitig, dass der Weltbank-Chefökonom wichtige Aspekte internationaler, kapitalistischer Marktstrukturen ansprach,

---
1 ›Entwicklungsländer‹, obgleich pejorativ, wird in diesem Text als Quellenbegriff verwendet.
2 *Lawrence H. Summers*, Internal Memo; To: Distribution; Subject: GEP, 12.12.1991, Weltbank Archives.
3 *André Comte-Sponville*, Kann Kapitalismus moralisch sein?, Zürich 2011; *Gunilla Budde*, Einleitung, in: *dies.* (Hrsg.), Kapitalismus. Historische Annäherungen, Göttingen 2011, S. 7–16, hier: S. 7.

die einer öffentlichen Diskussion mit und über die Weltbank hinaus bedurften.[4] In dieser Diskussion sollte es nicht um die seit den 1980er-Jahren immer wieder vorgebrachte Kritik an der Kreditvergabe der Weltbank für sozial- und umweltpolitische problematische Großbauprojekte gehen.[5] Auch nicht um die damals parallel stattfindenden Abschlussverhandlungen der Vereinten Nationen zur Regulierung des globalen Giftmüllmarktes über die Basler Konvention oder die Vorbereitungen auf die UNO-Konferenz für Umwelt und Entwicklung im Juni 1992 in Rio de Janeiro.[6] Im übertragenen Sinne ging es vielmehr um die nicht wirtschaftlichen Bedingungen und Konsequenzen industriellen Wachstums. Konnte der internationale Giftmüllhandel in der Tat, so wie Summers es tat, abgetrennt werden von seinen sozialen, ökologischen und moralischen Implikationen gerade für die Menschen aus dem globalen Süden? Der Artikel des »Economist« mit der Überschrift »Let Them Eat Pollution« löste im Frühjahr 1992 einen Sturm der Entrüstung unter Umwelt- und Menschenrechtsaktivisten wie auch unter Regierungsvertretern eben jener ›Entwicklungsländer‹ aus.[7] Für sie war in der von Summers vorangetriebenen Entkoppelung von Wirtschaft und Moral eine Grenze erreicht worden. Doch wer sollte die Deutungshoheit in der Bewertung des internationalen Giftmüllhandels gewinnen?

Ausgehend vom Memorandum Lawrence H. Summers' und seiner Rezeption in der Presse, der Wissenschaft sowie der Öffentlichkeit zeichnet dieser Beitrag nach, wie verschiedene Akteursgruppen Anfang der 1990er-Jahre um die Rolle der Moral im Kapitalismus rangen. Der internationale Giftmüllhandel warf zunächst die Frage nach der Sozial- und Umweltverträglichkeit eines Wirtschaftssystems auf, das aufgrund der ihm zugrunde liegenden Individualisierung von Eigentumsrechten, der Koordination von Marktprozessen und Kommodifizierung und dem Ziel der Kapitalakkumulation ermöglichte, dass umwelt- und gesundheitsschädigende Abfallstoffe als Ware im globalen Kreislauf gehandelt wurden.[8] Daran aufgehängt entfachte sich mit der Publikation des Memos eine sozialkritische Debatte über Kapitalismus, welche nicht nur eine »moralische« Entgleisung des Wirtschaftssystems beanstandete, sondern aufgrund der Unmoralität (nicht Amoralität) der Wirtschaft das gesamte Gesellschaftssystem in antikapitalistischer Manier infrage stellte.

Der Hauptteil des Artikels ist in vier Abschnitte gegliedert. Der erste Abschnitt (I.) führt am Beispiel der USA, dem größten »Produzenten« umwelt- und gesundheitsschädigender Abfallstoffe, in den Kontext »Giftmüll« und die Geschichte und Entstehung des internationalen Giftmüllhandels seit den späten 1970er-Jahren ein. Der zweite und dritte Abschnitt verorten die Debatte um Summers und sein Memorandum (II.) historisch und (III.) theoretisch. Der letzte Teil (IV.) des Aufsatzes beschäftigt sich mit dem größeren zeitlichen Kontext der Debatte, nämlich der Konferenz der Vereinten Nationen über Umwelt und Entwicklung in Rio de Janeiro und den beiden Abkommen zur grenzüberschreitenden Verbringung giftiger Abfallstoffe, der Basler und der Bamako-Konvention.

---

4 *O.V.*, Let Them Eat Pollution, in: The Economist, 8.2.1992, S. 82; *Doug Henwood*, Toxic Banking, in: The Nation, 2.3.1992, S. 257.
5 *Bruce Rich*, The Emperor's New Clothes. The World Bank and Environmental Reform, in: World Policy Journal 7, 1990, S. 305–329; *Pat Aufderheide/Bruce Rich*, Environmental Reform and the Multilateral Banks, in: World Policy Journal 5, 1988, S. 301–321.
6 *Bruce Rich*, Mortgaging the Earth. World Bank, Environmental Impoverishment and the Crisis of Development, New York 1994, S. 242.
7 *O.V.*, Let Them Eat Pollution. Beispiele des Protests folgen ausführlich später im Text.
8 Zur Definition von Kapitalismus vgl. *Jürgen Kocka*, Kommentar: Kapitalismus im Kontext, in: *Budde*, Kapitalismus, S. 176–188, hier: S. 182.

I. Zur Entstehung von Giftmüll und seines internationalen Markts

Giftmüll ist ein Phänomen des späten 20. Jahrhunderts. Solange es Industrie gab, gab es auch Industrieabfall, der »giftig«, »gesundheitsschädigend« oder »schädlich für die Umwelt« sein konnte – um einmal mit der Anfang der 1990er-Jahre in Basel entwickelten Definition von Giftmüll der Vereinten Nationen zu arbeiten.[9] Mit der chemisch-industriellen Revolution Anfang der 1930er-Jahre und vor allem dem Konsumzeitalter nach dem Zweiten Weltkrieg stieg das Volumen industriellen und toxischen Mülls in regelrechten Quantensprüngen an. Zwischen den 1940er- und 1970er-Jahren erhöhte sich die Produktion synthetischer Erzeugnisse in der petrochemischen Industrie um das 350-Fache, wobei entsprechende Neben-, Zwischen- oder Abfallprodukte anfielen.[10] Ging man 1947 noch von weltweit 5 Millionen Tonnen Giftmüll jährlich aus, beliefen sich Schätzungen des »United Nations Environment Programme« (UNEP) für die 1980er-Jahre bereits auf 300–400 Millionen Tonnen Giftmüll pro Jahr. 75% davon gingen auf das Konto von Mitgliedsländern der »Organisation für wirtschaftliche Zusammenarbeit und Entwicklung« (OECD).[11] Der größte Produzent umwelt- und gesundheitsschädigender Abfallstoffe waren neben den Ländern Westeuropas die Vereinigten Staaten von Amerika. Laut Schätzungen, die Roland Richter 1988 aus verschiedenen journalistischen und umweltaktivistischen Quellen zusammengetragen hatte, produzierten die USA jährlich zwischen 60 und 265 Millionen Tonnen und damit um ein Vielfaches mehr als die Mitgliedsstaaten der Europäischen Wirtschaftsgemeinschaft mit geschätzten 25–35 Millionen Tonnen jährlich.[12] Das Material, welches gemeinhin als »Giftmüll« bezeichnet wird, ist nicht notwendigerweise charakteristisch für den Kapitalismus allein – seine Kommodifizierung, sein Handel und seine Einbettung in Marktstrukturen einer Mehrwertschaffung schon.[13]

Die Entsorgung giftiger Abfallstoffe wurde bis in die 1970er-Jahre hinein vor allem lokal und national organisiert. Vereinfacht wurde sie durch die Tatsache, dass es bis zu diesem Zeitpunkt keine semantische Begrifflichkeit »Giftmüll« *(hazardous waste)* gab, sodass Unternehmen, Militär, Krankenhäuser und städtische Abfallbetriebe – um einmal die klassischen »Produzenten« von Giftmüll aufzuführen – das Material relativ problemlos zusammen mit dem regulären Abfall entsorgen konnten.[14] Mit der umweltpolitischen Wende in den Industrienationen in den 1970er-Jahren änderte sich dieses System. Den An-

---

9 United Nations Environment Programme, The Basel Convention. A Global Solution for Controlling Hazardous Wastes, New York 1997, S. 11.
10 *Craig E. Colten/Peter N. Skinner*, The Road to Love Canal. Managing Industrial Waste before EPA, Austin 1996, S. 5; vgl. auch *Roland Richter*, Giftmüllexporte nach Afrika: Bestandsaufnahme eines Beispiels der Zusammenhänge zwischen Ökosystem, Ökonomie und Politik im Rahmen der Nord-Süd-Beziehungen, in: Africa Spectrum 23, 1988, H. 3, S. 315–350, hier: S. 334; *Dinah Shelton/Alexandre Kiss*, Judicial Handbook on Environmental Law, New York 2005, S. 130.
11 *Jennifer Clapp*, Toxic Exports. The Transfer of Hazardous Wastes and Technologies from Rich to Poor Countries, Ithaca 2010, S. 24; *Shelton/Kiss*, Judicial Handbook on Environmental Law, S. 130.
12 *Richter*, Giftmüllexporte nach Afrika, S. 334.
13 Für eine nicht kapitalistische Auseinandersetzung mit dem Thema (Gift-)Müll vgl. die Beiträge von Zsuzsa Gille und Christian Möller: *Zsuzsa Gille*, From the Cult of Waste to the Trash Heap of History. The Politics of Waste in Socialist and Postsocialist Hungary, Bloomington 2007; *Christian Möller*, Der Traum vom ewigen Kreislauf. Abprodukte, Sekundärrohstoffe und Stoffkreisläufe im »Abfall-Regime« der DDR (1945–1990), in: Technikgeschichte 81, 2014, S. 61–90.
14 Zur Entsorgung vor den 1970er-Jahren vgl. *Colten/Skinner*, The Road to Love Canal; zur Entstehung der Begrifflichkeit vgl. *Ronald Gots*, Toxic Risks. Science, Regulation, and Perception, Boca Raton 1992, S. 39.

fang machte 1967 Schweden mit der Einrichtung eines Umweltamts, gefolgt 1970 von Großbritannien und den USA. Bereits drei Jahre später gab es in 21 Industrieländern und 5 sozialistischen Ländern entweder ein Umweltamt oder gar ein Umweltministerium.[15] Die Regulierung von Giftmüll in den USA begann mit der Gründung der »Environmental Protection Agency« (EPA), der zentralen amerikanischen Umweltbehörde. Über den »Resource Conservation and Recovery Act« (RCRA) von 1976 sowie den »Ocean Dumping Act« von 1972 definierte sie erstmals toxische Materialität im Produktionsprozess des amerikanischen Industriekapitalismus als Giftmüll. Mithilfe dieser juristischen Mittel überwachte sie von da an, wie US-Unternehmen staatlicher und privater Natur ihren Giftmüll entsorgten.[16]

Diese politische und semantische Institutionalisierung von Giftmüll Anfang der 1970er-Jahre hatte fundamentale Auswirkungen für die Bewertung des Verhältnisses von Ökologie und Ökonomie im US-amerikanischen Industriekapitalismus. Die Natur und ihr Erhalt waren zu schützenswerten Gemeingütern aufgestiegen. Mit dieser Neubewertung der Ökologie innerhalb industrieller Produktions-, Konsum- und Entsorgungsprozesse explodierten die Kosten für die Entsorgung gesundheits- und umweltschädlicher Abfallstoffe in den Industrieländern. In den USA, beispielsweise, kostete 1978 die Entsorgung einer Tonne Giftmüll in einer Deponie 2,50$, 1987 bereits 200$. Musste der Stoff durch Verbrennung entsorgt werden, so stiegen die Preise im gleichen Zeitraum von 50$ pro Tonne auf 2.000$ pro Tonne an.[17] Gleichzeitig wurde selbst in den so raumgreifenden USA der Platz für die Eröffnung neuer Deponien knapp, während bestehende Deponien wegen Überfüllung oder Verletzung immer neuerer Umwelt- und Müllentsorgungsstandards schlossen. Besonders hart traf diese Dynamik aus Verteuerung, Überfüllung und Platzarmut verarmte Regionen oder Städte in den USA wie beispielsweise Philadelphia. Aufgrund mangelhafter oder fehlender Müllentsorgungsanlagen konnte die Stadt in den 1970er- und 1980er-Jahren nur 20% des eigenen Giftmülls lokal entsorgen. Der Rest ging über die bundesstaatlichen Grenzen, vor allem nach New Jersey. Neue, eigene Mülldeponien waren aufgrund finanzieller Knappheit und bürgerlicher Proteste schwer zu errichten. Im Verlauf der 1970er-Jahre protestierten generationenübergreifend diverse Aktivisten- und Bürgergruppen immer vehementer gegen umwelt- und gesundheitsschädliche Abfallstoffe in ihrer unmittelbaren Umgebung. Das sogenannte NIMBY-Syndrom *(not in my backyard)* war geboren. Kaum ein amerikanischer Bürger, so schien es, wollte mehr den eigenen umwelt- und gesundheitsschädigenden Abfall in seiner unmittelbaren Umgebung haben, geschweige denn, den eines anderen.[18] In Philadelphia, so Gary R. Galida, Leiter der Abteilung für natürliche Ressourcen (Department of Environmental Resources) des Staats Pennsylvania, war die Opposition gegen die Eröffnung neuer Mülldeponien allgegenwärtig. Gleichzeitig musste Galidas Amt zwischen 1978 und 1981 50 bestehende Mülldeponien aufgrund Nichteinhaltung von Umweltstandards schließen, währenddessen die Bundesstaaten New Jersey und New York versuchten, den Giftmüllexport aus Philadelphia in

---

15 *Kristine Kern*, Die Diffusion von Politikinnovationen. Umweltpolitische Innovationen im Mehrebenensystem der USA, Wiesbaden 2000, S. 279.
16 *Emily Brownell*, Negotiating the New Economic Order of Waste, in: Environmental History 16, 2011, S. 262–289, hier: S. 271; *Charles E. Davis/James P. Lester*, Hazardous Waste Politics and the Policy Process, in: *dies.* (Hrsg.), Dimensions of Hazardous Waste Politics and Policy, New York 1988, S. 1–34, hier: S. 2f.
17 *Bill D. Moyers*, Global Dumping Ground. The International Traffic in Hazardous Waste, Washington, D.C. 1990, S. 7.
18 *Barry G. Rabe*, Beyond Nimby. Hazardous Waste Siting in Canada and the United States, Washington, D.C. 1994; *Robert Futrell*, Citizen-State Interaction and the Technical Controversy: The U.S. Army Chemical Stockpile Disposal Program, in: Social Thought and Research 20, 1997, S. 129–168.

ihre Regionen gerichtlich zu unterbinden.[19] Die Dramatik der Situation zeigte sich im März 1986, als 30 gelbe Müllautos vor der städtischen Deponie Schlange standen und letztlich aufgrund mangelnder Kapazitäten ihrer Wege verwiesen werden mussten. Philadelphia war schlichtweg der Platz ausgegangen; mülltechnisch stand der hoch verschuldeten Stadt Mitte der 1980er-Jahre das Wasser bis zum Hals.[20] Währenddessen stieg das Volumen gesundheits- und umweltschädigender Abfallprodukte weiter an. In dieser Konstellation fielen die ›Entwicklungsländer‹ mit oft weniger strikten Entsorgungsregularien sowie weniger umfassenden Giftmülldefinitionen als »kostengünstiger Abfallentsorgungsort« verschiedenen Privatunternehmen und städtischen Abfallentsorgungsbetrieben ins Auge. Sie konnten ihre Kosten gering halten, indem sie die Entsorgung selbst über nationalstaatliche Grenzen hinweg externalisierten.[21] Philadelphia erteilte dem Unternehmen »Joseph Paolino & Sons« den Auftrag, den Giftmüll der Stadt zu entsorgen. Das Auftragsvolumen belief sich auf rund 6 Millionen Dollar. »Joseph Paolino & Sons« lud das Abfallmaterial im März 1986 auf das Frachtschiff »Khian Sea« und schickte es in Richtung globaler Süden, wo es als laut Angaben der Lieferpapiere als Düngemittel oder Dämmmaterial im Straßenbau neue Verwendung finden sollte und aufgrund weniger strenger Umweltstandards in den Importländern auch konnte.[22] Bereits Ende der 1970er-Jahre war der internationale Handel mit gesundheits- und umweltschädigenden Abfallstoffen geboren. Giftmüll, an sich wertloses Abfallprodukt für die Volkswirtschaften der Industrieländer, entwickelte sich zu einer lukrativen Ware auf dem Weltmarkt.

Anfang der 1980er-Jahre begann der internationale Handel mit dem sogenannten Giftmüll im großen Stil. Fehlende internationale Regulierungen, geschweige denn eine gültige Definition von »Giftmüll«, eröffneten beiden Seiten der Transaktion ungeahnte Möglichkeiten in einem weltweiten Marktsystem, welches aufgrund dieser Unklarheiten zudem die verschiedensten Formen wirtschaftlichen Austauschs zuließ. Bis in die frühen 1990er-Jahre und bis zur Verabschiedung der Basler Konvention zum grenzüberschreitenden Handel mit gefährlichen Abfallstoffen nahm der Handel stetig weiter zu.[23] Sein genauer Umfang ist aufgrund der »grauen« Marktstruktur wie auch einer für diese Zeit fehlenden international gültigen Definition schwer zu bestimmen. Er findet sich wohl irgendwo in der Mitte der Angaben von Gegnern und Befürwortern des Giftmüllhandels. Berechnungen von Greenpeace zufolge wurden zwischen 1986 und 1988 mehr als drei Millionen Tonnen an Giftmüll von Industrieländern in sogenannte ›Entwicklungsländer‹ verschifft. 1990 gingen Experten bereits davon aus, dass mehr als 2,2 Millionen Tonnen jährlich die Grenzen überquerten.[24] Die OECD gab an, dass ihre Mitglieder zwischen 1989 und 1994 etwa 2,6 Millionen Tonnen jährlich in ärmere, Nicht-OECD-Mitgliedsstaaten exportiert hatten.[25] Für die USA sind offizielle Zahlen leichter zu bekommen, da der Export von nach amerikanischem Recht schädlichen Abfallstoffen theoretisch nicht ohne staatliche Genehmigung, das »Prior Informed Consent Formular« (PIC), geschehen konn-

---

19 *Roger Cohn*, Toxic Waste Sites. Outcasts across the Region, in: The Bulletin, 24.7.1981.
20 *William Stevens*, Philadelphia Trash. Too Much and Nowhere to Go, in: The New York Times, 8.3.1986.
21 *Jennifer Clapp*, The Toxic Waste Trade with Less-Industrialised Countries. Economic Linkages and Political Alliances, in: Third World Quarterly 15, 1994, S. 505–518, hier: S. 505.
22 *Victor Fiorillo/Liz Spikol*, Ashes to Ashes, Dust to Dust, in: Philadelphia Weekly, 17.1.2001.
23 *Clapp*, The Toxic Waste Trade, S. 506; *Michael Rauscher*, International Trade in Hazardous Waste, in: *Günther G. Schulze/Heinrich W. Ursprung* (Hrsg.), International Environmental Economics. A Survey of the Issues, Oxford/New York etc. 2002, S. 148–160, hier: S. 149f.
24 *Moyers*, Global Dumping Ground, S. 3.
25 OECD Statistik, zit. nach: *Jason Lloyd*, Toxic Trade: International Knowledge Networks & The Development of the Basel Convention, in: International Public Policy Review 3, 2008, S. 17–27, hier: S. 18.

te. Demnach genehmigte die amerikanische Umweltbehörde EPA allein zwischen Januar 1987 und Juni 1988, also in einem Zeitraum von 18 Monaten, den Export von 3,7 Millionen Tonnen Giftmüll in über 13 verschiedene Länder in Westafrika, Zentral- und Südamerika sowie im pazifischen Raum.[26] Unter den Giftmüllexporten fanden sich so diverse Stoffe wie Chemikalien, Lösungsmittel, Säuren, gebrauchte Batterien oder Klärschlamm. Meist wurden sie auf Containerschiffen wie der von Philadelphia aus in See gestochenen »Khian Sea«, der von New York aus gestarteten »Mobrow 2000« oder der »Karen B«, letztere beladen mit Giftmüll aus Italien, um die ganze Welt geschickt.[27]

Diese ab den 1970er-Jahren stattfindende Kommodifizierung von Giftmüll, also seine Verwandlung von wertloser Externalität hin zu einem Produkt des Handels, war nicht nur ein Ergebnis strengerer Umweltgesetzgebung in den Industrieländern des Westens.[28] Auch für die Importländer konnte der Handel mit Giftmüll, volkswirtschaftlich betrachtet, große Vorteile mit sich bringen. Ein Teil der Importländer zählte in der Tat zu den von Summers angesprochenen »least developed countries«. Für sie stand die finanzielle Attraktivität des Imports schädigender Abfallstoffe in direktem Zusammenhang mit ihrer oft prekären volkswirtschaftlichen Situation und vor allem ihrer hohen Staats- und Auslandsverschuldung, die im Rahmen der weltwirtschaftlichen Entwicklungen seit den 1970er-Jahren stetig zugenommen hatte. Gerade in Afrika und Lateinamerika hatten die erste und die zweite Ölpreiskrise von 1973 und 1979, bei denen es im Zuge politischer Konflikte im Nahen Osten zu einer Verdreifachung des internationalen Rohölpreises innerhalb weniger Wochen kam, für viele Länder eine fundamentale Erschütterung ihres wirtschaftlichen Systems bedeutet. Gleich von zwei Seiten gerieten sie unter Druck. Zum einen verloren ihre Währungen gegenüber dem Dollar an Wert, sodass die dringend benötigten Importe von Maschinen und Rohstoffen immer teurer wurden. Zum anderen konnten sie die extreme Verteuerung von Rohöl, auf dessen Import sie oft stark angewiesen waren, nicht durch Exporteinnahmen ausgleichen. Die weitere Verschlechterung des Wechselkurses beschleunigte über die 1970er- und 1980er-Jahre das Wachstum der Schulden. In Ländern wie Kenia und der Elfenbeinküste beispielsweise stieg zwischen 1975 und 1983 die Schuldenlast um das Vier- bis Fünffache. Ihre unmittelbaren Bedürfnisse befriedigten diese Länder daher zunehmend, indem sie sich im Ausland, oft auch bei der Weltbank, verschuldeten und sich im Rahmen dessen auch einer durch den Washingtoner Konsensus geförderten stärkeren Marktliberalisierung und Integration in den Welthandel verschrieben.[29] In genau dieser Situation der Überschuldung und der Marktöffnung wurde auch der Import von Giftmüll zur lukrativen Einkommensquelle.[30] Guinea-Bissau beispielsweise erhielt ein Angebot eines Müllhändlers in Höhe des Vierfachen seines Bruttoinlandsprodukts, etwa das Doppelte seiner Auslandsstaatsverschuldung, wenn es den Import von knapp 15 Millionen Tonnen Giftmüll über den Verlauf von 15 Jahren zuließe.[31] Das Giftmüllgeschäft konnte aus reiner Marktperspektive durchaus für beide Seiten lukrativ sein: Die eine Seite der Transaktion sparte sich die Kosten bei der Entsorgung des Materials, die andere verdiente daran.

---

26 *Blaise Farina*, A Portrait of World Historical Production and World Historical Waste after 1945, in: Review (Fernand Braudel Center) 30, 2007, S. 177–123, hier: S. 202.
27 *Fiorillo/Spikol*, Ashes to Ashes, Dust to Dust; *Tyler Marshall*, West Europe Has Its Fill of Toxic Waste, in: Los Angeles Times, 28.2.1989.
28 Anlehnung an Arjun Appadurais Konzept von Kommodität, vgl. *Arjun Appadurai* (Hrsg.), The Social Life of Things. Commodities in Cultural Perspective, Cambridge/New York etc. 1986.
29 *Jan-Otmar Hesse*, Wirtschaftsgeschichte. Entstehung und Wandel der modernen Wirtschaft, Frankfurt am Main 2013, S. 194; *Robert N. Gwynne/Cristóbal Kay*, Latin America Transformed. Globalization and Modernity, London 2004, S. 47.
30 *Brownell*, Negotiating the New Economic Order of Waste, S. 270.
31 *Clapp*, The Toxic Waste Trade, S. 507.

Eine Reihe von Giftmüllskandalen stürzte dieses Marktsystem gegen Ende der 1980er-Jahre in eine tiefe Krise, wobei sich die darin aufschaukelnden Emotionen in der Debatte um Summers' Memo letztlich gewitterartig zu entladen schienen. Philadelphias Giftmüll beispielsweise erlangte traurige Berühmtheit, als die »Khian Sea« fast zwei Jahre lang vergeblich nach einem Abnehmer und Ankerplatz für ihre Ladung suchte. In letzter Minute hatte Panama 1986 die Importlizenz zurückgezogen. Die panamaische Regierung hatte nun doch Vorbehalte, Philadelphias Giftmüll als Zwischendämmung in einem Straßenbauprojekt durch Feuchtgebiete zu nutzen. In einer Nacht-und-Nebel-Aktion verklappte die »Khian Sea« Teile ihrer Ladung vor einem Strandabschnitt im Westen Haitis, bevor sie dann monatelang die Weltmeere durchkreuzte und mehr als einmal Flagge und Besitzer wechselte. Als das gelöschte Schiff schließlich 1988 in einem italienischen Hafen vor Anker ging, verweigerte der Kapitän jegliche Aussage über den Verbleib seiner Ladung, außer dass es ordnungsgemäß entsorgt worden sei.[32] In der Debatte um die sogenannten Geisterschiffe des Müllhandels brachten Medien und Umweltaktivisten Aspekte wie etwa mangelnde Entsorgungseinrichtungen in den Importländern und damit verbundene Gesundheits- und Umweltschäden für die dortige Bevölkerung als Störelement in das bestehende Handelsgleichgewicht ein – ein »Marktversagen« kündigte sich an.[33] Ab den späten 1980er-Jahren suchten sowohl die Vereinten Nationen als auch die Afrikanische Union das liberale Marktsystem über supranationale Regulierung einzudämmen. Nicht jeder, wie Summers' Memo offenbarte, war jedoch der Ansicht, dass die Eindämmung des Freihandels die Lösung des Problems war.

II. LAWRENCE SUMMERS UND DIE WELTBANK IN DER KRITIK

Seit ihrer Gründung 1944 hat selten ein internes Memorandum der Weltbank einen derartigen öffentlichen Widerhall und Widerstand erfahren wie das von Summers. Dabei entzündete sich der weltweite Protest keineswegs am Gesamttext, sondern lediglich an einer relativ kurzen Passage des insgesamt sieben Seiten langen Schriftstücks. Ausgangspunkt des Memorandums war eine Rohfassung des alljährlichen »Global Economic Prospects Reports«, an dem eine Gruppe Ökonomen der Weltbank arbeitete und die Summers kritisch hinterfragte. Lawrence H. Summers schwieg sich aus, welche Passage ihm im Bericht genau missfiel, doch zusammen mit einem jüngeren Kollegen verfasste (oder wie Summers später behauptete, lediglich unterzeichnete) der Vizechef der Weltbank im Dezember 1991 das besagte Memorandum.[34] Er sah es, laut späteren eigenen Aussagen, als »Denkübung« und Ein-Nordung der Weltbankökonomen, die am *Global Economic Prospects Report* saßen, in strikt volkswirtschaftliche Theorie und kosten-/nutzenorientiertes Denken. Demnach sei der Export giftiger Abfallstoffe in die armen Länder der Welt wirtschaftlich sinnvoll. Gesundheitsschädigende Verschmutzung, so Summers in seinem Memorandum, sollte in den Ländern stattfinden, in denen dies die geringsten Kosten verursachte – also in den Ländern mit den geringsten Löhnen.[35] Auch Staaten mit geringer Bevölkerungsdichte seien zu bevorzugen. Schon immer, so Summers, sei er der Ansicht gewesen, dass die Länder in Afrika mit einer niedrigen Bevölkerungsdichte auch enorm

---

32 *Farina*, A Portrait of World Historical Production, S. 204f.; *Brownell*, Negotiating the New Economic Order of Waste, S. 276f.
33 *Peter Montague*, Philadelphia Dumps on the Poor, in: Rachel's Environment & Health Weekly, 23.4.1998; *Fiorillo/Spikol*, Ashes to Ashes, Dust to Dust; *Albert Fry*, International Transport of Hazardous Waste, in: Environmental Science & Technology, 1989, S. 508–509, hier: S. 508.
34 Laut dem New Yorker war der eigentliche Autor des Schriftstücks ein junger Kollege von Summers, vgl. *Katrina vanden Heufel*, Larry Summers's Ghosts, in: The Nation, 22.2.2006.
35 *Henwood*, Toxic Banking.

»unterverschmutzt« seien. Im Gegensatz zu Los Angeles oder Mexiko-Stadt hätten diese Regionen noch große Aufnahmekapazitäten für Verschmutzung. Allein die Kosten für den Transport von Müll seien so enorm, dass sie den Handel mit Giftmüll – oder auch mit Luftverschmutzung – zum Wohle der gesamten Menschheit verhinderten.[36]

Wohl zu Beginn des Jahres 1992 gelangte das Greenpeace-Büro in Washington in den Besitz des internen Memorandums und fing an, es per Fax an diverse Umweltaktivisten(-gruppen) und Journalisten auf der ganzen Welt zu versenden.[37] Der Aufschrei unter diesen Erstadressaten muss enorm gewesen sein, denn noch vor der Veröffentlichung des Memos am 8. Februar im »Economist« suchten Summers und die Weltbank hektisch den negativen Eindruck, den sie glaubten, dass das Memo auf Leserinnen und Leser weltweit haben würde, zu begrenzen. In einem Interview mit der »New York Times« vom 7. Februar 1992, also noch bevor Journalisten das Memo der Weltöffentlichkeit zugänglich gemacht hatten, betonte der Ökonom, dass Tonfall und Inhalt stark sarkastisch gemeint gewesen waren. Noch am gleichen Tag veröffentlichte die Weltbank zusätzlich eine Presseerklärung, dass das Memo nicht die Position der Weltbank widerspiegele und ihr Vizechef sich für »jegliches Missverständnis, welches dadurch entstanden sei«, entschuldige.[38]

Jedes Zurückrudern der Weltbank war nutzlos. Journalisten und Umweltgruppen auf der ganzen Welt stürzten sich auf das Memorandum wie auf ein gefundenes Fressen. Mit der Veröffentlichung von Summers' Memorandum begann eine weltweite Debatte zur globalen Verteilung von Verschmutzung.[39] Zwei Tage nach der Veröffentlichung des Memos rief die an sich eher gemäßigte »Financial Times« ihre Leserinnen und Leser zur Rettung des Planeten vor den Ökonomen (Save Planet Earth from Economists) auf.[40] Der »Economist« selbst nannte Summers moralisch gleichgültig, »The Nation« charakterisierte ihn scharfzüngig als Mitglied der »Whiz-bang-Harvard«-Ökonokraten – eine Gruppe, die in religiöser Überzeugung daran glaubte, dass Geld der ausschlaggebende Wertmaßstab sei, Glück gleichzusetzen sei mit einem wachsenden Bruttoinlandsprodukt und rechtliche Differenzen als rivalisierende ökonomische Ansprüche verhandelt würden. Ethische Bedenken könnten in Dollar beziffert werden und letztlich sei die günstigere Option immer zu bevorzugen.[41] Passend zum weltweit gefeierten »Tag der Erde« veröffentlichte das »People's Magazine« seine Top-10-Liste der »Feinde der Erde – oder mit welchen Namen man einen Umweltschützer zum Überschäumen bringt«.[42] An Summers' Alma Mater, Harvard, protestierten Studierende auf dem Campus und unterzogen Summers bei einem Besuch einem offiziellen Kreuzverhör.[43] Das Memo war ein PR-Desaster für die Weltbank. Auch da es just zu dem Zeitpunkt in den Medien auftauchte, als sich Weltbankchef Lewis Preston mit dem Flieger über dem Atlantik auf seiner ersten offiziellen Reise nach Afrika befand. Kaum in Harare, Zimbabwe, gelandet, musste er sich eines Sturms an Fragen erwehren, ob es nun die neue Politik der Weltbank sei, Giftmüll nach Afrika zu schicken.[44]

---

36 O.V., Let Them Eat Pollution.
37 David Harvey, Justice, Nature and the Geography of Difference, Cambridge 1996, S. 367.
38 O.V., Furor on Memo at World Bank, in: The New York Times, 7.2.1992; ebenso James Swaney, So What's Wrong with Dumping on Africa?, in: Journal of Economic Issues 28, 1994, S. 367–377, hier: S. 367; O.V., Views on Exporting Pollution Not Ours, Says World Bank, in: The Straits Times, 9.2.1992, S. 4.
39 O.V., Is the Third World Under-Polluted?, in: The Business Times, 8.2.1992, S. 16; Michael Weisskopf, World Bank Official's Irony Backfires, in: The Washington Post, 10.2.1992.
40 Michael Prowse, Save Planet Earth From Economists, in: Financial Times, 10.2.1992.
41 Henwood, Toxic Banking, S. 257; O.V., Pollution and the Poor, in: The Economist, 15.2.1992.
42 Susan Reed, Enemies of the Earth. How to Provoke An Environmentalist: Mention One of These Names, in: People's Magazine, 27.4.1992.
43 O.V., Toxic Memo, in: Harvard Magazine, 5.1.2001.
44 Rich, Mortgaging the Earth, S. 248.

Rettet die Erde vor den Ökonomen?

Ähnliche Prominenz wie Summers' Memo selbst erreichte der Protestbrief José Lutzenbergers, zu dieser Zeit Brasiliens Umweltminister, vom Februar 1992 an den Weltbank-Chefökonomen. Mitten in den Vorbereitungen auf den UNO-Gipfel zu Umwelt und Entwicklung im Juni 1992 in Rio de Janeiro musste die Publikation von Summers' Memo auf den Titelblättern von Brasiliens führenden Zeitungen für einen der Gründerväter der lateinamerikanischen Umweltbewegung wie ein Schlag ins Gesicht wirken.[45] Oder doch eher wie eine »willkommene Überraschung« – wie Lutzenberger in seinem Brief schrieb? Denn laut dem Brasilianer unterstrich Summers in seiner ökonomisch nachvollziehbaren, doch moralisch »vollkommen geisteskranken« Logik die Absurdität ökonomischer Theorie. Summers' Argumentation nach einem Mehr an Verschmutzung in den ärmsten Ländern der Welt, so Lutzenberger, zeige nur die absolute Ignoranz konventioneller Ökonomen mit Blick auf die natürliche Umwelt; sie sei eine Beleidigung für alle mit Verstand ausgestatteten Menschen. Letztlich forderte Lutzenberger nichts weniger als den Rücktritt Summers', denn wenn die Weltbank Summers als Vizechef behalte, verliere sie jegliche Glaubwürdigkeit. Das vom Chefökonomen vertretene Gedankengut bestätige, was Lutzenberger schon Jahre zuvor in seinem Kampf gegen Entwicklungsgroßprojekte der Weltbank wiederholt angeführt hatte: Das Beste, was der Weltbank geschehen könnte, wäre, sie einfach nur abzuschaffen.[46]

Wie Lutzenberger andeutete, ging es im Protest gegen Summers nicht nur um den internationalen Giftmüllhandel – vielmehr ging es um die Politik der Weltbank als solche. Bereits seit den frühen 1980er-Jahren war die Weltbank im Fokus der Kritik von Umweltaktivisten. Gruppen wie das »Natural Resources Defense Council«, das »Environmental Policy Institute« oder die »National Wildlife Federation« monierten, dass die Vergabepolitik der Weltbank und ihre Präferenz für große Infrastrukturprojekte, wie etwa Staudämme in Thailand, Brasilien, Argentinien und Indien, welche ganze Landstriche unter Wasser setzten und zur Umsiedlung Tausender Menschen führten, in ihrer letzten Konsequenz sozial unverträglich und zudem umweltschädigend waren.[47] Erstmals 1983 brachten Umweltverbände die Verbindung zwischen von der Weltbank finanzierten Projekten und Umweltzerstörung auf die Agenda des amerikanischen Kongresses, und damit eines des größten Geldgebers der Weltbank. Zwei Tage lang befassten sich im Juni 1983 die US-amerikanischen Kongressabgeordneten mit der Anhörung von Experten, die ihnen regelrechte Schauergeschichten erzählten. Diese handelten von der Zwangsumsiedlung indigener Völker im Rahmen von Entwicklungsprojekten, verpfuschten Bewässerungsprojekten, welche die Verbreitung von Malaria förderten, oder der Rodung des Regenwalds für Viehhaltung – alles durch Finanzierung der Weltbank. Besondere Aufmerksamkeit erregte das Schicksal der Nambikwara – einer indigenen Bevölkerungsgruppe im Amazonasgebiet Brasiliens. Zu Beginn des 20. Jahrhunderts zählte die Gruppe 20.000 Vertreter, Mitte der 1980er-Jahre nur noch 650. Sie litten unter ihrer Zwangsumsiedlung durch die brasilianische Regierung nach 1968, unter von Holzfällern eingeschleppten, ihnen fremden Krankheiten sowie der massenhaften Anwendung giftiger Entlaubungsmittel, die ihre Umwelt und sie selbst vergifteten. Vertreter des Internationalen Roten Kreuzes, welche die

---

45 Vgl. ebd., S. 246.
46 Lutzenberger zit. nach: *vanden Heufel*, Larry Summers's Ghosts, sowie *Bruce Rich*, Mortgaging the Earth, S. 246 und 248.
47 *Robin Broad/John Cavanagh*, Beyond the Myths of Rio. A New American Agenda for the Environment, in: World Policy Journal 10, 1993, S. 65–72, hier: S. 69; Umweltschützer zitierten oft aus den Studien von *M. Taghi Farvar/John P. Milton* (Hrsg.), The Careless Technology. Ecology and International Development, Garden City 1972; vgl. auch Arundhati Roy zum Staudammprojekt im Narmada-Tal in Indien: *Arundhati Roy*, The Cost of Living. The Greater Common Good and the End of Imagination, London 1999.

Region besucht hatten, sprachen von einem langsamen Genozid.[48] Die US-amerikanischen Volksvertreter zeigten sich schockiert. Weitere Anhörungen folgten. Zwischen 1983 und 1988 kam es zu 21 Anhörungen vor sechs verschiedenen Unterausschüssen, in denen die fehlende Umweltperspektive der Weltbank eine zentrale Rolle spielte.[49] Zeitgleich erhöhten Umweltaktivisten den Druck auf die Weltbank. 1987 überreichte der »Environmental Defense Fund« 21.000 individuelle Protestbriefe seiner Mitglieder und Sympathisanten an den damaligen Chef der Bank, Barber Conable. Auch andere Aktivistengruppen, wie etwa »Rainforest Action Network«, »Friends of the Earth«, »Probe International« in Kanada oder der »International Dams Newsletter«, befeuerten die Weltbank mit postalischem Protest. Gegen Mitte der 1980er-Jahre erhielt die Weltbank mehr Post zu Umweltthemen als jemals zuvor zu irgendeinem anderen Aspekt ihrer Entwicklungspolitik.[50]

Angesichts derartiger Kritik schien eine Reform der Weltbank nach umweltpolitischen Gesichtspunkten notwendig. Und in der Tat bewegte sich die Bank gegen Ende der 1980er-Jahre – auch auf Druck der amerikanischen Regierung und seitens Kongressabgeordneter. 1986 hatte der damalige US-Finanzminister James Baker erstmals den geschäftsführenden Direktor der Weltbank angewiesen, sich gegen einen 500-Millionen-Dollar-Kredit an Brasilien auszusprechen, der unter anderem für den Bau von Kraftwerken im Regenwald des Amazonas gedacht war.[51] Weltbankpräsident Barber Conable leitete ein Jahr später, 1987, wichtige grüne Reformen für die Bank ein. Falls die Weltbank in der Vergangenheit Teil des Problems gewesen sei, so Conable im Mai 1987, könne und würde sie die treibende Kraft für Verbesserungen in der Zukunft sein.[52] In seiner Rede vor dem »World Resources Institute« kündigte Conable eine Reihe von Änderungen an, darunter eine Aufstockung des Personals im Umweltbereich quer durch alle Abteilungen der Weltbank, die Einrichtung einer eigenen Umweltabteilung, welche die Kreditvergabe nach Umweltgesichtspunkten untersuchen solle, die Verpflichtung der Bank, vermehrt umweltfreundliche Projekte zu fördern, und das Versprechen, sich verstärkt mit Umweltaktivisten im jeweiligen Land abzusprechen.[53] Conables Reformen waren wohlgemeint, doch sie halfen wenig, um unter Umweltaktivisten einen guten Ruf der Weltbank (wieder-)herzustellen. Spätestens mit Summers' Memo, das in seiner Logik Umwelt- und Gesundheitsschäden gemessen an Arbeitskraft und Produktionsausfall quantifizierte und mit dem jeweiligen Bruttoinlandsprodukt verrechnete, stand die Weltbank erneut im Fokus der Kritik.

III. VON ÖKONOMISCHER THEORIE ZUM GIFTMÜLLIMPERIALISMUS

Trotz Kritik und medialem Aufschrei verliefen alle Forderungen nach einer Entlassung oder eines Rücktritts Summers' ins Leere – gerade auch, da sich in der Debatte die Spannung wie auch die diskursiven und kategorialen Grenzen zwischen einer als systemimma-

---

48 *Bruce Rich*, Mortgaging the Earth, S. 114; House Committee on Banking, Finance, and Urban Affairs, Subcommittee on International Development Institutions and Finance, Environmental Impact of Multilateral Development Bank-Funded Projects (Hrsg.), 98th Congress, 1st sess., June 28/29, Washington, D.C. 1983, S. 503–513; *Aufderheide/Rich*, Environmental Reform and the Multilateral Banks, S. 307.
49 Ebd., S. 308.
50 Ebd., S. 311.
51 Ebd., S. 308.
52 *Barber Conable*, Speech before World Resources Institute, Washington, D.C. 1987; *Aufderheide/Rich*, Environmental Reform and the Multilateral Banks, S. 301 f.
53 *Conable*, Speech before World Resources Institute; *Aufderheide/Rich*, Environmental Reform and the Multilateral Banks, S. 301 f.; *Jochen Kraske*, Bankers with a Mission. The Presidents of the World Bank, 1946–91, New York 1996, S. 267.

nent postulierten Amoralität und einer ob der potenziellen und realen Umwelt- und Gesundheitsschäden vorliegenden Unmoralität des infrage stehenden Wirtschaftssystems nicht auflösen ließ. Gleichzeitig verschwammen im Diskurs kategoriale Standpunkte entlang der Frage, ob Moral nun in der Wirtschaft eine Rolle spiele oder nicht. Während sich die eine Fraktion also im Frühjahr 1992 an den moralischen Widrigkeiten von Summers' Argumentation aufrieb, zusätzlich gespeist aus einer antikapitalistischen und marxistischen Vorstellung von Handel als Ausbeutung, betonten neoklassische Ökonomen, dass Summers' Argumentation zwar, in den Worten von Harvard-Ökonom Steffen Marglin, eine »krasse Ausdrucksweise« sei, aber volkswirtschaftlich nicht zu widerlegen.[54] In ihrer Weltsicht war Giftmüllhandel als kapitalistisches Marktphänomen *a*moralisch, nicht *un*moralisch. Selbst Doug Henwood, Autor eines regelrechten Summers-Verrisses in »The Nation«, erklärte seinen Lesern am Ende seines Artikels, dass Summers nichts weiter täte, als die Logik seiner Disziplin und seines Arbeitgebers zu vertreten.[55] Doch worin bestand diese Logik der kapitalistischen Amoralität, worin lag die ihr von José Lutzenberger vorgeworfene Ignoranz und musste »Mutter Erde«, wie es die »Financial Times« propagierte, wirklich vor den Ökonomen gerettet werden?

Bei der Frage nach der Relevanz moralischer Argumentation schienen zunächst einmal die Zahlen für Summers zu sprechen, wobei bezeichnend ist, dass selbst die Moraldebatte auf einer quantifizierbaren Logik beruhte. Bereits im Frühjahr 1992 merkte somit der ein oder andere Leser an, dass der Kritik aus dem Umweltlager die wissenschaftliche Belegbarkeit, gemeint war damit eine mit Zahlen, Daten und Fakten durchdrungene Quantifizierung der Gesundheits- und Umweltschäden durch den Giftmüllhandel, fehlte. Wie Ed Walsh exemplarisch in der Rezension zu »Killing Me Softly. Toxic Waste, Corporate Profit and the Struggle for Environmental Justice« anmerkte, vermisste selbst ein antikapitalistischen Thesen geneigter Leser eine wissenschaftliche, faktische Grundierung. Walsh suchte ein weniger generalisierendes, gemeint war ein weniger rein ethisches, Argument gegen den Giftmüllhandel. Sicherlich sei einsichtig, dass die Müllindustrie generell ihren eigenen Profit über die Gesundheit der Menschen stelle, doch letztlich seien die globalen Marktmechanismen äußerst komplex und eine neoimperialistische Ausbeutungsrhetorik greife zu kurz, um diese zu erklären. Die reine Wiederholung marxistischer Dogmen ohne Zahlen, Daten und Fakten sei in ihrer Argumentation wenig überzeugend.[56] Befürworter des Giftmüllhandels wie auch Sympathisanten der Gegenseite forderten die Giftmüll-Opposition auf, die von ihnen in der Debatte um Summers in ein Wirtschaftssystem eingebrachte Moral entsprechend zu beziffern. Der moralische Diskurs musste sich terminologisch dem wirtschaftlichen anpassen, um Gehör zu finden und argumentativ überzeugen zu können. Doch war dies der Opposition Anfang der 1990er-Jahre möglich?

Zahlen und Daten waren und sind mit Blick auf die globale Ökonomie des Giftmüllhandels in der Tat nur schwer beizubringen. Es ist unklar, wie viel Giftmüll in den 1980er-Jahren wohin exportiert wurde und – trotz Regulierung und Überwachung – bis heute wird. Ebenso unklar ist, wie groß die Zahl problematischer Mülllieferungen vom globalen Norden in den globalen Süden wirklich war und ist. Nach offiziellen OECD-Statistiken exportierten in den 1980er-Jahren die OECD-Länder im Durchschnitt nur 1 % dessen, was sie als umwelt- und gesundheitsschädlichen Abfall deklarierten. Länder mit Exportraten über 10 % waren die Niederlande, die Schweiz, Österreich und Australien. Einige der

---

54 *Stephan Marglin*, The Dismal Science. How Thinking Like an Economist Undermines Community, Cambridge/London 2008, S. 45.
55 *Henwood*, Toxic Banking, S. 257.
56 *Eddie Girdner/Jack Smith*, Killing Me Softly New York. Toxic Waste, Corporate Profit, and the Struggle for Environmental Justice, New York 2002; *Ed Walsh*, Review: Killing Me Softly, in: Contemporary Sociology 33, 2004, S. 67.

wichtigsten Importnationen unter den OECD-Ländern waren wiederum die Niederlande, Österreich und Dänemark. Statistiken zum globalen Handel zwischen nördlicher und südlicher Hemisphäre allerdings waren wenig belastbar – auch da der Handel oftmals illegal funktionierte.[57] Das gesundheits- und umweltschädigende Potenzial des Giftmülls ließ sich Anfang der 1990er-Jahre nicht beziffern; genauso wenig damit die Moral, welche im Diskurs um Summers offenbar nur Gültigkeit hatte, wenn eine kritische Masse an Schäden in der Tat aufgetreten und belegbar war – nicht weil Schäden generell auftreten könnten oder weil Erzählungen darüber kursierten, dass in Regionen mit nicht sachgemäßer Giftmüllentsorgungspraxis, wie etwa in Koko (Nigeria), wo die Giftmüllladung aus Europa der »Karin B« entsorgt worden war, die Krebs- oder Fehlgeburtenrate in die Höhe geschossen sei.[58] Ebenso schwierig, wie Giftmüll anhand seiner Substanzen zu bestimmen beziehungsweise zu definieren, war es auch, seine Schäden zu bemessen. Wissenschaftliche Studien zu den langfristigen Wirkungen der meisten Chemikalien waren schlicht und einfach Mangelware.[59]

Summers behielt sein Amt als Chefökonom und Vizepräsident der Weltbank jedoch nicht nur aufgrund fehlender belastbarer Beweise für den Umfang und die Schädlichkeit des Giftmüllhandels und damit für eine Quantifizierung der Unmoralität des Giftmüllhandels. Ebenso stützte ihn die von zentralen Personen als Wissenschaftlichkeit wahrgenommene Passfähigkeit seines Arguments in seit Anfang des 20. Jahrhunderts bestehende Markttheorien sowie in den wirtschaftspolitischen Trend der 1980er-Jahre zu stärkerer Marktliberalisierung. Aus Sicht dieser Theorien fügte sich Summers ein in eine lange Tradition wirtschaftswissenschaftlicher Überlegungen zum Thema Externalitäten und externe Effekte und damit auch der Frage des Umgangs mit Gesundheits- und Umweltschäden, die durch Markttransaktionen wie etwa den Giftmüllhandel entstanden. Die Tatsache, dass Befürworter des Giftmüllhandels ihr Handelssystem als inhärent amoralisch betrachteten, bedeutete nicht, dass sie die Schäden aus dem Handel negierten oder ignorierten – es bedeutete nur, dass für sie Moral oder ethische Bedenken damit nichts zu tun hatten.

Der Begriff externer Effekt wurde 1921 von Arthur Cecil Pigou in die Wirtschaftstheorie eingeführt.[60] Er bezeichnet die nicht kompensierten Auswirkungen ökonomischer Entscheidungen auf unbeteiligte Marktteilnehmer. Damit ist nicht der Produzent externer Effekte, wie im Fall von Giftmüll beispielsweise Luftverschmutzung, Geruchsbelästigung, Grundwasserverseuchung oder potenzielle Krebserkrankungen, verantwortlich für die mit diesen negativen Effekten in Zusammenhang stehenden Kosten, sondern die gesamte Gesellschaft. Externe Effekte im Produktionssektor, so Volkswirt Hans Wiesmeth, führten damit letztlich zu einer Divergenz zwischen privaten und gesellschaftlichen Grenzkosten.[61] Für Wirtschaftstheoretiker nach Pigou lautete die zentrale Frage, wie man mit einem »Marktversagen«, welches durch die Existenz dieser Externalitäten hervorgerufen wurde und in der Differenz zwischen privaten und gesellschaftlichen Grenzkosten ihren Ausdruck fand, umging. Wie mussten sich die Rahmenbedingungen ändern, damit der Verursacher der Umweltbelastungen Anlass sah, sein ökonomisches Handeln zu ändern?

Arthur Pigou hatte für die Internalisierung der externen Effekte eine vom Staat gesteuerte Maßnahme vorgeschlagen: die sogenannte Pigou-Steuer.[62] Im Rahmen der grünen Wen-

---

57 *Rauscher*, International Trade in Hazardous Waste, S. 149f.
58 *Steven Greenhouse*, Europe's Failing Effort to Exile Toxic Trash, in: The New York Times, 16.10.1988.
59 *Richter*, Giftmüllexporte nach Afrika, S. 334.
60 *Arthur C. Pigou*, The Economics of Welfare, London 1921, S. 70–74.
61 *Hans Wiesmeth*, Umweltökonomie. Theorie und Praxis im Gleichgewicht, Berlin/Heidelberg etc. 2002, S. 56.
62 *Pigou*, The Economics of Welfare, S. 593ff.

de in den Industrienationen in den 1970er-Jahren folgten staatliche Stellen im Wesentlichen Pigou, indem sie über gesetzliche Regelungen die externen Effekte der Produktion und Entsorgung von Giftmüll zu internalisieren suchten (vergleiche in den USA den vorab genannten RCRA oder den Ocean Dumping Act). International war es die 1972 verabschiedete »Convention on the Prevention of Marine Pollution by Dumping of Wastes and Other Matter«, die das Verklappen von Giftmüll auf hoher See verbot und unter Strafe stellte.[63] Wie jedoch bereits erwähnt, ging der Schuss in Bezug auf Giftmüll im Wesentlichen nach hinten los. Statt zu internalisieren, begannen die Verursacher doppelt zu externalisieren: (1) die Kosten vom Privaten auf das Gesellschaftliche und (2) von ihrer nationalen Gesellschaft auf eine jenseits ihrer territorialen Grenzen. Der internationale Handel mit Giftmüll boomte ab den späten 1970er-Jahren.

Nicht unwesentlich unterstützt wurde diese zweite Externalisierung von Giftmüll auf den internationalen Markt auch durch einen Paradigmenwechsel in der Wirtschaftstheorie. Bereits 1960 entwickelte Ronald Coase in seinem Aufsatz »The Problem of Social Costs« ein Gegenmodell zu Pigou, der den Verursacher für den Schaden in der Pflicht sah (ähnlich dem »Der-Verschmutzer-zahlt«-Prinzip).[64] Coase hingegen argumentierte, dass es bei manchen Transaktionen unmöglich sei, externe Effekte zu berechnen. Was war der Wert sauberer Luft? Was der Wert eines Lebens? Stattdessen gab es in jeder wirtschaftlichen Interaktion Transaktionskosten. Diese konnten vernachlässigbar klein ausfallen, wie etwa Anbahnungskosten einer ersten Kontaktaufnahme zwischen Handelspartnern, oder enorme Dimensionen annehmen, wie die Aushandlung dreistelliger Milliardenbeträge für Programme gegen Luftverschmutzung. Da in einem marktwirtschaftlich orientierten System beide Seiten der Transaktion jedoch nach Gewinnmaximierung strebten, würden sie ihr Marktverhalten entsprechend anpassen. Letztlich war es damit der Markt selbst und nicht der Staat oder die Staatengemeinschaft, der über die Wertigkeit externer Effekte beschied.[65] In den 1970er-Jahren wurde dieser von Coase angedeutete Zusammenhang von Handel und Umwelt aufgenommen und von anderen Theoretikern, wie beispielsweise Ingo Walter, weiterentwickelt.[66] 1991 hatte das schwedische Preiskomitee Ronald Coase für dieses Coase-Theorem den Wirtschafts-Nobelpreis zuerkannt.[67]

Aus Sicht seiner Fachdisziplin hätten für Summers in diesem Wettstreit über die Deutungshoheit über den internationalen Giftmüllhandel die Vorzeichen besser nicht stehen können. Indirekt sprach er in seinem Memo das Coase-Theorem an, als er den Aspekt der sich anpassenden Aufnahmefähigkeit *(assimilative capacity)* als Argument anbrachte. Die armen Länder der Welt hatten dabei durchaus ihren komparativen Marktvorteil aufgrund ihres potenziell höheren Aufnahmevolumens für Giftmüll. Die Luft war eben noch reiner in der Sahara als in Los Angeles oder Mexiko-Stadt, wo im Jahr 1989 Schulkinder wegen Smogs für einen ganzen Monat zu Hause bleiben mussten.[68] Erst 1987 hatte Charles S. Pearce, als neu berufener Direktor des »Advanced International Studies Program« der Johns Hopkins University, in weniger provokanter Sprache als Summers und eher erklärend als empfehlend das gleiche Argument vorgebracht. In der ökonomischen Theorie gab

---

63 *Daud Hassan*, Protecting the Marine Environment from Land-Based Sources of Pollution. Towards Effective International Cooperation, Aldershot 2006, S. 80.
64 *Ronald Coase*, The Problem of Social Cost, in: The Journal of Law & Economics 3, 1960, S. 1–44.
65 Ebd.
66 *Charles S. Pearson*, Economics and the Global Environment, Cambridge/New York etc. 2000, S. 177.
67 *Ronald Coase*, The Institutional Structure of Production. Rede vor dem Nobelpreiskomitee, in: *Ronald Coase* (Hrsg.), Essays on Economics and Economists, Chicago 1994, S. 3–14.
68 *Summers*, Internal Memo; To: Distribution; *John B. Foster*, Ecology Against Capitalism, New York 2002.

es sie also, die »Verschmutzungsoasen«.⁶⁹ In einem Aufsatz, der 1994 im »Journal of Economic Issues« erschien, ging der Ökonom James A. Swaney fast schon zynisch der Frage nach, was denn nun falsch daran wäre, seinen Giftmüll nach Afrika zu bringen. Schließlich könnten die Reichen dieser Welt – volkswirtschaftlich betrachtet – diesem Handel doch nachgehen, wenn die Armen der Welt entsprechend dafür kompensiert würden.⁷⁰ Innerhalb dieser Logik ging es darum, marktwirtschaftliche Instrumente zu finden, wie beispielsweise finanzielle Kompensation, um Umweltverschmutzung zu steuern und die entstehenden Schäden auszugleichen.

Der zentrale Gesichtspunkt in Summers' Argumentation war jedoch das marktwirtschaftliche Axiom des Wachstums und damit verbunden das Versprechen von Mehrwert. Schon lange vor Summers waren Volkswirte von der Grundannahme ausgegangen, dass der wirtschaftliche Wohlstand einer Gesellschaft und Umweltbewusstsein und Umweltschutz zusammenhingen. Wie Wiesmeth erläutert, würden laut dieser Theorie von einer Gesellschaft Umweltgüter, wie etwa saubere Luft oder reines Wasser, erst dann als »knapp« und damit als »wertvoll« empfunden, nachdem die wirtschaftliche Lage eine ausreichende Versorgung mit den allgemein als lebensnotwendig bezeichneten gewöhnlichen Gütern zuließe.⁷¹ Implizit griff auch Summers auf dieses Argument zurück, als er schrieb, dass saubere Luft eine reine Frage der »Ästhetik« und damit des Luxus sei.⁷² 1992 veröffentlichten die in Princeton lehrenden Ökonomen Alan Krueger und Gene Grossman ihre viel beachtete Studie, welche diesen Zusammenhang zwischen Bruttoinlandsprodukt und Umweltschutz belegte. Nach ihren Berechnungen verbesserte sich der Zustand der Umwelt immens, sobald Länder die Grenze von 4.000$ bis 5.000$ pro Person am Bruttoinlandsprodukt erwirtschafteten.⁷³ In einem Artikel, den Grossman für die »New York Times« schrieb, argumentierte der Ökonom, dass eine saubere Umwelt kein Gemein-, sondern ein Luxusgut sei.⁷⁴ Die Wahrnehmung von Umweltproblemen könnten sich arme Länder gar nicht leisten. Erst wenn ein Land in der Lage sei, seine Bewohner zu ernähren, wäre es willens, auch die Kosten für die Beseitigung von Umweltverschmutzung zu bezahlen.⁷⁵ Die Armut und fehlende Entwicklung, so der Kern dieser Argumentation, waren also das Problem – nicht der Giftmüll. Bereits 1972 führte Indira Gandhi, damals Indiens Premierministerin, diesen Gedanken auf der UNO-Umweltkonferenz von Stockholm aus, als sie sagte, dass Armut und Notlage die größten Umweltverschmutzer seien.⁷⁶ Bis heute bleibt die Debatte, ob Indira Gandhi damit jegliche Umweltbewegung aus dem globalen Süden boykottieren wollte oder sich der Aussage ihrer Worte nicht bewusst war. In den 1970er- und 1980er-Jahren allerdings diente ihre Aussage Ökonomen und Gegnern der Umweltpolitik als Beleg, dass selbst Vertreter des globalen Südens am Axiom Entwicklung vor Umweltschutz festhielten.⁷⁷ Unheil ahnend mahnten in den frühen 1990er-Jahren

---

69 *Charles S. Pearson*, Environmental Standards, Industrial Relocation, and Pollution Havens, in: *Charles S. Pearson* (Hrsg.), Multinational Corporations, Environment, and the Third World: Business Matters, Durham 1987, S. 113–128.
70 *Swaney*, So What's Wrong with Dumping on Africa?, S. 368.
71 *Wiesmeth*, Umweltökonomie, S. 42.
72 *Summers*, Internal Memo; To: Distribution, S. 5.
73 *Gene Grossman/Alan Krueger*, Environmental Impacts of a North American Free Trade Agreement, Discussion Papers in Economics No. 158, Princeton 1991.
74 *Gene Grossman* in der New York Times, zit. nach: *Broad/Cavanagh*, Beyond the Myths of Rio, S. 67f.
75 Ebd.
76 *Indira Gandhi*, Man and Environment: Plenary Session of United Nations Conference on Human Environment Stockholm, 14.6.1972.
77 *Rich*, Mortgaging the Earth, S. 244; *O.V.*, Climate Change and Poverty: Why Indira Gandhi's Speech Matters, in: The Guardian, 6.5.2014.

Kritiker des Giftmüllhandels, dass das logische Ende einer derartigen Denkweise eine Wiederkehr von Thomas Robert Malthus bedeutete, der die Armen selbst für ihre Lage verantwortlich sah. Sie fanden wenig Gehör.[78]

Für die Ökonomen bestand die Lösung für Umweltprobleme im Wirtschaftswachstum, wie es die Weltbank und andere Institutionen für die armen Länder der Welt propagierten – durch Marktliberalisierung, Kapitaleinlage und Reglementierung des Finanzmarkts. Dies waren Grundbedingungen ökonomischer Globalisierung, die auch der Umwelt zugutekämen, da sie weltweites Wirtschaftswachstum und Wohlstand förderten. Steigende Löhne führten auf der einen Seite zu einer höheren Nachfrage nach einer sauberen Umwelt, auf der anderen Seite entstünden damit größere Ressourcen, um sie in den Umweltschutz zu reinvestieren.[79] Auch Summers gab diesem Wachstumsglauben, der sich in der Lösung von Umweltproblemen verfestigen würde, wiederholt Ausdruck: »Wachstum schaffe sowohl den Weg, wie auch den Willen, die Umwelt zu verbessern«, so Summers in einem Bericht des Internationalen Währungsfonds vom August 1992.[80] Dieser absolute Glaube an Wachstum als heilsbringenden Motor durchzog auch den Weltentwicklungsbericht der Weltbank zu »Wachstum und Umwelt« von 1992 und prägte die Verhandlungen von Rio im Juni 1992 nachhaltig.[81] Im Nachhinein war er mehr Mythos als Wahrheit.

Anhängig an das Problem der Armut entstand jedoch eine unterschwellige Differenzierung zwischen den Marktteilnehmern, eine Bewertung ihrer selbst (Valuation), die nur wenige Ökonomen oder Politiker offiziell als handlungsrational anerkennen wollten. Nur wenige Regierungen, so der »Economist« in einem am 15. Februar 1992 erschienen Leitartikel zu Summers' Memo, würden eine Politik offen verteidigen, die darauf basierte, unterschiedlichen Gruppen der Gesellschaft und ihrem Leben sowie ihrer Gesundheit unterschiedliche Wertigkeiten zu geben. Maßnahmen also, die voraussetzten, dass das Leben eines Arbeitgebers mehr wert sei als das eines Arbeitnehmers oder das eines Londoners mehr als das eines Nigerianers.[82] Und doch, so das Argument der Summers-Gegner, geschah in der Wirtschaftstheorie genau das, wenn Ökonomen Leben an Einkommen koppelten und Giftmüll genau da hinschicken wollten, wo das Einkommen am geringsten war.[83] Wie Barry Commoner, US-amerikanischer Biologe, Universitätsprofessor, Politiker und Mitbegründer der modernen Umweltbewegung, bereits 1987 vermerkte, versuchten Ökonomen in der Tat in ihren Modellen den Wert eines Lebens basierend auf dem Einkommen dieser Person zu berechnen. Das Leben eines Mannes war damit viel mehr wert als das einer Frau und das eines Weißen mehr als das eines Afroamerikaners oder Latinos.[84] Bereits 1983 hatte der oberste amerikanische Rechnungshof in einer Studie herausgefunden, dass drei von vier Giftmüllhalden in den Südstaaten der USA in der Nähe afroamerikanischer Viertel gelegen seien – und das, obwohl Schwarze in diesen Regionen nur 20 % der Bevölkerung ausmachten.[85] Seit den 1980er-Jahren wurde dieser Zustand

---

78 *Patricia O'Daley*, Regaining Control Over the Environment. A Pan-Africanist Agenda, in: African Journal of Political Science/Revue Africaine de Science Politique 1, 1996, S. 58–72, hier: S. 59.
79 *Daniel C. Esty*, Greening the GATT. Trade, Environment, and the Future, Washington, D.C. 1994; *William A. Brock/Scott Taylor*, Economic Growth and the Environment: A Review of Theory and Empirics, in: National Bureau of Economic Research. Working Paper, Oktober 2004, S. 1–59.
80 Zit. nach: IMF Survey 21, 3.8.1992, S. 245.
81 *Broad/Cavanagh*, Beyond the Myths of Rio, S. 65; World Bank, World Development Report 1992: Development and the Environment, New York 1992.
82 *O.V.*, Pollution and the Poor.
83 *Foster*, Ecology against Capitalism, S. 62.
84 *Barry Commoner*, The Environment, in: The New Yorker, 15.6.1987, S. 46.
85 US Accounting Office, zit. nach: *Foster*, Ecology against Capitalism, S. 63.

unter den Stichworten des Umweltrassismus und der Umweltgerechtigkeit in der Forschung und dem politischen Aktivismus verhandelt.[86] Auch der »Economist« musste am Ende seines – Summers ansonsten wohlwollend gesonnenen – Artikels zugeben, dass Regierungen ständig Entscheidungen träfen, welche auf der unterschiedlichen Bewertung von gesellschaftlichen Gruppen beruhten – auch wenn Politiker es selten so nennen wollten. In der Tat seien solche unterschiedlichen Bewertungen, so die Zeitschrift, dem kapitalistischen Marktsystem inhärent, wie ein Blick in die Wirtschaftsgeschichte offenbare.[87] Umweltaktivisten wie auch Regierungsvertreter jener ›Entwicklungsländer‹, die in Theorie und Praxis mit dem Import gesundheits- und umweltschädigender Abfallstoffe bedacht wurden, fassten diese Erkenntnis in ihrem Protest gegen eine Politik zusammen, die sie als »Müllimperialismus« bezeichneten.[88]

IV. RIO, BASEL UND BAMAKO – EIN WOHLGEWÄHLTER ZEITPUNKT?

Seine große Sprengkraft entfaltete Summers' Memo durch den Zeitpunkt der Veröffentlichung. Der PR-Fauxpas der Weltbank platzte mitten in einen internationalen Regulierungskonflikt in Bezug auf den Handel mit Giftmüll, der sich Anfang der 1990er-Jahre abspielte, sowie in die Vorbereitungen der Konferenz der Vereinten Nationen über Umwelt und Entwicklung in Rio de Janeiro. Die Konferenz in Rio war nach Stockholm 1972 die erste große internationale Konferenz, die sich dem Thema Umwelt in einem globalen Rahmen annahm. Rund 30.000 Menschen aus insgesamt 178 Staaten, knapp 9.000 Journalistinnen und Journalisten und 118 Staatsoberhäupter nahmen an ihr teil.[89] Mit Blick auf beide Ereignisse schien eine antikapitalistische Bewegung aus dem globalen Süden Fahrt aufzunehmen, deren Akteure versuchten, über staatliche Intervention den auch von der Weltbank propagierten Marktliberalismus einzudämmen und dem Kapitalismus auf globaler Ebene damit ein sozial- und umweltverträgliches Gesicht zu geben. Summers' Memo brachte zum Ausdruck, was die Weltbank selbst von solchen Bestrebungen hielt: nicht viel.

Auch wenn Rio zunächst eine Konferenz der Umweltpolitik sein sollte und eine erste Verbindung zur Weltbank nicht offensichtlich war, so darf der zweite Aspekt in ihrem Titel – Entwicklung – nicht überlesen werden. Die Delegierten agierten somit doch wieder mitten im Metier und mit dem Vokabular der Weltbank. Zudem hatte sich die Bank im Rahmen ihrer grünen Reformen auch im Umweltbereich neu aufgestellt. In den Monaten vor Rio kristallisierte sich immer stärker heraus, dass die Weltbank den Großteil des Geldes verwalten würde, das als Ergebnis der Konferenz fließen würde. Bereits im Oktober 1991 hatte sie als Pilotprojekt die »Global Environment Facility« gegründet, um Projekte im Bereich Umweltschutz und nachhaltiger Entwicklung zu fördern. In Rio beschloss die Weltgemeinschaft dann auf diese bereits bestehende Struktur der Weltbank zurückzugreifen. Die »Global Environment Facility« wurde umstrukturiert und auf von der Bank unabhängige Beine gestellt. Obgleich unabhängige Institution, blieb die Weltbank Trustee, ihre Mitarbeiter übernahmen die Verwaltung.[90] Umweltschutz und Umweltpolitik auf glo-

---

86 *Joan Nordquist*, Environmental Racism and the Environmental Justice Movement. A Bibliography, Santa Cruz 1995; *Robert D. Bullard*, Environment and Morality. Confronting Environmental Racism in the United States, Genf 2004; *Edwardo Lao Rhodes*, Environmental Justice in America. A New Paradigm, Indiana 2005.
87 O.V., Pollution and the Poor; *Foster*, Ecology against Capitalism, S. 62.
88 Zit. nach: *David Morris*, Garbage Imperialism. Let's Force Cities to Keep Wastes in Their Own Backyard, in: Los Angeles Times, 18.5.1987.
89 *Rich*, Mortgaging the Earth, S. 242.
90 Ebd., S. 245.

Rettet die Erde vor den Ökonomen?

baler Ebene waren ironischerweise nicht ohne die Bank möglich, obgleich Umweltaktivisten, wie beschrieben, gerade ihr ein schlechtes Zeugnis ausgestellt hatten und sie, in den Worten von Lutzenberger, eher als die Ursache denn die Lösung des Problems sahen.

Die Tatsache, dass gerade José Lutzenberger, Brasiliens Umweltminister und eine der Ikonen lateinamerikanischer Umweltinitiativen, sich prominent gegen Summers positionierte, erhöhte die Spannung im Vorfeld des Umweltgipfels von Rio enorm. Es schien, als ob Lutzenberger den Fehdehandschuh einer alten und lange überfälligen Kontroverse mit der Weltbank aufnahm. Um Giftmüll ging es schon lange nicht mehr. Vielmehr ging es um eine Endabrechnung mit der Entwicklungspolitik des globalen Nordens. Nur wenige Wochen vor dem UNO-Gipfel, im Mai 1992, hielt Lutzenberger eine Rede vor den Vereinten Nationen, in der er erneut Ansichten vertrat, die ihn bereits im März 1992 seinen Job als Brasiliens Umweltminister gekostet hatten. Entwicklungspolitik sei sinnlos, so Lutzenberger. Vielmehr bat er die Industrieländer, wie auch schon zuvor auf dem G7-Gipfel in New York, von weiteren Zahlungen abzusehen, da das Geld letztlich doch nur in korrupten Händen lande.[91] Die brasilianische Regierung, die durch Rio auf höhere und zusätzliche Kredite hoffte, hatte bereits Wochen zuvor diese Korruptionsvorwürfe Lutzenbergers als Anlass genommen, um den unliebsamen Ökologen zum Rücktritt zu zwingen.[92]

Nicht nur mit Blick auf Rio, sondern auch auf Basel und Bamako ist anzunehmen, dass der Zeitpunkt der Veröffentlichung des Memos im Frühjahr 1992 gezielt gewählt worden war. Auch im Wettstreit um die Regulierung der Verbringung gefährlicher Abfälle über die Grenze hatte sich der globale Süden gegen den globalen Norden in Stellung gebracht. Gegen Ende der 1980er-Jahre hatte eine Reihe von medienwirksam aufgereiteten Giftmüllskandalen, wie etwa die Reise der Giftmüllschiffe »Khian Sea«, der »Mobrow 2000« oder der »Karen B«, das eingangs beschriebene internationale Handelssystem ins Ungleichgewicht gebracht. Diese Skandale ließen die gesundheitlichen Risiken und Umweltproblematiken des Exports schädlicher Abfallstoffe aus den Industrieländern in Länder mit mangelnden Aufbereitungsmöglichkeiten für diese Stoffe deutlich werden. 1987 positionierte sich zunächst die UNO-Generalversammlung zum Thema Giftmüllhandel. Ein Jahr später, 1988, auch die Afrikanische Union. Beide Institutionen sahen sich als Sprachrohr einer allgemeinen Besorgnis über die Schäden für Umwelt und Gesundheit vor allem in ›Entwicklungsländern‹, die der Giftmüllhandel hervorrief. Aufgrund des hohen Ausmaßes des internationalen Handels mit giftigen Abfallstoffen beschloss die UNO-Generalversammlung im Dezember 1987, dass sie zusammen mit der Weltgesundheitsorganisation vorangehen müsse. Für 1989 wurde eine Konferenz in Basel einberufen, die sich mit der Thematik auseinandersetzen sollte.[93] Die Afrikanische Union hatte sich bereits 1988 in Addis Abeba zum Handel mit toxischen Abfallstoffen ausgetauscht – allerdings mit mäßigem Ergebnis. Nun waren alle Augen auf Basel gerichtet. Doch schnell zeichnete sich eine grundsätzliche Uneinigkeit zwischen der UN und der Afrikanischen Union ab.

Während der UNO-Konferenz in Basel 1989 wie auch in den Monaten davor und danach entfachten sich Debatten vor allem an der Frage, ob man den Handel mit toxischem Abfallmaterial komplett verbieten oder nur regulieren sollte. Die Konfliktlinien liefen zwischen einer Koalition von EU und dem Großteil der ›Entwicklungsländer‹ auf der einen Seite und den restlichen Industriestaaten sowie den *emerging economies* wie China und Indien auf der anderen. Chefdiplomaten des UNO-Generalsekretärs, vor allem auch Vertreter der UNEP bemühten sich während der Verhandlungen, beide Positionen mitein-

---

91 *O. V.*, Festival der Heuchelei, in: Der SPIEGEL, 18.5.1992, S. 224–246, hier: S. 246.
92 *Rich*, Mortgaging the Earth, S. 257; *Herald Journal*, Fired Environment Chief Was Too Outspoken, 29.3.1992.
93 *O'Daley*, Regaining Control over the Environment, S. 66; Brownell, Negotiating the New Economic Order of Waste, S. 279.

ander zu vereinen – scheiterten jedoch kläglich. Statt einer Einigung kam es zum Bruch. Anfang 1992 herrschte nun ein scheinbar unlösliches Kräftemessen zwischen den westlichen Industrieländern, mit Ausnahme der EU, die für die Aufrechterhaltung einer liberalen Giftmüll-Marktordnung plädierten und den Mitgliedern der Afrikanischen Union, die den Handel als »Ausbeutung« und Rekonialisierung deuteten. Als wenig später der US-amerikanische Senat, und damit die größte Exportnation giftiger Abfallstoffe, zudem noch die Ratifizierung des Basler Abkommens verweigerte, zogen sich die afrikanischen Staaten endgültig entrüstet von Basel zurück. Summers' Memo brachte das Fass für sie zum Überlaufen. Es schien zu beweisen, was die Vertreter der verschiedenen afrikanischen Nationen schon lange ahnten: Sie waren zur Müllhalde der Welt degradiert worden, da in einer global bemessenen Kosten-Nutzen-Rechnung ihr Leben und ihre Gesundheit weniger Wertschöpfung hatten als die der OECD-Länder. 1998 trat in Afrika statt Basel die 1991 von 12 Nationen der Afrikanischen Union ausgehandelte Bamako-Konvention zur Regulierung des Giftmüllhandels in und mit Afrika in Kraft.[94]

V. ABSCHLIESSENDE GEDANKEN

Summers' Memo zum internationalen Giftmüllhandel lässt sich als Prisma lesen. Seine Sprengkraft lag streng genommen weder in seiner ökologischen noch in seiner ökonomischen Aussage, sondern vielmehr in der Bedeutung, die es für bereits schwelende Konflikte Anfang der 1990er-Jahre entfaltete. Dies waren Konflikte jenseits von Summers' mathematischen Modellen von Angebot und Nachfrage, komparativem Kostenvorteil oder relationalen Opportunitätskosten innerhalb globaler, liberaler Marktstrukturen wie auch jenseits dieses einen Prozents an Giftmüll, den die Industrienationen exportierten. Stattdessen eröffnete das Memo eine Grundsatzdebatte über das Verhältnis zwischen globalem Norden und globalem Süden, der Entwicklungspolitik der Weltbank und der Umwelt- und Sozialverträglichkeit kapitalistischer Weltmarktstrukturen. Um Giftmüll ging es in Wirklichkeit kaum. Und so wurde im Frühjahr 1992 Giftmüll zu einem Symbol, an dem die Welt, fast schon in Form eines Stellvertreterkriegs, die Problematik einer aus kolonialer Vergangenheit stammenden Struktur von globaler Ungleichheit zwischen Industrie- und ›Entwicklungsländern‹ diskutieren konnte.

Doch musste beziehungsweise konnte die Erde »vor den Ökonomen gerettet« werden, wie es die »Financial Times« forderte? Im Frühjahr 1992 schien dies die treibende Fragestellung in einem ausweglosen Kampf um die Deutungshoheit über den internationalen Giftmüllhandel zu sein. Weder konnte sich Summers aus seit Pigou und Coase geltenden ökonomischen Theorien lösen noch Lutzenberger und seine Anhänger von ihrer antikapitalistischen Kritik, welche die Weltbank grundsätzlich als abschaffungswürdig sah, abrücken. Während für die eine Seite Wachstum, Entwicklung und Umweltschutz unlösbar positiv miteinander verquickt waren, sah die Gegenseite diesen Nexus als unzuträglich, als sozial- und umweltunverträglich an. Kapitalismus und Kapitalismuskritik blieben gefangen in einem Kreisschluss, in dem Wachstum und Umweltschutz sich in ihrer Existenz stetig neu gegenseitig bedingten, da es das eine ob des anderen eigentlich nicht und gleichzeitig gerade deswegen nur geben konnte.

Auf der analytischen Ebene scheiterte eine Annäherung oder gar eine Aussöhnung beider Konfliktparteien jedoch auch an einem kategorialen Missverständnis über das Verhält-

---

94 *Clapp*, The Toxic Waste Trade, S. 513; *David C. Scott*, Central American Presidents Seek a Regional Solution to Toxic Waste Imports, in: Christian Science Monitor, 10.3.1992; *Montague*, Philadelphia Dumps on the Poor; United Nations Environment Programme, The Basel Convention, S. 29.

nis von Wirtschaft und Moral. Letztlich ging es um die Frage, ob der Giftmüllhandel als Phänomen kapitalistischen Wirtschaftens inhärent unmoralisch oder amoralisch war. Während die Gegner des Giftmüllhandels Moral als Kategorie für Wirtschaft zuständig und legitimiert sahen, sprachen die Befürworter des Handels der Moral eine Zuständigkeit als Bewertungskategorie wirtschaftlichen Handelns ab. So wollte die eine Seite den Giftmüllhandel aufgrund ethischer Grundsätze verbieten, egal ob Schäden an Umwelt und Gesundheit quantifiziert werden konnten oder nicht, während die andere Seite Marktinstrumente suchte, um Umwelt- und Gesundheitsschäden auszugleichen und umweltgerechtes Verhalten zu fördern und zu steuern. Während beide Parteien auf dieselbe Sache blickten, fehlte ihnen nicht nur ein gemeinsames Vokabular, das bestimmt hätte, ob das Material nun Giftmüll war oder nicht. Sondern es fehlte ihnen auch an einer gemeinsamen Weltsicht, ob die Form des Handels mit diesem Material Teil eines Wirtschafts- oder eines Gesellschaftssystems war. Schließlich verdanken wir es der Sozialgeschichte mit ihrem Blick auf Individuen, Diskurse und Debatten, dass uns diese Wechselwirkungen und Spannungen zwischen Wirtschaft, Gesellschaft, Kultur und Staat sichtbar und analytisch fassbar werden.[95]

---

95 Vgl. dazu *Kocka*, Kapitalismus im Kontext, S. 181.

Dokumentation – Analyse – Kritik

Reiner Watermann

Die nationalsozialistische ›Gleichschaltung‹ des Gewerkschaftsbundes der Angestellten (GDA) im Jahr 1933

Die Deutsche Allgemeine Zeitung, die industriellen Kreisen um Alfred Hugenberg nahe stand, zog in ihrer Ausgabe vom 3. Mai 1933, einen Tag nachdem »die Wirklichkeit die Gewerkschaften« eingeholt hatte[1], einen Schlussstrich unter die Ereignisse der letzten Monate, die an den beiden Vortagen – erst Zuckerbrot, dann Peitsche – zu ihrem Entscheidungspunkt gekommen waren:

»Seit dem 30. Januar war es, wie gesagt, klar, daß die Gewerkschaften in ihren alten Formen nicht mehr zu retten waren. Beweglichere und politisch weniger belastete Gruppen wie der *Deutschnationale Handlungsgehilfen-Verband*, der schon sehr lange von nationalsozialistischen Ideen und Mitgliedern durchsetzt war, konnten sich rasch umstellen. Etwas überraschender war die spätere Gleichschaltung des bisher ziemlich linksstehenden demokratischen *Gewerkschaftsbundes der Angestellten*, während die *christlichen* Arbeiterverbände im wesentlichen noch ihre alte Form mit etwas aufgefrischter berufsständischer Politur zu wahren vermochten. Nur die freien sozialistischen Verbände waren restlos festgefahren. Ihnen hätte auch ein rasches taktisches Manöver nichts mehr genutzt.«[2]

Die spätere wissenschaftliche Literatur scheint dagegen mehrheitlich viel weniger Skrupel zu haben, von der gewaltsamen ›Gleichschaltung‹ der Verbände des Allgemeinen Deutschen Gewerkschaftsbundes (ADGB) im Unterschied zur »Selbstgleichschaltung« des GDA zu sprechen[3], in welcher das Moment der taktischen Anpassung vielfach gänzlich verloren gegangen ist. Während nach Jürgen Kocka der GDA im Unterschied zum Deutschnationalen Handlungsgehilfen-Verband (DHV) eine »mittlere Stellung« zum Nationalsozialismus eingenommen habe[4], und dessen grober Einschätzung sich jüngst Autoren wie

1 Die Vorgänge vom 1. und 2. Mai 1933 sind dargestellt bei: *Michael Schneider*, Unterm Hakenkreuz. Arbeiter und Arbeiterbewegung 1933 bis 1939, Bonn 1999, S. 91–106, Zitat: S. 101. Immer noch grundlegend ist die ältere Darstellung von *Gerhard Beier*, Das Lehrstück vom 1. und 2. Mai 1933, Frankfurt am Main/Köln 1973.
2 Deutsche Allgemeine Zeitung, 3.5.1933. Vgl. zum politischen Standort der Zeitung *Klaus Megerle*, Aus dem Gefühl der Defensive erwächst keine Führung. Gesellschaftliche Elitegruppen am Beispiel der Industriellen, in: *Klaus Megerle/Detlef Lehnert* (Hrsg.), Politische Identität und nationale Gedenktage. Zur politischen Kultur in der Weimarer Republik, Opladen 1989, S. 207–230, insb. S. 210.
3 Die Verbände des Allgemeinen Freien Angestellten-Bundes zählten mit den Arbeiterverbänden, die zum ADGB zusammengeschlossen waren, zu den Freien Gewerkschaften, während der DHV als Teil des Gesamtverbandes deutscher Angestelltenverbände (Gedag) dem Deutschen Gewerkschaftsbund, der Zusammenfassung der christlich-nationalen Verbände, angeschlossen war, und der GDA die Angestelltensäule im Gewerkschaftsring Deutscher Arbeiter-, Angestellten- und Beamtenverbände bildete. Von diesen drei großen Richtungsverbänden war der GDA mit seinen 301.244 Mitgliedern Ende 1932 der zweitgrößte Angestelltenverband. Vgl. GDA. Zeitschrift des Gewerkschaftsbundes der Angestellten (im Folgenden: GDA) 14, 1933, Nr. 4 (1. April), S. 52. Vgl. auch für frühere Jahre *Heinz-Jürgen Priamus*, Angestellte und Demokratie. Die nationalliberale Angestelltbewegung in der Weimarer Republik, Stuttgart 1979, S. 104; *Dietmar Petzina/Werner Abelshauser/Anselm Faust*, Sozialgeschichtliches Arbeitsbuch III. Materialien zur Statistik des Deutschen Reiches 1914–1945, München 1978, S. 112. Teilweise wiederabgedr. in: *Michael Schneider*, Kleine Geschichte der Gewerkschaften. Ihre Entwicklung in Deutschland von den Anfängen bis heute, Bonn 1989, S. 496.
4 *Jürgen Kocka*, Angestellte zwischen Faschismus und Demokratie. Zur politischen Sozialgeschichte der Angestellten: USA 1890–1940 im internationalen Vergleich, Göttingen 1977, S. 317.

Volker Böge und Hartwig Stein in ihrer offiziösen Darstellung der Deutschen Angestellten-Kasse angeschlossen haben[5], bezogen andere Darstellungen mehr oder weniger ausführlich zu seiner ›Gleichschaltung‹ Stellung. Hans-Gerd Schumann war nach dem Krieg einer der ersten, der in seiner grundlegenden Studie zur Zerschlagung der Gewerkschaften von einer Selbstgleichschaltung des GDA gesprochen hat, wobei er sich auf eine zeitgenössische Arbeit von Friedrich Käss aus dem Jahre 1934 berief.[6] Auch nach Günter Hartfiel »›schaltete‹ sich der GdA durch die Wahl eines NS-Vorstandes ›gleich‹«.[7] Nur in einer Datierungsnuance weicht Hans Speier hiervon ab, wenn er die Selbstgleichschaltung schon vollzogen sieht in der knapp eine Woche vorher erfolgten »Wahl eines nationalsozialistischen Vorsitzenden«, und zwar des bisherigen, kurz zuvor zum Nationalsozialismus übergetretenen zweiten Bundesvorstehers Max Rössiger.[8] Dass die zeitlich getrennten Vorgänge um Verbandsvorsteher und Vorstand nicht sauber auseinandergehalten werden, kann nicht mehr verwundern, wenn Fragen nach der politischen Verantwortung nur unzureichend verfolgt oder erst gar nicht mehr gestellt werden. »Die Anpassungsbereitschaft des GDA ging so weit, daß der langjährige Bundesvorsteher des GDA, Gustav Schneider, am 28.4.1933 sein Amt niederlegte und einer von den Nazis bestimmten Führung Platz machte.«[9] Auch das materialreiche Lexikon zur Parteiengeschichte geht der Frage politischer Verfolgung nicht hinreichend nach und lässt die Veränderungen an der Verbandsspitze zeitlich zusammenfallen:

»Ende April 1933 unterstellte sich der GDA der faschistischen Führung und bildete einen neuen Vorstand. G. Schneider legte das Amt des Bundesvorstehers nieder. An seine Stelle trat M. Rössiger, der inzwischen der *NSDAP* beigetreten war. Er wurde wenig später durch M. Faltin abgelöst.«[10]

Einer der wenigen, der den Druck vonseiten der Nationalsozialisten auf den Vorstand des GDA und insbesondere auf den verhassten Bundesvorsteher als den hauptsächlichen Einflussfaktor erwähnt, ist Heinz-Jürgen Priamus. Allerdings unterschlägt auch er in seiner

---

Ausführlicher *ders.*, Die Angestellten in der deutschen Geschichte 1850–1980. Vom Privatbeamten zum angestellten Arbeitnehmer, Göttingen 1981.

5 »Eine mittlere Position nahm der GDA ein. Als nationalliberaler Verband war er weder entschieden gegen noch ausdrücklich für die Nazis, die ihn deswegen als ›verwaschen‹ kritisierten.« *Volker Böge/Hartwig Stein*, 225 Jahre DAK. Gesundheit und soziale Verantwortung, Hamburg 1999, S. 184.

6 Vgl. *Hans-Gerd Schumann*, Nationalsozialismus und Gewerkschaftsbewegung. Die Vernichtung der deutschen Gewerkschaften und der Aufbau der »Deutschen Arbeitsfront«, Hannover/Frankfurt am Main 1958, S. 57f.; vgl. *Friedrich Käss*, Nationalsozialismus und Gewerkschaftsgedanke, Diss., München 1934, S. 52f.

7 *Günter Hartfiel*, Angestellte und Angestelltengewerkschaften in Deutschland. Entwicklung und gegenwärtige Situation von beruflicher Tätigkeit, sozialer Stellung und Verbandswesen der Angestellten in der gewerblichen Wirtschaft, Berlin 1961, S. 168. Michael Ruck spricht ebenfalls in seiner im gewerkschaftlichen Bund-Verlag erschienenen Darstellung von einer »organisatorische[n] Selbstgleichschaltung«, welche »der ideologischen Anpassung« folgte. *Michael Ruck*, Gewerkschaften – Staat – Unternehmer. Die Gewerkschaften im sozialen und politischen Kräftefeld 1914 bis 1933, Köln 1990, S. 122.

8 *Hans Speier*, Die Angestellten vor dem Nationalsozialismus. Ein Beitrag zum Verständnis der deutschen Sozialstruktur 1918–1933, Göttingen 1977, S. 153. Speiers Veröffentlichung von 1977 ist die stark überarbeitete und erweiterte Fassung einer Anfang der 1930er-Jahre entstandenen Untersuchung, die wegen der nationalsozialistischen Machtübernahme nicht mehr erscheinen konnte. Auf Rössigers Eintritt in die NSDAP, der offiziell zum 1. Mai 1933 erfolgte, komme ich weiter unten zurück.

9 *Böge/Stein*, 225 Jahre DAK, S. 184.

10 *Werner Fritsch*, Gewerkschaftsbund der Angestellten (GDA) 1919–1933 (1935), in: *Dieter Fricke* (Hrsg.), Lexikon zur Parteiengeschichte. Die bürgerlichen und kleinbürgerlichen Parteien und Verbände in Deutschland (1789–1945), Bd. 3, Leipzig 1985, S. 55–63, hier: S. 61.

immer noch maßgeblichen und materialreichen Monografie die zeitlich früher erfolgte »Beurlaubung« Gustav Schneiders:

»Angesichts der nunmehr offenbar werdenden Aussichtslosigkeit und unter dem Druck der Nationalsozialisten legte der langjährige Bundesvorsteher des GDA, Gustav Schneider, am 28. April 1933 sein Amt nieder. Vorübergehend setzten die Nationalsozialisten Schneiders bisherigen Stellvertreter, Max Rössiger, an die Spitze des Verbandes.«[11]

Betrachtet man dagegen die zurückliegenden Monate seit der Ernennung Adolf Hitlers zum Reichskanzler, dessen Kabinett von den Richtungsgewerkschaften als Regierung der »sozialen Reaktion« abgelehnt wurde[12], genauer, dann waren der erzwungenen ›Gleichschaltung‹ des GDA Etappen vorausgegangen, in denen sich Hilflosigkeit und Anpassungsversuche zur Rettung der Organisation mit immer offenerem politischem Druck vonseiten der Nationalsozialisten mit dem Ziel der »feindlichen Übernahme« ablösten. Demgegenüber erscheint die weitverbreitete These von der nationalsozialistischen Unterwanderung des GDA, welche an der Verbandsspitze nur noch nachvollzogen zu werden brauchte und der in der wissenschaftlichen Literatur nur vereinzelt entgegengetreten wurde, als Wiederholung einer nationalsozialistischen Zweckbehauptung zur Scheinlegitimierung ihrer organisations- und machtpolitischen Zielsetzungen.

Dem soll nun nicht die Legende entgegengehalten werden, der GDA sei an der Entwicklung, der er schließlich selbst zum Opfer fiel, ganz und gar unschuldig gewesen – und dafür muss man keine Maßstäbe entschiedenen politischen Widerstands bemühen. Zu einem angemessenen Verständnis der Geschehnisse und der historischen Verantwortung gehört deshalb zuerst eine Darstellung der wechselseitigen Wahrnehmung von GDA und NSDAP sowie ihres politischen Verhaltens zueinander sowohl vor dem März 1933, als ein Positionsschwenk des GDA offenbar wurde, wie in den folgenden Wochen bis zum 2. Mai 1933. Diesem Gesinnungswandel des GDA seit den Märzwahlen folgt in der Darstellung eine detaillierte Beschreibung seiner ›Gleichschaltung‹. In der wissenschaftlichen Literatur ist herausgearbeitet worden, dass die nationalsozialistische ›Gleichschaltung‹ als solche nur zu verstehen ist aus dem Hauptziel der Etablierung einer auf Dauer gestellten Macht. Sie beruhte auf einer Doppelstrategie der »Aufhetzung zu Gewalttätigkeiten« von unten durch SA und SS einerseits und der »legalen« Eindämmung der so selbst inszenierten bürgerkriegsähnlichen Aktionen andererseits. Auch wenn der Begriff erstmals mit dem »Vorläufigen Gesetz zur Gleichschaltung der Länder mit dem Reich« Ende März 1933 in die Gesetzestexte einging, hatte die »Reichstagsbrandverordnung« die Grundlage für die faktische ›Gleichschaltung‹ der Länder geschaffen. Der Beseitigung des Weimarer Verfassungsfundaments schloss sich die ›Gleichschaltung‹ der staatlichen Verwaltung und der Justiz, der Verbände, Vereine und Parteien an, das heißt die ›Gleichschaltung‹ als politische und gesellschaftliche Vereinheitlichung gemäß dem allumfassenden Herrschaftsanspruch des nationalsozialistischen Regimes.[13] Die satzungsrechtlich gewählten Vorstände der Ge-

---

11 *Priamus*, Angestellte und Demokratie, S. 211f.
12 Vgl. Kundgebung der gewerkschaftlichen Spitzenverbände an die Mitglieder vom 30.1.1933 (Dokument 169), in: *Dieter Dowe/Hermann Weber/Klaus Schönhoven* u.a. (Hrsg.), Quellen zur Geschichte der deutschen Gewerkschaftsbewegung im 20. Jahrhundert, Bd. 4: Die Gewerkschaften in der Endphase der Republik 1930–1933, Köln 1988, S. 829f. Dort auch Erstveröffentlichungsorte. Auch abgedr. in: *Dirk Erb* (Hrsg.), Gleichgeschaltet. Der Nazi-Terror gegen Gewerkschaften und Berufsverbände 1930 bis 1933, Göttingen 2001, S. 84.
13 *Peter Steinbach*, Die Gleichschaltung. Zerstörung der Weimarer Republik – Konsolidierung der nationalsozialistischen Diktatur, in: *Bernd Sösemann* (Hrsg.), Der Nationalsozialismus und die deutsche Gesellschaft. Einführung und Überblick, Stuttgart/München 2002, S. 78–113, hier: S. 89, 91 und 94ff. Vgl. *Ambros Schor*, »Machtergreifung« und Gleichschaltung. Die Nationalsozialisten errichten den totalitären Staat, in: *Johannes Hampel*, Der Nationalsozialismus, Bd. 1:

werkschaften wurden ausgeschaltet und durch Vorstandsmitglieder ersetzt, die ihre Befehle direkt von der NSDAP erhielten. Sodann wurden die Verbände selbst satzungswidrig beziehungsweise ohne jede demokratische Legitimation aufgelöst.

I. GDA UND NATIONALSOZIALISMUS IN DER WEIMARER SYSTEMKRISE

Das Erstaunen der Redakteure der nationalsozialistischen Gauzeitschrift »Rote Erde« über das verbale Entgegenkommen des GDA, als dieser nach der Märzwahl 1933 seine Bereitschaft zur Mitarbeit erklärte[14], war nicht vorgetäuscht. Zwar hatten der Wahlsieg der Hitlerregierung, vor allem aber die tätlichen Übergriffe auf die Freien Gewerkschaften, deren Funktionäre und die Gewerkschafts- und Volkshäuser an den darauf folgenden Tagen ihre Einschüchterungsfunktion erfüllt, aber mit einem Kursschwenk des GDA hatte man so schnell nicht gerechnet. Bei aller öffentlich geäußerten Kritik am Parlamentarismus und am sogenannten Parteienklüngel, bei aller Pflege eines Personenkults und der Befürwortung des Führergedankens – die NSDAP-feindliche Haltung des GDA resultierte aus Sicht der Partei aus dessen Verteidigung des kollektiven Tarifvertragsrechts und des staatlichen Schlichtungswesens und seinem grundsätzlichen Bekenntnis zur Weimarer Verfassung, insbesondere der Betonung von Bürger- und Freiheitsrechten. Für die Nationalsozialisten konnte dieses republikanische Bekenntnis kaum besser als durch die Mitarbeit seiner führenden Repräsentanten in den sogenannten Systemparteien, der Deutschen Demokratische Partei (DDP) beziehungsweise ab 1930 der Deutschen Staatspartei (DStP), demonstriert werden. Weil politisch-ideologische Programmatik eines Verbands das eine ist[15], seine politische Praxis das andere sein kann, soll zu seiner Verortung im politischen Spektrum der Weimarer Republik etwas weiter ausgeholt werden, wobei die Kontrahenten ausführlich zu Wort kommen sollen.

Der GDA: Demokratisch und verfassungstreu, aber parteipolitisch unabhängig

Der GDA bestand bis in das Jahr 1933 hinein auf der Grundsatzforderung aus seinem Bundesprogramm von 1920 nach einem eigenen allgemein-politischen und nicht nur gewerkschaftspolitischen Mandat.

»Ihre [der Gewerkschaften, R.W.] allgemein-politische Betätigung findet ihre Grenze im Einsatz für die Sicherung der freiheitlichen Grundrechte des Bürgers, für die Entwicklung und Förderung der sozialen Aufgaben des Staates und der Mitarbeit an der nationalen Sicherheit und Geltung des Staates.«[16]

Auf die Verquickung von Gewerkschaftspolitik und allgemeiner Politik wurde auch in den Fachgruppenzeitschriften des GDA wiederholt hingewiesen. »Die gewerkschaftlichen Forderungen des GDA sind ein Teilgebiet der allgemeinen Politik. Deshalb erwartet der

---

Machtergreifung und Machtsicherung 1933–1935, München 1988, S. 49–88, hier: S. 58; *Bernd Jürgen Wendt*, Deutschland 1933–1945. Das »Dritte Reich«. Handbuch zur Geschichte, Hannover 1995, S. 88f. Schon Karl Dietrich Bracher hatte bei der nationalsozialistischen Gleichschaltung »Gewaltakte von unten und Manipulierung von oben« am Werke gesehen. *Karl Dietrich Bracher/Gerhard Schulz/Wolfgang Sauer*, Die nationalsozialistische Machtergreifung. Studien zur Errichtung des totalitären Herrschaftssystems in Deutschland 1933/34, Köln/Opladen 1974 (zuerst 1960), S. 251.

14 Hierauf gehe ich im Abschnitt »Die ›nationale Erhebung‹ und der März-Schwenk des GDA« näher ein.
15 Dazu am ausführlichsten *Priamus*, Angestellte und Demokratie, insb. S. 90–95 und 117–144; vgl. *Fritsch*, Gewerkschaftsbund der Angestellten.
16 So das Vorstandsmitglied *Johannes Degener*, Sichert die Freiheit des Bürgers, in: GDA 14, 1933, Nr. 3 (1. März), S. 35.

GDA von seinen Mitgliedern, daß sie im Sinne des Bundesprogramms in ihren politischen Organisationen arbeiten.«[17] Über die Vermittlung von GDA-Positionen aus dem Bundesprogramm in die Parlamente hinein hatte der Bundesvorsteher Gustav Schneider in seiner Rede auf dem 5. deutschen Angestelltentag in München 1930 unter dem Begriff der »geistigen Grundlagen der GDA-Arbeit« zusammenfassend Stellung bezogen.

»Die Parteizersplitterung Deutschlands stellte den Bund [...] vor neue, schwer lösbare Aufgaben. [...] In diesem Wechsel politischer Machtgruppierungen war es nicht ratsam, das Schicksal des Bundes an eine der Parteien zu knüpfen und ihn in den Kampf der Parteien zu verstricken. [...] Die Gewerkschaft kann nicht zugleich politische Partei sein. Sie kann aber auch nicht politisch untätig bleiben. Sie muß ihre Mitglieder schulen, muß die allgemein-politische Aufklärungsarbeit leisten, damit die sozialen Gedanken in allen Parteien schaffen und wirken können, denen Arbeitnehmer gesinnungsmäßig angehören können. [...] [D]ie freiheitlichen Grundrechte der Reichsverfassung [...] zu erhalten und damit die staatsbürgerliche Gleichberechtigung und die Freiheit der staatsbürgerlichen Betätigung auf allen Gebieten des öffentlichen Lebens zu sichern, ist politisch, aber ebensosehr gewerkschaftlich notwendig. [...] Der Klassenkampf ist leider nicht nur eine marxistische Erfindung, er hat auch auf Unternehmerseite zahlreiche Anhänger – natürlich mit anderen Vorzeichen. Deshalb ist er nicht weniger gefährlich und zerstörend als der marxistische Klassenkampfgedanke. Er ist vielleicht noch gefährlicher, weil er seine Absichten mit einem ›nationalen‹ Mäntelchen umkleidet [...]. Auch einzelne Verbände und Gewerkschaften [treiben] mit dem Worte ›national‹ reichlichen Mißbrauch, wobei beiderseitig unter ›national‹ die Beseitigung der staatsbürgerlichen Freiheit und der wirtschaftlichen Demokratie, also der Mitbestimmung des einzelnen Staatsbürgers verstanden wird.«[18]

Konsequenz dieses Bekenntnisses zu den verfassungsmäßigen Grundlagen der Republik war die enge Bindung der Gewerkschaftsführung an die DDP beziehungsweise die DStP, in deren Führungsgremien fünf GDA-Vorstände der Jahre 1932/33 wenigstens zeitweilig gesessen hatten, einschließlich Schneider.[19] Hinzuzuzählen sind weitere Führungspersonen, insbesondere aus dem Aufsichtsrat (AR) und den Gauspitzen.[20] Diese Einflussnahme schloss eine finanzielle Unterstützung mit ein, wodurch der programmatische Anspruch auf parteipolitische Neutralität nach Auffassung von Priamus »völlig ad absurdum geführt« wurde.[21] »Partei und Gewerkschaften sind eins!«, hieß es kurz und bündig bei Ernst Schröder über die parteipolitischen Affiliationen der Hirsch-Dunckerschen Ringverbände, und seiner – im Rückblick 1933 vielsagenden – Meinung nach hatte sich der Kampf des GDA in der Nachkriegszeit nur selten von dem der sozialistischen Organisationen unterschieden, nur dass er mit liberal-demokratisch-freiheitlichen Argumenten geführt wurde.[22] Die-

---

17 Zit. nach: Der Angestellte im Behördendienst 12, 1932, Nr. 5 (Mai), S. 33.
18 *Gustav Schneider*, Die geistigen Grundlagen der GDA-Arbeit, Berlin o.J. [1930], S. 8f., 12, 18 und 27 (= Schriftenreihe des Gewerkschaftsbundes der Angestellten. GDA-Schrift, Nr. 51) [Wiederabdruck seiner Rede auf dem 5. deutschen Angestelltentag des GDA am 21. September 1930 in München].
19 Vgl. die angegebenen Seiten der Tabellen in den Anlagen von: Linksliberalismus in der Weimarer Republik. Die Führungsgremien der Deutschen Demokratischen Partei und der Deutschen Staatspartei 1918–1933, Düsseldorf 1980, zu Schneider S. 793, 806 und 809, Ehrich S. 772, Hellersberg S. 777, Josef Reif S. 791 und Schaper S. 793.
20 Vgl. ebd. die Fundstellen zu Behrendt S. 767, Blau S. 768, Lehne S. 783, Moog S. 787, Niegisch S. 788, [Heinrich] Pohl S. 789, Sommer S. 794, Tegethof S. 796 und Mewes S. 805.
21 *Priamus*, Angestellte und Demokratie, S. 157.
22 *Ernst Schröder*, Das Ende der Gewerkschaften, Leipzig 1933, S. 56 (Zitat) und 6f. Dieses Pamphlet eines Naziüberläufers aus dem freigewerkschaftlichen Lager ist allerdings mit Vorsicht zu genießen. »Nach dem Krieg gehörte eine Reihe von Führern des Gewerkschaftsrings, vor allem des G.D.A., der demokratischen und später der Staatspartei an.« *Käss*, Nationalsozialismus und Gewerkschaftsgedanke, S. 34. In der 1939 in Innsbruck erschienenen staatswissenschaftlichen Dissertation von Hermann Hesse hieß es über die Hirsch-Dunckerschen Gewerkvereine: »Sie

ser »sozialliberal-gewerkschaftliche Problemlösungsversuch« (Ulrich Engelhardt), der sich im Gewerkschaftsring verkörperte, war in den Augen der Öffentlichkeit vor allem mit der Person Anton Erkelenz verbunden, der aus den Gewerkvereinen kam und im Juli 1930 von der sich spaltenden DDP zur SPD übertrat.[23] Diesen Schritt machte der weitere Vertreter des Gewerkschaftsrings im Reichstag, der GDA-Bundesvorsteher Gustav Schneider, nicht mit und saß bis Juli 1932 als führendes Mitglied der aus der DDP hervorgegangenen DStP im Reichstag. Auch in der Region standen führende GDA-Vertreter auf den demokratischen beziehungsweise staatsparteilichen Wahllisten (vgl. Tabelle 1) oder leiteten die Wahlkreisorganisation[24], und bis hinunter zu den Kommunen saßen GDA-Vertreter in den Parlamenten – allerdings nicht immer für die Demokraten.[25] Doch auf NSDAP-Listen gewählte GDA-Mitglieder sind nicht bekannt. Seit Juli 1932 kandidierte Schneider nicht mehr und hatte sich angesichts der Aussichtslosigkeit, das demokratische Bürgertum trotz Wirtschafts- und Systemkrise an eine Partei der politischen Mitte zu binden, für die Auflösung der DStP ausgesprochen.[26] In diesem Verzicht kann man ein Symptom der Resignation sehen, obwohl es weiterhin Kandidaturen von bekannten GDA-Führern für die Staatspartei gab. Sie resultierte aus der Hilflosigkeit, weiterhin politische Orientierung geben zu können angesichts der Bruchlinie in der Anhängerschaft, welche mit den Septemberwahlen 1930 ihren Anfang genommen hatte[27] und deren weiteren Verlauf der Redakteur Georg

---

vertraten zwar den Grundsatz politischer Neutralität, standen aber von jeher mit dem politischen Liberalismus in engster Fühlungnahme.« *Hermann Hesse*, Die Überwindung des Gewerkschaftsgedankens durch die Deutsche Arbeitsfront, Diss., Innsbruck 1939, S. 13.

23 Vgl. *Reinhard Giersch/Herbert Gottwald/Gerhard Müller*, Verband der Deutschen Gewerkvereine (Hirsch-Duncker) (VDG) 1869–1933, in: *Fricke*, Lexikon zur Parteiengeschichte, Bd. 4, Leipzig 1986, S. 211–247, hier: S. 239 und 243 (Zitat). Vgl. auch *Axel Kellmann*, Anton Erkelenz. Ein Sozialliberaler in der SPD am Ende der Weimarer Republik, in: IWK 39, 2003, S. 479–504; ders., Anton Erkelenz. Ein Sozialliberaler im Kaiserreich und in der Weimarer Republik, Berlin 2007.

24 Der oberschlesische Gaugeschäftsführer Ernst Behrendt war zum Beispiel 1928 Vorsitzender für den Wahlkreis Oppeln der DDP, für den Wahlkreis Leipzig war dies Ernst Ehrich, seit 1920 Beisitzer im Bundesvorstand. Vgl. Linksliberalismus in der Weimarer Republik, S. 439; *Priamus*, Angestellte und Demokratie, S. 112f.

25 Zu den Parlamentariern in Reich und Ländern 1930 gehörte Richard Schönborn, ein kaufmännischer Angestellter aus Berlin-Neukölln, im August 1925 für das Zentrum nachgerückt und 1928 gewählt: Gewerkschaftsbund der Angestellten (Hrsg.), Epochen der Angestelltenbewegung 1774–1930, Berlin 1930, S. 283; *Priamus*, Angestellte und Demokratie, S. 158, Anm. 228. Als entschiedener Verfechter der kommunalen Selbstverwaltung war der GDA als Ergebnis der Wahlen von 1929 mit etwa 400 Vertretern in den Kommunalparlamenten vertreten. Vgl. Gewerkschaftsbund der Angestellten, Bericht über das Arbeitsjahr 1929, erstattet vom Bundesvorstand, Berlin 1930, S. 111; vgl. auch Bericht über das Arbeitsjahr 1931, Berlin 1932, S. 53f.

26 Vgl. *Martin Schumacher* (Hrsg.), M.d.R. Die Reichstagsabgeordneten der Weimarer Republik in der Zeit des Nationalsozialismus. Politische Verfolgung, Emigration und Ausbürgerung 1933–1945. Eine biographische Dokumentation, 3., erhebl. erw. u. überarb. Aufl., Düsseldorf 1994, S. 432, so Schneider in der Sitzung des Geschäftsführenden Vorstandes der Deutschen Staatspartei vom 2.9.1932, in: Linksliberalismus in der Weimarer Republik, S. 740.

27 Vgl. zu dieser Phase *Michael Prinz*, Vom neuen Mittelstand zum Volksgenossen. Die Entwicklung des sozialen Status der Angestellten von der Weimarer Republik bis zum Ende der NS-Zeit, München 1986, S. 68f. Die Zahl der Stimmen für die DDP war seit der Wahl zur Nationalversammlung 1919 fast kontinuierlich von gut 5,5 Millionen auf weniger als ein Viertel im September 1930 zurückgegangen, um bei der Folgewahl dramatisch auf einen Tiefstand zu fallen, der im März 1933 mit gut 330.000 nur noch geringfügig weiter unterboten wurde. Vgl. zur Wahlentwicklung *Jürgen W. Falter/Thomas Lindenberger/Siegfried Schumann*, Wahlen und Abstimmungen in der Weimarer Republik. Materialien zum Wahlverhalten 1919–1933, München 1986, S. 41.

Tabelle 1: Parlaments-Kandidaturen in der Endphase von Weimar, primär für die DDP/DStP

Amtsträger	Reichstag (WK) (Kand./Abgeordn.)	Landesparlamente (Kand./Abg.)		Berlin (Kand./Abg.)	
		Preuß./Hambg./Thür.	Prov. Westf.	Abg.-haus	Bezirke
Bundesvorstand Schneider (Vorst.) Schaper (Beisitzer)	+ / 24 II-32 I Hbg.: 32 II, 33 / –	Hambg.: + / 19–33			
Aufsichtsräte Sommer (Vors.) Moog (Gauvorst.) Axer (Gauvorst.) Kunert (Gauvorst.) Niegisch (Gauvorst.) Heinrich Pohl Klümpen (DVP)	Düsseld. Ost: 30 / – OB-Schw.: 30 / – Oppeln: 30, 32 I / – Bresl.: 30, 32 II / –	Preußen: 33 / – Thür.: + / 25–27, 28–29	+ / 29–33	+ / 29, 33	
Gaugeschäftsführer Behrendt Bierwirth Kahlen Kaufmann Streubel	Hbg.: 30 / – Württ.: 30 / –	Preußen: 28 / – Preußen: 28 / – Preußen: 32 / – Hambg.: + / 28–33			
Andere Ämter Blau Haberecht* Hille* Krempel (Zentrum) Lauter* Mewes	Potsdam II: 33 / – Berlin 30 / –	Preußen: 28 / – Preußen: 32, 33 / –		29, 33 / – 33 / – 29,33/–, 33	29, + / –, 33 33 / – 33 / – 29, + / –, 33
Mitglieder Ernst Lemmer Schönborn (Zentr.)	+ / 24 II-32 II, 33 Berlin: 28 / 25–30			33 / –	+ / 29, 33

* Berliner Ortsbezirksvorsteher. – Quellen: Statistik d. Dt. Reichs, Bde. 382 und 434; Statist. Mitt. über d. hamburgischen Staat, Nr. 30, Hamburg 1932 (= Die Reichstagswahl am 6. November 1932 im Wahlkreis Nr. 34 (Hamburg)); Amtl. Anzeiger. Beiblatt zum Hamburgischen Gesetz- und Verordnungsblatt, Nr. 47, 24.2.1933, S. 183; Amtsblatt der Stadt Berlin 70, 1929, S. 920, 975f., 978, 996, 1108 und 1128; sowie Jg. 74, 1933, S. 113, 117, 121ff., 155f., 168, 211–214, 227, 235–240, 306, 310, 327, 334 und 366; Hb. f. d. Preuß. Landtag 1928, 1932; Dortmunder Adressbücher 1929–33. Für den Preußischen und Thüringer Landtag und die Hamburger Bürgerschaft vgl. auch Kollektive Biographie der Landtagsabgeordneten der Weimarer Republik 1918–1933, Auszug aus der Biowei-Datenbank, URL <http://nbn-resolving.de/urn: nbn:de:0168-ssoar-446806> [15.11.2016].

Curt Hennig kurz vor dem für die DStP desaströsen Wahlergebnis vom Juli 1932 in einem Rückblick nachzeichnete:

»In heller Verzweiflung und aufgehetzt durch Kräfte, die aus der wirtschaftlichen Unzufriedenheit der Massen politischen Gewinn ziehen wollten, wandten sich viele Arbeiter und Angestellte von den politischen Gruppen ab, die das Prinzip und die künftige Erreichung des sozialen Volksstaates viel eher noch verbürgten als zweifelhafte Machthaber. – Die notleidenden Massen unterschätzten unter der Bedrückung des Alltags Wert und Bedeutung des Grundsatzes und der Grundlagen für eine soziale Staatsgemeinschaft. – Sie vernichteten aus wirtschaftlicher Verbitterung ein ›soziales System‹ und ermöglichten durch politische Torheit eine sozialreaktionäre Konzentration. – Das Erschütterndste und hoffentlich auch Ernüchterndste dabei ist, daß diejenigen, die selbst eine soziale Idee zum Siege führen wollten, jetzt sozialreaktionäre Maßnahmen tolerieren müssen. – Denn darüber sind sich inzwischen doch wohl auch die Einfältigsten klar geworden, daß wir vor einer ›sozialen Zertrümmerungsaktion‹ allerernstesten Ausmaßes stehen!«[28]

---

28 Der Angestellte im Behördendienst 12, 1932, Nr. 6/7 (Juni/Juli), S. 45.

Der Verlust an politischer Orientierungsfähigkeit hat nach Ansicht von Beobachtern die Flucht in die parteipolitische Unabhängigkeit befördert[29], die seitdem noch stärker als früher herausgestrichen wurde. Dies bedeutete aber keineswegs *politische* Neutralität[30], was dem Verzicht auf jeden politischen Anstrich, das heißt der Entpolitisierung, wie sie die Nationalsozialisten von den Gewerkschaften 1933 forderten, gefährlich nahe gekommen wäre. Auf der anderen Seite nämlich hatten Spaltung der DDP und Weimarer System- und Wirtschaftskrise zu einer stärkeren Annäherung der »Ring«-Verbände an ADGB und SPD und zu einer engeren Zusammenarbeit der drei Gewerkschaftsrichtungen geführt.[31] Beispielsweise legten GDA und der Allgemeine freie Angestelltenbund (AfA-Bund) gemeinsam 1930 im Reichstag den »Entwurf eines Gesetzes zum Schutz der Angestellten« vor, wofür Gustav Schneider und Siegfried Aufhäuser den Antrag stellten.[32] Von der »schwammigen« Haltung des GDA hielt Aufhäuser allerdings nicht viel.[33] Für den DHV war schon 1929 »die Annäherung des G.d.A. an die Politik der sozialdemokratischen Gewerkschaften immer augenscheinlicher« geworden[34], und eine Besprechung zwischen Ernst Lemmer und Theodor Leipart im Sommer 1931 gab noch im Frühjahr 1932 Anlass für ein Gerücht, wonach Ernst Lemmer erklärt hätte, dass der GDA »sich eines Tages mit den freien Gewerkschaften vereinigen [würde]«.[35] Das Gerücht entsprach zwar

---

29 Vgl. *Priamus*, Angestellte und Demokratie, S. 194ff., 204f. und 216f.; *Fritsch*, Gewerkschaftsbund der Angestellten (GDA) 1919–1933 (1935), S. 60f. § 2 der GDA-Satzung besagte: »Den politischen Parteien und religiösen Glaubensgemeinschaften steht der Bund unabhängig gegenüber.« Vgl. *Priamus*, Angestellte und Demokratie, S. 220.

30 So beispielsweise Der Angriff, 16.4.1931. Michael Prinz macht unter Berufung auf *Priamus*, Angestellte und Demokratie, S. 204f., aus parteipolitischer Neutralität »politische Neutralitätserklärungen«, was nicht dasselbe ist und nicht den Tatsachen entspricht. *Prinz*, Vom neuen Mittelstand zum Volksgenossen, S. 68f. und 94, Zitat: S. 68. Gegen das Missverständnis, parteipolitisch »neutral« für »unpolitisch« zu halten, wehrte sich die Organisation vehement. »So ist sie in der Tat ›politisch‹, und zwar im höchsten Grade politisch – *heute sogar mehr als je zuvor*. [...] Eine ›unpolitische‹ Gewerkschaft ist ein Ding der Unmöglichkeit [...]«, Parteipolitische Unabhängigkeit – konfessionelle Neutralität, in: GDA 13, 1932, Nr. 11 (1. November), S. 171.

31 Vgl. *Schneider*, Kleine Geschichte der Gewerkschaften, S. 158, und Brief von Theodor Leipart als Vorsitzender des Bundesvorstandes des ADGB an Ernst Lemmer, Generalsekretär des Gewerkschaftsrings, vom 30.3.1932, in: Nachlass Ernst Lemmer, Archiv für Christlich-Demokratische Politik, Sankt Augustin (ACDP), I-280-037/3, Gewerkschaft, Pressemeldungen und Korrespondenz 1924–1933.

32 *Priamus*, Angestellte und Demokratie, S. 167.

33 »Der Gewerkschaftsbund der Angestellten schwimmt hin und her zwischen uns und dem DHV, man wird ja sehen, wie lange er dieses Dauerschwimmen aushält.« *Siegfried Aufhäuser*, Ideologie und Taktik der Angestelltenbewegung. Referat, gehalten auf dem 4. AfA-Gewerkschaftskongreß, Leipzig 1931, Berlin 1931, S. 10.

34 So beispielsweise der Geschäftsführer des schlesischen Gaues des DHV auf dem Gautag in Beuthen (Oberschlesien) im April 1929, in: Schlesische Wacht. Zs. d. Gaues Schlesien im Deutschnationalen Handlungsgehilfen-Verband. Monatsschr. für d. Gewerkschafts- u. Standespolitik d. Kaufmannsgehilfen in Schlesien 23, 1929, Nr. 5 (1. Mai), S. 87.

35 Brief von Theodor Leipart als Vorsitzender des Bundesvorstandes des ADGB an Ernst Lemmer, Generalsekretär des Gewerkschaftsrings, vom 30.3.1932. Darin macht Leipart Lemmer das Angebot, zu bestätigen, dass Lemmer Derartiges nicht erklärt habe. Das Gerücht wirkte nach. So ließ Gustav Schneider einen zusätzlichen Absatz in den Arbeitsvertrag Ernst Lemmers einfügen, der den Generalsekretär ausdrücklich auf die Grundanschauungen des Rings verpflichtete, insbesondere gegen den Anschluss an eine andere gewerkschaftliche Richtung. Vgl. Schreiben von Gustav Schneider, GDA-Vorsteher, vom 18.1.1933 an Max Fürstenberg, Vorsitzender des Deutschen Bankbeamten-Vereins, nebst § 1 Absatz 2 als Anlage, sowie Vertrag zwischen dem Gewerkschaftsring und Ernst Lemmer vom 31.1.1933, in: Nachlass Ernst Lemmer, ACDP, I-280-037/3, Gewerkschaft, Pressemeldungen und Korrespondenz 1924–1933. Das Gerücht

nicht den wahren Absichten, wenn man sich beispielsweise Äußerungen führender GDA-Mitglieder zur Eisernen Front vor Augen hält, mit der man auf gar keinen Fall in Verbindung gebracht werden wollte.[36] Andererseits war in der Funktionärszeitschrift des GDA als »eines der größten Ereignisse im sozialen Kampfe der Arbeitnehmer Deutschlands« herausgestellt worden, »daß sich alle drei Gewerkschaftsrichtungen am 1. Oktober dieses Jahres [i. e. 1931, R.W.] zu einer praktischen Arbeitsgemeinschaft und Solidaritätsgemeinschaft zusammenfanden«.[37] Hieran zeige sich, »daß die organisierte Arbeitnehmerschaft nicht gewillt sei, kampflos ihre Errungenschaften preiszugeben«. Denn wegen der Tolerierung der Notverordnungspolitik der brüningschen Präsidialregierung, »welche eine Einbuße staatsbürgerlicher Freiheit« gebracht habe, stand der GDA gegenüber seinen Mitgliedern erheblich unter Druck. Doch habe »der vereinigte Widerstand aller Gewerkschaften die Grundlagen des Arbeitsrechts und der Sozialversicherung« geschützt und »die Heranziehung aller Bevölkerungskreise zur Tragung der Notlasten durch die diktatorische Preis-, Miet- und Zinssenkung« erzwungen.[38]

Eine politisch-ideologische Standortbestimmung unternahm der Redakteur Max John in einer Serie von Artikeln in der GDA-Zeitschrift vom Frühjahr bis zum Herbst 1932, in der zentrale Ideologeme des GDA erläutert wurden. Er definierte »freiheitlich-national« als die einzig mögliche »ideelle Fundamentierung« für eine gewerkschaftliche Organisation, welche »über das klassenmäßig gebundene Denken hinausgeht«. Bezug nehmend auf die Formulierung aus dem Bundesprogramm von der »inneren Verknüpfung aller Arbeit mit dem Volkstum, der deutschen Nation«, stellte John fest, der GDA sei national, aber nicht nationalistisch, dem Volkstum verhaftet, aber nicht völkisch.[39] Nach seiner Auffassung »geht [es] um nicht mehr und nicht weniger als den deutschen Volksstaat« – wieder eine Formulierung aus dem Bundesprogramm –, wobei er »›volksstaatliches‹ Denken« auch »›demokratisches‹ Denken« nennt und der Weg zum Volksstaat der Weg zur Demokratie sei.[40] Von der Annahme ausgehend, dass die Demokratie in ihrer Praxis sich »auch den volklichen Eigenarten an[passt]«, was in die Forderung des Bundesprogramms nach

---

konnte auch durch die konträre Position von Anton Erkelenz Nahrung erhalten. Vgl. *Kellmann*, Anton Erkelenz, S. 503.
36 Vgl. Der GDA-Führer, 1932, Nr. 7 (Juli), S. 163f. »Die Stellung zur Eisernen Front kann wohl nur ablehnend sein, besonders weil die freien Gewerkschaften dahinterstehen.« So Alfred [Willi] Blau, Leiter der Werbeabteilung des GDA in Zehlendorf-Schweizerhof, in der Sitzung des Gesamtvorstandes der Staatspartei am 21.2.1932. Linksliberalismus in der Weimarer Republik, S. 696.
37 Der GDA-Führer, 1931, Nr. 10 (Oktober), S. 165 und 167, sowie ebd., 1931, Nr. 12 (Dezember), S. 203.
38 Auszüge aus einer Aufzählung der Erfolge bei der Abmilderung der Notverordnungspolitik in: Ein Abriß über neue Erfolge!, in: Der Vorkämpfer. Zeitschrift für die Mitarbeiter des GDA, 1932, Nr. 1, S. 12f., hier: S. 12.
39 Freiheitlich-national!, in: GDA 13, 1932, Nr. 6 (1. Juni), S. 84–86, hier: S. 86, und Freiheitlich-national!, in: ebd., 1932, Nr. 7 (1. Juli), S. 105–107.
40 Auf der Grundlage des deutschen Volksstaates!, in: ebd., 1932, Nr. 8 (1. August), S. 117f., hier: S. 117. Der Begriff »Volksstaat« hatte ursprünglich einen liberalen und demokratischen Akzent gehabt, indem er auf die parlamentarische Repräsentation des Volkes zielte, musste dann aber in seiner Verwendung die Spannung aushalten zwischen Protagonisten der Monarchie und dem Eisenacher Programm der SPD. Die Textzitate liegen in der Richtung, in die Friedrich Naumann für die Deutsche Demokratische Partei mit der These wies, dass sich unter dem Dach des Volksstaats – für ihn ein anderes Wort für Republik – Nichtsozialisten und Sozialisten verbinden müssten. Vgl. *Otto Brunner/Werner Conze/Reinhard Koselleck* (Hrsg.), Geschichtliche Grundbegriffe. Historisches Lexikon zur politisch-sozialen Sprache in Deutschland, Bd. 5, Stuttgart 1984, S. 646ff. sowie Bd. 8, Stuttgart 1990, S. 89f. Vgl. zur Haltung der DDP-Spitze im Sommer 1930 beispielsweise Linksliberalismus in der Weimarer Republik, S. 542–548 und 551.

einer »tief im Volke verwurzelten freiheitlichen Gestaltung des Staates« eingegangen sei, muss John unter der Überschrift »Demokratie und nationale Idee« (notgedrungen) zugestehen, dass die »Verwurzelung der Demokratie im Volke noch lange nicht erfüllt ist«, und fordert deshalb eine soziale Gesetzgebung gegen die wirtschaftliche Ungleichheit, denn »erst die soziale Demokratie ist national«.[41] Trotz kritischer Bemerkungen zum »Listenwahlsystem« und zum Einfluss von Parteien und Fraktionen postuliert John das demokratische Prinzip bei der »Führerauslese« und beleuchtet den Begriff Volksstaat von der Weimarer Verfassung her, wonach »die Staatsgewalt vom Volke aus[geht]«.[42] Der gegenwärtige demokratische Staat sei, so ergänzt Johannes Degener, im September 1930 neu in den Vorstand gewählt, im Formalen stecken geblieben, weil »beachtliche Teile des Volkes [...] nicht die gesinnungsmäßige Bindung an den Staat [fanden]«. Es läge »weder an der Staatsform, noch an der Verfassung, sondern an den Bürgern des Staates«, dass »[wir] ferner als je [...] dem hohen Ziel einer von sozialem und nationalem Geist getragenen Volksgemeinschaft [sind]«. Der GDA dagegen habe »solche Führer, *ist* eine Gesinnungsgemeinschaft.«[43]

Im Vergleich zur Brüning-Regierung konnten die papenschen Notverordnungen nur von einer Regierung kommen, »die glaubt, überhaupt keine Rücksicht mehr auf die Massen des Volkes nehmen zu müssen«.[44] Zu ihr in Opposition stand aus Sicht Schneiders im Spätsommer 1932 »eine soziale und wirtschaftsreformatorische Mehrheit von der NSDAP bis zum Zentrum und in vielen Fragen nahezu eine Einheitsfront des Reichstags«.[45] Doch eine regierungsfähige Alternative folgte daraus nicht, denn Einigkeit bestand nur in der »Gegnerschaft zur Reichsregierung, nicht aber in der Bejahung der Volksrechte, der Mitbestimmung aller deutschen Volksgenossen über das Schicksal des Vaterlandes«, doch »nur ein arbeitsfähiges und arbeitswilliges Parlament kann den sozialen Gedanken, die soziale Staatsidee, den deutschen Volksstaat erhalten«.[46]

Anfang 1933 erwartete die GDA-Führung von den Parteien offensichtlich nicht mehr viel. Die »Lebensfrage des deutschen Volkes, die soziale Gestaltung der deutschen Wirtschaft« sei – so Gustav Schneider – »in das Spiel parteitaktischer Überlegungen und Überlistungen hineingezerrt worden«. Umso größer war die Zuversicht, die er in die eigene Kraft der gewerkschaftlichen Organisationen und ihrer Mitglieder setzte.

»Deshalb erwächst den Gewerkschaften die bedeutsame Aufgabe, jeder Regierung gegenüber Mahner und Wecker des sozialen Gewissens zu sein. Sie werden diese Aufgabe umso besser erfüllen, je ferner sie den parteipolitischen Bestrebungen stehen. Der politische Einfluß der Parteien ist den wechselnden Machtverhältnissen politischer Strömungen unterworfen, aber die Gewerkschaft bleibt Größe an sich, denn der Lebenshunger ihrer Mitglieder ist beständiger als der Machthunger irgendeiner Partei.«[47]

In Anbetracht der Zeitumstände kommt einem diese Selbstüberschätzung wie das sprichwörtliche Pfeifen der Kinder im dunklen Walde vor.

Der GDA als berufliche und betriebliche Interessenvertretung

Aufgrund des Beschäftigungsprofils der GDA-Mitglieder war das betrieblich-gewerkschaftliche Handlungsfeld in der Hauptsache durch Industrie und Handwerk geprägt, wie

---

41 Demokratie und nationale Idee, in: GDA 13, 1932, Nr. 9 (1. September), S. 135f.
42 Demokratie und Führergedanke, in: ebd., 1932, Nr. 10 (1. Oktober), S. 152f.
43 Führer sein tut not!, in: Der GDA-Führer, 1931, Nr. 11 (November), S. 186f.
44 Der GDA-Führer, 1932, Nr. 6 (Juni), S. 108.
45 GDA 13, 1932, Nr. 9 (1. September), S. 131.
46 *G. Schneider*, Für nationale Aufbauarbeit, in: ebd., 1932, Nr. 10 (1. Oktober), S. 145ff., hier: S. 145f.
47 GDA 14, 1933, Nr. 3 (1. März), S. 34.

Die nationalsozialistische ›Gleichschaltung‹ des GDA im Jahr 1933 385

die folgende Tabelle 2 zeigt.[48] Mit Anteilen von 5,8 beziehungsweise 3,9% bildeten die technischen Angestellten und das Fachpersonal (darunter die Apotheker) beziehungsweise die Meister (vor allem Werkmeister) unter den GDA-Mitgliedern dabei eine kleine Minderheit verglichen mit den 90,3% kaufmännischen und Büroangestellten und lagen damit auch deutlich unter den Durchschnittssätzen dieser Angestelltengruppen im Reich.[49] Der weitaus größere Teil der technischen Angestellten und Werkmeister war bekanntlich freigewerkschaftlich organisiert.[50] Geht man von der GDA-Erhebung von 1929 aus, dann waren rund drei Viertel der Mitglieder Männer und davon in ihrer ganz großen Mehrheit kaufmännische und Büroangestellte. Während von diesen zusammen 72,6% männlichen und 27,4% weiblichen Geschlechts waren, stellten die Frauen unter den im GDA organisierten technischen Angestellten mit rund 6% nur eine Minderheit dar, ganz zu schweigen von ihrem Anteil unter den Meistern.[51]

Tabelle 2: Die Stärke des GDA nach Wirtschaftsabteilungen beziehungsweise -zweigen (1929 beziehungsweise 1931)

Wirtschaftszweige	GDA-Umfrage 1929		GDA-Betriebsräte (1931 in %)
	Anzahl	Prozent	
Bergbau (inkl. Landwirtschaft)	3.417	2,8	6,4
Industrie u. Handwerk	52.242	42,4	51,4
Großhandel	29.303	23,8	11,1
Einzelhandel	16.159	13,1	12,2
Verkehrs-, Speditions- und sonst. Gewerbe	3.481	2,8	2,9
Bankgewerbe	3.068	2,5	2,2
Versicherungsgewerbe	3.128	2,5	2,0
Behörden u. öffentlich-rechtliche Körperschaften	7.500	6,1	11,9
Rechtsberatung u. Interessenvertretung	2.482	2,0	–
Apotheken, freie Berufe, Gesundheit	2.524	2,0	–
Auswertbare Fragebögen aus dem Reichsgebiet bzw. 100%	123.304	100	100

Quelle: GDA-Erhebung von 1929. Ergänzt wird die Tabelle durch die prozentuale Verteilung der 1931 gewählten 7.082 GDA-Betriebsräte, berechnet nach: GDA 12, 1931, Nr. 15/16 (1. August), S. 159.

---

48 Nach: Die wirtschaftliche und soziale Lage der Angestellten. Ergebnisse und Erkenntnisse aus der großen sozialen Erhebung des Gewerkschaftsbundes der Angestellten, vollst. erw. Ausg., Berlin 1931, S. 84–87 (im Folgenden: GDA-Erhebung von 1929). Die Ergebnisse sind zusammengefasst in: GDA 11, 1930, Nr. 7 (1. April), S. 82. Die DHV-Mitglieder zeigen eine sehr ähnliche Verteilung. Vgl. *Robert Fedisch*, Berufsständische Gehaltspolitik. Tatsachen und Forderungen aus der Gehaltserhebung des DHV, Hamburg 1930, S. 15.
49 Vgl. GDA-Erhebung von 1929, S. 78–81, und *Speier*, Die Angestellten vor dem Nationalsozialismus, S. 159, mit Bezug auf Theodor Geiger sowie *Priamus*, Angestellte und Demokratie, S. 49, Anm. 153 und S. 96f. *Speier*, Die Angestellten vor dem Nationalsozialismus, S. 190, Anm. 8, kommt durch Umgruppierungen auf Basis der GDA-Erhebung zu leicht anderen Prozentsätzen.
50 Vgl. die tabellarischen Aufstellungen bei *Speier*, Die Angestellten vor dem Nationalsozialismus, S. 148f.
51 Vgl. GDA-Erhebung von 1929, S. 78. Im Vergleich zur amtlichen Statistik von 1925 waren die Männer überrepräsentiert. Vgl. die bei *Speier*, Die Angestellten vor dem Nationalsozialismus, S. 159, Tabelle 22, wiedergegebenen Zahlen auf der Basis von Berechnungen des AfA-Bundes nach der Reichsstatistik 1925.

Differenziert nach dem Vergesellschaftungsgrad der Arbeit, doch ohne nach Wirtschaftsabteilungen unterscheiden zu können, verteilten sich gut 22% aller GDA-Mitglieder auf Betriebe mit 1–5 Angestellten, 53% auf Betriebe mit 6–50 Angestellten und nur knapp 25% auf Betriebe mit über 51 Angestellten; bei den Frauen stieg die kleinbetriebliche Beschäftigung auf einen Anteil von über einem Viertel auf Kosten des großbetrieblichen Anteils.[52] Waren auch nicht die Großbetriebe prägend, so doch die Großstädte, denn 55,6% waren in Großstädten über 100.000 Einwohnern beschäftigt, nur gut 12% in Orten bis 5.000 Einwohnern und gut 21% arbeiteten in Orten zwischen 20.000 und 100.000 Einwohnern, wobei die weiblichen GDA-Mitglieder durch ihre Beschäftigung noch stärker durch das großstädtische Milieu geprägt wurden als ihre männlichen Kollegen.[53] Unter den GDA-Mitgliedern waren die Berliner mit 12,7% vertreten, unter den Mitgliedern des Zentralverbands der Angestellten (ZdA) waren es sogar 17,6%, während es beim DHV nur 7,2% waren.[54] Zum Sozialprofil gehört weiterhin, dass die weiblichen GDA-Mitglieder ganz erheblich jünger waren als ihre männlichen Kollegen. 54% waren unter 25 und weitere knapp 40% waren älter, aber noch keine 40 Jahre alt. Bei den Männern betrug der Anteil der unter 25-Jährigen dagegen nur 24%, während weitere gut 43% die Altersgrenze von 40 noch nicht erreicht hatten.[55] Die soziale Pyramide der GDA-Angestellten wird nach Speier am besten mit einer Binneneinteilung in Unter-, Mittel- und Oberschicht beschrieben, wobei von 10 Männern 2 zur Ober-, 5 zur Mittel- und 3 zur Unterschicht zu rechnen sind. Von zehn Frauen dagegen gehörten 7 zur Unterschicht und 3 zur Mittel- und Oberschicht, wobei letztere kaum vertreten ist.[56] Diese sozialen Unterschiede drückten sich natürlich auch im Gehalt aus, indem 33,6% der männlichen GDA-Mitglieder 1929 ein Gehalt von bis zu 200 RM bezogen, aber 81% der Frauen; gut zwei Drittel der Männer verdienten bis zu 300 RM, während sich 97% der Frauen damit begnügen mussten.[57]

In den Betrieben grenzte sich der GDA deutlich von der Nationalsozialistischen Betriebszellenorganisation (NSBO) ab. Dort, wo die Angestelltenschaft überhaupt eine echte Wahl hatte und sich nicht, wie großenteils geschehen, auf gemeinsame Listen geeinigt hatte[58],

---

52 Nach GDA-Erhebung von 1929, S. 96. Für diese spezielle Auswertung standen nur 97.231 Fragebögen zur Verfügung. Ein Vergleich mit der Aufteilung der DHV-Angestellten nach Betriebsgrößenklassen ist leider nicht möglich, weil die DHV-Befragung die Klassen nach der Gesamtzahl der Beschäftigten bildet. Vgl. *Fedisch*, Berufsständische Gehaltspolitik, S. 50.
53 Nach GDA-Erhebung von 1929, S. 24.
54 Vgl. die Angaben bei *Speier*, Die Angestellten vor dem Nationalsozialismus, S. 24. Die ZdA-Mitgliedschaft war demnach noch großstädtischer, denn zwei Drittel wohnten in Städten über 100.000 Einwohnern, im Unterschied zum DHV, der hier nur auf einen Prozentsatz von 41% kam. Vgl. ebd., mit Verweis auf *Heinz Hamm*, Die wirtschaftlichen und sozialen Berufsmerkmale der kaufmännischen Angestellten, Diss., Borna/Leipzig 1931, S. 42.
55 Nach GDA-Erhebung von 1929, S. 26. Die männlichen GDA-Mitglieder waren im Durchschnitt deutlich älter als die Mitglieder im DHV. Während 39% der männlichen GDA-Mitglieder noch keine 30 Jahre alt waren, ergab eine Auszählung des DHV vom September 1928, dass 55,75% seiner Mitglieder unter 30 Jahre alt und 44,25% über 30 Jahre alt waren. Vgl. *Fedisch*, Berufsständische Gehaltspolitik, S. 10.
56 Vgl. die Überlegungen bei *Speier*, Die Angestellten vor dem Nationalsozialismus, S. 60ff., der die in der GDA-Erhebung von 1929 vorgenommene Einteilung nach Tätigkeitsgruppen für unzuverlässig hält und sich stattdessen auf Angaben bei *Max Rössiger*, Der Angestellte von 1930, Berlin 1930, beruft.
57 Vgl. die Tabelle 20 bei *Priamus*, Angestellte und Demokratie, S. 49, die eine im Vergleich zu den in DHV und ZdA Organisierten bessere Einkommenssituation zeigt.
58 Vgl. die Quellenhinweise zu den Tabellen 5 und 6 über die Zusammensetzung der Betriebsvertretungen der Angestellten bei Arbeitnordwest und dem Zechenverband bei: *Bernd Weisbrod*, Schwerindustrie in der Weimarer Republik. Interessenpolitik zwischen Stabilisierung und Krise, Wuppertal 1987, S. 123 und 130.

verpflichteten alle Aufrufe zur Wahl der eigenen GDA-Listen und bei Kandidatur auf einer gegnerischen Liste oder deren Unterstützung drohte der Ausschluss.[59] Ein Zusammengehen mit NSBO-Listen gab es nicht. Gemeinsame Listen mit dem DHV kamen vor, aber ein Zusammengehen mit dem AfA-Bund stellte andererseits keine Ausnahme dar. Das bekannteste Beispiel war die IG Farbenindustrie in Höchst[60], wo die Arbeitsgemeinschaftsliste von GDA und AfA-Bund 1931 sechs Sitze für die Angestellten in der Betriebsvertretung errang.[61] Mit Unterstützung des AfA-Bundes konnte auch der bisherige GDA-Vertreter im Aufsichtsrat wiedergewählt werden.[62] Diese Tendenz, sich in den Betrieben eher links anzulehnen, zeigt sich auch in der Schwerindustrie, wo sich die ohnehin gegenüber den anderen Gewerkschaftsrichtungen schwächere Position bis 1931 noch verschlechterte und die NSBO 1933 bei den Angestelltenräten überdurchschnittliche, aber von Betrieb zu Betrieb stark abweichende Erfolge erzielen konnte. So beteiligte sich der GDA nachweislich an AfA-Gegenlisten bei Hoesch, Dortmund, und Mannesmann, Duisburg-Huckingen.[63] Von heftigen Auseinandersetzungen mit den Nationalsozialisten bei den Betriebsrätewahlen beim Statistischen Reichsamt in Berlin berichtete die GDA-Presse.[64] 1933 rächten sich die Nationalsozialisten durch die Entfernung von Ernst Wagemann aus seinem Präsidentenamt im Statistischen Reichsamt[65], wo nach Ansicht des »Völkischen Beobachters« »kommunistische und sozialdemokratische Kreise schon seit langem ein unbehindertes Betätigungsfeld gefunden haben«.[66]

---

59 Vgl. Der GDA-Führer, 1933, Nr. 1 (Januar), S. 18.
60 Ein Beispiel für Listenverbindungen mit dem DHV bei *Ulf Kadritzke*, Angestellte – Die geduldigen Arbeiter. Zur Soziologie und sozialen Bewegung der Angestellten, Frankfurt am Main 1975, S. 370, Anm. 58. Bei der IG Farben wirkte sich natürlich die relative Stärke aus.»Wir sind in den Angestellten- und Betriebsräten der chemischen Industrie zahlenmäßig am stärksten vertreten.« Bericht über das Arbeitsjahr 1929, S. 253.
61 Vgl. GDA 12, 1931, Nr. 8 (16. April), S. 90.
62 Vgl. GDA 12, 1931, Nr. 19/20 (1. Oktober), S. 189; Bericht über das Arbeitsjahr 1929, S. 253f. Das Wahlergebnis konnte gegenüber dem Vorjahr noch verbessert werden. Vgl. Gewerkschaftlicher Presse-Dienst, B 59/31, 8.9.1931. GDA und AfA hatten auch 1929 ein Bündnis zur Wahl des Vorsitzenden der Bezirksversammlung der Brandenburger Knappschaft geschlossen, waren für die Betriebsratswahlen aber getrennte Wege gegangen. Vgl. Gau Brandenburg-Pommern im D.H.V. in Verbindung mit der Arbeitsgemeinschaft Groß-Berlin im D.H.V. (Hrsg.), Jahresbericht 1929, Berlin o.J., S. 12.
63 Vgl. *Matthias Frese*, Betriebspolitik im »Dritten Reich«. Deutsche Arbeitsfront, Unternehmer und Staatsbürokratie in der westdeutschen Großindustrie, Paderborn 1991, S. 54f. (NSBO), S. 455 (Mannesmann: Anmerkungen zu Tabelle 1a), S. 458 (Tabelle 2, darin GDA 1931/33 bei der Krupp AG), S. 450 (Tabelle 3, darin GDA 1931/33 bei den Vereinigten Stahlwerken). Vgl. zu Hoesch: Rote Erde. Bochumer Nationalzeitung, Beobachter für Hagen und das Sauerland, Dortmunder Nationalzeitung. Amtliche Tageszeitung des Gaues Westfalen-Süd der NSDAP, 29.3. 1933. Einheitslisten gegen die NSBO gab es verschiedentlich, so beim Gußstahlwerk in Annen, wo bei den Angestellten eine »Gewerksch. Einheitsliste« gegen die NSBO antrat und eine klare Mehrheit behielt. Vgl. ebd., 30.3.1933 und 22.3.1933.
64 Vgl. für 1931 die gleichlautenden Berichte in: Gewerkschaftlicher Presse-Dienst, B 80/31, 24.11.1931; Der Angestellte im Behördendienst 11, 1931, Nr. 12 (Dezember), S. 106; für 1932 vgl. ebd. 12, 1932, Nr. 6/7 (Juni/Juli), S. 54; GDA 13, 1932, Nr. 7 (1. Juli), S. 108.
65 Vgl. Vossische Zeitung, 18.3.1933 (Morgen-Ausgabe); 18.3.1933 (Abend-Ausgabe); 19.4.1933 (Morgen-Ausgabe) und 30.4.1933 (Morgen-Ausgabe). Vgl. ausführlich und quellengestützt *Jutta Wietog*, Volkszählungen unter dem Nationalsozialismus. Eine Dokumentation zur Bevölkerungsstatistik im Dritten Reich, Berlin 2001, S. 44–49.
66 Völkischer Beobachter, 18./19.3.1933 (Münchener Ausg./Ausg. A). Man vgl. dazu das Wahlergebnis von 1932, wonach der GDA 314, die Gedag-Verbände 193, der ZdA 124 und die Nationalsozialisten 284 der 924 abgegebenen Angestelltenstimmen erhalten hatten. Vgl. Der Angestellte im Behördendienst 12, 1932, Nr. 6/7 (Juni/Juli), S. 54.

Der GDA aus Sicht der Nationalsozialisten

Unter dem Druck der NSDAP und der NSBO stand der GDA schon vor 1933. »Bonzokratie«, der klassische Topos nationalsozialistischer Verbalattacken gegen die gewerkschaftlichen Führungen, warf man auch dem GDA bis zum Schluss vor. Die Anmahnung eines Lehrlings wegen rückständiger Verbandsbeiträge diente beispielsweise der NSBO noch Ende Februar 1933 zur maßlosen Polemik von der »Ausbeutung zur Weiterfinanzierung von fetten Bonzenbezügen«.[67] Im »Völkischen Beobachter« wurde Anfang 1931 die Behauptung verbreitet, dass der von einem GDA-Mitglied redigierte ›Gewerkschaftliche Presse-Dienst‹ unter Leitung eines ›bekannten sozialdemokratischen Bonzen stände‹«.[68] Es war allgemein bekannt, dass viele GDA-Mitglieder und auch einige Funktionäre in der SPD organisiert waren.[69] Mehrere Führungspersonen waren auch Mitglied im Reichsbanner.[70] Außerdem – so ein weiterer Vorwurf der Nationalsozialisten – leiste sich der GDA »Gewerkschaftspaläste, von den Beiträgen der Mitglieder erbaut«, womit er »einen wohltuenden Kontrast zu der Verarmung seiner niedrig entlohnten oder stellungslosen Mitglieder bilden« wolle.[71] Der Wahrheit entsprach allerdings, dass eine der GDA-Druckereien »auch verschiedene kommunistische Zeitungen und Zeitschriften herstellt«[72], wenngleich

---

67 Arbeitertum. Blätter für Theorie und Praxis der Nationalsozialistischen Betriebszellen-Organisation 3, 1933/34, Folge 1 (1.3.1933), S. 24.
68 GDA 12, 1931, Nr. 2 (16. Januar), S. 27, wo aus der Berliner Ausgabe des »Völkischen Beobachters« zitiert wird; vgl. Völkischer Beobachter, 4./5.1.1931 (Bayernausgabe). Vgl. auch GDA 12, 1931, Nr. 5/6 (25. Februar), S. 58. Pikanterweise wird der Redakteur des Pressedienstes des Gewerkschaftsrings, G[eor]g. Curt Hennig, seit Mai 1933 »Pg.« genannt, nachdem er der Partei beigetreten war. Vgl. GDA 14, 1933, Nr. 5 (5. Mai), S. 67; NSDAP-Mitgliederkartei, in: BArch (ehem. BDC), NSDAP Mitgliederkartei 3200, Hennig, Curt, 8.11.1899.
69 Neben dem Bezirksgeschäftsführer Ludwig Rosenberg konnte im Nachhinein namentlich der Geschäftsführer des GDA in Waldenburg (Oberschlesien), Dr. Klette, als SPD-Mitglied festgestellt werden. Vgl. Schlesische Wacht 23, 1929, Nr. 12 (1. Dezember), S. 188. Vgl. auch Handbuch für Betriebsvertrauensmänner des DHV, hrsg. v. Deutschnationalen Handlungsgehilfen-Verband, Hamburg 1932, S. 66. Rosenberg bestätigte 1973 in einem SWF-Interview, »im GDA waren wir eine ganze Menge Sozialdemokraten«. Zit. nach: *Frank Ahland*, Ludwig Rosenberg. Der Bürger als Gewerkschafter, Diss., Bochum/Witten 2002, S. 176. So Rosenberg schon sinngemäß gegenüber *Gerhard Beier*, Einheitsgewerkschaft. Zur Geschichte eines organisatorischen Prinzips der deutschen Arbeiterbewegung, in: AfS 13, 1973, S. 207–242, hier: S. 224, Anm. 98.
70 Zum Beispiel der stellvertretende Aufsichtsratsvorsitzende und Thüringer Gauvorsteher Leonhard Moog sowie die Bezirksgeschäftsführer Ludwig Rosenberg (zuletzt in Brandenburg/Havel) und sein Kollege in Dessau waren im Reichsbanner. Vgl. zu Moog weiter unten sowie zu Dessau: Arbeitertum 2, 1932/33, Folge 2 (15. März 1932), S. 21. Der oberschlesische Gauvorsteher, Aufsichtsrat und Stadtverordnete Alfred Niegisch war ebenfalls mit großer Wahrscheinlichkeit Reichsbannermann. Denn laut Bericht über die Generalversammlung des Reichsbanners in Ratibor am 4. März 1931 wurde ein Beisitzer namens »Niegisch« als letzter von dreien in den Vorstandsbeirat des örtlichen Reichsbanners gewählt, um dann fortzufahren: »[A]ußerdem wird entsprechend dem überparteilichen Charakter des ›Reichsbanners‹, auch einem Zentrumsvertreter ein Sitz im Vorstand freigelassen«. Volksblatt. Organ der Sozialdemokratischen Partei Oberschlesiens, 10.3.1931, Nr. 58. Alfred [Willi] Blau, Leiter der Werbeabteilung des GDA in Zehlendorf-Schweizerhof, hob in der Sitzung des Gesamtvorstands der Staatspartei am 21. Februar 1932 hervor: »Aber wir wollen das Positive hervorkehren in dem Kartell der Republikanischen Verbände und der Republikanischen Aktion.« Linksliberalismus in der Weimarer Republik, S. 696. *Priamus*, Angestellte und Demokratie, S. 205f., enthält nichts Konkretes zum Verhältnis des GDA zum Reichsbanner.
71 Der Angriff, 16.4.1931.
72 Arbeitertum 2, 1932/33, Folge 8 (15. Juni 1932), S. 17.

die entsprechenden Verträge schon gekündigt waren und somit das politische Interesse über das geschäftliche gestellt worden war.[73]

Der GDA nahm das Ziel dieser politischen Verleumdungen mehrfach aufs Korn: »Die wahre Absicht dieser ›Bonzen‹-Hetze ist die Zerschlagung des Führergedankens innerhalb der Gewerkschaftsbewegung. Sind erst einmal Führer und ›Funktionäre‹ vertrieben, hofft man, mit den Massen um so schneller fertig zu werden.«[74] Noch im März-Heft 1933 der GDA-Zeitschrift strich das Vorstandsmitglied Johannes Degener diesen Versuch, einen Keil zwischen Führung und Mitgliedschaft zu treiben, klar heraus:

»Der Versuch der Leitung der nationalsozialistischen Betriebszellenorganisation, sich als gewerkschaftsfreundlich, aber gewerkschaftsführerfeindlich zu kennzeichnen, und dadurch Mitglieder und Führung zu trennen, wird deshalb auch erfolglos bleiben. Er bedeutet nur eine Tarnung weitergehender gewerkschaftsfeindlicher Ziele, für die das stärkste Hindernis die geschulte ehren- und berufsamtliche Führung der Organisationen ist.«[75]

Im Frühjahr 1931 stellte man auf nationalsozialistischer Seite fest, dass der GDA »aus dem nationalsozialistischen Wortschatz zu schöpfen« anfange, warf allerdings die Frage auf, was angesichts seiner jüdischen Mitglieder »von der freiheitlich-nationalen Parole des GdA. übrig« bleibe. An seiner »politischen Neutralität« Anstoß nehmend, doch ohne vonseiten der Nazis den Beweis für ihre Behauptungen anzutreten,

»täte [der GDA, R.W.)] also gut, seine Mitglieder, von denen eine große Zahl im nationalsozialistischen Lager steht, nicht mit schönen Worten von der deutschen Freiheitsbewegung abzuhalten, schon deshalb nicht, weil die Staatspartei ihrer ganzen Entwicklung nach und als Splitterpartei im Reichstag gar keinen Einfluß mehr auf das Schicksal der Angestellten hat!«[76]

Ende 1931 war die Freude beim »Angriff« größer als der Schaden, den eine Gruppe der Revolutionären Gewerkschafts-Opposition (RGO) beim »*demokratisch* geleiteten und eingestellten GDA« angerichtet hatte. Gerne druckte man ein Flugblatt einer »sogenannte[n] GDA-Opposition« ab, worin die Herabsetzung der Gehälter der oberen GDA-Bundesbeamten gefordert wurde.[77] Umgehend wehrte sich der Redakteur Max John in der GDA-Zeitschrift »nach allen Seiten« gegen die Verleumdungen – gegen »die fortwährenden Angriffe von rechts, wir seien marxistisch, und solche von links, wir seien völlig nationalsozialistisch«. Die »Drahtzieher der KPD« seien im Übrigen »sehr bald entdeckt und kurzerhand aus dem Bund ausgeschlossen« worden.[78] Die Nationalsozialisten beließen es nicht bei diesen verbalen Attacken, die Feindseligkeit führte auch zu »Handgreiflichkeiten gegenüber dem GDA und seinen Einrichtungen«. So wurden etwa in der Nacht vom 3. auf den 4. August 1932 die Scheiben der Gaugeschäftsstelle in Beuthen im ober-

---

73 Vgl. Der GDA-Führer, 1932, Nr. 6 (Juni), S. 133f.
74 Der Vorkämpfer, 1932, Nr. 4, S. 51.
75 GDA-Zeitschrift des Gewerkschaftsbundes der Angestellten, 1.3.1933, Nr. 3, S. 35.
76 Der Angriff, 16.4.1931. Vgl. zum Folgenden auch *Volker Kratzenberg*, Arbeiter auf dem Weg zu Hitler? Die Nationalsozialistische Betriebszellen-Organisation. Ihre Entstehung, ihre Programmatik, ihr Scheitern 1927–1934, Frankfurt am Main 1987, S. 262f.
77 Der Angriff, 31.12.1931, und Krach im eigenen Laden. Auch der G.D.A. gespalten!, in: ebd., 29.12.1931. Vgl. *Kratzenberg*, Arbeiter auf dem Weg zu Hitler?, S. 262.
78 Nach allen Seiten, in: GDA 13, 1932, Nr. 2 (1. Februar), S. 26. Die Rede des Gaugeschäftsführers Adolf Kahlen auf dem Brandenburger Gautag Ende Mai 1932 enthält einen Hinweis darauf, dass die Auseinandersetzungen mit RGO und NSBO sich auf Berlin konzentrierten. Dies legt auch ein Artikel im »Vorkämpfer« über eine RGO-Konferenz Berliner Angestelltenräte und Gewerkschaftsfunktionäre nahe. Vgl. Gau Brandenburg. 5. Brandenburger Angestelltentag und 12. Ordentl. Gautag des Gaues Brandenburg im Gewerkschaftsbund der Angestellten – GDA am Sonnabend, dem 28., und Sonntag, dem 29. Mai 1932, in Forst (Lausitz). Verhandlungsbericht, o.O. o.J., insb. S. 34f.; Der Vorkämpfer, 1932, Nr. 4, S. 63.

schlesischen Grenzgebiet durch Steinwürfe zertrümmert. Die Polizei nahm am nächsten Morgen einen der Tat verdächtigen Nationalsozialisten fest, bei dem eine großkalibrige Pistole gefunden wurde. Er leugnete die Tat und beschuldigte statt seiner drei Kommunisten.[79] Ein politisches Motiv hätte er gehabt, entsprach doch die couragierte Haltung des Beuthener Gaugeschäftsführers und Stadtverordneten Ernst Behrendt gegen den Antisemitismus ganz dem nationalsozialistischen Feindbild von den jüdischen GDA-Führern.[80]

Über den aus Sicht der Partei »NSDAP-feindliche[n] Standpunkt« des GDA gibt ein Disziplinarverfahren der Obersten SA-Führung gegen den Sturmführer Ernst Bernhardt – Mitglied des am 20. Mai 1933 von den Nationalsozialisten neu eingesetzten GDA-Aufsichtsrats – unmissverständlich Auskunft. Den Vernehmungsprotokollen nach ging es um die von Bernhardt veranlasste Rückdatierung des Beitritts des früheren Kieler GDA-Angestellten Bruno Rudolph zur SA auf den 1. Januar 1933. Nach Zeugenaussagen wurde Rudolph nicht nur als »ein früherer großer Gegner und Gewerkschaftsbonze« beziehungsweise als »früherer roter Gewerkschaftsbeamter« bezeichnet[81], der »früher den Gauleiter Lohse bekämpft habe«. Der Voruntersuchungsausschuss der Kieler SA-Brigade R 13 nahm auch die Zeugenaussage des Kreiswalters der Deutschen Arbeitsfront (DAF) wörtlich in seinen Bericht auf, dass Rudolphs Aufnahme in die NSDAP Ende April 1933 abgelehnt worden sei,

»weil er im Februar 33 bei der Stadtverordnetenwahl und im März 1933 bei den Wahlen der Betriebsräte des Amtsgerichts Kiel einen der NSDAP-feindlichen Standpunkt einnahm. Es ist m.E., gänzlich ausgeschlossen, dass er bei seiner Einstellung noch im März 1933[,] die vom GDA aus, die der NSDAP feindlich war, S.A.-Mann ab 1.1.1933 gewesen ist. Jedenfalls ist sein Verhalten bis März 1933 mit den Pflichten eines S.A.-Mannes nicht in Einklang zu bringen.«[82]

Bemerkenswert ist an dem Verfahren weiterhin, dass die Nachforschungen zur früheren Parteimitgliedschaft des GDA-Angestellten Rudolph sich nicht nur auf die Personenkarteien der SPD und KPD erstreckten, sondern auch der Staatspartei.[83] Trotz aller Äußerun-

---

79 *Priamus*, Angestellte und Demokratie, S. 206, Anm. 77. Vgl. GDA 13, 1932, Nr. 9 (1. Sept.), S. 141.
80 Vgl. Behrendts Aufsatz »Sozial sein – heißt alles!«, worin er den *Irrglaube[n] von der Wertigkeit der Rassen« kritisiert und Firmen feststellen möchte, »die keine Juden aufnehmen*, um diejenigen, bei denen diese Handlungsweise nicht verbohrten Vorurteilen entspringt, zu Versuchen mit jüdischen Arbeitnehmern zu veranlassen«. Central-Verein-Zeitung. Blätter für Deutschtum und Judentum. Organ des Central-Vereins deutscher Staatsbürger jüdischen Glaubens e.V. 7, 1928, Nr. 37 (14. September 1928), S. 511.
81 Abschrift des Briefes von (Oberscharführer) Sievers an Sturmhauptführer Brunk vom 13.11.1934, BArch (ehem. BDC), SA-P, Bernhardt, Ernst, 29.9.1887 (Oberste SA-Führung. Gerichts- und Rechtsamt. SA-Disziplinargericht. Sturmführer Ernst Bernhardt. Akt.-Z. B 21/T/35, Bl. 5) beziehungsweise Vernehmung des Zeugen Truppführer Staack, undatiert [28.12.1934], ebd., Bl. 11.
82 Der Voruntersuchungsausschuß der Brigade R 13, Kiel, 17.1.1935, ebd., Bl. 114. Vgl. die Zeugenaussage des Kreiswalters: Angelegenheit Bernhardt. Vernehmung des Zeugen Adolf Scholz, Kreiswalter der DAF, [undatiert], ebd., Bl. 77. Nach Aussage des Direktors der städtischen Krankenanstalt hatte Rudolph »im März gegen die N.S.D.A.P. auf der Liste der Gruppe Volkswohl« kandidiert, weshalb er als Vertreter des Kreisleiters »Bedenken [hatte,] ihn aufzunehmen«. Vernehmung des Zeugen Adolf W. Rodemann, [undatiert], ebd., Bl. 78. Nach Auskunft der Kieler Kreisleitung der NSDAP wurde Rudolphs Aufnahmeantrag am 22. Mai 1933 »durch den zuständigen Ortsgruppenleiter abgelehnt«. Kreisleitung Kiel der NSDAP am 16.1.1935 an SA-Brigade R. 13, Kiel, ebd., Bl. 69.
83 Bericht der Inspektion Kiel der Staatspolizeistelle vom 9./10.1.1935 an den Ersten Staatsanwalt in Kiel, ebd., Bl. 32. Vgl. zur Behinderung des Wahlkampfes der nicht mehr wahlentscheidenden Staatspartei zum Reichstag 1933 die Ausgaben der Vossischen Zeitung, 24.2.1933 (Morgen-Ausgabe), 25.2.1933 (Morgen-Ausgabe), 6.3.1933 (Abend-Ausgabe) sowie das Dokument in:

gen aus dem GDA, welche als Kritik am Parlamentarismus und an den Weimarer Parteien verstanden werden können und wegen ihrer Betonung des Nationalen als auch des Führertums verbal in die Nähe zu nationalkonservativem Gedankengut gerückt werden könnten, für die NSDAP war und blieb der GDA eine »Organisation des schwarz-roten Systems«, wie es im Spätsommer 1933 in der Ablehnung eines NSDAP-Aufnahmeantrags hieß.[84] Deshalb gewinnt das Bild, das sich sein entschiedenster Gegner vom GDA machte, an Kontur weniger aus dem Kontrast zu dem oben ausführlich gezeichneten verbandlichen Selbstbild als aus der Schärfe der täglichen Auseinandersetzung, die den GDA zu konkreten Abwehrmaßnahmen veranlasst haben.

Abwehrmaßnahmen gegen eine nationalsozialistische Unterwanderung

»Hitler selbst bejaht zwar die Gewerkschaften, eine Existenzberechtigung aber erkennt er lediglich nationalsozialistischen Gewerkschaften zu, die in ihrer praktischen Gestaltung jedoch alles andere sein würden, als das, was wir unter Gewerkschaften als selbständigen Arbeitnehmerorganisationen zu verstehen gewöhnt sind. Der Zug des Herzens geht bei den maßgeblichen nationalsozialistischen Führern ohne Zweifel zur Werksgemeinschaft.«[85]

Nach diesen Worten waren die Gegensätze in der Gewerkschaftsfrage zwischen Hitler und seiner Partei auf der einen und dem GDA auf der anderen Seite unüberbrückbar. Schon die Entschließung zur NSBO auf dem Nürnberger Parteitag bewertete der GDA als »kommunistisches Rezept« der »Zellenbildung«.[86] »Die Gewerkschaften wären töricht, wenn sie es zulassen wollten, daß in ihren eigenen Reihen Unzufriedenheitsherde gebildet werden.«[87] Doch siegesgewiss verkündete »Der Angriff« Ende Februar 1932: »Der G.D.A. wird nationalsozialistisch«. – Was war geschehen? Die Dessauer GDA-Ortsgruppe soll auf ihrer Jahreshauptversammlung sieben Nationalsozialisten in den Gesamtvorstand gewählt haben, »so daß wir jetzt die *absolute Mehrheit* haben«[88], und nach Angabe der NSBO haben sie den Ersten Vorsitzenden gestellt.[89] Bis dato konnte man aus der nationalsozialistischen Regionalpresse keine einheitliche Angriffsstrategie herauslesen, was ein Ausdruck der Ambivalenzen in der Gewerkschaftspolitik der NSDAP überhaupt war. Das nationalsozialistische Hamburger Abendblatt gab Anfang 1931 als Ziel an: »Das Wichtigste aber bleibt, daß es uns gelingt, den neuen Kurs des GDA zu bestimmen, ihn vom Liberalismus und seine Mitglieder von jüdischen Führern zu befreien!«[90] Um dieses Ziel zu erreichen, forderte laut GDA-Zeitschrift einerseits die nationalsozialistische Zeitschrift

---

Hitlers Machtergreifung 1933. Vom Machtantritt Hitlers 30. Januar 1933 bis zur Besiegelung des Einparteienstaates 14. Juli 1933, München 1993, S. 91.

84 Beschluß des Ehrengerichts der NSDAP-Ortsgruppe [Leipzig-]Norden B. vom 25.9.1933, BArch (ehem. BDC), PK, Bierwirth, Emil, 28.8.1890.

85 »Wandlungen in der Wirtschaftsauffassung der NSDAP«, in: Der GDA-Führer, 1931, Nr. 5 (Mai), S. 81–84, hier: S. 83. Vgl. auch die Zurückweisung einiger Hitler-Zitate aus »Mein Kampf«, in: GDA 13, 1932, Nr. 3 (1. März), S. 34.

86 GDA 10, 1929, Nr. 19 (1. Oktober), S. 273. Die »offene Gewerkschaftsfeindlichkeit« einer Anfang 1930 erstmals im Dynamowerk der Siemens-Schuckert Werke in Berlin auftretenden Liste »Nationale Sozialisten« wird kritisiert in: Einheit oder Spaltung?, in: GDA 11, 1930, Nr. 7 (1. April), S. 84.

87 GDA 10, 1929, Nr. 21 (1. November), S. 303.

88 Der Angriff, 23.2.1932. »Ob er es [i.e. nationalsozialistisch, R.W.] wirklich wurde, müßte auf breiter Basis untersucht werden.« *Kratzenberg*, Arbeiter auf dem Weg zu Hitler?, S. 262. Diese hochinteressante Anregung lässt sich leider nicht ohne Weiteres in die Tat umsetzen. Vgl. weiter unten.

89 Vgl. die kurze Notiz in: Arbeitertum 1, 1932, Folge 24 (15. Februar), S. 18.

90 Zit. nach: GDA 12, 1931, Nr. 8 (16. April), S. 89.

»›Der Freiheitskampf‹ vom 7. Februar offen zum Austritt aus unserem Bunde auf«, andererseits empfahl das nationalsozialistische

»›Blatt der Niedersachsen‹ den GDA-Mitgliedern in ihrem eigenen Interesse beim Bund zu bleiben. Eigenste Aufgabe dieser Mitglieder sei die produktive Kritik an der Gewerkschaftspolitik und an der Politik des GDA, ›um so allmählich von innen her eine Gesundung und Umwandlung der Gewerkschaften, so auch des GDA, zu erzielen‹.«

Zu diesem Zweck seien in dem zitierten Artikel sogleich falsche »Behauptungen über einige Persönlichkeiten unserer GDA-Bewegung im Hansegau« aufgestellt worden.[91]

Als die Monatsversammlung der GDA-Ortsgruppe Dessau am 3. Februar 1932 nach Angabe der NSBO-Zeitschrift »Arbeitertum« auf Antrag der nationalsozialistischen Mitglieder das Abstimmungsverhalten des Bundesvorstehers Gustav Schneider im Reichstag missbilligt und seinen Rücktritt gefordert hatte, was im Bericht der GDA-Zeitschrift allerdings bestritten wurde, wurde eine Reihe von nationalsozialistischen GDA-Mitgliedern in Dessau – und ebenfalls in Breslau – ausgeschlossen, wobei »es sich doch bei der Zahl der daran beteiligten Mitglieder um einen in keiner Weise ins Gewicht fallenden Prozentsatz« gehandelt habe.[92] Von den Breslauer Vorgängen ist nur so viel bekannt, wie sich in der Gauzeitschrift niedergeschlagen hat. Darin nahm Heinrich Pohl, Vorsteher der Ortsgruppe Breslau und Mitglied des GDA-Aufsichtsrats, in einem zweiseitigen offenen Brief Stellung zu einem mit »Quo vadis, GDA?« überschriebenen offenen Brief, der von einem nationalsozialistischen GDA-Mitglied in der »Nationalsozialistischen Schlesischen Tageszeitung« an ihn gerichtet war. Auf dessen Kritik daran, dass »der Jungangestelltenführer des Gaues Schlesien im Kreise der ›Gruppe Junger Staatsparteiler‹ über ›Rössigers Wirtschaftsdemokratie‹ sprach«, antwortete Pohl mit ausführlichen Zitaten aus dem Bundesprogramm und forderte ihn auf, in »Ihrer Partei die GDA-Gedanken durch gleiche Betätigung zur Anerkennung« zu bringen.

»Sie irren sich, wenn Sie glauben, daß alle Deutschen der Auffassung sind, sie hätten nur noch die Wahl zwischen Nationalsozialismus und Bolschewismus. Das ist Ihre Ansicht und die Ihrer Parteigenossen – und das ist in unserer Organisation nur eine geringe Anzahl. Die Mehrheit glaubt, daß sich die Mitte nicht so ohne weiteres zermalmen läßt, und alle überzeugten, bewußten Gewerkschaftler rechnen sogar damit, daß die von Ihnen genannten Extreme sehr bald auch wieder dieser Ansicht zuneigen und nicht mehr die Einheit der Arbeitnehmer stören werden.«

Pohl fuhr fort mit dem Hinweis, dass er den Aufruf gegen das Youngplan-Volksbegehren »nicht für den GDA, Breslau, unterschrieben [habe], sondern als Politiker«. Außerdem – wohl als Reaktion auf einen der Vorwürfe – kenne er keinen GDA-Angestellten, der am Stahlhelmtag teilgenommen habe.[93] Sehr wahrscheinlich eskalierte die Auseinandersetzung in Breslau ebenfalls und zwang den Verband zu reagieren.

»In Breslau und in Dessau haben einige wenige nationalsozialistische Mitglieder mehr mit der Kraft der Lunge als des Geistes die Monatsversammlungen unserer Ortsgruppe zu ›beleben‹ gesucht. Sie haben sich allerdings bald von der Aussichtslosigkeit ihres Beginnens überzeugen müssen. Diejenigen Beteiligten, sowohl von seiten der RGO. wie der N.S.D.A.P., die im Auftrage der Partei ihre Zersetzungsbestrebungen in die Mitgliedschaft hineingetragen haben, sind von der Bundesleitung aus dem GDA ausgeschlossen worden.«[94]

---

91 GDA 12, 1931, Nr. 7 (1. April), S. 74. Der Geschäftsführer des Hansegaus, Theophil Kaufmann, wurde zur Zielscheibe der Angriffe.
92 Vgl. Arbeitertum 2, 1932/33, Folge 2 (15. März 1932), S. 21, und GDA 13, 1932, Nr. 3 (1. März), S. 33, und Zitat ebd.
93 Herrn Georg Friedrich, Breslau, in: Schlesische Angestellten-Rundschau. Organ des Gewerkschaftsbundes der Angestellten – Gau Schlesien 14, 1932, Nr. 3 (1. März), unpag.
94 GDA 13, 1932, Nr. 3 (1. März), S. 33.

Dass es NSDAP-Mitglieder im GDA gab, war seit Längerem bekannt, wie der eigene Bundesvorsteher in der Sitzung des Geschäftsführenden Vorstands der DStP am 4. Dezember 1931 eingestehen musste: »Auch in meiner Gewerkschaft sind Nazi.«[95] Spätestens seit Dessau und Breslau muss das Verhalten ihnen gegenüber auf der Tagesordnung des Bundesvorstands wie der Gauvorstände gestanden haben. Obwohl man in den geschilderten Fällen mit Ausschluss reagierte, konnte man sich gleichzeitig nicht zu einem generellen Unvereinbarkeitsbeschluss durchringen, sondern beließ es bei der grundsätzlichen Ablehnung und bekämpfte sie politisch. Man diskutierte – hierfür gibt es Anhaltspunkte – bis hinunter zu den Regionalleitungen über eine Verhaltensregel, bei der man sich den Ausschluss nach den Satzungsregularien von Fall zu Fall vorbehielt.[96] Das politische Momentum, das der Fall Dessau durch seine Publizität erlangte, blieb einmalig. Konflikte von vergleichbarem politischem Gewicht mit NSDAP-Mitgliedern in anderen GDA-Ortsgruppen wären der Öffentlichkeit nicht verborgen geblieben und wären sicherlich ebenso geahndet worden. Dafür spricht schon die ganz grundsätzliche Charakterisierung der NSBO in dem oben zitierten Zeitschriftenartikel mit dem entschiedenen Untertitel »Klare Scheidung tut not«:

»Die Nationalsozialistische Deutsche Arbeiterpartei endlich hat sich in ihrer nationalsozialistischen Betriebszellenorganisation (NSBO) ein Instrument geschaffen, das eigens dem Zwecke dient, auf dem Wege über ausgedehnte Zellenbildung innerhalb der Betriebe und der Verbände diese für die endgültige Eroberung durch die Partei sturmreif zu machen. Mögen diese einzelnen Organisationen und Gruppen in ihrer weltanschaulichen Fundierung und in ihrer politischen Zielsetzung noch so sehr auseinandergehen, eines eint sie doch alle: das ist der Haß gegen die Gewerkschaften; ein Haß, der sich selber schon damit ad absurdum führt, daß er jeden politischen Wert der Gewerkschaftsbewegung ableugnet.«[97]

Diese Verurteilung der NSBO in der GDA-Zeitschrift wird keineswegs dadurch geschmälert, dass diese Kritik auch auf die RGO zielte.

Wann die Schwelle überschritten war, die zum Ausschluss zwang, wurde mit Dessau virulent. Aber wie sah es mit den Möglichkeiten einer stillen Unterwanderung aus? Hilfreich wäre eine genauere Kenntnis darüber, wie der NSDAP, ihrer Politik und vor allem den ihr angehörenden Mitgliedern in der praktischen Verbandsarbeit begegnet wurde. Leider verfügen wir außer den in Verbandszeitschriften abgedruckten Versammlungsberichten, die selten ähnlich Spektakuläres über die NSDAP wie in Dessau oder Breslau zu vermelden wussten, nur über wenige schriftliche Zeugnisse aus der Verbandsarbeit vor Ort. Eine Ausnahme stellt der in der Konrad-Adenauer-Stiftung verwahrte Nachlass von Theophil Kaufmann dar, dem Gaugeschäftsführer des Hansegaues und staatsparteilichen Abgeordneten der Hamburger Bürgerschaft. Noch Ende September 1932 nahm er auf der Gau-Arbeitstagung dezidiert gegen die NSDAP und ihre Versuche der Zellenbildung Stellung. In seinem Referat über Gewerkschaftspolitik bezeichnete er das Verhältnis zu den politischen Parteien als von außergewöhnlicher Wichtigkeit und richtete gegen »Pläne, die zur Zerstörung oder parteipolitischen Eroberung der Gewerkschaften ausgeheckt worden sind«, die Forderung, »solche Nester« aufzustöbern »und sie rücksichtslos zu zertreten«, wie das auch schon geschehen sei. Er verteidigte die gewerkschaftliche Tarifpolitik gegen

---

95 Linksliberalismus in der Weimarer Republik, S. 677. Dies bestätigen aus der GDA-Führung außer dem Aufsichtsratsmitglied Pohl aus Breslau zum Beispiel der sächsische Gaugeschäftsführer Bierwirth. Vgl. Anm. 105 weiter unten.
96 Nach Angabe der NSBO waren die Mitglieder in Dessau nach § 7 Abs. 4 Ziffer b der Satzung »wegen gröblicher Verletzung der Pflichten gegen den Bund« ausgeschlossen worden. Arbeitertum 2, 1932/33, Folge 2 (15. März 1932), S. 21. Vgl. auch die Satzung bei *Priamus*, Angestellte und Demokratie, S. 221.
97 GDA 13, 1932, Nr. 3 (1. März), S. 33.

die Notverordnungspraxis und gegen den von den Nationalsozialisten unterstützten Kampf gegen das »Tarifunwesen der Gewerkschaften«.[98] In dem letzten erhalten gebliebenen GDA-Manuskript aus seinem Nachlass stellte er fest, dass ohne gewerkschaftliche Tarifpolitik ein Lohn- und Gehaltsdiktat herrschen würde, und erst die Gewerkschaft kann »als gleichberechtigter Vertragskontrahent frei verhandeln«.[99] Wenige Monate zuvor, am 5. August 1932, hatte der GDA in einem Brieftelegramm an Reichskanzler von Papen vor »jede[r] Einschränkung des Tarifrechts und des Schlichtungswesens« gewarnt, und nach Auffassung von Johannes Bähr »[dürfte] die Suspendierung der staatlichen Zwangsschlichtung entscheidend dazu beigetragen haben, daß die Streiks der Angestellten 1932 erstmals seit zehn Jahren wieder stark zunahmen«.[100] Während für den GDA die Zahl der Tarifverträge ein Indiz für seine Verhandlungsmacht war[101], war die Preisgabe dieser tarifpolitischen Rechtsposition schon in der Konstruktion der späteren Deutschen Arbeitsfront angelegt, wie diese frühzeitig klarstellte.[102]

Dass die wehrhafte Haltung Theophil Kaufmanns gegenüber den Nationalsozialisten im Hansegau keine Ausnahme darstellte, obwohl wir über die meisten anderen Gaue weit weniger gut unterrichtet sind, zeigt das Beispiel Sachsen, wo der Gaugeschäftsführer Ende 1930 die NSDAP-Mitglieder im GDA in einer Versammlung derart attackierte, dass diese das bis 1933 nicht vergessen hatten.[103] Schon zuvor schlug dies so heftige Wellen, dass die GDA-Verbandszeitschrift in Reaktion auf einen offenen Brief im nationalsozialistischen Plauener »Freiheitskampf« in einem ganzseitigen Artikel unter anderem die nationalsozialistischen GDA-Mitglieder, soweit es sie wirklich gäbe, davor warnte, »parteipolitischen Hader in die Reihen unseres Bundes zu tragen«.[104] Mit dem hanseatischen Gaugeschäftsführer, einem Hauptamtlichen des Verbands, kontrastiert Paul Funk. Gleichsam als seinen politischen Antipoden kann man diesen stellvertretenden Gauvorsteher des Gaues Ostmark und Leiter der Königsberger GDA-Ortsgruppe ansehen. Zuvor in diese ehrenamtlichen Führungspositionen gewählt[105], war Funk der einzige bekannte hochrangige GDA-

---

98 *Theophil Kaufmann*, »Referat über Gewerkschaftspolitik«, Gau-Arbeitstagung des Hansegaues, 25. September 1932 in Lübeck, S. 1–27, hier: S. 6 und 23 ff., Nachlass Theophil Kaufmann, ACDP, I-071-001/1, Aufsätze und Reden als Gewerkschaftsführer in der Zeit von ca. 1922 bis 1932.

99 *Theophil Kaufmann*, [Manuskript ohne Titel, o.O. o.J., im Nachlass im Anschluss an das »Referat über Gewerkschaftspolitik«, vermutlich Ende 1932], S. 1–18, hier insb.: S. 11, ebd.

100 *Johannes Bähr*, Staatliche Schlichtung in der Weimarer Republik. Tarifpolitik, Korporatismus und industrieller Konflikt zwischen Inflation und Deflation 1919–1932, Berlin 1989, S. 335; vgl. dort für Fundstelle des Telegramms.

101 Der GDA betrachtete es als Erfolg, dass er Ende 1932 an 1.055 Tarifverträgen gegenüber 1.037 Anfang 1932 beteiligt war. Vgl. GDA 14, 1933, Nr. 4 (1. April), S. 51.

102 Vgl. dazu die Anweisung Nr. 6/33 des Zentralbüros der DAF vom 12.7.33, Bl. 1, dass sich die DAF-Verbände »nicht mehr mit sozialpolitischen Aufgaben […] beschäftigen, wie z.B. Tarif-, Lohn- und Arbeitszeitverhandlungen usw.«, BArch Berlin, NS 5/I, Nr. 255.

103 Mehr zu Emil Bierwirth, der noch 1928 bei den preußischen Landtagswahlen in einem westfälischen Wahlkreis für die DDP kandidiert hatte, unten. Dass es im sächsischen GDA-Gau vor 1933 Mitglieder der NSDAP und des Stahlhelm gab, deren Zahl aber gering gehalten werden konnte, bestätigt er mit Hinweis auf deren kritische Zuschriften zu seinem Artikel zur Harzburger Front, der 1931 im Novemberheft der Gauzeitschrift »Sammelruf« erschienen war. Vgl. Informationsdienst für die Mitarbeiter und Leitungen der Ortsgruppen und Bezirke im Gau »Freistaat Sachsen!«, Februar 1933, S. 6, beziehungsweise ebd., März 1932, S. 7.

104 Der GDA und »Der Freiheitskampf«, in: GDA 12, 1931, Nr. 3/4 (1. Februar), S. 36.

105 Funk kam auf dem 11. GDA-Gautag in Königsberg Pr. am 30. und 31. Mai 1931 neu in den Vorstand, die übrigen Vorstandsmitglieder wurden wiedergewählt. Ostdeutsche Angestellten-Warte. Nachrichten des Gaues Ostmark im Gewerkschaftsbund der Angestellten 13, 1931, Nr. 7/8 (Juli/August), unpag.

Die nationalsozialistische ›Gleichschaltung‹ des GDA im Jahr 1933 395

Funktionär, der vor dem 30. Januar 1933 der NSDAP beigetreten war. Mitglied seit dem 1. November 1932, nahm er sogleich das Amt eines Schulungsleiters in einer Königsberger Ortsgruppe wahr.[106] Obwohl seine dadurch dokumentierte nicht nur nominelle Mitgliedschaft der GDA-Gauführung in Königsberg kaum verborgen geblieben sein konnte, hat Funk seine GDA-Ämter ohne eine im Nachhinein erkennbare Beeinträchtigung weiter ausgeübt.[107] In den von ihm geleiteten Versammlungen der Königsberger GDA-Ortsgruppe traten noch Ende 1932 beziehungsweise Anfang 1933 der bekannte Reichstagsabgeordnete der Staatspartei und Generalsekretär des Gewerkschaftsringes Ernst Lemmer ebenso als Redner auf wie die Mitglieder des GDA-Bundesvorstands Emil Fromholz und Johannes Degener. Und Anfang April 1933 wurde Funk in seiner Funktion als Ortsgruppenvorsteher zum Delegierten für den geplanten Bundestag im August gewählt.[108] Funk war von 1923 bis 1928 Mitglied im Stahlhelm, deren Ortsgruppe in der kleinen Grenzstadt Eydtkuhnen er von 1925 bis 1928 geführt hatte[109], und deshalb als ein Mann auf dem äußersten rechten Flügel des GDA bekannt. Sein Eintritt in die NSDAP kann von daher nicht sonderlich überrascht haben. Man hat dies toleriert unter der Bedingung, dass er sich im Verband nicht offen für die Ziele der NSDAP einsetzt.»Wenn einzelne Mitglieder oder Führer sich politisch betätigen, ist auszugehen vom Bundesprogramm. Jeder ist willkommen, der im Sinne unserer GDA-Forderungen parteipolitisch sich betätigt.«[110] Dies war umso leichter durchsetzbar, als sein einsamer Schritt keine weiteren Nachahmer fand, weder innerhalb der namentlich bekannten engeren Gauführung noch auf der Ebene der Ortsgruppenvorsteher beziehungsweise Zahlstellenleiter im gesamten ostpreußischen Gau.[111] Und Letzteres ist der eigentlich erstaunliche Befund, war doch der Schritt Funks geeignet, untere Funktionäre in ihrer ablehnenden Haltung der NSDAP gegenüber zu verunsi-

---

106 Nach seiner Personalakte im früheren BDC sowie den Dokumenten der Königsberger Ortsgruppe wurde er erst im August 1933 auch der stellvertretende Leiter der Ortsgruppe, deren Leitung er schließlich im Mai 1937 übernahm. Es handelte sich um die Ortsgruppe Nasser Garten, die erst im September 1932 mit 38 Mitgliedern aus einer der Sektionen der früheren Ortsgruppe Königsberg Pr.-Stadt gebildet worden war. Vgl. BArch (ehem. BDC), NSDAP-Mitgliederkartei 3200, Funk, Paul, 4.7.1899; Personalfragebogen für die Anlegung der SA-Personalakte, Paul Funk, 1.2.1944, ebd., SA, Funk, Paul, 04.07.1899;»Chronik der Ortsgruppe Nasser Garten«, Geheimes Staatsarchiv Preußischer Kulturbesitz (GStA PK), XX. HA, Rep. 240 C 55 a, Bl. 38–48.
107 Ein Bericht über die Jahreshauptversammlung der Ortsgruppe Königsberg am 9. Februar 1933 existiert nicht, aber Vorsteher Funk behielt sein Amt. Vgl. Ostdeutsche Angestellten-Warte 15, 1933, Nr. 2 (Februar) und Nr. 4 (April), beide unpag.
108 Vgl. die Berichte über die Versammlungen am 4. Dezember 1932, am 12. Januar und am 6. April 1933, in: Ostdeutsche Angestellten-Warte 15, 1933, Nr. 1 (Januar), Nr. 2 (Februar) sowie Nr. 4 (April), alle unpag. Vgl. Königsberger Hartungsche Zeitung, 7.4.1933, Nr. 166 (Wahl Bundestag).
109 In Eydtkuhnen (beziehungsweise Eydtkau, weil von 1938 bis 1945 so genannt) war er außerdem von 1923 bis 1928 »Führer der Abt. Grenzpreußen Eydtkau Jungsturm (Amoniter)«. Im Zivilleben war er seit 1928 Betriebsleiter des Getreidelagerhauses in Königsberg, mithin ein leitender Angestellter, nachdem er zuvor als kaufmännischer und dann als Speditionsangestellter gearbeitet hatte. Vgl. die Anm. 108 angeführte Personalakte.
110 So der Bericht über den 12. Gautag des Gaues Brandenburg, von dem im Folgenden ausführlicher die Rede ist. Der Gauspiegel. Monatsschrift des Gaues Brandenburg im Gewerkschaftsbund der Angestellten GDA 3, 1932, Nr. 7 (1. Juli), S. 2.
111 Zum engeren Gauvorstand werden hier in Übereinstimmung mit dem Wahlverfahren auf dem Gautag des Gaues Brandenburg 1932 neben den beiden Vorstehern der Gaukassierer und die Gauschriftführerin gezählt. Vgl. die letzte Ausgabe der Ostdeutschen Angestellten-Warte 15, 1933, Nr. 4 (April), unpag.; Der Gauspiegel 3, 1932, Nr. 7 (1. Juli), S. 2; Gau Brandenburg. 5. Brandenburger Angestelltentag und 12. Ordentl. Gautag, insb. S. 44.

chern und unschlüssig darüber zu machen, »ob nicht auch sie sich der Werbung des Nationalsozialismus noch länger verschließen oder dessen Drucke beugen sollten«.[112] Erst zum 1. April 1933, unter dem Eindruck der Märzereignisse und als Folge des politischen Schwenks des GDA, folgte ihm in Ostpreußen aus der Gruppe von insgesamt 65 Vorstehern beziehungsweise Zahlstellenleitern auf Ortsebene eine kleine Minderheit von drei Personen; weitere folgten zum 1. Mai 1933, dazu jetzt auch weitere Mitglieder des Gauvorstands, wie noch im Vergleich zu zeigen sein wird.

Diesem zurückhaltend-abwägenden Verhalten im ostpreußischen GDA-Gau hat – soweit man das im Nachhinein zu erkennen vermag – eine Verhaltensregel zugrunde gelegen, welche hier gegenüber einem stellvertretenden Gauvorsteher als Mitglied des weiteren GDA-Führungskreises zur Duldung führte. Die nur bedingt tolerierende, grundsätzlich wehrhafte Haltung des GDA gegenüber seinen NSDAP-Mitgliedern führte dagegen in anders gelagerten Fällen zum Ausschluss. Erkennbar wird diese Leitlinie an den Auseinandersetzungen im Gau Brandenburg, wo auf dem Gautag 1932 und in seinem Vorfeld nicht nur die grundsätzliche politische Gegnerschaft zur NSDAP zur Sprache gekommen ist, sondern auch das konkrete Verhalten gegenüber NSDAP-Mitgliedern in den eigenen Reihen. Auf den DHV verweisend, den die Nationalsozialisten ebenfalls in ihre Abhängigkeit zu bringen suchten, wurde »die grundsätzliche Ablehnung parteipolitischer Auseinandersetzungen in den Gliederungen unseres Bundes« hervorgehoben. »Versuche von politischen Parteien oder ihrer Sondergruppen, Einfluß auf den GDA zu gewinnen, sind mit dem sofortigen Ausschluß derjenigen Bundesmitglieder, die sich daran beteiligten, beantwortet worden.« Das bedeute jedoch nicht, »daß der GDA keinen Einfluß auf die politische Entwicklung« nehmen wolle. »Im Gegenteil! Die demokratische Staatsform verlangt die direkte Einwirkung auf die Gesetzgebung. […] Hierzu ist die Mitarbeit in den staatsbürgerlichen Vertretungen notwendig.« Und mit Verweis auf die Arbeit Schneiders im Reichstag für die Staatspartei wird eine unverblümte Wahlempfehlung gegeben:

»Deshalb sollen die GDA-Mitglieder auch die Verpflichtung in sich fühlen, bei politischen Wahlen die Vorschlagslisten daraufhin zu prüfen, ob an aussichtsreicher Stelle Mitarbeiter des GDA kandidieren. Wir müssen stärker als bisher GDA-Anschauung und GDA-Geist hineintragen in die politischen Parteien. Das wird immer bei den Parteien sein können, die die freiheitliche Entwicklung des staatsbürgerlichen Lebens anerkennen und die nicht grundsätzlich gewerkschaftsfeindlich sind.«[113]

Auf dem letzten Brandenburger Gautag vor der Machtübertragung auf Adolf Hitler verlangte der Gaugeschäftsführer Adolf Kahlen eine klare Grenzziehung. Wer sich offen für die politischen Ziele der NSDAP einsetzte, musste danach mit seinem Ausschluss rechnen. Vor allen Dingen in Berlin seien RGO und NSBO für ihre parteipolitischen Ziele im GDA tätig geworden, und seine Worte erinnern an die Beispiele Dessau und Breslau:

»Wir haben die Mitglieder, die nicht im Bundesgedanken, sondern im Sinne ihrer politischen Parteianschauung in unserem Bunde wirken wollten, um den Bund in die Abhängigkeit ihrer parteipolitischen Weltanschauung zu bringen, ausgeschlossen, weil wir uns solche Schädlinge in der Bundesarbeit nicht leisten können.«

Im Gegenzug nahm Kahlen auch zu seiner eigenen Kandidatur bei den preußischen Landtagswahlen 1932 Stellung:

---

112 So die Formulierung des Landgerichts Detmold in seinem Urteil vom 18.4.1956 in dem Entschädigungsverfahren eines langjährigen Mitglieds der SPD und Kassierers des Deutschen Metallarbeiterverbandes in Bielefeld bis 1933, mit näheren Quellenangaben wiedergegeben bei *Katharina van Bebber*, Wiedergutmacht? Die Entschädigung für Opfer der nationalsozialistischen Verfolgung nach dem Bundesergänzungsgesetz durch die Entschädigungsgerichte im OLG-Bezirk Hamm, Berlin 2001, S. 320.
113 Die staatsbürgerliche Aufgabe, in: Der Gauspiegel 3, 1932, Nr. 4 (1. April), S. 2.

»Man hat gesagt, daß durch meine Spitzenkandidatur für die Staatspartei im Wahlkreis 5 die parteipolitische Neutralität des Bundes verletzt worden sei. Das ist nicht der Fall. Wir haben in unserer politischen Arbeit auszugehen vom Bundesprogramm. Wir grüßen jeden unserer Mitarbeiter, der in seiner politischen Partei unsere Bundesforderungen durchzusetzen in der Lage ist. Wir grüßen jeden unserer Mitarbeiter, der seine parteipolitische Betätigung so auffaßt, daß er die Aufgabe hat, im Interesse des Angestelltenstandes, nach unserem Bundesprogramm und unseren Bundesforderungen zu wirken. Jeder, der von diesem Grundsatz aus parteipolitische Arbeit leistet, ist uns lieb und wert. Aber es darf keinesfalls so kommen, daß etwa die Gefahr besteht, daß er innerhalb des Bundes der Beauftragte seiner politischen Partei wird; wo versucht wird, den Bund in die Abhängigkeit einer politischen Partei zu bringen, müssen wir uns mit aller Entschiedenheit dagegen wenden und das abwehren.«[114]

Die geschilderten Beispiele fügen sich zu einem Bild zusammen, welches zu einer Korrektur der Annahme einer »unentschlossene[n] bzw. offene[n] Haltung« des GDA gegenüber seinen NSDAP-Mitgliedern zwingt.[115] Die in der wissenschaftlichen Literatur aufgestellte Behauptung, der GDA habe Mitglieder der NSDAP nicht ausgeschlossen[116], ist irreführend und wird durch die Fakten nicht gedeckt. Andererseits hat es keinen generellen und konsequent angewandten Unvereinbarkeitsbeschluss gegeben, obwohl der GDA die Strategie zur Unterwanderung der Gewerkschaften mittels der NSBO erkannt und ausdrücklich davor gewarnt hat. Offenbar hat er von Fall zu Fall über einen Ausschluss entschieden und tat dies – sowohl unter Berücksichtigung des Ausmaßes der Unterwanderung als auch des vorhandenen innerverbandlichen Konfliktpotenzials – aus einer Position der Stärke heraus und nicht der Schwäche.[117] Aber nur das aktive Bekämpfen eines verbandlichen Grundsatzes parteipolitischer Unabhängigkeit vonseiten nationalsozialistischer Mitglieder zu ahnden und den Ausschluss allein auf dieses Kriterium zu stützen, verkannte das auf die Vernichtung der Demokratie gerichtete, diktatorische Machtstreben der nationalsozialistischen Bewegung und war aus dem heutigen historisch-politischen Wissen nicht ausreichend.[118]

II. DIE »NATIONALE ERHEBUNG« UND DER MÄRZ-SCHWENK DES GDA

Noch am 28. Januar 1933, als die Regierung Kurt von Schleichers zurücktrat, hatte der Gewerkschaftsring zusammen mit anderen gewerkschaftlichen Spitzenverbänden an Hindenburg appelliert, keine »sozialreaktionäre und arbeiterfeindliche Regierung« zu berufen.[119] Die Betrauung Franz von Papens mit den Verhandlungen zur Regierungsbildung wurde deshalb als »bewußte Kampfansage an das verfassungstreue deutsche Volk« ver-

---

114 Gaugeschäftsführer Kahlen auf dem 12. Ordentlichen Gautag des Gaues Brandenburg, in: Gau Brandenburg. 5. Brandenburger Angestelltentag und 12. Ordentl. Gautag, S. 35f. Vgl. auch den Bericht, in: Der Gauspiegel 3, 1932, Nr. 7 (1. Juli), S. 2f.
115 *Priamus*, Angestellte und Demokratie, S. 205.
116 Vgl. ebd., S. 204f., und unter Berufung darauf *Fritsch*, Gewerkschaftsbund der Angestellten, S. 61; *Prinz*, Vom neuen Mittelstand zum Volksgenossen, S. 68, und *Kratzenberg*, Arbeiter auf dem Weg zu Hitler, S. 263.
117 Diese Selbstwahrnehmung ist insofern widersprüchlich, als sie allein auf dem geringen Anteil von NSDAP-Mitgliedern in der Organisation beruhte, nicht aber auf einer realistischen Einschätzung der notwendigen Voraussetzungen, um der nationalsozialistischen Bewegung Paroli bieten zu können.
118 In dieser Verkennung ist Priamus zuzustimmen. Vgl. *Priamus*, Angestellte und Demokratie, S. 205, 207f. und 211.
119 Telegramm an den Reichspräsidenten von Hindenburg vom 28. Januar 1933, zit. nach: Vossische Zeitung, 29.1.1933 (Morgen-Ausgabe).

standen[120] und Hitler stand in ihren Augen – so die Kundgebung der gewerkschaftlichen Spitzenverbände – »für die Zerschlagung der Demokratie und für die Ausschaltung des Parlaments«. Bis in den März hinein begleitete der GDA die neue Hitler-Regierung mit kritischen Tönen[121], während »die Gelben aller Schattierungen unter dem neuen Kurs Morgenluft wittern«.[122] Eine nicht einlenkende, kritische Haltung zu »den Absichten maßgeblicher und einflußreicher Kreise dem Betriebsrätegedanken gegenüber« und die Befürchtung, dass sich »eine arbeitnehmerfeindliche Politik« durchsetzt, welche »die kümmerlichen Rechte der Arbeitnehmervertretung ganz beseitigt oder ›nur‹ bis zur Bedeutungslosigkeit beschnitten werden könnten«, spricht auch aus der Zuschrift eines »führenden Mitarbeiter[s] in der preußischen Katasterverwaltung und Vorsteher[s] einer großen GDA-Behördenfachgruppe«, welche die Zeitschrift der Behördenangestellten in ihrem März-Heft anlässlich der Betriebsrätewahlen veröffentlichte, und in der deshalb gefordert wurde: »Ich würde es begrüßen, wenn der GDA aus der bisher geübten vornehmen Zurückhaltung heraustreten und, wenn nicht zum Angriff, so aber zu scharfer Abwehr gegenüber den Angriffen parteigebundener Organisationen und Parteigruppen übergehen würde.«[123] Dieser Haltung entsprach auch noch die Eingabe an den Reichsminister der Finanzen vom 10. März »gegen die in vielen Dienststellen betriebene parteipolitische Werbung im Dienst«. Der nachträglichen Kommentierung dieser Eingabe, in Verbindung mit der Veröffentlichung der Reaktion des Ministers vom 30. März 1933, ist allerdings der zwischenzeitliche Umschwung im Verhalten des GDA deutlich anzumerken, und man könnte den eigenen Kommentar gegen den GDA selbst wenden:

»Durch solche Vorgänge werden Kräfte in die nationale Front hineingepreßt, die diesen Schritt nur mittun, um ihre Existenz zu retten; das liegt jedoch nicht im Sinne des nationalen Wiederaufbaues. Es verhindert aber auch Sauberkeit der Gesinnung und erschwert vielen vom ehrlichen Willen zur Mitarbeit an der Erneuerung des nationalen Deutschlands beseelten Menschen die Erfüllung dieser staatsbürgerlichen Pflicht.«[124]

Die Topoi »vom ehrlichen Willen zur Mitarbeit«, von »Sauberkeit der Gesinnung« und »Erneuerung des nationalen Deutschland« als »staatsbürgerliche Pflicht«, die den noch zögernden und schwankenden Partei- und Verbandsführern von den Nationalsozialisten zum Mitmachen in den Mund gelegt wurden, waren im Aufruf des GDA zu den Wahlen vom 5. März 1933 noch nicht angeklungen. Gleichwohl war an die Stelle der parteipolitischen Unabhängigkeit schon die etwas entrücktere Formel von der Überparteilichkeit

---

120 Erklärung der gewerkschaftlichen Spitzenverbände zur politischen Lage vom 30. Januar 1933, in: *Dowe/Weber/Schönhoven* u. a., Quellen zur Geschichte der deutschen Gewerkschaftsbewegung im 20. Jahrhundert, Bd. 4, S. 829 (Dokument 168). Diese Erklärung war durch die Ernennung Hitlers überholt. Vgl. ebd., Anm. 1 zu Dokument 168.
121 Kundgebung der gewerkschaftlichen Spitzenverbände an die Mitglieder vom 30.1.1933, in: ebd., S. 829f., Zitat: S. 829 (Dokument 169). Vgl. zu den Beratungen vom 28. und 30. Januar aus GDA-Sicht den Aufruf »für die März-Versammlung« der GDA-Ortsgruppen, in: Der GDA-Führer, 1933, Nr. 2 (Februar), S. 31–38, hier: S. 35 (Beratungen) und 38 (kritische Töne); *Gustav Schneider*, Die Aufgaben der Gewerkschaften, in: GDA 14, 1933, Nr. 3 (1. März), S. 34.
122 Der GDA-Führer, 1933, Nr. 2 (Februar), S. 50. Bei seiner Ablehnung der Forderungen der »Wirtschaftsfriedlichen« spießte der GDA das Verlangen nach einem Streikverbot besonders auf. Vgl. Die Gelben wittern Morgenluft, in: GDA 14, 1933, Nr. 3 (1. März), S. 43.
123 Der Angestellte im Behördendienst 13, März 1933, Nr. 3, S. 32. Eine offensive Haltung spricht auch aus dem als Vorbild hingestellten Appell der Ortsgruppe Wuppertal-Barmen, »das Bekenntnis zu unserem Bund« durch Tragen des Bundesabzeichens in der Öffentlichkeit zu bekunden. Dass die »Junge Front Lübeck« das Tragen der Bundesnadel zur Pflicht bei Veranstaltungen der Ortsgruppe machte, wurde ebenfalls zur Nachahmung empfohlen. Der GDA-Führer, 1933, Nr. 3 (März), S. 72.
124 Der Angestellte im Behördendienst 13, April 1933, Nr. 4, S. 45.

getreten: »Über den Parteien steht unser Bund.« Doch die warnende Aufforderung »Keine Stimme den Gegnern der Volksvertretung, den Freunden der Diktatur« erinnerte noch an die gemeinsame gewerkschaftliche Kundgebung vom 30. Januar.[125]

Fragt man nach den Gründen für den seit Mitte März erkennbaren Gesinnungswandel, dann ist die Führung des Verbands ganz offensichtlich nach den enttäuschenden Märzwahlen politisch »eingeknickt«. Eingeleitet wurde diese Wende mit dem Rundschreiben »an unsere Führer und Mitarbeiter« vom 8. März, worin der GDA der neuen Regierung seine »Mitarbeit zur Überwindung der wirtschaftlichen Gesamtschwierigkeiten zur Verfügung« stellte. Darin wird dem Wunsch Ausdruck verliehen, die Regierung möge »den seit Jahren beschrittenen Weg der Notverordnungen [...] verlassen und die wirtschaftlichen Vereinigungen wieder zu stärkerer Mitarbeit heranziehen. [...] Wir haben für nationale Notwendigkeiten immer aufgeschlossenes Verständnis gehabt« und »feierlich verkündet, daß unsere Arbeit Dienst am Gemeinwohl sein soll. Die von diesem Geiste getragene Mitarbeit kann nicht entbehrt werden.«[126] Am 14. März folgte eine zentrale Erklärung aller Mitgliedsverbände des Gewerkschaftsringes, in der diese ebenfalls »ihre Mitarbeit zur Verfügung« stellten.[127] Erst am 16. März erfuhr die breite Öffentlichkeit die entscheidenden Passagen aus dem GDA-Rundschreiben.[128] Dabei wird der Gesinnungswandel des GDA am deutlichsten durch das Erstaunen der nationalsozialistischen, von Gauleiter Josef Wagner herausgegebenen Gauzeitschrift »Rote Erde« über das GDA-Rundschreiben belegt. Dort sah man sich »vor einer grundsätzlichen Wendung in der Politik der Gewerkschaften« und sprach von »bemerkenswerte[n] Ausführungen des Gewerkschaftsbundes deutscher [sic!] Angestellter«. »Diese Ausführungen zeigen mit erfreulicher Deutlichkeit, daß die Einsicht schon in den weitesten Kreisen der großen Organisationen der deutschen Arbeitnehmerschaft Platz greift.«[129] Der »freudsche Verschreiber« nahm die Absicht, sich der jüdischen Mitglieder zuvörderst zu entledigen, schon unfreiwillig vorweg.

Seit der Wahl sah der GDA seinen verbandspolitischen Spielraum von zwei Seiten eingeengt. Auf der einen Seite das enttäuschende Wahlergebnis und die nationale Begeisterung der Anhänger der Hitler-Regierung im Lande, was den zusammengeschmolzenen sozialliberalen Kern weiter atomisierte, auch wenn in der Optik die Stimmenzahl gehalten und durch geschickte Listenverbindung mit der SPD fünf statt, wie im November 1932, zwei Abgeordnete für die DStP in den Reichstag entsandt werden konnten. Dem politisch unterlegenen Bevölkerungsteil wurde auf der anderen Seite politische Anpassung, auch um den Preis der Selbstaufgabe, dringend anempfohlen, als zunehmend auch die Repräsentanten der SPD – die Kommunisten waren schon ausgeschaltet – und der Freien Gewerkschaften tätlich angegriffen und eingeschüchtert sowie in vielen Orten ihre Häuser

---

125 GDA 14, 1933, Nr. 3 (1. März), S. 33. Mit der Formel vom »über den Parteien stehenden Bund« suchte sich der GDA eine Brücke von der satzungsmäßigen parteipolitischen Unabhängigkeit, aber faktischen Parteienallianz, zur nationalsozialistischen Forderung zu bauen, »die Gewerkschaften aus *partei*politischen Bindungen zu lösen«. Der Angestellte im Versicherungsgewerbe 13, 1933, Nr. 3/4 (März/April), S. 13, und *Gustav Schneider*, Gesunde Selbstverwaltung, in: GDA 14, 1933, Nr. 4 (1. April), S. 49.
126 Rundschreiben des GDA-Bundesvorstandes »An unsere Führer und Mitarbeiter«, Berlin-Zehlendorf, 8.3.1933, in: Informationsdienst, April 1933 (Anlage).
127 Materialblätter für Wirtschafts- und Sozialpolitik, März 1933, Nr. 3, S. 93. Auch in: Wirtschaftliche Selbstverwaltung. Monatsschrift für die Mitglieder der Betriebsvertretungen und Mitteilungsblatt des Gewerkschaftsringes deutscher Arbeiter-, Angestellten- und Beamtenverbände 14, 1933, Nr. 3 (März), S. 35.
128 Vgl. Vossische Zeitung, 16.3.1933 (Abend-Ausgabe). Formulierungen aus dem GDA-Rundschreiben finden sich wieder in einer Erklärung des Bundesvorstands, unter anderem abgedr. in: Der Angestellte im Versicherungsgewerbe 13, 1933, Nr. 3/4 (März/April), S. 13 (Titelseite).
129 Rote Erde, 16.3.1933.

besetzt wurden. Diese Zangenbewegung vermag die Demutsgeste des GDA aber nur zu einem Teil zu erklären, denn sie will nicht so recht zu dem Umfang an Repressalien passen, denen der GDA selbst tatsächlich ausgesetzt war. Zwar konnte es keinen Zweifel daran geben, dass die NSDAP den GDA als politischen Gegner wahrnahm, doch sind Verhaftungen, In-Schutzhaftnahmen und Verhöre im Zusammenhang mit Reichstagsbrand und Märzwahlen nicht nachgewiesen – mit Ausnahme des stellvertretenden Aufsichtsratsvorsitzenden und Thüringer Gauvorstehers Leonhard Moog[130] –, was den GDA in den Augen der Nationalsozialisten als weniger gefährlich erscheinen ließ. Während die Überfälle auf die Häuser der Freien Gewerkschaften unmittelbar nach der Märzwahl Legion waren, ist das schärfste Vorgehen der Nationalsozialisten gegen den GDA, soweit es sich in aller Öffentlichkeit abspielte und belegt werden kann, in der Durchsuchung der Geschäftsstelle im GDA-Haus in der Barer Straße 44 in München durch einen SA-Sturm am Nachmittag des 16. März 1933 zu sehen, die im Auftrag des Polizeipräsidiums durchgeführt wurde. »Es wurde eine Anzahl von Akten und Schriften beschlagnahmt«.[131] Unmittelbar vorher hatte der Staatskommissar für das Bayerische Staatsministerium des Innern, Adolf Wagner, am 15. März den Regierungspräsidenten und Bezirksamtsvorständen eine Verfügung zur Wiederaufnahme des Geschäftsverkehrs der Gewerkschaften bekannt gegeben, unter anderem mit der Auflage, nicht »mit verbotenen politischen Organisationen oder deren ehemaligen Führern in Verbindung zu treten« und jede »parteipolitische Betätigung« zu unterlassen.[132] Dem war wiederum ein Schreiben des Leiters der NSBO, Walter Schuhmann, vom 14. März an Ministerialdirektor Ludwig Grauert vom Preußischen Innenministerium vorausgegangen, worin die Behauptung aufgestellt wurde, dass in den Gewerkschaftsbüros »zur Zeit schon Akten beseitigt [werden]«.[133]

München war als Zentrum der nationalsozialistischen Bewegung nicht eine Stadt wie jede andere, sodass die Hausdurchsuchung dem Verband das Ausmaß der Bedrohung exemplarisch vor Augen führte. Als unmittelbarer Auslöser für die Erklärungen des GDA zur Mitarbeit kam diese Aktion jedoch zeitlich zu spät. Sie war aber auch nicht die einzige bekannt gewordene nationalsozialistische Verfolgungs- und Unterdrückungsmaßnahme. Auch seine Versammlungstätigkeit war betroffen. So wurde eine GDA-Versammlung zum Thema »GDA und nationalsozialistische Aufbauarbeit«, welche wahrscheinlich in der ersten Märzhälfte stattgefunden hat, unter Berufung auf die »Verordnung (VO) des Reichspräsidenten zum Schutze von Volk und Staat« vom 28. Februar 1933 in Verbindung mit dem Runderlass des preußischen Innenministers vom 3. März 1933 zur VO vom

---

130 Unmittelbar nach Kriegsende wurde aus Vernehmungen bekannt, dass zum Beispiel Leonhard Moog, neben seinen GDA-Ämtern führendes DDP-Mitglied, »allen Anwürfen, Beschimpfungen und auch Vernehmungen bei der Polizei – später Gestapo ausgesetzt« war. So die Aussage des mit Moog politisch und persönlich eng befreundeten Weimarer Fabrikanten Zumhasch gegenüber dem amerikanischen Militär auf die Frage nach »Repressalien«. Felix Zumhasch, Gestellte Fragen zur Beantwortung, Weimar o.D. Juni 1945, in: Thüringisches Hauptstaatsarchiv Weimar, Land Thüringen – Büro des Ministerpräsidenten, Nr. 1077–1079, Bl. 268.
131 Völkischer Beobachter, 17.3.1933 (Münchener Ausg./Ausg. A).
132 GStA PK, Rep. 77, Nr. 23 (Staatssekretär Grauert), zit. nach: *Herbert Michaelis/Ernst Schraepler* (Hrsg.), Das Dritte Reich. Die Zertrümmerung des Parteienstaates und die Grundlegung der Diktatur, Berlin o.J. [1964], S. 625. Ein fast gleichlautender Erlass in Sachen Gewerkschaftshäuser erging in Sachsen. Wagner erklärte vor der Presse »zur Frage der Gewerkschaften, die Angriffe auf verschiedene Gewerkschaftshäuser seien nur deshalb geschehen, weil bedauerlicherweise die Gewerkschaftshäuser nicht mehr Dienststellen waren zur Wahrung der wirtschaftlichen Interessen, sondern zum Teil als politische Zentralstellen linker politischer Organisationen benutzt werden.« Königsberger Hartungsche Zeitung, 16.3.1933, Nr. 128.
133 GStA PK, Rep. 77, Nr. 10 (Staatssekretär Grauert), zit. nach: *Michaelis/Schraepler*, Das Dritte Reich, S. 622.

28. Februar 1933 als politische Versammlung ausgelegt und verboten.[134] Möglicherweise erst in der zweiten Märzhälfte ausgesprochen, darf auch dieses Verbot nicht als direkter Auslöser für den Gesinnungswandel gewertet werden. Doch waren beide Maßnahmen geeignet, den GDA in seiner nachgiebigen Haltung zu bestärken, um das Odium einer politischen Gegnerschaft loszuwerden.

Mutlos und kleinlaut fügte man sich: »Wir wissen genau, daß ein neuer Anfang staatlicher Geschichte nicht mit Samthandschuhen begonnen werden und daß manches dabei verschüttet werden kann.« Dem stellvertretenden Bundesvorsteher Max Rössiger, der am feierlichen Staatsakt in der Potsdamer Garnisonskirche am 21. März teilnahm, flößte Hitlers Rede zur Reichstagseröffnung »Vertrauen und Zuversicht« ein und sie enthalte eine »Verheißung [...], aber zugleich die Verpflichtung der Regierung selbst [...], die gläubig gewordene Mehrheit des deutschen Volkes nicht zu enttäuschen«.[135] Der noch amtierende Bundesvorsteher Gustav Schneider bekräftigte in derselben Ausgabe der GDA-Zeitschrift »unsere uneingeschränkte Bereitschaft zur Mitarbeit am nationalen Aufbau«, welche »durch keinerlei Konjunkturerwägungen bedingt« sei. Das Freiheitliche im hoch gehaltenen »Freiheitlich-Nationalen« als »ideeller Fundamentierung« des GDA unterschlagend, interpretierte er die Verbandsgeschichte »als Standesvertretung im Rahmen der Volksgemeinschaft« neu: »Wer unser Schrifttum kennt – die es nicht kennen, sollten es nachlesen –, wird bekennen müssen, daß unser nationales Gedankengut bereits im Jahr 1920 vieles, sehr vieles, vielleicht das meiste enthält, was anderen erst in späteren Jahren aufgegangen ist.« Vorbehalte meldete er einzig – im Interesse der Selbsterhaltung – hinsichtlich der gewerkschaftlichen Selbstverwaltung an: »Wir taten es nicht um äußerer Anerkennung willen, wir erfüllten eine selbstverständliche nationale Pflicht. Aber das eine dürfen wir erwarten und verlangen, daß wir jetzt in dieser Absicht nicht eingeengt und behindert werden.«[136] Von den »anderen«, mit denen man noch am 30. Januar eine gemeinsame Front gebildet hatte, setzten sich noch deutlicher die GDA-Behördenangestellten ab:

»Einzige Bindung für uns ist das Wohl der Volksgemeinschaft und das Interesse des Staatsganzen; so ist es bisher immer gewesen, und so bleibt es auch für die Zukunft. Daher haben wir es auch nicht nötig, wie die Freien Gewerkschaften und die Gedag-Verbände, uns jetzt umzustellen. Wir stehen hinter der vom Willen des Volkes getragenen nationalen Regierung und betrachten es als eine Selbstverständlichkeit, uns, wie bisher, mit unserer ganzen Kraft für ein nationales und wahrhaft soziales Deutschland einzusetzen.«[137]

Auf die April-Ausgabe der GDA-Zeitschrift verweisend, fasste der Vorstand in einem Rundschreiben »an alle GDA-Mitglieder« vom 1. April 1933 diese Gedanken zusammen und betonte: »Seit seiner Gründung hat der GDA seine parteipolitische Unabhängigkeit auf das strengste gewahrt, er hat nie in einer Bindung zu einer Partei gestanden.«[138] Selbstverleugnend setzten die Behördenangestellten hinzu, der GDA habe schon immer gegen die »Parteibuchherrschaft« der »Freien« und »Christlichen« angekämpft.[139] Vergessen war, wie man zum Beispiel im Sommer 1932 die parteiegoistischen Attacken der Nationalsozialisten mit folgenden Worten zu entlarven versucht hatte: »Damit bekämpfen wir

---
134 Vgl. Der GDA-Führer, 1933, Nr. 4 (April), S. 118f.
135 So der »Reichstagseröffnung« überschriebene Bericht, in: GDA 14, 1933, Nr. 4 (1. April), S. 55.
136 Ebd., S. 49.
137 Der Angestellte im Behördendienst 13, April 1933, Nr. 4, S. 41. Vgl. *Prinz*, Vom neuen Mittelstand zum Volksgenossen, S. 97.
138 So Max Rössiger und Johannes Degener im Namen des Bundesvorstandes »An alle GDA-Mitglieder!« Berlin-Zehlendorf, 1.4.1933, Bl. 1.
139 Das Ziel aller Arbeit muß das Gemeinwohl sein!, in: Der Angestellte im Behördendienst 13, April 1933, Nr. 4, S. 41.

mit Entschiedenheit alle Parteibestrebungen, für die der Kampfruf ›Weg mit dem Parteibuchbeamtentum!‹ lediglich ein Schlagwort zur Vertuschung ihrer eigenen parteilichen Wünsche ist.«[140]

Doch trotz dieses sichtbaren Kurswechsels und der Angebote zur Mitarbeit gerieten noch in der zweiten Aprilhälfte Untergliederungen des GDA in den Verdacht »staatsfeindlicher« Bestrebungen. So berichtete die nationalsozialistische Gauzeitung »Rote Erde« am 24. April 1933 unter der Überschrift »Staatsfeindliche Tagung des G.D.A. in Meschede polizeilich aufgehoben« von einer »Führertagung für Rheinland und Westfalen« in der dortigen Jugendherberge. Das »Tragen reichsbannerähnlicher Grünhemden der sogenannten ›Führer‹« sei sofort aufgefallen, und mit der »erste[n] ›große[n]‹ Rede auf der Tagung […] trat klar hervor, daß es sich hier um eine verkappte staatsfeindliche Zusammenkunft handelte«. Es seien Worte gefallen wie »die jetzige Reichsfahne ist unser Feind« und »das Reichsbanner muß zu uns herübergezogen werden«. Und das beschlagnahmte schriftliche Material enthielte Forderungen nach der Wiedererkämpfung eines Reiches »von ›Freiheit und sozialer Struktur‹«. »Daraufhin wurde natürlich die Tagung sofort aufgehoben. In Gruppen von 12 Personen wurden die ›Führer‹ zum Bahnhof Meschede abgeführt.« Auch wenn der Mescheder GDA umgehend den unterstellten Zweck der Tagung zu dementieren suchte[141], die Reaktion und der Bericht wirft mit seinen stigmatisierenden Klischees ein deutliches Licht auf das Feindbild, das selbst noch in der zweiten Aprilhälfte 1933 bei den untergeordneten NSDAP-Instanzen im Lande vorherrschte. Auch die in verschiedenen Zeitungen veröffentlichte Falschmeldung über das im Zuge der Aktion vom 2. Mai angeblich besetzte GDA-Haus in Köln war nicht etwa als unglaubhaft zurückgehalten worden.[142] Denn obgleich die Verschonung der Christlichen und der Ring-Verbände nach der Erinnerung Ernst Lemmers »offenbar auf eine Direktive zurückzuführen« war[143], sind ver-

---

140 Klare Fronten! Verhelft dem Rechtsgedanken zum Durchbruch!, in: Der Angestellte im Behördendienst 12, 1932, Nr. 8 (August), S. 57. Verfasser war Otto Schimpf, Reichsfachgruppenleiter der Behördenangestellten im GDA.

141 Rote Erde, 24.4.1933. Das Dementi in: ebd., 1.5.1933: »Der Bericht über unsere Jugendführertagung in Meschede entspricht nicht den Tatsachen.« Diese habe vielmehr dazu gedient, »die Führer sämtlicher Jugendgruppen unseres Bundes in Rheinland-Westfalen für den neuen Staat zu begeistern. […] Es ist in keiner Form gegen den neuen Staat, sondern für den neuen Staat gesprochen worden. Unter den Teilnehmern selbst befanden sich einige Mitglieder der Hitler-Jugend, die Mitglied unseres Bundes sind.« Der Verband stünde »seiner ganzen programmatischen Einstellung gemäß auf dem Boden der nationalen Mitarbeit zur Verwirklichung der Volksgemeinschaft« und habe »dem Herrn Reichskanzler sogar unter bewußter Opferung der eigenen Interessen« den Vorschlag unterbreitet, »das gesamte deutsche Gewerkschaftswesen zu einem einheitlichen Nationalen Gewerkschaftsbund umzugestalten«.

142 Die vom Gauleiter Mutschmann herausgegebene Tageszeitung meldete noch am 2. Mai aus Köln: »Auch der GDA. wurde besetzt, um die Rechte der Arbeiterschaft zu sichern.« Der Freiheitskampf. Tageszeitung der N.S.D.A.P. Gau Sachsen, 2.5.1933. Die Frankfurter Zeitung (und Handelsblatt) berichteten am 3. Mai 1933 aus Köln ebenfalls: »Auch der Gewerkschaftsbund der Angestellten wurde besetzt…«. Richtig hätte es heißen müssen: »Auch der ADGB wurde besetzt, um die Rechte der Arbeiterschaft zu sichern.« Westdeutscher Beobachter. Amtliches Organ der NSDAP, 3.5.1933. Zuletzt abgedr. in: *Erb*, Gleichgeschaltet, S. 239f.

143 *Ernst Lemmer*, Manches war doch anders. Erinnerungen eines deutschen Demokraten, Frankfurt am Main 1968, S. 183. Den Urheber der Direktive nennt Lemmer, der unter dem unmittelbaren Eindruck eines direkt Beteiligten zu schreiben scheint, nicht. Zum Zeitpunkt der Niederschrift seiner Memoiren muss ihm der Marschbefehl Robert Leys vom 21. April 1933, auf den er sich sehr wahrscheinlich bezieht und der 1938 erstmals veröffentlicht wurde, aber bekannt gewesen sein. Vgl. hierzu weiter unten.

einzelt Besetzungen auch bei den Ringverbänden vorgekommen, ganz im Stil der früheren örtlichen sogenannten »Einzelaktionen«.[144]

Um die für die Nationalsozialisten enttäuschenden Betriebsrätewahlen des Frühjahrs 1933 zu revidieren, erlaubte das am 4. April 1933 verabschiedete »Gesetz über Betriebsvertretungen und wirtschaftliche Vereinigungen« unter anderem, Mitglieder von Betriebsvertretungen abzulösen, die »in staats- und wirtschaftsfeindlichem Sinne eingestellt« seien. An deren Stelle konnten neue Betriebsratsmitglieder »ernannt« werden.[145] Als gewählte Betriebsräte in den staatlichen Ministerien traf das auch GDA-Mitglieder, zahlenmäßig nicht bestimmbar, in einem Kernbereich gewerkschaftlicher Vertretungsaufgaben.[146] Der aus der GDA-Verbandspresse gut belegbare Fall des Hauptbetriebsrats bei der Reichsfinanzverwaltung, August Lorscheidt, bildete keine Ausnahme und die an ihm exemplarisch darstellbare Amtsenthebung wiederholte sich unter anderem bei der Reichsversicherungsanstalt für Angestellte (RfA), in deren Direktorium und Verwaltungsrat Führungspersonen des GDA als Vertreter der Versicherten Leitungs- und Aufsichtsfunktionen wahrnahmen, im Zuge des weiteren Gleichschaltungsprozesses. War der GDA in den Augen der Nationalsozialisten ein politischer und weltanschaulicher Gegner, dann war es folgerichtig, dass auch der Einzelne, hier Lorscheidt, entsprechend behandelt und als Betriebsrat entlassen wurde. Der Fall Lorscheidt ist ebenso aufschlussreich wie delikat, denn der Vorsitzende der Gaufachgruppe der GDA-Behördenangestellten im Rheingau war seit dem

---

144 So werden die gewalttätigen Übergriffe auf die Gewerkschaftshäuser seit den Märzwahlen trotz ihres fast flächendeckenden und beinahe außer Kontrolle geratenen Ausmaßes in der Literatur generell qualifiziert und als solche Ausnahmen müssen auch die Besetzungen bei anderen Ringverbänden am 2. Mai betrachtet werden. Vgl. Der Regulator. Wochenschrift des Gewerkvereins Deutscher Metallarbeiter (H.-D.), 19.5.1933, Nr. 10, S. 73. Hierzu haben sich geäußert *Bracher/Schulz/Sauer*, Die nationalsozialistische Machtergreifung, S. 251; *Timothy W. Mason*, Sozialpolitik im Dritten Reich. Arbeiterklasse und Volksgemeinschaft, Opladen 1977, S. 43f., 76f., 81–88 und 99; *Gunther Mai*, Die nationalsozialistische Betriebszellen-Organisation. Zum Verhältnis von Arbeiterschaft und Nationalsozialismus, in: VfZ 31, 1983, S. 573–613, hier: S. 596; *ders.*, Die Geislinger Metallarbeiterbewegung zwischen Klassenkampf und Volksgemeinschaft 1931–1933/34, Düsseldorf 1984, S. 74f.; *Kratzenberg*, Arbeiter auf dem Weg zu Hitler?, S. 124; *Schneider*, Unterm Hakenkreuz, S. 62ff., der zur Auflösung der Ungereimtheiten und Widersprüche auf die eingangs skizzierte Doppelstrategie des sogenannten Volkszorns und ihrer Legitimierung ›von oben‹ bei der nationalsozialistischen ›Gleichschaltung‹ verweist.
145 Zur Entstehung des Gesetzes vgl. *Heinrich August Winkler*, Der Weg in die Katastrophe. Arbeiter und Arbeiterbewegung in der Weimarer Republik 1930 bis 1933, 2., vollst. durchges. u. korr. Aufl., Bonn 1990, S. 907ff.; *Schneider*, Unterm Hakenkreuz, S. 75. Günther Morsch verweist darauf, dass der entscheidende Anstoß für die Entlassungsregelung des Artikels II nicht von den Nationalsozialisten, sondern vom Reichswehrministerium gekommen sei. Vgl. *Günter Morsch*, Arbeit und Brot. Studien zu Lage, Stimmung, Einstellung und Verhalten der deutschen Arbeiterschaft 1933–1936/37, Frankfurt am Main/Bern etc. 1993, S. 53. Das Gesetz wurde am 5. April 1933 im Reichsgesetzblatt verkündet. Vgl. RGBl., 1933, Teil I, Nr. 31, 5.4.1933. Zitate aus dem Gesetz nach *Schneider*, Unterm Hakenkreuz, S. 75.
146 Hier geht es um behördliche Maßnahmen im eigenen Wirkungsbereich und nicht um die nachträgliche Legalisierung von Absetzungen, die von nichtbehördlichen Stellen wie der NSBO oder NS-Kommissaren gezielt gegen »marxistische« Betriebsräte vorgenommen wurden, aber – in einem kaum zahlenmäßig feststellbaren Umfang – auch andere, wie »Christen« und Ringverbände, trafen, sogar mit Schutzhaft. So der Fall von Ende März 1933, der vor dem Reichsarbeitsgericht landete, bei: *Christiane Raedel*, Amtsenthebungen und Kündigungen von Betriebsräten in der Rechtsprechung des Reichsarbeitsgerichts, Berlin 1999, S. 351f.; *Roderich Wahsner*, Arbeitsrecht unter'm Hakenkreuz. Instrument des faschistischen Terrors und der Legitimation von Unternehmerwillkür, Baden-Baden 1994, S. 31, 33, 35 und 39f. Vgl. generell *Frese*, Betriebspolitik im »Dritten Reich«, S. 64f.

1. Februar 1932 Mitglied der NSDAP, wovon die Verbandsöffentlichkeit aber erstmals aus einem Bericht über eine Besprechung des geschäftsführenden Ausschusses des Hauptbetriebsrats der Reichsfinanzverwaltung mit dem Reichsfinanzminister am 5. April 1933 erfahren haben dürfte.[147] Danach ergibt sich aus der Darstellung des zweiten der beiden GDA-Vertreter, Mitglied des geschäftsführenden Ausschusses und Vorsitzender des Hauptbetriebsrats, dass die im März 1931 gewählten neun Hauptbetriebsräte durch Rücktritt ihrer Entlassung aus politischen Gründen zuvorkamen und ein neuer kommissarischer Hauptbetriebsrat bestellt wurde.[148] Durch Erlass des Reichsministers der Finanzen vom 21. April 1933 zwecks Durchführung des Gesetzes vom 4. April 1933 wurde der Rücktritt offiziell bestätigt. Lorscheidt wehrte sich mit Erfolg gegen seine »Entlassung«. Am 9. Mai, nach schon fast vierzehntägiger Tätigkeit im neuen nationalsozialistischen Vorstand des GDA, wurde seinem Einspruch stattgegeben.[149]

III. DIE ›GLEICHSCHALTUNG‹ DER GDA-FÜHRUNGSGREMIEN

Wenige Wochen nach der nationalsozialistischen ›Gleichschaltung‹ des GDA bekannte das Mitglied des neuen nationalsozialistischen Vorstands, Erwin Lehmann, dass es schwer gewesen war, »Erfolge zu erringen, als noch alles gegen uns stand«, andererseits sei »ohne Schwierigkeit [...] die Übernahme der Bundesführung möglich« gewesen.[150] War diese Übernahme die Konsequenz aus dem März-Schwenk der GDA-Führung, also eher eine Übergabe? War dem ein entsprechender Umschwung an der Basis vorausgegangen? Antworten hierauf würden entscheidend zur Klärung beitragen, ob die ›Gleichschaltung‹ des GDA eine Selbstgleichschaltung war oder aus der Verfolgung als politischer Gegner der Nationalsozialisten resultierte. Noch im Februar 1933 hatte der GDA in seiner Funktionärszeitschrift, an die mit Zitaten belegten »antisozialen Absichten« »einflußreicher Führer« der NSDAP anknüpfend, der Erwartung Ausdruck verliehen, »daß auch die nationalsozialistischen Mitglieder erkennen, wie notwendig die Bundesarbeit ist, solche Absichten zu verhindern«.[151] Vom Ausschluss nationalsozialistischer Mitglieder wollte man nun nichts mehr wissen und entgegnete auf derartige Vorwürfe, »daß gerade der DHV die

---

147 Vgl. Der Angestellte im Behördendienst 13, April 1933, Nr. 4, S. 46. Seine Parteimitgliedschaft wurde weder bei der ausführlichen Vorstellung seiner erneuten Kandidatur mitgeteilt noch an anderen Stellen der gesichteten GDA-Zeitschriften. Vgl. ebd., März 1933, Nr. 3.
148 Die Nötigung spricht aus Folgendem: »Der Herr Minister erwiderte, er bedauere es außerordentlich, dass in Anbetracht der veränderten politischen Verhältnisse eine Zusammenarbeit in der bisherigen Weise und mit den bisherigen Mitgliedern des geschäftsführenden Ausschusses nicht möglich sei.« Der Angestellte im Behördendienst 13, April 1933, Nr. 4, S. 46. Die für den 27./28. März 1933 geplanten Neuwahlen der Betriebsräte der Reichsfinanzverwaltung waren ausgesetzt worden, wofür Göring in der Kabinettssitzung vom 24.3.1933 folgende Begründung gab: »Es erscheine nicht zweckmäßig, die Wahlen schon jetzt vorzunehmen und damit noch Personen in die Betriebsvertretungen hineinzuwählen zu lassen, die womöglich bei einer Säuberung der Behörden entfernt werden würden.« Zit. nach dem Protokoll, in: Akten der Reichskanzlei. Regierung Hitler 1933–1938, Teil 1: 1933/34, Bd. 1: 30. Januar bis 31. August 1933, Dokumente Nr. 1 bis 206, Boppard am Rhein 1983, S. 255. Vgl. zum Wahldatum: Der Angestellte im Behördendienst 13, März 1933, Nr. 3, S. 33 sowie Informationsdienst, März 1933, S. 18.
149 Der Erlass vom 21. April 1933 ist abgedr. in: Der Freie Angestellte 37, 1933, Nr. 10 (16. Mai), S. 133f. Vgl. Der Angestellte im Behördendienst 13, Mai 1933, Nr. 5, S. 64, wo der Erlass auf den 12. April 1933 datiert wird.
150 GDA 14, 1933, Nr. 7 (30. Juni), S. 106. Auch in einem längeren Artikel in der Fachgruppenzeitschrift der Behördenangestellten findet sich das Eingeständnis, dass man sich vor dem 30. Januar »der Kanäle bedienen« musste, »die Partei- und Interessengruppen uns offen ließen«. Der Angestellte im Behördendienst 13, 1933, Nr. 5 (Mai), S. 57.
151 Der GDA-Führer, 1933, Nr. 2 (Februar), S. 38.

Die nationalsozialistische ›Gleichschaltung‹ des GDA im Jahr 1933 405

Angehörigen der NSDAP aus seiner Organisation zahlreich ausgeschlossen hat«.[152] Eine kurze Meldung des »Völkischen Beobachters« vom 1. April 1933 von der »Bildung einer nationalen Front im G.D.A.« (in Hamburg) konnte beim unkundigen Leser den Eindruck erwecken, dass die Unterwanderung beziehungsweise Eroberung des GDA jetzt mit dem Griff nach der Verbandsspitze ihrem Ziel nahe gekommen war. Eine »›Kameradschaft nationaler Mitglieder‹ erstrebt Umgestaltung des Vorstandes und der Leitung. Eine Flut von Zustimmungen beweist, daß die leitenden Organe *nicht mehr das Vertrauen der Mitglieder* besitzen.«[153] Max Rössiger und der Brandenburger Gaugeschäftsführer (im Sprachgebrauch des GDA auch Gauleiter genannt) Adolf Kahlen, der nach BDC-Unterlagen nicht der NSDAP beitrat, folgten am 2. April mit einer Versammlung im Berliner Vereinshaus in der Alten Jakobstraße. »Am Schluß der Kundgebung wurde betont, daß nicht Teile des Bundes, sondern der *ganze* G.D.A. eine starke, geschlossene nationale Front bilde.«[154] Ob sie glaubten, damit den Vorstoß für eine personelle ›Gleichschaltung‹, denn Belege für einen Vertrauensverlust gab es nicht, abwenden beziehungsweise durch einen national »gewendeten« GDA überflüssig machen zu können, muss offenbleiben. Zwar hatte der GDA in seinem Rundschreiben vom 1. April nochmals »die Einstellung des GDA zur grossen nationalsozialistischen Bewegung dargelegt und unsere vorbehaltlose Bereitschaft zur Unterstützung der Politik der nationalen Regierung ausgesprochen«[155], doch eine derart schnelle und konfliktarme Selbstgleichschaltung verträgt sich nicht mit der fortgesetzten denunziatorisch gemeinten Bezeichnung von GDA-Mitgliedern als »waschechten Liberalisten« in der späteren Darstellung der Mai-Aktion durch die NSBO.[156] Sie widerspricht ebenfalls dem Urteil des Historikers Karl Dietrich Bracher, dass seit Anfang April die Angestelltenverbände fielen, »meist nach dem Schema, daß eine nationalsozialistische Minderheit terroristisch den Rücktritt des Vorstands erzwang oder kurzerhand den Anschluß an nationalsozialistische Auffangorganisationen erklärte«.[157]

Zweifel an der Widerständigkeit des GDA werden durch zwei weitere Schritte geweckt. So könnte die Mitteilung der GDA-Verwaltung im April-Heft des »GDA-Führers« als Entgegenkommen gewertet werden, dass »bei allen Gelegenheiten, bei denen die Beflaggung der öffentlichen Gebäude angeordnet wird«, der GDA seinerseits auch die Hakenkreuzfahne hissen wird.[158] Der Freiwilligkeit dieser Anweisung könnte allerdings die Kommen-

---

152 Informationsdienst, April 1933, S. 26.
153 Völkischer Beobachter, 1.4.1933 (Norddt. Ausg./Ausg. A).
154 Hagener Zeitung, 3.4.1933.
155 Die Gleichschaltung im GDA! Die Bundesführung teilt mit: Berlin, den 30. April 1933, in: Informationsdienst, Mai 1933, S. 1–4, hier: S. 1, nahm mit diesen Worten auf das Rundschreiben Bezug.
156 Gemeint ist die Übernahme von »über vier Millionen bisher marxistisch und liberalistisch eingestellter Arbeitnehmer« durch die Aktion vom 2. Mai 1933 » – *die Millionen waren doch kurz vorher noch waschechte Marxisten, Liberalisten, Kommunisten, also hartnäckige Gegner der N.S.D.A.P. und ihrer N.S.B.O.!*« Oskar *Krüger*, 2. Mai 1933. Die Befreiung des deutschen Arbeiters. Ein Rechenschaftsbericht der NSBO, München 1934, S. 164.
157 *Bracher/Schulz/Sauer*, Die nationalsozialistische Machtergreifung, S. 252, unter Berufung auf *Schumann*, Nationalsozialismus und Gewerkschaftsbewegung, S. 57ff.
158 Der GDA-Führer, 1933, Nr. 4 (April), S. 119. Wegen weiterer Mitteilungen mit Datumsangaben kann die Zeitschrift frühestens Mitte April erschienen sein. Für die Nationalsozialisten wie für ihre Gegner war das Hissen der Hakenkreuzfahne auf öffentlichen Gebäuden und denen der Nazigegner von großer symbolischer Bedeutung. Auch passives Verhalten wie zum Beispiel das Nicht-Hissen der Hakenkreuzfahne »wurde nicht selten von den ns. Gewalthabern als Ausdruck einer Gegnerschaft aufgefaßt, zumal dann, wenn man von jemandem ein bestimmtes Tun erwartete«. Hans *Giessler*, Die Grundsatzbestimmungen des Entschädigungsrechts, in: *Walter Brunn/Hans Giessler/Heinz Klee* u.a., Das Bundesentschädigungsgesetz. Erster Teil (§§ 1 bis 50 BEG), München 1981, S. 16.

tierung dieses Vorgangs im Verbandsorgan des DHV offen widersprechen, wonach der GDA »sich die Hakenkreuzfahne aufs Berliner Bundeshaus setzen lassen [mußte]«.[159] Doch gegenüber der Lesart einer gewaltsamen Hissung des Nazisymbols auf dem Berliner Bundeshaus Am Karlsbad hat die andere mögliche Lesart einer rhetorischen Figur zur Beschreibung des zu spät gekommenen Gesinnungswandels beim GDA hier mehr für sich.

Als wichtige Stufe im Prozess der »Selbstgleichschaltung« wird insbesondere auf den GDA-Plan vom 11. April 1933 verwiesen, welcher der Reichskanzlei übergeben wurde.[160] Vorausgegangen war am 26. März die nachdrückliche Bekräftigung des Gedankens einer Arbeitsgemeinschaft zwischen Arbeitgebern und Arbeitnehmern.[161] Mit dem GDA-Plan suchte sich der Verband in letzter Minute in die laufenden Planungen von Partei und Regierungsstellen einzuschalten, die als »Gewerkschaftsreform« und »die geplante staatliche Aufsicht über das Gewerkschaftswesen«, der sogenannte Gewerkschaftskommissar, auch öffentlich diskutiert wurden.[162] Parallel zu den Anpassungsbekundungen aller Gewerkschaftsrichtungen war der GDA-Plan Teil der »Bemühungen, eine einheitliche Gewerkschaftsbewegung zu schaffen, [...] um dadurch eine Umbildung zur staatlichen Zwangsgewerkschaft zu verhindern«. So hatte noch am 5. April der ADGB seine Bereitschaft zur »Vereinheitlichung des deutschen Gewerkschaftswesens« erklärt und am 9. April bekräftigt.[163] »Der GDA-Vorschlag geht davon aus, daß im neuen Staat für drei nach Weltanschauungen geschiedene Gewerkschaftsrichtungen und überhaupt für die Vielheit der Verbände kein Bedürfnis und kein Raum besteht.« Wenn darin in Form der Arbeiter- und Angestelltensäule scheinbar die Deutsche Arbeitsfront vorweggenommen wurde, so war doch im Gegensatz zur DAF als ein Wesenszug immer noch die »Tariffreiheit«, das heißt die garantierte Möglichkeit, eigenständig Tarifverträge auszuhandeln und abzuschließen, darin vorgesehen.[164]

---

159 Deutsche Handels-Wacht. Zeitschrift des Deutschnationalen Handlungsgehilfen-Verbandes. Gewerkschaft der deutschen Kaufmannsgehilfen 40, 20.4.1933, Nr. 7, S. 93. Eine Hissung der Hakenkreuzfahne auf dem neuen Bundeshaus des GDA, Am Karlsbad, wäre dann aber sehr wahrscheinlich schon in den Tagen nach der Reichstagswahl vom 5. März erzwungen worden, als auf vielen und nicht nur öffentlichen Gebäuden die Hakenkreuzfahne gehisst wurde. Bisher konnte dies nach Durchsicht zahlreicher Tageszeitungen nicht als Tatsache nachgewiesen werden.

160 Vgl. Gewerkschaftsbund der Angestellten (Gewerkschaftsring) an Reichskanzler Hitler: Plan zur Vereinheitlichung der Gewerkschaften, 11.4.1933, in: Dowe/Weber/Schönhoven u.a., Quellen zur Geschichte der deutschen Gewerkschaftsbewegung im 20. Jahrhundert, Bd. 4, S. 884–888, einschließlich der Anmerkungen (Dokument 200). Der Plan ist auch abgedr. in: *Priamus*, Angestellte und Demokratie, S. 246–249 (Dokument Nr. 20).

161 Vgl. die Entschließung von Aufsichtsrat und Bundesvorstand des GDA auf ihrer Tagung am 26. März 1933, abgedr. als Anlage zum Rundschreiben »An alle GDA-Mitglieder!«, 1.4.1933, Bl. 4. Veröffentlicht mit Datum vom 29. März als Anlage, in: Informationsdienst, April 1933, und ohne Angabe des Datums abgedr. in: Materialblätter für Wirtschafts- und Sozialpolitik, März 1933, Nr. 3, S. 73. Schon die Erklärung des GDA vom 8. März hatte den Arbeitsgemeinschaftsgedanken positiv aufgenommen. Vgl. Rundschreiben des GDA-Bundesvorstands »An unsere Führer und Mitarbeiter«, Berlin-Zehlendorf, 8.3.1933, in: Informationsdienst, April 1933 (Anlage). Vgl. zum Ring (Lemmer) und GDA: Vossische Zeitung, 29.3. und 30.3.1933 (jeweils Morgen-Ausgabe).

162 GDA zur Gewerkschaftsreform, in: Gewerkschaftlicher Presse-Dienst, B 22/23, 7.4.1933.

163 *Schneider*, Unterm Hakenkreuz, S. 88f. Abdruck des Dokuments in: *Dowe/Weber/Schönhoven* u.a., Quellen zur Geschichte der deutschen Gewerkschaftsbewegung im 20. Jahrhundert, Bd. 4, S. 871ff. (Dokument 194). Im »Führerkreis der vereinigten Gewerkschaften« waren diese Bestrebungen Ende April Wirklichkeit geworden, ohne den Gang der Ereignisse noch beeinflussen zu können. Vgl. *Gerhard Beier*, Zur Entstehung des Führerkreises der vereinigten Gewerkschaften Ende April 1933, in: AfS 15, 1975, S. 365–392.

164 Der GDA-Führer, 1933, Nr. 4 (April), S. 92; vgl. zur »Tariffreiheit« ebd., S. 96.

Die nationalsozialistische ›Gleichschaltung‹ des GDA im Jahr 1933

Seit der Monatswende arbeitete die nationalsozialistische Führung fieberhaft an der Planung der Übernahme der Gewerkschaften. Obwohl man sich »über die Form der geplanten Gleichschaltungsmaßnahmen auch zu diesem Zeitpunkt noch nicht gänzlich klar und einig« war[165], wurde Robert Ley durch Hitler Anfang April mit der Führung eines selbst in der Partei streng geheimen »Aktionskomitees zum Schutze der deutschen Arbeit« beauftragt.[166] In dieses Komitee wurden sieben weitere, vor allem führende Männer der NSBO berufen, die unter der nominellen Leitung von Ley, faktisch aber unter der Leitung von Reinhold Muchow standen, und bis zum 13. April »alle Einzelheiten des Übernahmeprogramms« ausarbeiten.[167] An dem Tag, als »der gewaltsame Zugriff bereits feststand«, führten NSBO-Vertreter in Abstimmung mit Schuhmann noch Verhandlungen mit Leipart, Peter Graßmann, Wilhelm Eggert und Wilhelm Leuschner vom ADGB, in deren Verlauf Leipart seinen freiwilligen Rücktritt – und damit gleichsam eine ›Gleichschaltung‹ ›von oben‹ durch die NSBO – mit Verweis auf sein durch demokratische Wahlen legitimiertes Amt empört zurückgewiesen hatte.[168] Auf der NS-Führertagung am 16. April erhielt der Plan zur Besetzung der Gewerkschaftshäuser am 2. Mai die Zustimmung Hitlers[169] und am 21. April wurden von Ley die Marschbefehle des Aktionskomitees per Rundschreiben an die Gauleitungen der NSDAP herausgegeben.[170] Weder die Erklärung vom 9. April, in welcher der ADGB nun selbst die Einsetzung eines Reichskommissars für die Gewerkschaften empfohlen und seine Mitarbeit angeboten hatte, noch die Begrüßung des »Gesetzes über die Einführung eines Feiertages der nationalen Arbeit« am 15. April, was von Hans-Gerd Schumann als »endgültige Kapitulation« gewertet wird, hatten die Besetzungsaktion abwenden können.[171]

Personelle Veränderungen an der Spitze des GDA erfolgten wahrscheinlich erstmals am 15. April, bekannt gegeben in der Aprilausgabe des »GDA-Führers«:

---

165 *Bracher/Schulz/Sauer*, Die nationalsozialistische Machtergreifung, S. 253.
166 Unter Berufung auf eine DAF-Quelle (Archiv der DAF, Nr. 811), welche mit großen Teilen des DAF-Archivs als verschollen gelten muss, wird der Führer-Auftrag auf Anfang April 1933 datiert. Vgl. *Hesse*, Die Überwindung des Gewerkschaftsgedankens durch die Deutsche Arbeitsfront, S. 22. Übereinstimmend *Willy Müller*, Das soziale Leben im neuen Deutschland unter besonderer Berücksichtigung der Deutschen Arbeitsfront, Berlin 1938, S. 49. Vgl. auch *Schneider*, Unterm Hakenkreuz, S. 92.
167 *Schumann*, Nationalsozialismus und Gewerkschaftsbewegung, S. 67, der sich in seiner immer noch maßgebenden Darstellung auf die NS-Darstellung Krügers beruft, in dessen Rückschau »längst alles klar« war für die »Zertrümmerung des liberalistischen und marxistischen Gewerkschaftsklüngels«. *Krüger*, 2. Mai 1933, S. 39f.
168 *Schumann*, Nationalsozialismus und Gewerkschaftsbewegung, S. 58. Vgl. *Beier*, Das Lehrstück vom 1. und 2. Mai 1933, S. 34f.; *Schneider*, Unterm Hakenkreuz, S. 88. Abdruck der Gesprächsaufzeichnung zuletzt in: *Dowe/Weber/Schönhoven* u.a., Quellen zur Geschichte der deutschen Gewerkschaftsbewegung im 20. Jahrhundert, Bd. 4, S. 888–892 (Dokument 201).
169 Vgl. *Schumann*, Nationalsozialismus und Gewerkschaftsbewegung, S. 67; vgl. den Eintrag von Joseph Goebbels vom 17. April 1933 in sein Tagebuch, abgdr. in: *Erb*, Gleichgeschaltet, S. 227 (Dokument 54a). *Beier*, Das Lehrstück vom 1. und 2. Mai 1933, S. 35, legt eine Lesart von Krüger nahe, dass die fehlende Kompromissbereitschaft Leiparts letztlich die Scharfmacher um Ley auf der NS-Osterkonferenz zum Zuge kommen ließ.
170 Vgl. *Schneider*, Unterm Hakenkreuz, S. 91ff. Abdruck des Rundschreibens Nr. 6/33 des Stabsleiters der NSDAP vom 21. April 1933, in: *Dowe/Weber/Schönhoven* u.a., Quellen zur Geschichte der deutschen Gewerkschaftsbewegung im 20. Jahrhundert, Bd. 4, S. 898–901 (Dokument 206). Auch abgedr. in: *Erb*, Gleichgeschaltet, S. 229f. (Dokument 54c).
171 *Schumann*, Nationalsozialismus und Gewerkschaftsbewegung, S. 57f. Abdruck der entsprechenden Dokumente zuletzt in: *Dowe/Weber/Schönhoven* u.a., Quellen zur Geschichte der deutschen Gewerkschaftsbewegung im 20. Jahrhundert, Bd. 4, S. 881f. beziehungsweise 896f. (Dokumente 197 und 204).

»Der GDA steht mit seiner ganzen Kraft hinter dem nationalen und sozialen Willen der Reichsregierung. – Er betrachtet es als seine Aufgabe, die in der nationalsozialistischen Bewegung stehenden Bundesmitglieder in die Führung seiner Gliederungen und Organe einzubeziehen. In diesem Bestreben hat der GDA seinen Aufsichtsrat durch der N.S.D.A.P. angehörige Bundesmitglieder aus den verschiedensten Teilen Deutschlands ergänzt.«[172]

Leider sind wir nicht über die konkreten personellen Veränderungen des zuvor noch 31 Mitglieder zählenden Aufsichtsrats informiert[173], in dem bislang kein einziger »Pg.« vertreten war, sondern nur fünf Beitrittswillige, geht man von der NSDAP-Mitgliederkartei aus, der zufolge sie mit Wirkung vom 1. Mai 1933 beitraten. Da nach der gültigen Satzung des GDA die Größe des Aufsichtsrats mittelbar durch die Mitgliederstärke der Gaue und durch das Quorum von sechs Aufsichtsräten mit Berliner Wohnsitz festgelegt war, durfte sie weder unter eine bestimmte Schwelle fallen noch beliebig durch eine im Übrigen satzungsmäßig nicht vorgesehene Erweiterung erhöht werden. Ergänzung bedeutete deshalb Umbildung, das heißt Wahl von Ersatzleuten durch den Aufsichtsrat bis zum nächsten Bundestag[174], sodass aufgrund seiner vorherigen Zusammensetzung für eine parteipolitische Umfärbung des Gremiums eine größere Zahl von Aufsichtsräten ihr Amt hätte niederlegen müssen. Erich Schmidt, der Bundesführer des »gelben« Reichsbundes Deutscher Angestellten-Berufsverbände hatte denn auch am 19. April in seiner Rede auf der Kundgebung des Berliner Ortskartells nur Hohn und Spott für diese Anpassungsbemühungen beim GDA übrig: »Vom GdA hat man gehört, daß er unter seinen Mitgliedern Umfrage gehalten hat, ob nicht einige Nationalsozialisten bereit sein würden, in den Aufsichtsrat des GdA einzutreten. (Hört! Hört!)«[175]

Währenddessen hatten die Nationalsozialisten die ›Gleichschaltung‹ anderer gewerkschaftlicher Verbände schon bedeutend weiter vorangetrieben. Die Beamtenverbände Deutscher Beamtenbund (DBB) und Allgemeiner Deutscher Beamtenbund (ADB) hatte es im Zuge der Übernahme von Verwaltung und Justiz schon im März durch Vorgehen gegen Funktionäre und Zersetzung ihrer Spitzen getroffen.[176] Der langjährige Verbandsvorsteher des Deutschnationalen Handlungsgehilfen-Verbands Hans Bechly legte Anfang April 1933 unter Zwang, ausgeübt von Reichsinnenminister Wilhelm Frick und Staatskommissar Franz Stöhr, sein Amt nieder. Statt seiner wurde am 9. April 1933 vorübergehend das langjährige Mitglied der Verwaltung des DHV, Hermann Miltzow, der der NSDAP beitrat, formal korrekt auf einer Vollsitzung des Aufsichtsrats zum Nachfolger gewählt. Dieser kam den Forderungen nach Aufnahme von Parteimitgliedern und der Ausschaltung

---

172 Der GDA-Führer, 1933, Nr. 4 (April), S. 117. Nach den Zeitangaben in der Zeitschrift muss dies am 15. April geschehen sein. Wörtlich auch in: Königsberger Hartungsche Zeitung, 16.4. 1933. Der »Völkische Beobachter« zitiert mit Datum vom 17. April wörtlich aus dieser Mitteilung des GDA. Vgl. Völkischer Beobachter, 18.4.1933 (Münchener Ausg./Ausg. A).

173 Diese Zahl ergibt sich aus dem Abgleich zugänglicher Personendaten seit der letzten Wahl auf dem Bundestag 1930 einschließlich aller Ab- und Zugänge, welche regelmäßig in der GDA-Zeitschrift bekannt gegeben wurden, mittels einer vom Verfasser erstellten Datenbank.

174 Vgl. § 20 Abs. 1. Etwas anderes als Ersatz ausscheidender Mitglieder sah die Satzung nicht vor. Vgl. Satzung des Gewerkschaftsbundes der Angestellten. In der Fassung der bis 22. Januar 1933 beschlossenen Änderungen, BArch Berlin, SAPMO, Sign. 56/3407. Gleichlautend die ältere Fassung der Satzung bei *Priamus*, Angestellte und Demokratie, S. 227.

175 Der Deutsche Angestellte. Zeitschrift des Reichsbundes Deutscher Angestellten-Berufsverbände 10, Anfang Mai 1933, Nr. 5, S. 52.

176 Stationen sind die Verhaftung und Ersetzung des stellvertretenden Vorsitzenden des DBB, Franz Kugler, am 16. März, Personalveränderungen in der Spitze des DBB am 23. März sowie die Auflösung des ADB am 3. April, nachdem angeschlossene Verbände ihren Austritt erklärt hatten. Vgl. Eil-Presse-Dienst, hrsg. v. der Pressestelle DBB, 16.3.1933, Nr. 11; Deutsche Post, 6.4.1933, Nr. 12/14; Der Deutsche 13, 1933, 7.4.1933, Nr. 83.

politisch missliebiger Personen wie Max Habermann unverzüglich nach und ließ sich Vollmachten übertragen, die vom nationalsozialistischen Führerprinzip bestimmt waren[177], wobei nach außen hin große Mühen darauf verwandt wurden, den Schein der Legalität aufrechtzuerhalten. Dem zum Gewerkschaftsring gehörenden Deutschen Bankbeamtenverein erging es am 11. April mit seiner Vorstandsumbildung nicht viel anders.[178] Nun wurde auch der Druck auf den GDA verstärkt. Was in der »Vossischen Zeitung« am 23. April wie die lapidare Meldung einer weiteren Beurlaubung klang[179], erscheint ambivalenter angesichts der nachträglichen Erklärung des neuen NS-Vorstands, in der Schneiders Beurlaubung in eine Reihe von Anpassungsleistungen, sprich: »Beweisen für die Aufrichtigkeit der Bereitschaft zur Mitarbeit«, gestellt wird: »Um den auch im Bunde in stärkster Weise wirkenden Kräften der nationalsozialistischen Bewegung Raum zu verschaffen, hat der bisherige Bundesvorsteher, Kollege Gustav Schneider, nicht gezögert, die Sache über die Person zu stellen. Er ist auf seinen Wunsch beurlaubt worden.«[180]

Nachdem Vorstand und Aufsichtsrat den stellvertretenden Bundesvorsteher Max Rössiger mit der Führung des Bundes beauftragt hatten[181], erteilten sie ihm am 27. April

»unbeschränkte Vollmacht zur Durchführung der Gleichschaltung in allen Bundesgliederungen und -organen. Kollege Max Rössiger hat in Durchführung dieser Aufgabe am 28. April sein Amt als bevollmächtigter Bundesführer dem Kollegen Max Faltin, Berlin, Bundesmitglied und Amtswalter der NSBO, übertragen.«[182]

Zur Übertragung einer Gleichschaltungsvollmacht an den Beauftragten einer Konkurrenzorganisation waren die beiden Führungsgremien satzungsmäßig gar nicht befugt. Gemeinsam handelnd hatten Bundesvorstand und Aufsichtsrat sehr weitgehende Befugnisse, aber die ›Gleichschaltung‹ unter vorsätzlicher Umgehung des Bundestages verstieß »gegen den Grundgedanken der Satzung«.[183] Tatsächlich hatte Rössigers Gleichschaltungsvollmacht

---

177 So die Feststellungen des Landgerichts Hamburg in der Entscheidung der 1. Wiedergutmachungskammer vom 15. April 1954, Az 1 WiK 1147/50, vor allem S. 16 und 32f. Vgl. die Deutsche Handels-Wacht 40, 1933, Nr. 7 (20. April), S. 85f. und 96. Vgl. zur »Gleichschaltung« des DHV neuerdings die juristische Dissertation von *Marian Belz*, Die Restitution des Weimarer Gewerkschaftsvermögens nach dem Vermögensgesetz, Baden-Baden 2007, S. 107ff., und die politikwissenschaftliche Darstellung von *Peter Rütters*, Der Deutschnationale Handlungsgehilfen-Verband (DHV) und der Nationalsozialismus, in: Historisch-Politische Mitteilungen. Archiv für Christlich-Demokratische Politik 16, 2009, S. 81–108. In der älteren historischen Literatur werden diese Vorgänge teilweise etwas anders bewertet: *Iris Hamel*, Völkischer Verband und nationale Gewerkschaft. Der Deutschnationale Handlungsgehilfenverband 1893–1933, Frankfurt am Main 1967, S. 261f.; *Dieter Fricke/Werner Fritsch*, Deutschnationaler Handlungsgehilfen-Verband (DHV) 1893–1934, in: *Fricke*, Lexikon zur Parteiengeschichte, Bd. 2, Leipzig 1984, S. 457–475, hier: S. 472; *Prinz*, Vom neuen Mittelstand zum Volksgenossen, S. 106f.
178 Vgl. Bankbeamten-Zeitung 38, 1933, Nr. 4/5 (6. Juni 1933), S. 68, und den Eintrag zu Rudolf Lencer (Reichsleitung der NSBO), in: Das Deutsche Führerlexikon, 1933/35, Berlin 1934.
179 Vgl. Vossische Zeitung, 23.4.1933 (Morgen-Ausgabe).
180 Die Gleichschaltung im GDA!, S. 1. Als stärksten Beweis wertete man dabei den GDA-Plan.
181 Vgl. Vossische Zeitung, 23.4.1933 (Morgen-Ausgabe). Das Zusammenwirken von Aufsichtsrat und Bundesvorstand entsprach formal der Satzung, vorausgesetzt, der umgebildete Aufsichtsrat besaß noch eine satzungsmäßige Legitimation.
182 Die Gleichschaltung im GDA!, S. 1. Vgl. zur Bevollmächtigung auch die Vossische Zeitung, 28.4.1933 (Abend-Ausgabe).
183 »In Gemeinschaft mit dem Bundesvorstand kann der Aufsichtsrat Bestimmungen, die nicht gegen den Grundgedanken der Satzung verstoßen, insbesondere durch die Zeitverhältnisse notwendig werdende Änderungen der Beiträge mit satzungsgleicher Kraft bis zum nächsten Bundestag erlassen. Der Bundestag hat darüber zu beschließen, ob diese Bestimmungen weiter Geltung haben sollen.« Satzung des Gewerkschaftsbundes der Angestellten, § 23 Abs. 1 der Satzung vom 22. Januar 1933. Vgl. auch *Priamus*, Angestellte und Demokratie, S. 228.

nur in der sofortigen Weitergabe an den Nationalsozialisten Max Faltin bestanden und war allein von Hitlers und Leys Gnaden, die am 16. beziehungsweise 21. April den Marschweg zur gewaltsamen Zerschlagung der Freien Gewerkschaften festgelegt hatten.[184] Während Hitler in diesem Fall als Ultima Ratio nur eine gewaltsame Lösung sah, wobei er mit Widerstand rechnete, hatten sich bei Verbänden wie dem DHV und dem GDA in den letzten Wochen andere Möglichkeiten der Usurpation eröffnet. Gleichzeitig mit der Übergabe des Vorsteherpostens an Faltin gab Rössiger, der mit Wirkung vom 1. Mai 1933 Mitglied der NSDAP wurde[185], für den 28. April den »freiwilligen Rücktritt« Schneiders bekannt, wobei auch seine Worte nicht verbergen konnten, dass Schneider für die Nationalsozialisten politisch untragbar war. »In seinem Verantwortungsgefühl dem Bund gegenüber hat er die Sache über die Person gestellt. Der bisherige Bundesvorstand übertrug mir darauf die Aufgabe der Einfügung des Bundes in die große nationalsozialistische Bewegung.«[186]

Faltin, der »das Vertrauen der maßgebenden Stellen der Partei« genoss und als Staatskommissar handelte[187], hatte »nach erfolgtem Rücktritt des gesamten bisherigen Bundesvorstandes« zuerst einen »vorläufigen Bundesvorstand« aus sechs Personen »bestellt«. Vier Mitglieder des alten Bundesvorstands wurden »bis zur Bildung des endgültigen neuen Vorstandes mit der Weiterführung der Geschäfte ihrer Abteilungen beauftragt«. Georg Borchardt, Emil Fromholz und Maria Hellersberg mussten mit sofortiger Wirkung ausscheiden.[188] Der Restvorstand diente anscheinend nur zur Überbrückung der Mai-Geschehnisse, bis die GDA-Zeitschrift am 5. Mai einen neuen neunköpfigen NS-Vorstand unter Leitung von Faltin und Rössiger vorstellte.[189] Anders als der zitierte interne »Informationsdienst« des GDA legte die Verbandszeitschrift der GDA-Behördenangestellten am 5. Mai einen undurchsichtigen Schleier über die Vorgänge: »Mit freudigem Stolz haben wir bereits am 29. April 1933 uns und unseren Bund dem Reichskanzler und Führer der nationalsozialistischen Freiheitsbewegung Adolf Hitler unterstellt.«[190]

Angesichts der vorstehenden kritischen Beleuchtung der einzelnen ›Gleichschaltungs‹-Vorgänge seit Mitte April kann schwerlich von einer Selbstgleichschaltung gesprochen

---

184 Priamus unterstellt (ebd., S. 211) offensichtlich, dass dem GDA der geheime Befehl vom 21. April bekannt geworden und den Ausschlag für Schneiders Rücktritt gegeben hätte. Auch wenn seine am 23. April bekannt gegebene Beurlaubung zeitlich sehr nahe liegt, erscheint dies wenig wahrscheinlich. Dagegen war der GDA durch die Besprechungen zur Bildung des sogenannten Führerkreises der drei Gewerkschaftsrichtungen über das Ergebnis der Unterredung einiger NSBO-Führer mit Leipart am 13. April informiert, in der Leipart die Forderung nach Rücktritt erbost zurückgewiesen hatte.

185 Offiziell erfolgten Anfang der 1930er-Jahre die Parteieintritte zum Ersten des darauffolgenden Monats, was vorher nicht so regelmäßig der Fall war; später gab es (häufig rückwirkende) Stichtage für die Eintritte. Im April 1933 spielt noch eine besondere Rolle, dass die Partei am 19. April eine Beitrittssperre »mit Wirkung vom 1. Mai 1933« verfügte. Vgl. Völkischer Beobachter, 22.4.1933 (Norddt. Ausg./Ausg. A).

186 *Max Rössiger*, »Wir bauen mit!«, in: GDA 14, 1933, Nr. 5 (5. Mai), S. 66. In der Mitteilung an die Führer und Mitarbeiter des GDA hieß es mit Datum vom 30. April 1933 zu Schneiders Rücktritt: »Er ist auf seinen Wunsch beurlaubt worden und inzwischen endgültig von seinem Posten zurückgetreten.« Die Gleichschaltung im GDA!, S. 1. Rössigers »unrühmliche Rolle« bei der ›Gleichschaltung‹ des GDA kommt bei Priamus zu kurz. Vgl. *Priamus*, Angestellte und Demokratie, S. 211f., Zitat: S. 129, Anm. 73.

187 GDA 14, 1933, Nr. 5 (5. Mai), S. 68. Konkrete Anweisungen an ihn sind nicht überliefert.

188 Die Gleichschaltung im GDA!, S. 1f. Die Vossische Zeitung meldete am 30. April 1933 in ihrer Morgenausgabe: »Der neue Bundesführer hat einen vorläufigen Vorstand gebildet, der aus weiteren sechs Nationalsozialisten besteht«.

189 Vgl. GDA 14, 1933, Nr. 5 (5. Mai), S. 68f.

190 Der Angestellte im Behördendienst 13, Mai 1933, Nr. 5, S. 55.

werden. Hier wurde ganz erheblicher Druck bei Androhung von Gewalt ausgeübt.[191] Den Beweis liefert das abgesetzte Vorstandsmitglied Georg Borchardt, Redakteur der Verbandszeitschrift und seit vielen Jahren Abteilungsleiter im GDA: »Wir wurden gleichgeschaltet. Sechs Herren in Uniform mit umgeschnalltem Revolver führten die Verhandlungen.« Den verlogen-schönfärberischen Floskeln der NS-Verbandsverlautbarungen über das, was am 29. April 1933 geschah, ist entgegenzuhalten:

»An dem genannten Tage erschien unter Leitung des Herrn Pg. Max Faltin im Bundeshause des Gewerkschaftsbundes der Angestellten (G.D.A.) in Zehlendorf eine sechsgliedrige Kommission, welche zum Zwecke der Gleichschaltung die Amtsniederlegung sämtlicher Vorstandsmitglieder forderte.«[192]

Dass weder Schneiders Rücktritt noch der des Restvorstands freiwillig waren, sondern ultimativ und unter Drohungen von der neuen Bundesleitung unter Staatskommissar Max Faltin verlangt wurden, lässt sich ergänzend aus Quellenmaterial über die RfA erschließen, in deren Direktorium und Verwaltungsrat führende GDA-Mitglieder als Vertreter der Versicherten ehrenamtlich tätig waren. Nach den überlieferten Dokumenten über die dortige »Gleichschaltung« hat die einzige Frau im Vorstand des GDA, Maria Hellersberg, am deutlichsten gegenüber der neuen NS-Bundesleitung gegen ihre Amtsenthebung beim GDA sowie den erzwungenen Rücktritt von ihrem Ehrenamt bei der RfA protestiert. In ihrem Schreiben an den Präsidenten der RfA, Albert Grießmeyer, vom 22. Juni 1933 weigerte sie sich, ihr

»Ehrenamt im Verwaltungsrat der R.f.A. freiwillig niederzulegen. Ich habe das verweigert unter Hinweis darauf, dass ich zuerst wissen müsse, warum ich überhaupt meines Amtes als Vorstandsmitglied im G.d.A. enthoben bin. Man hat mir weder darüber schriftlich Mitteilung gemacht, noch gewährt man mir eine Unterredung mit dem neuen Führer [gemeint ist Max Faltin, R.W.], der mir den gewünschten Aufschluss geben müsste.«[193]

Sie war also nicht – zusammen mit ihren Vorstandskollegen Borchardt und Fromholz – »mit sofortiger Wirkung ausgeschieden«, wie es in der oben zitierten internen Gleichschaltungsanordnung des GDA hieß[194], sondern amtsenthoben, was dazu führte, dass sie nach eigenen Angaben seit dem 29. April 1933 »berufslos« war.[195] Auch nach ihrer Aussage haben wir es statt eines freiwilligen Rücktritts des Vorstands mit einer »feindlichen Übernahme« zu tun, die den Vorstandsmitgliedern keine andere Wahl ließ. Dies belegt zusätzlich die Erklärung des Rechtsbeistandes von Maria Hellersberg, Dr. Schwickerath,

---

191 Nach dem Wiedergutmachungsrecht nach 1945 lag statt einer »freiwilligen ›Selbstgleichschaltung‹« tatsächlich eine »zwangsweise Selbstauflösung […] dann vor, wenn sie durch Druck von außen, der eine Verfolgungsmaßnahme i.S.d. Art. 1 BrREG sein musste, erzwungen war«, *Belz*, Die Restitution des Weimarer Gewerkschaftsvermögens nach dem Vermögensgesetz, S. 117.
192 Schreiben v. Georg Borchardt v. 28. Sept. beziehungsweise 15. Sept. 1938 an die Reichsfeststellungsbehörde, BArch Berlin, R 1501 Anh., Nr. 10284. Darin auch die Mitteilung, dass Emil Fromholz »inzwischen aus wirtschaftlichen Gründen den Freitod gewählt« habe. An der Sitzung hatten nach Borchardts Schilderung 8 Vorstände teilgenommen; nicht anwesend waren die ebenfalls 1931 in den Vorstand gewählten auswärtigen Mitglieder Emil Ehrich, Leipzig, und Henry Schaper, Hamburg. Josef Reif, Leipzig, war schon im Herbst 1932 in den Ruhestand gegangen und wenige Tage nach diesen Ereignissen am 6.5.1933 verstorben. Sein Posten war vakant geblieben. Vgl. GDA 14, 1933, Nr. 5 (5. Mai), S. 71.
193 Schreiben von Maria Hellersberg vom 22. Juni 1933 an den Präsidenten der RfA, BArch Berlin, R 112, Nr. 163, Bd. 2, Bl. 90 (Original des Schreibens) beziehungsweise R 112, Nr. 11, Bd. 3, Bl. 110 (Abschrift des Schreibens).
194 Die Gleichschaltung im GDA!, S. 2.
195 So die Angabe Maria Hellersbergs in ihrem Fragebogen vom 2. Sept. 1935 zur Aufnahme in den Reichsverband Deutscher Schriftsteller e.V., BArch (ehem. BDC), RK, Hellersberg, Maria, 20.11.1888.

in seiner Beschwerde vom 17. Juni 1933 gegen ihre Rückberufung aus ihrem Ehrenamt bei der RfA durch die neue nationalsozialistische GDA-Bundesleitung:

»Meine Mandantin bedauert, Ihr Ansinnen etwas freiwillig zu erklären, was sie gezwungen tun soll, zurückweisen zu müssen. Ihr Ersuchen begründen Sie wörtlich damit, dass der Bundesvorstand, der in seiner Sitzung vom 10. ds. Mts. beschlossen hätte, sie von den genannten Ehrenämtern zurückzuberufen, es vermeiden wolle, ›es auf einem anderen Wege zu tun‹. Welches dieser andere Weg einer Zurückberufung sei, schreiben Sie nicht. Meine Mandantin glaubt, dass hierin eine versteckte Drohung gefunden werden könnte, da doch gemäß § 1 des Gesetzes vom 18. Mai 1933 Inhaber von Ehrenämtern ihres Amtes enthoben werden können, und sie glaubt, es ihrem Ansehen und ihrer Ehre schuldig zu sein, Sie recht sehr um die Angabe der Gründe zu bitten, aus denen die Zurückberufung von den Ehrenämtern seitens des Bundesvorstandes erfolgt ist.«[196]

Des Weiteren wies Schwickerath die Behauptung zurück, seine Mandantin sei Jüdin. Ihr Ehrenamt niederzulegen, dazu war sie mit Schreiben vom 12. Juni von der neuen GDA-Führung aufgefordert worden, welche in der genannten Sitzung am 10. Juni 1933 beschlossen hatte, »den Herrn Präsidenten der R.f.A. zu bitten, sämtliche Inhaber von Ehrenämtern, die dem Gewerkschaftsbund der Angestellten angehörten, im Sinne der Gleichschaltung abzuberufen«. Um die scheinlegalistische Fassade zu bewahren, hatte Faltin seinem Schreiben Rücktrittserklärungen beigefügt.[197] Doch damit mischte sich Staatskommissar Faltin in die Gleichschaltungsvorgänge bei der RfA ein[198], wofür eigens das Gesetz über Ehrenämter in der sozialen Versicherung und der Reichsversorgung vom 18. Mai 1933 geschaffen worden war, nach dessen Erster Durchführungsverordnung vom 19. Mai für die Neubesetzung im Allgemeinen die Grundsätze des Gesetzes zur Wiederherstellung des Berufsbeamtentums vom 7. April 1933 galten.[199] Anders als bei den auf der AfA-Liste Gewählten ergaben die Lebensläufe, welche die Mitglieder des Direktoriums und des Verwaltungsrats zu ihrer Überprüfung einzureichen hatten[200], bei den GDA-Mitgliedern we-

---

196 Abschrift des Schreibens von Justizrat Dr. Schwickerath an die Bundesleitung des GDA vom 17. Juni 1933, BArch Berlin, R 112, Nr. 163, Bd. 2, Bl. 91. Wegen ihres vorurteilslosen gesellschaftlichen Umgangs mit Juden wurde sie von der Partei sehr wahrscheinlich für eine Jüdin gehalten und der Verdacht verfolgte sie auch später während ihres Aufenthalts in Rottach am Tegernsee. Vgl. die Mitteilung des Personalamts der NSDAP-Gauleitung München-Oberbayern an den Präsidenten der Reichsschrifttumskammer vom 11. März 1936. Dieses Schreiben des stellvertretenden Gauleiters beruhte auf einer Mitteilung der Kreisleitung Miesbach vom 27. Februar 1936 an die Gauleitung in München, BArch (ehem. BDC), RK, Hellersberg, Maria, 20.11.1888.
197 Die Mitteilung über den Vorstandsbeschluss erfolgte mit Schreiben Max Faltins vom 1. Juli 1933 an den Präsidenten der R.f.A., BArch, R 112, Nr. 11, Bd. 3, Bl. 115. Dort auch die Rücktrittserklärungen von Otto Kothe (21. Juni), Johann Axer (17. Juni) und Maria Hellersberg (23. Juni). Vgl. ebd., Bl. 116, 117 und 118.
198 Schon Ende April 1933 waren bei der RfA »Anregungen« eingegangen, »die in den Organen der Reichsversicherungsanstalt noch tätigen Mitglieder marxistischer Richtung abzulösen oder für Ablösung zu sorgen«. Auszug aus der Niederschrift über die Sitzung des Direktoriums am 24. April 1933, BArch Berlin, R 112, Nr. 162, Bd. 1, Bl. 11.
199 Unter Berufung auf § 4 beziehungsweise § 2 Abs. 1 des Gesetzes vom 7. April selbst verlangte die NSBO kurzerhand die Amtsenthebung der GDAler Kothe und Axer. Vgl. Schreiben der Nationalsozialistischen Betriebszellen-Organisation, Gau Kurhessen, vom 1. Juli 1933, BArch, R 112, Nr. 11, Bd. 3, Bl. 178 (»Amtsenthebung«). Vgl. Gesetz über Ehrenämter in der sozialen Versicherung und der Reichsversorgung, vom 18. Mai 1933 sowie die Erste VO. zur Durchf. des G. über Ehrenämter in der sozialen Versicherung und der Reichsversorgung, vom 19. Mai 1933, in: RGBl. I, S. 277 und 283.
200 Vgl. die Aufforderung im Schreiben des Präsidenten der RfA vom 29./30. Mai 1933, BArch, R 112, Nr. 162, Bd. 1, Bl. 4. Die §§ 3 und 4 des Gesetzes zur Wiederherstellung des Berufsbeamtentums vom 7.4.1933 wurden darin wörtlich zitiert.

der eine bestehende Mitgliedschaft in SPD oder Reichsbanner noch eine jüdische Herkunft. Faktisch wurden sie diesen Personengruppen gleichgestellt und mit dem Vermerk »G.d.A.« stigmatisiert.[201] Immens erleichtert wurde dies durch eine am 3. Juli 1933 erlassene Dritte Durchführungsverordnung, welche die Amtsenthebung aufgrund des Entzugs des Vertrauens durch die »wirtschaftliche Vereinigung«, auf deren Vorschlag sie gewählt worden waren, ermöglichte.[202] Diese Verordnung wurde anscheinend in aller Eile erlassen, denn auf telefonische Nachfrage zu seiner am 3. Juli in der RfA eingegangenen Forderung nach Abberufung zwecks »Gleichschaltung« gab Faltin am 10. Juli die Interpretationshilfe, »daß die genannten Amtsinhaber das Vertrauen des GdA nicht mehr besitzen«, was sich wörtlich an die neue VO anlehnte.[203] Unter Berufung auf diesen Vertrauensentzug und gemäß §§ 1 und 2 des Gesetzes vom 18. Mai in Verbindung mit der Ersten und der Dritten Durchführungsverordnung vom 19. Mai beziehungsweise 3. Juli wurde beispielsweise den GDA-Mitgliedern Otto Kothe und Johann Axer mit Schreiben vom 12. Juli 1933 ihre Amtsenthebung mitgeteilt.[204] In diesem Zusammenhang ist ein weiteres Schreiben an den Präsidenten der RfA bemerkenswert, in welchem Hermann Pohl, zuvor Vorsteher des Hanse-Gaus und Aufsichtsrat, ziemlich unmissverständlich auf die politischen Hintergründe verweist, indem er dagegen protestiert, dass »die Entziehung des Vertrauens durch den Gewerkschaftsbund der Angestellten sachlich völlig unberechtigt ist, sondern aus anderen, Ihnen wohl durchaus bekannten Gründen erfolgt ist«.[205] Pohl war bei der letzten Wahl als Ersatzmann des Direktoriumsmitglieds Max Greger gewählt worden, der am 21. Juni 1933 sein Ehrenamt im Direktorium der RfA niedergelegt hatte. Anstelle des früheren GDA-Vorstands Max Greger wurde schließlich Max Faltin auf Vorschlag der Deutschen Arbeitsfront berufen.[206]

---

201 Vgl. die Fragebögen in: BArch, R 112, Nr. 162, Bd. 1, Bl. 138 (Pohl); ebd., Nr. 163, Bd. 2, Bl. 53 (Kothe), Bl. 74 (Axer), Bl. 223 (Hübner), Bl. 236 (Riegl), Bl. 268 (Klümpen). Die Absicht der Stigmatisierung beleuchtet der Fall Maria Riegl, die als Ersatzvertreterin des Verwaltungsrats von 1919 bis 1924 der SPD und 1927 der DDP angehört hatte, aber seit 1928 parteilos war. Vgl. ihren am 31. Mai 1933 ausgefüllten Fragebogen, BArch, R 112, Nr. 163, Bd. 2, Bl. 236. Eine Kollegin aus dem Verwaltungsrat bat die RfA »um Aufklärung, auf Grund welcher Tatsachen Frl. Riegl ihres Amtes im Verw. Rat enthoben ist«. Zur Begründung wurde auf einem internen Vermerk, ergänzend zu ihren Mitgliedschaften in SPD und DDP, »G.D.A.« festgehalten und rot unterstrichen. Vgl. die Vermerke vom 21.8. beziehungsweise 24.8.1933, ebd., Bl. 239f.
202 Dritte Verordnung zur Durchführung des Gesetzes über Ehrenämter in der sozialen Versicherung und der Reichsversicherung vom 3. Juli 1933, in: RGBl. I, S. 450.
203 So der handschriftliche Vermerk mit Datum vom 10.7. und dem Initial »W« (i.e. wahrscheinlich Dr. Wilhelm) auf Faltins Schreiben vom 1.7.1933 an die RfA, BArch, R 112, Nr. 11, Bd. 3, Bl. 115. Zur Ausdehnung des Vertrauensentzugs durch Faltin auf alle GDAler in der RfA vgl. die Vermerke auf dem Schreiben der RfA vom 22. August 1933 zwecks Amtsenthebung von Hermann Pohl, BArch, R 112, Nr. 162, Bd. 1, Bl. 140.
204 Vgl. den Schriftsatz der gleichlautenden Schreiben des Präsidenten des Direktoriums der RfA vom 12. Juli 1933, BArch, R 112, Nr. 11, Bd. 3, Bl. 119/120.
205 Schreiben vom 28. August 1933 an den Präsidenten der RfA, BArch, R 112, Nr. 162, Bd. 1, Bl. 143–145, hier: Bl. 143. Darin gibt Pohl auch an, keine Mitteilung über den sogenannten Vertrauensentzug vonseiten des GDA erhalten zu haben.
206 Vgl. Max Gregers Fragebogen, der mit dem Vermerk »ausgeschieden, dafür Faltin« versehen wurde, BArch, R 112, Nr. 162, Bd. 1, Bl. 111, sowie die Vermerke ebd., Bl. 112 und 114. Jahre später, nachdem Faltin selbst zwischen die Mühlsteine nationalsozialistischer Personalintrigen geraten war, führte er für sich ins Feld, dass er »auch gern bereit« gewesen sei, die RfA »von staatsfeindlichen Elementen und Gegnern des Nationalsozialismus zu bereinigen«. Antrag Max Faltins (für das Parteigerichtsverfahren gegen sich selbst) vom 1.4.1938 an die NSDAP, Gau Groß-Berlin, Kreisgericht II, S. 1, BArch (ehem. BDC), OPG, Faltin, Max, 7.3.1893.

Die antisemitische Stoßrichtung der personellen Gleichschaltungsforderungen der neuen NS-Machthaber bedarf noch einer näheren Betrachtung. Mit der Anordnung des Bundesvorstands zum Zwecke der »geistige[n] Durchführung der Gleichschaltung« setzten die Nationalsozialisten an der neuen Verbandsspitze umgehend ein seit Langem verfolgtes Ziel im Kampf gegen den GDA durch: »Nicht-arischen Mitgliedern, die in den Vorständen der Bundesgliederungen noch Ehrenämter bekleiden, müssen wir nahelegen, sofort zurückzutreten.«[207] In den Vorkapiteln war deutlich geworden, dass die jüdischen GDA-Mitglieder, die nicht anders als andere Mitglieder betreut worden waren[208], den Nationalsozialisten ein Dorn im Auge gewesen waren und in Widerspruch zu einer sogenannten freiheitlich-nationalen Politik gestanden hätten. Besonders eingeschossen hatten sie sich auf die sogenannten jüdischen Führer, von denen man die Mitglieder zu entfremden trachtete. Genaueres ist über Ludwig Rosenberg bekannt[209], der der SPD und dem Reichsbanner angehörte und erst Anfang Januar 1933 den Geschäftsführerposten des Gaubezirks Westbrandenburg in Brandenburg an der Havel übernommen hatte. Schon als Reaktion auf die Ernennung Hitlers zum Kanzler will Rosenberg nach eigenen Angaben an einen Kollegen in England geschrieben haben:

»[Das] bedeutet die Zerschlagung der Gewerkschaften, denn Hitler kann sich die Gewerkschaften nicht leisten. Und es gibt eine Verfolgung der Gewerkschaftssekretäre und aller, die mit der Gewerkschaft zu tun oder aktiv dort tätig waren, und es gibt als nächstes die Verfolgung von Juden, und da ich beides bin – wie sieht es aus, wenn ich nach England komme?«[210]

Als sich im März 1933 die allgemeine antisemitische Agitation gesteigert hatte, wie sie ebenfalls im Aufruf eines »Aktions-Ausschusses des Kreises Brandenburg-Stadt der N.S.D.A.P.« gegen »kommunistische und marxistische Verbrecher und ihre jüdisch-intellektuellen Anstifter« zum Ausdruck gekommen war[211] und im Boykott jüdischer Geschäfte einen Kulminationspunkt erreicht hatte, war Rosenberg aus der Gefahrenzone nach Berlin-Zehlendorf versetzt worden.[212] Umso unverständlicher muss die Übernahme

---
207 Die Gleichschaltung im GDA!, S. 3. Diese Rücktrittsforderung bezog sich selbstverständlich auch auf die Krankenkasse des GDA. Vgl. Anm. 227 dieser Arbeit.
208 Zahlenverhältnisse sind nicht bekannt. Vgl. aber zur alltäglichen Vertretung jüdischer Mitglieder das Angebot eines jüdischen Rechtanwaltes aus Eschwege für die freie Stelle eines Bürovorstehers in der GDA-Fachverbandszeitschrift, in: Der Angestellte im Rechtsanwalts- u. Notariatsbüro 10, 1932, Nr. 6/7 (Juni/Juli), S. 70.
209 Vgl. außer *Ahland*, Ludwig Rosenberg, die älteren Arbeiten: *Dieter Schuster*, Ludwig Rosenberg. Ein Porträt, Freudenstadt 1969, insb. S. 12, 16 und 24; *Gerhard Beier*, Ludwig Rosenberg, in: ders., Schulter an Schulter, Schritt für Schritt. Lebensläufe deutscher Gewerkschafter. Von August Bebel bis Theodor Thomas, Köln 1983, S. 151–156, insb. S. 153f.
210 Nach dem Brandenburger Anzeiger vom 9. Januar 1933 übernahm er zum 13. Januar 1933 das Amt seines Vorgängers. Sein Biograf gibt an, dass Rosenberg seit Ende Dezember in Brandenburg weilte. Vgl. *Ahland*, Ludwig Rosenberg, S. 195 und 199 (Zitat).
211 Brandenburger Anzeiger, 31.3.1933.
212 Im Zusammenhang mit dem GDA wird Rosenberg zuletzt in einem Bericht über die Monatsversammlung der Ortsgruppe Brandenburg am 8. Februar erwähnt. Die Monatsversammlung Anfang April wurde vom neuen Bezirksgeschäftsführer Müller geleitet. Vgl. Brandenburger Anzeiger, 6.2.1933, 11.2.1933 sowie 13.4.1933. Nach Rosenbergs Selbstauskunft vor der Entschädigungsbehörde Düsseldorf wurde er am 1. April 1933 in die GDA-Zentrale in Berlin zurückberufen und am 2. Mai entlassen und am 16. Juni 1933 erfolgte seine »Flucht vor drohender Verhaftung nach GB«. Sein Biograf Frank Ahland bestreitet im Nachhinein eine konkrete Verhaftungsgefahr, obwohl sie angesichts der Hausdurchsuchung bei seiner Mutter Ende Juni und der Verhaftung von 3.000 SPD-Funktionären am 22. Juni 1933 durchaus plausibel erscheint. Vgl. *Ahland*, Ludwig Rosenberg, S. 202f. und 206f.; *Schneider*, Unterm Hakenkreuz, S. 928.

antisemitischer Äußerungen im Zuge des März-Schwenks des GDA erscheinen. Diese Anpassung an den Zeitgeist ist ein besonders unrühmliches Kapitel in der Geschichte des Verbands.

Die nationalsozialistischen Boykottaktionen gegen jüdische Kaufhäuser hatten den GDA am 10. März zu einem Telegramm an den Arbeitsminister (sic!) veranlasst, welches nur als indirekter Protest gegen die Aktion verstanden werden konnte. Tatsächlich richtete es sich direkt nur gegen eine seiner Folgen.

»Durch erzwungene Schließung von Großbetrieben des Einzelhandels ist Existenz vieler Tausende von Einzelhandelsangestellten gefährdet. Eine Entlassung dieser Angestellten müßte den schon trostlosen Arbeitsmarkt von Angestellten geradezu katastrophal verschlechtern. Bitten, auf alle zuständigen Stellen einzuwirken, daß jeder ungesetzmäßige Eingriff in die Gewerbefreiheit verhindert wird.«

Der zuständige Reichsminister des Innern Frick reagierte am 13. März mit einem Rundfunkerlass, in dem er sich die Kritik zumindest teilweise zu eigen machte und in dem es hieß, dass

»nicht nur die Inhaber der Geschäfte, sondern auch die Arbeiter und Angestellten der Geschäfte sowie das kaufende Publikum und der allgemeine Wirtschaftsverkehr schwer getroffen [werden]. Auch die Staatsautorität und die für den Wiederaufstieg Deutschlands unentbehrliche Vertrauensbelebung leiden unter solchen willkürlichen Handlungen Schaden.«[213]

Hinter diesem Einlenken von Parteistellen stand ein Konflikt mit dem Wirtschaftsministerium, den es in diesem Fall für sich entscheiden konnte.

Die heftige Kritik, mit der das Ausland auf diese Vorfälle reagierte, wurde in Deutschland von der politischen Rechten als antideutsche Stimmungsmache verleumdet. Dem GDA kann man vorwerfen, in den Tonfall dieser antisemitischen Propaganda eingestimmt zu sein, wenn es nach einem Bericht der »Vossischen Zeitung« in Telegrammen an seine Auslandsgruppen hieß:

»Die maßlose Greuelpropaganda in der Auslandspresse schädigt das Ansehen des deutschen Volkes und stört die wirtschaftlichen Beziehungen. Das deutsche Wirtschaftsleben einschließlich aller jüdischen Unternehmungen ist ohne Störung. Einzelübergriffe, die mit der Umwälzung verbunden waren, sind jeweils sofort von der Regierung verhindert und nie gebilligt worden.«[214]

Doch schärfer reagierte auch der Reichsbund jüdischer Frontsoldaten nicht, wenn er an die Botschaft der Vereinigten Staaten von Amerika in Berlin am 24. März 1933 schrieb, dass »Mißhandlungen und Ausschreitungen vorgekommen« seien, aber dass »die Regierung und alle führenden Stellen die vorgefallenen Gewalthandlungen auf das schärfste mißbilligen«, und der Reichsbund sah es »an der Zeit, von der unverantwortlichen Hetze abzurücken«.[215] Am Folgetag empfing Hermann Göring Vertreter jüdischer Organisationen, die nach seinen Worten erklärten, »sie würden ihr möglichstes tun, um insbesondere die Greuelhetze in den Vereinigten Staaten von Nordamerika zu beenden«.[216] Dass diese Be-

---

213 GDA 14, 1933, Nr. 4 (1. April), S. 55.
214 Vossische Zeitung, 29.3.1933 (Abend-Ausgabe). Das Telegramm wurde vom Bundesvorstand im Namen von Max Rössiger und Johannes Degener autorisiert und im Rundschreiben vom 1. April 1933 »An alle GDA-Mitglieder!« abgedruckt. Vgl. ebd., Bl. 3.
215 Schreiben des Reichsbundes jüdischer Frontsoldaten vom 24. März 1933, in: *Michaelis/Schraepler*, Das Dritte Reich, S. 383f.
216 So Reichsminister Göring in der Ministerbesprechung vom 29. März 1933, in: Akten der Reichskanzlei. Regierung Hitler 1933–1938, Teil 1, Bd. 1, S. 271f. An dem Empfang waren neben dem Reichsbund jüdischer Frontsoldaten unter anderem der »Centralverein Deutscher Staatsbürger jüdischen Glaubens« und die »Zionistische Vereinigung für Deutschland« beteiligt.

reitschaft nicht aus Überzeugung, sondern aus Einschüchterung resultierte, zeigt die gleichzeitige Planung – unter dem Vorwand, der »Greuelhetze« entgegentreten zu wollen – einer noch größeren Einschüchterungsmaßnahme, dem »groß angelegten Boykott aller jüdischen Geschäfte in Deutschland«, wie Joseph Goebbels am 26. März 1933 in sein Tagebuch schrieb.[217] Die antijüdische Boykottaktion, der schon Mitte März zahlreiche Gewalttätigkeiten von SA-Leuten gegen jüdische Ärzte, Richter und Rechtsanwälte vorausgegangen waren[218], setzte am 1. April ein, als zeitlich parallel schon die Säuberungsaktionen der Justiz in Preußen durch Hanns Kerrl liefen. Das dem »Gesetz zur Wiederherstellung des Berufsbeamtentums« nachgeformte »Gesetz über die Zulassung zur Rechtsanwaltschaft« vom 7. April war »eine weitere einschneidende Manifestation des staatlich betriebenen Antisemitismus«.[219] Diese Einschüchterungs- und Entlassungsaktionen verfehlten insgesamt ihre Wirkung auf die Rechtsanwaltsangestellten im GDA nicht:

»Die von unverantwortlichen Kräften im Auslande verbreiteten Greuelnachrichten über Deutschland hatten mit dazu geführt, daß sich weite Volkskreise gegen die Betätigung von Rechtsanwälten und Notaren jüdischer Konfession oder Abstammung wandten. Wir haben bestimmt keine Veranlassung, uns für die jüdischen Rechtsanwälte einzusetzen.«[220]

Mit der nicht akzeptablen Verdrehung der Ursachen machte man der nationalsozialistischen Propaganda Zugeständnisse, um ein Minimum an Interessenvertretung für die eigene Klientel, die Rechtsanwaltsangestellten, von denen mehr als die Hälfte bei jüdischen Rechtsanwälten beschäftigt war, zu erreichen. Einschüchterung und Manipulierung sowie Anpassung und Opportunismus zwecks Erhaltung des Arbeitsplatzes griffen ineinander. Auf der einen Seite »schufen sich die Machthaber eine Möglichkeit zur zeitweiligen Ausschaltung aller Mißliebigen«[221], indem sie mit § 4 des Gesetzes der Entscheidung über die Entziehung der Zulassung ein Vertretungsverbot vorschalten konnten. Auf der anderen Seite setzten die Rechtsanwaltsangestellten im GDA große Hoffnung auf eine Verordnung der Reichsregierung, von der sie erwarteten, »daß mehr jüdische Anwälte als ursprünglich vorgesehen, zugelassen werden. Damit wird einem großen Teil der Kollegen der gefährdete Arbeitsplatz erhalten.« Dies war der Zweck der Eingaben, welche »im ausschließlichen Interesse unserer Berufskolleginnen und -kollegen« geschahen.[222] Damit knüpfte man an die Versprechungen und verbalisierten Vorkehrungen der nationalsozialistischen Machthaber an. So hieß es beispielsweise in einem internen Erlass des Preußischen Justizministers: »Die Ausschaltung jüdischer Anwälte und Notare aus dem preußischen Rechtsleben darf nicht dazu führen, daß deutsche Angestellte brotlos werden oder brotlos bleiben.«[223]

---

217 Die Tagebücher von Joseph Goebbels. Sämtliche Fragmente, hrsg. v. *Elke Fröhlich*, Teil 1: Aufzeichnungen 1924–1941, Bd. 2: 1.1.1931–31.12.1936, München 1987, S. 398. Vgl. auch die weiteren Einträge dort.
218 Vgl. *Winkler*, Der Weg in die Katastrophe, S. 899f.
219 *Bracher/Schulz/Sauer*, Die nationalsozialistische Machtergreifung, S. 244. Zu diesem rassisch bestimmten Antisemitismus kamen weitere Motive hinzu, wie Fritz Naphtali befürchtete: »Vielleicht kann man zunächst die ›antikapitalistische‹ Sehnsucht[,] wieder auf antijüdische Aktionen ablenken. Diese scheinen mir besonders auf dem Gebiet der Angestellten bevorzustehen.« Brief von Fritz Naphtali an Paul Herz vom 14. Juli 1933, in: *Jehuda Riemer*, Nach dem Zusammenbruch. Fritz Naphtali im Briefwechsel 1933–34, in: International Review of Social History 27, 1982, S. 324–356, hier: S. 337.
220 Der Angestellte im Rechtsanwalts- und Notariatsbüro 11, 1933, Nr. 4 (April), S. 37.
221 *Bracher/Schulz/Sauer*, Die nationalsozialistische Machtergreifung, S. 245.
222 Der Angestellte im Rechtsanwalts- und Notariatsbüro 11, 1933, Nr. 4 (April), S. 39 und 37. Vgl. die Eingabe an das Thüringische Justizministerium vom 26. April 1933 zwecks »Wiederunterbringung von Angestellten nichtarischer Rechtsanwälte«, in: ebd. 11, 1933, Nr. 5 (Mai), S. 51.
223 Erlaß des Preußischen Justizministers an die Oberlandesgerichtspräsidenten, in Auszügen und ohne Datumsangabe abgedr. in: ebd. 11, 1933, Nr. 4 (April), S. 38f., Zitat: S. 38.

Die nationalsozialistische ›Gleichschaltung‹ des GDA im Jahr 1933

Zum neuen NS-Vorstand stellte der zweite Bundesführer Max Rössiger, der als einziger schon dem alten Vorstand angehört hatte, in der GDA-Zeitschrift fest: »Die heute an der Spitze des Bundes stehenden Männer verkörpern als aktiv in der großen nationalsozialistischen Bewegung stehende GDA-Kollegen den Willen des Bundes zur Gleichschaltung der Führung auf das stärkste.«[224] Auf den oberen Verbandsebenen hatte dagegen niemand vorher eine wichtige Rolle gespielt, sieht man von Hans Kottler, dem Vorstandsvorsitzenden der Deutschen Angestellten-Kasse (DAK), ab.[225] Ihre ehemals zumeist subalternen Funktionen wurden wortreich verschleiert.[226] Über Max Faltin, dem Mitbegründer der NSBO mit der Nummer 169 und der niedrigen NSDAP-Mitgliedsnummer 160.607 (Eintrittsdatum: 1. September 1929) hieß es, er sei »mehrere Jahre ehrenamtlich in Vorstandsämtern und als Vertrauensmann des Bundes tätig« gewesen.[227]

Dem Leser der NS-Presse konnte in Bezug auf die sich überstürzenden »internen Verhandlungen über eine *Gleichschaltung* der Verwaltungsbürokratie und der Spitzen der alten Gewerkschaften mit den Zielen und Aufgaben des neuen Staates« nicht verborgen bleiben, dass der »innere Bruch mit alle dem, was marxistisch heißt[,] und mit allem, was irgendwie in Zusammenhang mit dem System von gestern gebracht werden kann«, nur durch die »rücksichtslose Säuberung ihrer Organisationen von allen im Sinne der nationalsozialistischen Revolution unzuverlässigen Elementen« erreicht werden konnte. »Auf einmal« zu betonen, »daß sie *schon seit Jahren* gegen den Marxismus gekämpft« hätten,

---

224 *Max Rössiger*, Wir bauen mit!, in: GDA 14, 1933, Nr. 5 (5. Mai), S. 66.
225 Die DAK war die Krankenkasse des GDA, in deren Vorstand Kottler seit vielen Jahren saß, seit 1930 als stellv. Vorsitzender und seit 1932 als Vorsitzender; er trat zum 1. Mai 1933 der NSDAP bei. Laut Vorstandsprotokoll vom 6.12.1933 habe »ihm während der nationalen Revolution die Gleichschaltung der DAK obgelegen«. Es unterliegt keinem Zweifel, dass die ›Gleichschaltung‹ des GDA auf die DAK durchschlug und aufgrund dessen Jakob Mokry lt. Beschluss der Vorstandssitzung v. 24. April 1933 seinen Vorstandsposten zunächst per Beurlaubung dann Kündigung räumen musste. Dieser Handlangerdienst der Vorstandsvorsitzenden ist äußerst kritikwürdig. *Böge/Stein*, 225 Jahre DAK, S. 232 (Zitat) und 370, Anm. 197, 199 und 200. In einem Schreiben des Reichsversicherungsamts vom 12. September 1942 an den Reichsarbeitsminister heißt es zu den Hintergründen nazibürokratisch lapidar: »Der Gewerkschaftsbund der Angestellten nebst Unterorganisationen wurde unter Ausschluß der Liquidation in die Verbände der DAF. eingegliedert. Die Kasse selbst wurde dann mit anderen Berufskrankenkassen zur Berufskrankenkasse der weiblichen Angestellten umgebildet, die die Verpflichtungen der früheren Kassen übernommen hat. Im Zuge der Entjudung der Betriebe wurde Mokry als Jude am 25.4.1933 zunächst beurlaubt u. gekündigt.« BArch Berlin, R 89, Nr. 3430, Bl. 60f. Dass Hans Kottler sich nach 1933 die nationalsozialistischen, antisemitischen Überzeugungen zu eigen gemacht hat, zeigt sein Schreiben vom 21. September 1939 an den Präsidenten der RfA, in dem er angesichts des »eingetretenen Wandels der Rechtsanschauungen […] eine Streichung oder zum mindesten Ermäßigung der Pension« von Mokry vorschlug (BArch Berlin, R 112, Nr. 304). Diese Pension war Mokry in früheren Gerichtsverfahren zugesprochen worden. Die NS-Vorschriften der Reichsversicherung zielten auf zunehmende Diskriminierung der jüdischen Rentner. Jakob Mokry wurde am 2.1.1944 im Vernichtungslager Auschwitz ermordet.
226 Von den anderen hatte der schon erwähnte August Lorscheidt als Gaufachgruppenvorsitzender der Behördenangestellten im Rheingau (Rheinland) das vergleichsweise höchste Amt bekleidet. Die GDA-Presse stellte ihn als »Führer der rheinischen Behördenangestellten im GDA« vor. Otto Schmidt, der neue Leiter der Reichsvereinigung der technischen Angestellten im GDA, war erst am 12. April 1933 einstimmig zum Vorsitzenden der Ortsgruppe Berlin der Reichsvereinigung der technischen Angestellten im GDA »bestimmt« worden, ein Akt nationalsozialistischer ›Gleichschaltung‹ auf Ortsebene. GDA 14, 1933, Nr. 5 (5. Mai), S. 68f.; Der technische Angestellte. Organ der Reichsvereinigung Deutscher Techniker im Gewerkschaftsbund der Angestellten 9, 1933, Nr. 5 (Mai), S. 53.
227 GDA 14, 1933, Nr. 5 (5. Mai), S. 68.

und »daß sie zu der *ersten* Kampftruppe des nationalen Deutschlands zu rechnen« seien, reichte keineswegs, sondern wurde eher spöttisch quittiert. Ziel war, die Verbandsleitungen »durch neue Männer und durch Nationalsozialisten« zu ersetzen, auch wenn »die Vorstandsmitglieder [plötzlich] erklärten, sie hätten sich in die NSDAP aufnehmen lassen«.[228]

Bei der »Bestellung« – wie die Nationalsozialisten es nannten – des neuen, Anfang Mai auf neun Nationalsozialisten erweiterten Vorstands nach dem Führerprinzip wurden die Satzungsvorschriften auf den Kopf gestellt. Nicht ein sogenannter Bundesführer hatte die Vorstandsmitglieder zu bestellen, sondern der »Bundesvorsteher und seine Stellvertreter sind aus der Gesamtheit des Bundesvorstandes durch den Bundestag [...] zu wählen«, und der Aufsichtsrat »hat die Dienstverträge mit den Mitgliedern des Bundesvorstandes abzuschließen, Vorstandsmitglieder anzustellen unter Vorbehalt der Bestätigung durch den nächsten Bundestag«.[229] Zu dem Zeitpunkt existierte der alte, erst vierzehn Tage zuvor umgebildete Aufsichtsrat schon nicht mehr. Am Tag nach Absetzung des alten GDA-Vorstands hatte eine Vollsitzung von Aufsichtsrat und neuem vorläufigem Bundesvorstand

»diese Maßnahmen gebilligt. Der gesamte Aufsichtsrat ist darauf zurückgetreten. Bis zur Neuwahl des neuen Aufsichtsrats hat er eine dreigliedrige Kommission, bestehend aus Kollegen Moog Weimar, Bieger Berlin und Frau Demmig Berlin zur Abwicklung der Aufsichtsratsgeschäfte bevollmächtigt.«[230]

Die in der Juni-Ausgabe der GDA-Zeitschrift veröffentlichte Namensliste des auf 20 Personen verkleinerten neuen Aufsichtsrats[231], für den die neue Bundesführung am 30. April einen veränderten Wahlmodus festgesetzt hatte, trug den 20. Mai 1933 als Datum. Während nach der Satzung den Gautagen das Vorschlagsrecht für den auf den Bundestagen zu wählenden Aufsichtsrat zustand[232], sollte nun jeder Gau bis zum 7. Mai 1933 durch die Gauvorstände beziehungsweise die bis dahin stattfindenden Gautage einen Vertreter wählen. Die gleichzeitige Ankündigung, dass der »neue vorläufige Bundesvorstand [...] dem neuen Aufsichtsrat die Vorschläge über die Zusammensetzung des neuen endgültigen Bundesvorstandes rechtzeitig unterbreiten [wird]«, kehrte die alten Befugnisse um und vollendete die Entmachtung von Aufsichtsrat und Bundestag.[233] Denn es war gerade eine der vornehmsten Aufgaben des Aufsichtsrats gewesen, dem Bundestag die Mitglieder des Bundesvorstands zur Wahl vorzuschlagen. De facto hatte der neue Aufsichtsrat überhaupt keinen Anteil an der Zusammensetzung des endgültigen Bundesvorstands, dessen neun Mitglieder schon am 5. Mai, bevor der neue Aufsichtsrat überhaupt »gewählt« war, in der

---

228 Rote Erde, 29.4.1933 und ebd., 28.4.1933.
229 Satzung des Gewerkschaftsbundes der Angestellten, Auszüge aus § 21 Abs. 2 beziehungsweise aus dem letzten Satz von § 20 Abs. 5 der Satzung vom 22. Januar 1933; vgl. *Priamus*, Angestellte und Demokratie, S. 228 und 227.
230 Die Gleichschaltung im GDA!, S. 1f. Vielsagend wurde der Öffentlichkeit mitgeteilt: »Um der Gleichschaltung auch in der aufsichtführenden Körperschaft des Bundes keine Schwierigkeiten zu bereiten, ist der alte Aufsichtsrat am 30. April 1933 zurückgetreten.« GDA 14, 1933, Nr. 6 (31. Mai), S. 90.
231 Vgl. ebd.
232 Vgl. Satzung des Gewerkschaftsbundes der Angestellten, § 20 Abs. 1 der Satzung in der Fassung vom 22. Januar 1933; *Priamus*, Angestellte und Demokratie, S. 86 und 227. Aufgrund der Mitgliederstärke der 18 Gaue 1931 und unter Einrechnung der Mitgliederentwicklung bis 1933 hätte die Satzung schon von daher 21 bis 23 Aufsichtsräte verlangt. Vorgeschrieben waren zusätzlich sechs Mitglieder aus Berlin oder Umgebung, welche nach der Satzung den geschäftsführenden Ausschuss bilden sollten. Nur drei der 20 Mitglieder des neuen Aufsichtsrats erfüllten diese Voraussetzung. Vgl. ebd., S. 258 (Tabelle A 10), vgl. ebd. auch S. 88.
233 Die Gleichschaltung im GDA!, S. 2f., Zitat: S. 3. Die GDA-Zeitschrift spricht bei der Bekanntmachung der neuen Aufsichtsratsmitglieder den Tatsachen entsprechend gar nicht von Wahl, sondern Berufung. Vgl. GDA 14, 1933, Nr. 6 (31. Mai), S. 90.

Maiausgabe der GDA-Zeitschrift vorgestellt wurden.[234] Es braucht schließlich kaum noch erwähnt zu werden, dass der für den 18. bis 20. August 1933 in Köln geplante 6. Bundes- und 6. Deutsche Angestelltentag nicht mehr stattfand.[235]

Siebzehn Personen des neuen Aufsichtsrats waren Mitglieder der NSDAP, davon sechs erst seit dem 1. Mai.[236] Aus dem früheren Aufsichtsrat gehörte ihm noch eine Minderheit von sechs Personen an, darunter die drei Mitglieder der Abwicklungskommission. Drei der sechs Altmitglieder, von denen bis dato fünf einem Gau vorgestanden hatten, waren zwischenzeitlich der NSDAP beigetreten. Während man für diese drei NSDAP-Neulinge, die zuvor Gauvorsteher gewesen waren, die Bereitschaft zur Mitarbeit an ihrer neuen Parteifarbe ablesen könnte[237], muss die Motivation der anderen drei differenzierter betrachtet werden. Einen Anhaltspunkt bietet die ganz unterschiedlich zusammengesetzte Abwicklungskommission, aus der der frühere stellvertretende Aufsichtsratsvorsitzende und Thüringer Gauvorsteher Leonhard Moog hervorsticht. Mit den Finanzen des GDA bestens vertraut, stand er doch 1945 nach Einschätzung von Hermann Brill »im Ruf eines Fachmannes für Finanzen«.[238] Um die Übernahme von Organisation und Vermögen des GDA besser bewältigen zu können, sahen die Nationalsozialisten über seine Gegnerschaft hinweg, wie sie jedem durch seine Mitgliedschaft im Reichsbanner und im Vorstand des Landesverbands von DDP/DStP bekannt gewesen war.[239] Nach Aussagen seines Freundeskreises kann seiner kurzzeitigen Kooperation kein Einstellungswandel zugrunde gelegen haben.[240] Wenn er sich trotzdem für diese Aufgabe bereitfand, obgleich er seinen Vorstandsposten im Gau Thüringen im Zuge der »Gleichschaltung« verlor[241], so lässt sich dies vielleicht aus einem falsch verstandenen und politisch fragwürdigen Verantwortungs- und Pflichtgefühl gegenüber den Mitgliedern zur ordnungsgemäßen Übergabe an den ungeliebten Nachfolger DAF erklären. Speziell den gegenüber den Gewerkschaften erhobenen Verdächtigungen der Korruption und Unterschlagung glaubte Moog offensichtlich, mit

---

234 Vgl. GDA 14, 1933, Nr. 5 (5. Mai), S. 68f.
235 Die sächsische Gauwerbeabteilung nahm noch im März Anmeldungen für den Bundestag entgegen. Vgl. Informationsdienst, März 1933, S. 20.
236 Vgl. GDA 14, 1933, Nr. 6 (31. Mai), S. 90. Die dortige namentliche Vorstellung von 15 »Pg's« ist insofern lückenhaft. Dass ein »Parteigenosse« in der NSDAP-Mitgliederkartei nicht ermittelt werden konnte, ist entweder auf deren Lückenhaftigkeit oder auf die fehlenden Personendaten zur Identifikation zurückzuführen.
237 Die betreffenden Gaue waren Mitteldeutschland (Magdeburg), Danzig und Brandenburg (Berlin).
238 *Manfred Overesch*, Hermann Brill in Thüringen 1895–1946. Ein Kämpfer gegen Hitler und Ulbricht, Bonn 1992, S. 320, Anm. 116. Der Autor bezieht sich dabei auf einen Brief von Hermann Brill an Dietrich vom 16.9.1946, BArch Koblenz, NL Brill 57. An anderer Stelle bezeichnet Brill Moog als einen »Mann von großer politischer Erfahrung«. Hermann Brill, Die politische Entwicklung Thüringens unter der sowjetischen Besatzung, Manuskript [Oktober 1947], BArch Koblenz, NL Brill 97, zit. nach: *Manfred Overesch*, Machtergreifung von links. Thüringen 1945/46, Hildesheim/Zürich etc. 1993, S. 188–193, hier: S. 193.
239 Darüber hinaus hatte Moog bis Januar 1933 im Weimarer Stadtrat und zeitweilig auch im Landtag gesessen (vgl. Tabelle 1). Vgl. *Bernhard Post/Volker Wahl* (Hrsg.), Thüringen-Handbuch. Territorium, Verfassung, Parlament, Regierung und Verwaltung in Thüringen 1920 bis 1995, Weimar 1999, S. 609. Moog war außerdem vom Parteitag für 1929/30 in den Parteiausschuss der DDP gewählt worden. Vgl. Linksliberalismus in der Weimarer Republik, S. 787.
240 Vgl. die in Anm. 132 dieser Arbeit zitierten Äußerungen des Weimarer Fabrikanten Felix Zumhasch gegenüber der amerikanischen Besatzungsmacht sowie dessen Lebenslauf. Felix Zumhasch, Lebenslauf v. 10.7.45, Thüringisches Hauptstaatsarchiv Weimar, Land Thüringen – Büro des Ministerpräsidenten, Nr. 1077–1079, Bl. 269.
241 Vgl. GDA 14, 1933, Nr. 4 (1. April), S. 62, und ebd., 1933, Nr. 7 (30. Juni), S. 114.

einer korrekten Abrechnung der Kassen entgegentreten zu können.[242] Dieses widerwillige Mitmachen kann man auch bei den freien Gewerkschaften beobachten, wo Kassenangestellte auf örtlicher Ebene zur Weiterarbeit angehalten oder gezwungen wurden. Der Sachverstand der beiden anderen »Abwickler« wurde ebenfalls benötigt, wobei nur der frühere Brandenburger Gauvorsteher aus neu gewonnener Überzeugung gehandelt haben dürfte, zieht man die Parteistatistische Erhebung heran.[243] Weitere Altmitglieder konnten mit ihrem einschlägigen Verbandswissen von Nutzen sein, waren doch die »alten Parteigenossen« im neuen Aufsichtsrat mit Ausnahme des stellvertretenden Gauvorstehers Funk aus Königsberg fast gänzlich unbeschriebene Blätter, was ihre frühere GDA-Tätigkeit anbetraf.[244] Um den Personalbedarf zu decken, mussten die neuen Machthaber sogar auf Parteineulinge zurückgreifen, denn auch von den Neumitgliedern waren drei erst zum 1. Mai 1933 der NSDAP beigetreten.

IV. DIE ›GLEICHSCHALTUNG‹ DER UNTERGLIEDERUNGEN DES GDA

Der GDA war nach seiner Satzung vertikal in drei Ebenen von unten nach oben gegliedert, welche ihm zugleich eine räumliche Aufteilung gaben.[245] Die Ortsgruppen beziehungsweise Zahlstellen, falls die Zahl der Mitglieder klein war, waren zu Gauen zusammengeschlossen. Delegierte der Ortsgruppen trafen sich jährlich zu Gautagen, auf denen die Gauvorstände und die Abgeordneten der Bundestage, die alle zwei Jahre stattfinden sollten, gewählt wurden.[246] Durch ihn als oberstes Beschlussorgan erhielten die Mitglieder von Aufsichtsrat und Vorstand ihre Legitimation, nachdem sie von den Gautagen beziehungs-

---

242 Moog hat dabei mitgewirkt, obwohl er die »scheindemokratische[n] und scheingewerkschaftliche[n] Formen im Interesse einer reibungslosen Übernahme der Institutionen, des Vermögens, der Mitgliedschaft« durchschaut haben muss. *Bracher/Schulz/Sauer*, Die nationalsozialistische Machtergreifung, S. 259. Auf seine zeitlich bis zur Auflösung des GDA durch die Nationalsozialisten zum 1. Juli 1933 begrenzte Aufgabe hat Moog selbst nur mit schnörkellosen Worten hingewiesen. Vgl. Course of Life, L. Moog, Weimar, June 7, 1945, Thüringisches Hauptstaatsarchiv Weimar, Land Thüringen – Büro des Ministerpräsidenten, Nr. 1077–1079, Bl. 170.

243 Helene Demmig, die im Reichsausschuss der Behördenangestellten ein hohes GDA-Amt innegehabt hatte, und der »gewendete« Brandenburger Gauvorsteher Bieger hatten beide als Mitglieder der vierköpfigen Revisionskommission des Aufsichtsrats die letzte Vermögensbilanz des GDA zum 31. Dezember 1932 unterzeichnet. Als Indizien werten wir hier Biegers (nicht mit Datum bekannten) Antrag auf Aufnahme in die SS, der seines Alters wegen abgelehnt wurde, und als Parteiangestellter (lt. Parteistatist. Erhebung 1939) in den späten 1930er-Jahren bildet er eine der wenigen Ausnahmen in unserem Sample. Vgl. GDA 14, 1933, Nr. 3 (1. März), S. 45; BArch Berlin, R 9361-I/231.

244 Dies bezieht sich auf der einen Seite etwa auf den Magdeburger Gauvorsteher, der als Rechnungsprüfer des Aufsichtsrats der »Deutschen Welt«, der Lebensversicherungs-AG. des GDA, über intime Geschäftskenntnisse verfügte. Die »alten Parteigenossen« hingegen werden in den letzten Jahrgängen der GDA-Zeitschrift namentlich nicht erwähnt, geschweige denn, dass sie als Autoren auftauchen. Vgl. GDA 13, 1932, Nr. 8 (1. August), S. 127.

245 Vgl. hierzu anschaulich und in Bezug auf die innerverbandliche Willensbildung kritisch *Priamus*, Angestellte und Demokratie, S. 84–88.

246 Nach § 16 Abs. 3 der Satzung musste der Gauvorstand aus mindestens fünf Personen (einschließlich Jugendobmann) bestehen. Vgl. die Satzung bei *Priamus*, Angestellte und Demokratie, S. 224. Der Gautag des Gaues Brandenburg wählte 1932 nur vier Personen, das heißt Vorsteher und Stellvertreter sowie Gaurechnungsführer und Gauschriftführer in den Vorstand, der auch als »engere[r] Gauvorstand« bezeichnet wurde. Zusätzlich wurden sieben Beisitzer für Berlin und elf für das Gaugebiet sowie Stellvertreter für die Vorstandsaufgaben gewählt. Gau Brandenburg. 5. Brandenburger Angestelltentag und 12. Ordentl. Gautag, insb. S. 44–49; Der Gauspiegel 3, 1932, Nr. 7 (1. Juli), S. 2.

weise dem Aufsichtsrat vorgeschlagen worden waren. Die Gaue konnten in Form von Gaubezirken in Abstimmung mit dem Bundesvorstand eine mittlere Leitungsebene einziehen. Vergleichbar mit den Gauvorständen wurden Bezirksvorstände auf den Bezirkstagen gewählt, während die Bezirksgeschäftsführer wie die Gaugeschäftsführer beim GDA angestellt waren.[247] Zusätzlich gab es die sektorale Einteilung nach Fachgruppen mit Gau- und Reichsspitzen.

Die Gleichschaltungsvorgänge auf den Verbandsebenen unterhalb von Vorstand und Aufsichtsrat bestätigen in ihrem Muster das zuvor gewonnene Bild, dass der GDA durch Beseitigung der Verbandsspitze und nicht durch eine Unterwanderung nationalsozialistischer Mitglieder erobert wurde. Erst nachdem die Verbandsspitze »braun« geworden war, wechselten auch die unteren Ebenen die Farbe; die vorherige Wahl eines Nationalsozialisten zum Ortsgruppenvorsteher ist die ganz große Ausnahme, nicht die Regel. Mit der Gleichschaltungsanordnung vom 30. April wurden die Vorstände seit Anfang Mai ›von oben‹ her umgebildet. Diese verlangte unter der Überschrift »Geistige Durchführung der Gleichschaltung«, dass nicht nur der »neugewählte Aufsichtsrat«, sondern

»auch die in den Ortsgruppen unverzüglich umzubildenden Ortsgruppenführungen [...] den Geist der neuen Zeit verkörpern [müssen]. [...] Wir brauchen überall – bis in die letzte kleinste Ortsgruppe – deutsche Männer und Frauen, die, von der Idee der grossen nationalsozialistischen Bewegung erfasst, mithelfen wollen, die Grundlage einer neuen, wahrhaft nationalen und sozialen Volksgemeinschaft zu schaffen.«[248]

Diese Anordnung wurde ohne Verzug nach unten durchgestellt.

»Im Gau Freistaat Sachsen ist die Gleichschaltung in den Untergliederungen (den Bezirken und Ortsgruppen) zum grössten Teil schon durchgeführt, bezw. in die Wege geleitet. Es bedarf wohl keines besonderen Hinweises, dass wir im Gau Sachsen Wert darauf legen, bis in die kleinste Ortsgruppe hinein die geistige Gleichstellung vorzunehmen.«[249]

Den Ortsgruppen wurde die soufflierte Entschließung der Ortsgruppe Chemnitz zur Nachahmung empfohlen:

»Wir bekennen uns einmütig und vorbehaltlos zur nationalsozialistischen Revolution und ihren Führern. Wir geloben, abseits von allem liberalen oder materiellen Denken und Handeln unsere ganze Kraft dem Aufbau unseres Vaterlandes zu widmen aus der Erkenntnis, dass das Schicksal des Staates das Schicksal des Einzelnen ist. Es ist unser aller Wunsch, mithelfen zu können an der Ausbreitung deutschen Volkstums, und deutscher Arbeit den Platz zu erringen, der ihr gebührt. Unsere Berufsaufgabe als Angestellte wird im neuen Staate mehr denn je betont, dass unser Dienen der Wirtschaft ›Dienst an der Nation‹ ist, und wir sind sicher, darin die Zusammenarbeit aller ehrlich Schaffenden zu erreichen.«[250]

Und die GDA-Fachgruppe der Reichsvereinigung Deutscher Techniker (RDT) forderte als erste Gleichschaltungsmaßnahme, »daß in Zukunft alle Führer innerhalb der RDT. der nationalsozialistischen Bewegung angehören müssen«.[251]

---

247 »Die Geschäfte [der Gaubezirke, R.W.] werden nach den vom Bundesvorstand herausgegebenen Richtlinien geführt.« § 16 Abs. 8 der Satzung, zit. nach: *Priamus*, Angestellte und Demokratie, S. 225.
248 Die Gleichschaltung im GDA!, S. 3. Freudig wurde registriert, dass Grußtelegramme »nicht von jenen stammen, die erst nach dem 30. Januar den Weg zu uns fanden, sondern daß es alte, bewährte Parteigenossen mit niedrigen Mitgliedsnummern« waren. GDA 14, 1933, Nr. 7 (30. Juni), S. 106.
249 Informationsdienst, Mai 1933, S. 5. Nach den Terminankündigungen in derselben Ausgabe muss dies Anfang Mai gewesen sein.
250 Ebd., S. 11f.
251 Der technische Angestellte 9, 1933, Nr. 6 (Juni), S. 58. Die Reichstagung des RDT bekräftigte diese Forderung. Vgl. ebd., S. 60.

Die Informationen aus den Gauen belegen die Ablösung der alten Gauvorstände durch Nationalsozialisten, welche nun nicht mehr gewählt, sondern nach dem Führerprinzip eingesetzt, im NS-Jargon »berufen«, wurden.[252] Für Sachsen hieß es lapidar: »Im Gauvorstand wird eine Sitzung am 7. Mai in Leipzig die Gleichschaltung durchführen.«[253] Die Bestätigung von Vorständen durch Zurufwahl, Akklamation, Handerheben statt der Neuwahl durch Stimmenauszählung war beim GDA nicht unüblich gewesen.[254] Trotzdem erscheint der von Priamus gehegte Zweifel an der Akzeptanz demokratischer Machtkontrolle innerhalb des GDA, den der ausdrückliche Verzicht auf »formale Abstimmung« bei der Wahl von Bundesvorstand und Wiederwahl von Gustav Schneider als Bundesvorsteher auf dem Angestelltentag 1926 beim Autor hervorrief[255], weit überzogen. Umgekehrt war das Instrument der Berufung beziehungsweise Bestellung Teil des nationalsozialistischen Führerprinzips, mit dem sie sich bewusst auch von den Gewerkschaften absetzten:

»Die Gewerkschaften waren ja nicht nach dem Führerprinzip, sondern nach ›demokratischen‹ Grundsätzen aufgebaut. Die Spitzenorganisationen kontrollierten nicht etwa ihre Unterverbände, so kontrollierte z. B. der A.D.G.B. nicht etwa u. a. den ihm angeschlossenen roten ›Deutschen Metallarbeiterverband‹, sondern gerade umgekehrt: die versammelten Vertreter der Unterorganisationen überwachten die ihnen eigentlich vorgesetzten Spitzen. Letztere waren vom ›Vertrauen‹ der Gliederungen abhängig.«[256]

Die ›Gleichschaltung‹ des GDA als Organisation war zwangsläufig mit der Absetzung als »politisch untragbar« angesehener Personen auf allen Verbandsebenen verbunden, wie beispielsweise Theophil Kaufmann, dem Hamburger Gaugeschäftsführer, der im März 1933 mit ihrer Auflösung auch seinen Sitz in der Hamburger Bürgerschaft verlor.[257] Der

---

252 Vgl. den letzten Brandenburger Gautag am 28. Mai 1933, auf dem »an Stelle des zurückgetretenen Gauvorstandes eine neue Gauführung berufen (wurde)«. GDA 14, 1933, Nr. 6 (31. Mai), S. 88. Ausführlicher Bericht in: Der Gauspiegel 4, 1933, Nr. 6 (1. Juni), S. 2.
253 Informationsdienst, Mai 1933, S. 5.
254 So auf dem Pommerschen Gautag des G.D.A. am 1. Mai 1932. »Die Neuwahl des Vorstandes ergab, daß der bisherige Gauvorstand unter Leitung des Herrn Gauvorstehers Fritz Köhler, Stettin-Sydowsaue, einstimmig durch Zuruf wiedergewählt wurde.« Der Stettiner Angestellte 4, 1932, Nr. 6 (1. Juni), S. 1f., hier: S. 2. Vgl. auch die Bestätigung des alten Gauvorstands auf dem Brandenburger Angestelltentag 1932 durch einstimmige Zurufwahl. Gau Brandenburg. 5. Brandenburger Angestelltentag und 12. Ordentl. Gautag, insb. S. 45f.
255 Vgl. *Priamus*, Angestellte und Demokratie, S. 128f., der auf einen eigenen Bericht des GDA Bezug nimmt.
256 *Krüger*, 2. Mai 1933, S. 63. »Auch die Finanzdezernenten der Verbandszentralen […] waren […] ihrerseits mehr oder weniger lediglich Vollstrecker des Willens anonymer ›Mehrheiten‹ von Beiräten, Organen, Ausschüssen oder Verbandstagen«. Ebd., S. 101.
257 In seinem Lebenslauf gibt Theophil Kaufmann an, dass er im März 1933 aus allen Ämtern als »politisch untragbar« entlassen worden sei. Maschinenschriftlicher Lebenslauf von Theophil Kaufmann, [handschriftliche Zusätze], [o. D., letzter Eintrag 1949], Bl. 1–3, hier: Bl. 3, Nachlass Theophil Kaufmann, ACDP, I-071-033/7 (Lebenslauf, Photographien, Zeitungsausschnitte). Die Hamburger Bürgerschaft tagte am 8. März 1933 zum letzten Mal, und den für die Neubildung der Bürgerschaft zum Zwecke der ›Gleichschaltung‹ bis zum 13. April 1933 einzureichenden Listen der Deutschen Staatspartei gehörte er nicht mehr an. Vgl. Stenographische Berichte über die Sitzungen der Bürgerschaft zu Hamburg im Jahre 1933, Hamburg o. J., S. 125; Amtlicher Anzeiger. Beiblatt zum Hamburgischen Gesetz- und Verordnungsblatt, 7.4.1933, Nr. 82, sowie 21.4.1933, Nr. 91, S. 343 beziehungsweise 387. Eine Beschreibung des Lebenslaufs von Theophil Kaufmann vom März 1952 enthält ebenfalls die Angabe von der Entlassung 1933 als politisch untragbar, während ein Artikel in der Heimat-Beilage einer ungenannten Zeitung vom 22. März 1952 die Entlassung auf den Mai 1933 datiert. Vgl. Beschreibung des Lebenslaufs von Theophil Kaufmann, von einem ungenannten Verfasser, o. O. o. J. [März 1952], Bl. 1/2, sowie »Ein christlicher Europäer. Theophil Kaufmann als Generalkon-

Die nationalsozialistische ›Gleichschaltung‹ des GDA im Jahr 1933

Brandenburger Gaugeschäftsführer Adolf Kahlen, der durch seine Kandidatur für die Staatspartei in Preußen 1932 und durch seine Haltung zur NSDAP ein ähnliches politisches Profil gezeigt hatte, verlor Anfang Mai sein Amt.[258] Dass auch ein Übertritt zur NSDAP in letzter Minute keine Garantie gegen eine Ablösung war, zeigen die Dokumente im Fall des zuvor schon erwähnten Kieler GDA-Angestellten Bruno Rudolph, in denen es heißt, dass »er aus der Gewerkschaft nur übernommen und bestätigt werden sollte, wenn er vor der Machtübernahme in der Bewegung gestanden hätte«.[259] Von diesen »gelegentlich der Durchführung der Gleichschaltung getätigten Säuberungsbestrebungen der Partei«, denen der GDA-Angestellte Bruno Rudolph zum Opfer fiel, erhalten wir detailliertere Kenntnis durch das spätere SA-Disziplinarverfahren gegen das nationalsozialistische Mitglied des neuen Aufsichtsrats Ernst Bernhardt. Das Gericht war bei seiner Untersuchung zu dem Schluss gekommen: »Bei der Gleichschaltung sollte Rudolf, welcher einen gehobenen Posten in dieser Organisation innehatte, abgebaut werden. Um diesem zu entgehen und R. als Nationalsozialisten vor der Machtübernahme nachzuweisen, hat Bernhardt das Eintrittsdatum auf 1.1.33 festgelegt.«[260]

Überhaupt verloren die meisten Gauvorsteher und Gaugeschäftsführer sogleich ihr Amt. In Sachsen, Thüringen, Rheinland-Westfalen und Baden-Pfalz-Saar, wo letztere einen Antrag zur Aufnahme in die NSDAP zum 1. Mai 1933 gestellt hatten, amtierten sie vorläufig weiter.[261] Der Geschäftsführer des Gaues Baden-Pfalz-Saar versäumte nicht, in seiner Loyalitätsadresse auf die »Sehnsüchte und Hoffnungen der deutschen Angestelltenschaft und besonders der im GDA organisierten Mitglieder«, die sie mit der »Einheitsorganisation aller Angestellten« verbanden, hinzuweisen. Dieser Zielsetzung zuliebe »haben wir unsere Mitarbeit restlos zur Verfügung gestellt und haben ferner getreu unserer nationalen Einstellung unseren gesamten Bundesapparat den Erfordernissen der Neuzeit entsprechend gleichgeschaltet«.[262] Aber weder war ein Aufnahmegesuch eine Weiterbeschäftigungsgarantie noch wurden die plötzlich »gewendeten« Gauoberen von den Nazioberen mit offenen Armen empfangen. Während der Thüringer Gauvorsteher Moog, der der NSDAP nicht beitrat, abberufen wurde, verlor der Brandenburger Gauvorsteher Wilhelm Bieger trotz Beitritts zur NSDAP sein Amt, wurde stattdessen aber auf dem Brandenburger Gautag am 28. Mai 1933 als Beisitzer wieder in den Vorstand »berufen«.[263] Ebenfalls durch einen »alten Parteigenossen« wurde der sächsische Gauvorsteher ersetzt, obwohl er der NSDAP beigetreten war. Der fälschlicherweise in der örtlichen Presse als »Pg.« vorgestellte frühere Gauvorsteher von Rheinland-Westfalen, Johann Axer, wurde ebenfalls durch

---

sul nach Basel berufen«, veröffentlicht in: Heimat-Nachrichten, 22.3.1952 [der Beilage einer ungenannten Zeitung], Nachlass Theophil Kaufmann, ACDP, I-071-033/7 (Lebenslauf, Photographien, Zeitungsausschnitte).

258 Vgl. Der Gauspiegel 4, 1933, Nr. 6 (1. Juni), S. 2.
259 Schreiben v. Standartenführer Claussen, Führer der Brigade R 13, an die Kreisleitung der NSDAP in Kiel vom 3. Jan. 34 [richtig 1935], BArch (ehem. BDC), SA-P, Bernhardt, Ernst, 29.9.1887. Oberste SA-Führung. Gerichts- und Rechtsamt. SA-Disziplinargericht. Sturmführer Ernst Bernhardt, Bl. 22.
260 Beschluß der II. Kammer des SA-Disziplinargerichts der Obersten SA-Führung am 26. April 1935, ebd., Bl. 134.
261 Vgl. GDA 14, 1933, Nr. 6 (31. Mai), S. 78 und Nr. 7 (30. Juni), S. 114; Hagener Zeitung, 5.5.1933.
262 Geschäftsbericht 1931/32 der Gauleitung zum 11. ordentlichen Gautag am 17. und 18. Juni 1933 in Konstanz. Gewerkschaftsbund der Angestellten (GDA) Gau Baden-Pfalz-Saar, S. 20.
263 Vgl. GDA 14, 1933, Nr. 7 (30. Juni), S. 114, sowie Der Gauspiegel 4, 1933, Nr. 6 (1. Juni), S. 2. Moog und Bieger saßen, wie erwähnt, auch im neuen, nationalsozialistisch bestimmten Aufsichtsrat.

ein langjähriges Parteimitglied abgelöst und musste als geschäftsführend in das zweite Glied zurücktreten.[264]

Wechseln wir von der Gau- zur Bezirks- und Ortsebene, so vermitteln die Versammlungsberichte der Ortsgruppen an der Wende des Jahres 1932/33 in Verbandszeitschriften und Tagespresse insgesamt den Eindruck eines innerverbandlich ruhigen Verlaufs und geben nicht die Inhalte kontroverser tages- beziehungsweise verbandspolitischer Diskussionen wieder. Dies gilt nicht nur für den ostpreußischen Gau und die Königsberger Ortsgruppe mit ihrem nationalsozialistischen Vorsteher[265], sondern auch andernorts und in sektoraler Hinsicht[266], wobei einzelne Berichte über Versammlungen im April den Anpassungskurs der GDA-Spitze widerspiegeln.[267] Nach den aus den Sekundärquellen belegbaren ›Gleichschaltungen‹ auf Bezirks- und Ortsgruppenebene vollzog sich diese zumeist nach der oben zitierten Direktive der neuen Verbandsspitze. Denn im Zeitverlauf wie in der inhaltlichen Abfolge von (erzwungenem) Rücktritt und Neuberufung zeigen sie kaum Abweichungen. Am 3. Mai 1933 meldete beispielsweise die lokale Presse die »Gleichschaltung« der Ortsgruppe Hagen und des Bezirks Südostwestfalen des GDA, wonach die alten Vorstände ihre Ämter niedergelegt hatten und an ihre Stelle Angehörige der NSDAP getreten waren.[268] Nach Zeitungsmeldungen hat hier der Bezirksgeschäftsführer vorerst weiteramtiert[269], während in Brandenburg an der Havel nach der Abberufung Rosenbergs kurzzeitig ein neuer Bezirksgeschäftsführer amtierte, der – ganz auf Anpassungskurs – im April eine auf eine nationale Tonlage eingestimmte Monatsversammlung geleitet hatte, bis Anfang Mai auch hier die ›Gleichschaltung‹ erfolgte. Dabei unterließ es der neu eingesetzte Bezirksgeschäftsführer Müller laut Zeitungsbericht nicht, für die Brandenburger Ortsgruppe darauf hinzuweisen, dass die »überwiegende Zahl der Vorstandsmitglieder bereits der nationalsozialistischen Bewegung angehörten, was seinen besonderen Ausdruck durch die Zuwahl« zweier Parteigenossen »in der letzten Monatsversammlung gefunden hatte«.[270] Für Berlin wurde die Übernahme der Ortsgruppenführung durch den neuen stellvertretenden Brandenburger Gauführer mit Datum vom 22. Mai 1933 gemeldet. Gleichzeitig wurden zahlreiche Ortsbezirksvorsteher ausgetauscht, denn das letzte Mitteilungsblatt der Ortsgruppe vom Juni 1933 enthielt so viele neue Vorstehernamen wie keine andere Ausgabe zuvor.[271]

---

264 Vgl. GDA 14, 1933, Nr. 6 (31. Mai), S. 78f.; Hagener Zeitung, 5.5.1933.
265 Vgl. zu den Versammlungen vom 4. Dezember 1932 bis zum 12. Januar 1933 die Ostdeutsche Angestellten-Warte 15, 1933, Nr. 1 (Januar) und Nr. 2 (Februar), unpag.
266 Vgl. die Berichte aus verschiedenen Orten von Oktober 1932 bis April/Mai 1933, in: Der Angestellte im Versicherungsgewerbe 13, 1933, Nr. 1/2 (Jan./Febr.), S. 10f., Nr. 3/4 (März/April), S. 23 und Nr. 5/6 (Mai/Juni), S. 35; Der Angestellte im Rechtsanwalts- und Notariatsbüro 11, 1933, Nr. 2 (Februar), S. 22f., Nr. 3 (März), S. 35, Nr. 4 (April), S. 47, Nr. 5 (Mai), S. 58 und Nr. 6 (Juni), S. 71f. Die Informationen über die ›Gleichschaltungen‹ der Vorstände der GDA-Reichsfachgruppen reichen für ein Gesamtbild leider nicht aus.
267 So stellen sich die Versammlungen der Rechtsanwaltsangestellten in Berlin am 24. April »geschlossen hinter die nationale Regierung« beziehungsweise geloben wie in Potsdam am 4. April 1933, die »Regierung der nationalen Erhebung in ihrer Aufbauarbeit zu unterstützen«, ohne dass es in den Ortsvorständen zu personellen Veränderungen kommt wie in der im Folgenden noch zu schildernden Berliner Ortsgruppe der technischen Angestellten. Vgl. Der Angestellte im Rechtsanwalts- und Notariatsbüro 11, 1933, Nr. 5 (Mai), S. 58.
268 Vgl. Hagener Zeitung, 3.5.1933 und 5.5.1933; General-Anzeiger, 4.5.1933 und 5.5.1933. In Hagen waren die Ringverbände auch politisch gut verankert. Lt. Hagener Adressbuch 1928/29 saß in der Stadtverordnetenversammlung seit der Wahl im Mai 1924 deren Bezirksleiter für die Liste Gewerkschaftsring Deutscher Arbeiter-, Angestellten- und Beamtenverbände, Ortsgruppe Hagen i. W. Die DDP war zusätzlich mit 6 Sitzen vertreten.
269 Vgl. Hagener Adressbuch von 1928/29; Hagener Zeitung, 4.3.1933 und 4.5.1933.
270 Brandenburger Anzeiger, 11.5.1933.
271 Vgl. die Mitteilungen der Ortsgruppe Berlin, in: Der Gauspiegel 4, 1933, Nr. 6 (1. Juni).

Vereinzelt hatten sich parallel zur ›Gleichschaltung‹ der Führungsgremien, die Mitte April durch personelle Ergänzung des Aufsichtsrats des GDA durch Nationalsozialisten ihren Anfang genommen hatte, auf Ortsebene personelle Veränderungen vollzogen, ohne dass diese auch nur im Entferntesten als Auslöser der ›Gleichschaltung‹ an der Verbandsspitze angesehen werden können. Umgekehrt, statt die Machtbalance ›von unten‹ her zu verschieben, muss man die GDA-Ortsgruppen, die wie in Königsberg einen nationalsozialistischen Vorsteher hatten, vor Mai 1933 mit der Lupe suchen. Einer dieser raren Fälle ist der Rücktritt des erst am 8. Dezember 1932 gewählten Vorsitzenden des Vorstands der Berliner Ortsgruppe der Reichsvereinigung Deutscher Techniker im GDA am 12. April 1933. »An seiner Stelle wurde das bisherige Mitglied des Vorstandes, Kollege Schmidt, einstimmig zum vorläufigen Vorsitzenden bestimmt.« Die »Arbeit im Sinne der nationalen Regierung und im Interesse der deutschen Volksgemeinschaft« sollte dem Versammlungsbericht zufolge fortgeführt werden.[272] Durch die Beauftragung von Otto Schmidt, der schon länger der NSDAP angehörte, mit der Leitung der Reichsvereinigung Deutscher Techniker im GDA, insbesondere aber durch die Übernahme des Amts des Bundesführers meldete Max Faltin einen Führungsanspruch an.

»Ich bin stolz darauf, damit auch meinen Kollegen, den Technikern, in unserem Bunde den Platz sicherstellen zu können, den sie als eigentliche Träger des deutschen Wirtschaftsaufbaues zu beanspruchen haben. […] *Wir Techniker wollen in erster Front stehen in dem Kampfe um den Aufbau unseres neuen Deutschland.*«[273]

Das elitäre Berufsverständnis war unüberhörbar, bildete jedoch nur die für die Verbandsöffentlichkeit bestimmte Begleitmusik zur Auswechslung der GDA-Führung und hatte nichts mit einer etwaigen, in der ›Gleichschaltung‹ zum Ausdruck kommenden sektoralen Verschiebung der Gewichte zwischen den Berufsgruppen im GDA zu tun.

V. ÜBERLÄUFER ZUR NSDAP AUS DEM GDA

»Braune Gewerkschafter«

Es ist kennzeichnend für die wissenschaftliche Beschäftigung mit den Überläufern zum Nationalsozialismus aus den gewerkschaftlichen Lagern, dass sie einzelne Führungspersonen in den Mittelpunkt stellt. Denn es waren nicht viele, die vom Vertrauen der Mitglieder getragen Stufe um Stufe die Organisationsleiter erklommen hatten und sich später von diesen Organisationsmilieus abwandten, die allerwenigsten im freigewerkschaftlichen Lager. Am Beispiel von Emil Kloth, dem ehemaligen, sehr eigenwilligen Verbandsvorsitzenden der freigewerkschaftlichen Buchbinder, ist erst jüngst dieser »Ablösungsprozess eines gewählten Gewerkschaftsführers von seinem demokratisch-proletarischen Umfeld« beschrieben worden.[274] Als Nazi-Überläufer aus dem freigewerkschaftlichen Lager wird vorzugsweise eine zweite Gruppe von einzelnen bislang bekannt gewordenen, zumeist akademisch gebildeten Überwechslern gekennzeichnet, die aus dem engeren Umfeld des ADGB-Bundesvorstands, nicht aus dem Funktionärskader[275], stammen und die seit dem 30. Januar

---

272 Der technische Angestellte 9, 1933, Nr. 5 (Mai), S. 53. Vgl. ebd. 8, 1932, Nr. 12 (Dezember), S. 97.
273 Der technische Angestellte 8, 1932, Nr. 6 (Juni), S. 57. Otto Schmidt unterstützte dies in seinem Aufruf, in: ebd., S. 58.
274 *Rüdiger Zimmermann*, Emil Kloth (1864–1943). Vom marxistischen Gewerkschaftsvorsitzenden zum bekennenden Nazi, Berlin 2014; darin einleitend eine knappe Verortung Kloths, S. 10ff. (Zitat: S. 12).
275 Als prominentester ADGB-Angestellter hatte der Leiter der ADGB-Bundesschule in Bernau, Hermann Seelbach, am 25. April 1933 schriftlich seinen Austritt aus der SPD erklärt und sich

1933 in ihren Äußerungen als Protagonisten eines Anpassungskurses hervorgetreten waren.²⁷⁶

»[Clemens] Nörpel gehörte zu einer Gruppe jüngerer Gewerkschaftssekretäre in der Zentrale des ADGB, die eine Öffnung nach rechts vorantrieben. Gemeinsam war dieser Gruppe die Kriegserfahrung als Frontsoldat und die daraus resultierende Vorstellung, im Einsatz für die Nation den Klassengegensatz überwinden zu können.«²⁷⁷

Auch der jüngere, 1903 geborene Walter Pahl bemühte den »Mythos der Frontkämpfer-Kameradschaft, die er selber gar nicht kennengelernt hatte«.²⁷⁸ Ihre Abkehr vom Marxismus und zunehmende Distanzierung von der SPD zugunsten einer pragmatischen Haltung und einer Politik der nationalen Orientierung hatten das opportunistische Ziel, »die Gewerkschaften auch nach der Machtübernahme der Nationalsozialisten als eigenständige Organisation aufrechtzuerhalten«.²⁷⁹ Rasant vollzog sich die politische Wende Nörpels von seinen Warnungen vor den Nationalsozialisten und ihrer NSBO auf der Betriebsrätekonferenz des ADGB am 22. Januar 1933, über seine Überlegungen zum Wesen der Gewerkschaften, ihrer Rechtsstellung und Rolle im Staat nach dem 30. Januar bis zur Forderung nach einer Umstellung und der Befürwortung einer staatlichen Einheitsgewerkschaft, um nach dem 5. März 1933 vollends zu kapitulieren.²⁸⁰ Trotz der Bemühungen um »die Formulierung einer nationalen Gewerkschaftsideologie, die den neuen Herrschern entgegenkommen sollte«, trotz der am 5. April betonten Bereitschaft des ADGB-Bundesausschusses zu einer sogenannten Vereinheitlichung des deutschen Gewerkschaftswesens und des am 28. April 1933 gebildeten »Führerkreises der vereinigten Gewerkschaften« bleibt mit Gerhard Beier für eine Gesamtbewertung festzuhalten, dass doch die »letzte Entwürdigung des ADGB-Vorstandes, seine Transformation in einen Klub der ›Märzgefallenen‹« nicht stattgefunden hat.²⁸¹

Galt für die engagierten freigewerkschaftlichen Aktivisten »auch im Frühjahr 1933 nur schärfste Opposition«, so gab es auch, gerade an den Rändern des gewerkschaftlichen Milieus, die »Gewerkschaftssekretäre, die ihre bisherige Tätigkeit als unpolitisch interpre-

---

als NSDAP-Überläufer bekannt. Vgl. *Beier*, Zur Entstehung des Führerkreises der vereinigten Gewerkschaften Ende April 1933, S. 381. Besonders bekannt geworden sind außerdem Clemens Nörpel, Gewerkschaftssekretär beim Bundesvorstand des ADGB, der viele Jahre später, am 13. Februar 1941, seine Aufnahme in die NSDAP beantragte, sowie Walther Pahl, Mitarbeiter beim Bundesvorstand. Genannt wird ein ehemaliger Geschäftsführer des Bundes der technischen Angestellten und Beamten als eines der ganz wenigen Beispiele aus den früheren AfA-Verbänden bei: *Ursula Bitzegeio*, Über Partei- und Landesgrenzen hinaus. Hans Gottfurcht (1896–1982) und die gewerkschaftliche Organisation der Angestellten, Bonn 2009, S. 166f.

276 Vgl. *Beier*, Das Lehrstück vom 1. und 2. Mai 1933, S. 25ff., 30f., 34f. und 38–43; *Schneider*, Unterm Hakenkreuz, S. 67f. und 88ff.
277 *Karsten Linne*, Von Leipart zu Ley: Clemens Nörpel. Ein Dokument aus dem Jahr 1940, in: 1999. Zeitschrift für Sozialgeschichte des 20. und 21. Jahrhunderts 3, 1988, H. 4, S. 92–104, hier: S. 93. Für weitere Mitglieder dieser keineswegs geschlossenen Gruppe vgl. ebd., S. 94.
278 *Karsten Linne*, »Wettkampf um Rohstoffe«. Walter Pahl – Eine Gewerkschafter-Karriere, in: 1999. Zeitschrift für Sozialgeschichte des 20. und 21. Jahrhunderts 5, 1990, H. 3, S. 39–55, hier: S. 45. Ebd. S. 45, Anm. 28, werden ebenfalls weitere Namen genannt.
279 Vgl. *Linne*, »Wettkampf um Rohstoffe«, S. 42ff., Zitat: S. 44. Diese Zweck-(›Rettung der Organisation‹)-Mittel-(›ideologische Anpassung‹)-Relation bei Pahl wird ebenso gesehen bei: *Thomas Köcher*, »Aus der Vergangenheit lernen – für die Zukunft arbeiten!«? Die Auseinandersetzung des DGB mit dem Nationalsozialismus in den 50er und 60er Jahren, Münster 2004, S. 64 (dort zu Pahl S. 64–69).
280 Vgl. *Linne*, Von Leipart zu Ley: Clemens Nörpel, S. 94f.
281 *Beier*, Das Lehrstück vom 1. und 2. Mai 1933, S. 25 und 31; vgl. auch *Schneider*, Unterm Hakenkreuz, S. 68 und 88f.

tierten«.²⁸² Hier mussten sich am ehesten die »Resignation angesichts eines als übermächtig erscheinenden Gegners, dem die Massen zuströmten«, und das »Klima allgemeiner Bedrohung und Verängstigung« durch die in aller Öffentlichkeit begangenen Gewalttaten von SA und SS auswirken. Darüber hinaus zeigte dies der Arbeiterbewegung, »daß sie nicht auf den Schutz des Staates rechnen konnte«, was »gewiß zermürbend und deprimierend auf die Funktionäre der Arbeiterorganisationen gewirkt« hat.²⁸³ In diesem dilemmatischen Handlungsrahmen benennt Michael Schneider ein Spektrum von subjektiven und objektiven Beweggründen für ein Überwechseln von Gewerkschaftsfunktionären, »von denen im übrigen nur einzelne ihre Entlassung zu verhindern versuchten, indem sie sich – getreu vorherigen politischen Grundanschauungen oder aus Opportunismus, aus neugewonnener Überzeugung oder aus sozialer Not – zum Nationalsozialismus bekannten«. Eine Mitgliedschaft sagt mithin wenig über die Eintrittsmotive aus, und »kann kaum eindeutig als Akt der freiwilligen Zustimmung gedeutet werden«.²⁸⁴

»Braune Gewerkschafter« im GDA

»Auch in meiner Gewerkschaft sind Nazi.«²⁸⁵ Bei diesem Bekenntnis ließ Gustav Schneider das Ausmaß der Unterwanderung des GDA offen, und es blieb sowohl unter den Beteiligten wie den Beobachtern umstritten, teilweise aus durchsichtigen verbands- und tagespolitischen Gründen. Von rechts und links politisch in die Zange genommen, setzte sich der Redakteur Max John Anfang 1932 in der GDA-Zeitschrift auf der einen Seite mit dem Vorwurf des goebbelsschen »Angriff« auseinander, der nationalsozialistischen Bewegung feindlich gegenüberzustehen, und auf anderen Seite mit dem Vorwurf des freigewerkschaftlichen ZdA, »ins nationalsozialistische Fahrwasser geraten« zu sein. Konkret hierzu erfolgte des Weiteren in derselben Ausgabe eine Zurückweisung der in der »Welt am Montag« veröffentlichten »unsinnigen Behauptung«, »daß 80 bis 85 Prozent der GDA-Mitglieder zu Anhängern Hitlers geworden sind«.²⁸⁶

Während sich genauere Schätzwerte in GDA-Dokumenten nicht finden lassen²⁸⁷, behauptet Hans Speier, sich dabei ohne nähere Quellenangabe auf eine »Mitteilung des GdA an den Verfasser im Jahre 1932« berufend, folgende Verhältniszahlen:

»Es ist übrigens höchst beachtlich, wie weitgehend auch der GDA, den man gewöhnlich als demokratisch, d.h. der DDP nahestehend, anzusehen pflegte, bereits im Jahre 1931 vom Nationalsozialismus eingefangen war. Nach einer Erhebung des GdA waren von rund 1000 Mitarbeitern schon damals etwa ein Drittel Nationalsozialisten, rund ein Drittel waren angeblich Sozialdemokraten und der Rest verteilte sich auf andere Parteien. Vermutlich war in den letzten Wahlen der Weimarer

---

282 Ebd., S. 78; *Gerhard Paul/Klaus-Michael Mallmann*, Milieus und Widerstand. Eine Verhaltensgeschichte der Gesellschaft im Nationalsozialismus. Widerstand und Verweigerung im Saarland 1935–1945, Bonn 1995, S. 229.
283 *Schneider*, Unterm Hakenkreuz, S. 46 und 65 sowie S. 49 und 74.
284 Ebd., S. 169 (Überwechsler, dabei Verweis auf die Aufsätze Linnes), S. 785 sowie 842 (geringe Zahl der Überläufer) und S. 757 (Zustimmung).
285 Linksliberalismus in der Weimarer Republik, S. 677.
286 Vgl. GDA 13, 1932, Nr. 2 (1. Februar), S. 26ff. »Die Welt am Montag« war eine Publikumszeitschrift des ZdA.
287 Die große statistische Erhebung unter den Mitgliedern des GDA von 1929 fragte unter anderem nach den monatlichen Gehaltsabzügen für die gewerkschaftliche Organisation einerseits und die politische Organisation andererseits. Die Antwort auf diese Frage, aus der möglicherweise die Stärke einer Parteibindung in der Mitgliedschaft hätte herausgelesen werden können, wurde nicht veröffentlicht. Vgl. GDA-Erhebung von 1929, S. 21; vgl. *Richard F. Hamilton*, Who Voted for Hitler?, Princeton 1982, S. 507, Anm. 29.

Republik der Anteil der Angestellten im DHV, GdA und bei den Unorganisierten an den Nazi-Stimmen noch beträchtlich höher als die Schätzungen von 1930 und 1931 andeuten.«[288]

Dem widerspricht die Einschätzung Rudolf Küstermeiers, einem führenden Mitglied des in Reaktion auf den »Preußenschlag« im Herbst 1932 von sozialistischen Studenten an der Berliner Universität gegründeten »Roten Stoßtrupps«, der bald nach dem 30. Januar 1933 Zulauf von jüngeren Sozialdemokraten erhielt:

>»Innerhalb des GDA geht die politische Front von den Kommunisten bis zu den Nationalsozialisten. Dabei ist die Leitung des Verbandes nach wie vor demokratisch-staatsparteilich eingestellt, während die Mitglieder in zunehmendem Maße sozialistischen Anschauungen zuneigen. Der nationalsozialistische Einfluß ist relativ gering geblieben.«[289]

Die Behauptung einer nationalsozialistischen Infiltrierung des GDA ist in der wissenschaftlichen Nachkriegsliteratur unkritisch übernommen worden. Nach Hans-Gerd Schumann war der GDA 1933 »weitgehend von NS-Angehörigen durchsetzt«[290], wobei er sich auf Peter Gays Dissertation über Eduard Bernstein bezieht, der allerdings nur »viele Nationalsozialisten« im GDA »organisiert« sah und keine Quelle dafür anzugeben wusste, beziehungsweise der bei Gay angegebene und oben schon zitierte Küstermeier sagt wortwörtlich das Gegenteil.[291] Im Fortgang der Diskussion hat Volker Kratzenberg, nachdem Richard Hamilton schon auf die spätere Fehlinterpretation der Einschätzung Küstermeiers hingewiesen hatte[292], eine Untersuchung des Sachstandes »auf breiter Basis« gefordert.[293] Dieses Anliegen wird aber nicht sonderlich dadurch gefördert, dass er die vage Behauptung Gunther Mais verbreitet, das recht heterogene Potenzial nationaler Arbeitnehmer in der NSBO sei möglicherweise durch »die in DHV und GdA geschulten Angestellten« stabilisiert worden.[294] Angesichts dessen ist es nämlich unbefriedigend, wenn in einer neueren, für einen breiten Leserkreis gedachten Gesamtdarstellung festgestellt wird, dass der GDA »mittlerweile jedoch wie der DHV von Nationalsozialisten unterwandert« gewesen

---

288 *Speier*, Die Angestellten vor dem Nationalsozialismus, S. 119 (Zitat) und vgl. S. 185, Anm. 27. Bei seiner Befragung durch Michael Prinz bekräftigte Hans Speier die Angabe aus seinem Buch. Er sei »selbst schockiert« gewesen, »als man mir im GdA sagte, daß ein Drittel der Funktionäre Nazis seien. Das beruhigte mich damals, so wurde mir die Umfrage. Immerhin, man kann natürlich auch sagen: nur ein Drittel«. *Michael Prinz*, Angestellte und Nationalsozialismus. Ein Gespräch mit Hans Speier, in: GG 15, 1989, S. 552–562, hier: S. 560.
289 *Rudolf Küstermeier*, Die Mittelschichten und ihr politischer Weg, Potsdam 1933, S. 45. Küstermeiers Arbeit erschien als Heft 4 der »Sozialistischen Aktion«, einer Schriftenreihe der Neuen Blätter für den Sozialismus. Vgl. *Heinrich August Winkler*, Der Schein der Normalität. Arbeiter und Arbeiterbewegung in der Weimarer Republik 1924 bis 1930, 2., vollst. durchges. u. korr. Aufl., Berlin/Bonn 1988, S. 658ff. Zum »Roten Stoßtrupp« im Jahre 1933 vgl. *Winkler*, Der Weg in die Katastrophe, S. 912, und *Schneider*, Unterm Hakenkreuz, S. 837f.
290 *Schumann*, Nationalsozialismus und Gewerkschaftsbewegung, S. 57. Vgl. auch *Kocka*, Angestellte zwischen Faschismus und Demokratie, S. 317.
291 *Peter Gay*, Das Dilemma des demokratischen Sozialismus. Eduard Bernsteins Auseinandersetzung mit Marx, Nürnberg 1954, S. 264.
292 Vgl. *Hamilton*, Who Voted for Hitler?, S. 15, ohne allerdings die Behauptung Küstermeyers zu teilen. Kritisch zu Küstermeier auch *Priamus*, Angestellte und Demokratie, S. 154, Anm. 212.
293 *Kratzenberg*, Arbeiter auf dem Weg zu Hitler?, S. 262. Dabei weist er zu Recht (S. 328, Anm. 56) auf Priamus hin, der Kratzenberg zufolge »beklagt, daß die Thesen zum Eindringen des Nationalsozialismus in den GDA ›[…] weder aufgrund breitgefächerter zeitgenössischer Aussagen noch gar quantitativ‹ belegt und präzisiert werden können.« Zitat im Zitat: *Priamus*, Angestellte und Demokratie, S. 205. Trotz dieser Skrupel hat Priamus an mehreren Stellen dieser schwach fundierten These Vorschub geleistet.
294 *Mai*, Die nationalsozialistische Betriebszellen-Organisation, S. 605, angeführt bei *Kratzenberg*, Arbeiter auf dem Weg zu Hitler?, S. 263.

sei.²⁹⁵ Diese Behauptungen haben darüber hinaus in die umfangreiche Diskussion zur Soziologie der Wählerschaft der NSDAP hineingespielt, sobald nach Belegen für eine diesbezüglich unter- oder überdurchschnittliche Affinität der Angestellten gesucht wurde.²⁹⁶ Eingedenk der »sozialen Spannweite der Angestelltenkategorie« und »drei nahezu gleichgroße[r] Angestelltengewerkschaften mit unterschiedlicher politischer Ausrichtung« konnte in dieser Frage erst die historische Wahlforschung mit ihrem empirisch-quantitativen Instrumentarium einige Grundtatsachen feststellen. So hat Jürgen Falter für die Märzwahl 1933, bezogen auf alle wahlberechtigten Angestellten, einen Anteil NSDAP wählender Angestellter von durchschnittlich 35% errechnet, wobei die Spanne zwischen katholischen und nichtkatholischen Angestellten mit 39 beziehungsweise 31% relativ weit auseinanderklafft.²⁹⁷ Wie sich diese Anteile aus den zu knapp zwei Dritteln unorganisierten und aus den zu einem guten Drittel in drei unterschiedlichen Gewerkschaftsrichtungen organisierten Angestellten zusammensetzen²⁹⁸, ist eine offene Frage. Da im Folgenden eine Affinität an der Mitgliedschaft gemessen werden soll, die im Allgemeinen ein höheres persönliches Engagement voraussetzt, muss die adäquate Vergleichsgröße aus dem Anteil der Angestellten an den NSDAP-Mitgliedern ermittelt werden. Zahlreiche Untersuchungen haben ergeben, dass die sogenannte Neue Mittelschicht, das heißt der Angestellten und Beamten, innerhalb der NSDAP im Vergleich zu ihrem Bevölkerungsanteil über 18 Jahren in nahezu allen Untersuchungsperioden überrepräsentiert war und ihr Anteil in der sogenannten Machtergreifungsphase noch anstieg²⁹⁹, wobei die überdurchschnittlich große Bereitschaft der Angestellten, sich politischen Parteien anzuschließen, nur einen Erklärungsfaktor darstellen kann. Empirisch festgestellt, war in der sogenannten Machtergreifungspha-

---

295 *Ruck*, Gewerkschaften – Staat – Unternehmer, S. 121.
296 Vgl. etwa die Diskussionen bei *Kocka*, Angestellte zwischen Faschismus und Demokratie, S. 316ff.; *Priamus*, Angestellte und Demokratie, S. 197ff.; *Kocka*, Die Angestellten in der deutschen Geschichte, S. 156–168; *Richard Hamilton*, Die soziale Basis des Nationalsozialismus. Eine kritische Betrachtung, in: *Jürgen Kocka* (Hrsg.), Angestellte im europäischen Vergleich. Die Herausbildung angestellter Mittelschichten seit dem späten 19. Jahrhundert, Göttingen 1981, S. 354–375, insb. S. 365–369; *Hamilton*, Who Voted for Hitler?, S. 55–60; *Prinz*, Vom neuen Mittelstand zum Volksgenossen, S. 77–85, sowie *ders.*, »Ein Bilderbuchverhalten an Mäßigung«? – Kritische Fragen zu den Angestellten in Weimar, in: Tel Aviver Jahrbuch für deutsche Geschichte 17, 1988, S. 83–106, insb. S. 93–106; *Friedrich Lenger*, Mittelstand und Nationalsozialismus? Zur politischen Orientierung von Handwerkern und Angestellten in der Endphase der Weimarer Republik, in: AfS 29, 1989, S. 173–198, insb. 184–198.
297 *Jürgen W. Falter*, Hitlers Wähler, München 1991, insb. S. 230–242 (Zitate: S. 240). Dort auch weitere Literaturangaben.
298 Nach Hans Speier waren »in den drei großen Gewerkschaftsrichtungen« noch Ende 1931 »etwa 37% der Angestellten« organisiert. *Speier*, Die Angestellten vor dem Nationalsozialismus, S. 146. Childers geht für 1933 von rund einem Drittel aus. Vgl. *Thomas Childers*, National Socialism and the New Middle Class, in: *Reinhard Mann* (Hrsg.), Die Nationalsozialisten. Analysen faschistischer Bewegung, Stuttgart 1980, S. 19–33, hier: S. 20.
299 Den Zeitraum von 1925–32 betrachtet und anhand einer sehr großen Stichprobe (N = 39.812) errechnet, stammten 21% der Neumitglieder aus der Neuen Mittelschicht bei einem Zensusanteil (1925) von 11%. Vgl. *William Brustein/Jürgen W. Falter*, The Sociology of Nazism. An Interest-Based Account, in: Rationality and Society 6, 1994, S. 369–399, hier: S. 383f.; vgl. auch *dies.*, Who Joined the Nazi Party. Assessing Theories of the Social Origins of Nazism, in: Zeitgeschichte 22, 1995, S. 83–108, hier: S. 92. Peter Manstein hat die bis Ende der 1980er-Jahre erschienenen empirischen Untersuchungen, darunter die von James Paul Madden und Michael Kater, zur schichtmäßigen Zusammensetzung der NSDAP von 1919 bis 1932 gesichtet. *Peter Manstein*, Die Mitglieder und Wähler der NSDAP 1919–1933. Untersuchungen zu ihrer schichtmäßigen Zusammensetzung, 3., erg. Aufl., Frankfurt am Main/Bern etc. 1990, S. 102–142, speziell zu den Angestellten S. 126f., 132f. und 138f.

se seit Februar 1933 der Anteil unterer und mittlerer Angestellter an den NSDAP-Neumitgliedern von zuvor 13,6 auf 14,9% angestiegen, der Anteil der Angehörigen des unteren und mittleren öffentlichen Dienstes von 5,3 auf 13,2%. Die leitenden Privatangestellten verdoppelten ihren Anteil von 0,5 auf 1%, die leitenden Beamten verdreifachten ihn von 0,4 auf 1,2%.[300] In dieses Bild passt der jüngst genauer erforschte hohe Anteil von Angestellten unter den hohen DAF-Funktionären.[301] Mit diesen Ergebnissen wären die oben genannten Behauptungen über den hohen Anteil von NSDAP-Angehörigen unter den GDA-Mitgliedern ohne Umschweife tendenziell nur kompatibel, wenn denn die GDA-Mitglieder den durchschnittlichen Angestellten repräsentieren würden.

Der Überprüfung der Durchdringungstiefe mit NSDAP-Mitgliedern auf der Verbandsvertikalen sind quellenbedingt sehr enge Grenzen gezogen. Deshalb galt unser Hauptaugenmerk dem im April 1933 amtierenden Personal der Leitungsgremien, Vorstand und Aufsichtsrat auf Reichsebene sowie den führenden Personen in den Gauen des GDA. Eine auf den Kreis der Gauleitungen erweiterte Analyse ist schon deshalb angezeigt, weil der Aufsichtsrat nicht zuletzt als Kontrollorgan der Gaue verstanden wurde, für dessen Besetzung die GDA-Satzung einen regionalen Schlüssel unter besonderer Berücksichtigung Berlins vorsah. Entgegen der Sollbestimmung der Satzung war gut die Hälfte der von den Gauen zu stellenden Aufsichtsratsmitglieder Gauvorsteher, eine Vertretung durch die hauptamtlichen Gaugeschäftsführer, bei denen die eigentliche Gauführung lag[302], verbot die Satzung jedoch ausdrücklich.[303] Beide Personengruppen konnten für 1933 aus GDA-Publikationen vollständig erfasst werden.[304] In Bezug auf die Überläufer zur NSDAP

---

300 Zahlen nach *Jürgen W. Falter*, Die »Märzgefallenen« von 1933. Neue Forschungsergebnisse zum sozialen Wandel innerhalb der NSDAP-Mitgliedschaft während der Machtergreifungsphase, in: ders., Zur Soziographie des Nationalsozialismus. Studien zu den Wählern und Mitgliedern der NSDAP, Köln 2013, S. 280–302, hier: S. 301 (Tabelle 4). Hierbei handelt es sich um einen überarbeiteten gleichnamigen Aufsatz, in: GG 24, 1998, S. 595–616. Unterschieden nach Männern und Frauen, aber Angestellte und Beamte zusammengenommen, ergibt sich bei den Männern ein Zuwachs von 21% in der Vorphase auf 29% bei einem Anteil nach der Berufs- und Volkszählung 1933 von nur 16%. Der Frauenanteil unter den Angestellten und Beamten steigt von 24 auf 50% bei einem Anteil nach der Berufs- und Volkszählung von nur 6% und drückt den Anteil der Berufslosen (zumeist Hausfrauen) von 49 auf 31%. Zahlen nach ebd., S. 297 (Tabelle 3).
301 *Rüdiger Hachtmann*, Kleinbürgerlicher Schmerbauch und breite bürgerliche Brust. Zur sozialen Zusammensetzung der Führungselite der Deutschen Arbeitsfront, in: *Ursula Bitzegeio/Anja Kruke/Meik Woyke* (Hrsg.), Solidargemeinschaft und Erinnerungskultur im 20. Jahrhundert. Beiträge zu Gewerkschaft, Nationalsozialismus und Geschichtspolitik, Bonn 2009, S. 233–257.
302 Ihre Bedeutung wird zum Beispiel dadurch unterstrichen, dass sie zur 14. Reichsausschusstagung des Gewerkschaftsrings am 10. Februar 1933 in Berlin hinzugezogen wurden. Der Quelle ist wörtlich zu entnehmen, dass »auch sämtliche Gauleiter des Gewerkschaftsbundes der Angestellten teilnahmen«. Gewerkschaftlicher Presse-Dienst, B 11/33, 14.2.1933. Vgl. zur Tagung Materialblätter für Wirtschafts- und Sozialpolitik, Februar 1933, Nr. 2, S. 54. Diese Tagung ist nicht zu verwechseln mit der nicht institutionalisierten Reichskonferenz des GDA, an der die »leitenden Körperschaften«, das heißt Vorstand und Aufsichtsrat, teilnahmen. Materialblätter für Wirtschafts- und Sozialpolitik, März 1933, Nr. 3, S. 73.
303 Nach § 20 Abs. 1 und 2 der Satzung waren 6 Mitglieder zu wählen, die in Berlin oder Umgebung ihren Wohnsitz haben mussten und den geschäftsführenden Ausschuss bildeten. Vgl. außerdem Satzung des Gewerkschaftsbundes der Angestellten, § 20 Abs. 4 und Abs. 1 der Satzung vom 22. Januar 1933; vgl. *Priamus*, Angestellte und Demokratie, S. 227.
304 Die Angaben wurden zumeist den Ankündigungen der Gautage in den letzten Jahrgängen der GDA-Zeitschrift entnommen. Die vom Verfasser erstellte Personendatenbank enthält außerdem zwei stellv. Gauvorsteher, einen Gauschriftführer und eine Gaukassiererin sowie Geschäftsführer und Vorsteher des Saarbezirks, das Teil des Gaues Württemberg und Hohenzollern war.

kommt der Gauebene auch deshalb eine besondere Bedeutung zu, weil – wie oben gezeigt – Mitte April 1933 mit Hinweis auf veränderte politische Affiliationen in der Mitgliedschaft eine Umbildung des Aufsichtsrats durch NSDAP-Mitglieder aus den GDA-Gauen vorgenommen wurde. Obwohl die neu eingewechselten Gauvertreter aus dem Personenkreis unterhalb der Gauvorstände stammen konnten und nach der Satzung ja auch sollten, bilden der Anteil von NSDAP-Mitgliedern in den Gauspitzen und deren Eintrittsdatum – auch im Vergleich mit den entsprechenden Daten aller bekannten, bis Mitte April 1933 amtierenden alten Aufsichtsräte – ein ganz zentrales Indiz für die Reichweite einer Unterwanderung des GDA durch die NSDAP bis hin zu den Führungsebenen.

Tabelle 3: Die GDA-Ämter des erfassten Führungspersonals bis 1933

	250 GDA-Ämter, verteilt auf 211 Haupt- und Ehrenamtliche										
	Vorstand	Aufsichtsrat	Gauspitzen	Reichsfachgruppenleitung	Bezirksspitze	Ortsvorstände	Ortsbezirksvorstände	Redakteure	GDA-Unternehmen	DAK-Vorstand	Gesamt
Ämterzahl	12	37	40	29	2	75	33	5	14	3	211
in %	6	18	19	14	1	36	16	2	7	1	100
Quelle: Am vollständigsten ist die personelle Zusammensetzung der leitenden Körperschaften für Anfang 1931 wiedergegeben in den Berichten des Gewerkschaftsbundes der Angestellten über das Arbeitsjahr 1930 beziehungsweise 1931, erstattet vom Bundesvorstand, Berlin-Zehlendorf 1931 und 1932, S. 57f. und 52ff. Hierauf bezieht sich auszugsweise *Priamus*, Angestellte und Demokratie, S. 112f. Von den bis April 1933 Ausgeschiedenen war das Vorstandsmitglied Josef Reif wohl am bekanntesten.											

Erfasst wurden insgesamt 232 Amtsträger, Angestellte und Mitglieder des GDA, unter ihnen 21 Personen, die erst mit der nationalsozialistischen ›Gleichschaltung‹ Karriere machten und Vorstands- und Aufsichtsratsposten erhielten. Viele führende Funktionäre hatten mehrere Ämter inne, waren zum großen Teil erst aufgrund dieser Ämter in die Führungsgremien gelangt. Von den 211 Personen der vorstehenden Tabelle 3 bekleideten 78, das heißt 37%, die 89 (= 43%) ermittelten Positionen an der Spitze des Verbands in Vorstand und Aufsichtsrat sowie in den Gauen. Diese Zahl der Mitglieder des weiteren Führungskreises des GDA reduziert sich noch geringfügig durch die Identifikation derjenigen, die noch zum Zeitpunkt der ›Gleichschaltung‹ diese Leitungsposten innehatten. Hierdurch werden die letzten Stellenumbesetzungen berücksichtigt, insbesondere die personellen Wechsel, welche seit der letzten Wahl von Vorstand und Aufsichtsrat durch den GDA-Bundestag im September 1930 – wenn auch in geringer Zahl – stattgefunden hatten.

Weil die Geburtsdaten als bestes Identifikationsmerkmal nur im Ausnahmefall bekannt waren, war die Überprüfung auf Mitgliedschaft in der NSDAP anhand der überlieferten Mitgliederkarteien des ehemaligen Berlin Document Center (BDC) im heutigen Bundesarchiv Berlin-Lichterfelde mühsam und zeitaufwendig. Ersatzweise waren in vielen Fällen die Wohnanschriften und nicht selten auch die Berufe aus Schriften und Dokumenten des GDA zu ermitteln[305], die mit den Angaben der örtlichen Adressbücher abgeglichen wurden. Mit diesen Hilfsmitteln konnten aus dem Kreis der zuletzt amtierenden Vorstände, Aufsichtsräte und Gauspitzen alle bis auf einen Gauvorsteher mit sehr hoher Wahrscheinlichkeit beziehungsweise sogar Gewissheit als Parteimitglieder identifiziert oder ihr Übertritt zur NSDAP mit – wegen der Karteilücken – fast gleichhoher Wahrscheinlichkeit

---

305 Wegen fehlender Geburtsdaten wurde auf Altersvergleiche verzichtet. Die Namen und Adressen der 1930 gewählten Aufsichtsratsmitglieder wurden veröffentlicht in: GDA 11, 1930, Nr. 20 (16. Oktober), S. 248.

ausgeschlossen werden (vgl. Tabelle 4).[306] Die Ausnahme bildete der erwähnte Gauvorsteher, der aufgrund der Daten nur möglicherweise – die unterste Stufe positiver Identifikation mit relativ schwachen Belegen für eine Mitgliedschaft – in der NSDAP-Kartei identifiziert werden konnte.[307] Ein wenig schlechter ist das Ermittlungsergebnis für die weiteren Funktionsträger in den Leitungsgremien der Fachgruppen, der GDA-Unternehmen sowie der Redakteure, deren Namen sich bei der Recherche fanden und selbstverständlich weder vollständig noch repräsentativ für die jeweilige Gruppe sind. Ausnahmen bilden die Reichsleitungen der Behörden- sowie der Rechtsanwaltsangestellten, zwei GDA-Fachgruppen, die noch am ehesten vollständig erfasst wurden. Unsichere, unklare Daten beeinträchtigen ebenfalls die Ermittlungsquote bei den Vorstehern der Ortsbezirksvorstände der Ortsgruppe Berlin, was bei der Präsentation der Ergebnisse berücksichtigt wird.

Wie verteilen sich die Überläufer zur NSDAP auf die bis Mitte April 1933 amtierenden Mitglieder von Vorstand und Aufsichtsrat sowie auf die Führungsgruppen in den Gauen? Die Unterschiede im Beitrittsverhalten der Mitglieder der Leitungsgremien und der Gauspitzen treten deutlich hervor, wenn man die Vertreter der Gaue im Aufsichtsrat gesondert betrachtet sowie nach ihrem Gauamt unterscheidet und mit den übrigen Gauvorstehern und den Gaugeschäftsführern vergleicht. Von den Gauvorstehern im Aufsichtsrat hatten vier und von den Gauvorstehern ohne Sitz im Aufsichtsrat fünf zum 1. Mai 1933 NSDAP-

---

306 Nur andeutungsweise kann hier die lückenhafte Überlieferung der NSDAP-Zentralkartei angesprochen werden. Von den frühen BDC-Angaben über George C. Browder, James Paul Madden und Michael Kater bis Jürgen Falter schwankt die »Fehlquote« aufgrund einer systematischen Beschädigung 1945 (und in geringerem Umfang danach) faktisch zwischen 5 und 20%, wobei Madden einen Eindruck davon vermittelt, wie unterschiedlich sich dies auf die Personenrecherche in den seitdem nach Namen sortierten Karteien auswirken kann. Zum Beispiel wurden Anfang der 1970er-Jahre auf eine Suchanfrage Browders hin nur 2 von 90 als Parteimitglieder und SS-Offiziere bekannte Personen nicht im Gesamtbestand der Zentralkartei gefunden. Hingegen konnte der Verfasser von 34 aus den Akten des früheren Gau-Archivs der NSDAP bekannten Politischen Leitern, die 1933 und unmittelbar davor auf Ortsgruppenebene in Ostpreußen aktiv waren, 7 weder in der Orts- noch in der Zentralkartei ermitteln. Diese beachtliche »Fehlquote« von 20%, die aber auch in mangelhaften Basisdaten begründet ist, konnte allerdings durch weitere personenbezogene Bestände des Bundesarchivs auf 4 Personen = 12% reduziert werden. Zuletzt ausführlich zur Geschichte des Bestandes, dessen Verlust auf 20% geschätzt wird, *Heinz Fehlauer*, NS-Unterlagen aus dem Berlin Document Center und die Debatte um ehemalige NSDAP-Mitgliedschaften, in: Historical Social Research 35, 2010, H. 3, S. 22–35. Vgl. *James Paul Madden*, The Social Composition of the Nazi Party, 1919–1930, Diss., Oklahoma 1976, S. 310f.; *George C. Browder*, Problems and Potentials of the Berlin Document Center, in: CEH 5, 1972, S. 362–380, hier: S. 366, Anm. 6 und S. 368, Anm. 8.
307 Der Entscheidungsspielraum für die Einstufung in die Kategorien kann hier nur beispielhaft abgesteckt werden. Zur Abstufung der Kategorien einer sicheren, einer sehr wahrscheinlichen beziehungsweise einer möglichen Identifizierung einerseits und einer dreistufigen Inkompatibilität der Personendaten andererseits auf Basis der NSDAP-Mitgliederkarteien wurde nach folgender Grundregel mit großer Sorgfalt verfahren: Dem Geburtsdatum gleichwertig für eine eindeutige, sichere Identifikation war in der Mitgliederkartei regelmäßig eine bekannte zeitgleiche Anschrift in Kombination mit dem Alter und der Berufsangabe. Unter bestimmten Bedingungen konnte auch eine andere einzige, aber eindeutige Angabe wie die des Berufs »Gauleiter« ausreichen, während eine »sehr wahrscheinliche« Identifikation diese Eindeutigkeit nicht besitzt. »Kaufmann« reichte dagegen nicht, sodass zum Beispiel ein einzelner Gauvorsteher mit nicht aufzuklärender Anschrift nur »möglicherweise« unter drei namensgleichen ortsansässigen Personen vermutet wird. Denn weder sind die Daten in diesem Fall inkompatibel noch sind sie so unklar, dass sie nicht sozusagen »gegen den Gauvorsteher verwandt« werden sollten.

Tabelle 4: NSDAP-Überläufer aus dem engeren GDA-Führungskreis

	Nichteintritte und »Märzgefallene«: Vorstand, Aufsichtsrat, Gauspitzen						
		Aufsichtsratsmitglieder					
		ohne Gau-vertretung	mit Gauvertretung		Gauvorste-her ohne AR-Amt	Gau-geschäfts-führer	Gau-spitzen[2]
Beitritt zur NSDAP	Vorstand[1]		ohne ...	mit Gau-vorsitz			
vor dem 1.5.1933	–	–	–	–	–	–	1
1.5.1933	1	–	1	4	5	8	18
nach dem 1.5.1933	–	2	1	–	–	1	1
Nichteintritte	**10**	**7**	**10**	**6***	**4**	**9**	**20**
Summe	11	9	12	10	9	18	40

1 seit Ende 1932 ohne Josef Reif, der am 6.5.1933 verstarb, das heißt 11 statt 12
2 soweit bekannt, das heißt Gauvorsteher und Gau-GFs plus 2 stellv. Gauvorsteher, 1 Gaukassierer und 1 Gauschriftführerin
* darunter ein stellvertretender Gauvorsteher

Aufnahmeanträge gestellt[308], ebenso acht von den 18 hauptamtlichen Gaugeschäftsführern; ein weiterer tat diesen Schritt am 28. März 1936.[309] Was diese Ehren- und Hauptamtlichen zum Beitritt bewog oder nicht, lässt sich leider für die meisten nicht aus ihren uns bekannten Lebensverläufen zweifelsfrei erschließen. Es gibt nur bruchstückhafte biografische Angaben, die großenteils aus NS-Personalunterlagen stammen.[310] Doch es handelt sich hier nicht um einfache beitrittswillige GDA-Mitglieder, nicht um unbeschriebene Blätter, sondern um gestandene Verbandsfunktionäre, die schon länger im Amt waren und deren Arbeit und Leben ganz andere Anhaltspunkte zur Erklärung bietet. Hier zeigt sich zunächst einmal, dass von den bekannten 14 Parlamentskandidaten (aus Tabelle 1) nur drei (Bierwirth, Kunert (AR), Streubel) mit ihrem Schritt den bisherigen parteipolitischen Grundkonsens aufkündigten, der die NSDAP bis dato negativ ausgegrenzt hatte. Was die These einer Unterwanderung beziehungsweise Infiltrierung des GDA betrifft, welche im Mai 1933 schließlich die Führungsebene der Gaue erreicht und zu einer sogenannten Gleichschaltung ›von unten‹ geführt habe, so kommt der 1. Mai 1933 als Stichtag für eine Bestätigung dieser These viel zu spät. Denn weder aus Vorstand und Aufsichtsrat noch von den Gauleitern und Gauvorstehern ist jemand zum 1. April, als der Kursschwenk der

---

308 Johann Axer, Vorsteher des Gaues Rheinland-Westfalen, wird fälschlicherweise im Mai 1933 in der Lokalpresse als Pg. bezeichnet. Dies ist ausgeschlossen, nicht nur weil er nicht in der NSDAP-Mitgliederkartei ermittelt werden konnte, sondern auch weil er seinen Sitz im Verwaltungsrat der RfA verlor, den er durch Angabe einer NSDAP-Mitgliedschaft in seinem Fragebogen möglicherweise hätte retten können. Stattdessen gab er dort am 6. Juni 1933 seine frühere Mitgliedschaft in der DDP, von der er 1931 zur DVP bis zu ihrer Auflösung wechselte. Fragebogen zur Durchführung des Gesetzes zur Wiederherstellung des Berufsbeamtentums vom 7. April 1933, BArch Berlin, R 112, Nr. 163, Bd. 2, Bl. 74.
309 Ernst Kuhn, der Geschäftsführer des Gaues »Freie Stadt Danzig«, der am 1. Juni 1933 zwar DAF-Mitglied wurde, aber als Hausverwalter arbeitete, sollte zum 1. Mai 1936 in die NSDAP aufgenommen werden. Das zuständige Kreisgericht lehnte die Aufnahme mit Beschluss v. 30.7.37 nach § 3 Abs. 2 der Parteisatzung ab. BArch (ehem. BDC), NSDAP-Mitgliederkartei 3200, sowie PK, Kuhn, Ernst, 11.1.1880.
310 Ein methodisch ausgefeilter biografischer Ansatz, vergleichbar mit den Pionierarbeiten von Theodore Abel und Peter H. Merkl, greift hier nicht. Zu den vielfältigen individuellen Beitrittsmotiven vgl. die Diskussion anhand der Northeim-Studie von William Sheridan Allen bei: *Falter*, Die »Märzgefallenen« von 1933, S. 281.

GDA-Führung nach den Märzwahlen erste Wirkung hätte zeigen können, oder früher in die NSDAP eingetreten. Dieser Kursschwenk war auch nicht Folge eines tief greifenden innerverbandlichen Gesinnungswandels und politischen Anpassungsdrucks aus den Untergliederungen, was weiter unten noch an zwei Gruppen von Ortsvorstehern gezeigt werden wird, sondern dem Gleichschaltungsdruck von außen und der staatlich-polizeilichen Einschränkung der politischen Bewegungsfreiheit gab man nach.

Da niemand zum Beitritt gezwungen wurde, bleibt trotzdem die Frage, was die relativ große Zahl von Führungspersonen in den Gauen veranlasste, zum 1. Mai ihre Aufnahme in die NSDAP zu beantragen. War dafür die nationalsozialistische Übernahmestrategie mitverantwortlich, die offensichtlich auch regional ansetzte, indem die Gauführungen intensiv umworben und zum Eintritt gedrängt wurden, worauf der GDA Mitte April mit der Ergänzung des Aufsichtsrats durch NS-Vertreter aus den Gauen zu reagieren versuchte? Eine neu gewonnene Überzeugung, zu der sich der stellvertretende Vorsteher des Gaues Ostmark, Paul Funk, schon seit dem 1. November 1932 bekannte, war es offenbar nur bei wenigen: neben dem schon erwähnten Brandenburgischen Gauvorsteher Bieger, der sich zunächst in den Gaubeirat zurückziehen musste, der Geschäftsführer des Gaues Rheinland-Westfalen, die beide im Laufe der späteren 1930er-Jahre Parteiangestellte wurden. Bei Max Rössiger schließlich, dem zweiten Bundesvorsteher, der bis 1936 die Abwicklung des GDA leitete, kommt zusätzlich das opportunistische Motiv dieser Gruppe zum Vorschein, ihre berufliche Position in den neuen Staat hineinzuretten.[311] Dies war naheliegenderweise eng mit der Hoffnung auf Bewahrung der Organisation, wenn auch in veränderter Gestalt, verbunden, was eine Sogkraft entfalten konnte, sodass es einen Teil der in den Gauen Verantwortlichen »in die Arme« der neuen Machthaber »gezogen« haben mag, wobei man sich nicht voll darüber bewusst war, worauf man sich einließ. Dass hier neben Illusionen über die noch verbliebenen Möglichkeiten früherer demokratisch-republikanischer GDA-Beamter auch politischer Opportunismus im Spiel war[312], dafür liefert die Reaktion der nationalsozialistischen Gegenseite auf mehrere Aufnahmeanträge entscheidende Hinweise.

Gleich drei Gaugeschäftsführern wurde die 1933 beziehungsweise 1936 (hier Danzig) beantragte Aufnahme in die NSDAP (lt. Karteikarteneintrag) verweigert.[313] Bei einem die-

---

311 Franz Mittel durchlief alsbald Schulungen der DAF im NS-Gau Pommern, avancierte 1937 in Stettin zum Gaustellenleiter der Auslands-Organisation der NSDAP und wurde SA-Mann. Rössiger bezeichnete sich als »Vorsteher des gleichgeschalteten« GDA und »Leiter der Abwicklung«; seit Oktober 1936 selbstständiger Werbeberater. BArch (ehem. BDC), PK, Mittel, Franz, 4.8.1900 beziehungsweise RKK, Rössiger, Max, 9.6.1888. Diese Einzelfälle einer NS-Beschäftigung werden durch Angaben in der Berliner Parteistatistischen Erhebung insofern bestätigt, als in 1939 nur ein früheres GDA-Reichsausschussmitglied als Parteiangestellter und von den früheren Ortsbezirksvorstehern einer führend in der DAF tätig waren.

312 Mit einigen Beispielen zu den Spielarten des Opportunismus: *Björn Weigel*, »Märzgefallene« und Aufnahmestopp im Frühjahr 1933. Eine Studie über den Opportunismus, in: *Wolfgang Benz* (Hrsg.), Wie wurde man Parteigenosse? Die NSDAP und ihre Mitglieder, Frankfurt am Main 2009, S. 91–109.

313 »Eine Ablehnung von Neuangemeldeten erfolgt ohne Angabe von Gründen durch den jeweiligen 1. Vorsitzenden der betreffenden Ortsgruppe in Übereinstimmung mit dem zuständigen Orts- bzw. Kreisgericht.« So § 3 Abs. 2 der Satzung. In den Erläuterungen dazu heißt es im Anschluss in einer Fußnote: »Die Mitteilung der Ablehnungsgründe an den Abgelehnten ist untersagt.« Zit. nach: Auszug aus der Satzung der N.S.D.A.P. für den Handgebrauch der Parteigerichte in der Fassung vom 1. Januar 1934, in: Richtlinien. Auszug aus der Satzung und Geschäftsordnung für die Parteigerichte der Nationalsozialistischen Deutschen Arbeiterpartei in der Fassung vom 17. Februar 1934, hrsg. v. d. Reichsleitung der NSDAP, München o.J., S. 29–32, hier: S. 29 und 33. Die Satzung vom 22. Mai 1926, die Albrecht Tyrell zugrunde legt, wurde nur sprachlich an die neuen Regelungen der Parteigerichtsbarkeit angepasst. Vgl.

Die nationalsozialistische ›Gleichschaltung‹ des GDA im Jahr 1933 435

ser Fälle sind die konkreten Gründe aus der Parteikorrespondenz überliefert. Laut Beschluss des Ehrengerichts einer Leipziger Ortsgruppe hatte der Gaugeschäftsführer »Bierwirth einer Organisation des schwarz-roten Systems angehört. Dies allein genügt, um den Ausschluß aus der NSDAP. zu verfügen.« Hierzu kam es durch eine Anzeige vom 29. April 1933 gegen Bierwirths Aufnahmegesuch, wonach er am 5. Dezember 1930 in einer GDA-Versammlung in Plauen dem Anzeige erstattenden Versammlungsteilnehmer entgegnet haben soll: »Das merken Sie sich, solange ich Gaugeschäftsführer bin, werde ich dafür sorgen, daß der G.D.A. nicht zum Tummelplatz des Nationalsozialismus wird. Ich will Euch eueren Windjackengeist schon austreiben.« Das Urteil des Parteigerichts lautete: »Durch dieses Verhalten hat Bierwirth seine Gegnerschaft einwandfrei erwiesen. [...] Das Ehrengericht erachtet es nicht für erforderlich Erhebungen darüber anzustellen, ob Bierwirth Jude ist oder nicht.«[314] Da keine Gründe für die Ablehnungen, welche die Parteigerichtsbarkeit nach dem 1. Mai 1933 voll beschäftigte[315], angegeben zu werden brauchten, sprechen die Vermerke vom März 1934 beziehungsweise Juli 1937 bei den beiden anderen Gaugeschäftsführern für den gleichen Ablehnungsgrund. Die Ausschlüsse eines Gauvorstehers im Februar 1934 und eines weiteren Gaugeschäftsführers im Mai 1936 lassen sich wegen ihrer zeitlichen Nähe und der Art der Karteivermerke ebenfalls so interpretieren, dass sie wegen ihrer GDA-Vergangenheit politisch in Konflikt mit den nationalsozialistischen Machthabern gerieten.[316] Politische Gründe für Ablehnungen und Ausschlüsse lieferten auch andere hochrangige GDA-Mitglieder. Ob zudem Konflikte innerhalb der Angestelltenschaft der DAF mit früheren GDA-Gewerkschaftern zusätzliche Anlässe für Aufnahmeablehnungen oder Ausschlüsse geliefert haben, muss offenbleiben.[317]

Es zeigt sich an diesen Reaktionen, dass hohe GDA-Funktionäre keineswegs ohne Ansehen der Person mit offenen Armen empfangen wurden und ihnen weder ein Gesinnungswandel ohne Weiteres abgenommen wurde noch der GDA als Verband in den Nationalsozialismus hinüberzuretten war, auch nicht in veränderter Form. Dass der größere Teil der

---

Albrecht Tyrell, Führer befiehl ... Selbstzeugnisse aus der »Kampfzeit«. Dokumentation und Analyse, Düsseldorf 1969, S. 136–141.
314 Beschluß des Ehrengerichts der NSDAP-Ortsgruppe [Leipzig-]Norden B. vom 29.9.33. Bierwirth hatte Einspruch gegen seine Aufnahmeablehnung erhoben, woraufhin ihm am 30. Oktober 1934 vom Obersten Parteigericht/I. mitgeteilt wurde, dass gegen »die Ablehnung der Aufnahme nach der Satzung kein Rechtsmittel zulässig [ist]«. Sein erneuter Aufnahmeantrag im November 1939, dem die nun zuständige Ortsgruppe zunächst entsprochen hatte, wurde wegen falscher Angaben und versuchter Täuschung im Juli 1941 endgültig abgelehnt. BArch (ehem. BDC), PK, Bierwirth, Emil, 28.8.1890.
315 Vgl. *Armin Nolzen*, Parteigerichtsbarkeit und Parteiausschlüsse in der NSDAP 1921–1945. Hans Mommsen zum 70. Geburtstag gewidmet, in: ZfG 48, 2000, S. 965–989, hier: S. 975.
316 Ausschlüsse konnten nötig werden, wenn die Ablehnung nicht rechtzeitig und die Aufnahme schon erfolgt war. Bei dem Württembergischen Gaugeschäftsführer Streubel wurde diese Interpretation gestützt durch seine Kandidatur für die Deutsche Staatspartei zum RT 1930. BArch (ehem. BDC), NSDAP-Mitgliederkartei 3200, Streubel, Johannes, 9.1.1888. Selbstverständlich sind nicht alle Vermerke in unserem Sample mit »As!« politisch zu interpretieren, es gab ein Vielzahl von Gründen.
317 Otto Schimpf, Reichsgeschäftsführer und Reichsfachgruppenleiter d. Behördenangestellten im GDA und als früherer NS-Gegner hervorgetreten (vgl. Anm. 142), wurde im Febr. 1934 abgelehnt und erst im Juli 1942 aufgenommen. Johannes Winkler, 2. Vorsitzender d. Reichsfachausschusses d. Behördenangestellten wurde im August 1935 ausgeschlossen. BArch (ehem. BDC), PK, Schimpf, Otto, 12.5.1897 sowie ebd., NSDAP-Mitgliederkartei 3200, Winkler, Johannes, 11.10.1893. Von Konflikten sind nur Spuren geblieben, wenn beispielsweise der frühere Gauvorsteher von Südbayern wohl zum 1. Mai 1933 in die Partei aufgenommen, aber die Aufnahme in die DAF verweigert wurde. Vgl. Kampfbund-Mitgliedskarteikarte, BArch (ehem. BDC), PK, Kunert, Josef, 4.10.1885.

Überläufer diese Hoffnung hegte, was durch die Verschonung von der Besetzungsaktion des 2. Mai genährt wurde, bis sie aufgrund besseren Wissens nur noch ein Verbleiben in Führungsämtern erhofften, ist der Subtext, der sich aus den letzten Verlautbarungen einzelner Gauspitzen herausinterpretieren lässt. Darin erfährt die frühere Politik des GDA seit Ende des Kriegs eine Umdeutung und Neubewertung. So wurden im letzten Geschäftsbericht des Gaues Baden-Pfalz-Saar die Ergebnisse auf den Feldern traditioneller Gewerkschaftspolitik wie Tarifpolitik, Rechtsschutz, Stellenvermittlung, Bildungswesen nicht allein als Tauziehen mit den anderen Akteuren aus der Privatwirtschaft und dem Staat gesehen, sondern zumeist außerdem als »Vorarbeit im Sinne der nationalen Revolution« und in »Verbundenheit aller schaffenden Schichten des Volkes« bewertet. Jede GDA-Berufsgruppe werde sich einordnen »in den Gesamtrahmen des ständischen Aufbaues als ein nützliches aufbauwilliges Glied«. Der GDA habe die »Bahn mit freigemacht […] zum Wiederaufstieg unseres deutschen Volkes« und wünsche sich, »auch in Zukunft im nationalen, deutsch-sozialistischen Sinne weiter arbeiten zu können im Sinne unseres großen Führers. Unsere Arbeit wird dabei wie bisher so auch fernerhin unter dem Leitspruch stehen, daß sie sein soll: ›Dienst am Volk‹!«[318] Programmpunkte des GDA der Weimarer Zeit, aber schon sprachlich abgeschliffen und entkernt, wie etwa, dass »der Mensch im Mittelpunkt« zu stehen habe und »an Stelle des privaten Profitstrebens […] eine vernünftige Wirtschaftsordnung treten« müsse, oder dass »das Recht auf Arbeit und auf Mitbestimmung« als »sittliche Pflichten im Wirtschaftsleben« anzusehen seien, stehen dazu nicht mehr in offenem Kontrast, werden sie doch jetzt dem Willen untergeordnet, einen eigenen »Teil beizutragen zur Überwindung der materiellen und geistigen Not unseres Volkes«, denn dieser Wille »führte uns zusammen«.[319]

Die Anpassungsbereiten hatten den GDA-Plan als Fortsetzung der »von den Vorgängerverbänden unseres GDA schon 1918« geförderten »Einigungsbestrebungen« und des »Ringen[s] um die Einheitsorganisation« der Angestellten und als die sprichwörtliche Brücke, über die der Verband in den neuen Staat hinübergerettet werden könnte, verstanden.

»Die nationale und soziale Erhebung in Deutschland stellte auch unseren Bund vor neue und größere Aufgaben. Wir sahen vor allen Dingen das Hochziel unserer GDA-Bewegung, alle deutschen Angestellten in einer Organisation zusammenzuführen, der Verwirklichung nah. Die Sehnsüchte und Hoffnungen der deutschen Angestelltenschaft und besonders der im GDA organisierten Mitglieder war, eine Einheitsorganisation aller Angestellten herbeizuführen.«

Und Ende Mai 1933 gab der Zweite Bundesführer Max Rössiger auf dem 13. und letzten Gautag des Gaues Brandenburg folgende Erklärung für den GDA-Plan: »Die Bereitschaft des G.D.A., aktiv an diesem Neubau mitzuarbeiten, habe in dem dem Reichskanzler Adolf Hitler unterbreiteten Plan zur Vereinheitlichung der deutschen Gewerkschaftsbewegung seinen Ausdruck gefunden.«[320] Diese Bereitschaft war mit der Hoffnung auf Rettung der Organisation verbunden und bildete wohl den stärksten Beweggrund zum Parteibeitritt.

---

318 »Dienst am Volke« war der Titel eines im Auftrag des GDA von der »Exzentric« hergestellten »Lehr- und Kulturfilms«. Er lief in 10 Kopien in den Filmtheatern und muss als verschollen gelten. Die »Berliner Morgenpost« schrieb am 15. Oktober 1929, dass der Film »ein gutes Bild von der Arbeit und den Leistungen des Gewerkschaftsbundes« gibt. Zit. nach einer Anzeige auf der Rückseite der Nr. 9/10 (Sept./Okt.) von Der Angestellte im Reichs-, Staats- und Gemeindedienst 9, 1929. Er lieferte das Motto für die Gautage 1929.
319 Alle Zitate aus: Geschäftsbericht 1931/32 der Gauleitung zum 11. ordentlichen Gautag am 17. und 18. Juni 1933 in Konstanz. Gewerkschaftsbund der Angestellten (GDA). Gau Baden-Pfalz-Saar o.J., S. 9–12 und 17. Unterzeichnet unter anderem vom übergelaufenen Gaugeschäftsführer Heinrich Kempf mit Datum vom 10. Juni 1933.
320 Ebd., S. 3 und 20. Rössiger-Zitat aus: Brandenburger Anzeiger, 30.5.1933.

Die nationalsozialistische ›Gleichschaltung‹ des GDA im Jahr 1933 437

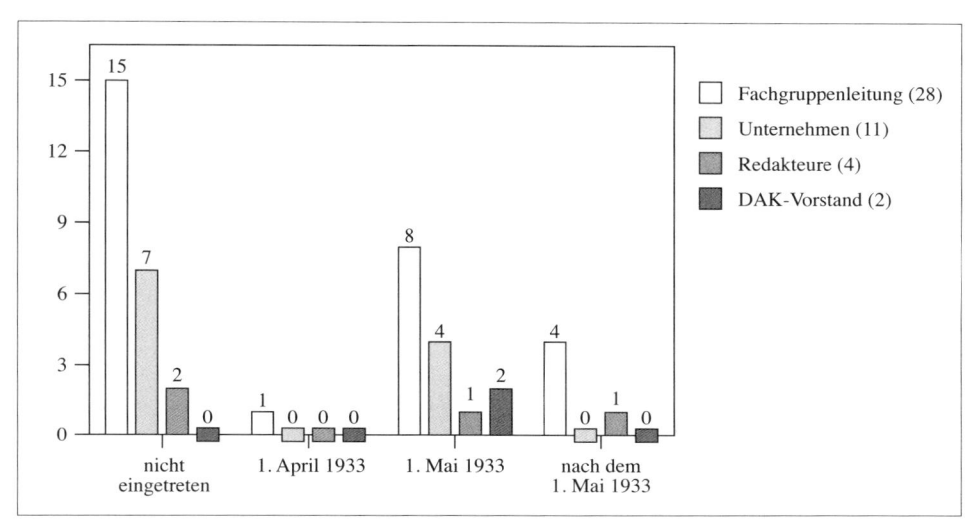

Abbildung 1: Überläufer aus GDA-Führungsgruppen (N = 45)

[Bar chart showing overtakers from GDA leadership groups. Legend: Fachgruppenleitung (28), Unternehmen (11), Redakteure (4), DAK-Vorstand (2). Categories: nicht eingetreten (15, 7, 2, 0); 1. April 1933 (1, 0, 0, 0); 1. Mai 1933 (8, 4, 1, 2); nach dem 1. Mai 1933 (4, 1, 0, 0).]

Zieht man Informationen zu den Überläufern auf anderen GDA-Führungsebenen hinzu, so verstärkt sich der Eindruck, dass die regionale Gauführungsebene einen Sonderfall darstellt, der nicht verallgemeinert werden darf. Auch wenn dieser nicht repräsentative Vergleich wegen der Fallzahlen nur auf die ersten beiden Gruppen bezogen werden kann, die bis zum 1. Mai 1933 erfolgten Übertritte zur NSDAP bleiben weit unter den entsprechenden Vergleichszahlen für die Gauspitzen. Und eigentlich kann nur eine Person aus den Leitungsgremien der Reichsfachgruppen als »Märzgefallene« im eigentlichen Sinne gelten (vgl. Abbildung 1).

Tabelle 5: April/Mai 1933 neu besetzte ns. Leitungsgremien nach Parteieintritten (Jahr/Quartal)

Gremium	1929		1930			Alt-Pg.*	1931			1932				1. Mai 1933	Kein Eintritt	Insgesamt
	I	IV	I	III	IV		I	III	IV	I	II	III	IV			
Vorstand	–	1	–	–	–	1	–	1	1	1	1	1	–	2	–	9
Aufsichtsrat	1	–	1	1	1	–	1	–	4	1	–	–	1	6**	3	20

* »mehrjähriger Mitarbeiter der NSDAP«, GDA 14, 1933, Nr. 5 (5. Mai), S. 69
** inkl. »Pg.« genannte Person

Für die Besetzung im Zuge der »nationalsozialistischen Revolution« frei werdende und neue Posten kamen in erster Linie »alte Kämpfer« infrage. Auch wenn »Märzgefallene« aus dem früheren Funktionärskörper fast automatisch in den Geruch des Opportunismus und der Unzuverlässigkeit gerieten, die neu besetzten und nur kurzzeitig tätigen Führungsgremien Vorstand und Aufsichtsrat kamen nicht ganz ohne sie aus (vgl. Tabelle 5). Abgesehen davon, dass 1933 als das am stärksten besetzte Jahr ins Auge fällt, es sei denn, man zählte den einen »Alt-Pg.« zum Jahr 1931, womit dieses gleichzöge, so ist nur der Vorstand ganz überwiegend mit alten Parteigenossen besetzt, während von den 20 Aufsichtsräten nur 11 als solche angesprochen werden können. Dieser hinreichenden Mehrheit stehen sechs Parteineulinge gegenüber und außerdem drei Nichtmitglieder, die man aber aus den geschilderten Gründen brauchte.

Durch Angaben in zwei Gauzeitschriften bot sich die Möglichkeit, Vorsteher der Ortsgruppen beziehungsweise der Ortsbezirke auf ihre Mitgliedschaft in der NSDAP zu überprüfen. Im ersten Fall handelt es sich um die Vorsteher/Leiter aller Ortsgruppen beziehungsweise Zahlstellen im Gau Ostmark zum Zeitpunkt nach den Märzwahlen 1933.[321] Dieser Gau ist schon wegen des vergleichsweise frühen Eintritts des stellvertretenden Gauvorstehers Paul Funk, der zugleich Vorsteher einer Königsberger Ortsgruppe war, von Interesse. Hat er Gleichgesinnte beziehungsweise Nachahmer unter seinen Amtskollegen gefunden? In sein Vorstandsamt gewählt hat er über persönlichen Rückhalt im Gauverband verfügt, der vielleicht auch politisch umgemünzt werden konnte. War er nur die Spitze eines Eisbergs? Das zweite Beispiel betrifft die Ortsgruppe Berlin, die wegen ihrer Größe in Ortsbezirke unterteilt war, unter deren Vorstehern wohl Paul Axmann, Mitglied des GDA-Aufsichtsrats, der prominenteste war. Hier stammen die letzten erhältlichen Amtsträgerangaben vor der nationalsozialistischen ›Gleichschaltung‹ ebenfalls vom März 1933, aber vor den Märzwahlen (vgl. Abbildung 2).[322]

Abbildung 2: NSDAP-Eintritte und Nichteintritte der Ortsgruppenvorsteher beziehungsweise Zahlstellenleiter im Gau Ostmark (Ostpreußen) und der Vorsteher der Ortsbezirke der Ortsgruppe Berlin

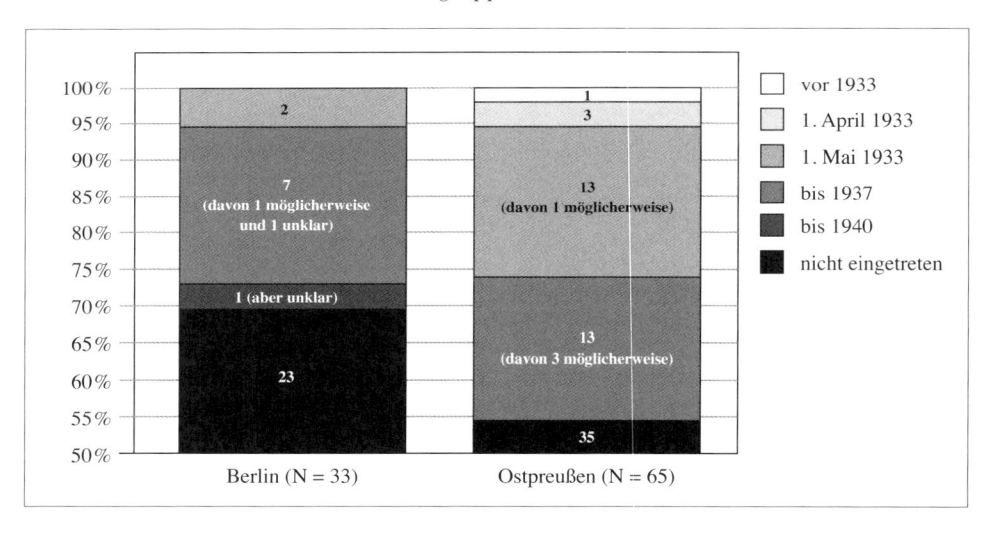

---

321 In der Aprilausgabe 1933, der letzten Nummer der »Ostdeutschen Angestellten-Warte« waren die Ortsgruppenvorsteher sowie die Zahlstellenleiter namentlich und zumeist mit Wohnanschrift aufgeführt. Laut Satzung (§ 9 Abs. 5) wählte die Hauptversammlung alljährlich im Januar einen Vorstand und kleinere Ortsgruppen unter 10 Mitgliedern wurden Zahlstellen genannt (§ 8 Abs. 1). Andererseits gab es hier offensichtlich eine Überschneidung mit der gewerkschaftlichen Unterstützungsfunktion, was in dem Begriff von der Zahlstelle »für Bund und Krankenkasse« zum Ausdruck kam. Außerdem waren in fast allen aufgeführten Orten beide Posten besetzt und wurden nicht selten in Personalunion wahrgenommen. Vgl. den »Gauspiegel« genannten Mitteilungsteil, in: Ostdeutsche Angestellten-Warte 15, 1933, Nr. 4 (April), unpag.; zur Satzung vgl. *Priamus*, Angestellte und Demokratie, S. 221ff.
322 Vgl. die Märzausgabe der Mitteilungen der Ortsgruppe Berlin mit den Wohnanschriften, in: Der Gauspiegel 4, 1933, Nr. 3 (1. März). Vergleiche mit den Angaben von August und Dezember 1932 sowie Januar und Februar 1933 zeigten eine sehr hohe personelle Stabilität.

Die Verschlechterung der Qualität der Daten nach 1933 ist hauptsächlich den dann zwangsläufig fehlenden Verbandsangaben geschuldet, der Basis für den Verfolg von Adressänderungen. Durch einen zeitaufwendigen Abgleich mit Adressbüchern und anderen Quellen konnte trotzdem für die allermeisten Personen mit großer Wahrscheinlichkeit oder sogar sicher ein Beleg in der NSDAP-Mitgliederkartei und weiterer (früherer) BDC-Karteien ermittelt werden beziehungsweise auf dieser Basis eine NSDAP-Mitgliedschaft weitestgehend ausgeschlossen werden.[323] Die Fehlermarge, die durch die Personen entsteht, die nur möglicherweise identifiziert werden konnten, das Pendel also in diese Richtung ausschlägt, aber der ausreichende Beweis fehlt, oder durch die Fälle, die als unklar, unsicher, unentscheidbar in der Schwebe bleiben, ist trotz der relativ geringen Fallzahl angebbar und bleibt anhand der vorstehenden Grafik, welche die Ein- und Nichteintritte der Erkennbarkeit wegen erst oberhalb eines Sockels von 50% der Nichteintritte abbildet, nachvollziehbar.

Nachdem noch zum Jahreswechsel in einigen wenigen Fällen bei den Vorstandswahlen in den Basisorganisationen personelle Wechsel stattgefunden hatten, waren von den in den ersten Monaten des Jahres 1933 amtierenden Berliner Ortsbezirksvorstehern knapp 95% auch noch im Mai der NSDAP ferngeblieben. Das Gleiche galt für die Ortsgruppenvorsteher im ostpreußischen GDA-Gau nur bis April, als schon circa 5% in die Partei eingetreten waren, im Mai 1933 jedoch nicht mehr als 12[324], möglicherweise 13, Vorsteher – im Vergleich zu nur zwei Ortsbezirksvorstehern in Berlin – die Aufnahme in die Partei beantragt hatten. Gleichwohl wären diese rund 25% immer noch als Nachzügler zu bezeichnen, wenn man den hohen Angestelltenanteil an den NSDAP-Mitgliedern, der schon seit Jahren bestand, zum Maßstab nimmt, worauf gleich im Anschluss eingegangen wird. Es ist zu vermuten, dass in den Folgejahren, nach der weitestgehenden Beseitigung der alten organisatorischen Zusammenhänge, die nur noch informell aufrechterhalten werden konnten, und unter dem Einfluss von Propaganda und sozialem Druck einerseits und der Bereitschaft, sich außer für den eigenen beruflichen Aufstieg für die Bedürfnisse der Angestelltenschaft persönlich zu engagieren, andererseits, die Gründe, weiter abseits zu stehen, mehr oder weniger zerbröselten. Deutlich weniger im großstädtischen Berlin mit seinem stärker verdichteten Angestelltenmilieu, wo 70 bis 80% der früheren Ortsbezirksvorsteher weiterhin, unter Berücksichtigung der nachlassenden Datenqualität, der Partei fernblieben, deutlich mehr im ländlichen Ostpreußen, wo sich dieser Prozentsatz nur etwa zwischen 55 bis 60% bewegt.[325]

Um die erzielten Ergebnisse mit entsprechenden Durchschnittswerten für Angestellte zu vergleichen, stehen bislang nur die Daten der Parteistatistik der NSDAP zur Verfügung, die mit derselben Angestelltenkategorie arbeitet, aber die Fluktuationen vor dem 1. Januar 1935 nicht berücksichtigt.[326] Diese war sehr hoch, Mitglieder traten ein und kurze Zeit

---

323 Nur Paul Funk konnte, ohne Erwähnung des GDA, im Bestand des ostpreußischen NSDAP-Gauarchivs im GStA PK in Dahlem identifiziert werden, mit ein Grund für die Suche nach 34 Politischen Leitern zwecks Kontrolle.

324 Darunter der Leiter der Technikergruppe am Geschäftssitz eines der GDA-Bezirke, der seit Juli 1931 neben allen Ortsgruppenvorstehern und Zahlstellenleitern genannt wurde, was ein Ausnahme darstellte.

325 Wie der »enorme Mitgliederzuwachs der NSA« bis Ende 1933 mag dies ein Zeichen dafür sein, »dass ein Großteil der deutschen Angestellten, ob sie nun Hitler gewählt hatten oder nicht, bereits wenige Monate nach der Machtübernahme die Bereitschaft zeigte, sich mit der neuen Regierung und dem nationalsozialistischen Umbau der Gesellschaft zu arrangieren«. *Bitzegeio*, Über Partei- und Landesgrenzen hinaus, S. 166.

326 Vgl. Parteistatistik. Stand 1. Januar 1935 (ohne Saargebiet), Bd. 1: Parteimitglieder, hrsg. v. Organisationsleiter der NSDAP, München o. J. [1935], S. 16. Deren Regionaldaten werden zum Beispiel von Detlef Mühlberger verwendet. Vgl. *Detlef Mühlberger*, The Sociology of the NSDAP: The Question of Working-Class Membership, in: JCH 15, 1980, S. 493–511, insb. S. 498–503. In erweiterter Fassung neu veröffentlicht in: *Paul Madden/Detlef Mühlberger*,

später wieder aus, was in der Parteistatistik von 1935 nicht adäquat widergespiegelt wird, weil für die Eintrittsperioden bis zum Frühjahr 1933 nur diejenigen gezählt wurden, die am 1. Januar 1935 Parteimitglied waren. Von den Angestellten (Erwerbspersonen, das heißt Erwerbstätige und Arbeitslose) vom 18. Lebensjahr an waren knapp 13% am 1. Januar 1935 in der NSDAP organisiert, deutlich weniger als die Zahl derer, die bis dahin einen Aufnahmeantrag gestellt hatten. Um die fehlenden Austritte (Ablehnungen, Ausschlüsse und Ähnliches) der vor beziehungsweise nach dem 30. Januar 1933 eingetretenen Angestellten annäherungsweise zu berücksichtigen, habe ich den von Jürgen W. Falter hochgerechneten jährlichen Bruttoeintritten folgend die Anteilswerte, die sich nach der Parteistatistik errechnen, um ein Viertel beziehungsweise 9% erhöht und diese liegen kumuliert deshalb über dem Stand vom 1. Januar 1935.[327] Eine zweite Korrektur ist nur bedingt gültig, zwecks Abschätzung einer Bandbreite der nicht absolut sicheren Anteilswerte. Dies betrifft den sogenannten »männlichen Maßstab«, der aus einem anderen Blickwinkel konstruiert wurde, und zwar der Sicht auf die soziale Schichtung und auf die Tatsache, dass in der NSDAP fast ausschließlich Männer (nach der offiziellen Parteistatistik 94,5% der Mitglieder) organisiert waren und zum Beispiel der nur schätzbare Anteil weiblicher Angestellter nicht nur absolut, sondern auch relativ, durch die starke Überrepräsentation der Hausfrauen gegenüber den erwerbstätigen Frauen, gering war[328], ein Binnenverhältnis, welches sich aber bei den Neueintritten 1933 deutlich verschob.[329]

Während nach Tabelle 6 die Berliner Angestellten schon vor dem 30. Januar 1933 mit einer unter dem Reichsdurchschnitt liegenden Neigung zum Parteibeitritt auffielen, lag der Anteil der ostpreußischen Parteimitglieder unter den Angestellten (Männer und Frauen) am 1. Januar 1935 um zwei Prozentpunkte über dem Reichsdurchschnitt von 13%, während die Berliner vier Prozentpunkte darunter lagen[330], gegenüber 17% beziehungsweise

---

The Nazi Party. The Anatomy of a People's Party, 1919–1933, Oxford/Bern etc. 2007, S. 53–77. Den Vorzügen der Parteistatistik gegenüber wiegen die Argumente für einen eingeschränkten Quellenwert gering. Vgl. dazu *Manstein*, Die Mitglieder und Wähler der NSDAP 1919–1933, insb. S. 143–152, Fluktuationen, S. 147–150.

327 Vgl. Tabelle 2 in: *Jürgen W. Falter/Kristine Khachatryan*, Wie viele NSDAP-Mitglieder gab es überhaupt und wie viele davon waren überzeugte Nationalsozialisten?, in: *Jürgen W. Falter* (Hrsg.), Junge Kämpfer, alte Opportunisten. Die Mitglieder der NSDAP 1919–1945, Frankfurt am Main/New York 2016, S. 177–195, hier S. 187. Bei Peter Manstein werden diese Bruttoeintritte auf Basis der ausgegebenen Mitgliedsnummern überschätzt. Vgl. *Manstein*, Die Mitglieder und Wähler der NSDAP 1919–1933, S. 149.

328 Knapp die Hälfte der weiblichen Parteimitglieder waren Hausfrauen. Zwar lagen die Frauenanteile Groß-Berlins und Ostpreußens mit 12,1% beziehungsweise 10,4% weit über dem Gesamtdurchschnitt von 5,5%, doch auch hier stellten die Hausfrauen mit 5.206 von 16.674 beziehungsweise 5.023 von 8.995 Mitgliedern ein knappes Drittel beziehungsweise weit über die Hälfte der weiblichen Mitglieder. Vgl. Parteistatistik, Bd. 1, S. 31, 43, 64 und 130f.

329 Dieser männliche Maßstab, den Jürgen W. Falter (*Falter*, Die »Märzgefallenen« von 1933, S. 298, Anm. 32) »zwar nicht unplausibel, aber auch nicht völlig überzeugend« findet, geht zurück auf *Mathilde Jamin*, Zwischen den Klassen. Zur Sozialstruktur der SA-Führerschaft, Wuppertal 1984, S. 242f. Vgl. *Manstein*, Die Mitglieder und Wähler der NSDAP 1919–1933, S. 163f. und 276, der ihn übernimmt. Falters Einwand gegen den männlichen Maßstab, die NSDAP habe die erwachsene weibliche Bevölkerung ebenso als Mitglieder umworben, bekommt besonderes Gewicht in Anbetracht eines Anteils von 50% Frauen bei den neu eingetretenen Angestellten und Beamten in der Machtergreifungsphase im Vergleich zu 24% in der Vorphase. Vgl. *Falter*, Die »Märzgefallenen« von 1933, S. 297 (Tabelle 3).

330 Die unterschiedliche Mitgliederstruktur, nach der die Angestellten der Großstadt Berlin fast 35% der Berliner NSDAP-Mitglieder ausmachten, während sich im ländlichen Ostpreußen ihr Anteil in der Partei nur auf 15% belief, muss hier gänzlich unberücksichtigt bleiben. Vgl. Parteistatistik, Bd. 1, S. 150.

Die nationalsozialistische ›Gleichschaltung‹ des GDA im Jahr 1933 441

Tabelle 6: NSDAP-Eintritte vor/nach 1933 nach der Parteistatistik im regionalen Vergleich[331]

Region	Zahl der Angestellten (Berufsstatistik: Juni 1933) Insgesamt	männlich	Angestellte (m + w) in der NSDAP (1.1.35)	Eintritte nach Parteistatistik und geschätztes Brutto in % aller Angestellten (⇒ 18 Jahre) einerseits sowie in % der männlichen Angestellten (⇒ 18 Jahre) andererseits					
				Eintritte und Stand 1935 vs. geschätzte Bruttoeintritte in %			Männlicher Maßstab: Eintritte vs. »Brutto« in % der männlichen Angestellten		
				vor dem 30.1.33	nach dem 30.1.33	Stand 1.1.35	vor dem 30.1.33	nach dem 30.1.33	Stand 1.1.35
Berlin	543.881	307.701	47.896	(3,81) 4,76	(5,00) 5,45	8,81	(6,73) 8,41	(8,84) 9,63	15,57
Ostpreußen	89.193	49.024	13.258	(4,97) 6,21	(9,90) 10,79	14,86	(9,04) 11,30	(18,01) 19,63	27,04
Dt. Reich	3.810.165	2.367.588	484.054	(4,70) 5,87	(8,01) 8,73	12,70	(7,56) 9,45	(12,89) 14,05	20,45

gut 10%, die bis dato einmal in Ostpreußen beziehungsweise Berlin einen Aufnahmeantrag gestellt hatten. Schon im Frühjahr 1933 hatte sich die Zahl der Antragsteller in Ostpreußen fast verdoppelt gegenüber einem moderateren Anstieg in Berlin. Diese Spreizung der Anteilswerte ergibt sich für die Vorphase schon rechnerisch unter der Annahme, dass es sich bis zum 30. Januar 1933 fast ausschließlich um männliche Angestellte handelt.

Wie haben sich im Vergleich zu den regionalen Durchschnittswerten für Angestellte die GDA-Vorsteher der Berliner Ortsbezirke sowie der ostpreußischen Ortsgruppen verhalten? Die der NSDAP bis zum 1. Januar 1935 beigetretenen Berliner Ortsbezirksvorsteher bleiben nach den folgenden Tabellenwerten (vgl. Tabelle 7) mit einem Anteilswert von 6% deutlich unter dem Berliner Durchschnitt von knapp 9%. Die Abweichung tritt noch stärker hervor bei Betrachtung der Beitrittsphasen, denn diese Überläufer sind, verglichen mit den Angestellten allgemein, ausnahmslos Nachzügler. Letzteres gilt in hohem Maße auch für die GDA-Kollegen in Ostpreußen, die in größerer Zahl ebenfalls erst zum 1. Mai der Partei beitreten. Aber nun, nach allem was die Zahlen nahelegen, in einem im Vergleich zu den ostpreußischen Angestellten überdurchschnittlichen Umfang.

Tabelle 7: Anteile der in die NSDAP eingetretenen GDA-Vorsteher der Berliner Ortsbezirke beziehungsweise der Ortsgruppen in Ostpreußen (Gau Ostmark) vor und nach 1933[332]

Region	Vorsteher der Ortsbezirke bzw. Ortsgruppen Insgesamt	männlich	NSDAP-Mitglieder unter den Vorstehern (1.1.35)	NSDAP-Eintritte nach Phasen und Stand 1935			Männlicher Maßstab: Anteil der Vorsteher an den männlichen Vorstehern in %		
				vor dem 30.1.33	nach dem 30.1.33	bis 1.1.35	vor dem 30.1.33	nach dem 30.1.33	bis 1.1.35
Berlin	33	33	2	0,00	6,06	6,06	0,00	6,06	6,06
Ostpreußen I	65	58	16	1,54	23,08	24,62	1,72	25,86	27,59
Ostpreußen II	65	58	17	1,54	24,62	26,15	1,72	27,59	29,31

---

331 Unter Berücksichtigung der Mitgliederfluktuation nach Peter Manstein (*Manstein*, Die Mitglieder und Wähler der NSDAP 1919–1933, S. 149) berechnet auf Basis der Parteistatistik, Bd. 1, S. 53 und 90f.; Statistik des Deutschen Reichs, Bd. 453, H. 3, S. 3/16f.; Bd. 454, H. 2, S. 2/6f. (Ostpreußen); Bd. 454, H. 3, S. 3/6f. (Berlin).
332 Für den erfassten Zeitraum waren für Ostpreußen zwei Varianten nach der Datengüte zu unterscheiden.

Unabhängig von der Datengüte, der Prozentsatz von rund einem Viertel zur NSDAP übergelaufener GDA-Vorsteher würde sich bei Anwendung eines männlichen Maßstabs noch weiter erhöhen, denn die sieben Vorsteherinnen der Ortsgruppen beziehungsweise Leiterinnen der Zahlstellen sind bemerkenswerterweise nicht der NSDAP beigetreten.

Was besagen die Ergebnisse der Recherche nach Personen auf der untersten Ebene der kollektiv erfassbaren Personen, der Vorsteher auf Ortsgruppenebene, für die nationalsozialistische Strategie der Unterwerfung des GDA? Die Befunde widersprechen zunächst einmal der Unterwanderungsthese wegen der zeitlich verzögerten Parteibeitritte. Vorreiter waren die absolute Ausnahme, in ihrer großen Mehrheit waren sie Nachzügler, »Märzgefallene« oder besser »Maiveilchen«. Die schon in der »Bewegungsphase« in die NSDAP eingetretenen einfachen GDA-Mitglieder, über die wir keine Kenntnis haben, – so darf geschlussfolgert werden –, besaßen offenbar nicht die zahlenmäßige Stärke und Verbandswirksamkeit, um die Vorsteherposten frühzeitig mit eigenen Parteigängern zu besetzen. Nicht zuletzt eingedämmt durch die Verbandspolitik, die gegebenenfalls mit Ausschlüssen reagierte, war der NSDAP im GDA ein Erfolg beschieden, der – solange sich der Verband noch nicht auf Anpassungskurs befand – umgekehrt proportional zu der Furore stand, welche derartige Meldungen in der NS-Presse ausgelöst hatten. Jedoch in Anbetracht der überdurchschnittlich hohen Zahl von »Umfallern« im Frühjahr 1933, als sich im Gau Ostpreußen gleichsam die Schleusen geöffnet zu haben scheinen, auf der einen Seite und der auch im Mai 1933 noch weitgehend der NSDAP fernstehenden Berliner GDA-Vorsteher auf der anderen Seite sind gültige Aussagen über das Beitrittsverhalten der GDA-Vorsteher insgesamt und mehr noch der einfachen Mitglieder nicht ohne weitere Angaben zu machen. Hält man sich die extremen Größenunterschiede vor Augen, 13 % der GDA-Mitglieder wohnten in Berlin gegenüber 1,9 % in Ostpreußen, dann kommt dem Berliner Ergebnis bei der Bestimmung einer Gesamttendenz im Beitrittsverhalten aber erheblich mehr Gewicht zu. Dies ist ein starkes quantitatives Indiz für eine im Vergleich zu den Angestellten insgesamt eher unterdurchschnittliche Bereitschaft von GDA-Vorstehern zum NSDAP-Beitritt, zumindest bis in die sogenannte Machtergreifungsphase hinein.[333]

Fragt man im Anschluss an diese erzwungene ›Gleichschaltung‹, ob es nach 1933 einen Widerstand vonseiten früherer GDA-Mitglieder gegeben hat, so scheint sich zunächst die (in ihrer Allgemeinheit falsche beziehungsweise vorschnelle) Annahme zu bestätigen, dass es hier nur wenig Widerstand von Gewerkschaftern gegeben hat und nur wenige Quellen überliefert sind.[334] Auch für Ludwig Rosenberg, der Deutschland früh den Rücken kehren konnte, hat sein Biograf Frank Ahland »keinen Hinweis auf eine dezidierte Widerstands-

---

333 Eine zuverlässige Schätzung stößt an die Grenze der vorhandenen Variablen, wie Urbanisierungs- und Industrialisierungsgrad der GDA-Gaue sowie die Verteilung und örtliche Verdichtung der Mitgliedschaft. Der Gau Brandenburg hatte Ende 1931 53.169 Mitglieder, davon über 42.000 in Berlin, gegenüber 6.066 im Gau Ostmark, das heißt 16,5 beziehungsweise 13 % gegen knapp 2 %. Vgl. *Priamus*, Angestellte und Demokratie, S. 258 (Tabelle A 10); Zahlen aus der Berliner GDA-Arbeit im Jahr 1931, in: Der Gauspiegel 3, 1932, Nr. 3, (1. März), S. 3. Bei *Speier*, Die Angestellten vor dem Nationalsozialismus, S. 24, werden auf Basis einer anderen Quelle 12,7 % für Berlin angegeben.

334 Vgl. *Klaus Tenfelde/Klaus Schönhoven/Michael Schneider* u. a., Geschichte der deutschen Gewerkschaften von den Anfängen bis 1945, Köln 1987, S. 476ff.; *Dieter Nelles*, Die Gewerkschaften im Widerstand und in der Emigration. Anmerkungen zu einer Quellenedition, in: IWK 38, 2002, S. 83–92, hier: S. 83; *Siegfried Mielke*, Gewerkschafter im Nationalsozialismus – Verfolgung, Widerstand, Emigration: Eine Forschungsstandanalyse, in: Landeszentrale für politische Bildung Rheinland-Pfalz (Hrsg.), Verfolgung und Widerstand: Der 80. Jahrestag der Zerschlagung der Gewerkschaften. Fachtagung am Samstag, 4. Mai 2013, Mainz/Osthofen 2014, S. 12–32.

tätigkeit« gefunden.[335] Deshalb überrascht zunächst einmal der Hinweis Max Ehrhardts, dem Vorsitzenden des Angestellten-Verbands Württemberg-Baden nach 1945, »daß sich auch in den Kreisen des GDA vor 1933 und nachher sehr beachtliche antifaschistische Strömungen geltend machten«.[336] Diese Worte fielen im rückblickenden Teil eines im Sommer 1947 vor Gewerkschaftsfunktionären des Ortskartells Stuttgart des Gewerkschaftsbundes Württemberg-Baden gehaltenen Vortrags, in welchem er den GDA in die politische Landschaft Weimars einordnete. Man sollte Ehrhardts Formulierung nicht als beschönigende Festtagsworte relativieren – geäußert aus einem Gefühl der moralischen Überlegenheit und mit dem Anspruch, nach der Niederlage des Faschismus beim demokratischen Aufbau Nachkriegsdeutschlands eine führende Rolle zu spielen. Dabei konnte die Vorstellung, zum »besseren Deutschland« gehört zu haben, allzu leicht zur Beschwichtigung der eigenen Fehlleistungen und Versäumnisse verführen. Doch Ehrhardt war jemand, der es wissen mußte, war er doch Anfang 1933 Vorsteher der Verwaltungsstelle Stuttgart der Berufskrankenkasse der Angestellten zu Berlin (Ersatzkasse), der Krankenkasse der freigewerkschaftlichen Angestellten.[337] Inwieweit sich diese »beachtliche[n] antifaschistische[n] Strömungen« zu Keimen einer konspirativen Widerstandstätigkeit entwickelt haben[338], es also unter den Bedingungen der Hitlerdiktatur um mehr zu tun war, als »im vertrauten Kreis der Freunde und Kollegen Zusammenhalt und Gesinnung aufrechtzuerhalten«[339], werden wir wohl kaum noch durch handfeste Quellen belegen können.

Ebenfalls als Zeitzeuge sei der Weimarer Fabrikant Felix Zumhasch benannt, der mit dem bis 1933 führenden GDA-Mitglied Leonhard Moog politisch und persönlich eng befreundet war und von der amerikanischen Besatzungsmacht befragt wurde, welchen Repressalien er ausgesetzt gewesen war. Seine Antwort sei hier ausführlich zitiert, weil sie zeigt, in welchem politisch-kulturellen Umfeld einzelne GDA-Führer vor und auch nach 1933 verkehrten:

»Als Demokrat und zwar dem Parteivorstand angehörig, war ich ebenso wie Leo Moog allen Anwürfen, Beschimpfungen und auch Vernehmungen bei der Polizei – später Gestapo ausgesetzt. Bis zum Abtransport der letzten Juden aus Weimar hielt ich nicht nur den Verkehr mit diesen aufrecht, sondern verhalf ihnen auch zur Flucht, unterstützte sie mit Geld und mehr noch mit Lebensmittel. Die Jüdin Frau Dr. Kreiss hier in Weimar, war noch bis zum letzten Tage ihres Lebens täglich fast unser Gast im Hause, da sie in den letzten Jahren fast alle Lebensmittel von den Nazis entzogen bekam. Am 10. Febr. 1944 wurde sie in den Tod von der Gestapo getrieben. Einige Stunden vorher

---

335 *Ahland*, Ludwig Rosenberg, S. 206.
336 Die soziale und gewerkschaftliche Bewegung der Angestellten, Vortrag von Max Ehrhardt, Stuttgart 1949, S. 15.
337 Vgl. Der Freie Angestellte 37, 1933, Nr. 7 (1. April), S. 102.
338 Gestützt werden Ehrhardts Worte über die politische Resistenz früherer GDA-Mitglieder durch die Schilderung des im Prager Exil tätigen Komitees für den Wiederaufbau der Freien Angestelltenverbände (AFA-Bund) von offenen und verdeckten oppositionellen Aktionen gegen die DAF, sowohl von außen wie von innen, in den Jahren 1934 und 1935, welche Hinweise auf die Beteiligung von ehemaligen GDA-Mitgliedern am Aufbau illegaler freier Angestelltenverbände in Südwestdeutschland und Berlin enthält. Vgl. Komitee für den Wiederaufbau der Freien Angestelltenverbände (AFA-Bund) (Hrsg.), Angestellte und Faschismus, Prag 1935, insb. S. 11 und 22.
339 *Tenfelde/Schönhoven/Schneider* u. a., Geschichte der deutschen Gewerkschaften, S. 476f. Für dieses »Knüpfen und Aufrechterhalten von Verbindungen im kleinen, vertrauten Kreis [...] gab es oftmals auch eine ganz legale Veranlassung, denn die mit der Zerschlagung der Gewerkschaften aus ihren Funktionen entlassenen Angestellten mußten sich die ihnen zustehenden Abfindungen und Ruhegehälter in mühsamen juristischen Verfahren erstreiten.« Ebd., S. 477f. Vgl. in diesem Zusammenhang den weiter oben (Anm. 194) angeführten, bei der Reichsfeststellungsbehörde gestellten Entschädigungsantrag des 1933 entlassenen Vorstandsmitglieds des GDA Georg Borchardt.

war sie noch in meinem Hause, ohne allerdings etwas von ihrer Absicht zu sagen. Opernsänger Emil Fischer u. Frau – ebenfalls Juden, verhalf ich zur Flucht aus Hitlerdeutschland. Zwei Tage nach dem Einzug der amerikanischen Besatzungsarmee kam sein Sohn als USA Soldat und besuchte uns und frug nach seinen Eltern. Mit Reg.Dir. Leo Moog hatte ich alle Jahre hindurch enge Freundschaft gehalten, wenn wir uns auch in der Öffentlichkeit nicht oft zeigen durften. Wir hatten aber stets kurze Verständigungsaussprachen. Eine offene illegale Tätigkeit war in Weimar, dem schärfsten Naziregiment in Deutschland innenpolitisch, nicht möglich, sie konnte sich also nur auf Vorbereitungen nach dem Zusammenbruch beschränken. Wir wurden beide zu sehr überwacht. Mit dem K.-Z. wurde ich 1937 bereits in Leipzig und nachher auch in Weimar bedroht.«[340]

Ähnlich erging es Theophil Kaufmann, dem früheren Gaugeschäftsführer und Mitglied der demokratischen Fraktion der Hamburger Bürgerschaft, der während der Hitlerzeit zurückgezogen in Württemberg lebte, wo er einer totalen Briefzensur unterlag und mehrfach durch Anzeigen wegen Regimefeindschaft drangsaliert wurde.[341]

Ein weiterer Hinweis betrifft den 1899 geborenen Hans Reif, lange Jahre bis 1933 wissenschaftlicher Mitarbeiter des GDA.[342] Er war der Sohn des am 6. Mai 1933 verstorbenen Josef Reif, eines Mitbegründers und Vorstandsmitglieds des GDA bis 1932, der zum Widerstandskreis um Fritz Elsas gerechnet wird. Fritz Elsas, Staatsparteiler und von 1931 bis 1933 (zweiter) Berliner Bürgermeister, wurde am 4. Januar 1945 im KZ Sachsenhausen erschossen.

»Eine wesentliche Bereicherung erfuhr der Kreis durch den vormaligen Geschäftsführer sowohl des Hansa-Bundes für Handel, Gewerbe und Industrie als auch des DDP- bzw. DStP-Ausschusses für Handel, Gewerbe und Industrie, Dr. Hans Reif, Jahrgang 1899, der Fritz Elsas als seinen ›Vor-Mann‹ im Widerstand bezeichnete. Nach der Auflösung der DStP und des Hansa-Bundes arbeitete Reif als Wirtschaftsberater in Berlin.«[343]

Hans Reif stellte sich 1940 mehrmals Ernst Strassmann als Kurier zur Verfügung, um über den einstigen Geschäftsführer des Deutschen Industrie- und Handelstags Eduard Hamm in München, der gute Beziehungen zu Otto Gessler hatte, »Auskünfte über die Verwendbarkeit bestimmter Generäle für den Widerstand einzuholen«.[344]

---

340 *Felix Zumhasch*, Gestellte Fragen zur Beantwortung, Weimar, o. D. [Juni 1945], Thüringisches Hauptstaatsarchiv Weimar, Land Thüringen – Büro des Ministerpräsidenten, Nr. 1077–1079, Bl. 268. In seinem Lebenslauf hatte Zumhasch unter anderem angegeben, dass er 1928/29 mit Leo Moog, dem Führer der DDP in Thüringen, zusammentraf und auch nach Auflösung der demokratischen (Staats-)Partei mit Moog politisch und persönlich eng befreundet blieb. Vgl. Felix Zumhasch, Lebenslauf v. 10.7.1945, ebd., Bl. 269.
341 Vgl. *Günter Buchstab*, Theophil Kaufmann (1888–1961), in: *ders./Hans-Otto Kleinmann* (Hrsg.), In Verantwortung vor Gott und den Menschen: christliche Demokraten im Parlamentarischen Rat 1948/49, Freiburg 2008, S. 193–206, hier S. 196.
342 Vgl. den Wikipedia-Eintrag zu Hans Reif, dessen Nachlass die Friedrich-Naumann-Stiftung verwahrt, unter URL: <https://de.wikipedia.org/wiki/Hans_Reif> [19.8.2016].
343 *Horst R. Sassin*, Liberale im Widerstand. Die Robinsohn-Strassmann-Gruppe 1934–1942, Hamburg 1993, S. 79.
344 Ebd., S. 224.

Kim Christiaens/Idesbald Goddeeris

Solidarność and Latin America in the 1980s
Encounters, Conflicts and Failures

Solidarność was one of the key players in the Second Cold War. The Polish trade union was founded in September 1980 after the Polish communist authorities – pressurized by economic problems and social unrest – agreed with strikers' demands to accept free trade unions independent of the Communist Party and of enterprises. Over the next months, Solidarność grew into a mass movement, eventually counting more than ten million members, about one third of Poland's working population. It united both left-wing and Catholic intellectuals, both workers and worshippers in their common fight against the communist regime. In December 1981, Prime Minister Wojciech Jaruzelski declared martial law in order to suppress the opposition. He imprisoned thousands of activists, banned Solidarność, and gradually returned to a ›normalization policy‹. However, he never succeeded in controlling society. After a new wave of strikes in 1988, he agreed on holding Round Table talks with the opposition. In June 1989, months before the Berlin Wall fell down, Poland had its first partly free election, in which Solidarność scored a massive victory.[1]

Solidarność, obviously, did not act alone. It was supported by many allies outside Poland. Over the past decade, especially, a series of works appeared on the attitudes of Western governments and social movements towards the Polish Crisis.[2] Most of them focused on the most visible countries, such as France, Italy, and Germany, often claiming a share in Solidarność's success.[3] The United States have also been examined extensively, although a recent monograph concludes that Ronald Reagan's Poland policy was a great failure.[4] Another dominant research line is the straddling attitude of the Western Left towards Solidarność.[5] Social democratic parties and trade unions, or peace movements, indeed searched how to combine détente and even collaboration with the communist regimes on the one hand, and support of a clerical trade union that allied with Margaret Thatcher and Ronald Reagan.

---

1 *David Ost*, Solidarity and the Politics of Anti-Politics. Opposition and Reform in Poland since 1968, Philadelphia 2010; *Jack M. Bloom*, Seeing Through the Eyes of the Polish Revolution. Solidarity and the Struggle Against Communism in Poland, Leiden 2013.
2 *Helene Sjursen*, The United States, Western Europe and the Polish Crisis. International Relations in the Second Cold War, Basingstoke/New York 2003; *Idesbald Goddeeris* (ed.), Solidarity with Solidarity. Western European Trade Unions and the Polish Crisis, 1980–1982, Lanham 2010; *Patryk Pleskot*, Kłopotliwa panna »S«. Postawy polityczne Zachodu wobec »Solidarności« na tle stosunków z PRL (1980–1989), Warsaw 2013; *Paweł Jaworski/Łukasz Kamiński* (eds.), Świat wobec Solidarności 1980–1989, Warsaw 2013.
3 *Natalie Bégin*, Kontakte zwischen Gewerkschaften in Ost und West. Die Auswirkungen von Solidarność in Deutschland und Frankreich. Ein Vergleich, in: AfS 45, 2005, pp. 293–324, here: pp. 300 and 303.
4 *Gregory F. Domber*, Empowering Revolution. America, Poland, and the End of the Cold War, Chapel Hill 2014.
5 *Christie Miedema*, Dilemma's, dialoog en misverstanden tussen Nederlandse en West-Duitse linkse organisaties en de Poolse oppositie in de jaren tachtig, Amsterdam 2015; *Idesbald Goddeeris/ Małgorzata Świder*, Peace or Solidarity? Poland, the Euromissile Crisis, and the 1980s Peace Movement, in: *Leopoldo Nuti/Frédéric Bozo/Marie-Pierre Rey* et al. (eds.), The Euromissile Crisis and the End of the Cold War, Washington, D.C./Stanford 2015, pp. 291–308.

However, by limiting itself to the Atlantic world and focusing on the juxtaposition between Cold War hawks à la Reagan and advocates of coexistence and rapprochement, historians to date have not painted the entire picture. Solidarność also reached other continents. Especially its connection with Latin America attracts attention. In the autumn of 1980, Solidarność sent its first official foreign delegation to Venezuela and Peru, and in 1983 it even established a permanent representation in Caracas. In November 1989, Lech Wałęsa himself passed through Caracas during a triumph tour after Solidarność's success in the collapse of the Eastern Bloc. Delivering speeches about workers' rights in the East and in the Global South, calling for a transformation of both communism and capitalism, and referring to the financial and social crisis that had struck Latin America and Eastern Europe, he emphasized the two regions' common agenda and alluded to a ›third way‹ that surpassed the boundaries of the Cold War.[6] This, along with the quest for new models of trade unionism, socialism, and democracy, indeed seems to be the major motivation behind these contacts. In 1986, Bohdan Cywiński and an anonymous Solidarność militant from Poland professed in an interview with Jan Kułakowski and the Beninese trade unionist Dominique Aguessy their deep sympathy with trade unionists from the ›Third World‹, juxtaposing their openness and holistic vision on trade unionism to the dullness and bureaucracy of their Western counterparts.[7] It is therefore tempting to see such contacts, and Solidarność's interest in them, as part of a broader fascination with the ›Third World‹ among Eastern European dissents, which historians are only beginning to uncover.[8]

Strikingly, Solidarność's connection with Latin America has never been subject to research. This lacuna has paved the way for another, more dominant academic view on the Polish trade union's global scope, namely that it had, similarly to other dissident movements in Eastern Europe, little interest in the Global South, and was above all focused on a »return to Europe«, or, as boldly averred by Noam Chomsky, »absorbed by itself«.[9] This article will confront these conflicting views, i.e. of Solidarność identifying with Latin America or neglecting the then ›Third World‹. Based on a wide variety of sources, ranging from archives of international organizations and Polish intelligence, over brochures and periodicals to interviews, it will reconstruct the contacts, analyze the agency of international, South American, and Polish trade unionists and look for successes and flops.

Over three chapters, we will argue that Solidarność's contact with Latin America did not lead up to much and eventually had little relevance – contrary to Wałęsa's claims – and explain why this happened – giving a more nuanced account than Chomsky's. First, we discuss the genesis and the first contacts, demonstrating that they were particularly set up by the »Central Latinoamericano de Trabajadores« (CLAT) and the »World Confederation of Labour« (WCL). In a second chapter, we elaborate on the intensifying contacts during the first year after the proclamation of martial law and the deteriorating relation from 1983 onwards. An extensive third chapter discusses the reasons for the failure: the economic and political instability in Venezuela leading the CLAT to flirt with the more left-wing parties, Poland's and Latin America's conflicting views on the Cold War and the United

---

6 *José Ignacio Urquijo*, El movimiento obrero de Venezuela, Lima 2004, p. 52.
7 Solidarność i Trzeci Świat, in: Widnokrąg 1, 1986, pp. 25–36.
8 *James Mark/Péter Apor/Radina Vučetić* et al., »We Are with You, Vietnam«: Transnational Solidarities in Socialist Hungary, Poland and Yugoslavia, in: *Journal of Contemporary History* 50, 2015, pp. 439–464.
9 *Padraic Kenney*, A Carnival of Revolution. Central Europe 1989, Princeton/Oxford 2002, p. 70; *Filip Outrata*, In the Same Boat. Chomsky, Dissent, and the Universality of Human Rights, in: V4/Revue, 2.7.2014, URL: <http://visegradrevue.eu/?p=2821> [2.8.2016]; *Zuzana Piussi/Vít Janeček*, Interview with Noam Chomsky, 5.6.2014, URL: <https://www.youtube.com/watch?v=H6Vcct_g_z4> [2.8.2016].

States, Solidarność's increasing contacts with Latin American and international social democrats, and, though less important, societal and cultural differences. In the conclusions, we elaborate our argument that at the end of the day Solidarność was an instrument in foreign groups with their own interests, particularly the CLAT and the WCL, which hoped to use Solidarność in strengthening a ›third way‹ of trade unionism – next to communism and social democracy – but eventually failed to do so.

I. FIRST CONTACTS DURING SOLIDARNOŚĆ'S LEGAL EXISTENCE

Quickly after its foundation in September 1980, Solidarność started to reach out to supportive organizations abroad – notably trade unions – in search for recognition and assistance for its struggle for human and trade union rights in Poland. As early as November 1980, shortly after its official recognition by the Polish authorities and thus before Wałęsa's first foreign visit to Rome in January 1981, Solidarność sent out a first official delegation abroad. Strikingly, the destination was not located in nearby Western Europe, but on the other side of the Atlantic, in Latin America. The delegation consisted of two persons: Józef Przybylski and Zygmunt Zawalski. Przybylski was a welder at the steel factory Budimor near Gdańsk who had joined the Inter-Enterprise Strike Committee in mid-August 1980, co-signed the Gdańsk Agreements on 31st August and then became a board member of the Inter-Enterprise Founding Committee Solidarność.[10] Zawalski was an electrical engineer at the Gdańsk Shipyard, the cradle of the Solidarność movement.[11] As representatives of Solidarność, they were invited by the CLAT, a regional confederation that united Christian trade unions in Latin America and was affiliated to the WCL.[12] First, they stayed nine days in Lima, where they featured as prominent guests during the 18th Council of the CLAT and discussed their struggle in Poland with Latin American trade unionists. Celebrating the establishment of an independent Polish trade union as an inspiring example for change in Latin America, CLAT member organizations professed solidarity with the Polish trade union and the launching of national support committees.[13] Afterwards, the two representatives went for seven days to Venezuela, whose capital Caracas hosted the headquarters of the CLAT. Upon their arrival at the airport of Maiquetía, the Polish guests were welcomed by hundreds of trade unionists and members of the local Polish community.[14] Highly mediatized meetings took place with the leadership of the CLAT, the Venezuelan trade union »Confederación de Trabajadores de Venezuela« (CTV), the Christian democratic president Luis Herrera Campíns and the archbishop of Caracas. The Polish delegation also visited the University of Latin American Workers in San Antonio de los Altos (Caracas), and received 6,000 USD from the Polish diaspora in Venezuela for the Monument to the fallen Shipyard Workers 1970, which would be inaugurated a couple of weeks

---

10 *Rafał Kalukin*, Zapluty karzeł z puszki. Rozmowa z Józefem Przybylskim, Wyborcza.pl, 19.9. 2009, URL: <http://wyborcza.pl/duzyformat/1,127290,7046513,Zapluty_karzel_z_puszki.html> [7.11.2016]; Letter from Jan Kułakowski to J.E. Humblet, 2.5.1984, KADOC – Documentatie- en Onderzoekscentrum voor Religie, Cultuur en Samenleving, Leuven (KADOC), WCL, 327.
11 Flor Bleux to W. Canini, 16.10.1984, ibid.
12 *Kim Christiaens*, The ICFTU and the WCL: The International Coordination of Solidarity, in: Goddeeris, Solidarity with Solidarity, pp. 101–127; *Gerhard Wahlers*, CLAT. Geschichte einer lateinamerikanischen Gewerkschaftsinternationale, Bonn 1990.
13 Posiciones y actuaciones de la CLAT en América Latina, s.d., KADOC, WCL, 326.
14 About the Polish diaspora in Venezuela, see: *Feliks Żubr*, Wenezuela, in: *Tomasz Piesakowski* (ed.), Akcja niepodległościowa na terenie międzynarodowym 1945–1990, London 1999, pp. 703–710. The article does not mention anything about CLAT or the Solidarność Venezuela Association of Stanisław Panasewicz and only highlights the author's role.

later, on 16th December 1980.[15] Also during their transit visits to Spain and Belgium on their way to and from South America, they received ample attention from media and dignitaries at airports, offices and meeting rooms.[16]

The visit of the delegation to Latin America was the beginning of a liaison between Solidarność and the CLAT: CLAT members returned the visits over the following months. A CLAT delegation met with Pope John Paul II and participated in a separate meeting with Lech Wałęsa during the »International Labour Organization« (ILO) Conference in Geneva in June 1981.[17] Plans to visit Wałęsa in Poland were however thwarted by the Polish authorities' refusal to allow the delegation entry to the country.[18] Similarly, Wałęsa was unable to answer invitations to visit Latin America to mark his message of Polish workers' solidarity with worldwide struggles for social progress proclaimed in Geneva.[19] Yet, the Venezuelan trade union leader Rafael Léon represented the CLAT at Solidarność's first national congress in September and October 1981.[20] The same year, the leadership of the CLAT launched a campaign among its affiliates to support the awarding of the Nobel Peace Prize to Wałęsa, an initiative of the Argentine human rights activist and 1980 Nobel Prize winner Adolfo Pérez Esquivel.[21]

This liaison is remarkable not only in terms of the geographical distance, but also because the CLAT had previously devoted little attention to dissident movements in Eastern Europe. Even if anti-communism was a hallmark of the CLAT since its foundation in the 1950s, the confederation's ambition to develop an own identity for Latin American trade unionism inspired by Christianity and exceeding the bipolarity between East and West had above all resulted in staunch criticism of U.S. economic and political inference in the region. Notably under the leadership of its charismatic leader Emilio Máspero, the CLAT had developed from the 1960s an ideology that embraced an anti-imperialist and anti-capitalist language of liberation and solidarity in an attempt to profile its relatively small member unions in the opposition against right-wing dictatorships that ruled most of the continent. It regularly denounced the »negative anti-communism« of social democratic and liberal trade unions affiliated to the CLAT's competitor, the »Inter-American Regional Organization of Workers« (»Organización Regional Interamericana de Trabajadores«, ORIT). The ORIT grouped non-confessional trade unions from South and North America, including the »American Federation of Labor and Congress of Industrial Organizations« (AFL-CIO), and was therefore touted by the CLAT as a pawn of the »capitalist« U.S. and a reason for the bipolar stalemate in many countries.[22] From the late 1970s, ad-

---

15 Informativo CLAT. Vocero del movimiento de los trabajadores comprometidos con la liberación de los pueblos de América Latina 6, no. 53, December 1980–January 1981, p. 12; *Kalukin*, Zapluty karzeł z puszki.
16 *Idesbald Goddeeris*, Interview with Józef Przybylski, Brussels, 24.2.2015. They were hosted by ACV/CSC in Belgium and by the USO in Spain – two trade union federations that were, just as CLAT, affiliated to the WCL. See *Christiaens*, The ICFTU and the WCL, p. 108; *Idesbald Goddeeris*, Belgium: The Christian Emphasis, in: *id.*, Solidarity with Solidarity, pp. 243–267, here: p. 245; *José Faraldo*, Spain: The Common Experience of Transition and a Military Coup, in: ibid., pp. 51–74.
17 Informativo CLAT, July 1981, p. 17.
18 *Emilio Máspero*, De strijd van de vrije vakbeweging in Polen en Latijns-Amerika, Utrecht 1982, p. 2.
19 Letter from Emilio Máspero to Lech Wałęsa, 5.3.1981, KADOC, WCL, 323; Informativo CLAT, July 1981, p. 17.
20 Rafael Léon to Jerzy Milewski, 26.4.1983, KADOC, WCL, 327.
21 Informativo CLAT, July 1981.
22 *Magaly Rodríguez García*, The ICFTU and the Defence of Labour Liberalism in Europe and Latin America (1949–1969), Bern 2010, pp. 147f.

ditionally, the CLAT re-discovered its Christian identity and strongly identified with the Polish Pope John Paul II. This also became a means of profiling Christian trade unionists vis-à-vis Marxist opposition movements and governments, for instance in Cuba, Grenada and Nicaragua, which it saw as pawns of Soviet communism. Solidarność, celebrated by the CLAT as an authentic representation of the unity between the Polish workers and their nation, served then as an example for a Latin American identity – »let Latin America be Latin America« –, a position that tilted to criticism of both U.S. and Soviet interference in the region.[23]

Whereas the CLAT's enthusiasm for Solidarność was not different from that of many other organizations that started to join the support of the Polish trade union to empower their own agenda[24], the interest of Solidarność in establishing connections with the Latin American confederation was less obvious. After all, the CLAT was only a relatively small confederation. With an estimated membership ranging between 1 and 2 million affiliates and representing about 5 to 10% of Latin America's unionized workers, it paled in size by comparison with its much larger regional competitor of social democratic/liberal stock, the ORIT, and did not even come up to the level of that of Solidarność, which was to represent on its own 10 million affiliated workers.[25] Its functioning largely dependent on funding from Western European Christian democratic party and trade union foundations, the CLAT did not dispose of the financial power to contribute significantly to material support for Solidarność and to equate the impressive budgets of its allies in the West. The early alignment with the CLAT is even more striking when considering Solidarność's disinterest in and lack of contact with other partners in the ›Third World‹ during the first year of its existence. This became clear at its first national congress in 1981, where ›Third World‹ issues remained virtually out of the scope beyond some occasional references to the murder of the Egyptian president Anwar as-Sadat and the struggle against Augusto Pinochet.[26] The above-mentioned CLAT representative Rafael Léon was one of the few non-European participants at the congress.[27] Meetings with other trade unionists from ›Third World‹ countries were always coincidental and organized by others. The iconic encounter of the two future presidents Wałęsa and Luís Inácio »Lula« da Silva – from 2003 to 2010 president of Brazil but in the 1970s and 1980s a left-wing trade union leader – in Rome in January 1981, for instance, was set up by Luigi Cal, the responsible of the international department of the Italian Christian democratic trade union »Confederazione Italiana Sindacati Lavoratori« and only part of a broader tour of representatives of the Brazilian trade union movements across Western Europe.[28]

One of the main factors accounting for this exceptional cooperation was the intermediary role played by the CLAT's and Solidarność's common ally in Western Europe, more particularly by the WCL, the third – and smallest – international trade union confederation, next to the communist »World Federation of Trade Unions« and the social democratic and

---

23 Informativo CLAT, September 1980, pp. 17f.
24 *Idesbald Goddeeris*, Introduction: Solidarity, Ideology, Instrumentality, and Other Issues, in: *id.*, Solidarity with Solidarity, pp. 1–18.
25 *Rodríguez García*, The ICFTU and the Defence of Labour Liberalism in Europe and Latin America, pp. 147f. The number of CLAT members is contested due to contradicting sources and manipulated numbers. Some sources suggest it had 9 million members in the 1980s: Tijd & Taak, 2.4.1983, p. 7.
26 *Grzegorz Majchrzak/Jan Mariusz Owsiński* (eds.), I Krajowy Zjazd Delegatów NSZZ »Solidarność«. Stenogramy, vol. 1: I tura, p. 95 and vol. 2: II tura, part II, p. 819.
27 Rafael Léon Léon to Jerzy Milewski, 26.4.1983, KADOC, WCL, 327.
28 *Idesbald Goddeeris*, Interview with Tadeusz Konopka, Warsaw, 2.2.2015. More about this meeting on URL: <http://www.terra.com.br/istoegente/170/celebridade/> [30.10.2016]; Informativo CLAT, March 1981, p. 15.

anti-communist »International Confederation of Free Trade Unions« (ICFTU). The WCL indeed put much effort to marry its Latin American confederation CLAT with Solidarność and financed the Latin American endeavours of the Polish trade union.[29] Several reasons can explain this. First, there was the competition with the ICFTU: just as the commitment of the CLAT (which belonged to the WCL) was triggered by its rivalry with the ORIT (affiliated with the ICFTU), their two respective international trade union confederations stimulated each other to side with Solidarność. Second, the WCL was headed at the time by Jan Kułakowski, who was born in Poland, had moved to Belgium after the Second World War and had since the 1950s made a career in international labour organizations. Third, and most importantly, the WCL was facing an identity crisis. In spite of having abandoned, in 1968, its old name »International Federation of Christian Trade Unions«, it kept struggling with questions about deconfessionalization and trade union unity and in 1979 it was left by its French and Dutch members. This not only explains why the WCL strongly focused on the CLAT, but also why it set new hope in Solidarność, which it saw as a unique projection screen for a new kind of trade union movement that went beyond the traditional models of the West and East.[30]

Also for Solidarność, contact with Latin American trade unionists was more than a »learning experience«, as averred by public declarations of its representatives.[31] Even if it was true that Solidarność searched for information and expertise on trade union organization, its Latin American endeavours also served strategic interests. Notably, it helped Solidarność to connect itself to the multiple networks through which money and support from Western European Christian democratic trade unions and party foundations had been flowing to Latin America since many decades and to help legitimize the entry of Solidarność in the international solidarity funds of the WCL and its affiliates.

II. FROM EXPANSION TO DECLINE DURING MARTIAL LAW

After the declaration of martial law in December 1981 and the escalation of repression under General Jaruzelski, Latin America remained the most important region in the Global South with which Solidarność developed ties. Partly, this was due to Latin America's sympathetic reaction on the events in Poland. In many countries, Polish diaspora communities set up committees to support the opposition in Poland. In Caracas, for instance, a Solidarność Venezuela Association was founded by Polish immigrants under the leadership of Stanislaw Panasewicz.[32] Such committees often collaborated with local activists. The anti-communism of many Polish exiles that had been forced to leave abroad since the establishment of state socialism in their native country indeed dovetailed with the potential of domestic instrumentalization that the Polish crisis offered in a continent where the Cold War loomed largely over local societies and debates. Strong feelings of anti-communism

---

29 *Christiaens*, The ICFTU and the WCL.
30 *Patrick Pasture*, Jan Kułakowski, from Exile to International Trade Union Leader and Diplomat, in: *Michel Dumoulin/Idesbald Goddeeris* (eds.), Intégration ou représentation? Les exiles polonais en Belgique et la construction européenne, Louvain-la-Neuve 2005, pp. 99–120. See also the published series of conversations with Kułakowski: Spotkania na Bagateli. Polska Europa Świat. Z Janem Kułakowskim rozmawia Leszek Jesień, Warszawa 2004, pp. 98–101 (about the WCL and Latin America) and p. 154 (about Máspero); *Idesbald Goddeeris*, Ministerstwo Spraw Zagranicznych »Solidarności«. Biuro Koordynacyjne NSZZ »Solidarność«, 1982–1989, in: Pamięć i Sprawiedliwość, 2006, no. 2, pp. 315–347, and 2007, no. 1, pp. 309–334; pp. 343f.
31 Informativo CLAT, December 1980–January 1981, pp. 12f.
32 José Mercedes González to Jan Kułakowski, 16.2.1982, KADOC, WCL, 323.

prompted a varied group of Latin American actors, ranging from conservative politicians to Christian trade union movements, to popularize the Polish crisis. In Peru, the presence of a group of Polish sportsmen that had participated in a two-year canoe expedition »Canoandes '79« from Mexico to Chile and were caught by the news of the coup, paved the way for a group of intellectuals and trade unionists to form a Committee for the Defence of Solidarność.[33] Under the presidency of the writer Mario Vargas Llosa, this committee found ammunition in the Polish crisis to critique »real existing socialism« and Soviet influence over Peru, which had just left behind twelve years of left-wing dictatorship that had nurtured cooperation with the Soviet bloc and fiercely confronted trade union opposition.[34]

However, it were not only Polish migrants and local activists that accounted for the enduring contact with Latin America. The WCL, the CLAT, and Solidarność also continued to actively fuel the collaboration. Quickly after the proclamation of martial law, Kułakowski sent a new mission of Solidarność members to Latin America. Again, Przybylski was part of it. This was rather a coincidence. A couple of months after his return to Poland from his trip to Latin America, he had withdrawn from opposition activities in order to spend more time with his daughter he was nurturing alone after his divorce. He did not participate in any trade union election in mid-1981 and went to Belgium in September 1981 to work for three months after having been invited by a Polish immigrant he got to know during his visit nine months earlier. Przybylski was about to return to Poland when martial law was proclaimed and eventually decided to stay in Belgium.[35] Given his legitimacy as a signatory of the Gdańsk Agreement and his experience as a delegate in the previous mission, it was quite obvious that he left again for Latin America. Kułakowski wanted him to be joined by Bohdan Cywiński, the editor-in-chief of the Cracow Catholic monthly »Znak« in 1973–1977 and the deputy editor-in-chief of Solidarność's major periodical »Tygodnik Solidarność« in 1981. Cywiński had left for Italy in October 1981 to work on a book[36], was struck by martial law, wanted to continue writing and therefore proposed Tadeusz Konopka as a substitute.[37] Konopka was a sociologist who had collaborated with »Spotkania«, an independent journal of young Catholics in Cracow.[38] In August 1980, he joined the editorial board of the Cracow Catholic weekly »Tygodnik Powszechny« and became part of the Regional Board of Solidarność in Cracow. In November 1981, he travelled to Denmark, and when the news about martial law was issued, he found himself in West-Germany. Being familiar with Catholic and trade union circles – inter alia with Cywiński and Tadeusz Mazowiecki, one of Kułakowski's closest friends in Poland –, he was quickly accepted as the second delegation member.[39]

From 24th January to 24th February 1982, Przybylski and Konopka visited eight countries: Venezuela, Panama, Costa Rica, Honduras, El Salvador, Columbia, Ecuador, and the

---

33 *Hanna Aritos*, Solidarność z Solidarnością, in: Karta. Kwartalnik historyczny 77, 2013, pp. 130–133.
34 *Kim Christiaens*, E-mail interview with Luis Pásara, 12.7.2014.
35 *Kalukin*, Zapluty karzeł z puszki, p. 5, and *Goddeeris*, Interview Przybylski. The person who invited Przybylski to Belgium in September 1981 was Mich Kuczkiewicz.
36 *Jan Skórzyński/Paweł Sowinski/Małgorzata Strasz* (eds.), Opozycja w PRL. Słownik biograficzny 1956–1989, vol. 3, Warszawa 2006, pp. 63–65.
37 The early contacts between Kułakowski, Cywiński and Konopka, who were together received in audience by Pope John Paul II in January 1982, are also accounted in Spotkania na Bagateli, pp. 140f.
38 *Jan Skórzyński/Paweł Sowinski/Małgorzata Strasz* (eds.), Opozycja w PRL. Słownik biograficzny 1956–1989, vol. 1, Warszawa 2000, p. 186.
39 *Goddeeris*, Interview Konopka.

Dominican Republic.[40] Again, this happened on the invitation of the CLAT, that hoped to buttress its claims to be the legitimate voice of Solidarność in Latin America and to undermine the activities of competing groups.[41] All of the time, Przybylski and Konopka were accompanied by a CLAT militant and a Christian democratic Member of Parliament from Venezuela (and a translator). Their major goals were lobbying for political support, providing information, bearing witness to the 15 months of Solidarność's legal assistance, and contradicting the propaganda that the Polish opposition was defeated. A stay in a particular country usually consisted of a number of ceremonial visits to politicians (e.g. the Salvadorian Christian democratic junta leader and later president José Napoleón Duarte), meetings with bishops, trade union activists, workers and Polish immigrants, performances at press conferences and TV programs, and festive meals. Just as in 1980, they were struck by the exuberant and »authentic« solidarity they were hosted with. They also triggered new actions, such as demonstrations, work stoppages, public declarations of support, etc. They refused financial support though, considering it inappropriate to receive material aid from countries that were in big need themselves. Only in Venezuela, the most affluent country they visited, they did not object a collection, and only in Costa Rica they accepted food aid in the form of coffee.[42]

By contrast with the visit at the end of 1980, this second delegation was not an official representation of Solidarność. Przybylski and Konopka visited the countries as Solidarność members who temporarily found themselves abroad. In these first months after the proclamation of martial law, there was indeed no official leading of Solidarność. Militants, who were staying abroad when Jaruzelski issued martial law, met in December 1981 in Zurich and in January 1982 in Brussels and decided that each country should have one coordinating office. In February 1982, delegates to the first (and only) national congress of the NSZZ Solidarność (September–October 1981) established a Group of Delegates to the National Convention of the ISTU ›Solidarity‹ Currently Abroad. However, after some leaders of the Polish underground had created the »Temporary Coordinating Commission« (»Tymczasowa Komisja Koordynacyjna«) on 22nd April 1982, they ordered their compatriots abroad to make a single representation in the West. In a letter that was smuggled out of Poland and sent to several exiles and trade union confederations, Bogdan Lis commissioned Jerzy Milewski to lead this centre. Milewski had worked as an engineer at the Polish Academy of Sciences, where he had initiated a strike in August 1980 and built a bridge between this intellectual milieu and the shipyard workers. His Solidarność Coordinating Office Abroad (»Biuro Koordynacyjne NSZZ Solidarność za Granicą«) was founded in Oslo in July 1982.[43]

This Coordinating Office had its headquarters in Brussels, where the ICFTU and the WCL also had their seats, and expanded the Latin American connection that had been

---

40 Konopka wrote an extensive report about this journey: »Uwagi po podróży członków Solidarności do krajów Ameryki Łacińskiej« (Rome, 19.3.1981, 16 pages), unpublished manuscript copied by the author for Idesbald Goddeeris. This enables us to refute details from other sources. The Polish Foreign Ministry learned from a note from Managua that a certain Barański was travelling with Konopka and Przybylski (MSZ, Z31/85, W2, Szyfrogram, Managua, 21.2.1982), but this is not confirmed by any other source. The WCL was informed that the delegation would also travel to Peru, but this visit has not taken place (Mission Solidarność in Poland, Enrique Marius to Jan Kułakowski, 6.1.1982, KADOC, WCL, 323).
41 Enrique Marius to Jan Kułakowski, 15.1.1982, ibid.
42 *Tadeusz Konopka*, Uwagi po podróży członków Solidarności do krajów Ameryki Łacińskiej, p. 16.
43 *Idesbald Goddeeris*, Lobbying Allies? The NSZZ Solidarność Coordinating Office Abroad, 1982–1989, in: Journal of Cold War Studies 13, 2011, pp. 83–125; *Goddeeris*, Ministerstwo Spraw Zagranicznych »Solidarności« (2006 & 2007).

established in the previous months. The CLAT remained its most active ally in the region. It continued to set up national support committees, resumed its support of awarding the Nobel Peace Prize to Lech Wałęsa[44], launched a campaign for the release of Solidarność's vice-president Mirosław Krupiński[45], lobbied with the Venezuelan government for visas for Polish dissidents aiming to leave the country[46], and started efforts to give 300 Polish refugees in Austria political asylum in Venezuela.[47]

In September 1982, a new Solidarność delegation set off for a third journey to Latin America. It was much larger than the previous ones and consisted of the Coordinating Office members Jerzy Milewski and Krystyna Ruchniewicz (its financial head), WCL general secretary Jan Kułakowski, the previous delegation members Tadeusz Konopka and Józef Przybylski, the intellectuals Bohdan Cywiński (who had apologized for the trip in January 1981) and Krzysztof Pomian, and the Polish chief editor of the »L'Osservatore Romano« Adam Boniecki.[48] First, they attended the international conference on »Poland-Latin America« organized by the CLAT in San Antonio de los Altos (Caracas). It was an event that was steeped in a spirit of anti-communist Catholicism and was attended by bishops from Brazil and the U.S., as well as opposition trade unionists from Cuba and Nicaragua.[49] The CLAT celebrated the struggle of Solidarność as akin to its own struggle against totalitarian regimes of the right and the left in Latin America, drawing analogies between the role of the church and workers in fuelling opposition in Poland and Latin America. Afterwards, the Polish guests travelled to various Latin American countries. Przybylski headed for Colombia, Milewski for Mexico, and Konopka, Kułakowski and Ruchniewicz hoped to get to Brazil and Argentina (where the trade union »Confederación General del Trabajo de la República Argentina« was clashing with the government) but eventually did not receive an invitation and returned to Europe.[50]

This visit of September 1982 was not the last common event of that year.[51] In October and November, the CLAT participated in an international campaign against the de-legalization of Solidarność by calling upon its affiliates to demonstrate in front of Soviet embassies (such as happened in Buenos Aires and Caracas)[52], boycott trade and communication with Poland and the USSR and dispersing thousands of Solidarność posters in Caracas and other Latin American capitals.[53] And in December 1982, Krystyna Ruchniewicz attended as a prominent guest the CLAT Congress in Bogotá. There, she presented the struggle of Solidarność before some thousands of attendants, including a representative of the Afghan resistance and the president of Colombia Belisario Betancur.[54] Again, the Catholic

---

44 CLAT-Nederland to Nobel Prize Committee, August 1982, International Institute of Social History (IISH), Solidarność Nederland, 49.
45 CLAT Newsletter, September 1982, IISH, Solidarność Nederland, 49.
46 Letter from Jorge Cuisana Valencia and Emilio Máspero, 19.5.1982, KADOC, WCL, 323.
47 Emilio Máspero to Jan Kułakowski, 22.1.1982, KADOC, WCL, 324.
48 *Bohdan Cywiński*, El Catolicismo es la sangre de Polonia, in: ABC (Madrid), 21.1.1981, p. 7.
49 CLAT. Boletín Prensa, Radio y Televisión, 1982; CLAT Newsletter, September 1982, IISH, Solidarność Nederland, 49.
50 Telegram from CLAT to Jan Kułakowski, 17.8.1982, KADOC, WCL, 324, announces a visit to Argentina and Brazil, but this was eventually cancelled (*Goddeeris*, Interview Konopka). About the troublesome relationship of the Christian democratic trade unionists and Argentina, see also Spotkania na Bagateli, pp. 98f.
51 Circular from Emilio Máspero to CLAT affiliates, 15.10.1982, KADOC, WCL, 326.
52 Letter from Miguel Gazzera to Jorge Cuisana, 4.11.1982, ibid.
53 Emilio Máspero to Solidarność Coordinating Office Abroad, 20.10.1982, ibid. More about this action in *Goddeeris*, Ministerstwo Spraw Zagranicznych »Solidarności« (2006), p. 345.
54 Conclusiones. Coloquio Movimiento de los Trabajadores Polonia-América Latina, IISH, Solidarność Nederland, 49.

identity of Solidarność was key in its representation, as became clear in the launching of a campaign for material support by selling medals of the Virgin Mary and of John Paul II.[55]

In the beginning of 1983, the Poles still seemed to be interested in alliances with Latin American trade unionists. At the initiative of the CLAT affiliated trade unionists of the pluralist Venezuelan trade union CTV, Kułakowski sent Zygmunt Zawalski to Caracas as a permanent Solidarność representative in Latin America. Zawalski, who had been part of the first delegation in late 1980, had continued his commitment for Solidarność after his return to Poland. On 13th December 1981, he was jailed in the internment camp of Strzebielinek, but because of health problems, he was moved to a regular prison in Gdańsk, from where he was released after three months. He resumed his job, but was not allowed to leave his office and – as he had done in the past – to control ships. Eventually, he was given the choice between a broken career and a passport without the right to return, and he opted for the latter.[56] With the intermediation of the CLAT and the Venezuelan embassy in Warsaw, he was able to dispose of the necessary visas to travel along with his wife and their 13 year old daughter to Venezuela, after a short stop-over in Belgium in March 1983.[57] They settled in Caracas with the support of the CLAT, which aimed to establish in its headquarters a Latin American branch of the Solidarność Coordinating Office Abroad to strengthen the legitimacy and impact of its campaigns over Poland.[58] Yet, the collaboration became quickly fraught in conflict, as revealed by the letters Zawalski wrote from Venezuela to Milewski in Brussels from May 1983 onwards. Three of them fell into the hands of the Polish secret service. They give an extremely interesting insight in his work and his contact with his partners on the location.[59]

Zawalski had to fuel the Latin American interest in Solidarność and to intensify further collaboration. He gave interviews, wrote articles in local journals and gave lectures in Spanish, inter alia at the seminar »Marxismo y neomarxismo: análisas crítico« or at the anti-Left Centro Pro Venezuela. He also set up some special actions, for instance joining international campaigns against Yalta (Renounce Yalta) and in favour of individuals (e. g. for Andrzej Słowik, who was on a hunger strike). For a demonstration on Labour Day, he prepared 300 t-shirts with printed logos. However, he was all but satisfied with the results. A mere handful of people (and only one CLAT militant) showed up on the 1st May event, of whom there were so many communists that he did not dare to take the floor. His interviews were published with many mistakes, his proclamations were ignored, and his articles had to focus on particular topics, such as Catholicism and the Pope. Zawalski also complained about the media coverage on Poland in general, which he found weak and superficial.

The Solidarność representative did not find support elsewhere and did not succeed in mobilizing the Polish diaspora, in spite of the fact that he had become vice-president of one of their associations. Polish immigrants avoided involvement in politics because they did not want to have problems with visas or with relatives in Poland. Some individuals were supportive, and a certain priest Urbański celebrated patriotic masses. Most others, however, were not. The local Solidarność committee chairman even received a scholarship

---

55 Flash, no. 196, 15.2.1983, p. 4; Circular, 15.10.1982, KADOC, WCL, 326; El Nacional, 4.11.1982.
56 *Idesbald Goddeeris*, Telephone interview with Ewa Zawalska, Genk, Belgium, 27.2.2015.
57 Ernesto Molano to Emilio Máspero, 1.3.1983, KADOC, WCL, 326. In Belgium, he was provided housing and allowance by the metallurgist confederation.
58 Telegram of Jan Kułakowski, 29.10.1982; Telex from Emilio Máspero to Jan Kułakowski, 16.12.1982, ibid.
59 Institute of National Remembrance, Warsaw (IPN), 514/21, vol. 2, letters by Zygmunt Zawalski to Jerzy Milewski, Caracas, 5.5.1983, San Antonio, 1.7.1983 and 12.8.1983.

for his daughter from the Polish embassy. But Zawalski did not only blame his compatriots in Venezuela. He was also extremely disappointed about the CLAT. His first letter, from early May 1983, started with the comment that »it would be wrong to even speculate that one could get the CLAT's sincere interest in the Polish case or in your [Coordinating] Office«. Máspero was »an old sly dog who does not get into our case and pats on the back«, and »the proof that they would like to take distance from our issue is the fact that the guy who was sonorously represented as the CLAT's specialist of Polish affairs, is strangely avoiding me«.[60]

III. REASONS FOR THE FAILED COLLABORATION

There are several reasons accounting for this lack of support. Zawalski referred to the economic and political instability in the country. Venezuela was hit by a severe crisis caused by the 1980s Oil Glut. While a dollar was worth 4,30 bolívar in February 1983, the rate declined to 10,25 in May and to 17 in August. The crisis affected the CLAT, which disposed of fewer means.[61] Zawalski had to work in difficult circumstances: he stayed with his family in the CLAT office without any allowance or insurance, once in a while did an occasional job – for instance translating something – but sometimes had to survive several days without food. The economic problems had an impact on politics and weakened the Christian democratic president Luis Herrera Campíns, whose interest in Solidarność had been rooted in efforts to profile his government as a democratic model for Latin America vis-à-vis right-wing and left-wing dictatorships and movements.[62] Yet, in view of the general elections of December 1983, the Christian democrats (both the party COPEI and the trade union »Confederación General de Trabajadores de Venezuela«, affiliated with the CLAT) focused their fight on the social democrats (»Acción Democrática«, which would win a majority in the parliament and deliver the new president Jaime Lusinchi) and therefore flirted with other, more left-wing parties (e.g. with the »Movimiento al Socialismo« of Teodoro Petkoff).[63] Accordingly, they were more reluctant to explicitly side with Solidarność, although their interest revived on other occasions, when they could weld the Polish crisis to other Latin American struggles, such as was the case in Nicaragua.

International affairs also troubled the collaboration. Zawalski complained that his Latin American colleagues »are more concerned about the Falklands and about how to stop American imperialism than about our issues«.[64] Solidarność's and the CLAT's views on the Cold War indeed only matched on the surface. Konopka had still been open to the CLAT's criticism of the United States. He denounced American support of dictatorships, political interference and military interventions but simultaneously emphasized to the Latin Americans that Solidarność did not want to be put in a black-and-white scheme and considered itself first and foremost a trade union, fighting for social rights rather than political change. One and a half year later, Zawalski learned that »the standpoint presented

---

60 Ibid.
61 Telex from Jorge Cuisana (CLAT international department) to the Solidarność Coordinating Office Abroad, 15.10.1982, WCL, 326.
62 *Máspero*, De strijd van de vrije vakbeweging in Polen en Latijns-Amerika, p. 5.
63 More general literature on Venezuelan politics and society: *Urquijo*, El movimiento obrerode Venezuela; *Steve Ellner*, Trade Union Autonomy and the Emergence of a New Labor Movement in Venezuela, in: *Steve Ellner/Miguel Tinker Salas* (eds.), Venezuela. Hugo Chávez and the Decline of an »Exceptional Democracy«, Lanham/Boulder etc. 2006, pp. 77–98; *Elizabeth Gackstetter Nichols/Kimberly J. Morse*, Venezuela, Santa Barbara 2010.
64 Zygmunt Zawalski to Jerzy Milewski, Caracas, 5.5.1983, IPN, 514/21, vol. 2.

by the last Solidarność delegation regarding the United States was inacceptable for them«.[65] Even the CLAT's anti-communism could not bridge the gap and conversely ran counter to the strategic goals of Solidarność. The CLAT and its national members were indeed keen to connect solidarity with Poland to denunciations of Soviet military interventionism in the past (Hungary and Czechoslovakia) and in other regions (Afghanistan) but also to protest against Soviet support for political movements in Latin America, most notably in Cuba and Nicaragua.[66] Throughout the 1980s, the CLAT put much interest in connecting Solidarność to its struggle against the Sandinistas in Nicaragua, where its Christian affiliate clashed with the Nicaraguan government. This instrumentalization, however, met opposition from the Solidarność Coordinating Office Abroad. One of the major reasons was the support the Sandinistas received among its allies in the West, such as social-democrats and more left-wing groups who aimed to construct a »third way« by equating U.S. involvement in Central America with Soviet imperialism in Eastern Europe.[67] Connections with the anti-Sandinista opposition carried the risk of furthermore fuelling criticism that the Polish trade union was, just like the Contras in Nicaragua, a pawn of the CIA – a highly unwelcome association at a time when peace movements denounced American power over Western Europe through large-scale protest against the installation of missiles.

Another reason that jeopardized the relationship between Solidarność and the CLAT was the competition with other trade union confederations. In the first years, this triggered the CLAT to identify with Solidarność. It even aspired to monopolize the Latin American contacts with the Polish opposition, and its support committee insisted to refuse official recognition of the Solidarność Venezuela Association.[68] However, the CLAT could not prevent the Solidarność delegations from meeting with other confederations. Konopka and Przybylski thought that they should talk to everybody who wanted this. In most of the countries, they also met with representatives of the ORIT, and in Colombia and Ecuador they even had conversations with communist trade unionists.

After the foundation of the Solidarność Coordinating Office Abroad in July 1982, Solidarność's contacts with the ORIT intensified. This is not surprising. The Coordinating Office was Solidarność's official representative outside of Poland and did not want to ally itself with one single trade union confederation. Its president, Jerzy Milewski, had far less in common with Kułakowski than the other Polish activists dealing with Latin America. He leaned more to social democracy than to Christian democracy and had been involved in the foundation of a rather left-wing political party, the PPP (Polish Labor Party), in 1981. In the first months after December 1981, Milewski had lived in the United States, where he became acquainted with the AFL-CIO.[69] Once moved to Brussels, however, he wanted to avoid identification with the American trade union confederation and to refute the accusation that he was a Cold War hawk or a puppet of the U.S. The ORIT was an excellent way to do so. It grouped many American trade unions: not only – as within the CLAT – the Latin American ones, but also the Canadian Labour Congress and the AFL-CIO (which was the major financier and always provided the ORIT treasurer). Initially, the ORIT seemed even a better option than the ICFTU. The AFL-CIO had left the ICFTU in

---

65 Zygmunt Zawalski to Jerzy Milewski, San Antonio, 1.7.1983, IPN, 514/21, vol. 2.
66 Nicaragua. El syndrome de Polonia. Departamento de Información y Publicaciones (DIP), Boletín de Prensa. CLAT, 29.12.1981, KADOC, WCL, 326; Mitil Ferreira to Kułakowski, 2.1.1982, ibid.
67 Kim Christiaens, Globalizing Nicaragua? An Entangled History of Sandinista Solidarity Campaigns in Western Europe, in: Jan Hansen/Christian Helm/Frank Reichzerzer (eds.), Making Sense of the Americas. How Protest Related to America in the 1980s and Beyond, Frankfurt am Main/New York 2015, pp. 155–177.
68 José Mercedes González to Kułakowski, 16.2.1982, KADOC, WCL, 323.
69 Goddeeris, Ministerstwo Spraw Zagranicznych »Solidarności« (2006), p. 317.

1969 and only rejoined it in 1982, but it had always remained affiliated with the ORIT.[70] It is also as a part of efforts to reach out to the left that the Solidarność Coordinating Office Abroad cooperated with the Chilean labour opposition against Pinochet, which was supported by the ICFTU and the ORIT. In Brussels, the Solidarność Coordinating Office Abroad allied itself with the Chile Labour Committee, which represented the democratic labour opposition inside Chile and cooperated with the ICFTU and its Belgian socialist member, the »Algemeen Belgisch Vakverbond/Fédération générale du travail de Belgique«. For Milewski, solidarity with the resistance against the right-wing and anti-communist dictatorship of Pinochet was crucial to make clear that Solidarność was anything but a matter of the right or a clerical reactionary movement, and even less a »CIA plot«, as averred by Eastern European state propaganda as well as its left-wing critics in the West.[71] In his opinion, connecting to Chile was strategically important to demonstrate that Solidarność was part of an anti-totalitarian struggle in countries »where there didn't exist a left and right«.[72]

Milewski's opinion obviously collided with the CLAT, which was the ORIT's direct competitor and was highly critical of the AFL-CIO's and the ICFTU's policy in Latin America. It did not take much time before the divergence of views came to a clash. In the summer of 1982, just weeks after the Solidarność Coordinating Office Abroad had been established, the CLAT announced that it was preparing the earlier mentioned conference on »Poland-Latin America« in San Antonio de los Altos (Caracas). According to the Italian priest and Solidarność supporter Francisco Ricci, the conference marked an approaching merger between the banned trade union Solidarność and the CLAT. Ricci's declaration was published in Italian media[73] but fiercely rebuffed by the Poles, who refused to function as co-organizers of the conference and only wanted to be involved as guests.[74] Eventually, Milewski did attend the conference, along with other Poles, but then travelled to the headquarters of the ORIT in Mexico.[75] There, he could convince the AFL-CIO to pay a ticket for Anna Nitosławska, a Polish Canadian international labour development expert living in Mexico, to Brussels in order to assist him in developing the Coordinating Office. Nitosławska would stay in Brussels for more than two years, initially as a volunteer and after a couple of months on a small stipendium from the Canadian trade union CLC, a member of the ORIT and the ICFTU. Especially her French, English and Spanish proficiency, her acquaintance with Western trade unions, and her Canadian passport – allowing for much travelling without visa complications – were invaluable for her foreign trips with Milewski, her editing of newsletters, etc.[76]

---

70 Stephen Burwood, International Confederation of Free Trade Unions (ICFTU), in: Eric Arnesen (ed.), Encyclopedia of U. S. Labor and Working-class History, London 2007, p. 673; Robert Anthony Waters/Geert Van Goethem, American Labor's Global Ambassadors. The International History of the AFL-CIO during the Cold War, New York 2013; Idesbald Goddeeris, Interview with Joanna Pilarska, Warsaw, 12.5.2015.
71 Free Labour World, 1983, no. 391/392, pp. 6–9.
72 Interview with Jerzy Milewski, RWE, 6.2.1985, IPN, BU 01820/49, vol. 4, pp. 111ff.
73 Jerzy Milewski and Bohdan Cywiński to Jan Kułakowski, 13.9.1982, KADOC, WCL, 323.
74 Jan Kułakowski to Emilio Máspero, 1.3.1982; Jerzy Milewski and Bohdan Cywiński to Jan Kułakowski, 13.9.1982, ibid.
75 Jan Kułakowski to José Mercedes González, 6.8.1982; Telegram from CLAT to Jan Kułakowski, 17.8.1982, KADOC, WCL, 326.
76 Idesbald Goddeeris, Skype interview with Anna Nitosławska, Leuven/Ottawa, 4.6.2015. Anna Nitosławska was born in Great Yarmouth (United Kingdom) in 1950. Her father was a former soldier of General Maczek's division, her mother the daughter of the Polish diplomat Tadeusz Romer. Four months after her birth, they moved to Canada and settled in Montréal. In the 1970s, Anna Nitosławska stayed for a few times in Mexico for research on development and politics. In the late 1970s, she settled there, working as a correspondent for Canadian radio and doing all kinds of other jobs, inter alia translation work for the ORIT.

Nitosławska also took care of the contact with the ORIT. Every six months, she and Milewski consulted with its general secretary Luis Anderson when the latter was in Brussels for meetings with the ICFTU. After her return to Latin America at the end of 1985, where she first worked at a trade union committee in Panama and in 1987 again settled in Mexico, she sometimes represented Solidarność at ORIT, for instance at a meeting in Jamaica. Yet, one should not overestimate the relationship with the ORIT. Nitosławska emphasizes herself that the collaboration lacked a structural character, did not include financial aid and basically consisted of sending reports and bulletins. Her colleague Joanna Pilarska, who joined the Coordinating Office in March 1983 and would remain Milewski's right hand until the collapse of communism, admits that there was more contact with the CLAT than with the ORIT.[77] At the same time, both former activists underline the ORIT's relevance. Pilarska thought that the relationship with the ORIT was more sincere, and Nitosławska concluded that the CLAT issued a lot of declarations, but the ORIT had a much greater political weight, grouping the largest Latin American trade unions and having a seat in the Governing Body of the ILO. Yet, she also admits that the Coordinating Office collaborated much more intensively with the ICFTU and the AFL-CIO. Interestingly, its contact persons there – Ela Wasiutyńska (Connecticut) at AFL-CIO and Janek Kuczkiewicz and Anna Oulatar (Brussels) at ICFTU – were of Polish origin, just as with the WCL (Jan Kułakowski) and the Belgian Christian trade union »Algemeen Christelijk Vakverbond/Confédération des syndicats chrétiens« (ACV/CSC, Tadek Oruba).

The CLAT made its own analysis of the ORIT's stance towards Poland. In a report for Kułakowski, it stated that the AFL-CIO was the single one trade union within the ORIT that supported Solidarność and that social democrats in Latin America primarily focused on Nicaragua, El Salvador, and Grenada.[78] This was quite correct, and Zawalski must have had the same impression. During his stay in Caracas in 1983, he twice reported to Milewski that he tried to contact Mexico, which presumably stands for the ORIT, but that he did not receive any bulletins or letters.

A last reason for the failed relation between the CLAT – after the political and economic instability, the diverging views on international affairs and the U.S., and the competition with other trade unions – are the societal and cultural gaps. Some Polish sources stated that Latin Americans lived in different worlds. Konopka extensively reported about the differences between Poland and Latin America. He was struck by the economic contrast, the unemployment and the social injustice. However, »my greatest shock were the great ties of the majority of trade unions with political parties [...]. Also striking is the low percentage of workers affiliated with trade unions [...], especially state workers who already have a certain professional position and whose living standard is higher than average.«[79] Konopka even became aware of

»many cultural differences that obstruct a repeated and complete understanding of Latinos with people brought up in the European culture. I am thinking of the difference of meanings, attitudes and temperaments. One can also often observe a feeling of uncertainty, which results from the lack of rootedness in one's own culture and native traditions«.[80]

He therefore concluded that »it is completely impossible to directly pass experiences. [...] It is, however, vital that the persons who will go to Latin America will be introduced – as far as this is possible – in the social and political problems of these countries, at least more

---

77 *Goddeeris*, Interview Pilarska. About Pilarska, see her passport file at IPN, BU 797/68421.
78 Diferentes puntos de vista en América Latina sobre Solidarność, 7.2.1983, KADOC, WCL, 326.
79 *Konopka*, Uwagi po podróży członków Solidarności do krajów Ameryki Łacińskiej, p. 7.
80 Ibid., p. 12.

than had been the case with my person.«⁸¹ His advice was turned a deaf ear to. Zawalski had lived in Poland before moving to Caracas and was all but prepared. More than thirty years later, his widow explained the failure also by referring to cultural differences: »As it happens in the Southern part, everything was mañana«.⁸²

However, the Poles themselves were not entirely innocent either. On the one hand, they traditionally did not put this international collaboration high on the agenda. The stay of Zawalski was poorly prepared: he was recognized as a Solidarność representative, but was not given any power of attorney.⁸³ On the other hand, there was also internal tension within the Polish delegations themselves. In an interview published in 2009, Przybylski dwells at great length on his conflicts with Zawalski during the journey at the end of 1980. He represents Zawalski as a communist whose speeches were so badly received that he did not get the floor, as a Pharisee who did not teach his daughter religious »stupidities«, but then read the Bible in a Holy Mass in the presence of the Venezuelan President Campíns, as a thief who after his return asked the Venezuelans for financial support for Solidarność but kept the 4,000 USD he received for himself, and even as a secret agent of the Polish security services.⁸⁴

Of course, these internal conflicts do not solely account for the unsuccessful collaboration. Maybe the other way round, such gossips resulted from failure and frustration. Przybylski and Zawalski indeed did not build a successful political career after their Latin American adventures. Zawalski returned after an eight months' stay in Venezuela, settled in the East Belgian town Genk, became a warehouseman in the metalworks »Decometa« and died in 2008.⁸⁵ Przybylski had already been living in Belgium since 1981, unsuccessfully tried to return to Poland in 1983, eventually found a job as a blue-collar worker in a cannery in Mechelen (where he hid books and ink in tins for Poland), retired due to health problems at the age of 47 and still lives in Brussels anno 2015.⁸⁶ Konopka, in contrast, became one of the key figures of Solidarność in Rome⁸⁷, and Cywiński continued to be a major advisor of the Solidarność Coordinating Office Abroad.⁸⁸

Over the following years, Cywiński also developed into Solidarność's main voice in Latin America. With the financial support of 25,000 DM provided by the Konrad Adenauer Foundation, the CLAT translated his book »The Polish Experience« into Spanish and diffused some thousands of copies among its members in 1985 to publicize the Polish struggle.⁸⁹ The CLAT also invited him to visit its members in Caracas, Bogotá, Buenos Aires, Montevideo and Brazil.⁹⁰ However, Cywiński did not always accept the invitation and only later returned twice to Latin America. In 1987, he joined Jan Kułakowski to Argentina for a meeting with local trade union representatives. And at the end of 1989 he travelled as a representative of Solidarność to Venezuela, Colombia, Chile and Paraguay. This was a victory tour – Solidarność had won the Parliamentary elections earlier that year and the Berlin Wall had just fallen. It was also an attempt to internationalize the Polish trade union in

---

81 Ibid., pp. 14f.
82 *Goddeeris*, Interview Zawalska.
83 Zusammenfassung der Ergebnisse einer Aussprache mit Lech Walesa, 28.3.1983, KADOC, WCL, 326.
84 *Kalukin*, Zapluty karzeł z puszki, p. 5. Zawalski does not have a file at the IPN though (checked in the catalogue on 12th May 2015).
85 *Goddeeris*, Interview Zawalska.
86 *Kalukin*, Zapluty karzeł z puszki, p. 5, and *Goddeeris*, Interview Przybylski.
87 *Krystyna Asipowicz/Tadeusz Konopka*, Włochy, in: *Tomasz Piesakowski* (ed.), Akcja niepodległościowa na terenie międzynarodowym 1945–1990, London 1999, pp. 516–521.
88 *Skórzyński/Sowinski/Strasz*, Opozycja w PRL, vol. 3, pp. 63–65.
89 Jan Kułakowski to Emilio Máspero, 10.12.1984, KADOC, WCL, 327.
90 Emilio Máspero to Jan Kułakowski, 29.5.1985, ibid.

the new geopolitical context. Cywiński especially remembers how he helped a Polish priest working among foresters and how he addressed strikers at the construction of a dam near the Paraguay border with Brazil. A couple of days later, the police crushed the strike and some workers died. Cywiński could not return to the place – he had already booked his ticket back home – and decided to launch a campaign in Europe. However, the Romanian Revolution had just erupted and he did not succeed in mobilizing people for a workers' protest in the Global South.[91]

Yet, this failing solidarity and widening gap did not prevent the Poles from universalizing their cause and from pretending to have collaborated intensively throughout the entire decade. Next to Cywiński, also Lech Wałęsa visited Caracas in November 1989. They met with different unionists and dignitaries, including the Venezuelan president Carlos Andrés Pérez, but first and foremost attended the 22nd WCL Congress.[92] There, the Argentinian Carlos Custer was elected the first South American WCL general secretary (and the successor of Jan Kułakowski). There remained a Polish connection though, since Krzysztof Dowgiałło – a Solidarność activist from Gdańsk who had been elected for the Polish Parliament in June 1989 – became the new WCL vice-president. In 1993, Wałęsa – then President of the Polish Republic – and Dowgiałło hosted Custer in Poland.[93] By then, the troubles of the mid-1980s must have been long forgotten. Amnesia allowed to cherish a great connection between Poland, Latin America, and the WCL. One even did not notice that Poland lacked a Christian democratic party[94] or that the contacts of the early 1980s had not led to an enduring collaboration.

IV. CONCLUSIONS

Whilst Solidarność's international contacts have mainly been studied with a focus on the West, this article has revealed a variety of contacts between Solidarność and Latin American trade unionists. Solidarność's Latin America policy started very promising and very quickly after its foundation. The first official Solidarność delegation abroad, in November 1980, headed for Peru and Venezuela. In the course of 1981, Latin American trade unionists met with John Paul II in the Vatican and Lech Wałęsa in Geneva. In January and February 1982, just a month after the proclamation of martial law, two Solidarność members travelled to eight Latin American countries. In September of that year, a large delegation, consisting of at least nine Polish key activists, attended a conference in Caracas and then dispersed to other Latin American countries. And from March 1983, a permanent Solidarność representative stayed for eight months in Venezuela in order to intensify further collaboration.

Yet, these connections should be put in perspective. Contacts with Latin America mainly proceeded through a handful of leading exiles and paled in intensity and scope with those with trade unionists in the West. Even if these contacts and their motives have often been glamourized in retrospect, they were not high on the agenda in the 1980s and were far from successful. The protagonists themselves did not have a clue about what they were

---

91 *Idesbald Goddeeris*, Telephone interview with Bohdan Cywiński, Przerośl, Poland, 10.3.2015.
92 *Urquijo*, El movimiento obrero de Venezuela, p. 52.
93 See The Downfall of the WCL, part 3, 17.8.2013, URL: <http://internationalworkers.blogspot.be/2013/08/the-downfall-of-wcl-part-3.html> [30.10.2016], a blog by the Dutch CLAT and WCL activist Petrus Nelissen.
94 *Tim Bale/Aleks Szczerbiak*, Why is there no Christian Democracy in Poland – and Why Should We Care?, in: Party Politics 14, 2008, pp. 479–500, and *Ann Grzymala-Busse*, Why there Is (almost) No Christian Democracy in Post-Communist Europe?, in: Party Politics 19, 2013, pp. 319–342.

looking for in Latin America and what their Latin American policy consisted of. When Tadeusz Konopka returned from his visit to Latin America, he reported that »I have to admit that until now, I considered dealing with distant cases such as the problems of Latin America as a flight from reality. I do not remember that anybody has ever got the idea to organize an action in Poland to support the struggle they are fighting there, even if this is a right one«.[95]

At the end of the day, Solidarność's Latin America policy failed. Already in early 1982, Polish trade unionists noted that the Latin American partners – particularly the regional Christian democratic trade union confederation CLAT – were making use of the Polish case for their own purposes:

»The CLAT militants' interest in Solidarność has to be seen in the context of their fight in their own domain. Solidarność is in their eyes a curious example of societal unity around a single and independent trade union. They are interested in how one has to come to such a situation and which tactics Solidarność deployed in the struggle for democracy and self-governance. They would like to transfer these experiences to their own ground. The introduction of martial law in Poland is an argument for them in their struggle against the communists at home, in their own field of action.«[96]

From 1983 onwards, however, Solidarność's relevance diminished. Venezuela was suffering from an economic crisis which pushed the local Christian democrats from power. The CLAT as a whole proved to have different views on international politics, the U.S., and communism. The Polish crisis had lost momentum.

Also for the international trade union confederation to which the CLAT was affiliated, the WCL, Solidarność was instrumental. The WCL faced an identity crisis. It searched for new alternatives to communism and social democracy and therefore put great hope in the independent Polish trade union. Its general secretary Jan Kułakowski brought Solidarność and the CLAT together and financed the travels of Polish unionists to Latin America. Yet, he could not prevent them from collaborating with his social democratic rivals, the South and North American ORIT and the international ICFTU. In the entire story, Solidarność did not play a leading part. Its Latin American policy was mainly outlined by others and dependent on their strategies.

---

95 *Konopka*, Uwagi po podróży członków Solidarności do krajów Ameryki Łacińskiej, p. 15.
96 Ibid., p. 8.

Maria Alexopoulou

Vom Nationalen zum Lokalen und zurück?
Zur Geschichtsschreibung in der Einwanderungsgesellschaft Deutschland

I. EINWANDERUNG UND NATION

Deutschland ist eine Einwanderungsgesellschaft mit unvollständigem Gedächtnis.[1] Neuere deutsche Migrationsgeschichte samt ihrem Kernstück, der Geschichte der Einwanderungsgesellschaft Deutschland[2], ist ein Spezialthema, das in der Zeitgeschichte nicht breit rezipiert wird.[3] Auch ist es nicht flächendeckend in der universitären Lehre verankert. In den Standardwerken zur Geschichte der Bundesrepublik stellt Migration nach wie vor eine Randnotiz dar.[4] Zudem existieren viele Forschungslücken, blinde Flecken und hegemoniale Deutungsmuster; Darstellungen und Analysen sind oft an der Mehrheitsperspektive orientiert.[5] Daher bleibt die Forderung von Bundespräsident Johannes Rau in seiner Rede auf dem Historikertag 2002[6], die Geschichte Deutschlands unter dem Blickwinkel der Transformation zu und der Realität einer Einwanderungsgesellschaft zu betrachten und historiografisch umzusetzen, weiterhin ein Desiderat.

Dabei wird es nicht ausreichen, eine Geschichtsschreibung anzustreben, welche Minderheiten schlicht inkludiert – etwa als eine »Geschichte der Vielfalt«[7] –, die aber weiter-

---

1 Auf das sehr interessante und gerade auch in Hinblick auf das allgemeine Geschichtsbild und die Erinnerungskultur relevante Thema der musealen Repräsentation von Migration kann in diesem Text leider nicht eingegangen werden.
2 Die Migrationsgeschichte ist ein breiteres Feld, das sich mit allen Formen des Phänomens befasst; die Geschichte der Einwanderungsgesellschaft verstehe ich als Teilgebiet, das sich mit der Erarbeitung der Transformation Deutschlands und der historischen Gewordenheit von Phänomenen in der Einwanderungsgesellschaft sowie mit der Geschichte der zentralen Akteure – worunter die Einwanderinnen und Einwanderer und deren Nachkommen fallen – beschäftigt.
3 Vgl. die bereits ein Jahrzehnt alte Kritik daran: *Michael G. Esch/Patrice G. Poutrus*, Zeitgeschichte und Migrationsforschung. Eine Einführung, in: Zeithistorische Forschungen/Studies in Contemporary History 2, Online-Ausgabe, 2005, H. 3, URL: <http://www.zeithistorische-forschungen.de/16126041-Esch-Poutrus-3-2005> [10.10.2016].
4 In älteren Publikationen sind nicht mehr als einige vereinzelte Kommentare zu finden. Ulrich Herbert, der zwar schon lange nicht mehr dazu arbeitet, aber mit älteren Arbeiten weiterhin im Bereich renommiert ist, widmet dem Thema in seiner 1.451 Seiten starken »Geschichte Deutschlands im 20. Jahrhundert« insgesamt 30 Seiten (was in Vergleich zu anderen Werken relativ viel ist), dieses aber nur als »Nebennarrativ«; lediglich wenn es um Arbeitsmarktfragen geht, erscheinen »Ausländer« auch außerhalb der ihnen zugewiesenen Kapitel, vgl. *Ulrich Herbert*, Geschichte Deutschlands im 20. Jahrhundert, München 2014. Die Unterkapitel, die im Titel explizit Bezug auf die Frage nehmen, finden sich unter: S. 989–996 und S. 1171–1180.
5 Mehrheitsperspektive ist hier nicht als statistische Größe gemeint, noch weniger ist damit impliziert, dass »Mehrheit« ein homogenes Gebilde sei. Der Begriff soll vielmehr jene Haltungen und Wissensbestände benennen, welche die Diskurse dominieren und in denen die Perspektiven der in diesen Diskursen nicht Repräsentierten nicht inkludiert sind. Dieser Begriff soll also in erster Linie ein Machtgefälle zum Ausdruck bringen.
6 Rede von Bundespräsident Johannes Rau auf dem Deutschen Historikertag, 10.9.2002, URL: <http://www.bundespraesident.de/SharedDocs/Reden/DE/Johannes-Rau/Reden/2002/09/20020910_Rede2.html> [10.10.2016].
7 So auf der Webpage des Arbeitsbereichs »Minderheitengeschichte und Bürgerrechte in Europa« des Lehrstuhls für Zeitgeschichte, Universität Heidelberg, URL: <http://www.uni-heidelberg.de/fakultaeten/philosophie/zegk/histsem/forschung/Arbeitsbereich_MBE_Profil.html> [10.10.2016].

hin ein dichotomisches Verhältnis von Mehrheit und Minderheiten postuliert. Auch diese trägt damit die Gefahr in sich, zur kulturellen und gesellschaftlichen Festigung dieser binären, auf Hierarchien beruhenden Ordnung beizutragen. Demgegenüber halte ich eine grundsätzliche Demokratisierung der Geschichtsschreibung für geboten, die alle Bevölkerungsgruppen mit ihren Anliegen, Kämpfen und Beiträgen gleichermaßen historisierend in den Blick nimmt und sie nicht ignoriert oder an den Rand drängt. Die migrantische Bevölkerungsgruppe sollte dabei als Teil des Kollektivs verstanden werden. Sie sollte nicht weiter als »Andere« und »Fremde« in einem historisierenden *Othering*-Prozess gefangen und weiter externalisiert werden. Diese Geschichte sollte dann aber auch nicht lediglich dem Mehrheitsnarrativ »angeheftet« werden, sondern sie sollte darin methodisch, thematisch und hermeneutisch »amalgamieren«, in dem Sinne, dass sich ihre Analyse wiederum auf die Gesamtbewertung der allgemeinen »nationalen« Geschichte niederschlägt.

Denn trotz aller Kritik am methodologischen Nationalismus[8] ist die »nationale Meisternarration« als die vorherrschende Geschichte, die eine Gemeinschaft oder Gesellschaft als ihre kollektive Vergangenheit konstruiert, erzählt und erinnert, immer noch wirkungsmächtig. Ihre Inhalte und Auslassungen ergeben sich daraus, wer überhaupt die Möglichkeit hatte und hat, an der Definition, Interpretation und Erzählung dieser Geschichte teilzuhaben. Kien Nghi Ha spricht in diesem Zusammenhang gar von »[w]issenschaftliche[n] Forschungsdefizite[n] und Erinnerungsabwehr als sekundäre Kolonisierung«.[9]

Das Selbstverständnis als moderne Einwanderungsgesellschaft bedarf somit einer (Neu-)Bewertung des Faktors Migration für die neuere deutsche Geschichte, der Faktor Migration sollte als Thema »nationaler Relevanz« unter die Lupe genommen werden. Nach einer Kritik des derzeitigen Forschungsstands soll in diesem Text dafür plädiert werden, diese neue »nationale Meisternarration« aber gerade nicht dem Paradigma des methodologischen Nationalismus oder Transnationalismus folgen zu lassen, sondern sie aus der Synthese translokaler Ansätze – hier am Beispiel Mannheim[10] immer wieder konkretisiert – zu erschließen.

II. THEMEN DER MIGRATIONSGESCHICHTSSCHREIBUNG

Trotz der Fülle an Forschungsarbeiten zur deutschen Migrationsgeschichte liegt noch keine Monografie vor, die die Bezeichnung »Standardwerk« verdient hätte. Ulrich Herberts Geschichte der Ausländerpolitik in Deutschland deckt zwar das gesamte 20. Jahrhundert ab, behandelt die Nachkriegszeit aber eher überblicksartig, ohne Rückgriff auf die archivalische Quellenüberlieferung, und ist zudem weitgehend politikhistorisch ausgerichtet.[11]

---

8 Vgl. dazu *Ulrich Beck/Edgar Grande*, Jenseits des methodologischen Nationalismus. Außereuropäische und europäische Variationen der Zweiten Moderne, in: Soziale Welt 61, 2010, S. 187–216; *Andreas Wimmer/Nina Glick Schiller*, Methodological Nationalism and beyond: Nation-State Building, Migration and the Social Sciences, in: Global Networks 2, 2002, S. 301–334.

9 So eine der Überschriften in einem frühen, aus kritischer Sicht geschriebenen Aufsatz zur Migrationsgeschichte in Deutschland: *Kien Nghi Ha*, Die kolonialen Muster deutscher Arbeitsmigrationspolitik, in: *Hito Steyerl/Gutiérrez Rodriguez* (Hrsg.), Spricht die Subalterne deutsch? Migration und postkoloniale Kritik, Münster 2003, S. 56–107, Zitat: S. 57.

10 Der Bezug resultiert daraus, dass die Autorin dieses Beitrags zur Zeit an einem Buch- und Forschungsprojekt arbeitet, das Aspekte der neueren Mannheimer und südwestdeutschen Migrationsgeschichte behandelt.

11 *Ulrich Herbert*, Geschichte der Ausländerpolitik in Deutschland. Saisonarbeiter, Zwangsarbeiter, Gastarbeiter, Flüchtlinge, Bonn 2003. Zudem liegt ein Band in der Oldenburg-Reihe »Enzyklopädie deutscher Geschichte« vor: *Jochen Oltmer*, Migration im 19. und 20. Jahrhundert, München 2013.

Seit Längerem sind in dem Bereich der bi- beziehungsweise trilaterale Vergleich[12] sowie die europäische Perspektive[13] en vogue. Das grundlegende Werk von Karen Schönwälder »Einwanderung und ethnische Pluralität« ist ebenso vergleichend geschrieben, kann aber bislang noch am ehesten als Referenzwerk bezeichnet werden.[14] Das neue umfangreiche »Handbuch Staat und Migration in Deutschland seit dem 17. Jahrhundert« von Jochen Oltmer gibt zwar einen enzyklopädischen Überblick über den im Titel benannten Aspekt, liefert aber ebenso kein geschlossenes »Narrativ« zur Vorgeschichte der Einwanderungsgesellschaft Deutschland.[15]

Migrationsgeschichte bietet sich heute als ein fragmentiertes und segmentiertes Feld dar, in dem verschiedene Ansätze ausgetestet werden, etwa unter einer breiteren thematischen oder geografischen Ausrichtung und unter verschiedenen methodischen Herangehensweisen.[16] Bislang hat die deutsche Historiografie ohnehin in erster Linie nicht die Geschichte von Einwanderung, sondern die von Arbeitsmigration erzählt. Meist geht es um die Nachzeichnung der Entwicklung des Arbeitsmigrationssystems – also etwa um

---

12 *Jenny Pleinen*, Die Migrationsregime Belgiens und der Bundesrepublik seit dem Zweiten Weltkrieg, Göttingen 2012; *Karen Schönwälder*, Einwanderung und ethnische Pluralität. Politische Entscheidungen und öffentliche Debatten in Großbritannien und der Bundesrepublik von den 1950er bis zu den 1970er Jahren, Essen 2001; *Gianni D'Amato*, Vom Ausländer zum Bürger. Der Streit um die politische Integration von Einwanderern in Deutschland, Frankreich und der Schweiz, Münster 2001.
13 *Marcel Berlinghoff*, Das Ende der »Gastarbeit«. Europäische Anwerbestopps 1970–1974, Paderborn/München etc. 2013; *Jochen Oltmer/Axel Kreienbrink/Carlos Sanz Díaz* (Hrsg.), Das »Gastarbeiter«-System. Arbeitsmigration und ihre Folgen in der Bundesrepublik Deutschland und Westeuropa, München 2012; *Dittmar Dahlmann/Margrit Schulte Beerbühl* (Hrsg.), Perspektiven in der Fremde? Arbeitsmarkt und Migration von der Frühen Neuzeit bis in die Gegenwart, Essen 2011; *Christoph Rass*, Institutionalisierungsprozesse auf einem internationalen Arbeitsmarkt. Bilaterale Wanderungsverträge in Europa zwischen 1919 und 1974, Paderborn/München etc. 2010; *Clelia Caruso/Jenny Pleinen/Lutz Raphael* (Hrsg.), Postwar Mediterranean Migration to Western Europe. Legal and Political Frameworks, Sociability and Memory Cultures, Frankfurt am Main/Berlin etc. 2008; *Klaus J. Bade/Pieter C. Emmer/Leo Lucassen* u. a. (Hrsg.), Enzyklopädie Migration in Europa. Vom 17. Jahrhundert bis zur Gegenwart, Paderborn/München etc. 2007; *Leo Lucassen*, The Immigrant Threat. The Integration of Old and New Migrants in Western Europe Since 1850, Urbana 2005; *Mareike König/Rainer Ohliger* (Hrsg.), Enlarging European Memory. Migration Movements in Historical Perspective, Ostfildern 2006; *Klaus J. Bade*, Europa in Bewegung. Migration vom späten 18. Jahrhundert bis zur Gegenwart, München 2000.
14 *Schönwälder*, Einwanderung und ethnische Pluralität.
15 *Jochen Oltmer* (Hrsg.), Handbuch Staat und Migration in Deutschland seit dem 17. Jahrhundert, Berlin 2016.
16 So etwa im Rahmen des Exzellenzclusters »Kulturelle Grundlagen der Integration« an der Universität Konstanz, URL: <https://www.exzellenzcluster.uni-konstanz.de> [10.10.2016]; im Sonderforschungsbereich »Fremdheit und Armut« an der Universität Trier kam ein systemtheoretischer Ansatz zum Tragen, URL: <http://www.fze.uni-trier.de/de/presse-und-service/archiv/sonderforschungsbereich-600-fremdheit-und-armut> [10.10.2016]; der 2015 am Heidelberger Lehrstuhl für Zeitgeschichte initiierte Arbeitsbereich stellte das Thema in den Kontext der Stereotypen- und Minderheitenforschung, URL: <http://www.uni-heidelberg.de/fakultaeten/philosophie/zegk/histsem/forschung/Arbeitsbereich_MBE.html> [10.10.2016]. Auch das interdisziplinär ausgerichtete »Institut für Migration und Interkulturelle Studien« (IMIS), das lange dem von Klaus J. Bade etablierten, aber oftmals kritisierten sozialhistorischen Ansatz folgte, hat neue Fragestellungen und Perspektiven aufgegriffen, wie das neue Graduiertenkolleg mit dem Titel »Die Produktion von Migration« oder die Studien-Gruppe »Migrationsregime« erwarten lässt. URL: <https://www.imis.uni-osnabrueck.de/forschung/ueberblick.html> [10.10.2016].

die Entstehungsgeschichte der Anwerbeabkommen[17] und die Verhängung des Anwerbestopps[18] – sowie um Fragen der Ausländerpolitik.[19] In geringerem Maße ging es auch um die Rekonstruktion der Lebenswege und -realität(en) jener Menschen, die kamen, gingen oder blieben, was sich in Studien zur Geschichte der Türken in Deutschland[20] oder zu jener der Italiener in Wolfsburg[21] zeigt.[22] Diese Forschungsgegenstände sind freilich zentral für ein Verständnis der Vorgeschichte der deutschen Einwanderungsgesellschaft. Sie wurden in der letzten Dekade zumeist in Qualifikationsarbeiten bearbeitet.[23] Familiennachzug,

---

17 Vgl. dazu *Johannes-Dieter Steinert*, Migration und Politik. Westdeutschland – Europa – Übersee 1945–1961, Osnabrück 1995, S. 207–326, sowie *Heike Knortz*, Diplomatische Tauschgeschäfte.»Gastarbeiter« in der westdeutschen Diplomatie und Beschäftigungspolitik 1953–1973, Köln/Weimar etc. 2008. Eher aus wirtschaftswissenschaftlicher Perspektive: *Rass*, Institutionalisierungsprozesse auf einem internationalen Arbeitsmarkt.
18 *Berlinghoff*, Das Ende der »Gastarbeit«.
19 So der Ansatz bei *Herbert*, Geschichte der Ausländerpolitik in Deutschland, aber auch in vielen Publikationen etwa von Jochen Oltmer; zum Beispiel *Jochen Oltmer* (Hrsg.), Migration steuern und verwalten. Deutschland vom späten 19. Jahrhundert bis zur Gegenwart, Göttingen 2003.
20 Mit *Karin Hunn*, »Nächstes Jahr kehren wir zurück …«. Die Geschichte der türkischen »Gastarbeiter« in der Bundesrepublik, Göttingen 2005, liegt ein dichtes Werk vor, das sich durch eine breite Quellenarbeit und die Darstellung vieler wichtiger Aspekte und informativer Details auszeichnet. Allerdings bleibt Karin Hunn zu stark dem Ansatz ihres Doktorvaters Herbert und damit auch dem vorgegebenen politischen Diskurs verhaftet (etwa beim Integrationsbegriff). Auch kann einigen ihrer zentralen Schlussfolgerungen nicht zugestimmt werden, so etwa dem diagnostizierten »Minderwertigkeitskomplex« der Türken oder der »Ratlosigkeit« der deutschen Politik. Seither ist allerdings keine weitere entsprechende geschichtswissenschaftliche Studie zu dieser Herkunftsgruppe vorgelegt worden. Ein kleiner, sehr lesenswerter Band, in dem vor allem türkische »Gastarbeiter« die Hauptrolle spielen, ist: *Jörg Huwer*, »Gastarbeiter« im Streik. Die Arbeitsniederlegung bei Ford Köln im August 1973, Köln 2013.
21 Ganz im Gegenteil zur Migration aus der Türkei liegen aus der aus Italien schon mehrere Monografien vor, auch in italienischer Sprache; zudem ist eine gewisse Konzentration auf die italienischen »Gastarbeiter« bei VW in Wolfsburg festzustellen. Früh in Aufsatzform: *Anne von Oswald*, Volkswagen, Wolfsburg und die italienischen »Gastarbeiter« 1962–1975. Die gegenseitige Verstärkung des Provisoriums, in: AfS 42, 2002, S. 55–79. Als Monografie: *Hedwig Richter/Ralf Richter*, Die »Gastarbeiter-Welt«. Leben zwischen Palermo und Wolfsburg, Paderborn/München etc. 2012. Momentan arbeitet auch Grazia Prontera an einer entsprechenden Dissertation. Vgl. dazu ihren Aufsatz: *Grazia Prontera*, »Unsere und deren Komplexe«: Italiener in Wolfsburg. Berichte, Darstellungen und Meinungen in der lokalen Presse (1962–1975), in: *Gabriele Metzler* (Hrsg.), Das Andere denken. Repräsentationen von Migration in Westeuropa und den USA im 20. Jahrhundert, Frankfurt am Main 2013, S. 261–282. Freilich liegen zu italienischen Migrantinnen und Migranten weitere Studien vor. Erwähnenswert ist eine der frühen: *Yvonne Rieker*, Ein Stück Heimat findet man ja immer. Die italienische Einwanderung in die Bundesrepublik, Essen 2003, und der neuere, interessante Sammelband von *Oliver Janz/Roberto Sala* (Hrsg.), Dolce Vita? Das Bild der italienischen Migranten in Deutschland, Frankfurt am Main/New York 2011, der das Klischee des erfolgreich integrierten Italieners dekonstruiert. Auch jenseits von Wolfsburg hat es lokalhistorische Arbeiten explizit zu italienischen »Gastarbeiterinnen« und »Gastarbeitern« gegeben. So etwa *Elia Morandi*, Italiener in Hamburg. Migration, Arbeit und Alltagsleben vom Kaiserreich bis zur Gegenwart, Frankfurt am Main/Berlin etc. 2004.
22 Auch andere Gruppen werden berücksichtigt, vgl. zum Beispiel *Frauke Miera*, Polski Berlin – Migration aus Polen nach Berlin. Integrations- und Transnationalisierungsprozesse 1945 bis Ende der 1990 Jahre, Münster 2007.
23 Erstaunlich ist das Fehlen von historischen Studien über Migrantinnen und Migranten aus Griechenland, die immerhin eine große Gruppe stellten; die Migration aus Spanien ist nur wenig bearbeitet (als Monografie lediglich das empfehlenswerte, aber knappe Werk von *Carlos Sanz Díaz*, »Illegale«, »Halblegale«, »Gastarbeiter«. Die irreguläre Migration aus Spanien in die Bun-

Asyl[24] und Flucht[25] sowie nicht dokumentierte, also die sogenannte illegale Migration[26] sind »Zugangstickets«, die bisher zu wenig bis gar nicht historisch in den Blick genommen wurden.[27] Auch Transmigration[28], Pendelmigration und andere Formen von Wanderungsbewegungen – so auch die Remigration[29] – sind neben der Einwanderung historisch zu untersuchen. Vor allem wurden aber bislang kaum autoritative Synthesen betrieben, wurden noch kaum die Wechselwirkungen zwischen dem Regieren von Migration und dem Sein und Handeln der Migrantinnen und Migranten, das heißt aller Beteiligten im Migrationsregime[30], in der Zusammenschau erarbeitet und bewertet.[31] Und dieser Teil der Ge-

desrepublik Deutschland im Kontext der deutsch-spanischen Beziehungen 1960–1973, Berlin 2010), ebenso die aus dem ehemaligen Jugoslawien (dazu arbeitet zurzeit Karolina Novinšćak). Nicht explizit geschichtswissenschaftlich der Sammelband: *Teresa Pinheiro* (Hrsg.), Portugiesische Migrationen. Geschichte, Repräsentation und Erinnerungskulturen, Wiesbaden 2010.

24 Vgl. dazu einige interessante Beiträge in: *Thomas Prenzel* (Hrsg.), 20 Jahre Rostock-Lichtenhagen. Kontext, Dimensionen und Folgen der rassistischen Gewalt, Rostock 2012.
25 Im April 2015 wurde am IMIS das Netzwerk »Grundlagen der Flüchtlingsforschung« ins Leben gerufen, das sich wohl dieses Themenbereichs auch historisch annehmen wird. Zudem wurde 2014 eine dreijährige Juniorprofessur »Migration und Integration der Russlanddeutschen« eingerichtet.
26 Erste maßgebliche Studie, allerdings eher sozial-/kulturwissenschaftlich: *Serhat Karakayali*, Gespenster der Migration. Zur Genealogie illegaler Migration in der Bundesrepublik Deutschland, Bielefeld 2008.
27 Wobei sich das mit Aufhebung der Sperrfristen wohl ändern wird, weil diese Phänomene vor allem jüngere Zeiträume seit den 1980er-Jahren betreffen.
28 Ana Marić arbeitet am Lehrstuhl für Zeitgeschichte der Universität Mannheim an einem Promotionsprojekt über Transmigranten, die in den 1990er-Jahren aus Ex-Jugoslawien über Deutschland in die USA auswanderten.
29 In der Phase bis 1973 stellten die Remigranten unter den »Gastarbeitern« die eindeutige Mehrheit, sodass man angesichts dessen sagen kann, dass das politisch immer wieder diskutierte und von vielen Kräften gewünschte Rotationssystem durchaus funktioniert hat. Vgl. zur Frage der Rotation, angesichts des Alters der Studie allerdings unter Vorbehalt: *Karl-Heinz Meier-Braun*, »Freiwillige Rotation«. Ausländerpolitik am Beispiel der baden-württembergischen Landesregierung, München 1979. Sowie in frischem Gewandt: *ders.*, Ausländerpolitik in den 1970er Jahren: »Freiwillige Rotation« und »Rückkehrprinzip«, in: *Philipp Gassert/Reinhold Weber* (Hrsg.), Filbinger, Wyhl und die RAF. Die Siebzigerjahre in Baden-Württemberg, Stuttgart 2015, S. 199–215.
30 Es kursieren viele Verwendungsweisen dieses Begriffs. Ich orientiere mich an den Definitionen seiner »geistigen Väter« Giuseppe Sciortino und Sandro Mezzadra, wie sie von kritischen Migrationsforschern in die deutsche Forschungsdiskussion eingeführt wurden (zum Beispiel *Serhat Karakayali/Vassilis Tsianos*, Movements that Matter. Eine Einleitung, in: TRANSIT MIGRATION Forschungsgruppe (Hrsg.), Turbulente Ränder. Neue Perspektiven auf Migration an den Grenzen Europas, Bielefeld 2007, S. 7–17, hier: S. 13f.). Ich verstehe unter »Migrationsregime« einen Komplex von staatlichen, rechtlichen und institutionellen Theorien, Praktiken und Diskursen über Migration, der sich in einem kontinuierlichen Aushandlungsprozess zwischen den Polen »Migrationssystem« und »Autonomie der Migration« konstituiert. Manuela Bojadžijev und Karakayali formulieren zehn Thesen zu letzterem Konzept als Forschungsmethode (*Manuela Bojadžijev/Serhat Karakayali*, Autonomie der Migration. 10 Thesen zu einer Methode, in: ebd., S. 203–209), das auf den Wirtschaftswissenschaftler Yann Moulier-Boutang zurückgeht, der Migration als soziale Bewegung fasst. Es bringt zum Ausdruck, dass Migrationsbewegungen »beharrlich« sind und dass sich Migrantinnen und Migranten im Prozess der Migration »bestehenden Formen der Vergesellschaftung« entziehen (ebd., S. 209). Es bezeichnet die Ambivalenzen, in denen sich Migrantinnen und Migranten befinden, aber auch die Mittel, mit denen sie ihnen Widerstand leisten oder sich damit arrangieren. Vor allem subjektiviert es Migrantinnen und Migranten als Akteure.
31 Gute Ansätze dazu bei: *Barbara Sonnenberger*, Nationale Migrationspolitik und regionale Erfahrung. Die Anfänge der Arbeitsmigration in Südhessen (1955–1967), Darmstadt 2003.

schichte wurde von der Historiografie bislang noch kaum als Zäsur, eben als Vorgeschichte und Entwicklung zur Einwanderungsgesellschaft Deutschland erfasst.

Betrachtet man allein die Entwicklung der Bevölkerungszahl in Deutschland, die seit 1972 nur aufgrund eines positiven Wanderungssaldos nicht rückläufig ist[32] und in der mittlerweile 20% einen Migrationshintergrund besitzen[33], oder aber auch die Bevölkerungszusammensetzung einer »durchschnittlichen« Industriestadt wie Mannheim mit einem Anteil von 43,6% an Migrantinnen und Migranten[34], dann erscheint es für die Historiografie oder doch zumindest für die zeithistorische Forschung unumgänglich, die Perspektive der Migration[35] einzunehmen. Die Tatsache, dass Deutschland als eines der weltweit wichtigsten Einwanderungsländer lange Zeit eine »negative« beziehungsweise Anti-Einwanderungspolitik betrieben hat und weiterhin unter dem semantisch enthüllenden Schlagwort »Zuwanderung«[36] betreibt, lässt erahnen, dass diese Konstellation große Auswirkungen auf die aktuelle und auch künftige Realität der Einwanderungsgesellschaft hat, deren historische Gewordenheit gerade auch deshalb einer genauen Darstellung und Analyse bedarf.

Mit Anti-Einwanderungspolitik ist eine von Kontrollelementen dominierte Theorie und Praxis gemeint, die aus ökonomisch als notwendig erachteter Arbeitsmigration keine Einwanderung[37] werden lassen wollte, was, aus noch genauer zu erforschenden Ursachen, für lange Zeit unhinterfragtes Politikziel war. In der Kaiserzeit bediente man sich dabei solcher Instrumente wie der Karenzzeit[38] und eines restriktiven Einbürgerungsrechts.[39] Seit

---

32 Vgl. den kurzen Überblick über die Bevölkerungsentwicklung in Deutschland, die 2002 erstmals, trotz Einwanderung, tatsächlich rückläufig war, Bundeszentrale für politische Bildung, URL: <http://www.bpb.de/nachschlagen/zahlen-und-fakten/soziale-situation-in-deutschland/61532/bevoelkerungs-entwicklung> und <http://www.bpb.de/nachschlagen/zahlen-und-fakten/soziale-situation-in-deutschland/61559/geborene-und-gestorbene> [21.10.2016].
33 Vgl. dazu URL: <https://www.destatis.de/DE/ZahlenFakten/GesellschaftStaat/Bevoelkerung/Bevoelkerung.html> [10.10.2016].
34 Stand 31.12.2015, URL: <https://www.mannheim.de/stadt-gestalten/einwohner-migrationshintergrund> [10.10.2016]. Der Anteil junger Menschen mit Migrationshintergrund unter 27 Jahren betrug im Jahr 2010 in der Altersgruppe 46,3%, bei den unter Sechsjährigen waren es gar sechs von zehn Kindern. So in: 2. Mannheimer Bildungsbericht, hrsg. v. der Stadt Mannheim, Mannheim 2013, S. 28f.
35 Dieser Begriff meint eine radikale Veränderung des Blickwinkels, der Migration als entscheidenden Wandlungsmotor betrachtet, der von den Rändern zum Zentrum hin wirkt. Hier im Rekurs auf *Regina Römhild*, Aus der Perspektive der Migration. Die Kosmopolitisierung Europas, in: *Sabine Hess* (Hrsg.), No Integration?! Kulturwissenschaftliche Beiträge zur Integrationsdebatte in Europa, Bielefeld 2009, S. 225–238.
36 Zuwanderung ist nicht einfach begriffliches Substitut für Einwanderung, sondern unterstellt, dass der Zuzug eben nicht zum Zwecke der Einwanderung erfolge, sondern auch temporärer Natur sein kann. Der Begriff adressiert nicht nur zukünftige, sondern auch vergangene Einwanderungsprozesse, bekennt sich also weiterhin nicht dazu. Gleichzeitig gibt es Beobachter, die in Deutschland eine Zäsur im politischen Umgang mit Migration und Einwanderung in den letzten Jahren ausmachen. So *Helen Williams*, Changing the National Narrative. Evolution in Citizenship and Integration in Germany, 2000–10, in: Journal of Contemporary History 49, 2014, S. 54–74. Auch die Reaktion von großen Teilen der Politik, Medien und der Öffentlichkeit, also die sogenannte »Willkommenskultur«, die anfänglich in der »Flüchtlingskrise« des Sommers 2015 dominierend war, deutet auf eine Zäsur hin. Allerdings ist es für eine fundierte Bewertung zu früh.
37 Wobei gleichzeitig massive Einwanderung von »Volksdeutschen« (Flüchtlinge und Vertriebene, SBZ-Flüchtlinge, Aussiedler/Spätaussiedler) stattfand, die aber lange Zeit ebenso wenig als Einwanderung oder Migration bezeichnet oder gar verstanden wurde.
38 Vgl. dazu *Herbert*, Geschichte der Ausländerpolitik in Deutschland, S. 13–128, insb. S. 32–37.
39 Vgl. dazu die grundlegende Studie von *Oliver Trevisiol*, Die Einbürgerungspraxis im Deutschen Reich. 1871–1945, Göttingen 2006. Einige seiner Ergebnisse widerlegen zentrale Bewertungen

den 1950er- und 1960er-Jahren sollte durch die Anwerbeverträge und die Koppelung von Arbeits- und Aufenthalts- sowie Ausländerrecht Migration steuerbar sein.[40] Das »Integration-auf-Zeit«-Konzept der 1970er- und 1980er-Jahre ist ebenso als Mittel zu betrachten, Migrantinnen und Migranten zwar als soziale Gruppe zu integrieren und damit auch kontrollierbar zu machen, ihnen dabei aber gleichzeitig, da sie ja nur Einwohnerinnen und Einwohner auf Zeit –»ausländische Mitbürger« – sein sollten und eben keine Einwanderinnen und Einwanderer, die vollen Bürgerrechte vorzuenthalten. Flankiert wurde diese Politik durch die Tradierung des biologistischen Staatsangehörigkeitsgesetzes von 1913 bis 1999.[41] Schreibt man die Geschichte der Bundesrepublik[42] aus der Perspektive der Migration, werden viele vermeintliche Selbstverständlichkeiten, wie sie etwa unter dem Label der »geglückten Demokratie«[43] oder der »Liberalisierung«[44] zusammengefasst wurden, einer völlig neuen Bewertung unterzogen werden müssen.

Einige wenige Studien zur deutschen Migrationsgeschichte demonstrieren dies eindrücklich, darunter die Arbeit von Maren Möhring, die nachweist, dass nicht alle Einwohner des Landes gleichermaßen an der viel gerühmten Liberalisierung der Bundesrepublik partizipierten. Möhring zeigt in »Fremdes Essen. Die Geschichte der ausländischen Gastronomie in der Bundesrepublik Deutschland«[45] an den restriktiven Maßgaben und der Vergabepraxis von Gewerbeerlaubnissen durch die Industrie- und Handelskammern an »Gastarbeiter«, dass diese weniger von wirtschaftlichen, denn von aufenthaltsrechtlichen und einwanderungsverhindernden Prinzipien geprägt waren. Diese Praxis war nicht nur mitursächlich für die »ethnische Segmentierung« migrantischer Selbstständigkeit. Sie war auch Ausdruck davon, dass Einwanderinnen und Einwanderern nur ein »Dauerausländerstatus« statt einer echten Inklusion angeboten wurde und sie auch als Gewerbetreibende und Unternehmer als »Bürger zweiter und dritter Klasse« gefasst wurden. Das Migrationssystem schuf eine Hierarchie nach Herkunft, die auch diesen Lebensbereich strukturierte. Möhring stellt daher die für die 1960er- und 1970er-Jahre diagnostizierte Liberalisierung der Bundesrepublik Deutschland infrage, da sie für Nicht-Deutsche offenbar nicht galt.[46] Da-

---

der weiterhin als maßgeblich geltenden Studie von *Dieter Gosewinkel*, Einbürgern und Ausschließen. Die Nationalisierung der Staatsangehörigkeit vom Deutschen Bund bis zur Bundesrepublik Deutschland, Göttingen 2001.

40 Vgl. zu verschiedenen Kontroll- und Steuerungsversuchen in diachroner Perspektive den Sammelband: *Oltmer*, Migration steuern und verwalten.

41 Die Einbürgerungsquote bewegte sich dementsprechend in den 1970er- und 1980er-Jahren bei international verglichen extrem niedrigen 0,25 bis 0,38%. Daten bei *Christian Dornis*, Einbürgerung in Deutschland. Ihre Rolle bei der Integration von Zuwanderern und die Verwaltungspraxis im Regionalvergleich, Aachen 2001, S. 136, Abb. 28. 1988 lag sie weiterhin bei 0,4%, 2005 erreichte sie einen Peak mit 1,7%, während Schweden dagegen 1988 4,3% und 2005 7,8% verzeichnete (Daten aus *Stephen Castles/Hein de Haas/Mark J. Miller* (Hrsg.), The Age of Migration. International Population Movements in the Modern World, Basingstoke/New York 2014 (zuerst 1993), S. 288).

42 Folgende Ausführungen beschränken sich auf die Bundesrepublik. Der hier geforderte Ansatz würde freilich den Einbezug auch der entsprechenden DDR-Geschichte nötig machen.

43 So *Edgar Wolfrum*, Die geglückte Demokratie. Geschichte der Bundesrepublik Deutschland von ihren Anfängen bis zur Gegenwart, Stuttgart 2006, passim.

44 Vgl. dazu: *Ulrich Herbert* (Hrsg.), Wandlungsprozesse in Westdeutschland. Belastung, Integration, Liberalisierung 1945–1980, Göttingen 2002.

45 *Maren Möhring*, Fremdes Essen. Die Geschichte der ausländischen Gastronomie in der Bundesrepublik Deutschland, München 2012.

46 Auch die Dissertation von *Roberto Sala*, Fremde Worte. Medien für »Gastarbeiter« in der Bundesrepublik im Spannungsfeld von Außen- und Sozialpolitik, Paderborn/München etc. 2011, ist ein gutes Beispiel dafür, dass Migration kein Spezial-, sondern ein Querschnittsthema ist. Sala zeichnet nach, wie die Bundesregierung, die sich aus außenpolitischen Interessen in die Arbeit

durch wird sehr gut deutlich, dass vermeintliche Spezialfragen bei der Bewertung und Einordnung von zentralen Entwicklungstendenzen bundesrepublikanischer Geschichte stärker Berücksichtigung finden sollten. Zugleich zeigt Möhring, wie die »ausländische« Gastronomie in ihrer bewusst selbstethnisierenden und gleichzeitig sich den hiesigen Bedürfnissen anpassenden Art von der deutschen Mehrheitsgesellschaft einverleibt und angeeignet wurde. Möhring zeichnet also quasi einen doppelten Transkulturalisierungsprozess und damit eine kulturelle Hybridisierung der Einwanderungsgesellschaft nach, welche sie als Ganzes geprägt hat.

Der Historiker Alexander Clarkson arbeitet in seiner Studie »Fragmented Fatherland. Immigration and Cold War Conflict in the Federal Republic of Germany, 1945–1980« Wechselwirkungen zwischen migrantischem politischem Aktivismus und bundesdeutscher Politik heraus.[47] Sein Fokus liegt auf Exil-Bewegungen, die aber im Fall der Spanier und Griechen (wohl auch der Türken und Kurden, die er nicht untersucht) direkt auch von »Gastarbeitern« getragen wurden. Dabei handelte es sich oft um rivalisierende Gruppen, was die politische und soziale Heterogenität der jeweiligen Community widerspiegelt. Die deutschen Institutionen wie Geheimdienste, Behörden und Ministerien auf lokaler, regionaler und nationaler Ebene sowie Parteien und Gewerkschaften kooperierten, unterstützten, mischten sich ein oder zogen Unterstützung zurück: je nach Opportunität, die außenpolitischen, manchmal aber auch innenpolitischen Zielen folgte. Diese zum Teil enge Verquickung deutscher und migrantischer politischer Akteure führte jedoch nicht zu deren politischer Integration.

»West German state institutions and political parties actively encouraged émigrés living in the Federal Republic to concentrate on their own community infrastructure in order to channel them away from German politics. Because West German citizenship law made it extremely difficult for anyone without German ancestry to acquire a West German passport, the immigrant workers arriving after 1954 were excluded from the mainstream political process in an even more fundamental fashion. Consequently, most guest workers interested in politics were more likely to participate in organizations focused on the countries of which they were still citizen rather in which they lived and worked.«[48]

Dennoch förderten diese Aktivitäten zum Teil den Zugang von Migrantinnen und Migranten in Teilbereiche politischer Partizipation, so etwa in die gewerkschaftlichen Strukturen.[49] Clarksons Ergebnisse widerlegen implizit auf überzogener Theoretisierung und mangelhafter Quellenarbeit basierende Urteile unter anderem von Michael Bommes, dass etwa die fehlende Politisierung der Migrantinnen und Migranten in Deutschland eine Folge davon sei, dass überwiegend ungelernte, ungebildete Arbeiterinnen und Arbeiter und keine Intellektuellen eingewandert seien.[50] Zum anderen enttarnt Clarksons Studie das

---

    der Rundfunkanstalten einmischte, auch auf die Programme für die »Gastarbeiter«, die erst auf ihre Initiative entstanden waren, einwirkte, zunächst in antikommunistischer Absicht und dann auf Druck der Diktaturen in Spanien und Griechenland, um Kritik an diesen zu unterbinden. Auch Sala weist überzeugend nach, dass die für jene Jahre diagnostizierte Liberalisierung in der Bundesrepublik Deutschland nicht auf Nicht-Deutsche bezogen und angewandt wurde.

47 *Alexander Clarkson*, Fragmented Fatherland. Immigration and Cold War Conflict in the Federal Republic of Germany, 1945–1980, New York/Oxford 2013.

48 Ebd., S. 5. Vgl. dazu auch ebd., S. 137 und 185.

49 Vgl. zu einigen dieser Aspekte, die Clarkson vernachlässigt: *Simon Goeke*, The Multinational Working Class? Political Activism and Labour Migration in West Germany during the 1960s and 1970s, in: Journal of Contemporary History 49, 2014, S. 160–182.

50 Bommes unterlag mit diesem Urteil nicht nur einem faktischen Fehler, da es durchaus zahlreiche Facharbeiter und Akademiker sowie explizit »politische Exilanten« oder politische Dissidenten auch unter den »Gastarbeitern« gab (vgl. dazu bezogen auf die Spanier die Studie von *Sanz Díaz*, »Illegale«, »Halblegale«, »Gastarbeiter«; bei den Italienern war es ein Topos, von

seit den 1970er-Jahren immer wieder vorgebrachte Argument, weshalb »Ausländern« die Gewährung etwa von kommunalen politischen Rechten verwehrt wurde, nämlich da dies zu einem Hereintragen ihrer nationalen Konflikte nach Deutschland führen würde, als Spiegelfechterei. Denn er weist die Verstrickung vieler »deutscher« Akteure gerade in die »Kämpfe« rivalisierender migrantischer Gruppen nach. Die von Clarkson herausgearbeiteten Aspekte werfen jedenfalls viele Fragen über das Demokratieverständnis in der Bundesrepublik auf.

Wie sehr Migration in der Historiografie der Einwanderungsgesellschaft noch »segregiert« und in ihrer Bedeutungsdimension eingeschränkt wird, zeigt das Beispiel des renommierten, von der Friedrich-Ebert-Stiftung herausgegebenen Archivs für Sozialgeschichte (AfS). Dieses widmete seinen Jahresband 2002 dem Rahmenthema »Migration in Deutschland seit 1945«[51], was angesichts der damals marginalen Stellung des Themas ein beachtlicher Schritt war. Umso erstaunlicher ist, dass der 2012 erschienene Band des AfS mit dem Rahmenthema »Wandel des Politischen: Die Bundesrepublik Deutschland während der 1980er-Jahre« hingegen keinen einzigen eigenständigen Beitrag zur Thematik vorzuweisen hat.[52] Das ist insofern inadäquat, als in diesem Jahrzehnt eine mit etwa 8% zu beziffernde relativ große Bevölkerungsgruppe, die zwischenzeitlich als »ausländische Mitbürger« und somit als Teil der Gesellschaft und nicht mehr als vorübergehende Erscheinung betrachtet wurde, aus dem politischen Prozess ausgeschlossen blieb. Es handelte sich dabei jedoch nicht um ein bedauerliches Versäumnis einer kurzsichtigen Ausländerpolitik, sondern um das Ergebnis eines gesellschaftlichen und politischen Aushandlungsprozesses, der zuungunsten der Migrantinnen und Migranten ausfiel. Zugleich war die »Ausländerfrage« bereits Anfang der 1980er-Jahre ins Zentrum der politischen Aufmerksamkeit gerückt. Nicht zuletzt hatte Helmut Kohl sie 1983 zum Wahlkampfthema gemacht, indem er im Oktober 1982 die Ausländerpolitik im Dringlichkeitsprogramm bis zur Neuwahl als dritten von vier Schwerpunkten hervorhob.[53] Die damals aufkommende scharfe Rhetorik prägte die politischen Diskurse der folgenden beiden Jahrzehnte. Das wirkt retrospektiv in kritischer Sicht als »Rückfall in das dunkle Mittelalter« angesichts

---

deren kommunistischer Infiltration und Agitation auszugehen, vgl. dazu: *Yvonne Rieker*, Südländer, Ostagenten oder Westeuropäer? Die Politik der Bundesregierung und das Bild der italienischen Gastarbeiter 1955–1970, in: AfS 40, 2000, S. 231–258, hier: S. 237ff.), sondern er begründete und legitimierte damit auch explizit – zugunsten seines eigenen migrationstheoretischen Paradigmas der »Integration in den Sozialstaat« – den paternalistischen Umgang mit Migrantinnen und Migranten vonseiten all jener, die mit »Ausländerarbeit« staatlich beauftragt und befasst waren. Vgl. *Michael Bommes*, Migration Research in Germany: The Emergence of a Generalised Research Field in a Reluctant Immigration Country, in: *Dietrich Thränhardt/ders.* (Hrsg.), National Paradigms of Migration Research, Osnabrück 2010, S. 127–185, hier: S. 143.
51 AfS 42, 2002.
52 Dabei führt Axel Schildt in seinem konzeptionellen einführenden Beitrag Migrationsgeschichte als wichtiges, aber empirisch und methodisch vernachlässigtes Feld an; vgl. *Axel Schildt*, Das letzte Jahrzehnt der Bonner Republik. Überlegungen zur Erforschung der 1980er Jahre, in: AfS 52, 2012, S. 21–46, hier: S. 39f.
53 Die Regierungserklärung der CDU vom 13.10.1982 gilt als Schlüsseldokument der »Wende«. Vgl. Auszüge in: *Deniz Göktürk/David Gramling/Anton Kaes* u.a. (Hrsg.), Transit Deutschland. Debatten zu Nation und Migration, Paderborn 2011, S. 69f. Auch das zurzeit grundlegende Werk zur Anfangszeit der Ära Kohl, *Andreas Wirsching*, Abschied vom Provisorium. Geschichte der Bundesrepublik Deutschland 1982–1990, München 2006, erwähnt die zentrale Rolle der Ausländerpolitik in der Regierungserklärung, aber erst in jenem kurzen Kapitel (S. 296–308 von 847 Seiten, hier: S. 298), das sich dem Thema Migration beziehungsweise Einwanderung widmet. Auch hier wird die Brisanz, die dem »Ausländerproblem« in jenen Jahren zugeschrieben wurde, nicht angemessen gewürdigt.

einiger fortschrittlicher politischer Impulse zu Beginn der sozial-liberalen Ära[54] und der damals zumindest in einigen Kreisen einsetzenden Rede von der »Einwanderungsgesellschaft Deutschland«.[55] Politische und gesellschaftliche Stimmen, welche die politische, rechtliche und gesellschaftliche Gleichstellung der »Ausländer« forderten[56], blieben in der Folge minoritär und lange Zeit völlig unwirksam.

In dem mehrbändigen, vom Bundesministerium für Arbeit und Soziales herausgegebenen Werk »Geschichte der Sozialpolitik in Deutschland seit 1945« finden sich jeweils unter dem Kapitel »Sozialpolitische Entwicklungen« etwa 30-seitige Beiträge zu Beschäftigung, sozialer Sicherung und sozialer Integration von Ausländern.[57] Der Raum, der dem Thema in dieser Veröffentlichung gewährt wird, ist vergleichsweise groß. Hier lässt sich aber ein weiteres Grundmuster im Umgang mit der Thematik Migration erkennen: zum einen der blinde Fleck bezüglich der theoretischen und praktischen Implikationen etwa der politischen Exklusion der »Migrationsanderen« auf die deutsche politische Kultur und auf die direkt davon Betroffenen, zum anderen der Einbezug von Migration, wenn es um Fragen des Sozialen geht. Denn dies war ein Bereich, in den die Arbeitsmigrantinnen und -migranten zumindest partiell miteinbezogen wurden – schon allein deshalb, weil die Gewerkschaften dies zur Bedingung gemacht hatten, um deutsche Arbeiterinnen und Arbeiter, die bereits durch das Inländerprimat gesichert waren, vor allzu billiger Konkurrenz zu schützen. Ihre »soziale Integration« war zudem bis zum Ende der sozial-liberalen Ära politisches Desiderat[58], ebenso wie Arbeits- und Interessenfeld der die »Ausländer-« beziehungsweise »Migrationsarbeit« dominierenden Wohlfahrtsverbände. Gleichzeitig war sie mit Parolen wie »Einwanderung in den Sozialstaat« bereits in den 1980er-Jahren einer der am häufigsten skandalisierten Topoi in Bezug auf Migration.

Die Fortschreibung dieser Nichtrepräsentation der »Migrationsanderen« in Fragen der Partizipation in weiteren für eine demokratische, pluralistische Gesellschaft relevanten Bereichen durch die historische Forschung spiegelt (unbewusst?) tradierte Wissensbestände wider, denen gemäß sie in einige Diskurse inkludiert, aus anderen aber ganz herausgelassen werden. Damit wird dieser Exklusionsapparat historisierend verstetigt und dabei fast unsichtbar gemacht. Gerade auch solche Prozesse erhellen, warum die deutsche politische Kultur an sich aus der Perspektive der Migration ein eklatantes Demokratiedefizit aufweist.

---

54 So *Schönwälder*, Einwanderung und ethnische Pluralität, S. 498ff. Dabei ist freilich zu betonen, dass die Kehrtwende von diesen Ansätzen ja während der Regierungszeit der SPD, unter Willy Brandt und dann besonders unter Helmut Schmidt, stattfand.

55 Das 1979 vom ersten Ausländerbeauftragten der Bundesregierung und ehemaligen Ministerpräsidenten Nordrhein-Westfalens Heinz Kühn erstellte, nach ihm benannte »Kühn-Memorandum« ging klar von den Realitäten einer Einwanderungsgesellschaft aus und schlug auch entsprechende weitreichende Maßnahmen vor. Doch das Memorandum fand selbst innerhalb der SPD keine Unterstützung. Vgl. Auszüge davon, in: *Göktürk/Gramling/Kaes* u.a., Transit Deutschland, S. 358–360.

56 Die Grünen nahmen diese Aspekte zwar früh in ihre Agenda mit auf, verfolgten aber ihre diesbezüglichen Ziele, so eine erste, noch zu prüfende These, nicht mit Nachdruck. Allerdings demonstriert die Tatsache, dass die Partei der Grünen mit Cem Özdemir 2008 den ersten aus der Türkei stammenden Migranten in das wichtige Amt des Parteivorsitzenden wählte, zumindest einen anderen internen Umgang mit der Realität der Einwanderungsgesellschaft.

57 Vgl. etwa *Hans Günter Hockerts* (Hrsg.), Geschichte der Sozialpolitik in Deutschland seit 1945, Bd. 5: Bundesrepublik Deutschland. 1966–1974. Eine Zeit vielfältigen Aufbruchs, Baden-Baden 2006, S. 781–810 (von 1.133 Seiten). Die meisten Beiträge sind von Ulrich Herbert und Karin Hunn.

58 Vgl. ebd., passim und S. 781–810, und den Beitrag von *Ulrich Herbert/Karin Hunn*, Beschäftigung, soziale Sicherung und soziale Integration von Ausländern, in: *Martin H. Geyer* (Hrsg.), Geschichte der Sozialpolitik in Deutschland seit 1945, Bd. 6: Bundesrepublik Deutschland. 1974–1982. Neue Herausforderungen, wachsende Unsicherheiten, S. 751–777 und passim.

III. DESIDERATA DER GESCHICHTSSCHREIBUNG DER EINWANDERUNGSGESELLSCHAFT DEUTSCHLAND

Das erste Desiderat einer neuen, die Migrationsgeschichte amalgamierenden »nationalen Meistererzählung« ist ein genuin historiografisches: Es sind Lücken in der Darstellung und Analyse zu schließen sowie auf fehlende Quellenarbeit zurückgehende Fehleinschätzungen zu korrigieren. Gleichzeitig müssen blinde Flecken in der Nachzeichnung und insbesondere auch in der Interpretation der zentralen Entwicklungslinien deutscher beziehungsweise bundesrepublikanischer Geschichte entdeckt und aufgedeckt werden.

Ebenso relevant ist es, Traditionen in der Ausländer-, Arbeitsmigrations- und »Anti-Einwanderungspolitik« im Visier zu haben, die in die Bundesrepublik transferiert wurden.[59] Hier haben Klaus J. Bade und Ulrich Herbert mit ihren Studien ereignishistorische Pionierarbeit geleistet.[60] Vieles bleibt dennoch im Unklaren oder wurde nicht konsequent genug reflektiert. Herbert schildert beispielsweise eindrücklich Prozesse der Rassialisierung[61] von polnischen Saisonarbeitern in der Kaiserzeit.[62] Die entsprechenden Rassialisierungsprozesse von italienischen oder türkischen »Gastarbeitern« seit den 1960er-Jahren banalisiert er dagegen[63], das darin produzierte und reproduzierende rassistische Wissen verharmlost er als Fremdenangst oder -feindlichkeit.[64] Die aus US-amerikanischen For-

---

59 Aus Sicht der historischen Migrationsforschung ergeben sich laut Kleinschmidt die unterschiedlichen Wahrnehmungen von Migration in einzelnen Staaten nicht nur »vor der Folie demographischer und ökonomischer Daten«, sondern auch aus den »Theorien von Staat und Volk« sowie aus den kollektiven Erfahrungen von und mit Migration. »Diese Erfahrungen und Wahrnehmungen standen im 19. und 20. Jahrhundert unter dem Einfluss einer Gruppe von Theorien, die den Staat und diejenigen Gruppen, die als Staatsvolk definiert wurden, als quasikörperliche Systeme erscheinen ließen.« Deshalb sei es »Aufgabe jeder migrationshistorischen Forschung«, zu prüfen, inwieweit diese Theorien weiterwirken und »ob sie angesichts dieser Wirkungen aufrechterhalten werden dürfen«. *Harald Kleinschmidt*, Menschen in Bewegung. Inhalte und Ziele historischer Migrationsforschung, Göttingen 2002, S. 191f.

60 Schon früh: *Klaus J. Bade* (Hrsg.), Deutsche im Ausland – Fremde in Deutschland. Migration in Geschichte und Gegenwart, München 1992. Ebenso zu erwähnen: ders., Sozialhistorische Migrationsforschung, Göttingen 2004. In diesem Zusammenhang ist sicherlich auch die Habilitationsschrift von *Jochen Oltmer*, Migration und Politik in der Weimarer Republik, Göttingen 2005, zu nennen. Ebenso die für viele der jüngeren, kritischer eingestellten Forscherinnen und Forscher einflussreiche Arbeit des Politologen *Knud Dohse*, Ausländische Arbeiter und bürgerlicher Staat. Genese und Funktion von staatlicher Ausländerpolitik und Ausländerrecht. Vom Kaiserreich bis zur Bundesrepublik, Königstein im Taunus 1981.

61 Mit »Rassialisierung« ist ein Prozess des »Othering«, also der Festlegung der »Anderen« als solche gemeint, in dem diese anhand von Differenzkriterien (Hautpigmentierung, Herkunft/ »Blut«, Kultur, Religion) als homogene und unveränderliche, essenzialisierte Gruppen gefasst und in ein dichotomisches Verhältnis zum »Wir« gesetzt werden, das einer höheren Hierarchiestufe angehört (im »völkisch-rassischen«, kulturellen, religiösen Sinne). Rassialisierungsprozesse finden in einem machtasymmetrischen Verhältnis statt und haben die Funktion, gerade diese Machtasymmetrie quasi naturalistisch zu legitimieren und sie strukturell zu zementieren.

62 *Herbert*, Geschichte der Ausländerpolitik in Deutschland, S. 62. Allerdings spricht Herbert nicht von »Rassialisierung«, stellt aber heraus, wie wichtig bereits in der Kaiserzeit das Konzept »Rasse« und »rassische« Hierarchisierung im Umgang mit Arbeitsmigrantinnen und -migranten war.

63 So beispielsweise ebd., S. 221f.

64 Die Verharmlosung resultiert daraus, dass Fremdenangst oder -feindlichkeit meist als anthropologische Konstanten verstanden werden, was zum einen nicht erwiesen ist und zum anderen das Phänomen Rassismus zum individuellen erklärt und damit seine strukturelle Verankerung maskiert. Zudem spricht Herbert selbst im Kontext der NPD-Wahlerfolge von 1966 bis 1968 von Fremdenfeindlichkeit, die er übrigens auch nur in Bezug auf Rechtsradikale gelten lässt (ebd.,

schungseinrichtungen heraus initiierten Studien von Maria Höhn[65] und Heide Fehrenbach[66] weisen dagegen Kontinuitätslinien und Neukalibrierungen rassistischen Wissens in der frühen Bundesrepublik am Umgang mit Schwarzen GIs und deren in Deutschland geborenen Schwarzen[67] Kindern nach und verweisen auf deren nahtlose Fortführung und Übertragung auf die »Gastarbeiter«.[68] Das Weiterleben rassistischer Wissensbestände über die »Anderen«, die in antisemitischen, antipolnischen und antirussischen Rassismen sowie in kolonialen rassistischen Wissensbeständen eine lange Tradition hatten, haben der Politologe Kien Nghi Ha[69] sowie die ebenso in den USA wirkende Historikerin Rita Chin[70] im Kontext der Nachkriegsmigration thematisiert. Rassismuskritischen Ansätzen geht es dabei jedoch nicht um die Frage des »deutschen Sonderwegs«, sondern um den spezifischen Umgang mit Migrantinnen und Migranten nicht deutscher Herkunft in Deutschland angesichts der nationalsozialistischen und kolonialen Vergangenheit und der bundesrepublikanischen Auseinandersetzung damit.[71]

Es gilt also, das rassistische Wissen, das die sogenannte Stunde Null überlebt hat, in concreto aufzuspüren: Blieb rassistisches Wissen in Institutionen sowie behördlichen Praktiken eingeschrieben – etwa im Ausländer- und Staatsbürgerschaftsrecht, in der Aufenthaltsvergabe- und der Einbürgerungspraxis? Strukturierte rassistisches Wissen weiterhin Wahrnehmungs- und Diskursmuster von und über die »Migrationsanderen«? Prägte es damit politische Entscheidungen subtil oder gar direkt[72] mit? Wurden dadurch strukturelle Diskriminierungsmechanismen produziert, reproduziert und legitimiert? Floss rassistisches Wissen in der Folge in kulturalistische, neo- beziehungsweise kulturrassistische

---

S. 220–223, 239ff. und passim) beziehungsweise als rein soziales Phänomen bewertet (ebd., S. 344 und passim), das, so die Implikation, scheinbar nichts mit der deutschen Vergangenheit zu tun habe. Das ist ein typisches Phänomen in der Bundesrepublik Deutschland, in der das Konzept der Ausländer- und Fremdenfeindlichkeit ersonnen wurde, offenbar um Rassismus nicht als solchen benennen zu müssen, so zumindest der Vorwurf von Kritikern. Vgl. sehr früh: *Annita Kalpaka/Nora Räthzel* (Hrsg.), Die Schwierigkeit, nicht rassistisch zu sein, Berlin 1986, passim. Oder auch konzise und prägnant: *Iman Attia*, Rassismus (nicht) beim Namen nennen, in: APuZ, 2014, H. 13–14, S. 8–14.

65 *Maria Höhn*, Amis, Cadillacs und »Negerliebchen«. GIs im Nachkriegsdeutschland, Berlin 2008 (zuerst engl. 2002).
66 *Heide Fehrenbach*, Race after Hitler. Black Occupation Children in Postwar Germany and America, Princeton 2005.
67 »Schwarz« wird hier in kritischer Distanz zu den üblichen Markierungen von Haut als essenzielles Differenzkriterium großgeschrieben, so wie es einige Verbände gerade auch dieser besagten Kinder oder Enkel, so etwa die »Initiative Schwarze Menschen in Deutschland«, praktizieren. Vgl. dazu URL: <http://isdonline.de> [10.10.2016].
68 Vgl. etwa *Höhn*, Amis, Cadillacs und »Negerliebchen«, zum Beispiel S. 287 und 369. Vgl. auch die Beiträge von Rita Chin und Heide Fehrenbach in Anm. 70.
69 Vgl. dazu zum Beispiel: *Ha*, Die kolonialen Muster deutscher Arbeitsmigrationspolitik.
70 Vgl. ihre und die mit Fehrenbach erarbeiteten Beiträge: *Rita Chin/Heide Fehrenbach*, Introduction: What's Race Got to Do With It? Postwar German History in Context; *Rita Chin*, Guest Worker Migration and the Unexpected Return of Race; *dies./Heide Fehrenbach*, German Democracy and the Question of Difference, 1945–1995, alle in: *dies./Heide Fehrenbach/Geoff Eley* u. a., After the Nazi Racial State. Difference and Democracy in Germany and Europe, Ann Arbor 2009, S. 1–29, 80–101 und 102–136.
71 Vgl. zur gesellschaftspolitischen Relevanz dieses Ansatzes: *Astrid Messerschmidt*, Postkoloniale Erinnerungsprozesse in einer postnationalsozialistischen Gesellschaft – vom Umgang mit Rassismus und Antisemitismus, in: Peripherie 29, 2008, S. 42–60.
72 Vgl. als eindrückliches Beispiel dafür die Entscheidungsfindung zum Ausländergesetz von 1965 bei *Schönwälder*, Einwanderung und ethnische Pluralität, S. 217–230.

Denkmuster[73] mit ein? Welchen Einfluss hatte also rassistisches Wissen insgesamt auf die Entwicklung der Einwanderungsgesellschaft Deutschland?[74]

Um an derartige Fragen überhaupt adäquat herantreten zu können, ist eine weitere, epistemologische Forderung an eine neue »nationale Meistererzählung« zu stellen: Die deutsche Migrationshistoriografie sollte sich aus ihrem geschlossenen nationalen wissenschaftlich-politischen Diskursraum befreien. Denn dies ist trotz aller Vergleichsarbeiten und auch der Transnationalisierung der Forschungsdesigns im Bereich noch nicht hinlänglich erreicht worden. Hier scheint jedoch ein Widerspruch vorzuliegen: Bedarf es einer nationalen Meistererzählung, um einen national geschlossenen Diskursraum zu öffnen?

Die Soziologen Serhat Karakayali und Vassilis Tsianos beklagten 2007 das »Elend der Migrationstheorie« in Deutschland und auch sie führten es auf den methodologischen Nationalismus zurück: Der postuliere eine Überschneidung von Raum, Gesellschaft und Kultur und richte demzufolge an jedes Individuum die Forderung, sich darin zu integrieren. Auch das Inklusions-/Exklusionskonzept, das ja eigentlich strukturelle Missstände aufzeigen und den defizitären Blick auf Migrantinnen und Migranten verhindern sollte, bliebe diesem Deckungsmuster verhaftet. Denn auch hier soll die Migrantin oder der Migrant in einen vorgegebenen Container oder in eine Struktur inkludiert werden. Diese Vorstellung schaffe aber per se einen Drang zu Normalisierung und Disziplinierung und provoziere Maßnahmen, welche die Exkludierten »normal« werden lassen sollen (indem sie zum Beispiel »befähigt« werden, nicht mehr in segregierten »Parallelgesellschaften« zu leben).[75]

Diesen Ausführungen ist so weit zuzustimmen. Dennoch muss zumindest in der historischen Analyse etwa der Integrationsdiskurs[76] mit all seinen Ambiguitäten und Ausschlussfunktionen sowie in seinen Intentionen, Wirkungen und Folgen im jeweiligen nationalen Rahmen untersucht und interpretiert werden. Denn die konkreten Effekte der nationalen Rahmung von Migration können nicht allein durch die normative Ablehnung des methodologischen Nationalismus unwirksam gemacht werden. So sind die relativ niedrige Einbürgerungsquote und der »hereditäre Ausländerstatus«[77] direkte Folgen des Kontrollierens, Regierens, aber auch Sprechens über Migration, Migrantinnen und Migranten innerhalb dieses spezifisch deutschen und damit national geprägten Integrationsdiskurses.

Die in epistemologischer Hinsicht durchaus notwendige Befreiung vom »diskreditieren Nationalbezug« kann jedoch nicht allein durch das Überschreiten von Landes- und Sys-

---

73 Eine Studie, die derartige Fragen in Bezug auf die aktuellen antimuslimischen Diskurse in Deutschland und Europa behandelt, ist *Yasemin Shooman*, »… weil ihre Kultur so ist«. Narrative des antimuslimischen Rassismus, Bielefeld 2014. Ebenso diskursanalytisch die Politologin *Christine Morgenstern*, Rassismus – Konturen einer Ideologie. Einwanderung im politischen Diskurs der Bundesrepublik Deutschland, Hamburg 2002.
74 Dies ist eine zentrale Fragestellung der aktuell in Arbeit befindlichen Postdoc-Schrift der Verfasserin (Arbeitstitel: »Ausländer« und »Deutsche« – Rassistisches Wissen und die Transformation Deutschlands in eine Einwanderungsgesellschaft).
75 *Karakayali/Tsianos*, Movements that Matter, S. 8f.
76 Vgl. kritische Auseinandersetzungen damit in: *Hess*, No Integration?!.
77 Die circa 8,1 Millionen Ausländer (also Migrantinnen und Migranten, die nicht eingebürgert sind) lebten Ende 2015 durchschnittlich bereits 16,3 Jahre in Deutschland. Unter ihnen sind circa 1,5 Millionen Türkinnen und Türken, die im Durchschnitt bereits 28,1 Jahre in Deutschland leben. Auch alle anderen Staatsangehörigen der ehemaligen Anwerbeländer weisen ähnlich hohe Durchschnittwerte auf. Der durchschnittliche Zeitraum bis zur Einbürgerung liegt bei ehemaligen türkischen Staatsbürgerinnen und Staatsbürger, die als Drittstaatenbürger auch kein kommunales Wahlrecht genießen, bei 21 Jahren. Vgl. Daten in: Statistisches Bundesamt, URL: <https://www.destatis.de/DE/ZahlenFakten/GesellschaftStaat/Bevoelkerung/MigrationIntegration/AuslaendischeBevoelkerung/Tabellen/Aufenthaltsdauer.html> [10.10.2016] und URL: <https://www.destatis.de/DE/ZahlenFakten/GesellschaftStaat/Bevoelkerung/MigrationIntegration/EingebuergertePersonen/Tabellen/AufenthaltsdauerStaatsangehoerigkeit.html> [10.10.2016].

temgrenzen mittels des bi- oder multilateralen Vergleichs gelingen. So sollte das Einnehmen einer »geographischen Perspektive auf Gesamteuropa«[78] nicht bedeuten, dass bei der Suche nach Ähnlichkeiten zentrale Charakteristika der weiterhin nationalen Migrationsregime zu kurz kommen, was neuen Fehlinterpretationen Tür und Tor öffnet. In der Einleitung zum Tagungsband »Postwar Mediterranean Migration to Western Europe«, in dem aus regionalen und lokalen Studien Schlüsse auf gesamteuropäische Entwicklungen gezogen werden, schreibt Clelia Caruso, dass eine wichtige Etappe in der Migrationsgeschichte der meisten westeuropäischen Staaten die Naturalisierung der Migrantinnen und Migranten gewesen sei; dass dies in Deutschland gerade nicht so war, wird nur in einer Fußnote ausgeführt.[79] Dabei kann gerade das als eine entscheidende Differenz betrachtet werden, die durch ihre Verbannung in die Fußnote in ihrer Bedeutungsdimension geschmälert wird. Studien, die den Vergleichshorizont über den Atlantik erweitern beziehungsweise von der anderen Seite des Atlantiks aus entstehen, betonen gerade die großen Unterschiede zwischen den einzelnen Migrationsregimen vor allem in Bezug auf die unterschiedlichen Opportunitätsstrukturen für Migrantinnen und Migranten und stellen die historische Verankerung dieser Strukturen heraus.[80]

Was methodisch eigentlich überschritten werden muss, ist der national determinierte hermeneutische Rahmen, der aus einem Konglomerat politisch-medial-sozialwissenschaftlicher Konzepte besteht. Dessen Hauptdefizit liegt darin, dass diese politisch-medialen Begriffe und Konzepte allzu oft eins zu eins auch als wissenschaftliche Analysekategorien in der Historiografie fungieren. Damit entsteht ein hermetischer Diskursraum, der aus alles umspannenden Legitimations- und Selbstvergewisserungsschleifen besteht.

Dieser geschlossene epistemologische Rahmen wurde in Deutschland jenseits des Mainstreams aufgebrochen. So speist sich die kritische Migrationsforschung aus Ansätzen, die sie gerade über die nationalen Grenzen hinweg rezipiert hat: Theoreme aus den Cultural und Postcolonial Studies[81], die zunächst von rassismuskritischen Forscherinnen und Forschern aus dem erziehungswissenschaftlichen und pädagogischen[82] sowie soziologischen[83] Bereich aufgegriffen wurden, besonders von einer Riege migrantischer Wissenschaftlerinnen und Wissenschaftlern.[84] Jüngst werden sie auch von Historikerinnen und Historikern aufgenommen, die Theorien und Erklärungsmuster der kritischen Migrationsforschung

---

78 *Konrad Jarausch*, Die Krise der nationalen Meistererzählungen. Ein Plädoyer für plurale, interdependente Narrative [2002], in: Historical Social Research/Historische Sozialforschung 37, 2012, Supplement Nr. 24, S. 273–291, hier: S. 285.
79 *Clelia Caruso*, Inclusion Opportunities and Exclusion Risks: Mediterranean Labour Migration and European Migration Policies, in: *dies./Pleinen/Raphael*, Postwar Mediterranean Migration to Western Europe, S. 9–35, hier: S. 19 und Anm. 22.
80 So zum Beispiel *Richard Alba/Nancy Foner*, Comparing Immigrant Integration in North America and Western Europe: How Much Do the Grand Narratives Tell Us?, in: International Migration Review 48, 2014, S. 263–291. Ergebnis dieser Studie ist, dass es bei den Vergleichen zwischen den einzelnen Staaten weniger darum gehen sollte, Ähnlichkeiten oder Unterschiede zu konstatieren, sondern darum, einen Austausch über die »Integrationseffekte« verschiedener Maßnahmen beziehungsweise Traditionen zu ermöglichen, aus denen die Politik und Praxis »lernen« könnten.
81 Vgl. als Einführung in einige Theorien und zum Stand ihrer Rezeption in Deutschland: *María do Mar Castro Varela/Nikita Dhawan*, Postkoloniale Theorie. Eine kritische Einführung, 2., komplett überarb. Aufl., Bielefeld 2015.
82 So *Kalpaka/Räthzel*, Die Schwierigkeit, nicht rassistisch zu sein. Grundlegend auch *Paul Mecheril/María do Mar Castro Varela/Inci Dirim* u. a., Migrationspädagogik, Weinheim/Basel 2010, sowie weitere Publikationen Mecherils in der Folge.
83 Vgl. insbesondere *Birgit Rommelspacher*, Dominanzkultur. Texte zu Fremdheit und Macht, Berlin 1995.
84 Ihre Namen tauchen im vorliegenden Text immer wieder auf, deshalb werden sie hier nicht eigens aufgeführt. Hier seien noch die Arbeiten des Psychologen und Publizisten Mark Terkessidis er-

geschichtswissenschaftlich belegen.[85] Ertragreich könnte zudem die Berücksichtigung der US-amerikanischen *Critical Race Theory* und deren *Revisionist-History*-Ansatz sein: Er postuliert, dass nationale Geschichte so neu zu erzählen sei, dass sie auch mit den Erfahrungen von Marginalisierten und Minorisierten übereinstimmt.[86]

Ein weiterer, auf den ersten Blick eher normativ wirkender, aber durchaus erinnerungshistorisch und geschichtspolitisch legitimer Anspruch an eine neue »nationale Meistererzählung« ist jener nach der Inklusion von Migration und von Migrantinnen und Migranten in die deutsche Erinnerungskultur. Wie zentral die Erinnerungskultur für das kollektive Gedächtnis und Bewusstsein sowie für die Herausbildung einer gemeinsamen Identität ist, haben etwa die Arbeiten Aleida und Jan Assmanns[87] offenkundig gemacht. Besonders Rainer Ohliger hat sich in Deutschland aus dieser Perspektive dem Migrationsthema genähert, indem er nach Erinnerungsorten für die »Menschen ohne Geschichte«[88] suchte und die diesbezügliche Geschichtspolitik hinterfragte.[89]

Besonders im Rahmen der musealen Repräsentation haben sich Befragungen von »Gastarbeiterinnen« und »Gastarbeitern« als Zeugnis migrantischer Erinnerung etabliert.[90] Dabei zeigt sich zwischenzeitlich eine gewisse Ritualisierung und die Herausbildung eines bestimmten Narrativs, das durchaus auch Produkt eines von den Interviewerinnen und Interviewern vorgegebenen Schemas sein könnte, das wiederum in der vorherrschenden Wahrnehmung der Migrantinnen und Migranten als vermeintliche Opfer oder defizitäre Wesen eingebettet ist: die immer wieder gleiche Geschichte von Entbehrung, Sehnsucht nach der alten Heimat, Finden einer neuen Heimat, der »Lebenslüge« der Rückkehr und des »Sitzens zwischen den Stühlen« (wobei dieses Bild eher auf die »zweite Generation« angewandt wird). Selbstzeugnisse von Migrantinnen und Migranten sind essenziell wichtig, wenn historische Migrationsforschung den hier gestellten Qualitätskriterien entsprechen will. Sie sollten allerdings auch unter anderen Gesichtspunkten als denen des »wohlmeinenden« »Opfer-Plots«[91] gesichert werden. Die Autonomie von Migration, die Kämpfe

---

    wähnt, besonders seine Studie *Mark Terkessidis*, Die Banalität des Rassismus. Migranten zweiter Generation entwickeln eine neue Perspektive, Bielefeld 2004.
85 Vgl. *Prontera*, »Unsere und deren Komplexe«; so ebenfalls: *Goeke*, The Multinational Working Class?, und *Philip Zölls*, München – Weltstadt mit Migrationshintergrund, in: *Reinhard Baumann/Rolf Kießling* (Hrsg.), Mobilität und Migration in der Region, Konstanz/München 2013, S. 277–297.
86 Vgl. einführend dazu *Richard Delgado/Jean Stefancic*, Critical Race Theory. An Introduction, New York 2001, hier: S. 24f.
87 Grundlegend *Jan Assmann*, Das kulturelle Gedächtnis. Schrift, Erinnerung und politische Identität in frühen Hochkulturen, München 1992.
88 So der Titel des Artikels von *Jan Motte/Rainer Ohliger*, Menschen ohne Geschichte?, in: taz, 7.10.2002, URL: <http://www.taz.de/1/archiv/?dig=2002/10/07/a0169> [10.10.2016].
89 Vgl. dazu *dies.*, Einwanderung – Geschichte – Anerkennung. Auf den Spuren geteilter Erinnerungen, in: *dies.* (Hrsg.), Geschichte und Gedächtnis in der Einwanderungsgesellschaft. Migration zwischen historischer Rekonstruktion und Erinnerungspolitik, Essen 2004, S. 17–49.
90 Viele der entsprechenden Publikationen können keinen wissenschaftlichen Anspruch erheben, da die Interviews offenbar nicht nach den Methoden der Oral History geführt wurden, sodass ihr Aussagewert als Primärquelle eher fraglich ist; meist handelt es sich zudem um paraphrasierte Texte. Sie können allerdings als Quelle für die Konstruktion einer Vergangenheit gelten, die in einem gegebenen Kontext stattfindet. Hier ein eher positives Beispiel: *Jeannette Goddar/Dorte Huneke* (Hrsg.), Auf Zeit. Für immer. Zuwanderer aus der Türkei erinnern sich, Bonn 2011.
91 Diese Bezeichnung nutzen Hedwig und Ralf Richter in einem Aufsatz, um die aus ihrer Sicht gute Integrationspolitik bei VW Wolfsburg gegen den Integrationsunwillen und -unfähigkeit der dortigen italienischen Einwanderinnen und Einwanderer zu verteidigen, die, wie alle »Gastbeiterinnen« und »Gastarbeiter«, immer als Opfer der Strukturen porträtiert würden. Vgl. *Hedwig Richter/Ralf Richter*, Der Opfer-Plot. Probleme und neue Felder der deutschen Arbeitsmigrati-

der Migration⁹² sind ebenso zu erfassen. Zudem ist zu eruieren, welche Konzepte den Migrantinnen und Migranten weiterhin mittels des »Blicks des Anderen auf das eigene Selbst« aufoktroyiert werden.⁹³ Dabei sollten gerade auch die Interventionen, kritischen Fragen und Forschungsansätze migrantischer Wissenschaftlerinnen und Wissenschaftler, die zugleich in wissenschaftlicher wie emanzipatorischer Absicht eine eigene migrantische und postmigrantische⁹⁴ Perspektive auf die Geschichte der Einwanderungsgesellschaft entwickeln, im allgemeinen Diskurs ernst genommen, inkludiert, ja »amalgamiert« werden.

IV. STADT UND MIGRATION

So prägend der nationalstaatliche Rahmen für Migration ist – ob in gouvernementaler Hinsicht oder aber auch für die »Identitätsgeschichte« der Einwanderungsgesellschaft und der Einwanderinnen und Einwanderer selbst –, so entscheidend ist vor allem auch im deutschen Fall neben der globalen, transnationalen und europäischen die lokale Ebene. Zum einen sind die realen Menschen, die Migrantinnen und Migranten, lokal präsent und werden lokal »regiert«; außerdem sind sie in ihrer Akteursrolle lokal am besten zu fassen, angesichts des weitgehenden Fehlens von übergreifenden »Lobbys«, die für Migrantinnen und Migranten sprechen könnten.⁹⁵ Zweitens ist die Stadt verwaltungstechnisch Ort der Überschneidung der Strukturen beziehungsweise Regierungsebenen: Hier treffen die nationalen, regionalen und lokalen Regularien und Gegebenheiten aufeinander und werden in konkretes Verwaltungshandeln umgesetzt. Das ist für Migrantinnen und Migranten besonders relevant, zumal das Ausländerrecht auf der Grundlage von Ermessensentscheidungen umgesetzt wird.⁹⁶ Somit können die lokalen Praktiken etwa in der Aufenthalts-

---

onsforschung, in: VfZ 57, 2009, S. 61–97. Hier wird »Opfer-Plot« freilich in anderer Weise umgedeutet: Es soll allein auf das Opfer-Narrativ anspielen, das die Migrantinnen und Migranten, neben seiner durchaus gegebenen faktischen Verankerung, zum Teil aus den Mehrheitsdiskursen in Deutschland übernommen haben und das in erster Linie auf den defizitären Blick auf sie selbst zurückgeht.

92 Nicht durch Oral-History-Interviews, aber durch die Darstellung und Analyse einiger früher migrantischer Protestbewegungen tat dies bisher (sehr überzeugend): *Manuela Bojadžijev*, Die windige Internationale. Rassismus und Kämpfe der Migration, Münster 2008.

93 Vgl. gute Ansätze dazu bei *Giulia Messere*, Die Erfindung des Gastarbeiters. Untersuchung über eine italienische Gemeinschaft in Deutschland, Merzig 2008.

94 Postmigrantisch bezeichnet den Erfahrungshorizont jener Menschen, die nicht selbst immigriert sind, die aber weiterhin gesellschaftlich, sozial oder »identitär« als Migrantinnen und Migranten markiert sind oder sich selbst als solche verstehen. Vgl. zu diesem Konzept: *Erol Yildiz*, Postmigrantische Verortungspraktiken: Ethnische Mythen irritieren, in: *Paul Mecheril/Susanne Arens/Claus Melter* u.a. (Hrsg.), Migrationsforschung als Kritik? Spielräume kritischer Migrationsforschung, Wiesbaden 2013, S. 139–153. Eine kritische Intervention zum Konzept des Postmigrantischen: *Paul Mecheril*, Was ist das X im Postmigrantischen?, in: sub\urban. zeitschrift für kritische stadtforschung 2, 2014, H. 3, S. 107–112.

95 Es existieren zwar inzwischen größere Verbände, so etwa der Zentralrat der Muslime; aber diese werden erst in den letzten Jahren überhaupt wahrgenommen und sind meist national oder in dem Falle religiös organisiert.

96 So etwa in den Ausländerbehörden. Sie führen Bundesrecht aus, das per Landesverordnung in eine der Landespolitik entsprechende Behördenpraxis übersetzt werden soll. Organisatorisch untersteht etwa die Ausländerbehörde Mannheim dem Regierungspräsidium Karlsruhe, das wiederum weisungsbefugt ist. Der Ermessensspielraum reicht dabei jedoch bis auf das einzelne Ausländeramt, dessen Direktorium berechtigt ist, mittels interner Regelungen die Landesverordnungen oder Vorgaben des Regierungspräsidiums lokal auf eigene Weise zu interpretieren und umzusetzen. So prüfte etwa die Ausländerbehörde Mannheim zeitweilig deutsche Sprachkenntnisse zur Erteilung einer Aufenthaltsberechtigung mit einem Diktat ab, eine Praxis, die, als sie

gewährung oder bei der Einbürgerung stark voneinander differieren.[97] Drittens werden auf kommunaler Ebene durchaus auch eigene Impulse im Politikfeld Migration gesetzt. Somit scheint ein *Multilevel-Governance*-Ansatz, also ein Miteinbezug der Mehrebenenstruktur es am ehesten zu ermöglichen, die empirische Komplexität des Feldes Migration in den Blick zu nehmen. Das Lokale ist dabei jedoch eine zentrale Komponente, nicht nur ein Exemplifikationsmittel.

Die essenzielle Bedeutungsdimension des Konnex »Stadt und Migration« arbeiten Nina Glick Schiller und Ayşe Simsek-Çağlar aus der Perspektive der *City-Scale*-Forschung heraus. Der methodologische Nationalismus habe die Theoretisierung von *locality* für die Migrationsstudien verhindert, so die zwei Forscherinnen. Und das sogar im Rahmen der Erforschung von »Stadt und Migration«: nicht nur, weil die in Städten anzutreffenden Communities aus einer *ethnic lens* als monolithische Gebilde ohne jede Heterogenität gefasst werden, sie somit nicht in all ihren diversen Rollen als Akteure in der Stadt erfasst und ihre transnationalen Netzwerke als solche verstanden werden, die lediglich zwischen Herkunfts- und Aufnahmestaat bestehen, sondern auch, weil lokale Studien hauptsächlich als Exemplifikationen des Nationalen gelten.[98]

So handhabt es ja auch tatsächlich Sarah Hackett in ihrer lokalhistorischen Migrationsstudie: Bremen und Newcastle sollen hier zwar nicht jeweils als Mikrokosmos des nationalen Migrationsregimes gelten. Dennoch bewertet sie den ähnlich guten Integrationsgrad der muslimischen Communities in den zwei Städten als Bestätigung der These, dass »a convergence both in Britain and Germany's post-1945 immigration histories« zu beobachten sei, was mehr oder weniger für alle europäischen Länder gelte.[99] Bettina Severin-Barboutie erhebt in ihrem entsprechenden Stadtvergleich zwischen Lyon und Stuttgart explizit den Anspruch, die These vom Annäherungsprozess der nationalen Gesellschaften innerhalb Europas aus den zwei lokalen Beispielen herausarbeiten zu können.[100]

Im Rahmen ihrer vergleichenden Herangehensweise postulieren Glick Schiller und Çağlar, dass alle Städte, also nicht nur die ausgewiesenen *global cities*, ökonomisch und damit auch machtpolitisch innerhalb einer nationalen und globalen Hierarchie positioniert sind. Zum anderen, dass Migration quasi in jeder Stadt, in der sie als Phänomen existiert, konstitutiv ist, indem sie als Faktor entscheidend zur jeweiligen Position innerhalb dieses »Machtfeldes« beiträgt. Vielmehr noch: An der lokalen Inkorporation von Migrantinnen

---

1983 publik wurde, bei den lokalen Stellen der »Ausländerbetreuung« für heftige Kritik sorgte. Vgl. Akten und Presseberichterstattung zu diesem Fall, in: Stadtarchiv Mannheim – Institut für Stadtgeschichte (StadtA MA-ISG), Nachlass Ingeborg Nikitopoulos, Zugang 3/1995, Nr. 16.

97 Methodisch unhaltbar ist die Übertragung der Verwaltungspraxis einer einzigen Ausländerbehörde, um auf die nationale Praxis, gar das nationale Migrationsregime zu schließen, so geschehen bei Pleinen. So beeindruckend ihre Arbeitsweise und Ergebnisse als solche auch sind und so sehr in den lokalen Akten auch Dokumente anderer Provenienz vertreten sind, ändert es nichts daran, dass hier keine nationale Repräsentativität abgeleitet werden kann. Vgl. *Pleinen*, Die Migrationsregime Belgiens und der Bundesrepublik seit dem Zweiten Weltkrieg.

98 *Nina Glick Schiller/Ayşe Simsek-Çağlar*, Locality and Globality. Building a Comparative Analytical Framework on Migration and Urban Studies, in: *dies.* (Hrsg.), Locating Migration. Rescaling Cities and Migrants, Ithaca 2011, S. 60–81.

99 *Sarah E. Hackett*, Foreigners, Minorities and Integration. The Muslim Immigrant Experience in Britain and Germany, Manchester 2013, hier: S. 219. Hacketts eigentlicher Fokus ist ohnehin, zu zeigen, dass sich muslimische Gruppen – wohl entgegen den Erwartungen – trotz aller institutionellen Hindernisse integrieren, und stellt für beide Fälle »the triumph of minority agency over institutional and non-institutional constraints« fest, ebd., S. 11.

100 Ihre Habilitationsschrift ist noch nicht publiziert, aber diesen Ansatz schildert sie in einem Aufsatz: *Bettina Severin-Barboutie*, Stadt – Migration – Transformation. Stuttgart und Lyon im Vergleich, in: *Oltmer/Kreienbrink/Sanz Díaz*, Das »Gastarbeiter«-System, S. 233–245.

und Migranten lässt sich diese Position jeweils gut ablesen. Denn Migrantinnen und Migranten finden in den Städten nicht nur jeweils unterschiedliche historisch gewachsene Opportunitätsstrukturen und Partizipationsmöglichkeiten jenseits des jeweiligen nationalen Rahmens vor, sondern fungieren in der Stadt selbst als entscheidende Akteure. Gerade ihre transnationalen Netzwerke, die nicht auf ihre Herkunftsregionen beschränkt sind, ihr monetäres und humanes Kapital, ihre Arbeitskraft selbst im Niedriglohnsektor sowie ihre transkulturellen Lebensformen, durch welche die Loci imprägniert sind, machen die globale Stadt mit aus; gleichzeitig sind Migrantinnen und Migranten von den lokalen Inkorporationsoptionen abhängig. Migration ist demnach ein entscheidender Faktor in den *Rescaling*-Prozessen, in deren Rahmen sich Städte regional, national und global jeweils ständig neu positionieren und miteinander um monetäres, politisches, humanes und kulturelles Kapital konkurrieren. Durch ihren Ansatz, der Urbanismus- und Migrationsforschung vereinigt und »Migration und Stadt« für Vergleichsstudien öffnet, wollen Glick Schiller und Çağlar aber auch gleichzeitig den ethnischen Fokus, der Migrationsforschung insgesamt prägt, auflösen und Migration in all ihren Facetten entscheidend als lokal eingebettet betrachten.[101]

Diese Hinweise sollten ausreichen, um zu vergegenwärtigen, dass die Diskussion über »Migration und Stadt« oder überhaupt die Frage nach dem »Locus von Migration« nicht der Soziologie, der Ethnologie oder den Kulturwissenschaften allein überlassen werden sollte, sondern dass sie in der historischen Migrationsforschung genauer zu fokussieren ist.[102] Beispielsweise indem man untersucht, inwiefern und in welchem Maße »Stadtpolitik im Namen der Nation« betrieben worden ist, wie es Urbanisten für die nähere Vergangenheit behaupten[103], oder ob Migration nicht schon einige Jahrzehnte zuvor lokal eine eigene Rolle innehatte. Es werden sicherlich keine pauschalen Antworten darauf möglich sein, allein weil es lokal auch unterschiedliche Organe, Konstellationen, Opportunitätsstrukturen gab. So gehörte die Stadt Mannheim 1997 nicht zu den 60 baden-württembergischen Städten, die einen Ausländerausschuss oder Ausländerbeirat vorzuweisen hatten, und die in der Stadt wohnhafte ausländische Bevölkerung gehörte nicht zu jenen 50% im Land, die durch solch ein Gremium vertreten wurden.[104] Denn in Mannheim hatte die

---

101 *Glick Schiller/Simsek-Çağlar*, Locality and Globality, S. 79. Vgl. auch die Einleitung der zwei Autorinnen zum Sammelband, *dies.*, Locating Migration, S. 1–19.
102 Neben Hackett und Severin-Barboutie wären auch weitere neuere Arbeiten zu nennen, die im Band von *Caruso/Pleinen/Raphael*, Postwar Mediterranean Migration to Western Europe, präsentiert werden; hier werden interessante Ansätze verfolgt, meines Erachtens aber wird wieder eine zu starke europäische Verallgemeinerung betrieben. Die ebenso im Kontext des Sonderforschungsbereichs »Armut und Fremdheit« an der Uni Trier entstandene regionalhistorische Arbeit von Sarah Vanessa Losego ist dagegen ein gutes Beispiel für das große Potenzial dieser Gattung. Vgl. *Sarah Vanessa Losego*, Fern von Afrika. Die Geschichte der nordafrikanischen »Gastarbeiter« im französischen Industrierevier von Longwy (1945–1990), Köln/Weimar etc. 2009. Bei den meisten regionalen oder Landes-Migrationsgeschichten handelt es sich um Sammelbände, in denen kaum Synthesen vorgenommen werden, oftmals stellen die Beiträge etwa zu einzelnen Herkunftsgruppen nicht einmal einen erkennbaren Bezug zur besagten Region oder Stadt her. Eine erwähnenswerte Ausnahme bildet der Band, der einen Schwerpunkt auf Hamburg legt: *Angelika Eder/Kristina Vagt* (Hrsg.), Wir sind auch da! Über das Leben von und mit Migranten in europäischen Großstädten, Hamburg 2003. Es existieren auch zahlreiche Publikationen, die von Stadtarchiven oder sonstigen städtischen Institutionen herausgegeben wurden, die meist keinen wissenschaftlichen Anspruch erheben, sondern eher als politische Bekenntnisse zu »Vielfalt und Toleranz« zu lesen sind.
103 So *Mathias Rodatz*, »Migration ist in dieser Stadt eine Tatsache«. Urban Politics of Citizenship in der neoliberalen Stadt, in: sub\urban. zeitschrift für kritische stadtforschung 2, 2014, H. 3, S. 35–58, hier: S. 39ff.
104 Ausländerbeiräte in vielen Städten, in: Mannheimer Morgen, 14.5.1997, StadtA MA-ISG, Beauftragter für ausländische Einwohner, Zug. 47/2011, Nr. 46.

Stadtverwaltung den »wohlmeinenden Paternalismus« in der »Ausländerarbeit« der direkten Partizipation vorgezogen. Längerfristige Folge davon könnte sein, was eine groß angelegte, mehrjährige Studie zur politischen Partizipation und Repräsentation von Migrantinnen und Migranten auf lokaler und kommunaler Ebene des »Max-Planck-Instituts zur Erforschung multireligiöser und multiethnischer Gesellschaften« von 2012 feststellte: Mannheim war eine der vier Großstädte mit über 100.000 Einwohnern in Deutschland, die besonders schlecht abgeschnitten haben. Die Forscher fanden es »sehr bedenklich«, dass in einer Stadt mit einem »großen Bevölkerungsanteil mit Migrationshintergrund […] kein einziges Ratsmitglied« zu jenem Zeitpunkt einen solchen vorzuweisen hatte.[105]

Somit ist jeweils zu fragen, inwiefern sich lokale Politiken in Bezug auf Migration mit denen der sonstigen Regierungsebenen oder Institutionen überschnitten, überlappten oder aber durchkreuzten. Welche Möglichkeiten der Intervention, der Mitgestaltung, des Widerstands gegen diese Politiken hatten die davon Betroffenen? Haben sie gegebene Opportunitäten genutzt oder eingefordert und wurden sie dabei von den Entscheidungsträgern und der Stadtgesellschaft wahr- und ernst genommen?

Doch nicht nur unter dem Aspekt des Regierens von Migration ist die Stadt oder der Lebensort wichtig. Der Ort ist als »meeting point« zu verstehen, »an dem Akteure, ausgehend von vorhandenen materiellen und sozialen Positionierungen, Lokalität kontinuierlich verhandeln«.[106] Das geschieht nicht nur in der Auseinandersetzung mit der Stadtverwaltung, den Behörden und anderen Institutionen, sondern auch in der Auseinandersetzung mit dem physischen Ort, der im Zuge des »Sesshaftwerdens« transformiert und angeeignet wird. Dabei tragen Migrantinnen und Migranten nicht nur die Spuren der Orte und Räume, aus denen sie oder ihre Vorfahren kamen, in sich, sondern hinterlassen diese auch in den sozialen und physischen Räumen, in denen sie sesshaft werden, in Form von materiellen Zeugnissen sowie sozialen und kulturellen »raumprägenden« Praktiken. Einwanderungsprozesse sind somit konstitutiv für die Neuordnung sozialer und physischer Räume. Diese Spuren und Neuordnungen sind aber auch ihrerseits nicht statisch, sondern verändern und entwickeln sich, sind selbst Teil von Hybridisierungsprozessen.

Viele Indizien deuten darauf hin, dass »Lokalität und Migration«, insbesondere »Stadt und Migration« in translokalen Orten konvergieren, in denen sich Migrations- und Einwanderungsprozesse einschreiben beziehungsweise von den Akteuren eingeschrieben werden und die sich damit zu den entscheidenden Identifikationspunkten für Migrantinnen und Migranten beziehungsweise Einwanderinnen und Einwanderer entwickeln. Das gewinnt insbesondere in Nationalstaaten an Relevanz, welche die nationale Identifikationsebene in langer Tradition verweigert oder durch völkisch-kulturalistisch strukturierte Diskurse zumindest als unerwünscht markiert haben – eine Konstellation, die auf Deutschland zutrifft.

Diese Perspektive wird auch durch eine soziologische Vergleichsstudie von 2011 gestützt, die in Deutschland, den Niederlanden und Frankreich durchgeführt wurde. Die Forscherinnen und Forscher fragten, inwiefern sich die unterschiedlichen nationalen Integrationspolitiken und die daraus resultierenden Ausgrenzungsmechanismen und -diskurse auf die Identitätskonstruktionen türkischstämmiger Menschen der sogenannten zweiten Generation auswirkten. Sie ermittelten zum einen, dass die Identifikation mit Frankreich und den Niederlanden bei den Migrantinnen und Migranten mit Herkunft aus der Türkei in jenen Ländern etwas höher lag als in Deutschland, wohl gerade wegen deren permissiveren Integrationspolitik. Zum anderen stellten sie fest, dass der eigentliche Identifikationspunkt

---

105 *Birgit Fenzel*, Vielfalt im Stadtrat, in: MaxPlanckForschung, Gesellschaft im Wandel, Spezialausgabe 2013, S. 38–43, hier: S. 40 und 41.
106 *Malte Bergmann*, Die Sonnenallee in Berlin als Raum grenzüberschreitender Ökonomien, in: *ders./Bastian Lange* (Hrsg.), Eigensinnige Geographien. Städtische Raumaneignungen als Ausdruck gesellschaftlicher Teilhabe, Wiesbaden 2011, S. 45–70, Zitat: S. 52.

der aktuelle Lebensort des jeweiligen Menschen war. »[T]he settlement country is their home. It is an identification however, that is primarily with a local, not a national identity.«[107] Weitere soziologische Studien stützen die These, dass sich insbesondere Migrantinnen und Migranten in Deutschland eher lokal als national identifizieren: so eine europäische Studie von 1998, welche für Migrantinnen und Migranten in Nürnberg eine weit stärkere Bindung an ihre Stadt als an Deutschland diagnostizierte[108]; eine weitere Studie in Frankfurt am Main von 2001 stellte fest, dass sich lediglich 18,1% der befragten Migrantinnen und Migranten als Deutsche, dafür aber 63,3% als Frankfurterinnen und Frankfurter fühlten.[109]

Diese *local identity* sollte jedoch nicht mit einer provinziellen »Heimattümelei« verwechselt werden. Translokalität soll nicht lediglich signifizieren, dass der Lebensort Identifikationspunkt ist, sondern dass der Ort in seiner kulturellen Hybridisierung zum Identifikationspunkt per se für die Migrantinnen und Migranten wird.[110] Translokalität bringt zum Ausdruck, dass sich hier Orte und Wege treffen – nicht Nationen und transnationale Sozialräume –, die Lokalitäten transformieren und sie global vernetzen.[111]

Das trifft nicht nur auf reale Orte wie die Sonnenallee in Berlin[112] oder die »Dönerstraße« in Mannheim zu. Ein schönes Beispiel ist die Dönerbude[113] selbst, die wohl in Berlin von türkischen Immigranten erfunden wurde, sehr bald auch in Mannheim auftauchte, sich verbreitete, zum führenden Fast-Food-Imbiss mit bunten Plastikmöbeln und Namen wie »McDöner« wurde und inzwischen auf Mallorca und in Thailand selbstverständlich von Touristen aus Deutschland frequentiert wird. Ein weiteres Beispiel ist das Minarett. Es bringt auch die Machtdimension ins Spiel, die in »fröhlichen Hybridisierungsdiskursen«

107 *Evelyn Ersanilli/Sawitri Saharso*, The Settlement Country and Ethnic Identification of Children of Turkish Immigrants in Germany, France, and the Netherlands: What Role Do National Integration Policies Play?, in: International Migration Review 45, 2011, S. 907–937, Zitat: S. 931.
108 Vgl. Effectiveness of National Integration Strategies Towards Second Generation Migrant Youth in a Comparative European Perspective – EFFNATIS. Final Report to the EU Commission, Bamberg 2001, S. 65ff. Vgl. URL: <http://www.efms.uni-bamberg.de/pdf/finalreportk.pdf> [10.10.2016].
109 *Gaby Straßburger*, Evaluation von Integrationsprozessen in Frankfurt am Main. Studie zur Erforschung des Standes der Integration von Zuwanderern und Deutschen in Frankfurt am Main am Beispiel von drei ausgewählten Stadtteilen, Bamberg 2001, S. 172. Vgl. URL: <https://www.frankfurt.de/sixcms/media.php/738/Langfassung_Studie_Strassburger.pdf> [10.10.2016].
110 Das war eines der Ergebnisse des durch die Verfasserin durchgeführten Oral-History-Projekts »Alle Wege führen nach Mannheim« von 2012/13, im Rahmen dessen 25 lebensgeschichtliche Interviews mit Immigrantinnen und Immigranten geführt wurden; diese sind im Stadtarchiv Mannheim einzusehen und werden in der demnächst erscheinenden Publikation der Verfasserin »Mannheim translokal. Aspekte der neueren Mannheimer Migrationsgeschichte« verarbeitet.
111 Nina Glick Schiller verwendet dafür auch im Kontext von Stadt und Migration noch den Begriff der Transnationalität, den sie vom »Transnationalen« abgrenzt. Erster Begriff beziehe sich eher auf vernetzende Prozesse, die sozial und identitätsstiftend seien, »transnational« bezeichne dagegen die spezifischen Relationalitäten. Ich finde allerdings, dass diese Differenzierung nicht ausreicht, um die Spezifik des Lokalen voll zum Ausdruck zu bringen, zudem sorgt die Begriffswahl meines Erachtens eher für Verwirrung. Vgl. *Nina Glick Schiller*, Transnationalität, Migration und Stadt – Eine vergleichende Herangehensweise, in: *Sabine Hess/Torsten Näser* (Hrsg.), Movements of Migration. Neue Perspektiven im Feld von Stadt, Migration und Repräsentation, Berlin 2015, S. 174–187, hier: S. 174–176.
112 Vgl. *Bergmann*, Die Sonnenallee in Berlin als Raum grenzüberschreitender Ökonomien.
113 Vgl. dazu *Ayşe Çağlar*, McDöner: Dönerkebab und der Kampf der Deutsch-Türken um soziale Stellung, in: Sociologus. Zeitschrift für empirische Ethnosoziologie und Ethnopsychologie 48, 1998, S. 17–41; sowie *Maren Möhring*, TransLokal. Ausländische Gaststätten in der Bundesrepublik Deutschland, in: traverse 14, 2007, H. 3, S. 85–96.

oft abhandenkommt: Das Minarett der Yavuz-Sultan-Selim-Moschee in Mannheim, der ersten großen Moschee ihrer Art in Deutschland, ist ganz bewusst niedriger als der fast direkt daneben liegende Kirchturm der Liebfrauenkirche. Als translokaler Raum spiegelt die Moschee das städtische Mannheimer Narrativ der »toleranten Migrationsstadt« wider. Zudem ist sie ein Ort, den Türkischstämmige sunnitischen Glaubens sich angeeignet und transformiert haben. Aber gleichzeitig kann das niedrigere Minarett als ein in Stein gegossenes Symbol des Vorrangs des Christentums über den Islam im »Abendland« gedeutet werden.

Der besondere Appeal von Translokalität zeigt sich etwa daran, dass der bundesweit berühmteste Mannheimer im Moment der »Monnemer Türk« Bülent Ceylan ist. Auf ihn und die spezifische Identität seines komödiantischen Konstrukts können sich wohl alle irgendwie einigen, das beweist sein Erfolg. Darauf, dass Mesut Özil, Sami Khedira und Jérôme Boateng als Deutsch-Türke (oder gar deutscher Muslim), Deutsch-Tunesier und Deutsch-Ghanaer medial vorzüglich als *role models* für die Einwanderungsgesellschaft ausgeschlachtet werden könnten, offenbar nicht. Eher einigte man sich in den Jahren vor der EM 2016 darauf, es für einen Affront zu halten, dass sie bei Länderspielen die deutsche Nationalhymne nicht mitsingen wollten.[114] Boateng wurde im Sommer 2016 erst dadurch zur Symbolfigur, dass der AfD-Politiker Alexander Gauland ihn angriff, was einen berechtigten Kritiksturm auslöste. Dennoch folgte selbst da keine proaktive Konstruktion zum *role model*. Diese Beispiele zeigen, dass die vorbehaltlose Aufnahme in das »deutsche Kollektiv« weiterhin schwierig ist, dass selbst die formell Inkludierten in einer Bringschuld und defizitär bleiben, geschweige denn ihr »Migrationshintergrund« positiv besetzt wird. Die Übernahme einer lokalen hybriden Identität scheint auf beiden Seiten (der migrantischen und der nicht migrantischen) einfacher zu gehen[115] – entsprechend erklärt ein junger türkischstämmiger Fußballer, er würde am liebsten für eine »Nationalmannschaft Mannheim« spielen, wenn es eine solche gäbe.[116]

Translokalität hat als epistemologischer Zugang schließlich den Vorteil, dass mit diesem Forschungsdesign Gruppen nicht a priori als *ethnic communities* gefasst werden[117]

---

114 Das zeigen die wiederholten, oft heftigen medialen und Social-Media-Diskussionen, welche diesbezüglich entstanden sind und bei denen sich selbst namhafte CDU- und CSU-Politiker nicht zu schade waren, zu partizipieren. Einen Überblick über die große Bandbreite der Kritiker verschafft eine entsprechende Google-Suche. Eine Google-Suche mit den Stichworten »Mesut Özil« und »Deutsch-Türke« bringt ebenso eine große Trefferquote, allerdings wird hier das »Deutsch-Türkische« eher problematisiert, als dass es gelobt oder gar als Modell überhöht wird.
115 Davon zeugen auch die Titel von Publikationen wie: *Sven Sauter*, Wir sind »Frankfurter Türken«. Adoleszente Ablösungsprozesse in der deutschen Einwanderungsgesellschaft, Frankfurt am Main 2000, oder auch: *Abu Şehmuz Demir/Berthold Röth/Ulrike Schäfer* u. a., Die Wormser Türken, Worms 2011; sowie: *Jacob J.L. Lohrmann* (Hrsg.), Inländer. Wie aus Ausländern Tübinger wurden, Tübingen 2008.
116 Hier das gesamte Zitat: »Ich würde für Türkei spielen, weil meine Eltern Türken sind und so. Und ich liebe auch Türkei so sehr. Ich denke halt auch, ich bin halt auch ein Türke – türkisches Blut und so, weil die Eltern Türken sind. [...] Aber würde es eine Mannschaft geben ›Nationalmannschaft Mannheim‹, dann würde ich für Nationalmannschaft Mannheim spielen, weil ich bin ja in Mannheim aufgewachsen und meine Heimat ist auch Mannheim, sondern nicht Deutschland«, abgedr. in: *Philipp Kohl*, Aufwertung und Identität im transkulturellen Raum. Divergierende Rezeptionen zweier Mannheimer Stadtquartiere, Wiesbaden 2013, S. 90.
117 Hier kommt auch die andere Komponente der Translokalität hinzu, die andere Relation der Beziehung, etwa das »Türkische« in »Monnemer Türk«. Denn angesichts von Kettenmigrationen, die für Migrantinnen und Migranten aus Italien und der Türkei etwa in Mannheim nachweisbar sind, könnte durchaus angenommen werden, dass es auch hier eher lokale Bezugspunkte sind, also der konkrete Herkunftsort oder die -region ist, die man im Hier physisch und sozial einschreibt, und weniger das Nationale, das freilich weiterhin eine symbolische Rolle innehaben und als *imagined community* als zentraler Referenzpunkt genutzt werden kann. Auch der-

oder der Raum, in dem sie agieren, als unveränderbarer, homogener Container gesehen wird.

Dieser Blickwinkel wirft die Frage auf, ob das transnationale Paradigma, welches das nationale vielfach abgelöst hat, ihm aber doch dem Namen und dem Bezugsobjekt nach – auch bewusst – verhaftet bleibt, gerade im Hinblick auf (post-)migrantische Identitäten und Lebensrealitäten der »Sesshaftgewordenen«, also der Einwanderinnen und Einwanderer und deren Nachkommen, nicht eher dem translokalen weichen sollte. Das heißt nicht, dass transnationale Bezüge, die sich bekanntlich nicht nur auf Herkunftsregionen beziehen, in realiter nicht existieren würden und in der Analyse nicht miteinbezogen werden sollten. Sondern eher, dass das Objekt, an dem sich Transformation durch Einwanderung am intensivsten vollzogen hat und somit verorten lässt, das Lokale ist, das durch seine Verbindung zu anderen Lokalitäten hybridisiert und damit global wird. Gerade diese Hybridisierung des Lokalen, diese Vereinnahmung von konkretem Raum durch Sesshaftgewordene, fundiert zugleich ihr unbedingtes Präsenz- und Partizipationsrecht.

Was sagt uns das alles aber über die anfangs eingeforderte »nationale Meisternarration«? Vielleicht das: Der methodologische Nationalismus sollte bis zur tatsächlichen Auflösung der Nation oder des Nationalstaats als solchen von einer den Realitäten von Migration und Einwanderung eher näherkommenden Methode der »Synopse von Lokalitäten« innerhalb des gegebenen staatlichen und national-diskursiven Rahmens bereichert und am Ende gar auch vollkommen dadurch substituiert werden. Inwiefern das gerade auch von vielen Migrantinnen und Migranten geforderte »Wir« durch eine »nationale Meisternarration« und der Entwicklung eines kollektiven Gedächtnisses auf die Einwanderungsgesellschaft gelingen kann, bleibt abzuwarten. Ebenso, ob es eines sein wird, das diese als »Neue Deutsche«[118] inkludiert, oder aber eines, das sich vom nationalen Paradigma vollends trennt. Möglicherweise sind die vielen Historikerinnen und Historiker, welche jetzt die Konvergenz Europas in allen möglichen Feldern, so auch in der Migrationsgeschichte, proklamieren, auch nur Konstrukteure einer neuen Identität und einer neuen europäischen Narration, die einige miteinschließt, andere, so etwa Muslime und Menschen aus dem globalen Süden, endgültig ausschließen könnte.[119]

Abschließend sei an die Aufforderung Ulrich Becks und Edgar Grandes erinnert, nach neuen Untersuchungseinheiten zu suchen, die der weiterhin gegebenen Notwendigkeit der faktischen und analytischen Berücksichtigung von »Nation« Genüge tun, ohne erneut dem methodischen Nationalismus zu verfallen, Untersuchungseinheiten, welche das Nationale »einbetten«, indem sie es enthalten, aber nicht deckungsgleich mit ihm sind.[120] Die lokale Ebene als Ebene, in der Migration lokalisierbar wird und sich Translokalität manifestiert, scheint eine solche Untersuchungseinheit zu sein.

---

artige Fragen bilden ein Forschungsdesiderat, dem durch Auswertung schon geführter oder neuer lebensgeschichtlicher Interviews Genüge getan werden könnte.

118 Naika Foroutans Forschungen zu den »Neuen Deutschen« haben viel Aufmerksamkeit auf sich gezogen. Dabei handelt es sich jedoch meines Erachtens um eine Identitätsform, die aktuell ausgehandelt wird, während der Ist-Zustand eher noch der ist, der auch in einem Zitat von Foroutan zum Ausdruck kommt: »Dies ist auch eine Erklärung dafür, warum viele der Menschen mit Migrationshintergrund bei der Frage nach ihrer Zugehörigkeit problemlos die Stadt nennen, aus der sie kommen. Ihre Selbstbezeichnung als Berliner, Hamburger oder Schwabe sehen sie als faktisch und authentisch an, während sie die Selbstbezeichnung als ›Deutsche‹ eher als Konstruktion oder künstlich empfinden, da sie diese immer erklären müssen.« *Naika Foroutan*, Neue Deutsche, Postmigranten und Bindungs-Identitäten. Wer gehört zum neuen Deutschland?, in: APuZ, 2010, H. 46–47, S. 9–15, hier: S. 12.

119 Auch hier nochmals der Hinweis auf die aktuelle »Flüchtlingskrise«, die ja auch starke europapolitische Implikationen hat.

120 *Beck/Grande*, Jenseits des methodologischen Nationalismus, S. 202.

Forschungsberichte und Sammelrezensionen

Sylvia Kesper-Biermann

Aushandlung und Herrschaft, Rechtsräume und Öffentlichkeit

Neue Forschungen zu Kriminalität, Recht und (Straf-)Justiz, 18.–20. Jahrhundert

Recht gilt als grundlegende Dimension der Moderne und wird in seiner Bedeutung den gesellschaftsgeschichtlichen Kategorien Politik, Wirtschaft, soziale Ungleichheit und Kultur gleichgestellt. Seine historische Erforschung gibt Auskunft über Ordnungen und Strukturen, Machtverhältnisse, Normen und Werte sowie das Selbstverständnis vergangener Gesellschaften.[1] Für die Zeit seit dem 19. Jahrhundert wird von einem »Siegeszug des Rechts«, unter anderem in der Funktion säkularer Sinnstiftung, gesprochen.[2] Die Geschichtsschreibung zu diesem Gebiet verfügt über eine ebenso lange Tradition mit wechselnden Konjunkturen und Schwerpunktsetzungen. Wesentliche neue Impulse für die deutschsprachige Forschung gingen in der zweiten Hälfte des 20. Jahrhunderts von der Historischen Kriminalitätsforschung aus, einer Subdisziplin der Geschichtswissenschaft mit zunächst sozial-, dann kulturgeschichtlichem Fokus.[3] In den 1970er-Jahren legte Dirk Blasius seine Pionierstudien vor[4], die allerdings in einem doppelten Sinn zunächst kaum Nachfolger fanden. Die Historische Kriminalitätsforschung begann sich nämlich erst seit den späten 1980er-Jahren in Deutschland zu etablieren, so legte Regina Schulte 1989 ihre wichtige Studie zum 19. Jahrhundert vor.[5] Der zeitliche Schwerpunkt verschob sich jedoch schon bald auf das Spätmittelalter und die Frühe Neuzeit. In der Forschung zu diesen Epochen gehört die Kriminalitätsgeschichte nach wie vor zu den fest verankerten Gebieten, was auch das Spektrum der hier einbezogenen Arbeiten zeigt. Veröffentlichungen zum 19. und 20. Jahrhundert setzten in größerem Umfang erst mit der Jahrtausendwende ein; das »Erstarken der Forschungen zur späteren Neuzeit« bezeichnete Gerd Schwerhoff 2011

---

1 *Christoph Jahr*, Antisemitismus vor Gericht. Debatten über die juristische Ahndung judenfeindlicher Agitation in Deutschland (1879–1960) (Wissenschaftliche Reihe des Fritz Bauer Instituts, Bd. 16), Campus Verlag, Frankfurt am Main/New York 2011, 475 S., kart., 39,90 €, hier: S. 15.
2 *Uwe Wilhelm*, Das Deutsche Kaiserreich und seine Justiz. Justizkritik – politische Strafrechtsprechung – Justizpolitik, Duncker & Humblot, Berlin 2010, 721 S., kart., 98,00 €, S. 19.
3 Vgl. unter anderem folgende jüngere Forschungsberichte *Joachim Eibach*, Recht – Kultur – Diskurs. Nullum Crimen sine Scientia, in: Zeitschrift für Neuere Rechtsgeschichte 23, 2001, S. 102–120; *Karl Härter*, Von der Entstehung des öffentlichen Strafrechts zur »Fabrikation des Verbrechens«. Forschungen zur Entwicklung von Kriminalität und Strafjustiz im frühneuzeitlichen Europa, in: Rechtsgeschichte. Zeitschrift des Max-Planck-Instituts für europäische Rechtsgeschichte 1, 2002, S. 159–196; *Rebekka Habermas*, Von Anselm von Feuerbach zu Jack the Ripper. Recht und Kriminalität im 19. Jahrhundert. Ein Literaturbericht, in: Rechtsgeschichte. Zeitschrift des Max-Plack-Instituts für europäische Rechtsgeschichte 3, 2003, S. 128–163; *André Krischer*, Neue Forschungen zur Kriminalitätsgeschichte, in: ZHF 32, 2006, S. 387–415; *Herbert Reinke*, Crime and Criminal Justice History in Germany. A Report on Recent Trends, in: Crime, Histoire & Sociétés/Crime, History & Societies 13, 2009, S. 117–137.
4 Unter anderem *Dirk Blasius*, Bürgerliche Gesellschaft und Kriminalität. Zur Sozialgeschichte Preußens im Vormärz, Göttingen 1976; *ders.*, Kriminalität und Alltag. Zur Konfliktgeschichte des Alltagslebens im 19. Jahrhundert, Göttingen 1978; *ders.*, Geschichte der politischen Kriminalität in Deutschland 1800–1980. Eine Studie zu Justiz und Staatsverbrechen, Frankfurt am Main 1983.
5 *Regina Schulte*, Das Dorf im Verhör. Brandstifter, Kindsmörderinnen und Wilderer vor den Schranken des bürgerlichen Gerichts, Reinbek 1989.

dementsprechend als »das eigentliche Signum« der Forschungsentwicklung in den letzten zehn bis fünfzehn Jahren.[6]

Dieser Trend setzt sich ungebrochen fort. Die Geschichte von Kriminalität, (Straf-)Justiz und (Straf-)Recht stellt ein intensiv bearbeitetes Forschungsfeld dar, auf dem in den letzten fünf Jahren eine beachtliche Zahl an Neuerscheinungen zu verzeichnen ist. Die aktuellen historischen Studien sind eingebettet in ein allgemein zu beobachtendes Interesse am Recht in den Kulturwissenschaften. Als »legitimer Gegenstand [...] zum Verständnis zentraler Probleme der Gegenwart« wie auch als grundlegende Perspektive ist es unter anderem in einer Reihe interdisziplinärer Forschungsverbünde (wieder-)entdeckt worden.[7] Unter dem Leitbegriff der »Rechtskulturen« liegt das Augenmerk zum einen auf Recht im Spektrum unterschiedlicher, teils konkurrierender normativer Ordnungen und auf dessen kulturellen Dimensionen. Zum anderen spielen globale Perspektiven eine wichtige Rolle wie die Betrachtung von Rechtskulturen in verschiedenen Weltregionen einschließlich deren Verflechtungen.

Dieser Bericht gibt einen Überblick über gegenwärtige Themen und Trends der Kriminalitäts-, Rechts- und Justizgeschichte zum 18. bis 20. Jahrhundert. Seine Grundlage bildet eine Auswahl überwiegend deutschsprachiger, insbesondere zwischen 2010 und 2015 erschienener Monografien. Drei Bereiche, nämlich die Geschichte von politischer Kriminalität und Terrorismus, die (historische) Gewaltforschung sowie die Forschungen zu Sicherheit in geschichtlicher Perspektive werden dabei nicht systematisch berücksichtigt, weil sie in den vergangenen Jahren eine besondere Konjunktur zu verzeichnen hatten und sich inzwischen zu eigenen, differenzierten Forschungsbereichen entwickelt haben. Auch mit diesen Einschränkungen ist es nicht die Absicht und im vorgegebenen Rahmen nicht möglich, die Ergebnisse jeder der erwähnten Studien im Einzelnen vorzustellen, zu würdigen und einzuordnen. Vielmehr ist es das Ziel, die neueren Entwicklungen im Ganzen unter übergeordneten Gesichtspunkten zu erläutern. Im Einzelnen geht es zunächst um Forschungsansätze und Methoden (I.) sowie Quellen (II.). Die untersuchten Aspekte lassen sich zu Themenfeldern mit sowohl etablierten Perspektiven als auch mit neuen Schwerpunktsetzungen bündeln. Sie erstrecken sich von Expertendiskursen (III.) und Akteuren (IV.) über Geschlecht und Lebensalter (V.), Krieg (VI.), Medien und Öffentlichkeit (VII.), Recht und Herrschaftssystem (VIII.) sowie Strafprozesspraxis (IX.) bis hin zu Aushandlung (X.) und Rechtsräumen (XI.). Ein Fazit fasst die Ergebnisse zusammen (XII.).

I. FORSCHUNGSANSÄTZE UND METHODEN

Für die Geschichte von Kriminalität, (Straf-)Justiz und (Straf-)Recht bilden Rechts- und Geschichtswissenschaft die traditionellen Bezugsdisziplinen. Beide verfolgen teils übereinstimmende, teils unterschiedliche Erkenntnisinteressen. Für die (juristische) Rechtsgeschichte steht die Gegenwartsbezogenheit ihrer Fragestellungen im Vordergrund; sie interessiert sich unter anderem für die Genese und Entwicklung gegenwärtiger rechtlicher Normen oder von Dogmatik und Theorie mit dem Ziel, daraus Einsichten und gegebenenfalls Handlungsoptionen in Bezug auf das geltende Recht abzuleiten. Seit einiger Zeit wird

---

6 *Gerd Schwerhoff*, Historische Kriminalitätsforschung, Frankfurt am Main/New York 2011, S. 22f.

7 *Werner Gephart* (Hrsg.), Rechtsanalyse als Kulturforschung, Vittorio Klostermann Verlag, Frankfurt am Main 2012, 346 S., kart., 29,80 €, S. 19. Zu nennen sind zum Beispiel Käte Hamburger Kolleg »Recht als Kultur«, Bonn, URL: <http://www.recht-als-kultur.de/> [18.7.2016]; Exzellenzcluster »Die Herausbildung normativer Ordnungen«, Frankfurt am Main, URL: <http://www.normativeorders.net/de/> [18.7.2016].

dafür der – kontrovers diskutierte und sehr unterschiedlich gefüllte – Begriff der »juristischen Zeitgeschichte« verwendet. Thomas Vormbaum versteht darunter die »Geschichte der gegenwärtigen Rechtsepoche«, deren Beginn er an der Wende vom 18. zum 19. Jahrhundert ansetzt. Gemäß der inzwischen klassischen Definition von Gerd Schwerhoff bewegt sich die geschichtswissenschaftliche Historische Kriminalitätsforschung im »Dreieck von Normen, abweichendem Verhalten und Sanktionen«; Kriminalität sowie der Umgang mit ihr wird als »zentraler Indikator für die Erforschung von gesamtgesellschaftlichen Zuständen und historischem Wandel« betrachtet.[8] Für beide Perspektiven liegen aktuelle problemorientierte Einführungen von ausgewiesenen Kennern mit einem Fokus auf der deutschsprachigen Forschungslandschaft vor.[9]

Eine Reihe der aktuellen Studien lässt eine eindeutige Zuordnung in den Fragehorizont jeweils einer der beiden Bezugsdisziplinen erkennen. So liefern Tarig Elobied über das Strafbefehlsverfahren (§§ 407–412 StPO)[10] und Christina Müting über den Straftatbestand sexuelle Nötigung und Vergewaltigung (§ 177 StGB)[11] jeweils rechtshistorische Beiträge zur Gesetzgebungsgeschichte. Sie sollen Bausteine zur historischen Entwicklung einzelner Bestimmungen des geltenden Strafgesetzbuchs beziehungsweise der Strafprozessordnung liefern, zum Verständnis der »nach geltendem Recht bestehenden gesetzlichen Regelungen«[12] beitragen und die Ableitung von Handlungsempfehlungen ermöglichen. Beide Untersuchungen schließen dementsprechend mit einer Einordnung und Bewertung der gegenwärtigen Rechtslage. Noch stärker geht Harald Lemke-Küch von einer aktuellen Problemstellung, unter anderem basierend auf seinem persönlichen »Erfahrungshorizont« als Strafverteidiger, aus. Er untersucht Funktion und Auswahl von Laienrichtern im 19. und 20. Jahrhundert sowie deren Rechtskenntnis und Sachkunde im Hinblick auf ihre Bedeutung im Strafprozess. Lemke-Küch kommt zu dem eindeutigen Ergebnis, »dass weder rechtshistorische Gründe noch die Qualität strafgerichtlicher Entscheidungen […] geeignet sind, die Notwendigkeit einer Mitwirkung von Laienrichtern heute noch zu rechtfertigen«.[13] Mögliche zukunftsweisende Formen der Schöffenmitwirkung sieht er – in Anlehnung an DDR-Recht – in Schlichtungsverfahren oder der Sanktion von Bagatelldelikten durch Gerichte aus Nicht-Juristen.

---

8 Vgl. *Thomas Vormbaum*, Juristische Zeitgeschichte, Version: 1.0, Docupedia-Zeitgeschichte, 22.3.2010, URL: <http://docupedia.de/zg/Juristische_Zeitgeschichte> [18.7.2016]; *Schwerhoff*, Historische Kriminalitätsforschung, S. 12f.
9 *Schwerhoff*, Historische Kriminalitätsforschung, und *Thomas Vormbaum*, Einführung in die moderne Strafrechtsgeschichte, Berlin/Heidelberg 2016 (zuerst 2008). Die Einführung von Thomas Vormbaum wurde für die letzte Auflage um neu erschienene Literatur ergänzt und in einzelnen Aspekten vertieft. Bei dem Buch von Gerd Schwerhoff handelt es sich um eine vollständig überarbeitete und aktualisierte Fassung von: *Gerd Schwerhoff*, Aktenkundig und gerichtsnotorisch. Einführung in die Historische Kriminalitätsforschung, Tübingen 1999. Beide Werke sind nicht Gegenstand des Forschungsberichts, sondern bilden seine Ausgangspunkte, da sie Forschungsergebnisse und -trends bis circa 2010 in äußerst kenntnisreicher, zuverlässiger und gut zugänglicher Weise schildern. Die folgenden Ausführungen konzentrieren sich deshalb auf die letzten fünf Jahre, ohne im Detail auf vorangegangene Entwicklungen einzugehen.
10 *Tarig Elobied*, Die Entwicklung des Strafbefehlsverfahrens von 1846 bis in die Gegenwart, De Gruyter Verlag, Berlin 2010, XIV + 279 S., geb., 49,95 €.
11 *Christina Müting*, Sexuelle Nötigung. Vergewaltigung (§ 177 StGB). Reformdiskussion und Gesetzgebung seit 1870, De Gruyter Verlag, Berlin/New York 2010, XII + 273 S., geb., 49,95 €.
12 Ebd., S. 8.
13 *Harald Lemke-Küch*, Der Laienrichter – überlebtes Symbol oder Garant der Wahrheitsfindung? Eine rechtsgeschichtliche Untersuchung über das »moderne« Volksgericht in Deutschland seit Beginn des 19. Jahrhunderts (Europäische Hochschulschriften, Reihe 2: Rechtswissenschaft, Bd. 5640), Peter Lang Verlag, Frankfurt am Main 2014, XXIV + 241 S., kart., 59,95 €, S. 233.

Rainer Beck nutzt die dichte Beschreibung eines Kinderhexenprozesses in Freising im frühen 18. Jahrhundert in kriminalitätsgeschichtlicher Perspektive als Sonde, um Zugang zur Weltsicht der Zeitgenossen zu erhalten und um die Mechanismen zu ergründen, mit denen im Strafverfahren aus »normalen Menschen« »Unmenschen« gemacht wurden. Zwar ist er in diesem Zusammenhang auch am Prozessverlauf, der Rolle einzelner Akteure und insbesondere den Geständnissen interessiert, doch zielt er in erster Linie auf eine »Kulturgeschichte einer süddeutschen katholisch-konfessionellen Gesellschaft am Vorabend der Aufklärung«[14], die keine strikte Trennung zwischen diesseitigen und jenseitigen Kräften kannte. Zu diesem Zweck hat er die 330 Vernehmungsprotokolle des von 1715 bis 1717 und von 1721 bis 1723 gegen Kinder und Jugendliche vor allem aus dem Armuts- und Bettelmilieu geführten Prozesses minutiös ausgewertet und kontextualisiert. Kriminelle Lebensläufe des 19. Jahrhunderts stehen im Mittelpunkt der Studie von Heike Talkenberger. »Am Umgang mit dem als andersartig Empfundenen, mit dem, der von der Norm abweicht, erweist sich der Zustand einer Gesellschaft«, erläutert sie ihre Herangehensweise.[15] Ihre Darstellung ist anhand verschiedener biografischer Stationen von Straftätern organisiert: den Ursachen und Umständen der Kriminalisierung, der Strafverfolgung, der Haft im Gefängnis und der Zeit nach der Entlassung. Wie sie zeigt, waren – anders als es die wissenschaftliche Literatur der Zeit vorgab – die Grenzen zwischen den Welten der »Bürger« und der »Verbrecher« durchlässig, Zeiten der Delinquenz wechselten mit solchen der Nichtdelinquenz, Zeiten der Sesshaftigkeit mit solchen der Nichtsesshaftigkeit. Das »Leben in prekären Verhältnissen«[16] war vielgestaltig und hing eng mit den allgemeinen sozioökonomischen Veränderungen des 19. Jahrhunderts zusammen.

In den Arbeiten zur Kriminalitätsgeschichte des 19. und 20. Jahrhunderts waren diskursanalytische Ansätze bis in die frühen 2000er-Jahre hinein prominent vertreten. Bei der hier zugrunde liegenden Auswahl beziehen sich lediglich vier Arbeiten explizit auf Michel Foucault.[17] Die Konjunktur der Diskursanalyse hat in den jüngsten Publikationen deutlich abgenommen, ohne durch einen erkennbaren einheitlichen Trend abgelöst worden zu sein. Die methodischen Prämissen und Herangehensweisen, die teilweise differenziert formuliert, teilweise gar nicht offengelegt werden, sind vielmehr durch eine große Vielfalt gekennzeichnet. Es handelt sich zum einen um Politik- beziehungsweise politische Institutionen- oder Strukturgeschichte; sozialgeschichtliche stehen neben kulturgeschichtlichen Ansätzen unterschiedlicher Ausprägung. Häufig werden auch Kombinationen etwa von quantitativen und qualitativen Analysemethoden gewählt. Sarah Bornhorst nimmt beispielsweise in ihrer Studie zur Jugendkriminalität im Ersten Weltkrieg zum einen statistische Auswertungen vor, die unter anderem Aufschluss über die zeitliche Entwicklung der Verfahrenszahlen, das Sozialprofil der Angeklagten und die Verteilung der Deliktarten geben.[18] Zum

---

14 *Rainer Beck*, Mäusemacher oder die Imagination des Bösen. Ein Hexenprozess 1715–1723, C. H. Beck Verlag, München 2011, 1.008 S., geb., 49,95 €, S. 20.
15 *Heike Talkenberger*, Gauner, Dirnen, Revolutionäre. Kriminalität im 19. Jahrhundert, Primus Verlag, Darmstadt 2011, 191 S., geb., 24,90 €, S. 11.
16 Ebd., S. 165.
17 *Sabine Freitag*, Kriminologie in der Zivilgesellschaft. Wissenschaftsdiskurse und die britische Öffentlichkeit 1830–1945, Oldenbourg Verlag, München 2014, X + 512 S., geb., 64,95 €; *Dominique Grisard*, Gendering Terror. Eine Geschlechtergeschichte des Linksterrorismus in der Schweiz, Campus Verlag, Frankfurt am Main/New York 2011, 345 S., kart., 39,90 €; *Thomas Kailer*, Vermessung des Verbrechers. Die Kriminalbiologische Untersuchung in Bayern, 1923–1945, Transcript Verlag, Bielefeld 2011, 436 S., kart., 35,80 €; *Stefan Mörchen*, Schwarzer Markt. Kriminalität, Ordnung und Moral in Bremen 1939–1949, Campus Verlag, Frankfurt am Main/New York 2011, 515 S., kart. 49,00 €.
18 *Sarah Bornhorst*, Selbstversorger. Jugendkriminalität während des ersten Weltkriegs im Landesgerichtsbezirk Ulm, UVK Verlag, Konstanz 2010, 373 S., kart., 44,00 €.

anderen untersucht sie Erscheinungsformen jugendlicher Kriminalität sowie deren Wahrnehmungen und Deutungen durch die Richter. Schließlich ist noch darauf hinzuweisen, dass Verbrechen und Strafen nach wie vor ein beliebtes Thema eher populärwissenschaftlich ausgerichteter Veröffentlichungen darstellen, die sich unter anderem an regional- und lokalgeschichtlichen oder biografischen Interessen orientieren. Ihre Bedeutung für die historische Forschung kann darin liegen, dass sie teilweise verstreute Quellen zusammentragen und sie in gedruckter Form zugänglich machen, etwa zu den Scharfrichtern in Preußen und im Deutschen Reich zwischen 1866 und 1945.[19]

Im Blick auf die aktuelle Forschung ist ferner eine verstärkte Verschränkung juristisch-rechtshistorischer und kriminalitätshistorischer Perspektiven sowie Referenzhorizonte festzustellen. Die in der Anfangsphase der Historischen Kriminalitätsforschung erfolgte programmatische Abgrenzung von der Rechtsgeschichte hat schon seit Längerem Kooperationen Platz gemacht. Das spiegelt sich nicht zuletzt in interdisziplinären Forschungsprojekten und -verbünden, in denen Juristinnen und Juristen mit Historikerinnen und Historikern zusammenarbeiten.[20] Viele neue Arbeiten beschränken sich also nicht auf die eine oder die andere Untersuchungsebene beziehungsweise Sichtweise, sondern kombinieren die Analyse von rechtlichen Normen und juristischen (Fach-)Diskursen mit der von Kriminalpolitik, der praktischen Tätigkeit der Strafjustiz, den Wahrnehmungen und Handlungen von Akteuren im Verfahren oder der Betrachtung abweichenden Verhaltens und der Öffentlichkeit. Einen solchen umfassenden Ansatz verfolgt beispielsweise Thomas Roth in seiner beeindruckenden voluminösen Studie über die Verbrechensbekämpfung im nationalsozialistischen Köln.[21] Mit einem anderen zeitlichen und regionalen Zuschnitt nimmt auch Alexandra Ortmann sowohl das juristische Selbstverständnis, verschiedene Formen von Öffentlichkeit und schließlich die Rolle von Laien vor (bayerischen) Gerichten des Kaiserreichs in den Blick.[22] Beide Studien zeigen den Ertrag eines solchen Vorgehens, denn sie differenzieren gerade durch die von ihnen gewählte Multiperspektivität den bisherigen Kenntnisstand erheblich. Von einer durchgängigen gegenseitigen Rezeption von Forschungsergebnissen zwischen Rechts- und Kriminalitätsgeschichte kann allerdings (immer noch) keine Rede sein; disziplinär begrenzte Aufmerksamkeiten wirken fort.

In eine ähnliche Richtung weist auch eine weitere Tendenz aktueller Forschungen:[23] Viele Arbeiten zu Kriminalität, Recht und Justiz vor allem zum 19. und 20. Jahrhundert verorten sich selbst nicht im Kontext der Historischen Kriminalitätsforschung, sondern wählen andere (geschichtswissenschaftliche) Bezugssysteme, beispielsweise die Geschichte

---

19 *Matthias Blazek*, Scharfrichter in Preußen und im Deutschen Reich. 1866–1945, Ibidem Verlag, Stuttgart 2010, 147 S., kart., 15,90 €.
20 Zum Beispiel die Forschungsverbünde »Justiz im Krieg« und »Justiz im Systemwechsel« zum Oberlandesgerichtsbezirk Köln, URL: <http://jis.phil-fak.uni-koeln.de/8209.html> [18.7.2016].
21 *Thomas Roth*, »Verbrechensbekämpfung« und soziale Ausgrenzung im nationalsozialistischen Köln. Kriminalpolizei, Strafjustiz und abweichendes Verhalten zwischen Machtübernahme und Kriegsende (Schriften des NS-Dokumentationszentrums der Stadt Köln, Bd. 15), emons Verlag, Köln 2010, 848 S., geb., 36,00 €.
22 *Alexandra Ortmann*, Machtvolle Verhandlungen. Zur Kulturgeschichte der deutschen Strafjustiz 1879–1924 (Kritische Studien zur Geschichtswissenschaft, Bd. 215), Vandenhoeck & Ruprecht, Göttingen 2014, 348 S., geb., 64,99 €.
23 Vgl. zum Folgenden auch die Diagnose von *Désirée Schauz*, Neue Trends der internationalen Forschung zu Kriminalität und Strafjustiz in Europa. Vortrag beim 3. Kolloquium zu Kriminalität und Strafjustiz in Vormoderne und Moderne, 16. bis 20. Jahrhundert, am 13.6.2014 in Meißen. Ich danke Désirée Schauz für die Überlassung des unveröffentlichten Manuskripts sowie die kritische Lektüre des vorliegenden Textes.

der Zwangsarbeit[24] oder des Antisemitismus.[25] Ulrike Schaper situiert ihre Studie zu Recht und Justiz in Kamerun zwischen 1884 und 1916 ausschließlich in der Kolonialgeschichte.[26] Ihre sehr ertragreiche Untersuchung kontextualisiert das Fallbeispiel unter Verweis auf das Rechtssystem und die Gerichtspraxis anderer Kolonialmächte beziehungsweise in anderen kolonisierten Gebieten etwa innerhalb des Britischen Empires. Zwar schließt sie in vieler Hinsicht an Themen und Diskussionen der Kriminalitätsgeschichte an, ohne diese jedoch zu rezipieren und sich mit ihnen auseinandersetzen zu können. Auf diese Art und Weise bleiben für beide Seiten Chancen ungenutzt: So hätte beispielsweise das Konzept der »Justiznutzung«[27] für ihren Ansatz fruchtbar gemacht und gleichzeitig dessen Anwendbarkeit auf das 19. Jahrhundert diskutiert werden können.

II. QUELLEN

Ähnliches ist auch hinsichtlich des Umgangs mit Quellen zur Kriminalitäts- und Justizgeschichte zu konstatieren. Zwar unterscheiden sich die hier vorgestellten Arbeiten in ihrer Quellenbasis kaum voneinander. Die in der Historischen Kriminalitätsforschung breit diskutierten quellenkritischen Überlegungen gerade zu Gerichtsakten werden aber nicht durchgängig zur Kenntnis genommen. Eine ausführliche und reflektierte Erörterung der Multiperspektivität der Gerichtsakte als »vielstimmige historische Quelle« für das späte 19. und frühe 20. Jahrhundert nimmt Alexandra Ortmann vor.[28] Damit ist gleichzeitig ein weiterer, die neuen Forschungen allgemein kennzeichnender Aspekt angesprochen: Insgesamt zeichnen sie sich nämlich insbesondere für das 19. und 20. Jahrhundert durch eine deutliche Erweiterung des Quellenspektrums aus. Zu den klassischen Materialien vor allem der Rechtsgeschichte gehören normative Texte wie Gesetze und Verordnungen, Dokumente aus dem Gesetzgebungsprozess sowie juristische Abhandlungen in (Fach-)Zeitschriften und Monografien, aber auch wissenschaftliche und kriminalpolitische Veröffentlichungen anderer Rechts- und Kriminalitätsexperten. Ältere rechtshistorische Studien basierten in der Regel ausschließlich auf diesen gedruckten Quellen. Inzwischen berücksichtigen sie häufig ergänzend archivalische Überlieferungen. Dabei handelt es sich gemäß den zugrunde liegenden Fragestellungen vornehmlich um Akten staatlicher Provenienz, besonders aus den Beständen von Justizbehörden. Albrecht von Bitter beispielsweise wertet in seiner streng rechtshistorisch-ideengeschichtlich angelegten Arbeit auch Archivalien des Geheimen Staatsarchivs Preußischer Kulturbesitz in Berlin aus.[29] Er beschäftigt sich mit der bisher unterschiedlich beantworteten Spezialfrage, wem »die Verantwortung im Sinne eines bestimmenden geistigen Einflusses« auf den strafrechtlichen Teil des Preußi-

---

24 *Karin Schmidt*, Zur Frage der Zwangsarbeit im Strafvollzug der DDR. Die »Pflicht zur Arbeit« im Arbeiter- und Bauernstaat (Sklaverei – Knechtschaft – Zwangsarbeit. Untersuchungen zur Sozial-, Rechts- und Kulturgeschichte, Bd. 7), Olms Verlag, Hildesheim/Zürich etc. 2011, IX + 529 S., kart., 78,00 €.
25 *Jahr*, Antisemitismus vor Gericht.
26 *Ulrike Schaper*, Koloniale Verhandlungen. Gerichtsbarkeit, Verwaltung und Herrschaft in Kamerun 1884–1916, Campus Verlag, Frankfurt am Main/New York 2012, 446 S., kart., 39,90 €.
27 Grundlegend: *Martin Dinges*, Justiznutzung als soziale Kontrolle in der Frühen Neuzeit, in: *Andreas Blauert/Gerd Schwerhoff* (Hrsg.), Kriminalitätsgeschichte. Beiträge zur Sozial- und Kulturgeschichte der Vormoderne, Konstanz 2000, S. 503–544.
28 *Ortmann*, Machtvolle Verhandlungen, S. 53–69.
29 *Albrecht von Bitter*, Das Strafrecht des Allgemeinen Preußischen Landrechts von 1794 vor dem ideengeschichtlichen Hintergrund seiner Zeit (Rheinische Schriften zur Rechtsgeschichte, Bd. 18), Nomos Verlag, Baden-Baden 2013, 290 S., kart., 78,00 €.

schen Allgemeinen Landrechts von 1794 zuzuschreiben ist.[30] Das wenig überraschende Ergebnis lautet, dass es Carl Gottlieb Svarez und Ernst Ferdinand Klein gemeinsam schufen, wobei sie zahlreiche Überlegungen des strafrechtlichen Aufklärungsdiskurses aufgriffen.

Bei den geschichtswissenschaftlichen Arbeiten besteht die Erweiterung der Quellengrundlage vor allem in der Einbeziehung von Gerichtsakten. Diese für die Kriminalitätsgeschichte der Frühen Neuzeit einschließlich des 18. Jahrhunderts zentrale Quellengattung ist für die nachfolgenden Jahrhunderte erst in wenigen Studien systematisch ausgewertet worden.[31] Überwiegend war man davon ausgegangen, mit dem Ende des schriftlichen Inquisitionsverfahrens und der Einführung von Öffentlichkeit und Mündlichkeit im reformierten Strafprozess seit der Mitte des 19. Jahrhunderts sei in der Überlieferung der Gerichte keine lohnenswerte Basis für historische Analysen mehr zu finden. Dass es sich dabei um eine eklatante Fehleinschätzung handelte, zeigen die neueren Studien, unter anderem von Alexandra Ortmann und Michael Löffelsender[32], in eindrucksvoller Weise. Sie machen deutlich, wie aus den Akten des Ermittlungs- beziehungsweise Untersuchungsverfahrens, etwa Vernehmungsprotokollen, Anklageschriften und Gnadengesuchen, zahlreiche neue und weiterführende Erkenntnisse bezüglich der einzelnen Akteure und ihres Agierens im Strafverfahren gewonnen werden können. Ein Anliegen der jüngeren Arbeiten ist es zudem, die »Kriminellen« selbst stärker zu Wort kommen zu lassen. Eine Reihe von ihnen stützt sich deshalb auf Selbstzeugnisse, die vor allem während und nach der Haft entstanden sind, das heißt Gefängniskorrespondenz, Gefangenen-Autobiografien und -Memoiren sowie, in der Zeitgeschichte, Zeitzeugeninterviews. Diese Quellen bilden beispielsweise die Basis der instruktiven Studie von Talkenberger für das 19. Jahrhundert.[33] Aufgrund eines Booms von Erinnerungsliteratur nach 1990 handelt es sich auch um einen wesentlichen Baustein aktueller Forschungen zum Strafvollzug in der DDR.[34] Allerdings kommen über diesen Weg nicht alle Gruppen von Gefangenen gleichermaßen in den Blick, sondern vor allem diejenigen, die sich als politische Häftlinge und nicht als »gewöhnliche Kriminelle« verstanden.

Schließlich werden Gerichtsurteile, Kriminalstatistiken, die Berichterstattung in den Medien sowie literarische und künstlerische Verarbeitungen von Kriminalität und Justiz in Fallgeschichten, Erzählungen oder Filmen analysiert. Visuelle Quellen gewinnen an Bedeutung, spielen aber immer noch eine deutlich untergeordnete Rolle gegenüber Schriftquellen. Als eigenständige Repräsentationsformen analysiert Christina Gerstenmayer bildliche Darstellungen von Räubern aus dem 18. und frühen 19. Jahrhundert innerhalb der »sächsischen Medienlandschaft« und betont deren Abschreckungsintention. Sie zeigten individuelle kriminelle Karrieren, die jedoch alle folgerichtig unausweichlich vom Verbrechen zur verdienten obrigkeitlichen und gottgewollten Strafe führten.[35]

---

30 Ebd., S. 33.
31 Vgl. insbesondere die in dieser Hinsicht wegweisende Studie von *Rebekka Habermas*, Diebe vor Gericht. Die Entstehung der modernen Rechtsordnung im 19. Jahrhundert, Frankfurt am Main/New York 2008.
32 *Ortmann*, Machtvolle Verhandlungen; *Michael Löffelsender*, Strafjustiz an der Heimatfront. Die strafrechtliche Verfolgung von Frauen und Jugendlichen im Oberlandesgerichtsbezirk Köln 1939–1945 (Beiträge zur Rechtsgeschichte des 20. Jahrhunderts, Bd. 70), Mohr Siebeck Verlag, Tübingen 2012, XII + 494 S., kart., 79,00 €.
33 *Talkenberger*, Gauner, Dirnen, Revolutionäre.
34 Zum Beispiel *Schmidt*, Zur Frage der Zwangsarbeit im Strafvollzug der DDR.
35 *Christina Gerstenmayer*, Spitzbuben und Erzbösewichter. Räuberbanden in Sachsen zwischen Strafverfolgung und medialer Repräsentation (Konflikte und Kultur: Historische Perspektiven, Bd. 27), UVK Verlag, Konstanz/München 2013, 386 S., kart., 44,00 €.

III. EXPERTENDISKURSE

Ein zentrales Forschungsinteresse der 1990er- bis in die frühen 2000er-Jahre richtete sich auf (wissenschaftliche) Expertendiskurse über Kriminalität, vor allem auf die Kriminologie, und auf deren Zusammenwirken mit staatlicher Kriminalpolitik. Die neueren Studien vertiefen diesen Kenntnisstand, doch hat das Thema insgesamt seinen zentralen Stellenwert verloren. Thomas Kailer analysiert, wie in den kriminalbiologischen Untersuchungen an Strafgefangenen in Bayern zwischen 1923 und 1945 (wissenschaftliches) Wissen über Kriminelle generiert wurde. Ziel war eine »umfassende Topografie der Abweichung«, die sich zum einen auf Körper, Biografie und Persönlichkeit des einzelnen Straftäters richtete, um zu einer Prognose über dessen »Besserungsfähigkeit« zu gelangen. Zum anderen sollte so die gesamte »verbrecherische Schicht innerhalb der Bevölkerung« erfasst werden.[36] Wie wichtig die gesellschaftlichen, politischen, institutionellen und weitere Rahmenbedingungen für die Entwicklung der Kriminologie und ihre Auswirkungen auf die Kriminalpolitik waren, zeigen nicht nur die Ergebnisse zu Deutschland, sondern auch zwei Studien, die sich mit ähnlichen Zeiträumen, aber anderen geografischen Regionen befassen. Sabine Freitag untersucht mit Großbritannien ein von der kontinentaleuropäischen Entwicklung in vieler Hinsicht abweichendes und deshalb besonders aufschlussreiches Beispiel. Dort fehlte bis in die 1930er-Jahre eine akademische Strafrechtswissenschaft beziehungsweise Kriminologie. Die Debatten waren durch besonders intensive Aushandlungsprozesse zwischen Wissenschaft und (Zivil-)Gesellschaft gekennzeichnet, die sich nicht als Expertendiskurse im kontinentaleuropäischen Sinn beschreiben lassen. Interesse bestand zwar an Expertise, aber nicht an »Expertokratie«, da sich alle als kompetente Diskursteilnehmer verstanden.[37]

Sharon A. Kowalsky betrachtet die revolutionäre Transformation in Russland durch die Linse der Kriminologie, vor allem die Neubestimmung von Verhaltensnormen und Verhandlungen darüber, was es hieß, »sowjetisch« zu sein.[38] In der Sowjetunion kam es in den 1930er-Jahren zu einem Niedergang der nun als »neolombrosianisch« kritisierten psychiatrisch-biologischen, auf die Persönlichkeit des Verbrechers konzentrierten Kriminologie. Stattdessen traten sozioökonomische Faktoren als Kriminalitätsursachen in den Vordergrund; die Straftäter sollten gemäß marxistisch-leninistischen Vorstellungen in erster Linie als Angehörige einer Klasse betrachtet werden. Diesen Wandel hatte die Disziplin teilweise selbst verursacht: Denn durch ihre Tätigkeit wies sie auf die fortdauernde Existenz von Verbrechen in der sowjetischen Gesellschaft hin und stellte so die Effektivität bolschewistischer Politik infrage. Ausgehend von der Prämisse, mit der Etablierung des Sozialismus werde auch die Kriminalität vollständig verschwinden, konnte anhand der Entwicklung von Straftaten auch der gesellschaftliche Fortschritt beziehungsweise sein Ausbleiben gemessen werden. Die frühe sowjetische Kriminologie wurde erst in den 1970er-Jahren rehabilitiert und psychologisch-biologische Erklärungsmuster begannen unter anderem aufgrund der dann vorgenommenen Verbindung von Dissidenz und Geisteskrankheit erneut eine Rolle zu spielen.

Während die genannten Studien einen diskurs- und wissens(chafts)geschichtlichen Fokus aufweisen, gehen andere der bislang kaum beantworteten Frage nach, inwieweit kriminologisches Wissen tatsächlich Eingang in die Justiz- und Gerichtspraxis fand und welche Rolle es dort spielte. Die aktuellen Ergebnisse weisen allerdings nicht in eine einheitliche Richtung: So verneinen Bornhorst und Roth die seit einigen Jahren intensiv dis-

---

36 *Kailer*, Vermessung des Verbrechers, S. 21 f.
37 *Freitag*, Kriminologie in der Zivilgesellschaft, S. 453.
38 *Sharon A. Kowalsky*, Deviant Women. Female Crime and Criminology in Revolutionary Russia, 1880–1930, Northern Illinois University Press, DeKalb 2009, 330 S., geb., 42,00 $.

kutierte These einer linearen Medikalisierung der Strafjustiz in der ersten Hälfte des 20. Jahrhunderts und schätzen die Bedeutung psychiatrischer Sachverständiger im Verfahren gering ein. Die Juristen seien auf die Wahrung der eigenen Kompetenzen bedacht gewesen; zudem hätten sich »vulgärkriminologische«, biologische Erklärungen mit älteren, essentialisierenden beziehungsweise moralischen Wertungen wie Genusssucht, Arbeitsscheu oder Verwahrlosung verbunden und diese lediglich argumentativ abgesichert.[39] Michael Löffelsender konstatiert hingegen eine hohe Deutungsmacht medizinischer Gutachten und kriminalbiologischer Prognosen im Strafverfahren; die »Persönlichkeitsforschung« sei wichtig für die Urteilsfindung gewesen und die Gerichte hätten dementsprechend »extensiven Gebrauch von den Gehilfen der Justiz« gemacht.[40] Da es sich hierbei um erste Erkenntnisse auf der Basis von Fallstudien handelt, sind weitere Forschungen nötig, um die beiden entgegenstehenden Positionen abwägen zu können. Vielleicht wird man aber auch nicht zu einem einheitlichen Ergebnis kommen, sondern die Unterschiedlichkeit der Justizpraxis vor Ort feststellen müssen.

IV. AKTEURE

Experten und Sachverständige haben in der Justiz- und Kriminalitätsgeschichte seit den 2000er-Jahren eine wichtige Rolle gespielt. Das Interesse der aktuellen Arbeiten konzentriert sich im Hinblick auf die Akteure insbesondere auf die Richter – eine Schwerpunktsetzung mit langer Tradition. Im Rahmen der zu einem umfangreichen eigenen Gebiet angewachsenen Reichskammergerichtsforschung hat Sigrid Jahns nun die Ergebnisse ihrer umfassenden Analyse des Kameralkollegiums publiziert. Auf der Basis von 128 Lebensbildern der zwischen 1740 und 1806 dort tätigen Assessoren legt sie eine verfassungs- und sozialhistorisch informierte Kollektivbiografie vor. In der »Transformation von anfänglicher Modernität hin zu späterem Veralten«[41] spiegelt das Gremium die generellen Strukturprobleme der Reichsverfassung unter dem Anpassungsdruck des 18. Jahrhunderts. Für das 19. und 20. Jahrhundert stehen die Richter in einzelnen Gerichtsbezirken, beispielsweise Köln[42] oder Braunschweig[43], im Mittelpunkt des Interesses. Die Gruppe wird sozialhistorisch untersucht, im Hinblick auf politische Einstellungen und das Verhältnis zum Staat sowie auf ihr Agieren im Verfahren. Unter dem Begriff »Richter« werden zumeist die juristisch ausgebildeten Berufsrichter verstanden; daneben finden die ab der zweiten Hälfte des 19. Jahrhunderts am Hauptverfahren beteiligten »Laienrichter«, also im deutschen Fall Geschworene und Schöffen, verstärkt Berücksichtigung. Das Verhältnis zwischen beiden war keinesfalls konfliktfrei, vielmehr grenzten sich die Juristen vor allem im Kaiserreich stark vom Einfluss breiter Bevölkerungsschichten auf die Justiz

---

39 *Bornhorst*, Selbstversorger; *Roth*, »Verbrechensbekämpfung« und soziale Ausgrenzung im nationalsozialistischen Köln.
40 *Löffelsender*, Strafjustiz an der Heimatfront, S. 207 und 397.
41 *Sigrid Jahns*, Das Reichskammergericht und seine Richter. Verfassung und Sozialstruktur eines höchsten Gerichts im Alten Reich, Teil 1: Darstellung, Böhlau Verlag, Köln/Weimar etc. 2011, XXI + 783 S., geb. 59,90 €, S. 673.
42 *Barbara Manthe*, Richter in der nationalsozialistischen Kriegsgesellschaft. Beruflicher und privater Alltag von Richtern des Oberlandesgerichtsbezirks Köln, 1939–1945 (Beiträge zur Rechtsgeschichte des 20. Jahrhunderts, Bd. 75), Mohr Siebeck Verlag, Tübingen 2013, XII + 379 S., kart., 74,00 €.
43 *Markus Bernhardt*, Was ist des Richters Vaterland? Justizpolitik und politische Justiz in Braunschweig zwischen 1879 und 1919/20, BWV Berliner-Wissenschafts-Verlag, Berlin 2011, 420 S., kart., 49,00 €.

ab und strichen in dieser »elitäre[n] Professionalisierungsdebatte« ihre fachlichen Kompetenzen heraus.[44]

Ein wesentlicher Grund dafür war die Wahrnehmung, die eigene Elitenposition und die damit verbundenen Privilegien seien bedroht. Die Furcht vor Statusverlust erscheint in den neueren Arbeiten als bestimmender Faktor für die Richterschaft vom Kaiserreich bis zur Mitte des 20. Jahrhunderts. Dazu trugen unter anderem »Vertrauenskrise« und Justizkritik bei, die sich zu einem großen Teil in Form von Richterkritik äußerten. Neben dem Vorwurf der Klassenjustiz richteten sich die Klagen auch gegen die »Weltfremdheit« der Richter.[45] Die sozial homogene, überwiegend männliche Berufsgruppe war in ihrem beruflichen wie privaten Alltag, ihren Werten und Verhaltensformen maßgeblich durch die Zugehörigkeit zum Bürgertum geprägt, wobei der Anteil von Juristen mit kleinbürgerlichem, gewerblich-mittelständischem Familienhintergrund im 20. Jahrhundert zunahm.[46] Die Frage der politischen Einstellung stellt sich besonders dringlich für die Zeit des Nationalsozialismus. Edith Raim geht davon aus, dass die meisten Juristen der NSDAP aus Opportunismus beitraten und in der Nachkriegszeit »geläutert« oder zu »Vernunftdemokraten« wurden.[47] Obwohl exponierte Nationalsozialisten entlassen wurden und die Entnazifizierungserfahrung sowie die »Jahre der Demütigung« für die Mitläufer eine wichtige Erfahrung darstellten, geht sie von einer »Renazifizierung« der Justiz in der Bundesrepublik durch den Generationswechsel in den 1950er-Jahren aus.[48]

Weitere Arbeiten beschäftigen sich mit anderen Akteuren der (Straf-)Justiz wie den Verteidigern, unter anderem in Prozessen gegen die RAF.[49] Die von Heinrich Hannover herausgegebenen ausgewählten Plädoyers der 1960er- bis 1990er-Jahre stellen in diesem Zusammenhang eine besondere Quellensammlung dar. Der bekannte bundesdeutsche Rechtsanwalt hatte in öffentlichkeitswirksamen Prozessen beispielsweise Daniel Cohn-Bendit oder Hans Modrow verteidigt und Tonaufnahmen einiger seiner »Reden vor Gericht« angefertigt. Fünf davon sind dem Buch auf CD beigegeben und ermöglichen so einen »akustischen Eindruck von Strafprozessen«.[50] Für die Strafverfolgung spielte generell die Polizei eine zentrale Rolle; eine bereits intensiv erforschte Akteursgruppe[51], über die aktuelle Studien vor allem für die Zeit des Nationalsozialismus und der DDR Auskunft geben.[52] Besonders ergiebig sind Ansätze, die den Handlungsspielraum der Polizei im Zusammenhang mit anderen Institutionen der Strafjustiz untersuchen.[53]

---

44 *Ortmann*, Machtvolle Verhandlungen, S. 77–86.
45 *Wilhelm*, Das Deutsche Kaiserreich und seine Justiz.
46 *Bernhardt*, Was ist des Richters Vaterland?; *Manthe*, Richter in der nationalsozialistischen Kriegsgesellschaft.
47 *Edith Raim*, Justiz zwischen Diktatur und Demokratie. Wiederaufbau und Ahndung von NS-Verbrechen in Westdeutschland 1945–1949 (Quellen und Darstellungen zur Zeitgeschichte, Bd. 96), Oldenbourg Verlag, München 2013, XIII + 1.237 S., geb., 148,00 €, S. 499.
48 Ebd., S. 1180.
49 *Andreas Mehlich*, Der Verteidiger in den Strafprozessen gegen die Rote Armee Fraktion. Politische Justiz und politische Strafverteidigung im Lichte der Freiheit der Advokatur, BWV Berliner Wissenschafts-Verlag, Berlin 2012, XXII + 352 S., geb., 49,00 €.
50 *Heinrich Hannover*, Reden vor Gericht. Plädoyers in Text und Ton, PapyRossa Verlag, Köln 2012, 276 S. + 1 CD, kart., 19,90 €, S. 7.
51 Vgl. *Schwerhoff*, Historische Kriminalitätsforschung, S. 22 und 86–88.
52 Zum Beispiel *Remo Kroll*, Die Kriminalpolizei im Ostteil Berlins (1945–1990) (Schriftenreihe Polizei. Studien zur Geschichte der Verbrechensbekämpfung, Bd. 1), Verlag Dr. Köster, Berlin 2012, III + 577 S., geb., 34,80 €.
53 Zum Beispiel *Roth*, »Verbrechensbekämpfung« und soziale Ausgrenzung im nationalsozialistischen Köln.

V. KRIMINALITÄT, GESCHLECHT UND LEBENSALTER

Der Zusammenhang von Kriminalität, Geschlecht und Lebensalter bildet ein Untersuchungsfeld, das an schon länger bestehende Forschungsinteressen anschließt.[54] Im Hinblick auf die Geschlechtergeschichte findet Männlichkeit insgesamt weniger Beachtung, doch bezieht Stefan Mörchen diese Perspektive konsequent mit ein, wenn er sich mit Deutungsmustern von Schwarzmarktkriminalität beschäftigt. In der zweiten Hälfte der 1940er-Jahre trat an die Stelle des männlichen Leitbilds des Soldaten das des Familienernährers. Da dieses Ideal jedoch durch reguläre Erwerbsarbeit kaum zu erreichen war, wurden Diebstahl und Schwarzhandel nicht als kriminelles, sondern als überlebensnotwendiges moralisches (männliches) Handeln gerechtfertigt.[55] Als besondere Herausforderung hegemonialer Männlichkeit erschienen in den Terrorismusdiskursen der 1970er- und 1980er-Jahre Täterinnen, die sich beispielsweise mit Waffen entsprechend stilisierten.[56] Auch in der medialen Berichterstattung über den Prozess gegen das Lagerpersonal von Bergen-Belsen 1945 spielte der »Rückgriff auf traditionelle Stereotype weiblicher Devianz«[57] durch die Abweichung vom erwarteten Verhalten eine zentrale Rolle. Die geständige Angeklagte Irma Grese etwa wurde von den Medien wegen ihrer als unweiblich angesehenen Brutalität als das »schöne Monster« bezeichnet und als Verkörperung des Bösen dargestellt.[58] Gesellschaftlichen Vorstellungen über Weiblichkeit, angemessenem Verhalten von Frauen und der damit einhergehenden Beurteilung und Ahndung von Abweichungen weisen die neueren Studien in sämtlichen Kontexten von Kriminalität und Justiz hohe Bedeutung zu. Das gilt auch für die wissenschaftliche Beschäftigung mit dem »verbrecherischen Weib«. In der frühen sowjetischen Kriminologie verbanden sich traditionelle Vorstellungen, etwa über weibliche Sexualität, mit den neuen sozialistischen Idealen der rechtlichen Gleichstellung und Frauenemanzipation zu einer ganz eigenen Sichtweise: Der Verbrecherin wurde Rückständigkeit und Ländlichkeit zugeschrieben, also ein Verhalten, das man mit dem einfachen, antimodernen bäuerlichen Dorfleben assoziierte. So kam es zu einer spezifischen Verschränkung von Gender und Klasse, die überkommene Hierarchien nicht infrage stellte, sondern untermauerte.[59]

Die Kriminalstatistiken des 19. und 20. Jahrhunderts weisen bezüglich des Geschlechts und des Lebensalters junge Männer als überproportional straffällige Bevölkerungsgruppe aus. Seit der zweiten Hälfte des 19. Jahrhunderts setzte überall in Europa die Problemwahrnehmung einer »gefährlichen jungen Generation« ein[60], die sich gegenüber anderen Altersgruppen durch ein besonderes und (statistisch) steigendes Ausmaß abweichenden Verhaltens auszeichnete. Diese gesellschaftliche Krisendiagnose mündete in die Etablierung eines eigenen Jugendstrafrechts mit pädagogischen und präventiven Zielsetzungen. Neuere Studien betrachten den vielfach dargestellten Prozess auch im Hinblick auf die Frage, welche Bedeutung dem Strafrecht für die Definition von Jugend als eigenständiger Lebensphase

---

54 Vgl. auch *Schauz*, Neue Trends der internationalen Forschung zu Kriminalität und Strafjustiz in Europa.
55 *Mörchen*, Schwarzer Markt, S. 279–293.
56 *Grisard*, Gendering Terror.
57 *John Cramer*, Belsen Trial 1945. Der Lüneburger Prozess gegen Wachpersonal der Konzentrationslager Auschwitz und Bergen-Belsen (Bergen-Belsen – Dokumente und Forschungen, Bd. 1), Wallstein Verlag, Göttingen 2011, 427 S., geb., 34,90 €, S. 293.
58 Ebd., S. 290.
59 *Kowalsky*, Deviant Women.
60 *Tatjana Mill*, Zur Erziehung verurteilt. Die Entwicklung des Jugendstrafrechts im zaristischen Russland 1864–1917 (Studien zur europäischen Rechtsgeschichte. Veröffentlichungen des Max-Planck-Instituts für Europäische Rechtsgeschichte Frankfurt am Main, Bd. 250), Vittorio Klostermann Verlag, Frankfurt am Main 2010, XI + 395 S., kart., 89,00 €, S. 72.

zukommt.⁶¹ Sie bestätigen zudem die Ambivalenz zwischen Ausschluss und Integration im Umgang mit jugendlichen Straftätern in der ersten Hälfte des 20. Jahrhunderts. Einerseits galten Jugendliche als besonders erziehungs- und »besserungsfähig«, was sich in einer extensiven Begnadigungs- und Strafaussetzungspraxis äußerte. Die als gefährlich und dauerhaft »besserungsunfähig« Eingestuften konnten andererseits nur zu Kriegszeiten auf eine »Bewährung vor dem Feind« hoffen. Der Fronteinsatz wurde sowohl im Ersten als auch im Zweiten Weltkrieg als Erziehungsmittel angesehen oder zumindest legitimiert.⁶²

VI. KRIEG UND STRAFJUSTIZ

Damit ist bereits ein weiterer Schwerpunkt der aktuellen Forschung angesprochen, der Zusammenhang von Kriminalität, Recht und Krieg. Auf der Ebene des wissenschaftlichen Diskurses analysiert Daniel Marc Segesser die juristischen Diskussionen über die völkerrechtliche Ahndung von Kriegsverbrechen zwischen 1872 und 1945.⁶³ Die Mehrheit der neuen Studien wählt einen anderen Zugang und interessiert sich für die Beziehungen von Kriegsalltag, abweichendem Verhalten und Justiz in Deutschland. Im Mittelpunkt dieser Forschungen stehen der Erste und der Zweite Weltkrieg. Der Fokus richtet sich auf die Kriegsgesellschaft der »Heimatfront« und nicht auf die bereits ausführlich untersuchte Militärjustiz und die Ahndung militärischer Delikte. Dieser Perspektivwechsel bringt eine Reihe kriminalitätshistorisch weiterführender Ergebnisse hervor. Die Ursache der steigenden Jugendkriminalität im Ersten Weltkrieg, vor allem der Eigentumsdelinquenz, sahen die Juristen in Deutschland und Russland nicht nur in Mangel und Not, sondern vor allem durch Erziehungsdefizite und ein »Autoritätsvakuum«⁶⁴ hervorgerufen, entstanden durch die Abwesenheit der Väter als männlicher Autoritätspersonen. Für die Strafjustiz im Zweiten Weltkrieg bildeten die Jahre von 1914 bis 1918 einen wichtigen Erfahrungshintergrund; aus den vermeintlichen Fehlern wollte man lernen. Dazu gehörte insbesondere die Aufrechterhaltung der »Heimatfront« auch mithilfe der Gerichte. Schon allein der »Faktor Krieg« transformierte für Richter und Staatsanwälte »Bagatelldelikte zu vermeintlich ›volksschädlichen‹ und deshalb besonders strafwürdigen Verstößen gegen das Gemeinwohl«, was sich unter anderem in einer verschärften Urteilspraxis äußerte.⁶⁵ Die Richter leisteten somit einerseits einen wesentlichen Beitrag, um die zunehmende Unzufriedenheit der Bevölkerung nicht in eine allgemeine Verweigerungs- und Protesthaltung übergehen zu lassen. Andererseits entzogen sich viele ab 1942/43 dem (beruflichen) Druck der Kriegsgesellschaft und nutzten massenhaft die Möglichkeit sich krankzumelden.⁶⁶

Angesichts einer ausgedehnten Kriminalisierung vieler Verhaltensweisen und einem zunehmend von Normbrüchen geprägten Alltag, etwa im Zusammenhang mit der Beschaffung von Lebensmitteln, problematisierte der Krieg zudem grundsätzlich das Verhältnis von Kriminalität und Normalität. In Köln verwischte seit 1942/43 zunehmend die Grenze zwischen Verbrechern und »Volksgenossen«; die Frage nach Konformität und Abweichung stellte sich in bislang ungekannter Form.⁶⁷ Obwohl die bürgerliche und die krimi-

---

61 Ebd.
62 *Bornhorst*, Selbstversorger; *Löffelsender*, Strafjustiz an der Heimatfront.
63 *Daniel Marc Segesser*, Recht statt Rache oder Rache durch Recht? Die Ahndung von Kriegsverbrechen in der internationalen wissenschaftlichen Debatte 1872–1945, Ferdinand Schöningh Verlag, Paderborn/München etc. 2010, 472 S., geb., 60,00 €.
64 *Bornhorst*, Selbstversorger, S. 331; *Mill*, Zur Erziehung verurteilt.
65 *Löffelsender*, Strafjustiz an der Heimatfront, S. 457.
66 *Manthe*, Richter in der nationalsozialistischen Kriegsgesellschaft.
67 *Roth*, »Verbrechensbekämpfung« und soziale Ausgrenzung im nationalsozialistischen Köln.

nelle Welt mehr und mehr ineinander übergingen, hielten die Akteure an einer prinzipiellen Differenz fest und entwickelten entsprechende Rechtfertigungsnarrative, die sich explizit auf die Kriegssituation bezogen.[68] Die Gewissheit, wo genau die Grenze zwischen kriminellem und bürgerlichem Selbst verlief, stellte hinsichtlich Schwarzhandel und Eigentumsdelinquenz nicht das Kriegsende, sondern erst die Währungsreform 1948 her, die als Wiedereinzug geordneter Verhältnisse betrachtet wurde.

VII. MEDIEN UND ÖFFENTLICHKEIT

Vom 18. bis zum 20. Jahrhundert waren Straftaten und ihre Ahndung ein beliebtes Thema in unterschiedlichen Medienformen, wobei eine »Ausdifferenzierung des Kriminalitätsthemas« zu konstatieren ist.[69] In der Frühen Neuzeit berichteten unter anderem Flugschriften, Einblattdrucke und Zeitungen, dazu kamen dann seit dem 18. Jahrhundert Fallschilderungen und weitere wissenschaftliche und literarische Bearbeitungen etwa im entstehenden (Kriminal-)Roman oder in Theaterstücken, später folgten Fotografie, Film und Fernsehen. Zu den besten Kennern dieses Gebiets zählte seit den 1980er-Jahren Joachim Linder. Eine Auswahl seiner Aufsätze sowie das Manuskript einer noch nicht veröffentlichten Monografie zur »literarischen Repräsentation von Kriminalität und Strafverfolgung vom 18. bis zum 21. Jahrhundert« sind 2013 postum herausgegeben worden.[70] Das Interesse der kriminalhistorischen Forschung richtet sich eher auf die mediale Darstellung realer oder zumindest als real angesehener Verbrechen als auf rein fiktionale Stoffe, weil man von ihrer Analyse Erkenntnisse über gesellschaftliche Wahrnehmungen und Deutungen von Straftaten sowie ihrer Sanktionierung erwartet. Die neuen Studien untersuchen aber nicht mehr nur spektakuläre Fälle und Sensationsprozesse, sondern sie berücksichtigen auch Medienberichte über alltägliche Kriminalität und Strafjustizpraxis. Die Meinungen darüber, wie deren Wirkungen einzuschätzen sind, etwa inwiefern sie die Haltung der Bevölkerung prägten, gehen auseinander. Christoph Jahr vertritt die Ansicht, nur die »spektakulärsten, öffentlich diskutierten Fälle« hätten nennenswerten Einfluss ausgeübt, während die Alltagsjustiz »nur eine minimale Ausstrahlung« besessen habe.[71] Alexandra Ortmann hingegen betont für das Kaiserreich, die sensationelle Aufbereitung in der überregionalen Presse und im Film lieferte erst zusammen mit der unspektakulären lokalen Berichterstattung umfassende Informationen darüber, »wie Justiz funktionierte«.[72]

Die aktuelle Forschung zeichnet darüber hinaus ein differenziertes Bild vom Zusammenhang zwischen der Öffentlichkeit im Strafverfahren und den medialen Bearbeitungen von Kriminalität. Hinsichtlich des Verbrechens spielte sicherlich die Sichtbarmachung einer im Verborgenen begangenen Tat für die Medien eine wichtige Rolle. Bis zur Mitte des 19. Jahrhunderts standen in den Nachrichtendrucken des bayerischen Raums jedoch endlicher Rechtstag und Hinrichtung im Fokus, nicht so sehr der Verlauf des (geheimen) Verfahrens. Es wurde also über das berichtet, was nicht verborgen, sondern »dem Augenzeugen vor Ort erfahrbar war«.[73] Dass die an den Gerichtsakten gemessene »Rechtsreali-

---

68 *Mörchen*, Schwarzer Markt.
69 *Schwerhoff*, Historische Kriminalitätsforschung, S. 186.
70 *Joachim Linder*, Wissen über Kriminalität. Zur Medien- und Diskursgeschichte von Verbrechen und Strafjustiz vom 18. bis zum 21. Jahrhundert (Literatur, Kultur, Theorie, Bd. 16), hrsg. v. *Claus-Michael Ort*, Ergon Verlag, Würzburg 2013, 769 S., geb., 89,00 €.
71 *Jahr*, Antisemitismus vor Gericht, S. 19.
72 *Ortmann*, Machtvolle Verhandlungen, S. 136.
73 *Daniela Kraus*, Kriminalität und Recht in frühneuzeitlichen Nachrichtendrucken. Bayerische Kriminalberichterstattung vom Ende des 15. bis zur Mitte des 19. Jahrhunderts, Friedrich Pustet Verlag, Regensburg 2013, 319 S., geb., 34,95 €, S. 264.

tät«[74] des einzelnen Falles von den medialen Repräsentationen abwich, kann dabei kaum überraschen. Da der Strafvollzug im 19. Jahrhundert hinter die Gefängnismauern wanderte und im reformierten Strafprozess nun die Hauptverhandlung öffentlich war, konzentrierte sich die Prozessberichterstattung seitdem auf diesen Verfahrensteil. Kriminalromane und Fernsehkrimis thematisierten hingegen die für das Publikum nicht zugängliche Ermittlungsarbeit von Detektiven oder Polizisten im Vorfeld der Anklageerhebung. Neben dem Ziel zu unterhalten betont Nora Hilgert in ihrer als deutsch-deutsche Beziehungsgeschichte angelegten Analyse der Serien »Stahlnetz« und »Blaulicht« deren Aufklärungs- und Vermittlungsabsicht.[75] Die vom Ende der 1950er- bis Ende der 1960er-Jahre überaus populären Fernsehkrimis sollten in der Bevölkerung nach der nationalsozialistischen Zeit für Vertrauen in die Polizei werben und ein Gefühl von Sicherheit erzeugen, weil sie zeigten, wie die durch das Verbrechen gestörte Ordnung immer wieder hergestellt wurde. Gleichzeitig vermittelten die Sendungen gesellschaftliche Normen und Werte und riefen zur Wachsamkeit sowie zur Zusammenarbeit mit den staatlichen Exekutivorganen auf. Um diese Zwecke zu erreichen, war die Handlung in der Lebenswirklichkeit der Rezipienten angesiedelt und enthielt ein »Authentizitätsversprechen«[76], da es sich ausnahmslos um tatsächliche Fälle handelte, die das Fernsehen in Zusammenarbeit mit Polizei beziehungsweise Innenministerium aufbereitet hatte.

Ein mit diesem Themenfeld zusammenhängender, aber bislang kaum von der Forschung bearbeiteter Bereich ist die Erinnerung an die Strafjustiz. Der Frage etwa, wie die frühneuzeitliche Verfolgung und Ahndung von Kriminalität im 19. und 20. Jahrhundert in der Wissenschaft, aber auch in der Populärkultur, beispielsweise in Romanen, Bildern, Museen oder kriminalhistorischen Sammlungen, dargestellt wurde, ist man noch nicht systematisch nachgegangen. Was spätere Zeiträume betrifft, so richtet sich die Aufmerksamkeit vor allem auf die Erinnerung an die politische Justiz im Nationalsozialismus und in der DDR sowie die Militärjustiz während der beiden Weltkriege. Diese steht seit den 1990er-Jahren vielfach im Kontext aktueller Debatten über die Errichtung von (lokalen) Gedenkstätten. Als Teil eines solchen politischen Engagements versteht Mathias Lichtenwagner seine Topografie von über 20 Orten der Wehrmachtsjustiz in Wien zwischen 1939 und 1945. Die Füllung der »Leerstellen« soll dem Vergessen entgegenwirken und aktives öffentliches Gedenken ermöglichen.[77]

VIII. RECHT UND HERRSCHAFTSSYSTEM

Viele aktuelle Studien orientieren sich in ihrem zeitlichen Zuschnitt an Zäsuren der politischen Geschichte.[78] Dabei spielt die Frage eine Rolle, welche Bedeutung Recht und Justiz im Rahmen des jeweiligen politischen beziehungsweise Herrschaftssystems zukam. Die Ergebnisse kriminalitäts- und rechtshistorischer Forschung werden somit im Hinblick auf historiografische Debatten zu den einzelnen Phasen deutscher Geschichte betrachtet und in diese eingeordnet, beispielsweise im Hinblick auf den Beitrag von Recht und Justiz zur Demokratisierung von Gesellschaften. Schwerpunkte der neuen Forschungen liegen

---

74 Ebd., S. 199.
75 *Nora Hilgert*, Unterhaltung, aber sicher! Populäre Repräsentationen von Recht und Ordnung in den Fernsehkrimis »Stahlnetz« und »Blaulicht«, 1958/59–1968 (Histoire, Bd. 38), Transcript Verlag, Bielefeld 2013, 463 S., kart., 44,80 €.
76 Ebd., S. 23.
77 *Mathias Lichtenwagner*, Leerstellen. Zur Topografie der Wehrmachtsjustiz in Wien vor und nach 1945, Mandelbaum Verlag, Wien 2012, 340 S., kart., 24,90 €.
78 So auch *Schauz*, Neue Trends der internationalen Forschung zu Kriminalität und Strafjustiz in Europa.

im Kaiserreich, im Zweiten Weltkrieg und der unmittelbaren Nachkriegszeit sowie in der DDR. Bezüglich des Kaiserreichs kommen die Studien übereinstimmend zu dem Schluss, die Justiz sei »keine verlässliche Stütze des Obrigkeitsstaates«[79] gewesen, vielmehr wird hervorgehoben, dass die Richter ihre Ermessensspielräume im Rahmen einer eher milden Urteilspraxis ausschöpften. Alexandra Ortmann betont darüber hinaus die Inklusion breiter Bevölkerungsschichten durch die Teilhabe an der alltäglichen Justizpraxis. Diese habe zur Einübung demokratischer Haltungen und Praktiken beigetragen und damit einen wichtigen Beitrag für die Entwicklung »vom Untertanen zum Staatsbürger«[80] geleistet. Die zeitgenössischen Krisendiagnosen und die daraus erwachsende massenhafte Justizkritik verursachten aber eine »Vertrauenskrise« und untergruben so auf Dauer die Legitimität des monarchischen Staats.[81] Eine »Klassenjustiz« mit dem Ziel einer systematischen Kriminalisierung der politischen Opposition konstatiert die Forschung, abgesehen von wenigen Skandalprozessen, zwar nicht, doch spielten die gesellschaftlichen Ungleichheiten für die kaiserzeitliche Justiz eine wichtige Rolle. Abweichungen von bürgerlichen Geschlechter-, Moral- und Wertvorstellungen etwa bei Eigentums- oder Sexualdelikten ahndeten die Gerichte streng.[82]

Im Hinblick auf die Zeit zwischen dem Ende des Nationalsozialismus und der Gründung der beiden deutschen Staaten interessiert sich die Forschung für die Rolle von Recht und (Straf-)Justiz bei Systemwechseln, beispielsweise für die »Justiz zwischen Diktatur und Demokratie«.[83] Die entsprechenden Arbeiten fügen sich somit in den allgemeinen Trend der (historischen) Untersuchung von *transitional justice* ein, ohne das Konzept jedoch analytisch zugrunde zu legen.[84] In ihrer sehr detaillierten, auf Vollständigkeit angelegten Studie hebt Edith Raim die Bedeutung der Verfolgung und Ahndung nationalsozialistischer Verbrechen durch deutsche Justizbehörden in den westlichen Besatzungszonen für einen langfristigen Demokratisierungsprozess hervor. Sie fungierten als »Gradmesser für das Funktionieren der wieder aufgebauten Justiz«[85], der sich schon an quantitativen Dimensionen ablesen lasse: Zwischen 1945 und 1949 handelte es sich insgesamt um circa 13.000 Ermittlungsverfahren und Prozesse; rund 70% aller Verurteilungen wegen nationalsozialistischer Gewaltverbrechen in Westdeutschland fielen in diesen Zeitraum. Dabei ging es überwiegend um »NS-Verbrechen vor Ort«[86], wie Brandstiftungen, Prangermärsche, Körperverletzungen oder Denunziationen, begangen von Tätern aus dem lokalen Umfeld. Die Ahndung von Straftaten dieser Art verebbte dann durch Amnestiegesetzgebung und Verjährungsfristen in der frühen Bundesrepublik schnell. Mit der alliierten (Militär-)Justiz dieser Zeit bestand somit eine gewisse Arbeitsteilung. Die von den Alliierten durchgeführten Kriegsverbrecherprozesse, insbesondere die Nürnberger Prozesse, sind bereits intensiv untersucht und bleiben ein wichtiges Thema der zeithistorischen Rechts- und Justizgeschichte. Als insgesamt nicht gelungenen Probelauf für die Verfahren in Nürnberg sieht John Cramer den vor einem britischen Militärtribunal in Lüneburg von September bis November 1945 geführten Prozess gegen den letzten Kommandanten und das Lagerpersonal von Bergen-Belsen. Zwar attestiert er dem Hauptverfahren »Vorbildlichkeit« und »Fairness«, doch kritisiert er gleichzeitig die »mangelhafte Vorbereitung« durch

---

79 *Wilhelm*, Das Deutsche Kaiserreich und seine Justiz, S. 644.
80 *Ortmann*, Machtvolle Verhandlungen, S. 283.
81 *Wilhelm*, Das Deutsche Kaiserreich und seine Justiz.
82 *Bernhardt*, Was ist des Richters Vaterland?.
83 *Raim*, Justiz zwischen Diktatur und Demokratie.
84 Vgl. den Überblick von *Anne K. Krüger*, Transitional Justice, Version: 1.0, Docupedia-Zeitgeschichte, 25.1.2013, URL: <http://docupedia.de/zg/Transitional_Justice> [19.7.2016].
85 *Raim*, Justiz zwischen Diktatur und Demokratie, S. 16.
86 Ebd., S. 1177.

die Ermittlungsbehörden, was unter anderem dazu führte, dass viele Täterinnen und Täter unbehelligt blieben.[87] Der »Belsen Trial« interessiert Cramer dementsprechend vor allem im Hinblick auf die zeitgenössische mediale Rezeption als erster großer KZ-Prozess, der weltweit Aufsehen erregte.

Im Hinblick auf den Nationalsozialismus untersucht Maximilian Becker den Anteil der Justiz an der Besatzungs- und Germanisierungspolitik in den eingegliederten Ostgebieten. Ihre Bedeutung sieht er vor allem in der Herrschaftssicherung und -stabilisierung, indem sie die Besatzungsherrschaft legitimierte und den deutschen Souveränitätsanspruch zum Ausdruck brachte.[88] Auch für Köln wird die Bedeutung der Gerichte als repressiver Stabilitätsfaktoren und Disziplinierungsinstanzen in nationalsozialistischer Zeit betont und ihre Funktion hervorgehoben, in den (Straf-)Prozessen immer wieder neu die Zugehörigkeit zu und die Grenzen der ›Volksgemeinschaft‹ zu verhandeln.[89] Während die Richter sich im beruflichen Alltag das Konzept der ›Volksgemeinschaft‹ aneigneten, standen sie ihm im Privaten vielfach kritisch gegenüber.[90] Trotz des Hinweises auf eine gewisse »Normalität« einer Reihe von der Forschung mehrfach herausgestellter Traditionslinien in die Zeit vor 1933 versteht auch Thomas Roth die Verbrechensbekämpfung als wesentliches Element spezifisch nationalsozialistischer Gesellschaftspolitik.[91]

Bezüglich der DDR unterstreichen viele Autorinnen und Autoren die Bedeutung der Strafjustiz für die Stabilisierung des politischen Systems, etwa wenn die Funktionen der MfS-Untersuchungshaft im Gesamtkontext des SED-Herrschaftssystems entfaltet werden.[92] Den Strafvollzug sehen sie primär als staatliches Unterdrückungsinstrument[93], »eine tragende Säule der Parteidiktatur«.[94] Demgegenüber wird durchaus vorhandenen gegenläufigen Tendenzen nur geringes Gewicht zugemessen. Dazu kann man beispielsweise rechnen, dass das Erziehungskonzept des Strafvollzugs, politische Gegner in geläuterte Kommunisten zu verwandeln, insgesamt scheiterte. Zudem konnten Inhaftierungen die Flucht- und Ausreisebewegung nicht verringern, vielmehr wurden diese im Gegenteil zunehmend über Freikäufe als Weg in den Westen genutzt. Alles in allem erscheint die DDR in den neuen Studien als in sich abgeschlossene, wenn nicht gar isolierte Etappe deutscher Kriminalitäts- und Justizgeschichte. Das wird zum einen daran deutlich, dass der ostdeutsche Staat in Längsschnittstudien zum Strafrecht oft nicht einbezogen wird – stattdessen scheint die Rechtsentwicklung vom frühen 19. Jahrhundert bis in die Gegenwart allein über die Bundesrepublik verlaufen zu sein. Zum anderen stellen die Arbeiten regelmäßig keine Bezüge zu vorangehenden Entwicklungen her – Hinweise wie der, dass in der sowjetischen Besatzungszone auf den Reformstrafvollzug der Weimarer Republik zurückgegriffen wurde[95], finden sich nur vereinzelt.

---

87 *Cramer*, Belsen Trial 1945, S. 391.
88 *Maximilian Becker*, Mitstreiter im Volkstumskampf. Deutsche Justiz in den eingegliederten Ostgebieten, 1939–1945 (Quellen und Darstellungen zur Zeitgeschichte, Bd. 101), Oldenbourg Verlag, München 2014, VIII + 343 S., geb., 44,95 €.
89 *Löffelsender*, Strafjustiz an der Heimatfront.
90 *Manthe*, Richter in der nationalsozialistischen Kriegsgesellschaft.
91 *Roth*, »Verbrechensbekämpfung« und soziale Ausgrenzung im nationalsozialistischen Köln.
92 *Katrin Passens*, MfS-Untersuchungshaft. Funktionen und Entwicklung von 1971 bis 1989, Lukas Verlag, Berlin 2012, 345 S., kart., 24,90 €.
93 *Jörg Müller*, Strafvollzugspolitik und Haftregime in der SBZ und in der DDR. Sachsen in der Ära Ulbricht (Schriften des Hannah-Arendt-Instituts für Totalitarismusforschung, Bd. 48), Vandenhoeck & Ruprecht, Göttingen/Bristol 2012, 379 S., geb., 64,99 €.
94 *Steffen Alisch*, Strafvollzug im SED-Staat. Das Beispiel Cottbus (Studien des Forschungsverbundes SED-Staat an der Freien Universität Berlin, Bd. 20), Peter Lang Verlag, Frankfurt am Main 2014, 229 S., geb., 27,95 €, S. 211.
95 *Müller*, Strafvollzugspolitik und Haftregime in der SBZ und in der DDR, S. 12.

Das weist auf mögliche generelle Konsequenzen einer an politischen Systemen und Zäsuren orientierten Kriminalitätsgeschichtsschreibung hin. Die Konzentration auf eine Phase deutscher Geschichte kann den Blick auf relevante, aber gegebenenfalls für andere Zeiträume erarbeitete Ergebnisse der Historischen Kriminalitätsforschung versperren und einen für beide Seiten gewinnbringenden Austausch verhindern. Das zeigt sich unter anderem an Arbeiten zum Strafvollzug in der DDR. Die umfangreiche geschichtswissenschaftliche Forschung zu Gefängnissen hat sich zunächst auf das 19. Jahrhundert konzentriert; inzwischen erscheinen nur noch wenige Arbeiten zu diesem Zeitraum, wie die Studie von Sandra Leukel über den Frauenstrafvollzug am Beispiel von Baden und Preußen.[96] Der Schwerpunkt liegt nun in der Zeitgeschichte. Die neuen Arbeiten berücksichtigen jedoch die bereits vorliegenden Ergebnisse zur Geschichte des Gefängnisses vielfach, wenn überhaupt, höchstens marginal und nicht systematisch, beispielsweise die differenzierten Befunde zu Bedeutung und Praxis von Arbeit im Strafvollzug, zu »Besserung« beziehungsweise Resozialisierung als Vollzugsziel oder zur Diskrepanz zwischen staatlichen Vorgaben und den Verhältnissen vor Ort. Der Blick auf solch wiederkehrende Themen und Diskussionen zum Gefängnis würde die Aufmerksamkeit auf mögliche Strukturprobleme der Institution lenken. Der Rückfall etwa war kein Spezifikum von DDR-Gefängnissen, sondern wurde seit dem 19. Jahrhundert beklagt. Die Bezugnahme darauf könnte die Schlussfolgerung relativieren, allein aus der Rückfallquote abzuleiten, das Strafvollzugssystem der DDR sei untauglich zur Bekämpfung der gewöhnlichen Kriminalität gewesen.[97]

Einige Arbeiten überschreiten politische Zäsuren und nehmen größere Zeitabschnitte in den Blick. Insbesondere die Phase vom ausgehenden 19. bis zur Mitte des 20. Jahrhunderts ruft schon seit geraumer Zeit besonderes Interesse hervor. In vielen Arbeiten erscheint sie als Einheit, die das Aufkommen und die legislativ-institutionelle Umsetzung spezifischer Vorstellungen über Kriminalität und ihrer Bekämpfung umfasst.[98] Ab etwa 1880 rückte die sich selbst so bezeichnende »moderne Schule« die Person des Täters und den Zweckgedanken in den Mittelpunkt der Kriminalpolitik. Die vorangegangene Periode seit der Mitte beziehungsweise dem Ende des 18. Jahrhunderts wurde mit dem Begriff des Vergeltungsstrafrechts oder als Zeit der »klassischen Schule« charakterisiert, in der – vereinfacht gesagt – die Tat und deren Ahndung im Vordergrund standen. Ein neuerlicher Wandel vor allem im Hinblick auf die Strafwürdigkeit einzelner Handlungen und des Verhältnisses zwischen ihnen zeichnete sich dann im letzten Drittel des 20. Jahrhunderts ab, etwa im Sexualstrafrecht. Die »bedeutendsten Neugestaltungen« der Rechtsnormen zu Vergewaltigung und Nötigung erfolgten beispielsweise nach langen Reformdiskussionen in den Jahren 1997 und 1998.[99]

Die Konzentration auf den Zeitraum vom ausgehenden 19. bis zur Mitte des 20. Jahrhunderts lässt sich auch damit erklären, dass sie Entstehung und Kontextualisierung von Strafpraxis und Kriminalpolitik des Nationalsozialismus ermöglicht. In diesem Sinne kann man beispielsweise die Studie von Christoph Jahr über die juristische Ahndung antisemitischer Agitation lesen, die nicht die Einheit, sondern die Unterschiede zwischen den einzelnen Phasen und politischen Systemen betont. Er teilt seinen Untersuchungszeitraum in drei Abschnitte, die er jeweils mit einem prägnanten Begriff charakterisiert. Zwischen

---

96 *Sandra Leukel*, Strafanstalt und Geschlecht. Geschichte des Frauenstrafvollzugs im 19. Jahrhundert (Baden und Preußen) (Geschlossene Häuser. Historische Studien zu Institutionen und Orten der Separierung, Verwahrung und Bestrafung, Bd. 2), Leipziger Universitätsverlag, Leipzig 2010, 349 S., geb., 49,00 €.
97 *Müller*, Strafvollzugspolitik und Haftregime in der SBZ und in der DDR, S. 339.
98 Zum Beispiel bei *Kailer*, Vermessung des Verbrechers, S. 23f. Eine entsprechende Einteilung nimmt auch *Vormbaum*, Einführung in die moderne Strafrechtsgeschichte, vor.
99 *Müting*, Sexuelle Nötigung, S. 200.

1933 und 1945 wurde »antisemitische Gesinnung zur gesellschaftlichen Norm erhoben«[100]; eine Entwicklung, die sich schon mit dem Ausbruch des Ersten Weltkriegs abzeichnete. Zuvor war judenfeindliche Agitation prinzipiell als Straftat geahndet worden; wichtig war in diesem Zusammenhang die Anerkennung der Juden als »Klasse der Bevölkerung« gemäß § 130 des Reichsstrafgesetzbuchs. Nach dem Ende des Zweiten Weltkriegs wiederum ließ sich eine moralische Aufladung des Themas und eine »Skandalisierung antisemitischer Vorfälle«[101] feststellen, die 1960 in die Neufassung des § 130 StGB mündete.

IX. STRAFPROZESSPRAXIS

Die Analyse der Strafprozesspraxis stellt eine neue Perspektive auf Kriminalität und Recht des 19. und 20. Jahrhunderts dar. Sie erweitert nicht nur den Kenntnisstand über das Agieren einzelner Akteure im Verfahren, sondern schließt an wichtige Forschungsfragen und -ergebnisse zur Frühen Neuzeit an, sodass die Beurteilung langfristiger Entwicklungen über die Epochengrenze um 1800 und die Veränderungen im Strafprozess um 1850 hinweg möglich wird. Die erste Hälfte des 19. Jahrhunderts gilt gemeinhin als Übergangszeit, in der die deutschen Staaten zwar einzelne Elemente des Inquisitionsprozesses aufhoben, ohne jedoch eine umfassende Reform des Strafverfahrens an seine Stelle zu setzen. Besondere Beachtung fand in diesem Zusammenhang schon länger die Frage, welche Konsequenzen die (formelle) Abschaffung der Folter in Europa zwischen circa 1740 und dem ersten Drittel des 19. Jahrhunderts nach sich zog. Als legales Mittel wurde sie beispielsweise in dem Freisinger Kinderhexenprozess[102] oder in Sachsen gegen mutmaßliche Mitglieder von Räuberbanden zur Erlangung von Geständnissen angewandt.[103] Um die Mitwirkung von Beschuldigten auch nach der offiziellen Abschaffung der Folter noch erzwingen zu können, führten einige deutsche Staaten sogenannte Ungehorsamsstrafen ein, welche die juristische Literatur der Zeit ausführlich und kontrovers diskutierte. Wie die Studie von Natalie Knapp nun zeigt, spielten sie in der Prozesspraxis der Zeit jedoch keine Rolle. Ihr Anteil an rund 2.400 untersuchten Fällen in sieben deutschen Territorien zwischen 1790 und 1855 betrug nur rund 1%. Diese »Diskrepanz zwischen Theorie und Praxis« wird vor allem mit dem Gebrauch von Verhörmethoden ohne physischen Zwang und traditionellen Verfahrensmethoden (zum Beispiel Reinigungseid oder Verdachtsstrafe) erklärt.[104] Für die (gerichtliche) Voruntersuchung, deren fortdauernde Bedeutung die neueren Studien für die Zeit nach der Einführung des reformierten Strafprozesses unterstreichen, ist zumindest für den ländlichen Raum des Kaiserreichs nun herausgearbeitet worden, dass dieser juristisch-normativ als »geheim« vorgesehene Verfahrensabschnitt faktisch weitgehend öffentlich stattfand. So erfolgten beispielsweise Zeugenvernehmungen in Gaststätten oder unter Anwesenheit von dritten Personen.[105]

Die frühneuzeitliche Historische Kriminalitätsforschung hat Gnade als »integrales Element des vormodernen Strafverfahrens« beschrieben.[106] Diesen Befund untermauern aktuelle Studien für das 18. Jahrhundert zu Russland[107] oder zu Sachsen. In diesem Zusam-

---
100 *Jahr*, Antisemitismus vor Gericht, S. 318.
101 Ebd., S. 396.
102 *Beck*, Mäuselmacher oder die Imagination des Bösen, S. 797ff.
103 *Gerstenmayer*, Spitzbuben und Erzbösewichter, S. 333.
104 *Natalie Knapp*, Die Ungehorsamsstrafe in der Strafprozesspraxis des frühen 19. Jahrhunderts. Eine Untersuchung anhand ausgewählter Staaten (Schriften zur Rechtsgeschichte, Bd. 155), Duncker & Humblot, Berlin 2011, 184 S., kart., 68,00 €.
105 *Ortmann*, Machtvolle Verhandlungen, S. 122–135.
106 *Schwerhoff*, Historische Kriminalitätsforschung, S. 93.
107 *Nancy Kollmann*, Crime and Punishment in Early Modern Russia, Cambridge University Press, Cambridge/New York etc. 2012, 506 S., kart., 27,99 £.

menhang zeigen sie (wiederkehrende) Argumentationsmuster der Gnadengesuche auf. Deren Erfolg war allerdings nicht allgemein vorherzusagen, sondern hing von einer Vielzahl von Faktoren ab. Gnadenbitten für verurteilte Mitglieder sächsischer Räuberbanden im 18. Jahrhundert etwa waren besonders aussichtsreich, wenn sie juristische statt sozioökonomischer oder persönlicher Begründungen anführten.[108] Eine Reihe der aktuellen Arbeiten macht diesen Aspekt für das 19. und 20. Jahrhundert fruchtbar und korrigiert so die Annahme, Begnadigungen seien für diesen Zeitraum, abgesehen von politischen Delikten und Amnestien, bedeutungslos gewesen. Bei der Verhängung von Todesstrafen war die Prüfung von Begnadigungsgründen vielmehr zwingend vorgeschrieben, wenn dieser Schritt auch zwischen 1933 und 1945 vielfach kritisiert und nicht immer eingehalten wurde.[109] Bei Freiheitsstrafen verfassten die Straftäterinnen und Straftäter selbst, Angehörige oder beauftragte Juristen häufig Gnadengesuche. Den Gefängnisleitungen und ihrer regelmäßig eingeholten Einschätzung über Führung und Prognose der Insassen kam in diesem Prozess eine Schlüsselrolle zu. Die Argumentationsmuster wiesen insgesamt große Kontinuitäten zur Vormoderne auf, das gilt unter anderem für den Nachweis beziehungsweise die Berücksichtigung eines intakten sozialen Umfelds. Das darin zum Ausdruck kommende komplexe Wechselverhältnis von staatlicher Strafe und Milde erreichte zwischen 1933 und 1945 einen Höhepunkt. Vor allem während des Zweiten Weltkriegs war angesichts der gesellschaftlichen Destabilisierung und einer zunehmenden Kriminalisierung von Alltagshandeln eine umfassende staatliche Strafverfolgung weder möglich noch gewollt. Die Justizbehörden, vor allem die Staatsanwaltschaft als »weichenstellende und filternde Entscheidungsinstanz«[110], kombinierten deshalb kalkulierten Sanktionsverzicht mit dem exemplarischen Vollzug drakonischer, abschreckender Strafen.[111]

Lang andauernde Kontinuitäten sind auch in anderen Bereichen des Strafverfahrens zu beobachten. So kann Tarig Elobied zeigen, dass der Anwendungsbereich des Strafbefehlsverfahrens in Deutschland unabhängig vom jeweiligen politischen System seit der Reichsstrafprozessordnung von 1879 kontinuierlich ausgeweitet wurde – vor allem mit dem Argument der Kostenersparnis und der Entlastung der Strafjustiz.[112] Es handelt sich um ein vereinfachtes Verfahren für Bagatellkriminalität, in dem ohne Hauptverhandlung nach Aktenlage die Strafe bestimmt wird. Die Expansion des Strafbefehlsverfahrens liegt unter anderem in einem sich selbst verstärkenden »Teufelskreis« begründet: Die massenhafte Ahndung kleinerer Verstöße im vereinfachten Verfahren wird als Ausdruck einer gesellschaftlichen Krise gedeutet, der man mit einer Ausdehnung des Strafrechts begegnet. Diese Kriminalisierung steigert in der Folge die Tätigkeit der Strafgerichte, auf die wiederum mit einer Ausweitung des vereinfachten Verfahrens reagiert wird.[113]

X. AUSHANDLUNG

Aus den bislang genannten Punkten lässt sich auf die (Straf-)Justiz als ein von Aushandlungsprozessen geprägtes Handlungsfeld schließen. Anknüpfend an Forschungen zur Frühen Neuzeit und erste Studien zum frühen 19. Jahrhundert[114] betonen viele neuere Arbei-

---

108 *Gerstenmayer*, Spitzbuben und Erzbösewichter, S. 224–260.
109 *Becker*, Mitstreiter im Volkstumskampf.
110 *Löffelsender*, Strafjustiz an der Heimatfront, S. 146.
111 *Mörchen*, Schwarzer Markt, S. 261.
112 *Elobied*, Die Entwicklung des Strafbefehlsverfahrens von 1846 bis in die Gegenwart, S. 201.
113 Ebd., S. 213.
114 Vgl. unter anderem *Habermas*, Diebe vor Gericht; *Falk Bretschneider*, Gefangene Gesellschaft. Eine Geschichte der Einsperrung in Sachsen im 18. und 19. Jahrhundert, Konstanz 2008. *Schauz*, Neue Trends der internationalen Forschung zu Kriminalität und Strafjustiz in Europa,

ten zum einen Handlungsspielräume von Akteursgruppen, die zuvor eher als Objekte des Rechtssystems betrachtet worden waren: Beschuldigte, Angeklagte, verurteilte Straftäter, Zeuginnen und Zeugen. Ihr Wissen und ihre »machtvollen« Strategien, Wahrnehmungen und Deutungen werden nun herausgestellt. Wie weit die Gestaltungsmöglichkeiten reichten und wo sie an institutionelle oder andere Grenzen stießen, beurteilen die Studien durchaus unterschiedlich. Sarah Bornhorst sieht für die Jugendlichen während des Ersten Weltkriegs nur einen engen Rahmen, in dem sie sich vor Gericht bewegen konnten und der zudem durch eine formalisierte Sprache nur schwer zugänglich war.[115] Ulrike Schaper hingegen betont, dass in der deutschen Kolonie »die konkrete Rechts- und Gerichtspraxis [...] maßgeblich durch Kameruner und Kamerunerinnen mitbestimmt« wurde.[116] Die Mikrostudie des Zivilprozesses gegen die I.G. Farben in den 1950er-Jahren zeichnet die Handlungsmöglichkeiten und -wahrnehmungen des Klägers, des ehemaligen KZ-Zwangsarbeiters Norbert Wollheim, minutiös nach. Das Hauptinteresse der Arbeit liegt allerdings nicht auf seinem oder dem Agieren der anderen Akteure inner- und außerhalb des Gerichts, sondern richtet sich auf die Bedeutung des Prozesses als »Schlüssel- und Musterverfahren aller Zwangsarbeiterentschädigungsklagen in der Bundesrepublik«.[117]

Im Zusammenwirken mit Polizei- und Justizpersonal, Experten, Medien und Öffentlichkeit wurden so Kriminalität und (Straf-)Recht insgesamt verhandelt. Stefan Mörchen bezeichnet die Kriminalität des Schwarzen Marktes in den 1940er-Jahren als »Gegenstand vielfältiger gesellschaftlicher Aushandlungsprozesse«[118], denen er detailliert nachspürt. Demnach ist für die Moderne nicht von einem einfachen Gegensatz zwischen Staat und Justiz auf der einen, Gesellschaft und Bevölkerung auf der anderen Seite auszugehen. Der obrigkeitlich-staatliche Anspruch auf Konfliktregelung und Herrschaftsausübung durch das Recht und die Gerichtspraxis waren auch nach 1800 beziehungsweise 1850 nicht deckungsgleich; die Funktion der Gerichte ging weiterhin weit über die Aufgabe hinaus, »Streitigkeiten zwischen Individuen zu vermitteln und Rechtsbrüche zu bestrafen«.[119] Sie erscheinen vielmehr als Teil eines umfassenden Systems der Konfliktaustragung und -lösung. Deutschland und Europa unterschieden sich darin nicht prinzipiell von der kolonialen Justiz in Kamerun oder den britischen Konsulargerichten des Osmanischen Reichs, wie im Folgenden zu zeigen sein wird.

XI. RECHTSRÄUME

Die aktuellen Forschungen zur Rechts- und Kriminalitätsgeschichte sind weiterhin überwiegend auf den deutschsprachigen Raum konzentriert. Das Untersuchungsgebiet ist vielfach regional oder lokal, auf Territorien beziehungsweise Länder wie Sachsen, Braunschweig oder Bayern, Städte wie Bremen oder Köln, einzelne (Land-)Gerichtsbezirke, Strafanstalten oder Prozesse begrenzt. Das hat zum einen forschungspragmatische Gründe, hängt aber auch mit dem methodischen Ansatz dieser Studien zusammen, die sich selbst als mikrohistorisch bezeichnen und damit das »klassische Format« der frühneuzeitlichen

---

und *Schwerhoff*, Historische Kriminalitätsforschung, formulieren die Untersuchung von Aushandlungsprozessen als (epochenübergreifendes) Forschungsprogramm.
115 *Bornhorst*, Selbstversorger, S. 149ff.
116 *Schaper*, Koloniale Verhandlungen, S. 390.
117 *Joachim Robert Rumpf*, Der Fall Wollheim gegen die I.G. Farbenindustrie AG in Liquidation. Die erste Musterklage eines ehemaligen Zwangsarbeiters in der Bundesrepublik Deutschland – Prozess, Politik und Presse, Peter Lang Verlag, Frankfurt am Main/Berlin etc. 2010, 564 S., geb., 86,80 €, S. 15.
118 *Mörchen*, Schwarzer Markt, S. 22f.
119 *Schaper*, Koloniale Verhandlungen, S. 157.

Kriminalitätsforschung, die Fallstudie[120], für den Zeitraum nach 1800 in steigendem Maße fruchtbar machen. Nur noch wenige neuere Arbeiten richten ihr Augenmerk auf das inzwischen gut erforschte Berlin; der Fokus verschiebt sich eher auf Gebiete abseits der Großstädte. Teilweise werden dezidiert ländliche Regionen einbezogen, um einen Einblick in das »alltägliche Geschehen«[121], die alltägliche Kriminalität und Justizpraxis zu gewinnen.

Der aktuelle Befund steht mit teils impliziten Annahmen über die Reichweite und das Verhältnis von politisch-administrativen und Rechtsräumen im Zusammenhang. Während für die Frühe Neuzeit lokale und regionale Einheiten von Beginn an selbstverständliche Bezugsgrößen bildeten, ging die Forschung zum 19. und 20. Jahrhundert im Hinblick auf die Rechtsvereinheitlichung seit 1871 häufig von der Existenz eines relativ einheitlich gedachten nationalen beziehungsweise nationalstaatlichen Rechtsraumes aus. Themen wie Kriminalpolitik, Strafrechtsreform und/oder Expertendiskurse, bislang typisch für die kriminalhistorische Erforschung des 19. und 20. Jahrhunderts, sind häufig in dieser Perspektive untersucht worden. Ein Teil der neueren Studien verfolgt diesen Weg weiter; andere Arbeiten insbesondere zum Kaiserreich betonen demgegenüber die fortdauernde Bedeutung der Regionen beziehungsweise der föderativen Struktur des Justizsystems. So spricht Markus Bernhardt von »regional unterschiedliche[n] Justizkulturen« und betont die »geografische und soziale Immobilität« der Braunschweiger Richter[122], deren Handlungs- und Referenzhorizont in erster Linie das Herzogtum bildete. Uwe Wilhelm bezeichnet Bayern als »Kontrapunkt zu den preußischen Verhältnissen«[123] und weist damit einmal mehr darauf hin, dass die Verhältnisse und Diskussionen im größten Bundesstaat nicht ohne Weiteres auf den Rest des Reichs übertragen werden können.

Die seit einigen Jahren wiederholt geforderte Überwindung einer auf den nationalen Rahmen begrenzten Geschichtsschreibung hat die historische Erforschung von Kriminalität, Recht und Justiz bislang erst in Ansätzen erreicht. International vergleichende Studien fehlen unter den hier betrachteten Arbeiten völlig; transnationale Perspektiven kommen – vor allem für das 20. Jahrhundert – häufig nur dort in den Blick, wo sie die Situation in Deutschland unmittelbar beeinflussten, etwa in den ersten Jahren nach 1945 im Hinblick auf die Justizpolitik oder die Kriegsverbrecherprozesse der Alliierten. Auch Studien zur DDR erwähnen lediglich kursorisch den Einfluss der internationalen Einbindung des Staats, zum Beispiel die Auswirkungen des UNO-Beitritts 1973 auf die Einhaltung von Mindestgrundsätzen für die Behandlung Gefangener im Strafvollzug.[124] Etwas anders fällt die Diagnose für das späte 19. und frühe 20. Jahrhundert aus. Für diesen Zeitraum operieren einige Studien mit dem Konzept des Rechtstransfers; andere thematisieren das Völkerrecht[125] oder nehmen die in den vergangenen Jahren erarbeiteten Ergebnisse zu internationalen Organisationen und (Experten-)Netzwerken auf, um nationale Reformdiskussionen und -pläne in grenzübergreifende Zusammenhänge einzubetten oder gerade deren Fehlen beziehungsweise Selektivität aufzuzeigen. So beteiligten sich englische Vertreter zwar aktiv an den Internationalen Gefängnis-Kongressen, blieben anderen grenzübergreifenden zivilgesellschaftlichen Organisationen jedoch fern.[126] Aufbauend auf umfangreichen eigenen Vorarbeiten zeigt Urs Germann in seiner gelungenen kompakten Darstellung von Kriminalpolitik und Strafrechtsreform in der Schweiz überzeugend, wie wichtig die »neuen Netzwerke der Wissenszirkulation« und »ein länderübergreifender Deutungshorizont für die Lösung

---

120 *Schwerhoff*, Historische Kriminalitätsforschung, S. 20.
121 *Ortmann*, Machtvolle Verhandlungen, S. 13.
122 *Bernhardt*, Was ist des Richters Vaterland?, S. 21 und 400.
123 *Wilhelm*, Das Deutsche Kaiserreich und seine Justiz, S. 643.
124 *Müller*, Strafvollzugspolitik und Haftregime in der SBZ und in der DDR.
125 *Segesser*, Recht statt Rache oder Rache durch Recht?.
126 *Freitag*, Kriminologie in der Zivilgesellschaft, S. 181–190.

der ›Verbrecherfrage‹« waren.[127] Mit Blick auf die russische Rechtsentwicklung betont Tatjana Mill in ähnlicher Weise den Rechts- und Ideentransfer aus dem Westen in das Zarenreich.[128] Auch hier wurden Reformkonzepte im internationalen Austausch diskutiert und gleichzeitig als Möglichkeit gesehen, die »Abgeschiedenheit Russlands« zu vermindern.[129] Nach einer Phase der staatlich erzwungenen Isolation hatten sich die russischen Strafrechtsexperten seit den 1860er-Jahren ausdauernd und in bedeutendem zahlenmäßigem Umfang in internationalen Organisationen wie der »Internationalen Kriminalistischen Vereinigung« engagiert. Auch die Regierung unterstützte diese Aktivitäten unter anderem durch die Entsendung offizieller Vertreter zu den Kongressen, um auf der internationalen Bühne als gleichberechtigter Partner vertreten zu sein. Zudem wurde der Zustand des Strafrechts um 1900 generell mit dem Grad der »Zivilisation« einer Gesellschaft beziehungsweise eines Staats gleichgesetzt. Auf diese Einschätzung nahmen Juristen mindestens bis zum Ende des 20. Jahrhunderts Bezug. Noch 1995 erklärte der Bundesgerichtshof, es sei als »Allgemeingut aller zivilisierten Völker der Neuzeit« zu betrachten, dass Tat und Strafe nicht in einem »unerträglichen Mißverhältnis« zueinander stehen dürften.[130]

Angesichts dieser Ergebnisse kann sich die historische Erforschung von Kriminalität und Justiz nicht auf die Position zurückziehen, das Strafrecht sei mindestens bis zur Mitte des 20. Jahrhunderts »ein noch ganz und gar nationales« gewesen, in dem »Entwicklungen außerhalb Deutschlands [...] keine nennenswerte Rolle« gespielt hätten.[131] Das trifft gerade auf den Bereich der Gesetzgebung nicht zu, vielmehr ist von einem komplexen Wechselverhältnis zwischen nationaler und internationaler Ebene auszugehen. Zwar hoben die juristischen Experten seit dem frühen 19. Jahrhundert immer wieder den engen Zusammenhang von (Straf-)Recht und Nation hervor und betonten, die staatlichen Normen müssten dem »Rechtsbewusstsein des Volkes« entsprechen. Doch hinderte sie das nicht daran, Problemwahrnehmungen und Handlungsoptionen gemeinsam international zu diskutieren. Wie Germann anhand der Schweiz deutlich macht, entwickelte die »Internationale der Kriminalisten«[132] Modelle, die sich die einzelnen Staaten in ihren Gesetzgebungen unterschiedlich aneigneten. Es handelte sich also nicht um einen einseitigen, passiven Prozess grenzüberschreitender Normierung oder gar Konvergenz und auch nicht um eine Einbahnstraße, sondern die schweizerischen wie die Akteure aus anderen Staaten gestalteten die nationale wie internationale Ebene wechselseitig mit.

Eine weitere den nationalen Rahmen überschreitende Tendenz der neueren Forschung besteht schließlich in der Untersuchung des Zusammenhangs von Imperium und Recht. Die Studie von Ulrike Schaper zu Kamerun baut auf früheren Forschungen zum Kolonialrecht und zur (Straf-)Justizpraxis in den deutschen Kolonien auf.[133] In ihrer Interpretation wendet sie sich jedoch gegen die vorherrschende Sichtweise, Recht sei nur ein Unterdrückungsinstrument der Metropole gewesen, und betont stattdessen die Möglichkeiten, über diesen Weg koloniale Herrschaft herauszufordern. Einen wichtigen Faktor stellt für sie die »Idee moderner Rechtsstaatlichkeit« dar: Sie sei insofern für die deutsche Kolonialherrschaft von Bedeutung gewesen, als sie es Kamerunerinnen und Kamerunern zumindest prinzipiell ermöglichte, Europäer zu verklagen. Schapers wesentliches Argument zielt je-

---

127 *Urs Germann*, Kampf dem Verbrechen. Kriminalpolitik und Strafrechtsreform in der Schweiz 1870–1950, Chronos Verlag, Zürich 2015, 289 S., kart., 47,50 €, S. 245.
128 *Mill*, Zur Erziehung verurteilt.
129 Ebd., S. 130; ähnlich *Kowalsky*, Deviant Women, S. 47.
130 BGHSt 41, 317, Tatbestand der Rechtsbeugung bei Mitwirkung eines DDR-Strafrichters an Todesurteilen, Urteil vom 16.11.1995, erwähnt bei: *Schmidt*, Zur Frage der Zwangsarbeit im Strafvollzug der DDR, S. 319.
131 *Jahr*, Antisemitismus vor Gericht, S. 20.
132 *Germann*, Kampf dem Verbrechen, S. 42.
133 *Schaper*, Koloniale Verhandlungen.

doch auf die Praxis der Gerichtsverhandlungen, in denen sie zentrale Orte der Begegnung und der Aushandlung des Verhältnisses zwischen Kolonisierenden und Kolonisierten sieht. Auch letztere verfügten über Handlungsspielräume – wie das Nichterscheinen, Beschwerden oder Petitionen – und gestalteten so die gerichtliche Praxis mit.

Die aktive Partizipation der Bevölkerung als Geschworene, Beisitzer oder Experten im Gericht betont auch Johannes Berchtold.[134] Er beschäftigt sich mit der praktischen Tätigkeit der britischen Konsulargerichtsbarkeit im Osmanischen Reich und deren Bedeutung für beide Imperien im Kontext der europäischen Expansion des 19. Jahrhunderts. Die Institutionalisierung von 48 Provinzgerichten und eines »Supreme Consular Court« in Konstantinopel für britische Staatsbürger und Schutzbefohlene seit 1825 wirkte, ähnlich wie Kirchen oder Schulen, konstitutiv für die Gruppenidentität der Immigranten. Ein gemeinsamer Rechtsraum wurde nach innen geschaffen und gleichzeitig erfolgte eine Grenzziehung nach außen. Zwar waren die britischen Rechtssubjekte nicht ausschließlich der Konsulargerichtsbarkeit unterworfen, sondern agierten stets in einer »Gemengelage lokaler und europäischer Gerichte«[135] und in einem öffentlichen Raum, den die osmanische Polizei dominierte. Doch setzte schon die Präsenz der Gerichtshöfe vor allem in Konstantinopel, Smyrna und Alexandria ein »machtvolles Zeichen« europäischer Selbstverwaltung und Rechtsprivilegien, die das Osmanische Reich zunehmend als Eingriff in die staatliche Souveränität und als Teil interventionistischer Politik wahrnahm.

Nancy Kollmann betrachtet die Strafjustiz im frühneuzeitlichen Russland im Licht der Imperienforschung.[136] Ein einheitliches Strafrecht und einheitliche Justizbehörden für die Hochgerichtsbarkeit gehörten zu den von den Herrschern beanspruchten Schlüsselkompetenzen in einem sich zentralisierenden Reich. Peter der Große machte das zu Beginn des 18. Jahrhunderts besonders deutlich, indem er bei Hinrichtungen das in Russland bislang nicht übliche »Theater des Schreckens« einführte, um den obrigkeitlichen Machtanspruch zu demonstrieren.[137] Gleichzeitig wurde aber auch die Strategie der toleranten Herrschaft in der flexiblen Gerichts- und Gnadenpraxis vor Ort fortgesetzt. Kollmann betont, dass die Strafjustiz des russischen Imperiums im 17. und 18. Jahrhundert dem allgemeinen europäischen Muster entsprach und teilweise den führenden europäischen Mächten voraus war, etwa in der Zurückdrängung von Folter und Todesstrafe.[138]

XII. FAZIT: AUSHANDLUNG UND HERRSCHAFT, RECHTSRÄUME UND ÖFFENTLICHKEIT

Die Geschichte von Kriminalität, Recht und (Straf-)Justiz vom 18. bis zum 20. Jahrhundert zeigt sich gegenwärtig als lebendiges, aber auch heterogenes Forschungsfeld. Zwar gibt es übereinstimmende Tendenzen wie die Annäherung kriminalitätshistorischer und rechtsgeschichtlicher Perspektiven oder die Erweiterung der Quellengrundlage vor allem durch Gerichtsakten, doch überwiegen die Divergenzen. Das betrifft die Vielfalt der angewandten Methoden und Forschungsansätze als auch das Spektrum der bearbeiteten Themen und die Untersuchungszeiträume. Die Historische Kriminalitätsforschung ist inzwischen ohne Zweifel in der Zeitgeschichte angekommen. Die Grenzen zwischen den Epochen beziehungsweise den Jahrhunderten werden nach wie vor selten überschritten.

---

134 *Johannes Berchtold*, Recht und Gerechtigkeit in der Konsulargerichtsbarkeit. Britische Exterritorialität im Osmanischen Reich 1825–1914 (Studien zur Internationalen Geschichte, Bd. 22), Oldenbourg Verlag, München 2009, 317 S., geb., 49,80 €.
135 Ebd., S. 22.
136 *Kollmann*, Crime and Punishment in Early Modern Russia.
137 Ebd., S. 417.
138 Ebd., S. 421.

In der Historischen Kriminalitätsforschung stellte zunächst der Übergang zwischen früher und späterer Neuzeit um 1800 eine »Wasserscheide« dar.[139] Es handelt sich um eine Zäsur mit langer Tradition, denn schon die Juristen des 19. Jahrhunderts hatten sie im Rahmen ihrer Fortschrittserzählung etabliert, um vor dem Hintergrund eines als willkürlich, grausam und ineffizient dargestellten Justizsystems der Vergangenheit die eigenen Rechts- und Reformvorstellungen wirkungsvoll als Verbesserungen zu inszenieren. Die frühneuzeitliche Kriminalitätsgeschichte hat mit ihren Forschungen das Bild für die Zeit vor 1800 einerseits gründlich revidiert, teilweise aber andererseits mit impliziten Annahmen über die grundsätzliche Verschiedenheit von Normengefüge und Gerichtspraxis nach 1800 beziehungsweise 1850 dazu beigetragen, die Wahrnehmung einer Zäsur zu verfestigen. Wenn etwa die ländliche Gesellschaft des 18. Jahrhunderts als voraufklärerisch und in einer traditionellen Weltsicht verhaftet[140] charakterisiert wird, führt das zu der Annahme, es folge danach eine gänzlich verschiedene Zeit.

In den hier betrachteten Arbeiten zeichnet sich jedoch eine Veränderung ab. Die Epochengrenze um 1800 spielt hinsichtlich der Forschungskonzepte und -interessen nun eine geringere Rolle als noch zur Jahrtausendwende. Dazu haben sicherlich die Diskussionen im seit 2005 nicht mehr auf die Vormoderne beschränkten Arbeitskreis Historische Kriminalitätsforschung und den sich anschließenden Kolloquien zu Kriminalität und Strafjustiz beigetragen. Darüber hinaus ist die allgemein zu beobachtende Tendenz von Bedeutung, dass das 19. Jahrhundert zunehmend fremder und entfernter erscheint und in diesem Sinne näher an die Frühe Neuzeit heranrückt. Viele neuere Studien zu diesem Zeitraum greifen methodische Überlegungen und Ansätze aus der frühneuzeitlichen Kriminalitätsgeschichte auf, sodass sich gegenwärtig die Grenze bezüglich unterschiedlicher Forschungsinteressen und -perspektiven auf die Mitte des 20. Jahrhunderts zu verschieben scheint. Untersuchungen zur Zeit vor 1945 heben eher den Aushandlungscharakter von Kriminalität, Recht und Justiz hervor, betonen die Handlungsspielräume von Akteuren und richten den Blick auf die (Alltags-)Praxis von Institutionen. Darin liegt eine zentrale Innovation der neueren Arbeiten, die sie anschlussfähig macht für Ergebnisse der Frühneuzeitforschung und so zu einer (Neu-)Einschätzung beitragen kann, was »Modernität« und »Modernisierung« der Strafjustiz nach 1800/1850 konkret bedeutet. Analysen zur zweiten Hälfte des 20. Jahrhunderts, aber teilweise auch zum Nationalsozialismus, heben demgegenüber tendenziell den Herrschaftscharakter von Recht und Justiz, etwa im Strafvollzug, hervor und interessieren sich vor allem dafür, welche Rolle sie im jeweiligen politischen beziehungsweise Herrschaftssystem spielten.

Als gewichtige Trends aktueller Forschungen lassen sich die Thematisierung unterschiedlicher Facetten von Öffentlichkeit sowie die Betrachtung verschiedener Rechtsräume festhalten. Bei ersterem geht es unter anderem um die Erscheinungsformen von Kriminalität, Strafverfolgung und Erinnerung im öffentlichen Raum, aber auch um das Wechselverhältnis und die Bedeutung von formal »öffentlichen« und »geheimen« Abschnitten des Strafverfahrens sowie deren Veränderung. Das erwies sich ebenfalls als wichtiger Faktor für die mediale Berichterstattung über Verbrechen und Justiz. Deren Formen und Formate sind vielfältiger Gegenstand neuer Arbeiten, die damit den bisherigen Kenntnisstand deutlich erweitern. Darüber hinaus widmen sich die Studien unterschiedlichen Rechtsräumen. Sie umfassen das gesamte Spektrum von Gerichtssaal und Gefängnis über lokale, regionale und nationale bis hin zu imperialen Räumen. Die Beziehungen und Verflechtungen zwischen ihnen, beispielsweise der Rechtstransfer, werden untersucht; dabei spielen auch neu entstehende inter- beziehungsweise transnationale Diskursräume eine wichtige Rolle.

---

139 *Schwerhoff*, Historische Kriminalitätsforschung, S. 22.
140 *Beck*, Mäuselmacher oder die Imagination des Bösen.

Wulf D. Hund

Rassismusanalyse in der Rassenfalle

Zwischen »raison nègre« und »racialization«

Ist die Vorstellung, Rassismus sei ein Produkt der westlichen Moderne, eurozentristisch? Das behaupten jedenfalls Shirley Anne Tate und Ian Law: »The Eurocentric assertion that racism is solely a product of Western capitalist modernity is […] now fundamentally contested as we can identify pre-modern, non-Western and communist racisms which need to be integrated into contemporary critical race theory.«[1]

War solche Auffassung bis vor nicht allzu langer Zeit in der Forschung nur gelegentlich zu finden, so haben entsprechende Stimmen mittlerweile erheblich zugenommen. Allerdings beziehen sich davon viele nur auf den eingeschränkten Bereich der westlichen Welt, in der sie Rassismus oder Protorassismus bis in die Antike zurückverfolgen. Die von Law und Tate vertretene Position geht einen erheblichen Schritt weiter und verallgemeinert den Begriff des Rassismus in welthistorischer Perspektive. Dabei fragen beide allerdings nicht, ob sich Rassismus im Verlauf seiner Entwicklung unter den verschiedensten historischen Bedingungen unterschiedlicher Kriterien der Herabminderung bedient haben könnte. Vielmehr gehen sie davon aus, dass alle Rassismen mit spezifischen Vorstellungen von »Rasse« verbunden gewesen seien. »Rasse« könne deswegen nicht als moderne soziale

---

1 *Shirley Anne Tate/Ian Law*, Caribbean Racisms. Connections and Complexities in the Racialization of the Caribbean Region, Palgrave Macmillan, Basingstoke 2015, 204 S., geb., 60,00 £, S. 3. Mit dieser Behauptung wird an Vorstellungen angeknüpft, die in *Ian Law/Anna Jacobs/Nisreen Kaj* u. a., Mediterranean Racisms. Connections and Complexities in the Racialization of the Mediterranean Region, Basingstoke 2014, S. 3, mit der Bezeichnung »polyracism« charakterisiert worden sind. Die Studie von Tate/Law liefert einen materialreichen Überblick über die vielschichtigen Rassismen in der Karibik, die durch eine große Zahl kultureller Einflüsse aus Amerika, Europa, Afrika und Asien geprägt worden sind und differenzierte lokale Ausprägungen erfahren haben. Dem erkenntnisleitenden weiten Rassenverständnis geschuldet, bleibt die Überlagerung früherer Rassismen durch den Rassenbegriff dabei zwar ausgeblendet (obwohl die Autoren sie unter der Hand ansprechen, wo sie auf »[i]ncreasing references to ›primitives‹, ›barbarians‹, practices of ›demon worship‹, lack of […] rationality […], cannibalism« (S. 10) in der frühen rassistischen Disqualifizierung indigener Amerikaner hinweisen, die offensichtlich nicht mit der Kategorie »Rasse« operiert haben). Gleichzeitig verdeutlicht die Untersuchung aber nachdrücklich den Kulturalismus und die Komplexität des Rassedenkens, die von Anfang an zu seinen Charakteristika gehören und in der Karibik bis heute präsent sind. Das betrifft sowohl die verschiedenen Modi der Rassisierung durch diverse europäische Kolonialmächte als auch die weitere Entwicklung, die häufig durch die Betonung unterschiedlichster »Rassenmischungen« geprägt war, sodass »›[m]ixed‹ in the Caribbean goes beyond just black/white racial categories and is not precisely measurable as a set of specific phenotypical attributes« (S. 70). Die historischen Passagen zur Durchsetzung des Rassedenkens enthalten dabei vielsagende semantische Varianten. Tate/Law erwähnen »successive waves of racialization« (S. 16) und sprechen in diesem Zusammenhang von »Dutch racialization« (S. 16ff.) und »French racialization« (S. 21ff.), aber auch von einer »Hispanic ethnoracial Caribbeanization« (S. 13) und im Hinblick auf England davon, dass »English colonization of Ireland, with its plantation structures, provided a model for Caribbean colonization« (S. 18). Diese kategoriale Differenzierung verweist (freilich undiskutiert) darauf, dass Autorin und Autor ihre weitreichenden Vorstellungen von Rassisierung und Rasse gelegentlich zumindest unbewusst anders gelagerten historischen Verhältnissen anpassen und sprachlich entsprechend differenzieren.

Konstruktion gelten, sondern sei Ausdruck der »durability and pervasive nature of elements of race-thinking over millennia«.²

Rassismus wird dabei untrennbar an eine Kategorie gebunden, die (aus klassistischen Anfängen heraus) erst in der Moderne zur Bezeichnung von physisch als verschieden geltenden Menschengruppen wurde, die gleichzeitig geistige und seelische Unterschiede zugeschrieben bekamen. Die Unterstellung, solche »Rassen« samt ihrer Wahrnehmung und Differenzierung hätte es gewissermaßen schon immer gegeben, gerät unweigerlich in das Schwerefeld des biologischen Rassenverständnisses. Insofern gehört die Position von Tate und Law in den Kontext aktueller Debatten um den Rassenbegriff und die damit verbundene Kategorie der Rassisierung. In ihnen stehen sich Konstruktivisten und Realisten gegenüber, wobei beide ihre Überlegungen intensiv mit der Kategorie »Rasse« verknüpfen.

In realistischen Überlegungen ist das nicht weiter verwunderlich. Ihnen zufolge hätten körperliche Unterschiede immer oder schon lange zu Konzeptionen natürlicher Differenz und damit verbundenen Diskriminierungen geführt. Aus konstruktivistischer Perspektive lassen sich solche Überlegungen nur anstellen, wenn Vorstellungen von Rasse als sozialer Konstruktion sich mit einer essenziellen Auffassung der davon betroffenen Körper verbinden. Dabei geht es nicht um die Frage, ob die Entwicklung der Menschheit in unterschiedlichen Umwelten zu einer Varietät ihrer körperlichen Erscheinung geführt hat. Es geht vielmehr darum, ob solche Varietät unter verschiedensten historischen Bedingungen zu kategorialen Bemühungen um Differenzierung und Hierarchisierung Anlass gegeben hat. Eine solche Vorstellung ist essenzialistisch und ontologisiert herrschaftlich strukturierte gesellschaftliche Beziehungen. Da ihre Herleitung der unterstellten großen Reichweite wegen nicht ohne historische Bezüge auskommen kann, funktioniert sie nur, indem diese selektiv behandelt, einseitig ausgelegt oder gar gebeugt werden. Gleichzeitig kommen dabei Fragen nach kulturellen Rassismen, die sich anderer Bezugspunkte als der Rassenvorstellung bedienen, gar nicht erst auf oder werden im Analogieverfahren beseitigt, indem unterstellt wird, dass zum Beispiel Religion »wie Rasse« funktioniert habe oder funktioniere, religiös gelabelte Andere also »rassisiert« worden seien oder werden.

I. RASSE UND RASSISMUS

Wenn es nach populären Darstellungen ginge, wäre das Wort Rassismus noch keine hundert Jahre alt.³ Demnach hätte Magnus Hirschfeld »in seinem […] 1938 veröffentlichten Werk Racism, mit dem er die nationalsozialistische ›Rassen‹-Ideologie widerlegen wollte«, »als Erster den Begriff Rassismus für eine Lehre« verwendet, »die an die Existenz menschlicher ›Rassen‹ glaubt«.⁴ An diesem Hinweis ist (außer dem bibliografischen Datum) so ziemlich alles falsch. Erstens hat Hirschfeld den Begriff schon in früheren Publikationen benutzt. Zweitens war er damit selbst im deutschen Sprachraum nicht der erste. Drittens richtete sich der Begriff nicht nur gegen die nationalsozialistische Rassenwissen-

---

2 *Ian Law*, Racism and Ethnicity. Global Debates, Dilemmas, Directions, Harlow 2010, S. 3; vgl. dazu meine Kritik in *Wulf D. Hund*, Vor, mit, nach und ohne ›Rassen‹. Reichweiten der Rassismusforschung, in: AfS 52, 2012, S. 225–263, hier: S. 237ff. und passim.
3 Tatsächlich wurde es (mit unterschiedlicher Bedeutung) unter anderem bereits von *Charles Malato*, Philosophie de l'Anarchie, Paris [1888], S. 9, oder von *Richard Henry Pratt*, [Rede], in: *Isabel C. Barrows* (Hrsg.), Proceedings of the Twentieth Annual Meeting of the Lake Mohonk Conference of Friends of the Indians 1902, o.O. 1903, S. 134, benutzt.
4 *Susan Arndt*, Rassismus. Die 101 wichtigsten Fragen, München 2012, S. 15; zu Hirschfeld vgl. *Ina Kerner*, Differenzen und Macht. Zur Anatomie von Rassismus und Sexismus, Frankfurt am Main/New York 2009, S. 97–105.

schaft. Und viertens zielte dieser Begriff vorrangig nicht auf die Lehre von den Rassen, sondern auf deren angebliche Verfälschung.

Diese Vorstellung zeigte sich in der deutschsprachigen Diskussion auch in der Rassismuskritik von Hugo Iltis, einem sozialdemokratischen Botaniker, Gymnasiallehrer und Botaniker aus Brno. Er ging davon aus, dass sich »Rassismus« (als »Kampf gegen eine Menschengruppe ihrer Rasse wegen«) »zum ersten Mal« in »Amerika« gegen die »schwarze Rasse« gerichtet habe. Das sei, wie andere rassistische Diskriminierungen auch, im Bereich der Wissenschaften jedoch auf keinen verbreiteten Protest gestoßen: »So lange sich der ›Rassismus‹ bloß gegen Juden, Neger und Chinesen kehrte, erfreute er sich der wohlwollenden Duldung weiter Kreise der bürgerlichen Wissenschaft«. Erst als »die einzelnen nahe verwandten europäischen Rassen gegeneinander abgewogen w[u]rden«, habe sich Widerstand geregt.[5]

Iltis' Kritik des Rassismus richtete sich allerdings nicht gegen die Annahme der Existenz von Rassen. Von der war er vielmehr überzeugt und ging davon aus, dass sie sich wissenschaftlich seriös erforschen ließen. Seine Kritik der »rassistische[n] Geschichtsauffassung« oder des »Rassismus« galt allein der »wertenden Rasseforschung«.[6] Damit wurde er, der sich und seine Familie mit Unterstützung von Franz Boas und Albert Einstein in letzter Minute vor den Nazis in die USA retten konnte, zum Stichwortgeber für die Ausrichtung des Rassismusbegriffs. Für sie war ein Text maßgeblich, den Ruth Benedikt auf Veranlassung ihres Lehrers Boas 1940 unter dem Titel »Race: Science and Politics« veröffentlichte. Die Autorin hielt, wie es in der deutschen Übersetzung hieß, »Rasse« für eine »Tatsache«, die »ein wissenschaftliches Forschungsgebiet« begründen würde. »Rassismus« hingegen galt ihr als »Dogma« und »moderner Aberglaube«. Nachdrücklich bestand sie darauf, dass »Rassismus [...] nicht aus der Wissenschaft [...], sondern aus der Politik entstanden« sei.[7]

Tracy Teslow hat der Entstehung dieser Position eine materialreiche und eingehende Studie gewidmet.[8] Ihre Überlegungen gehen von der allgemeinen Prämisse aus, dass der Rassendiskurs seit je durch »the promiscuous intermingling of bodies and cultures« (S. 10) geprägt war. Das und die spezifische Ausprägung des anthropologischen Diskurses in

---

5 *Hugo Iltis*, Der Mythos von Blut und Rasse, Wien 1936, S. 10 (»zum ersten Mal«) und *Hugo Iltis*, Rassenforschung und Rassenfrage, in: Sozialistische Bildung, 1929, H. 1, S. 12–21 und 1929, H. 2, S. 45–52, hier: S. 50 (»bloß gegen Juden« etc.); vgl. *Wulf D. Hund*, »Die Befreiung der unterdrückten Rassen kann nur das Werk der unterdrückten Rassen selbst sein«. Marginalie zur Kritik des Rassismus durch Hugo Iltis, in: Das Argument 57, 2015, Nr. 314, S. 493–502.

6 *Hugo Iltis*, Volkstümliche Rassenkunde, Jena 1930, S. 6. *Magnus Hirschfeld*, Racism, London 1938, der begrifflich insgesamt ohnehin eher vage argumentierte, blieb in dieser Frage ambivalent. Zwar plädierte er einerseits für die Abschaffung des Wortes Rasse für »subdivisions of the human species« (S. 57). Andererseits ging er aber davon aus, »that there are peoples and races at varying levels of development« (S. 116). Daher forderte er die Einrichtung »of an international organisation for the dispassionate study of the racial problem«, die er gleichzeitig als »league for the prevention of racism« verstand (S. 263).

7 *Ruth Benedict*, Die Rassenfrage in Wissenschaft und Politik, Bergen 1947, S. 131f. und 184. Während der Arbeit am Manuskript kam es zu einer Auseinandersetzung zwischen Benedict und dem Verlag über den Titel. Die Autorin plädierte für »Race and Racism« und erklärte »The special point of the book [...] is its complete separation of Race from Racism and its ›propaganda analysis‹ of racism«, zit. nach: *Mark Anderson*, Ruth Benedict, Boasian Anthropology, and the Problem of the Colour Line, in: History and Anthropology 25, 2014, S. 395–414, hier: S. 400. Der Verlag wollte eine negative Konnotation des Titels vermeiden und schlug »Races of the World« oder »The Races of Mankind« vor. Als *Ruth Benedict*, Race: Science and Politics, New York 1940, schließlich erschien, hatte es beim Titel einen Kompromiss gegeben.

8 *Tracy Teslow*, Constructing Race. The Science of Bodies and Cultures in American Anthropology, Cambridge University Press, New York 2014, 408 S., geb., 129,00 $.

der US-amerikanischen Rassengesellschaft führten dazu, dass antirassistische Initiativen analytisch ambivalent blieben. Auch die in diesem Zusammenhang regelmäßig gewürdigte Boas-Schule, die den Rassismusbegriff in den USA lancierte, war nicht bereit, ihre Kritik auf die Rassenwissenschaft auszuweiten. Deswegen verhinderte ihre Trennung von wissenschaftlicher Rassenforschung und rassistischer Ideologie die Tradierung rassistischer Stereotype nicht.

Teslow zeigt das am Beispiel zweier Ausstellungen, die in kurzem zeitlichem Abstand jeweils dem Thema »Races of Mankind« gewidmet waren. Die eine wurde 1933 im »Field Museum of Natural History« in Chicago eröffnet (S. 115–167)[9], die andere fand 1944 im »Cranbrook Institute of Science« in Michigan statt (S. 246–282). Die eine propagierte eine traditionelle typologische Rassenvorstellung (einschließlich ihrer hierarchischen Konstruktion). Von einer Broschüre von Ruth Benedict und Gene Weltfish ausgehend, die ebenfalls den Titel »Races of Mankind« hatte[10], versuchte die andere, ihre Idee von rassischer Gleichheit und kultureller Vielfalt zu vermitteln. Die Trennung von Rassenwissenschaft und Rassismus trug dabei gleichwohl dazu bei, »that Benedict's argument and its popularization for a broad public reified the race concept« (S. 283).

Solche Verdinglichung setzte die Ausstellung im Field Museum unmittelbar um. Deren Organisatoren hatten sich entschlossen, die Bildhauerin Malvina Hoffman mit der Herstellung von über hundert bronzenen Rasse-Skulpturen zu beauftragen. Sie verließ sich bei ihrer Arbeit mehr auf künstlerische Eingabe denn auf wissenschaftliche Akribie, beanspruchte aber dennoch, »Rassetypen« darzustellen. Von der Annahme ausgehend, »that certain people represented race, while others were merely individuals«, erklärte sie, wie sie sich bei der Auswahl ihrer Modelle leiten ließ: »I chose the moment at which I felt each one represented something characteristic of his race, and of no other.«[11] Tatsächlich machte ihre Arbeit ganz etwas anderes deutlich: nämlich durch ihre Arbeitsweise die Tatsache, dass noch die Rassenvorstellungen des wissenschaftlichen Rassismus ästhetisch aufgeladen waren und durch die in Bronze gegossenen Produkte ihres Schaffens den Anspruch, »Rasse« als unveränderliche Essenz sichtbar zu machen.

Der mit dem Ästhetizismus dieser Vorgehensweise verbundene Rassismus äußerte sich als unverhohlene Abneigung gegen »hässliche Rassen«. So war Hoffman über das (unterstellte) »Aussterben« der Tasmanier regelrecht froh und notierte: »It was a great relief to

---

9 Die Ausstellung währte bis 1969, bis sie nach intensiven Diskussionen über ihren rassistischen Gehalt geschlossen wurde. Es ist durchaus bezeichnend, dass das Museum einen großen Teil der Skulpturen im Januar 2016 unter dem Titel »Looking at Ourselves. Rethinking the Sculptures of Malvina Hoffman« ausstellen kann und dabei letztlich ein volkstümliches Rassenverständnis unterstützt, weil, wie die Kuratorin meint, »[i]t's not as if just because scientists say race is not a biological fact, that it doesn't continue to have an impact […]. Scientists can now show that human genetic variation doesn't correspond to racial types […]. But people don't always listen to scientists« (New York Times, 20.1.2016 – URL: <http://www.nytimes.com/2016/01/21/arts/design/races-of-mankind-sculptures-long-exiled-return-to-display-at-chicagos-field-museum.html> [10.8.2016]).
10 Vgl. *Ruth Benedict/Gene Weltfish*, The Races of Mankind, New York 1943. Die im Text angestellten historischen Vergleiche waren gelegentlich mehr als abenteuerlich und trugen eher zur Verallgemeinerung der Vorstellung vom »race prejudice« bei (der Begriff »racism« kommt im Text nicht vor): »In 1520 the ancient Mexicans were like the Germans. They talked like Nazis, thought like them, in many ways felt like them. They, too, believed war to be man's highest mission. They, too, trained their children for it, placing their boys in great state schools where they learned little else but the glories of battle and the rituals of their caste. They, too, believed themselves invincible« (ebd., S. 20).
11 Malvina Hoffman, zit. in: *Rebecca Peabody*, Race and Literary Sculpture in Malvina Hoffman's ›Heads and Tales‹, in: Getty Research Journal 5, 2013, S. 119–132, hier: S. 129.

me, for they were ugly enough to make celibacy an easy task, and sculpture an impossible one.«[12] Für die Darstellung von »Bushmen« (auf der ihre Auftraggeber wegen der diesen zugeschriebenen Primitivität bestanden), besuchte die Künstlerin zunächst das »Muséum national d'histoire naturelle«, um sich den Gipsabdruck vom Körper Sarah Baartmans anzusehen. Sie bezeichnete ihn als »monsterpiece of female ugliness« und weigerte sich, ihn als Modell zu nehmen. Ihre Einstellung zu »Pygmäen« bemühte schließlich gleich mehrfach Tiervergleiche, die sich nicht nur (in Sachen Körpergröße) auf Shetlandponys, sondern auch (in Sachen Scharfsinn) auf Affen bezogen (S. 151).[13] Der mit solcher Herabminderung verbundene Essenzialismus drückte sich unter anderem darin aus, dass die Künstlerin ihrem physiognomischen Naturalismus vorsichtshalber chemisch nachhalf und die Bronzen je nach Rasse mit verschiedener Patina versah, wodurch die Statuen von Afrikanern nahezu schwarz erschienen (S. 137). Die Dauerhaftigkeit ihrer Werke pries sie zudem mit einem Argument aus den Arsenalen des Kolonialismus und Imperialismus, dem gemäß noch vor Ende des Jahrhunderts »many of the primitive races which are now represented in bronze [...] will have disappeared into the dim records of history«.

Außerdem war die gesamte Ausstellung kulturalistisch aufgeladen. Das verdeutlichte vor allem ein Monument, das einen zentralen Platz einnahm und die »Unity of Mankind« darstellen sollte. Drei halbwegs nackte Männerstatuen standen für die drei »Großrassen der Menschheit«. Die Utensilien, die sie dabei in der Hand hielten, prägten freilich die dargestellte Einheit hierarchisch: »Hoffman modeled the figure representing the white race [...] with a book. The figure representing the black race [...] held a spear. The third figure, representing the yellow race, [...] carried an ax.«[14] Die Ausstellung im Cranbrook Institute beruhte demgegenüber zwar auf Ruth Benedicts Kritik des Rassismus. Durch die mit ihr einhergehende Entlastung des Rassedenkens als wissenschaftlich wurde dessen Ideologie aber nur ansatzweise betroffen. Sowohl in die popularisierte Version der »Races of Mankind« wie in die danach gestaltete Ausstellung fand sie unbemerkt Eingang. Die gemeinsame Abstammung der Menschenrassen wurde durch einen Stammbaum illustriert, an deren Wurzeln Adam und Eva standen. Er gipfelte in vier »Hauptrassen«, die auch in der Schwarzweißzeichnung der Broschüre als Afrikaner, Südasiaten, Ostasiaten und Europäer erkennbar waren und in eben dieser Reihenfolge auftauchten (S. 267). In der Ausstellung selbst wurden die biblischen Stammeltern zudem noch durch lebensgroße Reproduktionen der beiden Figuren aus Albrecht Dürers Kupferstich dargestellt (S. 248). Vor

---

12 *Malvina Hoffman*, Heads and Tales, New York 1936, S. 13; die folgenden Zitate finden sich auf S. 155 (»monsterpiece«) und 11 (»primitive races«); zur Geschichte von Sarah Baartman vgl. *Sabine Ritter*, Facetten der Sarah Baartman. Repräsentationen und Rekonstruktionen der »Hottentottenvenus«, Berlin/Münster 2010. Hoffmans anschließender Entwurf einer »Bushman family« vermied zumindest teilweise das von ihren Auftraggebern gewünschte Rassenbild, das vor allem durch die Steatopygie der Frau geprägt sein sollte, indem sie diese in sitzender Stellung zeigte und zusätzlich ein Kind auf ihrem Rücken platzierte (vgl. *Marianne Kinkel*, Races of Mankind. The Sculptures of Malvina Hoffman, Urbana 2011, S. 94). Über diese Darstellung kam es zu erheblichen Auseinandersetzungen (vgl. *Teslow*, Constructing Race, S. 158), weil sich die Wünsche der anthropologischen Experten nicht deckten und schon gar nicht mit den ästhetischen Vorstellungen der Künstlerin korrespondierten. Im Rückblick meinte sie ironisch, dass »perhaps the buttocks should be of flexible rubber that could be inflated or deflated according to which anthropologist was expected to visit the museum« (*Hoffman*, Heads and Tales, S. 155). Wenn auch nicht kritisch gemeint, verriet dieser Kommentar doch den Konstruktivismus der naturalistischen Darstellung.
13 Zum Affenvergleich in rassistischen (und sexistischen wie klassistischen) Diskriminierungen vgl. die Beiträge in *Wulf D. Hund/Charles W. Mills/Silvia Sebastiani* (Hrsg.), Simianization. Apes, Gender, Class, and Race, Zürich 2015.
14 *Kinkel*, Races of Mankind, S. 52.

ihnen waren drei Kinder postiert, um die gelbe, schwarze und weiße Rasse zu repräsentieren. Das weiße Mädchen stand in der Mitte und trug nicht durch Zufall als einziges der Kinder Schulhefte unter dem Arm, die in einem unverkennbaren ideologischen Zusammenhang mit dem Buch standen, das Malvina Hoffmans Europäer schon zehn Jahre früher vorgezeigt hatte.

Wie sich leicht sehen ließ, reichte Benedicts Maxime, die Teslow dahin gehend zusammenfasst, dass »[t]he problem was not race, but prejudice« (S. 245), nicht einmal zur Vermeidung der eigenen Vorurteile. Die Analyse des von nun an immer häufiger mit Rassenvorurteilen gleichgesetzten Rassismus wurde dadurch von einer kritischen Auseinandersetzung mit dem Rassenbegriff und seiner Tradition abgeschottet.[15] Die Folgewirkungen dieses frühen Verständnisses von Rassismus sind bis heute spürbar. Nach wie vor wird er häufig vor allem über den Begriff des Vorurteils bestimmt. »Rassismus« wäre demnach das Vorurteil, das sich gegen »Rassen« richtet, wobei diese früher uneingeschränkt als natürliche Kollektive galten und heute eher als soziale Gegebenheiten gesehen werden. Doch haben die »Rassen« ihre zwischenzeitliche partielle Dekonstruktion durchaus überstanden. Mit unterschiedlichstem Zungenschlag finden sie sich als »bio-soziale« Größen behandelt, die Körper und Kultur verbinden sollen.

Das zeigt sich unter anderem in einer Studie von Jeremy Pierce, die sich mit theoretischen Problemen beschäftigt, welche sich aus dem Umstand ergeben, dass »Rasse« ein komplexer Begriff sei und keine kategoriale Differenzierung zur Verfügung stehe – wie es sie etwa mit »biological kind sex« und »social kind gender« für »Geschlecht« gebe (S. 23).[16] Der Autor befasst sich allerdings nicht mit Fragen der historischen Entwicklung des Rassenbegriffs, sondern unterteilt die aktuelle Debatte (in den USA) in verschiedene Positionen, die er nach Realismus und Konstruktivismus gliedert und dann vielfach auffächert. Der überdeterminiert klassifikatorische Charakter seiner Einteilung wird dabei schon daran deutlich, dass er ein ganzes Kapitel einem Ansatz widmet, der in der von ihm untersuchten philosophischen Debatte überhaupt nicht vertreten wird, theoretisch aber denkbar erscheint (S. 19ff.). Er selbst plädiert dann für eine Position, die er »the pre-existing group social-construction view« (S. 129) nennt. Demnach gebe es Gruppen von Menschen, deren spezifische Herkunft und erkennbare Besonderheiten unter bestimmten sozialen Bedingungen zur Konstruktion von Rassen führten.

Das ist nur eine der vielen aktuellen Positionen, die versuchen, den angeblichen traditionellen Biologismus des Rassenbegriffs zurückzuweisen und seine sozialkonstruktivistische Dimension so zu betonen, dass dabei der Naturbezug nicht aufgegeben werden muss. In diesem Sinne vertritt schon die Betreuerin von Pierces Dissertation, Linda Martín Alcoff, die Auffassung, dass »the concept of race and of racial difference emerged as that which is visible, classifiable, and morally salient«. Dabei stellt sie wie selbstverständlich den Gegensatz von »schwarz« und »weiß« ins Zentrum ihrer Überlegungen und erklärt: »[R]ace must work through the visible markers of the body«.[17]

---

15 Das galt auch für die mangelhafte Auseinandersetzung mit dem Rassenverständnis antikolonialer und antiweißer Bewegungen, mit damit verbundenen Organisationen und mit Autorinnen und Autoren wie etwa *William Edward Burghardt Du Bois*, The Souls of Black Folk, Chicago 1903 und *ders.*, Black Reconstruction, New York 1935; *Jean Finot*, La préjugé des races, Paris 1906, oder *Paulette Nardal*, L'Éveil de la conscience de race. Awakening of Race Consciousness, in: Revue du monde noir, 1932, Nr. 6, S. 343–349; vgl. dazu unter anderem *Barnor Hesse*, Racism's Alterity. The After-Life of Black Sociology, in: *Wulf D. Hund/Alana Lentin* (Hrsg.), Racism and Sociology, Wien/Zürich etc. 2014, S. 141–174.
16 *Jeremy Pierce*, A Realist Metaphysics of Race. A Context-Sensitive, Short-Term Retentionist, Long-Term Revisionist Approach, Lexington Books, Lenham 2015, 178 S., geb., 85,00 $.
17 *Linda Martín Alcoff*, Visible Identities. Race, Gender, and the Self, Oxford/New York etc. 2006, S. 180 (»concept«) und 192 (»markers«).

Solche Verengung der Perspektive betreibt auch Pierce, der im letzten Absatz seines Buches erklärt, seine Überlegungen seien von der »black-white binary [...] absorbed« (S. 149). Bei einer weniger eingeschränkten und stärker historisch orientierten Betrachtung hätte ihm freilich klar werden können, dass seine These ihr nicht standhält.[18] »Rasse« ist tatsächlich lange Zeit ohne sichtbare Zeichen ausgekommen (und ihre angebliche Existenz musste selbst während der Geltungsdauer des wissenschaftlichen Rassismus immer wieder sichtbar gemacht werden). Die Konstruktion von Rassen ist deswegen nicht die unter bestimmten sozialen Bedingungen mögliche Folge ihrer wahrnehmbaren natürlichen Besonderheiten. Es ist vielmehr gerade umgekehrt. Solche Bedingungen können dazu führen, dass bestimmte Charakteristika überhaupt erst als signifikante Unterschiede wahrnehmbar gemacht werden. Das geschieht vor dem Hintergrund kultureller Strategien, die den Rassenbegriff benutzten und nicht auf die Sichtbarkeit der mit seiner Hilfe unterstellten Eigenschaften rechnen konnten.

Die Komplexität des Rassenbegriffs resultiert aus der Überlagerung unterschiedlicher Diskurse. Dazu gehört *zunächst* die frühe kontaminatorische Verdächtigung der Verunrei-

---

18 Das gilt auch für ein spekulatives Beispiel, das gleichzeitig die Problematik der Diskussion verdeutlicht: die Frage nach der Rassenzugehörigkeit des Augustinus von Hippo. Er könnte zu seiner Zeit weder als »schwarz« noch als »gemischtrassig« gegolten haben, wäre im »Jim Crow South« der USA als »black« eingestuft worden und würde heutzutage womöglich als »mixed race« bezeichnet – ganz gemäß den »different contexts of evaluation« (*Pierce*, A Realist Metaphysics of Race, S. 66). Tatsächlich wissen wir wenig über die ethnischen Hintergründe der Familie von Augustinus, die ein einschlägiges englischsprachiges Nachschlagewerk unter Verwendung des Wortes »race« als »probably a mixture of the dominant North African races, Berber, Phoenician, and Latin« beschreibt (*Kim Power*, Family, Relatives, in: *Allan D. Fitzgerald* (Hrsg.), Augustine through the Ages. An Encyclopedia, Grand Rapids 1999, S. 353f., hier: S. 353). Eine Rassenfrage kann in diesem Kontext nur gestellt werden, wenn der Rassenbegriff nicht nur anachronistisch überdehnt, sondern auch angenommen wird, dass Augustinus Mutter aus einer Familie von Berbern stammte. Dafür spricht zwar eventuell ihr Vorname, aber das ist ein schwaches Indiz. Der Sohn selbst gedenkt ihrer in seinen »Confessiones« lediglich als einer glaubensstarken Christin. Hingegen wissen wir, dass Leo Africanus, aus einer Familie von Berbern stammend und geschichtsträchtig kurz nach der Kapitulation des islamischen Emirates von Granada vor den »Reyes Católicos« geboren, in seiner »Descrittione dell'Africa« eine über Jahrhunderte wirkmächtige Unterscheidung vornahm. Demnach befinde sich »der edelste Teil Afrikas, in dem die Städte liegen, und wo die weißen und vernunftbegabten Menschen leben« (S. 331), am Mittelmeer. Im Süden schließe sich das »Land der Schwarzen« an (S. 335), wo es Menschen gebe, die »unwissend und dumm« sind (S. 291), »nackt einher« gehen (S. 317) oder »wie die Tiere ohne Glauben (S. 311) leben (alle Angaben nach *Dietrich Rauchenberger*, Johannes Leo der Afrikaner. Seine Beschreibung des Raumes zwischen Nil und Niger nach dem Urtext, Wiesbaden 1999). Das war angesichts des muslimischen wie christlichen Handels mit schwarzen Sklaven eine ebenso kulturalistische Einschätzung, wie sie noch ein rassistischer Hardliner wie *Madison Grant*, The Passing of the Great Race or The Racial Basis of European History, 4., rev. Aufl., New York 1936, vornehmen sollte: »From a zoological point of view Africa north of the Sahara is [...] a part of Europe. [...] The Berbers of North Africa [...] are racially identical with the Spaniards and south Italians« (S. 152). Die bei Berbern gelegentlich anzutreffende »blondness« sei sogar zweifellos »of Nordic origin« (S. 223). Wenn demgegenüber aus afrozentrischer Position behauptet wird, Augustinus sei »a black bishop« (*Thomas Kilgore Jr.*, The Black Church. A Liberating Force For All America, in: Ebony 25, 1970, H. 10, S. 106–110, hier: S. 106) beziehungsweise zumindest »an African who forgot his African roots« (*John Murungi*, An Introduction to African Legal Philosophy, Lanham 2013, S. 49) gewesen oder wenn dagegen vorgebracht wird, dass »Saint Augustine did not think of himself as either black or African« (*Clarence E. Walker*, We Can't Go Home Again. An Argument About Afrocentrism, Oxford/ New York etc. 2001, S. 54), dann geht es um einen Identitätsdiskurs, der zwar Bestandteil des heutigen Verständnisses von »Rasse« ist, den es aber zu Augustinus Zeit nicht gegeben hat.

nigung christlichen durch jüdisches Blut durch Konvertiten und ihre Nachfahren im Verlauf der spanischen Politik der »limpieza de sangre«.[19] Die Verwendung des Wortes »raza« in diesem Zusammenhang prägt es mit der Vorstellung eines Makels, der sich zwar genealogisch zurückverfolgen lassen soll, aber (trotz der damit verbundenen Blutmetaphorik) gleichwohl metaphysisch ist, weil er durch Mischung nicht getilgt werden kann.

Dieses Phantasma wird *weiter* aufgeladen durch seine Anwendung auf Muslime und Morisken und (ab dem 16. Jahrhundert) auf Angehörige der indigenen wie afrikanischen Kolonialbevölkerung in Amerika beziehungsweise auf Verbindungen von Spanierinnen und Spaniern mit ihnen. Dabei bleibt »raza« (wie das häufiger und weitgehend synonym benutzte »casta«) aber zunächst eine soziokulturelle Kategorie, die erst nach und nach naturalistisch unterlegt wird. Noch im ausgehenden 18. Jahrhundert (als die Aufklärung die Grundlagen der Rassentheorie voll entwickelt hat), bescheinigen in Madrid und Mérida (Yucatán) beglaubigte Dokumente die Blutsreinheit ihres Inhabers, weil seine Abkunft »sin mezcla alguna de mulatos, o negros, moros, Judios, Gitanos, ni aun de Yndios« sei[20] – eine Aufzählung, deren Mischung aus religiösen, sozialen und biologischen Elementen zeigt, dass die soziokulturellen Dimensionen der Politik der Blutsreinheit in ihre naturalistische Dimension integriert wurden.

Ehe »Rasse« zur Leitkategorie des modernen Rassismus wird, nimmt die Kategorie *zusätzlich* einen klassistischen Anstrich an. Er ist nicht neu (auch in Spanien hat er schon eine Rolle gespielt), wird aber nach der Adaption des Wortes durch den alten französischen Adel, der seine Privilegien gegen den neuen Amtsadel verteidigt, enorm verstärkt. Neben die Indikation von Verunreinigung tritt damit ein Plädoyer für Hierarchie, Zugehörigkeit wird um Rangordnung ergänzt. 1610 erklärt Charles Loyseau in seinem »Traité des ordres et simples dignités«, dass auf der Welt alles seine Ordnung hat, die unbelebte unter der belebten Schöpfung steht, an deren Spitze sich die Menschen befinden, die ihrerseits nach Ständen geordnet sind: »Car nous ne pourrions pas vivre en égalité de condition, ainsi il faut par nécessité, que les uns commendent, & que les autres obéissent«. Die Herrschaft teilt sich wiederum in »la Noblesse provenant d'ancienne race, & celle qui proviēt des Dignitez«.[21]

Als *schließlich* François Bernier (keineswegs als erster) 1684 seinen Vorschlag für eine neue Einteilung der Menschheit in vier »Espèces ou Races« macht, wählt er dafür ein Wort, dessen Geschichte bereits vielfältig besetzt ist.[22] Seine Untergruppen der Mensch-

---

19 Vgl. unter anderem *Gil Anidjar*, Lines of Blood. Limpieza de Sangre as Political Theology, in: *Mariacarla Gadebusch Bondio* (Hrsg.), Blood in History and Blood Histories, Florenz 2005, S. 119–136; *Max Sebastián Hering Torres*, Rassismus in der Vormoderne. Die »Reinheit des Blutes« im Spanien der Frühen Neuzeit, Frankfurt am Main/New York 2006; *Francisco Bethencourt*, Racisms. From the Crusades to the Twentieth Century, Princeton/Oxford 2013, insb. S. 144–151; vgl. dazu auch die Besprechung von *Stefanie Affeldt/Malte Hinrichsen/Wulf D. Hund*, Rezension von: Francisco Bethencourt, Racisms. From the Crusades to the Twentieth Century, Princeton University Press, Princeton/Oxford 2013, in: AfS (online) 55, 2015, URL: <http://library.fes.de/pdf-files/afs/81630.pdf> [10.8.2016].
20 Zit. nach: *Matthew Restall*, The Black Middle. Africans, Mayas, and Spaniards in Colonial Yucatan, Stanford 2009, S. 98; vgl. auch *Peter B. Villella*, ›Pure and Noble Indians, Untainted by Inferior Idolatrous Race‹. Native Elites and the Discourse of Blood Purity in Late Colonial Mexico, in: Hispanic American Historical Review 91, 2011, S. 633–663.
21 *Charles Loyseau*, Traité des ordres et simples dignitez, Paris 1610, S. 1 (»nécessité«) und 42 (»race«); vgl. *Elie Haddad*, The Question of the Imprescriptibility of Nobility in Early Modern France, in: *Matthew P. Romaniello/Charles Lipp* (Hrsg.), Contested Spaces of Nobility in Early Modern Europe, Farnham 2011, S. 147–166; vgl. insgesamt *Arlette Jouanna*, L'idée de race en France au XVIème siècle et au début du XVIIème siècle (1498–1614), 3 Bde., Lille 1976.
22 O.V. [*François Bernier*], Nouvelle Division de la Terre, par les différentes Espèces du Races qui l'habitent [etc.], in: Journal des Sçavans 12, 1684, S. 133–140, hier: S. 133, die folgenden

heit werden nicht nur von eins bis vier durchnummeriert, sondern bilden auch eine Hierarchie, die vor allem durch die Verwendung von Tiervergleichen bei den nachgeordneten Rassen deutlich wird (die Haare der Afrikaner sind »une espèce de laine« und erinnern an das Fell von Barbets; Asiaten haben »petits yeux de porc«; »Lappen« sind regelrecht »de vilains animaux«). Das später in den Vordergrund tretende Kriterium der Hautfarbe scheint Bernier hingegen kein geeignetes Differenzierungskriterium zu sein. Seine »Asiaten« sind »véritablement blancs«, während die Hautfarben der »première espèce« (deren Einzugsgebiet von Europa über Nordafrika bis Indien reicht) von weiß bis schwarz changiert. Als einheitlich »schwarz« gilt ihm nur seine afrikanische Rasse, deren »noirceur« er als »essentielle« einstuft. Was die Menschen Amerikas anbelangt, so verweist er zwar auf Unterschiede – eine olivenfarbige Haut und eine besondere Physiognomie – erklärt aber gleichzeitig, diese seien nicht groß genug, um sie einer von der ›ersten‹ verschiedenen Rasse zurechnen zu können.

II. »RAISON NÈGRE« UND RASSENMETAPHYSIK

In der Rassismusdiskussion hat sich die Dekonstruktion des Rassenbegriffs nie vollständig durchgesetzt. Zwar spielte sie für den kontinentaleuropäischen Bereich eine bedeutende Rolle. Die gipfelte freilich im wissenschaftlichen Diskurs in der naiven Vorstellung, Rassen seien reine »Fiktionen« und brachte in der politischen Debatte Initiativen zur »Abschaffung« der Rassen (zumindest als Wort in Texten mit Verfassungsrang) hervor. Im englischsprachigen Sprachraum hat die Vorstellung von Rassen als sozialer Konstruktionen jedoch schon wegen des weiteren Verständnisses der Kategorie »Rasse« einen anderen Verlauf genommen.[23] Hinzu kam, dass (zunächst insbesondere in den USA) »Rasse« neben der Semantik der Diskriminierung auch eine der Identität entwickelte.

Das hat letztlich bis zur Forderung nach einer Trennung der Episteme geführt. So hat etwa Steve Martinot erklärt, dass »white anti-racism has to be constructivist«, damit seine Kritik nicht affirmativ würde. Dagegen könnte schwarze Kritik Rasse »objektivistisch« als »form of oppositionality« begreifen.[24] Die mit solcher Auffassung verbundenen historischen wie theoretischen Probleme stehen im Zentrum von Achille Mbembes »Critique de la raison nègre«.[25] »Schwarze Vernunft« ist für ihn durch die Figur des »Negers« geprägt

  Zitate finden sich auf S. 135 (»laine« et cetera), 136 (»yeux de porc«, »animaux«, »blancs«), 134 (»première espèce«), 135 (»noirceur«) und 136 (»Amerika«).
23 So definierte etwa 1976 der »Race Relations Act« in England, dass »›racial grounds‹ means any of the following grounds, namely colour, race, nationality or ethnic or national origins; ›racial group‹ means a group of persons defined by reference to colour, race, nationality or ethnic or national origins« (zit. nach: URL: <http://www.legislation.gov.uk/ukpga/1976/74/pdfs/ukpga_19760074_en.pdf> [10.8.2016], S. 2). So weit das hier formulierte Verständnis »rassischer Gruppen« auch war, so umschloss es erstaunlicherweise doch nicht jene Dimension kultureller Zugehörigkeit, die welthistorisch in Prozessen rassistischer Diskriminierung eine bedeutende Rolle gespielt hat (und heute immer noch spielt): Religion (vgl. *Eva Dreyer*, Race Relations Act 1976 und Rassendiskriminierung in Großbritannien, Baden-Baden 2000, S. 99ff.).
24 *Steve Martinot*, Race and the Ghost of Ontology, in: Newsletter on Philosophy and the Black Experience, APA Newsletters 6, 2007, H. 2, S. 4–10, hier: S. 9.
25 Vgl. *Achille Mbembe*, Critique de la raison nègre, Paris 2013. Die deutsche Übersetzung *Achille Mbembe*, Kritik der schwarzen Vernunft, Suhrkamp Verlag, Berlin 2014, 331 S., geb., 28,00 €, stellte die Rezensenten vor aller inhaltlichen Auseinandersetzung schon sprachlich auf die Probe. So monierte die in Burundi geborene Frankreichwissenschaftlerin *Arlette-Louise Ndakoze*, Die drei Übel der Welt, in: Deutschlandradio Kultur, 8.11.2014, dass »in der deutschen Übersetzung ein Unterschied, der für Mbembe maßgeblich ist«, verschwindet: »›Critique de la raison nègre‹ titelt das französische Original, ›Kritik der negerhaften Vernunft‹, also gerade nicht der

und wird gleichermaßen durch deren diffamierendes weißes Bild wie ihr widerständiges schwarzes Bild bestimmt (S. 63 und 67). Letzteres habe sich (etwa in den Diskursen der Négritude oder des Panafrikanismus) zwar innerhalb des Rassenparadigmas bewegt (S. 176), sei als »Appell an die Rasse« aber gleichwohl »etwas anderes [...] als die Rassenzuschreibung« (S. 75).

Historisch war »der Negersklave« für Mbembe »das allererste Rassensubjekt« (S. 325). Gleichzeitig behauptet er, die dadurch geprägte »Vernunft reicht[e] mindestens bis in die Antike zurück« (S. 61), sieht sie aber trotzdem erst durch den »Rassenkapitalismus« (S. 255) und dessen Institutionen Sklaverei, Kolonialismus und Apartheid mit ihren Folgen Entfremdung, Enteignung und Entwürdigung (S. 151) richtig entfaltet. »Rasse« und »Rassismus« werden dabei eng verknüpft (S. 27), wobei erstere weitgehend auf den Gegensatz von Schwarzen und Weißen reduziert (S. 12) und letzterer nur in diesem Kontext diskutiert und etwa der Antisemitismus (einschließlich seiner langen Geschichte) nur nebenbei erwähnt wird (S. 48 und 123).

In diesem historisch nebulösen, semantisch unklaren und analytisch unerschlossenen Feld gibt es gleichwohl einige Markierungen, die zumindest etwas zur Orientierung beitragen könnten. Sie betreffen unter anderem das Verständnis von »Rasse« und »Klasse«. Bei seiner Behandlung zeigt sich aber ein eklatanter Mangel an historischer und theoretischer Präzision. Mbembe vertritt einerseits die Auffassung, dass es im Grunde »den ›Neger‹ nur in der Beziehung zu seinem ›Herrn‹« gibt (S. 280). Andererseits verweist er darauf, dass »Rasse und Klasse ein Verhältnis der gemeinsamen Herausbildung« verbinde – nicht zuletzt, weil sich ›kleine Weiße‹ durch ihre Unterscheidung von Schwarzen als Menschen fühlen konnten (S. 79), beziehungsweise weil die Sklaverei zur Abmilderung der »Klassenspaltung innerhalb der weißen Bevölkerung« beigetragen habe (S. 40). Auch die »Idee einer formalen Gleichheit zwischen den Weißen«, die »während der Revolution« aufgekommen wäre, betrachtet der Autor als »Folge einer bewußten Bemühung, eine soziale Distanz zwischen den Weißen auf der einen, den afrikanischen Sklaven und den Indianern auf der anderen Seite zu schaffen« (S. 157f.).

Mbembe formuliert diese Überlegungen nur im Kontext der amerikanischen Revolution, aber die angesprochene »Idee« verweist tatsächlich auf die lange Zeitspanne zwischen der englischen, der amerikanischen und der Französischen Revolution. In ihrem Verlauf waren die politischen Rollen nicht einfach nach Hautfarben verteilt. In Nordamerika gehörte Anthony Benezet schon vor der Revolution zu den Gründern der »African Free School« in Philadelphia, im Verlauf des Unabhängigkeitskriegs kämpften Soldaten afrikanischer Herkunft auf beiden Seiten und ein Mann afrikanisch-indianischer Abstammung, Crispus Attucks, wurde zum ersten Märtyrer der Revolution.

Benezet begründete seine Überlegungen nicht nur mit dem Hinweis auf die Pflichten eines Christenmenschen, sondern fand in der ihm zugänglichen Literatur auch zahlreiche Belege dafür, dass die üblichen Legitimationen der Sklaverei unzutreffend und verlogen

---

schwarzen Vernunft, wie die deutsche Ausgabe überschrieben ist. Weil – begrifflich gesehen – der Neger versklavt ist, nicht aber per se der schwarze Afrikaner.« Dagegen erklärte der Literaturwissenschaftler *Matthias Dell*, Das vermaledeite N-Wort, in: Der Freitag, 12.11.2014, das Buch sei um einen »zentralen Begriff«, »den des ›Negers‹« organisiert und würde ihn deswegen »ratlos hinterlassen«. Er hegte »Zweifel«, dass die mit ihm verbundene kritische »Intention« in Deutschland überhaupt angemessen »verstanden werden könnte«. Im Übrigen zeigte sich die Kritik einigermaßen ratlos. *Detlev Claussen*, Reale Fiktionen, in: die tageszeitung, 21.2.2015, fragte sich angesichts der Lektüre des »mit allen akademischen Wassern gewaschenen« Autors: »Muß das alles so kompliziert ausgedrückt werden?« *Andreas Eckert*, Neger heißen heute Arbeitsnomaden, in: Frankfurter Allgemeine Zeitung, 20.11.2014, hat ein »zuweilen opakes Buch mit beunruhigenden Einsichten, klugen Thesen, aber auch Passagen wortreich verhüllter Inhaltsleere« gelesen.

seien, weil die versklavten Afrikaner den Europäern in allem ähnlich sind und in nichts nachstehen. Die von ihm gesammelten Zitate hatten zwar einen vergleichenden, aber keinen diskriminierenden Duktus. Und seine seltene Verwendung des Wortes »race« stand der Differenzierung von »Menschenrassen«, mit der die Wissenschaften der Aufklärung zu dieser Zeit beschäftigt waren, direkt entgegen. Für ihn gab es nur eine einzige menschliche Rasse, weil »the black-skin'd and the white-skin'd being all of the same Species, all of the human Race«[26] waren.

Mbembes entgrenzter und unpräziser Umgang mit dem Rassenbegriff wird dessen Entwicklung nicht gerecht. Ein vergleichbares Vorgehen gibt es in Rotem Kowners umfangreicher Studie zum Bild der Japaner im europäischen Bewusstsein.[27] Weil es sich dabei jedoch um eine historische Studie auf der Grundlage umfangreichen Quellenmaterials handelt, zeigt sich die Problematik ihrer theoretischen Rassenzentrierung durch die ausgebreiteten Fakten immer wieder selbst konterkariert. Das wird auch dadurch nicht verhindert, dass Kowner die Probleme einer pauschalen Übertragung des Rassenbegriffs auf ihm nicht entsprechende historische Situationen zu entschärfen trachtet, indem er ihn als eine sich entwickelnde Kategorie operationalisiert. »Rasse« habe demnach ihre Wurzeln in der ursprünglichen Kombination eines elementaren intellektuellen Ordnungsbedürfnisses der Menschen mit deren spontaner Wahrnehmung von Gruppendifferenzen. Im Verlauf der Jahrhunderte (und angesichts eines sich im Zuge der europäischen Expansion rasant vermehrenden ethnologischen Wissens) habe sich »Rasse« dann zu einer globalen Kategorie der Unterteilung von Menschen entwickelt, die auch wissenschaftlich begründbar erschien.

Das von Kowner für diesen Prozess entwickelte Raster liest sich wie eine selbsterfüllende Prophezeiung. Die Entwicklung des Rassedenkens wird in vier Stadien eingeteilt. Gründen sollen sie im geistigen Bedürfnis der Menschen, die ihren »naturally […] highly biased« Eindrücken von anderen eine gewisse Ordnung geben wollen. Das mache »the foundation and starting point of any racial discourse« aus (S. 10). Darauf folge, mit wachsenden Kontakten und Kenntnissen, die Formierung ethnischer Gruppen. Zwischen dieser und der nächsten Phase sieht Kowner eine Zäsur. Demnach seien »[d]iscourses of race« nie »exclusively European« gewesen, hätten aber außerhalb Europas nicht bis zur vollen Ausformung eines Rassenbegriffs geführt. Dort hingegen folgten im Zuge der europäischen Expansion und damit verbundenen Wissens wie Machtbewusstseins noch zwei weitere Stadien, in denen zunächst regionale Hierarchien entwickelt worden seien, die schließlich in eine globale Rassentaxonomie einmündeten (S. 13ff.).

Vom Differenzkriterium, das dem gesamten Buch seinen Titel gab, der Hautfarbe, meint der Verfasser, dass »[s]ince prehistoric times humans have been fascinated by their own and other people's skin colour« (S. 40). Da unmittelbar anschließend erklärt wird, dass »[t]he use of skin colour as such is a relatively late phenomenon« (S. 41), kann der Sinn ihrer vorgeschichtlichen Verankerung als Faszinosum nur darin liegen, sie zu einer primordialen Wurzel des sich entwickelnden Rassedenkens machen zu wollen.

Im Hinblick auf Ostasien (und Japan) haben dabei allerdings weder Marco Polo noch seine Nachfolger mitgespielt. Sie nahmen Hautfarben zwar wahr oder zur Kenntnis, machten sie aber nicht zu Kriterien einer kategorialen Unterscheidung und Gruppierung von an-

---

26 O. V. [*Anthony Benezet*], A Short Account of that Part of Africa, Inhabited by the Negroes, 2., erw. Aufl., Philadelphia 1762, S. 38; vgl. *Maurice Jackson*, Let This Voice Be Heard. Anthony Benezet, Father of Atlantic Abolitionism, Philadelphia 2009.

27 *Rotem Kowner*, From White to Yellow. The Japanese in European Racial Thought, 1300–1735 (McGill-Queen's Studies in the History of Ideas Series, Bd. 63), McGill-Queen's University Press, Montreal 2014, 712 S., kart., 39,95 $; am Schluss des Buches wird ein zweiter Band angekündigt, der die Entwicklung eines »rabid racist discourse and its repercussions from 1735 to 1905« behandeln soll (S. 343).

deren. Die Vorstellung, dass später als Grundlage von Rassenunterteilung dienende Kriterien nur die wertende und hierarchisierende Fortschreibung vorangegangener Sichtweisen seien, geht in die Irre. Sie unterstellt die langsame Akkumulation von Wissen, das schließlich vor dem Hintergrund weltweiter militärischer und ökonomischer Erfolge und eines entsprechenden Überheblichkeitsbewusstseins zu einem System der Diskriminierung verallgemeinert worden sei. Tatsächlich handelt es sich bei dieser Auffassung aber um eine schlichte Rückprojektion, deren Folgerichtigkeit weder historisch noch logisch begründet werden kann.

Das wird bei Kowner auch durchaus deutlich, weil sich in seiner Studie der Rassismustheoretiker und der Historiker fortlaufend in die Quere kommen und die Akkuratesse des letzteren die Spekulationen des ersteren immer wieder durchkreuzt. Während der Historiker nachgerade von der Einsicht erschlagen ist, wie wenig sich die europäischen Besucher Japans um die »bodily characteristic of the local population« kümmerten (S. 181), bescheinigt der Theoretiker ihnen eine »cognitive myopia«, die er damit erklärt, dass es den Reisenden einfach an vergleichenden Kategorien fehlte und sie entsprechend desorientiert auf die äußere Erscheinung der Japaner reagiert hätten (S. 195). Während der Historiker zahlreiche Belegstellen aufführt, die zeigen, dass die Europäer die Japaner (und andere Ostasiaten) lange Zeit als ähnlich hellhäutig und oft als »weiß« wie sie selbst eingeschätzt haben (zum Beispiel S. 83 und 213), meint der Theoretiker, sie hätten einfach Zeit gebraucht, um von einer auf die Unterscheidung von »schwarz« und »weiß« reduzierten »colour blindness« (S. 42) und einer aus Erfahrungsmangel resultierenden »ethnographic blindness« (S. 53) sowie der mit beiden verbundenen »preference for similarities« (S. 186) auf eine nach und nach Differenzen betonende Sichtweise umzustellen und damit schließlich auch die lang währende »misrepresentation« (S. 294) der Japaner zu beenden.

Auch wenn Kowner auf die Bedeutung sozialer Faktoren für diese Entwicklung hinweist, bleibt ihre Darstellung doch einem Naturalismus des Rassenverständnisses verpflichtet. Dabei hätten seine Ausführungen durchaus andere Schlussfolgerungen zugelassen. So behauptet er vom jesuitischen Missionar Alessandro Valignano, der sich lange in Ostasien und mehrmals in Japan aufgehalten hat, dieser sei »a forerunner of modern constructions of race« (S. 133) gewesen. Das liest er daran ab, dass Valignano zwar Chinesen und Japaner als »weiß« und »zivilisiert« betrachtet habe, auf der anderen Seite aber Afrikaner und Südasiaten für »schwarz« oder »schwärzlich« hielt und diskriminierte. Dabei setzte Valignano allerdings gleichzeitig auf Aristoteles und schrieb über die Inder: »These people, who are almost black and go half naked, are [...], as Aristotle says, of a servile nature, because they are commonly poor« oder: »It is common for these people [...] to be of little spirit and ability or rather (as Aristotle says) to be born by nature to serve rather than to govern«. Für die Differenzierung zwischen »weißen« Ostasiaten und Europäern hingegen bemühte Valignano das Christentum, welches »contributed more than anything to the more refined civilization of Europeans«.[28]

Kowner unterstellt Valignano einen Vorgriff auf das kommende Rassedenken. Dieser operierte aber eher mit vorhandenen Elementen unterschiedlich fokussierter rassistischer Diskriminierung. In sie hatte der Hinweis auf dunkle Haut aus sozialen Gründen Eingang gefunden. Dabei ging es einmal um einen religiös unterlegten Rassismus, der sich der Unterscheidung von Erwählten und Verworfenen bediente (und in Europa während der Aus-

---

28 Alessandro Valignano, zit. nach: *Joan-Pau Rubiés*, Travel and Ethnology in the Renaissance. South India through European Eyes, 1250–1625, Cambridge/New York etc. 2000, S. 7 (»half naked«), *M. Antoni J. Üçerler, SJ*, Alessandro Valignano. Man, Missionary, and Writer, in: Renaissance Studies 17, 2003, S. 337–366, hier: S. 354 (»born to serve«), *Kowner*, From White to Yellow, S. 131 (»Christentum«); vgl. insgesamt *Joseph F. Moran*, The Japanese and the Jesuits. Alessandro Valignano in Sixteenth-Century Japan, London 1993.

einandersetzungen mit Arabern, Mongolen und Osmanen, unterschiedlichen Häretikern und gerade erst der Reformation bereits vielfach ausgeformt worden war).²⁹ Weiter spielte die Verbindung des antiken Stereotyps vom zur Sklaverei geborenen »Barbaren« eine Rolle, das im Zuge des transatlantischen Sklavenhandels mit einer zusätzlichen Legitimation aufgeladen wurde. Dazu diente eine verfälschende Lesart der biblischen Geschichte von Noahs Fluch, die ursprünglich nicht mit Hautfarben verbunden war, in späteren jüdischen, muslimischen und schließlich auch christlichen Erzählungen aber mit der Zuschreibung dunkler Haut als Kennzeichen der Sklaverei einhergeht.

---

29 Dabei hätte zum Beispiel die Erwähnung der »Mongolen« (*Kowner*, From White to Yellow, S. 45f.) eine gute Gelegenheit geboten, frühe europäische Erfahrungen mit einem asiatischen Volk zu behandeln. Vor allem hätten dabei auch unterschiedliche Formen von Zuschreibungen diskutiert werden können (von denen im Übrigen keineswegs ausgemacht ist, inwieweit sie auf »Erfahrung«, »Phantasie« oder »Propaganda« beruht haben – vgl. *Noreen Giffney*, Monstrous Mongols, in: Postmedieval. A Journal of Medieval Cultural Studies 3, 2012, S. 227–245). Das gilt auch für Matthew Paris, dessen »Chronica Majora« durchaus politische Ambitionen hatte. Ohne sich dabei weiter aufzuhalten, zitiert Kowner seine Charakterisierung der Mongolen als »detestable race of Satan« (S. 45): Ein sprachliches Husarenstück, mit dem er die »plebs Sathanae detestanda« des Originals (*Matthew Paris*, Matthæi Parisiensis [...] Chronica Majora, hrsg. v. *Henry Richards Luard*, Bd. 4, London 1877, S. 76) unter der Hand mithilfe einer Übersetzung aus dem 19. Jahrhundert seinem Programm des Nachweises früher Elemente von Rassedenken sprachlich einverleibt. Auf die religiöse Dimension dieser Benennung wird nicht weiter eingegangen, obwohl sie bei Paris stark betont und in den Zusammenhang mit den apokalyptischen Völkern Gog und Magog gebracht wird, die als Parteigänger des Teufels in die Entscheidungsschlacht zwischen Gut und Böse ziehen. Außerdem wird sie in einer der von Paris selbst gefertigten Abbildungen auch mit den seit der Antike tradierten Monstern, in diesem Fall Anthropophagen, in Verbindung gebracht (vgl. *Suzanne Lewis*, The Art of Matthew Paris in the Chronica Majora, Berkeley 1987, S. 286ff.). Dass die Geschichte in einem englischen Kloster aufgeschrieben wird, ist ebenfalls nicht nebensächlich: Der zeitgeschichtliche Horizont war von unterschiedlichen Rassismen geprägt, zu denen nicht zuletzt ein massiver Antisemitismus gehörte. Mangels »natürlicher« Unterscheidungskriterien setzte der schon 1218 auf äußere Stigmatisierung und verordnete das Tragen eines Judenflecks – vgl. *Geraldine Heng*, Jews, Saracens, ›Black men‹, Tartars. England in a World of Racial Difference, in: *Peter Brown* (Hrsg.), A Companion to Medieval English Literature and Culture c.1350–c.1500, Malden 2007, S. 251. (Die Autorin arbeitet im Übrigen mit einer entgrenzten Rassenvorstellung, die Kowners Überlegungen durchaus entgegen kommen dürfte). Paris benutzte den zeitgenössischen Antisemitismus für seine Überlegung, die Mongolen könnten von den zehn verlorenen Stämmen Israels abstammen und würden von den europäischen Juden in einer antichristlichen Verschwörung unterstützt (vgl. *Andrew Colin Gow*, The Red Jews. Antisemitism in an Apocalyptic Age, 1200–1600, Leiden 1995, S. 53f.). Zur gleichen Zeit ist der Antiislamismus gegenüber »Sarazenen« genannten Muslimen intensiv ausgeprägt. Zu Anfang des 13. Jahrhunderts hatte der Papst mit der Bulle »Quia maior« zum erneuten Kreuzzug und zur Rückeroberung Jerusalems aufgerufen und das vierte Laterankonzil sich dem wenig später angeschlossen. Dabei verglich der Papst Mohammed mit der apokalyptischen Bestie und erklärte seine Anhänger zum Gefolge des Antichrist. Parteigänger des Teufels sollte es zu dieser Zeit auch in den Reihen der Christenheit selbst geben. Häretikern wie den Katharern (Albigensern), Waldensern, Amalrikanern, Bogumilen und anderen wurde unterstellt, die Einheit des Christentums durch teuflische Machenschaften zu gefährden. Gegen erstere kam es schließlich sogar zu einem offiziellen Kreuzzug, der zwischenzeitlich den genozidalen Charakter eines gegen die okzitanische Kultur gerichteten Vernichtungskriegs annahm (vgl. *Laurence W. Marvin*, The Occitan War. A Military and Political History of the Albigensian Crusade, 1209–1218, Cambridge 2008). Zur Zeit der Ostasienreise Marco Polos, der über Japan nur vom – chinesischen – Hörensagen berichtete, hatten es mithin die europäischen Christen lange vor dem ›Zeitalter der Entdeckungen‹ mit einer beachtlichen Anzahl als feindlich und teuflisch eingestufter Anderer zu tun: der inneren Gefährdung durch Juden und Ketzer und der äußeren Bedrohung durch Muslime und Mongolen.

III. RELIGION UND RASSISMUS

Selbst die Differenzierung der Menschheit nach Hautfarben, die zum sichtbaren Ausdruck des modernen Rassedenkens geworden ist, hat ihren Ursprung nicht in der Konstruktion von Rassen. Er liegt vielmehr in der Verbindung der sozialen Institution der Sklaverei mit ihrer Zurückführung auf die angebliche Verdammung der Versklavten durch Gott, die die Sünden ihrer Vorfahren büßen müssten. Zentrale Muster moderner rassistischer Diskriminierungen haben eine weit zurückreichende Geschichte, in deren Verlauf unterschiedliche (nicht zuletzt religiöse) Formen der Legitimation eine Rolle spielten. Wie für das Rassedenken, gilt das auch für Antisemitismus und Antiislamismus.

Eindrucksvolle Belege dafür liefert zum Thema »Antisemitismus« David Nirenbergs Studie zur Geschichte des antisemitischen Rassismus im westlichen Denken. Obwohl die Stichworte »antisemitism« und »racism« in der Originalversion (die deutsche Ausgabe verzichtet auf ein Sachregister) nur auf ganz wenige Belegstellen verweisen (und letzteres auch noch mit »race« zu einem gemeinsamen Stichwort zusammengefasst wird), liefert die Untersuchung einen wichtigen Beitrag zur Rassismusforschung.[30]

Er wird vom Autor zwar nicht explizit entfaltet. Tatsächlich erklärt er einleitend sogar, mit »Antijudaismus« einen Zusammenhang zu erkunden, demgegenüber der Begriff »Antisemitismus« entschieden zu eng sei und deswegen vermieden werde. Dabei leitet er aber seinen Versuch darüber, »welche Aufgabe das Judentum in den Werkstätten des westlichen Denkens erfüllte«, mit einer »fundamentale[n] Einsicht von Marx« ein, der in seinen Bemerkungen zur ›Judenfrage‹ notiert hat: »aus ihren eigenen Eingeweiden erzeugt die bürgerliche Gesellschaft fortwährend den Juden« (S. 14f.). Diese Aussage schließt sich unmittelbar kurz mit seinem Hinweis im Epilog des Buches, er habe mit diesem »auf etwas Ähnliches hinaus« wollen, wie Max Horkheimer und Theodor W. Adorno in der »Dialektik der Aufklärung«. In deren Kapitel über »Elemente des Antisemitismus« werde zu Recht darauf verwiesen, dass es sich dabei unter anderem um pathische, unreflektierte Projektion handle (S. 465). Wie durch Zufall findet sich ein Zitat aus diesem Buch auch in der Mitte von Nirenbergs Text. Dort geht es um die »Produktion von Juden« durch die Politik der »limpieza de sangre« und die Inquisition in Spanien. Eine Diagnose, die in der »Dialektik der Aufklärung« unmittelbar auf den faschistischen Antisemitismus bezogen wird, scheint dazu problemlos zu passen (und deutet damit einen allgemeinen modus operandi rassistischer Diskriminierung an): »daß einer Jude heißt, wirkt als die Aufforderung, ihn zuzurichten, bis er dem Bilde gleicht« (S. 246).[31]

---

30 Vgl. *David Nirenberg*, Antijudaismus. Eine andere Geschichte des westlichen Denkens, C.H. Beck Verlag, München 2015 (zuerst engl. 2013), 587 S., geb., 39,95 €. Da die Verdienste des Buches bereits in zahlreichen umfangreichen Rezensionen gewürdigt wurden, begnüge ich mich hier mit Hinweisen auf seine Erträge für die Rassismusanalyse – vgl. etwa die Besprechungen von Albert S. Lindemann, URL: <https://networks.h-net.org/node/2645/reviews/50553/lindemann-nirenberg-anti-judaism-western-tradition> [10.8.2016], Robert I. Moore, URL: <http://www.thenation.com/article/quarrels-others-anti-semitism/> [10.8.2016], Christopher Smith, URL: <http://www.history.ac.uk/reviews/review/1558> [10.8.2016] oder Michael Walzer, URL: <http://www.nybooks.com/articles/2014/03/20/imaginary-jews/> [10.8.2016].

31 *Max Horkheimer/Theodor W. Adorno*, Dialektik der Aufklärung. Philosophische Fragmente. Amsterdam 1947, S. 219. Meine Lesart weicht hier von der Nirenbergs erheblich ab. Das zeigt sich vor allem am Vergleich der Positionen von Horkheimer/Adorno und Hannah Arendt, mit dem Nirenberg den Epilog seines Buches beginnt. Arendts Haltung bezeichnet er als »Verweigerung der Reflexion« (S. 464) und führt sie unter anderem auf deren Vorstellung zurück, dass die Ideologie des Antisemitismus einen »kulturellen Sinn ergab, weil sie etwas beschrieb, was die Juden *wirklich* waren, etwas, was sie *wirklich* taten« (S. 462; Hervorhebungen im Original). Dem sei hinzugefügt, dass sich dieses Konzept bei der Behandlung des modernen Rassedenkens nicht minder fatal bemerkbar macht. Arendt führt es auf die Erfahrungen der Europäer in

Nirenberg zeigt, dass dieses (beileibe nicht nur) ideologische Muster von der Antike bis in die Moderne und die Gegenwart ein zentrales Moment »westlicher« Identitätsbildung ist – (wobei »Westen« insofern ein etwas einseitiges Signal setzt, als der antike Nahe Osten ebenso wie der Islam im Buch ausgiebig diskutiert werden). Schon die »ägyptische Schule der antijüdischen Ideologie« (S. 41) nutzte die Abgrenzung von den »Juden« zur Festigung schwindenden Selbstbewusstseins. Dazu gehörte die Verwandlung von Eigenem in Anderes, in diesem Fall die von Manetho erzählte Legende der Vertreibung der Aussätzigen, aus denen sich im Exil die Juden entwickelten. Diodor sollte sie um einiges später so variieren, dass die Juden aus Ägypten vertrieben wurden, weil »sie am Körper Krätze und Lepra gehabt hätten« (Zitat S. 43).[32]

Ohne den hier akzentuierten Dualismus von Reinheit und Unreinheit aufzugeben, bediente sich Johannes Chrysostomos (zusammen mit anderen Kirchenvätern) intensiv des Gegensatzes von Erwähltsein und Verworfenheit. Für ihn war die Synagoge ein Ort, in dem »die Teufel ihre Wohnung« nehmen, und er unterstellte, »daß die Teufel nicht allein in der Synagoge, sondern selbst in den Seelen der Juden ihren Sitz haben«.[33] Nirenberg verweist in diesem Zusammenhang nicht nur auf die Dämonisierung der Juden (S. 123), sondern betont auch, dass sie in erheblichem Maße nicht den jüdischen Gemeinden, sondern rivalisierenden christlichen Gruppen galt, die Chrysostomos zu »Juden« machte, indem er sie entsprechend »traktierte«, »bis sie diesem Bild ähnelten« (S. 125). Gleichzeitig richtete sie sich freilich auch gegen judaisierende Christen[34] und ihre Polemik wirkte auf das christliche Bild der Juden zurück.

»Afrika« zurück, spricht geradezu von dem »in Afrika beheimatete[n] Rassebegriff« und erklärt, er »entspringt aus dem Entsetzen vor Wesen, die weder Mensch noch Tier zu sein schienen« (*Hannah Arendt*, Elemente und Ursprünge totaler Herrschaft, München/Zürich 1986 (zuerst engl. 1951), S. 308). Weil, was Nirenberg anmerkt, Arendt gleichzeitig »Sartres Interpretation des Juden als Kategorie der Fantasie und Projektion im Denken des Nichtjuden ab[lehnt]« (S. 464), gehört der angestellte Vergleich in die bis heute nicht abgeschlossenen Debatte zwischen Skeptizisten und Konstruktivisten sowie Realisten beziehungsweise Naturalisten in der ›Rassenfrage‹. Die Autoren der »Dialektik der Aufklärung« haben in dieser Hinsicht tatsächlich eine mehr als ambivalente Position bezogen. Zu ihr gehört zwar nicht die Vorstellung eines »wirklichen« Mitverschuldens, dafür aber die einer »wirklichen« Unschuld: »Dasein und Erscheinung der Juden kompromittiert die bestehende Allgemeinheit durch mangelnde Anpassung« (*Adorno/Horkheimer*, Dialektik der Aufklärung, S. 200). Ganz in diesem Sinne schrieb im September 1940 Adorno an Horkheimer: »Das Überleben des Nomadentums bei den Juden dürfte [...] nicht nur die Erklärung für die Beschaffenheit der Juden selber sondern mehr noch die für den Antisemitismus abgeben. [...] Das Bild der Juden repräsentiert das eines Zustands der Menschheit, der die Arbeit nicht gekannt hat [...]. Die Juden sind die, welche sich nicht haben ›zivilisieren‹ und dem Primat der Arbeit unterwerfen lassen. Das wird ihnen nicht verziehen und deshalb sind sie der Stein des Anstoßes in der Klassengesellschaft« (zit. nach: *Rolf Wiggershaus*, Die Frankfurter Schule. Geschichte. Theoretische Entwicklung. Politische Bedeutung, München 1988, S. 310; vgl. *Wulf D. Hund*, Rassismus. Die soziale Konstruktion natürlicher Ungleichheit, Münster 1999, S. 110ff.).

32 Vgl. *Peter Schäfer*, Judeophobia. Attitudes toward the Jews in the Ancient World, Cambridge/London 1997, S. 17ff. (Manetho) und 22f. (Diodor).

33 *Johannes Chrysostomos*, Erste Predigt wider die Juden, in: Des heiligen Kirchenlehrers Johannes Chrysostomos Predigten und kleine Schriften, Bd. 2, Prag 1785, S. 97–127, hier: S. 116f.; vgl. unter anderem *Kurt Schubert*, Christentum und Judentum im Wandel der Zeiten, Wien/Köln etc. 2003, S. 41f., vgl. auch *Wulf D. Hund*, Rassismus im Kontext. Geschlecht, Klasse, Nation, Kultur und Rasse, in: *Irmtrud Wojak/Susanne Meinl* (Hrsg.), Grenzenlose Vorurteile. Antisemitismus, Nationalismus und ethnische Konflikte in verschiedenen Kulturen, Frankfurt am Main/New York 2002, S. 17–40, hier: S. 26.

34 Vgl. *Johannes Hahn*, Gewalt und religiöser Konflikt. Studien zu den Auseinandersetzungen zwischen Christen, Heiden und Juden im Osten des Römischen Reiches (von Konstantin bis Theodosius II.), Berlin 2004, S. 143ff.

Das galt auch für die spanische Politik der »limpieza de sangre«. Ihr religiöser Rassismus[35] verband Diskurse über Reinheit und Rechtgläubigkeit zur Entwicklung eines ideologischen Konstrukts, mit dessen Hilfe man »Christen in Juden umkehrte« (S. 219). Nirenberg zeigt eindrücklich, wie das »Jüdische«, das die Inquisition aufzuspüren behauptete, von »den inquisitorischen Methoden erst hervorgebracht« wurde (S. 249). Das erlaubt ihm, den damals als Kategorie der Verdächtigung benutzten Begriff des Judaisierens kritisch zu wenden und als analytische Kategorie zu nutzen. Die Politik der Blutsreinheit, in deren Namen überall nach heimlichen Judaisierern gesucht wurde, angeblich nur zum Schein Konvertierten, denen unterstellt wurde, im Verborgenen weiter ihren jüdischen Riten anzuhängen, betrieb tatsächlich »die umfassende ›Judaisierung‹ Spaniens« (S. 250). Auf diese Weise entstand eine neue Grundlage zur Schaffung eines rassistischen Gemeinschaftsbewusstseins, mit dessen Hilfe sich ein klassenübergreifendes »reines« Spaniertum denken ließ.

Dass bei solchen Verdächtigungen die Logik der Kontamination und der Verworfenheit die Feder führte, wurde in ihren Formulierungen immer wieder deutlich. Zu Beginn des 16. Jahrhunderts verglich Andrés Bernáldez die Kontamination jüdischen Blutes mit der Lepra, und die Vorstellung, dass jüdisches Blut »infiziert« sei und einer kontagiösen erblichen »Krankheit« gleichkomme, war allgemein verbreitet.[36]

In diesen Kontext wurde das Wort »raza« integriert (S. 245) und in seiner Bedeutung ausgedehnt, bis schließlich der Kleriker und Historiker Fray Prudencio de Sandoval 1604 behaupten konnte, dass jüdische Eigenschaften durch Konversion nicht verloren gingen, weil Juden von schlechter Rasse (»mala raza«) seien und ihre kulturellen Besonderheiten vererbten wie die Schwarzen (»negros«) ihre Farbe.[37] Der vermeintliche Naturalismus dieser Unterstellung ist tatsächlich ein in sich verkehrter Kulturalismus. Ehedem als Kontamination und Verworfenheit deklarierte Abweichungen wurden als genealogischer Makel gefasst. Das geschah nicht von ungefähr auf der Iberischen Halbinsel, wo sich Reconquista, Kolonialismus und Sklavenhandel überlagerten. Vor solchem Hintergrund verglich Sandoval eben nicht nur (klandestine) »Juden« mit »Schwarzen«, sondern diese (die einen seit 150 Jahren ständig anwachsenden Anteil zunächst des iberischen und dann transatlantischen Sklavenhandels ausmachten) auch mit »Juden« (und ihrer Verworfenheit). Die historische Logik von Sandovals Überlegung besagt, dass Afrikaner (wie Amerikaner) einen den Juden vergleichbaren kulturellen Makel hätten, der sich zudem an ihrer Haut ablesen ließe (oder in ihren barbarischen Gewohnheiten zum Ausdruck käme). Die Sakramente der Taufe sollten diesen Makel nicht auslöschen können – ganz wie bei den jüdischen Konvertiten und ihren Nachkommen. Ihre Verfolgung, Unterdrückung und Versklavung galt deswegen nicht als Verstoß gegen christliche Nächstenliebe.

Die zeitgenössische rassistische Ideologie des europäischen Christentums reagierte darauf mit der zunehmenden Afrikanisierung einer biblischen Erzählung (bei der sie auf jüdische und islamische Quellen zurückgreifen konnte). Dabei wurde die Legende von Noahs Fluch, die eine (Hautfarben nicht erwähnende) Legitimation der Sklaverei enthielt, mit der Versklavung von Afrikanern verbunden (und dabei außerdem auf negative Besetzungen

---

35 Vgl. unter anderem *Rainer Walz*, Die Entwicklung eines religiösen Rassismus in der Frühen Neuzeit. Die Exklusion der Conversos, in: *Klaus Herbers/Nikolas Jaspert* (Hrsg.), Integration – Segregation – Vertreibung. Religiöse Minderheiten und Randgruppen auf der Iberischen Halbinsel (7. bis 17. Jahrhundert), Berlin/Münster 2011, S. 337–362.
36 Vgl. *François Soyer*, Francisco de Torrejoncillo and the Centinela contra Judíos (1674), Leiden 2014, S. 32.
37 Vgl. *Rainer Walz*, Der vormoderne Antisemitismus. Religiöser Fanatismus oder Rassenwahn?, in: HZ Bd. 260, 1995, S. 719–748, hier: S. 740; vgl. auch *Wulf D. Hund*, Rassismus, Bielefeld 2007, S. 49.

der Farbe Schwarz in der aus der Antike tradierten Humoralpathologie und im Sündendiskurs der monotheistischen Religionen des Mittelmeerraumes zurückgegriffen).[38] Es handelte sich also nicht um frühe Elemente eines Rassendiskurses, sondern um rassistische Herabminderung mithilfe religiöser Muster. Schwarze Haut wurde als Zeichen sündhaften Verhaltens und göttlicher Strafe verstanden. Sie galt weniger als vererbbare körperliche Eigenschaft denn als körperliches Zeichen eines fortdauernden moralischen Makels.

Nirenberg geht dieser Problematik nicht weiter nach, weil sie nicht zu seiner Fragestellung gehört. Er hat sich aber andernorts dazu geäußert und dabei dafür plädiert, die Frage nach der Vergleichbarkeit früher und moderner Diskriminierungspraktiken historisch differenziert zu stellen, das heißt, die Kategorien »Rasse« und »Rassismus« weder zu sehr einzuengen noch unspezifisch auszudehnen.[39] Doch auch diese umsichtige Fragestellung ist nicht vor einer Kopplung von »Rasse« und »Rassismus« gefeit: »Can people writing before the development of modern evolutionary theories be said to think in terms of ›race‹? If not, then racism is a misleading anachronism when applied to discriminations between Jews and Christians before the modern age.« Tatsächlich bediente sich rassistische Diskriminierung in der frühen Neuzeit und der Moderne zwar in ihrer Funktionsweise vergleichbarer, hinsichtlich ihrer Bezugspunkte aber unterschiedlicher Modi der Ausgrenzung und Herabminderung – einmal kultureller Vorstellungen von Reinheit versus Unreinheit und Erwähltsein versus Verdammnis und einmal eines biologisch verorteten Rassenbegriffs.

Obwohl er verspricht, die Entstehung des modernen Rassedenkens »from Columbus to Kant« einer präzisen ideengeschichtlichen Untersuchung zu unterziehen, erliegt Justin E. H. Smith bei seiner Diskussion von »Race in Early Modern Philosophy«[40] schon konzeptionell dem naturalistischen Sog des Rassenbegriffs. Er orientiert seine Überlegungen einseitig an der Frage nach dem Prozess der biologischen Ordnung der im europäischen Bewusstsein im Zuge kolonialer Expansion an körperlicher und kultureller Verschiedenheit zunehmenden Menschheit und an den Implikationen und Folgen solch taxonomischen Vorgehens. Dabei fragt er nicht, ob und wie es womöglich auf ältere Formen von Diskriminierung aufbaut und sie in die neu entstehende Rassennomenklatur integriert. Stattdessen

---

38 Zur Geschichte von Noahs Fluch vgl. unter anderem *Habeeb Akande*, Illuminating the Darkness. Blacks and North Africans in Islam, London 2012; *Benjamin Braude*, The Sons of Noah and the Construction of Ethnic and Geographical Identities in the Medieval and Early Modern Periods, in: The William and Mary Quarterly 54, 1997, S. 103–142; *William McKee Evans*, From the Land of Canaan to the Land of Guinea. The Strange Odyssey of the ›Sons of Ham‹, in: AHR 85, 1980, S. 15–43; *David M. Goldenberg*, The Curse of Ham. Race and Slavery in early Judaism, Christianity, and Islam, Princeton/Oxford 2003; *Stephen R. Haynes*, Noah's Curse. The Biblical Justification of American Slavery, Oxford/New York etc. 2002; *Bernard Lewis*, Race and Slavery in the Middle East. An Historical Enquiry, Oxford/New York etc. 1990; *Abraham Melamed*, The Image of the Black in Jewish Culture. A History of the Other, London/New York 2003; *Jonathan Schorsch*, Jews and Blacks in the Early Modern World, Cambridge/New York etc. 2004.
39 Vgl. die beiden (allerdings in erheblichen Teilen textidentischen) Beiträge *David Nirenberg*, Race and the Middle Ages. The Case of Spain and Its Jews, in: *Margaret R. Greer/Walter D. Mignolo/Maureen Quilligan* (Hrsg.), Rereading the Black Legend. The Discourses of Religious and Racial Difference in the Renaissance Empires, Chicago/London 2007, S. 71–87 (hier: S. 72, auch das folgende Zitat) und *David Nirenberg*, Was there Race before Modernity? The Example of ›Jewish‹ Blood in Late Medieval Spain, in: *Miriam Eliav-Feldon/Benjamin Isaac/Joseph Ziegler* (Hrsg.), The Origins of Racism in the West, Cambridge/New York etc. 2009, S. 232–264.
40 *Justin E. H. Smith*, Nature, Human Nature, & Human Difference. Race in Early Modern Philosophy, Princeton University Press, Princeton/Oxford 2015, 312 S., geb., 39,95 $ – die vorstehende Formulierung findet sich auf S. 19.

folgt er Überlegungen wie jenen von Edouard Machery und Luc Faucher, die eine Integration sozialkonstruktivistischer und evolutionsbiologischer Konzepte in der Rassenfrage befürworten.

Diese unterschieden zunächst einmal »racialism« – als »the idea that classifications made on basis of some visible physical features (skin colour, height, hair, etc.) have a biological reality« – von »racism« – »that adds value judgments [...] to racialism«.[41] Biologisches Rassedenken wird auf diese Weise von Rassismus getrennt und anschließend als eine Art Alltagswissen begriffen, das sich kognitiven Dispositionen verdanke. Im Verlauf der Evolution habe »Mother Nature« die Menschen mit kognitiven Mechanismen zur Adaption an die Normen ihrer jeweiligen Ethnien ausgestattet und bewirkt, dass diese als essenzielle biologische Einheiten betrachtet worden seien. »Rassen« bildeten ein Nebenprodukt dieser Entwicklung, weil die Menschen Hautfarben oder Phänotypen als Ausdruck von Ethnizität begriffen hätten. Rassedenken sei deswegen von einem kognitiven »Biologismus« geprägt, weswegen die Dekodierung von »race information« bei Kindern »spontaneously« und bei Erwachsenen »automatically« erfolge. Daher könnte das »concept of race« durchaus »socially learned« sein, »as social constructionists would have it«. Gleichzeitig gelte aber, dass »our evolved ethnic cognition creates a psychological bias in favor of biological concepts of race«.

Obwohl diese Ausführungen weit in die Menschheitsgeschichte zurückgreifen, fehlt ihnen alle Historizität. Sie können nicht erklären, warum die Europäer während ihrer langen Erfahrungen in Ostasien weder »spontan« noch »automatisch« auf die Idee kamen, die Hautfarbe oder den Phänotyp der Chinesen und Japaner besonders hervorzuheben oder sie gar als »gelb« zu bezeichnen, wie es die spätere Rassennomenklatur machen sollte. Vielmehr betont selbst Kowner die lange anhaltende »cognitive myopia« der europäischen Fernreisenden. Genauso wenig trägt eine solche Auffassung zur Klärung einer rassistischen Politik wie der »limpieza de sangre« bei, in deren Verlauf die Vorstellung eines einheitlichen (metaphysischen) Körpers der Christenheit in eine regelrechte Hysterie über dessen Gefährdung und Vergiftung durch jüdisches Blut verwandelt wurde (das nicht weniger metaphysische Anteile hatte als der dadurch angeblich gefährdete Körper). Nirenbergs Überlegungen zur Autojudaisierung verweisen in diesem Kontext darauf, dass in ihm nicht nur das Wort »raza« frühzeitig und häufig benutzt, sondern auch der Versuch einer Verkehrung des Verhältnisses von Körper und Seele, Geist und Fleisch betrieben wurde.

Obwohl die Vorstellung von einem Prozess, in dem »a belief in the transcendent essence of the human soul« nach und nach durch »a conception of human beings as natural beings« (S. 8) ersetzt wurde, zu Smiths Hypothesen gehört, fehlt in seinen Überlegungen die Auseinandersetzung mit solchen und vergleichbaren historischen Wurzeln des Rassedenkens. Sie hätten sich sonst durchaus komplexer gestalten lassen. Das zeigt etwa die Behandlung von Issac La Peyrère und seinen polygenetischen Spekulationen über »Prae-Adamitae« von 1655, in denen »preoccupation with ›racial‹ difference is more or less absent« (S. 102). La Peyrère hatte aber schon 1643 einen »Rapell des Juifs« verfasst, in dem er für die Rückrufung der Juden nach Frankreich und ihre Bekehrung plädierte. In diesem Text tauchen zwei Zuschreibungen auf, die in den späteren Rassendiskursen eine bedeutsame Rolle spielen sollten: Hautfarbe und Geruch. Beide, schwarze Hautfarbe und schlechter Geruch, galten aber durch die Taufe als abdingbar[42] (während die spanische Inquisition schon seit Langem den berüchtigten einen Tropfen jüdischen Blutes oder die Milch einer konvertierten Amme zu Kriterien des Jüdischseins erhoben hatte).

---

41 *Edouard Machery/Luc Faucher*, Social Construction and the Concept of Race, in: Philosophy of Science 72, 2005, S. 1208–1219, hier: S. 1208; die folgenden Zitate finden sich auf S. 1214, (»biologism«), 1213 (»Dekodierung«) und 1216 (»psychological bias«).
42 Vgl. o.V. [*Isaac de La Peyrère*], Du Rappel des Iuifs, o.O. 1643, S. 81.

Auch die Auseinandersetzung mit Baruch de Spinoza beschäftigt sich nicht mit dessen judaisierenden Argumenten, sondern konzentriert sich auf dessen Traum von einem »schwarzen, aussätzigen Brasilianer«. Ohne konkrete Belege bringt Smith diesen in Zusammenhang mit humuralpathologischen Überlegungen (denen gemäß Melancholiker, geprägt von schwarzer Galle, von schwarzen Menschen träumen). Dafür verzichtet er auf jede Diskussion zeitgenössischer rassistischer Elemente dieses Traums. Sie beziehen sich auf den mit Sklavenhandel und Sklaverei verbundenen holländischen Kolonialismus in Brasilien, auf schwarzen Widerstand an der Seite der Portugiesen oder in der »Schwarzen Republik Palmares«, auf die Verwicklung führender Mitglieder der jüdischen Gemeinden Hollands in Kolonialismus und Sklaverei, auf den Umgang der Juden in Amsterdam mit Afrikanerinnen und Afrikanern und schließlich auf das Bestreben der holländischen Juden, nicht als »schwarz« angesehen zu werden (so wie es Spinoza selbst ergangen sein soll, von dem erzählt wurde, seine Gesichtszüge hätten »etwas Schwarzes«).[43]

Eine ähnliche Engführung der Argumentation findet sich auch im analytischen Herzstück von Smiths Ausführungen, das sich mit Gottfried Wilhelm Leibniz und Anton Wilhelm Amo befasst. Die Aufnahme Amos in den Gang der Argumentation ist zwar ebenso überfällig wie begrüßenswert.[44] Gleichwohl zeigt sich gerade am Umgang mit seinem Beispiel die Begrenztheit der analytischen Perspektive besonders deutlich. Der Autor rechnet Amo dem »Leibnizian-Wolffian camp« (S. 220f.) der Frühaufklärung zu und betrachtet seine spezifische Fassung des Leib-Geist/Seele-Dualismus als Beitrag zur Verteidigung eines einheitlichen, nichtrassischen Menschenbildes:

»Mind-body dualism […] helped to prevent the fragmentation of the human species into different races. As long as humanity is rooted in something nonphysical, the observation of physical differences between different human groups cannot lead to the conclusion that there are real, essential boundaries between these groups. The unity of the human species is ensured, so long as the specific differentium of humanity is placed beyond the scope of naturalistic study of the human variety« (S. 224).

Diese Überlegungen bleiben hinsichtlich der Diskussion des Rassismus und seiner Modifikationen verkürzt. Denn Amo verließ schließlich Deutschland, wo er den größten Teil seines Lebens zugebracht hatte, und kehrte zurück an die von den Europäern sogenannte Goldküste, die im damals Guinea genannten Teil von Afrika zwischen der Sklavenküste

---

43 Vgl. *Baruch de Spinoza*, An den hochgelahrten und wohlweisen Herrn Peter Balling [vom 20.7. 1664], in: ders., Briefwechsel, in der Übersetzung von Carl Gebhardt, hrsg. v. *Manfred Walther*, 3. Aufl., Hamburg 1986, S. 70–73; zum Hintergrund vgl. *Wulf D. Hund*, Ein schwarzer, aussätziger Brasilianer. Marginalie zu einem Traum von Baruch Spinoza, in: Das Argument 56, 2014, Nr. 307, S. 197–208. Vgl. ferner *Pierre Bayle*, Article ›Spinoza‹, in: ders., Dictionnaire historique et critique, 1696, URL: <http://www.spinozaetnous.org/telechargements/Commentaires/Bayle/Bayle_Spinoza.pdf> [10.8.2016], der auf S. 45 eine Aussage von Gilles Ménage zitiert, in der es heißt: »Ce qui est certain, est que bien des personnes qui l'ont vu, m'ont assuré qu'il était petit, jaunâtre, qu'il avait quelque chose de noir dans la physionomie.« Auch *Johann Colerus*, Das Leben des Bened. von Spinoza [etc.], Franckfurt 1733, S. 44, meinte von Spinoza: Seine »Haut war ein wenig schwartz, die Haare waren gleichfalls schwartz und gekräuselt […], dergestalt, daß man an seiner Bildung gar leicht erkannte, was maßen er von Portugiesischen Jüden herstammte.«

44 Zu Amo vgl. nach wie vor *Burchard Brentjes*, Anton Wilhelm Amo. Der schwarze Philosoph in Halle, Leipzig 1976. Vgl. ferner unter anderem *Ottmar Ette*, Anton Wilhelm Amo. Philosophieren ohne festen Wohnsitz. Eine Philosophie der Aufklärung zwischen Europa und Afrika, Berlin 2014; *Monika Firla*, Anton Wilhelm Amo (Nzema, heute Republik Ghana). Kammermohr – Privatdozent für Philosophie – Wahrsager, in: Tribus. Jahrbuch des Linden-Museums 51, 2002, S. 56–89; *Simon Mougnol*, Amo Afer. Un Noir, professeur d'université, en Allemagne au XVIIIe siècle, Paris 2007.

und der Elfenbeinküste lag und damit schon durch ihren Namen auf den kolonialen Kontext seines Lebens verwies. Amo, der von der Niederländisch-Westindischen Kompanie selbst mit Gewalt nach Europa gebracht worden war, erfuhr dort, dass die Holländer einen seiner Brüder als Sklaven nach Surinam verkauft hatten.

Auf alten Karten der Goldküste reiht sich ein europäisches Fort an das andere. Das holländische Chama, wo Amo seinen Lebensabend verbrachte, liegt dabei nicht gerade weit entfernt vom ehemals preußischen Groß-Friedrichsburg. Die Festungen wechselten häufiger Namen und Besitzer (Dänen, Deutsche, Engländer, Franzosen, Portugiesen, Schweden). Die Brüder Amo stehen in diesem Zusammenhang für das Erleiden kolonialer Gewalt, die ihre Legitimation nicht aus der noch gar nicht entwickelten Rassentheorie bezog, sondern sich auf einen global ausgelegten christlichen Missionsauftrag berief und den Sklavenhandel teils pragmatisch (als Selbstversklavung, Strafversklavung, Kriegsversklavung), teils metaphysisch (als Verfluchung) legitimierte.[45] Beide Amo-Brüder waren Opfer dieser Verhältnisse (auch wenn sich ihr jeweiliges Schicksal sehr unterschiedlich gestaltete). Deren Rechtfertigung funktionierte auch im »nichtphysischen« Bereich religiöser Unterstellungen. Die Gleichheit der Seelen vor Gott verhinderte nicht die Versklavung der Körper.

Eine ähnliche Verengung wie bei Amo zeigt auch die Argumentation zu Leibniz. Smith betrachtet dessen Auseinandersetzung mit Ethnizität als »a useful and important alternative« zum zeitgenössischen taxonomischen Umgang mit der Natur des Menschen, weil er keine »explicit theory of racial realism« vertreten habe (S. 202f.). Aber er übergeht den rassistischen Gehalt von Leibnizens Vorschlag für eine schlagkräftige Janitscharenarmee. Sie könnte zum Beispiel auf einer Insel wie Madagaskar aufgebaut und von dort zu weltweiten Einsätzen gebracht werden. Die Insellage verweist auf die mit ihr verbundene Isolationspolitik. Letztere schließt ein, dass die ursprüngliche Bevölkerung deportiert und damit Platz für junge männliche Sklaven im Kindesalter geschaffen wird, die man aus sämtlichen »barbarischen Nationen« der Welt (wie Äthiopiern, Angolanern, Kariben, Kanadiern, Huronen) zusammenfängt und auf der Insel zu schlagkräftigen Kriegern ausbildet. Dabei sollen ihre einzelnen Gruppen separiert gehalten und gehindert werden, wechselseitig ihre Sprachen zu lernen, sodass sie sich nicht verständigen und gegen ihre christlichen europäischen Herren verschwören können (S. 170ff.).

Ein solches Sklavenheer war kompatibel mit Leibnizens »Consilium Aegyptiacum«, jenem Plan, in dem er Ludwig XIV. vorschlug, den Türken Ägypten zu entreißen. Damit hätte er nicht nur den Knotenpunkt des Welthandels zwischen Europa, Afrika und Asien in der Hand, sondern auch den Hebel zur Zerschlagung des Osmanischen Reiches und das Sprungbrett zur Befreiung Jerusalems. In diesem Zusammenhang bediente sich der Philosoph einer Rhetorik, deren »consistent de-humanizing of the Turk/Arab« darauf hinauslief, die anderen nicht als Menschen, sondern als »bestias (id est barbaros)« zu charakterisieren.[46] Das Problem solcher Herabminderung liegt nicht in der Frage, ob der kulturanthropologische Historismus des gereiften solche Ausfälle des jungen Leibniz methodisch über-

---

45 Vgl. *Bernd Franke*, Sklaverei und Unfreiheit im Naturrecht des 17. Jahrhunderts, Hildesheim 2009; *David M. Whitford*, The Curse of Ham in the Early Modern Era. The Bible and the Justifications for Slavery, Aldershot 2009.

46 *Ian Almond*, Leibniz, Historicism, and the ›Plague of Islam‹, in: Eighteenth-Century Studies 39, 2006, S. 463–483, hier: S. 472 (»de-humanizing«); *Gottfried Wilhelm Leibniz*, Consilium Aegyptiacum, in: *ders.*, Sämtliche Schriften und Briefe, hrsg. v. d. Akademie der Wissenschaften der DDR, Reihe IV, Bd. 1, 3., erg. Aufl., Berlin 1983, S. 215–382, hier: S. 379 (»bestias«) – vgl. *Peter Fenves*, Imagining an Inundation of Australians; or, Leibniz on the Principles of Grace and Race, in: *Andrew Valls* (Hrsg.), Race and Racism in Modern Philosophy, Ithaca/London 2005, S. 73–88, hier: S. 76.

winden konnte, sondern ob beide miteinander vereinbar waren. Rassismus hing auch in diesem Fall nicht von der Konstruktion von Rassen ab, sondern ließ sich durchaus mit einem ausgeprägten Interesse an kultureller Vielfalt kombinieren. Diese wollte auch der alte Leibniz mit einer umfassenden Christianisierung verbunden wissen.

Während Smith bestreitet, dass im Hinblick auf Leibniz von Rassismus die Rede sein könnte (S. 203), hat er im Fall Immanuel Kants keine Bedenken, diesen als »liberal racist« (S. 233) zu bezeichnen, das heißt als einen jener Denker, die durch ihre taxonomische Menscheneinteilung in Verbindung mit einer eurozentrischen Perspektive der Menschheitsentwicklung ideologische Legitimationen für jenen »overt racism« geliefert haben, wie er während des Genozids an den indigenen Amerikanern oder im transatlantischen Sklavenhandel zum Ausdruck kam (S. 34). Aus der Perspektive der Rassismusanalyse ist das freilich eine deutlich zu enge Sichtweise. So führt Kant die Folgen der brutalen Kolonialpolitik in Amerika auf die natürliche Schwäche der »roten Rasse« zurück, die sie zum Aussterben verurteile. Er verquickt sein eigenes Einteilungskriterium für die Rassen (dass sie untereinander fruchtbare Nachkommen zeugen können) mit überkommenen kontaminatorischen Idiosynkrasien (denen zufolge sie sich besser nicht mischen sollten). Diese Abneigung verbindet er mit olfaktorischen Unterstellungen über den schlechten Geruch der anderen, wie sie die antisemitischen Welten schon seit dem Altertum durchziehen. So vermutet er bei den »nichtweißen Rassen« einen fehlenden »Trieb zur Arbeit« und die damit verbundene Unfähigkeit, sich zu entwickeln. Und die Juden rechnet er zwar zur »weißen Rasse«, schließt sie aber als »Orientalen« aus deren Zivilisierungsprozess aus, erklärt sie zu Schmarotzern und fordert sie zur kulturellen Selbstauslöschung auf, die er »Euthanasie des Judentums« nennt.[47]

Auch in diesem Fall kann die Trennung zwischen Rassennomenklatur und rassistischer Ideologie nicht aufrechterhalten werden und letztere zeigt sich nicht nur mit den neu konstruierten Menschenrassen verbunden, sondern hat alte Muster rassistischer Diskriminierung in sich aufgenommen. Rasse lässt sich nicht von Rassismus trennen und der erschöpft sich nicht in Rassedenken.

IV. RASSISMUSANALYSE IN DER RASSENFALLE

Das Verhältnis von Rasse und Rassismus steht auch im Zentrum der Einleitung und des Schlussworts der Herausgeber in einem von Karim Murji und John Solomos edierten Sammelband zu »Theories of Race and Ethnicity«.[48] Dabei gehört »Rassismus« allerdings nicht zu den titelgebenden Stichworten. Chetan Bhatt hat es dort zu Recht vermisst und damit die Frage verbunden, »how this book might have been similar and how different in its thematic content if it had been titled ›Theories of Racism‹«.[49] Diese Frage schließt einen

---

47 *Immanuel Kant*, Der Streit der Fakultäten, in: ders., Werke in sechs Bänden, hrsg. v. *Wilhelm Weischedel*, Darmstadt 1983, Bd. 6, S. 261–393, hier: S. 321; zu den erwähnten Dimensionen und der gesamten Spannweite von Kants Rassismus vgl. ausführlich *Wulf D. Hund*, ›It must come from Europe‹. The Racisms of Immanuel Kant, in: ders./*Christian Koller*/*Moshe Zimmermann* (Hrsg.), Racisms Made in Germany, Wien/Zürich etc. 2011, S. 69–98.
48 Vgl. *Karim Murji*/*John Solomos* (Hrsg.), Theories of Race and Ethnicity. Contemporary Debates and Perspectives, Cambridge University Press, Cambridge 2015, 308 S., kart., 19,99 £.
49 *Chetan Bhatt*, White Sociology, in: Ethnic and Racial Studies 39, 2016, S. 397–404, hier: S. 404; die beiden folgenden Zitate finden sich auf S. 403. Die Zeitschrift widmete dem Band von Murji/Solomos einen Schwerpunkt mit weiteren Beiträgen von Alana Lentin, Nasa Meer, Sivamohan Valluvan/Nisha Kapoor und einer Stellungnahme von Murji/Solomos. Mit Ausnahme von Bhatt beschäftigt sich keine/r der Autorinnen und Autoren mit der Problematik eines rassezentrierten Rassismusbegriffs.

kritischen Hinweis ein. Er bezieht sich auf die verbreitete Fixierung der Rassismusdiskussion auf den Rassenbegriff. Die damit verbundenen Defizite werden am Beispiel des indischen Kastensystems erläutert. Angesichts der sozialen Lage der Dalits sei es demnach »difficult to not see something similar to […] a potent and enduring racism«. Diese Bemerkung mündet in die verallgemeinernde Vermutung, dass »[m]ost contemporary Western approaches to theorizing racism may not currently have the capacity to address what look like similar phenomena outside the West«.

Die generelle Berechtigung dieser Kritik beiseitegelassen, trifft sie auf den vorliegenden Band jedenfalls zu. Das wird angesichts der einleitenden und abschließenden Bemerkungen der Herausgeber schlagartig deutlich. Denen gemäß gehe es, wie es im Vorwort heißt, um »the changing research agendas on race and racism« und darum, »to encourage further debate and reflection« zu »questions about race and racism« (S. xiii). Die Einleitung setzt diese Begriffscollage fort. Im ersten substanziellen Unterkapitel kommen die Kategorien »race« 17-mal, »ethnicity« 6-mal und »racism« 8-mal vor (S. 3f.) und die Herausgeber beanspruchen, »some key points about theorisations of race and racism in contemporary social theory« (S. 4) zu erläutern. In ihrer Schlussbemerkung verweisen sie ebenfalls auf »the wide and expanding scope of debates and perspectives in which ethnicity, race and racism are key issues« (S. 263). Gleichzeitig fokussieren sie ihre Überlegungen aber – wie alle Beiträge ihres Sammelbands – auf den Rassenbegriff.

Das ist um so erstaunlicher, als Murji und Solomos bereits in ihrer Einleitung einerseits »a lack of reflexivity about the historical background to the emergence of modern racism« (S. 6) beklagen und andererseits die Notwendigkeit betonen, »racism« zum »object of theoretical analysis« (S. 16) zu machen.[50] Beide Perspektiven werden in der vorliegenden Sammlung nur bedingt verfolgt. Historisch orientierte Studien fehlen völlig und »Rassismus« kommt in den Titeln der 15 Beiträge nur dreimal vor. Gleichwohl werden historische Themen (I) und Probleme der Rassismusanalyse (II) von mehreren Autoren angesprochen – allerdings mit bezeichnenden Verkürzungen.

(I) Was die historische Dimension des Rassismus betrifft, so verweisen die Herausgeber zwar sowohl in ihrer Einleitung als auch in ihren Schlussbemerkungen auf Religion als ein Element der Diskussionen über antijüdischen und antimuslimischen Rassismus (S. 7, 278). Sie ziehen daraus aber keine weiterreichenden Schlüsse und fragen weder nach unterschiedlichen Stadien der Entwicklung noch nach Gemeinsamkeiten und Differenzen dieser beiden Formen rassistischer Diskriminierungen. Sie fragen auch nicht danach, mit welchen Modi der Herabminderung jenseits der Kategorie Rasse beide im Verlauf ihrer Geschichte verbunden waren und ob und inwieweit heute der Begriff der »racialization«/»Rassisierung« für ihr Verständnis angemessen ist.

Dazu tragen auch die Überlegungen von David Theo Goldberg nichts bei. Zwar gehört sein Beitrag über »Racial comparisons, relational racisms« (S. 251–262) zu den drei Studien, die »Rassismus« explizit im Titel führen. Zudem plädiert er dafür, »the interactive

---

50 Es ist deswegen bedauerlich, dass *Robert G. Weisbord*, Racism and the Olympics, Transaction Publishers, New Brunswick 2015, 228 S., geb., 69,95 $, auf eine Begriffsbestimmung von »Rasse« und »Rassismus« ebenso verzichtet wie auf die theoretische Verortung seiner informativen Übersicht, die von den Spielen in St. Louis 1904 bis London 2012 und Sotschi 2014 reicht und Diskriminierungen wegen rassischer, religiöser oder ethnischer Zugehörigkeit und sexueller Orientierung anspricht. Mit Schwerpunktsetzung auf Los Angeles 1932, Berlin 1936, den ausgefallenen Spielen von 1940, Mexiko 1968 und den Ausschlüssen von Südafrika und Rhodesien (einschließlich der Debatten zu Israel und China) sowie der Diskriminierung von Homosexualität hätten sich zahlreiche Ansatzpunkte für theoretische Überlegungen zum Verhältnis von Rassendiskriminierung und Antisemitismus, Rassismen in verschiedenen Kulturen oder zur Intersektionalität rassistischer Diskriminierung geboten. Weisbord nutzt keinen davon. Seine historische Übersicht bleibt narrativ und theoretisch unergiebig.

relation between repressive racial ideas and exclusionary or humiliating racist practices across place and time« (S. 253) zu untersuchen. Schließlich exemplifiziert er seine Überlegungen sogar am Beispiel »Israel-Palestine« (S. 259). Doch dabei setzt er sein eigenes Programm nicht um, sondern begnügt sich mit verkürzten politischen Wertungen. Das ist zumindest einer der Gründe dafür, dass seine Überlegungen in einem pseudoanalytischen Desaster enden, in dem Gaza zum »concentration or prison camp« (S. 256) wird und »a link between Auschwitz's Musselmanner and Gaza's Muslims« (S. 258) als denkbar erscheint.[51]

Damit fällt Goldberg weit hinter seinen eigenen Anspruch zurück, the »colonial condition« (S. 253) moderner Rassismen in Beziehung zu deren aktueller Ausprägung zu setzen und so »the constitutive connection of the contemporary to the colonial« (S. 260) deutlich zu machen. Weiterreichende Überlegungen zur Geschichte des Antisemitismus und Antiislamismus als Formen rassistischer Diskriminierung waren von einem Autor, der Rassismus untrennbar mit der Kategorie Rasse verknüpft, ohnehin nicht zu erwarten.[52] Die lange Geschichte der Dämonisierung und Monsterisierung von Juden und Muslimen kommt deswegen in seinen Ausführungen nicht vor. Es fehlt aber auch jeder Hinweis auf deren Ausprägung im 19. und frühen 20. Jahrhundert und jede Frage nach ihren Auswirkungen auf das Handeln der kolonialen britischen Mandatsmacht und auf die politische Entwicklung Palästinas nach dem Zerfall des Osmanischen Reiches. Auch die Bedeutung der nationalsozialistischen Judenpolitik und ihrer kriegerischen Transnationalisierung wird ebenso wenig angesprochen wie der wachsende arabische Antisemitismus. Die Komplexität der Verhältnisse wird nicht beleuchtet und die weite theoretische Ausholbewegung, die »a relational critical counter method« (S. 251) zu herkömmlichen vergleichenden Rassismusanalysen verspricht, bleibt bloße Attitüde.

Nicht sehr viel anders ergeht es dem Versprechen von Éric Fassin, in seinem Beitrag über »race, class and sexuality in colour-blind France« (S. 233–250) eine Antwort auf die Frage »How the French became white« (S. 239) zu geben. In einem jeder historischen Dimension beraubten Verständnis von »whiteness« bezieht der Autor diese Kategorie lediglich auf die neueste Geschichte im 21. Jahrhundert, die im öffentlichen Bewusstsein einen Rückgang der Klassenkämpfe und ein Anwachsen der Aufmerksamkeit für Ethnizität gebracht hätte. Eine der Folgen dieser Entwicklung sei, dass die »French working class is

---

51 Goldberg verwendet den Ausdruck ›Muselmann‹ in einer pseudodeutschen Schreibweise und verzichtet auf jede Erklärung seiner Bedeutung und Verwendung. Die hätte den von ihm angesprochenen Vergleich in mehrfacher Hinsicht konterkariert – vgl. dazu *Joseph Farrell*, The Strange Case of the Muselmänner in Auschwitz, in: *Risa Sodi/Millicent Marcus* (Hrsg.), New Reflections on Primo Levi, New York 2011, S. 89–99, unter anderem S. 92: »It is clear that the most frequently repeated interpretation draws on the concept of ›fatalism‹, meaning that the Muselmann is defined by the idea of resignation or surrender to destiny, to power, to fear, to helplessness, to the inexorable process of the demolition of the human.« In einem früheren Beitrag schreiben *Zdzislaw Ryn/Stanislaw Klodziński*, An der Grenze zwischen Leben und Tod. Eine Studie über die Erscheinung des Muselmanns im Konzentrationslager, in: Hamburger Institut für Sozialforschung (Hrsg.), Auschwitzhefte, Bd. 1, Weinheim 1987, S. 89–154, hier: S. 127: »Der Muselmann weckte bei niemandem Mitleid und erfuhr von niemandem Herzlichkeit. Die Kameraden, deren Existenz ja selbst bedroht war, beachteten die Muselmänner nicht. Den Funktionshäftlingen brachten die Muselmänner zuviel Ärger ein, für die SS-Männer waren sie unnützer Abfall. Die einen wie die anderen brachten sie um, jeder auf seine Weise.« Für eine knappe Schilderung der ›Muselmänner‹ von Auschwitz und ihrer Beschreibung durch Leidensgenossinnen und Leidensgenossen vgl. *Hermann Langbein*, People in Auschwitz, Chapel Hill 2004, S. 89–105.
52 Vgl. in diesem Sinne schon *David Theo Goldberg*, Racist Culture. Philosophy and the Politics of Meaning, Malden 1993, S. 122: »Racisms appeal ex hypothesis to the concept of race as the basis for discriminations.«

becoming white [...] because class is no longer available as a primary identification« (S. 240).⁵³

---

53 Dass »whiteness« nicht selten als suggestives Konzept eingesetzt wird, das Differenzen der Diskriminierung durch einen allseitigen Rassisierungsverdacht überschreibt, zeigt zum Beispiel die Studie von *Maja Figge*, Deutschsein (wieder-)herstellen. Weißsein und Männlichkeit im bundesdeutschen Kino der fünfziger Jahre, Transcript Verlag, Bielefeld 2015, 432 S., kart., 37,99 €. Die Arbeit ist unter anderem deswegen so umfangreich, weil sie eine Vielzahl profaner Filmbeschreibungen enthält, die häufig einfach mit theoretischen Aussagen aus der Sekundärliteratur angereichert werden. Oftmals ohne eigene differenzierte Analyse sollen sie diese autoritativ ersetzen, was immer wieder durch ihre geballte Aufsummierung deutlich wird. Zur Konfrontation eines Försters und eines Wilderers in »Grün ist die Heide« (von 1951), die beide als Heimatvertriebene in der Lüneburger Heide gelandet sind, kann es dann etwa heißen: »Nach Bhaba bildet ›das Vergessen der Geschichte der nationalen Vergangenheit‹ den Anfang nationaler Erzählungen. Mit Bezug auf Bhaba hat Gisela Ecker argumentiert, dass in Heimatfilmen das Vergessen ›über die verschiedenen Erzählformen der Erinnerung‹ inszeniert wird. Während Förster Rainer für Geschichtslosigkeit steht, läßt sich Lüdersens Wildern mit Bezug auf Richard Moeller als ›selektives Erinnern‹ verstehen [...]. Lüdersen wildert [...], weil ihn das Wildern an sein früheres Leben erinnert. Zugleich wird er, der selbst beinahe tot zu sein scheint, dadurch zum Todbringer. Leblosigkeit und Tod sind, wie Richard Dyer dargestellt hat, in Filmen oftmals weiß codiert« (S. 94, zit. ohne die Literaturangaben). Noch phantastischer wird die Untersuchung, wo ein in einem Mercedes sitzender Mann »mit Hut, Zigarre und Sonnenbrille« S. 117), der im Film »Die goldene Pest« (von 1954) nur »Direktor« oder »Chef« heißt, als »Zeichen, das antisemitischen Stereotypen gemäß ›Jude‹ bedeutet« (S. 119) identifiziert wird. Anschließend gehen die Assoziationsketten der Autorin in den freien Fall über: Weil der »Direktor« für die Ausbreitung der Vergnügungsindustrie in einem kleinen Dorf verantwortlich ist, in dem gerade US-Soldaten stationiert wurden, sieht sie ihn auch mit der »antisemitische[n] Vorstellung« verbunden, die, nach einem Zitat von »Gilman«, »Juden zu Trägern von Geschlechtskrankheiten« (S. 121) macht. Diese Krankheit sei durch den Titel des Films »zudem schwarz codiert«, weil, nach einem Zitat von »Husmann-Kastein«, »die Pest als ›schwarzer Tod‹ bezeichnet« wurde (S. 122). Dagegen entgeht der Autorin der historische Bezug zur ›goldenen Internationale‹ (vgl. *Matthew Lange*, Goldene Internationale, in: *Wolfgang Benz* (Hrsg.), Handbuch des Antisemitismus. Judenfeindschaft in Geschichte und Gegenwart, Bd. 3, Berlin 2010, S. 111–113) – womöglich weil er in ihrer Referenzliteratur nicht auftauchte. Um ihre Assoziationen zu stützen, verweist sie dann in einem längeren Absatz darauf, dass der Drehbuchautor in der Zeit des Nationalsozialismus auch das Skript für einen antisemitischen Propagandafilm geschrieben hat (S. 121). Erst viele Seiten später kommt sie zum Regisseur des Filmes, John Brahm, der für die Dreharbeiten aus Hollywood gekommen war. Zwar erwähnt sie seine deutsche Herkunft und dass er »nach der Machtergreifung der Nationalsozialisten zur Emigration gezwungen« gewesen sei (S. 129). Mit keinem Wort hingegen verweist sie auf Brahms jüdischen Familienhintergrund und eine Lebensgeschichte, über die seine Tochter gesagt hat: »Like many other non-religious Jews, [...] anti-Semitism and Nazism made him more Jewish conscious« (zit. in: *Vincent Brook*, Driven to Darkness. Jewish Émigré Directors and the Rise of the Film Noir, New Brunswick 2009, S. 186). Nach diesem Verschweigen kommt die Autorin, die immer wieder behauptet, sich mit dem Aufdecken von Konnotation zu beschäftigen, die »offen auszusprechen« der Film vermeidet, zu dem Schluss: »Dass dem Direktor die Schuld an der ›goldenen Pest‹ gegeben wird, ist eine Aktualisierung und Verschiebung jenes Vorurteils, das Adolf Hitler veranlasst hat«, nach 1919 »den Juden die Schuld an der Stationierung französischer Kolonialsoldaten« zu geben (S. 140). Solcher Umgang mit den Quellen macht Murji/Solomos Einforderung einer Verbindung solider historischer und theoretischer Dimensionen der Analyse drastisch nachvollziehbar. Dabei gibt es im von der Autorin untersuchten Genre eine großartige Vorlage, die beeindruckend zeigt, wie sich Filmanalyse mit theoretischen Diskussionen vermitteln und sozialhistorisch einbetten lässt – vgl. *Tobias Nagl*, Die unheimliche Maschine. Rasse und Repräsentation im Weimarer Kino, München 2009. Nur der Vollständigkeit halber sei dazu erwähnt, dass auch Nagl Rassismus ausschließlich an Rasse bindet (vgl. ebd., S. 443).

Obwohl der Autor in diesem Zusammenhang David Roedigers »Wages of Whiteness« anführt (S. 241), integriert er dort entfaltete Erkenntnisse über Zusammenhänge klassistischer und rassistischer Vergesellschaftung nicht in seine Überlegungen. Deren Grundlagen sind um 1900 aus unterschiedlichen Blickwinkeln von Sigmund Freud, Max Weber und William Edward Burghardt Du Bois angesprochen worden. Du Bois verwies darauf, dass »the present hegemony of the white races [...] attempt to make the slums of white society in all causes and under all circumstances the superior of any colored group, no matter what its ability or culture«. Freud sah in der »Berechtigung, die Außenstehenden zu verachten«, eine Form der Teilnahme der Unterschichten an der Kultur der Klassengesellschaft, die diese »für die Beeinträchtigung in ihrem eigenen Kreis entschädigt« und damit deren Protestpotenzial gegen Ausbeutung umpolt und sozial integriert. Weber verstand »ethnische Ehre« als »Massenehre«, die »jedem, der der subjektiv geglaubten Abstammungsgemeinschaft angehört, zugänglich ist«, und bezog sich erläuternd auf »die besitzlosen [...] Weißen der amerikanischen Südstaaten«, deren »soziale ›Ehre‹ schlechthin an der sozialen Deklassierung der Schwarzen« hinge.[54]

Diese Überlegungen haben eins gemeinsam: Sie charakterisieren Rassismus als negative Vergesellschaftung.[55] Für den spezifischen Fall der entwickelten kapitalistischen Gesellschaft enthält er das Angebot eines materiellen wie ideologischen Surrogats für die begrenzten oder gefährdeten Entfaltungsmöglichkeiten der Arbeiterklassen wie der Mittelschichten. Deren Zugangsberechtigung zu und Einverständnis mit einer transnationalen »whiteness« etabliert den modernen, von Rassentheorien inspirierten Rassismus als soziales Verhältnis. In Frankreich wie in anderen westlichen Gesellschaften entwickelte sich dieses Verhältnis in einem langen historischen Prozess. Erfahrungen in der kolonialen Peripherie und in den Siedlergemeinschaften wurden in den Metropolen theoretisch verallgemeinert und kulturell ausgestaltet und schließlich den mittleren und unteren Klassen als Kolonialliteratur und Warenrassismus oder auf Weltausstellungen zugänglich gemacht.[56] Das damit verbundene Angebot, sich zusammen mit den herrschenden Klassen als »weiß« begreifen zu können, wurde von einem erheblichen Teil der europäischen Arbeiterklassen und ihren gewerkschaftlichen wie politischen Organisationen (auch in Frankreich) angenommen.[57] Dabei waren Kolonialrassismus und Antisemitismus häufig eng verschränkt.

---

54 *William Edward Burghardt Du Bois*, Evolution of the Race Problem, in: Proceedings of the National Negro Conference, [New York 1909], S. 142–158, hier: S. 153; *Sigmund Freud*, Die Zukunft einer Illusion, in: *ders.*, Fragen der Gesellschaft. Ursprünge der Religion. Sigmund Freud Studienausgabe, hrsg. v. *Alexander Mitscherlich/James Strachey/Angela Richards*, Bd. 9, Frankfurt am Main 1974, S. 135–189, hier: S. 147; *Max Weber*, Wirtschaft und Gesellschaft. Grundriss der verstehenden Soziologie, hrsg. v. *Johannes Winckelmann*, Köln 1964, S. 308f.
55 Vgl. *Wulf D. Hund*, Negative Vergesellschaftung. Dimensionen der Rassismusanalyse, 2., erw. Aufl., Münster 2014.
56 Vgl. *Wulf D. Hund*, Advertising White Supremacy. Capitalism, Colonialism and Commodity Racism, in: *ders./Michael Pickering/Anandi Ramamurthy* (Hrsg.), Colonial Advertising & Commodity Racism, Wien/Zürich etc. 2013, S. 21–67.
57 Zur komplexen Struktur von »whiteness« im Frankreich der Wende zum 20. Jahrhundert vgl. *Elisa Camiscioli*, Reproducing the French Race. Immigration, Intimacy, and Embodiment in the Early Twentieth Century, Durham/London 2009; zur Bedeutung kolonialer Populärkultur für die rassistische Vergesellschaftung in Frankreich in der ersten Hälfte des 20. Jahrhunderts, die nicht zuletzt auch breite Schichten der Arbeiterklasse und erhebliche Teile der französischen Linken betraf, vgl. *David Henry Slavin*, Colonial Cinema and Imperial France, 1919–1939. White Blind Spots, Male Fantasies, Settler Myths, Baltimore/London 2001; vgl. ferner *Carole Reynaud Paligot*, La République raciale. Paradigme racial er idéologie républicaine (1860–1930), Paris 2006; *dies.*, Races, racisme et antiracisme dans les années 1930, Paris 2007; Olivier Le Cour Grandmaison, La République impériale. Politique et racisme d'état, Paris 2009.

(II) Die theoretischen Hintergründe dieser und der weiteren Entwicklung werden in den beiden übrigen Beiträgen des Bandes, die vom Titel her dem Thema »Rassismus« gewidmet sind, angesprochen, aber nicht vermittelt. Eduardo Bonilla-Silva und Victor E. Ray diskutieren »the new racism in ›post-racial‹ America« (S. 57–73) und betonen dabei den systemischen Charakter des Rassismus, während Simon Clarke seine Überlegungen über »Racism« den »psychoanalytic and psychosocial approaches« (S. 198–213) widmet. Letzterer verweist vergleichsweise konziliant auf den »link between the sociogenesis and psychogenesis of racism« (S. 207f.). Erstere bestehen intransigent auf dem »systemic« (S. 57) Charakter des Rassismus und fordern eine strukturelle Analyse der darin begründeten »racial domination« (S. 60).

In beiden Fällen bleibt der Zugriff auf die theoretischen Dimensionen der Rassismusanalyse verkürzt. Clarke spannt seine Überlegungen von der »false projection« der »Dialektik der Aufklärung« Max Horkheimers und Theodor W. Adornos (S. 201) zu Melanie Kleins »projective identification« als »crucial in a psychoanalytic understanding of racism« (S. 207). Bonilla-Silva und Ray betonen, dass »the study of racism« sich mit dem »racialized social system framework« und dem dadurch bestimmten »systemic interest« (S. 60) beschäftigen müsse. Beide Konzeptionen sind gleichzeitig unterdeterminiert und überdeterminiert. Sie reduzieren rassistische Vergesellschaftung auf materielle Strukturen oder psychische Dispositionen und sie verallgemeinern mit konkreten Entwicklungsstadien rassistischen Handelns verbundene Kategorien.

Nur nebenbei sprechen sie Probleme der Rassismusanalyse an, die den von ihnen favorisierten theoretischen Rahmen tendenziell sprengen. Dazu gehört bei Bonilla-Silva/Ray der Hinweis, dass ein Ansatz bei den Beziehungen zwischen Europäern und der indigenen Bevölkerung Amerikas (die anachronistisch »Indian-white or Mexican-white relations« genannt werden) zu einer anderen historischen Periodisierung führen würde als der von ihnen vorgenommenen Einteilung in die Phasen »slavery, Jim Crow and the ›new racism‹ regimes« (S. 61). Bei Fassin schlägt sich das in der Bemerkung nieder, dass »even before race as we know it, the British colonial situation defined the Irish as ›savages‹, so much so that they were to serve as a prototype for thought about ›native Americans‹ or blacks« (S. 239).

Auch wenn diese Vergleiche historisch nicht eben präzise sind, deuten sie doch auf einen Rassismus ohne Rassen hin, der vor deren Konstruktion (als »race as we know it«) bestanden und mit anderen Formen der Diskriminierung operiert hat. Was die ›wilden‹ Iren betrifft, so hat sich deren rassistische Diskriminierung im Verlauf der Jahrhunderte deutlich verändert:

»[A]fter the classic description of Ireland by Gerald of Wales in the twelfth century, which set the tone for later descriptions, Ireland was considered savage and barbarous. Down to the present this notion of the ›wild Irish‹ has hardly changed, [...] but from the mid-nineteenth century onward the British image of the Irish was recast in biological racial terms.«[58]

Gleichwohl behauptet die rassenfixierte Rassismuskritik, dass »from the twelfth century onwards, beginning with the writings of Giraldus Cambrensis, racial stereotypes of the Irish had been laid down« oder dass »[t]he process of racialising the Irish began in the Early Middle Ages« und projiziert damit den Rassenbegriff in die Geschichte zurück. Für die Geschichte der Auseinandersetzung mit den indigenen Amerikanern und der Legitima-

---

58 *Jan Nederveen Pieterse*, White on Black. Images of Africa and Blacks in Western Popular Culture, New Haven/London 1995, S. 213; zu den folgenden Zitaten vgl. *Hazel Waters*, The Great Famine and the Rise of Anti-Irish Racism, in: Race and Class, 1995, Nr. 37, H. 1, S. 95–108, hier: S. 95 (»twelfth century«), und *Steve Garner*, Racism in the Irish Experience, London 2004, S. 72 (»Middle Ages«).

tion der transatlantischen Sklaverei existieren ähnliche Zusammenhänge: Auch hier gab es rassistische Diskriminierungen vor der Entwicklung des Rassenbegriffs, die mit dem Barbarenstereotyp, dem Heidenstereotyp oder dem Wildenstereotyp operierten.

In einem älteren deutschsprachigen Aufsatz hat John Solomos erklärt, dass »Rasse ein Produkt des Rassismus ist und nicht umgekehrt«.[59] Er zielte damit allerdings vor allem auf den Begriff der Rasse als sozialer Konstruktion und nicht auf die historische Differenz von Rassismen. In den »Theories of Race and Ethnicity« beziehen sich die Herausgeber zwar auf Beiträge zur Rassismusdebatte, die über den Rassenbegriff hinausweisen, machen das aber weder explizit deutlich noch zum Gegenstand ihrer Diskussion. Das ist auch deswegen verwunderlich, weil sich eine bedeutsame Referenz in diesem Kontext auf den Beitrag von Robert Miles zur Rassismusdiskussion bezieht (S. 12f., 265ff. und 274f.).

Neben einer Reihe diskussionsbedürftiger Überlegungen (wie der ideologiekritischen Verkürzung des Rassenbegriffs) hat Miles frühzeitig betont, dass Rassismus sich historisch nicht nur in der sozialen Konstruktion von Menschenrassen niedergeschlagen hat. In einer durch die mittlerweile in dritter Auflage vorliegende Übersetzung des Argument-Verlags auch für die deutschsprachige Diskussion einflussreichen Einführung zum Thema Rassismus versucht Miles, die »begriffliche Verbindung zwischen Rassismus und ›Rassen‹-Diskurs aufzubrechen«.[60] Teil dieses Vorhabens ist ein historischer Exkurs, in dem auf die Monsterisierung und Häretisierung nichtchristlicher anderer eingegangen und darauf hingewiesen wird, dass »[z]u einer Zeit, da die materielle Welt und die zwischenmenschlichen Beziehungen auf religiöse Weise erklärt und strukturiert wurden, [...] auch die europäischen Darstellungsformen außereuropäischer Bevölkerungen religiös motiviert« gewesen seien. Erstaunlicherweise fehlt in diesen Überlegungen ein innereuropäischer Rassismus von langer Dauer, der sich über lange Zeit religiöser Argumente bedient hat: der Antisemitismus.[61] Die Diskriminierung der Juden wird in einem anderen Kontext angesprochen: dem der Kritik an einer Reduzierung von Rassismus auf einen Schwarz-Weiß-Binarismus.

---

59 *John Solomos*, Making Sense of Racism. Aktuelle Debatten und politische Realitäten, in: *Alex Demirović/Manuela Bojadžijev* (Hrsg.), Konjunkturen des Rassismus, Münster 2002, S. 157–172, hier: S. 160.
60 *Robert Miles*, Rassismus. Einführung in die Geschichte und Theorie eines Begriffs, Hamburg 1991, S. 93; zu den folgenden Zitaten und Hinweisen vgl. ebd., S. 29 (»religiös motiviert«) und 79f. (»schwarz-weiß-Binarismus«).
61 Das wird zwar in der überarbeiteten Fassung nachgeholt – vgl. *Robert Miles/Malcolm Brown*, Racism, 2., überarb. Aufl., London 2003, S. 30–32. Allerdings machen die Autoren jetzt einen bezeichnenden Unterschied, der darauf hinweist, dass die anfänglich weit gespannten Entwicklungslinien eher angedeutet als durchdacht waren: »[S]ecular antisemitism articulated in ›racial‹ terms did not emerge from religious anti-Judaism« (S. 31). Schon ein kurzer Blick auf die Entwicklung des deutschen Antisemitismus im Zeitalter der Aufklärung zeigt etwas anderes. Während Immanuel Kant die Juden noch zur »weißen Rasse« rechnete und sie gleichwohl mit religiösen und orientalistischen Argumenten rassistisch diskriminierte, war sich Johann Friedrich Blumenbach bereits sicher, dass sie eine typische, unveränderliche und leicht erkennbare Physiognomie hätten (vgl. zu Kant *Micha Brumlik*, Deutscher Geist und Judenhaß. Das Verhältnis des philosophischen Idealismus zum Judentum, München 2000, S. 27–74; *Susan Meld Shell*, Kant and the Jewish Question, in: Hebraic Political Studies 2, 2007, S. 101–136, und zu Blumenbach *Jonathan M. Hess*, Germans, Jews and the Claims of Modernity, New Haven/London 2002, S. 86ff.). Eindeutiger hat sich zum Beispiel *Étienne Balibar*, Is There a ›Neo-Racism‹?, in: *ders./Immanuel Wallerstein*, Race, Nation, Class. Ambiguous Identities, London/New York 1991, S. 17–28, hier: S. 23f., geäußert: »A racism which does not have the pseudo-biological concept of race as its main driving force has always exited [...]. It's prototype is anti-Semitism [which] is already a ›culturalist‹ racism.«

Sie bezieht sich unmittelbar auf Miles' Auseinandersetzung mit der Hypostasierung des Rassenbegriffs, wie er sie in Positionen des »Centre for Contemporary Cultural Studies« vertreten sah (an dessen bedeutender Studie »The Empire Strikes Back« Solomos mitgearbeitet hat).[62] Vor allem in seiner Auseinandersetzung mit Paul Gilroy hat Miles dabei behauptet, dieser betreibe eine »Rassifizierung sozialer Phänomene«, die »faktisch auf eine Theorie des Klassenkampfes zugunsten dessen, was einst ›Rassenkampf‹ genannt wurde, verzichtet«.[63] Das Problem dieser Diagnose liegt in der ideologiekritischen Verkürzung des Rassenbegriffs.[64] Es liegt aber nicht in einer Perspektive, die vor der ausschließlichen Fokussierung der Rassismuskritik auf den Rassenbegriff und damit verbundene essenzialistische Tendenzen warnte.

Ein analytischer Rückgriff auf diese Debatte (den Murji und Solomos aber vermeiden) hätte durchaus zum Verständnis der aktuellen Diskussion beitragen können, die sich intensiv mit dem Verhältnis von Natur und Kultur im Rassenverständnis und der »reality of race« (S. 276) befasst. Auf sie gehen die beiden unter dem Stichwort »ontology of race« (S. 274) ein und beziehen sich dabei unter anderem auf Überlegungen von Josuah Glasgow zum Realismus und Antirealismus in der Diskussion um den Rassenbegriff und die ihn betreffenden Auseinandersetzungen zwischen Positionen, die für dessen Eliminierung oder Konservierung plädieren. Glasgow versucht sich in einer Art drittem Weg, den er »racial reconstructionism« nennt.[65] Dabei betreibt er einen erheblichen semiotischen Aufwand, um ein einfaches, aber hartnäckiges Problem zu umgehen. Der Rassenbegriff, wie immer er heute auch verwendet werden mag, ist historisch durch einen biologischen Essenzialismus aufgeladen, der auch in seiner widerständigen Verwendung als Identitätskategorie immer wieder aufscheint.

Murji und Solomos verweisen auf diese Tendenz anhand der Plädoyers von Steven Halady und Arun Saldanha »for the reality of race which combines biological and social construction« und »for an embodied materiality of race based on the ›viscosity of bodies‹« (S. 276).[66] Eine kritische Auseinandersetzung mit diesen und vergleichbaren Positionen

---

62 Vgl. Centre for Contemporary Cultural Studies, The Empire Strikes Back. Race and Racism in 70s Britain, London 1982.
63 *Robert Miles*, Die marxistische Theorie und das Konzept ›Rasse‹, in: *Eckhard J. Dittrich/Frank-Olaf Radtke* (Hrsg.), Ethnizität. Wissenschaft und Minderheit, Opladen 1990, S. 155–177, hier: S. 168f.
64 Vgl. unter anderem *Ben Carrington*, ›I'm not Robert Miles‹. Critical Reflections on the Ontology of ›Race‹ and the Role of Anti-Racism in the Work of Paul Gilroy and Robert Miles, Paper submitted to the ASA Annual Conference, Montreal 2006, und *Satnam Virdee*, Challenging the Empire, in: Ethnic and Racial Studies 37, 2014, S. 1823–1829.
65 Vgl. *Joshua Glasgow*, A Third Way in the Race Debate, in: The Journal of Political Philosophy 14, 2006, S. 163–185; vgl. ferner *Joshua Glasgow*, A Theory of Race, New York/London 2009, S. 139: »First, we should keep the word ›race‹ and cognate and related terms. It might be less misleading if we used some other terms, like ›shmace‹, but the best part of conservationism cautions us against making less than maximally efficient modifications to our language. Second, we should, at least for the time being, keep the exact racial groupings we have now, and if we have good reason perhaps eventually move to some other (possibly more coherent) set of groupings. So we will still talk about things we call ›races‹, and we'll have groups whose members we call ›black people‹, ›white people‹, ›Asian people‹, and so on. Third, however, there will be one key difference that separates current racial discourse from post-reconstruction discourse: by ›race‹ we will, post-reconstruction, intend only to refer to social kinds, and we will get rid of any conceptual implication that there are even partially biological races. That is racial reconstructionism.«
66 Vgl. *Steven W. Halady*, The Reality of Race. Against Racial Eliminativism, Diss., Ann Arbor 2011, und *Arun Saldanha*, Reontologising Race. The Machinic Geography of Phenotype, in: Environment and Planning D: Society and Space 24, 2006, S. 9–24. Die Vielzahl der Debatten-

fehlt allerdings sowohl bei den Herausgebern der »Theories of Race and Ethnicity« als auch in den Beiträgen des Bandes, die den kategorialen Reduktionismus zahlreicher Ansätze gegenwärtiger Rassismuskritik entweder ignorieren oder nicht problematisieren oder selbst zu ihm beitragen. Rassismuskritik verfängt sich auf diese Weise in der Rassenfalle, das heißt, sie macht »Rasse« zum alleinigen Fokus ihrer Analyse, schränkt diese auf die Gültigkeitsdauer des Rassenbegriffs ein oder überdehnt dessen Geltung historisch bis in die Antike oder gar die gesamte Weltgeschichte, blendet andere Formen rassistischer Diskriminierung aus beziehungsweise erklärt sie analogisierend als Rassisierungen und bleibt dem Essenzialismus des Rassenkonzepts entweder ausgeliefert oder verbunden.

In politisch unterlegten Debatten über soziale und kulturelle Identität wird das besonders deutlich. Lucius Outlaw hat das erst kürzlich durch seine Kritik der »hyper over-cor-

---

beiträge zu Fragen der »Realität«/»Fiktionalität«, biologischen oder sozialen Realität, erforderlichen begrifflichen »Eliminierung« oder »Konservierung« von »Rasse« ist damit nur unzureichend angesprochen – vgl. dazu zum Beispiel *Robin O. Andreasen*, Race. Biological Reality or Social Construct?, in: Philosophy of Science 67 (Supplement), 2000, S. S653–S666, der »the widely held assumption that biological realism and social constructivism are incompatible« (S. S665) zurückweist; *David Ludwig*, Hysteria, Race, and Phlogiston. A Model of Ontological Elimination in the Human Sciences, in: Studies in History and Philosophy of Biological and Biomedical Sciences, 2014, Nr. 45, S. 68–77, verspricht eine einfache definitorische Lösung der Probleme des biologischen Rassenbegriffs, ohne sich weiter mit der Frage seines historischen Diskriminierungspotenzials zu beschäftigen: »If we fix the meaning of race, the question whether races exist has an empirical answer. For example, if we define races as populations with significant differences in a multi-locus genetic cluster analysis (as proposed by some contemporary proponents of race), we can empirically confirm the existence of races. If we define race as populations with a significant difference in a single-locus analysis (as common in many areas of non-human biology), we can empirically confirm the non-existence of races« (S. 76). In den Aufsätzen eines Sammelbandes, der der Diskussion von Jorge J.E. Gracias Beiträgen zu »philosophical issues concerned with the intersection of race, ethnicity, and Hispanic/Latino identity« gewidmet ist – *Iván Jaksić* (Hrsg.), Debating Race, Ethnicity, and Latino Identity. Jorge J.E. Gracia and His Critics, Columbia University Press, New York/Chichester 2015, XVI + 274 S., geb., 55,00 $, hier: S. VII – lässt sich die Identitätsbezogenheit der US-amerikanischen Debatte zum Thema Rasse gut nachvollziehen. Rassismusanalytisch sind Gracias Überlegungen weitgehend unergiebig. Im vorliegenden Band fehlt das entsprechende Stichwort daher nicht von ungefähr im Index. Der Hauptgrund dafür ist, dass Gracia Rassismus nicht als soziales Verhältnis analysiert, sondern als System von Einstellungen und Urteilen (vgl. *Jorge J.E. Gracia*, Racism. Negative and Positive?, in: The Monist 93, 2010, S. 208–227). Ein weiteres zentrales Problem seines Ansatzes wird in »Debating Race, Ethnicity, and Latino Identity« ebenfalls nicht angesprochen. Er weiß, dass der Rassenbegriff als Konglomerat biologischer und kultureller Zuschreibungen entwickelt worden ist: »From the very beginning racial and cultural divisions have been intertwined« (*Jorge J.E. Gracia*, Race, Ethnicity, and Nationality in Hispanic American and Latino/a Thought, in: *ders.* (Hrsg.), Forging People. Race, Ethnicity, and Nationality in Hispanic American and Latino/a Thought, Notre Dame 2011, S. 1–28, hier: S. 7). Trotzdem macht er einen definitorischen Vorschlag, der diesen Zusammenhang ignoriert: »A race is a subgroup of individual human beings who satisfy the following conditions: (1) each member of the group is linked by descent to another member of the group, who is in turn also linked by descent to at least some third member of the group; and (2) each member of the group has one or more physical features that are (i) genetically transmittable, (ii) generally associated with the group, and (iii) perspicuous« (*Jorge J.E. Gracia*, Surviving Race, Ethnicity, and Nationality. A Challenge for the Twenty-First Century, Lanham/Boulder etc. 2005, S. 85). Der fundamentale Schwachpunkt dieser Definition liegt (neben ihren biologistischen Zugeständnissen) in ihrer rassismusanalytischen Blindstelle: als ob »Rasse« sich im Singular begreifen lässt und nicht vielmehr Ausdruck diskriminierend aufgeladener sozialer Beziehungen ist, die historisch ihren ideologischen Ausdruck in einem relationalen Tableau gefunden haben. »Rassen« als soziale Konstruktionen gab und gibt es nur im Plural.

rections that include prohibitions against any and all efforts to conceptualize and/or confirm empirically human groupings characterized by bio-social reproductions and shared meaningful bondings of identification, groupings termed ›races‹« zum Ausdruck gebracht – und diese auch gleich mit einer Begriffsdefinition verbunden: »[R]ace is, and always has been, employed to collect and hold in a single concept a number of attributes – physical, psychological, behavioral, cultural, characterological – that together have been thought to determine or constitute a more or less complex, more or less stable unity of oneness-out-of-many.«[67] Seine Überlegungen münden in die Warnung vor den »dangers of the ›soft genocide‹ entangled in some of the most strenuous denials of the reality of race«.

V. RASSISMUS UND »RACIALIZATION«

Eine Kritik am Biologismus des Rassenbegriffs hindert nicht seine kritische Verwendung in Analysen aktueller Rassismen. Diese sind nach wie vor erheblich durch die Tradition des Rassedenkens und durch von diesem legitimierte soziale Strukturen bestimmt. Spekulationen über post-rassische Verhältnisse sind unbegründet und dienen nur allzu oft der Verschleierung fortdauernder Rassendiskriminierung. Deren Kritik ist indessen mit einer eindimensionalen Fixierung des Rassismusverständnisses auf die Kategorie »Rasse« nicht gedient.

Das zeigt sich unter anderem in der inflationären Verwendung des Begriffs der »racialization«/»Rassisierung«. Mit seiner Hilfe werden sowohl weit vor der Entwicklung des Rassenbegriffs liegende rassistische Diskriminierungen dessen Inhalt angenähert als auch aktuelle nichtrassisch begründete Rassismen in das Schwerefeld des Rassenbegriffs integriert. Der zunehmende Antiislamismus etwa wäre demnach lediglich Ausdruck eines Prozesses der Rassisierung. Dabei hat der Rassismus gegen Muslime internationale Dimensionen, die zahlreiche Muster der Diskriminierung zeigen. Übergriffe können durch unterschiedliche Verbindungen religiöser, ethnischer und nationalistischer Motive legitimiert werden (wie in Indien, Myanmar, China oder auf den Philippinen), ohne dass dabei auf Elemente des Rassedenkens Bezug genommen werden müsste (auch wenn damit, etwa in Sri Lanka, durchaus ein Rückgriff auf im Verlauf der Kolonialgeschichte importierte Muster wie den »arischen Mythos« einhergehen kann). Umgekehrt führt die entgrenzte Verwendung des Rassenbegriffs in den USA nicht nur in der öffentlichen Debatte zu zahlreichen kategorialen Verwerfungen. Selbst die wissenschaftliche Diskussion vereinbart ihr Wissen um den multi-»rassischen« Charakter der muslimischen Gemeinschaften häufig problemlos mit der Analyse ihrer »Rassisierung« (auch wenn diese gelegentlich als »paradox« gewertet wird, weil etwa Menschen arabischer Herkunft gleichzeitig als »weiß« und »nicht-weiß« oder »nicht richtig weiß« eingestuft würden).[68]

---

67 *Lucius T. Outlaw, Jr.*, If not Race, then What? Toward a Revised Understanding of Bio-Social Groupings, in: The New School for Social Research (Hrsg.), Graduate Faculty Philosophical Journal 35, 2014, H. 1–2: Philosophy and Race, S. 275–296, hier: S. 282f.; das folgende Zitat findet sich auf S. 291.

68 Vgl. *Steve Garner/Saher Selod*, The Racialization of Muslims. Empirical Studies of Islamophobia, in: Critical Sociology 41, 2015, S. 9–19; *Khyati Y. Joshi*, The Racialization of Hinduism, Islam, and Sikhism in the United States, in: Equity & Excellence in Education 39, 2006, S. 211–226; *Zaheer Baber*, ›Race‹, Religion and Riots. The ›Racialization‹ of Communal Identity and Conflict in India, in: Sociology 38, 2004, S. 701–718; *Nadine Naber*, Arab Americans and U.S. Racial Formation, in: *Amaney Jamal/dies.* (Hrsg.), Race and Arab Americans Before and After 9/11. From Invisible Citizens to Visible Subjects, Syracuse 2008, S. 1–45; *Evelyn Alsultany*, From Ambiguity to Abjection. Iraqi-Americans Negotiating Race in the United States, in: *Zahia Smail Salhi/Ian Richard Netton* (Hrsg.), The Arab Diaspora. Voices of an Anguished Scream,

Die Frage, ob sich hier womöglich mehrere Rassismen überlagern könnten, lässt sich aus der Perspektive der Rassisierung gar nicht erst formulieren.[69] Die Beharrungskraft des Rassenbegriffs wird dabei besonders augenfällig, wo ausdrücklich auch nach Formen der Diskriminierung gefragt wird, die, »beyond race«, mit »religion, gender, and sexuality« verbunden sind und sich historisch in der Konstruktion von »muslimischen Monstern« niedergeschlagen haben sollen, der Sophia Rose Arjana eine eigene Studie über »Muslims in the Western Imagination« gewidmet hat (S. 1).[70]

Obwohl die Autorin darauf hinweist, dass »›[r]ace‹ was not a concept active in the medieval vocabulary«, diagnostiziert sie doch »a medieval kind of racialization« (S. 28), die von einer »white Christianity« (S. 4) betrieben worden wäre. Ihre Arbeitsweise ist freilich, gelinde gesagt, oberflächlich. Die historischen Quellen interessieren sie nicht. Stattdessen entnimmt sie ihre häufig langen Zitate der Sekundärliteratur. Dabei ist sie nicht wählerisch. Um die Konstruktion von Muslimen als »a race of creatures cursed by God« zu belegen, werden Quellen auch ohne Hinweis auf ihren Ursprung verwertet, so zum Beispiel hinsichtlich »a race from the kingdom of the Persian, an accursed race, a race utterly alienated from God« (S. 31). Das Zitat stammt von Robert the Monk, der eine Rede von Papst Urban II. auf der Synode von Clermont 1095 wiedergibt (ohne dass einer der beiden genannt würde). Es ist einem Aufsatz entnommen, in dem zwar der Verweis auf Robert, nicht aber die Herkunft des Zitats angegeben ist. Hätte die Verfasserin eine neuere Übersetzung konsultiert, wäre ihr semantischer Overkill schon deutlich reduziert worden. Da ist nämlich die Rede von »the race of Persians, a foreign people and a people rejected by God«.[71] In der Quelle selbst gibt es überhaupt keine Rassen, sondern »gens regni Persarum, gens extranea, gens prosus a Deo aliena«. Deutsche Leserinnen und Leser, die etwa bei Arno Borst auf die entsprechende Passage stoßen, treffen auf »[d]as Volk im Perserreich, ein fremdes Volk, ein ganz gottfernes Volk« und damit endgültig auf Probleme der Übersetzung.

London/New York 2006, S. 127–142, schreibt auf S. 127: »Arab-Americans are simultaneously racialized as white and non-white«; vgl. als Überblick *Fanny Müller-Uri*, Antimuslimischer Rassismus, Wien 2014.

69 Das gilt auch für kulturalistische Versionen von »racialization«, wie sie zum Beispiel von *Nasar Meer/Tariq Modood*, Analysing the Growing Scepticism Towards the Idea of Islamophobia, in: Arches Quarterly 4, 2010, Nr. 7, S. 116–126, hier: S. 118, dahin gehend formuliert worden sind, »that cultural racism is not merely a proxy for racism but a form of racism in its own right, and that while racism involves some reference to physical appearance or ancestry, it does not require any form of biological determinism, only a physical identification on a group basis, attributable to descent«, sodass »racialization should not be solely premised upon conceptions of biology in a way that ignores religion, culture and so forth«. Auch hier bleibt die Vorstellung von kulturellem Rassismus der »physical appearance« verhaftet und signalisiert damit ihre Abkunft vom biologischen Rassenbegriff.

70 Vgl. *Sophia Rose Arjana*, Muslims in the Western Imagination, Oxford University Press, Oxford/New York etc. 2015, 280 S., geb., 20,49 £.

71 Robert the Monk's History of the First Crusade. Historia Iherosolimitana, übersetzt von Carol Sweetenham, Aldershot 2006, S. 29 (Buch 1.1). Die von Arjana zitierte Version stammt aus *Dana Carleton Munro*, The Western Attitude toward Islam during the Period of the Crusades, in: Speculum 6, 1931, S. 329–343, hier: S. 330. Diese Übersetzung wurde (ohne Quellenangabe) einer von der Verfasserin selbst herausgegebenen Version entnommen – vgl. *Dana Carleton Munro* (Hrsg.), Translations and Reprints from the Original Sources of European History, Bd. 1.2, Urban and the Crusaders, Philadelphia 1895, S. 5. Zum ursprünglichen Wortlaut vgl. die Edition von *Robert Monachi Historia Iherosolimitana* in Recueil des Historiens des Croisades, publié par les soins de l'Académie des Inscriptions et Belles-Lettres. Historiens Occidentaux, Bd. 3, Paris 1866, S. 717–882, hier: S. 727. Zum folgenden Zitat vgl. *Arno Borst*, Lebensformen im Mittelalter, Berlin 1973, S. 318.

Auf sie hat Robert Bartlett schon früh eindringlich hingewiesen.[72] Sie betreffen einerseits die sich überlagernden Wortfelder von »gens«, »natio« und »populus« und zeigen sich andererseits daran, dass ein Wort wie »gens« schon bei der Übersetzung eines einzigen Werkes eines bestimmten Autors mit »race«, »nation«, »people«, »tribe«, »stock« oder »family« übertragen werden könne. Gleichzeitig sei zu bedenken, dass »[t]he medieval situation was one where ›race‹ always means the same thing as ›ethnic group‹ […], visible somatic features were relatively unimportant markers. Communities were differentiated by language and custums, the latter including law and religion.«

Der Umgang der Autorin mit bildlichen Zeugnissen ist nicht weniger skrupellos als ihre Verwendung von Zitaten. Auf einer Doppelseite mit zwei großformatigen Bildern kommt das überdeutlich zum Ausdruck (S. 50f.). Im Text werden Abbildungen aus zwei illustrierten Handschriften angesprochen. Die erste aus dem »Luttrell Psalter« (um 1330) wird nicht gezeigt, soll aber ein »striking example« der Figur des »Black Saracen« darstellen. Ein Literaturhinweis fehlt, Nachschlagen führt zu einer Figur mit bläulicher Haut und rotbraunem Haar ohne weitere ethnische Indikatoren. Die beiden Motive aus dem »Chichester Psalter« (um 1250) zeigen Verrat und Auspeitschung Christi. In beiden Fällen sieht die Autorin »Black Saracens« und zu deren Identifizierung auch »turbans«, die im Bild überhaupt nicht vorkommen. Mit abweichenden Interpretationen setzt sie sich hingegen nicht auseinander.[73] Sie betonen nicht nur den antisemitischen Kontext der Darstellungen, sondern verweisen vor allem auf ihren Impetus zur Dämonisierung und Diabolisierung.

---

72 Vgl. *Robert Bartlett*, Medieval and Modern Concepts of Race and Ethnicity, in: The Journal of Medieval and Early Modern Studies 31, 2001, S. 39–56 (Special Issue on Race and Ethnicity in the Middle Ages) – dort, S. 42 (Wortfelder), 44 (Übertragung) und 53 (»medieval situation«), auch die folgenden Angaben. Arjana kennt diese Ausgabe, wertet sie aber nur einseitig aus, das heißt, sie verwendet daraus nur Beiträge, die Material für ihre Argumentation liefern. Den Aufsatz von Bartlett, der sich intensiv mit Fragen der mittelalterlichen Terminologie und ihrer Übertragung beschäftigt, ignoriert sie hingegen – genauso wie dessen Plädoyer für einen skrupulösen Umgang mit Bildern in *Robert Bartlett*, Illustrating Ethnicity in the Middle Ages, in: *Eliav-Feldon/Isaac/Ziegler*, The Origins of Racism in the West, S. 132–156. Beide hätten Anlass zur Problematisierung des extensiven Gebrauchs von »race« bei der Übersetzung von Texten des lateinischen Mittelalters und von »racialization« bei der Beschreibung dazugehöriger Illustrationen geben müssen.

73 Vgl. zum Luttrell Psalter die Abbildung auf Seite f.53v (das Manuskript ist verfügbar unter URL: <http://www.bl.uk/manuscripts/Viewer.aspx?ref=add_ms_42130_fs001ar> [25.8.2016]). Zu den beiden von der Autorin verwendeten Abbildungen aus dem Chichester Psalter heißt es bei *M. Lindsay Kaplan*, The Jewish Body in Black and White in Medieval and Early Modern England, in: Philological Quarterly 92, 2013, S. 41–65, hier: S. 48: »[A] mob of brown-skinned men surround Jesus and Judas, both of whom are portrayed with white skin. The artist signals the identity of the arresters by distorting their features, a common practice in disparaging representations of Jews […]. Four of the six attackers whose faces are visible wear hats and one has red hair, both characteristics of other medieval depictions of Jews […]. The representation of the scourging taken from the same psalter again renders Jesus's attackers with brown skin, red hair or a cap, open mouths, large noses, and distorted faces. In contrast, both images depict Jesus with even, symmetrical features, light skin and hair.« Bei *Pamela Berger*, The Roots of Anti-Semitism in Medieval Visual Imagery. An Overview, in: Religion and the Arts 4, 2000, S. 4–42, hier: S. 28, heißt es zur ersten dieser Abbildungen: »Jews […] are depicted with hooked noses and bestial features, and they are dressed in the tunics and pointed hats of the period. […] Jews are also characterized by their swarthy skin and large mouths, and one man is distinguished by his particular pointed Jewish cap which is topped by the face of a demon, an obvious reference to the presumed affinity between Jews and the devil«. Die beiden angesprochenen Seiten einschließlich der Abbildungen sind mit den Stichworten »Arjana Muslims Chichester« unter URL: <https://books.google.de/> [25.8.2016] einsehbar.

Zwar gibt es auch visuelle Marker auf diesen Bildern. Doch in Sonderheit die Illustration vom Verrat des Judas macht klar, dass es bei ihnen mit Sicherheit nicht um Rassisierung geht. Judas wird, ebenso wie Jesus, hellhäutig dargestellt. Gezeigt wird der Moment des Judaskusses (vgl. Matthäus 26, 47–51). Der Jünger befindet sich noch in der erleuchteten Sphäre von Jesus. Sein durch den Kuss besiegelter Verrat wird freilich dadurch sichtbar, dass seine eine Hand sich am Gewand Christi festhält, während er mit der anderen die von einem der Häscher ergriffen hat. Diese sind (angeblich von den Hohenpriestern und gerade nicht vom römischen Stadthalter geschickt) als Juden kenntlich gemacht, die sich am Sohn Gottes versündigen. Ihr Pakt mit dem Bösen zeigt sich sowohl in ihrer Physiognomie als auch an ihrer Hautfarbe. Sie ist das Zeichen des Bösen, was zur selben Zeit auf einer Abbildung des Sturzes der Engel im »Brailes Psalter« dadurch demonstriert wird, dass die Hautfarbe der fallenden Engel beim Einritt in die Hölle dunkel wird.[74]

Die Hautfarbe auf den von Arjana angesprochenen Bildern ist zwar ein Marker, aber der verwendet keine Eindrücke der Wahrnehmung und konstruiert keine Rassen, sondern er benutzt Elemente der Imagination zur Kennzeichnung von Verworfenen. Dabei kommt es im europäischen Mittelalter durchaus zu Überlagerungen, die zu »multivalent signs« führen. Deren Einsatz folgt aber auch da der Logik der Verteufelung, wo er sich, wie in den Überlegungen der Kirchenväter, auf »schwarze Äthiopier« bezieht, deren Hautfarbe als Zeichen der Sünde gilt. Dabei wird nicht etwa die Sünde rassisiert, sondern tradierte oder wahrgenommene Hautfarbenunterschiede werden metaphysisch aufgeladen. Das zeigt sich nicht nur daran, dass zum Beispiel Gregor der Große »Äthiopien« für eine geeignete Bezeichnung der gesamten sündigen Welt hielt oder Hieronymus meinte, ihrer Sünden wegen seien einst alle Menschen Äthiopier gewesen. Das zeigt sich vor allem auch in den zeitgenössischen Auseinandersetzungen um die Beschreibung und Darstellung von »Afrikanern«.

Sie fällt in eine Zeit, in der sich das Christentum durch innere (Juden) und äußere Feinde (als »Sarazenen« bezeichnete Muslime und häufig »Tataren« genannte Mongolen) bedroht wähnte. Obwohl sie ethnisch durchaus unterschieden wurden, ließen sie sich unter dem Signum des falschen Glaubens zusammenfassen. Bei ihrer Dämonisierung und Diabolisierung kam der Farbe Schwarz (zusammen mit dunklen Blautönen) eine bedeutsame Funktion zu. In der Regel »Äthiopier« genannte Afrikaner, deren Hautfarbe der christliche Sündendiskurs als ein Zeichen der Verworfenheit interpretierte, gerieten als imaginierte oder tatsächliche Parteigänger der Muslime in diese Debatte, die Hautfarbenvergleiche nutzt, um ihren Verteufelungsdiskurs zu unterstreichen. Wenn dabei physiognomische

---

74 Vgl. *Debra Higgs Strickland*, Saracens, Demons, Jews. Making Monsters in Medieval Art, Princeton 2003, S. 69; zum Folgenden vgl. ebd., S. 160 (»multivalent signs«) und 84 (»Äthiopier«). Die Abbildung des Sturzes der Engel aus dem »Brailes Psalter« ist abrufbar unter URL: <http://www.english.cam.ac.uk/medieval/images/Fitz1.jpg> [25.8.2016]. Die christliche Verteufelung trifft nach den Juden auch die Muslime und die Mongolen. Was das Sarazenenstereotyp betrifft, so wird es zum Beispiel in Bedas Charakterisierung der Sarazenen als Verehrer Luzifers noch über das antike Verständnis der Venus als Morgenstern und Lichtbringer vermittelt, mündet aber etwa in der »Summa totius haeresis Saracenorum« des Petrus Vernerabilis in die schlichte Gleichsetzung »Satanan, scilicet Mahumetum« – vgl. *Ekkehart Rotter*, Abendland und Sarazenen. Das okzidentale Araberbild und seine Entstehung im Frühmittelalter, Berlin 1986, S. 248f. (zu Beda) und *Hans-Werner Goetz*, Die Wahrnehmung anderer Religionen und christlich-abendländisches Selbstverständnis im frühen und hohen Mittelalter (5.–12. Jahrhundert), Berlin 2013, Bd. 1, S. 287 (zu Petrus). Die englischsprachige Literatur vermittelt auch hier wieder allein durch ihre Übersetzung den Eindruck, als wäre es schon zu dieser Zeit um »Rasse« gegangen, so zum Beispiel wenn Bedas »Sarracenorum gens« mit »race of the Saracens« übersetzt wird wie von *John V. Tolan*, Saracens. Islam in the Medieval European Imagination, New York 2002, S. 73.

Kennzeichen auftauchten, lässt sich daraus nicht einfach eine Rassisierung des Afrikanerbildes und des antimuslimischen Rassismus ableiten. Das liegt schlicht an der Komplexität der Auseinandersetzung, in der Afrikaner eben nicht nur als Gegner, sondern auch als Parteigänger des Christentums eine Rolle spielten.

Arjanas unkritischer Umgang mit dem Rassenkonzept deckt deswegen nicht etwa eine Rassisierung mittelalterlicher Bilder von Muslimen auf, sondern bringt diese vielmehr allererst hervor. Tatsächlich konstruierten die untersuchten Diskurse Afrikaner nicht als »Rasse«, sondern verknüpften mit ihrer Wahrnehmung verbundene körperbezogene Stereotype mit unterschiedlichsten Argumentationsmustern. Die genealogischen Schwarzen der Kirchenväter wurden dabei als Sünder gelabelt, die schon deswegen keine Rasse waren, weil ihre Hautfarbe als allgemeines Symbol galt, das sich auf die gesamte Menschheit beziehen ließ. Und die feindlichen Schwarzen antimuslimischer Polemiken bildeten ebenfalls keine Rasse, weil ihnen ritterliche Schwarze (wie der heilige Mauritius) und heilige Schwarze (wie einer der Heiligen Drei Könige) als Parteigänger des Christentums gegenüberstanden.[75]

Dass das Rassisierungskonzept in historischer Perspektive oder bei Anwendung auf nichtrassische Rassismen irreführend ist, hindert nicht seine produktive Anwendung auf Diskriminierungen, die mit Rassenkategorien operieren oder von diesem beeinflusst sind. Das gilt zumal für die Entstehung und Durchsetzung des Rassenkonzepts selbst, das sich aus der Perspektive der Rassisierung als komplexe soziale Konstruktion zeigt. Auch in diesen Zusammenhängen gilt es freilich, das Konzept der Rassisierung immer wieder daraufhin zu überprüfen, ob und inwieweit es mit anderen Konzepten rassistischer Diskriminierung verbunden ist. Das zeigt eine Studie von Edlie Wong zur »Racial Reconstruction« in den USA, die sich mit der Geschichte der »comparative racialization« von indigenen Amerikanern, Afrikanern, Europäern und Asiaten in den USA vor und nach dem Bürgerkrieg und der Aufhebung der Sklaverei befasst.[76] Der Schwerpunkt der Argumentation liegt dabei allerdings eindeutig auf der antichinesischen Agitation, Politik und Rechtsprechung. Sie versuchten, den Rassismus gegenüber Schwarzen zur Rassisierung der Chinesen zu nutzen und eine »Negroization of the Chinese« zu betreiben, die sich schließlich auch in »the image of a ›Negroid Chinese‹« niederschlug.[77]

Wong zeigt das unter anderem an der Rhetorik des kalifornischen Chief Justice Hugh Campbell Murray in der Urteilsbegründung im Berufungsprozess People v. Hall 1854. In ihm ging es darum, ob chinesische Zeugen gegen den (weißen) Mörder eines chinesischen Bergmanns aussagen durften. Der Täter war aufgrund der Zeugenaussagen von drei Chinesen verurteilt worden, kam durch den Spruch des Berufungsgerichts aber frei (und lieferte eine der juristischen Blaupausen für straffreie rassistische Gewalt). Der findige Richter betätigte sich gleichermaßen als Rassenanthropologe und als Rassenideologe – indem er einmal die Chinesen zu Rassenverwandten der amerikanischen Indianer erklärte (die schon vorheriger Rechtsprechung wegen nicht als Zeugen vor Gericht auftreten durften); und indem er, gleichsam zur doppelten Absicherung seiner Überzeugung, alle »Nichtweißen« vorsorglich zu »Schwarzen« erklärte (die ebenfalls bereits als Zeugen vor Gericht ausgeschlossen waren):

---

75 Vgl. *Hund*, Rassismus (1999), S. 27–32, und *Malte Hinrichsen/ders.*, Metamorphosen des ›Mohren‹. Rassistische Sprache und historischer Wandel, in: *Gudrun Hentges/Kristina Nottbohm/Mechtild M. Jansen* u. a. (Hrsg.), Sprache – Macht – Rassismus, Berlin 2014, S. 69–96, hier: S. 78–84.

76 Vgl. *Edlie L. Wong*, Racial Reconstruction. Black Inclusion, Chinese Exclusion, and the Fictions of Citizenship, New York University Press, New York/London 2015, 304 S., brosch., 28,00 $.

77 *Najia Aarim-Heriot*, Chinese Immigrants, African Americans, and Racial Anxiety in the United States, 1848–82, Urbana/Chicago 2003, S. 60.

»We are of the opinion that the words ›white‹, ›negro‹, ›mulatto‹, ›Indian‹, and ›black person‹, wherever they occur in our Constitution and laws, must be taken in their generic sense, and [...] that the words ›black person‹ [...] must be taken as contradistinguished from white, and necessarily excludes all races other than the Caucasian« (vgl. S. 86).[78]

Spätestens nach der Aufhebung der Sklaverei und der Erweiterung der Bürgerrechte musste diese rassistische Verallgemeinerung unzureichend erscheinen.[79] Im öffentlichen Diskurs wurde angesichts dieser Sachlage auf eine ältere Trope rassistischer Diskriminierung zurückgegriffen: »After the passage of the Reconstruction Amendments, anti-Chinese political discourse began overtly emphasizing the inassimilable religious otherness of Chinese immigrants, recoding Asiatic racial difference in terms of ›heathenism‹« (S. 71). Anstatt aus dieser Analyse Folgerungen für das Verhältnis von Rasse und Rassismus abzuleiten, zieht die Autorin dessen verschiedenen Dimensionen zu einem »racializing discourse of heathenism« zusammen und erklärt: »Racialization found increasingly powerful expression through an exclusionary discourse of white Christian civilization« (S. 72). Die »interrelationship of religion [and] race«[80] gerät dabei aus dem Blick. Sie ist Teil einer langen Geschichte, die hinsichtlich des rassistischen Ausschlusskriteriums Religion schon vor der Kolonisierung Amerikas und der Bezeichnung indigener Amerikaner und afrikanischer Sklaven als Heiden begonnen hatte. Dieses büßte zwar mit der Entwicklung des Rassedenkens an Bedeutung ein, war aber keineswegs verschwunden: »In the nineteenth-century United States, religion and race were mutually constitutive systems, at times blending, at times conflicting, each capable of acting as a metalanguage for the other.«

Eine am Begriff der Rassisierung orientierte Argumentation kennzeichnet auch die Untersuchung von »Race and Racism in Russia«.[81] Ihr Autor, Nikolay Zakharov, legt allerdings seinen Untersuchungszeitraum sehr eng aus und diskutiert – neben einigen kursorischen Ausführungen zum Thema Rassismus im Zarenreich und in der Sowjetunion (S. 29–45) – im Wesentlichen die Revitalisierung des Rassedenkens durch die russische Rechte seit den neunziger Jahren des letzten Jahrhunderts (S. 79–162). Außerdem überfrachtet er seine Analyse mit dem theoretischen Anspruch, »a new theoretical framework for the study of racialization« (S. 18) vorlegen zu wollen. Dabei verwirft er das Konzept des kul-

---

78 Zum Wortlaut des Urteils vgl. URL: <https://dmpsprojectclio.wikispaces.com/file/view/People+v.+Hall-+Novak+%285-7-2011%29.pdf> [10.8.2016]; vgl. auch *David Alan Rego*, People v. Hall (1854), in: *Jonathan H. X. Lee* (Hrsg.), Chinese Americans. The History and Culture of a People, Santa Barbara 2016, S. 213–217.

79 Vgl. *D. Michael Bottoms*, An Aristocracy of Color. Race and Reconstruction in California and the West, 1850–1890, Norman 2013, S. 14ff. Hinzu kam, dass die Rassifizierung der Chinesen von Anfang an nach Geschlecht und vor allem Klasse differenziert war und chinesische Kaufleute entschieden gegen ihre Gleichsetzung mit einfachen Arbeitern protestierten (vgl. *Sucheng Chan*, The Exclusion of Chinese Women, 1870–1943, in: *dies.* (Hrsg.), Entry Denied. Exclusion and the Chinese Community in America, 1882–1943, Philadelphia 1991, S. 94–146, hier: S. 138). Dabei bedienten nicht nur sie sich auch rassischer und kulturalistischer Argumente. Dazu gehörte, wie es in einer Zuschrift an den Daily Alta California im Mai 1855 hieß, sowohl der Hinweis, »that when your nation was a wilderness, and the nation from which you sprung barbarous, we exercised most of the arts and virtues of civilized life«, als auch die Bemerkung, »that our population have been a little more tan than yours [...], however, that we are as much allied to the African race and the red man as you are yourself« (zit. nach: *K. Scott Wong*, Cultural Defenders and Brokers. Chinese Responses to the Anti-Chinese Movement, in: *ders./Sucheng Chand* (Hrsg.), Claiming America. Constructing Chinese American Identities during the Exclusion Era, Philadelphia 1998, S. 3–40, hier: S. 16f.).

80 *Joshua Paddison*, American Heathens. Religion, Race, and Reconstruction in California, Berkeley 2012, S. 4; das folgende Zitat findet sich auf S. 9.

81 *Nikolay Zakharov*, Race and Racism in Russia (Mapping Global Racisms), Palgrave Macmillan, Basingstoke/New York 2015, VII + 233 S., geb., 105,00 $.

turalistischen Rassismus (S. 52), bindet Rassismus an Rassisierung und diese an »the idea of biological race« (S. 51) und engt den Rassismusbegriff dadurch gleich doppelt ein: indem er ihn historisch extrem verkürzt – obwohl er anders fokussierte historische Diskriminierungen sieht und erklärt, dass »[t]here clearly were exclusions and classifications in the pre-modern period that resemble today's racial practices« (S. 55) – und indem er seine Reichweite auf »discourses and practices that make use of human phenotypes, that is, visible and observable physical characteristics and traits« (S. 64) beschränkt. Damit schreibt er die Unterstellung der klassischen Rassentheorien fort (die nicht in der Wahrnehmbarkeit physischer Unterschiede bestand, sondern im Versprechen ihrer differenzierenden Klassifizierbarkeit).

Aus dieser Perspektive kann er anschließend zwar mit einer Vielzahl einschlägiger Belege den »racial turn in Russia« (S. 101), das heißt die Rerassisierung insbesondere des rechten russischen politischen Diskurses belegen, der ein »weißes« biologisches »Russentum« propagiert (S. 92), dessen »Reinhaltung« fordert (S. 105) und es sogar mit der Arierideologie verbindet (S. 95). Was die Analyse dieser Entwicklung anbelangt, so bedient sie sich naheliegender Erklärungen – die Mobilisierung von Migration nach dem Ende des Sozialismus hat zu erhöhtem Konkurrenzdruck geführt, die Opfer dieser Entwicklung suchen nach neuer Identität und können sich dabei des nicht mehr tabuisierten Rassendiskurses bedienen: »Those who have not been ›integrated into the market‹ [...] can set off on the path of ›doing‹ race and ›becoming‹ white by racializing labor migrants as ›black‹« (S. 191f.).[82]

Diese Hinweise tragen aber nichts zu der spannenden Frage bei, wie sich Rassismus im Verlauf dreier höchst unterschiedlicher Gesellschaftsstadien vom Zarenreich über die Sowjetunion bis ins heutige Russland entwickelt hat. Dazu hätte unter anderem diskutiert werden müssen, dass sowjetische Anthropologen einerseits versuchten, »to establish a new field of Soviet race science [...] that took an explicitly ›nonracist approach‹ to the scientific study of race«, und andererseits »the political and scientific discrediting of the concept of biological race« propagiert wurde.[83] Die Erörterung solcher und anderer Widersprüche hätte zur Klärung der Frage beitragen können, warum etwa eine 1930 in Moskau erschienene Studie wie die von Endre Sík zum Thema »Rassenproblem und Marxismus« als »advanced Marxist theoretical text on racial issues« gewertet wird, »which argued, for the first time, that race should be straightforwardly regarded as a social construction« (S. 8), während gleichwohl »[i]n spite of all the anti-racist propaganda [...], racism was paradoxically not presented as a social problem in public discourse« (S. 37). Auch wenn das angesichts der intensiven antiimperialistischen Propaganda bezweifelt werden kann[84],

---

82 Im Kontext dieser Überlegungen verweist Zakharov auch auf Überlegungen zu »rassistischem Kapital« (S. 103, 135 und 191), ohne sich aber mit Ansätzen wie denen von *David R. Roediger*, The Wages of Whiteness. Race and the Making of the American Working Class, überarb. Ausg., London 1999; ders., Working Towards Whiteness. How America's Immigrants Became White, New York 2005 (der nur kursorisch genannt wird) oder *Anja Weiß*, The Racism of Globalization, in: *Donaldo Macedo/Panayota Gounari* (Hrsg.), The Globalization of Racism, Abingdon/New York 2006, S. 129–147; dies., Racist Symbolic Capital. A Bourdieuian Approach to the Analysis of Racism, in: *Wulf D. Hund/Jeremy Krikler/David Roediger* (Hrsg.), Wages of Whiteness & Racist Symbolic Capital, Berlin/Münster 2010, S. 37–56 (die nicht zur Kenntnis genommen wird) auseinanderzusetzen.
83 *Francine Hirsch*, Empire of Nations. Ethnographic Knowledge and the Making of the Soviet Union, Ithaca 2005, S. 264 (»nonracist approach«), und *Marina Mogilner*, Homo Imperii. A History of Physical Anthropology in Russia, Lincoln/London 2013, S. 368 (»discrediting«).
84 Vgl. zum Beispiel *Ian Law*, Red Racisms. Racism in Communist and Post-Communist Contexts, Basingstoke/New York 2012, S. 21f.; vgl. dazu meine Rezension *Wulf D. Hund*, Rezension von: Ian Law, Red Racisms. Racism in Communist and Post-Communist Contexts, in: AfS (online) 53, 2013, URL: <http://library.fes.de/pdf-files/afs/81470.pdf> [10.8.2016].

wurde Rassismus im sowjetischen Diskurs zweifellos als Problem der »anderen« verstanden. Dadurch unterblieb nicht nur eine selbstkritische Auseinandersetzung mit dem Problem, sondern dieses wurde auch verkürzt (und gelegentlich durchaus auch opportunistisch)[85] behandelt.

Zu den dabei ausgeblendeten Dimensionen des Rassismus gehören freilich Problemfelder, die bei Zakharov lediglich gestreift werden oder ganz fehlen. Wenn in einer Untersuchung des »Rassismus in Rußland« die Thematik Antisemitismus nur nebenbei vorkommt, die vom russischen Geheimdienst erfundenen »Protokolle der Weisen von Zion«[86] noch nicht einmal erwähnt werden und der Antisemitismus in der Sowjetunion auf eine »racialization of the Jews« (S. 67) verkürzt wird[87]; – wenn ethnische und klassenbezogene Rassismen, die zwar nicht auf den Rassenbegriff rekurrierten, aber, wie die Kulaken-

---

85 Das zeigt etwa die Studie von *Ernst Fischer*, Die Faschistische Rassentheorie, Moskau 1941. Der Autor war lange Zeit Mitglied der Sozialdemokratischen Partei Österreichs, während einiger Jahre Redakteur der »Arbeiter-Zeitung« und leitender Kopf der linken Opposition in der Partei. Nach dem austrofaschistischen Putsch floh er nach Prag. Hier wurde er Mitglied der KPÖ, ehe er noch im selben Jahr nach Moskau weiterreiste. Dort arbeitete er ab 1938 als Redakteur der Kommunistischen Internationale und begann einen Text über »Die faschistische Rassenlehre« zu schreiben. Das Manuskript, das Kapitel zur ›Judenfrage‹ und zur ›Negerfrage‹ enthielt, schloss er im Sommer 1939 ab. Nach dem Hitler-Stalin-Pakt wurde die Druckgenehmigung für das Buch zurückgezogen und Fischer musste den Teil über die ›Judenfrage‹ streichen. Der überarbeitete Text sollte unter dem Titel »Die reaktionäre Rassentheorie« erscheinen. Mittlerweile hatte der deutsch-sowjetische Krieg begonnen und die Sowjetunion schloss sich der Anti-Hitler-Koalition an. Jetzt erschien der Zensur das Kapitel über die ›Negerfrage‹ als problematisch. Mit entsprechenden neuerlichen Änderungen wurde die Arbeit schließlich gedruckt (vgl. *Karin Hartewig*, Zurückgekehrt. Die Geschichte der jüdischen Kommunisten in der DDR, Köln/Weimar etc. 2000, S. 61f.). Sie behandelt »Rassentheorie« als ein reaktionäres Unternehmen, das von Arthur de Gobineau begründet und von Houston Stewart Chamberlain bis Alfred Rosenberg fortgeführt wurde und so nur als faschistische Rassentheorie Gegenstand der Kritik ist. Diese habe sich von aller Wissenschaftlichkeit abgewandt und sei zum »mystischen Hokuspokus« geworden (*Fischer*, Die Faschistische Rassentheorie, S. 10). Dem, was sich an ihr noch mit dem Mantel der Wissenschaftlichkeit verbrämt, hält Fischer »die wahre, die dialektische Naturwissenschaft« entgegen, die mithilfe von Lyssenko und anderen »den reaktionären Rassentheorien den Boden unter den Füßen entzogen« habe (ebd., S. 14f.). Das lange Kapitel über die ›Judenfrage‹ endet anschließend im Fiasko, nämlich dem angeblichen Wissen der jüdischen Proletarier und revolutionären Intellektuellen, »daß die Judenfrage nur durch die völlige Auflösung des Judentums aus der Welt geschafft werden kann«. Das würde im Sozialismus gelingen: Die »Massen der jüdischen Arbeiter, Bauern und Intelligenz in der Sowjetunion hören allmählich auf, Juden zu sein« (ebd., S. 44f.).
86 Vgl. *Norman Cohn*, ›Die Protokolle der Weisen von Zion‹. Der Mythos der jüdischen Weltverschwörung, Baden-Baden/Zürich 1998 (zuerst engl. 1966); zu Hintergründen und Wirkung vgl. *Richard Landes/Steven T. Katz* (Hrsg.), The Paranoid Apocalypse. A Hundred-Year Retrospective on The Protocols of the Elders of Zion, New York/London 2012; *Esther Webman* (Hrsg.), The Global Impact of The Protocols of the Elders of Zion. A Century-Old Myth, Abingdon/New York 2011. Für die Relevanz des Topos für eine Studie zum »Rassismus in Rußland« ist es nicht notwendig, wie *Nora Levin*, The Jews in the Soviet Union since 1917, 2 Bde., New York 1988, Bd. 1, S. 520, eine »similarity between Stalin's obsession and exploitation of the old ›international Jewish conspiracy‹ with The Protocols of the Elders of Zion« zu diagnostizieren.
87 Vgl. *Franziska Davies/Martin Schulze Wessel/Michael Brenner* (Hrsg.), Jews and Muslims in the Russian Empire and the Soviet Union, Göttingen 2015; *Zvi Y. Gitelman*, A Century of Ambivalence. The Jews of Russia and the Soviet Union, 1881 to the Present, Bloomington 2001; *Yaacov Ro'i* (Hrsg.), Jews and Jewish Life in Russia and the Soviet Union, Abingdon/New York 2016; *Vadim Rossman*, Russian Intellectual Antisemitism in the Post-Communist Era, Lincoln/London 2002.

verfolgung und die Säuberungen in der Ukraine eine gewaltige Zahl an Opfern forderten[88], noch nicht einmal ins Gesichtsfeld der auf Rassisierungsprozesse verengten Fragestellung geraten; – wenn bei der Behandlung rassistischen Denkens im Verlauf der letzten 150 Jahre das Thema »Eugenik« ausgeblendet wird, obwohl es nicht zuletzt in der Sowjetunion eine erhebliche Rolle gespielt hat:[89] Dann stimmt etwas nicht mit der Rassismusanalyse.

Ein wesentlicher Grund dafür ist eine Hypertrophie des Rassenbegriffs, dessen Geltungsbereich mithilfe der Kategorie Rassisierung extrem ausgedehnt wird und doch gleichzeitig die Untersuchung von Rassismen nachhaltig einschränkt und verkürzt. Die vermeintliche Vergrößerung der Reichweite projiziert dabei »Rasse« auf anders gelagerte Wahrnehmungsmodi menschlicher Besonderheiten und auf Muster rassistischer Differenzierung, die von unterschiedlichsten Kriterien bestimmt waren und sind. Deren Verkürzung auf rassisierte Diskriminierung verdankt sich einer unkritischen Übernahme der widerständigen und identitätsbildenden Verwendung des Rassenbegriffs in antirassistischen Kämpfen und subsumiert dadurch die weltweite Vielfalt rassistischer Herabminderungen unter die Kategorie Rasse. Deren analytischer Zugriff ist ebenso erhellend wie beschränkt. Gegenwärtig bewährt er sich unter anderem in der Kritik eines fortdauernden weißen Suprematismus und bei der Zurückweisung von »Post-Race«-Argumenten, die versuchen, die Rassenkategorie für obsolet und mit ihr argumentierende Untersuchungen für überholt zu erklären.

Eine auf den Rassenbegriff reduzierte Engführung der Rassismuskritik ist dadurch aber nicht gerechtfertigt und führt in analytische Untiefen. Rassismusanalyse in der Rassenfalle bezieht sich zusehends auf körperliche Verschiedenheiten, deren Anspruch, Differenzierungskriterien für große Menschengruppen abgeben zu können, bis vor Kurzem noch überwiegend als dekonstruiert gegolten hat. Die dabei angestrebte Vermittlung natürlicher und sozialer Elemente revalidiert unter der Hand, wenn auch wider Willen, ein Grundelement der klassischen Rassentheorien und geht dabei mit der Betonung sichtbarer Unterschiede sogar noch über deren genetische Fortschreibung hinaus. Das Versprechen, Rassismus als herrschaftlich fundierte soziale Sichtbarmachung angeblich natürlicher Unterschiede zu entschlüsseln, wird dadurch gefährdet, dass er ausschließlich an Körper gebunden und nicht als gesellschaftliches Verhältnis untersucht wird.

---

88 Die sogenannte Dekulakisierung und der Holodomor haben immerhin Eingang in die Literatur über Genozide gefunden – vgl. *Ben Kiernan*, Erde und Blut. Völkermord und Vernichtung von der Antike bis heute, München 2009, S. 629ff., und *Norman M. Naimark*, Stalin's Genocides, Princeton 2010, S. 51ff. und 70ff.
89 Vgl. *Filip Bardziński*, The Concept of the ›New Soviet Man‹ As a Eugenic Project. Eugenics in Soviet Russia after World War II, in: Ethics in Progress 4, 2013, S. 57–81; *Nikolai Krementsov*, From ›Beastly Philosophy‹ to Medical Genetics. Eugenics in Russia and the Soviet Union, in: Annals of Science 68, 2011, S. 61–92; *Per Anders Rudling*, Eugenics and Racial Biology in Sweden and the USSR. Contacts across the Baltic Sea, in: Canadian Bulletin of Medical History 31, 2014, S. 41–75.

Johannes Großmann

Die »Grundtorheit unserer Epoche«?
Neue Forschungen und Zugänge zur Geschichte des Antikommunismus

Thomas Manns Rede vom 13. Oktober 1943 in der Washingtoner Library of Congress stand ganz unter dem Eindruck der psychologischen Wende von Stalingrad. Der von der nationalsozialistischen Propaganda zum »Kreuzzug gegen den Kommunismus« stilisierte Vernichtungsfeldzug gegen die Sowjetunion schien zurückgeschlagen. Die Rote Armee befand sich auf dem Vormarsch. Und in seinem Selbstverständnis als Sprachrohr des deutschen Exils sah sich Mann zu einer klaren ideologischen Stellungnahme verpflichtet:

»Sie sehen, daß ich in einem Sozialismus, in dem die Idee der Gleichheit die der Freiheit vollkommen überwiegt, nicht das menschliche Ideal erblicke, und ich glaube, ich bin vor dem Verdacht geschützt, ein Vorkämpfer des Kommunismus zu sein. Trotzdem kann ich nicht umhin, in dem Schrecken der bürgerlichen Welt vor dem Wort Kommunismus, diesem Schrecken, von dem der Fascismus [sic] so lange gelebt hat, etwas Abergläubisches und Kindisches zu sehen, die Grundtorheit unserer Epoche.«[1]

Thomas Mann wusste, wovon er sprach: 1933 hatte sich der von den Nationalsozialisten als »schreibende Mischung zwischen Indianern, Negern, Mauren und weiß der Teufel was sonst noch«[2] geschmähte Literaturnobelpreisträger zur Emigration aus Deutschland gezwungen gesehen. Nach Zwischenstationen in Südfrankreich und der Schweiz war er schließlich in die USA übergesiedelt. Von dort aus hatte er die Entfesselung des Zweiten Weltkriegs, den anfänglichen Siegeszug der Wehrmacht und den deutschen Überfall auf die Sowjetunion mitverfolgt. Seine Rede vom Oktober 1943 wurde daher zu einem entschiedenen Plädoyer für jene Allianz, zu der sich die westlichen Demokratien und die Sowjetunion in ihrem Kampf gegen den Nationalsozialismus zusammengeschlossen hatten. Die Fragilität und die innere Widersprüchlichkeit dieser Allianz sollte jedoch schon kurze Zeit nach Kriegsende in aller Offenheit zutage treten. Und wieder – wenngleich unter gänzlich anderen Umständen – bekam Thomas Mann die Auswüchse des Antikommunismus am eigenen Leib zu spüren: Angesichts seiner Proteste gegen den Koreakrieg und seiner Kritik an den Verhörpraktiken des »House Un-American Activities Committee« (HUAC) wurde er im Juni 1951 vor dem Repräsentantenhaus der Vereinigten Staaten als »einer der weltweit führenden Apologeten von Stalin und Co.«[3] diskreditiert. Seine Rückkehr nach Europa war wohl nicht zuletzt eine Reaktion auf die zunehmende Entgrenzung der antikommunistischen Verfolgungen in den USA.

---

1 *Thomas Mann*, Schicksal und Aufgabe [1943], in: *ders*., Essays, Bd. 5: Deutschland und die Deutschen. 1938–1945, Frankfurt am Main 1996, S. 218–231, hier: S. 234. Für wertvolle Ratschläge und Hinweise bedankt sich der Autor bei Thomas Gijswijt, Sonja Großmann, Stéphanie Roulin und Agnès Vollmer.
2 *Gertrud Bergmann*, Thomas Mann bei den Juden, in: Der Angriff, 23.10.1930.
3 So der Wortlaut eines im antikommunistischen Politmagazin »The New Leader« publizierten Artikels, den der republikanische Abgeordnete Donald L. Jackson dem Repräsentantenhaus zur Kenntnis brachte: *Eugene Tillinger*, Thomas Mann and the Commissar, in: The New Leader, 18.6.1951. Für eine breitere Kontextualisierung vgl. *Hans Rudolf Vaget*, Hoover's Mann: Gleanings from the FBI's Secret File on Thomas Mann, in: *Wolfgang Elfe/James Hardin/Gunther Holst* (Hrsg.), The Fortunes of German Writers in America. Studies in Literary Reception, Columbia 1992, S. 131–144. Im Sinne einer besseren Lesbarkeit hat der Autor dieses Beitrags Originalzitate aus dem Englischen und Französischen ins Deutsche übersetzt.

Zeitgenössische Kritik und Deutung

Thomas Manns Diktum von der »Grundtorheit unserer Epoche« war natürlich keine distanzierte und historisierende Einschätzung, sondern ein zutiefst normatives Urteil. Tatsächlich sollte es noch Jahrzehnte dauern, bis das Thema Antikommunismus seine politische Brisanz zumindest teilweise eingebüßt hatte. Dies galt auch und insbesondere für die sozial- und geschichtswissenschaftliche Forschung. Zwar erschien seit den frühen 1960er-Jahren eine Vielzahl von Darstellungen, die sich aus marxistischer Perspektive mit dem Antikommunismus in den westlichen Demokratien und seinen historischen Wurzeln befassten. Ihre Verfasser waren allerdings alles andere als neutral und verfolgten vorrangig politische Absichten, wenn sie – wie Kurt Hirsch – die »Blutlinie« des Antikommunismus in Deutschland von der Zwischenkriegszeit über den Nationalsozialismus bis zur Ära Adenauer nachzeichneten[4], wie Martin Hundt eine Genealogie des deutschen Antikommunismus vom Kölner Kommunistenprozess 1852 bis zu den Berufsverboten in der Bundesrepublik beschrieben[5] oder den Antikommunismus schlichtweg als »Ideologie des Klerikalmilitarismus«, »Feind der Menschheit«, Instrument des »deutschen Imperialismus« oder »ideologische Hauptwaffe des Imperialismus« charakterisierten.[6] Das Schlagwort »Antikommunismus« wurde aber insbesondere auch zur Diskreditierung und Bekämpfung von Gegnern und Abweichlern innerhalb des marxistischen Spektrums verwendet.[7]

Dem gegenüber stand die Art von Literatur, die den Antikommunismus aus einer liberalen oder gemäßigten marxistischen Position heraus kritisierte. Diese Literatur beschränkte sich nicht auf die Rekonstruktion tatsächlicher oder vermeintlicher historischer Kontinuitäten und Parallelen, sondern verortete den Antikommunismus vor allem im zeitgenössischen Kontext der Ost-West-Konfrontation.[8] Wenngleich dieser »Anti-Antikommunismus«, dessen Protagonisten gerne Thomas Mann als Kronzeugen zitierten, »selbst teilweise wieder undifferenziert argumentierte und dogmatische Züge annahm«[9], so hob er sich

---

4 *Kurt Hirsch*, Die Blutlinie. Ein Beitrag zur Geschichte des Antikommunismus in Deutschland, Frankfurt am Main 1960.
5 *Martin Hundt*, Anti-Kommunismus vom Kölner Kommunistenprozeß 1852 zu den Berufsverboten heute, Frankfurt am Main 1972.
6 *Erhard Albrecht*, Der Antikommunismus – Ideologie des Klerikalmilitarismus, Berlin (Ost) 1961; Antikommunismus – Feind der Menschheit. Materialien eines internationalen Meinungsaustauschs, Berlin (Ost) 1963; *Leo Stern*, Der Antikommunismus in Theorie und Praxis des deutschen Imperialismus. Zur Auseinandersetzung mit der imperialistischen deutschen Geschichtsschreibung, Berlin (Ost) 1964; *Gennadij Borisovič Chromušin* (Hrsg.), Antikommunismus, ideologische Hauptwaffe des Imperialismus, Berlin (Ost) 1974. Ähnlich argumentieren zum Beispiel *Hans Beyer*, Wesen, Funktionen, Differenzen und Formen des Antikommunismus in Westdeutschland, Habil., Leipzig 1967; *F[edor] D. Ryženko/O[tto] Reinhold*, Der gegenwärtige Antikommunismus – Politik und Ideologie, Frankfurt am Main 1974; Interessant ist die aus dezidiert christlicher Perspektive formulierte Kritik des Antikommunismus in: *Günther Wirth* (Hrsg.), Antikommunismus und Proexistenz, Berlin (Ost) 1965.
7 Vgl. zum Beispiel *Boris Nikolaevič Ponomarev*, Trotzkismus – ein Werkzeug des Antikommunismus, Moskau 1972; *Valerij Andreevič Kačanov/Vladislav Stanislavovič Šumskij*, Sozialdemokratie im Widerstreit zwischen Antikommunismus und Arbeiterinteressen, Berlin (Ost) 1973; *Enver Hoxha*, Eurokommunismus ist Antikommunismus, Dortmund 1980.
8 Vgl. zum Beispiel *Werner Hofmann*, Stalinismus und Antikommunismus. Zur Soziologie des Ost-West-Konflikts, Frankfurt am Main 1967, S. 129–169; Peace Education Division, American Friends Service Committee (Hrsg.), Anatomie des Antikommunismus. Mit einem Vorwort und einer Analyse von Eugen Kogon über die Funktion des Antikommunismus in der Bundesrepublik Deutschland, Olten/Freiburg im Breisgau 1970; *Heinrich Böll/Lew Kopelew*, Antikommunismus in Ost und West. Zwei Gespräche, hrsg. v. *Heinrich Vormweg*, Köln 1982.
9 *Bernd Faulenbach*, Erscheinungsformen des »Antikommunismus«. Zur Problematik eines vieldeutigen Begriffs, in: Jahrbuch für Historische Kommunismusforschung, 2011, S. 1–13, hier: S. 10.

doch in aller Regel deutlich vom wissenschaftlich verbrämten Schrifttum kommunistischer Hardliner ab. Weitaus weniger Autoren beschäftigten sich aus einer affirmativen politischen Haltung heraus mit dem Phänomen des Antikommunismus. Einige von ihnen präsentierten sich mehr oder weniger offen als Apologeten von Faschismus und Nationalsozialismus.[10] Andere verteidigten den Antikommunismus aus einer bürgerlich-konservativen Position heraus als notwendige und natürliche Reaktion auf die Bedrohung demokratischer Freiheiten durch den Kommunismus.[11]

Ein umstrittener und schwer zu definierender Forschungsgegenstand

Eine historisch-distanzierte Auseinandersetzung mit dem Forschungsgegenstand Antikommunismus wurde erst mit dem Ende des Kalten Kriegs in Europa möglich. Erste geschichtswissenschaftliche Darstellungen auf Grundlage systematischer Quellenkritik erschienen in der zweiten Hälfte der 1980er-Jahre.[12] Seit den 1990er-Jahren und verstärkt seit der Jahrtausendwende sind die kulturelle Dimension des Kalten Kriegs und damit nicht zuletzt auch die Ideen, Praktiken und Akteure des Antikommunismus zu einem wichtigen Forschungsgegenstand der »New Cold War History«[13] geworden. Trotz dieser zunehmenden Historisierung sehen sich Historiker, die sich explizit mit der Geschichte des Antikommunismus befassen, nach wie vor einem besonderen Rechtfertigungsdruck ausgesetzt. Ein Grund dafür ist sicherlich, dass das Thema auch nach dem Ende des Kalten Kriegs politisch aufgeladen bleibt. So wurden und werden antikommunistische Stereotype und Argumente weiterhin als Waffe im politischen Tagesgeschäft eingesetzt. Beispiele dafür sind die »Rote-Socken«-Kampagne der CDU im Bundestagswahlkampf 1994 und die Diffamierung der sozialpolitischen Maßnahmen Präsident Barack Obamas durch die US-amerikanische Rechte. Auch die juristische Aufarbeitung der kommunistischen Diktaturen, der Umgang mit ihrem gesellschaftlichen und kulturellen Erbe und die Frage nach ihrer angemessenen historischen Einordnung halten – nicht zuletzt in Deutschland – die politische Debatte über das »Instrument Antikommunismus«[14] am Leben und haben sogar den Vorwurf eines »neuen Antikommunismus«[15] aufkommen lassen. Ein noch viel größeres Politikum ist der Begriff »Antikommunismus« in den Weltregionen, in denen der Kommunismus – wie in Südostasien, auf der koreanischen Halbinsel und in Teilen Lateinamerikas – bis heute als Regierungsform oder zumindest als ernst zu nehmende politische Alternative präsent ist.

---

10 Ein besonders krasses Beispiel für diese Art der Apologetik ist die Darstellung des neurechten Theoretikers und rechtsradikalen »Front-National«-Aktivisten *François Duprat*, La Croisade antibolchevique, Paris 1974.

11 Vgl. zum Beispiel *Peter Dittmar*, Antikommunismus. Torheit oder Notwendigkeit?, Köln 1979.

12 Vgl. zum Beispiel *Jean-Jacques Becker/Serge Berstein*, Histoire de l'anticommunisme en France, Bd. 1: 1917–1940, Paris 1987 [weitere Bände nicht erschienen]; *Kai-Uwe Merz*, Kalter Krieg als antikommunistischer Widerstand. Die Kampfgruppe gegen Unmenschlichkeit 1948–1959, München 1987; *Peter Coleman*, The Liberal Conspiracy. The Congress for Cultural Freedom and the Struggle for the Mind of Postwar Europe, New York 1989.

13 Zur »New Cold War History« vgl. programmatisch *John Lewis Gaddis*, We Now Know. Rethinking Cold War History, Oxford 1997; *Odd Arne Westad* (Hrsg.), Reviewing the Cold War. Approaches, Interpretations, Theory, London 2000; *Melvyn P. Leffler/Odd Arne Westad* (Hrsg.), The Cambridge History of the Cold War, 3 Bde., Cambridge/New York etc. 2009.

14 *Jan Korte*, Instrument Antikommunismus. Sonderfall Bundesrepublik, Karl Dietz Verlag, Berlin 2009, 125 S., kart., 9,90 €.

15 *Enzo Traverso*, Der neue Antikommunismus. Nolte, Furet und Courtois interpretieren die Geschichte des 20. Jahrhunderts, in: *Volker Kronenberg* (Hrsg.), Zeitgeschichte, Wissenschaft und Politik. Der »Historikerstreit« – 20 Jahre danach, Wiesbaden 2008, S. 67–90.

Ein zweiter Grund für den Rechtfertigungsdruck, dem die geschichtswissenschaftliche Forschung zum Antikommunismus unterliegt, ist sicherlich, dass der Untersuchungsgegenstand sich eindeutigen und trennscharfen Definitionen entzieht und empirisch nur schwer zu greifen ist. So verweist Andreas Wirsching auf die »Uneindeutigkeit des Phänomens oder auch nur des Schlagwortes«[16], während Jean-François Fayet eine bibliografische Bestandsaufnahme zum Antikommunismus gar für »unmöglich« hält.[17] Tatsächlich waren antikommunistische Ideen und Praktiken meist nicht offen und eindeutig als solche zu erkennen. Dementsprechend selten lassen sich einschlägige Quellenbestände zur Geschichte des Antikommunismus so einfach durch den Historiker identifizieren wie die Akten der von 1924 bis 1950 in Genf ansässigen »Entente Internationale Anticommuniste« (EIA)[18] oder die Verhörprotokolle des HUAC in den USA.[19] Nur wenige Akteure bezeichneten sich selbst als Antikommunisten. Viele bevorzugen es, ihren Gegner und damit auch ihre Selbstzuschreibung durch alternative Bezüge zu präzisieren und ihren Kampf wahlweise als »antirevolutionär«, »antisozialistisch« oder »antimarxistisch«, als »Antibolschewismus«, »Antisowjetismus«, »Antistalinismus« oder »Antitotalitarismus« zu charakterisieren.

Hinter dem Schlagwort »Antikommunismus« verbargen und verbergen sich also in der Realität eine Vielzahl von »Antikommunismen« mit höchst unterschiedlichen, oft widersprüchlichen und teilweise sogar diametral entgegengesetzten politischen Identitäten und Motivationen, »vom Anarchismus über die sozialistische Linke über konservativen Nationalismus über christliche Bewegungen bis zur äußeren Rechten«.[20] Doch wie dieser Forschungsbericht zeigen soll, ist der Antikommunismus gerade aufgrund seiner Komplexität ein äußerst lohnenswerter Untersuchungsgegenstand. Als ein grenzüberschreitendes »Querschnittsphänomen«[21] von europäischer, transatlantischer und letztlich globaler Reichweite muss Antikommunismus gleichermaßen aus ideen-, politik-, sozial- und kulturgeschichtlicher Perspektive beleuchtet werden. Er ist ein ideales Untersuchungsfeld, um die Wechselwirkungen zwischen Ideen, Politik und Gesellschaft, das dynamische Zusammenspiel von »Hard Power« und »Soft Power« sowie die transnationale Dimension von Nationalgeschichten (also durchaus nicht nur der deutschen) in den »Zeitbögen des 20. Jahrhunderts«[22] zu erfassen und zu verstehen.

---

16 *Andreas Wirsching*, Antikommunismus als Querschnittsphänomen politischer Kultur, 1917–1945, in: *Stefan Creuzberger/Dierk Hoffmann* (Hrsg.), »Geistige Gefahr« und »Immunisierung der Gesellschaft«. Antikommunismus und politische Kultur in der frühen Bundesrepublik (Schriftenreihe der VfZ, Sondernummer), Oldenbourg Verlag, München 2014, VI + 410 S., kart., 59,95 €, S. 15–28, hier: S. 15.

17 *Jean-François Fayet*, Reflections on Writing the History of Anti-Communism, in: Twentieth Century Communism. A Journal of International History, 2014, Nr. 6: A Century of Anti-Communism, Lawrence & Wishart, London 2014, 172 S., kart., 15,99 £, S. 8–21, hier: S. 15.

18 Vgl. *Michel Caillat*, Les archives de l'Entente internationale anticommuniste (EIA) à la Bibliothèque de Genève, in: *Michel Caillat/Mauro Cerutti/Jean-François Fayet* u.a. (Hrsg.), Histoire(s) de l'anticommunisme en Suisse – Geschichte(n) des Antikommunismus in der Schweiz, Chronos Verlag, Zürich 2009, 372 S., geb., 42,00 €, S. 351–359.

19 Vgl. *John Joseph Gladchuk*, Hollywood and Anticommunism. HUAC and the Evolution of the Red Menace, 1935–1950 (Studies in American Popular History and Culture), Routledge, New York/London 2006, 218 S., kart., 54,95 $.

20 *Luc van Dongen/Stéphanie Roulin/Giles Scott-Smith*, Introduction, in: *dies.* (Hrsg.), Transnational Anti-Communism and the Cold War. Agents, Actions, and Networks (Palgrave Macmillan Transnational History Series), Palgrave Macmillan, Basingstoke/New York 2014, XVI + 292 S., geb., 60,00 £, S. 1–19, hier: S. 2.

21 *Wirsching*, Antikommunismus als Querschnittsphänomen politischer Kultur, S. 15.

22 *Anselm Doering-Manteuffel*, Die deutsche Geschichte in den Zeitbögen des 20. Jahrhunderts, in: VfZ 62, 2014, S. 321–348.

Typologische Annäherungen

Um diesem Erkenntnisziel gerecht zu werden, benötigt der Historiker jedoch ein geeignetes Analyseinstrumentarium. Jean-Jacques Becker hat daher eine Typologie vorgeschlagen, die nicht weniger als sieben Ausprägungen voneinander abgrenzt: einen zeitlich begrenzten Antikommunismus der äußeren Umstände und der Empörung; einen Antikommunismus der Gleichgültigkeit, der auf die kulturelle Unvereinbarkeit abhebt; einen Antikommunismus, der die konkrete Praxis des Kommunismus in der Sowjetunion und den »Volksdemokratien« anprangert; einen klassengebundenen Antikommunismus des Bürgertums und der Besitzenden; einen vielschichtigen Antikommunismus der politischen Linken; einen ideologischen Antikommunismus; sowie den wertebezogenen und religiös fundierten Antikommunismus der bürgerlichen Rechten.[23] Beckers Typologie erscheint jedoch problematisch, da sie chronologische und systematische Parameter vermengt, nationale und kulturelle Spezifika als essenziell und unverrückbar deutet, sich durch ihre enge Anlehnung an konkrete Einzelbeispiele als relativ unflexibel erweist und – wie Becker selbst schreibt – die »immense Vielfalt der Antikommunismen«[24] nicht vollständig abdeckt.

Der vorliegende Beitrag bevorzugt daher eine andere Typologie, die Andreas Wirsching mit Blick auf den Antikommunismus in Deutschland zwischen 1917 und 1945 entworfen hat. Wirsching unterscheidet idealtypisch zwischen einem ideologischen, einem funktionalen und einem empirischen Antikommunismus, die sich »in der Realität natürlich vermischen« und daher nie in »Reinkultur« anzutreffen seien.[25] Wenn man Wirschings Typologie von ihrem normativen Subtext löst und von den konkret benannten historischen Beispielen abstrahiert, lässt sie sich problemlos auf andere zeitliche und räumliche Kontexte übertragen. Sie besitzt die erforderliche Flexibilität und ermöglicht dennoch eine Identifikation zentraler Strukturelemente und Kernbestände, deren Verschränkung und wechselseitige Beeinflussung dann genauer in den Blick genommen werden können.

In Weiterentwicklung von Wirschings Dreiklang aus ideologischem, funktionalem und empirischem Antikommunismus widmet sich dieser Forschungsbericht daher nacheinander dem Antikommunismus als Weltanschauung beziehungsweise geistigem Referenzrahmen (I.), dem Antikommunismus als politischer Praxis (II.) sowie dem Antikommunismus als sozialer Bewegung (III.).[26] Ein resümierender Ausblick (IV.) verweist auf die wechselhaften zeitlichen Konjunkturen des Antikommunismus, beleuchtet seine vielschichtigen räumlichen Ausprägungen und benennt einige Desiderate der Forschung. Besprochen werden vor allem Neuerscheinungen aus den vergangenen fünf bis zehn Jahren. Doch greift der Bericht auch auf ältere Publikationen zurück, um ein möglichst umfassendes Bild von den Themenbereichen und methodischen Zugängen der historischen Forschung zum Antikommunismus zu zeichnen. Der geografische Fokus liegt – dem Stand der Forschung entsprechend – auf dem (west-)europäischen Raum, insbesondere Deutschland, und den USA. Wo dies angebracht und möglich erscheint, wird jedoch eine globalgeschichtliche Perspektivierung angedeutet.

---

23 *Jean-Jacques Becker*, Avant-propos, in: Communisme 62/63, 2000: Aspects de l'anticommunisme, S. 3–10.
24 Ebd., S. 10.
25 *Wirsching*, Antikommunismus als Querschnittsphänomen politischer Kultur, S. 18–24.
26 Diese Typologie kommt andeutungsweise auch im Untertitel einer Tagung zum Ausdruck, die im November 2014 in Jena stattfand. Vgl. *Hanno Balz*, Tagungsbericht: Der Antikommunismus in seiner Epoche. Weltanschauung, Bewegung, regierende Partei, 13.11.2014–15.11.2014 Jena, H-Soz-Kult, 8.1.2015, URL: <http://www.hsozkult.de/conferencereport/id/tagungsberichte-5759> [25.8.2016].

I. ANTIKOMMUNISMUS ALS WELTANSCHAUUNG: IDEEN UND RHETORIKEN

Antikommunismus wurde und wird von der Forschung in erster Linie als eine Ideologie beziehungsweise Weltanschauung verstanden, die sich in Ablehnung und Abgrenzung zum Kommunismus entwickelt. Der Antikommunismus ist dementsprechend situativ und sein konkreter Begriffsgehalt scheint zunächst einmal »davon abhängig, was unter ›Kommunismus‹ verstanden wird«.[27] Tatsächlich aber sind die Abhängigkeiten und Wechselwirkungen zwischen Kommunismus und Antikommunismus nicht so eindeutig, wie es auf den ersten Blick erscheinen mag. Denn der Fundus an antikommunistischen Ideen und Rhetoriken speist sich durchaus nicht nur aus der konkreten intellektuellen Auseinandersetzung mit den sozioökonomischen Theorien, den politisch-gesellschaftlichen Idealen und der Lebenswirklichkeit des Kommunismus, sondern oft aus gänzlich anderen Zusammenhängen und aus älteren, historisch tief verwurzelten Ideologemen, Stereotypen und Feindbildern. Beides lässt sich nicht voneinander trennen.

Zwar versucht Bernd Faulenbach zu differenzieren zwischen einer »wenig reflektierte[n] Ablehnung von Kommunismus mit der Vertretung konservativer, teilweise auch rückwärtsgewandter Interessen« und »eine[r] sich mit dem Kommunismus auseinandersetzende[n] Kritik [...], die an rationalen Maßstäben orientiert ist und auf der Basis demokratischer Prinzipien begründeter Kritik unterworfen und deshalb den ›Kommunismus‹ abgelehnt hat«.[28] Eine derartige Unterscheidung, die im Zeichen antitotalitärer Selbstvergewisserung einen »rationalen« und »demokratischen« Kernbestand von Antikommunismus identifizieren will, ist jedoch politisch motiviert und in der Forschungspraxis nicht objektiv realisierbar. Denn wie Giles Scott-Smith in seiner Untersuchung zur nachrichtendienstlichen Kooperation im Rahmen des *Interdoc*-Netzwerks zeigt, war die Unterscheidung zwischen einem »negativen« Antikommunismus als unreflektiertem Abwehrreflex und einem »positiven« Antikommunismus als ernsthafter geistiger Auseinandersetzung mit dem »real existierenden Sozialismus« ihrerseits ein Produkt des Kalten Kriegs und der Neuausrichtung antikommunistischer Propaganda vor dem Hintergrund der Entspannungspolitik.[29]

Intellektuelle Auseinandersetzung mit Marxismus und Kommunismus

Gleichwohl gab es natürlich Intellektuelle, die sich aus einer antikommunistischen Perspektive heraus intensiv mit den unterschiedlichen Ausprägungen der marxistischen Lehre und mit der Lebenswirklichkeit in kommunistisch regierten Ländern befassten. Besonders gut erforscht ist das Beispiel des »Congress for Cultural Freedom« (CCF), der 1950 von meist linksliberal orientierten Künstlern, Schriftstellern und Intellektuellen aus ganz Europa in Berlin gegründet wurde und einen wichtigen Beitrag zur demokratischen und antitotalitären Sozialisierung kultureller Eliten in Westeuropa leistete.[30] Der CCF, der in mehreren Ländern namhafte Publikumszeitschriften verlegte, profitierte über viele Jahre hinweg von einer verdeckten Finanzierung durch US-amerikanische Stiftungen und die »Central

---

27 *Faulenbach*, Erscheinungsformen des »Antikommunismus«, S. 1.
28 Ebd., S. 12.
29 *Giles Scott-Smith*, Western Anti-Communism and the Interdoc Network. Cold War Internationale (Palgrave Macmillan Transnational History Series), Palgrave Macmillan, Basingstoke/New York 2012, XVI + 388 S., geb., 76,00 £, hier insb.: S. 48 und 85–88.
30 Vgl. *Coleman*, The Liberal Conspiracy; *Pierre Grémion*, Intelligence de l'anticommunisme. Le Congrès pour la liberté de la culture à Paris, Paris 1995; *Michael Hochgeschwender*, Freiheit in der Offensive? Der Kongreß für kulturelle Freiheit und die Deutschen, München 1998; *Ulrike Ackermann*, Sündenfall der Intellektuellen. Ein deutsch-französischer Streit von 1945 bis heute, Stuttgart 2000, insb. S. 52–119.

Intelligence Agency« (CIA).³¹ Wenngleich die Flut an Publikationen über den CCF, seine Mitstreiter und seine Zeitschriften inzwischen deutlich abgeklungen ist, bleibt das Thema dennoch in der Forschung präsent. So wird der umfangreiche Nachlass des ehemaligen CCF-Generalsekretärs Melvin J. Lasky derzeit im Rahmen mehrerer Untersuchungen am Münchner »Lasky Center für Transatlantische Studien« ausgewertet.³² Dominik Geppert hat außerdem unlängst darauf hingewiesen, dass angesichts der Debatten über die CIA-Finanzierung wichtige Aspekte wie die Kontinuitätslinien des »intellektuellen Antikommunismus« zur Zwischenkriegszeit sowie die Heterogenität und Wandlungsfähigkeit der im CCF vertretenen geistigen Strömungen vernachlässigt worden seien.³³

Interessant ist, dass viele CCF-Mitglieder³⁴ und andere intellektuell engagierte Antikommunisten früher selbst mit unterschiedlichen Spielarten des Marxismus beziehungsweise mit dem kommunistischen Experiment in der Sowjetunion und andernorts sympathisiert hatten. Zu den bekanntesten dieser Renegaten beziehungsweise Dissidenten zählen beispielsweise Arthur Koestler, Jan Valtin (alias: Richard Krebs), Wiktor Krawtschenko und Whittaker Chambers, deren zwischen 1940 und 1952 entstandene Erlebnisberichte das Bild vom Kommunismus in den USA und in Westeuropa nachhaltig prägen sollten. Der Literaturwissenschaftler John V. Fleming hat diese vier »Antikommunistischen Manifeste« unlängst in historisch versierter Perspektive untersucht.³⁵ Auch andere Publizistinnen und Publizisten, die sich in der Hochphase des Kalten Kriegs mit antikommunistischen Schriften profilierten, waren – wie beispielsweise Ruth Fischer³⁶ oder Suzanne Labin³⁷ – früher Kommunistinnen und Kommunisten gewesen. Die Gruppe der »Nouveaux Philosophes«, die sich in den 1970er-Jahren als dezidierte Gegenbewegung zu sowjetfreundlichen Intellektuellen wie Jean-Paul Sartre formierte, wurde ebenfalls von ehemaligen Kommunisten und Maoisten wie André Glucksmann, Alain Finkielkraut und Bernard-Henri Lévy geprägt. Roger Mondoué nimmt in seinem Essay über den Antimarxismus der »Nouveaux Philosophes« mit Jean-Marie Benoist einen weniger bekannten Protagonisten dieser Gruppe in den Blick, dessen Streitschrift »Marx est mort« jedoch die These vom ideologischen Ausverkauf und moralischen Bankrott des Marxismus in Frankreich nach-

---

31 Vgl. *Frances Stonor Saunders*, Who Paid the Piper? The CIA and the Cultural Cold War, London 1999, deutsche Übersetzung: Wer die Zeche zahlt … Der CIA und die Kultur im Kalten Krieg, Berlin 2001; *Volker R. Berghahn*, America and the Intellectual Cold Wars in Europe. Shepard Stone between Philanthropy, Academy, and Diplomacy, Princeton 2001, deutsche Übersetzung als: Transatlantische Kulturkriege. Shepard Stone, die Ford-Stiftung und der europäische Antiamerikanismus, Stuttgart 2004; *Giles Scott-Smith*, The Politics of Apolitical Culture. The Congress for Cultural Freedom, the CIA and Post-War American Hegemony, London 2002.
32 Vgl. zu diesem Forschungsvorhaben *Charlotte A. Lerg/Maren M. Roth* (Hrsg.), Cold War Politics. Melvin J. Lasky: New York – Berlin – London, München 2010.
33 *Dominik Geppert*, Intellektuelle und Antikommunismus. Der Kongress für Kulturelle Freiheit und die Gruppe 47, in: *Creuzberger/Hoffmann*, »Geistige Gefahr« und »Immunisierung der Gesellschaft«, S. 321–333.
34 Vgl. *Daniela Muraca*, Die Rolle der exkommunistischen Intellektuellen beim Kongress für kulturelle Freiheit, in: Jahrbuch für Historische Kommunismusforschung, 2011, S. 155–176.
35 *John V. Fleming*, The Anti-Communist Manifestos. Four Books that Shaped the Cold War, W. W. Norton & Company, New York 2009, 368 S., geb., 27,95 $. Zum Phänomen des Renegatentums in den USA vgl. außerdem *Michael Kimmage*, The Conservative Turn. Lionel Trilling, Whittaker Chambers, and the Lessons of Anti-Communism, Cambridge/London 2009.
36 *Mario Keßler*, Ruth Fischer. Ein Leben mit und gegen Kommunisten (1895–1961), Köln/Weimar etc. 2013.
37 *Olivier Dard*, Suzanne Labin. Fifty Years of Anti-Communist Agitation, in: *Dongen/Roulin/Scott-Smith*, Transnational Anti-Communism and the Cold War, S. 189–200.

haltig befeuert hat.[38] Eine geistige Wechselwirkung zwischen Kommunismus und Antikommunismus gab es also in der Tat. Jedoch waren die Beziehungen zwischen beiden äußerst vielschichtig und »weit jenseits jeder Symmetrie, die auf den ersten Blick angenommen werden könnte«.[39] Dies gilt nicht nur für die Reaktion des Antikommunismus auf den Kommunismus, sondern auch für die kommunistischen Antworten auf den Antikommunismus, die bislang noch keiner systematischen Analyse unterzogen wurden.[40]

Wechselwirkungen mit Faschismus, Nationalismus und Konservatismus

Für die ideologische Standortbestimmung des Antikommunismus war jedoch die Wechselwirkung mit anderen intellektuellen Traditionen und politischen Doktrinen oft entscheidender als die Realität der marxistischen Lehren und Regime. Jean-François Fayet verweist daher auf die »Chamäleon-Taktik« des Antikommunismus, dessen Stärke vor allem seine Fähigkeit gewesen sei, »bestehende Strukturen zu durchdringen und sich mit heimischer Kultur zu verbinden«. Fayet sieht darin auch eine zentrale Erklärung für die »Vielfalt des Phänomens« Antikommunismus.[41] Gerade von den Gegnern des Antikommunismus wurde immer wieder auf dessen enge Verbindung mit Faschismus und Nationalsozialismus verwiesen. Tatsächlich diente die Ablehnung des Kommunismus, die allerdings mit einer »negative[n] Faszination« für das sowjetische Experiment und einer »Emulation« seines politischen Stils einherging[42], einerseits als integrativer Faktor für die innergesellschaftliche Mobilisierung und Konsolidierung faschistischer Bewegungen und Regime[43], andererseits als gemeinsamer außenpolitischer Nenner und verbindende Klammer eines (neo-)faschistischen beziehungsweise nationalsozialistischen »Internationalismus«.[44] Daraus aber – wie viele kommunistische und linksgerichtete Autoren – auf eine Deckungsgleichheit von Antikommunismus und Faschismus zu schließen, wäre zu einfach.[45]

Gleichermaßen offensichtlich wie methodisch schwer zu erfassen sind auch die Wechselbezüge zwischen Antikommunismus und Nationalismus. Problematisch erscheinen Darstellungen, die Nationalismus als intrinsisch antikommunistisch deuten beziehungsweise eine kulturessentialistisch begründete Resistenz bestimmter Nationalismen gegen

---

38 *Roger Mondoué*, Nouveaux philosophes et antimarxisme. Autour de Marx est mort de Jean-Marie Benoist, L'Harmattan, Paris 2009, 152 S., kart., 14,25 €.
39 *Fayet*, Reflections on Writing the History of Anti-Communism, S. 12.
40 Für eine erste Annäherung am Beispiel des geteilten Deutschland vgl. *Michael Lemke*, Die Wahrnehmung des westdeutschen Antikommunismus durch die SED/DDR, in: *Creuzberger/Hoffmann*, »Geistige Gefahr« und »Immunisierung der Gesellschaft«, S. 75–85.
41 *Fayet*, Reflections on Writing the History of Anti-Communism, S. 14.
42 *Wirsching*, Antikommunismus als Querschnittsphänomen politischer Kultur, S. 19f.
43 Interessanterweise gibt es bislang kaum Studien, die sich dezidiert mit der Bedeutung des Antikommunismus für den Aufstieg und die Etablierung faschistischer Regime befassen. Dieser Zusammenhang wird – in der Regel mit politischen Hintergedanken – entweder als gegeben angenommen oder bewusst übergangen. In Deutschland scheint der »Historikerstreit« eine neutrale Formulierung dieser Frage erschwert zu haben.
44 Vgl. dazu zum Beispiel *Arnd Bauerkämper*, Interwar Fascism in Europe and beyond. Toward a Transnational Radical Right, in: *Martin Durham/Margaret Power* (Hrsg.), New Perspectives on the Transnational Right (Palgrave Macmillan Transnational History Series), Palgrave Macmillan, Basingstoke/New York 2011, XII + 207 S., geb., 59,00 £, S. 39–66. Für den neofaschistischen »Internationalismus« nach 1945 vgl. neuerdings *Andrea Mammone*, Transnational Neofascism in France and Italy, New York 2015.
45 So aber zum Beispiel die klare Tendenz von *Wolfgang Wippermann*, Heilige Hetzjagd. Eine Ideologiegeschichte des Antikommunismus, Rotbuch Verlag, Berlin 2012, 159 S., kart., 9,95 €.

den Kommunismus suggerieren.[46] Zwar wurde der Kommunismus mit seinem Anspruch auf allgemeine Geltung und seiner internationalistischen Rhetorik vor allem in den ersten Jahren nach der Oktoberrevolution als Bedrohung für den Zusammenhalt der Nation und den Fortbestand des Nationalstaats interpretiert.[47] Nicht selten gingen Antikommunismus und Nationalismus daher Hand in Hand. Jedoch verdeutlichen die für die Zwischen- und Nachkriegszeit dokumentierten Bemühungen um eine inter- beziehungsweise transnationale Zusammenarbeit im Kampf gegen den Kommunismus[48] wie auch die Etablierung »nationalkommunistischer« Regime im Zuge des Kalten Kriegs, dass eine Gleichsetzung von Antikommunismus und Nationalismus ebenso wenig angebracht ist wie eine Identifikation von Kommunismus und Internationalismus. Noch am klarsten greifbar scheinen die Verbindungen zwischen Antikommunismus und Nationalismus im Fall der Flüchtlinge und Exilgemeinden aus den unterschiedlichen sowjetischen Teilrepubliken und den kommunistisch regierten Ländern Ostmitteleuropas, in deren Fall sich ideologische Resistenz oft unauflöslich mit der Forderung nach nationaler beziehungsweise ethnischer Selbstbestimmung verband.[49]

Eng einher ging Antikommunismus außerdem mit konservativen Denkströmungen. Oft griff dieser konservative Antikommunismus auf ältere antirevolutionäre und antimodernistische Traditionen zurück und bediente sich einer religiösen Argumentation, die den Kommunismus in erster Linie als materialistische und atheistische Ideologie verurteilte.[50] Mit dem Kalten Krieg entwickelte sich der Antikommunismus in gewisser Weise zu einer Eintrittskarte, die den Konservativen im Westen den Zugang zum liberaldemokratischen Konsens der 1950er- und 1960er-Jahre ermöglichte. Dies galt auch und insbesondere für dezidiert konservativ profilierte autoritäre Regime wie in Portugal und Spanien, die sich mit ihrer ostentativen Abwehrhaltung gegenüber dem Kommunismus um eine Integration in das westliche Bündnissystem bemühten und damit zumindest partiell erfolgreich waren. Gleichzeitig jedoch wurde die Abwehrhaltung gegenüber der kommunistischen Heraus-

---

46 Diese Sicht findet sich in mehr oder weniger nuancierter Form zum Beispiel immer wieder in der Forschung zum US-amerikanischen Antikommunismus. Vgl. gleichermaßen als Überblick und als Illustration: *Larry Ceplair*, Anti-Communism in Twentieth-Century America. A Critical History, Praeger, Santa Barbara/Oxford 2011, 372 S., geb., 53,00 $, hier: S. 4–16.

47 Vgl. für Deutschland zum Beispiel die Darstellung von *Kai-Uwe Merz*, Das Schreckbild. Deutschland und der Bolschewismus 1917 bis 1921, Berlin 1995, die allerdings aufgrund ihrer eindeutigen Positionierung im Historikerstreit und ihrer tendenziellen Gleichsetzung von »Bolschewismusfurcht« und »Wirklichkeit des neuen bolschewistischen Staates« (S. 11) mit Vorsicht zu genießen ist.

48 Vgl. aus einer Vielzahl an Publikationen zum Beispiel *Markku Ruotsila*, International Anti-Communism before the Cold War. Success and Failure in the Building of a Transnational Right, in: *Durham/Power*, New Perspectives on the Transnational Right, S. 11–37; *Johannes Großmann*, Vom »christlichen Komintern« zur »geistigen Nato«. Das Internationale Comité zur Verteidigung der Christlichen Kultur als transnationale antikommunistische Propagandaagentur, in: Jahrbuch für Historische Kommunismusforschung, 2011, S. 139–154.

49 Vgl. *Ieva Zake* (Hrsg.), Anti-Communist Minorities in the U.S. Political Activism of Ethnic Refugees, Palgrave Macmillan, New York 2009, XI + 278 S., geb., 115,00 $; *Katalin Kádár Lynn* (Hrsg.), The Inauguration of Organized Political Warfare. Cold War Organizations Sponsored by the National Committee for a Free Europe/Free Europe Committee, Helena History Press, Saint Helena 2013, 604 S., geb., 47,00 £.

50 Vgl. dazu unter anderem *Dianne Kirby*, Christian Anti-Communism, in: Twentieth Century Communism, 2014, Nr. 7, S. 126–152; *Stéphanie Roulin*, A Martyr Factory? Roman Catholic Crusade, Protestant Missions and Anti-Communist Propaganda against Soviet Anti-Religious Policies, 1929–37, in: ebd., S. 153–173; *Stéphanie Roulin*, Un credo anticommuniste. La commission Pro Deo de l'Entente internationale anticommuniste, ou la dimension religieuse d'un combat politique, 1924–1945, Antipodes, Lausanne 2010, 517 S., brosch., 35,00 €.

forderung sowohl in Westeuropa[51] als auch in den USA[52] und im globalen[53] Kontext zu einer treibenden, oft entscheidenden Kraft hinter der Neuvermessung, Anpassung und Transformation konservativer Prinzipien, Werte und Ideologeme.

Liberaler und »linker« Antikommunismus

Deutlich komplexer und strittiger war das Verhältnis des Antikommunismus zu anderen politischen und ideologischen Strömungen. Dies illustrieren mehrere Neuerscheinungen zum sogenannten Cold War Liberalism in den USA und seinen historischen Wurzeln. Den Antikommunismus der »American Federation of Labor« (AFL), der größten US-amerikanischen Gewerkschaftsvereinigung der Zwischenkriegszeit, deutet Jennifer Luff zum Beispiel weniger als eine Folge erfolgreicher staatlicher Manipulation oder als Ausdruck einer unterwürfigen Haltung gegenüber den Prinzipien des Kapitalismus. Vielmehr wertet sie die antikommunistische Einstellung als einen ehrlichen Abwehrreflex der Arbeiterschaft und als Ausdruck eines demokratischen Gestaltungswillens, der seinerseits nicht unwesentlich zum antitotalitären Grundkonsens der »New-Deal«-Ära beigetragen habe. Ihr Buch liest sich daher auch als ein Plädoyer dafür, nicht nur das restriktive und zerstörerische Potenzial, sondern auch die integrative Funktion und die »positiven« Anreize des Antikommunismus in den Blick zu nehmen.[54] Der Sammelband von Robert Anthony Waters und Geert van Goethem, dessen zeitlicher Fokus auf der Nachkriegsära liegt, unterstreicht hingegen die Bedeutung direkter und verdeckter staatlicher Einflussnahme auf die AFL, die 1955 mit ihrem größten Vorkriegsrivalen, dem »Congress of Industrial Organizations« (CIO), fusionierte und in zunehmendem Maße als antitotalitärer »Botschafter der amerikanischen Arbeiterschaft« in Europa, Lateinamerika, Asien und Afrika auftrat.[55]

Auch in Westeuropa lassen sich die Wurzeln des antitotalitären Nachkriegskonsenses bis in die Zwischenkriegsjahre zurückverfolgen. So spannt der von Mike Schmeitzner herausgegebene Sammelband zur deutschen »Totalitarismuskritik von links« den Bogen von Rosa Luxemburg und Karl Kautsky über Franz Borkenau und Ernst Fraenkel bis hin zu Kurt Schumacher und Herbert Marcuse.[56] Mit Blick auf Frankreich, die Schweiz und Italien lässt sich ebenfalls von einer ausdifferenzierten Tradition des »linken« Antikommunismus sprechen.[57] Oft war die Frontstellung von Sozialdemokraten, Gewerkschaftlern,

---

51 Vgl. zum Beispiel *Johannes Großmann*, Die Internationale der Konservativen. Transnationale Elitenzirkel und private Außenpolitik in Westeuropa seit 1945, München 2014.

52 Vgl. zum Beispiel *Laura Jane Gifford/Daniel K. Williams* (Hrsg.), The Right Side of the Sixties. Reexamining Conservatism's Decade of Transformation, Palgrave Macmillan, New York 2012, VI + 277 S., geb., 90,00 $.

53 Vgl. zum Beispiel *Martin Durham/Margaret Power*, Transnational Conservatism. The New Right, Neoconservatism, and Cold War Anti-Communism, in: *Durham/Power*, New Perspectives on the Transnational Right, S. 133–148.

54 *Jennifer Luff*, Commonsense Anticommunism. Labor and Civil Liberties between the World Wars, University of North Carolina Press, Chapel Hill 2012, 288 S., kart., 29,95 $.

55 *Robert Anthony Waters/Geert van Goethem* (Hrsg.), American Labor's Global Ambassadors. The International History of the AFL-CIO during the Cold War, Palgrave Macmillan, Basingstoke/New York 2013, XI + 302 S., geb., 63,00 £.

56 *Mike Schmeitzner* (Hrsg.), Totalitarismuskritik von links. Deutsche Diskurse im 20. Jahrhundert, Göttingen 2007. Vgl. außerdem *Merz*, Das Schreckbild, insb. S. 37–224; speziell zum Antikommunismus der SPD die polemisch zugespitzte Darstellung von *Klaus Körner*, »Die rote Gefahr«. Antikommunistische Propaganda in der Bundesrepublik 1950–2000, Hamburg 2003, S. 75–117.

57 Vgl. zum Beispiel *Jean Vigreux*, À propos de l'anticommunisme de gauche en France, sowie *Peter Huber*, Der Antikommunismus der SPS. Finnisch-sowjetischer Winterkrieg (1939–1940), Umsturz in Prag (1948) und Aufstand in Ungarn (1956), in: *Caillat/Cerutti/Fayet* u. a., Histoire(s)

Anarchisten und Trotzkisten gegenüber dem Kommunismus sowjetischer beziehungsweise stalinistischer Prägung und seinen Stellvertretern in Deutschland und andernorts sogar härter und unversöhnlicher als andere Spielarten des Antikommunismus. Denn als Rivalen im Kampf um die Herzen der Arbeiterschaft zählten sie oft zu den ersten Opfern des Moskauer Machtkalküls. Nach dem Zweiten Weltkrieg wurde die Einbindung des »linken« Antikommunismus in einen antitotalitären »Konsenskapitalismus«[58] daher von den US-amerikanischen Verantwortlichen als unverzichtbare Voraussetzung für eine dauerhafte Stabilisierung und Festigung der westeuropäischen Demokratien angesehen. Den Willen, dieser Konsensbildung durch offene und verdeckte Interventionen nachzuhelfen, ließen staatliche und nichtstaatliche Vermittler aus den USA nicht nur im Fall des bereits genannten CCF, sondern insbesondere auch im Bereich des Gewerkschaftswesens erkennen.[59]

Konstruktion von Andersartigkeit und Entkopplung von Antikommunismus

Die Übertragung des US-amerikanischen »Cold War Liberalism« auf die westeuropäischen Demokratien wurde allerdings dadurch erschwert, dass die konservativen und christdemokratischen Kräfte den Antikommunismus hier nach wie vor auch als eine rhetorische Waffe gegen die Sozialdemokratie ins Feld führten. Dies galt beispielsweise für die Bundesrepublik der Ära Adenauer, wo bürgerliche Politiker und Parteien in parlamentarischen Debatten und Wahlkämpfen regelmäßig auf antikommunistische Stereotype zurückgriffen, um die SPD zu diskreditieren.[60] Als situativer Vorwand und Ersatzdiskurs wandte sich der Antikommunismus aber nicht nur gegen »subversive« Gegner der bestehenden politischen und gesellschaftlichen Verhältnisse[61], sondern ganz allgemein gegen unliebsame gesellschaftliche Entwicklungen und Gruppen. So wurden Atheisten[62], Friedensaktivis-

---

 de l'anticommunisme en Suisse, S. 283–294 und 265–282, sowie die Beiträge von *Guillaume Bourgeois*, »Au rendez-vous des connaisseurs«. Les ex-communistes français et l'anticommunisme 1920–1940, von *Sylvain Boulouque/Olivia Gomolinski*, L'anticommunisme libertaire, und von *Marco Gervasoni*, Un miroir abîmé. L'anticommunisme dans le socialisme italien (1917–1997), in: Communisme 62/63, 2000, S. 13–28, 29–40 und 41–56.
58 *Julia Angster*, Konsenskapitalismus und Sozialdemokratie. Die Westernisierung von SPD und DGB, München 2003.
59 Vgl. zum Beispiel *Alessandro Brogi*, The AFL and CIO between »Crusade« and Pluralism in Italy, 1944–1963, sowie *Barrett Dower*, The Influence of the American Federation of Labor on the *Force Ouvrière*, 1944–1954, in: *Waters/Goethem*, American Labor's Global Ambassadors, S. 59–83 und 85–101; *Dino Knudsen*, The Nordic Trade Union Movement and Transnational Anti-Communist Networks in the Early Cold War, sowie *Luc van Dongen*, »Brother Tronchet«. A Swiss Trade Union Leader within the US Sphere of Influence, in: *Dongen/Roulin/Scott-Smith*, Transnational Anti-Communism and the Cold War, S. 35–49 und 50–63; *Hugh Wilford*, The CIA, the British Left and the Cold War. Calling the Tune?, London 2003.
60 Vgl. *Thomas Mergel*, Propaganda nach Hitler. Eine Kulturgeschichte des Wahlkampfs in der Bundesrepublik 1949–1990, Göttingen 2010, insb. S. 290–294; *Corinna Franz*, »Wir wählen die Freiheit!«. Antikommunistisches Denken und politisches Handeln Konrad Adenauers, in: *Creuzberger/Hoffmann*, »Geistige Gefahr« und »Immunisierung der Gesellschaft«, S. 145–159, hier: S. 152–156. *Korte*, Instrument Antikommunismus, und *Körner*, »Die rote Gefahr«, gehen auf die Nutzung des Antikommunismus als innenpolitische Waffe gegen die SPD praktisch nicht ein.
61 Allgemein zum Zusammenhang von Antikommunismus und antisubversiven Diskursen und Praktiken vgl. *François Cochet/Olivier Dard* (Hrsg.), Subversion, anti-subversion et contre-subversion, Paris 2009.
62 *Roulin*, Un credo anticommuniste; *Großmann*, Vom »christlichen Kominform« zur »geistigen Nato«.

ten[63] sowie Bürger- und Frauenrechtler[64] zur Zielscheibe antikommunistischer Anfeindung – insbesondere wenn sie international agierten und soziokulturelle Gegensätze betonten. Grundsätzlich schien die antikommunistische Rhetorik geeignet, einem vagen Unbehagen gegenüber jeglicher Art von Emanzipations- und Modernisierungsprozessen zum Ausdruck zu verhelfen und Abweichungen von bürgerlichen Normvorstellungen sowie vom Ideal nationaler Gemeinschaftsbildung zu sanktionieren.

Als Teil einer »Semiotik der Untreue«[65] tendierte der Antikommunismus zur Psychologisierung und Pathologisierung von Dissens und zur Konstruktion von Andersartigkeit. Oft trat Antikommunismus daher im Verbund mit anderen Ideologemen und Feindbildern auf – mit Antisemitismus[66], Orientalismus[67] und Rassismus[68], mit Antifeminismus[69] und Homophobie.[70] Kommunistische Überzeugungen galten als illoyal gegenüber nationalen Interessen und als unvereinbar mit dem »gesunden Volksempfinden«. Umgekehrt ließ sich jede Art des Nonkonformismus als Indiz für nationale Unzuverlässigkeit und für eine kommunistische Gesinnung deuten. Aus Sicht der US-amerikanischen Kommunistenjäger der Zwischenkriegszeit und der McCarthy-Ära waren die Begriffe »kommunistisch« und »unamerikanisch« daher praktisch Synonyme, zwei austauschbare Seiten der gleichen Medaille. Der Antikommunismus wurde dadurch zu einer Allzweckwaffe in der politischen und gesellschaftlichen Auseinandersetzung, die nur noch wenig mit den Realitäten kommunistischer Theorie und Politik zu tun hatte und in erster Linie auf die Dämonisierung von Gegnern abzielte.

Dieser entkoppelte Antikommunismus mit seinen monokausalen, feststehenden Erklärungsmustern und seiner dualistischen Weltsicht ging mit starken In- und Exklusionseffekten einher. Er erfüllte die typischen Funktionen einer Verschwörungsideologie, indem er Zugehörigkeitsgefühle stiftete (Identitätsfunktion), einfache Erklärungen für komplexe Zusammenhänge bot (Erkenntnisfunktion), Einstellungen und Meinungen beeinflusste (Manipulationsfunktion) und die Ausübung von Macht beziehungsweise die Anwendung

---

63 *Robbie Liebermann*, The Strangest Dream. Communism, Anticommunism, and the U.S. Peace Movement 1945–1963, Information Age, Charlotte 2010, XVII + 244 S., kart., 39,95 $.
64 *Robbie Liebermann/Clarence Lang* (Hrsg.), Anticommunism and the African American Freedom Movement. »Another Side of the Story«, Palgrave Macmillan, Basingstoke/New York 2011, XIX + 251 S., kart., 23,99 £.
65 *Tony Perucci*, Paul Robeson and the Cold War Performance Complex. Race, Madness, Activism, University of Michigan Press, Ann Arbor 2012, XIV + 218 S., kart., 29,95 $, S. 2.
66 *Jean Batou*, Anticommunisme et antisémitisme, in: *Caillat/Cerutti/Fayet* u.a., Histoire(s) de l'anticommunisme en Suisse, S. 297–317; *André Gerrits*, The Myth of Jewish Communism. A Historical Interpretation (Dieux, Hommes et Religions/Gods, Humans and Religions, Bd. 16), Lang, Brüssel/Bern 2009, 220 S., kart., 44,80 €.
67 *Heonik Kwon*, The Other Cold War, Columbia University Press, New York 2010, 232 S., geb., 48,00 £, hier: S. 57–79.
68 *Perucci*, Paul Robeson and the Cold War Performancy Complex; *Yasuhiro Katagiri*, Black Freedom, White Resistance, and Red Menace. Civil Rights and Anticommunism in the Jim Crow South, Baton Rouge 2014; *Sandra Bott*, Le renforcement des relations économiques entre la Suisse et l'Afrique du Sud sur toile de fond d'anticommunisme et de croyance en la supériorité de la race blanche (1945–1970), in: *Caillat/Cerutti/Fayet* u.a., Histoire(s) de l'anticommunisme en Suisse, S. 329–347.
69 *Erik S. McDuffie*, The March of Young Southern Black Women. Esther Cooper Jackson, Black Left Feminism, and the Personal and Political Costs of Cold War Repression, in: *Liebermann/Lang*, Anticommunism and the African American Freedom Movement, S. 81–114; *Erica J. Ryan*, Red War on the Family. Sex, Gender, and Americanism in the First Red Scare, Philadelphia 2015.
70 *David K. Johnson*, The Lavender Scare. The Cold War Persecution of Gays and Lesbians in the Federal Government, Chicago 2004.

von Gewalt rechtfertigte (Legitimationsfunktion).[71] In dieser Form ermöglichte der Antikommunismus, höchst unterschiedliche und widersprüchliche Wahrnehmungen in grundsätzlich gleichbleibende Deutungsmuster zu integrieren. Mit seiner Hilfe konnten äußere Bedrohungen zu inneren und innere Bedrohungen zu äußeren umgedeutet werden – zumal der Kommunismus tatsächlich gleichzeitig als Staatsform und als politische Bewegung in Erscheinung trat. Politische Opposition und sozialer Protest, wie sie zum Beispiel in der Friedens-[72] oder Studentenbewegung zum Ausdruck kamen, Terrorismus und offene militärische Auseinandersetzung waren aus diesem Blickwinkel lediglich unterschiedliche Ausprägungen, Register und Eskalationsstufen ein und derselben kommunistischen Aggression.[73] Diese entkoppelte, verschwörungstheoretische Form des Antikommunismus entfaltete eine enorme Wirkmacht. Da sie neue gesellschaftliche und politische Entwicklungen problemlos in ihre Argumentation integrieren konnte, überdauerte sie selbst einschneidende historische Zäsuren und Regimebrüche. Sie bediente sich einer emotionalen, oft mit rassistischen Stereotypen und religiösen Bezügen aufgeladenen Rhetorik, die uns beispielsweise in der fremdenfeindlichen Bildsprache US-amerikanischer Pulp-Magazine und Comics[74], in der italienischen Legende von den kinderfressenden Kommunisten[75] und nicht zuletzt im Mythos des »jüdischen Bolschewismus«[76] begegnet.

Mediale Vermittlung und »Modernität« von Antikommunismus

Visuelle Darstellungen schienen sich aufgrund ihrer Anschaulichkeit, ihres reduktionistischen Potenzials, ihrer interkulturellen Anschlussfähigkeit und ihrer hohen Suggestivkraft besonders zur Vermittlung einer stereotypen antikommunistischen Weltsicht zu eignen. Die antikommunistische Plakatpropaganda arbeitete mit allegorischen Settings, eindeutigen farblichen Zuordnungen und kurzen, unmissverständlichen Textbausteinen. Ihre dynamisch inszenierte Gewaltmetaphorik ließ keinen Spielraum für Interpretationen. Sie beschwor die Unmittelbarkeit der »roten« Gefahr, unterstrich die gewissenlose Brutalität des Gegners und drängte den Betrachter zu einer klaren Positionierung. Nicolas Lebourg hat in einem Bildband knapp 150 solcher Darstellungen aus dem französischsprachigen Raum zusammengetragen. Die Abbildungen sind nach zentralen Themen und wiederkehrenden Motiven geordnet, mit Bildlegenden versehen und in kurze Begleittexte eingebettet.[77] Abgesehen von einer 1976 im »Verlag für das Studium der Arbeiterbewegung« erschienenen Zusammenstellung antisozialistischer Plakate, Karikaturen und Fotomontagen aus der Weimarer Republik, der NS-Zeit und der Bundesrepublik[78] sucht man ansonsten

---

71 Zu den Funktionen von Verschwörungsideologien vgl. *Armin Pfahl-Traughber*, »Bausteine« zu einer Theorie über »Verschwörungstheorien«. Definitionen, Erscheinungsformen, Funktionen und Ursachen, in: *Helmut Reinalter* (Hrsg.), Verschwörungstheorien. Theorie – Geschichte – Wirkung, Innsbruck 2002, S. 30–44.
72 *Liebermann*, The Strangest Dream.
73 Vgl. zum Beispiel *Jeffrey H. Michaels*, The Heyday of Britain's Cold War Think Tank. Brian Crozier and the Institute for the Study of Conflict, 1970–79, in: *Dongen/Roulin/Scott-Smith*, Transnational Anti-Communism and the Cold War, S. 146–160.
74 *Nathan Vernon Madison*, Anti-Foreign Imagery in American Pulps and Comic Books, 1920–1960, Jefferson 2013.
75 *Stefano Pivato*, I comunisti mangiano i bambini. Storia di una leggenda, Il Mulino, Bologna 2013, 188 S., kart., 14,00 €.
76 *Gerrits*, The Myth of Jewish Communism.
77 *Nicolas Lebourg* (Hrsg.), Mort aux bolchos. Un siècle d'affiches anticommunistes, Paris 2012.
78 *Reiner Diederich/Richard Grübling/Max Bartholl*, Die rote Gefahr. Antisozialistische Bildagitation 1918–1976, Berlin 1976. Lediglich vereinzelte Beispiele dezidiert antikommunistischer Bildpropaganda enthält die unsystematische Zusammenstellung von *David Crowley* (Hrsg.), Posters of the Cold War, London 2008.

vergeblich nach Kompendien und Sammlungen, die die visuellen Repräsentationen des Antikommunismus dokumentieren und für die Forschung zugänglich machen. Eine systematische und methodisch fundierte Analyse antikommunistischer Bildsprache und Bildproduktion bleibt ein großes Desiderat der Forschung. Denn hier haben jene Mechanismen ihren sichtbarsten Niederschlag gefunden, die Bernd Greiner in seinem instruktiven Beitrag über das Verhältnis von Antikommunismus und Angst unlängst noch einmal am Beispiel der USA ausbuchstabiert hat. Seine Hypothese, dass »die öffentliche Kommunikation das subjektive oder kollektive Empfinden von Angst verändern und am Ende Ängste ganz neuer Art oder anderen Umfangs generieren kann«, sieht Greiner im Spannungsverhältnis von universellem Sicherheitsversprechen und allgegenwärtiger Bedrohung bestätigt, das er als emotionalen Motor des Kalten Kriegs identifiziert.[79]

Während sich die antikommunistische Bildpropaganda mit ihren leicht verständlichen Botschaften, ihrer Tendenz zur Dramatisierung und ihrem Appell an niedere Instinkte in erster Linie an ein Massenpublikum mit wenig Vorwissen und begrenzter Aufnahmefähigkeit richtete, ließen sich bildungsbürgerliche und intellektuelle Kreise vor allem über Zeitungen, Zeitschriften und Bücher erreichen. Sieht man einmal von den unverblümt ideologischen Traktaten ab, dann präsentierte sich der Antikommunismus in dieser Form deutlich diskreter, subtiler und reflektierter. In zwölf quellengesättigten Beiträgen unterstreicht ein von Greg Barnhisel und Catherine Turner herausgegebener Sammelband den wichtigen Stellenwert, den Facettenreichtum und den grundlegenden Wandel von Printkultur(en) im Kalten Krieg.[80] Die Artikel stecken ein breites zeitliches und geografisches Feld ab, sind aber fast alle aus einem US-amerikanischen Blickwinkel geschrieben. Das Spektrum der analysierten Medientypen reicht von Propagandapamphleten und Zeitschriften über Trivialliteratur und Comics bis hin zu Reiseführern, Kochbüchern und kunsthistorischen Traktaten. Die Stärke des Bandes liegt darin, dass er nicht nur auf die Inhalte und Autoren von Druck-Erzeugnissen, sondern auch auf die materiellen Grundlagen ihrer Produktion und Verbreitung sowie die Bedingungen und Umstände ihrer Aneignung eingeht. So unterstreichen gleich mehrere Artikel, wie wichtig öffentlich zugängliche Buchsammlungen und Bibliotheken insbesondere in der Frühphase des Kalten Kriegs waren. Der Schwerpunkt des Bandes liegt eindeutig auf der proamerikanischen beziehungsweise prowestlichen Printproduktion liberaler oder konservativer Provenienz. Wie Laura Gifford jedoch in ihrem instruktiven Beitrag verdeutlicht, ließ sich die antikommunistische Publizistik in ihren Strategien zur Absatzsteigerung und zur dauerhaften Leserbindung stark von »linken« Medienkulturen inspirieren.[81]

Kaum einer wird heute noch bestreiten, dass während des Kalten Kriegs nahezu alle Bereiche der kulturellen und medialen Produktion in der ›Freien Welt‹ von antikommunistischen Stereotypen und Rhetoriken durchdrungen waren. Dennoch gibt es bislang nur wenige Arbeiten, die sich explizit und systematisch mit der Bedeutung des Antikommunismus in Literatur, bildender Kunst, darstellender Kunst und Musik befassen. Noch am meisten Beachtung haben – insbesondere in der US-amerikanischen Forschung – die Verbindungslinien zwischen Antikommunismus und Populärkultur gefunden. Cyndy Hendershot hat beispielsweise darauf hingewiesen, dass die populärkulturelle Auseinandersetzung

---

79 *Bernd Greiner*, Antikommunismus, Angst und Kalter Krieg. Eine erneute Annäherung, in: *Creuzberger/Hoffmann*, »Geistige Gefahr« und »Immunisierung der Gesellschaft«, S. 29–41, hier: S. 29. Vgl. außerdem ausführlich: *Bernd Greiner/Christian Th. Müller/Dierk Walter* (Hrsg.), Angst im Kalten Krieg, Hamburg 2009.
80 *Greg Barnhisel/Catherine Turner* (Hrsg.), Pressing the Fight. Print, Propaganda, and the Cold War, University of Massachusetts Press, Amherst 2012, 296 S., kart., 27,95 $.
81 *Laura Janes Gifford*, The Education of a Cold War Conservative. Anti-Communist Literature of the 1950s and 1960s, in: ebd., S. 50–67.

mit dem Kommunismus in Film und Fernsehen durchaus nicht von einem »simplifizierenden Diskurs« gezeichnet gewesen sei, sondern sich vielmehr durch eine »breite und sehr reichhaltige rhetorische Vielfalt« ausgezeichnet habe.[82] Roland Végső betont in seiner Untersuchung zur US-amerikanischen Belletristik der 1950er-Jahre den Zusammenhang von Modernismus und Antikommunismus. Da der »Cold War Liberalism« darum »bemüht gewesen sei, sich selbst als Gegensatz zum konservativen Antikommunismus zu definieren«, habe er auf eine modernistische »ästhetische Ideologie« zurückgegriffen.[83] Greg Barnhisel wiederum zeigt, dass das Versprechen auf Teilhabe an der künstlerischen Moderne parallel dazu auch zu einem zentralen Element US-amerikanischer Kulturdiplomatie wurde. So entwickelte sich die Identifikation von modernistischer Kunst und Literatur mit westlicher Freiheit und Individualität in den 1950er-Jahren zu einer Propagandawaffe im Kampf gegen den Kommunismus um Prestige und Einfluss. Die Kehrseite dieser Entwicklung war, dass die künstlerische Moderne zusehends ihrer revolutionären Sprengkraft beraubt und zum bürgerlichen Konsumgut degradiert wurde.[84]

Dass nicht nur die medialen Inhalte, sondern auch die breiteren politischen, gesellschaftlichen und ökonomischen Rahmenbedingungen (populär-)kultureller Produktion in eine Analyse antikommunistischer Rhetoriken einbezogen werden müssen, verdeutlicht John Joseph Gladchuk mit seiner Studie über die »Hollywood blacklist« des HUAC. Hollywood hatte demzufolge einen »bedeutenderen Stellenwert in der Geschichte des Antikommunismus« als bislang angenommen. Denn die US-amerikanische Filmbranche war für Gladchuk eben mehr als nur ein medialer Durchlauferhitzer für antikommunistische Bilder und Diskurse, nämlich ein bedeutendes Schlachtfeld und eine »zentrale Kraft in dem Drama, zu dem der McCarthyismus werden sollte«.[85] Ähnlich, wenngleich methodisch differenzierter, argumentiert Tony Perucci, der sich anhand des afroamerikanischen Schauspielers und Sängers Paul Robeson mit dem Zusammenspiel von Antikommunismus und Rassismus beschäftigt. Die Verhöre des HUAC deutet Perucci als Teil eines »performativen Komplexes«, der mit seiner Stigmatisierung politischer und sozialer Devianz als vermeintlich krankhaftes Verhalten charakteristisch für die Kultur des frühen Kalten Kriegs in den USA gewesen sei. Perucci zeigt jedoch auch, wie kreativ Robeson auf die gegen ihn erhobenen Vorwürfe reagierte und wie er seine eigenen Fähigkeiten als Künstler und Schauspieler im Kampf um Freiheit und Gleichheit einzusetzen vermochte.[86]

Außerhalb der USA hat die mediengeschichtliche Dimension des Antikommunismus bislang deutlich weniger Beachtung gefunden. Für die Bundesrepublik bezeichnet Christoph Classen die Forschungslage dementsprechend als »überaus fragmentarisch«. Zwar fänden sich »in der Literatur diverse verstreute Hinweise auf antikommunistische Tendenzen in den Medien der frühen Bundesrepublik«. Eine systematische Darstellung suche man jedoch »bisher vergebens«. Seine eigenen Ausführungen zur Bedeutung des Antikommunismus in westdeutschen Filmen und Fernsehsendungen verstehen sich daher auch nur als exemplarische »Schlaglichter auf das Thema«. Deutlich wird jedoch, dass die Bundesregierung den Bereich der audiovisuellen Medien als ein wichtiges Betätigungsfeld ansah und durch Filmförderung, Ausstrahlungsverbote gegen DDR-Produktionen und Aufträge

---

82 *Cyndy Hendershot*, Anti-Communism and Popular Culture in Mid-Century America, Jefferson 2003, hier: S. 4 und 7.
83 *Roland Végső*, The Naked Communist. Cold War Modernism and the Politics of Popular Culture, Fordham University Press, New York 2013, 256 S., 30,00 $, hier: S. 2f.
84 *Greg Barnhisel*, Cold War Modernists. Art, Literature, and American Cultural Diplomacy, Columbia University Press, New York 2015, 336 S., geb., 50,00 $.
85 *Gladchuk*, Hollywood and Anticommunism, S. 13.
86 *Perucci*, Paul Robeson and the Cold War Performance Complex.

für antikommunistische Dokumentarfilme einen beachtlichen Einfluss ausübte.[87] Die wenigen Darstellungen zur antikommunistischen Publizistik und (Unterhaltungs-)Literatur in der Bundesrepublik bevorzugen biografische Erklärungsmuster gegenüber medien- und kulturwissenschaftlichen Zugängen.[88] Zum Stellenwert des Antikommunismus in der bildenden Kunst, im Theater und in der Musikkultur der Bundesrepublik gibt es bislang keine systematischen Untersuchungen.

II. ANTIKOMMUNISMUS ALS POLITISCHE PRAXIS: REGIME UND FUNKTIONEN

Der Verweis auf den instrumentellen Nutzen von Verschwörungsdenken deutet bereits darauf hin, dass neben der ideologischen Dimension des Antikommunismus als geistigem Referenzrahmen und rhetorischer Figur auch seine funktionale Dimension als Element der politischen Praxis und der Machtausübung in den Blick genommen werden muss. Immer wieder wurde von den zeitgenössischen Kritikern auf das repressive und zerstörerische Potenzial des Antikommunismus verwiesen. Einige Historiker haben Unterdrückung, Gewalt und Vernichtung sogar zum inhärenten und bestimmenden Wesenszug des Antikommunismus erklärt. Manche machen es sich dabei ein wenig zu leicht. Wolfgang Wippermann zum Beispiel kann seinen selbst formulierten Anspruch nicht einlösen, auf 160 Seiten eine »Ideologiegeschichte des Antikommunismus« in globaler Perspektive zu schreiben. Er beschränkt sich vielmehr auf eine normativ überzeichnete Wirkungsgeschichte, deren Kernaussage in der weitgehenden Gleichsetzung von Antikommunismus und Faschismus besteht.[89]

Antikommunismus, Diktatur und Gewalt

Ungeachtet dieser Kritik steht außer Frage, dass antikommunistische Überzeugungen die im Europa der Zwischenkriegszeit fast allgegenwärtige Bürgerkriegsmentalität entscheidend beförderten und einen erheblichen Anteil an der Etablierung autoritärer und faschistischer Regime haben konnten. Bis in die Gegenwart wurde und wird der Antikommunismus bemüht, um die Ausschaltung demokratischer Grundrechte und die Ausübung diktatorischer Vollmachten zu legitimieren, um die Unterdrückung politischer Gegner zu rechtfertigen und rassistische Gewalt zu begründen. Doch sind die Zusammenhänge und Kausalitäten nicht immer so einfach, wie sie auf den ersten Blick erscheinen. So stellt Moritz Florin klar, »dass antibolschewistische Propaganda und Ideologie kaum zur Mobilisierung« für den Vernichtungskrieg gegen die Sowjetunion beigetragen habe. Als »Legitimationsangebote« für Gewaltverbrechen erfüllten die »ideologischen Versatzstücke« der antikommunistischen Vorkriegspropaganda aber dennoch eine wichtige Funktion.[90]

---

87 *Christoph Classen*, Antikommunismus in Film und Fernsehen der frühen Bundesrepublik, in: Creuzberger/Hoffmann, »Geistige Gefahr« und »Immunisierung der Gesellschaft«, S. 275–295, hier: S. 276.
88 Vgl. zum Beispiel *Susanne Peters*, William S. Schlamm. Ideologischer Grenzgänger im 20. Jahrhundert (Biographische Studien zum 20. Jahrhundert, Bd. 2), be.bra wissenschaft verlag, Berlin 2013, 607 S., geb., 56,00 €; *Frank Möller*, Das Buch Witsch. Das schwindelerregende Leben des Verlegers Joseph Caspar Witsch, Kiepenheuer & Witsch, Köln 2014, 778 S., geb., 29,99 €; *Georg Wurzer*, Antikommunismus und Russenfeindschaft vor und nach 1945: Die Romane der Bestsellerautoren Edwin Erich Dwinger und Heinz G. Konsalik, in: Jahrbuch für Historische Kommunismusforschung, 2011, S. 49–60.
89 *Wippermann*, Heilige Hetzjagd. Eine vergleichbare Stoßrichtung hat die Darstellung von *Fabio Giovannini*, Breve storia dell'anticomunismo, Rom 2004.
90 *Moritz Florin*, Mobilisierung für den Vernichtungskrieg? Nationalsozialistische Propaganda und Stalinismus 1933–1941, in: Jahrbuch für Historische Kommunismusforschung, 2011, S. 31–48.

Die historische Forschung hat bislang nur wenig zu einer differenzierten Betrachtung der Wechselbezüge zwischen Antikommunismus, Diktatur und Gewalt beigetragen. Es fehlt an empirischen Studien zur konkreten Funktion des Antikommunismus in der Regimepraxis des faschistischen Italien und des nationalsozialistischen Deutschland. Wenngleich der Zusammenhang unbestreitbar ist, wissen wir nur wenig darüber, wie genau und mit welchem Erfolg Antikommunismus in Francos Spanien und in Salazars »Estado Novo«, in Miklós Horthys Ungarn, in Józef Piłsudskis Polen[91], im österreichischen »Ständestaat«, in Ioannis Metaxas' Griechenland und in Ion Antonescus Rumänien zur Stabilisierung rechtsgerichteter Systeme sowie zur Legitimation politischer Gewalt und ethnischer Verfolgung instrumentalisiert wurde. Gleiches gilt für die im Zuge der nationalsozialistischen Expansions- und Eroberungspolitik entstandenen Vasallenstaaten, die – wie Jozef Tisos Slowakei, Philippe Pétains »État Français« und das kroatische Ustaša-Regime – trotz ihrer Abhängigkeit vom ›Dritten Reich‹ vor allem in ihrer Frühphase über relativ große innenpolitische Handlungsspielräume verfügten.

Antikommunismus in den USA zwischen Verfolgungswahn und »Cold War Liberalism«

Tatsächlich aber entwickelte sich der Antikommunismus nicht nur in rechtsgerichteten und faschistischen Diktaturen, sondern phasenweise auch in den westlichen Demokratien der Zwischen- und Nachkriegsjahre zu einem zentralen Bezugspunkt politischer Kultur und staatlichen Handelns. In den USA reicht die von Richard Hofstadter 1964 als »Paranoid Style« charakterisierte Traditionslinie einer repressiven Praxis gegenüber »movements of suspicious discontent« bis in die Zeit direkt nach der Unabhängigkeit zurück.[92] Folgt man der Sicht von Michael J. Heale, so lassen sich auch die Wurzeln des US-amerikanischen Antikommunismus zumindest bis weit in das 19. Jahrhundert zurückverfolgen.[93] Andere Überblicksdarstellungen gehen davon aus, dass der Antikommunismus die Regierungspraxis und die politische Kultur in den Vereinigten Staaten über das gesamte 20. Jahrhundert hinweg nachhaltig geprägt hat.[94] Ihren ersten Höhepunkt erreichte die antikommunistische Politik in den USA mit der »First Red Scare« kurz nach dem Ersten Weltkrieg. Neuere Arbeiten haben gezeigt, dass diese Phase das politische Klima dauerhaft veränderte und dass der Verweis auf die kommunistische Bedrohung fortan konsequent zur Stabilisierung der bestehenden politischen und ökonomischen Verhältnisse funktionalisiert wurde. So weist ein von Robert Goldstein herausgegebener Sammelband anhand von 13 quellenbasierten Fallstudien nach, dass der Antikommunismus auch in den Zwischenkriegsjahren ein dominierendes Strukturelement politischen Handelns blieb. Indem der Sammelband die Kontinuität, gleichzeitig aber auch die Vielschichtigkeit und die inneren Widersprüche des US-amerikanischen Antikommunismus betont, relativiert er die klassische Deutung der »Red Scares« von 1919/20 und 1946–1954 als zeitlich isolierte Ausbrüche antikommunistischer Hysterie.[95]

---

91 Vgl. als ersten Einblick: *Zaur Gasimov*, Der Antikommunismus in Polen im Spiegel der Vierteljahresschrift *Wschód* 1930–1939, in: Jahrbuch für Historische Kommunismusforschung 2011, S. 15–30.
92 *Richard Hofstadter*, The Paranoid Style in American Politics, in: Harper's Magazine, November 1964, S. 77–86, hier: S. 77.
93 *Michael J. Heale*, American Anticommunism. Combating the Enemy within, 1830–1970, Baltimore 1990.
94 *Joel Kovel*, Red Hunting in the Promised Land. Anticommunism and the Making of America, HarperCollins 1994; *Richard Gid Powers*, Not without Honor. The History of American Anticommunism, New Haven 1998; *Ceplair*, Anti-Communism in Twentieth-Century America.
95 *Robert J. Goldstein* (Hrsg.), Little ›Red Scares‹. Anti-Communism and Political Repression in the United States 1921–1946, Ashgate, Farnham 2014, 380 S., geb., 100,00 £.

Zu einer alle Lebensbereiche durchdringenden Demarkationslinie entwickelte sich die binäre Gegenüberstellung von freiheitlicher Demokratie und Kommunismus in den USA jedoch wohl erst mit dem Kalten Krieg. Erst jetzt wurde der Missbrauch des Antikommunismus für machtpolitische Zwecke selbst zu einer substanziellen Gefahr für die Freiheitsrechte und für die Reformfähigkeit der Demokratie. Einen tiefen Einblick in die repressiven Mechanismen dieser antikommunistischen Praxis bietet Landon Storrs. Anhand von Personalakten und Ego-Dokumenten zeichnet sie das Schicksal einer Gruppe von US-amerikanischen Bundesbediensteten nach, die ihre Beamtenlaufbahn im Zeichen der »New-Deal«-Politik begonnen hatten und die als Sozialdemokraten beziehungsweise Sozialisten während der 1940er- und 1950er-Jahre ins Visier der Sicherheitsbehörden gerieten. Aus Storrs' Sicht unterminierten die antikommunistischen Hexenjagden des republikanischen Senators Joseph McCarthy das sozialstaatliche Reformpotenzial der »New-Deal«-Ära daher dauerhaft.[96]

Eine gänzlich andere These vertritt hingegen Jennifer Delton. Sie sieht im US-amerikanischen Antikommunismus der 1950er-Jahre kein Hemmnis, sondern vielmehr einen Katalysator für die Durchsetzung liberaler Werte und Prinzipien. So habe gerade die Furcht vor dem Kommunismus nach einer aktiven Rolle des Staats verlangt. Aus diesem Grund seien die liberalen Reformprogramme und die Expansion staatlicher Zuständigkeiten auch in der Regierungszeit des republikanischen Präsidenten Dwight D. Eisenhower fortgeführt worden.[97] Deltons ebenso provokante wie anregende Deutung krankt allerdings daran, dass ihr Liberalismus-Begriff unscharf bleibt und nicht historisiert wird. Denn tatsächlich waren gerade die Deutungskämpfe darüber, was in politischer, gesellschaftlicher und ökonomischer Hinsicht als »liberal« beziehungsweise »freiheitlich« zu gelten habe, ein zentrales Charakteristikum jener Jahre. Besonders deutlich wird dies mit Blick auf die Fürsprecher einer neoliberalen Wirtschafts- und Fiskalpolitik. Sie formierten sich nach 1945 zunächst im Windschatten des »Cold War Liberalism«, um dann im Laufe der 1960er- und 1970er-Jahre als dezidiert antikommunistische Alternative zum keynesianischen Establishment aufzutreten und den wohlfahrtsstaatlichen Konsens infrage zu stellen.[98]

Antikommunismus in der politischen Kultur der Bonner Republik

Nicht nur in den USA, sondern auch in anderen Staaten der westlichen Welt wurde der Antikommunismus in den Nachkriegsjahren zu einer staatstragenden Philosophie und zu einem Mittel politischer Identitätsstiftung, phasenweise sogar zum Vorwand für autoritäre Regierungspraxis. Insbesondere in der jungen Bundesrepublik Deutschland erwies sich der Antikommunismus »als geeignetes Instrumentarium, das die auf innere Konsolidierung der westdeutschen Demokratie bedachte politische Gründergeneration – allen voran Kanzler Konrad Adenauer – zu nutzen suchte«.[99] In doppelter Abgrenzung gegenüber dem Nationalsozialismus und dem »real existierenden Sozialismus« in der DDR entwickelte

---

96 *Landon R. Y. Storrs*, The Second Red Scare and the Unmaking of the New Deal Left, Princeton University Press, Princeton 2012, 424 S., geb., 27,60 $.
97 *Jennifer A. Delton*, Rethinking the 1950s. How Anticommunism and the Cold War Made America Liberal, Cambridge University Press, Cambridge/New York etc. 2013, VII + 198 S., kart., 30,99 $.
98 Vgl. *Niels Bjerre-Poulsen*, The Mont Pèlerin Society and the Rise of a Postwar Classical Liberal Counter-Establishment, sowie *Jean Solchany*, Better Dead than Red. Wilhelm Röpke, a Neoliberal Anti-Communist on All Fronts, in: *Dongen/Roulin/Scott-Smith*, Transnational Anti-Communism and the Cold War, S. 201–217 und 218–232.
99 *Stefan Creuzberger/Dierk Hoffmann*, Antikommunismus und politische Kultur in der Bundesrepublik Deutschland. Einleitende Vorbemerkungen, in: *Creuzberger/Hoffmann*, »Geistige Gefahr« und »Immunisierung der Gesellschaft«, S. 1–13, hier: S. 2.

sich unter dem Diktum der »streitbaren Demokratie« eine Kultur des Verbots[100] und der Überwachung.[101] Die jüngere Forschung hat gezeigt, dass die Mechanismen und Praktiken dieses antitotalitären »Staatsschutzes« auch über den Regierungswechsel von 1969 hinweg bedeutsam blieben[102] und von Teilen der CDU/CSU-Opposition schließlich sogar gegen die sozial-liberale Bundesregierung in Stellung gebracht wurden.[103] Dass der Kampf gegen den Kommunismus mit der negativen Erfahrung der nationalsozialistischen Gewaltherrschaft begründet und dadurch als eine Art nachholender Widerstand gegen die Hitler-Diktatur verbrämt wurde, mag uns angesichts der personellen und institutionellen Kontinuitäten zur antikommunistischen Agitation des ›Dritten Reichs‹ heute paradox erscheinen. Tatsächlich liegt womöglich gerade hier eine Antwort auf die unlängst wieder mit besonderer Vehemenz diskutierte Frage, wie der Aufbau einer stabilen parlamentarischen Demokratie in Westdeutschland trotz gebrochener zivilgesellschaftlicher Tradition und eines politisch nachhaltig belasteten Beamtenapparats gelingen konnte.

Einen besonders wichtigen institutionellen Anker des westdeutschen Antikommunismus untersucht Stefan Creuzberger in seiner grundlegenden Monografie zum »Bundesministerium für gesamtdeutsche Fragen« (BMG). Creuzberger argumentiert überzeugend, dass dem BMG als institutioneller Schaltstelle zwischen Bundesregierung, politischer Bildungsarbeit, Geheimdiensten und nichtstaatlichen Initiativen »eine Schlüsselstellung« in dem »gegen den inneren Feind gerichteten Kampf« zugefallen sei.[104] Er arbeitet heraus, dass das Ministerium den »kämpferischen Antikommunismus« der 1950er-Jahre schließlich überwand und unter der Führung Herbert Wehners seit 1966 zu einem wichtigen »Impulsgeber« der »Neuen Ostpolitik« wurde.[105] Allerdings tendiert Creuzberger aufgrund seines institutionsgeschichtlichen Ansatzes dazu, die zeitliche Begrenzung seines Untersuchungsgegenstands auf die Jahre 1949 bis 1969 zu verabsolutieren. So wird der angebliche Bedeutungsverlust des nunmehrigen Ministeriums für innerdeutsche Beziehungen ab 1969 empirisch nicht belegt. Vor allem aber bleiben die Kontinuitäten zur NS-Zeit und die Vorgeschichte des BMG in den Besatzungsjahren unterbelichtet.

Den entgegengesetzten Blickwinkel wählt Gudrun Hentges in ihrer Auseinandersetzung mit der »Bundeszentrale für Heimatdienst«. Die Vor- und Entstehungsgeschichte der heutigen »Bundeszentrale für politische Bildung« und ihre Ursprünge in der US-amerikanischen und britischen »Reeducation«-Politik nehmen insgesamt mehr als ein Drittel ihrer Arbeit ein. Ins Zentrum ihrer quellennahen und kritischen, stellenweise vielleicht etwas zu normativ argumentierenden Studie stellt Hentges die strukturellen Rahmenbedingun-

---

100 *Patrick Major*, The Death of the KPD. Communism and Anti-Communism in West Germany, 1945–1956, Oxford 1997; ohne neue empirische Erkenntnisse, aber mit einseitiger normativer Zuspitzung: *Korte*, Instrument Antikommunismus, insb. S. 65–77; mit Blick auf die Folgen für das kommunistische Milieu: *Till Kössler*, Abschied von der Revolution. Kommunisten und Gesellschaft in Westdeutschland 1945–1968, Düsseldorf 2005.
101 *Josef Foschepoth*, Überwachtes Deutschland. Post- und Telefonüberwachung in der alten Bundesrepublik, Göttingen 2012.
102 *Dominik Rigoll*, Staatsschutz in Westdeutschland. Von der Entnazifizierung zur Extremistenabwehr, Göttingen 2013.
103 *Stefanie Waske*, Nach Lektüre vernichten! Der geheime Nachrichtendienst von CDU und CSU im Kalten Krieg, Hanser Verlag, München 2013, 302 S., geb., 19,90 €.
104 *Stefan Creuzberger*, Kampf für die Einheit. Das gesamtdeutsche Ministerium und die politische Kultur des Kalten Krieges 1949–1969 (Schriften des Bundesarchivs, Bd. 69), Droste Verlag, Düsseldorf 2008, XII + 604 S., geb., 49,50 €, hier: S. 537. Vgl. auch *Stefan Creuzberger*, Kampf gegen den inneren Feind. Das gesamtdeutsche Ministerium und der staatlich gelenkte Antikommunismus in der Bundesrepublik Deutschland, in: *Creuzberger/Hoffmann*, »Geistige Gefahr« und »Immunisierung der Gesellschaft«, S. 87–104.
105 *Creuzberger*, Kampf für die Einheit, insb. S. 382–429 und 481–528.

gen der Bundeszentrale, die konzeptionellen Differenzen und Konflikte ihrer Mitarbeiter sowie die institutionellen, personellen und inhaltlichen Verbindungslinien zur Zeit vor 1945. Die eigentliche Bildungsarbeit, insbesondere aber deren öffentliche Rezeption und Wirkung kommen hingegen eher zu kurz. Hatte sich die Bundeszentrale zunächst das recht offen formulierte Ziel gesetzt, »den demokratischen und europäischen Gedanken im deutschen Volk zu festigen und zu verbreiten«, so konkretisierten sich ihre Aufgaben Mitte der 1950er-Jahre vor dem Hintergrund des westdeutschen NATO-Beitritts und des KPD-Verbots. Die Gründung des »Ostkollegs« im Jahr 1957 wertet Hentges daher als Ausdruck eines »Paradigmenwechsels in Richtung der Bekämpfung kommunistischer Bestrebungen«.[106] Bedauerlich ist, dass Hentges diese antikommunistische Bildungsarbeit mit ihren vielfachen Umformungen und Anpassungen nicht bis in die Zeit der sozial-liberalen Koalition weiterverfolgt, sondern die Umbenennung in »Bundeszentrale für politische Bildung« ohne überzeugende Argumente als Endpunkt ihrer Untersuchung wählt.

Im Gegensatz zum Auswärtigen Amt[107], zum BMG und zur »Bundeszentrale für Heimatdienst« haben andere staatliche Träger und Förderer des westdeutschen Antikommunismus in der jüngeren Forschung nur wenig Beachtung gefunden. Zum »Presse- und Informationsamt der Bundesregierung« als wichtiger Koordinierungs- und Finanzierungsinstanz antikommunistischer Öffentlichkeitsarbeit gibt es lediglich zwei wenig ertragreiche Arbeiten aus den frühen 1990er-Jahren.[108] Die »personellen und sachlichen Nachwirkungen der NS-Diktatur und seiner Ministerialbürokratie auf das Bundesministerium des Innern (BMI) und das Ministerium des Innern der DDR (MdI)« werden derzeit in einem umfangreichen Auftragsprojekt vom Institut für Zeitgeschichte und vom Zentrum für Zeithistorische Forschung untersucht.[109] Es steht zu hoffen, dass dieses Projekt auch neue Erkenntnisse über den Stellenwert und die Funktion antikommunistischer Überzeugungen in der frühen Bundesrepublik zutage fördern wird.

Die Übergänge zwischen antikommunistischer »Aufklärungsarbeit«, Propaganda und politischer beziehungsweise psychologischer Kriegsführung waren in der Realität ebenso unscharf und fließend wie die Grenzen zwischen staatlichen und »privaten« Initiativen zur Bekämpfung der kommunistischen Bedrohung. Ähnlich wie in den USA, wo staatliche und gesellschaftliche Praktiken des Antikommunismus in den 1950er-Jahren zu einem potenziell gegen jede Form der patriotischen und sozialen Devianz gerichteten »performativen Komplex«[110] verschmolzen, prägte der antikommunistische Konsens die politische Kultur und das Alltagsleben in der frühen Bundesrepublik. Als »schichten- und parteiübergreifendes Bindemittel«[111] trug er einerseits zur innenpolitischen Stabilisierung und

---

106 *Gudrun Hentges*, Staat und politische Bildung. Von der »Zentrale für Heimatdienst« zur »Bundeszentrale für politische Bildung«, Springer VS, Wiesbaden 2013, 493 S., kart., 39,95 €, hier: S. 436 und 445. Vgl. auch *Rüdiger Thomas*, Zur Auseinandersetzung mit dem deutschen Kommunismus in der Bundeszentrale für Heimatdienst. Eine kritische Sondierung im Umfeld des KPD-Verbots, in: *Creuzberger/Hoffmann*, »Geistige Gefahr« und »Immunisierung der Gesellschaft«, S. 123–143.
107 Vgl. zusammenfassend *Lars Lüdicke*, Adenauer als Außenminister und der Antikommunismus im Auswärtigen Amt, in: *Creuzberger/Hoffmann*, »Geistige Gefahr« und »Immunisierung der Gesellschaft«, S. 105–122.
108 *Frank A. Buchwald*, Adenauers Informationspolitik und das Bundespresseamt 1952–1959. Strategien amtlicher Presse- und Öffentlichkeitsarbeit in der Kanzlerdemokratie, Diss., Mainz 1992; *Johannes J. Hoffmann*, Adenauer: »Vorsicht und keine Indiskretionen!«. Zur Informationspolitik und Öffentlichkeitsarbeit der Bundesregierung 1949–1955, Aachen 1995.
109 URL: <http://www.ifz-muenchen.de/aktuelles/themen/deutsche-kontinuitaeten> [25.8.2016].
110 *Perucci*, Paul Robeson and the Cold War Performance Complex.
111 *Hermann Wentker*, Antikommunismus in der frühen Bonner Republik. Dimensionen eines zentralen Elements politischer Kultur im Ost-West-Konflikt, in: *Creuzberger/Hoffmann*, »Geistige Gefahr« und »Immunisierung der Gesellschaft«, S. 355–369, hier: S. 356.

zur Integration in das westliche Bündnissystem bei, während er sich andererseits für die Ausgrenzung politisch unzuverlässiger und gesellschaftlich randständiger Gruppen instrumentalisieren ließ. Besonders deutlich zutage traten diese Exklusionsmechanismen beispielsweise in der Wiedergutmachungspraxis gegenüber den politischen Verfolgten des NS-Regimes.[112] Dennoch warnt Till Kössler zu Recht davor, solche Anzeichen einer »Ausgrenzungsdynamik« überzubewerten. So sei »die bundesdeutsche Gesellschaft in den frühen 1950er Jahren keineswegs in Gänze von einer antikommunistischen Angstpsychose befallen« gewesen und habe »oft sehr pragmatische Umgangsweisen mit Kommunisten« entwickelt.[113]

Tatsächlich verstellt der alleinige Blick auf Repression und Exklusion die Sicht auf die partizipativen, integrativen und kreativen Seiten des Antikommunismus in der bundesdeutschen Nachkriegsgesellschaft. So zeigt Rainer Gries in einem erhellenden Beitrag, dass der politisch geförderte, über Jahrzehnte hinweg praktizierte Versand von Lebensmittel-Päckchen in die DDR den westdeutschen Absendern ermöglicht habe, »ihre politischen Überzeugungen im besten Sinne in die Tat um[zu]setzen« und »›Antikommunismus‹ subjektiv als karitativen Akt händisch und handfest aus[zuüben] – regelmäßig und geradezu rituell«.[114] Die von den ostdeutschen Behörden erfolglos bekämpfte »Päckchenhilfe« trug einerseits zur langfristigen Destabilisierung der DDR bei. Andererseits habe die ständige Betonung des Entwicklungsgefälles »westdeutsche wie ostdeutsche Selbstverständnisse« bis weit über die Wiedervereinigung hinaus »zementiert«.[115] Während die Auseinandersetzung mit dem Kommunismus in den USA der McCarthy-Ära vor allem als ein Kampf gegen einen wesensfremden Gegner und seine vermeintlichen Spione verstanden wurde, handelte es sich in der Bundesrepublik um einen Kampf mit offenem Visier gegen einen Gegner, der seine Herrschaft bereits in einem Teil des Landes installiert hatte. Zwar wurde hier wie dort über die Mittel und Ziele dieses Kampfes gestritten. Doch herrschte in beiden Gesellschaften ein breiter antikommunistischer Grundkonsens, der außerdem in der Schwäche und Marginalisierung kommunistischer Milieustrukturen zum Ausdruck kam.[116]

Antikommunismus in anderen westeuropäischen Ländern

Ganz anders stellte sich die Situation in Italien und Frankreich dar, wo die kommunistischen Parteien in den Nachkriegsjahren vom Nimbus ihres Widerstands gegen Faschismus und Nationalsozialismus zehrten und auch nach ihrem Ausscheiden aus der Regierungsverantwortung im Jahr 1947 gewichtige Stimmenanteile bei landesweiten Wahlen einfuhren. In beiden Ländern konnte sich angesichts der stark ausgeprägten und langlebigen kommunistischen Milieustrukturen kein antikommunistischer Konsens entwickeln. Deshalb eignete sich Antikommunismus hier kaum als gesellschaftliches Integrationsinstrument und als Korrektiv für soziale Devianz, wohl aber als Vorwand für ein hartes polizeiliches und gerichtliches Vorgehen gegen tatsächliche oder vermeintliche revolutionäre

---

112 *Boris Spernol*, Die ›Kommunistenklausel‹. Wiedergutmachungspraxis als Instrument des Antikommunismus, in: ebd., S. 251–273.
113 *Till Kössler*, Die Grenzen der Demokratie. Antikommunismus als politische und gesellschaftliche Praxis in der frühen Bundesrepublik, in: ebd., S. 229–250, hier: S. 250.
114 *Rainer Gries*, »Dein Päckchen nach drüben«. Antikommunismus für jedermann, in: ebd., S. 335–353, hier: S. 350.
115 Ebd., S. 352.
116 In der Bundesrepublik setzten die Desintegration und der Niedergang des kommunistischen Milieus durchaus schon deutlich vor dem KPD-Verbot von 1956 ein. Vgl. *Kössler*, Abschied von der Revolution.

Umsturzversuche.[117] Im Italien der Nachkriegszeit wurde die emotionale, oft an faschistische Vorbilder anknüpfende Rhetorik[118] des Antikommunismus in »paralleler Divergenz« mit ihrem kommunistischen Gegenpart zum Taktgeber politischer Sprache und Kultur.[119] Auch in Frankreich schöpfte der Antikommunismus nach 1945 aus dem argumentativen, sprachlichen und visuellen Repertoire der Zwischenkriegszeit, des Vichy-Regimes und der Kollaboration. Gleichzeitig wurden die Kommunisten unter Verweis auf den Hitler-Stalin-Pakt als Landesverräter diskreditiert.[120]

Sowohl in Italien als auch in Frankreich traf der Antikommunismus auf einen vehementen, gesellschaftlich breit verankerten Antiamerikanismus, der die diplomatischen, ökonomischen und kulturpolitischen Interventionen der USA zugunsten der systemtragenden Parteien als hegemonialen Akt einer wesensfremden und kulturell minderwertigen Macht denunzierte. Der Widerstand gegen jeglichen Anschein von Amerikanisierung zwang die US-amerikanischen Entscheidungsträger daher wiederholt zur selbstkritischen Reflexion ihres Engagements und zur Anpassung ihrer Strategien. In einer quellengesättigten und methodisch innovativen Studie zeichnet Alessandro Brogi ein eindrucksvolles Bild von dieser asymmetrischen Auseinandersetzung im Spannungsfeld von »nationaler Wiedergeburt« und Kaltem Krieg, von Propaganda und Populärkultur, von Jugendprotest und »Eurokommunismus«.[121]

Relativ gut erforscht ist inzwischen auch die Geschichte des Antikommunismus in der Schweiz, was vor allem den Arbeiten des Forscherteams um Mauro Cerutti, Jean-François Fayet, Luc van Dongen, Stéphanie Roulin und Michel Caillat zu verdanken ist. Trotz der unbedeutenden innenpolitischen Rolle des Kommunismus entwickelte sich hier ein von bürgerlichen und religiösen Ressentiments gespeistes antikommunistisches Selbstverständnis, das im Angesicht vermeintlicher oder tatsächlicher Bedrohung schnell in eine repressive Staatsdoktrin umschlagen konnte.[122] Aufgrund ihrer Lage am Schnittpunkt unterschiedlicher Sprach- und Kulturräume wurde die Schweiz bereits in der Zwischenkriegszeit zu einer internationalen Drehscheibe für antikommunistische Akteure und Organisationen wie die Genfer EIA.[123] Spätestens mit dem Einsetzen des Kalten Kriegs schien die offene Tolerierung solcher Aktivitäten kaum mehr mit der traditionellen außenpolitischen Neutralität vereinbar.

Deutlich weniger wissen wir bislang über den Stellenwert und die Funktionen des Antikommunismus in anderen westeuropäischen Ländern. Markku Ruotsila hat in seiner ver-

---

117 Vgl. für Italien *Giuseppe Carlo Marino*, La repubblica della forza. Mario Scelba e le passioni del suo tempo, Mailand 1995; für Frankreich neuerdings *Vanessa Codaccioni*, Punir les opposants. PCF et procès politiques 1947–1962, Paris 2013.
118 Vgl. *Pivato*, I comunisti mangiano i bambini.
119 *Andrea Mariuzzo*, Divergenze parallele. Comunismo e anticomunismo alle origini del linguaggio politico dell'Italia repubblicana, 1945–1953, Soveria Mannelli 2010.
120 Vgl. *Becker/Berstein*, Histoire de l'anticommunisme en France; *Dominique Lejeune*, La peur du »rouge« en France. Des partageux aux gauchistes, Paris 2003; *Lebourg*, Mort aux bolchos; außerdem die Beiträge zu Frankreich in *Cochet/Dard*, Subversion, anti-subversion et contre-subversion.
121 *Alessandro Brogi*, Confronting America. The Cold War between the United States and the Communists in France and Italy, University of North Carolina Press, Chapel Hill 2010, 533 S., kart., 45,00 $.
122 Vgl. das breite Panorama der Beiträge in: *Caillat/Cerutti/Fayet* u. a., Histoire(s) de l'anticommunisme en Suisse.
123 Vgl. die Beiträge von *Michel Caillat* und *Stéphanie Roulin*, in: ebd., S. 147–163 und 165–180; umfassend: *Michel Caillat*, L'Entente internationale anticommuniste de Théodore Aubert. Organisation interne, réseaux et action d'une internationale antimarxiste, Diss., Genf 2013; *Roulin*, Un credo anticommuniste.

gleichenden Pionierarbeit zum britischen und US-amerikanischen Antikommunismus lediglich die Zeit vor dem Kalten Krieg in den Blick genommen.[124] Angesichts der innenpolitischen Chancenlosigkeit der Kommunisten kam der Antikommunismus in Großbritannien nach 1945 offenbar in erster Linie im Bereich der Außenpolitik und der Kulturdiplomatie zur Geltung.[125] In Irland verband sich der vorrangig religiös begründete, von der katholischen Kirche aktiv geförderte Antikommunismus mit einer antimodernistischen Grundtendenz.[126] In Belgien war die politische Kultur vor allem in den ersten Jahren des Kalten Kriegs von einem militanten und gewaltbereiten Antikommunismus geprägt, der insbesondere von monarchistischen Kreisen befeuert wurde und dessen ideologische Wurzeln bis ins 19. Jahrhundert zurückreichten.[127] Mit dem raschen Niedergang der Kommunisten in der Wählergunst dominierten jedoch offensichtlich bald andere Konfliktlinien die politische Landschaft. In Österreich waren der antikommunistischen Agitation nach 1945 enge Grenzen gesetzt, die zunächst durch die anhaltende Präsenz sowjetischer Besatzungstruppen, dann durch das Neutralitätsgebot des Staatsvertrags definiert wurden. Der Antikommunismus blieb bis zum Fall des ›Eisernen Vorhangs‹ eine wichtige, jedoch weitgehend aus dem öffentlichen Diskurs »verdrängte Komponente der österreichischen Identität«.[128] Griechenland, wo die Kommunisten durch die deutsch-italienische Besatzung und den Widerstand »von einer Sekte zu einer Massenpartei« aufgestiegen waren, entwickelte sich im Zuge des Bürgerkriegs zum ersten und blutigsten Schlachtfeld des Ost-West-Konflikts in Europa. Auf den Bürgerkrieg folgte eine systematische Unterdrückung, Verfolgung und Ausgrenzung der Kommunisten und ihrer vermeintlichen Unterstützer. Der Antikommunismus, der sich mit einer nationalistischen und antislawischen Rhetorik verband, wurde zudem als »außenpolitische[s] Druckmittel« gegenüber den westlichen Verbündeten eingesetzt.[129]

Vergleichende Ansätze und globale Perspektiven

Ein geeignetes Instrument, um die Eigenheiten antikommunistischer Regierungspraktiken und Regime herauszuarbeiten, wären Vergleichsstudien zu mehreren Ländern. Thomas Mergel hat in einem anregenden Aufsatz über die »Semantiken des Antikommunismus« in den USA und der Bundesrepublik gezeigt, welche Potenziale in einem vergleichenden Ansatz liegen.[130] Allerdings erfordert solch ein Vorgehen eine große Fremdsprachenkompetenz und ein breites Hintergrundwissen, das angesichts der spärlichen Literaturgrund-

---

124 *Marrku Ruotsila*, British and American Anticommunism before the Cold War, London/Portland 2001.
125 Vgl. *Andrew Defty*, Britain, America, and Anti-Communist Propaganda, 1945–53. The Information Research Department, London/New York 2004; *Lowell H. Schwartz*, Political Warfare against the Kremlin. US and British Propaganda Policy at the Beginning of the Cold War, Palgrave Macmillan, Basingstoke/New York 2009, IX + 283 S., geb., 70,00 £.
126 *Emmet O'Connor*, Anti-Communism in Twentieth-Century Ireland, in: Twentieth Century Communism, 2014, Nr. 6, S. 59–81; *Enda Delaney*, Anti-Communism in Mid-Twentieth-Century Ireland, in: English Historical Review 126, 2011, S. 878–903.
127 Vgl. mit klarer normativer Tendenz: *Rudi Van Doorslaer/Étienne Verhoeyen*, L'assassinat de Julien Lahaut. Une histoire de l'anticommunisme en Belgique, Antwerpen 1987; *Pascal Delwit/José Gotovitch* (Hrsg.), La peur du rouge, Brüssel 1996. Neuere Publikationen auf breiterer Quellenbasis konnten nicht ausgemacht werden.
128 *Oliver Rathkolb*, Die paradoxe Republik. Österreich 1945 bis 2015, Wien 2015, S. 33–36.
129 *Andreas Stergiou*, Der Antikommunismus in Griechenland, in: Jahrbuch für Historische Kommunismusforschung, 2011, S. 101–118, hier: S. 101 und 111.
130 *Thomas Mergel*, The Unknown and the Familiar Enemy. The Semantics of Anti-Communism in the USA and Germany, 1945–1975, in: *Willibald Steinmetz* (Hrsg.), Political Languages in the Age of Extremes, Oxford 2011, S. 245–274.

lage für die meisten der genannten Länder gar nicht abrufbar ist. Vorliegende Sammelwerke mit Beiträgen zu verschiedenen Ländern enthalten in der Regel nur Fallstudien, Teilaspekte oder Analysen eng umrissener Zeiträume und eröffnen daher keine größere Vergleichsperspektive auf die Unterschiede und Gemeinsamkeiten, was den Stellenwert des Antikommunismus in der jeweiligen politischen Kultur anbelangt.[131]

Zur Bedeutung des Antikommunismus als Legitimationsbasis und Herrschaftsinstrument politischer Regime außerhalb des transatlantischen Raumes gibt es bislang nur wenig belastbare Forschungsergebnisse. Ki-Woo Hwang nimmt den japanischen Antikommunismus der 1930er- und frühen 1940er-Jahre lediglich durch die Brille des nationalsozialistischen Bündnispartners wahr. Zwar kann er plausibel herausarbeiten, dass die gemeinsamen antikommunistischen Überzeugungen eine tragende Säule deutscher Kulturaußenpolitik gegenüber Japan waren. Insbesondere seine Aussagen zur Bedeutung antisemitischer Ideologeme in den beiderseitigen Beziehungen werden jedoch kaum durch Quellenbelege abgesichert. Zentrale Begrifflichkeiten wie »Faschismus«, »Imperialismus« und »Modernisierung« werden einseitig und unreflektiert verwendet. Der Mehrwert der Untersuchung bleibt daher begrenzt.[132] Zwar sind unlängst einige Sammelbände und Monografien zum »Cultural Cold War« in Asien und Lateinamerika erschienen[133], die den Antikommunismus allerdings mehr als Begleiterscheinung denn als eigentlichen Untersuchungsgegenstand wahrnehmen.[134] Grundsätzlich fehlt es an einschlägigen Arbeiten zu Ländern wie Taiwan und Südkorea, in denen der Antikommunismus in der zweiten Hälfte des 20. Jahrhunderts zur unumstößlichen Staatsdoktrin wurde. Wir wissen nach wie vor zu wenig über die Bedeutung antikommunistischer Motive für staatliche Gewaltverbrechen wie 1965/66 in Indonesien oder in den lateinamerikanischen Diktaturen der 1970er-Jahre. Die vielfältigen und höchst widersprüchlichen Funktionen des Antikommunismus in der arabisch-islamischen Welt, auf dem indischen Subkontinent und in Afrika wurden bislang nicht systematisch erfasst.[135] Gleiches gilt zum Beispiel für die innen- und außenpolitische Instrumentalisierung antikommunistischer Argumente zur Etablierung und Behauptung der Apartheid-Regime im südlichen Afrika.[136]

Die Frage nach der Funktionalisierung des Antikommunismus in Asien, Afrika und Lateinamerika erscheint umso relevanter, wenn man der Argumentation von Heonik Kwon folgt. Unter Verweis auf die brutalen Auswüchse kolonialer und postkolonialer Gewalt in der ›Dritten Welt‹, zu denen er insbesondere auch den Koreakrieg und den Vietnamkrieg rechnet, spricht Kwon dem Begriff des *Kalten* Kriegs und den damit assoziierten Vorstellungen jeglichen analytischen Wert ab. Die eigentliche historische Signatur des 20. Jahrhunderts wird Kwon zufolge einerseits in der Überschneidung kolonialer und bipolarer

---

131 Vgl. zum Beispiel die drei Zeitschriften-Sondernummern Communisme 62/63, 2000; Jahrbuch für Historische Kommunismusforschung, 2011; Twentieth Century Communism 6, 2014.
132 *Ki-Woo Hwang*, Die nationalsozialistische Kulturpolitik gegenüber Japan. Antisemitismus und Antikommunismus, Südwestdeutscher Verlag für Hochschulschriften, Saarbrücken 2014, 324 S., kart., 99,90 €.
133 Vgl. zum Beispiel *Tony Day/Maya H.T. Liem* (Hrsg.), Cultures at War. The Cold War and Cultural Expression in Southeast Asia, Ithaca 2010; *Yangwen Zheng/Hong Liu/Michael Szonyi* (Hrsg.), The Cold War in Asia. The Battle for Hearts and Minds, Leiden 2010; *Gilbert M. Joseph/Daniela Spenser* (Hrsg.), In from the Cold. Latin America's New Encounter with the Cold War, Durham 2008.
134 Als positive Ausnahme vgl. neuerdings *Patrick Iber*, Neither Peace nor Freedom. The Cultural Cold War in Latin America, Harvard University Press, Cambridge/London 2015, 336 S., geb., 39,95 $.
135 Vgl. andeutungsweise *Wippermann*, Heilige Hetzjagd, S. 95–113.
136 Vgl. ebd., S. 113–119, sowie die erhellenden Beiträge in: *Susan Onslow* (Hrsg.), Cold War in Southern Africa. White Power, Black Liberation, London 2009.

Machtkonstellationen, andererseits in der Verschränkung lokaler Ereignisse und Erfahrungen mit globalen Ordnungen und Konflikten sichtbar.[137] Die antikommunistische Begründung von Herrschaftspraktiken und Gewaltregimen jenseits des europäischen und nordamerikanischen Raumes erscheint in dieser Perspektive nicht mehr nur als ein Nebenprodukt des Ost-West-Konflikts, sondern vielmehr als zentraler Faktor einer weltumspannenden, bis heute andauernden Auseinandersetzung.

III. ANTIKOMMUNISMUS ALS SOZIALE BEWEGUNG: AKTEURE UND TRÄGER

Angesichts der oft engen Verschränkung des Antikommunismus mit bestimmten politischen Kulturen, Praktiken und Regimen wundert es nicht, dass den Bereichen der staatlichen Propaganda und der »Public Diplomacy« in der bisherigen Forschung besondere Aufmerksamkeit zuteilwurde. Tatsächlich war die institutionalisierte Förderung, Lenkung und Koordinierung des Antikommunismus durch staatliche Akteure in erster Linie ein Phänomen des Kalten Kriegs. Vorreiter auf diesem Gebiet waren zweifelsohne die Nationalsozialisten. Der Gesamtverband deutscher antikommunistischer Vereinigungen konstituierte sich 1932 als privater Verein. Seit Herbst 1933 entwickelte er sich unter der Bezeichnung Antikomintern faktisch zu einer Dienststelle des Reichsministeriums für Volksaufklärung und Propaganda, von der aus die publizistische Kampagne gegen den »jüdischen Bolschewismus« zentral gesteuert wurde.[138] Eine umfassende Organisationsgeschichte der Antikomintern steht nach wie vor aus. Jedoch hat Stéphanie Roulin in ihrer breit fundierten Arbeit über die »Pro-Deo«-Kommission der Genfer EIA überzeugend dargelegt, dass die europäische beziehungsweise transnationale Dimension im Wirken der Antikomintern deutlich mehr Beachtung verdient als bislang angenommen.[139]

»Public Diplomacy« im Kalten Krieg unter US-amerikanischer Führung

Nach dem Ende des Zweiten Weltkriegs war es Großbritannien, das als erste westliche Macht eine koordinierte staatliche Antwort auf die kommunistische Herausforderung konzipierte und dadurch einen vergleichsweise starken Einfluss auf die Weltöffentlichkeit nehmen konnte. So wurde das 1948 als kleine Abteilung im Foreign Office gegründete »Information Research Department« (IRD) mit seinen Methoden der verdeckten Einflussnahme auf Medienproduktion und Kulturschaffende schließlich zu einem wichtigen Vorbild, Ideengeber und Partner für die USA. Lowell H. Schwartz arbeitet diese Entwicklung in seiner konzisen Gegenüberstellung der britischen und US-amerikanischen Propagandapolitik während der ersten anderthalb Nachkriegsjahrzehnte anschaulich heraus.[140] Er stützt sich dabei hauptsächlich auf die gleichen Quellenbestände, die auch Andrew Defty schon in seiner fünf Jahre zuvor erschienenen Studie über das IRD ausgewertet hat.[141] Durch die Erweiterung des Zeithorizonts und einen besonderen Fokus auf die Sendungen von BBC und »Radio Liberty« kann Schwartz jedoch neue Akzente setzen und der These einer britischen Vorreiterrolle größere Überzeugungskraft verleihen. Allerdings gelingt es auch ihm nur begrenzt, die Ebene der staatlichen Akteure zu verlassen und Aufschluss über die Rezeption und die konkreten Erfolge dieser Aktivitäten zu geben.

---
137 *Kwon*, The Other Cold War.
138 Vgl. *Lorna Louise Waddington*, Hitler's Crusade. Bolshevism and the Myth of the International Jewish Conspiracy, London/New York 2012.
139 *Roulin*, Un credo anticommuniste, insb. S. 303–344.
140 *Schwartz*, Political Warfare against the Kremlin.
141 *Defty*, Britain, America, and Anti-Communist Propaganda, 1945–53.

Obwohl beide den britischen Anteil an der Konstituierung dieser Form der »Public Diplomacy« hervorheben, bestreiten weder Defty noch Schwartz, dass den USA seit den frühen 1950er-Jahren eine Führungsrolle im Propagandakampf gegen die kommunistische Herausforderung zufiel. Dass insbesondere die CIA einen »überdimensionierten Einfluss«[142] auf die antikommunistische Ideologie im Westen ausübte, war bereits seit den 1960er-Jahren bekannt. Seit Ende der 1990er-Jahre ist dieser Einfluss systematisch von der Forschung aufgearbeitet worden. Frances Stonor Saunders hat das Verdienst, die verdeckte Finanzierung westeuropäischer Intellektueller und Kunstschaffender durch die CIA erstmals auf breiter Quellenbasis und in ihren breiteren Verästelungen nachgewiesen zu haben. Unlängst ist eine gekürzte Neuauflage ihres Buches erschienen, in dessen Zentrum der CCF und die von seinen Protagonisten herausgegebenen Zeitschriften stehen.[143] Bei aller Anerkennung für den Pioniercharakter ihrer Arbeit wirkt Saunders' Urteil insgesamt zu plakativ und zu einseitig. Weder zeigt Saunders Verständnis für die Absichten der CIA noch kann sie an konkreten Beispielen belegen, dass die verdeckte Finanzierung tatsächlich bedeutende Auswirkungen auf das Meinungsklima in Westeuropa hatte. Vor allem aber unterschätzt sie den Eigensinn und die Handlungsspielräume der Intellektuellen, wenn sie der CIA vorwirft, diese behandelt zu haben wie »Schachfiguren« in einem »großen Spiel«.[144]

Andere Autoren haben dieses einseitige Bild inzwischen relativiert, indem sie die Agency der westeuropäischen Intellektuellen, Publizisten und Gewerkschaftler unterstrichen, die Motive für ihr antikommunistisches Engagement herausgearbeitet und auf ihre zumindest partielle Resistenz gegenüber den Avancen US-amerikanischer Geheimdienste und Stiftungen hingewiesen haben.[145] Gleichzeitig wurde klar, dass die CIA ihren Einfluss in Westeuropa und anderen Weltregionen ohne die bereitwillige Unterstützung eines breiten Spektrums von US-amerikanischen Aktivisten und Interessengruppen nicht hätte geltend machen können.[146] Zwei neu erschienene Sammelbände zum Dachverband US-amerikanischer Gewerkschaften[147] und zum »National Committee for a Free Europe« beziehungsweise »Free Europe Committee« (FEC)[148] bilden diese vielschichtigen und spannungsvollen Interaktionsprozesse zwischen staatlichen und nichtstaatlichen Akteuren in dezidiert transnationaler Perspektive ab. Beide Bände basieren auf jahrelangen Recherchen internationaler Forschergruppen und verdeutlichen das breite politische, soziokulturelle und geografische Spektrum der Akteure und potenziellen Adressaten US-amerikanischer »Public Diplomacy«. Die Beiträge sind in beiden Fällen mit reichhaltigen Quellen- und Literaturnachweisen unterfüttert und durch sorgfältig zusammengestellte Register erschlossen, was sie zu einem wertvollen Arbeitsinstrument für weiterführende Forschungen über antikommunistische Propaganda im Kalten Krieg macht.

Zum Leitmedium der direkt an die Bevölkerung in den kommunistischen Ländern adressierten antikommunistischen Propaganda entwickelte sich das Radio. Mit keinem anderen Mittel konnte der ›Eiserne Vorhang‹ so leicht und gefahrlos überwunden werden. Kein anderes Medium ermöglichte eine derart unmittelbare und unkontrollierbare Übermittlung von Informationen und Botschaften an Millionen von potenziellen Empfängern

---

142 *Dongen/Roulin/Scott-Smith*, Introduction, S. 3.
143 *Frances Stonor Saunders*, The Cultural Cold War. The CIA and the World of Arts and Letters, The New Press, London/New York 2013, 448 S., kart., 21,95 $.
144 Ebd., S. 3.
145 Vgl. zum Beispiel *Berghahn*, America and the Intellectual Cold Wars in Europe; *Scott-Smith*, The Politics of Apolitical Culture; *Wilford*, The CIA, the British Left, and the Cold War.
146 *Hugh Wilford*, The Mighty Wurlitzer. How the CIA Played America, Cambridge/London 2008.
147 *Waters/Goethem*, American Labor's Global Ambassadors.
148 *Kádár Lynn*, The Inauguration of Organized Political Warfare.

in der kommunistisch regierten Welt.[149] Seit den späten 1940er-Jahren weiteten bereits bestehende Sender wie die BBC ihre internationalen Programme beträchtlich aus.[150] Gleichzeitig entstanden neue Rundfunkstationen wie der »Rundfunk im amerikanischen Sektor« (RIAS)[151], »Radio Free Europe« (RFE) und »Radio Liberation« (RL, seit 1959: »Radio Liberty«), die von Beginn an als Instrumente ideologischer Auseinandersetzung konzipiert und mit umfangreichen finanziellen Zuwendungen bedacht wurden. Angesichts des hohen politischen Stellenwerts und des großen öffentlichen Interesses für den »Radiokrieg« mag es verwundern, dass gerade RFE und RL als die wohl einflussreichsten und bedeutendsten dieser Sendeanstalten bislang noch nicht zum Gegenstand umfangreicher Forschungsarbeiten geworden sind. Die vorliegenden Überblicksdarstellungen stammen praktisch alle aus der Feder ehemaliger RFE/RL-Funktionäre. Gegenüber den relativ einseitigen, mit persönlichen Erlebnissen und reißerischen Details angereicherten Nacherzählungen anderer[152] hebt sich die zuletzt erschienene Monografie des ehemaligen RFE/RL-Direktors A. Ross Johnson positiv ab. Zwar verfolgt auch er in erster Linie das Ziel einer chronologischen Gesamtschau entscheidender institutioneller Entwicklungen und Weichenstellungen. Als Berater eines an der »Hoover Institution« in Stanford angesiedelten Forschungsprojekts hatte Johnson jedoch Zugriff auf umfangreiche Quellenbestände in den USA und Europa, von denen er in seiner Darstellung ausgiebig und mit der gebotenen kritischen Distanz Gebrauch macht.[153]

Vor dem Hintergrund des bisherigen Forschungsstands verdient ein unlängst von Anna Bischof und Zuzana Jürgens publizierter Sammelband besondere Aufmerksamkeit. Der Band versammelt die Beiträge einer Tagung, mit der 2011 der 60. Jahrestag der Aufnahme des regelmäßigen Sendebetriebs von RFE in München gewürdigt wurde. Auch in dieser Publikation kommen zahlreiche Zeitzeugen zu Wort: Neben längeren Beiträgen von A. Ross Johnson, Richard H. Cummings und Martin K. Bachstein gibt es Kurzberichte weiterer ehemaliger Angestellter und Hörer von RFE. Vor allem aber gibt der Band Einblicke in die laufende Arbeit mehrerer Forscher, die sich in den vergangenen Jahren auf Basis neu erschlossener Quellen mit dem Thema befasst, es an die Fragestellungen und Methoden der »New Cold War History« rückgekoppelt, aus nationalen und auf die US-amerikanische Perspektive reduzierten Engführungen befreit und als idealen Untersuchungsgegenstand einer transnationalen Geschichtsschreibung entdeckt haben. Über die institutionelle Entwicklung und die rechtlich-strukturellen Rahmenbedingungen hinaus befassen sich folglich gleich mehrere Beiträge mit der journalistischen Praxis und den konkreten Programminhalten sowie mit der Rezeption und dem Einfluss der Sendungen in Ostmitteleuropa. Die Einleitung von Anna Bischof und Robert Luft fasst den Forschungsstand zu RFE und die Beiträge des Bandes gleichermaßen konzise wie sachkundig zusammen.[154]

---

149 Vgl. grundlegend die Einleitung zum Special Issue »Radio Wars. Broadcasting during the Cold War« von *Linda Risso*, in: Cold War History 13, 2013, S. 145–152.

150 Vgl. *Alban Webb*, London Calling. Britain, the BBC World Service and the Cold War, London 2014; speziell zum BBC Russia Service: *Schwartz*, Political Warfare against the Kremlin, S. 70–95.

151 *Nicholas J. Schlosser*, Cold War on the Airwaves. The Radio Propaganda War against East Germany, Urbana 2015.

152 Vgl. insb. *Arch Puddington*, Broadcasting Freedom. The Cold War Triumph of Radio Free Europe and Radio Liberty, Lexington 2000; *Richard H. Cummings*, Cold War Radio. The Dangerous History of American Broadcasting in Europe, 1950–1989, Jefferson 2009.

153 *A. Ross Johnson*, Radio Free Europe and Radio Liberty. The CIA Years and Beyond, Woodrow Wilson Center Press, Washington 2010, 304 S., geb., 55,00 $.

154 *Anna Bischof/Zuzana Jürgens* (Hrsg.), Voices of Freedom – Western Interference? 60 Years of Radio Free Europe (Veröffentlichungen des Collegium Carolinum, Bd. 130), Vandenhoeck & Ruprecht, Göttingen 2015, XII + 294 S., geb., 49,99 €.

Die US-Regierung und die CIA begriffen den Bereich der »Public Diplomacy« also von Beginn an als eine transnationale Aufgabe für die gesamte ›Freie Welt‹ und setzten daher auf die offene oder verdeckte Unterstützung möglicher Verbündeter in Europa, Asien, Lateinamerika und Afrika. Zu Recht wird diese Form der Kulturdiplomatie in zahlreichen Darstellungen als ein Instrument US-amerikanischen Hegemoniestrebens gedeutet, mit dem handfeste politische und ökonomische Interessen einhergingen.[155] Oft wurde dabei jedoch vergessen, dass diese »Public Diplomacy« keine Einbahnstraße war und dass ihr Erfolg von der Kooperationsbereitschaft der Adressaten abhing.[156] Nicht nur in wirtschaftlicher und militärischer, sondern auch – und vielleicht noch mehr – in kultureller und ideologischer Hinsicht kann die US-amerikanische Expansion in Westeuropa und andernorts mit Geir Lundestad als ein »›Empire‹ by Invitation«[157] bezeichnet werden. So verdeutlicht Linda Risso in ihrer solide aus den Quellen gearbeiteten, klar strukturierten und pointiert formulierten Studie über den »NATO Information Service« (NATIS), dass die USA seit 1947/48 durchaus »auf die Schaffung gut ausgestatteter und gut organisierter Propagandamaschinerien innerhalb der neuen internationalen Organisationen drängten«, dass aber gleichzeitig auch aufseiten der Partner ein »großes Interesse an einer engen Zusammenarbeit mit den Vereinigten Staaten« bestand.[158] Allerdings sei die Zusammenarbeit auf nachrichtendienstlicher Ebene gezeichnet gewesen von einem »permanenten Kampf zwischen dem Wusch nach einer kohärenten, die gesamte Allianz umfassenden Propagandakampagne und dem Anspruch der nationalen Regierungen, über ihre eigene Informationspolitik zu bestimmen«.[159] Risso beschreibt den NATIS daher auch weniger als ein Instrument US-amerikanischen Vormachtstrebens denn als einen transatlantischen Kommunikationsraum, in dem gemeinsame Positionen zu Methoden und Zielen »psychologischer Kriegführung« entwickelt wurden, in dem aber auch immer wieder gegensätzliche Ansichten unversöhnlich aufeinanderprallten.

Handlungsspielräume und private Akteure innerhalb des »State-Private Network«

Trotz des anhaltenden Interesses für staatliche Akteure und für die zweifellos bedeutsame Rolle der US-amerikanischen »Public Diplomacy« hat die Forschung in den vergangenen Jahren überzeugend herausgearbeitet, dass »nicht nur die Verbündeten der US-Regierung an der Ausgestaltung des Antikommunismus mitwirkten, sondern eine bemerkenswerte Zahl von privaten Akteuren, die entschlossen waren, sie auch zu *ihrer* Angelegenheit zu machen«.[160]

---

155 Vgl. dazu in etwa das Beispiel der »United States Information Agency« (USIA), zu der nun erstmals eine institutionsgeschichtliche Überblicksdarstellung vorliegt: *Nicholas J. Cull*, The Cold War and the United States Information Agency. American Propaganda and Public Diplomacy, 1945–1989, Cambridge/New York etc. 2008. Zu den Aktivitäten der USIA in der Bundesrepublik vgl. neuerdings *Agnes Hartmann*, Kalter Krieg der Ideen. Die United States Information Agency in Westdeutschland von 1953–1960, Trier 2015.
156 Wegweisend für diese Einsicht war sicherlich der Sammelband von *Giles Scott-Smith/Hans Krabbendam* (Hrsg.), The Cultural Cold War in Western Europe 1945–1960, Abingdon/New York 2003.
157 *Geir Lundestad*, The United States and Western Europe since 1945. From »Empire« by Invitation to Transatlantic Drift, Oxford 2003.
158 *Linda Risso*, Propaganda and Intelligence in the Cold War. The NATO Information Service (Studies in Intelligence Series), Routledge, London/New York 2014, 320 S., geb., 95,00 £, hier: S. 29.
159 Ebd., S. 248. Risso bestätigt damit ein grundsätzliches Dilemma nachrichtendienstlicher Kooperation, auf das zuvor auch schon Giles Scott-Smith aufmerksam gemacht hat. Vgl. *Scott-Smith*, Western Anti-Communism and the Interdoc Network.
160 *Dongen/Roulin/Scott-Smith*, Introduction, S. 3.

In der Tat scheint das als »Apparat des Kalten Krieges«[161] beziehungsweise »State-Private Network«[162] bezeichnete, ebenso enge wie undurchsichtige Zusammenspiel staatlicher und nichtstaatlicher beziehungsweise »privater« Akteure eine entscheidende Triebfeder des »Cultural Cold War« gewesen zu sein. Bernd Stöver hat die Entstehung und Entwicklung dieses Netzwerks für die Frühphase des Kalten Kriegs bis ins Jahr 1956 akribisch nachgezeichnet. Allein die Auswahl der Quellen und der Zuschnitt der Fragestellung machen deutlich, dass auch Stöver von einer US-amerikanischen Führungsrolle bei der Konzeption und Implementierung der »Liberation Policy« ausgeht. Er verdeutlicht jedoch auch die Heterogenität, die Uneinigkeit und den Eigensinn der unzähligen nichtstaatlichen Gruppierungen, Organisationen und Einrichtungen, mit denen die Amerikaner mal mehr, mal weniger eng zusammenarbeiteten.[163]

Einige dieser nichtstaatlichen Akteure versuchten, durch die Ausstrahlung von Radiosendungen und die Verbreitung von Druckerzeugnissen, aber auch durch verdeckte Operationen in Form von Spionage und Sabotageakten direkt in die kommunistisch regierten Länder hineinzuwirken.[164] Die Bundesrepublik und Westberlin entwickelten sich angesichts ihrer »Frontlage« im Kalten Krieg zur Ausgangsbasis und zum bevorzugten Rekrutierungsfeld für solche Aktivitäten. Eine dieser »Frontorganisationen«, die 1948 gegründete und 1959 aufgelöste »Kampfgruppe gegen Unmenschlichkeit« (KgU), ist von Enrico Heitzer nun erstmals auf breiter Quellenbasis aus west- und ostdeutschen Archiven erforscht worden. Heitzer weist nach, dass sich die KgU nur in begrenztem Umfang als humanitärer Hilfsdienst für politisch Verfolgte in der Sowjetischen Besatzungszone und der DDR betätigte. Die meisten ihrer Mitarbeiter waren mit nachrichtendienstlichen Aufgaben und militanten Operationen befasst, die bisweilen die Grenze zum Terrorismus überschritten und hauptsächlich, ab 1952 sogar ausschließlich, von der CIA bezahlt wurden. Diese »komplexe Verschränkung von öffentlichem und geheimdienstlichem Handeln« sowie die bemerkenswerte – aber für die Bedeutung des Antikommunismus in der frühen Bundesrepublik durchaus bezeichnende – Zusammenarbeit von Opfern und vormaligen Mitläufern beziehungsweise Mittätern des NS-Regimes machten die KgU zu einer »intransparente[n] Organisation«, die letztlich an dem »z.T. eklatanten Widerspruch zwischen dem nach außen vermittelnden Bild und ihren Handlungen« zugrunde ging.[165] Weitaus weniger wissen wir bislang über andere in Westberlin ansässige Organisationen und Einrichtungen wie den »Untersuchungsausschuß Freiheitlicher Juristen«[166] oder die Ostbüros von CDU, SPD und FDP[167], die – wenngleich nicht mit so radikalen und umstrittenen Mitteln wie die KgU – ebenfalls auf eine Beeinflussung der Verhältnisse in Ostdeutschland und eine Destabilisierung der kommunistischen Herrschaft abzielten.

---

161 *Ernst Nolte*, Deutschland und der Kalte Krieg, München 1974, S. 402.
162 *Scott Lucas*, Freedom's War. The US Crusade against the Soviet Union, 1945–56, Manchester 1999, insb. S. 93–106; *Helen Laville/Hugh Wilford* (Hrsg.), The US Government, Citizen Groups and the Cold War. The State-Private Network, London/New York 2006.
163 *Bernd Stöver*, Die Befreiung vom Kommunismus. Amerikanische Liberation Policy im Kalten Krieg 1947–1991, Köln/Weimar etc. 2002, insb. S. 217–370.
164 Vgl. ebd., S. 413–552.
165 *Enrico Heitzer*, Die Kampfgruppe gegen Unmenschlichkeit (KgU). Widerstand und Spionage im Kalten Krieg 1948–1959 (Zeithistorische Studien, Bd. 53), Böhlau Verlag, Köln/Weimar etc. 2015, 550 S., geb., 59,90 €, hier: S. 471. Heitzer zeichnet damit ein deutlich kritischeres Bild von der KgU als die Pionierstudie von *Kai-Uwe Merz*, Kalter Krieg als antikommunistischer Widerstand. Die Kampfgruppe gegen Unmenschlichkeit 1948–1959, München 1987.
166 *Frank Hagemann*, Der Untersuchungsausschuss Freiheitlicher Juristen 1949–1969, Frankfurt am Main/Berlin etc. 1994.
167 *Wolfgang Buschfort*, Parteien im Kalten Krieg. Die Ostbüros von SPD, CDU und FDP, Berlin 2000. Eine Arbeit zum Ostbüro des »Deutschen Gewerkschaftsbundes« fehlt bislang.

Etwas Bewegung scheint durch die Öffnung von Geheimdienstakten in die Geschichtsschreibung zu den sogenannten Stay-Behind-Organisationen gekommen zu sein. Diese Organisationen verstanden sich als bewaffnete Widerstandszellen für den Fall eines sowjetischen Angriffs, waren phasenweise dem Kommando der NATO unterstellt und scheinen sich in den 1960er- und 1970er-Jahren in zunehmendem Maße radikalisiert zu haben.[168] Wie eine unlängst erschienene Darstellung von Erich Schmidt-Eenboom und Ulrich Stoll zu den »Partisanen der NATO« in Deutschland veranschaulicht, mangelt es jedoch immer noch an verlässlichem Quellenmaterial, um jenseits von Spekulationen und Mutmaßungen belastbare Informationen über Ausmaße und Bedeutung des Phänomens, vor allem aber über die späteren Verbindungen dieser Netzwerke zum Rechtsterrorismus geben zu können. So bleibt das »Rätsel der Oktoberfestbombe« nach wie vor ungelöst, wenngleich die Autoren eine suggestive Erzähllinie vom Aufbau der westdeutschen Geheimdienste und ihrer undurchsichtigen paramilitärischen Aktivitäten hin zum Münchner Anschlag vom September 1980 ziehen.[169]

Neben nichtstaatlichen Akteuren, die in direkter Tuchfühlung mit dem »real existierenden Sozialismus« agierten und die offene Konfrontation mit dem Kommunismus suchten, gab es andere, die sich primär auf die intellektuelle und propagandistische Auseinandersetzung mit dem Kommunismus konzentrierten. Sie wollten vor allem in die westlichen Gesellschaften hineinwirken und sie gegen die Gefahr des Kommunismus »immunisieren«. Auch sie waren phasenweise in nachrichtendienstliche Aktivitäten involviert, lebten von beträchtlichen staatlichen Zuschüssen und zeichneten sich oft durch ein eigentümliches Nebeneinander von humanitären Motiven und militantem Auftreten, von demokratischen und autoritären Gesinnungen, von widerständigen und nationalsozialistischen beziehungsweise kollaborationistischen Traditionen aus. Die wohl bekannteste und größte dieser antikommunistischen Propagandaagenturen in Deutschland war der »Volksbund für Frieden und Freiheit« (VFF), der 1950 auf eine Initiative des früheren NS-Propagandisten Eberhard Taubert gegründet wurde. Der VFF wurde finanziell von mehreren Bundesministerien unterstützt. Er druckte antikommunistische Zeitschriften, Broschüren, Plakate und Flugblätter, veranstaltete politische Schulungen und verfügte bald über ein Netz von Regionalzentren, Ortsgruppen und Betriebszellen im ganzen Bundesgebiet.[170] Bereits 1951 vernetzte er sich mit gleich gesinnten Gruppen aus Frankreich, Italien, Belgien und den Niederlanden im »Comité Européen Paix et Liberté«, das 1956 in »Comité International d'Information et d'Action Sociale« (CIAS) umbenannt wurde.[171] Mit ähnlichen Methoden

---

168 Vgl. grundlegend, aber mit teils problematischer Überinterpretation der recht dünnen Quellenbasis: *Daniele Ganser*, NATO's Secret Armies. Operation Gladio and Terrorism in Western Europe, London/New York 2005.
169 *Erich Schmidt-Eenboom/Ulrich Stoll*, Die Partisanen der NATO. Stay-Behind-Organisationen in Deutschland 1946–1991, Christoph Links Verlag, Berlin 2015, 304 S., geb., 22,00 €, S. 247.
170 *Mathias Friedel*, Der Volksbund für Frieden und Freiheit (VFF). Eine Teiluntersuchung über westdeutsche antikommunistische Propaganda im Kalten Krieg und deren Wurzeln im Nationalsozialismus, Sankt Augustin 2001.
171 Bernard Ludwig hat in seiner bislang leider unveröffentlichten Pariser Dissertation die Anfänge des VFF und seine transnationale Verflechtung mit großer Akribie rekonstruiert. Vgl. *Bernard Ludwig*, Anticommunisme et guerre psychologique en République Fédérale d'Allemagne et en Europe (1950–1956). Démocratie, diplomaties et réseaux transnationaux, Diss., Paris 2011. Einen etwas oberflächlichen und konzeptuell nicht ausgereiften, aber durch weiterführende Quellen- und Literaturhinweise durchaus hilfreichen Überblick über die spätere Entwicklung des CIAS im globalen Kontext bietet *Torben Gülstorff*, Warming up a Cooling War. An Introductory Guide on the CIAS and Other Globally Operating Anti-Communist Networks at the Beginning of the Cold War Decade of Détente (Cold War International History Project, Working Paper 75), Washington D.C. 2015, URL: <https://www.wilsoncenter.org/sites/default/files/cwihp_working_paper_75_warming_up_a_cooling_war_0.pdf> [25.8.2016].

wie »Paix et Liberté« arbeitete das 1948 gegründete »Comité International de Défense de la Civilisation Chrétienne« (CIDCC), das sich vorrangig auf kirchennahe Kreise stützte und sich unter Führung seiner ebenfalls massiv von der Bundesregierung geförderten deutschen Sektion zu einem transnational agierenden Netzwerk entwickelte.[172]

Sowohl das CIAS als auch das CIDCC erweiterten den Horizont ihrer antikommunistischen Propaganda und ihren organisatorischen Rahmen seit den späten 1950er-Jahren über Europa hinaus nach Lateinamerika, Ostasien, Afrika und in die USA. Anders als noch in der Zwischenkriegszeit[173] kamen die entscheidenden politischen und finanziellen Impulse für eine internationale beziehungsweise globale Vernetzung antikommunistischer Akteure nun aber aus dem außereuropäischen Raum: Die bislang nicht systematisch erforschte »World Anti-Communist League« wurde 1966 vor allem auf Betreiben ostasiatischer und lateinamerikanischer Antikommunisten ins Leben gerufen.[174] Deutlich wird diese generelle Tendenz zur globalen Perspektivierung von Bedrohungsdiagnosen, Handlungsmustern und Organisationsstrukturen auch beim Blick auf andere transnationale Interessengruppen und Einrichtungen, deren Agenda sich nicht ausschließlich auf die Auseinandersetzung mit dem Kommunismus beschränkte, die aber aufgrund ihrer eindeutigen politischen Profilierung und ihrer personellen Zusammensetzung ebenfalls als Akteure des »Cultural Cold War« angesehen und zum »Apparat des Kalten Krieges« gerechnet werden können: konservative Elitenzirkel wie das »Centre Européen de Documentation et d'Information«, das »Institut d'Études Politiques de Vaduz« und der »Cercle«[175], neoliberale Denkfabriken wie die »Mont Pèlerin Society«[176] oder informelle diplomatische Foren wie die Bilderberg-Gruppe[177] und die »Trilateral Commission«.[178]

Antikommunistische Biografien

Wichtige Impulse innerhalb dieses »State-Private Network« gingen oft von Individuen aus, die mit kommunistischen Bewegungen, Parteien und Regimen »eine nicht zu tilgende biografische Erfahrung gemacht hatten, von ihnen bedrängt, verfolgt oder intellektuell ausgeschaltet worden waren«.[179] Teils handelte es sich um Renegaten, Exilanten und Dissi-

---

172 Vgl. *Großmann*, Die Internationale der Konservativen, insb. S. 77–111, 244–265 und 300–321.
173 *Caillat*, L'Entente internationale anticommuniste de Théodore Aubert; *Roulin*, Un credo anticommuniste.
174 Vgl. *Pierre Abramovici*, The World Anti-Communist League. Origins, Structures and Activities, in: *Dongen/Roulin/Scott-Smith*, Transnational Anti-Communism and the Cold War, S. 113–129. Zur Vorgeschichte vgl. außerdem *Mónica Naymich López Macedonio*, Una visita desesperada. La Liga Mundial Anticomunista en México, Notas para reconstruir la historia del movimiento civil anticomunista mexicano, in: Journal of Iberian and Latin American Studies 12, 2006, H. 2, S. 91–124.
175 Vgl. *Großmann*, Die Internationale der Konservativen; zum »Cercle« außerdem *Adrian Hänni*, A Global Crusade against Communism. The Cercle in the Second Cold War, in: *Dongen/Roulin/Scott-Smith*, Transnational Anti-Communism and the Cold War, S. 161–174.
176 *Bjerre-Poulsen*, The Mont Pèlerin Society.
177 *Thomas W. Gijswijt*, Uniting the West. The Bilderberg Group, the Cold War and European Integration, 1952–1966, Diss., Heidelberg 2007.
178 Vgl. neuerdings *Dino Knudsen*, The Trilateral Commission and Global Governance. Informal Elite Diplomacy, 1972–82, London/New York 2016.
179 *Wirsching*, Antikommunismus als Querschnittsphänomen politischer Kultur, S. 21f. Wirsching engt diese grundsätzlich weit auslegbare Definition von »empirischem Antikommunismus« nachfolgend auf den seiner Meinung nach »intellektuell reflektierten Antikommunismus« der deutschen Sozialdemokraten ein und verleiht ihr dadurch ohne Not eine normative Stoßrichtung.

denten, die sich von den kommunistischen Parteien abgewendet hatten oder aus dem Herrschaftsbereich kommunistischer Regime geflohen beziehungsweise verstoßen worden waren. Teils waren es Sozialdemokraten, Pazifisten, Gewerkschafter oder Anarchisten, die sich infolge ihrer Auseinandersetzung mit dem Kommunismus nicht selten ganz von ihren marxistischen Überzeugungen entfernten und ins konservative oder gar ins rechtsextreme politische Spektrum überwechselten. Beispielhaft für solch einen Werdegang ist der Lebensweg des französischen Gewerkschafters, Publizisten und Politikberaters Georges Albertini vom Sozialisten und Pazifisten der Zwischenkriegszeit über die Kollaboration im Zweiten Weltkrieg zum unerbittlichen Kalten Krieger.[180]

Ein anderes Beispiel für einen radikalen politischen Seitenwechsel im Zeichen des Antikommunismus ist die Vita des Journalisten und politischen Schriftstellers William S. Schlamm, die Susanne Peters erstmals umfassend rekonstruiert und auf solider Quellengrundlage bewertet hat. Der 1904 als Sohn jüdischer Eltern in Galizien geborene Schlamm engagierte sich nach dem Ersten Weltkrieg zunächst in der Kommunistischen Partei Österreichs, ging dann aber zunehmend auf Distanz zur Parteilinie und brach schließlich offen mit dem Kommunismus stalinistischer Prägung. 1938 emigrierte er in die USA, wo er sich endgültig von seinen marxistischen Überzeugungen abwandte, »sich nach 1940 der einheimischen Presse bedingungslos andiente« und unter dem Einfluss rechtskonservativer Publizisten und Politiker zu einem Apologeten von McCarthys hemmungsloser Kommunistenjagd wurde. Im Zentrum seines Denkens, das er nach seiner Remigration Ende der 1950er-Jahre als Kommentator für die »Die Welt« mit großer Vehemenz in die politische Debatte einbrachte, stand nun vor allem die »Identifikation von Kommunismus und Liberalismus«. Schlamm vertrat damit ein mit dem politischen Klima der Bundesrepublik immer weniger zu vereinbarendes, »ganz eigenes Verständnis von Antikommunismus«, das ihn aus heutiger Sicht als einen »Neokonservativen« *avant la lettre* erscheinen lässt.[181] Wenngleich Peters ihren methodischen Zugriff nicht genauer erläutert, sich stellenweise ein wenig zu sehr in den schillernden Gedankenwelten Schlamms verliert und die medienökonomischen Rahmenbedingungen nicht immer angemessen berücksichtigt, leistet sie mit ihrer sorgfältig recherchierten und ansprechend formulierten Studie über die transnationale Karriere dieses »ideologischen Grenzgängers« einen wichtigen Beitrag zur politischen Ideengeschichte des 20. Jahrhunderts.

Einen von ähnlichen, wenngleich weniger extremen und abrupten Umschwüngen gezeichneten Werdegang hat Frank Möller in seiner detail- und facettenreichen politischen Biografie des Bibliothekars und Verlegers Joseph Caspar Witsch nachgezeichnet. Sein »schwindelerregende[s] Leben« führte den 1936 zum Leiter der Landesstelle für volkstümliches Bücherwesen in Jena ernannten Witsch vom zwiespältigen Arrangement mit den Nationalsozialisten über die Entnazifizierung in Thüringen und die Flucht nach Westdeutschland zurück in seine Heimatstadt Köln, wo er 1951 den Verlag Kiepenheuer & Witsch ins Leben rief. Indem es Autoren wie Heinrich Böll eine publizistische Heimat bot, wurde das Verlagshaus zu einem wichtigen intellektuellen Referenzpunkt der jungen Bundesrepublik. Für Witsch, der eng mit der Bonner Ministerialbürokratie kooperierte, die Kölner Niederlassung des CCF leitete und finanzielle Zuschüsse des CIA für die Übersetzung US-amerikanischer Literatur einstrich, war Antikommunismus »als Verlagsprogramm und Dienstleistung« ein dominantes und unverrückbares Element ideologischer Selbstverortung und unternehmerischen Handelns. Möller mag dafür kritisiert werden, dass er die Selbstinszenierung Witschs stellenweise zu wenig hinterfragt und insbesondere sein

---

180 *Pierre Rigoulot*, Georges Albertini 1911–1983. Socialiste, collaborateur, gaulliste, Paris 2012; *Frédéric Charpier*, Les valets de la guerre froide. Comment la République a recyclé les collabos, Paris 2013.
181 *Peters*, William S. Schlamm, S. 311 und 317.

Verhalten gegenüber dem Nationalsozialismus bagatellisiert. Doch zweifelsohne hat er einem der wohl einflussreichsten antikommunistischen Verleger und »Netzwerker« der frühen Bundesrepublik ein eindrucksvolles Monument gesetzt.[182]

Antikommunistische Militanz setzte jedoch nicht zwangsläufig eine direkte biografische Betroffenheit voraus. Oftmals gab eine generelle Ablehnung marxistischer Überzeugungen und sozialistischer Regierungspraxis aus religiösen, ökonomischen, humanitären oder anderen Gründen den Anstoß zu einem aktiven politischen oder publizistischen Engagement, das von den Akteuren dann selbst wie eine direkte Konfrontation mit dem Kommunismus empfunden und als »empirische« Erfahrung dargestellt wurde. So erwarb der Gründer der EIA, der Genfer Anwalt Théodore Aubert, seine antikommunistische Sozialisation vor allem im Zuge des »Landesstreiks« vom November 1918 und durch die Verteidigung des russischen Emigranten Moritz Conradi, der im Mai 1923 in Lausanne einen sowjetischen Diplomaten erschossen hatte.[183] Auch Eberhard Taubert, der die antikommunistische Propaganda der Nationalsozialisten seit 1933 federführend koordinierte und seine Arbeit nach 1945 unter anderen politischen Vorzeichen fortführte, war zuvor wohl nur mittelbar mit dem Kommunismus in Berührung gekommen.[184] Mit dem Kalten Krieg wurde die Frontstellung gegenüber dem Kommunismus schließlich zum zentralen politischen und gesellschaftlichen Referenzpunkt und zum entscheidenden Impulsgeber des öffentlichen Lebens in der ›Freien Welt‹. In einem Kontext, in dem der Kommunismus als eine allgegenwärtige und allumfassende Bedrohung interpretiert wurde, konnte sich letztlich jeder gesellschaftliche Funktionsträger als ein Kämpfer in vorderster Reihe begreifen: Ob Politiker wie Konrad Adenauer[185], Wissenschaftler wie der polnische Philosoph und Dominikanerpater Joseph Maria Bocheński[186] oder ordoliberale Ökonomen wie Wilhelm Röpke[187] – sie alle konnten ihren Antikommunismus auf die eigene Lebenswirklichkeit und ihren persönlichen Erfahrungshorizont beziehen.

Religiöse Akteure und Träger des Antikommunismus

Angehörige bestimmter politischer und soziokultureller Milieus waren aufgrund unüberbrückbarer Differenzen zu marxistischen Ideologemen von Haus aus besonders offen für ein aktives antikommunistisches Engagement. Kirchliche Kreise aller Konfessionen sahen im Kommunismus die radikalste Ausprägung einer als existenzielle Bedrohung verstandenen Moderne mit materialistischer, sozial nivellierender, kollektivistischer und vor allem säkularisierender Tendenz. Geistliche und Gläubige protestierten gegen die Einschränkung

---

182 *Möller*, Das Buch Witsch, insb. S. 291–558. Vgl. auch *Frank Möller*, Joseph Caspar Witsch: Verleger und Netzwerker im Dienst des Antikommunismus, in: *Creuzberger/Hoffmann*, »Geistige Gefahr« und »Immunisierung der Gesellschaft«, S. 297–319.
183 Vgl. *Michel Caillat*, Théodore Aubert and the Entente Internationale Anticommuniste. An Unofficial Anti-Marxist International, in: Twentieth Century Communism, 2014, Nr. 6, S. 82–104; *Caillat*, L'Entente internationale anticommuniste de Théodore Aubert.
184 Zur Karriere Tauberts vgl. *Klaus Körner*, Von der antibolschewistischen zur antisowjetischen Propaganda: Dr. Eberhard Taubert, in: *Arnold Sywottek* (Hrsg.), Der Kalte Krieg – Vorspiel zum Frieden?, Münster 1993, S. 54–68.
185 *Franz*, »Wir wählen die Freiheit!«.
186 *Matthieu Gillabert*, The Sovietology of Józef M. Bocheński. Transnational Activism in Catholic Switzerland, 1955–65, in: *Dongen/Roulin/Scott-Smith*, Transnational Anti-Communism and the Cold War, S. 177–188. Zur Bedeutung der Sowjetologie vgl. außerdem für die USA: *David C. Engerman*, Know Your Enemy. The Rise and Fall of America's Soviet Experts, Oxford/New York etc. 2009; für die Bundesrepublik und das besonders spannende, weil nicht mit einfachen Deutungsmustern zu entschlüsselnde Beispiel von Herbert Marcuse: *Tim B. Müller*, Krieger und Gelehrte. Herbert Marcuse und die Denksysteme im Kalten Krieg, Hamburg 2010.
187 *Solchany*, Better Dead than Red.

der Religionsausübung, die Verfolgung von Kirchenangehörigen oder die Entweihung, Umnutzung und Zerstörung von Sakralbauten in kommunistisch regierten Ländern. Sie fanden sich in Gruppen und Organisationen zusammen, die – meist in enger Zusammenarbeit mit der kirchlichen Hierarchie – auf die Situation der Glaubensbrüder und -schwestern im Staatskommunismus aufmerksam machen und ihnen unterstützend zur Seite stehen wollten. Ein Pionier auf diesem Gebiet war sicherlich die »Pro-Deo«-Kommission der Genfer EIA, die die europäische Öffentlichkeit in den 1920er- und 1930er-Jahren durch die Intervention bei politischen Entscheidungsträgern, die Verteilung von Druckschriften und die Organisation von Wanderausstellungen für das Problem der »Christenverfolgung« in der Sowjetunion und die Gefahren der »Gottlosenbewegung« zu sensibilisieren suchte.[188]

Mit der Sowjetisierung der überwiegend katholisch geprägten Staaten Ostmitteleuropas und den damit einhergehenden antiklerikalen Maßnahmen schienen sich nach dem Zweiten Weltkrieg schließlich die schlimmsten Befürchtungen zu bewahrheiten. Die Möglichkeiten, aktiv gegen diese Entwicklungen anzukämpfen, waren angesichts der rasch voranschreitenden Entkopplung und Entfremdung kirchlicher Institutionen und Milieus beiderseits des ›Eisernen Vorhangs‹ sehr begrenzt. Eine Ausnahme bildete lediglich die Situation in Deutschland. Hier zog sich »die systempolitische Demarkationslinie mitten durch eine kirchliche Topografie, die sich ungeachtet der sich verfestigenden Zweistaatlichkeit ostentativ als Einheit begriff«.[189] Die Kehrseite dieses hartnäckigen Festhaltens an einer fiktiven administrativen und kommunikativen Einheit war eine zunehmende Politisierung kirchlicher Angelegenheiten, die sich – mit besonderer Vehemenz im protestantischen Milieu – an den Debatten über Wiedervereinigung, Westbindung und Wiederbewaffnung festmachte.[190] Direkte Interventionen religiös motivierter Akteure in den kommunistischen Machtbereich – wie das bisher kaum erforschte Engagement des pastoralen Hilfswerks Kirche in Not/Ostpriesterhilfe, die Paketsendungen der »Commission pour l'Église Persécutée«[191] an kirchliche Einrichtungen und Geistliche hinter dem ›Eisernen Vorhang‹ oder der offenbar über Jahrzehnte hinweg praktizierte Bibel-Schmuggel in kommunistische Länder[192] – blieben jedoch grundsätzlich eher ein Randphänomen. In erster Linie zielten die Protagonisten eines religiös motivierten Antikommunismus im Westen nach 1945 auf die Konsolidierung kirchlicher Positionen, die Abwehr säkularer Tendenzen und die spirituelle Erneuerung in der nichtkommunistischen Welt.

Eine besonders enge Verbindung gingen Religion und Antikommunismus in den USA ein. Folgt man der Argumentation von Jonathan P. Herzog, dann konzipierten und inszenierten die US-amerikanischen Eliten den Kalten Krieg in den ersten zwei Nachkriegsjahrzehnten bewusst als eine religiöse Auseinandersetzung, in der sich christliche und kommunistische Glaubensgrundsätze unversöhnlich gegenüberstanden. Die USA schienen demzufolge von der göttlichen Vorsehung auserkoren, die Führungsrolle in dieser säkularen Auseinandersetzung mit der Sowjetunion und ihren Verbündeten und Handlangern zu übernehmen. Konsequenz dieser vorsätzlichen Sakralisierung der Systemkonfrontation sei die Ausbildung eines fest im politischen, militärischen und gesellschaftlichen Estab-

---

188 *Roulin*, Un credo anticommuniste.
189 *Thomas Brechenmacher*, Katholische Kirche und (Anti-)Kommunismus in der frühen Bundesrepublik, in: *Creuzberger/Hoffmann*, »Geistige Gefahr« und »Immunisierung der Gesellschaft«, S. 177–197, hier: S. 181.
190 *Mirjam Loos*, Antikommunistische und anti-antikommunistische Stimmen im evangelischen Kirchenmilieu. Die Debatte um Wiedervereinigung, Westbindung und Wiederbewaffnung, in: *Creuzberger/Hoffmann*, »Geistige Gefahr« und »Immunisierung der Gesellschaft«, S. 199–213.
191 *Großmann*, Die Internationale der Konservativen, S. 451–458.
192 *Bent Boel*, Bible Smuggling and Human Rights in the Cold War, in: *Dongen/Roulin/Scott-Smith*, Transnational Anti-Communism and the Cold War, S. 263–275.

lishment der USA verankerten »Spiritual-Industrial Complex« gewesen. Zwar habe dieser im Laufe der 1960er-Jahre langsam an Wirkmacht eingebüßt. Doch sei sein Nachhall zumindest bis in die Reagan-Ära vernehmbar gewesen.[193]

In der Regel waren die USA daher auch der Ausgangspunkt jener fundamentalistischen und evangelikalen Erneuerungsbewegungen, die sich – wie »Moral Re-Armament«[194], der »International Council of Christian Churches«[195] oder »Christian Anti-Communism Crusade«[196] – für eine Aussöhnung und Annäherung von Europäern und Amerikanern unter christlichen und entschieden antikommunistischen Vorzeichen einsetzten. Doch auch unabhängig von US-amerikanischen Initiativen entstanden nach 1945 in Westeuropa zahlreiche Bewegungen, die sich eine moralische und intellektuelle Wiedergeburt Europas im Geiste des Christentums zum Ziel gesetzt hatten und deren politische und gesellschaftliche Entwürfe für die Zukunft des »Abendlandes« und der »christlichen Zivilisation« sich in erster Linie als Antithesen zum Kommunismus verstanden.[197] Im Gegensatz zur Zwischenkriegszeit entwickelten sich solche Bewegungen nun oft zu transnationalen und interkonfessionellen Gemeinschaften, in denen das Ideal einer grenzüberschreitenden Annäherung von Gläubigen zur Abwehr der kommunistischen Bedrohung tagtäglich gelebt und gepflegt wurde. Angesichts ihres Erklärungspotenzials für die ideengeschichtliche Verortung, die Rhetoriken, die milieuspezifischen Grundlagen und die transnationale Ausprägung des Antikommunismus ist diese religiöse Dimension in der Forschung nach wie vor unterbelichtet. Vergleichsweise große Aufmerksamkeit haben in dieser Hinsicht noch die katholische Kirche beziehungsweise der Vatikan als institutionell vergleichsweise leicht zu erfassende Akteure erfahren.[198] Systematische Darstellungen zur Haltung der evangelischen und orthodoxen Kirchen und Gläubigen sucht man vergebens.

»Ethnischer Antikommunismus« und antikommunistisches Exil

Ebenso wie der Antikommunismus mit integrativen Tendenzen einhergehen und zur Überwindung nationaler und konfessioneller Konflikte beitragen konnte, konnte er jedoch auch der Artikulation von Gegensätzen und der Bestärkung nationaler Autonomie dienen. Manchen nationalen Unabhängigkeitsbewegungen galt die Ablehnung des Kommunismus gleichermaßen als Daseinszweck, Daseinsberechtigung und Ausweis ethnischer Eigenart – insbesondere wenn sie sich in der Emigration als Reaktion auf kommunistische Verfolgung und Vertreibung formierten. Besonders stark ausgeprägt war das Phänomen des »ethnischen Antikommunismus« in den USA. Ein von Ieva Zake herausgegebener Sammelband rekonstruiert dieses Phänomen erstmals in seiner ganzen Vielfalt. Er weist auf breiter Quellengrundlage nach, wie groß der Einfluss antikommunistischer Emigranten auf die

---

193 *Jonathan P. Herzog*, The Spiritual-Industrial Complex. America's Religious Battle against Communism in the Early Cold War, Oxford University Press, Oxford/New York etc. 2011, 288 S., geb., 25,49 £.
194 *Daniel Sack*, Moral Re-Armament. The Reinventions of an American Religious Movement, New York 2009.
195 *Markku Ruotsila*, Transnational Fundamentalist Anti-Communism. The International Council of Christian Churches, in: *Dongen/Roulin/Scott-Smith*, Transnational Anti-Communism and the Cold War, S. 235–250.
196 *Laura Jane Gifford*, »Girded with a Moral and Spiritual Revival«. The Christian Anti-Communism Crusade and Conservative Politics, sowie *Andrew Preston*, Evangelical Internationalism. A Conservative Worldview for the Age of Globalization, in: *Gifford/Williams*, The Right Side of the Sixties, S. 161–179 und 221–240.
197 *Großmann*, Die Internationale der Konservativen, insb. S. 45–94.
198 Vgl. neuerdings zum Beispiel *Philippe Chenaux*, L'église catholique et le communisme en Europe (1917–1989). De Lénine à Jean-Paul II, Paris 2009.

innergesellschaftlichen Diskurse und die Außenpolitik der Vereinigten Staaten über die gesamte Dauer des Kalten Kriegs hinweg war. Neben Artikeln zur ukrainischen, armenischen und lettischen sowie zur polnischen, ungarischen, bulgarischen, tschechischen und slowakischen Emigration enthält der Band Beiträge zum vietnamesischen und kubanischen Exil sowie zur Volksgruppe der Hmong.[199]

Mehrere, untereinander oft heillos zerstrittene Organisationen und Einrichtungen versuchten wiederum, die Interessen der unterschiedlichen Exilgruppen zu bündeln und ihnen dadurch auf internationaler Ebene größeres Gewicht zu verleihen. Eine dieser Einrichtungen war die 1954 gegründete, vom FEC finanzierte »Assembly of Captive European Nations«, die neben ihrem Hauptsitz in New York auch Zweigstellen in Bonn, London und Paris unterhielt und mit ihrer Lobbyarbeit sowohl die US-Regierung als auch die UNO, den Europarat und andere internationale Institutionen zu beeinflussen suchte.[200] Eine weitere, bislang nur wenig von der Forschung wahrgenommene Sammlungsbewegung war der seit 1946 in München ansässige, von ukrainischen Nationalisten animierte und aufgrund seiner autoritären, bisweilen offen rechtsextremen Ausrichtung hoch umstrittene »Anti-Bolshevik Bloc of Nations« (ABN). In ihrer anregenden Studie über die politisch-ideologische Selbstverortung, die gesellschaftliche Vernetzung und die kulturellen Aktivitäten polnischer, ukrainischer, russischer und jüdischer »Displaced Persons« in Westdeutschland nach dem Zweiten Weltkrieg hat Anna Holian nun zumindest die Anfänge des ABN rekonstruiert und seine Frontstellung gegenüber großrussisch-föderalistischen Exilverbänden herausgearbeitet.[201]

Der enge Zusammenhang zwischen ethnischem Hintergrund, historischem Erfahrungshorizont und Antikommunismus ist auch mit Blick auf die deutschen ›Heimatvertriebenen‹ immer wieder postuliert, aber analytisch bislang kaum zufriedenstellend erfasst worden. In einem erfreulich differenzierten Beitrag bestätigt Michael Schwarz zwar die Hypothese, dass die antikommunistische Grundhaltung der Vertriebenen ihre politische und gesellschaftliche Integration in die junge Bundesrepublik erleichtert habe. Gleichzeitig weist er jedoch darauf hin, dass die geflohenen und vertriebenen Deutschen sich durchaus nicht nur als Opfer der Sowjetunion und des Kommunismus ansahen, sondern auch die Politik der westlichen Alliierten für ihr Schicksal mit verantwortlich machten. Die »einseitige Schuldzuweisung an die kommunistische Sowjetunion« sei »im Wesentlichen ein politisches Produkt der Regierung Adenauer« gewesen, das »dann von kooperationswilligen Vertriebenenfunktionären mehr und mehr übernommen« wurde. Im Zuge der »Neuen Ostpolitik« sei die Interessenkongruenz zwischen Bundesregierung und Vertriebenenverbänden dann zerbrochen. Die These einer grundsätzlichen Wesensverwandtschaft und weitgehenden Deckungsgleichheit von Antikommunismus und Antislawismus nuanciert Schwartz mit dem Hinweis, dass einzelne Vertriebenenpolitiker bereits in den frühen 1950er-Jahren für »ein gemeinsames Interessenbündnis von vertriebenen Deutschen und

---

199 *Zake*, Anti-Communist Minorities in the U.S. Für eine ausführliche Definition von »ethnischem Antikommunismus« vgl. insb. den einleitenden Beitrag von *John Radzilowski*, Ethnic Anti-Communism in the United States, ebd., S. 1–22. Vgl. außerdem *Ieva Zake*, American Latvians. Politics of a Refugee Community, Transaction, London/New Brunswick 2010, 225 S., geb., 66,00 £, insb. S. 49–87.

200 *Martin Nekola*, The Assembly of Captive European Nations. A Transnational Organization and Tool of Anti-Communist Propaganda, in: *Dongen/Roulin/Scott-Smith*, Transnational Anti-Communism and the Cold War, S. 96–112; *Anna Mazurkiewicz*, »The Voice of the Silenced Peoples«. The Assembly of Captive European Nations, in: *Zake*, Anti-Communist Minorities in the U.S., S. 167–185.

201 *Anna Holian*, Between National Socialism and Soviet Communism. Displaced Persons in Postwar Germany, University of Michigan Press, Ann Arbor 2011, 380 S., geb., 90,00 $, insb. S. 120–149.

sowjetisch beherrschten Slawen gegen die kommunistisch-russische Oberherrschaft« geworben hätten.[202]

Ein akteurszentrierter Zugriff, der den Antikommunismus als soziale Bewegung versteht und seine individuellen und kollektiven, organisierten und institutionellen Träger ins Zentrum der Analyse rückt, scheint für eine transnationale Perspektive sicherlich besonders geeignet.[203] Er schärft den Blick für die Vielschichtigkeit der Handlungsebenen (lokal, regional, national, international beziehungsweise global) und ihre komplexen Wechselbezüge. Er dient als unverzichtbare Grundlage, um den Transfer und damit auch den Wandel antikommunistischer Ideen und Rhetoriken analysieren zu können. Und er ermöglicht, geeignete Parameter für den Vergleich unterschiedlicher (nationaler) Regime, Praktiken und Funktionen des Antikommunismus zu identifizieren.

IV. FAZIT UND AUSBLICK: KONJUNKTUREN DES ANTIKOMMUNISMUS UND DESIDERATE DER FORSCHUNG

Wie steht es nun um die Forschung zur Geschichte des Antikommunismus? Was haben wir in den vergangenen Jahren dazugelernt? Wo liegen Desiderate für künftige Forschungsarbeiten? Es fällt aus mehreren Gründen schwer, eindeutige Antworten auf diese Fragen zu geben: *Erstens* wird Antikommunismus nach wie vor von vielen als ein anrüchiges, intellektuell minderwertiges und politisch vermintes Thema wahrgenommen und dementsprechend stiefmütterlich behandelt. Dies hat, *zweitens*, auch damit zu tun, dass der Blick auf den Antikommunismus unbequeme, geschichtspolitisch brisante Kontinuitätslinien betont, nationale Meistererzählungen und liebgewonnene historische Zäsuren (1933, 1945, 1989/90) infrage stellt und sich einer ausschließlichen Zuordnung zu fest etablierten Forschungsgebieten wie der Geschichte des Nationalsozialismus oder den »Cold War Studies« entzieht. Innerhalb der zeitgeschichtlichen Forschung hat sich die Geschichte des Antikommunismus daher, *drittens*, nach wie vor nicht als ein eigenständiges, klar abgrenzbares Untersuchungsfeld etabliert. Es fehlt folglich, *viertens*, bis heute an verbindlichen Konzepten und allgemein anerkannten methodischen Zugriffen. Auch die diesem Beitrag zugrunde gelegte Differenzierung zwischen der ideologischen, funktionalen und empirischen Dimension des Antikommunismus – zwischen Antikommunismus als Weltanschauung, politischer Praxis und sozialer Bewegung – bleibt relativ offen und kann höchstens ein erster Schritt für eine systematischere Erfassung und Analyse sein.

Gleichzeitig wird die wichtige Bedeutung des Antikommunismus für die Geschichte des 20. Jahrhunderts in zahlreichen Neuerscheinungen sichtbar und greifbar. Es wird deutlich, dass es sich nicht um ein marginales Phänomen handelt, sondern spätestens seit 1917 um eine Grundströmung politischen Denkens und Handelns, um ein wiederkehrendes Element kultureller Selbst- und Fremdwahrnehmungen, um einen Katalysator sozialer In- und Exklusionsprozesse. Zahlreiche Publikationen, von denen die hier besprochenen Neuerscheinungen nur einen Bruchteil ausmachen, verweisen daher – teils explizit, teils implizit – auf den wichtigen Stellenwert antikommunistischer Ideen, Praktiken und Akteure. Nur wenige jedoch erklären den Antikommunismus selbst zu ihrem Untersuchungsgegenstand, obwohl er sich wie kaum ein anderes Phänomen als Einstiegsfenster in die europäische, transatlantische und globale Geschichte des 20. Jahrhunderts eignet.

---

202 *Michael Schwartz*, Antikommunismus und Vertriebenenverbände. Ein differenzierter Blick auf scheinbar Eindeutiges in der frühen Bundesrepublik Deutschland, in: *Creuzberger/Hoffmann*, »Geistige Gefahr« und »Immunisierung der Gesellschaft«, S. 161–176, hier: S. 169 und 172.

203 *Dongen/Roulin/Scott-Smith*, Transnational Anti-Communism and the Cold War.

Antikommunismus vor dem Kalten Krieg

Trotz oder gerade wegen der zäsurenübergreifenden Kontinuitäten und des berechtigten Verweises auf die »*longue durée* wirkungsmächtiger Antikommunismen vom 19. Jahrhundert bis heute«[204] lohnt der Blick auf unterschiedliche Etappen und zeitliche Konjunkturen, um die bisherige Forschung zu kategorisieren und Desiderate zu benennen. Vereinfacht lassen sich fünf größere Phasen in der historischen Entwicklung des Antikommunismus benennen: Die sehr heterogenen Formen antisozialistischer Reflexion, Politik und Agitation vor 1917 wurden bislang nur selten als Vorgeschichte beziehungsweise Inkubationszeit späterer Ausprägungen des Antikommunismus wahrgenommen und gedeutet. Die internationalen Reaktionen auf die Pariser Kommune von 1871, die ›Sozialistengesetze‹ des Wilhelminischen Kaiserreichs oder die Bekämpfung der Gewerkschaftsbewegung in den USA sind nur einige Beispiele dafür, dass sich die Antworten auf die Oktoberrevolution in Russland und den »real existierenden Sozialismus« des 20. Jahrhunderts aus tief verwurzelten Traditionen speisten, an alt bekannte Schreckensszenarien anknüpften und auf eingeübte Handlungsmuster rekurrierten. Der Antikommunismus beruhte auf empirischen Erfahrungen. Diese waren jedoch vielfältiger und reichten deutlich weiter zurück als bis ins Jahr 1917. Diese Verbindungslinien herauszuarbeiten, ohne ihre Wirkmacht zu überzeichnen und die Geschichte von ihrem Ende her zu lesen, sollte ein wichtiges Anliegen künftiger Forschungen sein.

Eine zweite historische Phase, die sich mit der Formel »Antikommunismus als Antibolschewismus« umreißen lässt, reicht von der Oktoberrevolution 1917 bis zum Ende des Zweiten Weltkriegs. Der Antikommunismus entwickelte sich in dieser Phase vor allem in Reaktion auf die tatsächlichen oder vermeintlichen Realitäten in der Sowjetunion. Er speiste sich aus reduktionistischen Wahrnehmungen und Deutungen[205], verschmolz in zunehmender Weise mit anderen Feindbildern und verband sich mit einem hohen Maß an physischer Gewaltbereitschaft. Gleichzeitig ging vom sowjetischen Modell eine »negative Faszination«[206] aus, die auf die ideologischen Konzepte, das äußere Erscheinungsbild und die politische Praxis seiner Gegner zurückwirkte. In der Forschung zur deutschen Geschichte ist diese Phase verständlicherweise auf besonderes Interesse gestoßen. Auch zu den USA und zu den transnationalen Verbindungen antikommunistischer Akteure in den Zwischenkriegsjahren sind in den letzten Jahren einige wegweisende Arbeiten erschienen.[207] Für viele Länder gibt es aber bislang keine, lediglich oberflächliche oder nur veraltete Darstellungen.

Vom Kalten Krieg bis in die Gegenwart

Eine völlig neue Situation ergab sich nach dem Ende des Zweiten Weltkriegs angesichts der Sowjetisierung Ostmitteleuropas und dem weltweiten Aufschwung kommunistischer Ideologeme, Bewegungen und Regime. Mit der Neujustierung des Verhältnisses von Liberalismus und Konservatismus entwickelte sich in Westeuropa und den USA ein antitotalitär begründeter Antikommunismus, der während des Kalten Kriegs bald alle Lebensbereiche durchdrang und als binäres Deutungsmuster sowohl innerhalb als auch jenseits nationaler Grenzen starke In- und Exklusionseffekte provozierte. Gleichzeitig wurde der Antikommunismus, der bislang in erster Linie auf Europa beziehungsweise den transatlantischen Raum begrenzt gewesen war, im Zuge der voranschreitenden Entkolonialisierung

---

204 *Balz*, Tagungsbericht: Der Antikommunismus in seiner Epoche.
205 Zur frühen Wahrnehmung der Sowjetunion vgl. beispielhaft für Deutschland: *Merz*, Das Schreckbild; für Frankreich: *Sophie Cœuré*, La Grande lueur à l'Est. Les Français et l'Union soviétique, 1917–1939, Paris 1999.
206 *Wirsching*, Antikommunismus als Querschnittsphänomen politischer Kultur, S. 19.
207 Vgl. zum Beispiel *Goldstein*, Little »Red Scares«; *Roulin*, Un credo anticommuniste.

zu einem Phänomen von globaler Reichweite. Diese Phase, die bis in die 1960er-Jahre hineinreicht, ist bislang am intensivsten untersucht worden. Auch in der jüngeren Forschung liegt der Schwerpunkt jedoch nach wie vor auf der McCarthy-Ära in den USA und der von den Vereinigten Staaten betriebenen »Public Diplomacy« zur Bekämpfung beziehungsweise Eindämmung des Kommunismus in Europa und andernorts. Auch der Antikommunismus der frühen Bundesrepublik kann dank mehrerer Neuerscheinungen inzwischen als relativ gut erforscht gelten[208], sodass Christoph Kleßmanns Diktum von der »konsensfähigen Integrationsideologie«[209] heute kaum mehr auf Widerspruch stoßen wird. Deutlich weniger bekannt ist über den Stellenwert des Antikommunismus in der politischen Kultur anderer westlicher Länder. Auch die Rolle des Antikommunismus für den beginnenden europäischen Integrationsprozess wurde bislang nur punktuell erforscht[210] und harrt nach wie vor einer systematischen Gesamtschau. Die Globalisierung antikommunistischer Ideen, Regime und Bewegungen wurde, wenn überhaupt, bislang nur aus US-amerikanischer beziehungsweise westeuropäischer Perspektive untersucht. Eine Hinterfragung klassischer Interpretationsmuster des Kalten Kriegs (Bipolarität, Zentren vs. Peripherien, Krisen vs. Entspannung, Primat der Politik)[211] ist in der Geschichtsschreibung zum Antikommunismus bislang kaum sichtbar. Insbesondere der Zusammenhang von Antikommunismus und (Post-)Kolonialismus bleibt ein großes Desiderat der Forschung.

In der westlichen Welt kam es mit der Entspannungspolitik zu einem graduellen Übergang von einem »negativen«, auf bloße Ablehnung gerichteten, hin zu einem »positiven« Antikommunismus, der auf gemeinsamen Wertvorstellungen gründete, der sich offen mit dem ideologischen Anspruch und der Lebenswirklichkeit des »real existierenden Sozialismus« auseinandersetzte und der die Menschenrechtsfrage sowie den freien Austausch zwischen Ost und West als effizienteste Waffen in der Auseinandersetzung mit dem Kommunismus ansah.[212] Dieser Wandel war nicht zuletzt eine Reaktion auf die Neupositionierung kommunistischer Regime und Bewegungen in den »langen« 1960er-Jahren. Er ging einher mit einer Tendenz zur stärkeren inter- beziehungsweise transnationalen Koordinierung, zur Professionalisierung und zur Privatisierung »psychologischer Kriegsführung«.[213] Vor allem aber stieß er auf vehemente Widerstände, weswegen in dieser Phase wohl auch »die tiefsten Risse innerhalb der antikommunistischen Koalitionen auftraten«.[214] Der »negative« Antikommunismus verschwand vorübergehend aus den öffentlichen Diskursen westlicher Entscheidungsträger. Doch trat nun ein neuer Typus antikommunistischer Agitation in Erscheinung, der die Rhetoriken, Medien und Ausdrucksformen sozialrevolutionärer Protestkultur imitierte und Ausdruck eines grundlegenden Wandels der politischen Rechten war.[215] Außerdem bahnte sich mit den ideologischen Neujustierungen der 1970er-Jahre und der

---

208 Vgl. exemplarisch und zusammenfassend: *Creuzberger/Hoffmann*, »Geistige Gefahr« und »Immunisierung der Gesellschaft«.
209 *Christoph Kleßmann*, Die doppelte Staatsgründung. Deutsche Geschichte 1945–1955, Göttingen 1982, S. 255.
210 Vgl. zum Beispiel *Gijswijt*, Uniting the West; *Großmann*, Die Internationale der Konservativen.
211 Vgl. programmatisch zum Beispiel *Jadwiga E. Pieper Mooney/Fabio Lanza* (Hrsg.), De-Centering Cold War History. Local and Global Change, London/New York 2013; *Kwon*, The Other Cold War.
212 Vgl. insb. *Scott-Smith*, Western Anti-Communism and the Interdoc Network.
213 Vgl. *Großmann*, Die Internationale der Konservativen, insb. S. 294–300.
214 *Dongen/Roulin/Scott-Smith*, Introduction, S. 7.
215 Zu dieser Entwicklung vgl. zum Beispiel *Gifford/Williams*, The Right Side of the Sixties; *Lisa McGirr*, Suburban Warriors. The Origins of the New American Right, Princeton/Oxford 2001; *Massimiliano Livi/Daniel Schmidt/Michael Sturm* (Hrsg.), Die 1970er Jahre als schwarzes Jahrzehnt. Politisierung und Mobilisierung zwischen christlicher Demokratie und extremer Rechter, Frankfurt am Main/New York 2010.

Assoziierung des Kommunismus mit neuen globalen Bedrohungsszenarien wie dem internationalen Terrorismus, dem Drogenhandel und dem Islamismus bereits jene »Renaissance der Befreiungsidee«[216] an, die unter Ronald Reagan zur stilprägenden Rhetorik US-amerikanischer Außenpolitik werden sollte. In der Forschung zum Antikommunismus ist der Zeitabschnitt von Mitte der 1960er-Jahre bis zum Zusammenbruch des »Ostblocks« und der Sowjetunion nach wie vor unterbelichtet. Die bereits erfolgte beziehungsweise anstehende Öffnung einschlägiger Archivbestände lässt hoffen, dass sich dies in den nächsten Jahren ändern wird.

Weder hatte die Geschichte des Antikommunismus mit der Oktoberrevolution begonnen, noch endete sie mit dem Zusammenbruch des sowjetischen Imperiums. Zwar hatten Antikommunisten oft klare Konzepte für eine Beendigung des Kalten Kriegs. Ihre Visionen beinhalteten jedoch kaum verbindliche Vorstellungen für die Gestaltung einer neuen Weltordnung. Der rasche Niedergang der Sowjetunion scheint in dieser Hinsicht selbst Ronald Reagan und Margaret Thatcher überrascht zu haben.[217] Mit dem Niedergang des Kommunismus mussten sich die überzeugten Antikommunisten einen neuen Daseinszweck suchen. Einige antikommunistische Gruppen und Akteure kämpften nun für die Aufarbeitung der kommunistischen Herrschaft und die Entschädigung ihrer Opfer.[218] Andere setzten ihr Engagement für Demokratie und Menschenrechte in postkommunistischen Kontexten fort.[219] Kaum oder nur wenig an Bedeutung verloren hat der Antikommunismus hingegen in Teilen Ostasiens und Lateinamerikas, wo Spielarten des Kommunismus bis heute als Staatsdoktrin oder aussichtsreiche politische Strömung gelten. Global gesehen haben der Antiterrorismus und der Antiislamismus beziehungsweise die Islamfeindlichkeit jedoch inzwischen viele politische und gesellschaftliche Funktionen übernommen, die dem Antikommunismus zu Zeiten des Kalten Kriegs zufielen. Es wird eine Aufgabe künftiger Forschungen sein, diese Kontinuitäten und Parallelen mit Blick auf konkrete Ideen, Praktiken und Akteure herauszuarbeiten, ohne den spezifischen historischen Kontext des Antikommunismus zu ignorieren.

Sozialräumliche Logiken und Dynamiken

Ähnlich wie beim Blick auf die zeitlichen Konjunkturen des Antikommunismus, so zeichnen sich auch bei der Frage nach sozialräumlichen Logiken und Dynamiken Forschungslücken ab. In welchen gesellschaftlichen Milieus und in welchen Regionen waren antikommunistische Überzeugungen besonders verankert? Wo stießen antikommunistische Rhetoriken auf besonders starke Resonanz? In den US-amerikanischen Südstaaten beispielsweise scheint der Antikommunismus vor dem Hintergrund der Rassentrennung in den 1950er- und 1960er-Jahren besonders ausgeprägt gewesen zu sein.[220] Manche Städte

---

216 *Stöver*, Die Befreiung vom Kommunismus, S. 851–885.
217 Vgl. *Frédéric Bozo/Marie-Pierre Rey/N. Piers Ludlow* u. a. (Hrsg.), Visions of the End of the Cold War in Europe, 1945–1990 (Studies in Contemporary European History, Bd. 11), Berghahn Books, New York/Oxford 2014 (zuerst 2012), 366 S., kart., 34,95 $, insb. die Beiträge von Beth A. Fischer und Ilaria Poggiolini.
218 Vgl. für die Bundesrepublik in polemischer Zuspitzung: *Körner*, »Die rote Gefahr«, S. 174–183; *Korte*, Instrument Antikommunismus, S. 112–122.
219 *Dongen/Roulin/Scott-Smith*, Introduction, S. 7.
220 Vgl. zum Beispiel *Yasuhiro Katagiri*, Black Freedom, White Resistance, and Red Menace. Civil Rights and Anticommunism in the Jim Crow South, Baton Rouge 2014; *Don E. Carleton*, Red Scare! Right Wing Hysteria, Fifties Fanaticism and Their Legacy in Texas, Austin 1985. Interessant ist in dieser Hinsicht auch die Biografie des langjährigen US-Senators und Präsidentschaftskandidaten von 1948, Strom Thurmond. Vgl. *Joseph Crespino*, Strom Thurmond's America, New York 2012.

entwickelten sich durch ihre geografische Lage, den Zuzug von Exilanten oder die Beherbergung bestimmter Organisationen und Einrichtungen zu internationalen Zentren und Drehscheiben antikommunistischer Aktivitäten, so zum Beispiel (West-)Berlin, München, Genf, Madrid, New York, Mexiko-Stadt, Taipeh oder Seoul. An solchen Orten lässt sich gewissermaßen unter dem Brennglas beobachten, dass das destruktive und zersetzende Potenzial des Antikommunismus auch eine konstruktive und integrative Kehrseite hatte. Neben den inzwischen relativ ausgiebig erforschten antikommunistischen Organisationen scheinen auch solche räumlichen »Hotspots« des Antikommunismus ein »ideales Laboratorium« zu sein für einen »transnationalen historischen Ansatz«[221], der sich für die Mechanismen interkultureller Annäherung und Konfrontation interessiert und grenzüberschreitende Verflechtungs- und Entfremdungsprozesse analysieren möchte.

Eine stärkere Sensibilisierung für solche Fragestellungen wird zwangsläufig auch zu einem wachsenden Interesse an der globalen Dimension des Antikommunismus führen, die sich aufgrund des hohen methodischen Aufwands und der anhaltenden Dominanz nationaler beziehungsweise euroatlantischer Wahrnehmungsmuster nur sehr begrenzt in der bisherigen Forschung niedergeschlagen hat. Sie dürfte dazu beitragen, dass neben der unbestrittenen Symbiose des Antikommunismus mit christlichen Traditionslinien auch die Verbindungen mit dem Islam, dem Buddhismus und dem Judentum thematisiert werden. Sie kann räumliche Metaphern wie die Rede vom ›Eisernen Vorhang‹ und der ›Freien Welt‹ als Ansatzpunkte für eine kulturgeschichtlich fundierte Auseinandersetzung mit den Diskursen, Bildern und Gefühlswelten des Antikommunismus ausweisen. Und sie kann helfen, den nach wie vor nicht abschließend geklärten Zusammenhang von Antikommunismus und persönlichem Erleben, von Ideologie und Empirie, neu zu überdenken. Solch eine Perspektive wird, stärker als bisher, auch die Verbindungen zwischen dem Antikommunismus der ›Freien Welt‹ und dem widerständigen beziehungsweise dissidenten Verhalten unter kommunistischer Herrschaft einbeziehen müssen, das in diesem Literaturbericht leider nur am Rande berücksichtigt werden konnte. Dies gilt zum Beispiel für die gezielte Animierung zu Sabotageakten[222], die Auswirkungen westlicher Radio- und Fernsehpropaganda in den kommunistischen Ländern[223] oder für die Rezeption von Untergrundliteratur und die Aufnahme von Dissidenten im Westen.[224] So kann die Geschichte des Antikommunismus sicherlich einen wichtigen Beitrag dazu leisten, die in den vergangenen Jahren verstärkt in den Blick genommenen sozialen und kulturellen Interaktionen zwischen »West« und »Ost« neu zu vermessen und besser zu verstehen.[225]

---

221 *Dongen/Roulin/Scott-Smith*, Introduction, S. 7.
222 Vgl. *Heitzer*, Die Kampfgruppe gegen Unmenschlichkeit.
223 *Bischof/Jürgens*, Voices of Freedom – Western Interference?; vgl. auch den vielversprechenden Ansatz von *Alexander Badenoch/Andreas Fickers/Christian Henrich-Franke* (Hrsg.), Airy Curtains in the European Ether. Broadcasting and the Cold War, Baden-Baden 2013.
224 Vgl. zum Beispiel *Friederike Kind-Kovács*, Written Here, Published There. How Underground Literature Crossed the Iron Curtain, Budapest 2014; *Elisa Kriza*, Alexander Solzhenitsyn. Cold War Icon, Gulag Author, Russian Nationalist? A Study of the Western Reception of His Literary Writings, Historical Interpretations, and Political Ideas, Stuttgart 2014; *Sonja Hauschild*, Propheten oder Störenfriede? Sowjetische Dissidenten in der Bundesrepublik Deutschland und Frankreich und ihre Rezeption bei den Intellektuellen (1974–1977), Diplomarbeit, Saarbrücken 2005, URL: <http://epub.ub.uni-muenchen.de/1359/1/hauschild-dissidenten.pdf> [25.8.2016].
225 Vgl. zum Beispiel *Simo Mikkonen/Pia Koivunen* (Hrsg.), Beyond the Divide. Entangled Histories of Cold War Europe, New York/Oxford 2015; *Annette Vowinckel/Marcus M. Payk/Thomas Lindenberger* (Hrsg.), Cold War Cultures. Perspectives on Eastern and Western European Societies, New York/Oxford 2014; *Patrick Major/Rana Mitter* (Hrsg.), Across the Blocs. Cold War Cultural and Social History, London/Portland 2004; *Yale Richmond*, Cultural Exchange & the Cold War. Raising the Iron Curtain, State College 2003.

Hatte Thomas Mann – um zum Ausgangspunkt dieses Beitrags zurückzukommen – also nun recht, wenn er den Antikommunismus als die »Grundtorheit unserer Epoche« bezeichnete? Eine Antwort auf diese Frage wäre zwangsläufig eine politische und steht daher dem Historiker in seiner Funktion als neutraler Chronist und Analyst des Vergangenen nicht zu. Klar ist, dass die zeithistorische Forschung kaum am Phänomen des Antikommunismus vorbeikommt, wenn sie das 20. Jahrhundert in seinem Epochencharakter verstehen und deuten will. Die Geschichte des Antikommunismus ist mehr als die Geschichte verblendeter Ideologen und staatlicher Unterdrückungsapparate. Sie ist nicht einfach nur ein ideengeschichtlicher Annex der Forschung zum Nationalsozialismus, zum Faschismus oder zum Kalten Krieg. Sie verspricht vielmehr eigenständige Erkenntnisse über die historischen Tiefenströmungen und Triebkräfte des 20. Jahrhunderts, anregende Perspektiven auf kanonisierte Forschungsthemen und neue methodische Zugänge, um das Zusammenwirken von Ideen, Praktiken und Akteuren, von Weltanschauung, politischer Kultur und sozialer Bewegung zu begreifen, zu analysieren und darzustellen.

Summaries

Thomas Adam, The Role of Government Bonds in Funding the State Budget. A Comparative Study of Deficit Spending in the USA and Germany from the Late 18th to the Early 20th Century

During the 19th century, both the German and the American government frequently sold state bonds to finance national expenditure – particularly, but not exclusively, during war times. Issuing government bonds and selling them to the citizens had a long tradition in both countries and started even before their respective state foundations. In the late 18th century, both the American War of Independence and the Prussian wars against France were financed by selling government bond holdings. Based on this tradition, selling government bond holdings became constitutive for financing public expenditure in Germany and the USA. This practice provided a financial basis and enabled the German and the American governments to deliver their ever-increasing tasks without raising taxes. In Germany and the USA, not only the federal but also state and local governments issued bonds. Selling and trading government bonds became profitable for the state, since the government could determine its financial framework conditions. This was all the more true for Germany. Here, by establishing legal provisions for investing in trust funds, the government created a credit market with state bonds, which were in fact non-refundable, non-terminable and low-yielding public loans. As a result, the German government did not have to make an effort to ever pay back the state bonds it had issued. The American government, on the other hand, at least considered it its objective to redeem the state bonds. Thus, public debt in Germany remained on the same level, whereas in the USA it was flexible and depended on economic trends.

Michael Buchner, Possibilities and Limitations of Governmental Financial Market Regulation. Reactions of the Berlin Stock Exchange on the Limitation of Futures Securities Market Trading in the Wake of the Stock Exchange Act of 1896

The article draws on the failed attempt to limit futures securities market trading by issuing the Stock Exchange Act of 1896 in order to take a closer look at the possibilities and limitations of governmental financial market regulation. First, securities trading at the Berlin Stock Exchange prior to the law's entry into force will be outlined with particular focus on the relationship between the official and unofficial market. By portraying the debate on the stock exchange reform, it is shown that neither public discussions nor the legislative paid due regard to these functional processes at the Berlin Stock Exchange and the underlying principle of self-regulation. Instead, both regulatory instruments of the Stock Exchange Act – a ban on trade in specific securities and the obligation to register for entry into the futures register as a prerequisite for legal capacity – predominantly aimed at deterrence. Thus, shortly after the Stock Exchange Act had come into effect new trade practices developed exclusively to evade these regulations. These attempts proved to be largely successful. As a result, the banned trade in securities partly shifted from futures to cash trading. Private traders simply refused to sign up for the planned futures register. The example of the ban on futures transactions illuminates a significant discrepancy between legal regulations on the one hand and the social reality of futures trade at the stock exchange on the other, which was one of the main reasons for the failure of the ban.

Catherine Davies, Speculation and Corruption. On Social and Discourse History of the »Gründerkrach« and the »Panic of 1873«

Both in Germany and in the USA, a long-term period of economic growth, predominantly due to the railway construction, ended in 1873. Stock markets plunged, several entrepreneurs became insolvent, and many investors lost their savings. In both countries the economic crisis was considered a catalyst of social inequality, even though the social background of the investors involved cannot be quantified precisely. Social reactions to the crisis in the USA and in Germany show similarities and differences. Many Germans and Americans blamed widespread corruption for the crisis. In Germany, this diagnosis was paralleled with the so-called »Gründerprozesse« (»founders' trials«), in which entrepreneurs were tried and mostly sentenced. Also, the German debate on capitalism and liberalism in the wake of the crisis developed a racialised quality; anti-Semitic conspiracy theories became increasingly popular. In the USA both criminalisation and rassification largely failed to emerge. One of the reasons for this difference was the more restrictive legislation on stock corporations in the USA. However, different discursive traditions also played an important role. In the USA, the Wall Street had been personified to a larger extent and for a longer time than the stock exchange in Germany. Political instrumentalisation of anti-Semite stereotypes as in Germany had no American equivalent.

Jürgen Dinkel, Inheritance in Modern Times. Exploring a Research Field

Inheritance has always been a specific means to obtain property and property rights and was regulated by inheritance laws and inheritance practices. This applies even more to former centuries than to the 20th. Nevertheless, next to wages and salaries, inheritance still played an important role in asset acquisition during the last century. From the 1980s, inheritance increasingly regained importance for private property acquisition. Against this backdrop, the article examines the basic context of inheritance in the event of death and actual practices of inheritance in Germany from the late 19th century. This will generate insight in changing family concepts and on the emergence and persistence of social inequality. The article summarises the existing historiographical literature, integrates it into general interpretations and adds own research results on inheritance practices in Frankfurt am Main. It finally points out research desiderata and perspectives for future studies.

Alexander Engel/Boris Gehlen, »The Stockbroker's Praises are Never Sung«. Regulation and Social Practices in U.S. and German Stock and Commodity Exchanges, 1870s to 1930s

In the middle of the 19th century, stock and commodity exchanges became core elements of modern market capitalism. We interpret these institutions as rule-based systems and look at the evolution of the pertinent regulatory frameworks, social practices, and discourses in the United States and Germany from the 1870s to the 1930s. It is shown how the organised exchanges of the mercantile-financial elite consolidated as the only legitimate and legal marketplaces of their kind. How was the institutional development of those exchanges and the evolution of a regulatory framework shaped by the rivalry among exchanges and similar establishments and by financial crises such as those of 1873, 1907 and 1929? The U.S. exchanges were essentially self-regulated at the time, while German exchanges had been subjected to public oversight and regulation to a higher degree. Hence, we discuss the German case more generally, less with a view on specific exchanges. Regarding the U.S. case, we focus on the self-regulation of the New York Stock Exchange as the prototypical stock exchange and the Chicago Board of Trade as the world's most important commodity exchange. With the exchange law of 1896 and its revision in 1908, Germany enacted very comprehensive national law on the regulation of exchanges, aimed to annihilate ›bad‹ speculation without sacrificing ›good‹ speculation, mostly by catch-all rules regarding market participation. The German legislative endeavours (and the successful attempts to undermine aspects of the law by developing new practices) became a point of reference for the United States when attempts to cut into the regulatory autonomy of the great exchanges by federal law intensified after the crisis of 1907. In the 1920s and 30s, these attempts resulted in a new kind of responsive regulatory regime, in which public oversight agencies closely followed and acted on any new development that took place in and around the trading floors.

Sina Fabian, »Popular Capitalism« in Great Britain during the 1980s
The article takes a closer look at a partly hugely successful social political project of the British Conservative government under Margaret Thatcher. Under the slogan of »popular capitalism«, the Thatcher government in the 1980s politically and rhetorically promoted the extension of property ownership on the broadest possible basis. This was supposed to reduce the number of people depending on the state. Acquisition of property ownership and shares were the main pillars of this popular capitalism. Economic aspects were to some extent less important than social-political objectives, for instance regarding the privatisation of state-owned companies and the sell-off of council houses. The article focuses on these two aspects in order to illuminate the specific practices of popular capitalism on the part of both the government and the people and examines its social repercussions. It draws on government archive material and public statements of Margaret Thatcher. It also refers to autographical material of ordinary people held by the »Mass Observation Archive«. Although many reform projects of popular capitalism were widely supported by the general population, they considerably contributed to an increase in social inequality, as the article shows. Popular capitalism also initiated processes such as the liberalisation of the credit market and the high level of private household debt, which have influenced British society until today.

Jürgen Finger, Speculation for Everyone. Small Investors, Women and the Grey Capital Market in 19th Century Paris
Fascination with speculation and stock exchange transactions in late 19th century Paris found expression not only in poetry and fiction (Zola: L'Argent) and in mass media. Speculation was a wide-spread practice of the middle (classes moyennes) and even parts of the lower classes. A social history of capitalism has to take these aspects of participation into account without ignoring structures of fundamental inequality (in particular assets, but also access to information and to the market). After briefly pointing out the economic historical context, the article critically discusses classical interpretations of finance history according to which the Paris Stock Exchange emerged into an efficient market and investing in shares allegedly became »democratised«. In contrast to this generalising and simplifying perspective, the contribution focuses on small investors who were often active on informal markets: »M. et Mme Tout-le-monde«, Mr. and Mrs. Everyman, served as indicators of the distribution of financial knowledge and the acceptance of speculative transactions. By participating in these transactions on the financial market, they legitimised capitalism in the end. Due to low barriers to enter the market, the grey capital market around the Paris Stock Exchange offered the best conditions for doing so. Particular attention will be given to speculating women from all social strata, who were especially targeted by critics of speculation. Their alleged economic ignorance contradicted their obvious knowledge of the existing usages on the capital market. Source material such as quantitative data, police files, fiction and poetry, contemporary economic literature and visual sources

allow a first approach to this group of stakeholders and the mechanisms of the social closure of the increasingly professionalising Paris finance market.

Kieran Heinemann, Investment, Speculation and Popular Stock Market Engagement in 20th Century Britain

The article focuses on the question of how and why the concept of a society of shareholders became popular in Great Britain during the 20th century. From the interwar period onwards, debates between financial journalists, politicians and stockbrokers on this social structuration were increasingly shaped by semantics centring on terms such as ›investment‹ and ›speculation‹. On the one hand, financial practices had constantly to be distinguished from notorious betting games – a differentiation that had always been doubted by critics of financial capitalism. The hardly concealable closeness between stock exchange transactions and gambling, on the other hand, enticed the masses and made speculation in shares attractive as a diverting entertainment. Substantial social and cultural changes in the British post-war society weakened conservative and religious reservations towards the stock exchange, and wide parts of the population invested their generally growing earnings in shares. Yet, at the same time, the finance sector lost ground due to the Social Democratic economic order of the »boom« years. It was only as recently as the 1980s that the Conservative governments of Prime Minister Margaret Thatcher implemented considerable tax reforms and a privatisation programme to create a »popular capitalism«. This policy had a paradoxical effect: even though the number of private shareholders grew rapidly, they were soon superseded by institutional investors due to the increasingly globalised and deregulated stock exchanges. However, the ideal of a society based on popular capitalism is still favoured and prevalent in the political landscape of the UK.

Jürgen Kocka, Capitalism and Democracy. The Historical Record

Discourse in social sciences currently emphasises the antagonism between capitalism and democracy. Using examples from past and present, the article shows that capitalism is able to flourish in various political systems. It also demonstrates the both beneficial and destructive effects of capitalism on democratic politics. While democratisation processes of the 19th and early 20th centuries coincided with the spread of industrial capitalism and the abolishment of capitalism under communist rule was linked to a weakening and even prevention of democracy, fascist systems relied on close cooperation – albeit not without tensions – between dictatorship and capitalism. Coexistence and mutual support of organised capitalism and representative democracy during the second half of the 20th century experienced severe difficulties in the last decades due to changes of capitalism such as deregulation, dominance of financial capitalism, globalisation. The spread of capitalism in different world regions has created new forms of connection between economics and politics. In structural terms, capitalism is not democratic, democracy is not capitalist. However, there are some affinities between both. The article examines why and under which conditions capitalism and democracy are compatible; it also explores the current strains on this compatibility. Capitalism does not entirely determine the objectives that it serves. Politics, civil society and the culture of the respective community as well as their interrelation play a significant role. Compatibility between democracy and capitalism is not guaranteed, but possible, malleable and quite common.

Timo Luks, Precarity. A Useful Category of the Historical Analysis of Capitalism

The article draws on contemporary history research on the structural break of the 1970s and the current social scientific discourse on the transformation of capitalism aiming at a reinterpretation of the 19th century. Using examples from the social history of crafts and workmanship, it will illustrate the assumption that comparing the pre-March period with the years »after the boom« promises insights due to some structural similarities between »pre-Fordist« and »post-Fordist« capitalism. The contribution aims at shifting the coordinate system of the theory of and the social history on capitalism with the result that industrial capitalism no longer serves as the norm. It will emphasise the fluid boundaries between subsistence economic and capitalist practices as well as outline intermediate areas, which have been occasionally addressed by social history but never systematically explored in terms of its explanatory potential for the theory and history of capitalism. These intermediary areas can be empirically explained based on representative figures of precarious self-employment, the »penny capitalism«, and small and smallest entrepreneurs. Discussing and reinterpreting social historical case studies based on recent considerations on the theory of capitalism allows outlining some criteria for an epoch-spanning comparison of »small change capitalism« practices.

Christian Marx/Morten Reitmayer, Predicaments and Scopes of Action. Changing Production Models of the Chemical Industry in Western Europe during the Last Third of the 20th Century

The contribution takes up discussions in contemporary history and political economy on the structural break at the end of the boom. Using the example of the chemical industry in historical comparison, it focuses on the question whether production models in the Federal Republic of Germany, France and the United Kingdom underwent significant changes during the last third of the 20th century. International developments such as the growing role of the capital market for the management of industrial companies are well-known. However, the question remains whether or not the international division of labour, in which companies became increasingly involved from the 1970s onwards, caused the convergence of corporate structures, business strategies and industrial relations and, in the end, resulted in the elimination of different national varieties of capitalism. From the mid-1960's, diversification and divisionalisation were celebrated as successes, yet these concepts came increasingly under fire in 1980s at the latest due to the success of Japanese labour organisation and were often abolished in favour of core competencies. The analysis of production models based on different characteristics – corporate structures, industrial and company relations – shows that corporate managements still had latitude to act and chose different strategies. In the UK, production models changed the most and earlier than elsewhere due to deregulation and the weakening of the trade unions. Here, corporate managements followed the imperatives of the finance markets without hesitation. German companies, on the other hand, were reluctant to go forward with the change. In France, a different path was initially followed with the concept of »Keynesianism in one country«. Thus, significant differences between national economic growth modes and between production models remained at least until the late 1990s.

Benjamin Möckel, Against the »Plastic World of Supermarkets«. Consumption and Capitalism Critique in the Early Years of the Fairtrade Movement

Over the last years, »fairtrade« products have become a rapidly growing segment of consumption and, therefore, attracted considerable attention from social and economic sciences. However, its historical development conditions have often been ignored. »Fairtrade« has often been described as a continuously expanding market that had started as a church-related or left-leaning alternative niche phenomenon and emerged into a mainstream segment of the consumer society. Contrary to this social scientific interpretation, the article emphasises that for a long time the protagonists themselves did not see »fairtrade« as an alternative choice of consumption but as an action model of political education and protest. Consequently, the field was shaped by a decisive critique of consumption and capitalism until the late 1980s. The article focuses on this topic by referring to internal discussions particularly of the »Third World Shop Network« (»Arbeitsgemeinschaft Dritte Welt Läden«), in which the mainly autonomously operating »world shops« exchanged economic and political views, shared information about new campaigns and action models as well as actual organisational strategies of everyday life in the shops. The contribution argues that »fairtrade« and other forms of alternative trade and consumption models played an important part in the »social history of capitalism« during the last third of the 20th century. This is not because of their actual economic influence, which remained marginal until the late 1990s. Instead, the political dimension of the field that has repeatedly been stressed by the contemporaries should be taken seriously. It should also be examined which strategies the protagonists involved chose in order to use consumer products for their global consumption critique.

Simone M. Müller, Save the Earth from the Economists? Lawrence Summer's Memorandum and the Struggle for the Prerogative of Interpretation on International Trade in Toxic Waste

Between the late 1970s and early 1990s, international trade in waste materials – colloquially referred to as »toxic waste« – between countries from the global North and the global South boomed. National differences in environmental and regulatory standards facilitated the trade in materials which only traders on one side of the market considered »dangerous and hazardous to health«; what is more, these differences turned the trade in »toxic waste« into a profitable business model. However, in the early 1990s, caused by a memorandum of the vice president of the World Bank Lawrence H. Summers, an international debate broke loose on the moral and ethical implications of these transactions, which deliberately condoned potential risks for the environment and the health of the people in the import countries of the global South. Taking Lawrence Summers' memorandum and its reception in the press, the public and among academics as a starting point, the article outlines how in the early 1990s different groups of protagonists fought for morality within capitalism. Initially, the international trade in toxic waste caused doubts in the social and environmental compatibility of the capitalist economic system, since its underlying principles – the individualisation of property rights, the coordination of market processes and commodification and the objective of capital accumulation – facilitated the global trade in waste materials hazardous to health and environment. These considerations and the publication of the memorandum finally kicked off a socio-critical debate on capitalism condemning not only one »moral« lapse but questioning the entire economic system due to its immorality (not amorality).

Résumés

Thomas Adam, La part des emprunts d'État dans le financement des budgets publics. Une étude comparée du financement des déficits publics aux États-Unis et en Allemagne de la fin du XVIIIe siècle jusqu'au début du XXe siècle

Tant l'État américain que l'État allemand eurent régulièrement recours au XIXe siècle à la vente d'emprunts d'État pour financer leurs dépenses, et ce pas uniquement, il faut le souligner, en temps de guerre. Dans les deux pays, la vente d'emprunts d'États aux citoyens s'ancrait dans une tradition qui avait commencé avant la fondation des États. C'est ainsi qu'à la fin du XVIIIe siècle, la Guerre d'Indépendance américaine et les guerres prussiennes contre la France furent financées par la vente d'emprunts d'État. En s'inscrivant dans cette tradition, la vente d'emprunts d'État devint un élément constitutif du financement des dépenses publiques dans ces deux pays. Cette pratique permit aux gouvernements américain et allemand de venir à bout de leurs dépenses sans cesse croissantes sans imposer de hausse des impôts drastique. En Allemagne et aux États-Unis, non seulement le gouvernement fédéral, mais aussi les États fédéraux et les communes s'engagèrent dans l'émission d'emprunts d'État. Les emprunts d'État devinrent un marché du crédit lucratif pour l'État, ce dernier en déterminant les conditions financières. Cela a d'autant plus valu pour l'Allemagne que l'État se créa par les dispositions légales concernant l'investissement de deniers pupillaires un marché du crédit dans lequel les emprunts d'État devinrent pour ce dernier un crédit non remboursable, non annulable et assorti d'un faible taux d'intérêt. Tandis que le gouvernement allemand ne devait par conséquent fournir aucun effort pour racheter les emprunts d'État qu'il avait émis, le gouvernement américain avait, quant à lui, au moins pour objectif de rembourser les emprunts d'État. C'est ainsi que l'on avait d'un côté, une dette permanente de l'État allemand et du côté américain, une dette publique flexible et conjoncturelle.

Michael Buchner, Possibilités et limites de la régulation politique des marchés financiers. Réactions de la Bourse des valeurs de Berlin face à la limitation du marché à terme des titres par la loi allemande sur les bourses de 1896

La contribution prend comme point de départ la tentative ratée de limiter, par la loi sur les bourses de 1896, le marché à terme des titres pour s'interroger sur les possibilités et les limites d'une régulation réussie des marchés financiers. Pour ce faire, nous esquisserons tout d'abord dans les grandes lignes le règlement des opérations sur titres à la Bourse de Berlin avant l'entrée en vigueur de la loi et nous nous pencherons plus particulièrement sur la répartition structurelle des tâches entre marchés officiels et inofficiels. Nous présenterons également le débat portant sur la réforme de la Bourse durant l'Empire et montrerons que, ni la discussion publique, ni le législateur ne tinrent compte de ces fonctionnements de la Bourse de Berlin et du principe d'auto-régulation qui la sous-tendait. Au lieu de cela, les deux instruments centraux de régulation de la loi sur les bourses, à savoir une interdiction matérielle de négocier pour certains titres ainsi que l'enregistrement obligatoire dans un registre comme condition de la capacité juridique, visèrent pour l'essentiel à la dissuasion. En conséquence, de nouvelles pratiques de négociation, dont le seul objectif était de contourner ces dispositions législatives, se développèrent rapidement après l'entrée en vigueur de la loi allemande sur les bourses. Et ces tentatives de contournement furent largement couronnées de succès, de sorte qu'au final, une partie de la négociation interdite des valeurs mobilières fut déplacée du marché à terme vers des transactions au comptant. Mais les particuliers refusèrent purement et simplement de s'inscrire dans le registre des bourses prévu. Le cas de l'interdiction des transactions à terme fait ainsi apparaître en général une divergence évidente entre, d'une part, les dispositions légales et de l'autre, la réalité sociale des opérations à terme en bourse, cette divergence constituant au bout du compte l'explication essentielle de l'échec de l'interdiction.

Catherine Davies, Spéculation et corruption. Histoire sociale et discursive du krach de 1873 et de la panique qu'il a déclenché
   En 1873 prit fin tant en Allemagne qu'aux États-Unis une longue phase de croissance économique essentiellement favorisée par la construction du chemin de fer. Les cours boursiers s'écroulèrent, de nombreux entrepreneurs devinrent insolvables et beaucoup d'épargnants perdirent le fruit de leurs économies. Dans les deux pays, la crise fut perçue comme le catalyseur d'inégalités sociales, même si la structure sociale des épargnants concernés ne peut être évaluée avec précision. Les réactions sociales à la crise aux États-Unis et en Allemagne présentent tant des différences que des similitudes. C'est ainsi que dans les deux pays, la crise fut rapportée à une large diffusion de la corruption. Dans le cas allemand, le diagnostic coïncida avec ce que l'on appelle les « Gründerprozesse » (procès de l'époque des fondateurs), lors desquels des entrepreneurs comparurent devant les tribunaux et furent en règle générale le plus souvent jugés. Le débat allemand à propos du capitalisme et du libéralisme prit, suite à la crise, un nouveau tour racisant ; les théories du complot antisémite gagnèrent en popularité. En revanche, criminalisation et construction raciale ne jouèrent aucun rôle dans le cas américain. La raison de ces différences réside dans la plus grande restrictivité de la législation américaine des actions. Mais les différences peuvent également être imputées aux traditions discursives. La bourse de Wall Street était depuis longtemps plus fortement personnifiée que la bourse allemande. Par ailleurs, il n'y avait aucun équivalent américain aux antécédents allemands de l'instrumentalisation politique des stéréotypes antisémites.

Jürgen Dinkel, Hériter et léguer durant l'époque moderne. Investigations autour d'un champ de recherche
   L'acceptation d'un héritage a toujours représenté un accès particulier à la propriété et aux droits de la propriété, cet accès étant régulé par le droit et les pratiques de succession. Cela était valable encore davantage pour les siècles passés que pour le XXe siècle. Toutefois, même durant le siècle dernier, les héritages ne perdirent que partiellement et jamais complètement leur importance par rapport aux acquisitions faites sur la base du salaire et des performances. Au contraire, l'importance des héritages dans l'accès individuel à la propriété croît à nouveau depuis les années 1980. C'est à la lumière de ces données que le présent article analyse les contextes jouant un rôle essentiel dans la transmission des biens dans le cas d'un décès ainsi que les pratiques concrètes de succession en Allemagne depuis la fin du XIXe siècle. Cela donne lieu à de nouvelles connaissances tant à propos des changements dans la représentation de la famille que sur l'émergence et la persistance d'inégalités sociales. L'article synthétise la littérature historiographique existante et la met en relation avec les interprétations globales. Des recherches sur les pratiques en matière de succession à Francfort-sur-le-Main complètent ces interprétations. Enfin, nous mettons l'accent sur les lacunes de la recherche menée dans ce domaine et nous proposons des pistes pour des études ultérieures.

Alexander Engel/Boris Gehlen, « On ne chante jamais les louanges de l'agent de change ». Régulation et pratiques sociales dans les bourses de valeurs et les marchés à terme de marchandises américains et allemands des années 1870 à 1930

Les bourses de valeurs et les marchés à terme de marchandises devinrent au milieu du XIXe siècle des éléments centraux du capitalisme de marché moderne. Nous interprétons ces institutions comme des systèmes à base de règles et c'est pourquoi nous nous interrogeons sur l'évolution des régulations correspondantes, des pratiques sociales et des discours aux États-Unis et en Allemagne depuis les années 1870 jusqu'aux années 1930. Nous montrons comment ces bourses fortement réglées des élites commerçantes et financières devinrent les seuls lieux d'échanges légitimes et légaux de ce genre. Dans quelle mesure l'évolution institutionnelle de ces bourses et les conditions juridiques générales furent-elles conditionnées par la rivalité entre ces bourses et des institutions similaires, et dans quelle mesure le furent elles par les crises financières comme celles de 1873, 1907 et 1929 ? Les bourses américaines étaient, pour notre période d'étude, largement auto-régulées, tandis que les bourses allemandes étaient plus fortement soumises au contrôle et à la régulation de l'État. Par conséquent, nous parlons de façon plutôt générale du cas allemand, et moins en tenant compte de bourses concrètes. Pour les États-Unis, nous nous focalisons sur l'auto-régulation de la New York Stock Exchange en tant qu'archétype des bourses d'actions, et le Chicago Board of Trade, en tant que marché à terme des marchandises le plus grand du monde. Avec la loi sur les Bourses de 1896 et sa révision en 1908, l'Allemagne obtint une base législative nationale fondamentale destinée à éliminer la « mauvaise » spéculation par des règles générales sans défavoriser la « bonne » spéculation. Ces efforts (et le contournement en pratique de nombreuses règles) devinrent aux États-Unis un point de référence important lorsque l'on tenta de manière renforcée après la crise de 1907 de réduire par une législation fédérale l'auto-administration des grandes bourses. Ainsi naquit dans les années 1920 et 1930 un nouveau régime de régulation doté d'une capacité de réaction au sein duquel les organes publics de surveillance suivaient les nouvelles évolutions boursières et y réagissaient directement.

Sina Fabian, « Popular capitalism » en Grande-Bretagne dans les années 1980

L'article se penche sur un projet socio-politique en partie très réussi du gouvernement conservateur britannique sous Margaret Thatcher. Sous le slogan de « Popular Capitalism » (« capitalisme populaire »), le gouvernement Thatcher fit, dans les années 1980, avancer avec des moyens politiques et rhétoriques l'extension de la propriété à une base sociale la plus large possible. Il espérait ainsi réduire la dépendance de certaines parties de la population envers l'État. L'accès à la propriété pour le logement et la possession d'actions étaient les deux colonnes du capitalisme populaire. Les aspects économiques restèrent partiellement en retrait par rapport aux objectifs socio-politiques, comme ce fut par exemple le cas lors de la privatisation d'entreprises publiques ou lors de la vente de logements sociaux. À partir de ces deux domaines, l'article étudie les pratiques concrètes du capitalisme populaire tant du côté du gouvernement que du côté de la population et il s'intéresse aux effets sociaux. L'article a recours à des dossiers gouvernementaux ainsi qu'à des déclarations publiques de Margaret Thatcher. En outre, nous intégrons à l'analyse des témoignages à caractère autobiographique issus de la population et qui sont accessibles dans la « Mass Observation Archive ». Bien qu'une grande partie des réformes devant conduire à une expansion du capitalisme populaire ait rencontré l'approbation de la majorité de la population, l'article montre qu'elles contribuèrent de manière considérable à un accroissement des inégalités sociales. En outre, le capitalisme social populaire déclencha des évolutions, comme par exemple la libéralisation du crédit et l'endettement élevé de nombreux ménages, qui marquent jusqu'à aujourd'hui la société britannique.

Jürgen Finger, Spéculation pour Monsieur et Madame Tout-le-monde. Les investisseurs de détail, les femmes, et le marché gris des capitaux dans le Paris de la deuxième moitié du XIXe siècle

La fascination pour la spéculation et les transactions boursières ne s'exprima, dans le Paris de la deuxième moitié du XIXe siècle, pas uniquement par le biais de la littérature ou de la scandalisation médiatique. La spéculation était une pratique répandue dans les classes moyennes, et même dans certains pans des classes populaires. Une histoire sociale du capitalisme doit intégrer de telles formes de participation sans négliger les structures fondamentales de l'inégalité (avant tout l'argent, mais aussi l'accès au marché et à l'information). Après une brève catégorisation en matière d'histoire économique, l'article s'empare de manière critique des modèles explicatifs classiques de l'histoire des finances. Ces derniers soulignent que la Bourse de Paris a évolué pour devenir un marché efficace et ils mettent également en avant la soi-disant « démocratisation » des placements dans les titres. Contrairement à ces perspectives qui généralisent et nivellent, l'article s'intéresse aux investisseurs de détail qui étaient souvent actifs sur les marchés informels : « Monsieur et Madame Tout-le-monde ». Ces derniers servent d'indicateurs pour la diffusion du savoir financier et l'acceptation des transactions spéculatives. Par cette forme de participation au marché, ils légitimaient in fine le capitalisme. En raison de barrières d'accès au marché basses, le marché gris des capitaux gravitant autour de la Bourse de Paris offrit jusqu'à la Belle époque des conditions optimales à cette participation. Nous nous penchons particulièrement sur les pratiques spéculatives de femmes issues de toutes les classes sociales, qui étaient l'une des cibles privilégiées de la critique envers la spéculation. L'ignorance qu'on leur prêtait dans le domaine économique était en contraste manifeste avec leur connaissance évidente des usages en cours sur le marché des capitaux. Des données quantitatives, des dossiers de police, des textes littéraires, la littérature économique de l'époque ainsi que des documents iconographiques permettent une première approche de ces groupes d'acteurs et des mécanismes de fermeture sociale du marché financier parisien, qui était en train de se professionnaliser.

Kieran Heinemann, Investissement, spéculation et investissement populaire sur les places boursières de la Grande-Bretagne du XXe siècle

L'article s'interroge sur les modalités et les raisons qui ont permis la popularisation de l'idée d'une société composée d'actionnaires en Grande-Bretagne au cours du XXe siècle. Les polémiques autour de ce modèle de société étaient marquées par des luttes sémantiques que les journalistes financiers, les hommes politiques et les boursiers menaient de manière accrue depuis l'entre-deux-guerres à travers des concepts comme ceux d'investissement et de spéculation. Les pratiques financières devaient, d'une part, sans cesse être distinguées des paris, qui avaient mauvaise réputation, distinction que les critiques du capitalisme financier remirent toujours en question. D'autre part, la proximité difficilement dissimulable entre l'activité boursière et les jeux de hasard attira les masses et fit de la spéculation en bourse un format de divertissement attractif. Les mutations sociales et culturelles de grande envergure qui touchèrent la société britannique après la Seconde Guerre mondiale affaiblirent les réserves conservatrices et religieuses envers la bourse et les revenus qui augmentaient partout furent de plus en plus investis dans des actions. Dans le même temps, le secteur financier perdit toutefois du terrain dans l'ordre économique social-démocrate des années du boom. Ce n'est qu'avec les gouvernements conservateurs du Premier Ministre Margaret Thatcher que furent mises en place dans les années 1980 des mesures assorties d'importantes réformes fiscales et d'un programme de privatisation qui devaient faire émerger un « Popular Capitalism ». Cette politique produisit un effet paradoxal : le nombre des actionnaires privés crût certes de manière rapide, cependant des investisseurs institutionnels avaient fait décrocher les investisseurs de détail en raison de la mondialisation et de la dérégularisation croissante des bourses de valeurs. Toutefois, l'idéal social du capitalisme populaire continue de jouir d'une bonne réputation dans le paysage politique de la Grande-Bretagne.

Jürgen Kocka, Capitalisme et démocratie. Résultats de l'analyse historique
    Les débats en sciences sociales mettent en ce moment surtout en avant les oppositions entre capitalisme et démocratie. L'article montre à l'aide d'exemples passés et actuels que le capitalisme peut s'épanouir dans des systèmes politiques très différents. Il montre que le capitalisme peut exercer des effets tant favorables que destructeurs sur la politique démocratique. Tandis que la démocratisation du XIXe siècle et du début du XXe siècle alla de pair avec l'expansion du capitalisme industriel et qu'au XXe siècle, la suppression du capitalisme sous le régime communiste fut liée à l'élimination ou à l'empêchement de la démocratie, les systèmes fascistes vécurent d'une coopération étroite, quoique non dépourvue de tensions, entre capitalisme et dictature. Les mutations du capitalisme – dérégulation, domination du capitalisme financier, mondialisation – ont, durant les dernières décennies, compliqué et accablé la coexistence et l'encouragement mutuel dans la deuxième moitié du XXe siècle du capitalisme organisé et de la démocratie représentative. L'expansion du capitalisme dans diverses régions du monde a conduit à de nouveaux modèles d'imbrication entre l'économie et la politique. Sur un plan structurel, la règle suivante est valable : le capitalisme n'est pas démocratique et la démocratie n'est pas capitaliste. Mais il y a également des affinités entre les deux systèmes. L'article fait ressortir pourquoi et à quelles conditions capitalisme et démocratie sont compatibles et quelles difficultés pèsent aujourd'hui sur cette compatibilité. Le capitalisme ne détermine pas complètement les objectifs qu'il sert. De nombreux éléments dépendent de la politique, de la société civile et de la culture des communautés respectives et de leur coopération. La conciliation entre démocratie et capitalisme n'est pas garantie, mais elle est possible, modelable, et elle n'est pas rare.

Timo Luks, La précarité. Une catégorie utile pour l'analyse historique du capitalisme
    L'article tente de mettre à profit, afin de réinterpréter le XIXe siècle, les recherches menées en histoire contemporaine à propos de la fracture structurelle des années 1970 ainsi que les discussions menées actuellement en sciences sociales au sujet de la transformation du capitalisme. En reprenant des exemples tirés de l'histoire sociale de l'artisanat et du prolétariat, nous développons la thèse selon laquelle un rapprochement entre le Vormärz et les années « qui suivirent le boom » est révélateur en raison de quelques ressemblances structurelles entre le capitalisme « préfordiste » et « postfordiste ». Il s'agit dans cet article de déplacer les repères de la théorie du capitalisme et de l'histoire sociale du capitalisme dans la mesure où le capitalisme industriel ne sert plus d'aune à laquelle est évaluée la norme. Ce faisant, nous soulignons les frontières mouvantes entre les pratiques de l'économie de subsistance et celles du capitalisme. Il s'agit dans cet article de cerner les contours des espaces intermédiaires qui sont parfois abordés de manière différente dans la recherche en sciences sociales, mais dont le potentiel explicatif pour une théorie et une histoire du capitalisme n'a pas systématiquement été interrogé. Ces espaces intermédiaires peuvent être concrétisés de manière empirique à partir des figures du travailleur indépendant précaire, du « Penny Capitalism » et du petit et très petit entrepreneuriat. La discussion autour de quelques cas relevant des sciences sociales et leur réinterprétation à la lumière des réflexions récemment menées dans la théorie du capitalisme permet d'esquisser des critères pour une comparaison transcendant les époques des pratiques « capitalistes de la petite monnaie ».

Christian Marx/Morten Reitmayer, Contraintes et marges de manœuvre. La mutation des modèles de production dans l'industrie chimique d'Europe occidentale durant le dernier tiers du XXe siècle

L'article reprend le débat lancé dans l'histoire contemporaine et l'économie politique au sujet d'une fracture structurelle à la fin du boom pour répondre, grâce à une comparaison historique à partir de l'industrie chimique, à la question de savoir si les modèles de production ont changé de manière significative durant le dernier tiers du XXe siècle dans les trois grandes économies de l'Europe de l'Ouest – celles de la République fédérale d'Allemagne, de la France et de la Grande Bretagne. Malgré des évolutions dépassant le cadre national, comme par exemple le gain d'importance du marché des capitaux en ce qui concerne la direction des entreprises industrielles, la question suivante est jusqu'à présent restée sans réponse : est-ce que l'intégration croissante des entreprises dans la répartition internationale du travail a eu depuis les années 1970 pour conséquence un alignement des structures entrepreneuriales, des stratégies commerciales et des relations industrielles et a-t-elle ainsi signifié un nivellement des variétés nationales du capitalisme ? Tandis que les concepts de diversification et de départementalisation ont été célébrés comme une grand réussite à partir du milieu des années 1960, cette mode a été, au plus tard dans les années 1980, mise sous pression au vu du succès de l'organisation du travail japonaise et a souvent été abandonnée au profit de cœurs de compétence. L'analyse des modèles de production à l'aide de diverses caractéristiques – structures des entreprises, relations industrielles et d'affaires – montre que les directions d'entreprise disposaient bel et bien de marges de manœuvre et qu'elles ont développé des stratégies différentes. Tandis que les modèles de production en Grande-Bretagne ont été le plus fortement et le plus tôt transformés par l'affaiblissement des syndicats et la dérégulation et que les directions d'entreprise ont tout naturellement suivi les impératifs du marché financier, les entreprises allemandes ont longtemps hésité à opérer cette transformation. En France, on a tout d'abord pris un chemin différent avec le modèle du « keynésianisme dans un pays ». Par conséquent, des différences notoires dans les modes de croissance nationale et des modèles de production ont subsisté au moins jusqu'à la fin des années 1990.

Benjamin Möckel, Contre « l'univers plastique des supermarchés ». Critique de la consommation et du capitalisme dans l'histoire de l'émergence du « commerce équitable ».

Le « commerce équitable » est, durant ces dernières années, devenu un segment de consommation à la croissance rapide. C'est pourquoi ce sujet a fait ces derniers temps l'objet d'une attention importante de la part des sciences sociales et économiques. Cependant, les conditions historiques de l'émergence de ce champ n'ont été qu'insuffisamment étudiées. Dans la plupart des cas domine l'image d'une expansion continue du marché, qui a fait passer le « commerce équitable » du statut d'un phénomène de niche influencé par l'Eglise ou par la gauche alternative à celui de courant dominant dans la société de consommation. Contre cette interprétation proposée par les sciences sociales, notre article souligne le fait que le « commerce équitable » a longtemps été vu non pas comme une offre de consommation alternative, mais comme un modèle d'action de l'éducation politique et de la contestation. Par conséquent, le champ a été marqué jusque dans les années 1980 par une posture résolument critique envers la consommation et le capitalisme. Le présent article analyse cela à partir des discussions internes qui se reflètent avant tout dans la « communauté de travail des magasins vendant des produits issus du Tiers Monde » (AG3WL), au sein de laquelle les « magasins du monde », qui agissent souvent de manière autonome, se mettaient d'accord sur leurs objectifs économiques et politiques, sur de nouvelles campagnes et modèles d'action ainsi que sur les stratégies concrètes d'organisation du quotidien des magasins. Il défend la thèse selon laquelle le « commerce équitable » et d'autres formes de modèles alternatifs d'échange et de consommation représentent un jalon important pour l' « histoire sociale du capitalisme » durant le dernier tiers du XXᵉ siècle. Leur signification est cependant moins à chercher dans leur importance économique concrète qui, jusque dans les années 1990, resta marginale. Il paraît plus évident de prendre au sérieux la dimension politique du champ sans cesse soulignée à l'époque et de s'interroger sur les stratégies avec lesquelles les acteurs tentèrent d'utiliser les produits de consommation comme moyens d'exercer une critique de la consommation envisagée de manière globale.

Simone M. Müller, Sauvez la terre des économes ? Le mémo de Lawrence Summers et la lutte portant sur l'hégémonie du discours dans le commerce international de déchets toxiques

Entre la fin des années 1970 et le début des années 1990, le commerce international des déchets, que l'on appela communément « déchets toxiques », entre les pays du Nord mondialisé et ceux du Sud mondialisé connut un boom. Les différences nationales dans les normes concernant l'environnement et la régulation facilitèrent le commerce de matières que, souvent, seul un des partis de la transaction considérait comme étant « un déchet dangereux ou nocif à la santé » ; plus encore, ces différences firent du déplacement des « déchets toxiques » à l'échelle du monde entier un modèle d'activité commerciale lucrative. Au début des années 1990 cependant fut lancé, sous l'effet d'un mémorandum de Lawrence H. Summers, vice-président de la Banque mondiale, un débat international portant sur les implications morales et éthiques de telles pratiques économiques qui s'accommodaient sciemment de la mise en danger potentielle de l'environnement et de la santé des populations dans les pays importateurs du Sud mondialisé. Partant du mémorandum de Lawrence Summers et de sa réception dans la presse, dans les sciences et dans l'espace public, cet article retrace la façon dont différents groupes d'acteurs luttèrent au début des années 1990 pour le rôle de la morale au sein du capitalisme. Le commerce international de déchets toxiques posa tout d'abord la question de la compatibilité sociale et environnementale d'un système économique qui, sur la base de l'individualisation des droits de propriété qui le sous-tendent, de la coordination des processus de marché et de la marchandisation, ainsi que de l'objectif de l'accumulation du capital, permit que des déchets nocifs pour l'environnement et la santé soient échangés comme marchandises dans le cycle de la mondialisation. C'est sur cette toile de fond que fut déclenché, avec la publication du mémo, un débat social sur le capitalisme qui, non seulement, critiqua le dérapage « moral » du système économique, mais qui, en raison de l'immoralité (et non de l'a-moralité) de l'économie, remit en cause l'ensemble du système social de façon anticapitaliste.

Die Mitarbeiterinnen und Mitarbeiter des Bandes

Thomas Adam, geb. 1968; Prof. Dr.; Studium in Leipzig; seit 2001 Professor für transnationale Geschichte an der University of Texas at Arlington. Zuvor 1999–2001 Fedor Lynen-Stipendiat der Alexander von Humboldt-Stiftung und Visiting Scholar an der University of Toronto. Veröffentlichungen u. a.: Stipendienstiftungen und der Zugang zu höherer Bildung in Deutschland von 1800 bis 1960, Stuttgart 2008; Buying Respectability. Philanthropy and Urban Society in Transnational Perspective, 1840s to 1930s, Bloomington/Indianapolis 2009; Intercultural Transfers and the Making of the Modern World, 1800–2000, Basingstoke/New York 2012; Transnational Philanthropy. The Mond Family's Support for Public Institutions in Western Europe from 1890 to 1938, New York 2016; Philanthropy, Civil Society, and the State in German History, 1815–1989, Rochester 2016.

Maria Alexopoulou, geb. 1970; Dr.; Studium in Heidelberg und an der FU Berlin; seit 2015 akademische Mitarbeiterin am Lehrstuhl für Zeitgeschichte der Universität Mannheim. Zuvor tätig als Unternehmensarchivarin (Roche Diagnostics Deutschland GmbH), Public Historian und 2009–2012 Lehrbeauftragte am Historischen Seminar der Universität Heidelberg, 2013–2015 Projektmitarbeiterin am Institut für Mittelstandsforschung, Universität Mannheim. Veröffentlichungen u. a.: Ethnic Foreign Policy und Identitätsbildung: Die Griechisch-Amerikaner (1964–1978), Stuttgart 2010; Interkulturelle Beratung? Ansätze bei der Gründungsberatung in der Einwanderungsgesellschaft Deutschland – eine kritische Reflexion, in: ifm Mannheim (Hrsg.), IQ-Netzwerk Baden-Württemberg, Mannheim 2014; Mannheim Translokal. Aspekte der neueren Mannheimer Migrationsgeschichte (im Erscheinen).

Michael Buchner, geb. 1986; M.A./B.Sc.; Studium in Passau, Paris, Heidelberg und Regensburg; seit Oktober 2016 wissenschaftlicher Mitarbeiter am Lehrstuhl für Wirtschafts- und Sozialgeschichte (einschließlich Technik- und Umweltgeschichte) der Universität des Saarlandes. Zuvor 2011–2016 wissenschaftlicher Mitarbeiter am Lehrstuhl für Wirtschafts- und Sozialgeschichte der Universität Regensburg.

Kim Christiaens, geb. 1985; Dr.; Studium in Leuven und Brüssel; seit 2013 Postdoctoral Fellow der Flemish Research Foundation an der Katholieke Universiteit Leuven und Senior Member des Leuven Centre for Global Governance Studies; seit 2016 Senior Researcher an der Universiteit Antwerpen. Veröffentlichungen u. a.: From the East to the South, and Back? International Solidarity Movements in Belgium and New Histories of the Cold War, 1950s–1970s, in: Dutch Crossing 39, 2015, S. 187–203; Globalizing Nicaragua? An Entangled History of Sandinista Solidarity Campaigns in Western Europe, in: Jan Hansen/Christian Helm/Frank Reichherzer (Hrsg.), Making Sense of the Americas. How Protest Related to America in the 1980s and Beyond, Frankfurt am Main/New York 2015, S. 155–177; Between Diplomacy and Solidarity. Western European Support Networks for Sandinista Nicaragua, in: European Review of History/Revue Européenne d'Histoire 21, 2014, S. 617–634; zusammen mit Idesbald Goddeeris/Magaly Rodríguez García (Hrsg.), European Solidarity with Chile 1970s–1980s, Frankfurt am Main/Berlin etc. 2014.

Catherine Davies, geb. 1982; Dr.; Studium der Geschichte und Philosophie in Tübingen, Berlin, Potsdam und London; 2015 Promotion an der FU Berlin, Titel der Arbeit »Transatlantic Speculations. A Transnational and Comparative History of the Panics of 1873«. 2014/2015 wissenschaftliche Mitarbeiterin am Arbeitsbereich Globalgeschichte, FU Berlin, seit August 2015 wissenschaftliche Mitarbeiterin am Lehrgebiet Geschichte der Europäischen Moderne an der FernUniversität Hagen.

Jürgen Dinkel, geb. 1981; Dr.; Studium in Freiburg im Breisgau und Kasan; seit 2016 Fellow am Deutschen Historischen Institut in Washington D.C. und seit 2014 wissenschaftlicher Mitarbeiter an der Professur für Zeitgeschichte der Justus-Liebig-Universität Gießen. Veröffentlichungen u.a.: Dekolonisation und Film – Ein Literaturbericht, in: WerkstattGeschichte, 2015, Nr. 69, S. 7–22; Die Bewegung Bündnisfreier Staaten. Genese, Organisation und Politik, 1927–1992, Berlin/München etc. 2015.

Alexander Engel, geb. 1975; Dr.; Studium in Göttingen; seit 2010 Akademischer Rat auf Zeit am Institut für Wirtschafts- und Sozialgeschichte an der Georg-August-Universität Göttingen. 2011–2012 John F. Kennedy Memorial Fellow am Center for European Studies der Harvard University. Veröffentlichungen u.a.: Farben der Globalisierung. Die Entstehung moderner Märkte für Farbstoffe 1500–1900, Frankfurt am Main/New York 2009; Die Transformation von Märkten und die Entstehung moderner Unternehmen, in: Jahrbuch für Wirtschaftsgeschichte/Economic History Yearbook 53, 2012, H. 2, S. 93–111; Futures and Risk. The Rise and Demise of the Hedger-Speculator Dichotomy, in: Socio-Economic Review 11, 2013, S. 553–576; Vom verdorbenen Spieler zum verdienstvollen Spekulanten. Ökonomisches Denken über Börsenspekulation im 19. Jahrhundert, in: Jahrbuch für Wirtschaftsgeschichte/Economic History Yearbook 54, 2013, H. 2, S. 49–70; Buying Time. Futures Trading and Telegraphy in Nineteenth-Century Global Commodity Markets, in: Journal of Global History 10, 2015, S. 284–306.

Sina Fabian, geb. 1985; Dr.; Studium in Gießen und Cheltenham (GB); seit 2016 wissenschaftliche Mitarbeiterin an der Humboldt-Universität zu Berlin am Lehrstuhl Deutsche Geschichte im 20. Jahrhundert mit Schwerpunkt im Nationalsozialismus. 2015–2016 wissenschaftliche Mitarbeiterin an der Universität Augsburg und der Leibniz Universität Hannover; 2011–2015 Promotion an der Universität Potsdam und am Zentrum für Zeithistorische Forschung Potsdam; 2007–2013 mehrere Studien- und Forschungsaufenthalte in Großbritannien. Veröffentlichungen u.a.: Boom in der Krise. Konsum, Tourismus, Autofahren in Westdeutschland und Großbritannien (1970–1990), Göttingen 2016; Massentourismus und Individualität. Pauschalurlaube westdeutscher Reisender in Spanien während der 1970er- und 1980er-Jahre, in: Zeithistorische Forschungen/Studies in Contemporary History 13, 2016, H. 1, S. 61–85.

Jürgen Finger, geb. 1978; Dr.; Studium in Augsburg; seit 2012 wissenschaftlicher Mitarbeiter am Historischen Seminar der Ludwig-Maximilians-Universität München und seit 2015 DAAD P.R.I.M.E.-Fellow am Centre d'histoire de Sciences Po und am Deutschen Historischen Institut Paris. Zuvor 2003–2005 und 2009–2012 wissenschaftlicher Mitarbeiter am Lehrstuhl für Neuere und Neueste Geschichte der Universität Augsburg. Veröffentlichungen u.a.: Eigensinn im Einheitsstaat. NS-Schulpolitik in Württemberg, Baden und im Elsass 1933–1945, Baden-Baden 2016; zusammen mit Sven Keller/Andreas Wirsching, Dr. Oetker und der Nationalsozialismus. Geschichte eines Familienunternehmens 1933–1945, München 2013; zusammen mit Sven Keller, Der Bielefelder Kunsthallenstreit 1968. Mäzenatentum, Memoria und NS-Vergangenheit im Hause Oetker, in: Jörg Osterloh/Harald Wixforth (Hrsg.), Unternehmer und NS-Verbrechen. Wirtschaftseliten im »Dritten Reich« und in der Bundesrepublik, Frankfurt am Main/New York 2014, S. 331–361; zusammen mit Sven Keller/Andreas Wirsching (Hrsg.), Vom Recht zur Geschichte. Akten aus NS-Prozessen als Quellen der Zeitgeschichte, Göttingen 2009.

Boris Gehlen, geb. 1973; Dr.; Studium in Bonn; seit 2013 Privatdozent für Verfassungs-, Sozial- und Wirtschaftsgeschichte an der Rheinischen Friedrich-Wilhelms-Universität Bonn. Zuvor 1999–2012 wissenschaftlicher Mitarbeiter in der Abteilung Verfassungs-, Sozial- und Wirtschaftsgeschichte am Institut für Geschichtswissenschaft der Universität Bonn, 2012–2013 am Seminar für Wirtschafts- und Unternehmensgeschichte der Universität zu Köln, 2013–2014 am Institut für Wirtschafts- und Sozialgeschichte der Universität Wien; im Sommersemester 2016 Vertretung der Professur für Neuere Geschichte und Theorie der Geschichte, Ruhr-Universität Bochum. Veröffentlichungen u. a.: Paul Silverberg (1876–1959). Ein Unternehmer, Stuttgart 2007; zusammen mit Ralf Ahrens/Alfred Reckendrees (Hrsg.), Die »Deutschland AG«. Historische Annäherungen an den bundesdeutschen Kapitalismus, Essen 2013; ›Manipulierende Händler‹ vs. ›dumme Agrarier‹: Reale und symbolische Konflikte um das Börsengesetz von 1896, in: Bankhistorisches Archiv 39, 2013, S. 73–90; »Franckensteins Monster«? Die Herausbildung des hybriden deutschen Regulierungsregimes in Kaiserreich und Weimarer Republik. Erklärungen jenseits von Marktversagen, in: Frank Schorkopf/Mathias Schmoeckel/Günther Schulz u. a. (Hrsg.), Gestaltung der Freiheit. Regulierung von Wirtschaft zwischen historischer Prägung und Normierung, Tübingen 2013, S. 139–171.

Idesbald Goddeeris, geb. 1972; Dr.; Studium in Leuven; seit 2007 Assistant Professor und seit 2011 Associate Professor an der Katholieke Universiteit Leuven. Veröffentlichungen u. a.: Colonial Streets and Statues: Postcolonial Belgium in the Public Space, in: Postcolonial Studies 18, 2016, S. 397–409; Postcolonial Belgium: The Memory of the Congo, in: International Journal of Postcolonial Studies 17, 2015, S. 434–452; zusammen mit Kim Christiaens, Beyond Western European Idealism: A Comparative Perspective on the Transnational Scope of Belgian Solidarity Movements with Nicaragua, Poland, and South Africa in the 1980s, in: Journal of Contemporary History 50, 2015, S. 632–655; (Hrsg.), Solidarity with Solidarity. Western European Trade Unions and the Polish Crisis, 1980–1982, Cambridge 2010; zusammen mit Kim Christiaens/Magaly Rodríguez García (Hrsg.), European Solidarity with Chile, 1970s–1980s, Frankfurt am Main/Berlin etc. 2014.

Johannes Großmann, geb. 1981; Juniorprof. Dr.; Studium in Saarbrücken und Paris; seit 2012 Juniorprofessor für Geschichte Westeuropas an der Eberhard Karls Universität Tübingen. Zuvor 2006–2012 wissenschaftlicher Mitarbeiter am Lehrstuhl für Neuere und Neueste Geschichte an der Universität des Saarlandes. Veröffentlichungen u. a.: Die Internationale der Konservativen. Transnationale Elitenzirkel und private Außenpolitik in Westeuropa seit 1945, München 2014; zusammen mit Fabian Lemmes/Nicholas Williams/Olivier Forcade/Rainer Hudemann (Hrsg.), Evakuierungen im Europa der Weltkriege, Berlin 2014; zusammen mit Jürgen Angelow (Hrsg.), Wandel, Umbruch, Absturz. Perspektiven auf das Jahr 1914, Stuttgart 2014; zusammen mit Matthieu Osmont (Hrsg.), Die Franzosen in Tübingen. Ein virtueller Stadtrundgang, Tübingen 2015, URL: <http://www.franzosen-tuebingen.de>.

Kieran Heinemann, geb. 1988; MA; Studium der Geschichte und der Sozialwissenschaften an der Humboldt-Universität zu Berlin; seit 2014 PhD Candidate an der University of Cambridge (Emmanuel College). Veröffentlichungen: Aktien für alle? Kleinanleger und die Börse in der Ära Thatcher, in: VfZ 64, 2016, S. 637–664.

Wulf D. Hund, geb. 1946; Prof. Dr.; Professor für Soziologie i. R. am Fachbereich Sozialökonomie der Universität Hamburg. Forschungsgebiet Politische Soziologie, Schwerpunkt Rassismusanalyse. Veröffentlichungen u. a.: Rassismus, Bielefeld 2007; zusammen mit Jeremy Krikler/David Roedinger (Hrsg.), Wages of Whiteness and Racist Symbolic Capital, Berlin/Münster 2010; zusammen mit Christian Koller/Moshe Zimmermann (Hrsg.), Racisms Made in Germany, Wien/Zürich etc. 2011; zusammen mit Michael Pickering/ Anandi Ramamurthy (Hrsg.), Colonial Advertising & Commodity Racism, Wien/Zürich etc. 2013; Negative Vergesellschaftung. Dimensionen der Rassismusanalyse, 2., erw. Aufl., Münster 2014; zusammen mit Alana Lentin (Hrsg.), Racism and Sociology, Wien/Zürich etc. 2014; zusammen mit Charles W. Mills/Silvia Sebastiani, Simianization: Apes, Gender, Class, and Race, Berlin 2016.

Sylvia Kesper-Biermann, geb. 1967; PD Dr.; Studium in Siegen, Gießen und Bristol; danach Stipendiatin, wissenschaftliche Mitarbeiterin und wissenschaftliche Koordinatorin an den Universitäten Gießen, Bayreuth und Paderborn; 2011–2016 Lehrstuhlvertretungen an der Justus-Liebig-Universität Gießen, der Ludwig-Maximilians-Universität München und der Universität zu Köln. Veröffentlichungen u. a.: Einheit und Recht. Strafgesetzgebung und Kriminalrechtsexperten in Deutschland vom Beginn des 19. Jahrhunderts bis zum Reichsstrafgesetzbuch von 1871, Frankfurt am Main 2009; Staat und Schule in Kurhessen 1813–1866, Göttingen 2001; zusammen mit Dagmar Ellerbrock (Hrsg.), Between Passion and Senses? Perspectives on Emotions and Law. Themenheft von: Interdiciplines. Journal of History and Sociology 6, 2015, H. 2; zusammen mit Bettina Severin-Barboutie (Hrsg.), Verflochtene Vergangenheiten. Geschichtscomics in Europa, Asien und Amerika. Themenheft von: Comparativ. Zeitschrift für Globalgeschichte und vergleichende Gesellschaftsforschung 24, 2014, H. 3; zusammen mit Petra Overath (Hrsg.), Die Internationalisierung von Strafrechtswissenschaft und Kriminalpolitik (1870–1930). Deutschland im Vergleich, Berlin 2007; »Nothwendige Gleichheit der Strafen bey aller Verschiedenheit der Stände im Staat«? (Un)gleichheit im Kriminalrecht der ersten Hälfte des 19. Jahrhunderts, in: GG 35, 2009, S. 603–628; Menschenwürde, Rechtsstaat und Emotionen. Der Foltervorwurf als (rechts)politische Herausforderung in Deutschland vom 18. bis 20. Jahrhundert, in: Jens Eisfeld/Martin Otto/Michael Zwanzger u. a. (Hrsg.), Naturrecht und Staat in der Neuzeit. Diethelm Klippel zum 70. Geburtstag, Tübingen 2013, S. 269–294.

Jürgen Kocka, geb. 1941; Prof. Dr. em.; Studium in Marburg, Wien, Chapel Hill und Berlin (Freie Universität); seit 2009 Permanent Fellow am Kolleg »Arbeit und Lebenslauf in der Globalgeschichte« (Re:work), Humboldt-Universität zu Berlin. Zuvor Professuren für Sozialgeschichte an der Universität Bielefeld (1973–1988) und für Geschichte der industriellen Welt an der FU Berlin (1988–2009). Jüngste Veröffentlichungen: Geschichte des Kapitalismus, München 2013 (2. Aufl. 2014), engl. Übers. u. Überarb.: Capitalism. A Short History, Princeton 2016; Arbeiterleben und Arbeiterkultur. Die Entstehung einer sozialen Klasse, Bonn 2015; zusammen mit Marcel van der Linden (Hrsg.), Capitalism. The Reemergence of a Historical Concept, London/Oxford etc. 2016.

Friedrich Lenger, geb. 1957; Prof. Dr.; seit 1999 Professor für Mittlere und Neuere Geschichte an der Justus-Liebig-Universität Gießen. Studium der Geschichte, der Soziologie, der Politischen Wissenschaften und der Kulturanthropologie in Düsseldorf, Ann Arbor und Bielefeld; 1985–1994 wissenschaftlicher Mitarbeiter und Hochschulassistent in Tübingen, 1994/95 Lehrstuhlvertretungen in Bielefeld und Tübingen, 1995–1999 Professor für Neuere und Neueste Geschichte in Erlangen, 1997/98 Visiting Fellow am St Antony's College Oxford, 2001/2 Konrad-Adenauer-Lehrstuhl am Center for German and European Studies der Georgetown University, 2009/10 Fellow am Kulturwissenschaftlichen Kolleg Konstanz, 2011/12 Fellow am Historischen Kolleg München, 2015 Gottfried Wilhelm Leibniz-Preis der Deutschen Forschungsgemeinschaft. Veröffentlichungen u. a.:

Zwischen Kleinbürgertum und Proletariat. Studien zur Sozialgeschichte der Düsseldorfer Handwerker 1816–1878, Göttingen 1986; Sozialgeschichte der deutschen Handwerker seit 1800, Frankfurt am Main 1988; Werner Sombart (1863–1941). Eine Biographie, München 1994 (3. Aufl. 2013); Industrielle Revolution und Nationalstaatsgründung, Stuttgart 2003; Metropolen der Moderne. Eine europäische Stadtgeschichte seit 1850, München 2013 (2. Aufl. 2014).

Timo Luks, geb. 1978; Dr.; Studium der Geschichte und Politikwissenschaft an der Carl von Ossietzky Universität Oldenburg; seit 2016 wissenschaftlicher Mitarbeiter am Historischen Institut der Justus-Liebig-Universität Gießen. Zuvor wissenschaftlicher Mitarbeiter am Staatlichen Museum für Archäologie Chemnitz, am Institut für Europäische Geschichte der Technischen Universität Chemnitz und am Institut für Geschichte der Carl von Ossietzky Universität Oldenburg. Veröffentlichungen u.a.: Der Betrieb als Ort der Moderne. Zur Geschichte von Industriearbeit, Ordnungsdenken und Social Engineering im 20. Jahrhundert, Bielefeld 2010; zusammen mit Jens Beutmann/Susanne Hahn u.a., Geld. Katalog zur Sonderausstellung des Staatlichen Museums für Archäologie Chemnitz, Dresden 2016; Heimat – Umwelt – Gemeinschaft. Diskurse um den Industriebetrieb im 20. Jahrhundert, in: Knud Andresen/Michaela Kuhnhenne/Jürgen Mittag u.a. (Hrsg.), Der Betrieb als sozialer und politischer Ort. Studien zu Praktiken und Diskursen in den Arbeitswelten des 20. Jahrhunderts, Bonn 2015, S. 73–95; The Factory as Environment. Social Engineering and the Ecology of Industrial Workplaces in the First Half of the Twentieth Century, in: European Review of History 20, 2013, S. 271–285; Eine Moderne im Normalzustand. Ordnungsdenken und Social Engineering in der ersten Hälfte des 20. Jahrhunderts, in: Österreichische Zeitschrift für Geschichtswissenschaften 23, 2012, H. 2, S. 15–38.

Christian Marx, geb. 1977; Dr.; Studium der Mathematik, Geschichte und Politikwissenschaft in Trier; seit 2011 wissenschaftlicher Mitarbeiter im DFG-Forschungsverbund beziehungsweise in der DFG-Leibniz-Forschergruppe »Nach dem Boom« an der Universität Trier. Zuvor 2005–2011 im Forschungscluster »Gesellschaftliche Abhängigkeiten und soziale Netzwerke« der Universitäten Trier und Mainz, 2008–2011 wissenschaftlicher Mitarbeiter am Soziologie-Lehrstuhl »Arbeit, Personal, Organisation« der Universität Trier, 2011–2013 wissenschaftlicher Mitarbeiter am Lehrstuhl für Wirtschafts- und Sozialgeschichte der Universität des Saarlandes. Veröffentlichungen u.a.: Paul Reusch und die Gutehoffnungshütte. Leitung eines deutschen Großunternehmens, Göttingen 2013; zusammen mit Karoline Krenn, Kontinuität und Wandel in der deutschen Unternehmensverflechtung. Vom Kaiserreich bis zum Nationalsozialismus (1914–1938), in: GG 38, 2012, S. 658–701; Der zerplatzte Traum vom industriellen Atomzeitalter. Der misslungene Einstieg westdeutscher Chemiekonzerne in die Kernenergie während der 1960er und 70er Jahre, in: Zeitschrift für Unternehmensgeschichte 60, 2015, S. 3–28; Die Vermarktlichung des Unternehmens. Berater, Manager und Beschäftigte in der westdeutschen Chemiefaserindustrie seit den 1970er-Jahren, in: Zeithistorische Forschungen/Studies in Contemporary History 12, 2015, H. 3, S. 403–426.

Benjamin Möckel, geb. 1983; Dr.; Studium in Göttingen; seit 2014 wissenschaftlicher Mitarbeiter am Lehrstuhl für Neuere und Neueste Geschichte der Universität zu Köln. Zuvor Promovend am DFG-Graduiertenkolleg »Generationengeschichte« der Georg-August-Universität Göttingen (2009–2012), Visiting Research Fellow am University College London (2011) und Post-Doc im DFG-Forschungsprojekt »Die Wunschkindpille in der DDR. Empfängnisverhütung – Familienplanung – Geschlechterbeziehungen« an der Universität Jena (2013–2014). Veröffentlichungen u.a.: Erfahrungsbruch und Generationsbehauptung. Die ›Kriegsjugendgeneration‹ in den beiden deutschen Nachkriegsgesellschaften, Göttingen 2014; zusammen mit Kirsten Gerland/Daniel Ristau (Hrsg.), Generation und Erwartung. Konstruktionen zwischen Vergangenheit und Zukunft, Göttingen 2013; »Free Nelson Mandela«. Popmusik und zivilgesellschaftlicher Protest in der britischen Anti-Apartheid-Bewegung, in: Jahrbuch des Zentrums für populäre Kultur und Musik, 2016 (im Erscheinen); Empathie als Fernsehereignis. Bilder des Hungers und das Live Aid Festival 1985, in: Nebulosa. Figuren des Sozialen, 2016, Nr. 8, S. 83–93.

Simone M. Müller, geb. 1982; Dr.; Studium in Würzburg und Davidson, North Carolina; seit 2016 Leiterin der DFG Emmy Noether-Forschergruppe »Hazardous Travels. Ghost Acres and the Global Waste Economy« am Rachel Carson Center for Environment and Society der Ludwig-Maximilians-Universität München. Zuvor 2011–2013 wissenschaftliche Mitarbeiterin am Lehrstuhl für amerikanische Geschichte des John-F.-Kennedy-Instituts für Nordamerikastudien der FU Berlin, Fellow für Nordamerikanische Geschichte am DHI Washington 2013 und 2013–2016 akademische Rätin a. Z. für nordamerikanische Geschichte an der Albert Ludwigs Universität Freiburg. Seit 2016 Young Fellow am Zentrum für Interdisziplinäre Forschung (ZIF) der Universität Bielefeld; 2015 Auszeichnung mit dem Maria Gräfin von Linden-Preis. Veröffentlichungen u. a.: Wiring the World. The Social and Cultural Creation of Global Telegraph Networks, New York 2016; zusammen mit Heidi J. S. Tworek (Hrsg.), Communicating Global Capitalism, in: Journal of Global History 10, 2015 (Special Issue); zusammen mit Peter Itzen (Hrsg.), Risk as an Analytical Category. Selected Studies in the Social History of the Twentieth Century, in: Historical Social Research 41, 2016, H. 1 (Special Issue); Umwelt- und Klimapolitik in den USA. Lokale Interessen und globale Verantwortung, in: Christian Lammert/Markus Siewert/Boris Vormann (Hrsg.), Handbuch Politik in den USA, Heidelberg 2015.

Morten Reitmayer, geb. 1963; PD Dr.; Studium der Geschichte, Literaturwissenschaft und Soziologie an der Leibniz Universität Hannover; seit 2013 Vertretung des Lehrstuhls für Neuere und Neueste Geschichte an der Universität Trier. Zuvor 2006–2010 wissenschaftlicher Mitarbeiter am Lehrstuhl für Neuere und Neueste Geschichte an der Universität Trier, 2010–2013 Gast- und Vertretungsprofessuren an den Universitäten Trier, Köln und Saarbrücken. Veröffentlichungen u. a.: Bankiers im Kaiserreich. Sozialprofil und Habitus der deutschen Hochfinanz, Göttingen 1999; »Bürgerlichkeit« als Habitus. Zur Lebensweise deutscher Großbankiers im Kaiserreich, in: GG 25, 1999, S. 66–93; Führungsstile und Unternehmensstrategien deutscher Großbanken vor 1914, in: Zeitschrift für Unternehmensgeschichte 46, 2001, S. 160–181; zusammen mit Ruth Rosenberger (Hrsg.), Unternehmen am Ende des »goldenen Zeitalters«. Die 1970er Jahre in unternehmens- und wirtschaftshistorischer Perspektive, Essen 2008; Elite. Sozialgeschichte einer politisch-gesellschaftlichen Idee in der frühen Bundesrepublik, München 2009; Die Rückkehr der Elite. Comeback einer politischen und sozialen Ordnungsvorstellung, in: AfS 52, 2012, S. 427–452; zusammen mit Thomas Schlemmer (Hrsg.), Die Anfänge der Gegenwart. Umbrüche in Westeuropa nach dem Boom, München 2014.

Reiner Watermann, geb. 1947; Dipl.-Pol., Stud.-Ass.; Studium an der FU Berlin; Lehraufträge in EDV sowie Statistik für Politologen (seit 1991, zuletzt 2005); Forschungen zur Wirtschafts- und Sozialgeschichte Deutschlands vom 19. zum 20. Jahrhundert, speziell zu peripheren Regionen, zur regionalen politischen Agrarbewegung sowie zu Wahlen und politischen Milieus in der Weimarer Republik; langjährige Mitarbeit an der Wiedererlangung des durch NS-Raub entzogenen Alteigentums der deutschen Gewerkschaften auf dem Gebiet der früheren DDR. Veröffentlichungen u. a.: Volkshausgenossenschaften im

Raum Chemnitz. Eine Fallstudie zum Anspruch des DGB auf Rückübertragung 1933 enteigneten Vermögens in Ost und West aus sozialgeschichtlicher und politologischer Sicht, in: IWK 38, 2002, S. 23–82.

Einzelrezensionen des »Archivs für Sozialgeschichte« finden sich unter:
<http://www.fes.de/afs>

Rahmenthemen des nächsten Bandes des »Archivs für Sozialgeschichte«:
2017: Gesellschaftswandel und Modernisierung 1800–2000

Vermarktlichung

Ralf Ahrens / Marcus Böick / Marcel vom Lehn (Hg.)
Zeithistorische Forschungen / Studies in Contemporary History 2015 Jg. 12 Heft 3
2015. 151 Seiten mit 15 Abb., kartoniert
€ 28,– D
Abo: € 72,– D / Jahr
ISSN 1612-6033

Weitere Informationen unter www.v-r.de und www.zeithistorische-forschungen.de

Aus dem Inhalt:
Christian Marx: Berater in der westeuropäischen Chemiefaserindustrie seit den 1970er-Jahren
Rudolf Kucera: Semantics of Economic Reform in Czechoslovakia, 1985-1992
Marcus Böick: Konzeptionen des Marktes beim Wirtschaftsumbau in Ostdeutschland nach 1989

ZEITHISTORISCHE FORSCHUNGEN / STUDIES IN CONTEMPORARY HISTORY (ZF/SCH) erscheint seit 2004 in einer gedruckten Ausgabe bei Vandenhoeck & Ruprecht sowie zugleich im Internet. Die Zeitschrift wird am Zentrum für Zeithistorische Forschung Potsdam herausgegeben von Frank Bösch, Konrad H. Jarausch und Martin Sabrow.

Beiträge zur deutsch-deutschen und europäischen Geschichte des 20. Jahrhunderts sowie besonders zur Phase des Systemkonflikts von 1945 bis 1990 bilden einen Schwerpunkt. Zugleich gibt es regelmäßig Blickerweiterungen in den amerikanischen, asiatischen oder afrikanischen Raum. Auch gegenwartsnahe Themen werden aufgegriffen und mit einer spezifisch zeithistorischen Perspektive untersucht. Anregungen aus Nachbardisziplinen sind dabei ausdrücklich erwünscht. Ein spezielles Augenmerk der Zeitschrift gilt den Inhalten und Methoden einer Visual History, also den Entstehungs-, Wirkungs- und Rezeptionszusammenhängen von Bildmedien im 20. Jahrhundert.

Die Zeitschrift richtet sich an Historiker/innen und Wissenschaftler/innen benachbarter Disziplinen sowie an Studentinnen und Studenten dieser Fächer, aber auch an eine breitere, zeithistorisch interessierte Öffentlichkeit.

V&R Academic
Verlagsgruppe Vandenhoeck & Ruprecht | V&R unipress

www.v-r.de